beck'sche reihe

Die atemberaubende Geschichte der Entdeckung der „Neuen Welt" wird von Urs Bitterli in diesem Buch auf eine Weise dargestellt, die an die große Tradition erzählender Geschichtsschreibung anknüpft. Er schreibt die Geschichte der drei Jahrhunderte, in denen Nord-, Mittel- und Südamerika von den großen europäischen Seemächten erkundet, in Besitz genommen und für Besiedelung und Handel erschlossen wurde.

Bitterli rekonstruiert die Geschichte dieser transatlantischen Expansion aus einer Fülle von Augenzeugenberichten der Seefahrer und Entdecker, Heerführer und Kriegsknechte, Kolonialbeamten und Händler, Chronisten und Missionare. So werden Motivation, Methode und Zielsetzung der Unternehmungen ebenso vor Augen gerückt wie Kalkül und visionäres Wunschdenken, die die Eroberer und Forscher geleitet haben.

Wir werden in diesem Buch Zeugen einer wechselvollen Geschichte von Erfolgen und Niederlagen, von furchtbaren Tragödien und Mißverständnissen, aber auch von eindrucksvollen Begegnungen einander fremder Völker und Kulturen.

Urs Bitterli, geb. 1935, ist Professor für Allgemeine Neue Geschichte an der Universität Zürich.

Urs Bitterli

Die Entdeckung Amerikas

Von Kolumbus bis
Alexander von Humboldt

Verlag C. H. Beck

Mit 48 Karten im Text

Der Text folgt der vierten durchgesehenen Auflage des Buches,
die 1992 im Verlag C. H. Beck erschienen ist.
Neuausgabe in der Beck'schen Reihe 1999.

2. Auflage der Ausgabe in der Beck'schen Reihe. 2006
© Verlag C. H. Beck oHG, München 1991
Gesamtherstellung: Druckerei C. H. Beck, Nördlingen
Umschlagentwurf: + malsy, Willich
Umschlagabbildung: Ankunft der Infantin Beatrix von Portugal
in Villefranche im Oktober 1522. Umkreis des Joachim Patinir.
National Maritime Museum London.
Printed in Germany
ISBN-10: 3 406 42122 9
ISBN-13: 978 3 406 42122 8

www.beck.de

Inhalt

Vorwort 9

Entdecken, Erobern, Erkunden: zur Einführung 11

Die Reisen zur See

I. Der Aufbruch: Christoph Kolumbus 27
1. Die atlantische Welt vor Kolumbus 27
2. Die Geburt einer Idee 45
3. Die vier großen Reisen 57
    Westwärts nach San Salvador 57
    Die Kleinen und die Großen Antillen 68
    Berührung mit dem Festland 75
    Die mittelamerikanische Küste 79
4. Persönlichkeit, Leistung, Wirkung 85

II. Die Erkundung der Küsten 93
1. Mittelamerika 93
    Von der Orinokomündung zum Golf von Darién 93
    Die Durchquerung der Landenge von Panama 96
    Der Golf von Mexiko 99
2. Südamerika 108
    Brasilien 108
    Der Rio de la Plata 123
    Die Umsegelung des Kaps 129
3. Nordamerika 149
    Neufundland 149
    Von Florida bis Neu Schottland 155
    Die Mündung des Sankt Lorenzstroms 182
    Der hohe Norden 194

Die Reisen zu Land

I. Der Vorstoß ins Landesinnere 211
1. Mittelamerika 211
    Der Marsch nach Tenochtitlán 211

Das Festland zwischen den Meeren 227
2. Südamerika 239
   Ecuador und Peru 239
   Bolivien und Chile 259
   Vom Quellgebiet des Amazonas zu seiner Mündung . . . 269
   Venezuela und Kolumbien 286
   Brasilien 308
   Argentinien und Paraguay 325
3. Nordamerika 332
   Der Süden 332
   Vom Sankt Lorenzstrom zu den Großen Seen 353
   Der Mississippi 369
   Von der Ostküste landeinwärts 381
   Über die Appalachen 401
   Der Nordwesten Kanadas 412
   Die Pazifikküste 432

II. Abschluß und Neubeginn: Alexander von Humboldt 445
1. Rückblick und Ausblick 445
2. Humboldts große Südamerikareisen 449
   Vorbereitung 449
   Der Orinoko 452
   Die Anden 459
   Mexiko und Nordamerika 467
3. Persönlichkeit, Leistung, Wirkung 471

Anhang

I. Anmerkungen 483

Entdecken, Erobern, Erkunden: zur Einführung 483

Die Reisen zur See
I. Der Aufbruch: Christoph Kolumbus 484
   1. Die atlantische Welt vor Kolumbus Seite 484 – 2. Die Geburt einer Idee Seite 487 – 3. Die vier großen Reisen Seite 488 – 4. Persönlichkeit, Leistung, Wirkung Seite 490
II. Die Erkundung der Küsten 491
   1. Mittelamerika Seite 491 – 2. Südamerika Seite 492 – 3. Nordamerika Seite 497

Die Reisen zu Land
I. Der Vorstoß ins Landesinnere 502
   1. Mittelamerika Seite 502 – 2. Südamerika Seite 504 – 3. Nordamerika Seite 512

II. Abschluß und Neubeginn: Alexander von Humboldt 522
1. Rückblick und Ausblick Seite 522 – 2. Humboldts große Südamerikareisen Seite 522 – 3. Persönlichkeit, Leistung, Wirkung Seite 524

II. Bibliographie. 526
I. Quellenliteratur. 526
II. Fachliteratur 532
1. Gesamtdarstellungen Seite 532 – 2. Mittel- und Südamerika Seite 534 – 3. Nordamerika Seite 535 – 4. Bibliographien Seite 535

III. Namenregister 536

Vorwort

Das vorliegende Buch, verfaßt aus Anlaß des fünfhundertjährigen Jubiläums der ersten Kolumbus-Reise, versteht sich als das, was die Franzosen ein «ouvrage de synthèse» nennen, als eine Gesamtdarstellung, die das weite Thema der Erkundung Amerikas auf der Grundlage des aktuellen Kenntnisstandes in geraffter Form abzuhandeln sucht. Es ging mir nicht darum, eine These zu beweisen, eine grundsätzlich neuartige Methode zu erproben oder eigene Forschungsergebnisse vorzulegen. Meine Aufgabe war eine auf andere Art anspruchsvolle: Es sollte einerseits ein Überblick über ein vielschichtiges Stoffgebiet geboten werden, der die geschichtlich wirksamen Kräfte in ihrer gegenseitigen Verflechtung wie in ihrer Bedeutung fürs Ganze angemessen und zutreffend erfaßt; und es sollte andererseits eine Fülle von Fakten so übersichtlich und anregend vorgetragen werden, daß sich der Leser rasch und gern auch über das Detail informiert.

Der Plan zu diesem Buch entsprang der Feststellung, daß es zur Zeit in deutscher Sprache keine Darstellung gibt, die über die Geschichte der europäischen Amerikareisen vom 15. zum 18. Jahrhundert ausschließlich und umfassend orientiert. Zwar gibt es eine Reihe von Büchern zur Entdeckungsgeschichte im allgemeinen, doch sie können innerhalb ihres globalen Rahmens über Amerika nur summarisch berichten. Demgegenüber sind einige Werke, meist Übersetzungen, erschienen, die bestimmte Regionen der westlichen Hemisphäre oder lediglich eine bestimmte koloniale Macht ins Auge fassen – der kontinentale Zusammenhang der Vorgänge kann durch sie nicht vermittelt werden. Ausschließlich und umfassend auf den amerikanischen Kontinent konzentriert sich meines Wissens einzig Georg Friedericis «Der Charakter der Entdeckung und Eroberung Amerikas durch die Europäer»; doch dieses zwischen 1925 und 1936 erstmals erschienene und 1969 in unverändertem Nachdruck neu aufgelegte Werk, eine eindrucksvolle Lektüre noch immer, ist mit seinen drei dicken Bänden sehr umfangreich und nicht mehr in allen Teilen auf dem Stand des heutigen Wissens. Diese Sachlage mochte es als nützlich und vielleicht gar geboten erscheinen lassen, hier den neuen Versuch einer verhältnismäßig knappen Gesamtdarstellung zu wagen.

Mein Hauptanliegen ist es gewesen, nicht nur über die geographischen Ergebnisse der Amerikareisen zu berichten, sondern auch ihre historische Bedeutung sichtbar zu machen. Ich habe mich bemüht, möglichst quellennah zu arbeiten: Ins Deutsche übersetzte Zitate aus den bei uns noch wenig bekannten Originaldokumenten der spanischen, französischen und englischen Reiseberichterstattung sind häufig, und sie erschließen den Zugang zur Mentalität der frühen Reisenden wohl am besten. Die inhaltliche Gliederung in die zwei Hauptteile «Seereisen» und «Landreisen» sowie in nach geographischen Regionen angeordnete Kapitel weicht von der traditionellen Unterteilung in eine spanisch-portugiesische und eine französisch-englische Periode ab, was den Vorzug hat, dem Faktor der Landschaftsgestalt, der den «Stil» des Reisens weitgehend bestimmte, größeres Gewicht zu verleihen; auch scheint mir, daß eine solche Gliederung dem Verständnis des heutigen Lesers, der mehr denn je in der Lage ist, diese Regionen selbst aufzusuchen, besser entgegenkommt. Der raschen Information soll neben dieser Gliederung auch das dem Buch angefügte Namenregister dienen, ferner der Kursivdruck von Eigennamen im Text überall dort, wo auf eine Entdeckerpersönlichkeit näher eingegangen wird. Um nicht nur die Konsultation des Buches zu erleichtern, sondern um auch eine zusammenhängende Lektüre zu ermöglichen, die nicht langweilt, sind die Hinweise auf die Fachliteratur und die Diskussion spezieller Fragen in der Regel in den Anmerkungsteil verwiesen worden. Bibliographische Hinweise am Schluß des Buches sollen zu weiterführenden Studien ermuntern. In Zusammenarbeit mit dem Verlag ist es schließlich möglich geworden, dem Text zahlreiche Kartenskizzen beizugeben. Sie sind lediglich als Hilfsmittel zu betrachten, die es gestatten sollen, sich den Verlauf der wichtigsten Reisen zu vergegenwärtigen, ohne daß die Lektüre unterbrochen werden muß – der gelegentliche Beizug eines guten Atlanten wird dadurch nicht überflüssig. Eine Schwierigkeit bietet hin und wieder die Schreibweise geographischer Örtlichkeiten; ich halte mich in der Regel an die vom großen «Times-Weltatlas» [Deutschsprachige Bearbeitung, Zürich 1976] vorgeschlagene Version.

Es liegt mir daran, all denen, die an der Entstehung dieses Buches Anteil genommen und meine Arbeiten im In- und Ausland unterstützt haben, meinen herzlichen Dank zu sagen. Namentlich erwähnt seien die großen Kenner ihres Faches Prof. Hanno Beck [Bonn], Dr. Dietmar Henze [Hannoversch-Münden] und Prof. Eberhard Schmitt [Bamberg]. Hanno Beck hat das Humboldt-Kapitel kritisch durchgesehen, und Dietmar Henze hat sich der Mühe unterzogen, die Fahnenabzüge mitzulesen – eine Mitarbeit, die den Autor nicht von seiner Verantwortung entbindet, ihn diese aber leichter tragen läßt. Eberhard Schmitt hat mir während eines Aufenthalts an der Universität Bamberg den Zugang zu den reichen Bibliothekbeständen des «Forschungszentrums für vergleichende Überseegeschichte» auf jede Weise erleichtert. Ganz besonderen Dank schulde ich meiner Frau, die den Werdegang dieses Buches vier Jahre lang kritisch und aufmunternd begleitet hat und mir mit ihren Fremdsprachenkenntnissen beigestanden ist.

Zürich, im Januar 1991   Urs Bitterli

Entdecken, Erobern, Erkunden:
zur Einführung

«Im Jahre 1492 entdeckte Christoph Kolumbus Amerika» – so steht es in den Lehrbüchern, und das historische Faktum, das solcherart überliefert wird, gehört wie kaum ein anderes zum gesicherten Grundwissen aller, die eine Schule besucht haben. Doch mit dem, was wir als gesichertes Grundwissen bezeichnen, hat es oft eine eigenartige Bewandtnis, besonders dann, wenn es um geschichtliche Pionierverdienste geht. Einmal vorausgesetzt, daß wir unter dem Begriff «Entdecken» die erstmalige Wahrnehmung einer bisher unbekannten Weltgegend verstehen – war dann Kolumbus tatsächlich der erste? Oder müßten wir nicht diese Leistung den Wikingern zusprechen, von denen man weiß, daß sie ums Jahr 1000 n. Chr. Neufundland und wohl auch Labrador erreicht haben? Ja, müßten wir nicht redlicherweise die Indianer als die Entdecker Amerikas bezeichnen, die, freilich ohne davon eine schriftliche Kunde zu hinterlassen, vor über zehntausend Jahren von Asien her über eine damals existierende Landbrücke nach Alaska vorstießen?

Doch nehmen wir einmal an, Kolumbus sei rechtens als Entdecker Amerikas zu betrachten. Dann läßt sich noch immer die Frage stellen, ob er sich selbst in dieser Rolle sah. Die Bezeichnung «Amerika» ist erstmals im Jahre 1507 vom deutschen Kosmographen Martin Waldseemüller auf eine Karte des neuen Kontinents eingetragen worden – darf nun Kolumbus als Entdecker einer Weltgegend gelten, die ihren Namen zum Zeitpunkt seiner vier Fahrten noch gar nicht erhalten hatte und von der er bis zu seinem Tode glaubte, es handle sich um Asien? Wäre es nicht richtiger – damit Waldseemüllers Überlegung folgend –, das Verdienst der Entdeckung Amerikas eben jenem Amerigo Vespucci zuzuerkennen, der sich auf mehreren Fahrten entlang der südamerikanischen Nord- und Ostküste sicherlich auf zutreffendere Weise Rechenschaft über den Charakter seiner Entdeckungen gab?[1]

Wenn ein einzelner Satz bei näherem Zusehen bereits derart seine Fragwürdigkeit erweist, scheint es dienlich, einem Buch, das der Entdeckung eines Kontinents gewidmet ist, einige grundsätzliche Bemerkungen zum Thema und zur wissenschaftlichen Methode vorauszuschicken. Zunächst ist zu betonen, daß dieses Buch von europäischen Reisenden handelt, die einen mächtigen Kontinent, der andern Völkern längst bekannt war, «für Europa» entdeckt, erobert und erkundet haben. Es war das Privileg dieser Reisenden, daß sie im Gegensatz zu ihren Vorläufern über ihre Erfahrungen schriftlich berichten konnten, und es ist das Privileg des heutigen Historikers, daß er aus ihren Zeugnissen die Geschichte dieses Vorgangs im Zusammenhang zu rekonstruieren imstande ist. Aber die Europäer waren nicht die ersten, und der Begriff der Entdeckung wird deshalb in einem Sinne zu relativieren sein, der kulturelle Arroganz möglichst ausschließt.

Eine solche Überlegung war freilich den Reisenden des 15. bis 18. Jahrhunderts, die mit den Spätfolgen ihrer Taten und den Problemen der Dritten Welt nicht konfrontiert wurden, fremd: Die Vitalität, mit der sie sich riesige Territorien erschlossen, war ungebrochen; die Motivationen waren von geradezu ahnungsloser Simplizität; die Rechtfertigungsrhetorik war kaum von Zweifeln angekränkelt. Aber schon in der frühen Reiseberichterstattung wirken Begriffe wie «Entdeckung», «Eroberung» oder «Erkundung» merkwürdig unscharf und widerspiegeln so die Vielschichtigkeit jenes Prozesses, den wir als die europäische Expansion in Übersee bezeichnen. Schon ein oberflächlicher Blick auf diesen Vorgang zeigt, daß sich die Verhaltensformen des Entdeckens, Eroberns und Erkundens nicht klar gegeneinander abgrenzen lassen, daß sie sich gegenseitig überlagern und nicht ohne weiteres in einen Wirkungszusammenhang oder eine chronologische Abfolge gebracht werden können.

Im Jahre 1931 veröffentlichte der englische Historiker J. N. L. Baker seine «Geschichte der geographischen Entdeckung und Erforschung», ein die ganze Welt erfassendes und bis ins 20. Jahrhundert fortgeführtes Werk, das, seither verschiedentlich neu aufgelegt, noch immer der raschen und zuverlässigen Orientierung äußerst dienlich ist.[2] Baker befaßte sich vorrangig mit dem geographischen Aspekt der Entdeckung und Erforschung der Welt, wobei er mit dem ersten Begriff die Auffindung einer zuvor nicht bekannten Weltgegend und mit dem zweiten deren geographisch zuverlässige Lokalisierung bezeichnete. Des Engländers Hauptanliegen war es, auf Grund seiner genauen Kenntnisse der Reiseberichte und der Fachliteratur möglichst zuverlässig zu zeigen, welche Route die einzelnen Reisenden gewählt hatten. Diese Form einer auf die fortschreitende Ergänzung des geographischen Kartenbildes abzielenden Darstellung war zu der Zeit, da Baker sein Buch schrieb, die übliche, und viele neuere Darstellungen gehen darüber nicht hinaus.

Der Hauptnachteil einer Darstellung der Reisen, welche ihr Erkenntnisinteresse auf diesen schmalen geographischen Aspekt verkürzt, liegt zweifellos darin, daß dabei die historische Dimension allzusehr vernachlässigt wird. Es droht in Vergessenheit zu geraten, daß der Reisende, der auszieht, Neuland zu erkunden, ein unter bestimmten Zeitumständen Handelnder ist, der materiell und intellektuell für sein Unternehmen gerüstet und politisch dazu ermächtigt sein muß, dessen Motivationen und Erwartungen durch den jeweiligen Wissensstand und die Bedürfnisse seiner gesellschaftlichen Umgebung bestimmt werden und dessen Erfolg oder Mißerfolg sich vom allgemeinen Gang der geschichtlichen Entwicklung nicht loslösen lassen. Von Kolumbus bloß zu erwähnen, er habe auf seinen vier Reisen die Großen und die Kleinen Antillen, einen kleinen Teil der venezolanischen und einen großen

Teil der mittelamerikanischen Küste entdeckt, ist zwar richtig, sagt aber noch wenig über das historische Gewicht seiner Leistung aus und würde seine Vorrangstellung anderen Reisenden gegenüber nur unzureichend begründen. Um diese Leistung umfassend beurteilen zu können, muß man etwas von der geschichtlichen Konstellation wissen, in die der Italiener eintrat und die es ihm erlaubte, am epochalen Vorgang der Ausweitung des christlichen Machtanspruchs von der Iberischen Halbinsel auf die westliche Hemisphäre maßgeblich mitzuwirken; und man muß wissen, in welchem Maße die Kolumbus-Reisen, politisch, wirtschaftlich und ideell, die Ausgangsbasis für die nachfolgende Inbesitznahme und Besiedlung durch die Spanier schufen. Gibt man sich darüber Rechenschaft, so wird beispielsweise auch deutlich, warum den Wikingern das Verdienst der Entdeckung Amerikas nicht in gleichem Grade zukommt wie Kolumbus. Denn hinter den Wikingerfahrten nach Grönland und Neufundland standen nicht annähernd vergleichbare politische und kulturelle Energien, und sie blieben geschichtlich auch ohne Folgen, brachen doch zu Beginn des 11. Jahrhunderts diese transatlantischen Kontakte bereits ab. Von Kolumbus aber läßt sich sagen, daß er in der Tat das Tor zur «Neuen Welt» aufstieß und einen kontinuierlichen Prozeß der Inbesitznahme und Besiedlung einleitete, der das Antlitz unserer Erde verändert hat.

Das historische Gewicht einer Entdeckungsfahrt, eines Eroberungszugs oder einer Erkundungsreise wird auch dadurch bestimmt, wie eingehend und zuverlässig ein solches Unternehmen dokumentiert und überliefert ist. In dieser Hinsicht hat die Wanderung der Indianer nach Amerika gegenüber den Kolumbus-Reisen zurückzutreten, denn jene Urbevölkerung hat keine schriftlichen Aufzeichnungen hinterlassen, und die archäologischen Funde von Knochen und Werkzeugen sind oft lückenhaft und umstritten.[3] Über die Kolumbus-Reisen jedoch sind wir, wenn auch nicht überall mit derselben Informationsdichte, sowohl durch primäre als auch durch sekundäre Quellen unterrichtet: einerseits durch Kolumbus selbst und seine Mitreisenden; andersseits durch indirekte Zeugen, deren Berichte über die Vorbereitung und die Auswirkungen der Reisen erhalten geblieben sind. Auch wenn man den Bekanntheitsgrad des Kolumbus zu seiner Zeit nicht überschätzt und weiß, daß der Seefahrer fast unbeachtet von der breiten Öffentlichkeit gestorben ist, steht doch fest, daß sich eine Reihe von Zeitgenossen innerhalb wie außerhalb Spaniens durchaus vom historischen Rang der Persönlichkeit Rechenschaft gaben. Demgegenüber sind gerade in der Frühzeit der Überseereisen manche Unternehmungen unzulänglich dokumentiert und in ihrer geschichtlichen Tragweite schwer zu fassen. So sind beispielsweise von den Reisen, die John Cabot mit Erlaubnis der englischen Krone zwischen 1496 und 1498 unternahm, nur sehr lückenhafte sekundäre Quellenzeugnisse überliefert, und es dauerte ein volles Jahrhundert, bis sich Großbritannien aufmachte, Cabots Spuren tatkräftig zu folgen: Beides, die mangelhafte Dokumentation wie die unterbrochene Kontinuität, schmälert die Qualität der historischen Leistung. Zuweilen fehlen glaubwürdige Quellen auch völlig, und Mutmaßungen und Spekulation schieben sich an die Stelle eines überprüfbaren Tatbestands, so etwa im vieldiskutierten Falle der vorkolumbischen Reisen nach Amerika, die zwar nicht undenkbar, aber eben nicht belegbar sind.

Die Unternehmungen der Reisenden sind nicht nur deshalb geschichtliche Fakten, weil sie mit den jeweiligen Zeitumständen verknüpft und durch schriftliche Zeugnisse überliefert sind, sondern auch deshalb, weil sie neue Realitäten geschaffen haben und dadurch historisch wirksam geworden sind. In der Frühzeit der überseeischen Reisen waren sich die europäischen Seemächte durchaus bewußt, daß die Auffindung bisher unbekannten Landes einer Besitzergreifung von völkerrechtlicher und politischer Tragweite gleichkam. Dies geht aus den Kronverträgen und Freibriefen hervor, die mit den Seefahrern ausgehandelt wurden. So ist in den entsprechenden Abmachungen, die Kolumbus' erster Reise vorausgingen, in einem Atemzug davon die Rede, daß «Inseln und Festlande... entdeckt und gewonnnen» [descubrir y ganar] werden sollen,[4] und John Cabot wird in seinem Freibrief angewiesen, «unsere Banner und Hoheitszeichen bei der Entdeckung... auf jeder Insel und jedem Festland aufzuziehen».[5] Diese Gleichsetzung von Entdeckung und Aneignung erfolgte auch dann, wenn das aufgefundene Land von nichteuropäischen Völkern bereits besiedelt war. Als Jacques Cartier im Jahre 1534 im Mündungsgebiet des Sankt Lorenzstroms anlegte, ließ er vor den versammelten Indianern ein Holzkreuz mit dem Wappenschild der französischen Könige aufpflanzen, und aus dem Reisebericht geht hervor, daß die Indianer sofort begriffen, daß es sich hier um einen Akt der Besitzergreifung handelte.[6]

Während die völlige Mißachtung der Souveränitätsrechte der Eingeborenen die Regel war, findet sich in den Kronverträgen und Freibriefen gelegentlich ein Zusatz, welcher den Besitzanspruch der betreffenden Nation dann einschränkt, wenn zuvor bereits nachweislich eine andere europäische Seemacht in derselben Weltgegend aufgetaucht ist. In diesem Sinne wird John Cabot ausdrücklich angewiesen, er möge sein Augenmerk jenen Gegenden zuwenden, die «bis zu diesem Zeitpunkt den Christen unbekannt waren».[7] Bei den Streitigkeiten, die unter europäischen Seemächten um das «Finderecht» entbrannten, entschied dann freilich meist die militärische und machtpolitische Überlegenheit. So entschloß sich etwa Humphrey Gilbert, als er 1583 in Neufundland landete und Seeleute anderer Nationen dort vorfand, von seiner Position der Stärke aus kurzerhand dafür, daß inskünftig auf der Insel nach englischem Recht geurteilt und die Oberherrschaft der englischen Königin Elisabeth I. respektiert werden solle. «Nachdem dies», schreibt der Chronist der Reise, «verkündet worden war und mit allgemeinem Einverständnis aller, sowohl der Engländer wie der Fremden, gehorsam versprochen worden war, wurde für den Fortbestand der Besitzung gebetet, und die Herrschaft begann.»[8]

Wie sehr die Auffindung neuen Landes als Akt der Besitzergreifung verstanden wurde, geht auch aus der Beschriftung zeitgenössischer Karten hervor. Als Christoph Kolumbus im Jahre 1492 vor der Küste von Haiti eintraf, beeilte er sich, auf einer Kartenskizze, die er anfertigte, den Namen «La Española» einzutragen – daraus ist später die Bezeichnung für die ganze Insel geworden. Oft geschah eine derartige kartographische Zuweisung von Territorien ohne Rücksicht auf bekannt gewordene vorangegangene Entdekkungsreisen. So überschrieb, um ein Beispiel von vielen zu nennen, der Holländer Adriaen Block, als er 1611 die Bucht von New York erkundete, seine Karte des Küstengebietes großzügig mit der Bezeichnung «Neu Niederland», obwohl er genau wußte, daß ihm Franzosen und Engländer zuvorgekommen waren.

Der selbstverständliche Besitzanspruch, den die Europäer als Entdecker von Gebieten jenseits des Atlantiks erhoben, läßt sich auf den christlichen Herrschaftsanspruch über den gesamten Erdkreis und die darin lebenden Heidenvölker zurückführen, wie er um die Wende vom 13. zum 14. Jahrhundert von den Kirchenrechtlern Aegidius Romanus und Heinrich von Segusio postuliert worden war.[9] Auch die päpstlichen Bullen, mit denen Portugiesen und Spanier sich im 15. Jahrhundert auf ihren Vorstößen nach Afrika und über den Atlantik ihr Besitzrecht auf neu entdecktes Land anerkennen ließen, gingen von der Vorstellung einer globalen christlichen Oberhoheit aus, die vom Papst an die betreffenden Könige delegiert werden konnte. In den Bullen Papst Alexanders VI. vom Jahre 1493 wird die Unterwerfung der heidnischen Völker und ihre Bekehrung zur einzig wahren Religion ausdrücklich als wichtigste Aufgabe der Christenheit erklärt.[10] Damit rückt die «Entdeckung» in unmittelbare Nähe zur «Eroberung»: Dann nämlich, wenn sich die ansässige heidnische Bevölkerung der mit einer Entdeckung selbstredend verbundenen Inbesitznahme widersetzt.

In der europäischen Reiseberichterstattung aus Amerika läßt sich jene Frühphase des Kulturkontakts, in welcher aus der Entdeckung eine Eroberung wurde, gut nachvollziehen. Die ersten Begegnungen zwischen den Kulturen im allgemeinen durch Formen halb scheuer, halb neugieriger Annäherung gekennzeichnet; denn die Indianer gaben sich noch nicht Rechenschaft von der Tragweite des Geschehens und den Absichten der Europäer, während diese zahlenmäßig noch zu schwach waren, um militant auftreten zu können. Sobald die europäische Besitzergreifung sich deutlicher manifestierte, sei es durch den Bau eines Forts oder einer Siedlung, sei es durch zunehmenden Druck auf die Eingeborenenbevölkerung oder Übergriffe gegenüber einzelnen Personen, wurden die gegenseitigen Beziehungen gespannt und feindselig. Es konnte dann geschehen, daß sich die Indianer durch einen plötzlichen Angriff der lästig gewordenen Fremdherrschaft zu entledigen suchten, was von den Europäern um so eher als heimtückischer Verrat gebrandmarkt wurde, als man am eigenen Besitzrecht nie gezweifelt hatte und gänzlich außerstande war, sich die Situation der Eingeborenen aus ihrer Sicht zu vergegenwärtigen. Solche Indianerüberfälle ergaben dann den Vorwand zu massiven Vergeltungsmaßnahmen und leiteten häufig jene brutalen «Befriedungsaktionen» ein, die mit der Vertreibung oder der Ausrottung der Indianer endeten.

Die schmale Nahtstelle zwischen Entdeckung und Eroberung, zwischen Frieden und Krieg, wird in der kolonialen Rechtsprechung der Spanier durch ein Dokument bezeichnet, das der Kronjurist Palacios Rubios im Jahr 1513 verfaßte.[11] Es handelt sich um das sogenannte «requerimiento», ein Schriftstück, das den Indianern vorgelesen wurde und in welchem diese auf die Weltherrschaft des Papstes hingewiesen und ultimativ aufgefordert wurden, sich den Spaniern zu unterwerfen. «Wenn ihr dies aber nicht tun solltet», heißt es im «requerimiento», «oder wenn ihr boshafterweise zögern solltet, so versichere ich euch, daß ich mit der Hilfe Gottes bei euch gewaltsam eindringen werde und euch überall und mit allen Mitteln bekriegen werde...»[12] Selbstverständlich waren die Indianer völlig außerstande, einen solchen Text sprachlich und inhaltlich zu verstehen; für die Spanier aber war das «requerimiento» ein Mittel, die Verantwortung für künftige Untaten auf die Eingeborenen abzuschieben und die gewaltsame Niederschlagung sich regenden Widerstandes als gerechten Krieg zu deklarieren.

Die Fragwürdigkeit des «requerimientos» im besonderen und der gewaltsamen Besitzergreifung überseeischen Territoriums im allgemeinen ist von einigen spanischen Kronjuristen und vor allem vom Dominikanermönch Bartolomé de Las Casas früh angeprangert worden.[13] Diese Kommentatoren weisen vor allem auf die in den päpstlichen Bullen ausgedrückte Missionsverpflichtung hin, welche einerseits die Landnahme zu legitimieren, andererseits den humanen Umgang mit den Vertretern der fremden Kultur zu gewährleisten hatte. Aber abgesehen von der Einseitigkeit dieser rechtlichen Regelung zeigte sich bald, daß Eroberung und Herrschaft der Missionierung vorauszugehen pflegten und daß die Missionierung, falls sie überhaupt erfolgte, keine nachträgliche Veränderung oder gar Aufhebung des kolonialen Herrschaftsverhältnisses zu bewirken vermochte. Die Infragestellung der rechtlichen Grundlagen und Methoden der Kolonialexpansion durch die spanischen Juristen und Mönche hat auf die Verhältnisse in Amerika keinen nennenswerten Einfluß nehmen können; sie bleibt immerhin bemerkenswert als erste kritische Auseinandersetzung der europäischen Intelligenz mit dem Vorgang der kolonialen Machtergreifung.

Die auf das Faktum der Entdeckung und der militärischen Überlegenheit gründende Mißachtung der indianischen Souveränitätsrechte charakterisiert die koloniale Grundhaltung aller europäischen Seemächte, die jenseits des Atlantiks tätig waren, auch wenn Unterschiede durchaus erkennbar sind. So trat bei der Besiedlung der nordamerikanischen Ostküste durch die Engländer im 17. Jahrhundert der Missionsauftrag deutlich zurück; doch der christliche König, in dessen Auftrag man ausgefahren war, beanspruchte in gleicher Weise die uneingeschränkte Autorität über das neu aufgefundene

Land und dessen heidnische Bevölkerung. Zur Absicherung dieses Herrschaftsanspruchs schloß man mit den Indianern Landabtretungsverträge ab, die zwar die rechtlichen Formen, wie sie im Mutterland üblich waren, beachteten, deren Einhaltung aber von keiner unabhängigen Instanz kontrolliert wurde und die meist unter Zwang oder durch List zustande gekommen waren. Da Nordamerika wenig dicht besiedelt war, bediente man sich hier häufig des Arguments, das Land sei unbewohnt oder schlecht genutzt – ein Argument, das infolge der Dezimierung der indianischen Bevölkerung durch eingeschleppte Krankheiten eine nachträgliche Glaubwürdigkeit erhielt.[14]

Auch im Falle des französischen Vorstoßes nach Kanada waren Entdekkung, Inbesitznahme und Eroberung eng miteinander verknüpft und der Souveränitätsanspruch des Mutterlandes blieb vollumfänglich intakt. Dem Missionsauftrag kam hier wieder eine vergleichbare Bedeutung wie bei den spanischen Überseereisen zu, und Jesuitenmissionare sollten denn auch an der Durchdringung des kanadischen Hinterlandes einen entscheidenden Anteil nehmen. In der Vorrede, die der Seefahrer Jacques Cartier dem Bericht von seiner zweiten Nordamerikareise im Jahre 1535 vorausschickte, ist ausdrücklich von der Erweiterung der Besitztümer des allerchristlichsten Königs Franz I. und der Verbreitung des christlichen Glaubens die Rede.[15] Allerdings hielt sich die französische Auswanderung nach Kanada, verglichen mit den Verhältnissen in Neu England und Virginia, in bescheidenem Rahmen, und die Präsenz der Franzosen beschränkte sich, von Quebec und Montreal abgesehen, auf ein weitmaschiges Netz kleiner Forts und Stützpunkte, die faktisch keine flächendeckende Herrschaft ausüben konnten. Der Souveränitätsanspruch der Krone aber wurde auch hier nicht in Frage gestellt.

Damit haben wir in Kürze gezeigt, in welchem Grade Reisen in bisher unbekannte überseeische Gebiete nicht nur die geographische Kenntnis der Erde erweiterten, sondern auch neue politische Realitäten schufen. Die Kolonialmächte waren bemüht, diesen Realitäten durch die der Landnahme unmittelbar folgende Besiedlung und durch Erlaß einer Indianergesetzgebung einen möglichst definitiven Charakter zu geben. Der spanische Chronist López de Gómara hat diese Überführung des Herrschaftsanspruchs in Herrschaftsausübung unter dem Vorwand der Missionierung in einer eindrücklichen Formel festgehalten, wenn er schreibt: «Wer nicht siedelt, wird keine gute Eroberung machen, und wer nicht das Land erobert, wird die Menschen nicht zum christlichen Glauben bekehren; deshalb muß der Grundsatz des Eroberns das Siedeln sein.»[16] Im Zeitalter der Aufklärung wurde es zwar üblich, in den Instruktionen, die man Seefahrern wie Cook und La Pérouse mitgab, die desinteressierte Wissenschaftlichkeit des Unternehmens hervorzuheben und ausdrücklich dazu aufzurufen, Leben und Besitz der Eingeborenen zu schützen; doch die Erweiterung des kolonialen Eigentums und die Mehrung der nationalen Weltgeltung blieben weiterhin die kaum verhüllten Hauptanliegen.[17] Wirklich glaubwürdig erscheint die Uneigennützigkeit eines Unternehmens eigentlich nur bei jenen wenigen Reisenden, die nicht im Auftrag einer führenden Kolonialmacht auftraten: Alexander von Humboldt ist dafür wohl das herausragendste Beispiel.

Dem Prozeß der fortschreitenden kolonialen Expansion, den die Reisen in bis anhin unbekannte Weltgegenden einleiteten und vorantrieben, entspricht auf einer andern Wahrnehmungsebene ein Prozeß der die verschiedensten Wissensgebiete erfassenden Erkundung und des fortschreitenden Verstehens. Die Bedeutung der Reiseberichterstattung erschöpft sich ja keineswegs darin, Aufschluß über den Verlauf der Routen und über die Taten der Ereignisgeschichte zu geben; sie vermittelt zudem ein reiches Spektrum von anderweitigen Eindrücken, die sich zu einem mehr oder weniger umfassenden Bild der jeweiligen Weltgegend, ihrer natürlichen Gegebenheiten und ihrer Bewohner zusammenfügen.

Wer die Reiseberichte auf diesen im weitesten Sinne landeskundlichen Gehalt prüft, wird hinsichtlich ihrer Zuverlässigkeit und Informationsdichte auf große Unterschiede stoßen, die durch die Persönlichkeit der Autoren, durch deren Funktion im kolonialen Prozeß und die Zeitsituation bedingt sind. Vorwissen und Bildung des Reisenden, seine Auffassungsgabe und sein stilistisches Ausdrucksvermögen bestimmen den Charakter eines Reiseberichts ebensosehr wie die Rolle des Reiseberichterstatters, der je nachdem, ob er als Seemann, Missionar, Soldat, Kaufmann oder Beamter auftritt, andern Dingen sein Hauptaugenmerk schenkt. Unabhängig von seinem Beruf können auch gewisse Erwartungshaltungen den Ausschnitt der Wahrnehmung des Reisenden bestimmen und einschränken: So hat unzweifelhaft die Begierde nach Gold, die bei vielen Konquistadoren omnipräsent war, ihr Interesse am Reichtum der Flora und Fauna herabgemindert. Von Bedeutung ist ferner, an welchen Leser sich der Reiseberichterstatter wendet: Wer seinem Auftraggeber gegenüber Meldung erstattet, wird sich selbstverständlich anders ausdrücken als derjenige, der die Gunst eines breiten Publikums sucht. Und schließlich darf nicht übersehen werden, daß sich der Überseereisende des 15. bis 18. Jahrhunderts kaum je mit jener Freiheit bewegte, die uns heute selbstverständlich scheint; vielerlei Zwängen ausgesetzt, die seinen Handlungsspielraum und seine Mobilität einschränkten, war er oft nicht in der Lage, ausgiebig zu beobachten und den Dingen auf den Grund zu gehen.

Neben alldem wird man immer bedenken müssen, wie schwierig es war, mit den hergebrachten Begriffen einer europäischen Sprache die Realität einer neuartigen Welt beschreibend erfassen zu wollen. Oft fehlten die Wörter, um Pflanzen und Tiere zu benennen, und ein brauchbares Klassifikationssystem, das es gestattete, die Vielfalt der Erscheinungen ordnend zu erfassen, sollte erst nach 1735 von Carl von Linné entwickelt werden. Die Reisenden des 16. und 17. Jahrhunderts bedienten sich, falls sie überhaupt naturwissenschaftlich interessiert waren, des Lateins von Plinius' «Naturgeschichte», nahmen Zuflucht zu indianischen Bezeichnungen oder suchten durch den Vergleich mit Bekanntem die exotischen Naturprodukte dem europäischen Leser nahezubringen – ein schönes Beispiel für solch schwierige terminologische Annäherung bietet der englische Mathematiker Thomas Harriot in seinem 1588 erschienenen Bericht über Virginia.[18] Die Erwartung, dem zu begegnen, was man bereits ähnlich kannte, das Bemühen, Neues an Bekanntem zu messen, und die Hoffnung, durch den Vergleich den Leser zu Hause ins Bild setzen zu können – dies sind Haltungen, wie sie sich bei frühen Überseereisenden sehr häufig beobachten lassen. Oft war der Eindruck, den die Reisenden empfingen, überwältigend, etwa, was die Bauten der Azteken und der Inkas oder was den Reichtum der tropischen Vegetation betraf; und dann wurde es schwierig, noch passende Vergleiche zu finden. Der Chronist Díaz del Castillo fühlte sich beim Anblick der aztekischen Bauwerke Mexikos an Sevilla und Córdoba erinnert, meint aber, möglicherweise würde das alles noch von Peru übertroffen.[19] Hernán Cortés vergleicht den Marktplatz von Tenochtitlán mit Salamanca und gesteht, daß der Palast von Montezuma «so wunderbar» sei, daß man «seine Vorzüglichkeit und Großartigkeit» gar nicht beschreiben könne.[20] Als «ein Wunder» empfand Kolumbus die Landschaft und Natur der Insel Hispaniola; die Schilderung, die er davon gibt, wird freilich eher als Ausdruck einer poetischen Begabung, denn als Zeugnis naturwissenschaftlicher Beobachtung gelten dürfen.[21]

Auf das Staunen der ersten Begegnung mit dem Fremden, das um Worte rang und sich mit oft sehr unzulänglichen Vergleichen zu artikulieren suchte, folgte als nächster Schritt die Frage nach dem unmittelbaren Nutzen des beobachteten Gegenstandes. Die Amerikareisenden des 15. bis 18. Jahrhunderts gingen mit aller Selbstverständlichkeit davon aus, daß sämtliche Hervorbringungen der Schöpfung ihren Bedürfnissen uneingeschränkt zu dienen hatten. So las man es in der Schöpfungsgeschichte,[22] und einer der ersten Chronisten der Neuen Welt, José de Acosta, hat es wie folgt formuliert: «So wollen wir den Überfluß und die göttliche Vorsehung bedenken, die auf so verschiedene Erdteile solche Mannigfaltigkeit an Obst- und anderen Bäumen verteilt, alle zum Gebrauch des Menschen; und es ist eine wunderbare Sache, die vielfältigen Unterschiede der Verwendungsart, des Geschmacks und der Tätigkeiten zu sehen, von denen man in der Welt, bevor Amerika entdeckt wurde, noch nichts wußte.»[23] Es war eine der wichtigsten Überlebensvoraussetzungen für die Reisenden und Siedler jenseits des Atlantiks, die exotischen Nutzpflanzen immer genauer kennenzulernen und sich durch die Indianer über deren Anbau und Verwendungsmöglichkeiten unterrichten zu lassen. Im allgemeinen paßte man sich erstaunlich widerspruchslos und rasch an ungewohnte Nahrung und neue Eßgewohnheiten an, wobei zu beachten ist, daß die europäische Tafel zu jener Zeit keineswegs reich gedeckt war und die meisten Überseereisenden nie Gelegenheit gehabt hatten, einen wählerischen Geschmack zu entwickeln. In den frühen Berichten aus Süd- und Nordamerika finden sich denn auch viele Hinweise auf Nutzpflanzen wie etwa Mais, Süßkartoffel, Tomate, Maniok und deren Zubereitung.

Schwieriger noch als die Beschreibung von Flora und Fauna und die Aneignung nützlicher Kenntnisse gestaltete sich die geistige Annäherung an jene Überseebewohner, die wir im Gedenken an Kolumbus' Irrtum mit dem Sammelbegriff «Indianer» bezeichnen. Wiederum läßt sich dieser Vorgang schön am Quellenmaterial der Reiseberichterstattung beobachten. Am Anfang stand auch hier das Staunen: «Auf diesen Inseln», schreibt Kolumbus, «konnte ich keine Ungeheuer in Menschengestalt feststellen, sondern fand überall Leute mit angenehmem Äußeren.»[24] Der italienische Diplomat und Kartenmacher Alberto Cantino, der um 1500 mit Indianern zusammentraf, welche portugiesische Seefahrer nach Europa verschleppt hatten, stellt fest: «Ich habe diese Leute gesehen, berührt und untersucht, und um mit ihrer Gestalt zu beginnen, erkläre ich, daß sie etwas größer sind als wir im Durchschnitt, mit vergleichbaren, wohl geformten Gliedmaßen...»[25] Daran, daß die Eingeborenen Menschen waren, zweifelten bereits die ersten Transatlantikreisenden in der Regel nicht. Schon im Jahre 1537 wurden die Indianer in einer Bulle Papst Pauls III. ausdrücklich als «veros homines»[26] bezeichnet, und man konnte sich höchstens noch darüber streiten, woher sie kamen: Ob sie, wie der bereits erwähnte Acosta meinte, auf einer nördlichen Landverbindung von Asien her eingewandert waren,[27] oder ob sie sich, wie der französische Missionar Joseph-François Lafitau in der ersten Hälfte des 18. Jahrhunderts nachzuweisen suchte, von den Vorfahren der Griechen herleiteten.[28]

Was die Informationen über die Indianer betraf, wie sie sich vom 15. bis zum 18. Jahrhundert in den europäischen Reiseberichten niederschlugen, muß festgestellt werden, daß sie meist nicht über die äußere Erscheinung der Eingeborenen, über ihre Rolle innerhalb der Ereignisgeschichte der kolonialen Expansion und über ein stereotyp sich wiederholendes Werturteil hinausgingen. Vielfach werden die Indianer als Barbaren oder Heiden, am häufigsten aber als «Wilde» oder «sauvages» bezeichnet, ein Wort, das auf das Lateinische »silvaticus« zurückgeht und bis zum 19. Jahrhundert in Gebrauch blieb. In einer frühen Anwendung auf die Tupí-Indianer Südamerikas beschreibt der französische Reisende André Thevet um 1550 die «sauvages» als ein «absonderlich wildes, fremdes und rohes Volk, ohne Glauben, ohne Gesetz, Religion und Gemeinsinn».[29] Es war dieses negative Klischee, das während Jahrhunderten dominant blieb, das gelegentlich in Gruselgeschichten von Kannibalen eine düstere Verschärfung erfuhr, aber im 18. Jahrhundert durch die modische Begeisterung für das Exotische und den «Edlen Wilden» auch überraschend aufgewertet wurde.

Der eingehenden Beschreibung und dem vertieften Verstehen einer bestimmten ethnischen Gruppe und ihrer Sitten und Gebräuche stellten sich die größten Hindernisse entgegen. Die wichtigsten davon seien hier kurz genannt. Vielfach fehlte es den Reisenden an Muße und Gelegenheit zu eingehender Beobachtung: Die Seefahrer hielten sich ohnehin nur kurzfristig an ihren Ankerplätzen auf; das Verhältnis der Siedler zum Indianer aber reduzierte sich vielfach, wie in Südamerika, auf das einseitige Verhältnis vom Herrn zum Sklaven oder, wie in Nordamerika, auf punktuelle Kontakte mit halb nomadisierenden Tauschhändlern. Auch konnte man sich mit den Indianern nur schwer wirklich verständigen: Die Wörterverzeichnisse, welche fleißige Missionare seit dem 16. Jahrhundert zusammenstellten, enthielten nur eine sehr beschränkte Zahl von Vokabeln, deren Bedeutung im indianischen Verständnis oft unklar blieb. Umgekehrt genügten, wie schon im Bereich von Botanik und Zoologie, die europäischen Begriffe bei weitem nicht, ethnisch bedeutsame Fakten zu erfassen: Ein Beispiel sind die Termini der absolutistischen Gesellschaft wie «König», «Prinz», «Vasall», die man häufig irreführend auf die indianischen Gesellschaftsstrukturen übertrug. Schließlich führte der Zusammenprall der expansiven europäischen Kultur mit der indianischen oft zu derart brüsken Veränderungen, daß manche ethnische Gruppen gar nicht mehr in ihrer intakten gesellschaftlichen Daseinsform beobachtet und beschrieben werden konnten. Trotz dieser erheblichen Hindernisse, die sich dem Verständnis der Vertreter fremder Kultur entgegenstellten, kennt die Reiseberichterstattung des 15. bis 18. Jahrhunderts manche Zeugnisse von bedeutendem völkerkundlichem Wert, oft aus der Feder von Missionaren, welche den Überseebewohnern nicht selten mit echter Anteilnahme begegneten. Von einer wissenschaftlichen Völkerkunde wird man freilich vor dem Beginn des 19. Jahrhunderts nicht sprechen können, und die Methoden heutiger ethnographischer Feldforschung waren unbekannt.[30]

Die Berichte der Überseereisenden erschienen in Europa in Einzelausgaben und fanden dank der Erfindung des Buchdrucks schon früh weite Verbreitung: So sind beispielsweise von Amerigo Vespuccis berühmtem «Mundus-Novus-Brief» zahlreiche zwischen 1503 und 1507 erschienene Ausgaben bekannt, darunter auch Übersetzungen ins Deutsche und Niederländische.[31] Zwischen dem 16. und dem 18. Jahrhundert wurden ferner immer wieder Sammlungen von Reiseberichten vorgelegt, zuweilen in kolonialpropagandistischer Absicht mit Kommentaren versehen, zuweilen textkritisch mehr oder weniger sorgfältig bearbeitet. Ein frühes Werk dieser Art ist die Reiseberichtsammlung «Navigazioni e viaggi» des Venezianers Giovanni Battista Ramusio, die nach 1550 in mehreren Bänden erschien.[32] Neben Sammlungen dieser Art traten die Chroniken und Kosmographien, in denen von den Reiseberichten reger Gebrauch gemacht wurde, so etwa die «Cosmographia Universalis» des Sebastian Münster, die 1544 in Basel herausgegeben wurde.[33] Im 18. Jahrhundert schließlich wurden solche Chroniken zunehmend durch universalhistorische Werke abgelöst, die auch die Geschichte überseeischer Gebiete einbezogen: Als wegweisende Darstellung dieser Art sei hier der «Essai sur les mœurs» von Voltaire aus dem Jahre 1756 genannt, der sich in mehreren Kapiteln mit Amerika befaßt.[34]

Im Laufe dieses Prozesses der Rezeption und Verarbeitung von Informationen aus wenig bekannten Weltgegenden bildete sich immer stärker ein Gegensatz zwischen dem Reisenden an der Peripherie der europäischen Kolonialreiche und dem Kompilator und Gelehrten im Mutterland aus. Während jenem das Privileg zufiel, seine Beobachtungen an Ort und Stelle durchzuführen, hatte dieser den Vorteil, die einlaufenden Informationen miteinander vergleichen und einer kritischen Prüfung unterziehen zu können. Dem 18. Jahrhundert wurde die Kluft zwischen dem reisenden Augenzeugen und dem daheim gebliebenen «Lehnstuhlgelehrten» schmerzlich bewußt, und Jean-Jacques Rousseau stellt in einer wichtigen Anmerkung zu seiner Preisschrift «Sur l'origine de l'inégalité» fest: «Seit drei oder vier Jahrhunderten haben die Einwohner von Europa alle übrigen Teile der Welt zu überschwemmen angefangen und immer neue Sammlungen von Reisebeschreibungen und Reisegeschichten herausgegeben. Dennoch, glaube ich, sind uns keine anderen Menschen bekannt als die Europäer. Ja, die lächerlichen Vorurteile, die sogar bei gelehrten Leuten nicht selten gefunden werden, daß fast jeder mit der Prahlerei, den Menschen zu studieren, nichts mehr als seine Landsleute studiert. Die gemeinen Leute mögen noch so lange hin und her reisen, die Philosophie scheint immer zu Hause zu bleiben.»[35] Menschen wie Montesquieu, Buffon und Diderot, so lautet die Forderung Rousseaus, müßten auf Weltreisen geschickt werden, dann erst «würden wir eine neue Welt unter ihrer Feder hervorkommen sehen, wodurch wir die unsrige besser kennenlernen könnten».[36]

Der Vorschlag, «Philosophen», nach damaligem Wortverständnis Menschen von guter Fachkenntnis und unvoreingenommener Urteilskraft, in die weite Welt zu entsenden, ist erst gegen Ende des 18. Jahrhunderts in Ansätzen verwirklicht worden. So reisten bei den Weltumsegelungen von Louis Antoine de Bougainville und James Cook Gelehrte mit, ferner besonders ausgebildete Spezialisten, denen die Aufgabe zufiel, Naturprodukte zu sammeln und zu konservieren sowie Landschaft und Bevölkerung zeichnerisch festzuhalten. Weiterhin ging man dazu über, in den Instruktionen an die Seefahrer bestimmte Forschungsziele festzuhalten, die über einen bloß geographisch-kartographischen Auftrag hinausgingen. Auch unter den Landreisenden wurde der Typus des wissenschaftlich vorbereiteten Forschers immer häufiger: Der Naturwissenschaftler La Condamine, der 1744 den Amazonas befuhr, verkörpert diesen Wandel ebenso eindrücklich wie der vielseitig vorgebildete Alexander von Humboldt. Erst im 19. Jahrhundert jedoch sollte es üblich werden, daß Pionierreisender und Forscher in ein und derselben Person auftraten und die Praxis sich mit der Theorie eng verband.

Wir haben von der geographischen Entdeckung und anschließend von der engen Beziehung zwischen Entdeckung, Besitzergreifung und Eroberung gesprochen; zuletzt war die Rede von jenem Vorgang fortschreitenden Verstehens, der, alle Gegenstände der wahrnehmbaren Welt ergreifend, seine Widerspiegelung in Reiseberichten, immer mehr aber auch in gelehrten

Gesamtdarstellungen gefunden hat. Kann nun dieser Prozeß der andauernden Erkundung noch als «Entdeckung» angesprochen werden? Sicher nicht im eingeschränkten Sinne der eingangs erwähnten «geographischen Entdeckung», die mit der korrekten Feststellung der Koordinaten und dem richtigen kartographischen Eintrag ihren Abschluß findet. Demgegenüber umfaßt der Prozeß des fortschreitenden Erkundens alle Zielbereiche der menschlichen Neugierde und ist seinem Wesen nach nie abgeschlossen – selbst der Reisende, der Amerika heute aufsucht, macht noch Entdeckungen, und sei es nur für sich selbst. Es wäre demnach der Begriff der Entdeckung um eine geistesgeschichtliche Dimension zu erweitern: Uns muß nicht nur interessieren, was ein bestimmter Reisender erstmals aufgefunden und was er dadurch politisch und wirtschaftlich unmittelbar bewirkt hat, sondern auch, inwiefern er an seiner Stelle am allgemeinen Prozeß der Wissensvermehrung teilgenommen und mitgearbeitet hat. Daß durch diese Sehweise das Untersuchungsfeld des Historikers mächtig erweitert wird, versteht sich von selbst. Jeder Amerikareisende, der von seinem Aufenthalt eine schriftliche Kunde hinterlassen hat, geeignet, die Kenntnis von Land und Bevölkerung zu vergrößern, zu vertiefen und zu korrigieren, darf nun ein Interesse beanspruchen, das seiner Leistung entspricht. So gesehen ist beispielsweise der französische Hugenotte Jean de Léry, der Brasilien erst fünfzig Jahre nach seiner Entdeckung betrat und dessen Auftreten kolonialpolitisch wirkungslos blieb, doch eine erinnerungswürdige Figur; denn seine Aufzeichnungen über die Tupí-Indianer haben den Horizont zeitgenössischer Kenntnis deutlich erweitert.[37] Und Ähnliches wird sich von einem John Smith sagen lassen, der zu Beginn des 17. Jahrhunderts auf seinen Fahrten entlang der nordamerikanischen Ostküste zwar meist bekannten Routen folgte, durch die Qualität seiner Berichterstattung aber neue Maßstäbe setzte.[38] Selbst der Reisende, der die Tragweite seiner Entdeckungen nicht überblickt und sogar falschen oder zwanghaften Vorstellungen folgt, findet innerhalb solch geistesgeschichtlicher Betrachtungsweise seinen Platz: Daß Kolumbus meinte, Asien entdeckt zu haben, und daß Dutzende von Seefahrern, die der nordamerikanischen Ostküste folgten, den Pazifik zu erreichen hofften, schmälert nicht notwendig ihre Leistung, hat doch der fruchtbare Irrtum im Prozeß des fortschreitenden Verstehens seine eigene Bedeutung.

Entdecken, Erobern, Erkunden – die drei Grundformen menschlicher Annäherung an das Unbekannte, wie sie durch die Reiseberichterstattung über Amerika vom 15. bis zum 18. Jahrhundert dokumentiert werden, sind der Gegenstand dieses Buches. Sein Autor möchte zeigen, wie vielgestaltig dieser Prozeß der Annäherung entsprechend den jeweiligen geschichtlichen und geographischen Voraussetzungen verlaufen ist und wie sehr sich Entdeckung, Eroberung und Erkundung gegenseitig durchdringen und bedingen. Auch vom Wandel von Motivation, Methode und Zielsetzung der an diesem Vorgang im Laufe von über drei Jahrhunderten beteiligten Akteure ist auf den folgenden Seiten die Rede. Dabei soll ins Bewußtsein gehoben werden, daß der Aufbruch Europas in die Welt jenseits des Atlantiks, der mit Kolumbus begann, sich seither in wechselnden Konstellationen fortgesetzt hat und seiner Natur nach nicht zu einem Abschluß kommen kann. Auch wir Zeitgenossen des 20. Jahrhunderts, Bewohner einer kleiner gewordenen Welt, werden in diesem Prozeß ständig erneuerter Annäherung unsere Neugierde, Vorurteilslosigkeit und solidarische Mitverantwortung zu erweisen haben.

Die Reisen zur See

Titelvignette aus Berger, F., ed., Theodor de Bry,
America oder die Neue Welt, Erster Teil,
Tafel 73 [Leipzig und Weimar 1977].

I

Der Aufbruch: Christoph Kolumbus

1. Die atlantische Welt vor Kolumbus

Im Jahre 1375 entstand auf der Insel Mallorca eine Weltkarte, die dank glücklicher Umstände erhalten geblieben ist und zu den informativsten und schönsten Werken handschriftlicher mittelalterlicher Kartographie gehört. Die unter dem Namen «Katalanischer Weltatlas» bekannte, in der «Bibliothèque Nationale» zu Paris aufbewahrte Arbeit, wahrscheinlich eine Schöpfung des jüdischen Kartenmalers Cresques Abraham, gibt einen guten Begriff von der Weltvorstellung der damaligen Zeit. Cresques Abraham ging vom Weltbild des antiken Kosmographen Ptolemäus aus [100–160 n. Chr.], übernahm zum Teil widersprüchliche Vorstellungen des Chronisten und Theologen Isidor von Sevilla [560–636] und verwertete in seiner «Mappa Mundi» Informationen der Reiseberichte des Venezianers Marco Polo [1254–1324] aus China und des Arabers Ibn Battuta [1304–1377] aus Afrika und dem Orient. So entstand eine verwirrend bunte kartographische Darstellung, ebenso aufschlußreich wie irreführend, deren wissenschaftliche Interpretation bis heute nicht abschließend gelungen ist.[1]

Der Mittelmeerraum wird auf Cresques Abrahams Weltkarte, was den Küstenverlauf und die Proportionen anbetrifft, mit erstaunlicher Genauigkeit wiedergegeben: Solche Kenntnis nährte sich aus jahrhundertelanger Vertrautheit mit diesem kulturhistorisch einmaligen Begegnungsbereich, und man weiß, daß gerade Mallorca beim Austausch geographischer Erfahrungen seit dem 13. Jahrhundert eine führende Rolle gespielt hat. Weit weniger genau und vollständig wirkt dagegen Cresques Abrahams Darstellung der Kontinente Afrika und Asien. Man erkennt zwar deutlich einige markante topographische Gegebenheiten wie die Gebirgskette des Atlas, den Verlauf des Nils, den Graben des Roten Meeres und die Einbuchtung des Persischen Golfs; der Umriß der Erdteile wird indessen sehr verzerrt wiedergegeben. Insbesondere wird sichtbar, daß über das Hinterland nur wenig genaue Information vorlag. Der Kartenzeichner, vielleicht um einem verständlichen «Horror vacui» entgegenzuwirken, füllte die leeren Räume mit Darstellungen von seltsamen Tieren und Menschen, von exotischen Potentaten und allerlei allegorischen Figuren; auch zeichnete er mit täuschender Präzision eine große Zahl von Städten ein, die, turmbewehrt und wimpelgeschmückt, den Eindruck von fernem Reichtum erzeugten. Damit wurde der ästhetische Wert der «Mappa Mundi» gegenüber dem geographischen beträchtlich erhöht, und die Karte stellt sich dem heutigen Betrachter vor allem dar als ein Dokument mittelalterlicher Geistesverfassung, das bereits Erwartungen erkennen läßt, wie sie den ersten Seereisenden nach der Neuen Welt vorschweben sollten.

Im äußersten Westen des «Katalanischen Weltatlas» wurde aufgezeichnet, was vom atlantischen Raum gegen Ende des 14. Jahrhunderts einigermaßen bekannt war. Auch hier vermischen sich Wahrheit und Phantasie in verwirrender Weise, aber es wird doch sichtbar, daß die wichtigsten Inselgruppen, die den Seefahrern im kommenden Jahrhundert als Etappenstationen auf der Fahrt zum Kap der Guten Hoffnung und nach Amerika dienen sollten, bekannt waren.[2] Selbst wenn Cresques Abraham mit der Lokalisierung der Inseln seine liebe Mühe hatte, lassen sich doch auf seiner Karte drei Inselgruppen deutlich unterscheiden: die Kanaren, Madeira und die Azoren.

Die Kanarischen Inseln waren bereits den Phöniken bekannt, die, von den Gestaden des Libanons westwärts fahrend, im ersten Jahrtausend vor Christus ein Handelsimperium geschaffen hatten, das über die Meerenge von Gibraltar hinaus im Süden bis zur Westküste Marokkos und im Norden möglicherweise bis zu den Küsten Cornwalls reichte.[3] Die Römer nannten die Inselgruppen «Insulae Fortunatae», «Glückselige Inseln», und Cresques Abraham greift auf eine Erwähnung durch Plinius den Älteren zurück, wenn er in der seiner Karte beigegebenen Legende schreibt: «Die Glückseligen Inseln sind im Großen Meer zur linken Hand, nahe dem westlichen Rand, jedoch noch innerhalb des Meeres... Die Heiden glauben, daß dort das Paradies sei, weil die Inseln ein so ausgeglichenes Klima und eine so große Fruchtbarkeit des Bodens aufweisen.»[4]

Zu Beginn des 14. Jahrhunderts, vielleicht im Jahre 1312, wurde ein Teil der Kanarischen Inseln vom Genuesen *Lancelotto Malocello* wiederentdeckt;[5] diesem Seefahrer verdankt eine der insgesamt dreizehn Inseln des Archipels auch ihren Namen [Lanzarote]. Es bleibt im Dunkel, in wessen Auftrag und mit welchen Zielen Malocello seine Fahrt antrat, auch wissen wir nicht, von welchen Vorkenntnissen er ausging und ob er sich selber in der Rolle des Entdeckers oder Wiederentdeckers sah. Unmittelbare Folgen für die kolonisatorische Erschließung der Inselgruppe scheint diese Unternehmung nicht gehabt zu haben, und es ist möglich, daß Malocello, dessen bewegtes Leben nur bruchstückhaft überliefert ist, in ihr vor allem eine Bewährungsprobe ritterlicher Lebensführung sah.[6] Eine weitere Reise nach den Kanaren ist erst aus dem Jahre 1341 überliefert; in ihrem Verlauf wurden mehrere Inseln erkundet, und sie bildete den Auftakt zu einer lockeren Folge weiterer ähnlicher Unternehmungen. Bemerkenswert an dieser Fahrt ist, daß an ihr bereits Vertreter der drei Seemächte beteiligt waren, welche anderthalb Jahrhunderte später die Entdeckung des amerikanischen Kontinents in Angriff nehmen sollten: Italiener, Portugiesen und Spanier.

Der kastilische Besitzanspruch auf die Inselgruppe verdeutlichte sich 1344 mit der Verleihung eines päpstlichen Lehens durch Klemens VI. an *Luis de la Cerda*, der auch unter dem Namen Ludwig von Spanien bekannt ist. De la Cerda sollte die einheimische Bevölkerung der Inselgruppe, die Guanchen, mit dem christlichen Glauben bekannt machen – eine Verknüpfung von Besitzverleihung und Missionsverpflichtung, wie sie später zu den Grundsätzen der spanischen Kolonialethik geworden ist; auch wurde den Mitreisenden, ähnlich wie seinerzeit den Kreuzfahrern, Sündenerlaß in Aussicht gestellt. Doch Luis de la Cerda verstarb, bevor er seinen Fuß auf die Kanaren setzen konnte, die Besiedlung der Inseln wurde weiter verzögert, und die Überlieferung berichtet lediglich fragmentarisch von Missionaren aus Mallorca und allenfalls einigen Sklavenjägern und Fischern, die auf dem Archipel tätig gewesen sein mochten.[7]

Gegen Ende des Jahrhunderts begann Heinrich III. von Kastilien sein Interesse an einer Kolonisation der Kanaren anzumelden. Im Jahre 1403 nahm der König den normannischen Edelmann *Jean de Béthencourt* und dessen Begleiter *Gadifer de la Salle* in seine Dienste, welche ein Jahr zuvor auf eigene Kosten zu den Kanarischen Inseln gefahren waren, sich aber materiell außerstande sahen, die Besiedlung des Landes selbst voranzutreiben. Nachdem sich die beiden Franzosen in Fragen des persönlichen Vorrangs zerstritten hatten, machte sich Béthencourt in eigener Verantwortung an die Unterwerfung der Inseln Lanzarote, Fuerteventura und Hierra. Er ging mit äußerster Rücksichtslosigkeit gegen die Inselbevölkerung vor, vertrieb sie vom fruchtbaren Land, führte sie in den Frondienst oder exportierte sie als Sklaven nach der Iberischen Halbinsel. Aus der Normandie bezog er Nachschub an Siedlern, teilte diesen Land zu und verhalf ihnen zu einem spärlichen Auskommen.[8] Béthencourt unterhielt keine Beziehungen zur französischen Krone und verstand sich ganz als Vasall Heinrichs III. von Kastilien. Man mag seine Unternehmung durchaus mit der Seefahrertradition der Normannen in Verbindung bringen, die Ende des ersten Jahrtausends ins Mittelmeer vorgedrungen waren und im Jahre 1091 unter Roger I. die Herrschaft über Sizilien übernommen hatten. Es wäre aber verfehlt, die Erschließung der Kanarischen Inseln, wie dies gelegentlich geschehen ist,[9] an den Beginn einer Überseegeschichte der französischen Nation zu stellen. «Es scheint folglich schwierig», schreibt Charles-André Julien, «eine Unternehmung der französischen Kolonisation gutzuschreiben, die zwar unter der Führung und der Mitbeteiligung von Franzosen verwirklicht worden ist, aber ohne jede Kontrolle der eigenen Regierung und zum alleinigen Vorteil der kastilischen Monarchie.»[10]

Um das Jahr 1406 kehrte Jean de Béthencourt in die Normandie zurück, ohne die Erschließung des Archipels abgeschlossen zu haben. Insbesondere die größeren und fruchtbaren Inseln Gran Canaria und Teneriffa hatten sich, von den hier zahlreich siedelnden Guanchen verbissen verteidigt, seinem Zugriff entzogen. Verschiedene spanische Familien versuchten in den folgenden Jahrzehnten mit unterschiedlichem Erfolg, Teile der Inseln als Lehen zu übernehmen und zu bewirtschaften. Nach 1430 bemühte sich Prinz Heinrich von Portugal, genannt der Seefahrer, erfolglos um die Übernahme der Kanaren, die er als Stützpunkte für seine Vorstöße an die Guineaküste und zu den Goldschätzen des afrikanischen Hinterlandes einzusetzen gedachte. Erst nach der Vereinigung Kastiliens und Aragons unter den «Katholischen Königen» Isabella und Ferdinand im Jahre 1474 fiel die Inselgruppe endgültig an Spanien. Von der Insel Gomara aus trat Christoph Kolumbus am 6. September 1492 seine Überfahrt nach der Neuen Welt an. In der Folge übernahmen die Kanarischen Inseln als «Herzstück imperialer Kommunikation»[11] eine wichtige Rolle als Etappenstation sowohl bei der Hinreise zu den spanischen Besitzungen in der Karibik und auf dem amerikanischen Festland als auch bei der Fahrt ums Kap der Guten Hoffnung zu den Handelsstützpunkten Portugals in Asien.

Auch die Inselgruppen Madeiras und der Azoren waren den Iberischen Seefahrern des 14. Jahrhunderts mit größter Wahrscheinlichkeit bekannt. Sie sind in Cresques Abrahams «Katalanischem Atlas» verzeichnet, auch wenn sich die einzelnen Inseln nicht zuverlässig identifizieren lassen. Hier gelang es Prinz Heinrich dem Seefahrer, beide Archipele für Portugal in Besitz zu nehmen und deren Kolonisierung voranzutreiben. Im Jahre 1421 wurde Funchal, die Hauptstadt Madeiras, vom portugiesischen Seefahrer *João Gonçalves Zarco* gegründet, und es wurden im Auftrag der Krone Lehen an Einwanderer verteilt. Nach schwierigen Anfängen, die durch Auseinandersetzungen unter den Vasallen geprägt waren, verhalf die Einführung von Zuckerrohr Madeira zu andauernder Prosperität. Der Umstand, daß die Inselgruppe, ebenso wie die Kapverdischen Inseln und die Azoren, beim Eintreffen der Europäer nicht bewohnt war, trug dazu bei, den wirtschaftlichen Aufschwung zu erleichtern. Um die Mitte des 15. Jahrhunderts lebten etwa achthundert Siedler auf dem Archipel.[12] Mit Madeira war Christoph Kolumbus durch eine persönliche Beziehung verbunden: Er heiratete, noch in Lissabon ansässig, die Tochter des Kommandanten der Insel Porto Santo. Als Etappenstation war die Inselgruppe seit der ersten Hälfte des 15. Jahrhunderts für den portugiesischen Afrikahandel wichtig; später diente sie als Stützpunkt auf der Überfahrt nach Brasilien.

Die rund tausendvierhundert Kilometer westlich der portugiesischen Küste gelegenen Azoren wurden 1431 und in den folgenden Jahren von *Gonçalo Velho Cabral* und weiteren portugiesischen Seefahrern erkundet.[13] Auch hier bemühte sich Heinrich der Seefahrer um die Erschließung und Besiedlung des Landes; doch eine wirtschaftliche Blüte, wie sie das Zuckerrohr in Verbindung mit der Sklavenarbeit auf Madeira ermöglichte, blieb hier aus. Immerhin wurde um die Mitte des 16. Jahrhunderts auf einzelnen Inseln genug Getreide geerntet, um Exporte nach Madeira und selbst ins Mutterland profitabel zu machen. Für den Seeverkehr erwies es sich als von großer wirtschaftlicher und strategischer Bedeutung, daß die Azoren an der Rückfahrroute der spanischen Schiffe aus der Karibik lagen. Hier wurden regelmäßige Aufenthalte eingeschoben; Schiffe, die auf stürmischer See Schaden genommen hatten, wurden instandgesetzt, Wasser und Proviant wurden aufgenommen und Informationen ausgetauscht. Obwohl die portugiesisch-spanische Rivalität nicht ohne Einfluß auf die Beziehungen zwischen Inselbewohnern und Seefahrern blieb, verhinderte doch das ausgeprägte Interesse beider Parteien ernsthaftere Konflikte. Die beiden folgenreichsten Seefahrten des 15. Jahrhunderts profitierten bereits von der günstigen geographischen Lage der Azoren: Im Jahre 1493 landete Kolumbus auf der Rückkehr von seiner ersten Amerikafahrt auf einer der Inseln, Santa Maria; und Vasco da Gama, im Jahre 1499 aus Indien zurückkehrend, machte auf Terceira einen dringend nötigen Zwischenhalt.

Neben den Kanarischen Inseln, Madeira und den Azoren spielt in vorkolumbischer Zeit ein weiterer Archipel eine Rolle, der im «Katalanischen Atlas» noch keine Erwähnung findet: die Kapverden. Die Entdeckung dieses Archipels, rund fünfhundert Kilometer vor der Küste Senegals gelegen, wird in der Regel den italienischen Seefahrern *Alvise da Cadamosto* und *Antonio de Noli* zugeschrieben, die in portugiesischen Diensten reisten. Als Datum wird das Jahr 1455 genannt; zehn Jahre später war die Erkundung auch der westlichsten Inseln des Archipels abgeschlossen.[14] Zwischen 1415 und 1470 waren portugiesische Schiffe der westafrikanischen Küste entlang bis zur Bucht von Benin vorgestoßen, und bereits um die Jahrhundertmitte hatte sich ein reger Handel mit der maurischen und schwarzafrikanischen Küstenbevölkerung eingespielt. Ihre Bedeutung erhielten die Kapverdischen Inseln denn auch dank ihrer Nähe zu Afrika: Hier bildete sich, da schwarze Sklaven leicht zu beschaffen waren, erstmals jenes System der Plantagenwirtschaft aus, das später für Brasilien wegweisend werden sollte. Beim Vorstoß der iberischen Entdecker und Kolonisten über den Atlantik spielten die Kapverden keine zentrale Rolle. Kolumbus legte, als er im Jahre 1498 auf seiner dritten Reise weit südwärts ausholend dem südamerikanischen Festland zustrebte, hier an, und Pedro Cabral kam auf seinem Weg nach Brasilien im Jahre 1500 hier vorbei, freilich ohne zu landen.

Der «Katalanische Atlas» und die wenigen andern Kartenwerke, die sich aus dem 14. und 15. Jahrhundert erhalten haben, verzeichnen eine Reihe weiterer Inseln, die den genannten Inselgruppen nicht zuzuordnen und auf keiner heutigen Karte aufzufinden sind. Die angelsächsische Geschichtsschreibung hat für diese Inseln die treffende Bezeichnung «Flyaway Islands» gefunden.[15] Ihre Scheinexistenz verdanken diese Eilande fehlerhaften seemännischen Beobachtungen, einer sich aufs bloße Hörensagen abstützenden Berichterstattung sowie Kopierfehlern bei der Kartenherstellung. «Auf den Karten des Mittelalters und der Renaissance», schreibt S. E. Morison, einer der besten Kenner der transatlantischen Entdeckungsgeschichte, «sind viele nicht vorhandene Atlantikinseln eingezeichnet. Manche seemännischen Dilettanten unseres Jahrhunderts bestehen darauf, jede kartographisch festgehaltene Insel müsse einer wirklichen entsprechen. Doch das Gegenteil ist wahr.»[16] So wichtig der quellenkritische Vergleich alter Karten bei der Lokalisierung und Datierung früher Entdeckungen ist – die Methode kann, falls nicht durch andere Dokumente ergänzt, zu schwerwiegenden Fehleinschätzungen führen.

Wo verläuft nun, was die vorkolumbische Kenntnis des Atlantiks betrifft, die Grenze zwischen wissenschaftlich gesicherter Erkenntnis und Spekulation? Oder, anders gefragt: Wie weit reicht die reale Basis, auf der die Legenden der «Flyaway Islands» sich haben ausbilden können?

Beginnen wir mit den Sankt Brendaninseln, die auf Karten des 15. Jahrhunderts, dem afrikanischen Kontinent im Westen vorgelagert, verzeichnet wurden und bis zum 18. Jahrhundert in der Vorstellung von Seeleuten und Kartographen herumspukten. Daß es in der ersten Hälfte des 6. Jahrhunderts in Irland einen Mönch, eben *Sankt Brendan*, gab, der weite Seereisen unternahm, um das «verheißene Land der Heiligen», eine Art von irdischem Paradies im Westen, zu finden, gilt als gesichert. In einem Reisebericht, der «Navigatio Brendani»,[17] wird phantasievoll erzählt, wie der Mönch zusammen mit einigen Ordensbrüdern auf fellbespannten Booten ausfuhr und während einer Reise von nicht weniger als sechs Jahren Dauer die verschiedensten Inseln aufsuchte. Man traf auf ein Eiland, das sich als Wal entpuppte, der unter den Füßen der Besucher wegtauchte – dieselbe Geschichte, antiken Ursprungs, findet sich auch unter den Abenteuern Sindbads des Seefahrers in der Märchensammlung von «Tausendundeine Nacht».[18] Auf einer anderen Insel taten sich die Vögel dadurch hervor, daß sie lateinische Psalmen sangen. Wo überall sich Sankt Brendan tatsächlich aufgehalten hat, kann auf Grund solch fabulierender Erzählung unmöglich festgestellt werden. Nichs deutet jedenfalls darauf hin, daß der unternehmungslustige Mönch über den Bereich der Shetland-, der Färöerinseln und allenfalls Islands hinaus gelangt wäre.

Zwei weitere Inseln, die sich auf mittelalterlichen Karten immer wieder finden, ohne wirklich vorhanden zu sein, sind Antilia und die Brasilinsel. Antilia, auch die «Insel der sieben Städte» genannt, wird in der Regel westlich von Madeira und südlich der Azoren eingezeichnet, hat die Form eines Rechtecks und etwa die Größe Irlands. Auf dem berühmten Erdglobus des Martin Behaim, der 1492 entstand und in Nürnberg aufbewahrt wird, erscheint neben der Darstellung Antilias eine Bildlegende, die in deutscher Sprache berichtet, daß im Jahre 734, als ganz Spanien «von den Heiden aus Affrica» [den Arabern] eingenommen worden sei, der «Erzbischoff von Porto, Portigal, mit sechs andern Bischoffen» auf die Insel geflohen sei.[19] Diese Geschichte scheint im Verlauf des 15. Jahrhunderts oft wiederholt und geglaubt worden zu sein; Las Casas, der berühmte Chronist und Freund der Indianer, berichtet in seiner «Historia de las Indias», er habe in den Papieren des Kolumbus den Hinweis auf einen portugiesischen Besuch der Insel zur Zeit Heinrichs des Seefahrers gefunden.[20] Kolumbus selbst war von der Existenz der Insel Antilia überzeugt und hoffte während seiner ersten Reise, hier einen günstigen Stützpunkt auf dem Weg über den Atlantik zu finden. Auf den Namen der Insel geht die Bezeichnung «Antillen» für die Karibischen Inseln zurück.

Was die Brasilinsel betrifft, sind die Hintergründe der Mystifikation noch weniger greifbar. Die Insel erscheint auf einer Karte aus dem Jahre 1325

1. Die atlantische Welt vor Kolumbus

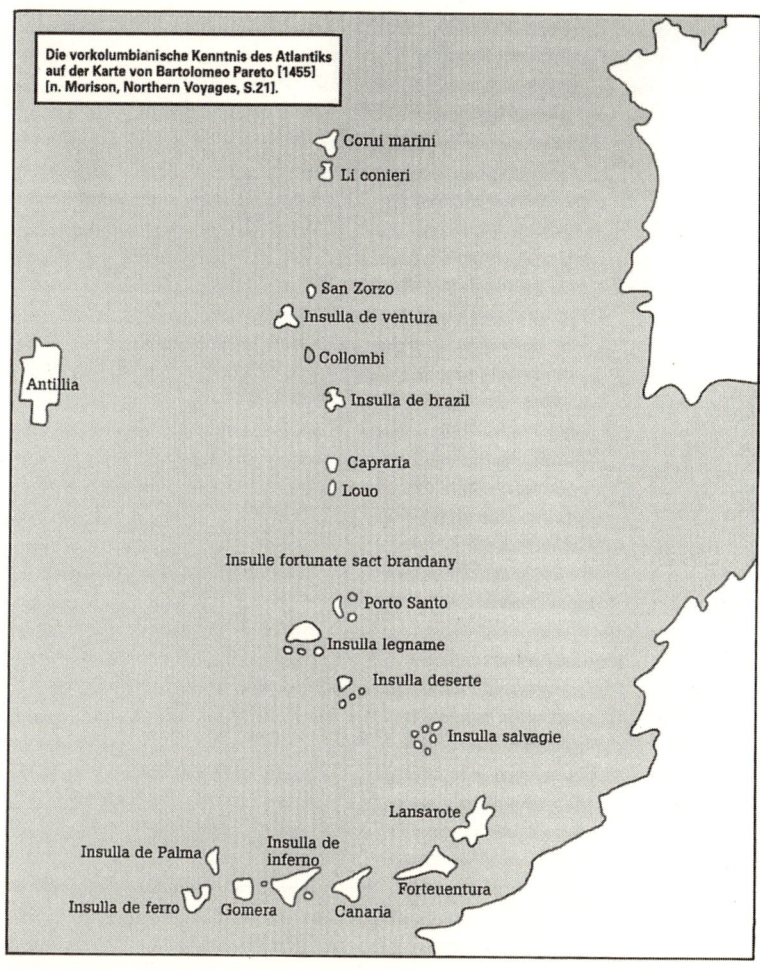

Die vorkolumbianische Kenntnis des Atlantiks auf der Karte von Bartolomeo Pareto [1455] [n. Morison, Northern Voyages, S.21].

westlich von Irland; Cresques Abraham verlegt sie weit in den Süden; Karten des 16. Jahrhunderts rücken sie in die Nähe Neufundlands. Ihr Name, aus dem Gälischen übersetzt, bedeutet «Insel der Seligen» und geht zurück auf Paradiesesvorstellungen, wie sie in der irischen Volksliteratur nachweisbar sind. Mit Brasilien hat die Brasilinsel entdeckungsgeschichtlich ebensowenig zu tun wie Antilia mit den Antillen; doch in nachkolumbischer Zeit wurde das Vorhandensein dieser «Flyaway Islands» auf frühen Karten immer wieder ins Feld geführt, um dem Entdecker Amerikas seine Pionierleistung streitig zu machen.[21]

Eine ausgiebigere Behandlung verdient der Fall der Insel «Vinland». Die Ortsbezeichnung taucht zuerst im Jahre 1075 in einer geschichtlichen Darstellung, den «Gesta Hammaburgensis», des Adam von Bremen auf und findet sich dann wieder in Familienchroniken oder «Sagas», wie sie auf Grund bereits vorhandener mündlicher Überlieferung im 13. Jahrhundert in Island verfaßt wurden.[22] Gegenstand dieser «Sagas» sind die Seereisen, welche die Wikinger oder Normannen zwischen dem 8. und 11. Jahrhundert von der skandinavischen Westküste aus im Nordatlantik unternahmen. Wir wissen auch aus anderen norwegischen und isländischen Quellen von diesen wagemutigen Fahrten, ausgeführt von mit Vierecksegeln versehenen Frachtschiffen, den «Knorren», die um 800 die Shetlandinseln, um 870 Island und um 970 Grönland erreichten. Wir wissen, daß der Normanne *Eirík der Rote*, wegen Totschlags aus Island verbannt, die Küsten Grönlands während dreier Jahre erkundete und im Jahre 985 an der Westküste die Siedlung Brattahlid, nahe beim heutigen Julianhåb, gründete. Von Grönland und von Island aus, zum Teil auf Irrfahrten, die nicht als Etappen in der Verfolgung eines systematischen entdeckerischen Konzepts gewertet werden können, dürften normannische Seefahrer in den folgenden Jahren auch in die Gewässer nördlich der Hudsonstraße, ins Küstengebiet von Labrador und nach Neufundland vorgestoßen sein. Einer der Familienchroniken, der «Grönländer Saga», läßt sich entnehmen, daß ein gewisser *Bjarni Herjólfsson* im Jahre 985 bisher unbekannte Gestade im Südwesten Grönlands aufsuchte; aber das ist schon alles. Etwas mehr ist über die Fahrten von *Leifr Eiríksson*, dem zweiten Sohn Eiríks des Roten bekannt. Ums Jahr 1000 folgte dieser der Route Herjólfssons und entdeckte drei neue Gebiete, die er Helluland, Markland und Vinland nannte. Zwei dieser Namen beziehen sich auf die Beschaffenheit des Geländes: Helluland bedeutet soviel wie «Land der flachen Steine» und Markland bedeutet «Waldland» – die beiden Gegenden werden heute von der Forschung im Küstengebiet von Baffin Island und Labrador lokalisiert.[23]

Zur jahrzehntelangen, noch immer nicht zweifelsfrei entschiedenen wissenschaftlichen Diskussion hat die Lage von Vinland Anlaß gegeben.[24] In den «Sagas» als ein Land beschrieben, in dem Weinbeeren, Weizen und Birken wüchsen, ist gefolgert worden, Vinland müßte weiter im Süden der nordamerikanischen Ostküste, zwischen Cape Cod und der Chesapeake Bay, ja vielleicht sogar in Florida lokalisiert werden. Doch die Interpretation der Quellen führte, obwohl Etymologen und Botaniker beigezogen wurden, zu keinem eindeutigen Befund; insbesondere blieb offen, ob nicht, wie der Polarforscher Fridtjof Nansen bereits vermutet hatte, mittelalterliche Legenden von ganz anderer Herkunft in die isländischen Sagas eingeflossen waren. Heute bekennt sich eine Mehrzahl von Forschern zu der Auffassung, Vinland sei im äußersten Norden Neufundlands anzusiedeln, in einer unwirtlichen Gegend, die den beschönigenden Namen «L'Anse aux Meadows» [Bucht der Wiesen] trägt. Diese Auffassung wird gestützt durch die archäologischen Untersuchungen, die das norwegische Ehepaar Ingstad in den sechziger Jahren an dieser Stelle unternommen hat.[25] Durch die Grabungen sind Reste normannischer Siedlungen festgestellt worden, und vermittels der Radiokarbon-Datierung konnte nachgewiesen werden, daß sie auf die Zeit um 1000 n. Chr. zurückgehen.

Die normannische Kolonie auf Vinland dürfte vielleicht noch bis zum Beginn des 11. Jahrhunderts bestanden haben. Doch die «Sagas» liefern nur sehr lückenhafte und schwer auf einen realen Kern zu reduzierende Informationen. Im Jahre 1003, so berichten sie, verließ Leifr Eirikssons Bruder *Thorvaldr* Grönland, um die Küste Vinlands zu erkunden. Dabei stieß er auf feindselige Eingeborene, die er «Scraelinger» nannte und ohne Zögern totschlug – die erste quellenkundlich belegte Nachricht eines Kulturzusammenstoßes in der Neuen Welt. Die nächste überlieferte Fahrt nach Vinland unternahm ein gewisser *Thorfinn Karlsevni*, der das Gebiet zwischen 1010 und 1013 mit rund hundert Kolonisten, darunter auch Frauen, zu besiedeln suchte. Auch Karlsevni geriet sofort in Konflikt mit den «Scraelingern», die er, so die «Grönländer-Saga», in einer großen Schlacht besiegte, ohne eigene Verluste zu erleiden. Von Vinland soll Karlsevni einige «Scraelinger» als Gefangene nach Grönland zurückgebracht haben – auch darin erweist sich der Normanne als ein Vorläufer späterer Entdecker. Aus den Quellen geht schließlich noch hervor, daß im Jahre 1121 ein Bischof aus Grönland Vinland aufgesucht haben soll, doch das Faktum scheint unsicher. Was in der Geschichte dieses Landes sonst geschah und wie diese Geschichte abbrach, wissen wir nicht. Erlitten die Kolonisten den Hungertod? Wurden sie von den «Scraelingern» überwältigt? Zerfleischten sie sich in internen Streitigkeiten? Am wahrscheinlichsten scheint die Hypothese, daß die Schiffsverbindungen, für das Überleben der Niederlassung unverzichtbar, nicht aufrechterhalten werden konnten. Und dies war wohl auch der Grund, daß die Normannen ihre Stützpunkte in Grönland schließlich aufgeben mußten: Mit der Eintragung in einer isländischen Chronik, datierbar ins Jahr 1347 und berichtend vom letzten aus Grönland eingetroffenen Schiff, schließt auch dieses Kapitel der normannischen Seefahrt in den eisigen Gewässern des hohen Nordens.

Doch die Insel Vinland hört nicht auf, die Fachwelt zu beschäftigen. Im Jahre 1965 publizierte die Yale University eine sogenannte «Vinland Map», die sie erworben hatte und die, nach der Meinung der fachkundigen Editoren, ums Jahr 1440 in der Nähe von Basel geschaffen worden war.[26] Auf dieser Karte findet sich, mit scharf gezeichneten Konturen und unmißverständlich beschriftet, eine Darstellung der Insel Vinland – ein, falls die vorgeschlagene Datierung zutrifft, erstaunliches Faktum, würde es doch bedeuten, daß ein halbes Jahrhundert vor Kolumbus' erster Reise ein Teil Nordamerikas bereits kartographisch festgehalten war. Die Größe der aufgezeichneten Insel, deren Lage im Südwesten und deren durch zwei tief eingeschnittene Buchten bestimmte Form legen die Vermutung nahe, Vinland stelle einen Teil der nordamerikanischen Ostküste mit der Hudson Bay und dem Golf des Sankt Lorenzstromes dar. Für die Datierung der Karte in die Mitte des 15. Jahrhunderts spricht ein der Karte beigeheftetes Manuskript eines Reiseberichts aus Asien, das unzweifelhaft aus diesem Zeitraum stammt.

Die Karte ist ein Einzelstück; aus dem 15. Jahrhundert ist keine vergleichbare Darstellung bekannt. Zwar gibt es zu diesem Zeitpunkt durchaus Karten, welche die von den Normannen entdeckten Gestade festhalten. Bereits der mehrfach erwähnte «Katalanische Atlas» von 1375 hält einige dieser Inseln, darunter die Orkneys, fest,[27] und auf einer «Nordlandkarte» des dänischen Geographen Claudius Clavus[28] sind mehrere Inseln im Norden Englands sowie Island und Grönland, letzteres freilich als Anhängsel Skandinaviens, eingetragen.

Die Einmaligkeit der neu aufgefundenen «Vinlandkarte» schuf eine Sensation, die 1965 durch die Weltpresse ging; dieselbe Einmaligkeit erregte aber auch Widerspruch. Neben kleineren Unstimmigkeiten fiel den kritischen Kartographie-Historikern vor allem auf, daß die Karte Grönland annähernd in der uns heute bekannten Inselform darstellt – eine derartig stimmige Kenntnis aber konnte um 1440 gar nicht vorhanden sein und wurde erst in der zweiten Hälfte des 19. Jahrhunderts gewonnen. Schließlich ergab eine chemische Prüfung der «Vinlandkarte» durch die Spezialisten des Londoner «British Museum», daß die Tinte der zweifelsfrei datierten Reiseberichtsquellen nicht mit derjenigen identisch ist, die zur Aufzeichnung der Karte benutzt wurde – diese enthält eine Beimischung, die erst nach 1920 Verwendung gefunden hat. Heute sind sich die Gelehrten einig, daß es sich bei der «Vinlandkarte» um eine raffinierte Fälschung, eine moderne Variante der «Flyaway Islands», handelt.

Überblickt man die Geschichte der atlantischen Inselerkundung am Vorabend von Kolumbus' Entdeckungsreisen, wird offensichtlich, daß ungeachtet aller Ungewißheit und Legendenbildung wichtige Voraussetzungen für die künftige Auffindung der Seewege nach Amerika und ums Kap der Guten Hoffnung nach Asien bereits geschaffen waren. Hineingestellt in die Kontinuität eines umfassenderen geschichtlichen Ablaufs, erscheint die Zeitspanne, während der die Kanarischen Inseln, Madeira, die Azoren und die Kapverden erkundet und teilweise besiedelt wurden, als eine Schwellenperiode, die es gestattete, unter neuartigen Bedingungen Kenntnisse zu verwerten, die man längst anderswo erworben hatte, und gleichzeitig neue Erfahrungen zu sammeln, die später wiederum in der imperialen Überseepolitik eingesetzt werden konnten.

Das Ausgreifen der iberischen Mächte in den Atlantik wurde möglich einerseits dank den politischen Veränderungen, welche die «Reconquista» bewirkte, anderseits dank einer langen Seefahrertradition, die auf den Mittelmeerhandel zurückging. Unter «Reconquista» verstehen wir den Prozeß der Rückgewinnung der Iberischen Halbinsel aus islamischer Herrschaft, der im

11. Jahrhundert einsetzte und in Portugal um die Mitte des 13. Jahrhunderts, in Spanien im Jahre 1492 zum Abschluß kam.[29] Dieser Vorgang, der in mehreren Schüben und mit großen Unterbrechungen erfolgte, führte nicht nur das atlantische Küstengebiet, von dem die Übersee-Expansion ausgehen sollte, in christlichen Besitz zurück; es handelte sich dabei auch um einen Prozeß der inneren Kolonisation, der die wirtschaftlichen, kulturellen und administrativen Grundlagen für die Machtstellung der Dynastie Aviz in Portugal [1385–1580] und der Vereinigten Königreiche von Kastilien und Aragon [nach 1474] schaffen sollte. Im Grenzbereich zwischen Christentum und Islam bildeten sich die Formen der Landerkundung, Besitznahme, Besiedlung und Bewirtschaftung aus, die später auf den atlantischen Inseln und in der Neuen Welt weiterentwickelt werden sollten. Die Erkundung der neuen Siedlungsgebiete erfolgte, wie später in Amerika, in bewaffneten Raubzügen und unter Beachtung bestimmter Verhaltensmuster: Verhandlungsbereitschaft, solange man sich unterlegen, und rücksichtsloser Angriffskrieg, sobald man sich überlegen fühlte; Versorgung der eigenen Truppe aus den Vorräten des Gegners; Geiselnahme und Erpressung; Ausnützung von Unstimmigkeiten im feindlichen Lager durch Aufwiegelung und Verrat; Überführung der Gefangenen in Sklaverei und Frondienst. Ethisch begründet wurde dieses Vorgehen durch die Kreuzzugsideologie, die dem Bekämpfer der Heiden Sündenvergebung in Aussicht stellte, sowie durch das Postulat des Missionsauftrags, dem jedoch selten nachgelebt wurde. Dem Sieg über den Ungläubigen folgte, auf der Iberischen Halbinsel wie später in Amerika, ganz selbstverständlich die Einverleibung seines Besitzes. Diese Besitzergreifung geschah im Auftrag der Krone und im Rahmen der lehensrechtlichen Tradition und führte in den vom Gegner aufgegebenen Gebieten zur Ausbildung eines Großgrundbesitzes und zur Gründung städtischer Verwaltungszentren. Die Unsicherheit und Härte der Existenz im Grenzbereich sowie die durch den Expansionsvorgang geschaffenen Möglichkeiten der Mobilität im geographischen wie im sozialen Sinne prägten den Typus des Eroberers, des «Konquistadors», der sich im Vertrauen auf das Durchsetzungsvermögen der eigenen Persönlichkeit einen möglichst gehobenen gesellschaftlichen Status, Ehre und Ansehen zu schaffen suchte. Persönlichkeiten dieses Zuschnitts waren es, die, zur See wie zu Land, die Erschließung des amerikanischen Kontinents in Angriff nehmen sollten.

Nicht weniger wichtig für die koloniale Zukunft Spaniens und Portugals als die Erfahrung der «Reconquista» war die Erfahrung des Mittelmeers. Die frühen Seefahrten der Spanier und Portugiesen nach den Kanaren, Madeira, den Azoren und den Kapverden stehen, was ihre nautischen und kartographischen Voraussetzungen ebenso wie ihre kommerziellen Zielvorstellungen betrifft, in so engem Bezug zur mediterranen Geschichte, daß französische Historiker den Bereich dieser Inseln als «Méditerranée atlantique» angesprochen haben.[30]

Die Mittelmeererfahrung Europas läßt sich auf das Zeitalter der Kreuz-

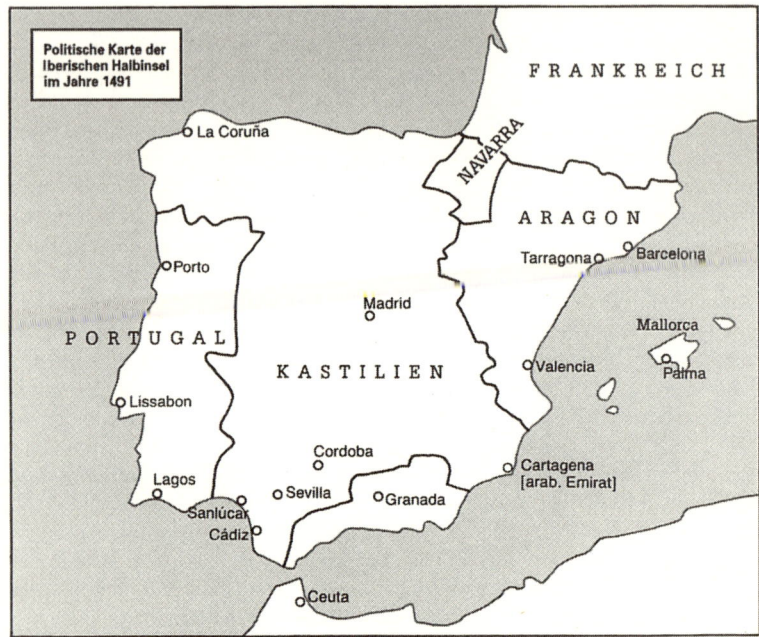

züge und die Errichtung von Seeverbindungen zu den westlichen Ausgangspunkten der asiatischen Binnenhandelsstraßen und zum arabischen Zwischenhandel zurückführen. Zwar gelang es dem christlichen Abendland nicht, seine Stützpunkte im Nahen Osten zu halten, und mit dem Fall von Akkon im Jahre 1291 war dieser erste überseeische Kolonisationsversuch beendet; doch die Handelsbeziehungen der italienischen Seehäfen nach der Levante blieben intakt. Venedig erreichte, nachdem es im 14. Jahrhundert seinen härtesten Rivalen, Genua, zurückgewiesen hatte, im östlichen Mittelmeer eine lukrative Monopolstellung: Die Schiffe der Lagunenstadt zirkulierten ungehindert in der Adria, in der Ägäis, vor Zypern und Alexandria, und ihre Gesandten und Handelsvertreter saßen in den Häfen Dalmatiens, in Konstantinopel, auf Kreta, in Syrien und Kairo. Einen Gegner, der die offene Auseinandersetzung zur See mit Venedig hätte wagen können, gab es nicht; und die Flotte der osmanischen Türken sollte erst nach dem Fall Konstantinopels im Jahre 1453 bedrohlich werden. Von Venedig, Florenz, Genua und Mailand aus führten die Fernhandelswege über die Alpen in den süddeutschen Raum und weiter zu den Hansestädten und nach Flandern; zur See erreichte man Marseille und Barcelona, durchfuhr die Meerenge von Gibraltar und gelangte nach Nordfrankreich und England.

Von der Iberischen Halbinsel aus suchte Aragon seinerseits den Zugang zum Mittelmeerhandel: 1235 wurden die Balearen den Arabern abgenommen, 1282 wurde Sizilien und 1325 Sardinien einverleibt, und 1442 wurde das Königreich Neapel erobert. Auf der Iberischen Halbinsel unterhielten die Handelshäuser der italienischen Stadtstaaten, vor allem Genuas, ihre Vertretungen, seit dem 13. Jahrhundert bereits in Lissabon und Sevilla, später in Cádiz und zahlreichen Hafenstädten der spanischen Mittelmeerküste, aber auch in Tunis, Ceuta und an der marokkanischen Atlantikküste.[31] An zahlreichen Unternehmungen kommerzieller und kolonisatorischer Natur, die im 15. und 16. Jahrhundert von Portugal, Kastilien und Aragon geplant wurden, war italienisches Kapital beteiligt: Auf Kosten Genuas wurde beispielsweise die Eroberung der Kanarischen Inseln vorangetrieben.[32] Durch diese italienische Präsenz wurden auf der Iberischen Halbinsel allmählich die Neuerungen in der Abwicklung von Geld- und Kreditgeschäften eingeführt, die sich seit dem 13. Jahrhundert zuerst in Florenz durchgesetzt hatten. Der italienische Handelsvertreter in Lissabon oder Sevilla unterschied sich sehr vom Wanderkaufmann früherer Zeiten. Er lebte seßhaft und in enger Verbindung mit den lokalen Honoratioren von Staat und Kirche; er stand im Briefverkehr mit den Bankhäusern seines Herkunftslandes und den Messe- und Geldhandelsplätzen in Oberitalien, Frankreich und Flandern; er stellte Wechselbriefe aus, vermittelte und gewährte Darlehen, vergab Aufträge. Handelsvertreter dieser Art trugen wesentlich dazu bei, Portugal und Spanien frühzeitig in das neue europäische Fernhandelssystem einzugliedern.

Diese enge und andauernde, wenn auch durchaus nicht spannungslose Beziehung zwischen Italien, den Inseln des westlichen Mittelmeers, der Iberischen Halbinsel und selbst der afrikanischen Nordküste schuf ein kosmopolitisches Klima des Austauschs von Informationen und Kenntnissen, ohne das die portugiesischen und spanischen Entdeckungsfahrten des 15. und 16. Jahrhunderts schwer vorstellbar wären. Fernand Braudel hat in dem großen Werk, das er der Geschichte des Mittelmeers im Zeitalter Philipps II. widmete, gezeigt, in welchem Grade nicht allein die geographische Situation, sondern vor allem die dank dem Ausbau der Verkehrswege ermöglichte Zirkulation von Menschen die Einheit und Ausstrahlung dieser Region bewirkten. «Das Wichtige ist zu sehen», schreibt Braudel, «wie sehr eine solche Vernetzung die Annährung und den geschichtlichen Zusammenhang in sich enthält und in welchem Grade die Bewegungen der Schiffe, der Saumtiere, der Wagen und der Menschen selbst das Mittelmeer, ungeachtet lokaler Widerstände, in gewissem Sinne zur gleichförmigen Einheit werden läßt. Das Ganze des Mittelmeeres ist beides: Raum und Bewegung.»[33]

Zu den bedeutendsten Leistungen, die aus dem schöpferischen Zusammenwirken der Mittelmeerkulturen hervorgingen, gehörte die Kunst, sich auf der Erdoberfläche und auf See zu orientieren. Die wichtigste Autorität auf diesem Gebiet war der griechische Astronom Claudius Ptolemäus, der um 150 n. Chr. in Alexandria lebte.[34] Ausgehend von den aristotelischen

Erkenntnissen über die Kugelgestalt der Erde und die Bewegungen der Himmelsmechanik, verfaßte Ptolemäus zwei Hauptwerke: eine Anleitung zur Anfertigung von Karten mit fragmentarischen Landschaftsbeschreibungen, die «Geographie», sowie ein Handbuch der mathematischen Astronomie, das unter dem arabischen Titel »Almagest» bekannt ist. Ptolemäus' Weltbild, das nur fragmentarisch überliefert ist, war nicht frei von schwerwiegenden Irrtümern. So erfand er einen großen Südkontinent, der die Spitze Afrikas mit China verband, wodurch der Indische Ozean zum Binnenmeer wurde – diese Konstruktion hat bei den Entdeckungsreisenden unter dem Namen «Terra australis» bis zum 18. Jahrhundert falsche Vorstellungen geweckt. Auch unterschätzte der griechische Kosmologe die Größe des Erdumfangs um rund zehntausend Kilometer, was dazu beitrug, Kolumbus in seinem Vorhaben, Asien auf dem Westweg zu erreichen, zu ermutigen. Nach der Erfindung des Buchdrucks fanden Weltkarten, die auf den Erkenntnissen des Ptolemäus basierten und neuere Erkenntnisse verarbeiteten, weite Verbreitung, und das ptolemäische Weltbild blieb, da es mit biblischen Vorstellungen leicht in Einklang zu bringen war, bis zum 17. Jahrhundert maßgebend.

Seit dem 13. Jahrhundert führten die Schiffe im Mittelmeerraum sogenannte Portolankarten mit sich, erkennbar an einem strahlenförmigen Netz von Windstrichen, das den Seefahrern als Orientierungshilfe dienen und ihnen gestatten sollte, mit Hilfe des Kompasses den Weg zum nächsten Hafen [portus] zu finden. Bei der Herstellung dieser Karten beanspruchte Italien den zeitlichen Vorrang: Aus der Zeit um 1300 hat sich die nach ihrem Fundort so benannte «Pisaner Karte» erhalten, die eine gute Darstellung des Mittelmeerraums und des Schwarzen Meeres gibt.[35] Die italienischen wie die nachfolgenden katalanischen Karten, die vor allem in Mallorca und Barcelona entstanden, stützten sich auf antike Quellen, die durch arabische Vermittlung erhalten blieben, sowie auf spätere seemännische Erkenntnisse. Während die italienischen Portolane sich in der Regel auf die Darstellung des westlichen Europa und des Mittelmeerbeckens beschränkten, erfaßten die katalanischen Karten auch den Nord- und Ostseeraum und wuchsen sich – wie der eingangs erwähnte Atlas des Cresques Abraham – nicht selten zu Weltkarten aus. Wenn also der Übergang zwischen Portolankarten und «Mappae Mundi» zuweilen fließend ist, so läßt sich doch sagen, daß die ersteren Arbeitsinstrumente des Praktikers, des Seefahrers, waren, während die letzteren in Gelehrtenstuben entstanden und ein aus christlichen und nichtchristlichen Kulturtraditionen allmählich hervorgegangenes Weltbild repräsentierten.[36] Beiden Kartentypen hafteten Ungenauigkeiten an, vor allem darum, weil das Problem der Projektion einer Kugelfläche auf die Plankarte noch nicht gelöst werden konnte. Diese Schwierigkeit sollte erst durch den deutsch-flämischen Kartographen Gerhard Mercator am Ende des 16. Jahrhunderts behoben werden.

Neben Herstellung und Gebrauch von Karten war die Technik der Standortbestimmung für die Orientierung zu Land und See unentbehrlich. Gute

1. Die atlantische Welt vor Kolumbus

Kenntnisse der Astronomie waren die Voraussetzung, um durch Beobachtung der Höhe von Sonne und Gestirnen, insbesondere auch des Polarsterns, die geographische Breite eines Ortes feststellen zu können.[37] Man bediente sich dabei des Astrolabiums, das auf den Begründer der wissenschaftlichen Astronomie, Hipparch von Nikaia [um 130 v. Chr.], zurückgeht und von den Arabern weiterentwickelt wurde, ferner des Quadranten; Kolumbus nahm auf seiner ersten großen Reise beide Instrumente mit. Im 16. Jahrhundert trat als weiteres Hilfsmittel der Jakobsstab hinzu, der bei starkem Wellengang leichter zu verwenden war.

Da die Himmelskörper ihre Lage bekanntlich im Laufe des Jahres verändern, war es wichtig, auf Deklinationstabellen ihre Position im zeitlichen Ablauf festzuhalten. Solche Tafeln wurden bereits im 11. Jahrhundert von arabischen Gelehrten berechnet, und aus Salamanca sind entsprechende Zusammenstellungen des Astronomen Abraham Zacuto aus dem Jahre 1470 bekannt. Zu Beginn des 16. Jahrhunderts wurden gedruckte Deklinationstabellen auf portugiesischen und spanischen Schiffen mitgeführt und später fanden sie Eingang in weitverbreitete nautische Handbücher wie etwa Lucas Waghenaers «Spieghel der Zeevaerdt» aus dem Jahre 1584. Ein ungelöstes Problem blieb die Bestimmung der geographischen Länge. Hier erfolgte der entscheidende Durchbruch erst mit der Schaffung eines zuverlässigen Marinechronometers durch John Harrison im Jahre 1761; zu den frühesten Nutznießern dieser Erfindung gehörte James Cook.

Ein weiteres unerläßliches Hilfsmittel war der Kompaß, mit dem unter Ausnutzung des Erdmagnetismus die Nordrichtung bestimmt werden kann. Man weiß, daß der Kompaß im 10. Jahrhundert bereits in China benutzt wurde; im Mittelmeer kam die Magnetnadel gegen Ende des 11. Jahrhunderts in Gebrauch – ob als selbständige Erfindung oder durch Übernahme bleibt ungewiß. Ungenauigkeiten bei der Bestimmung der Nordrichtung ergaben sich einerseits aus der Abweichung der magnetischen Nordrichtung von der geographischen Nordrichtung, ein Phänomen, das bereits von Kolumbus erkannt, aber nicht gedeutet worden ist; anderseits durch die Einwirkung des auf Schiffen später eingebauten oder mitgeführten Eisens – was offenbar erstmals von Matthew Flinders bei seiner Umsegelung Australiens zwischen 1801 und 1803 beachtet wurde. In technischer Hinsicht wurde der Kompaß laufend verbessert, und der ursprüngliche Schwimmkompaß wurde durch eine aufgesetzte, frei bewegliche Magnetnadel abgelöst, welche auf eine Windrose Bezug nahm.

Von den weiteren Instrumenten, die dem Seemann dienten, seien hier noch Lot und Log erwähnt. Das Lot wurde benutzt, um die Wassertiefe festzustellen. Es war im Atlantik häufiger im Gebrauch als im Mittelmeer, wo die Ufer steil abfallen und das Wasser klarer ist. Die Arbeit mit dem Lot war umständlich, verzögerte das Vorankommen und verlangte dauernde Aufmerksamkeit – bei der Erkundung der seichten karibischen Küstengewässer durch Kolumbus war dieses Instrument besonders wichtig.

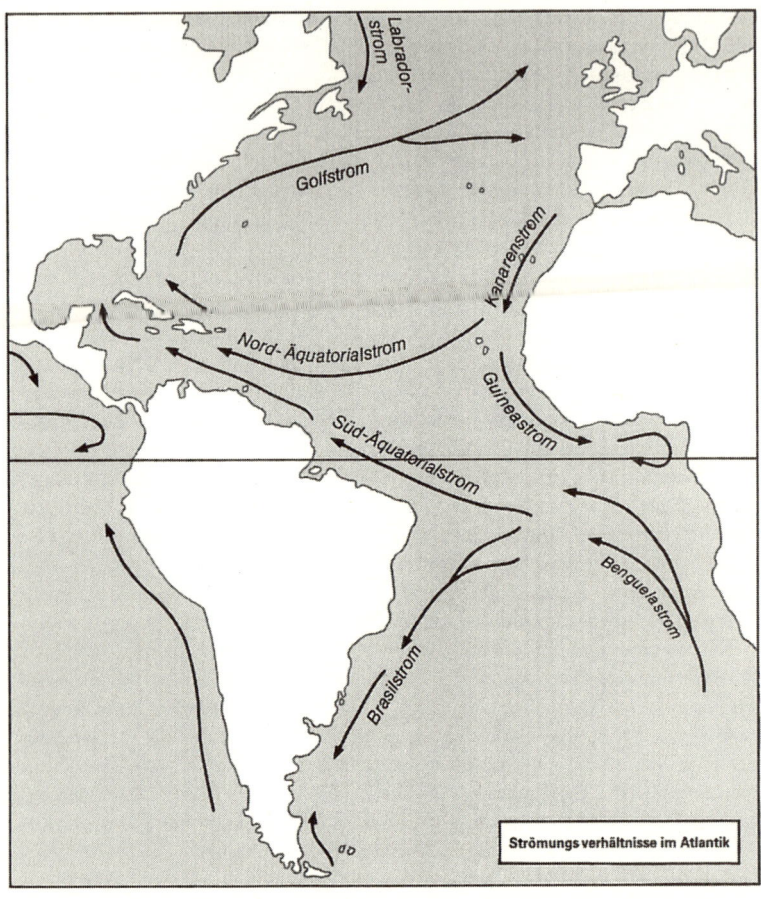

Strömungsverhältnisse im Atlantik

Beim Log handelt es sich um ein Gerät zur Bestimmung der Schiffsgeschwindigkeit. Man ging so vor, daß man ein sogenanntes Logscheit ins Wasser warf und den Ablauf einer mit Knoten markierten Leine mit der Sanduhr maß. Die in der Schiffahrt gebräuchlichen Maßeinheiten «Faden» und «Knoten» gehen auf diese Meßtechniken zurück. Zusammenfassend muß gesagt werden, daß die seit der Antike im Mittelmeerraum ausgebildeten Methoden und Hilfsmittel zur Orientierung zu Land und zu Wasser insbesondere in der Hochseeschiffahrt nur wenig präzise Hinweise erbrachten – dem seemännischen Instinkt des Kapitäns und dem Zufall blieb ein weiter Spielraum überlassen.

1. Die atlantische Welt vor Kolumbus

Nicht nur für die Herstellung von Karten und Instrumenten, auch für die Entwicklung der Transportmittel, wie sie Portugal und Spanien zur Fahrt ums Kap der Guten Hoffnung und nach der Neuen Welt benutzen sollten, waren die Erfahrungen, die das Mittelmeer ermöglichte, von großer Bedeutung. In den Gewässern des Mittelmeeres wurden für den Frachtverkehr bis ins 18. Jahrhundert vor allem Galeeren eingesetzt, Ruderschiffe von sehr unterschiedlicher Größe, die gegen zweihundert Ruderer, meistens Galeerensklaven, aufnehmen konnten.[38] Auch in kriegerischen Auseinandersetzungen erwies sich die Galeere, da vom Wind unabhängig und rasch manövrierbar, als nützlich – die Seeschlacht von Lepanto gegen die Türken [1571] wurde durch venezianische und spanische Schiffe dieser Bauart entschieden. Galeeren wurden auch zum regelmäßigen Frachtverkehr von den Mittelmeerhäfen durch die Straße von Gibraltar in den Golf von Biscaya, nach Flandern und England eingesetzt. Aus dem Jahre 1291 ist eine Reise der Gebrüder *Ugolino* und *Guido Vivaldi* überliefert, die mit zwei Galeeren von Genua ausfuhren, um Indien auf dem Seeweg zu erreichen; doch man hörte, nachdem sie Ceuta passiert hatten, nie wieder etwas von ihnen.[39] Im Jahre 1509 legte eine Galeere die Strecke von Southampton nach Otranto unter besonders günstigen Bedingungen ohne Zwischenhalt in einem Monat zurück.[40]

In den rauhen Gewässern des Atlantiks konnten sich die niedrig gebauten Galeeren jedoch nie richtig durchsetzen, und selbst Versuche, sich ihrer in der Nord- und Ostsee zu bedienen, schlugen fehl. Auch im Hinblick auf die Geschwindigkeit und das Frachtvolumen waren ihnen die Segelschiffe bald deutlich überlegen. Das im Atlantik zwischen dem 13. und der Mitte des 15. Jahrhunderts dominierende Schiff war die Kogge. Es handelte sich, wie die Abbildungen auf alten Stadtsiegeln zeigen, um ein schweres, gedrungenes Schiff mit ziegelartig übereinandergreifenden Außenplanken und viel Tiefgang. Die Kogge verfügte über einen Mast mit einem großen Vierecksegel, das auf ihre normannischen Vorläufer zurückweist; zu Verteidigungszwecken wurden Heck und Bug gelegentlich zu Kastellen erhöht. Über die Größe dieser Schiffe, die vor allem als Frachtschiffe eingesetzt wurden, ist sehr wenig bekannt; die im Jahre 1962 aufgefundene Hanse-Kogge, die im Deutschen Schiffahrtsmuseum zu Bremerhaven einem langwierigen Konservierungsprozeß unterzogen wird, mißt etwas über zwanzig Meter Länge. Ihr Bestes leisteten Schiffe dieser Art bei gutem Rückenwind und in offenen Gewässern; ein Ruder, das zuerst seitlich, am Steuerbord, angebracht war, ermöglichte eine grobe Lenkung. Die entscheidende Verbesserung folgte mit der Einführung des Heck- oder Stevenruders, das – in China ähnlich wie der Kompaß schon längst bekannt – für Europa wahrscheinlich im Verlauf des 13. Jahrhunderts erfunden wurde. Erst mit Hilfe dieser Steuervorrichtung, die vom Achterkastell aus durch die Ruderpinne betätigt wurde, war eine genaue Erkundung der Küstenverläufe und ein sicheres Navigieren in seichten Gewässern möglich.

I. Der Aufbruch: Christoph Kolumbus

Eine weitere, für die Atlantikschiffahrt wichtige Neuerung war die Übernahme des dreieckigen Lateinsegels, das an einer langen, beinahe senkrecht stehenden Rahe befestigt wird. Das Lateinsegel stammt ursprünglich aus dem Indischen Ozean und wurde von den Arabern bereits im 7. Jahrhundert im Mittelmeer eingeführt. Schon zur Zeit der Kreuzzüge verkehrten auf dem Mittelmeer zweimastige Schiffe mit Lateinsegeltakelung, und auch auf den Galeeren konnte an einem Mast ein Lateinsegel aufgezogen werden. Durch den Gebrauch dieses Segels wurde ein Manövrieren in schwierigen Windverhältnissen und insbesondere das Kreuzen gegen den Wind beträchtlich erleichtert. Trotz ihrer Vorteile wurde diese Takelung an den Küsten Nordeuropas nur mit Verzögerung übernommen.

Der Schiffstyp, der die Entdeckungsreisen der Portugiesen und Spanier ermöglichte und der als eine gelungene Weiterentwicklung der hier knapp skizzierten Schiffbautradition gelten kann, war bekanntlich die Karavelle. Von diesem Schiff hat sich bis heute kein einigermaßen intaktes Exemplar auffinden lassen und man ist, will man sich davon eine Vorstellung machen, auf die Darstellungen in zeitgenössischen Karten und in nautischen Handbüchern angewiesen. Es scheint, daß es keine Standardausführung der Karavelle gab, wohl aber eine Vielfalt von Typen, deren Bauweise und Takelung auf die jeweiligen Bedürfnisse abgestimmt werden konnte. In portugiesischen Handschriften wird die Bezeichnung «caravelas» seit dem 13. Jahrhundert für Fischereifahrzeuge sehr allgemein verwendet. Heinrich der Seefahrer setzte nach 1415 erstmals Karavellen in größerer Zahl zur Erkundung der afrikanischen Westküste ein.

Die Karavelle war ein Schiff von sechzig bis siebzig Tonnen und einer Länge von gegen fünfundzwanzig Metern; verglichen mit der Kogge erscheint sie als kleines, längliches und leichtes Fahrzeug von geringem Tiefgang und hoher Manövrierfähigkeit.[41] Karavellen waren Zwei- oder Dreimaster, deren Takelung zuerst offenbar nur aus Lateinsegeln bestand; später führte man eine Kombination von Latein- und Viereckssegel ein, und zwar dergestalt, daß am Fock und Großmast Viereckssegel, am Besanmast ein Lateinsegel gesetzt wurde [caravela redonda]. Schiffe dieser Art verfügten nur über ein Deck, das nicht immer durchgehend war. Entsprechend unkomfortabel waren die Unterkünfte der Mannschaften, und lediglich der Kapitän und die Schiffsoffiziere besaßen trockene Schlafstellen am Heck. Auch war das Verhältnis zwischen der Zahl der Besatzungsmitglieder und dem für Proviant zur Verfügung stehenden Raum so ungünstig, daß auf längere Reisen größere Schiffe, etwa die schwerfälligeren «Karracken» mitgenommen werden mußten, die den zusätzlichen Vorteil aufwiesen, daß Bordartillerie besser mitgeführt werden konnte. Kolumbus nahm auf seiner ersten großen Reise neben den beiden Karavellen «Pinta» und «Niña», die sich für die Küstenerkundung hervorragend eigneten, ein größeres Transportschiff, die «Santa Maria» mit, bei der es sich wahrscheinlich um eine Karracke handelte. Die Bordbewaffnung hat bei den frühen Transatlantikfahrten keine wichtige Rolle gespielt und gelangte erst zum Einsatz, als Engländer und Holländer die Monopolstellung der iberischen Völker zu Beginn des 17. Jahrhunderts in Frage zu stellen begannen; im Indischen Ozean dagegen erwies bereits die Reise des Vasco da Gama die ausschlaggebende Wirkung der Schiffsartillerie im Kampf mit der arabischen Flotte.[42]

Vom 16. zum 18. Jahrhundert zielte die Entwicklung des Schiffbaus auf die Konstruktion immer größerer Fahrzeuge ab, welche vor allem im Asienhandel immer beträchtlichere Warenmengen aufzunehmen hatten. Zu grundlegenden Neuerungen, wie der Erfindung des Heckruders, der Einführung des Lateinsegels und der Erweiterung der Zahl von Masten kam es nicht mehr. Zum Hauptproblem der Schiffbauer wurde nun die Frage, wie die Qualitäten von Handels- und Kriegsschiff vereinigt, das Verhältnis von Laderaum und artilleristischer Ausstattung möglichst günstig gestaltet werden konnten, ohne daß die Seetauglichkeit der Schiffe beeinträchtigt wurde. Eine optimale Lösung dieses Problems wurde durch die englischen Galeonen erreicht, welche 1588 im Kampf gegen die spanische Armada erfolgreich blieben; die holländischen Ostindienfahrer des 17. Jahrhunderts waren eine Weiterentwicklung dieses Typs.

Im Verlauf des 14. und 15. Jahrhunderts wurden, wie wir gesehen haben, die Voraussetzungen geschaffen, politisch, wirtschaftlich und technisch, welche Kolumbus' erste Reise nach der Neuen Welt im Jahre 1492 ermöglichen sollten. In diesem Zeitraum wurden die Methoden erprobt und die Verhaltensmuster eingeübt, die später bei der Erkundung und Erschließung Amerikas durch Spanien und Portugal wirksam werden sollten. Im sozialen und kulturellen Klima dieser Zeitperiode bildeten sich unverwechselbar die Persönlichkeiten aus, die den Beginn der europäischen Übersee-Expansion prägen sollten. Die bedeutendste unter diesen, Christoph Kolumbus, hat die Erfahrung der «Reconquista» und des Mittelmeers in geradezu exemplarischer Weise verkörpert.

2. Die Geburt einer Idee

Sieben griechische Städte rühmten sich, die Heimat des Dichters Homer zu sein, und nicht weniger europäische Nationen haben *Christoph Kolumbus* als ihren Landsmann beansprucht.[1] Dutzende von Büchern sind über diese Frage geschrieben worden, und heftige Diskussionen haben sich entzündet: War Kolumbus Grieche, Genuese, Engländer, Spanier, Portugiese oder Jude? Die Antwort darf heute als völlig gesichert gelten. Der Entdecker Amerikas war Genuese, geboren daselbst im Sommer oder Herbst des Jahres 1451 als Sohn eines Webermeisters, der, obwohl von bescheidener Bildung, in Geschäften und lokalpolitischen Angelegenheiten aktiv gewesen sein muß.

Zwischen 1465 und 1470 zog die Familie nach Savona, einer kleinen Hafenstadt im Westen Genuas. Es muß um diese Zeit gewesen sein, daß

Kolumbus erstmals auf See ging, und er muß sich frühzeitig, wenn auch nicht in geregeltem Ausbildungsgang, die diesbezüglichen Vorkenntnisse erworben haben. Die erste Reise, von der wir mit Sicherheit wissen, führte ihn, 1474 oder 1475, nach der Insel Chios in der östlichen Ägäis. Chios, zu jener Zeit ein weit vorgeschobener Außenposten des christlichen Europa gegen die vordringenden Türken, befand sich seit dem Beginn des 14. Jahrhunderts unter der Herrschaft der Genuesen, die dort das begehrte Mastixharz bezogen. In dem milden Klima einer Insel mit reicher, wohlriechender Vegetation und malerisch belebten Hafenstädten, mag Kolumbus erstmals die Verlockung durch den Orient verspürt haben – später, in der Karibik, hat er sich wieder daran erinnert.

Entscheidend für des Seefahrers Zukunft war jedoch jene Reise des Jahres 1476, die ihn mit einem genuesischen Flottenverband erstmals in den Atlantik und von da nach Flandern hätte führen sollen. In der Nähe von Lagos, an der Südküste Portugals, wurden die Schiffe von einem französisch-portugiesischen Geschwader angegriffen, und Kolumbus konnte sich schwimmend, indem er sich an einer Ruderstange festhielt, retten.[2] Von der einheimischen Bevölkerung gastfreundlich aufgenommen, gelangte er nach Lissabon, wo er von Mitgliedern der dortigen genuesischen Kolonie beherbergt wurde.

Nach kurzem Aufenthalt in der portugiesischen Hauptstadt ging Kolumbus zu Beginn des Jahres 1477 an Bord eines italienischen Schiffes nach England und besuchte London und Bristol. Von hier aus unternahm er auf einem englischen Schiff eine Fahrt nach Irland und Island, die damals etwa zwei Wochen dauerte – weniger als halb so lang wie später seine erste Überfahrt nach der Neuen Welt. Die Tatsache dieser Reise gilt heute in der Forschung mehrheitlich als gesichert; in seinen späteren Aufzeichnungen kommt Kolumbus gelegentlich darauf zu sprechen und erwähnt im besonderen das Phänomen des Gezeitenwechsels in den hohen Breiten, das ihn faszinierte.[3] Umstritten ist dagegen die Frage, ob der Seefahrer während seines Aufenthalts auf Island von den Nachfahren der Wikinger, welche die Insel seit dem neunten Jahrhundert besiedelt hatten, Auskünfte über die frühen Reisen nach Helluland, Markland und Vinland, also an die Ostküste Nordamerikas, bezogen haben könnte. Die ungenauen und verworrenen Angaben über ferne Inseln und Irrfahrten, die sich in der Biographie des Hernando Colón über seinen Vater finden, lassen eine Antwort nicht zu.[4] Auch muß als unwahrscheinlich gelten, daß ein junger Seemann, der Landessprache nicht mächtig, sich hätte entsprechende Informationen, die auf der Insel nur wenigen Gebildeten bekannt sein mochten, beschaffen können. Dagegen wird man annehmen dürfen, daß Kolumbus von erfahrenen Seeleuten, mit denen er Umgang hatte, vage Hinweise auf das nordwestlich gelegene Grönland mitbekommen hat – genug, um ihn erkennen zu lassen, daß die Grenzen des herkömmlichen ptolemäischen Weltbildes zu eng gezogen worden waren und überschritten werden konnten.[5]

2. Die Geburt einer Idee

Nach seiner Rückkehr beschloß Kolumbus, in Lissabon zu bleiben. In der Stadt lebten als Vertreter von Handelshäusern, Bankinstituten und Schiffseigentümern zahlreiche seiner Landsleute, unter diesen sein jüngerer Bruder Bartolomé, der schon seit einiger Zeit hier ansässig war und als Kartograph arbeitete. Nirgends war die Gelegenheit für einen jungen Seemann, seine Kenntnis in der Hochseeschiffahrt zu verbessern, günstiger. Auch wenn nach dem Tode Heinrichs des Seefahrers im Jahre 1460 der Schwung der afrikanischen Entdeckungsfahrten vorübergehend etwas nachgelassen hatte, gab es doch keinen europäischen Hafen, von dem aus es sich leichter zu neuen Horizonten aufbrechen ließ. Im Sommer 1478 unternahm Kolumbus im Auftrag des genuesischen Handelshauses Di Negro, das ihn bereits nach Chios geschickt hatte, eine Fahrt nach Madeira, um Zucker einzukaufen. Wir wissen von dieser Reise durch einen Rechtsstreit, der ihr folgte und der Kolumbus veranlaßte, zum wahrscheinlich letzten Mal nach Genua zu fahren, um dort als Zeuge vor Gericht auszusagen.[6]

Ein wegweisendes Ereignis im Leben des künftigen Entdeckers war die Verheiratung mit Dona Filipa de Perestrelo e Moniz, einer jungen Dame, die mütterlicherseits aus verarmtem portugiesischem Hochadel stammte und deren Vater, von italienischer Herkunft, bis zu seinem frühen Tod Statthalter der Insel Porto Santo in der Madeiragruppe gewesen war. Daß eine solche Heirat möglich wurde, deutet darauf hin, daß sich Kolumbus in die Gesellschaft seines Gastlandes integriert hatte und, wie bei späterer Gelegenheit wiederholt ersichtlich, in gehobenen Kreisen gute Figur machte. Zudem brachte ihn diese Heirat in Verbindung mit einer Familie, die mit der Entdeckungs- und Kolonisationsgeschichte Portugals verbunden war. Es gilt als sicher, daß sich Kolumbus nach seiner Vermählung einige Zeit auf Porto Santo aufhielt, wo sein erster Sohn Diego geboren wurde; dort studierte er auch die Bordjournale und Seekarten, die sich im Nachlaß seines verstorbenen Schwiegervaters fanden. Auf Madeira kamen dem künftigen Entdecker bestimmt auch die Gerüchte zu Ohren, die über die Existenz ferner Inseln im Westen im Umlauf waren; ob er tatsächlich von einem Reisenden, wie der Chronist Oviedo meint, konkret darüber informiert wurde, erscheint als ungewiß.[7]

Um das Jahr 1483 unternahm Kolumbus bereits als Kommandant zweier portugiesischer Schiffe eine Fahrt an die westafrikanische Küste, die ihn bis nach São Jorge da Mina führte. Dieser Stützpunkt war eben von den Portugiesen errichtet worden, weil sie sich vom Goldhandel mit den schwarzafrikanischen Völkern des Hinterlandes Vorteile versprachen. Dieselbe Begierde nach Gold sollte in späteren Jahren zu einem freimütig eingestandenen Hauptmotiv aller Kolumbus-Reisen werden, und die Route seiner dritten Atlantiküberquerung verlegte der Seefahrer darum so weit nach Süden, weil er hoffte, die Goldvorkommen Westafrikas fänden jenseits des Meeres auf ähnlicher geographischer Breite ihre Entsprechung. Wie sehr gerade die Fahrt an die Guineaküste es Kolumbus gestattete, seine Kenntnis auf den Gebieten der Himmelsbeobachtung und der Navigation zu vertiefen, im Umgang mit fremden Völkern Erfahrungen zu sammeln und Beobachtungen über die Veränderung der Pflanzenwelt in den Tropen anzustellen, beweisen dessen spätere Aufzeichnungen, in denen verschiedentlich auf diese Reise Bezug genommen wird. Von Bedeutung für Kolumbus war auch, daß er durch seine Afrikafahrt alle jene mittelalterlichen Vorstellungen widerlegt sah, die, in Anlehnung an Aristoteles und Ptolemäus, die Unbetretbarkeit und Unbewohnbarkeit der äquatorialen Zonen behauptet hatten.

Es ist anzunehmen, daß Kolumbus in der Zeit von seiner Ankunft in Portugal bis zur Rückkehr von der Guineaküste, also zwischen 1476 und 1484, noch eine Reihe weiterer Reisen unternommen hat. Neben Madeira hat er wohl auch die Azoren, die Kanarischen Inseln und wahrscheinlich die Kapverden aufgesucht und so eine noch breitere Erfahrungsgrundlage gewonnen. Wann genau sein großer Lebensplan heranreifte, Asien auf dem Weg nach Westen zu erreichen, weiß man nicht, schon weil es sich dabei gewiß nicht um einen plötzlichen Einfall handelte; der Plan wird vielmehr in dieser Zeitperiode allmählich entstanden sein. «Die Erfahrung dieser acht Jahre», schreibt der Kolumbus-Kenner Taviani, «vermittelte ihm die gründlichen Kenntnisse der Himmelszonen und Gestirne und erlaubte ihm damit, seine geographische Sicht auszuarbeiten. Sie vermittelte ihm ferner eine gleichermaßen detaillierte Kenntnis der Meere und des Wechselspiels von Winden und Strömungen. Dieses fundamentale Wissen hilft uns, das ‹Geheimnis› des Kolumbus zu erklären, die scheinbar rätselhafte Art, mit der er genau die richtigen Wege für seine Reisen nach außen wie nach innen fand.»[8]

Zur Vorbereitung des Kolumbus spielten auch Bücher eine wichtige Rolle. Zu den Werken aus seiner Bibliothek, die erhalten geblieben sind und in der «Biblioteca Colombina» in Sevilla aufbewahrt werden, gehört der «Tractatus de imagine mundi» des Kardinals Pierre d'Ailly, gedruckt in Löwen in den Jahren 1480 und 1483.[9] Pierre d'Ailly ging von der Tatsache der Kugelgestalt der Erde aus – eine Vorstellung, die allen Gebildeten jener Zeit durchaus geläufig und nicht etwa, wie zuweilen fälschlich behauptet, Kolumbus' Erfindung war. Weniger zutreffend urteilte d'Ailly, wenn er die Wasserfläche des Globus als sehr gering einschätzte und die Entfernung zwischen Spanien und Indien in westlicher Richtung als so kurz betrachtete, daß sie bei günstigem Wind in wenigen Tagen zurückgelegt werden könnte; beide Feststellungen haben im Sinne fruchtbarer Irrtümer Kolumbus darin bestärkt, sein Wagnis zu unternehmen. Der «Tractatus de imagine mundi» enthält auch ein Kapitel über die Reichtümer Asiens an Gold, Silber, Perlen und Edelsteinen, und die Randbemerkungen von Kolumbus' eigener Hand zeigen, wie interessiert dieser solche Informationen aufgriff.[10]

Von ungemein belebendem Einfluß auf die Einbildungskraft des künftigen Entdeckers war auch eine lateinische Ausgabe vom Bericht des Venezianers Marco Polo, der China in der zweiten Hälfte des 13. Jahrhunderts bereist hatte.[11] Dieser Bericht erfuhr zuerst in Handschriften, dann durch den

Buchdruck weite Verbreitung, und auch hier bezeugen die zahlreichen Randbemerkungen des Kolumbus dessen Faszination durch die teils doch sehr übertriebenen Schilderungen des Reichtums der fernöstlichen Gegenden von Cathay und Cipangu [China und Japan]. Von besonderer Bedeutung war, daß der Abstand zwischen dem chinesischen Festland und dem östlich davon gelegenen Goldland Cipangu, den Marco Polo errechnet hatte, mit tausendfünfhundert Meilen als viel zu groß angenommen wurde, was wiederum zur Hoffnung berechtigte, man könne, von Europa aus westwärts fahrend, auf diesen Inseln einen bequemen und profitablen Zwischenhalt einschalten. Im übrigen zeigt eine Analyse von Kolumbus' Randbemerkungen, wie Salvador de Madariaga feststellt, daß der Seefahrer seine Lektüre nicht mit kritisch abwägender Distanziertheit betrieb, sondern sich leidenschaftlich engagiert bestätigen lassen wollte, was er ohnehin zu wissen glaubte.[12] So hielt er es auch mit dem Studium des Alten Testaments, wenn er etwa dem apokryphen Buch Esra die irrige, aber seinen Plänen dienliche Feststellung entnahm, daß die Landmasse der Erde sechsmal größer als die Meeresfläche sei.[13] Die genannten Werke haben Kolumbus nicht zu seinem Plan einer Atlantiküberquerung verholfen, aber sie haben seine Vorstellungen bestätigt und ihm gestattet, ein Erwartungsmuster auszubilden, das es auf den Reisen dann zu verifizieren galt.

Von großer Wichtigkeit für Kolumbus, sowohl im Sinne der Bestätigung eigener Überzeugungen als auch im Sinne einer Referenz gegenüber Persönlichkeiten, die für den Plan gewonnen werden sollten, war schließlich ein Briefwechsel mit Paolo del Pozzo Toscanelli, dem florentinischen Arzt und Humanisten, einem der angesehensten Kosmographen seiner Zeit. Es ist bekannt, daß Toscanelli unter dem Datum des 25. Juni 1474 seinem portugiesischen Brieffreund Fernão Martins, dem Beichtvater von König Alfons V., ein Schreiben zukommen ließ, in welchem der Gedanke einer Westfahrt nach Asien geäußert wurde. Dieses Schreiben kam 1480 oder 1481 in die Hand des Kolumbus, der sich, wie man weiß, bei Toscanelli noch persönlich um weitere Auskünfte bemühte.[14] Begleitet war das Schreiben von einer Karte, die seither verschwunden ist, die sich aber auf Grund einer beigefügten Legende einigermaßen rekonstruieren läßt.[15]

Gleich zu Beginn seines Briefes spricht Toscanelli mit einer Selbstverständlichkeit, als ob es sich um eine längst geklärte Frage handle, von einem Seeweg nach den Gewürzländern, «der wesentlich kürzer ist als Euer Weg, der über Guinea führt» ... «So habe ich», heißt es weiter, «Seiner Majestät [Alfons V.] eine von mir selbst gezeichnete Karte geschickt, auf der die Küsten Eures Landes, die Inseln, von denen aus Ihr Eure Fahrt nach dem Westen ohne jede Kursänderung antreten werdet, eingezeichnet sind. Auf dieser Karte werdet Ihr die Länder finden, zu denen Ihr gelangen werdet, mit den genauen Angaben der Entfernungen, die Ihr sowohl dem Pol als dem Äquator gegenüber einhalten müßt. Auf Grund dieser Karte werdet Ihr auch die Seemeilen errechnen können, die Ihr zurückzulegen haben werdet, um Gegenden zu erreichen, die so überaus reich an Gewürzen und Edelsteinen sind.»[16]

Was nun die Distanzen zwischen Europa und Asien in westlicher Richtung betraf, rechnete Toscanelli mit einer Entfernung von rund dreitausend Seemeilen zwischen den Kanarischen Inseln und Japan und mit weiteren zweitausend Seemeilen von dort bis nach China, ohne dabei von der Existenz eines «Zwischenkontinents Amerika» nur das geringste zu ahnen. Kolumbus, durch fehlerhafte Interpretation seiner Quellen, insbesondere des Ptolemäus und des Marco Polo, irregeleitet, kam sogar lediglich auf eine Strecke von zweitausendvierhundert Seemeilen, welche die Kanarischen Inseln von Japan trennen sollten, womit der Ferne Osten ungefähr auf der geographischen Länge angenommen wurde, auf der die Karibischen Inseln liegen – daher die unerschütterliche Überzeugung des Entdeckers, er hätte bei seiner Ankunft in Kuba Asien erreicht! In Wahrheit beträgt die Distanz von den Kanarischen Inseln nach Japan über zehntausend Seemeilen.[17] Eine derartige Distanz auf offener See zurückzulegen, wäre mit den damaligen Mitteln völlig unmöglich gewesen, und es böte dies selbst heute noch ein schwer lösbares logistisches Problem.

Zu Beginn des Jahres 1484 trug Kolumbus seinen Plan dem portugiesischen König Johann II. vor und bat darum, man möge ihm Schiffe und Mannschaften zur Verfügung stellen, damit er nach Cipangu segeln könne. Der König, der als Initiant einer planvollen Überseepolitik an solchen Fragen interessiert war und sich auch an die nützlichen Dienste erinnern mochte, welche italienische Seeleute und Kartographen bei der Erkundung der afrikanischen Küste bereits geleistet hatten, empfing den Genuesen wohlwollend und übergab dessen Vorschläge zur weiteren Begutachtung einer Expertenkommission. Diese Kommission indessen lehnte den Plan ab, wozu der Hofchronist João de Barros bemerkt, sowohl dessen mangelnde wissenschaftliche Stichhaltigkeit als auch das großsprecherische und selbstgefällige Betragen des Kolumbus hätten dazu beigetagen.[18] Daß Johann II. damals grundsätzlich nicht abgeneigt war, die Westroute über den Atlantik zu erkunden, beweist die Tatsache, daß er drei Jahre später die beiden Seeleute *Fernão Dulmo* und *João Estreito* auf eine solche Fahrt entsandte, mit dem Auftrag, sie möchten die auch von Toscanelli erwähnte legendäre Atlantikinsel Antilia auffinden. Diese Reise verlief erfolglos.

Um die Mitte des Jahres 1485 begab sich Kolumbus, dessen Verhältnis zum portugiesischen König trotz der Absage ungetrübt geblieben war, nach Spanien. Seine Frau, Dona Filipa, war inzwischen jung verstorben; auch ließ er seinen Bruder Bartolomé in Portugal zurück, der ihn in den folgenden Jahren nach Kräften unterstützen sollte. Zusammen mit seinem fünfjährigen Sohn Diego traf Kolumbus in der verschlafenen andalusischen Hafenstadt Palos ein und besuchte das nahegelegene Franziskanerkloster La Rábida, wo er Diego in sichere Obhut geben konnte. In diesem Kloster kam es zur glückhaften Begegnung mit einem gelehrten Mönch, Fray Antonio de Marchena, dessen geistlicher Beistand und dessen Beziehungen ihm während der nächsten sieben Jahre unentbehrlich sein sollten. Antonio de Marchena brachte Kolumbus mit dem Herzog von Medinaceli zusammen, der sich für sein Projekt erwärmte und ihn in Hofkreisen weiterempfahl. Entscheidend war vor allem, die spanischen Herrscher, Isabella von Kastilien und Ferdinand von Aragon, für die Sache zu gewinnen. Zu diesem Zweck entschloß sich Kolumbus Ende 1485, nach Córdoba, einer der königlichen Residenzen, zu reisen, traf aber dort erst ein, als die «Katholischen Könige» bereits nach Madrid umgezogen waren.

In Córdoba lernte Kolumbus Beatriz de Harana kennen, die etwa fünfzehn Jahre jünger war und ihm einen Sohn namens Hernando, den späteren Biographen, gebar. Beatriz bleibt als historische Figur ebensowenig greifbar wie Dona Filipa; man weiß lediglich, daß Kolumbus sein Verhältnis zu ihr nie legalisiert hat und, wie eine testamentarische Aufzeichnung vermuten läßt, deswegen Gewissensbisse empfand. In der Familie seiner Lebensgefährtin scheint der Genuese jedoch voll anerkannt worden zu sein, haben ihm doch einige ihrer Mitglieder auf seinen Reisen als Gefolgsleute treu gedient.

Im Mai 1486 wurde Kolumbus in Córdoba zum ersten Mal von Königin Isabella von Kastilien in Audienz empfangen. Isabella war eine der fähigsten Regentinnen ihrer Zeit, liebenswürdig und hoheitsvoll in ihrem Auftreten, gebildet und dem Seefahrer durch eine ähnliche Neigung zum religiösen Mystizismus verbunden. Ihre Heirat mit Ferdinand von Aragon im Jahre 1469 hatte zur Einigung Spaniens und zur Stärkung der königlichen Gewalt geführt, wodurch es möglich wurde, den Kampf gegen die Reste der Maurenherrschaft im Süden des Landes aufzunehmen. Die vom Kreuzzugsgeist inspirierte «Reconquista», die sich nicht nur gegen die Araber, sondern schließlich auch gegen die Juden richtete, beschäftigte die «Katholischen Könige» seit 1481 und endete, nach einer Reihe kostspieliger Feldzüge und Belagerungen, erst im Jahre 1492 mit dem Fall der Stadt Granada. Die Langwierigkeit dieser Auseinandersetzung erklärt zum Teil, daß Kolumbus' Plan während der folgenden sechs Jahre hinhaltend behandelt wurde.

Königin Isabella setzte unter dem Vorsitz von Hernando de Talavera, ihrem Beichtvater, eine Kommission von Sachverständigen zur Prüfung von Kolumbus' Projekt ein. Wie zuvor die Experten des portugiesischen Königs hielt auch diese Kommission wenig von den vorgelegten Berechnungen, und nur eines ihrer Mitglieder, der Dominikanerpater Diego de Deza, unterstützte Kolumbus und erreichte, daß seine Bemühungen durch Gewährung einer kleinen Rente unterstützt wurden. Weil Talavera nichts von sich hören ließ, wandte sich Kolumbus im Frühjahr 1488 erneut an Johann II. von Portugal und bat um eine Unterredung. Das Antwortschreiben des Königs lautete freundlich und zustimmend. Daraufhin reiste Kolumbus nach Lissabon und kam gerade rechtzeitig, um dort zusammen mit seinem Bruder das

Einlaufen der Flotte des Bartolomeu Diaz verfolgen zu können, welcher das Kap der Guten Hoffnung erreicht und umsegelt hatte. Auch wenn Diaz wegen einer drohenden Meuterei seine Reise nicht hatte fortsetzen und Indien nicht hatte erreichen können, bewies doch seine Unternehmung die Erreichbarkeit Asiens auf dem Seeweg um Afrika herum. Angesichts dieser neuen Sachlage war Johann II. an einer Westfahrt, wie Kolumbus sie vorschlug, nicht weiter interessiert.

Die folgenden Jahre verbrachte der Seefahrer in einem zermürbenden Wechselbad von kurzfristiger Hoffnung und kränkender Enttäuschung, materiell mit seiner Familie nur notdürftig gesichert, seinen Plan mit wachsender Beharrlichkeit, ja schließlich mit einem Starrsinn vertretend, der es ihm zuletzt verwehrte, die Ergebnisse seiner Reisen umsichtig auszuwerten. «Da begann er sich», schreibt der Dominikanermönch Bartolomé de Las Casas, «auf einen Kampf einzulassen; so schrecklich, anhaltend, mühevoll und schwer, daß vielleicht ein wirklicher Kampf mit Waffen nicht hätte so heftig und furchtbar sein können wie das, was er auszustehen hatte, indem er sich an Leute wenden mußte, die nichts begriffen, obwohl sie sich anmaßten, alles zu begreifen und indem er so vielen Leuten gegenüber Rede und Antwort zu stehen hatte, die ihm weder Verständnis noch Achtung entgegenbrachten und seine Seele mit beleidigender Rede belasteten.»[19] Nur wenige Persönlichkeiten liehen ihm in der Tat eine dauernde und wirksame Unterstützung: allen voran sein Bruder Bartolomé, der 1488 sein kartographisches Atelier in Lissabon aufgab und, freilich ergebnislos, an die Höfe Englands und Frankreichs zog, um für die Idee zu werben; ferner einige Geistliche, die seiner frommen Wesensart zugetan waren, so der bereits genannte Antonio de Marchena und der Prior des Klosters La Rábida, Juan Pérez. Nachdem die Königin Kolumbus 1489 erneut empfangen und ihm mitgeteilt hatte, er solle sich bis zum Ende der Maurenkriege gedulden, und nachdem im folgenden Jahr die Expertenkommission endlich ihren abschlägigen Bescheid bekanntgegeben hatte, trug sich Kolumbus mit dem Gedanken, Spanien zu verlassen und in Frankreich, am Hof Karls VIII., sein Glück zu versuchen. Da bewog ihn Juan Pérez, nochmals um eine Audienz bei der Königin nachzusuchen, und diese empfing ihn ihm Winter des Jahres 1491 im Militärlager von Santa Fé, in der Nähe der belagerten Maurenfestung von Granada. Die Tatsache, daß die Herrscherin Kolumbus eine kleine Summe Geldes übermitteln ließ, damit er sich ein Maultier leisten und anständig gekleidet vor ihr erscheinen könne, mag als Indiz sowohl für ihre persönliche Anteilnahme als auch für seine materielle Verfassung gewertet werden.

Über Hergang und Inhalt der Gespräche von Santa Fé ist nichts Genaues bekannt. Wiederum wurde eine Kommission von Sachverständigen bestellt, die diesmal, die Sympathie der Königin erkennend, anscheinend weniger kritisch entschied. Doch der Königliche Rat lehnte eine Unterstützung von Kolumbus' Projekt ab, vor allem darum, weil die Forderungen des Seefahrers, er solle zum Vizekönig der allenfalls entdeckten Ländereien erhoben und zum Admiral befördert werden, als völlig übersetzt erschienen. Daß Kolumbus, der in den frühen Gesprächen mit seinem herzoglichen Gönner Medinaceli noch sehr bescheiden aufgetreten war, nun, da die Widerstände andauerten, solch exorbitante Forderungen erhob, wirft ein bezeichnendes Licht auf sein schwieriges und halsstarriges Temperament. Die neuerliche Absage stürzte ihn in Verzweiflung; er sattelte sein Maultier, versorgte seine Bücher, Pläne und Kartenskizzen, und zog ab. Es schien, als sei dies das Ende.

Doch außerhalb des Militärlagers wurde Kolumbus von einem Boten eingeholt, der meldete, die Königin habe es sich anders überlegt, er solle zurückkehren. Die Erklärung für diesen überraschenden Sinneswandel liegt in der Person von Luis de Santangel, dem Verwalter der Privatschatulle König Ferdinands, der als Geschäftsmann gute Beziehungen zu italienischen Kaufleuten, darunter auch zu Freunden des Kolumbus, unterhielt. Santangel hatte noch am selben Tag bei Isabella vorgesprochen und ihr auseinandergesetzt, daß der Plan des Genuesen für die Krone im Grunde kaum ein Risiko bedeute, weil ja Forderungen nur für den Fall des Gelingens vorlägen; es sei auch zu bedenken, daß man zu einem Zeitpunkt, da die Portugiesen große und erfolgreiche Anstrengungen unternähmen, nicht zurückstehen dürfe und daß es gerade jetzt, da man im Begriff sei, die irrgläubigen Mauren zu vertreiben, ein gottgefälliger Vorsatz wäre, die Bekehrung der asiatischen Heiden ins Auge zu fassen. Der Schatzmeister zeigte sich auch bereit, einen Teil der Kosten für die Ausrüstung der Schiffe zu übernehmen; den Rest würden Freunde des Kolumbus vorschießen, und man könne schließlich auf einen Beitrag der Hafenstadt Palos, die der Krone ohnehin Geld schulde, zählen. Merkwürdig ist, daß die wissenschaftlichen Zweifel der Fachgelehrten und die Bedenken des Königlichen Rates plötzlich in den Hintergrund traten. Die Königin scheint sich nun völlig der Argumentation Santangels angeschlossen zu haben, und es gelang ihr in der Folge auch, ihren Gemahl, welcher der ganzen Angelegenheit eher kühl gegenüberstand, umzustimmen.

Die folgenden drei Monate vergingen mit Gesprächen, in denen die Bedingungen, unter denen Kolumbus segeln sollte, im Detail ausgehandelt wurden. Die entsprechenden Abmachungen, die sogenannten «Kapitulationen», die am 17. April 1492 unterzeichnet wurden, enthielten eine Reihe von sehr weitreichenden Privilegien. Zuerst wurde für Kolumbus der Titel eines Admirals in allen von ihm entdeckten Festlanden und Inseln vorgesehen, ein Amt, das auf seine direkten Nachkommen vererbbar sein sollte. Ferner sollten er und seine Nachkommen in den Adelsstand aufgenommen werden, und es sollte ihm in allen von ihm aufgefundenen Gebieten die Stellung eines Vizekönigs und Gouverneurs übertragen werden, mit dem zusätzlichen Recht, der Krone für jedes zu bestellende Amt drei Kandidaten vorzuschlagen, von denen einer ausgewählt werden sollte. Von allen in den entdeckten Gebieten eingehandelten Waren, auch von den Edelmetallen, sollte Kolumbus taxfrei ein Zehntel zustehen, und er war weiterhin berechtigt, sich an den Ausrüstungskosten für jedes Schiff, das dorthin segelte, mit einem Achtel zu beteiligen und dafür ein Achtel des eingebrachten Gewinns in die eigene Tasche zu stecken.

Folgten diese «Kapitulationen» in formaljuristischer Hinsicht dem Vorbild ähnlicher Abmachungen, wie sie die portugiesischen Könige mit ihren Seefahrern ausgehandelt hatten, so bleibt doch die Großzügigkeit der Zugeständnisse erstaunlich. Charles Verlinden urteilt richtig, wenn er feststellt, die «Katholischen Könige» hätten mit diesem Vertrag einen Schritt unternommen, «der ihre persönlichen Befugnisse, die des Entdeckers und aller seiner Zeitgenossen weit übertraf».[20] Kaum je in der Weltgeschichte sind auf Grund höchst illusorischer Vorstellungen und vager Erwartungen derart verpflichtende Versprechnungen gemacht worden. Der Konflikt war vorprogrammiert: und zwar nicht nur, wie sich bald zeigen sollte, zwischen dem Entdecker und der Krone; auch der Realität des Kulturkontakts in Übersee und dem sich später anbahnenden Konkurrenzkampf der seefahrenden Nationen wurden solche Vereinbarungen nicht entfernt gerecht.

Man möchte gern mehr darüber wissen, welche Vorstellungen sich Kolumbus darüber machte, was mit dem entdeckten Land konkret zu tun sei.[21] Der Seefahrer wollte, das steht fest, die Erkenntnis von der Kugelgestalt der Erde praktisch nutzend, auf dem westlichen Seeweg nach Asien reisen, und er träumte, von Marco Polo und Pierre d'Ailly inspiriert, von den Reichtümern dieses Kontinents. Aber was sollte er dort mit seinen drei Schiffen und seinen neunzig Mann? An eine uneigennützige Entdeckungsfahrt im höheren Dienst der Wissenschaft, wie Alexander von Humboldt sie dreihundert Jahre später unternehmen sollte, dachte Kolumbus gewiß nie, so bedeutsam seine Reise in wissenschaftlicher Hinsicht auch werden sollte. Wollte er eine Kolonie gründen? Dies sicher nicht; denn ohne den Schiffbruch der «Santa Maria» auf der ersten Reise, der ihm als göttlicher Fingerzeig erschien, hätte er niemanden in der Neuen Welt zurückgelassen. Wollte er eine Missionsstation errichten? Kaum; denn dann hätten auf der ersten Reise Geistliche mitfahren sollen, was nicht geschah. Wollte er einen Handelsstützpunkt nach dem Vorbild der Portugiesen in Westafrika aufbauen? Dies wohl am ehesten. Aber auch dazu erheben sich Fragen. Wie konnte Kolumbus davon ausgehen, daß die asiatischen Herrscher, die bei Marco Polo als selbstbewußte Autokraten geschildert werden, einen solchen Stützpunkt dulden und an den wertlosen Tauschhandelsgegenständen, die er mitbrachte, überhaupt interessiert sein würden? Immerhin sollten von der Königin in lateinischer Sprache vorbereitete Briefe an den Großkhan und Kaiser von China die diplomatischen Beziehungen erleichtern. Aber einen solchen Großkhan gab es nach dem Tod des letzten Mongolenherrschers im Jahre 1370 längst nicht mehr!

Mit der Unterzeichnung der «Kapitulationen» war die Einwilligung der Krone erteilt, aber noch galt es, die Schwierigkeit der Rekrutierung geeigne-

2. Die Geburt einer Idee

ter Mannschaften zu überwinden. Als am 23. Mai 1492 in der Georgskirche in Palos der königliche Befehl verlesen wurde, wonach die Hafenstadt zwei ausgerüstete Karavellen zur Verfügung zu stellen habe, war die Begeisterung gering und niemand wollte mitfahren. Obwohl Palos viele tüchtige Seeleute zählte, die sich im Mittelmeer und im Ostatlantik auskannten, hielt man vom Plan des Kolumbus offensichtlich wenig. Auch die vom Staat zugesicherte Heuer, von der ein Anteil vorausbezahlt wurde, verfehlte ihre Wirkung, und von der ihm zugesagten Möglichkeit, Häftlinge, denen Straferlaß zugesichert wurde, an Bord zu nehmen, mochte Kolumbus nicht gern Gebrauch machen.

Die Hilfe in dieser fast ausweglosen Situation kam von *Martín Alonso Pinzón*, einem der erfahrensten Kapitäne der Stadt, den der Franziskanermönch Antonio de Marchena mit Kolumbus zusammengebracht hatte. Die beiden Seeleute scheinen, auch wenn ihr Verhältnis in der Folge nicht ungetrübt blieb, ihre wechselseitige Sachkenntnis sofort erkannt und respektiert zu haben. Martín Alonso Pinzón war es, der zusammen mit seinem Bruder *Vicente Yáñez* für die Entdeckungsreise Propaganda zu machen begann, und der Umstand, daß sich beide selbst bereit erklärten, mitzufahren, trug wesentlich dazu bei, daß sich schließlich doch genug Freiwillige fanden.

Die Flotte umfaßte insgesamt drei Schiffe – ein kleiner Verband verglichen mit den meisten ähnlichen Unternehmungen der folgenden Jahrzehnte. Die beiden Schiffe, welche die Hafenstadt Palos zur Verfügung stellte, die «Niña» und die «Pinta», waren Karavellen. Die «Niña», das Lieblingsschiff des Kolumbus, das ihm auf drei Reisen treue Dienste leisten sollte, trug ursprünglich eine Takelage mit Lateinsegeln, die vor der ersten Überfahrt durch Rechtecksegel an zwei Masten ersetzt wurden, um die Geschwindigkeit zu erhöhen. Die «Niña» dürfte etwa sechzig «Toneladas» gefaßt haben; dieser Begriff geht auf die Zahl der Weinfässer zurück, die ein Schiff tragen konnte. Sie wies eine Länge von etwa zwanzig Metern und einen geringen Tiefgang von vielleicht anderthalb Metern auf, was sie für die Küstenschiffahrt besonders geeignet machte. Das Schiff wurde von Vicente Yáñez Pinzón befehligt.

Auch von der «Pinta» weiß man wenig Genaues. Sie dürfte etwas größer als die «Niña» gewesen sein, trug von Anfang an rechteckige Segel und war eine «caravela redonda», wie sie von den Portugiesen auf ihren Afrikafahrten benutzt wurde. Ihr Kapitän war Martín Alonso Pinzón; zu ihrer Besatzung gehörte der Matrose, der zuerst die Neue Welt erblickte, und sie kehrte als erstes Schiff auch wieder in die Alte Welt zurück.

Das Flaggschiff der Flotille, die «Santa Maria», war keine Karavelle, sondern eine «Nao», was einfach Schiff bedeutet; im Unterschied zu den beiden andern Seglern war sie nicht in Palos selbst, sondern an der galizischen Küste vom Stapel gelaufen. Sie war größer als die beiden andern Schiffe, faßte um die hundert Tonnen, hatte größeren Tiefgang, war plumper gebaut und schwieriger zu segeln. Kolumbus, der die «Santa Maria» mit vorgeschossenen Geldern charterte, hat sich gelegentlich über ihre schlechten Eigenschaften beklagt; das Schiff ist denn auch vor der Küste Hispaniolas auf eine Sandbank aufgelaufen und mußte aufgegeben werden.

Über die Besatzungen der Schiffe ist man besser unterrichtet als über die Schiffe selbst, da die Lohnlisten fast vollständig erhalten geblieben sind. Von den siebenundachtzig Mitreisenden, die man namentlich kennt, gehörten etwa vierzig zur «Santa Maria» und ungefähr fünfundzwanzig zu jedem der kleineren Schiffe. Außer Kolumbus selbst reisten nur noch vier Ausländer mit: ein weiterer Genuese, ein Kalabrese, ein Venezianer und ein Portugiese. Der Umstand, daß fast alle Seeleute aus Andalusien stammten, mag erklären, daß es während der ersten Reise kaum zu Streitigkeiten an Bord kam; auch zeugte es für die Homogenität der Besatzungen, daß viele Matrosen bei späteren Reisen wieder mit von der Partie waren. Daß eine Mehrzahl von Kriminellen mitgefahren sei, ist eine von manchen Historikern fabrizierte Legende: Lediglich bei vier Reiseteilnehmern handelte es sich um freigelassene Sträflinge.[22] Man achtete darauf, nur junge und gesunde Leute anzuheuern, was zum bemerkenswerten Ergebnis führte, daß während der ersten Reise niemand auf See verstarb.

Kolumbus war Kapitän der «Santa Maria» und zugleich Oberkommandierender der Flotte. Dem Kapitän standen der Schiffsführer, der zugleich Schiffseigentümer war, sowie der Steuermann zur Seite. Diesen zugeordnet war ein Polizeihauptmann, der für Ruhe und Ordnung zu sorgen hatte und für Rechtsprechung und Bestrafung zuständig war. Zwei königliche Beamte, die an Bord der «Santa Maria» mitfuhren, hatten die Rechte der Krone wahrzunehmen und auf die Einhaltung der getroffenen Abmachungen zu achten, während ein Schreiber bei Zusammentreffen mit den Überseebewohnern in Erscheinung trat, um die Landnahme notariell zu beglaubigen. Von den Unteroffizieren war der Bootsmann besonders wichtig, dem die Kontrolle der gesamten Schiffsausrüstung oblag, ferner der Steward, der für Speis und Trank sorgte. Jedes Schiff verfügte über einen eigenen Schiffsarzt. Ein Geistlicher fehlte erstaunlicherweise auf der ersten Reise; dagegen reiste ein Dolmetscher mit, *Luis de Torres*, ein konvertierter Jude, der Hebräisch und Arabisch sprach und den man in den Gesprächen mit dem Großkhan einzusetzen gedachte. Neben den Matrosen vervollständigte eine Reihe von Handwerkern wie Schiffszimmermann, Küfer, Segelmacher und Kalfaterer die Besatzung. Über zwei Monate, weit länger als erwartet, dauerten die unmittelbaren Vorbereitungen zur Reise. Am 2. August 1492 versammelten sich die Mannschaften in der Georgskirche, man legte die Beichte ab und kommunizierte. Am nächsten Tag, eine halbe Stunde vor Sonnenaufgang, verließen die drei Schiffe den Hafen von Palos.

3. Die vier großen Reisen

Westwärts nach San Salvador

Über die erste Reise des Kolumbus sind wir hauptsächlich durch zwei Dokumente unterrichtet, die sich gegenseitig zu einer Quellenaussage von solcher Prägnanz und Vollständigkeit verdichten, wie sie sonst von keiner der frühen Transatlantikreisen, weder von Vespucci, Cabot, Magellan noch Verrazano, auf uns gekommen ist. Beim ersten Dokument handelt es sich um das sogenannte «Bordbuch», das nach alter Seefahrertradition den Reiseverlauf von Tag zu Tag festzuhalten hatte und im Falle des Kolumbus sicher auch dem Zweck diente, die hohen Erwartungen, die er bei den Katholischen Königen geweckt hatte, durch genaue Schilderung des Erreichten zu rechtfertigen. Dieses «Diario» wurde sogleich nach der Rückkehr zur Einsichtnahme an Isabella und Ferdinand gesandt und ist im Original verschollen; eine Kopie davon aber gelangte nach dem Tode des Entdeckers nach Hispaniola und wurde dort von Bartolomé de Las Casas studiert und exzerpiert. Es ist die Wiedergabe des Berichts durch Las Casas, auf die wir uns heute zu stützen haben, ein selektiver Auszug aus der ebenfalls verschwundenen Kopie, zuweilen wörtlich abgeschrieben, dann zusammenfassend referiert, gelegentlich von der ersten in die dritte Person wechselnd und auch hin und wieder durch eigene Beifügungen ergänzt. Teile des vollständigen Bordbuchs sind auch von Hernando Colón, dem Sohn des Entdeckers und seinem ersten Biographen, eingesehen worden; doch die Wiedergabe durch Las Casas bleibt am zuverlässigsten.[1]

Beim zweiten wichtigen Dokument zur ersten Reise handelt es sich um einen Brief des Kolumbus an den bereits erwähnten Hofbeamten Luis de Santangel. Dieser Brief, der die Ergebnisse der Reise stark raffend wiedergibt, ist im Frühling 1493 in Barcelona gedruckt worden; das einzige erhaltene Exemplar dieses Drucks ist einer der kostbarsten Schätze der «New York Public Library». Das Schreiben stellt nicht nur die erste überhaupt erhaltene Publikation über die Neue Welt dar, sondern ist auch ein Muster umsichtiger Berichterstattung gegenüber der Obrigkeit. Kolumbus hält ohne falsche Bescheidenheit fest, was er an seiner Unternehmung vielversprechend und verdienstvoll findet und verheimlicht weniger Rühmliches wie die drohende Meuterei seiner Leute und den vermeidbaren Verlust seines Flaggschiffs. Der Brief an Santangel ist zwischen 1493 und 1497 in siebzehn verschiedenen Editionen und Übersetzungen herausgegeben worden, auf lateinisch, kastilisch, deutsch und italienisch. Die erste illustrierte Fassung, versehen mit irreführenden, weil älteren Chroniken entnommenen Holzschnittdarstellungen, wurde 1493 in lateinischer Sprache in Basel gedruckt.[2]

Neben diesen Quellendokumenten muß, wenn von den Kolumbus-Reisen die Rede ist, die von Idee und Ausführung her einmalige Forscherleistung eines modernen amerikanischen Historikers besonders hervorgehoben werden. Zwischen 1938 und 1940 hat Samuel Eliot Morison, Professor an der Harvard University und im Zweiten Weltkrieg offizieller Marinehistoriker der USA, die Reisen des Entdeckers im karibischen Raum auf speziell ausgerüsteten Schiffen nachvollzogen und deren Verlauf auf Grund aller vorhandenen Dokumente und in Überprüfung der geographischen Gegebenheiten minuziös rekonstruiert. Die nachfolgende Darstellung des Verlaufs dieser Reisen ist Morison dankbar verpflichtet.[3]

Am 3. August des Jahres 1492 stach Christoph Kolumbus mit seinen drei Schiffen, der «Santa Maria», der «Pinta» und der «Niña» von Palos aus in See. Man nahm Kurs auf die Kanarischen Inseln, bewegte sich also auf seit anderthalb Jahrhunderten bekannter Route und vermied so die widrigen Winde des Nordatlantiks. Auf den Kanaren hielt man sich während vier Wochen auf, um das Steuerruder der «Pinta» zu reparieren, das Takelwerk der «Niña» zu verbessern und Proviant aufzunehmen. Am 6. September ließ Kolumbus die Alte Welt hinter sich zurück und fuhr westwärts.

Während der ersten zehn Tage der Überfahrt wehte ein beständiger Nordostpassat, man kam gut voran, das Wetter war fast immer schön. Der Morgen, schreibt Kolumbus am 16. September ins Bordbuch, sei köstlich und das Wetter erinnere ihn an Apriltage in Andalusien; es fehle bloß der Gesang der Nachtigallen.[4] Man gelangte in die Sargasso-See, so benannt nach dem im Wasser treibenden Tangkraut [Sargassum], das von den Seeleuten fälschlich als Anzeichen nahen Landes gedeutet wurde. Auch Schwärme von Vögeln, die vorüberzogen, schienen darauf hinzuweisen, und Kolumbus, von dessen Zuversicht alles abhing, nährte solche Hoffnungen. Vorübergehend kamen Gegenwinde aus Südwest auf, was Gelegenheit bot, das Gerücht zu zerstreuen, eine Rückfahrt sei unmöglich. Am 25. September glaubte der Kommandant der «Pinta», Martín Alonso Pinzón, Land zu erkennen, und ließ das «Gloria in Excelsis Deo» anstimmen; doch es handelte sich bloß um eine tiefliegende Wolkenbank.

In der Folge begannen die Mannschaften unruhig zu werden und von Rückkehr zu sprechen, hatte man doch bereits zweitausendachthundert Seemeilen zurückgelegt, eine Distanz, die über derjenigen lag, die Kolumbus zwischen den Kanaren und Japan angenommen hatte. Am 7. Oktober nahm Kolumbus eine Kursänderung nach Südwesten vor, ein unplanmäßiger, aber, wie sich erweisen sollte, glücklicher Entschluß. Noch immer war die Gefahr einer Meuterei nicht gebannt, und es bedurfte des taktischen Geschicks des Oberkommandierenden, den schwelenden Widerstand niederzuhalten. Das kritische Datum war der 10. Oktober: Über ein Monat war seit der Abfahrt von den Kanaren verstrichen, und niemand befand sich an Bord, der je eine längere Seereise unternommen hätte. «Nun konnten die Leute», berichtet das Bordbuch, «nicht länger an sich halten, und sie beklagten sich über die lange Reise. Der Admiral aber munterte sie auf, so gut er konnte, und stärkte die Hoffnung auf die Vorteile, die sie zu erwarten hätten. Klagen, fügte er hinzu, seien nutzlos, er sei nun einmal entschlossen, nach Indien zu gelangen und müsse weiter segeln, bis er es mit Gottes Hilfe gefunden habe.»[5] Es ist wahrscheinlich, daß Kolumbus um dieselbe Zeit seine maßgebenden Begleiter zu einer Beratung zusammenrief und bei ihnen die Erlaubnis einholte, noch während einer letzten Frist von drei Tagen weitersegeln zu dürfen.[6]

Am 11. Oktober kam schwere See auf, und die Anzeichen nahenden Landes wurden deutlicher: Schilfrohre, ein Blütenzweig und ein bearbeiteter Stab trieben vorbei. Die Verzagtheit wich einer erwartungsvollen Spannung. Kolumbus hielt vom Achterkastell der «Santa Maria» eine Ansprache, forderte die Mannschaft auf, die Nachtwachen besonders sorgfältig einzuhalten, und versprach demjenigen, der zuerst Land sichten würde, zusätzlich zur Prämie von zehntausend Maravedís, welche die Könige ausgesetzt hatten, einen seidenen Rock. Um zehn Uhr nachts, eine Stunde vor Mondaufgang, glaubten Kolumbus und ein Matrose ein Licht zu sehen, das sich wie die Flamme einer Wachskerze auf und nieder bewegte. Um zwei Uhr in der Frühe des 12. Oktober 1492 erspähte der Matrose *Rodrigo de Triana* vom Bug der «Pinta» aus Land, und Martín Alonso Pinzón, auf den Ruf «Tierra! Tierra!» herbeigeeilt, meldete die Beobachtung durch das Abfeuern eines Kanonenschusses. Die Insel, deren Klippen in einer Distanz von etwa sechs Meilen im Mondlicht aufleuchteten, gehörte zur Gruppe der Bahamas; die Indianer, die sie bevölkerten, nannten sie Guanahaní; Kolumbus gab ihr den Namen «San Salvador».[7]

Hier die berühmte Textstelle, welche die Landung beschreibt: «Der Admiral ging mit dem bewaffneten Boot an Land; zusammen mit Martín Alonso Pinzón und Vicente Yáñez, dessen Bruder, der Kapitän der «Niña» war. Der Admiral nahm das königliche Banner mit und die beiden Kapitäne zwei Fahnen mit einem grünen Kreuz, die der Admiral als Kennzeichen auf allen seinen Schiffen führte und die die Buchstaben F [Ferdinand] und Y [Ysabella] trugen; über jedem der beiden Buchstaben war eine Krone: der eine stand links, der andere rechts vom waagrechten Balken des Kreuzes. An Land angekommen, sahen sie Bäume von sehr kräftigem Grün und viele Wasserläufe und allerlei Früchte. Der Admiral rief die beiden Kapitäne und die anderen, die an Land gegangen waren, zu sich; ebenso *Rodrigo Descovedo*, den Notar der Flotte, und *Rodrigo Sánchez* aus Segovia, und sagte, sie sollten bestätigen und rechtlich bezeugen, daß er vor aller Augen von der Insel Besitz ergriff, wie er es dann auch im Namen des Königs und der Königin, seiner Herren, tat.»[8]

Die Inselbewohner, Angehörige der damals in der Karibik weitverbreiteten Sprachfamilie der Aruak, versammelten sich um die Ankömmlinge und verfolgten das Geschehen mit einer Mischung von Scheu und Neugierde. «Man wird sich», bemerkt Salvador de Madariaga in seiner Kolumbus-Biographie, «kaum einen Vorgang von solch tragischer Ungleichheit zwischen Menschen vorstellen können wie diese Besitzergreifung.»[9] Kolumbus beobachtete die «Indianer», wie er sie nannte, sorgfältig und nicht ohne berechnende Absicht. Von seinen Erfahrungen an der Guineaküste her auf derartige Begegnungen vorbereitet, hatte er billige Tauschartikel wie bunte Mützen und Glasperlen mitführen lassen und stellte mit Interesse fest, wie die Inselbewohner auf den Handel eingingen und ihrerseits bereitwillig von dem wenigen abtraten, was sie besaßen: Wurfspieße, Knäuel von Baumwollfäden, Papageien. «Sie gehen allesamt nackt herum», schreibt Kolumbus, «wie sie ihre Mutter zur Welt gebracht hat, auch die Frauen» – eine Feststellung, die später von den Missionaren, die dem Vernichtungsprozeß der indianischen Rasse mit machtlosem Protest folgen mußten, als früher Hinweis auf deren paradiesische Unschuld gedeutet wurde.[10] Aber die Gedanken des Seefahrers gingen in andere Richtung: Er sah vor sich bereits willige Subjekte der Krone, Sklaven und allenfalls Bekehrte. «Sie sind sicher hervorragende Arbeitskräfte», heißt es im Bordbuch, «sie haben einen aufgeweckten Verstand, denn ich sehe, daß sie sehr schnell alles nachsagen können, was man ihnen vorspricht. Außerdem glaube ich, daß man sie leicht zum Christentum bekehren könnte, denn es scheint mir, daß sie noch keine Religion haben. Ich werde, so es Gott gefällt, bei meiner Abfahrt von hier sechs Leute für Eure Hoheit mitnehmen, damit sie spanisch sprechen lernen.»[11]

Der erste Kontakt von Europäern mit den Bewohnern der Neuen Welt verlief zwar nicht frei von Hintergedanken, aber friedlich. Die Indianer sahen in den Ankömmlingen Götter, und gegen Götter wehrt man sich nicht; Kolumbus aber ging es um Entdeckung, nicht Besiedlung, und sein Auftrag hielt ihn an, keine unnötigen Risiken einzugehen. Dies sollte sich freilich bald ändern: Der nächste Spanier, der in diesen Weltgegenden auftauchen sollte, Alonso de Ojeda, betrieb bereits skrupellose Sklavenjagd.

Am 14. Oktober setzte Kolumbus mit den Indianern, die er an Bord genommen hatte und die ihm als Wegweiser und Beweisstück dienten, seine Fahrt in südwestlicher Richtung fort. Mehrere Inseln des Archipels wurden berührt und beschrieben, ohne daß die erhofften Schätze an Gold und Gewürzen gefunden werden konnten. Doch im Gespräch mit den Indianern fand Kolumbus sich in seiner fixen Idee, den Schätzen des Fernen Ostens auf der Spur zu sein, immer wieder bestätigt. «Dann wollte ich», schreibt er, «wenn es das Wetter erlaubte, weiterfahren und die ganze Insel umsegeln, bis ich jenem König begegnen würde und herausfände, ob ich von dem Gold bekommen kann, das er, wie ich höre, bei sich hat. Danach werde ich nach einer anderen sehr großen Insel aufbrechen, von der ich glaube, daß es sich um Cipango handelt, zumindest besagen das die Hinweise, die mir die mitgeführten Indios geben; sie nennen diese Insel Colba [Kuba], und auf ihr soll es, wie sie sagen, sehr große seetüchtige Schiffe geben; und von dieser Insel will ich zu einer weiteren Insel fahren, die sie Bohío [Hispaniola] nennen und die auch sehr groß sein soll; und die anderen, die dazwischen liegen, werde ich im Vorbeifahren in Augenschein nehmen, und je nachdem, ob ich dort Hinweise auf Gold oder Spezereien finde, werde ich entscheiden, was weiterhin zu tun ist. Im übrigen beabsichtige ich, bis zum Festland und zur Stadt Guisay [Hangzhou, in China] zu fahren und dem Großen Khan die Briefe Eurer Hoheiten zu übergeben und Antwort von ihm zu erbitten und mit ihr zurückzukehren.»[12]

Am 27. Oktober verließen die drei Schiffe des Kolumbus die Bahamas und trafen am Morgen des folgenden Tages im Nordosten der Insel Kuba, die der Entdecker «Juana» nannte, ein. Die Begegnung mit den Inselbewohnern verlief erneut friedlich. Auf deren Versicherung hin, im Hinterland seien reiche Goldschätze gestapelt, mutmaßte Kolumbus, die Residenz des Großkhans aufgefunden zu haben, und entsandte den konvertierten Juden Luis de Torres zur Anknüpfung diplomatischer Beziehungen; doch dieser fand bloß eine Ansammlung von Palmhütten. Immerhin war die Expedition nicht ganz ergebnislos, stieß doch Torres bei der Rückkehr an die Küste auf Indianer, die erstmals beim Tabakrauchen beobachtet werden konnten. Was das begehrte Gold anbetraf, sprachen die Aruak, die offenbar das Interesse der Seefahrer von sich ablenken wollten, nun plötzlich von einer Insel, Babeque genannt und der kubanischen Küste östlich vorgelagert, dort sei Gold haufenweise vorhanden, man könne es nachts bei Kerzenlicht am Strand auflesen. Der Hinweis bewog Martín Alonso Pinzón, sich in einem Akt flagranter Insubordination mit der «Pinta» von der Flotte zu entfernen, um als erster auf dieser Insel, dem heutigen Great Inagua Island, anzukommen.

Unterdessen segelten die «Santa Maria» und die «Niña» weiter der kubanischen Küste entlang zum Kap Maisi, durchquerten die Windward Passage und trafen am 6. Dezember vor der Küste Hispaniolas ein. Die Bekanntschaft mit dieser Insel, von Kolumbus wegen ihrer Ähnlichkeit mit dem Herkunftsland und als Zeichen der Besitzergreifung «La Isla Española» genannt, wurde zum Höhepunkt der ersten Reise. In seinem Brief an Santangel hat der Entdecker eine begeisterte Naturschilderung gegeben, die später auch Alexander von Humboldt entzückte: «Gebirgszüge, Hügel, Auen, Felder und Land sind so lieblich und ergiebig, um anzupflanzen und auszusäen, um Viehzucht aller Art zu betreiben und um Städte und Dörfer zu erbauen. Die Seehäfen sind solcherart, daß man es nicht glaubt, bevor man sie gesehen hat, und dasselbe gilt von den vielen und großen Flüssen und von dem guten Wasser, das oft Gold enthält. Die Bäume, Früchte und Pflanzen unterscheiden sich sehr von jenen auf Kuba. Auf dieser Insel gibt es viele Gewürze und große Minen mit Gold und anderen Metallen.»[13]

Am 15. Dezember passierte Kolumbus, der Nordküste entlangsegelnd, die Meerenge von Tortuga und traf am nächsten Tag feierlich mit einem einheimischen Häuptling, einem «Kaziken» zusammen, der nun tatsächlich etwas Goldschmuck vorzuzeigen hatte und dadurch die Gier der Spanier erneut belebte. Man segelte weiter zur Acul Bay, der schönsten Bucht, die Kolumbus in über zwanzigjähriger Seemannserfahrung je glaubte gesehen zu haben. Die Indianer versammelten sich beim Anblick der Schiffe am Ufer;

62 I. Der Aufbruch: Christoph Kolumbus

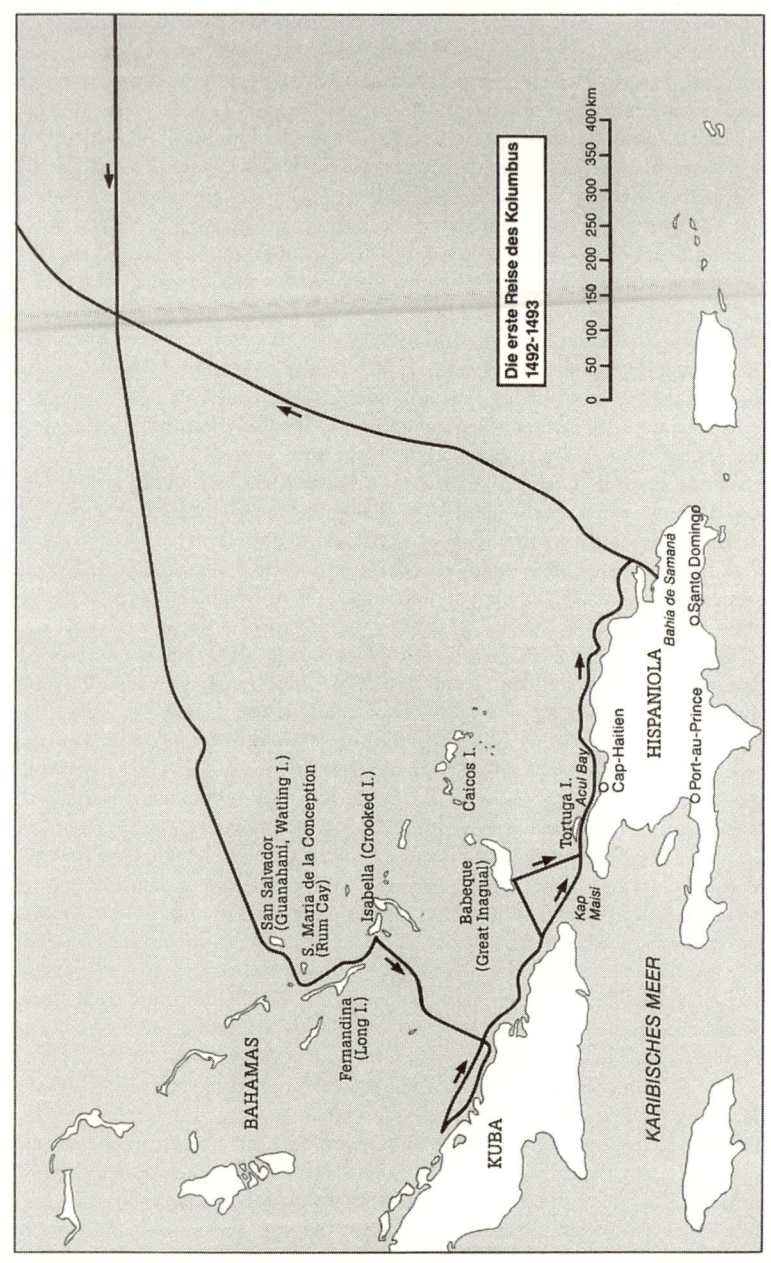

sie waren, wie das Bordbuch berichtet, ganz nackt, sehr wohlgestaltet und, was die Frauen betraf, von einer Freizügigkeit, die durch keine männliche Eifersucht eingeschränkt wurde. Auch traf ein Abgesandter vom wichtigsten Häuptling im nordwestlichen Teil der Insel, dem Kaziken Guacanagarí, ein, der ein kostbares Gastgeschenk überbrachte, einen mit verschiedenfarbigem Fischbein verzierten Gürtel mit einer Art Schnalle aus gehämmertem Gold. Kolumbus erfuhr, daß die Gegend, in welcher Guacanagarí residierte, «Cibao» genannt wurde, und sofort stand für ihn fest, daß es sich um Cipangu handeln müsse, um die Insel Japan, von deren unbeschreiblichem Goldreichtum Marco Polo geschwärmt hatte. Wie erhebend war doch die Aussicht, das bevorstehende Weihnachtsfest mit dem Kaziken zusammen feiern zu können, dessen Name in des Entdeckers Ohren ohnehin japanisch genug klang!

In der Nacht zum Weihnachtstag, um die zwölfte Stunde, kam es zum einzigen gravierenden Zwischenfall während der ganzen ersten Reise. Das Flaggschiff, die «Santa Maria», wurde unweit des heutigen Cap-Haitien bei völliger Windstille von der Strömung gegen eine Sandbank getragen und saß bald, da die sofort erteilten Befehle des Kapitäns nicht befolgt wurden, unrettbar fest. Als Wasser in den Rumpf einströmte, befahl Kolumbus, das Schiff zu verlassen, und die Indianer halfen tatkräftig mit, die bewegliche Ausrüstung, Proviant und Waren an Land zu schaffen. Der Admiral, vom Glauben erfüllt, ein Werkzeug Gottes zu sein, erkannte in diesem Vorfall einen göttlichen Fingerzeig und beschloß, hier eine Siedlung zu errichten. Auf diese Weise entstand, aus dem Holz des Wracks gezimmert und zum Gedenken an den Weihnachtstag 1492 so benannt, der befestigte Stützpunkt «Villa de la Navidad», die erste europäische Siedlung in der Neuen Welt seit der Zeit der Wikinger.[14]

Es erwies sich als leicht, Freiwillige zu finden, die bereit waren, in La Navidad die Rückkehr des Kolumbus abzuwarten, denn die Aruak verhielten sich nach wie vor freundlich und die Aussicht, ans Gold zu kommen, war begründeter denn je. Auch die Indianer waren zu diesem Zeitpunkt an der Präsenz der Spanier noch interessiert, nicht nur des Tauschhandels wegen, sondern auch, weil sie in ihnen nützliche Verbündete gegen ihre feindlichen Nachbarn, die Karaiben, sahen.

Am 4. Januar des Jahres 1493, nach einem Abschiedsfest mit Gelagen und Salutschüssen, trennte sich Kolumbus von den gastfreundlichen Indianern und ließ, unter dem Kommando von *Diego de Harana*, eine Besatzung von neununddreißig Mann auf dem Stützpunkt zurück.[15] In den Küstengewässern stieß das neue Flaggschiff, die «Niña», auf die «Pinta» des Martín Alonso Pinzón. Dieser hatte in der Zwischenzeit die Insel Great Inagua aufgesucht, ohne Gold zu finden, war dann an die Küste Hispaniolas gelangt und hatte durch die Indianer vom Schiffbruch der «Santa Maria» gehört; daraufhin sei er, wie er sich entschuldigend versicherte, herbeigeeilt, um Hilfe zu leisten. Kolumbus machte zum bösen Spiel gute Miene, aber das Vertrauensverhältnis zwischen beiden war zerbrochen; die Rückfahrt auf unbekannter Route und bei weit schwierigeren Windverhältnissen zwang indessen zur Zusammenarbeit.

Am 16. Januar wurden in der Bucht von Samaná die Anker gelichtet; Kolumbus gab diesem Platz den Namen «Las Flechas», denn hier stieß er erstmals auf Inselbewohner, die ihn mit Pfeil und Bogen bedrohten. Der Admiral wählte die Richtung Nord-Nord-Ost und folgte damit, ohne es zu wissen, der bestmöglichen Rückfahrroute überhaupt, indem er die widrigen Passatwinde mied. Dennoch wurde die Rückfahrt über den Atlantik zu einer harten Bewährungsprobe. «Diese Heimreise», schreibt Morison, «wurde zu einer weit größeren Prüfung für Kolumbus' seemännisches Können und für seine Begabung, mit Menschen umzugehen, als irgend etwas, das er bisher unternommen hatte. Mit dem Wissen um die größte geographische Entdeckung aller Zeiten in seiner Brust und im Bewußtsein, daß dies niemandem von Nutzen sein würde, wenn nicht darüber Bericht erstattet werden könnte, hatte der Admiral den Überlebenskampf gegen die Elemente und die menschliche Schwäche anzutreten.»[16]

Am 12. Februar erhob sich ein heftiger Sturm, der die Mannschaft fürchten ließ, ihre letzte Stunde sei gekommen. Die beiden Schiffe verloren sich aus den Augen, und Kolumbus übergab der tobenden See ein Faß mit dem versiegelten Kurzbericht seiner Entdeckung, das nie wieder aufgefunden wurde. In höchster Not beschloß die Besatzung der «Niña», im Falle der Errettung durch Pilgerfahrten Buße zu tun. «Hierauf», heißt es im Bordbuch, «taten der Admiral und alle seine Gefährten das Gelübde, im ersten Lande, das sie erreichen würden, nur mit einem Hemd bekleidet in einer Prozession zu einer Kirche zu ziehen, die der Heiligen Mutter Gottes geweiht war, um dort zu beten.»[17] Nach einigen Tagen flaute der Sturm ab, und man fand sich vor der Küste der südlichsten Azoreninsel Santa Maria. Mit Mühe gelang es, vor einem kleinen Hafen Anker zu werfen, und ein Teil der Besatzung begab sich zum Dankgebet in eine kleine Kapelle. Im Empfang dieser Spanier durch die portugiesische Inselbevölkerung fand die Ironie des Schicksals ihren sprechendsten Ausdruck: Statt die Entdecker eines neuen Kontinents als Helden zu feiern, warf man sie, unter Verdacht, Hoheitsrechte der Krone Portugals verletzt zu haben, kurzerhand ins Gefängnis. Nur mit Mühe gelang es Kolumbus, seine Begleiter freizubekommen und etwas Proviant einzuhandeln.

Kaum hatte die «Niña» die ungastliche Azoreninsel verlassen, geriet sie in einen weiteren Sturm, der dem vorangegangenen an Stärke nicht nachstand. Mit Glück und navigatorischem Geschick gelang es, die Gefahr, an die portugiesische Küste geworfen zu werden, zu bannen. Am 4. März erreichte Kolumbus die Mündung des Tejo und ging, da der Zustand des Schiffes eine Weiterfahrt nicht zuließ, in Belem, dem Hafen Lissabons, an Land.

Der Empfang im Königreich Portugal war, nach einigem Zögern der lokalen Instanzen, freundlicher als erwartet. Kolumbus wurde aufgefordert, Johann II., der einst seine Projekte abgewiesen hatte, auf dessen ländlicher

Residenz zu besuchen. Man muß annehmen, daß der Herrscher dem Admiral gegenüber keine freundlichen Gefühle empfand, in ihm einen Eindringling in seinen maritimen Einflußbereich sah, vielleicht sogar mit dem Gedanken spielte, ihn aus dem Wege räumen zu lassen; es scheint aber, als sei er seinem Gast mit gespielter Liebenswürdigkeit begegnet. Am 11. März kehrte Kolumbus nach Lissabon zurück.

Die «Niña» war unterdessen mit neuem Segelzeug versehen und verproviantiert worden, und bereits am 13. März lichtete man den Anker und machte sich auf die Fahrt ums Kap São Vicente nach Spanien. Unterdessen hatte die «Pinta», die von den Azorenstürmen weniger heimgesucht worden war, die nordspanische Küste in der Nähe von Vigo erreicht. Fast gleichzeitig trafen schließlich die beiden Schiffe am 15. März 1493, nach einer Abwesenheit von zweiunddreißig Wochen, in Palos ein. «Daß nichts ohne die Einwilligung Gottes geschehen kann», schreibt Kolumbus an diesem Tag auf die letzte Seite seines Bordbuchs, «das hat mir diese Reise gezeigt. Der wunderbare göttliche Beweis dafür sind die vielen Wunder, die Er während der Reise bewirkt hat, wie man aus meinem Bericht ersieht. Dann aber auch die Tatsache, daß ich mich so lange am Hof Eurer Hoheiten habe halten können, gegen den Widerstand und die Meinung so vieler bedeutender Persönlichkeiten am Hofe, die alle gegen mich waren und mein Unternehmen einen Schwindel nannten, ein Unternehmen, von dem ich aber zu Gott hoffe, daß es der Christenheit zur höchsten Ehre gereichen und nicht seinesgleichen finden möge.»[18]

Bereits von Lissabon aus hatte Kolumbus den «Katholischen Königen», die sich in Barcelona aufhielten, seine Ankunft gemeldet, und in Palos verfaßte er, um ganz sicher zu gehen, weitere solche Sendschreiben, eines erneut an den Hof, das andere an den Stadtrat von Córdoba. Dann setzte er, begleitet von den unglückseligen Indianersklaven, die er mitgeführt hatte, seinen Weg nach Sevilla fort, wo er, bestaunt und gefeiert, am Palmsonntag, dem 31. März, eintraf. Hier empfing er die königliche Antwort auf seine Nachricht, adressiert an «Don Cristóbal Colón, Admiral der ozeanischen See, Vizekönig und Gouverneur der von ihm entdeckten Indischen Inseln», eine sehr wohlwollende Antwort, welche seine Leistung voll anerkannte und bereits Vorbereitungen für die zweite Reise empfahl. Unverzüglich umgab sich Kolumbus mit dem Gefolge und dem Prunk, die seinem neuen Rang entsprachen, und zog über Córdoba, Murcia, Valencia und dem Mittelmeer entlang nach Barcelona.

Der Empfang am Hofe von Isabella und Ferdinand entsprach den hochgespannten Erwartungen des Entdeckers, war so sehr strahlender Höhepunkt einer Laufbahn, daß er, wie Madariaga meint, den Keim zum tragischen Niedergang bereits in sich enthielt: «Zum Staunen ihrer Höflinge erwiesen die Könige ihm zwei einzigartige Ehren, die bisher nur den Größten unter den Großen vorbehalten gewesen waren: Sie erhoben sich, um ihn zu begrüßen, und nachdem er ihnen die Hände geküßt hatte, boten sie ihm einen Schemel zum Niedersitzen an. Sehr wahrscheinlich sollte diese vielbegehrte und unerhörte Auszeichnung, die noch dazu vor einer ganzen Schar von Neidern gewährt wurde, eine der wichtigsten Ursachen für seine späteren Schwierigkeiten und seinen schließlichen Sturz werden.»[19] Zu diesem Zeitpunkt hätte sich der Admiral, mit einundvierzig Jahren, unter höchsten Ehren ins behagliche Privatleben zurückziehen können; aber ebenso richtig ist, daß der willensstark gelenkte Impuls, der diese Entdeckerleistung überhaupt möglich gemacht hatte, ihn über das erreichte Ziel hinaustragen mußte. Für eine Persönlichkeit vom Zuschnitt des Kolumbus gab es jetzt erst recht kein Innehalten, nicht bevor das Gewonnene gesichert, jedes seiner großzügigen Versprechen restlos eingelöst und die unheilige Allianz zwischen der Begierde nach Gold und dem Wunsch nach Heidenbekehrung unauflöslich eingegangen war.

Was die Krone betraf, zögerte man nicht, sofort die nötigen diplomatischen Schritte einzuleiten, um die Besitzrechte auf die aufgefundenen Länder und Inseln verbriefen zu lassen. Man wandte sich an den Papst, das Oberhaupt des «Orbis christianus», der im Jahre 1454 bereits in der Bulle «Pontifex Romanus» den Portugiesen das Eroberungsmonopol über die afrikanische Westküste zugesprochen hatte. Seine Heiligkeit Papst Alexander VI., ein Spanier, der seine Ernennung der Protektion durch die Katholischen Könige verdankte, handelte rasch. In mehreren Bullen wurde Isabella und Ferdinand der Besitz der von Kolumbus entdeckten Gebiete zugesichert, und als Portugal protestierte, einigte man sich im Vertrag von Tordesillas [1494] auf die Festlegung einer Demarkationslinie, die, von Pol zu Pol den Atlantik aufteilend, 370 Leguas [rund 1175 Seemeilen] westlich der Kapverdischen Inseln verlief. Die westlich dieser Linie entdeckten und noch zu entdeckenden Gebiete sollten der spanischen Krone zufallen; die östlich gelegenen Gebiete waren portugiesischer Machtbereich. Obwohl der Verlauf dieses Meridians mit den damaligen Mitteln der Standortbestimmung nicht exakt bestimmt werden konnte, handelte es sich um ein Abkommen von großer geschichtlicher Tragweite: «Der Vertrag», schreibt G. R. Crone, «erreichte sein Hauptziel, nämlich die friedliche Regelung der Beziehungen zwischen den kolonialen Sphären Spaniens und Portugals, und seine Bedeutung für die künftige Entwicklung der amerikanischen Besitzungen war enorm.»[20]

Während die gedruckten Fassungen des Briefes an Santangel, die Berichte der Diplomaten und Kaufleute und das sich fortpflanzende Gerücht die Neuigkeit der Entdeckung auf der Iberischen Halbinsel und in Italien, später auch in Frankreich und Deutschland verbreiteten, befaßte sich Kolumbus bereits mit den Vorbereitungen zur nächsten Reise. Schon während seiner Rückkehr muß sich der Seefahrer neuen Plänen zugewandt haben, die weit über die Fortsetzung der bloßen geographischen Erkundung und der Gründung einiger Handelsstützpunkte hinausgingen. In einem Memorandum zu Händen der «Katholischen Könige», das er in Sevilla verfaßte, sprach

Kolumbus nun plötzlich von zweitausend Siedlern, die über den Atlantik verschifft und in neu zu gründenden Städten seßhaft gemachten werden sollten; auch entwickelte er genaue Vorstellungen, wie das Gold – immer wieder das Gold! – aufgespürt, eingesammelt und abtransportiert werden sollte und nach welchem Schlüssel die Erträge zu verteilen seien. Obwohl die Krone diesen Forderungen gegenüber an ihrer uneingeschränkten rechtlichen Oberhoheit festhielt und ausdrücklich den missionarischen, nicht den kommerziellen Bestrebungen das Hauptgewicht beimaß, kam sie doch diesmal den Wünschen des Kolumbus bezüglich der Ausrüstung der neuen Unternehmung großzügig entgegen. Auch waren das Prestige des Seefahrers und die Hoffnungen, die man mit einer zweiten Reise verknüpfte, inzwischen derart gewachsen, daß die Rekrutierung der Mannschaften keine Schwierigkeiten mehr machte. Der Admiral konnte unter vielen jugendlichen Freiwilligen auswählen, und es fehlte nicht an Männern von seemännischer Erfahrung, intellektueller Ausbildung und aristokratischem Rang. Zu den Teilnehmern gehörten diesmal *Diego Chanca*, ein Schiffsarzt, *Michele de Cuneo*, ein italienischer Jugendfreund des Entdeckers, und *Melchior Maldonado*, ein Hofdiplomat – alle drei Verfasser wichtiger Erlebnisberichte, ferner die späteren Entdecker Alonso de Ojeda und Juan Ponce de León. Dem königlichen Missionsauftrag entsprechend achtete man nun auch darauf, Geistliche mitfahren zu lassen, unter diesen den Hieronymitenbruder *Ramón Pane*, den ersten Ethnographen der Neuen Welt. Kolumbus war schließlich noch von seinem jüngsten Bruder Diego begleitet, einer wenig durchsetzungsfähigen Persönlichkeit, aber vielleicht der einzigen Vertrauensperson, die er in mißgünstiger Umgebung um sich wissen sollte.

Während der Admiral nach Süden reiste, um sein Oberkommando zu übernehmen, war der Archidiakon von Sevilla, Juan de Fonseca, ein äußerst tatkräftiger Mann, beauftragt, eine Flotte von siebzehn Schiffen zusammenzustellen und so auszurüsten, daß sie zwischen tausendzweihundert und tausendfünfhundert Mann an Bord nehmen konnte. Die Tatsache, daß Sämereien, Zuchtvieh und Handwerkszeug für den Bergbau eingeschifft wurden, zeigt, daß sich die Krone des Entdeckers Siedlungspläne zu eigen gemacht hatte. Auch ein Trupp von Lanzenreitern wurde auf die Schiffe verfrachtet; deren Pferde sollten unter Indianern bald Furcht und Schrecken verbreiten und sich als wichtigster Faktor der militärischen Überlegenheit der «Konquistadoren» bewähren. Von den Schiffen wissen wir, daß es sich um drei «Naos» handelte, darunter das Flaggschiff, erneut mit Namen «Santa Maria», ferner um ein Dutzend mit Rahsegeln getakelte Karavellen sowie einige kleinere Schiffe mit geringem Tiefgang, die der Erkundung seichter Gewässer dienen sollten. Diese Flotte versammelte sich im Hafen von Cádiz, und von hier aus brach Kolumbus am 25. September 1493, von einer Ehreneskorte venezianischer Galeeren verabschiedet, zu seiner zweiten Reise auf.

Die Kleinen und die Großen Antillen

Von der zweiten Reise ist kein Bordjournal erhalten geblieben, und die Rekonstruktion des Reiseverlaufs stützt sich vor allem auf Briefe sowie auf nachträglich verfaßte Erlebnisberichte und Aufzeichnungen von Personen, welche die Zurückkehrenden befragten. Die Flotte machte erneut einen Zwischenhalt auf den Kanarischen Inseln, setzte am 12. Oktober zur Überquerung des Atlantiks an und traf bereits nach zwanzig Tagen vor Dominica, einer Insel der Kleinen Antillen, ein. Die Überfahrt war, von einem kleinen Sturm abgesehen, so ruhig und angenehm, daß sämtliche Segel stets in Sichtweite der Flaggschiffs blieben. Die Route, die Kolumbus wählte, verlief südlicher als auf der ersten Reise, hatte doch der Admiral durch die ihn begleitenden Indianer von der Existenz weiterer Inseln südöstlich von Hispaniola erfahren, die er vorerst aufzusuchen beschloß. Während vier Jahrhunderten sollte diese Route die beliebteste Verbindung von Europa nach den Antillen-Inseln und dem mittelamerikanischen Festland sein.

Von Dominica aus folgte des Kolumbus Flotte dem Inselbogen der Kleinen Antillen westwärts. Man sichtete und betrat zahlreiche Inseln und belegte sie mit wohlklingenden Namen, die sie zum Teil noch heute tragen: María Galante, Santa María de Guadalupe, Santa María de Montserrate, San Martín [Nevis], San Jorge [Saint Kitts], San Cristóbal [Saba Island], Santa Cruz, Las Once Mil Vírgenes [Virgin Islands], San Juan Bautista [Puerto Rico].

Auf der Fahrt von Insel zu Insel kam es zu unerfreulichen Begegnungen mit Indianern und zu ersten Opfern des sich anbahnenden Kulturkonflikts. Vor Guadeloupe hielt man sich während sechs Tagen auf, weil sich ein Erkundungstrupp, den man ausgeschickt hatte, im Tropenwald verlor. Die Insel war von kriegerischen Karaiben bewohnt; man fand in ihren Hütten Teile menschlicher Körper, von denen sie sich nährten, und man stieß auf gefangengehaltene Aruak, die gemästet wurden, um verspeist werden zu können. «Die Karaiben behaupten», schreibt der Schiffsarzt Dr. Chanca mit einer Mischung von Entsetzen und Faszination, «das Fleisch vom Menschen sei so gut, daß es auf der Welt nichts Vergleichbares gebe; und so scheint es tatsächlich zu sein, denn von den Knochen, die wir in ihren Häusern fanden, war alles abgenagt, was abzunagen war, so daß nur noch übrig blieb, was zu zäh war, um gegessen zu werden. In einer der Hütten sahen wir, wie der Hals eines Menschen in einem Topf kochte.»[21] Auf die Karaiben geht auch die Bezeichnung Kannibalismus zurück, dessen Praktiken von der Reiseberichterstattung der folgenden Jahrhunderte ebenso phantasievoll geschildert wurden, wie seine Verbreitung übertrieben worden ist.

Vor der Insel Santa Cruz, dem heutigen Sainte Croix, kam es zum blutigen Zusammenstoß, als die Mannschaft eines Kanus, vom Anblick der spanischen Flotte überrascht, spontan zum Angriff überging, eine Schaluppe mit

3. Die vier großen Reisen

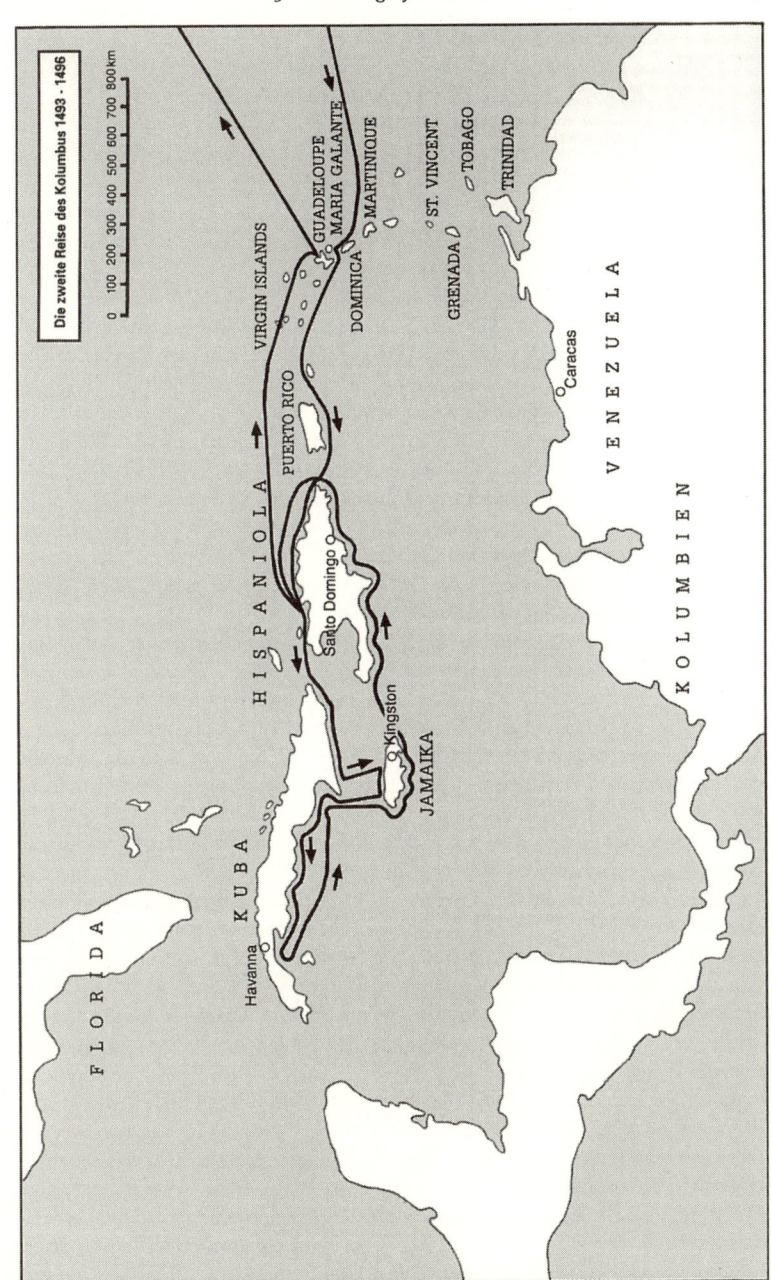

einem Pfeilhagel überschüttete und mehrere Matrosen verwundete. Diego Chanca kann nicht umhin, die Tapferkeit der Karaiben zu bewundern: «Als die Karaiben sahen, daß die Flucht ihnen nichts nützte, ergriffen Männer und Weiber mit größtem Mut ihre Bogen; und ich sage ausdrücklich: mit größtem Mut...»[22] Kein Zweifel: Dies waren nun nicht mehr die harmlosen und unschuldigen Wilden, denen man auf der ersten Reise begegnet war; eine neue Vorstellung von Wildheit, ein bedrohliches Gegenbild, trat neben den ersten günstigen Eindruck, und der Umschlag vollzog sich unvermittelt und unreflektiert.

Auf der Insel Puerto Rico, deren Südküste man nun folgte, kam es zu keinem Zusammentreffen mit den Indianern, die ins Landesinnere flüchteten. Die Flotte durchfuhr die Mona Passage und erreichte die Ostspitze der Insel Hispaniola, die von den Indianern, welche ihren Spanienaufenthalt überlebt hatten und zurückkehren durften, sogleich als ihre Heimat erkannt wurde. Am Abend des 27. November 1493 näherte man sich der Stelle, an der man La Navidad gegründet und eine Besatzung von gegen vierzig Mann zurückgelassen hatte. Als man am nächsten Tag an Land ging, erwies es sich, daß die Siedlung niedergebrannt und von der Garnison niemand mehr am Leben war. Was sich seit Weihnachten vorigen Jahres abgespielt haben mochte, muß man sich aus den lückenhaften und widersprüchlichen Angaben der verängstigten Untertanen Guacanagarís zusammenreimen: Es scheint, daß sich die Spanier, vielleicht wegen indianischer Frauen, untereinander zerstritten und den Angriffen eines Guacanagarí feindlich gesinnten Kaziken keinen vereinigten Widerstand mehr hatten entgegensetzen können.[23] Die Idylle der ersten Kulturbegegnung war brüsk in die Katastrophe des militanten Kulturzusammenstoßes umgeschlagen – ein Vorgang, wie wir ihn im Verlauf der frühen Entdeckungs- und Siedlungsgeschichte immer wieder zu beobachten haben.

Sofort entschloß sich Kolumbus zum Bau eines neuen Stützpunktes etwas östlich des früheren, den er, zu Ehren der spanischen Königin, Isabela nannte. Es war, wie sich bald zeigen sollte, kein günstig gewählter und ein sehr ungesunder Ort, und schon wenige Jahre später wurde er durch Santo Domingo ersetzt. Immerhin schien von Vorteil, daß Isabela nicht weit von Cibao, dem goldreichen «Cipangu» des Marco Polo, wie Kolumbus weiterhin meinte, lag. Sogleich wurden Kundschafter ins Landesinnere entsandt, die in der Tat mit etwas Gold zurückkamen und mit der Versicherung, es sei davon weit mehr zu holen.

Am 2. Februar des Jahres 1494 schickte Kolumbus zwölf Schiffe seiner Flotte unter dem Kommando von Antonio de Torres nach Europa zurück. Der schlechte Gesundheitszustand der Kolonisten und die knappe Nahrung zwangen zu diesem Schritt, obwohl der Wert der Ladung sowohl hinter den Erwartungen des Admirals als auch hinter denen seiner Auftraggeber zurückblieb. Immerhin wurde Gold im Wert von dreißigtausend Dukaten nach Europa verschifft; ferner Gewürze von freilich minderer Qualität, sechzig

Papageien und sechsundzwanzig indianische Sklaven, darunter drei karaibische Kannibalen. Antonio Torres bewältigte die Reise nach Cádiz auf der nun bekannten nördlichen Route in der Zeit von fünfunddreißig Tagen, ein Rekord, der während Jahrhunderten nicht unterboten werden sollte. Erstmals gelangte so amerikanische Fracht in größerem Umfang nach Europa: Die «Carrera de Indias» war eröffnet.

Auf Hispaniola wurde indessen die Erkundung des Hinterlandes vorangetrieben. Nach ersten Vorstößen unter dem Kommando des tapferen und rücksichtslosen Alonso de Ojeda begab sich Kolumbus selbst am 12. März 1494 auf einen jener Feld- und Beutezüge, wie sie bald für das Vorgehen von Konquistadoren vom Schlage eines Balboa, Cortés, Pizarro oder Coronado typisch werden sollten. Man überquerte in strenger militärischer Formation, unter Trompetenklang und wehendem Banner, die Küstengebirge, der Adel hoch zu Roß in blitzender Rüstung, die Armbrust- und Büchsenschützen sowie ein Troß von Handwerkern und indianischen Gehilfen zu Fuß. Man erreichte ein fruchtbares Tal und gründete in dessen Nähe ein Fort, Santo Tomás, das zum Mittelpunkt eines bescheidenen Goldhandels werden sollte. Dann kehrte Kolumbus nach Isabela zurück, wo er die dort verbliebene Besatzung in aufrührerischer Stimmung vorfand. Da er fühlte, wie ihm die Autorität, die er auf See noch genossen hatte, an Land allmählich entglitt, entschloß sich der Admiral, ein weiteres Expeditionskorps, bestehend aus vierhundert mißgelaunten und profitgierigen Kolonisten, nach Santo Tomás abzusenden. Kommandant war erneut Ojeda, der diesmal weder willens noch in der Lage war, den wilden Trupp zur Schonung der Indianer anzuhalten. Es kam auch auf Hispaniola zu den ersten gravierenden Zwischenfällen, und die Vernichtung der Urbevölkerung nahm ihren Lauf: Im Jahre 1504 war die Insel völlig unterworfen; vier Jahre später lebten von einer ursprünglichen Bevölkerung von über einer Million vielleicht noch sechzigtausend Indianer. Im Jahre 1548 mußte der Chronist Oviedo berichten, daß nur noch fünfhundert Indianer am Leben seien, wobei er hinzufügte, daß dies Gott ihrer Sünden wegen so gewollt habe.[24]

Am 24. April setzte Kolumbus, der diese Entwicklung zwar nicht billigen, aber auch nicht verhindern konnte, seine Entdeckungsfahrt im Bereich der Großen Antillen fort und segelte auf der wohlbewährten «Niña», begleitet von zwei Karavellen mit geringem Tiefgang und lateinischen Segeln, nach Kuba. Auf der ersten Reise hatte der Admiral den Inselcharakter Kubas nicht abklären können, glaubte vielmehr, es müsse sich um einen Teil des chinesischen Festlandes handeln, und wollte nun endlich wissen, wo die Residenz des sagenhaft reichen Großkhans zu finden sei. Am 29. April erreichte er die Südspitze Kubas, das Kap Maisí, ließ in der Nähe ein Kreuz aufrichten und nahm die Insel im Auftrag der Krone in Besitz. Anschließend steuerte man der Südküste entlang und erreichte, von den Aruakindianern überall freudig als Himmelsboten begrüßt, das Cabo de Cruz. Hier wandte man sich, da die erhofften Hinweise auf Goldschätze ausgeblieben waren, nach Süden und erreichte am 5. Mai die Nordküste Jamaicas. Die Inselbewohner, obwohl den Indianern Hispaniolas stammesmäßig nah verwandt, zeigten sich feindselig und mußten mit einer Kanonensalve und Bogenschüssen zur Botmäßigkeit veranlaßt werden; auch setzte man erstmals Bluthunde auf sie an, ein Vorgehen, das auf den Kanaren bei der Ausrottung der Guanchen bereits erprobt worden war und in den spanischen Besitzungen jenseits des Atlantiks traurige Berühmtheit erlangen sollte.

Da auch in Jamaica weder Gold noch die Residenz des Großkhans gefunden werden konnte, segelte der Admiral am 14. Mai wieder zum Cabo de Cruz zurück und folgte den mit vielen Inseln durchsetzten Küstengewässern bis zur Schweinebucht, die 1961 als Zielort eines peinlich verunglückten amerikanischen Invasionsversuchs zum Sturz des Regimes von Fidel Castro in die Schlagzeilen gekommen ist. Kolumbus, der für Natureindrücke in außergewöhnlich empfindsamer Weise aufgeschlossen war, fühlte sich hier in eine Paradieseslandschaft versetzt. Man spürt seine Begeisterung im Bericht des Chronisten Andrés Bernaldéz, dem er nach der Reise seine Erlebnisse schilderte: «Und alle ruhten dort im Grase bei jenen Quellen, im herrlichen Duft der Blumen, beim süßen Gesang der zahlreichen lieblichen Vögel, im Schatten der großen schönen Palmen, und es war wunderbar, das alles anzuschauen.»[25] Von hier aus segelte Kolumbus der kubanischen Südküste entlang westwärts weiter bis zum Golf von Batabanó, wo er am 27. Mai eintraf.

Da die Weiterfahrt nun durch die Seichtigkeit des Wassers behindert wurde, der Rumpf der Schiffe Schaden genommen hatte und noch immer kein Gold herbeigeschafft werden konnte, entschloß sich Kolumbus zur Umkehr. Es kam nun, am 12. Juni, zur denkwürdigen Szene, daß der Admiral die Mannschaft seiner Schiffe an Deck versammelte und sie einen Eid schwören ließ, wonach Kuba Teil des asiatischen Festlandes sei und keine Insel; wer diese Erkenntnis in Zweifel ziehe oder anders lautende Auffassungen verbreite, habe mit empfindlicher Strafe zu rechnen. Etwas mehr Beharrlichkeit hätte genügt, durch Umschiffung des westlichen Kaps von San Antonio den Beweis vom Inselcharakter Kubas zu liefern, worauf im übrigen auch die Aussagen von Indianern hindeuteten. Aber Kolumbus scheute nun einmal diese Einsicht, und was er bereits auf der ersten Reise spekulativ vermutet hatte, war ihm zur fixen Idee geworden. Zweifellos ging es ihm bei dieser Konsultation und Eidesleistung der Mannschaft auch darum, zumindest ein Ergebnis der Reise deutlich und für seine königlichen Auftraggeber unverkennbar hervorzuheben; ähnlich handelte bereits Bartolomeu Diaz, als er 1488 das Kap der Guten Hoffnung umschiffte und zur vorzeitigen Rückkehr veranlaßt wurde. Was Kolumbus betrifft, weiß man, daß es unter seinen Begleitern Männer gab, die ihm, was er für seine Erkenntnis hielt, nicht abnahmen: Zu ihnen gehörte sein italienischer Jugendfreund Michele de Cuneo und der Kartograph Juan de la Cosa, der nicht zögerte, in seiner Weltkarte von 1500 Kuba als Insel darzustellen.

Die Rückfahrt, gegen Wind und Strömung, war mühsam. Erneut wurde Jamaica angelaufen und der Südküste entlang umsegelt. Dann passierte man den Jamaica Channel und erreichte die noch unerkundete Südküste Hispaniolas, der man bis zur Mona Passage folgte. Eigentlich hätte man noch Puerto Rico anlaufen wollen, aber eine plötzliche Erkrankung des Admirals, wohl die Folge der anstrengenden Navigationsarbeit und unzureichenden Ernährung, zwang zur Rückkehr nach Isabela. Es ist dies die erste Nachricht, die wir vom angegriffenen Gesundheitszustand des Seefahrers besitzen; vielleicht meldete sich bereits jetzt die schwere Arthritis, die ihm auf den folgenden Reisen zu schaffen machte. Am 29. September 1494 traf man vor Isabela ein, und Kolumbus mußte von seinen Seeleuten an Land getragen werden.

In der spanischen Kolonie war während der Abwesenheit des Kolumbus sein zweiter Bruder Bartolomé mit einer Nachschubflotte aus Spanien eingetroffen, ein hervorragender Seemann auch er und zugleich, im Gegensatz zum Admiral, eine starke Führerpersönlichkeit, der zuzutrauen war, den Aufbau der jungen Kolonie an die Hand zu nehmen. Denn Diego, den Kolumbus zu seinem Stellvertreter ernannt hatte, war ganz außerstande gewesen, die Kolonisten zu führen und den Aufbau einer lebensfähigen Siedlung voranzutreiben. Unzufriedenheit, gegenseitiges Mißtrauen und Streitsucht herrschten unter den Kolonisten, die nicht willens waren, einen persönlichen Einsatz zum Anbau des Landes zu leisten. Im Landesinneren aber streifte, immer auf der Suche nach Gold, eine entfesselte Soldateska umher, welche alle Erwartungen der Königin Isabella, man würde den «Wilden» mit Milde begegnen und sie zum wahren Glauben bekehren, zunichte machte. Diesen Zustand der Anarchie glaubten Christoph und Bartolomé nur beenden zu können, indem sie hart durchgriffen. Das Landesinnere wurde nun systematisch unterworfen, und wer Widerstand leistete, wurde niedergemacht – eine Befriedungsaktion, wie sie sich auf den andern Inseln und dem Festland noch oft wiederholen sollte.[26] Da die erwarteten Goldminen nicht gefunden wurden, zwang man die Indianer zu regelmäßigen Goldtributen; da man selbst nicht arbeiten wollte, wies man den spanischen Kolonisten sogenannte «repartimientos» zu, Grundstücke mit den darauf lebenden Indianern, die brutaler Fronarbeit unterworfen wurden; schließlich schreckte Kolumbus nicht davor zurück, den regelmäßigen Sklavenhandel einzuführen, indem er, der die Aruak vordem noch so nett gefunden hatte, einen ersten Transport von fünfhundert Gefangenen über den Atlantik zurückschickte.

Erst am 10. März 1496 trat Kolumbus die Rückreise an, nachdem er Bruder Bartolomé zum Stellvertreter gemacht und ihn angewiesen hatte, an günstigerer Stelle eine neue Hauptstadt, das heutige Santo Domingo, anzulegen. In der Absicht, eine möglichst kurze Atlantikroute zu wählen, steuerte der Admiral erst nach einem Verproviantierungshalt auf Guadeloupe das offene Meer an – und traf hier prompt auf widrigste Wind- und Wetterbedingungen. Über den Verlauf der Überfahrt, die nicht weniger als sieben Wochen dauerte, orientiert kein zuverlässiges Dokument; man glaubt jedoch der Überlieferung, wonach an Bord Hungersnot ausgebrochen sei und man sich mit dem Gedanken getragen habe, die Sklaven zu verspeisen. Am 11. Juni 1496 traf Kolumbus in Cádiz ein.

Der Empfang durch die spanische Bevölkerung war diesmal wesentlich zurückhaltender, fast gleichgültig. Was eigentlich, mochte sich das breite Publikum nun fragen, hatte Kolumbus von seinen Versprechungen wahr gemacht? Weder China noch Japan war mit Sicherheit aufgefunden worden, niemand war dem Großkhan begegnet, die Reichtümer flossen weit spärlicher als erwartet, die Stützpunkte, La Navidad und Isabela, waren entweder zerstört oder im Niedergang begriffen – und zudem waren Gerüchte und böswillige Verleumdungen über die mangelnde Vertrauenswürdigkeit und Kompetenz des Entdeckers im Umlauf. «So laut und gereizt waren die Klagen der zurückgekehrten Spanier gegen die Kolumbus-Brüder», schreibt Morison, «daß die Herrscher in Versuchung geraten mußten, sie zu entlassen und zu vergessen. Vielleicht würden sie das auch getan haben, hätten sie nicht davon erfahren, daß der König von Portugal im Begriff war, unter Vasco da Gama eine neue Expedition nach Indien zu schicken und daß Heinrich VIII. von England John Cabot in seine Dienste genommen hatte, damit dieser eine kurze Route in den hohen Breiten nach China finde.»[27]

Andererseits konnten die außerordentlichen navigatorischen und entdekkerischen Leistungen des Kolumbus nicht übersehen werden. Während über sechs Monaten hatte sich der Seefahrer, wie Jacques Heers berechnet hat,[28] der Erkundung bisher unbekannter Küstenstriche gewidmet, zuerst im Inselbogen der Kleinen Antillen, dann in Hispaniola, Kuba und Jamaica, und diese Leistung erforderte meisterhafte Kenntnisse in der Kunst der Küstenschiffahrt. Morison, der es wissen muß, zögert nicht, das umsichtige und geschickte Navigieren in unzähligen Buchten, durch seichte Gewässer und labyrinthische Insellandschaften auf dieselbe hohe Stufe wie die während der ersten Reise bewiesene Befähigung zur Hochseenavigation zu stellen; in beider Hinsicht, meint der amerikanische Seemann und Historiker, sei Kolumbus vielleicht nur noch mit James Cook zu vergleichen.[29]

Die «Katholischen Könige», die Kolumbus in Valladolid in Audienz empfingen, blieben weiterhin freundlich gestimmt. Sogleich verlangte der Entdecker Schiffe für eine dritte Reise, und nach einigem Zögern kam man ihm erneut entgegen. Wie bei der ersten Reise war es wieder schwierig, Leute zu finden, die mitfuhren. Schließlich trieb man etwa dreihundert Seeleute und Kolonisten auf, unter letzteren auch Häftlinge, denen man die Strafe erlassen hatte, sowie, zum ersten Mal, etwa dreißig Frauen. Am 30. Mai 1498 stachen sechs Schiffe, das Flaggschiff und fünf Karavellen, von Sanlúcar an der Mündung des Guadalquivir aus in See.

Berührung mit dem Festland

Von der dritten Reise des Kolumbus haben wir wiederum durch ausführliche Ausschnitte aus dessen Bordbuch Kenntnis, die sich erneut lediglich in der Aufzeichnung des Las Casas erhalten haben. Dieser Text gilt als zuverlässig. Hinzu treten im wesentlichen ein Bericht des Admirals an Ihre Königlichen Hoheiten über den ersten Teil der Reise, abgesandt von Hispaniola, sowie mehrere persönliche Handschreiben an seine Auftraggeber und diesen nahestehende Persönlichkeiten. Kolumbus wählte diesmal eine noch südlichere Atlantikroute, weil das Gerücht umging, daß die Goldvorkommen gegen den Äquator häufiger würden und die Portugiesen in Sierra Leone und Ghana Gold gefunden hätten. Er war sich bewußt, daß er nun seinen Auftraggebern einen gewichtigeren Erfolgsbeweis zurückbringen mußte als bisher. Auf Madeira, wo er sich 1497 verheiratet und kurze Zeit gelebt hatte, wurde er wie ein Held empfangen. Darauf segelte er weiter nach den Kanarischen Inseln und nahm dann mit drei Schiffen Kurs auf die Kapverden. Die Überfahrt wurde durch Windstillen und Hitze erschwert: «Von da an verließ mich der Wind», schreibt Kolumbus in seinem Bericht, «und die Hitze wurde so groß, daß ich dachte, Schiffe und Mannschaft würden verbrennen. Und auf einmal entstand ein solches Durcheinander, daß keiner unter Deck zu gehen wagte, um für das Wasserfaß und die Vorräte zu sorgen.»[30]

Am 31. Juli 1498 sah man im Westen das erste Land auftauchen: Es handelte sich um die der venezolanischen Küste vorgelagerte Insel Trinidad, die Kolumbus in Einlösung eines Gelöbnisses so nannte. Man nahm Wasser auf, hatte einen flüchtigen Kontakt mit den staunenden Inselbewohnern und umsegelte die Insel entlang der Südküste. Am 1. August sichtete man in der Ferne erstmals das südamerikanische Festland, glaubte aber, es sei eine Insel und fuhr in den Golf von Paria ein. An der Südküste der Halbinsel von Paria betrat Kolumbus am 5. August erstmals die «Tierra firme», ohne sich freilich zu diesem Zeitpunkt von der Bedeutung seiner Entdeckung eine klare Vorstellung zu machen. Man nahm in der üblichen zeremoniellen Weise vom Land Besitz und vergnügte sich im Umgang mit den freundlich gesinnten Indianern, die aus Mais hergestelltes Bier, aus einer Gold-Kupfer-Legierung bestehenden Schmuck sowie Perlenschnüre zum Tausch anboten. Hätte Kolumbus sich die Zeit genommen, der Herkunft der Perlen nachzuspüren, wäre er auf die reichen Muschelgründe westlich der Insel Margarita gestoßen, eine spätere Hauptquelle des spanischen Kolonialprofits; und zweifellos wären Perlen in den Augen seiner königlichen Auftraggeber ein gültigerer Erfolgsbeweis gewesen als die Entdeckung weiterer Gebiete. Aber der Admiral, dessen Gesundheit erneut geschwächt war und der den Reiseproviant knapp werden sah, wollte nun unverzüglich nach Hispaniola zurückkehren, um zu sehen, wie Bruder Bartolomé mit seiner Arbeit zurechtkam.

I. Der Aufbruch: Christoph Kolumbus

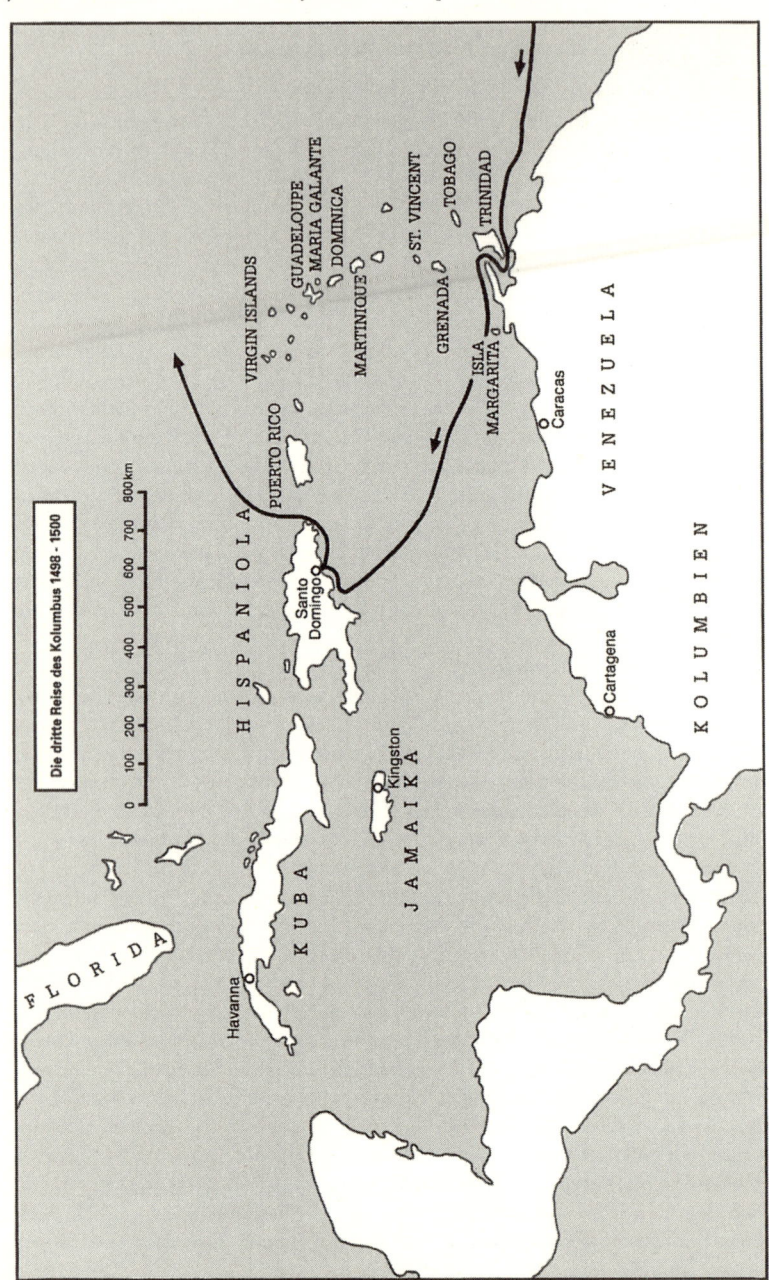

Nachdem Kolumbus das offene Meer gewonnen hatte, stellte er Betrachtungen über die Bedeutung seiner Entdeckung an. Das südamerikanische Festland betreffend, hält er in seinem Bordbuch fest: «Ich glaube, daß dieses ein großer, bisher unbekannter Kontinent ist, denn es entströmt ihm eine Menge Süßwasser, und außerdem behauptet Esra im vierten Buch, Kapitel sechs, es gebe auf dieser Erde sechs Teile Festland und einen Teil Wasser.»[31] Weiter gibt er seiner Überzeugung Ausdruck, das irdische Paradies erreicht zu haben, dem die vier Hauptflüsse der Erde entsprängen, in welches einzutreten aber nur mit Gottes Erlaubnis möglich sei.[32] Solche Äußerungen sind geeignet, die These, es habe sich bei dieser Entdeckerpersönlichkeit um eine Schwellenfigur zwischen Mittelalter und Neuzeit gehandelt, zu erhärten. Denn einerseits bleibt Kolumbus mit seinen Äußerungen zur alttestamentarischen Weltteilungsvorstellung und zum Paradies scholastischer Spekulation noch sehr verhaftet; andererseits aber schließt er aus dem Süßwassergehalt des Golfs von Paria mit empirischem Scharfsinn auf das Vorhandensein großer Flüsse – in Wahrheit des Orinoko –, die eine riesige Landmasse entwässern.

Die Fahrt von Venezuela nach Hispaniola war wieder ein Meisterstück genauer Seemannskunst. Am letzten Tag des Augusts 1498 ging Kolumbus in Santo Domingo, der neu gegründeten Hauptstadt, an Land.

Auf Hispaniola war während der Abwesenheit des Admirals alles drunter und drüber gegangen. Unter der Führung von *Francisco Roldán*, dem obersten Richter der Insel, war eine Revolte ausgebrochen. Enttäuscht über die geringen Goldfunde, zermürbt von der prekären Versorgungslage, unwillig, sich der straffen Führung Bartolomés und dieser «Familie von Ausländern» zu unterziehen, hatten sich die aufständischen Kolonisten ins Landesinnere zurückgezogen und ein Bündnis mit einem Kaziken abgeschlossen. Der Admiral, statt gegen die Aufrührer mit Entschiedenheit vorzugehen, verlegte sich auf demütigende Verhandlungen, die seine Position noch mehr schwächten; auch sandte er einen Brief an Isabella und Ferdinand, dessen verworrener Inhalt, zusammen mit den ohnehin zirkulierenden Diffamierungen, die Herrscher davon überzeugen mußte, der Vizekönig sei nicht mehr fähig, seines Amtes wirksam zu walten.

In dieser Lage entschloß sich die Krone, Kolumbus unter direkte Oberaufsicht zu stellen. Man entsandte zu diesem Zweck Francisco de Bobadilla, einen hohen Hofbeamten und eine verdiente Persönlichkeit, nach Hispaniola. Bobadilla griff hart durch, um Ruhe und Ordnung wiederherzustellen: Die drei Kolumbus-Brüder, Christoph, Bartolomé und Diego, wurden in Ketten gelegt und Anfang Oktober 1500 nach Spanien zurückgeschickt, um vor Gericht gestellt zu werden. In einem Brief, den Kolumbus während seiner Rückfahrt als Gefangener an Doña Juana, die Schwester des getreuen Antonio de Torres und die Amme des Infanten, verfaßte, beklagte er sich bitter über das erlittene Unrecht: «Wenn es auch für mich neu ist, über die Ungerechtigkeit der Welt zu klagen, ist es doch für die Welt nicht neu,

Unrecht zu tun. Tausend Kämpfe habe ich mit ihr ausgefochten und allem habe ich standgehalten bis jetzt, da mir weder Waffen noch Verstand helfen können. Grausam hat sie mich in die Tiefe gestürzt. Ich bin mit so viel aufrichtiger Liebe in die Dienste dieser Fürsten getreten, und ich habe ihnen mit einer Treue gedient, wie sie bisher nicht ihresgleichen hatte. Gott machte mich zum Verkünder des neuen Himmels und der neuen Erde, wovon Johannes in der Offenbarung schreibt, und wie Er es durch den Mund des Jesaja geweissagt hat; und Er wies mir den Weg... Sieben Jahre verstrichen mit Beratungen, neun mit der Ausführung. Bemerkenswerte und denkwürdige Dinge ereigneten sich in dieser Zeit, wovon man keine Vorstellung hatte. Nun bin ich an einem Punkte angelangt, wo jeder auch noch so niederträchtige Mensch es wagen darf, mich zu beleidigen.»[33]

War Kolumbus Unrecht widerfahren? Gewiß war die Art, wie er, ohne sich zu seiner Verteidigung äußern zu können, gefangengesetzt wurde, beleidigend, und seine Rückführung in Ketten war schmählich. Aber man wird die «Katholischen Könige» nicht einer ungerechtfertigten oder voreiligen Maßnahme bezichtigen können. Als Kolonist, dies war nun klar erkennbar geworden, hatte Kolumbus versagt. Das Gold, das man begehrte und das er zu liefern versprochen hatte, war nur spärlich eingetroffen, dagegen entsandte er Sklaventransporte, die in Spanien niemand begehrte. Bei der Gründung neuer Siedlungen hatten er und seine Brüder keine glückliche Hand bewiesen, und mit der Selbstversorgung der Siedler ging es schleppend voran: Dies deutete auf mangelnde Führungsstärke, und die Nachricht vom Aufstand des Roldán bestätigte diesen Verdacht. Zudem häuften sich die Meldungen, wonach die Kolumbus-Brüder es in zahlreichen Einzelfällen an diplomatischem Geschick im Umgang mit den Spaniern hatten fehlen lassen, und auch Las Casas, der Kolumbus in der Regel zu entlasten sucht, kann dies nicht bestreiten.[34] Gewiß war es äußerst schwierig, sich dem zusammengewürfelten, von übersetzten Hoffnungen angetriebenen, wenig kollaborativen Haufen von Kolonisten gegenüber durchzusetzen, und der Chronist Oviedo vermerkt zu Recht, daß dies die Kraft eines Übermenschen erfordert hätte;[35] aber auch solche Schwierigkeit entschuldigt nicht so deutliches Versagen. Man wird deshalb Autoren wie Madariaga und Morison beistimmen müssen, wenn sie die Absetzung des Kolumbus-Clans als gerechtfertigt betrachten.[36]

Im übrigen zeigten sich Isabella und Ferdinand weiterhin bereit, Kolumbus mit Freundlichkeit zu begegnen. Am 17. Dezember des Jahres 1500 empfingen sie alle drei Brüder in der Alhambra zu Granada, und ihre Titel und Privilegien wurden bestätigt, auch wenn von der Machtbefugnis des Vizekönigs nicht mehr die Rede war. Der Admiral, mit ungebrochenem und nun deutlich obsessivem Ehrgeiz, verlangte erneut nach Schiffen; es gelte, meinte er, mit einer letzten Anstrengung in die Gewässer westlich von Kuba, der vermeintlichen chinesischen Halbinsel, vorzustoßen und so eine Durchfahrt nach Indien und schließlich einen Weg rund um den Erdball aufzufinden. Während Monaten, muß man annehmen, lag Kolumbus mit solchen Plänen den königlichen Hoheiten in den Ohren; auch wandte er sich, ohne Erfolg, an Papst Alexander VI., um Geistliche für die künftige Indianermission anzufordern. Eine herbe Enttäuschung muß es für den Entdecker gewesen sein, als er gegen Ende des Jahres 1501 erfuhr, Nicolás de Ovando sei von den Königen zum Gouverneur und obersten Richter der westindischen Inseln bestimmt worden, eine Ernennung, welche seine eigenen Machtansprüche endgültig begrub. An der Ausrüstung der prächtigen Flotte von Ovando mit dreißig Schiffen und zweitausendfünfhundert Mann war Kolumbus nicht beteiligt; man gestand ihm lediglich zu, einen Agenten mitreisen zu lassen, der sich bei Bobadilla um Rückerstattung seines persönlichen Eigentums bemühen würde.

Endlich, am 11. Mai 1502, brach Kolumbus mit vier Karavellen von Cádiz zu seiner letzten, der in seemännischer Hinsicht anspruchsvollsten Reise auf. Die Ausrüstung der Schiffe beanspruchte diesmal so wenig Zeit, daß Morison vermutet, die «Katholischen Könige» hätten Kolumbus loswerden wollen.[37] Man gab dem Entdecker ein Sendschreiben an Vasco da Gama mit, der eben im Dienste des portugiesischen Königs Manuel zum zweiten Mal nach Indien aufgebrochen war – ein Hinweis darauf, daß man den Vorstellungen und Plänen des Admirals weiterhin Kredit einräumte. Demütigend hingegen dürfte es für ihn gewesen sein, daß ihm nicht erlaubt wurde, auf der Hinfahrt in Hispaniola anzulegen, offenbar darum, weil man keinen Konflikt mit Ovando provozieren wollte. Eine neue Gelegenheit jedenfalls war geboten, und Kolumbus war entschlossen, mit dieser wichtigsten Reise, der «alto viaje», wie er sie nannte, nicht nur endgültig Klarheit zu schaffen, sondern auch seine Neider und Rivalen in Schranken zu weisen.

Die mittelamerikanische Küste

Über die vierte Reise scheint Kolumbus keine regelmäßigen Aufzeichnungen gemacht zu haben. Sein Sohn Hernando, der diesmal mit dabei war, berichtet in der Biographie seines Vaters jedoch ausführlich von dieser Fahrt.[38] Wiederum existieren mehrere Briefe meist kürzeren Umfangs, insbesondere der unter dem Namen «Lettera rarissima» bekannte Bericht des Kolumbus vom Juli 1503 aus Jamaica, der über die psychische Verfassung des Seefahrers wertvollen Aufschluß gibt.[39]

Nach einer Überfahrt von nur drei Wochen Dauer, gerechnet seit der Abfahrt von den Kanarischen Inseln, erreichte Kolumbus am 15. Juni 1502 die Insel Martinique, deren Entdecker er ist. Hierauf folgte er, wie auf der zweiten Reise, der Innenseite der Kleinen Antillen und entschloß sich, entgegen der königlichen Weisung, vor einem aufziehenden Hurrikan in Santo Domingo Schutz zu suchen. Doch Nicolás de Ovando, der Gouverneur, der eben damit beschäftigt war, eine große Flotte zur Rückfahrt fertigzumachen, verweigerte die Einfahrt. Auch schlug Ovando die Warnungen des erprobten Seefahrers in den Wind und ließ seine Flotte auslaufen. Bei der Durchfahrt durch die Mona Passage wurden die Schiffe jedoch vom Wirbelsturm erfaßt, und die Mehrzahl von ihnen sank, darunter auch das Flaggschiff mit Antonio de Torres und Bobadilla an Bord. Die Schiffe des Kolumbus hingegen, die im Windschatten einer Bucht Zuflucht gesucht hatten, erlitten nur geringe Beschädigungen. Der Vorfall sollte dazu beitragen, das Ansehen, das der Admiral bei seinen Mannschaften als Navigator bereits genoß, mit einer magischen Aura zu umgeben.

Nach einem kurzen Aufenthalt auf Hispaniola, in einiger Distanz von Santo Domingo, wurde die Insel im Süden umfahren, die Windward Passage durchquert, die kubanische Südküste im Bereich der Insellandschaft «Jardines de la Reina» erreicht und von dort resolut Kurs nach Südwesten, durch die Karibische See, genommen. Am 30. Juli sichtete man eine der honduranischen Küste vorgelagerte Insel, wahrscheinlich Bonacca, und warf wenig später vor dem Festland, in der Nähe der im Jahre 1525 von Cortés gegründeten Stadt Trujillo, Anker.

Während der folgenden acht Monate widmeten sich Kolumbus und seine Leute, von schweren Stürmen heimgesucht und unter unsäglichen Entbehrungen, einer genauen Rekognoszierung der Küsten von Honduras, Nicaragua, Costa Rica und Panama, immer vom Wunsch getrieben, den Durchlaß nach Indien aufzufinden. Bereits der Beginn dieser Unternehmung, die Fahrt zum Cabo Gracias á Dios, wo die Küste sich abrupt nach Süden wendet, versprach nichts Gutes. «In dieser ganzen Zeit», schreibt Kolumbus in seiner «Lettera rarissima», «fuhr ich in keinen Hafen ein und konnte es auch nicht, denn der Sturm ließ es nicht zu; es regnete, windete und blitzte ohne Unterlaß, als sei das Ende der Welt gekommen. Dann erreichte ich das Kap Gracias á Dios, und von dort aus gab mir Gott unser Herr günstigen Wind und günstige Strömung. Das war am 12. September. Achtundvierzig Tage hindurch hatte der schreckliche Sturm nicht nachgelassen;[40] in dieser Zeit sah man weder Sonne noch Sterne, die Schiffe leckten, die Segel waren zerrissen, Anker, Takelwerk und Taue gingen verloren, dazu Boote und viel Proviant; die Mannschaft war krank, alle waren reumütig, viele wandten sich der Religion zu, und es gab keinen, der nicht irgendein Gelübde getan oder sich Wallfahrten vorgenommen hätte. Oftmals hörten sie sich gegenseitig die Beichte. Viele Stürme hat man gesehen aber keinen, der so lange währte und solchen Schrecken brachte.»[41]

Auf der Fahrt entlang der Moskitoküste, im heutigen Nicaragua, kam man besser voran, verlor allerdings an der Mündung des Rio Grande zwei Matrosen, weil ihr Boot in der Brandung kenterte. Man erreichte die Mündung des Rio San Juan del Norte, der die Grenze zu Costa Rica bildet, ohne zu ahnen, daß hier ein Erkundungstrupp, dem Fluß bis zum Nicaraguasee folgend, leicht zum Pazifik hätte vorstoßen können. Den Beginn des Monats Oktober verbrachte man in der Nähe des heutigen Puerto Limón, wo die Schiffe ausgebessert und Proviant und Wasser aufgenommen wurden.

Wie bisher auf der Fahrt längs der mittelamerikanischen Küste traf man auch hier auf Indianer, vollzog die üblichen Rituale der Besitzergreifung und hörte sich dieselben Erzählungen über unermeßliche Goldvorkommen im Hinterland an. In der Chiriqui-Lagune, im Westen des heutigen Panama, schien man endlich dem Ziel aller Sehnsüchte nahe gerückt: Man tauschte den Indianern ihren Goldschmuck gegen wertlose Kleinigkeiten ein und erfuhr von ihnen von der Provinz «Ciguare», die neun Tagereisen zu Land gegen Westen läge und an ein weiteres Meer grenze. «Auch sagten sie», schreibt Kolumbus, «daß das Meer auf der anderen Seite von Ciguare ist und daß man von dort in zehn Tagereisen nach dem Flusse Ganges kommt.»[42] An dieser Stelle befand sich der Admiral etwa achtzig Kilometer von der Pazifikküste entfernt, doch hohe Gebirgszüge und ein dichter Regenwald hinderten den Zugang. Hätte er sein geographisches Ziel im Auge behalten und die Landesbeschaffenheit bei seinem weiteren Vordringen nach Süden sorgfältig studiert, wäre zweifellos der gesuchte Durchgang, zehn Jahre vor Balboa, aufzufinden gewesen. Merkwürdigerweise aber scheint der Plan zum Vorstoß nach Indien für Kolumbus plötzlich uninteressant geworden zu sein; erneut, wie damals, als er auf der dritten Reise die Erkundung der venezolanischen Küste abbrach, griff er statt nach den Realitäten nach der Bibel und träumte vom geheimnisvollen Land Ophir, aus dem Salomon, dem alttestamentarischen Buch der Könige zufolge, Gold, Sandelholz und Edelsteine hatte herbeischaffen lassen.[43]

Anfang November fuhren die vier Karavellen in den schönen natürlichen Hafen von Portobelo ein, einer heute zum Dorf herabgesunkenen Siedlung, die sich im 16. Jahrhundert als Endpunkt eines Maultierpfads durch die Landenge zu einem Hauptumschlagplatz für peruanisches Edelmetall entwickeln sollte. Wenige Tage später wurde der Hafen von Nombre de Dios erreicht, später zusammen mit Portobelo ebenfalls ein Handelsstützpunkt von Bedeutung, der 1595 freilich vom englischen Piraten Francis Drake erstürmt und so gebrandschatzt wurde, daß sich der Wiederaufbau seither nicht mehr gelohnt hat. Nun entschloß sich Kolumbus, von Goldgier förmlich übermannt, umzukehren und trotz heftigen Stürmen der Küste wieder westwärts zu folgen. In der Nähe der heutigen Stadt Cristóbal, im Gebiet der Kanalzone, fanden die völlig erschöpften Seeleute an Weihnachten 1502 dürftigen Unterschlupf. Kolumbus gibt in seinem Brief eine packende Schilderung von der Wut der Elemente, welcher die Schiffe ausgesetzt waren, und gesteht: «Die Leute waren schon so gebrochen, daß sie den Tod herbeiwünschten, um diesen vielen Martern zu entgehen.»[44]

Anfang Januar 1503 gründete Kolumbus westlich von Portobelo, an gänzlich ungeeigneter Lage, den Stützpunkt Santa María de Belén – von allen Örtlichkeiten, schreibt Morison, die er beim Nachvollzug der Kolumbus-Reisen aufgesucht habe, sei dies die unzugänglichste und unfreundlichste gewesen.[45] Bruder Bartolomé wurde beauftragt, die Siedlung zu befestigen und den Indianern so viel Gold wie möglich abzunehmen; doch die anfäng-

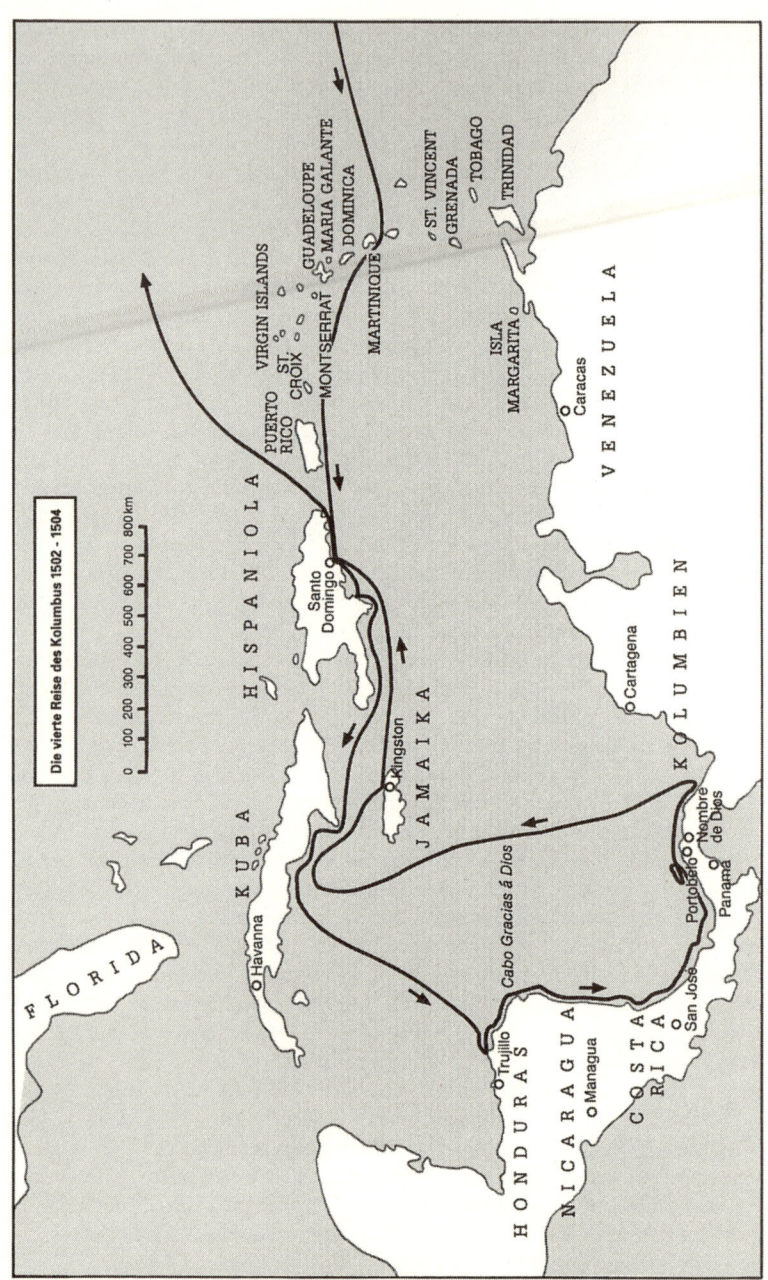

lich friedlichen Beziehungen zersetzten sich wie üblich und endeten in Geiselnahme und Totschlag. Kolumbus konnte von Glück reden, daß es ihm schließlich gelang, mit zwei Karavellen, die noch gerade seetüchtig geblieben waren, die ungastliche Küste zu verlassen. Am 1. Mai setzte man an einem Punkt an der heutigen Grenze zwischen Panama und Kolumbien, den Morison als das Kap Tiburón identifiziert hat, die Segel zur Rückfahrt nach Santo Domingo. Gegen besseres eigenes Wissen und auf Betreiben seiner Seeleute, die wähnten, man befinde sich auf einem Meridian östlich der Insel Guadeloupe, wählte Kolumbus die Nordrichtung. Man segelte westlich an Jamaica vorbei, berührte die Kleine Cayman Insel und traf am 12. Mai einmal mehr an der Südküste Kubas ein. Die lange und entbehrungsreiche Reise hatte den Admiral nicht von seinen zwanghaften Wunschvorstellungen geheilt: «Am 13. Mai», schreibt er in seinem Brief an die «Katholischen Könige», «langte ich in der Provinz Mangi an, die neben der von Catayo gelegen ist.»[46]

Inzwischen waren die beiden verbliebenen Schiffe derart beschädigt und von Würmern zerfressen, daß Kolumbus nicht mehr damit rechnen konnte, Santo Domingo zu erreichen, und er sich entschließen mußte, Jamaica anzusteuern. Er erreichte die Insel, deren Schönheit er auf der zweiten Reise gepriesen hatte, an der Stelle der heutigen Saint Ann's Bay und ließ die Schiffe am 25. Juni auf den Sandstrand auflaufen. An ein Fortkommen war nicht mehr zu denken, und auf Hilfe aus Santo Domingo zu hoffen, wäre wirklichkeitsfremd gewesen. Kolumbus war krank und fühlte sich dem Tode nahe. In seinen berühmten Brief an die «Katholischen Könige» sind das Hadern mit dem eigenen Schicksal und die Befürchtung, seine wahren Verdienste würden verkannt und von böswilligen Gegnern verdunkelt, in bewegender Weise eingegangen. «Die aufrichtige Hingabe», schreibt der Admiral, «mit der ich Euren Hoheiten immerfort gedient habe, erlaubt mir nicht, stumm zu bleiben, obwohl ich das gern täte; Eure Hoheiten mögen mir verzeihen. Ich bin, wie ich schon gesagt habe, zugrunde gerichtet; bisher weinte ich um andere; nun mag der Himmel mir gnädig sein, und die Erde mag um mich weinen. Was weltliche Güter betrifft, besitze ich nicht einmal eine Kupfermünze, um in geistlichen Dingen ein Opfer zu spenden. Hier in Indien bin ich auch gegenüber den Vorschriften der Religion nachlässig geworden. Allein mit meinen Übeln, krank, in täglicher Erwartung des Todes, umringt von einer Unzahl grausamer und feindlich gesinnter Wilden und getrennt von den Heiligen Sakramenten der Heiligen Kirche wird meine Seele in Vergessenheit geraten, wenn sie aus meinem Körper entweicht. Wer immer barmherzig, wahrhaft und gerecht ist, weine um mich.»[47]

In derart aussichtsloser Lage mußte erst versucht werden, die Ernährung der über hundert verbliebenen Seeleute sicherzustellen; auch kam es entscheidend darauf an, daß die Beziehungen mit der Inselbevölkerung Jamaicas möglichst lange konfliktfrei gestaltet werden konnten. Nach langen Beratungen darüber, was zur eigenen Rettung zu tun sein, entschloß sich *Diego*

Méndez, ein Vertrauter des Kolumbus, der schon früher durch Mut und Entschlossenheit aufgefallen war, zusammen mit einigen spanischen und indianischen Begleitern in Kanus nach Hispaniola zu rudern, um Hilfe zu holen. Nach einem ersten fehlgeschlagenen Versuch gelang es Méndez tatsächlich, die über hundert Seemeilen, welche Insel von Insel trennen, trotz widriger Strömung zu überwinden.[48] Doch der Gouverneur Hispaniolas, Ovando, bekundete keine Eile, Kolumbus und seine Leute zu retten, und Méndez wurde während Monaten mit Ausflüchten hingehalten.

In der Zwischenzeit gelang es den Spaniern auf Jamaica, sich notdürftig mit Nahrung zu versorgen und Streitigkeiten mit den Indianern zu vermeiden. Doch die Ungewißheit lastete schwer auf ihnen. Zu Beginn des Jahres 1504 kam es zu einer Meuterei; eine Gruppe von Aufrührern entschloß sich eigenmächtig zur Überfahrt, mußte jedoch aufgeben und durchzog in der Folge plündernd die Insel. Für Kolumbus und jene, die zu ihm gehalten hatten, wurde die Ernährungslage immer schwieriger, und die Indianer zeigten sich feindseliger. In verzweifelter Lage gelang es dem Admiral, die Inselbevölkerung durch die Voraussage einer Mondfinsternis, deren genaues Datum er einem mitgeführten Kalender entnahm, zu beeindrucken und deren Glauben an seine übernatürlichen Kräfte neu zu beleben. Diego Méndez, der selbst nicht dabei war, sich aber auf zuverlässige Zeugenaussagen stützen konnte, hat über den denkwürdigen Vorgang berichtet: «Der Admiral ließ daher alle Kaziken zusammenrufen und zeigte sich verwundert, daß sie ihm nicht mehr wie gewohnt Nahrung brächten, wo sie doch wüßten, denn er habe es ihnen gesagt, daß er auf Gottes Befehl zu ihnen gekommen sei. Er sagte ihnen, Gott sei erzürnt über sie und werde in dieser Nacht am Himmel ein Zeichen seines Zornes setzen. Da er wußte, daß in dieser Nacht eine fast vollständige Mondfinsternis eintreten würde, erzählte er ihnen ferner, Gott veranlasse dies aus Zorn über sie, weil sie ihm nichts zu essen gebracht hätten. Sie glaubten ihm und waren sehr erschrocken und versprachen, ihm künftig immer Nahrung zu bringen.»[49]

Ende Juni 1504 traf endlich die Karavelle, die Diego Méndez schließlich aufgetrieben hatte, in Jamaica ein: Während über einem Jahr hatten Kolumbus und seine Gefährten auf der Insel ausgeharrt. Am 13. August traf der Admiral in Santo Domingo, der Stadt, die einst sein Bruder gegründet hatte, ein. Gouverneur Ovando empfing ihn zwar mit den üblichen Ehrenbezeugungen; doch die Tatsache, daß er die gefangen mitgeführten Meuterer sofort freiließ, zeigte, daß er die Befehlsgewalt des Kolumbus nicht mehr respektierte. Kolumbus sah keinen Grund, die Rückreise hinauszuzögern. Am 12. September schifften sich der Admiral, sein Bruder Bartolomé und sein Sohn Hernando, zusammen mit etwa zwanzig von denen, die zur vierten Reise ausgefahren waren, zur Rückreise ein; am 7. November, nach langer und stürmischer Überfahrt, traf man in Sanlúcar ein. Die schwierigste und abenteuerlichste von allen Reisen des Kolumbus hatte ihr Ende gefunden. «Es ist gewiß», schrieb er von Sevilla aus an seinen Sohn Diego, der bei

Hofe zurückgeblieben war, «daß ich Ihren Hoheiten mit ebensoviel und sogar mehr Fleiß und Liebe gedient habe, als ich darauf verwendet hätte, das Paradies zu gewinnen; und wenn ich nicht alles erreicht habe, so darum, weil es unmöglich war oder über meine Kenntnisse und Kräfte ging. Der Herr, unser Gott, verlangt in solchen Fällen von den Menschen nicht mehr als guten Willen.»[50]

Zum Zeitpunkt seiner Rückkehr war Kolumbus dreiundfünfzig Jahre alt, nach damaligen Begriffen sich dem Greisenalter nähernd, gichtbrüchig und von den Strapazen seiner Reisen gezeichnet. In den anderthalb Jahren, die ihm noch blieben, wandte er sich in zahlreichen Briefen an seinen Sohn Diego und an die Beamten des Hofes, forderte Bezahlung, Unkostenvergütung und Prämien sowie die Bestätigung seiner Titel und suchte seinem Sohn die Nachfolge als Vizekönig und Gouverneur zu sichern. Am 26. November 1504 verstarb Königin Isabella, seine besondere Gönnerin. König Ferdinand empfing ihn zwar freundlich und stellte ihm eine Grafschaft als Alterssitz in Aussicht, tat aber sonst nichts. Kolumbus, der sich ungerecht behandelt und gedemütigt fühlte, lehnte ab. Seine Forderungen ständig erneuernd, folgte er in mühseligen Maultierritten dem königlichen Hofstaat von Sevilla nach Salamanca, von Salamanca nach Valladolid.

Eine letzte Hoffnung auf Erfüllung seiner Begehren schien sich Kolumbus zu bieten, als Johanna von Kastilien, genannt die Wahnsinnige, mit ihrem Gemahl aus ihren flandrischen Besitzungen nach Spanien reiste, um die Nachfolge Isabellas anzutreten. In seinem letzten erhaltenen Brief wandte sich der Admiral an das Königspaar, entschuldigte sich, daß ihm seine Krankheit einen Besuch nicht gestatte, und brachte in Erinnerung, daß die Nachteile persönlicher Art, die man ihm zugefügt habe, ihn in große Not gebracht hätten.[51]

Am 19. Mai 1506 verfaßte Kolumbus ein letztes Testament, in welchem er seinen Sohn Diego zum Universalerben einsetzte, und bereits am folgenden Tag verstarb er. Niemand erinnerte sich seiner, von den engsten Verwandten abgesehen, in dieser letzten Stunde. Zum Begräbnis des Admirals und Vizekönigs, des willigen Werkzeugs in der Hand seines Schöpfers, fand sich keine Prominenz in Valladolid ein, keine Beauftragten des Hofes, kein Bischof; im Kirchenbuch findet sich kein Eintrag. Den so ungemein fruchtbaren Irrtum, auf seinen vier großen Seereisen das äußerste Asien, die Provinz Mangi in China, entdeckt zu haben, nahm Kolumbus mit sich ins Grab.[52]

4. Persönlichkeit, Leistung, Wirkung

Wenn es nun gilt, Persönlichkeit und geschichtliche Bedeutung des Christoph Kolumbus in den Grundzügen zu umreißen, mag an den Anfang eine Bemerkung Alexander von Humboldts gestellt sein, des Entdeckungsreisenden, der an der Wende des 18. Jahrhunderts den Prozeß der Durchdringung der westlichen Hemisphäre entscheidend vorantrieb und dessen Werk sich immer wieder eingehend mit der historischen Rolle des großen Seefahrers befaßt. «Das 15. Jahrhundert», schreibt Humboldt im «Kosmos», «gehört zu den seltenen Zeitepochen, in denen alle Geistesbestrebungen einen bestimmten und gemeinsamen Charakter andeuten, die unabänderliche Bewegung nach einem vorgesteckten Ziel offenbaren. Die Einheit dieses Strebens, der Erfolg, welcher es gekrönt, die handelnde Tatkraft ganzer Völkermassen geben dem Zeitalter des Kolumbus, des John Cabot und Gama Größe und dauernden Glanz. In der Mitte von zwei verschiedenen Bildungsstufen der Menschheit ist das 15. Jahrhundert gleichsam eine Übergangsepoche, welche beiden, dem Mittelalter und dem Anfang der neueren Zeit angehört. Es ist die Epoche der größten Entdeckungen im Raum, solcher, die fast alle Breitengrade und alle Höhen der Erdoberfläche umfassen. Wenn dieselbe für die Europäer die Werke der Schöpfung verdoppelt hat, so bot sie zugleich der Intelligenz neue und mächtige Anregungsmittel zur Vervollkommnung der Naturwissenschaften in ihren physischen und mathematischen Teilen dar.»[1]

In welcher Weise auch immer sich die Historiker seit Humboldt dem Seefahrer genähert haben und wie kontrovers sie auch immer seine Persönlichkeit deuteten – in einem Punkt sind sie untereinander und mit Humboldt meist einig geblieben: Kolumbus war eine Übergangs- und Schwellenfigur, eng verhaftet der Tradition und zugleich Wege aufschließend in eine durch ihn veränderte Welt. Das volkstümliche, in populären Sach- und Schulbüchern noch kolportierte Bild vom revolutionären Neuerer, der erfolgreich wissenschaftlichen Vorurteilen und überholten Lehrmeinungen entgegentritt und gegen den uneinsichtigen Widerstand der etablierten Kreise eine geniale Idee verwirklicht, ist irreführend.[2] Die Wahrheit ist, daß Kolumbus von Kenntnissen und Auffassungen ausging, die unter den Gebildeten seiner Zeit durchaus akzeptiert und verbreitet waren. Dies gilt etwa von der Vorstellung, daß die Erde eine Kugel sei und daß folglich Asien nicht nur auf dem Weg nach Osten, sondern auch nach Westen erreicht werden könne. Die Idee der Kugelgestalt der Erde war in der griechischen Wissenschaft seit den Pythagoräern vorherrschend, sie wurde von den arabischen Geographen weitergetragen, an den maurischen Universitäten in Spanien gelehrt und von Vertretern der Hochscholastik wie Albertus Magnus und Roger Bacon vertreten. Durch die Entwicklung der empirischen Naturwissenschaften und durch den Säkularisierungsprozeß im Spätmittelalter ist dieser Gedanke noch gestärkt worden, und auch die Aufzeichnungen von Asienreisenden wie Marco Polo sowie schließlich die Afrikareisen der Portugiesen haben seine Plausibilität erhöht.[3] Auch die Vorstellung, daß man Asien auf dem Westweg über den Atlantik erreichen könnte, war, wie J. H. Parry in einem eingehenden Aufsatz gezeigt hat, lange vor Kolumbus bekannt und sollte bis weit ins 18. Jahrhundert den Seefahrern wichtige Impulse vermitteln.[4] Entscheidend für Kolumbus wurde hier allerdings der Irrtum, daß er auf Grund der Berechnungen und Darlegungen Toscanellis, Pierre d'Aillys und anderer die Distanz zwischen Europa und Asien als wesentlich kürzer einschätzte, wodurch die Vorstellung des Westwegs erst als praktikabel erschien.

Vertrat Kolumbus also in kosmographischer Hinsicht durchaus traditionelle Auffassungen, so galt Ähnliches in religiöser Hinsicht. Daß der Seefahrer ein überaus frommer Mann war, ist von niemandem, auch von den ihm mißgünstig gesinnten Zeitgenossen nicht, bezweifelt worden; seine engen Beziehungen insbesondere zur Ordensgeistlichkeit, wo seine Pläne auch zuerst ein positives Echo fanden, sind bekannt. Der Gedanke, daß alles menschliche Trachten in Übereinstimmung mit dem göttlichen Willen zu erfolgen habe und daß alle Mißhelligkeiten als gerechte Strafe für Verfehlungen der eigenen schuldigen Kreatur zu betrachten seien, ist in den Aufzeichnungen des Seefahrers überall gegenwärtig. Was immer auf seinen Reisen vorfiel, erhielt seine Bedeutung aus dem Hintergrund solcher Gläubigkeit. Türmten sich Hindernisse auf, gleichviel ob Gegnerschaft am Hof oder widriges Wetter in der Karibik, suchte Kolumbus Trost im Buch Hiob oder verglich sich mit David, dem aufgegeben war, große Dinge zu tun, ohne sich die Gunst Sauls sichern zu können. Nicht selten sollte diese «besonders archaische Religiosität»[5] auch die Klarheit seines wissenschaftlichen Urteils in Gefahr bringen. Am auffälligsten trat dies während der dritten Reise hervor, als Kolumbus angesichts des südamerikanischen Festlandes die Vermutung äußerte, das irdische Paradies erreicht zu haben; und auf der vierten Reise, an der mittelamerikanischen Küste, wurde die Auffindung eines Zugangs zum Pazifik möglicherweise deshalb verpaßt, weil er bereits träumte, im Goldland Salomos, in Ophir, angelangt zu sein.[6] Es kann schließlich kein Zweifel sein, daß Kolumbus im Laufe der Jahre immer stärker davon überzeugt war, in göttlichem Auftrag zu handeln, auserwähltes Instrument göttlichen Willens zu sein – daher auch sein Bestreben, im eigenen Vornamen die Funktion des «Christusträgers» symbolisiert zu finden. Aus solcher Selbsteinschätzung und solchem Sendungsbewußtsein traten zwei Fernziele gebieterisch vor seinen Horizont: die Verbreitung des christlich katholischen Glaubens über den ganzen Erdkreis einzuleiten; und damit im Sinne einer bereits in Vergessenheit geratenen Kreuzfahrertradition Jerusalem und das Heilige Grab für die Christenheit zurückzugewinnen.

So überschritt Kolumbus weder in naturwissenschaftlicher noch in theologischer Hinsicht den Kreis der bisher geltenden Vorstellungen; ja er unterwarf sich ihnen vielmehr mit einer erstaunlich vorbehaltlosen Autoritätsgläubigkeit und verwendete seine ganze Energie darauf, deren Richtigkeit nachzuweisen. Es paßt ins Bild, wenn der Seefahrer aus jedem Namen, den seine indianischen Gesprächspartner ihm nannten, eine Anspielung auf eine in der Bibel oder in der damaligen geographischen Literatur erwähnte Örtlichkeit herauszuhören suchte. Und es ist nicht weniger bezeichnend, wenn er auf der zweiten Reise seine kritischeren Begleiter eidesstattlich beglaubigen ließ, daß Kuba Teil des asiatischen Festlandes sei – mit einem modernen wissenschaftlichen Vorgehen, in dem Arbeitshypothesen empirisch verifiziert oder falsifiziert werden, hat dies nichts zu tun. Kein Wunder folglich, daß das überraschend Neue, das Kolumbus entdeckte, die Existenz des amerikanischen «Zwischenkontinents», für ihn bis zuletzt unfaßlich blieb. Mit Günther Hamann läßt sich deshalb sagen, daß es dem Seefahrer «nicht um Entdeckung von Neuem ging, sondern bloß um das Auffinden von längst Bekanntem auf neuen Wegen».[7]

Ganz außergewöhnlich und durchaus staunenswert ist nun allerdings der nie erlahmende Einsatz, mit dem Kolumbus den Nachweis des vermeintlich längst Gesicherten zu erbringen suchte – hier am ehesten, in der beispielhaften Verbindung von Persönlichkeit und Aufgabe und im zielgerichteten Bestreben, das weniger auf den Beifall der Zeitgenossen als auf den Ruhm der Nachwelt hoffte, lassen sich Züge der «modernen» Persönlichkeit ausmachen. Höchst beeindruckend ist zuerst die Beharrlichkeit, mit der Kolumbus seine Pläne erst in Portugal, dann über sechs Jahre hin in Spanien, auf verschiedensten Ebenen, vor Fachkundigen, Kaufleuten, Vertretern der Obrigkeit, vorgetragen, begründet und propagiert hat. Man ist zuweilen versucht, von einer Obsession zu sprechen; aber derart wahnhaftes Drängen hätte keinerlei Aussicht auf Erfolg gehabt. Es ist vielmehr erwiesen, daß Kolumbus im Umgang mit seinen Gesprächspartnern gute Figur machte, sein Anliegen rhetorisch geschickt vortrug und überzeugend begründete und durch seine Ausstrahlung für sich einzunehmen wußte. Der Historiker Oviedo, der dem triumphalen Einzug des Seefahrers nach seiner ersten Reise in Barcelona beiwohnte, überliefert das folgende Porträt: «Ein Mann von ehrenhaften Eltern und ehrenhaftem Wandel, von guter Gestalt und Erscheinung, größer als der Durchschnitt und mit kraftvollen Gliedmaßen; die Augen lebhaft und das Antlitz von regelmäßiger Bildung, sehr rothaarig und die Gesichtshaut etwas rosig und sommersprossig; angenehm im Gespräch, taktvoll und von großer Erfindungsgabe; ein beachtlicher Latinist und sehr gelehrter Kosmograph; überaus freundlich, wenn er wollte, aber auch jähzornig, wenn ihn etwas ärgerte.»[8]

Höchst beeindruckend bleibt auch des Kolumbus Leistung als Schiffskommandant. Seine Kenntnisse als Humanist und Kosmograph hat Oviedo gewiß übertrieben, aber die überragende seemännische Kompetenz standen für jeden, der unter ihm segelte, außer Zweifel. Gemeint ist damit nicht allein die Führung des Schiffs, sondern auch die Umsicht bei der Vorbereitung der Reisen und das Geschick im Umgang mit den Seeleuten. Kolumbus' eigene Aufzeichnungen, aber auch die Zeugnisse seiner Mitreisenden lassen erkennen, wie sehr er sich im schwierigen Handwerk der Küstenschiffahrt auskannte, wie sicher er die Zeichen von Natur und Himmel deutete und wie geistesgegenwärtig er auf heikle Situationen reagierte – man erinnere sich lediglich der mißachteten Sturmwarnung, die er während der vierten Reise dem Gouverneur von Santo Domingo, Ovando, zukommen ließ. Es sind denn auch auf allen vier Reisen nur wenige Matrosen auf See zu Schaden gekommen, und wenn Schiffe verlorengingen oder aufgegeben werden mußten, dann nicht durch des Oberkommandierenden Schuld. Zwar kam es, in Extremsituationen, gelegentlich zu Regungen der Unbotmäßigkeit unter Mannschaftsangehörigen, so auf der ersten und letzten Reise; aber es ist zugleich unzweifelhaft, daß sich Kolumbus nach kurzer Zeit ein Charisma erwarb, was auch die unverbrüchliche Loyalität zahlreicher Gefährten über seinen Tod hinaus erklärt. An nautischen Kenntnissen mögen ihm andere überlegen gewesen sein, aber in der Fähigkeit, Erfahrung und Beobachtung zu verbinden, kam ihm niemand gleich. Charles Verlinden hat Kolumbus denn auch als einen der größten «navigateurs à l'estime» bezeichnet, als einen Seefahrer, der sich bei seinen Entscheidungen nicht so sehr von präziser Berechnung als von intuitivem Ermessen leiten ließ.[9]

Auffällig an Kolumbus' Aufzeichnungen ist, daß sich seine Beobachtungen der Natur, seine Beschreibung eines Wolkenbildes, einer Pflanze, eines Tieres nicht in der Frage nach dem aus solcher Beobachtung zu ziehenden Nutzen erschöpft, daß ihm vielmehr diese Erscheinungen durch die ihnen eigene Schönheit bedeutsam werden. In den begeisterten Passagen, die der Seefahrer dem Gesang der Vögel, dem betörenden Geruch der Blumen, dem intensiven Grün der Baumkronen und der kühlen Frische glasklarer Gewässer widmet, wird ein völlig neuer Ton hörbar, wie er in der späteren spanischen Reiseberichterstattung nicht allzu häufig ist. Mit Kolumbus beginnt die üppige Welt der tropischen Natur als verlockendes Gegenbild ins Blickfeld der Europäer zu treten, als möglicher Aufenthaltsort, von dem kein Weg mehr zurückführt. Humboldt, der drei Jahrhunderte später in seinem prachtvollen «Naturgemälde» den Charakter tropischer Landschaften auf unnachahmliche Weise festgehalten hat, ist denn auch auf die eigentümliche Qualität von Kolumbus' Naturbeobachtungen sofort aufmerksam geworden.[10]

Vergleichsweise enttäuschend bleiben aus heutiger Sicht die Bemerkungen des Seefahrers zur amerikanischen Urbevölkerung. Man möchte meinen, Kolumbus hätte die Folgenschwere des durch ihn angebahnten Kulturkontakts wenigstens ahnen und vielleicht Vorstellungen darüber entwickeln müssen, wie die Beziehungen zwischen den Kulturen inskünftig zu gestalten seien. Doch über eine Beschreibung der äußeren Erscheinung der Indianer und über die Feststellung ihres friedlichen oder feindseligen Verhaltens geht Kolumbus kaum hinaus. Zuerst stellt er fest, daß es sich bei den Indianern weder um Tiere noch um Monstren handle, daß sie körperlich wohlgestaltet seien und nackt einhergingen, wie die Natur sie geschaffen habe. Die ersten friedlichen Begegnungen lassen ihn zu einem positiven moralischen Urteil gelangen: Die Indianer seien gut, schön, harmlos, großzügig – ein Pauschalurteil, das sofort in sein Gegenteil umschlägt, sobald es zu kriegerischen Zusammenstößen kommt. Unterschiede der individuellen Erscheinung und des Auftretens, der Sprache, der Lebensweise verschiedener ethnischer

Gruppen werden nicht beachtet, und alles das, was den Kulturbesitz der fremden Völker ausmacht, wird kaum je erwähnt. Von der Feststellung, die Indianer seien auch Menschen, springt kein belebender Funke auf das Interesse für Geschichte und Gegenwart der Eingeborenengesellschaft über. Auch die Idee der Missionierung, als Begründung und Rechtfertigung der Reisen immer wieder ins Feld geführt, löst weder vertiefte Überlegungen noch Maßnahmen zur praktischen Bekehrung aus; der Missionsvorwand verbindet sich vielmehr völlig unreflektiert mit der Versklavungsabsicht. Dabei können Kolumbus derart schändliche Untaten, wie sie die Konquistadoren an den Indianern verüben sollten, nicht nachgewiesen werden; aber er ging unzweifelhaft vom selben Superioritätsbewußtsein aus. Es wäre gewiß falsch zu meinen, im zunehmend konfliktträchtigen Klima der europäisch-indianischen Beziehungen habe sich dieses Gefühl der eigenen Überlegenheit erst allmählich herausgebildet. Es war vielmehr von Anbeginn da, ist bereits in der anfänglich wohlwollenden Beurteilung des Indianers enthalten. Der französische Linguist Todorov, der den Texten des Kolumbus eine scharfsinnige Analyse gewidmet hat, bemerkt dazu: «Wie kann Kolumbus mit den beiden sich offensichtlich widersprechenden Mythen in Verbindung gebracht werden, wonach der Andere, aus Distanz betrachtet, ein ‹guter Wilder› und zugleich ein dreckiger Hund, ein potentieller Sklave ist? Dies erklärt sich daraus, daß beide Vorstellungen auf derselben Basis ruhen, auf der Unkenntnis des Indianers und auf der Weigerung, ihn als ein andersartiges Subjekt mit gleichen Rechten zu erkennen. Kolumbus hat Amerika entdeckt, nicht aber die Amerikaner.»[11]

So eindrücklich die Persönlichkeit bleibt, ihr leidenschaftliches Engagement, ihre Beharrlichkeit, ihr Sachverstand, ihr Charme – ohne Mängel war der Charakter nicht. Morison, der respektvolle, aber nicht unkritische Biograph, neigt zu der Auffassung, die Untugenden des Kolumbus seien notwendige Kehrseiten seiner Vorzüge gewesen, ein Mann, der in solchem Maße an seine Mission glaube, neige dazu, sich jenen gegenüber, die diesen Glauben nicht teilten, uneinsichtig und unfreundlich zu verhalten.[12] Als abstoßend mag zuerst die in merkwürdigem Widerspruch zu seiner Religiosität stehende Goldgier des großen Mannes erscheinen. Man könnte als mildernden Umstand geltend machen, die Krone sei gezwungen gewesen, ihre Edelmetallreserven zu ergänzen, und Kolumbus habe sich lediglich zum Vollzugsbeamten des obrigkeitlichen Wunsches gemacht; aber dies erklärt noch nicht die peinlich anmutende Zähigkeit, mit welcher der Seefahrer in den «Kapitulationen» und noch kurz vor seinem Tod in Bittschriften um pekuniäre Vergünstigungen für sich und seine Familie rang. Persönlicher Reichtum war für Kolumbus, ähnlich übrigens wie wohltönende Amtstitel, eine entscheidende Voraussetzung für gesellschaftlichen Rang und Namen; um beides bemühte er sich mit unverhüllter Selbstsucht, und beides verteidigte er mit herablassendem Hochmut. Es paßt ins Bild, wenn der Seefahrer, vielleicht auf italienische Gepflogenheiten zurückgreifend, eine rückhaltlose

4. Persönlichkeit, Leistung, Wirkung

Familienwirtschaft betrieb – wer sich außerhalb seines Clans durch Sonderleistungen hervortat, hatte es schwer, seine Anerkennung zu finden. Auch neigte er mit zunehmendem Alter dazu, in Widerständen das Resultat bösartiger Hinterlist und Intrige zu sehen und verfiel in grämliches Selbstmitleid, wenn nicht alles wunschgemäß lief. Solche Eigenschaften haben mit Sicherheit dazu beigetragen, daß Kolumbus als Beamter versagte und die Amtsstellung, die ihm als Gouverneur und Kolonisator vorschwebte, nicht auszufüllen vermochte.

Die Wirkung, welche die Nachricht von der Entdeckung neuer Länder und Völker im Westen des Atlantiks auf die europäische Öffentlichkeit hatte, läßt sich heute mit einiger Zuverlässigkeit kaum erfassen; daß sie ganz außerordentlich war, steht jedoch fest. Sicher trug die Erfindung des Buchdrucks, ähnlich wie später bei der Verbreitung reformatorischen Gedankenguts, auch hier erheblich dazu bei, die Informationen denen, die lesen konnten und Vorlesern zuhören mochten, zugänglich zu machen, zuerst nicht durch Bücher, sondern durch Flugschriften.[13] Von den Drucken, die den Fahrten des Kolumbus gewidmet sind, haben sich für die Jahre 1493–1520 zweiundzwanzig Ausgaben in verschiedenen Sprachen erhalten; achtzehn davon befassen sich mit dem Zeitraum 1493–1497, und wiederum elf von diesen enthalten den Text des berühmten Kolumbus-Briefes der ersten Reise.[14] Auch wenn von den späteren Reisen des Amerigo Vespucci fast dreimal mehr Ausgaben erhalten sind, darf doch festgehalten werden, daß die Kolumbus-Drucke bereits ein großes Echo fanden. So wissen wir beispielsweise, daß die Nachricht von der ersten Reise des Kolumbus am Hof des englischen Königs Heinrich VII. lebhaft diskutiert wurde, «dermaßen, daß alle mit großer Bewunderung versicherten, es sei eher eine göttliche denn eine menschliche Sache, in den Osten, wo die Gewürze wachsen, über den Westen zu segeln, auf einem Weg, den niemand zuvor gekannt hat».[15] Kurze Zeit nach dem Erscheinen der Flugschriften wurden die Nachrichten von der «Neuen Welt» auch in Sammelbänden und Weltchroniken zusammengefaßt, so bereits 1507 in Francanzano de Montalboddos «Paesi Novamente Retrovati».[16] Und zahlreich sind die Widerspiegelungen dieser frühesten Entdeckungsreisen in der zeitgenössischen europäischen Belletristik.[17] Wie schnell sich auch außerhalb Spaniens die Kunde von den Kolumbus-Reisen verbreitete, zeigt eine Anspielung in der 1494 erschienenen Moralsatyre «Das Narrenschiff» von Sebastian Brandt, wo von neu aufgefundenen «Goldinseln» und «nackten Leuten» die Rede ist.[18]

Am eindrücklichsten ist die Faszination durch die Fahrten des Kolumbus und seiner unmittelbaren Nachfolger vielleicht in das 1516 erschienene Werk «De Orbe Novo» des italienischen Humanisten und Historikers Peter Martyr d'Anghiera eingegangen, der am spanischen Hof lebte und alle Amerika betreffenden Neuigkeiten geflissentlich aufzeichnete. Im Vorwort zu einem der Teile dieses Buches, in dem er sich an Papst Leo X. wendet, wird etwas von der geistigen Aufbruchstimmung spürbar, welche Spanien damals ergriffen haben muß. «Schöpferische Kräfte, die in unserer Welt etwas Neues gebären, Heiliger Vater», schreibt Martyr, «verlieren ihre Zeugungskraft, sobald sie das Neue geschaffen haben, oder ruhen wenigstens eine gewisse Zeit danach aus. Unser Neuer Kontinent aber liefert und bringt ununterbrochen täglich neue Schöpfungen hervor. Dadurch wird den Gelehrten und den Männern, welche die jüngsten Entdeckungen studieren, in einem fort Material geboten, an dem sie ihren Geist betätigen können.»[19]

Die Reisen des Kolumbus haben einen Vorhang aufgestoßen, aber nicht Klarheit darüber geschaffen, was hinter ihm lag. Die Berichte des Admirals und seiner Reisegefährten, welche geschäftstüchtige Kompilatoren und Verleger unter die Leute brachten, sprachen von idyllischen und fruchtbaren Landschaften, von unermeßlichen Reichtümern an Gold, Edelsteinen und Perlen, von merkwürdigen Tieren und Menschen, von staunenswerten Begebenheiten. Menschlicher Tatkraft und Fantasie eröffnete sich ein weites Spektrum von Möglichkeiten. Daß es Spanien an kundigen und unternehmungslustigen Persönlichkeiten und am Interesse der Krone nicht fehlte, diese Möglichkeiten wahrzunehmen, beweisen die in gesteigertem Rhythmus erfolgenden Erkundungsfahrten des beginnenden 16. Jahrhunderts.

II
Die Erkundung der Küsten

1. Mittelamerika

Von der Orinokomündung zum Golf von Darién

Noch während der vier Reisen des Kolumbus und im unmittelbaren Anschluß daran kam es zu einer Reihe von kleineren Entdeckungen, die ohne dessen große Vorleistung undenkbar gewesen wären. Sie wurden von Seefahrern gemacht, die entweder unter dem Admiral bereits mitgesegelt waren oder aber an seiner Leistung starkes geographisch oder kommerziell motiviertes Interesse gezeigt hatten. In zweierlei Hinsicht gingen diese Nachfolger andere Wege als Kolumbus, der, so verschieden sie ihn beurteilen mochten, doch ihr Vorbild blieb. Während die Beziehungen von Kolumbus zur Überseebevölkerung im allgemeinen noch von einer aus Scheu und Vorsicht gemischten Zurückhaltung bestimmt gewesen waren, wurde nun der Zugriff der Entdecker rücksichtsloser, und die Gier nach Gold und anderen Schätzen begann sich die Infrastruktur zu schaffen, deren sie bedurfte, um die Ausbeutung langfristig profitabel zu gestalten. In geographischer Hinsicht ist ferner bedeutsam, daß man sich über den kontinentalen Charakter des entdeckten Festlandes nun allmählich Rechenschaft gab, gleichzeitig aber die uralte Sehnsucht nach den Reichtümern des Fernen Ostens nicht verlor, sondern in das hartnäckig fortgesetzte Bemühen überführte, den westlichen Zugang zu Asien doch noch zu finden. Auch die Krone gab ihren kolonialen Anstrengungen eine neue Richtung und machte deutlich, daß das Kapitel der Kolumbus-Reisen abgeschlossen war. In Mißachtung der dem Admiral und seinen Nachfolgern einst gewährten Monopolrechte über die westindischen Gebiete wurden nach 1499 weitere Freibriefe ausgestellt, die zur Fahrt über den Atlantik ermächtigten und die Statthalterschaft über weitere Territorien in Aussicht stellten.

Im Frühling des Jahres 1499 überquerte *Alonso de Ojeda* mit drei Karavellen den Atlantik. Wir sind diesem jungen Mann bereits anläßlich der zweiten Reise des Kolumbus begegnet, dem Liebling Isabellas von Kastilien und dem Günstling des einflußreichen Juan de Fonseca, einer Gestalt von Charme und Überschwang, äußerst brutal gegenüber den Indianern, skrupellos und listig gegenüber den eigenen Landsleuten, hart im Umgang mit sich selbst. In Ojedas Begleitung reisten zwei weitere bemerkenswerte Persönlichkeiten: der Navigator und Kartograph *Juan de la Cosa,* ebenfalls ein Teilnehmer der zweiten Kolumbus-Reise, und *Amerigo Vespucci,* ein in Sevilla tätiger Bankkaufmann florentinischer Herkunft.[1]

Ojeda erreichte das südamerikanische Festland in der Nähe des heutigen Cayenne, Französisch-Guayana, umschiffte das Orinokodelta und staunte über die Wassermassen, die der vielarmige Strom entlud; wenig später traf er im Golf von Paria ein, wo Kolumbus ein Jahr zuvor erstmals amerikanisches Festland berührt hatte. Auf der Weiterfahrt betrat Ojeda die Margarita-Insel, die bereits der Admiral gesichtet und benannt hatte, und erreichte von hier aus die Niederländischen Antillen, auf deren Hauptinsel Curaçao er Riesen anzutreffen glaubte und die er darum «Isla de los Gigantes» nannte. Dann wurde der Golf von Maracaibo erkundet, und man fühlte sich beim Anblick indianischer Pfahlbauten an Venedig erinnert, worauf die Landesbezeichnung Venezuela, «Klein-Venedig», zurückzuführen ist. Hier kam es auch zu einem von vielen blutigen Zusammenstößen mit den erst freundlichen Indianern, die niedergemetzelt und deren Behausungen zerstört wurden. Im Westen dieser Bucht belud Ojeda seine Schiffe mit tropischem Farbholz, auf dessen Verwendbarkeit er aufmerksam geworden war; darauf nahm er, da die Vorräte knapp wurden, Kurs auf Hispaniola. Die Ergebnisse dieser Reise sind mit bemerkenswerter Genauigkeit in die bereits erwähnte Weltkarte des Juan de la Cosa eingegangen.[2]

Auf Hispaniola traf Alonso de Ojeda eben zu dem Zeitpunkt ein, als sich Francisco Roldán gegen Kolumbus auflehnte, und eine Zeitlang spielte er mit dem Gedanken, sich in diese Händel einzumischen, ließ sich zuletzt jedoch zum Abzug bewegen. Er setzte seine Fahrt nach den Bahamas fort und überzog diese Inseln, auf denen Kolumbus erstmals mit den friedfertigen Aruakindianern zusammengetroffen war, mit Krieg und Terror. Obwohl Isabella von Kastilien eine Versklavung der Indianer ausdrücklich abgelehnt hatte, wurden über zweihundert Inselbewohner eingefangen und an Bord geschleppt; etwa dreißig von ihnen starben auf der Rückfahrt, und die Überlebenden wurden in Spanien verkauft. In der ersten Hälfte des Jahres 1500 traf Ojeda mit zwei Karavellen in Cádiz ein.

Über diese erste Reise des Alonso de Ojeda, die größere Klarheit über den Küstenverlauf zwischen der Orinokomündung und dem Golf von Maracaibo brachte, sind wir durch Bartolomé de Las Casas unterrichtet, ferner durch Briefe, die Amerigo Vespucci an seinen Fürsten Lorenzo di Pier Francesco de' Medici richtete.[3] Vespucci, der sich im Verlauf der Reise von Ojeda getrennt hatte, im nachhinein aber mit jener Neigung zur intellektuellen Hochstapelei, die ihn kennzeichnete, das Verdienst an dieser Unternehmung für sich allein in Anspruch nahm, hielt noch immer daran fest, Asien bereist zu haben. «Wir waren», berichtet er, «während dreizehn Monaten auf dieser Reise abwesend, setzten uns schrecklichen Gefahren aus und entdeckten weite Teile Asiens, ferner eine große Zahl von Inseln, die meisten von ihnen bewohnt.»[4] Von ihm wissen wir, daß diese Reise, obwohl man neben Sklaven auch etwas Gold, Perlen und Edelsteine nach Hause brachte, alles in allem wenig einträglich war. Es ist dagegen wahrscheinlich, wenn auch in der Forschung nicht unbestritten, daß Amerigo Vespucci im Juli 1499 als erster

Europäer an die Mündung des Amazonas gelangte und somit als Entdecker Brasiliens angesprochen werden kann.[5]

Wir werden vom Florentiner wieder hören, wenn von der Erkundung der brasilianischen Küste die Rede ist; hier sei noch auf die weiteren Taten des Ojeda eingegangen. Obwohl dieser Seefahrer seiner Unbotmäßigkeit wegen eigentlich hätte gehängt oder eingekerkert werden sollen, ermöglichten ihm seine Beziehungen, wenig später ein neues Kommando zu übernehmen und im Januar 1502 mit mehreren Schiffen erneut auszufahren. Bemerkenswert an dieser weiteren Reise ist, daß sie die Absicht verfolgte, englische Seefahrer, die sich vielleicht in amerikanische Gewässer begeben hätten, zu vertreiben: Man hatte in Spanien von den Nordatlantikfahrten John Cabots gehört und legte Wert darauf, dem Vertrag von Tordesillas, falls nötig, auch anderen Nationen gegenüber Nachachtung zu verschaffen. Erneut stieß Ojeda bis zum Golf von Maracaibo vor, scheiterte hier beim Versuch einer Koloniegründung, lud sich eine Meuterei auf den Hals und wurde in Ketten nach Hispaniola gebracht. Dank der Fürsprache von Juan de Fonseca kam er frei und kehrte noch im selben Jahr nach Spanien zurück.

Mehr Glück hatte *Juan de la Cosa,* der kurze Zeit nach der Rückkehr von seiner Reise mit Ojeda, im Jahre 1501, zusammen mit *Rodrigo de Bastidas* erneut in die Karibik aufbrach.[6] Die beiden Seefahrer stießen über das Cabo de la Vela, im heutigen Kolumbien, südwestwärts zu unbekannten Küstenstrichen vor und erreichten den Golf von Darién; auch gelang es ihnen, reichlich Gold und Perlen einzutauschen und, trotz mancherlei Widrigkeiten, etwas von dem Reichtum in die eigene Tasche fließen zu lassen. Es gilt als sicher, daß die Entdecker bei dieser Gelegenheit erstmals mit den kunstvollen Goldschmiedearbeiten der Andenbewohner in Berührung kamen; Las Casas, der beiden im Jahr 1502 in Santo Domingo begegnete, sie befragte und einen knappen Bericht verfaßte, schweigt sich darüber aus.[7] Möglich ist auch, daß, wie Las Casas vermutet, Bastidas und La Cosa flüchtigen Kontakt mit Kolumbus hatten, der auf seiner vierten Reise in Santo Domingo vergeblich um Aufenthaltserlaubnis nachsuchte; und vielleicht waren ihre Informationen für den Admiral nicht ohne Nutzen.[8]

Im Jahre 1504 traf La Cosa wiederum im Golf von Darién ein und belud seine Schiffe mit Gold, Perlen und sechshundert Indianersklaven. Auf dieser Fahrt, die zeitlich unmittelbar nach der Rückkehr des Kolumbus von seiner letzten Reise anzusetzen ist, traf der Navigator in der Bucht von Cartagena auf eine Flotille des Handelshauses Guerra aus Sevilla – eine Begegnung, die verdeutlicht, wie rasch sich die Kunde lukrativer Expeditionen verbreitete und wie sehr sich die spanischen Aktivitäten im karibischen Raum, teils bereits von Inselstützpunkten aus unternommen, gegenseitig zu überlagern begannen.

Seine letzte Reise unternahm der unermüdliche La Cosa im Alter von sechzig Jahren erneut gemeinsam mit Alonso de Ojeda, der von der neuen

Königin Johanna, der Mutter Karls V., zum Statthalter in den Gebieten östlich des Golfs von Darién eingesetzt worden war. An der Unternehmung, von der man sich die Gründung dauernder Stützpunkte erhoffte, waren ferner *Diego de Nicuesa*, ein auf Hispaniola zu Reichtum gelangter Siedler, sowie *Martín de Enciso* beteiligt, ein Jurist, der später durch die Abfassung eines geographischen Handbuchs, einer «Suma de geografía», zu Ansehen gelangte. Aus den Kolonisationsplänen wurde zwar vorerst nichts; aber es bleibt Ojedas Verdienst, daß er als erster den hervorragenden Ankerplatz erkundete, an dem Pedro de Heredia zwei Jahrzehnte später, 1533, den Stützpunkt Cartagena de Indias errichtete – eine Hafenstadt, die sich mit ihren verschlafenen Gassen und belebten Plätzen bis heute als schönstes Zeugnis kolonialer Machtentfaltung im karibischen Raum erhalten hat. Im übrigen bewies der Seefahrer die gewohnte Rücksichtslosigkeit im Umgang mit den Indianern, zahlte aber diesmal für seine Arroganz einen schmerzlich hohen Preis: In den von ihm provozierten Kämpfen wurden gegen siebzig Spanier mit Giftpfeilen getötet, unter ihnen auch Juan de la Cosa. Ojeda selbst rettete sich zuletzt nach Hispaniola, wurde erneut eingekerkert und starb dort, da sich niemand mehr für ihn verwendete, 1515 im Elend.

Als eine weitere Unternehmung, die mithalf, den Verlauf der südamerikanischen Nordküste im Staatsgebiet des heutigen Venezuela zu klären, verdient die Reise von *Peralonso Niño* und *Cristóbal Guerra* Erwähnung. Niño hatte als Pilot der «Santa Maria» während der ersten Kolumbus-Reise gedient, während die Familie Guerra, welche die Finanzierung übernahm, im Handel mit Schiffszwieback reich geworden war. Mit einer Karavelle verließ man 1499 Palos und erkundete bisher unbekanntes Gebiet östlich des Golfs von Maracaibo. Man verstand es, mit den Indianern ein friedliches und entsprechend profitables Einvernehmen zu bewahren – es sei dies, schreibt Morison, die bis dahin am wenigsten kostspielige und einträglichste Fahrt nach der Neuen Welt gewesen.[9] Die Guerras unternahmen wenig später noch einige Reisen, darunter jene, auf der sie, wie oben erwähnt, La Cosa begegneten.[10]

Die Durchquerung der Landenge von Panama

Die Fahrten entlang der südamerikanischen Karibikküste hatten klargemacht, daß ein neuer Kontinent aufgefunden worden war; den empirischen Nachweis für diese Tatsache erbrachte *Vasco Núñez de Balboa* mit seinem Vorstoß zum Pazifik.[11] Balboa hatte La Cosa und Bastidas auf ihrer Reise zum Golf von Darién begleitet, war zur Unterstützung von Ojedas mißlungenem Siedlungsversuch erneut an die Küste gereist und hatte darauf, wahrscheinlich im Jahre 1510, den ersten dauernden Stützpunkt auf dem Festland errichtet: Santa Maria de l'Antigua. Der Ort liegt an der Westseite der Bucht von Urabá im Grenzgebiet zwischen Kolumbien und Panama und ist heute, wie damals, nur von der See her ohne Schwierigkeit zugänglich.

1. Mittelamerika

Die hier ansässigen Cuna-Indianer, weit kämpferischer gesinnt als die Aruak der Großen Antillen und besser gerüstet, waren zahlreich, und es gibt sie in Restbeständen noch heute. Jedenfalls war Balboa gut beraten, wenn er auf ein freundschaftliches Einvernehmen mit der Bevölkerung achtete, was hartes Durchgreifen, wo ihm dies taktisch geboten schien, nicht ausschloß. Immerhin scheint dieser Entdecker, vielleicht vor allem aus Kalkül, zu den Ausnahmepersönlichkeiten in der rohen Schar der frühen Konquistadoren gehört zu haben: Er hielt sich an seine Abkommen mit den Stammeshäuptlingen, auf deren Mais- und Manioklieferungen er angewiesen war; er verzichtete auf die Erpressung von Gold, dessen Fundstellen er aufsuchte und mit eigenen Leuten auszubeuten begann; und es scheint auch, daß es ihm gelang, Streitigkeiten unter den Indianern zu schlichten. «Vasco Núñez», schreibt ein spanischer Zeitgenosse, Alonso Zuazo, «hat großes Geschick darauf verwandt, mit manchen Kaziken und den wichtigsten Herrschern der Indianer Frieden zu schließen und dadurch den Frieden mit etwa dreißig Kaziken und allen ihrer Indianer zu sichern. Er erreichte dies, indem er ihnen nicht mehr wegnahm, als sie freiwillig hergaben, indem er ihnen ihre Streitigkeiten beilegen half und sich dadurch so beliebt machte, daß er auf dem Festland ungefährdet hundert Leguas zurücklegen konnte. In allen diesen Gegenden gaben ihm die Indianer viel Gold, aber auch ihre Schwestern und Töchter, damit er sie mitnehme, verheirate oder sonst nach Gutdünken verwende. Auf diese Weise wurde Frieden verbreitet und das Einkommen der Königlichen Hoheiten erheblich gesteigert.»[12]

Zur Durchquerung der Landenge von Panama brach Balboa, nachdem er zuvor das Mündungsgebiet des Atratoflusses erkundet hatte, Ende August 1513 auf. Den Hinweis auf die Existenz eines «andern Meeres» entnahm er der Rede eines Indianers, der sich über die Goldgier der Spanier entsetzte und deren Wortlaut der Chronist Peter Martyr überliefert: «Wenn aber eure Goldgier so groß ist, daß ihr deshalb viele friedliche Völker in Unruhe versetzt, selbst Nöte und Unbequemlichkeiten auf euch nehmt und freiwillig aus eurer Heimat in die weite Welt zieht, so will ich euch ein Land zeigen, daß Überfluß an Gold hat... Wenn man diese Höhen überschreitet (und er wies mit dem Zeigefinger auf das Gebirge im Süden), kann man von den Gipfeln ein anderes Meer sehen. Dieses wird von Schiffen befahren, die nicht kleiner sind als die euren. (Er meinte damit unsere Karavellen.) Wenn die Menschen dort auch nackt leben, wie wir, so kennen sie doch Segel und Ruder. Jene Seite des Gebirges, die sich von der Wasserscheide nach Süden erstreckt, hat Gold im Überfluß.»[13]

Neben dieser verlockenden Information gab es einen weiteren Beweggrund für das Panama-Unternehmen. Balboa hatte nach der Gründung von Santa Maria de l'Antigua die eigentlichen Beauftragten des Königs, Diego de Nicuesa und Martín de Enciso, rücksichtslos zur Seite geschoben und befürchtete mit gutem Grund, daß diese Usurpation in Spanien ruchbar würde. Es ging ihm deshalb darum, bevor ein neuer Vorgesetzter an den

Golf entsandt würde, das Wohlwollen und die Nachsicht der Krone durch eine spektakuläre Leistung zu gewinnen.

Der zuverlässigste Bericht über Balboas Zug durch den Isthmus findet sich in der ausführlichen «Historia General y Natural de las Indias» von Gonzalo Fernández de Oviedo, den Karl V. zum offiziellen Historiographen Westindiens ernannt hatte.[14] Oviedo, der sich nach 1513 in Hispaniola aufhielt, nahm an der Entdeckungsreise selbst nicht teil, kannte aber viele der Begleiter Balboas und diesen selbst persönlich und nahm nach dessen Tod Einblick in seine Papiere. Wir wissen, daß sich der Entdecker mit hundertneunzig Landsleuten und sechshundert indianischen Lastenträgern erst zu Schiff an den westlichen Ausgang des Golfs von Darién begab und von hier über schwer zugängliche Randgebirge und durch dichten, teils sumpfigen Regenwald landeinwärts zog. Obwohl die Landenge an dieser Stelle kaum eine Breite von achtzig Kilometern aufweist, stellte der Marsch höchste physische Anforderungen. Gefechte mit den Indianern waren nicht zu vermeiden, und auch hier wurden Bluthunde eingesetzt, so etwa im Kampf gegen einen Kaziken namens Quareca, dessen Hofstaat man – eine billige Rechtfertigung – der Homosexualität bezichtigte. Schließlich erreichte man eine Erhebung der westlichen Randgebirge und hatte freien Blick auf das unbekannte Meer. Oviedo berichtet: «An einem Dienstag, dem 25. September jenes Jahres 1513 um zehn Uhr vormittags war der Hauptmann Vasco Núñez, allen seinen Begleitern vorauseilend, auf einer freien Bergkuppe angelangt und sah von dort aus das Meer des Südens als erster jener Schar von Christen, die mit ihm gingen; und er wandte das Gesicht voller Freude seinen Leuten zu und erhob die Hände und die Augen zum Himmel und lobte Jesus Christus und seine glorreiche Mutter, unsere heilige Jungfrau; dann fiel er auf beide Knie und dankte vielmals Gott für die ihm erwiesene Gnade, dieses Meer entdecken zu dürfen und damit Gott und den Durchlauchtigsten Katholischen Königen von Kastilien, unseren Herren, damals König Ferdinand der Katholische, der Fünfte seines Namens, der Granada einnahm und Kastilien regierte durch die Königin Doña Juana, seine Tochter und Mutter der cäsarischen Majestät Kaiser Karls, unseres Herrn, und allen nachfolgenden Königen einen so großen Dienst zu erweisen.»[15]

Man spürt in diesen Zeilen die Beflissenheit des Hofchronisten, und man spürt die Hochachtung vor Balboas Leistung; aber was Oviedo berichtet, dürfte sich tatsächlich genau so zugetragen haben. Im Anblick dieses Südmeers, das Magellan den Stillen Ozean nennen sollte, stimmten die Spanier ein «Te Deum» an; dann machten sie sich daran, zur Bucht hinabzusteigen, die sie nach dem Erzengel Michael nannten und die noch heute nach ihm heißt. Vier Tage später nahm Balboa den Pazifik für Spanien in Besitz. «Da nahm der Hauptmann Vasco Núñez», schreibt Oviedo, «im Namen Seiner Erlauchten Majestät des Katholischen Königs Don Fernando, des Fünften seines Namens, und der Erlauchten Katholischen Königin Doña Juana, seiner Tochter, für die Krone und das Zepter von Kastilien die königliche Fahne ihrer Hoheiten in die Hand... watete mit gezogenem Schwert und einem Schild in der Hand in das salzige Wasser des Meeres hinein, bis es ihm zu den Knien ging, und rief, während er auf und ab schritt: ‹Es lebe der König Don Fernando und die Königin Doña Juana...›»[16]

Die Briefe, die der Entdecker nach erfolgter Rückkehr nach Hause sandte, beweisen, daß seine Expedition sorgfältig geplant sowie straff und zielsicher durchgeführt worden war, und sie erregten berechtigtes Aufsehen. Peter Martyr, sonst ein Balboa eher kritisch gesinnter Betrachter, urteilt: «Meine Meinung ist die: der einfache und soldatisch knappe Stil in der mündlichen und schriftlichen Darstellung Vascos und seiner Kameraden beweist offensichtlich, daß sich die Ereignisse so, wie angegeben, tatsächlich zugetragen haben.»[17] Doch die Briefe trafen spät in Spanien ein, zu spät jedenfalls, um den Abgesandten der Krone, *Pedrarias Dávila* noch zu erreichen und ihn eine günstige Meinung fassen zu lassen. Im Sommer 1514 traf Dávila mit einer großen Flotte und zahlreichem Gefolge in Santa Maria de l'Antigua ein, übernahm, seinem Auftrag gemäß, die Funktionen des Gouverneurs und setzte Balboa zum Unterstatthalter ein. Die Beziehung zwischen dem standesbewußten, aber unerfahrenen Gouverneur und dem erfolgreichen Siedler und Entdecker konnten nicht gut ausgehen. Nachdem er seine Stellung gefestigt hatte, strengte Dávila einen Prozeß wegen Hochverrats an, und Balboa wurde 1517 zusammen mit vier seiner Vertrauten hingerichtet; der ihn verhaftete, war Francisco Pizarro, der spätere Eroberer Perus. Verglichen mit Pizarro war Balboa fraglos die menschlich einnehmendere Erscheinung; der Historiker Penrose hat ihn gar «den besten aller Konquistadoren» genannt.[18]

Die Ankunft Dávilas leitete den Niedergang des Stützpunktes von Santa Maria de l'Antigua ein; die Neuankömmlinge, ohne Kolonialerfahrung und das feuchte Tropenklima nicht gewohnt, starben an einer Art von Vitaminmangelkrankheit, vielleicht Beriberi; wer überlebte, zog mit plündernder Soldateska durch die Gegend, um nicht noch Hungers zu sterben. Im Jahr 1519 verlegte Dávila seine Residenz an die Pazifikküste, in die Gegend des heutigen Panama, mit dem nicht eingelösten Vorsatz, von hier aus das Südmeer zu erkunden. Dieser Wechsel führte zur Errichtung des Hafens Nombre de Dios an Panamas Karibikküste und zur Erstellung eines neuen Durchgangswegs im Gebiet der heutigen Kanalzone. Santa Maria de l'Antigua aber zerfiel und ist heute vom Dschungel überwuchert. Von Panama aus entsandte Pedrarias Dávila in den folgenden Jahren mehrere Unterführer zur Erkundung des heutigen Costa Rica und Nicaragua.

Der Golf von Mexiko

Kolumbus hatte, wie wir uns erinnern, auf seiner letzten Reise, 1502, die Küsten Mittelamerikas von Honduras nach Panama befahren – eine äußerst mühselige Fahrt in eine Gegend, von der ein moderner Reisender, Aldous

Huxley, gesagt hat, wenn es ein Ende der Welt gäbe, müßte es dort liegen.[19] Zu welchem Zeitpunkt die Ostküste Mexikos erstmals gesichtet worden ist, kann man mit Gewißheit nicht sagen. Auf Karten, die nach 1502 gezeichnet wurden, läßt sich in vagen Umrissen Yukatán ausmachen, das zuerst freilich als Insel erscheint. Man wird aber als sicher annehmen dürfen, daß man um 1510 nicht nur über den Inselcharakter Kubas informiert war, sondern auch wußte, daß der Ostzipfel des mexikanischen Festlandes nur etwas über hundert Meilen davon entfernt ist.

Eine genauere Erkundung der mexikanischen Küste indessen setzte erst im Jahre 1517 ein. Die Initiative ging, wie es scheint, von einer Gruppe ehemaliger Gefolgsleute des Pedrarias Dávila aus, die sich nach Kuba zurückgezogen und für ihr Projekt die Unterstützung des dortigen Gouverneurs, Diego Velásquez, gewonnen hatte.[20] Am 8. Februar 1517 verließen drei Schiffe mit über hundert Mann unter dem Oberkommando von *Francisco Hernández de Córdoba* den Hafen von Havanna. Man umfuhr die Westspitze Kubas, durchquerte bei stürmischem Wetter den Kanal von Yukatán und landete beim Kap Catoche. Die Maya-Indianer, die hier lebten, begrüßten die Spanier erst freundlich. Als sich aber die Ankömmlinge rücksichtslos über die Trinkwasservorräte in den sorgfältig erstellten Brunnenanlagen hermachten, griffen die Maya zu den Waffen. Weit besser gerüstet als die Aruak und selbst die Karaiben, versehen mit Wurfspießen, Bögen, Schleudern und Streitäxten aus Obsidian, waren sie gefährliche Gegner. In einem Gefecht unweit des heutigen Campeche verloren die Spanier nicht weniger als fünfzig Mann und entschlossen sich zum Rückzug. Bernal Díaz del Castillo, der später einen wichtigen Bericht vom Mexikofeldzug des Cortés verfaßt hat und auch hier schon mit von der Partie war, erzählt: «... und wir schrieben gleich an Diego Velásquez, den Gouverneur jener Insel, und ließen ihn wissen, daß wir Gegenden mit großen Ortschaften und mit Häusern aus Kalk und Kieseln entdeckt hatten, daß die Einwohner Kleider aus Baumwolle trugen und die Scham bedeckt hielten, daß sie Gold hatten und Maisfelder... Und alles wurde arg übertrieben, so daß man sich auf den Inseln von Santo Domingo und auf Kuba, ja sogar in Spanien erzählte, nirgends auf der Welt seien reichere Gegenden entdeckt worden.»[21]

Bereits im folgenden Jahr entsandte Velásquez eine weitere Flotte, diesmal stärker bemannt und bewaffnet, unter dem Befehl des *Juan de Grijalva* nach der Halbinsel Yukatán. Man entdeckte die der Küste vorgelagerte Insel Cozumel, damals Wallfahrts- und Orakelstätte der Maya, heute ein touristisches Zentrum mit Nachtclubs und Yachthäfen. Darauf umrundete das Geschwader die Halbinsel und drang zum Tabascofluß vor, der bei Frontera ins Meer mündet und heute nach seinem Entdecker heißt. Mit den Indianern an der Bucht von Campeche trieb man friedliche Handelsgeschäfte, stellte fest, daß das Gold hier reichlicher vorhanden war, und staunte über den hohen Zivilisationsstand der Bevölkerung, der an den Reichtum maurisch-

1. Mittelamerika

arabischer Residenzen erinnerte. Manche der Begleiter Grijalvas schlugen vor, hier sofort eine Kolonie zu gründen; aber es scheint, daß der königliche Freibrief einen solchen Schritt nicht vorsah, und der Anführer hielt sich in diesem Fall an seine Weisungen und ersparte den Indianern damit vorerst schlimme Erfahrungen. Manches spricht jedoch dafür, daß Velásquez die Errichtung eines Stützpunktes gern gesehen hätte und Grijalva in der Folge für seine Zurückhaltung keinen Dank wußte.[22] Derartige Skrupel sollten Hernán Cortés, der ein Jahr später vor dieser Küste auftauchte, um die Eroberung des Festlandes an die Hand zu nehmen, vollkommen fremd sein.

Zu sprechen ist hier noch von *Ponce de Léon,* dem Entdecker von Florida, und von denen, die in seinem Kielwasser folgten. Wir begegnen dieser Persönlichkeit als jugendlichem Begleiter der zweiten Reise des Kolumbus und dann als Gouverneur von Puerto Rico, der kleinsten Insel der Großen Antillen, die er nach 1506 mit Krieg überzogen und dadurch, wie die Spanier zu sagen pflegten, «befriedet» hatte. Die Entdeckungsreise von Ponce ist nicht zuletzt dadurch bemerkenswert, daß sie neben die Vorstellungen von unermeßlichen Goldvorkommen und von dem «irdischen Paradies», die bisher motivierend gewirkt hatten, ein weiteres Wunschbild stellte, nämlich das des «Jungbrunnens», der demjenigen, der in sein Wasser taucht, seine Jugend zurückzugeben vermag. Dieser Mythos war im Mittelalter, etwa durch den «Alexanderroman» und zahlreiche bildliche Darstellungen, weit verbreitet und jedem Gebildeten bekannt. Selbst Peter Martyr, der italienische Humanist und früheste Chronist der Überseereisen, ein sonst aller Legendenbildung abgeneigter Mann, spricht in seinen «Dekaden» eingehend vom «Land des Jungbrunnens», das er Boiuca oder Bimini nennt und das, nach dem übereinstimmenden Zeugnis von Indianern und Kolonisten, irgendwo im Norden Kubas liegen sollte.[23]

Am 3. März des Jahres 1513 verließ Ponce de León mit drei Schiffen Puerto Rico und segelte dem Inselbogen der Bahamas entlang nordwestwärts, dem sagenhaften Bimini entgegen. Anfang April erreichte er die Halbinsel Florida, die er für eine Insel hielt; der Name, den er ihr gab, spielt auf die Üppigkeit und die Blumenpracht der Küstenvegetation an. Die Landungsstelle wird an der Ostküste, nördlich von Kap Canaveral, angenommen, da, wo die Amerikaner heute ihre Weltraumflüge starten, mit Zielsetzungen, die vielleicht nicht weniger illusionär sind wie seinerzeit die Suche nach dem Jungbrunnen. Von hier aus wandte man sich wieder nach Süden, ging, wo immer indianische Siedlungen sichtbar wurden, an Land, um sich nach dem Wunderquell zu erkundigen, und umsegelte schließlich, die Inselgruppe der Florida Keys entdeckend, das Kap Sable. Nicht minder wichtig war, daß Ponce und sein vorzüglicher Navigator *Antón de Alaminos* bei dieser Gelegenheit auf den Golfstrom aufmerksam wurden, der seine gewaltigen Wassermassen durch die Floridastraße treibt und dessen Kraft die spanischen Seefahrer während der nächsten zwei Jahrhunderte zur möglichst raschen Rückkehr nutzten. An der Westküste Floridas stieß man bis Char-

II. Die Erkundung der Küsten

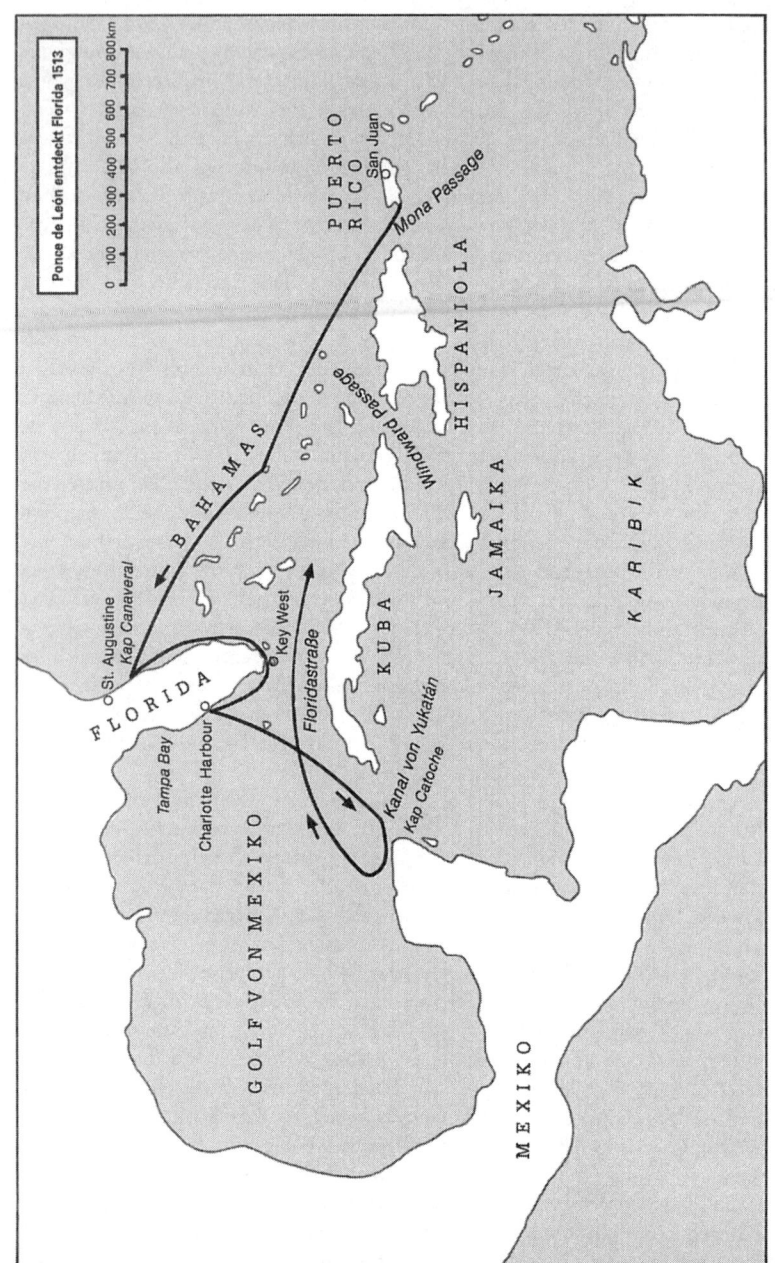

lotte Harbor vor, wo es zum kriegerischen Zusammenstoß mit den Indianern kam; dann segelte man, ohne sich im Jungbrunnen erquickt zu haben, nach Südwesten, durchquerte den Yukatánkanal und sichtete – noch einige Jahre vor Francisco Hernández de Córdoba und Juan de Grijalva – die mexikanische Küste. Die Rückfahrt führte Ponce der Nordseite von Kuba und Hispaniola entlang nach Puerto Rico zurück. Der Historiker Oviedo, der an die Geschichte vom Jungbrunnen nicht glaubte, tadelt in seinem Kommentar zur Reise nicht so sehr deren tatsächliches Ergebnis als ihr wahnhaftes Ziel: «Jene Geschichte», schreibt er, «wurde so [eindringlich] verbreitet und durch die Indios jener Gegend bestätigt, daß der Hauptmann Juan Ponce, seine Leute und seine Karavellen mehr als sechs Monate lang unter großen Anstrengungen zwischen jenen Inseln umherirrten, um diese Quelle zu suchen. Es war schon ein sehr großer Streich gewesen, den sich die Indios erlaubten, als sie die Geschichte erzählten, aber noch größer war die Narrheit der Christen, daran zu glauben und Zeit darauf zu verschwenden, diese Quelle zu suchen.»[24]

Wir wissen nicht, wie lange Juan Ponce an seiner fixen Idee festhielt. Seine Unternehmungslust jedenfalls war ungebrochen. Nachdem er sich in Spanien aufgehalten und dort die Bewilligung zur Errichtung einer Kolonie in Florida eingeholt hatte, segelte er 1521 erneut von Puerto Rico nach Florida ab. Wie schon auf der ersten Reise kam es zu Zusammenstößen mit den Indianern, und Ponce, im Umgang mit den Eingeborenen ebenso wenig wählerisch wie vor ihm Ojeda, wurde in einem der Scharmützel durch einen Pfeilschuß verletzt. Man brachte den Entdecker nach Havanna, wo er an den Folgen seiner Verwundung starb. Seine sterblichen Überreste wurden später nach Puerto Rico überführt und ruhen heute in der Marmorgruft der Kathedrale von San Juan; seine Statue erhebt sich in ausgreifender Pose vor dem dortigen Dominikanerkloster. Juan Ponce de León gehöre zu den Konquistadoren, urteilt der Historiker Richard Konetzke, «die all ihr Hab und Gut für eine Illusion einsetzten und schließlich ihr Wagnis mit dem Leben bezahlten».[25]

Die Erkundung des Golfs von Mexiko war mit der ersten erfolgreichen Reise des Juan Ponce de León kaum begonnen und erfuhr sogleich weitere Impulse aus dem Kreise seiner engeren Gefolgsleute. Bereits 1518 setzte sich sein früherer Navigator, *Antón de Alaminos*, mit dem Gouverneur von Jamaica, Francisco de Garay, wegen einer Erkundungsfahrt in Verbindung. Hauptziel dieser Unternehmung sollte es sein, einen neuen und vielleicht bequemeren Zugang zu dem von Balboa entdeckten Südmeer zu finden – ein Beweggrund übrigens, der sich als Leitmotiv durch die Geschichte auch der anglofranzösischen Atlantikfahrten des nächsten Jahrhunderts ziehen sollte. Noch im selben Jahr, 1518, verließ Alaminos unter dem Oberbefehl des *Alonso Álvarez de Pineda* mit einer kleinen Flotte Jamaica und erreichte die Westküste Floridas. Von hier aus folgte man dem nördlichen Küstenbogen des Golfs von Mexiko und drang bis zur Mündung des Rio Pánuco beim heutigen Tampico vor, damit einen Punkt berührend, den bereits Juan de Grijalva erreicht hatte.

In der Forschung ist umstritten, ob Pineda und Alaminos auf dieser Fahrt die Mündung des Mississippi erkannt haben oder nur in der nahegelegenen Bucht von Mobile vor Anker gegangen sind.[26] Ein Bericht von dieser Reise ist nicht bekannt, und eine sogenannte «Pineda-Karte» aus dem Jahr 1519 läßt verschiedene Deutungen zu. Auch bleibt die Diskussion darüber, wer eigentlich den Mississippi entdeckt habe, eng damit verknüpft, welchen Bedeutungsinhalt man in diesem Falle dem Begriffe der «Entdeckung» beimessen will. Falls der Rio de Espírito Santo, der sich auf der «Pineda-Karte» verzeichnet findet, tatsächlich der Mississippi ist und falls, wie Morison behauptet,[27] die Seefahrer einem seiner Mündungsarme wirklich einige Meilen flußaufwärts gefolgt sind, bleibt noch immer sehr fraglich, ob sie die Bedeutung ihrer Entdeckung begriffen haben. So erscheint denn Hernando de Sotos besser belegtes Verdienst, zwei Jahrzehnte später den Mississippi auf dem Landweg erreicht und seinen Unterlauf überschritten zu haben, durch diese mögliche Vorleistung nicht geschmälert, ganz zu schweigen von den Befahrungen des Stromes durch Marquette, Jolliet und La Salle im siebzehnten Jahrhundert, die über Länge und Flußverlauf erstmals weitgehende Klärung bringen sollten und von denen später die Rede sein wird.

Von Bedeutung für diesen geographischen Raum ist noch eine Unternehmung, die als Seereise begann und als Seereise scheiterte, jedoch zum Ausgangspunkt einer Landreise wurde, die zu den merkwürdigsten der Geschichte der Reisen gehört. Im April des Jahres 1528 landete *Pánfilo de Narváez*, ein Gefolgsmann von Diego Velásquez, dem Gouverneur von Kuba, der sich bei der Eroberung dieser Insel ausgezeichnet hatte, mit gegen vierhundert Mann und achtzig Pferden an der Westküste Floridas, vermutlich in der Tampa Bay. Mit der Seefahrt wenig vertraut und in seinen Entschlüssen voreilig und sorglos, befahl Narváez die Aufteilung seiner Mannschaft: Die eine Gruppe sollte mit den Schiffen der Westküste entlang segelnd einen günstigen Hafen suchen; die andere würde, gegen dreihundert Mann stark, auf dem Landweg folgen, nach Gold, Sklaven und einem geeigneten kolonialen Stützpunkt Ausschau halten und sich zuletzt wieder mit den Schiffsbesatzungen vereinigen. Doch der Plan mißlang. Im Sumpf und Dickicht des Regenwaldes mühsam vordringend, von den geschickten Bogenschützen der Appalachenindianer gefährlich bedrängt, erreichte man schließlich bei Saint Marks, im Nordwesten des heutigen Bundesstaates Florida, die Küste, doch von den Schiffen fand sich keine Spur. Später sollte sich herausstellen, daß die Begleitflotte unter dem Kommando eines gewissen *Caravallo* zu weit nach Westen vorausgesegelt war und schließlich während fast einem Jahr die Küsten des Golfs erfolglos abgesucht hatte, bevor sie aufgab und nach Mexiko weiterfuhr. Narváez aber, nun ganz sich selbst überlassen, sah keine andere Rettungsmöglichkeit mehr, als sich mit

1. Mittelamerika

den primitiven Werkzeugen, die er mit sich führte, Segelboote zimmern zu lassen. Diese Schiffe erwiesen sich indessen, wie zu erwarten, als seeuntüchtig, und eines nach dem anderen ging mit Mann und Maus unter; auch dasjenige des Oberkommandierenden selbst, das, schlecht verankert, über Nacht aufs Meer hinausgetrieben wurde.

Im Frühling des Jahres 1529 fand sich an der Küste von Texas, möglicherweise in der Nähe des heutigen Galveston, nur noch eine kleine Schar von Überlebenden der Narváez-Expedition, die sich unter unsäglichen Mühen, von den Indianern bald verfolgt und bald notdürftig verpflegt, der Küste entlang vorgearbeitet hatte. «Wir, die Überlebenden», schreibt der Anführer dieser Gruppe, Álvar Núñez Cabeza de Vaca, später in seinem Bericht, «konnten uns nackt, wie wir zur Welt gekommen waren, retten und verloren alles, was wir hatten... Wir waren derart ausgemergelt, daß man ohne Schwierigkeit die Knochen zählen konnte und wir wie Ebenbilder des Todes aussahen...»[28] In scheinbar aussichtsloser Lage beschlossen Cabeza de Vaca und drei seiner Begleiter, darunter ein schwarzer Sklave, sich zu Fuß in die Gegend des heutigen Kalifornien durchzuschlagen. Wie dieses verzweifelte Unternehmen schließlich gelang und welchen entdeckungsgeschichtlichen Stellenwert es beanspruchen darf, soll im Teil über die Landreisen berichtet werden.

Mit der unglücklichen Fahrt des Pánfilo de Narváez und seiner Begleiter war die Erkundung der Küstenstriche der Karibik und des Golfs von Mexiko im wesentlichen abgeschlossen. Etwa drei Jahrzehnte hatte diese frühe Phase der spanischen Entdeckungsreisen gedauert, eine sehr kurze Zeitspanne, wenn man bedenkt, daß der durch die Antilleninseln und die Festlandküsten umschlossene Raum an Ausdehnung den Mittelmeerraum übertrifft und manche Tropengebiete, etwa Zentralamerika und Florida, keineswegs zu längerem Aufenthalt verlockten. Es ist offensichtlich, daß sich die spanischen Seefahrer in diesen Gewässern nach kurzer Zeit heimisch fühlten, vielleicht in der Tat wegen ihrer Vertrautheit mit ähnlichen Verhältnissen im Mittelmeer, wohl aber auch, weil die Buchten und Ankerplätze häufig und die Windverhältnisse – abgesehen von der kurzen Saison der Hurrikane – besonders günstig sind.

Diese Antilleninseln, zuerst Hispaniola, dann Jamaica, Puerto Rico und vor allem Kuba, waren es auch, die sich, Flugzeugträgern vergleichbar, als Ausgangsbasen zu weiteren Unternehmungen geradezu anboten. Zwar gab es auch nach der Gründung von Stützpunkten wie Santo Domingo [1496], Santiago de la Vega [um 1525], San Juan [1510] und Havanna [1519] noch Expeditionen, die von Spanien ausgingen und dort weitgehend geplant und ausgerüstet wurden, so jene von Pánfilo de Narváez. Zur Regel aber wurde, daß man zwar immer darauf achtete, einen königlichen Freibrief einzuholen und die königlichen Abgaben zu entrichten, daß aber die Initiative zunehmend von lokalen Gouverneuren ausging und die Finanzierung durch begüterte überseeische Siedler erfolgte.

Daß viele Spanier, statt sich auf den Inseln seßhaft einzurichten, dem Festland und neuen Abenteuern entgegenstrebten, hat verschiedene Gründe. Zweifellos bildete sich unter den Seeleuten seit den Kolumbus-Reisen ein auch durch Verwandtschaftsbeziehungen gestärktes Zusammengehörigkeitsgefühl aus, gleichviel, ob man zur Gruppe der Gefolgsleute des Admirals gehörte oder zu denen, die deren Privilegien in Frage zu stellen begannen. Diesen Pioniergestalten wäre es als wenig rühmlich erschienen, sich mit ihren Einkünften zur Ruhe zu setzen, genau so, wie dies auch Kolumbus als wenig rühmlich erschienen war. Hinzu kommt, daß, wie Konetzke feststellt, viele der spanischen Auswanderer aus den Grenzlandzonen des letzten Maurenreiches von Granada stammten und an eine wenig seßhafte Lebensweise ohnehin gewöhnt waren.[29]

Noch stärker aber fällt ins Gewicht, daß es den Spaniern nicht gelang, sich auf den fruchtbaren Inseln der Großen Antillen eine stabile Lebensgrundlage zu schaffen. Ihr ganzes Trachten war auf rasche Bereicherung ausgerichtet gewesen; der Goldreichtum der Inseln und was an Perlen von der venezolanischen Küste anfiel, erwies sich jedoch gesamthaft als weit geringer, als man erhofft hatte, und deckte kaum die Auslagen. Zur Bebauung des Landes empfanden die Kolonisten der ersten Generation wenig Neigung. Der Anbau europäischer Produkte wie Weizen, Gerste, Wein und Oliven erzielte vorerst mäßige Ergebnisse, und zum Aufbau von Zuckerrohrplantagen fehlte das Anfangskapital. Die einheimischen Indianer, die man auf die Landgüter verteilte, starben an eingeschleppten Krankheiten und Überarbeitung, und denjenigen, die man in wilden Sklavenjagden auf anderen Inseln und auf dem Festland geraubt hatte, ging es ebenso. Bis sich der transatlantische Skavenhandel eingespielt hatte und die Indianer durch die widerstandsfähigeren schwarzen Afrikaner ersetzt werden konnten, vergingen einige Jahrzehnte. So blieb wenig, und wenig wurde geschaffen, um die Spanier auf den Inseln zu halten. Der Drang nach dem Festland entsprang wirtschaftlichem Sachzwang.

Es ist interessant zu beobachten, wie sich bereits in dieser ersten Phase der mittelamerikanischen Entdeckungen und Eroberungen, zwischen 1492 und 1520, jener Typus des Konquistadors auszubilden beginnt, der in der zweiten Phase, zwischen 1520 und 1540, für den Stil der Durchdringung des Festlandes bezeichnend werden sollte. Diese eigentümliche Mentalität, wie sie bereits die «kleinen Entdecker» wie Ojeda, Ponce de León und Pánfilo de Narváez prägt, tritt in ihrer moralisch ambivalenten Form früh in Erscheinung. Unverkennbar wirkt bei diesen Persönlichkeiten die Kreuzzugstradition der Maurenkriege nach; doch der christliche Glaube dient mehr zur nachträglichen Rechtfertigung von Untaten als zur Richtlinie verantwortungsbewußten Handelns. Schon bei den eben genannten Männern begegnen wir dem in seiner Übersteigerung fast pathologischen Ehrgefühl späterer Konquistadoren. Und schon hier muß gelten: Dieses Ehrgefühl, ähnlich wie jene Kreuzfahrerfrömmigkeit, ist als kategorischer Imperativ untauglich.

1. Mittelamerika

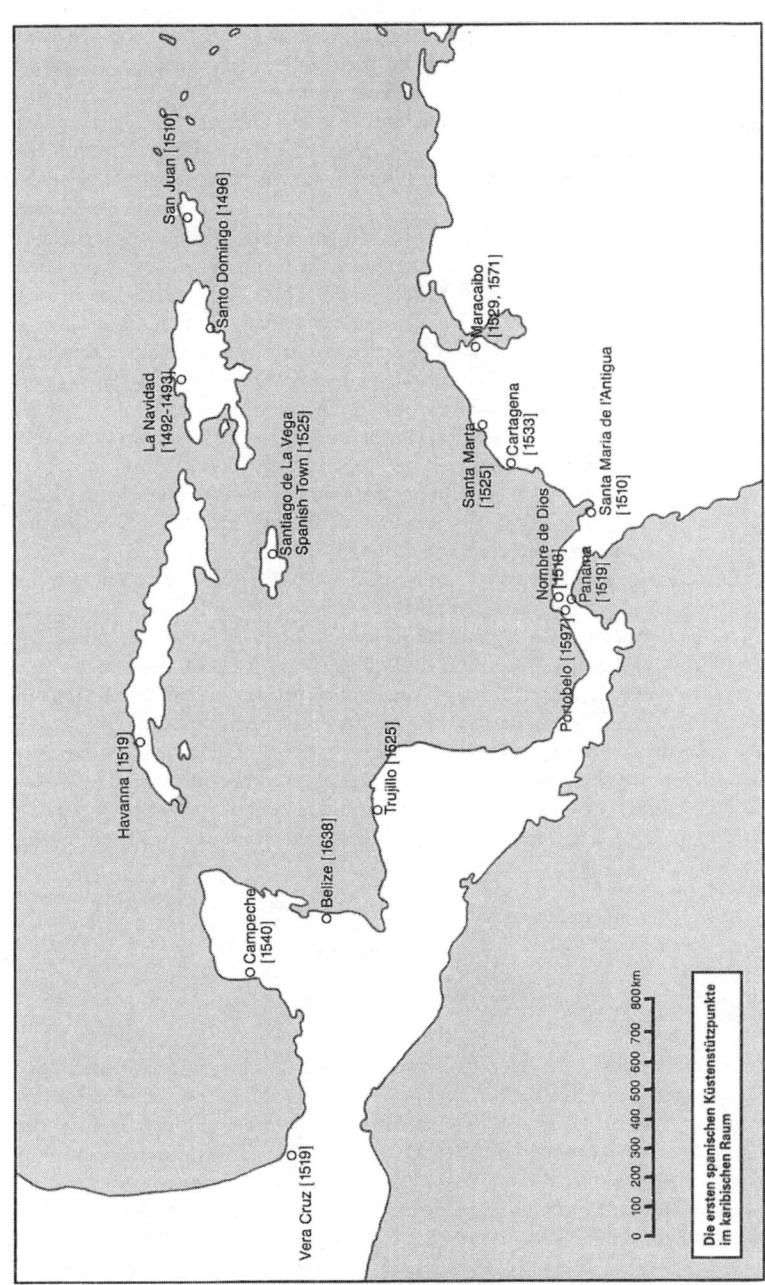

Die ersten spanischen Küstenstützpunkte im karibischen Raum

Äußerst schmachvoll erscheint es zwar, im Kampf zu versagen und vor einer Schwierigkeit zu kapitulieren, aber es ist keineswegs ehrenrührig, Indianerhütten niederzubrennen, Geiseln umzubringen und Frauen zu vergewaltigen. Selbst die unbestreitbare Neugierde und der Drang dieser Seefahrer, zu neuen Horizonten aufzubrechen, gewinnen keine moralische Verbindlichkeit in dem Bemühen um materiell desinteressierte, wissenschaftliche Beobachtung und Aufzeichnung. Man wird denn auch diese Erkundungsfahrten nicht als Forschungsreisen bezeichnen können. Zwar fielen kartographische, nautische, völkerkundliche und naturkundliche Kenntnisse ab, doch es blieb in der Regel den Zuhausegebliebenen, einem Peter Martyr, Las Casas oder Oviedo vorbehalten, diese festzuhalten und systematisch zu durchdringen.

So muß denn unser Urteil über diese frühen Entdecker des mittelamerikanischen Küstensaums ein kritisch abwägendes sein. Gilt von ihnen doch bereits, was der amerikanische Historiker Penrose von den späteren Konquistadoren gesagt hat: «Ihre Tapferkeit war ohnegleichen, und ihre Grausamkeit war empörend; ihr Durchstehvermögen war heldenhaft, und ihre Gier nach Reichtümern verächtlich; ihre Aufopferung für ihre Führer kann oft als personifiziertes Vorbild von Treue gelten, während Verrat und Hinterlist der Führer untereinander oft jeder Vorstellung spotten.»[30]

Die Verlagerung der Interessen Spaniens nach dem Festland und die Beanspruchung seiner Energien durch die Eroberung und Besiedlung haben dazu geführt, daß die karibische See im späten 16. und vor allem im 17. Jahrhundert zum Aktionsfeld englischer, französischer und holländischer Seefahrer wurde, die sich, meist ohne im Auftrag ihrer Regierungen zu handeln, durch Piraterie und Schmuggel persönlich bereicherten. Es war dies die goldene Zeit der Flibustier und Bukanier, der Seeräuber und Küstenbrüder, deren Dasein, bald von ungestümer Tapferkeit, bald von sorgloser Idyllik geprägt, einen verklärten Niederschlag in der europäischen Literatur gefunden hat. Zur Entdeckungsgeschichte haben diese Gestalten wenig beigetragen.[31]

2. Südamerika

Brasilien

Brasilien ist nicht, wie gelegentlich noch in Schulbüchern nachzulesen, vom Portugiesen Pedro Cabral für Europa entdeckt worden.[1] Der erste Seefahrer, von dem wir mit großer Wahrscheinlichkeit annehmen können, er habe die brasilianischen Küstenstriche berührt, war Amerigo Vespucci im Juli 1499. Auf ihn folgte der Spanier Vicente Yáñez Pinzón, der auf Kolumbus' erster Reise die «Niña» befehligt hatte und, wie wir wissen, zusammen mit seinem Bruder maßgeblich an der Rekrutierung der Mannschaften beteiligt gewesen war.

Pinzón segelte Ende November 1499 mit vier Schiffen von Palos nach den

Kapverdischen Inseln ab. Im Unterschied zu Kolumbus, der auf seiner dritten Reise auf der Höhe des zehnten Breitengrades nach Westen abgebogen war und Trinidad erreicht hatte, hielt der Spanier an seinem südwestlichen Kurs fest und traf beim Kap São Roque – die genaue Landungsstelle ist umstritten – auf die brasilianische Küste. Wir wissen aus der Chronik des Peter Martyr, daß die Spanier kurz an Land gingen und den Namen ihres Königs zum Zeichen der Besitzergreifung in die Bäume einritzten,[2] damit wohl unwissentlich den Vertrag von Tordesillas [1494] verletzend, der diesen Teil des Festlandes Portugal zusprach.

Der Küste Brasiliens in nordwestlicher Richtung folgend, gelangte Pinzón zum riesigen Mündungsdelta des Amazonas, den die Indianer Marañon nannten.[3] Der Bericht des Chronisten Peter Martyr zur Entdeckung dieses Stroms ist bemerkenswert, zeigt er doch bei aller seiner kritischen Grundhaltung die Bereitschaft, sich mit Realitäten zu befreunden, welche die Spannweite europäischer Vorstellung weit übertrafen. «In der Mitte ihrer Küstenfahrt trafen sie», schreibt er, «auf den Fluß Maragnon, der so breit sein soll, daß ich die Angabe für übertrieben halte. Als ich später die Kapitäne fragte, ob das nicht ein Meer gewesen sei, das zwei Länder trenne, antworteten sie mir, das Wasser in der Mündung sei süß gewesen, und je weiter flußaufwärts man gekommen sei, um so süßer sei es geworden. Auch Inseln habe es in dem Strom gegeben und Süßwasserfische. Kühn behaupteten sie, der Fluß sei über dreißig Leguas breit gewesen, und in so gewaltigem Lauf ergieße er sich ins Meer, daß dieses vor seiner Strömung zurückweiche. Wenn wir bedenken, wie groß der nördliche und südliche Mündungsarm der Donau sein sollen und wie weit beide noch die Meeresflut beeinflussen und den Seefahrern süßes Wasser bieten, dann werden wir uns über die Angabe Pinzóns nicht mehr wundern, mag auch die Größe des Flusses von ihm übertrieben worden sein. Welche Macht sollte die Natur daran hindern können, einen Fluß zu erschaffen, der noch mächtiger ist als die Donau? Ich glaube, der von Pinzón gemeinte Strom ist derselbe, den Kolumbus bei seiner etwas früheren Fahrt entlang jener Küste erwähnt hat.»[4]

Mit der letzten Bemerkung freilich täuschte sich Peter Martyr, verwechselte er doch Amazonas und Orinoko. Es sollten noch Monate mühsamer Küstenfahrt vergehen, bis Pinzón im Golf von Paria auf die zwei Jahre zuvor von Kolumbus berührte Küste traf. Von hier aus erreichte er Hispaniola und geriet auf der Rückreise bei den Bahamas in einen Hurrikan, dem zwei Schiffe und ihre Besatzungen zum Opfer fielen. Der wirtschaftliche Ertrag dieser Reise war gering und reichte nicht aus, die Unkosten zu decken. Weitere Reisen von Spaniern an die brasilianische Küste wie jene von *Alonso Vélez de Mendoza* und *Diego de Lepe* in den Jahren 1500 und 1501 fügten zu den bisherigen Kenntnissen wenig Nennenswertes hinzu. Dies muß auch von einer zweiten Brasilienreise des Vicente Yáñez Pinzón gelten, die ihn nach dem Golf von Paria führte, wo er Gold, Indianer und Papageien

einhandelte. Von einer letzten Fahrt dieses Entdeckers, deren Vorbereitungen für das Jahr 1508 bezeugt sind, ist nur sehr wenig bekannt. Pinzón starb im Jahre 1514 in seinem Heim in Palos; er stand, wie Oviedo, der ihn persönlich kannte, berichtet, «zu seiner Zeit im Ruf, einer der besten Navigatoren des Königs zu sein».[5]

In politischer und siedlungsgeschichtlicher Hinsicht folgenreicher als die Fahrten Pinzóns war die Brasilienreise des Portugiesen *Pedro Álvares Cabral*. Diese Fahrt ist im Zusammenhang mit den Afrikareisen der Portugiesen zu sehen, die unter Bartolomeu Diaz 1487 das Kap der Guten Hoffnung umschifft und unter Vasco da Gama 1498 die Westküste Indiens erreicht hatten. Als da Gama 1499 nach Lissabon zurückkehrte und von den Reichtümern Asiens schwärmte, zugleich aber verstärkte Anstrengungen empfahl, um den Arabern die Herrschaft im Indischen Ozean zu entreißen

2. Südamerika

und eine dauerhafte Handelsbeziehung aufzubauen, zögerte Manuel I., der Nachfolger Johannes II., keinen Augenblick, eine weitere Expedition auszusenden. Am 9. März des Jahres 1500 verließ eine Flotte von dreizehn Schiffen mit tausendzweihundert Mann die Mündung des Tejo.

Der Oberbefehlshaber Pedro Álvarez Cabral, dem Landadel entstammend und in Dingen der Seefahrt recht unerfahren, war dahingehend instruiert worden, daß er an den Kanarischen und Kapverdischen Inseln vorbeisegeln, den Golf von Guinea wegen der dort häufigen Windstillen in südwestlicher Richtung umfahren und dann dem Kap der Guten Hoffnung zustreben solle. Eine Weisung, er solle den Atlantik überqueren, hat sich in den Dokumenten nicht auffinden lassen, und ebenso fehlt in den vorhandenen Berichten jeder Hinweis auf einen Fehler in der Standortbestimmung oder auf einen Sturm, was die doch erhebliche Abweichung von der vorgesehenen Route erklären könnte. Man wird deshalb mit großer Wahrscheinlichkeit annehmen müssen, Cabral habe die südamerikanische Küste unbeabsichtigt und in falscher Einschätzung der herrschenden Wind- und Strömungsverhältnisse erreicht – ein Umstand, der nicht dazu beiträgt, das wissenschaftliche Gewicht der Leistung zu erhöhen.[6]

Mit Gewißheit läßt sich sagen, an welcher Stelle Cabral die Küste Brasiliens zuerst betreten hat. Am 22. April 1500, zur Zeit der Vesper, erblickte der Ausguck des vordersten Schiffs einen pyramidenförmig sich erhebenden Berg, den man, da Ostermittwoch war, Monte Pascoal nannte; der Berg, noch immer gleichen Namens, befindet sich in der Nähe des heutigen Porto Seguro, über sechshundert Meilen südlich der Stelle, die Pinzón einige Monate zuvor aufgesucht hatte. Wir dürfen annehmen, daß sich Cabral von der politischen und strategischen Bedeutung seiner Entdeckung sofort Rechenschaft gab, entsandte er doch unverzüglich eines seiner Schiffe nach Lissabon, um Manuel I. zu orientieren. Dem auf diesem Schiff mitreisenden Sekretär *Pero Vaz de Caminha* verdanken wir den frühesten Bericht über ein Land, das Cabral, in der Meinung, es handle sich um eine Insel, «Ilha da Vera Cruz» nannte.

Es scheint, daß sich Cabral während der zehn Tage, in denen er sich vor der Küste aufhielt, sehr um freundliche Beziehungen zur einheimischen Bevölkerung, den Tupinambá-Indianern, bemühte. Vaz de Caminha berichtet von den zahlreichen Begegnungen zwischen den Seefahrern und den Eingeborenen und von der mit zunehmender Vertrautheit immer ausgelasseneren Stimmung bei Tauschhandel, gemeinsamen Mahlzeiten und Tanz. Die äußere Erscheinung der Indianer wird mit Interesse geschildert, der bunte Federschmuck, die Sitte der Körperbemalung und des Lippenpflocks; vor allem aber freut sich der Betrachter an der Schönheit der Frauen, in deren freimütiger Zurschaustellung des nackten Körpers er – wie vor ihm Kolumbus – ein Zeichen ursprünglicher Unschuld sieht. Zwar kann auch Caminha die Enttäuschung nicht verbergen, daß die Nachfrage nach Gold und anderen Schätzen keine Ergebnisse bringt; aber er tröstet sich mit der

Hoffnung, in der Missionierung der Indianer ein höheres Ziel verwirklichen zu können. Die einfache und unverdorbene Wesensart der Eingeborenen, stellt er immer wieder fest, biete zur Bekehrung die besten Voraussetzungen, und ihre offensichtliche Lernbereitschaft besorge den Rest, sobald einmal durch geeignete Mittelspersonen die sprachliche Verständigung ermöglicht sei. Gerührt berichtet Caminha von der Teilnahme der Tupinambá an einer Messe: «Mit uns waren fünfzig oder sechzig Eingeborene. Alle knieten nieder wie wir, und als wir zum Evangelium kamen und uns mit erhobenen Händen aufrichteten, taten sie wie wir, und verharrten mit erhobenen Händen. Dann setzten sie sich nieder wie wir.»[7] Bemerkenswert ist auch eine Passage dieses Quellentexts, die zeigt, daß Cabral an Sklaven nicht interessiert war – ein Ausnahmefall unter den Entdeckern der Konquistadorenzeit, gewiß; aber gerade deshalb der Erwähnung wert.

Am 2. Mai 1500 verließ Pedro Álvares Cabral Brasilien. Was weiter geschah, war unglücklich genug und ist nicht mehr unser Thema. Östlich der Atlantikinsel Tristan da Cunha geriet die Flotte in einen Tornado, vier Schiffe kenterten und gingen mit ihren Mannschaften unter, die übrigen verloren den Sichtkontakt, wurden von wilden Unwettern ums Kap der Guten Hoffnung getrieben und fanden sich, schwer beschädigt, erst vor Mozambique wieder zusammen. Im September 1500 erreichte man Kalikut an der Malabarküste, und im Juli des folgenden Jahres kehrte Cabral nach Lissabon zurück, mit einer Gewürzladung immerhin, deren Ertrag über den Verlust an Menschenleben hinwegtrösten mochte.

Aus heutiger Sicht bleibt erstaunlich, welch geringes Echo Cabrals Auffindung von Brasilien, einem der fruchtbarsten und an Rohstoffen reichsten Länder der Erde, bei seinen Zeitgenossen auslöste. «Wenige Reisen», schreibt William Greenlee, «waren für die Nachwelt von größerer Bedeutung, und wenige wurden zu ihrer Zeit geringer eingeschätzt.»[8] Doch Portugal blickte damals nach Asien, und Cabrals Entdeckung war, abgesehen von ihrem Wert als Trumpfkarte bei der Durchsetzung des Tordesillavertrages, vor allem im Blick auf die Gründung von Etappenstationen auf dem Seeweg nach Indien interessant.

Zum Zweck diesbezüglicher Abklärungen entsandte Manuel I. denn auch im Mai 1501 drei weitere Schiffe nach Brasilien. Ihr Oberkommandierender war *Gonçalo Coelho*, ein Seemann, der sich in Fahrten nach Westafrika ausgezeichnet hatte; diesem zur Seite stand derselbe *Amerigo Vespucci*, dem wir bereits als Begleiter jener Reise begegnet sind, die Alonso Ojeda im Jahre 1499 nach Venezuela unternahm. Warum Vespucci von den Spaniern zu den Portugiesen hinüberwechselte, ist nicht genau bekannt: Vielleicht folgte er einer persönlichen Einladung Manuels I., vielleicht hinderte ihn eine gegen Ausländer gerichtete Verfügung an einer weiteren Fahrt auf einem spanischen Schiff.[9] Auch für die Brasilienreise Coelhos sind, wie seinerzeit für die Venezuelareise Ojedas, die Briefberichte des Vespucci die wichtigsten Quellen, und erneut ist für die Darstellungsweise des Florentiners bezeichnend, daß er sich selbst, ohne den Namen des eigentlichen Kommandanten auch nur zu nennen, unverfroren in den Mittelpunkt des Geschehens stellt.[10]

Gonçalo Coelho und Vespucci erreichten Brasilien auf der bekannten Route über die Kapverdischen Inseln, wo sie übrigens noch zwei eben aus Indien zurückkehrenden Schiffen von Cabrals Flotte begegneten. Die erste Berührung mit dem südamerikanischen Festland erfolgte auf dem vierten Grad südlicher Breite, unweit der Hafenstadt Fortaleza, in Gewässern, die Pinzón und Cabral schon befahren hatten. Von hier aus folgte man in südlicher Richtung der Küste und fuhr am Neujahrstag des Jahres 1502 in eine Bucht ein, von der die Brasilianer sagen, Gott habe sie am siebten Schöpfungstag erschaffen; man gab ihr den Namen Rio de Janeiro. Wie weit man in der Folge nach Süden vorstieß, ist unter Spezialisten umstritten. Vespucci berichtet darüber in einer vieldiskutierten Textpassage des sogenannten Bartolozzi-Briefes: «Wir durchfuhren diese Meere, bis wir in die tropische Zone kamen und überschritten die Äquatorlinie nach Süden in der Richtung des Wendekreises des Steinbocks; und wir fuhren so weit, bis der Mittagspunkt 50° über meinem Horizont stand, und entsprechend lag meine Breite von der Äquatorlinie entfernt, und wir segelten 9 [?] Monate und 27 Tage, wir sahen weder den Nordstern, noch den Großen oder Kleinen Bären, dafür nach Süden hin viele leuchtend klare und schöne Sterne, die den Bewohnern der nördlichen Hälfte immer verborgen sind. Ich hielt ihre wunderbar kunstvollen Bewegungen und ihre Größe fest, indem ich ihre Kreisbewegungen sowohl nach dem Durchmesser errechnete, als auch mit Hilfe von geometrischen Figuren darstellte...»[11] Haben Coelho und Vespucci den Rio de la Plata erreicht? Sind sie etwa gar bis zur Bucht von San Julián, an der Küste Patagoniens, vorgedrungen? Man muß es bei Vermutungen bewenden lassen, und auch der Beizug zeitgenössischer Karten schafft keine Klarheit. Da Vespucci in seinen Briefen ausschließlich tropische Landschaften beschreibt und von einer Bucht wie jener des Rio de la Plata, die man nicht hätte übersehen können, nirgends die Rede ist, kann man annehmen, dreißig Grad südlicher Breite seien nicht überschritten worden. Daß Gonçalo Coelho jedoch, und mit ihm in zurückgestellter Funktion auch Vespucci, die bisherige Kenntnis der brasilianischen Küstenlinie um mehr als tausend Meilen erweiterten, gilt als sicher. Aus des Florentiners Briefen geht auch hervor, daß er zunächst noch durchaus davon überzeugt war, der Ostküste Asiens zu folgen – eine Auffassung, die möglicherweise noch von Magellan vorerst geteilt, durch diesen aber auch überwunden worden ist.[12]

Im Herbst des Jahres 1502 kehrten Coelho und Vespucci auf dem Weg über Sierra Leone und die Azoren nach Portugal zurück. Was die Seefahrer mitbrachten, Papageien, Affen und etwas Farbholz, hatte allenfalls Kuriositätswert und bestärkte die Krone darin, ihr Hauptaugenmerk weiterhin dem Asienhandel zu widmen.

II. Die Erkundung der Küsten

Die Brasilienfahrt von Gonçalo Coelho und Amerigo Vespucci 1501

Die zweite portugiesische Brasilienreise findet in den Briefen Vespuccis eine anschauliche, wenn auch nicht durchwegs glaubwürdige Darstellung. Im bereits zitierten Bartolozzi-Brief, so benannt nach dem Historiker, der ihn im 18. Jahrhundert auffand, stoßen wir auf eine Beschreibung der Tupinambá, die den Pionierbericht von Caminha an Anschaulichkeit noch übertrifft. «Sie haben keine Gesetze und keinen Glauben», schreibt Vespucci an oft zitierter Stelle von den Indianern, «sie leben der Natur gemäß. Sie haben keinen Begriff von der Unsterblichkeit der Seele, es gibt unter ihnen kein persönliches Eigentum, weil alles gemeinsam ist; sie kennen keine Bezeichnung für Reich und Provinz; sie haben keinen König; sie gehorchen niemandem, jeder ist sein eigener Herr, sie kennen keine Freundschaft, keine Erkenntlichkeit, deren sie nicht bedürfen, weil bei ihnen keine Habsucht herrscht; sie wohnen gemeinsam in Häusern, welche nach Art sehr großer

2. Südamerika

Strohhütten gebaut sind, und bei Menschen, die weder Eisen noch anderes Metall kennen, sind diese Hütten wohl als bewundernswerte Häuser zu bezeichnen...»[13] Dieser Text und vergleichbare Äußerungen Vespuccis gehen in ihrer gesellschaftskritischen Tiefgründigkeit über alles hinaus, was Kolumbus und seine Zeitgenossen über die Indianer geäußert haben; solche Aussagen stehen am Anfang des vergleichenden europäischen Nachdenkens über den Gang der Menschheitsgeschichte, und es ist kein Zufall, wenn Thomas Morus, der Verfasser der «Utopia» [1516] sich auf Vespucci berufen hat und Rousseau in seinem Diskurs «Sur l'origine de l'inégalité parmi les hommes» [1775] darauf zurückgreift.[14]

In einem anderen Schreiben, gerichtet an Piero Soderini, einen ehemaligen Mitschüler und späteren hohen Beamten der Republik Florenz, kommt Vespucci auf den Kannibalismus der Indianer zu sprechen, wie er schon auf der zweiten Reise des Kolumbus beobachtet worden war. Er erzählt – wohl in bewußter Anspielung auf das Amazonenmotiv – von einem Matrosen, der von indianischen Frauen erst bewundert und dann erschlagen worden sei; dann habe man seinen Körper zerteilt und auf einem Rost über dem Feuer gebraten.[15] Diese Szene hat in der Ikonographie der Überseeberichterstattung einen dauernden Platz gefunden, so etwa in Theodor de Brys «India occidentalis» vom Ende des 16. Jahrhunderts.[16]

Ungewiß muß bleiben, ob Amerigo Vespucci neben seinen Reisen mit Ojeda und Coelho noch an einer weiteren Transatlantikfahrt beteiligt war. Nach den Angaben im Brief an Soderini wäre er im Mai 1503 erneut von Lissabon weggefahren, hätte in der Bucht von Todos os Santos, beim heutigen Salvador, Anker geworfen und wäre im folgenden Jahr wieder nach Portugal zurückgekehrt, ohne freilich Neuland entdeckt zu haben. Es ist nun zwar so, daß eine ähnliche Expedition im selben Jahr tatsächlich von Lissabon abging; kein Zeugnis aber außer seinem eigenen weist darauf hin, daß Vespucci mit von der Partie war. Da wir wissen, wie sehr der Florentiner seine seemännische Leistung zu übertreiben liebte, und da nachgewiesen werden kann, daß zumindest eine im Soderini-Brief erwähnte Fahrt, datiert ins Jahr 1497, frei erfunden ist, sind auch dieser letzten Reise gegenüber Zweifel angebracht. Man wird deshalb bis zur Auffindung neuer Belege annehmen müssen, daß Vespucci nur insgesamt zwei Reisen wirklich unternommen hat: eine mit den Spaniern unter dem Oberbefehl des Ojeda nach Venezuela; die andere mit den Portugiesen unter Gonçalo Coelho nach Brasilien.[17] Mehr läßt sich angesichts der schwierigen Quellenlage nicht sagen, und auch die Frage, zu welchen Teilen für diese Ungewißheit bewußte Irreführung und Hochstapelei, aber vielleicht auch mangelnde Sorgfalt von Abschreibern und die Geschäftstüchtigkeit der Verleger verantwortlich zeichnen, läßt sich abschließend nicht beantworten.

Fest steht nun allerdings, daß Amerigo Vespucci dadurch, daß man dem neuen Kontinent seinen Namen gab, eine Ehre erwiesen wurde, der seine

Leistung nicht entsprach. Daß es zu dieser Namensgebung kam, verdanken Vespucci und die Nachwelt den deutschen Kartographen Matthias Ringmann und Martin Waldseemüller, die im Jahre 1507 in der Stadt Saint-Dié in den Vogesen die «Cosmographiae Introductio» herausgaben.[18] Bei dieser «Einführung in die Kosmographie» handelt es sich um eine kurzgefaßte Erd- und Himmelskunde, die, ohne Originalität zu beanspruchen, die Erkenntnisse des antiken Geographen Ptolemäus in neun Kapiteln neu vorstellt. Originell ist eigentlich nur der Vorschlag der beiden Autoren, man solle den neu aufgefundenen Erdteil, dessen Entdeckung sie fälschlicherweise Vespucci zuschreiben, nach diesem Seefahrer benennen, ein Vorschlag, der durch die Beifügung des Soderini-Briefes im Anhang des kleinen Werks unterstützt wird. Die entscheidende Textstelle der «Cosmographiae Introductio» lautet wie folgt: «Nun sind aber diese Erdteile umfassender erforscht, und ein anderer, vierter Erdteil ist durch Americus Vesputius (wie im folgenden zu hören) entdeckt worden. Ich wüßte nicht, warum jemand mit Recht etwas dagegen einwenden könnte, diesen Erdteil nach seinem Entdecker Americus, einem Mann von Einfallsreichtum und klugem Verstand, Amerige, nämlich das Land des Americus, oder America zu nennen, denn auch Europa und Asien haben ihren Namen nach Frauen genommen.»[19]

Fast gleichzeitig mit der «Cosmographiae Introductio» und diese ergänzend erschien, ebenfalls in Saint-Dié, eine als Holzschnitt ausgeführte Weltkarte, die das Werk Martin Waldseemüllers ist. Auf dieser Karte, die zu Beginn unseres Jahrhunderts aufgefunden worden ist, wird der neue Erdteil als rundum vom Meer umgebene Landmasse dargestellt; ferner erscheint bei der Darstellung Südamerikas, ungefähr da, wo sich der von Cabral gesichtete Monte Pascoal erhebt, die deutlich lesbare Bezeichnung «America». Obwohl Waldseemüller selbst in einer späteren Publikation diesen Namen wieder zugunsten von «Neue Welt» fallen ließ, setzte er sich in der Folge bei den Kartographen durch, wohl vor allem, weil er an klangvoller Prägnanz den üblichen Bezeichnungen Europa, Afrika und Asien nicht nachstand. Beim Studium der Kartenwerke des 16. Jahrhunderts läßt sich verfolgen, wie der Name «America» zunehmend auf den ganzen Kontinent übertragen wird, zuerst von nordeuropäischen und englischen Kartographen, zuletzt auch in Spanien selbst.

Daß man unter europäischen Gebildeten die Entdeckung des amerikanischen Festlandes nicht mit dem Namen des Kolumbus, sondern mit Amerigo Vespucci zu verknüpfen begann, hängt jedoch nicht minder mit der weiten Verbreitung zusammen, die einer seiner Briefberichte, der sogenannte Mundus-Novus-Brief erfuhr. Das italienische Original dieses Schreibens, das an Lorenzo di Pier de' Medici gerichtet war und die von Vespucci tatsächlich begleitete Brasilienreise von 1501 zum Inhalt hatte, ist verloren. Im Druck fand der Mundus-Novus-Brief jedoch nach 1503 weite Verbreitung, und es erschienen zahlreiche Editionen, unter anderem in lateinischer, italienischer, französischer, deutscher und flämischer Sprache. Auch wurde dieser Brief in Sammlungen von Reiseberichten aufgenommen, so in die populäre Kompilation von Francanzano de Montalboddo, die 1507 unter dem Titel «Paesi novamente retrovati» erschien.[20] Im Unterschied zum berühmten Kolumbus-Brief an Santangel, der, bereits von der Verbreitungsmöglichkeit durch den Buchdruck profitierend, einen amtlich-informativen Charakter trägt, bemüht sich Vespucci besonders auch in diesem Brief um eine eingängige und gefällige Form der Darstellung. Insbesondere werden bei der Beschreibung der Indianer Aspekte, die auf neugieriges Interesse zählen können, sexuelle Promiskuität und Kannibalismus beispielsweise, hervorgehoben. Nicht minder wichtig ist, daß Vespucci im Mundus-Novus-Brief eindringlich von der Auffindung der «Neuen Welt» spricht und damit diese Bezeichnung erst populär macht. Das Neuartige seiner Schilderung und deren weite Streuung haben zweifellos, neben der Empfehlung durch Ringmann und Waldseemüller, erheblich dazu beigetragen, der Person Vespuccis eine Ausstrahlung zu verschaffen, welche für die Festlandentdeckung wichtigere Gestalten wie Pinzón, Cabral, Coelho und selbst Kolumbus zeitweise in den Hintergrund treten ließ.

Die moderne Forschung beurteilt die Bedeutung des Seefahrers Vespucci, bei abweichender Schattierung im einzelnen, noch kritischer als jene des Reiseberichterstatters. Morison, gestützt auf die sachkundigen Nachforschungen des portugiesischen Historikers Duarte Leite, schließt sich dessen Urteil an, wonach des Florentiners Bild als eines renommierten Astronomen, scharfsinnigen Kosmographen, geschickten Navigators und kühnen Entdeckers völlig imaginärer Art sei; und andere Spezialisten denken nicht anders.[21] Wenn es, wie Jacob Burckhardt schreibt, dem Individuum der Renaissance vorbehalten blieb, den «modernen Ruhm» zu entdecken,[22] so dürfte jedenfalls der Florentiner zu den geschicktesten Verfertigern seines eigenen Ansehens gezählt werden, welche die Geschichte der frühen Neuzeit kennt.

Im Jahre 1512 starb Amerigo Vespucci, in seinen letzten Jahren als königlicher Navigator, «Piloto mayor», hochgeachtet und mit der Sammlung von Informationen und der Nachführung von Karten betraut, in Sevilla. Sechs Jahre waren seit dem Tod seines Landsmannes Christoph Kolumbus, der ihn persönlich kannte und schätzte, vergangen: Ein größerer Unterschied zwischen zwei Menschen, was Temperament und Schicksal betrifft, läßt sich kaum vorstellen.

Die Geschichte der Erkundung der brasilianischen Küste wäre unvollständig, gedächte man nicht des Beitrags der Franzosen, deren Fahrten zwar politisch zuletzt folgenlos blieben, denen wir aber Berichte von hoher Qualität verdanken.[23] Der erste französische Besuch in Brasilien, den man aufgrund der wenigen vorhandenen Dokumente als gesichert annehmen kann, wurde von einem Kapitän namens *Binot Paulmier de Gonneville* aus der normannischen Hafenstadt Honfleur abgestattet und fällt ins Jahr 1503.

Gonneville hatte sich anläßlich eines Aufenthalts in Lissabon von den »schönen Reichtümern an Gewürzen und anderen seltenen Kostbarkeiten«[24] beeindrucken lassen, welche die Portugiesen den Schiffen entluden, die aus Indien zurückkamen. Mit einem Schiff von hundertzwanzig Tonnen und sechzig Mann Besatzung, der «Espoir», versuchte er auf eigene Faust in den Indienhandel einzusteigen und das Kap der Guten Hoffnung zu umfahren. Doch ein Sturm ließ ihn von der Route abkommen, und er gelangte Anfang 1504 an die brasilianische Küste, wahrscheinlich südlich des heutigen Santos. Während sechs Monaten hielten sich die Franzosen an der Küste auf und trieben etwas Tauschhandel mit den Tupinambá, die sie behandelten wie vom «Himmel herabgestiegene Engel».[25] Freilich stieß man da und dort auch auf feindselige Indianer, die ihre üblen Erfahrungen mit den Europäern bereits gemacht hatten, und verlor in Scharmützeln mehrere Leute. Auch brach an Bord der Skorbut aus und forderte weitere Opfer. Schließlich trat man mit einer Ladung von Farbholz die Rückfahrt an, wurde jedoch im Ärmelkanal von Piraten überfallen und verlor die Fracht und einen Teil der Mannschaft. Diesem Überfall verdanken wir einen Rapport an die französische Admiralität, der das einzige Quellendokument zur Fahrt Gonnevilles darstellt.[26] Unter den Überlebenden der «Espoir» befand sich der Sohn eines brasilianischen Kaziken, Essomericq mit Namen, den man zwecks christlicher Unterweisung mitgenommen hatte. Essomericq verheiratete sich in der Folge mit einer reichen Verwandten Gonnevilles und zeugte Nachkommen; unter denen, die ihre Herkunft auf diese Ehe zurückführten, befand sich auch ein Geistlicher, der sich über ein Jahrhundert später als Propagandist für die Indianermission hervortun sollte.

In den folgenden Jahren entfalteten die normannischen Hafenstädte einen lebhaften Farbholz- und Gewürzhandel mit der brasilianischen Küste, der nicht selten in Piratentätigkeit auf offener See umschlug. Finanziert wurden solche Unternehmungen aus privaten Mitteln, entweder durch Kapitäne, die auf eigene Rechnung fuhren, oder durch Kaufleute wie etwa Jean Ango aus Dieppe, der mit Fahrten nach Guinea, Neufundland und Brasilien ein Vermögen erwarb und zuletzt den Schiffsverkehr und Kapitalmarkt seiner Stadt völlig kontrollierte. Wenig Unterstützung gewährte vorerst die französische Krone: Der junge Franz I. war mit seinen Feldzügen in Italien beschäftigt und damit, der drohenden Umklammerung durch Habsburg zu entgehen. Vom Vertrag von Tordesillas und der Aufteilung der Welt in iberische Interessensphären hielt er zwar nichts, mochte aber deswegen keinen Seekrieg mit den iberischen Mächten riskieren. Der portugiesische König Johann III., seit 1521 im Amt, zögerte allerdings nicht, dem Vertrag mit militärischen Mitteln Nachdruck zu verschaffen, und ordnete im Jahre 1526 die Säuberung der brasilianischen Küste von normannischen und bretonischen Eindringlingen an, eine Aktion, die ohne Rücksicht auf Menschenleben durchgeführt wurde. Jean Ango, der daraufhin den privaten Kaperkrieg gegen portugiesische Schiffe intensivierte, wurde mit einer Bestechungssumme beschwichtigt. Im Jahre 1531 wurde ein Stützpunkt, den die Franzosen in der Nähe von Pernambuco [Recife] gegründet hatten, von den Portugiesen gestürmt; einige Besatzungsmitglieder wurden gehängt, andere den Indianern zu kannibalischem Gelage vorgeworfen.

Der nächste französische Versuch, in Brasilien Fuß zu fassen, wurde im Jahre 1555 unternommen. Die Initiative ergriff der Chevalier *Durand de Villegaignon*, ein Mann von Bildung und Tatendrang, der in Paris gemeinsam mit Calvin Theologie studiert hatte, in den Malteserorden eingetreten und zu Land wie zur See durch eine Reihe von Waffentaten aufgefallen war. Villegaignon gewann die Unterstützung des Admirals Gaspar de Coligny, der später zu einem der einflußreichsten Führer der französischen Protestanten werden sollte; ob bereits damals an eine Emigrantenkolonie für Hugenotten gedacht war, bleibt ungewiß.[27]

Am 14. August 1555 verließ Villegaignon mit drei Schiffen und einer sehr gemischten Schar von mehreren Hundert Kolonisten, Katholiken wie Protestanten, verarmten Adeligen, Bauern und Sträflingen, den Hafen von Dieppe; nach einer langen und schwierigen Überfahrt traf man im November in der Bucht von Rio de Janeiro ein. Man ließ sich auf einer Insel nieder, die man «L'Ile aux Français» nannte – ein Fehlentscheid aus kolonisatorischem Gesichtswinkel, führte doch die selbstgewählte Isolation sowohl zu Versorgungsschwierigkeiten als auch vor allem zu Problemen des Zusammenlebens auf kleinem Raum. So war denn der Kolonie, obwohl bald Schiffe mit Siedlern und Nachschub aus dem Mutterland eintrafen, kein langes Leben vergönnt: Anhaltende Differenzen zwischen den konfessionellen Gruppen, das selbstherrliche Gehaben des Führers und schließlich gar dessen fluchtartige Abreise nach Frankreich beförderten den Niedergang dieser «France antarctique», den die Portugiesen im Jahre 1560 durch die Rückeroberung der Insel besiegelten.

Die Gründung dieses Stützpunktes in Brasilien wäre eine Episode ohne entdeckungsgeschichtlichen Belang, wenn nicht zwei der Kolonisten, *André Thevet* und *Jean de Léry*, wertvolle Schilderungen von Land und Bevölkerung verfaßt hätten. Thevet reiste als Schiffskaplan unter Villegaignon mit und versäumte, in Brasilien angekommen, keine Gelegenheit, das Küstengebiet zu erkunden. Nach Frankreich zurückgekehrt, publizierte er im Jahre 1558 ein Buch über die «Besonderheiten» des Landes unter dem Titel «Les singularités de la France antarctique».[28] Das sehr erfolgreiche und sofort nachgedruckte Buch ist ethnographisch wertvoll durch seine Darstellung der Tupí-Indianer, läßt aber der Fabulierlust recht ungezügelten Lauf und hat zur Legendenbildung über die «Neue Welt» erheblich beigetragen. Allerdings darf Thevet in Anspruch nehmen, daß er der erste französische Reisende gewesen ist, der über Amerika so ausführlich berichtet hat.

Glaubwürdiger und sicherlich bedeutender ist der Reisebericht des Jean de Léry. Dieser Autor, aus dem Burgund gebürtig, war nach Genf gezogen, um sich dort von Calvin im neuen Glauben unterrichten zu lassen, und hatte

1557 an Bord eines Nachschubschiffes die französische Kolonie erreicht. Dort hielt er sich während rund zehn Monaten auf. Nach Genf zurückgekehrt, wo er seine theologischen Studien abschloß, begann er auf das Drängen von Freunden hin mit der Aufzeichnung seiner Reiseerlebnisse, wobei er sich auf tagebuchartige Notizen stützen konnte. Sein Bericht erschien unter dem Titel «Histoire d'un voyage fait en la terre du Brésil» im Jahre 1578, zwei Jahrzehnte nach dem Brasilienaufenthalt.[29]

Das Buch zerfällt in zwei Teile; in die Schilderung der Überfahrt und des Aufenthalts und in eine «Beschreibung des Landes Amerika» – die Namensgebung hatte sich nun längst durchgesetzt – mit allem, «was es dort zu sehen gibt, nämlich was die Lebensweise der Bewohner, die Gestalt der Tiere und allgemein das betrifft, was die Erde erzeugt».[30] Es ist der Ehrgeiz Lérys, seinen Vorgänger Thevet, den er scharf kritisiert, in der Beschreibung der materiellen Kultur und der Sitten und Gebräuche der Tupís noch zu übertreffen; ein berühmter moderner Brasilienreisender, Claude Lévi-Strauss, hat, darauf anspielend, den Bericht als ein eigentliches «Brevier des Ethnologen»[31] bezeichnet. Es steht in der Tat außer Zweifel, daß der französische Hugenotte eine wichtige Voraussetzung moderner Feldforschung, den dauernden Aufenthalt innerhalb der zu untersuchenden ethnischen Gruppe und die Teilnahme an deren Lebensbedingungen, erfüllt hat. «Denn da wir unter den Wilden hin und her gingen», schreibt Léry, «da wir mit ihnen verkehrten und mit ihnen aßen und tranken... brachten sie auch uns, von ihrer Seite, Nahrungsmittel und was wir sonst brauchten, und besuchten uns häufig.»[32] Natürlich verfügte Léry über kein methodisch erprobtes Konzept wissenschaftlicher Bestandesaufnahme und stellte den eigenen, markant christozentrischen Standort und die zuweilen deutlich moralisierende Zielrichtung seines Urteils nicht in Frage; aber es bleibt doch bemerkenswert, in welchem Grade Sympathie und Interesse in diesem Sonderfall der Offenheit und Präzision der Einsichten zu Dienste standen.

Von den vielen Auskünften, die sich aus Jean de Lérys Reisebericht beziehen lassen, sei hier nur auf seine Bemerkungen über die Ernährung und die Gastfreundschaft der Tupinambá hingewiesen. Den Nahrungsmitteln wird ein ganzes Kapitel gewidmet, und einzelne von ihnen, etwa die heute noch als Stärkelieferant wichtige Maniokpflanze, werden nicht nur beschrieben, sondern auch in ihren Verwertungs- und Zubereitungsmöglichkeiten eingehend vorgestellt. Dabei wird auch auf Eßgewohnheiten und Tischsitten geachtet: «Während ihrer Trinkgelage», schreibt Léry, «essen sie nicht, und während des Essens trinken sie nicht; und als sie sahen, daß wir beides miteinander vermischten, fanden sie das äußerst seltsam. Als sie darauf meinten, dann verhielten wir uns also wie die Pferde, antwortete ein Spaßmacher unter uns, wir hätten den Vorteil, daß man uns nicht aufzäumen und zum Fluß bringen müsse...»[33] Auch der Beschaffenheit des Bodens schenkt Léry seine Aufmerksamkeit, rühmt dessen Fruchtbarkeit, die ein Mehrfaches der indianischen Bevölkerung nähren könne, und empfiehlt den

2. Südamerika

Anbau von europäischem Getreide, Weinreben und Zuckerrohr. Der Gastfreundschaft der Tupinambá widmet sich der französische Reisende ausführlich und hält die Empfangs- und Begrüßungsrituale bis in die genaue Wiedergabe der Wortwechsel fest. Hier, wie gelegentlich auch in anderem Zusammenhang, tritt der kulturkritische Aspekt seiner vergleichenden Betrachtungsweise deutlich hervor. «Nach meiner Erfahrung zu urteilen», schreibt er, «würde ich mich diesem Volk, das wir als die ‹Wilden› bezeichnen, mehr anvertrauen und bei ihm sicherer fühlen als unter den unverläßlichen und entarteten Bewohnern mancher Gegenden Frankreichs...»[34] Von solchen Passagen hat sich Michel de Montaigne inspirieren lassen, als er wenig später in zwei Kapiteln seiner «Essays» auf die Problematik von Natur- und Kulturmensch einging.[35]

Der friedliche Umgang mit den brasilianischen Indianern, den Villegaignon ermöglichte und den Léry in oft humorvoller Weise beschrieb, hat viel zum positiven Vorurteil beigetragen, das man sich in dieser Hinsicht von den Franzosen, später besonders auch von den «coureurs des bois» in Kanada, gemacht hat. «Die Franzosen», meint auch der Kolonialhistoriker Julien, «besaßen unbestreitbar eine Gabe, sich die Eingeborenen freundlich zu stimmen, eine Gabe, welche anderen Völkern nie in demselben Grade eigen war.»[36] Nun ist es natürlich schwierig, in derlei Fragen mit pauschaler Gültigkeit zu urteilen. Daß aber die Kolonisten Villegaignons sich in diesem Punkt von den Portugiesen vorteilhaft abhoben, wird auch durch andere Quellendokumente bezeugt. Aufschlußreich ist hier der Bericht des Deutschen *Hans Staden*, der im Jahre 1548 an Bord eines portugiesischen Schiffes erstmals nach Brasilien gelangte, zwei Jahre später unter spanischem Kommando den Rio de la Plata aufsuchen wollte, aber vor Santos strandete und schließlich als Festungskommandant in die Dienste der Portugiesen trat.[37] Staden, der sich als Kanonier hervortat, besaß nicht die Bildung Lérys, und sein Bericht ermangelt der vertiefenden Bezüge, besticht indessen durch die redlich zupackende Frische der Darstellung. Eigentlich gehört diese Reisebeschreibung in die Untergattung der Gefangenenberichte, der wir hin und wieder begegnen werden; denn der Deutsche wurde entführt und hatte so reichlich Gelegenheit, das Alltagsdasein der Tupinambá zu beobachten und offenbar auch deren kannibalischen Gelagen aus bedrohlichster Nähe zu folgen. Aus Stadens Bericht geht unmißverständlich hervor, wie beliebt die Franzosen bei den Indianern waren. «Denn die Franzosen», erzählen die Tupinambá ihrem Gefangenen, «kämen alle Jahre mit Schiffen und brächten ihnen Messer, Äxte, Spiegel, Kämme und Scheren, und sie gäben ihnen Brasilienholz, Baumwolle und andere Ware wie Federwerk und Pfeffer dafür. Deshalb seien es ihre guten Freunde...»[38] Der Umstand, daß es Staden gelang, den Verdacht, Portugiese zu sein, von sich abzuwenden, trug denn auch maßgebend zu seinem Überleben bei. Sein Reisebericht erschien erstmals im Jahre 1557, wurde seither in zahlreichen Übersetzungen und über achtzig Auflagen verbreitet und gehört zu den bekanntesten Überseeberichten in deutscher Originalsprache.

Mit dem Überfall der Portugiesen im Jahre 1560 war Frankreichs Brasilien-Experiment beendet. Wenig später unternahm Admiral Coligny einen weiteren Versuch, den französischen Protestanten ein Exil zu sichern, diesmal an der Ostküste Floridas, im Mündungsgebiet des Saint Johns River, über hundert Meilen nördlich der Stelle, die Juan Ponce de León erstmals aufgesucht hatte. Von dieser Unternehmung sei hier noch kurz die Rede.

Im Jahre 1562 reiste *Jean Ribault*, ein Hugenotte aus Dieppe, im Auftrag des Admirals an den Saint Johns River, wo er ein Fort erstellte und dreißig Soldaten als Garnison zurückließ. Das Unternehmen mißlang: Der Glaubenskrieg in Frankreich verhinderte die rechtzeitige Entsendung von Versorgungsschiffen, und die Kolonisten starben Hungers oder verloren sich in den Wäldern, einige wenige rettete ein englisches Schiff.

Doch Coligny gab nicht auf. Die Frist eines Waffenstillstandes nutzend, schickte er 1564 den bretonischen Edelmann *René de Laudonnière* mit drei Schiffen und über dreihundert Mann nach Florida, und dieser errichtete im selben Gebiet das Fort Caroline. Laudonnière bewies, im Unterschied zu Villegaignon in Brasilien, wenig Geschick im Umgang mit den Eingeborenen und verwickelte sich in lokale Stammesfehden; da man, von El Dorado-Fantasien geblendet, keine Anstalten traf, das Land zu bebauen, wurde die Versorgungslage gespannt. Zudem hatte Philipp II. von Spanien, der einen fremden Stützpunkt an strategisch so beherrschender Stelle, unweit der Rückfahrroute seiner Handelsschiffe, keinesfalls dulden wollte, bereits Anweisung gegeben, die Kolonie der verhaßten «Lutheraner» zu vernichten. Im September folgenden Jahres eroberte *Menéndez de Avilés*, der mit einer Kriegsflotte von zehn Schiffen aus dem Mutterland herbeigeeilt war, das Fort Caroline und brachte die Mehrzahl der Gefangenen um. Philipp II. wußte seinem Beauftragten Dank: «Was jene betrifft, die er tötete», schrieb er an den Rand der Depesche, die ihm diesen Erfolg meldete, «hat er wohl getan; jene, die er am Leben ließ, mögen auf die Galeeren geschickt werden.»[39] Man habe sich am Hofe in Madrid, berichtet ein Zeitgenosse, mehr gefreut als an einem Sieg über die Türken.[40]

In der Nähe von Fort Caroline gründete Pedro Menéndez de Avilés den Stützpunkt San Agustín und legte damit den Grundstein zur ältesten europäischen Stadt Nordamerikas.[41] Mit Cartagena in Kolumbien teilt diese Stadt das Schicksal, vom Seefahrer Francis Drake im Jahre 1586 erstürmt und gebrandschatzt worden zu sein – eine späte Rache des englischen Protestanten für das Massaker an den Hugenotten. Die traurige Geschichte des letzten Siedlungsversuchs von Admiral Coligny ist von Laudonnière selbst, der sich mit viel Glück retten konnte, in einer «Histoire notable de la Floride» anschaulich festgehalten worden.[42] Zu den wichtigen Zeugen dieses Geschehens gehört auch der Maler *Jacques Le Moyne de Morgues*, einer der ersten Amerikareisenden, von dem wir wissen, daß er seine Erlebnisse mit Zeichenstift und Pinsel festhielt. Die Zeichnungen Le Moynes wurden von Theodor de Bry in Frankfurt nach 1590 in Kupfer gestochen und dessen großem Werk über Amerika, der «India occidentalis», beigegeben.[43] Die deutlich spanienfeindliche Tendenz dieses Werks widerspiegelt die Reaktion des protestantischen Europa auf die Zerstörung von Fort Caroline.

Der Rio de la Plata

Niemand kann genau sagen, wie weit die Seefahrer, die im Gefolge Pinzóns und Cabrals an die brasilianische Küste gelangten, nach Süden vorgedrungen sind. Es ist möglich, daß bereits um 1512 eine portugiesische Expedition, finanziert von einem Agenten des Handelshauses der Fugger, Christóbal de Haro, kommandiert von *João de Lisboa* und *Estéban Froes*, nach dem Rio de la Plata abging, in der Hoffnung, hier den Durchgang nach Indien zu finden. Besser belegt, wenn auch nur lückenhaft dokumentiert, ist die Reise des *Juan Díaz de Solís* in spanischen Diensten in den Jahren 1515 und 1516. Solís stammte aus Portugal, das er, wie es scheint, wegen Ermordung seiner Ehefrau hatte verlassen müssen; er war mit Pinzón in der Karibik gereist und zum Nachfolger Vespuccis als «Piloto mayor» aufgestiegen. Als im Jahre 1514 die Nachricht von der Auffindung des Pazifiks durch Balboa in Spanien eintraf, erschien es König Ferdinand geboten, das Ergebnis dieser Entdeckung zu sichern. Juan Díaz de Solís sollte, so lautete sein Auftrag, «die rückwärtigen Teile von Castilla del Oro»[44] aufsuchen, das heißt, das südliche Ende des amerikanischen Kontinents umsegeln und die Pazifik-Küste Panamas erreichen. Beim Plan zu dieser Unternehmung, die der König aus eigener Tasche finanzierte, mag auch die Absicht mitgespielt haben, den portugiesischen Einfluß in Südamerika auf die Grenzen des Tordesillasvertrags zurückzuweisen.

Solís durchquerte den Atlantik mit drei Schiffen im Herbst 1515 und traf, nachdem er der brasilianischen Küste südwärts gefolgt war, zu Beginn des nächsten Jahres am Rio de la Plata ein, der Süßmeer, «Mar Dulce», genannt wurde. Was weiter geschah, ist im einzelnen nicht bekannt. Offenbar ließ sich Solís mit einer kleinen Gruppe von Begleitern von Indianern, deren Feindseligkeit man als Indiz für vorausgehende europäische Besuche deuten mag, in einen Hinterhalt locken. Peter Martyr berichtet: «Der unglückliche Solís ging mit so vielen Kameraden an Land, wie das Boot der größeren Karavelle fassen konnte. Sogleich fiel eine große Menge Wilder ihn aus dem Hinterhalt an. Mit Keulen schlugen sie alle Spanier vor den Augen der an Bord gebliebenen Kameraden nieder. Das Boot brachten sie in ihren Besitz und zerschlugen es in einem Augenblick. Niemand entkam. Dann schickten sich die Kannibalen an, die Erschlagenen am Ufer in Stücke zu schneiden und ein leckeres Mahl zu bereiten.»[45] Nach diesem Vorfall hatten die Überlebenden keine Lust, ihre Reise nach Süden fortzusetzen. Man folgte noch etwas der brasilianischen Küste nordwärts, nahm Farbholz an Bord und trat die Heimfahrt an. Die aufgefundene Bucht wurde bis um 1530 Rio de Solís genannt und erhielt erst später, als die Spanier hofften, von hier aus zum Silberland Peru vorzustoßen, den heutigen Namen.

Solís mochte ahnen, daß der Zugang zum Pazifik nicht durch das «Mar Dulce» zu gewinnen war; von der Bedeutung des Rio de la Plata als eines Eingangstors zum riesigen, von den Flüssen Paraná, Paraguay und Uruguay erschlossenen Hinterland aber ahnte er nichts. Weitere Reisen waren nötig, um hier größere Klarheit zu schaffen.

Im Jahre 1526 verließ eine Flotte von vier Schiffen unter dem Oberkommando von *Sebastian Cabot* Spanien und nahm Kurs auf Südamerika.[46] Bei dem Kapitän handelte es sich um den Sohn des in englischen Diensten stehenden Seefahrers John Cabot, der, wovon im Zusammenhang mit Nordamerika noch zu sprechen sein wird, 1497 Neufundland entdeckt hatte. Auch Sebastian hatte sich die Auffindung einer Nordwestpassage nach Asien zur Lebensaufgabe gemacht und vielleicht, von Bristol aus, auch eine Reise nach Grönland und Labrador unternommen; er scheint aber in England zu wenig Unterstützung gefunden zu haben und wandte sich nach Spanien, wo er, ein Mensch von sehr gewandten Umgangsformen, erstaunlich rasch zum «Piloto mayor», dem Nachfolger von Solís, aufstieg. Der Auftrag Kaiser Karls V. an Sebastian Cabot, wie er in einer «Kapitulation» festgehalten wurde, sah vor, man solle China und Japan erreichen und nach dem legendären Ophir zu gelangen suchen, wo die Reichtümer König Salomos vermutet wurden.[47] Ziel der Reise sollte es auch sein, die Erkenntnisse von Magellans Weltumsegelung in den Jahren 1519–1522, die uns noch beschäftigen wird, zu bestätigen und auszuweiten.

Die Reise des Sebastian Cabot, teils von Privaten, teils von der Krone finanziert, stand unter keinem Glücksstern. Infolge wenig fachkundiger Navigation und widriger Winde erreichte man die brasilianische Küste zu weit im Norden, bei Pernambuco [Recife]. Hier traf man auf Portugiesen, die man eigentlich hätte meiden wollen, wurde jedoch überraschend freundlich aufgenommen und mit dringend benötigtem Proviant versehen. Auf der Weiterfahrt machte man Station auf der Insel Santa Catarina in unmittelbarer Nähe des heutigen Florianópolis, das durch die längste Hängebrücke Brasiliens mit dem Festland verbunden ist. Hier traf man auf portugiesische und spanische Seeleute, die als Schiffbrüchige, Ausgesetzte und Deserteure den Weg des «going native» gewählt hatten und mit den indianischen Inselbewohnern in gutem Einvernehmen lebten. Auf die Einflüsterungen dieser «Küstenbrüder» hin, die davon sprachen, an der Bucht, die Solís entdeckt hatte, seien Unmengen von Silber aufzufinden, beschloß Sebastian Cabot zur Überraschung seiner Mannschaften, seinen Plan der Umsegelung Südamerikas aufzugeben und am Rio de la Plata nach dem Edelmetall zu suchen. Der Untergang seines Flaggschiffs in den Küstengewässern von Santa Catarina und die Hoffnung, man würde ihm in Sevilla beim Anblick der zurückgebrachten Reichtümer diesen Verstoß gegen seinen Auftrag verzeihen, erleichterten diesen Entschluß. Sofort ordnete Cabot den Bau eines kleinen Schiffes an, das zur Erkundung der Bucht und ihrer Zuflüsse geeignet war. Die Seeleute, die ihm widersprochen hatten, ließ er auf der Insel zurück; einige

2. Südamerika

von ihnen gelangten zuletzt auf abenteuerlichen Wegen zurück nach Spanien, wo sie einen Prozeß gegen den Oberkommandierenden anstrengten.

Zwischen dem Frühling 1527 und dem Herbst 1529 trieb Sebastian Cabot die Erkundung erst der Bucht, dann des Rio Paraná und einiger seiner Zuflüsse, insbesondere des Rio Paraguay, mit größter Beharrlichkeit voran. Die erwarteten Silberschätze wurden jedoch nicht gefunden, und hätten die Reisenden geahnt, welche ungeheuerlichen Strapazen zu überwinden waren, um die Fragwürdigkeit ihrer Sehnsüchte zu erkennen, sie wären bestimmt nie landeinwärts aufgebrochen. Die wissenschaftliche und siedlungspolitische Bedeutung dieser Leistung, jenen, die sie vollbrachten, wohl nur zum Teil bewußt, war die Öffnung einer der wichtigsten Zugangsachsen zum südamerikanischen Hinterland, vergleichbar dem zeitlich wenig später erfolgenden Vorstoß der Franzosen zum Sankt Lorenzstrom und in Richtung der Großen Seen.

Über die Reise des Sebastian Cabot sind wir vor allem durch den eingehenden Brief seines verläßlichen jungen Dieners *Luis Ramírez* an dessen Vater unterrichtet. Wir erfahren von den zahlreichen Begegnungen mit fremdartigen, bald scheuen, bald neugierig-zutraulichen, bald kämpferischen Völkerstämmen, von der dauernden Gefährdung durch Hungersnot, Stromschnellen und Untiefen, Meuterei und Überfälle; und zwischen den Zeilen wird sichtbar, mit welch eiserner Faust, gefürchtet und in dumpfem Widerspruch ertragen, Cabot seine Leute unter Kontrolle hielt. Und immer wieder, gleich einem fernen Wetterleuchten, glimmt in den Aufzeichnungen des Ramírez die Hoffnung nach entfernten Wundern auf, ständig neu angefacht durch Aussagen von Indianern, die damit nichts anderes bezwecken mochten, als ihre unerwünschten Besucher möglichst rasch loszuwerden. «Dieses Volk», lesen wir bei Ramírez, »gab uns eine eingehende Beschreibung der Gebirge und des weißen Königs... Neben den Gebirgen und dem weißen König, wie ich sagte, erzählten sie uns von einem Völkerstamm mit Straußenfüßen und anderen unnatürlich gearteten Völkern, so unwahrscheinlich, daß ich sie nicht festhalten will. Sie sagten, daß auf dem jenseitigen Abhang der Gebirge die Küste eines Meeres zu finden sei, und der Generalkapitän glaubt, nach ihrer Beschreibung von Flut und Ebbe zu schließen, es könne sich um die Südsee handeln. Wenn dies stimmt, wäre es für Ihre Majestät den König eine ebenso wertvolle Entdeckung als das Silber der Gebirge selbst.»[48] Wer war wohl der «weiße König», dem man zu begegnen hoffte? Der Großkhan und Kaiser Chinas wohl nicht mehr – diese Vision des Kolumbus hatte sich verflüchtigt. Vielleicht aber eine Gegenfigur zu jenem christlichen Priesterkönig Johannes, den die Portugiesen in Afrika zu treffen wünschten?

Auch den Pazifik hat Sebastian Cabot nicht erreicht; und darüber, wie weit er überhaupt flußaufwärts vorgestoßen ist, liefern Ramírez' Quellentext und einige im Anschluß an die Reise verfertigte Karten nur ungenaue Angaben. Die Forschung nimmt an, daß er am Paraná bis in den Bereich des argentinisch-brasilianisch-paraguayischen Dreiländerecks gelangt sein könnte und am Rio Paraguay vielleicht die Gegend des heutigen Asunción erreicht hat.[49] Auch hat Cabot auf seinem Weg ins Landesinnere verschiedene Stützpunkte gegründet, darunter San Lazaro am la Plata, Sancti Spíritus am Unterlauf des Paraná und Santa Ana an dessen Oberlauf; doch keiner von ihnen ließ sich gegen die Übermacht der Indianer halten.

Bemerkenswert ist schließlich noch der Auftritt eines spanischen Rivalen, dessen Ankunft Cabot gemeldet wurde, als er sich auf Erkundungsfahrt am oberen Paraná befand. Es handelte sich um *García de Moguer*, einen ehemaligen Reisegefährten von Solís, der mit Unterstützung von Kaufleuten aus Sevilla ein Schiff ausgerüstet und einen Freibrief erhalten hatte, um den Rio de la Plata zu erkunden. García glaubte Cabot längst in der Südsee, wo dieser seinem Auftrag entsprechend auch hätte sein müssen, und die erste Begegnung der beiden verlief frostig. Man entschloß sich jedoch zur Zusammenarbeit, und García verschob seine Rache auf später.

Im Sommer 1530 kehrte Sebastian Cabot nach Spanien zurück. Er hatte den «weißen König» nicht gesehen und brachte keine Reichtümer mit, aber bedeutsam waren einige Gegenstände aus Gold und Silber, die er von den Indianern am Rio Paraguay eingehandelt hatte – die ersten Kostbarkeiten aus dem Inkareich, die den Weg nach Europa fanden. Im übrigen hatte er einige kranke Indianersklaven an Bord und eine stark reduzierte Mannschaft, darunter viele persönliche Feinde, auf deren Betreiben er zuerst einmal ins Gefängnis gesteckt wurde. Das Urteil, das Oviedo über die Unternehmung gefällt hat, ist hart: «Er verschleuderte das Geld derer, die ihn unterstützt hatten, und Leib und Leben derer, die ihm gefolgt waren..., denn sie verschwendeten Jahre darauf, zu begehren, was sie nicht finden, und zu wünschen, was sie nicht sehen konnten; und zuletzt kehrten sie ohne Gewinn und ohne Ehre zurück.»[50]

In dem Prozeß, den seine Gegner gegen ihn anstrengten, gelang es Cabot, sich gegen die Anklage der mangelhaften Pflichterfüllung und schlechten Mannschaftsführung geschickt zu verteidigen. Zwar wurde er in erster Instanz zur Verbannung nach Marokko und einer großen Geldbuße verurteilt; dank persönlicher Intervention von Kaiser Karl V. kehrte er indessen bald in Amt und Würden zurück. Er bewarb sich sogar erneut um die Ausstellung eines Freibriefs, der ihm die Fahrt um Südamerika herum nach dem Pazifik und den Gewürzinseln ermöglichen sollte; doch dieser Plan zerschlug sich, weil sich Spanien und Portugal 1529 im Vertrag von Zaragoza darauf geeinigt hatten, die Molukken der portugiesischen Einflußsphäre zuzuweisen. Es scheint, daß Cabot seiner Aktivität in spanischen Diensten in den folgenden Jahren allzu enge Grenzen gesetzt sah und daß er sich in geheimen Korrespondenzen mit England und Venedig nach einem neuen Betätigungsfeld erkundigte. Einer weiteren Verhaftung und der Anklage des Verrats entzog er sich 1548 durch die Flucht nach England, und da er, wie Morison bemerkt, offenbar zu den Menschen gehörte, die immer wieder auf die Füße fallen,[51] galt er in London bald wieder als Autorität in Fragen der Navigation und kolonialen Expansion. Im Jahre 1553 wurde Sebastian Cabot erster Direktor der eben gegründeten Handelskompanie der «Merchant Adventurers», die sich später auch «Muscovy Company» nannte, weil sie ihre Aufgabe darin sah, durch Umseglung Skandinaviens und die Auffindung einer Nordostpassage ins Russische Reich und nach dem Fernen Osten vorzudringen. Cabot starb in London im Jahre 1557.

Die Erkundung des Rio de la Plata, seiner Zuflüsse und des Hinterlandes blieb weiterhin eine wichtige Aufgabe spanischer Überseepolitik, der sich Karl V. auch persönlich widmete, nachdem 1533 die Nachricht von der Eroberung Perus im Mutterland bekannt geworden war und die Aussicht auf Errichtung einer dauernden Verbindung zwischen Ostküste und Anden an Wirklichkeitsnähe gewann. Beredter Ausdruck dieser fortgesetzten Bemühung war die Expedition von *Pedro de Mendoza* im Jahre 1535. Mendoza entstammte einer der ersten Familien Spaniens, hatte sich in den italienischen Feldzügen ausgezeichnet, dort aber auch die Geschlechtskrankheit aufgelesen, die ihn während seiner Reise an Leib und Seele quälen und schließlich seinen vorzeitigen Tod bewirken sollte.[52] Er war reich und unterhielt enge Beziehungen zu Kaufleuten und Bankiers auch außerhalb Spaniens, etwa zu den Fuggern und Welsern in Augsburg, die zwei Schiffe seiner Flotte auf eigene Kosten ausrüsteten. Auf eine Finanzierung durch die Krone konnte er verzichten, und das wohlwollende Interesse des Kaisers war ihm gewiß. Insgesamt umfaßte die Expedition elf Schiffe mit gegen tausendfünfhundert Reisenden, darunter auch Frauen; es war dies eine Flotte, wie sie Spanien bisher nur selten, etwa zu Kolumbus' zweiter Reise [1493] oder unter Pedrarias Dávila [1514], aufgeboten hatte. Und ähnlich wie jene beiden Unternehmungen verfolgte auch Mendozas Expedition in erster Linie kolonisatorische Ziele und ging über die entdeckerische Vorleistung Sebastian Cabots nicht hinaus.

Eine der wichtigsten Quellen zur Reise des Mendoza sind die «Wahrhaftigen Historien einer wunderbaren Schiffahrt», die der Deutsche *Ulrich Schmidel* im Jahre 1567 herausgab und deren Originalhandschrift noch in der Landesbibliothek Stuttgart aufbewahrt wird.[53] Schmidel, gelegentlich auch Schmiedel und fälschlich Schmidt genannt, stammte aus Straubing an der Donau und nahm als Soldat Dienst auf einem der von deutschen Geldgebern ausgerüsteten Schiffe, zusammen mit etwa achtzig Landsleuten. Sein schmuckloser und karger Bericht widerspiegelt das rauhe Leben eines Söldners, die tägliche Mühsal beim Bau von Befestigungswerken, bei Belagerungen und auf Märschen, den rückhaltlosen Einsatz im Kampf gegen Indianerstämme, die sich nicht spontan bereit zeigten, die Verproviantierung der vorrückenden Spanier sicherzustellen. Schmidel tut seine Pflicht und denkt nicht weiter; aber seine Auflistung der einzelnen Stämme und seine Chronologie der Ereignisse sind, mangels gleichwertiger Dokumente, in ethnologischer und historischer Hinsicht gleichermaßen wertvoll.

Pedro de Mendoza traf nach einer langwierigen Überfahrt und mehreren Zwischenhalten am Ende des Jahres 1535 am Rio de la Plata ein und gründete im Südwesten der Bucht an günstiger Stelle einen Stützpunkt: Buenos Aires.[54] Wie anderswo zählten auch hier die Spanier auf die Nahrungsmittelversorgung durch die Indianer, und wie anderswo kam es bald zu ernsthaften Zusammenstößen. Die Pampa-Indianer waren gute Bogenschützen und, im Gegensatz zu Inkas und Azteken, ganz frei von der panischen Furcht vor Pferden; zudem verfügten sie in den sogenannten «Bolas», einer Art von Wurfschnüren, mit denen sie auf die Jagd gingen, über eine Waffe, die auch europäischer Kavallerie gefährlich werden konnte. Im ersten Jahr ihres Aufenthalts verloren die Spanier in Kämpfen mit den Indianern über zweihundert Mann, und weitere fielen der Hungersnot in der belagerten Siedlung zum Opfer. Schmidel berichtet eindrücklich über die Notlage der Besatzung und wie «zur Ersättigung dieses großen jämmerlichen Hungers» weder «Ratten oder Mäuse, Schlangen noch anderes Ungeziefer genug vorhanden waren».[55] Auch überliefert Schmidel die grausige Geschichte von den drei Spaniern, die, weil sie verbotenerweise ein Pferd geschlachtet und gegessen hatten, an den Galgen geknüpft wurden und an deren Leichen sich über Nacht hungernde Siedler gütlich taten – ein seltener Hinweis auf Kannibalismus auch unter Europäern.[56] Einem Großangriff der Indianer widerstanden die Siedler nur mit knapper Not; in der Folge wurde der Stützpunkt aufgegeben und erst 1580 durch Juan de Garay neu aufgebaut. Den Bewohnern des heutigen Buenos Aires, den «porteños», bleibt indessen Pedro de Mendoza, dessen Monumentalstatue sich im «Parque Lezama» erhebt, als Gründer in Erinnerung.

Im Frühling 1537 trat Mendoza, der, wie Schmidel schreibt, «voller Gebrechen war und weder Hand noch Fuß rühren konnte»,[57] die Heimreise an und starb während der Rückfahrt. Zu seinem Nachfolger wurde *Juan de Ayolas* bestimmt, der sogleich die weitere Erkundung des Paraná in Angriff nahm und bis zu einer Stelle vordrang, die etwa dreihundert Meilen nördlich des heutigen Asunción vermutet wird.[58] Asunción wurde im selben Jahr von einem Unterführer namens *Juan de Salazar de Espinoza* gegründet und nach dem in Spanien üblichen Schachbrettmuster auf einer Anhöhe über dem Paraná gleich gegenüber der Einmündung des Flusses Pilcomayo errichtet. Schmidel berichtet ohne Mitgefühl und selbstkritische Einsicht, wie man mit den ansässigen Indianern, einem Stamm der Tupí-Guaraní-Gruppe, Frieden geschlossen habe, um sie anschließend zu zwingen, eine Festung zu bauen, welche die Spanier inskünftig vor ihren Überfällen schützen sollte.[59] Für die Entdeckungsgeschichte des südamerikanischen Binnenlandes, insbesondere Argentiniens, sollte Asunción zu einer wichtigen Ausgangs- und Etappenstation werden – davon wird im Teil über die Landreisen die Rede sein.

Die Umsegelung des Kaps

Die Erkundung der Atlantikküste Argentiniens ist bekanntlich mit dem Namen von *Fernando de Magallanes* verknüpft, dem neben Kolumbus und Vasco da Gama fraglos bedeutendsten Seefahrer der frühen Neuzeit. Magellan, mit portugiesischem Namen Fernao de Magalhães geheißen, wurde um 1480 im Nordosten Portugals, in der Provinz Trás os Montes, geboren, nach anderen Nachforschungen vielleicht auch in der Hafenstadt Porto.[60] Er entstammte einer Familie aus dem Kleinadel, welche im 13. Jahrhundert aus der Normandie eingewandert war, und diente als Page am Hof König Johanns II. Im Jahre 1505 begleitete er Francisco de Almeida nach Indien, den ersten Vizekönig, der die maritime Vormachtstellung der Araber brach und das Fundament zum portugiesischen Stützpunktsystem im Osten legte. An der entscheidenden Seeschlacht von Diu war Magellan beteiligt und trug eine schwere Verletzung davon, die ihn zeit seines Lebens beim Gehen behinderte. Im Jahre 1508 segelte er von der indischen Malabarküste aus nach Malakka, diesmal unter dem Kommando von Afonso de Albuquerque, der mit der Einnahme des strategisch wichtigen Malakka den Portugiesen den Zugang zu den Gewürzreichtümern des malaiischen Archipels öffnete.

Nach siebenjährigem Aufenthalt im Orient kehrte Magellan nach Portugal zurück. Es ist wahrscheinlich, daß zu diesem Zeitpunkt bereits der Gedanke in ihm gereift war, die Gewürzinseln der Molukken seien, so weit im Osten gelegen, bequemer durch die Westfahrt über den Atlantik zu erreichen, und die Nachrichten von den Unternehmungen des Balboa [1513] und Solís [1515] mochten ihn darin bestätigen. Nach einem kurzen Aufenthalt in Marokko, wo die Portugiesen einen unbotmäßigen Berberfürsten gefügig zu machen hatten, ließ sich Magellan erneut in Lissabon nieder. Wir wissen, daß er in einer Audienz bei König Manuel um eine Erhöhung von Gehalt und Stellung nachsuchte, seinen Plan einer Westfahrt vorbrachte und um entsprechende finanzielle Unterstützung bat. Und wir wissen, daß diese Anliegen vom König, der Magellan offensichtlich nicht mochte, mit verletzender Schroffheit abgewiesen wurden.[61]

In diese Zeit fällt Magellans Bekanntschaft mit Rui Faleiro, einem in Fragen der Erd- und Himmelskunde erfahrenen Mann, der sich mit ihm in das Schicksal teilte, bei Hofe ungnädig behandelt worden zu sein. Beide diskutierten den Plan einer Westfahrt und kamen zu dem Schluß, ihn dem spanischen König vorzulegen. In diesem Vorsatz fühlte sich Magellan vielleicht auch dadurch bestärkt, daß er in der Lissaboner Kartensammlung, die ihm durch Freunde zugänglich blieb, auf einen Globus jenes Nürnberger Kosmographen Behaim stieß, der möglicherweise bereits zum Vertrautenkreis des Kolumbus gehört hatte und dessen «Erdapfel» – aufgrund welcher Information auch immer – vage Hinweise auf die Existenz einer «Südwestpassage» enthielt.[62] Es ist ferner denkbar, daß Magellan einer Weltdarstellung des Nürnberger Kartographen Johannes Schöner aus dem Jahre 1515 begegnete, von der man weiß, daß auf ihr erstmals eine Meeresenge erscheint, die einen vermuteten Südkontinent von Südamerika trennt.[63] Auch gaben sich Magellan und Faleiro davon Rechenschaft, daß, wenn man den Meridian von Tordesillas über die Pole hinaus verlängerte, die Gewürzinseln dem spanischen Interessenbereich zufielen und damit der spanische Herrscher, der spätere Kaiser Karl V., die zuständige Bezugsperson war.

Im Herbst des Jahres 1517 verließ Magellan, nachdem er sich in frostiger Abschiedsaudienz von König Manuel getrennt hatte, Portugal für immer – etwas über drei Jahrzehnte nach Kolumbus. Im Unterschied zu diesem stieß er mit seinem Vorhaben in Spanien gleich auf offene Ohren; auch erleichterte eine rasch geschlossene Ehe mit der Tochter aus einer arrivierten Einwandererfamilie den Zugang zu den einflußreichen Kreisen Sevillas. Zwar reagierte die spanische Überseehandelsbehörde, die «Casa de la Contratación», zurückhaltend; aber ihr Buchführer, Juan de Aranda, witterte eigenen Profit und vermittelte Geldgeber, unter diesen den Agenten des Handelshauses der Fugger, Cristóbal de Haro. Auch der Widerstand des Bischofs Don Juan de Fonseca, der Kolumbus kontrolliert und Ojeda protegiert hatte, wurde überwunden. Im März 1518 unterschrieb Karl V. in Valladolid eine «Kapitulation», welche die Entsendung einer Flotte von fünf Schiffen mit zweihundertfünfzig Mann Besatzung vorsah, Magellan und Faleiro je ein Zwanzigstel der Einkünfte in Aussicht stellte und ihnen den vererbbaren Gouverneurstitel für alle neu zu entdeckenden Länder und Inseln verlieh.

Die Vorbereitung der großen Fahrt nahm über ein Jahr in Anspruch, und verschiedenste Hindernisse waren zu überwinden. Portugal, durch die Aussicht auf einen neuen Handelskonkurrenten im Fernen Osten beunruhigt, intervenierte diplomatisch bei Karl V., unternahm einen Versuch, Magellan durch Bestechung von seinem Vorhaben abzubringen, erwog sogar, ihn durch gedungene Mörder beiseite zu schaffen. Die Tatsache, daß der Oberkommandierende portugiesischer Herkunft war, erschwerte die Anheuerung der Besatzungen und erwies sich als Keim schwelender Zwietracht, die von «agents provocateurs» früh geschürt wurde. Insbesondere ließ Fonseca nichts unversucht, Magellan von seinen eigenen Gefolgsleuten begleiten und überwachen zu lasssen, und als Rui Faleiro sich als ungeeignet erwies, die Reise anzutreten, wurde er durch Fonsecas Neffen, Juan de Cartagena, ersetzt, der dem Oberkommandierenden mißgünstig gesinnt war. Dies hinderte, wie sich bald zeigen sollte, die Ausbildung eines verpflichtenden Gemeinschaftsbewußtseins unter den Besatzungen, und der Umstand, daß man gezwungen war, zahlreiche Ausländer – Portugiesen, Italiener, Franzosen, Deutsche, Flamen – anzuwerben, wirkte ebenfalls in dieser Richtung. Hemmend war schließlich auch, daß die «Casa de la Contratación» sich weiterhin desinteressiert zeigte und durch ein persönliches Schreiben des Kaisers aufgefordert werden mußte, wenn nicht ihr Geld, so doch ihre Sachkenntnis und ihre Beziehungen zur Verfügung zu stellen. Erst im September 1519 stachen die fünf Schiffe von Sanlúcar aus in See, nämlich, in der Reihenfolge ihrer Größe: die «San Antonio», hundertzwanzig Tonnen, mit Juan de Cartagena als Kapitän; das Flaggschiff «Trinidad», hundert Tonnen, mit Ferdinand Magellan; die «Concepción» mit Gaspar de Quesada; die «Victoria» mit Luis de Mendoza und, diesem nachfolgend, Juan Sebastián Delcano, der das Schiff als einziges in die Heimat zurückführen sollte; und schließlich die «Santiago» mit Juan Serrano. Die Gesamtbesatzung betrug zweihundertsiebzig Mann.

Über den Verlauf von Magellans Reise, der ersten Umsegelung der Welt, sind wir durch die berühmten Aufzeichnungen des *Antonio Pigafetta* unterrichtet, der das Glück hatte, das Abenteuer zu überstehen und sich in guter Verfassung tägliche Notizen machen zu können.[64] Pigafetta entstammte einer adligen Familie aus Vicenza und besaß das venezianische Bürgerrecht; zum Zeitpunkt seiner großen Reise dürfte er, der als Überzähliger dem Wohlwollen des Kapitäns durch ein persönliches Schreiben des Kaisers besonders empfohlen worden war, etwas über dreißig Jahre alt gewesen sein. Er gehörte dem Ritterorden der Johanniter an und hatte wahrscheinlich im Abwehrkampf gegen die heidnischen Türken, wie er von der christlichen Bastion Rhodos aus geführt wurde, seine guten militärischen und leidlichen nautischen Kenntnisse erworben. Im Gefolge einer diplomatischen Mission war Pigafetta an den spanischen Königshof gelangt, hatte dort durch den Hofchronisten Peter Martyr von den Reisevorbereitungen erfahren und sein Interesse an einer Teilnahme mit Erfolg angemeldet. Pigafetta kannte wichtige Werke der Überseeberichterstattung, insbesondere die Darstellungen Marco Polos und Montalboddos; er war loyal und zuverlässig, zeigte großes Geschick im Umgang mit den Überseebewohnern, deren Sprachen er rasch erlernte, und erwies sich als tapfer im Kampf. Sein Bericht bezeugt, obwohl in einfacher Sprache verfaßt, eine wache Neugier für die Lebensformen anderer Völker und die Fähigkeit, die Einzelbeobachtung in allgemeinmenschliche Sinnzusammenhänge einzuordnen. Es bleibt umstritten, ob Pigafetta seine Reisebeschreibung im Auftrag – entweder Spaniens oder Venedigs – schrieb;[65] wahrscheinlicher scheint doch der eigene Antrieb und die Aussicht, sich das Interesse eines größeren Publikums zu gewinnen. Man nimmt an, daß das Originalmanuskript des Berichts im Jahre 1525 abgeschlossen war, zehn Jahre vor Pigafettas Tod auf der Insel Malta.

Die Flotte Magellans folgte im wesentlichen einer bewährten Route: Zwischenhalt in Teneriffa auf den Kanarischen Inseln, Weiterfahrt längs der westafrikanischen Küste, Überquerung des Atlantiks an dessen engster Stelle. Um portugiesischen Schiffen auszuweichen, holte man etwas weiter nach Süden aus, vermied es, in Pernambuco anzulegen, wo sich ein portugiesisches Fort befand, und drang bis zur kolonisatorisch noch nicht erschlossenen Bucht von Rio de Janeiro vor, die Coelho und Vespucci 1502 entdeckt hatten. Diese Vorsichtsmaßnahme erwies sich als berechtigt: In der Tat hatte König Manuel zwei Flotten entsandt, um die Spanier abzufangen. Aber nicht nur von portugiesischer Seite drohte Gefahr. Bereits während seines

Aufenthalts auf Teneriffa war Magellan eine Warnung zugegangen, wonach die spanischen Kapitäne der «San Antonio», der «Concepción» und der «Victoria» einen Aufstand planten und nach seinem Leben trachteten. Es gelang dem Oberkommandierenden fürs erste, sich durchzusetzen: Nach einem heftigen Wortwechsel wurde Juan de Cartagena, der Kapitän des größten Schiffes, seines Kommandos enthoben.

In der Bucht von Rio hielt man sich während zweier Wochen auf – es war dies vielleicht die angenehmste Periode der ganzen Reise. Die Tupinambá-Indianer zeigten sich von ihrer besten Seite, auf jeden Seemann wartete ein Mädchen, und die Präsenz von Mischlingskindern bezeugte den Reiz früherer Begegnungen. Wir verdanken Pigafetta, wie vor ihm Caminha und nach ihm Vespucci und Jean de Léry, einen guten Bericht über die Urbevölkerung, in dem der Kannibalismus eine wichtige Rolle spielt. Allerdings betont Pigafetta nach sorgfältiger Prüfung des Phänomens und in annähernder Übereinstimmung auch mit modernen Ethnologen, die Indianer würden Menschenfleisch nicht darum essen, weil es ihnen als besonders schmackhaft erscheine, sondern weil dies eine althergebrachte Sitte sei. Seine Neigung zu erfinderischer Deutung des Unerklärlichen tritt dann freilich hervor, wenn der Berichterstatter vermutet, die Sitte gehe auf die wütende Rache einer Mutter zurück, die den Mörder ihres Sohnes in die Schulter gebissen habe.[66] Mit Genugtuung beobachtet Pigafetta im übrigen, wie die Indianer den Gottesdiensten der Seefahrer beiwohnen und durch die Inbrunst ihrer Anteilnahme ihre Bekehrungsbereitschaft bezeigen. Stefan Zweig, der Magellan eine etwas emphatische, aber durchaus lesenswerte Biographie gewidmet hat, faßt zusammen: «Als nach dreizehntägigem Aufenthalt zu Ende Dezember die Flotte die weitgeschwungene unvergeßliche Bucht verläßt, kann Magellan besseren Gewissens als sonst Konquistadoren jenes Zeitalters weitersteuern. Denn wenn er seinem Kaiser hier auch Land nicht erobern durfte, so hat er doch als frommer Christ seinem himmlischen Herrn neue Seelen gewonnen. Niemandem ist in diesen Tagen der geringste Harm geschehen, keiner der zutraulichen Einwohner ist gewaltsam von Erde und Heimat gerissen worden. In Frieden ist Magellan gekommen, in Frieden geschieden.»[67]

Magellans Weiterfahrt in südlicher Richtung erfolgte in dauerndem Sichtkontakt mit der Küste, da ein möglicher Durchlaß nach Westen auf keinen Fall übersehen werden durfte. Der Rio de la Plata, den man Mitte Januar 1520 erreichte, wurde, zuerst mit einem der leichteren Schiffe, dann mit einem Beiboot, sorgfältig erkundet, und der Befund, zu dem der unglückliche Solís drei Jahre zuvor gelangt war, nämlich es handle sich um eine Mündungsbucht, ein «Süßmeer» ohne Zugang zum Pazifik, wurde bestätigt. Am 13. Februar traf man vor der Bucht ein, an der heute Bahía Blanca liegt. Pigafetta berichtet von einem Gewittersturm, der Gelegenheit bot, ein besonders eindrückliches Elmsfeuer, eine elektrische Entladung an der Mastspitze, zu beobachten; auch werden ungewohnte Tiere beschrieben, so

2. Südamerika

die Seehunde, «mit Füßen... die unsern Händen gleichen»,[68] und die Pinguine, diese merkwürdigen und erheiternden Vögel, «die so fett waren, daß es unmöglich war, ihnen die Federn rupfen zu wollen und man sie abbalgen mußte».[69] Der Naturforscher Charles Darwin fand, als er anläßlich seiner Weltumsegelung mit Kapitän Robert FitzRoy im Jahre 1832 in diesen öden und weitläufigen Küstengegenden eintraf, nur eine kleine, kurz zuvor gegründete Siedlung, und sein Interesse galt, im Unterschied zu dem Pigafettas, nicht den lebenden, sondern den toten Tieren: Die fossilen Knochen, die er in der Umgebung von Bahía Blanca auffand, stehen am Beginn seiner bahnbrechenden Überlegungen zur Entwicklungsgeschichte der Arten.[70]

Nach einem Aufenthalt im Golf von San Jorge umschiffte man das Cabo Blanco und gelangte Ende März in die Bucht von San Julián, wo man sich während fünf Monaten aufhielt, um eine für die Weiterfahrt in diesen Regionen günstigere Jahreszeit abzuwarten. Hier trafen die staunenden Seeleute erstmals auf jene riesenhaften Urbewohner, denen Patagonien seinen Namen [patagón: großer Fuß] verdankt.[71] Pigafetta berichtet: «Eines Tages sahen wir plötzlich einen nackten Mann von riesenhaftem Wuchs am Strand beim Hafen, der tanzte, sang und sich Erde aufs Haupt streute. Der Generalkapitän entsandte einen unserer Leute zu dem Riesen, damit er, zum Zeichen des Friedens, dasselbe tue. Nachdem dies geschehen war, führte unser Mann den Riesen auf einer kleinen Insel dem Generalkapitän vor. Als sich der Riese in des Generalkapitäns und unserer Gegenwart befand, staunte er sehr und machte mit erhobenem Finger Zeichen, im Glauben, wir seien vom Himmel gekommen.»[72] Sehr eingehend wird das Aussehen des Indianers und der Vorgang der gegenseitigen Annäherung beschrieben. Man gab dem Patagonier zu essen und zu trinken, schenkte ihm ein paar Kleinigkeiten und ließ ihn in einen Metallspiegel gucken, wobei er, beim Anblick seiner selbst, tief erschrocken zurückwich und dabei drei oder vier Seeleute zu Boden warf. Ein anderer Indianer, der sich mehrere Tage auf den Schiffen aufhielt, wurde auf den Namen Johannes getauft, lernte, mit dröhnender Stimme «Jesus», «Pater Noster» und «Ave Maria» zu sagen, und wurde zuletzt, reich beschenkt und bei offensichtlich bester Laune wieder in die Wildnis entlassen. Weniger Glück hatten jene Patagonier, die etwas später, weil man eine offene Auseinandersetzung mit ihnen scheute, durch einen gemeinen Trick gefangengesetzt wurden. Man lockte sie an Bord, behängte sie mit Geschenken, damit sie sich nicht wehren konnten, und überredete sie, sich als weiteres Geschenk Fußschellen anlegen zu lassen. Pigafetta, der diese Episode, ohne daran etwas abstoßend zu finden, im Detail wiedergibt, schildert auch den Wutausbruch der Geprellten, die «wie Stiere tobten» und ihren mächtigen Gott «Setobos» anriefen.[73] In der Folge bezeugte der Venezianer den Indianern gegenüber immerhin ein Interesse, das deutlich über die sensationslüsterne Neugierde seiner Begleiter hinausging: Es gelang ihm, sich mit ihnen zu verständigen und sich über die indianische Technik der Feuerentfachung durch den Feuerbohrer zu informieren; auch stellte er ein Vokabular der Eingeborenensprache zusammen. Als einer der Patagonier, von denen keiner die Weltumsegelung überlebte, starb, gewährte ihm Pigafetta seelsorgerischen Beistand und sorgte dafür, daß er auf den Namen Paul getauft wurde.

Die Frage, ob es mit der Riesenhaftigkeit der Patagonier seine Richtigkeit habe, hat die Seefahrer und Anthropologen der folgenden Generationen bis zum 18. Jahrhundert beschäftigt, und noch La Pérouse, der 1786 hier vorbeikam, ließ entsprechende Messungen vornehmen.[74] Heute ist es nicht mehr möglich, mit Sicherheit zu sagen, ob Magellan wirklich so viel größeren Menschen begegnet ist oder ob Pigafetta und die späteren Reisenden, die ihn kopierten, bloß maßlos übertrieben haben; denn das Volk der Patagonier, der Tehuelche, wie sie sich selbst nannten, ist ausgestorben oder hat sich durch Vermischung aufgelöst.

Maßgeblicher für den weiteren Verlauf der Reise als die Begegnung mit den Patagoniern war die Meuterei, die kurz nach der Ankunft in der Bucht von San Julián, in der Nacht von Palmsonntag, an Bord dreier Schiffe ausbrach. Unruhe und Widerstand gegen den portugiesischen Oberkommandierenden hatte es bereits wiederholt gegeben, nach der Abfahrt von den Kanarischen Inseln und wiederum vor Rio de Janeiro; und auch später war es Magellan nur mit Hilfe seiner Überredungskunst gelungen, die Suche nach einer Südwestpassage fortzuführen und die unumgänglich gewordene Kürzung der Lebensmittelrationen durchzusetzen. Ernst aber wurde die Lage, als am Montag der Karwoche des Jahres 1520 Gaspar de Quesada, der Kapitän der »Concepción«, ein Beiboot zum Flaggschiff entsandte mit der Meldung, er selbst sowie die Kapitäne der «San Antonio» und der «Victoria» würden dem Oberkommandierenden die Gefolgschaft aufkündigen, da er die königlichen Weisungen überschritten habe; das Unternehmen sei unverzüglich abzubrechen und die Flotte nach Spanien zurückzuführen.

In dieser Situation, da ein Zögern, eine falsche Reaktion das ganze Unternehmen gefährdet hätte, handelte Magellan rasch und mit äußerster Geistesgegenwart. Den Kapitän der «Victoria», Mendoza, ließ er ermorden und das Schiff durch eine List in seine Gewalt bringen; die Besatzung der «Concepción», vom aufrührerischen Quesada befehligt, wurde mit einer Breitseite zur Vernunft zurückgeführt und das Schiff, ohne daß sich nennenswerter Widerstand regte, geentert; die «San Antonio», auf der sich Juan de Cartagena wieder ins Kapitänsamt geschwungen hatte, gab in aussichtslos gewordener Lage auf. Die Niederschlagung der Meuterei war ein Meisterstreich, und Magellans Autorität blieb inskünftig ungefährdet. «Die Wahrheit ist», schreibt Charles McKew Parr, «daß Magellan seine Gegner in jeder Hinsicht überspielte; er durchschaute die Partie, bevor die Karten verteilt waren, und besaß die rasche Entschlußkraft, seinen Gegnern zuvorzukommen und das Blatt zu ihren Ungunsten zu wenden.»[75]

Was nachher mit den Rädelsführern geschah, mag aus heutiger Sicht hart und grausam anmuten, entsprach aber den damals allgemein geübten strafrechtlichen Verfahrensnormen; auch trug Magellan Sorge, seinen Befugnissen entsprechend ein ordentliches Kriegsgericht einzusetzen und die Verhandlungen sorgfältig protokollieren zu lassen. Es wurde eine Reihe von Todesurteilen ausgesprochen; doch die meisten Verurteilten wurden zur befristeten Zwangsarbeit begnadigt. Mendozas Körper, bereits leblos, wurde geviertelt, und Quesada wurde durch seinen Bediensteten, der sich dadurch von derselben Strafe retten konnte, enthauptet. Juan de Cartagena, wohl der Hauptschuldige, aber als Neffe Fonsecas unter besonders hoher Protektion, wurde vorerst geschont, da er aber kurze Zeit darauf erneut konspirierte, zusammen mit einem unbotmäßigen Schiffskaplan an der unwirtlichen Küste ausgesetzt. Diese Strafe der Aussetzung, die oft einem Todesurteil gleichkam, aber immerhin noch die Möglichkeit innerer Einkehr gewährte, war bei Unbotmäßigkeit auf See allgemein üblich: Sebastian Cabot setzte, wie wir gesehen haben, ungehorsame Seeleute vor der Küste Brasiliens aus, und der Engländer Francis Drake, der als zweiter nach Magellan den Globus ganz umrundete, ließ 1578 einen seiner Mitreisenden in derselben Bucht von San Julián zurück.

Daß es für die Unruhe an Bord von Magellans Schiffen Gründe, wenn vielleicht auch unzureichende, gab, wird von den Historikern allgemein anerkannt. Auch wenn man mit Morison davon ausgeht, daß Magellan durch seine «Kapitulation» zum alleinigen Oberbefehlshaber der Flotte bestimmt war, erwies es sich doch als sehr ungünstig, in Juan de Cartagena eine fast gleichgestellte «conjunta persona» mitfahren zu lassen, die sich herbeiließ, die spanischen Ressentiments gegen den portugiesischen Vorgesetzten zu schüren.[76] Nicht unbegreiflich ist auch das Mißtrauen, das Magellan dadurch weckte, daß er selbst die Offiziere über seine Ansichten betreffend die Route und das Ziel der Reise im dunkeln ließ – allerdings kann solche Verschwiegenheit, wie sich an Beispielen von Kolumbus bis Cook belegen ließe, auch ihre Vorteile haben. Daß dieses Mißtrauen sich im Verlauf der langwierigen und erfolglosen Suche nach der «Passage» steigerte und daß es, als strikte Lebensmittelrationierung befohlen wurde, in offene Empörung umzuschlagen drohte, ist ebenfalls verständlich. Zur Entlastung der Meuterer kann schließlich gesagt werden, daß sie Magellan nicht auf heimtückische Weise überwältigten, wie dies später mit Henry Hudson geschah; sie meldeten vielmehr gleichsam auf diplomatischem Wege ihren Ungehorsam an und ließen die Möglichkeit einer gemeinsamen Rückkehr offen. Insofern befand sich Magellan in einer ähnlichen Lage wie vor ihm Bartolomeu Diaz, als dieser nach seiner Umseglung des Kaps der Guten Hoffnung im Jahre 1488 im Einverständnis mit der murrenden Mannschaft, aber gegen seinen innersten Willen, die Rückreise antreten mußte. Magellan, hätte er eine Ahnung von der Weite des Pazifiks und den bevorstehenden Strapazen gehabt, hätte vielleicht gleich gehandelt.

Im September 1520, nach einem Aufenthalt von über fünf Monaten, setzte

Magellans Flotte die Fahrt Richtung Süden fort; sie war inzwischen auf vier Schiffe geschrumpft, da die «Santiago» bei einer Erkundungsfahrt auf Grund gelaufen war und aufgegeben werden mußte. An der Mündung des Rio Santa Cruz sah man sich genötigt, einen weiteren Aufenthalt von fast zwei Monaten Dauer einzuschalten, um das Ende des Winters abzuwarten. Die Unwirtlichkeit dieser Gegend mit ihrer Kümmervegetation zwischen nacktem Geröll ist später von Darwin, der 1834 den Unterlauf des Flusses erforschte, eindrücklich beschrieben worden.[77] Magellans Leute, bereits vom Skorbut gezeichnet, fanden hier wenig, um die Lebensmittelvorräte zu ergänzen, und das Fleisch der Seelöwen, Pinguine und Fische, das man einpökelte, half nicht gegen Vitaminmangelkrankheiten. Während dieses Aufenthalts trugen die Kapitäne und Steuerleute der verbliebenen Schiffe Magellan ihren Wunsch vor, nun doch auf eine weitere Erkundung der Küste zu verzichten und zwar nicht umzukehren, wohl aber die Fahrt nach den Molukken in östlicher Richtung, südlich des Kaps der Guten Hoffnung herum, anzutreten. Erneut widersetzte sich der Oberkommandierende diesem Ansinnen; er räumte aber diesmal ein, daß er bereit sei, auf den Plan einzugehen, wenn man bis zum 55. Grad südlicher Breite noch immer keinen Durchlaß zum Pazifik gefunden habe. Am 17. Oktober, bei Einbruch des antarktischen Frühlings, setzte man die Fahrt fort.

Am 21. Oktober des Jahres 1520 erreichten die vier Schiffe das Cabo Vírgenes, so benannt nach dem Tag der heiligen Ursula, und damit endlich die Eingangspforte zur lang gesuchten Meeresstraße. Die Existenz einer Südwestpassage wird an dieser Stelle im Landschaftsbild nicht klar ersichtlich, zudem erschweren Strömungs- und Windverhältnisse den Zugang für Segelschiffe. Auch hier bestand Magellan auf näherer Untersuchung des Küstenverlaufs. Er entsandte die «Concepción» und die «San Antonio» westwärts zur Erkundung der inneren Bucht, und diese Schiffe, nachdem sie mit Glück heftigen Windböen aus Ost widerstanden hatten, kam nach zwei Tagen mit der Meldung zurück, der Durchlaß sei mit größter Wahrscheinlichkeit gefunden. In Pigafettas Bericht findet das lang ersehnte Ereignis die folgende Darstellung: «Wir nahmen an, daß sie Schiffbruch erlitten hätten, zuerst wegen dem heftigen Sturm, dann, weil zwei Tage verstrichen und sie nicht aufgetaucht waren, und ferner wegen der Feuerzeichen, die zwei ihrer Leute, um uns zu benachrichtigen, gegeben hatten. Und derart in spannungsvoller Erwartung verharrend, sahen wir die beiden Schiffe mit vollen Segeln und mit im Winde fliegenden Flaggen uns entgegenkommen. Als sie sich genähert hatten, feuerten sie plötzlich einige ihrer Kanonen ab, und die Besatzung brach in Freudengeschrei aus. Dann dankten wir alle Gott und der Jungfrau Maria und machten uns daran, die Meerenge weiter zu erkunden.»[78]

Für die Durchfahrung der etwa dreihundertdreißig Seemeilen langen Meeresstraße, die heute nach ihm heißt, brauchte Magellan einen Monat. Es war eine beklemmende Fahrt vorbei an flachen Küstenstrichen mit kargem

Grasland und jäh abstürzenden Gipfeln mit ewigem Schnee und Gletscherlandschaften, gefährlich auch wegen der Riffe und Untiefen und der plötzlich einsetzenden Windböen. Auch vermißte man in einer Gegend, die noch heute kaum bewohnt ist, den unterhaltsamen Verkehr mit der Eingeborenenbevölkerung: Man sah zwar Lichter und gab der Gegend deshalb den Namen «Tierra del Fuego», Feuerland; aber man begegnete niemandem. Stefan Zweig hat diese Landschaft, ohne sie je aufgesucht zu haben, glaubwürdig geschildert: «Ein sonderbarer, ein gespenstischer Anblick muß es gewesen sein, wie zum ersten Mal die vier ersten Schiffe der Menschheit leise in diese schweigende, schwarze, seit ewigen Zeiten noch nie von einem Irdischen befahrene Straße hineingleiten. Wie Magnetberge starren metallisch die Hügel am Ufer, dunkel lastet der immer hier verwölkte Himmel, schwarz schattet das Wasser; wie Charons Boote auf den stygischen Gewässern, Schatten zwischen Schatten, so steuern vier Schiffe schweigend durch diese Hadeswelt.»[79]

Die Durchfahrung der Meerenge gestaltete sich auch deshalb als langwierig, weil diese keineswegs gradlinig verläuft und zahlreiche Buchten auf die Möglichkeit eines Durchlasses geprüft werden mußten. Dazu war es nötig, hin und wieder einzelne Schiffe zu detachieren: So erkundeten die «San Antonio» und die «Concepción», die Bahía Inútil und den Admiralitätssund, die sich als Sackgassen erwiesen, während die «Trinidad» und die «Victoria» ihren Weg in nordwestlicher Richtung fortsetzten. Es war schließlich eine vorausgesandte Schaluppe des Flaggschiffs «Trinidad», welche den Ausgang in den Pazifik entdeckte und mit der Gewißheit zurückkehrte, das Ziel der Reise sei erreicht. «In dieser Zeit», berichtet Pigafetta, «entsandten wir ein wohlbemanntes Boot, um das Kap des anderen Meeres zu erkunden. Die Männer kehrten innerhalb von drei Tagen zurück und meldeten, daß sie das Kap und das offene Meer erblickt hätten. Der Generalkapitän weinte vor Freude und nannte das Kap ‹Cabo Dezeado› [Cabo Pilar], weil wir es seit so langer Zeit ersehnt hatten.»[80]

Der psychischen Belastung dieser Fahrt erwies sich einer der in verantwortlicher Stellung Mitreisenden, Esteban Gómez, Pilot der «San Antonio», nicht gewachsen. Obwohl portugiesischer Herkunft, nährte er seit langem – so jedenfalls die Erklärung Pigafettas – Haßgefühle gegen den Oberkommandierenden, von dem er sich nicht seinen Verdiensten entsprechend behandelt fühlte. Von der Aussichtslosigkeit jedes weiteren Vordringens überzeugt, erhob sich Gómez gegen Álvaro de Mezquita, der Juan de Cartagena im Kommando der «San Antonio» nachgefolgt war und setzte ihn gefangen; darauf segelte er nach Spanien zurück. In Sevilla versäumte der Meuterer nichts, das Ansehen Magellans zu schädigen und stieß damit bei der Partei Fonsecas auf bereitwilliges Gehör.[81]

Für Magellan bedeutete der Verlust der «San Antonio» einen schweren Schlag. Dieses größte Schiff seiner Flotte hatte auch die wertvollsten Lebensmittelvorräte mit sich geführt; zudem verlor man mit der Suche nach dem

Schiff wertvolle Zeit. Man wird den Entschluß des Oberkommandierenden, unter solchen Umständen seine Reise doch weiterzuführen, als tollkühn betrachten – vernünftig war er nicht. Doch ähnlich wie vor ihm Balboa stand Magellan unter Erfolgszwang: Er mußte damit rechnen, von den heimgekehrten Meuterern der Mißachtung von Instruktionen und der mangelhaften Mannschaftsführung beschuldigt zu werden, und wollte diesen Makel durch eine noch eindrücklichere Leistung, als es die Durchquerung der Meeresstraße bereits bedeutete, tilgen. In einer schriftlichen Umfrage, die er an seine fachkundigsten Begleiter richtete, empfahl Magellan die Fortsetzung der Reise, erbat aber zugleich, um sich gegen den Vorwurf des Autoritätsmißbrauchs abzusichern, eine offene Meinungsäußerung. Nur die Antwort eines der Befragten, jene des Astronomen Andrés de San Martín, ist erhalten geblieben, und diese war skeptisch und empfahl die Umkehr. Ähnlich mögen die anderen Antworten gelautet haben; doch Magellan war nun einmal zur Weiterfahrt entschlossen, und dem Mitspracherecht war formell stattgegeben worden.[82]

Ende November passierten die drei verbliebenen Schiffe das Cabo Pilar und traten in die Weite des Südmeers ein, das durch Magellan den Namen Pazifik erhalten sollte. Pigafetta schreibt an oft zitierter Stelle: «Mittwoch, dem achtundzwanzigsten November des Jahres eintausendfünfhundertzwanzig verließen wir die genannte Straße und traten in die pazifische See ein, wo wir uns während drei Monaten und zwanzig Tagen aufhielten, ohne Verpflegung oder irgendeine Erfrischung an Bord zu nehmen. Wir aßen lediglich alten Zwieback, der zu Staub geworden und von Würmern durchsetzt war und nach dem Harn der Ratten stank, die das Gute davon gegessen hatten. Und wir tranken unreines und gelbes Wasser. Wir aßen auch das Ochsenleder (wie es zum Schutz der Taue an der Großrahe verwendet wurde), aber es war durch Sonne, Regen und Wind gehärtet. Wir tauchten dieses Leder für vier, fünf Tage in die See, legten es für eine Weile auf glühende Kohlen und aßen es dann. Und was die Ratten betrifft, welche zu einem halben Dukaten das Stück gehandelt wurden, konnten einige von uns nicht genug davon bekommen.»[83]

Den weiteren Verlauf von Magellans Reise eingehend darzustellen ist nicht mehr die Aufgabe dieses Buches. Man folgte zuerst der südchilenischen Küste mit ihren unzähligen vorgelagerten Inseln und der verwirrenden Verästelung ihrer fjordartigen Buchten, ließ sich dann von den vorherrschenden Winden weit nach Norden tragen und verpaßte so die polynesische Inselwelt, die Cook als wichtige Verproviantierungsbasis dienen sollte. Am 6. März 1521 landete Magellan auf der Marianeninsel Guam, die er ihrer diebischen Bewohner wegen «Isla de Ladrones» nannte und wo sich, nach einer Fahrt von über drei Monaten Dauer, erstmals Gelegenheit bot, pflanzliche Nahrung aufzunehmen und die vielen Skorbutkranken zu pflegen. Von hier aus wurde die Fahrt in südwestlicher Richtung fortgesetzt und die Philippineninsel Cebu erreicht, wo es zu den kriegerischen

Verwicklungen mit den Eingeborenen kam, die Magellan auf der Nachbarinsel Mactan das Leben kosteten. Da die Besatzung der Flotte sich inzwischen durch Hunger, Krankheit und Scharmützel mit Insulanern auf etwas über hundert Mann verringert hatte, beschloß man, die «Concepción» aufzugeben. Die «Trinidad» und die «Victoria» setzten ihre Fahrt fort, berührten die Nordküste Borneos und segelten nach Tidore, einer der Gewürzinseln im Archipel der Molukken, die bereits ein Jahrzehnt zuvor von den Portugiesen auf der Ostroute erreicht worden war. Hier trennten sich die beiden Schiffe: Die «Trinidad», so wurde beschlossen, sollte den Eintritt des Westmonsuns abwarten und mit reicher Gewürzladung über den Pazifik nach Panama zurücksegeln; die «Victoria» sollte unter dem Kommando von Juan Sebastián Delcano ums Kap der Guten Hoffnung herum nach Europa zurückkehren. Der Versuch der «Trinidad», die mittelamerikanische Ostküste zu erreichen, mußte wegen der widrigen Winde abgebrochen werden, und das Schiff wurde nach seiner Rückkehr zu den Gewürzinseln von den Portugiesen konfisziert. Die «Victoria» durchquerte, die portugiesischen Stützpunkte im malaiischen Archipel umgehend, den Indischen Ozean im Süden, umrundete das Kap der Guten Hoffnung, erreichte die Kanarischen Inseln und traf am 6. September 1522 im Hafen von Sanlúcar ein. Von den zweihundertsiebzig Seeleuten, die sich 1519 eingeschifft hatten, kehrten auf dem einzigen Schiff, das die Weltumsegelung vollendete, nur achtzehn zurück; die Ladung an Gewürzen aber, welche die «Victoria» mit sich führte, deckte nicht nur die seinerzeitigen Auslagen für die Ausrüstung der ganzen Unternehmung, sondern brachte den Geldgebern, vor allem Cristóbal de Haro, einen ansehnlichen Gewinn.[84]

Von Magellan, der den Plan der Reise entwickelt und die Durchführung mit unbeugsamem Willen in eigener Verantwortung gesichert hatte, war in Sevilla wenig und meist in abschätzigem Tonfall die Rede. Juan Sebastián Delcano, der sich beim Meutereiversuch in der Bucht von San Julián nicht loyal verhalten hatte, sah keinen Grund, seinen ungeliebten Oberkommandanten zu rühmen und damit seine eigene, in der Tat beachtliche Leistung der Rückführung der «Victoria» zu schmälern; seine Aussagen dürften sich mit denen des zurückgekehrten Meuterers Esteban Gómez gedeckt haben. Bedenkt man ferner, daß Portugal seinem Landsmann den Übertritt in spanische Dienste weiterhin als Verrat auslegte, wird verständlich, daß das Bild Magellans, trotz der ihm wohlgesinnten Darstellung des loyalen Pigafetta, in der Geschichtsschreibung lange schwankend und umstritten blieb.

Heute zweifelt niemand mehr an der ganz außergewöhnlichen Leistung des Seefahrers Fernando de Magallanes. Eine Leistung zuerst der Persönlichkeit: Wie kein anderer der frühen Überseereisenden, Kolumbus eingeschlossen, war Magellan dem dauernden Argwohn seiner Besatzungen ausgesetzt, und als dieser Argwohn in offene Auflehnung umschlug, handelte er schnell und geschickt und erhielt sich die neu gewonnene Autorität mit eiserner

Disziplin bis zum Schluß. Eine Leistung aber auch in wissenschaftlicher Hinsicht: Magellan lieferte ein für alle Mal den praktischen Nachweis der Kugelgestalt der Erde. Er fand die ersehnte Südwestpassage nach Asien und erkannte die Ausdehnung des pazifischen Ozeans, dadurch die auf Ptolemäus zurückgehenden Theorien von der globalen Verteilung der Land- und Seemassen und der Existenz kontinentaler Landbrücken widerlegend. Und er machte eine große Zahl von erdkundlich bedeutsamen Beobachtungen, von der Feststellung der Bewohnbarkeit antarktischer Regionen bis zur Feststellung der Datumdifferenz.

In politischer und wirtschaftlicher Hinsicht waren die Ergebnisse von Magellans Weltumsegelung weniger eindrucksvoll. Die Meeresstraße, die er aufgefunden hatte, erwies sich, wie bereits einige Nachfolgereisen zeigen sollten, als sehr riskante Route; selbst heute, da sie von Frachtschiffen und Tankern regelmäßig befahren wird, fordert sie immer wieder ihre Opfer. Es erwies sich für Spanien denn auch als unmöglich, einen lukrativen Gewürzhandel mit dem malaiischen Archipel aufzuziehen, und so war es folgerichtig, wenn Karl V. im Vertrag von Zaragoza vom Jahre 1529 die Herrschaftsrechte über die Molukken für dreihundertfünfzigtausend Dukaten an den portugiesischen König Johann III. verkaufte. Auch die Entdeckung der Philippinen durch Magellan konnte vorerst nicht in einen kommerziellen Erfolg umgemünzt werden. Erst im Jahre 1564 führte eine Expedition von Miguel López de Legazpi, von der mexikanischen Westküste aus unternommen, zur Kolonisierung der Inseln und zur Aufnahme regelmäßiger spanischer Handelsbeziehungen. Doch davon wird im Zusammenhang mit den Seefahrten längs der amerikanischen Pazifikküste noch die Rede sein.

Hier muß noch auf einige Fahrten im Gefolge des Magellan hingewiesen werden, die, ohne wirtschaftlich viel einzubringen, doch die Kenntnis der Südspitze Amerikas erweitern halfen. Drei Jahre nach der Rückkehr der «Victoria», 1525, wurde *García Jofre de Loaysa* von Kaiser Karl V. beauftragt, eine zweite «Armada de Molucca» auszurüsten und zusammen mit Delcano als Pilot die Magellanstraße zu durchfahren. Wiederum gehörte Cristóbal de Haro zu den Initianten, und diesmal lassen sich auch, wie Hermann Kellenbenz gezeigt hat, die Handelshäuser der Fugger und Welser als Geldgeber nachweisen; ein Vertreter der Fugger, Hans Wandler, reiste gar mit.[85]

Die Unternehmung von Loaysa, ausgeführt mit sieben Schiffen und vierhundertfünfzig Mann Besatzung, verlief denkbar unglücklich. Am 4. Dezember 1525 traf die Flotte vor der brasilianischen Küste ein und folgte ihr südwärts. Nachdem man die Bucht des Rio de la Plata passiert hatte, folgte ein Unglück dem andern, und es zeigte sich, daß Delcano, der Gegend und Verhältnisse doch hätte kennen sollen, Magellan an Begabung und Kenntnissen weit unterlegen war. Bei einem ersten erfolglosen Versuch, die Meeresstraße zu bewältigen, gingen drei Schiffe durch Sturm und Desertion verloren, und der Rest der Flotte brauchte weitere sieben Wochen, um zum Pazifik vorzustoßen. Vor der chilenischen Küste wurden die verbleibenden vier Schiffe durch einen Sturm getrennt: Ein Schiff ging unter; eines segelte nach der mexikanischen Westküste, wo man hoffte, auf Landsleute zu stoßen; die beiden letzten erreichten mit Mühe und Not die Gewürzinseln, wo sie prompt in Kampfhandlungen mit den Portugiesen verwickelt wurden. García Jofre de Loaysa und Delcano starben bereits während der Fahrt durch den Pazifik. Kein einziges Schiff der ursprünglichen Flotte erreichte Europa, und das spektakulär aufgemachte Unternehmen muß als wissenschaftlicher wie kommerzieller Fehlschlag betrachtet werden. Einen Bericht von dieser Reise verdanken wir einem Pagen Delcanos, *Andrés de Urdaneta*, der nach Bestehung unglaublicher Abenteuer 1536 in Spanien eintraf.[86] Urdaneta, der später nach Mexiko zurückkehrte und in den Augustinerorden eintrat, schrieb sich in die Annalen der Entdeckungsgeschichte ein, als er 1565 mit Miguel López de Legazpi die Kolonisierung der Philippinen in Angriff nahm und schließlich gemeinsam mit Alonso de Arellano den schwierigen Rückweg über den Pazifik an die amerikanische Westküste bewältigte – das Vorhaben, an dem Magellans «Trinidad» gescheitert war.[87]

Kaiser Karls V. Interesse für die Magellanstraße blieb wach. Bereits 1526, ein Jahr nach der Entsendung Loaysas, schickte er eine dritte «Armada de Molucca» unter dem Kommando des Sebastian Cabot aus. Die Geschichte dieser Expedition haben wir bereits erzählt. Cabot gelangte, wie wir uns erinnern, in Abänderung seines Auftrags in die Bucht des Rio de la Plata, von wo er auf der Suche nach sagenhaften Silberschätzen des Hinterlandes bis ins heutige Paraguay vorstieß.

Eine weitere Flotte verließ Spanien im Jahre 1534 unter dem Kommando von *Simón de Alcazaba*, noch bevor die Kunde vom Scheitern Loaysas im Mutterland eingetroffen war. Bemerkenswert am Plan zu dieser Unternehmung ist, daß ihr Endziel nun nicht mehr die inzwischen an Portugal abgetretenen Gewürzinseln waren; es ging vielmehr darum, über die Magellanstraße einen ständigen maritimen Zugang zum eben von Francisco Pizarro eroberten Peru zu erschließen. Ob diese Reise erneut unter finanzieller Beteiligung der süddeutschen Handelshäuser erfolgte, ist ungewiß.[88] Die zwei Schiffe unter Alcazaba erreichten zwar die Magellanstraße, dann aber brach eine Meuterei aus und der Generalkapitän wurde umgebracht. Ein Schiff ging auf der Rückfahrt in brasilianischen Küstengewässern verloren, und das andere erreichte Hispaniola, «mit großer Mühsal», wie es in einem Bericht heißt, «und auf einem Schiff, auf dem es an diesem Tag nichts mehr zu essen gab».[89] Auf dieser Insel wurden die Meuterer vor Gericht gestellt, zum Tod verurteilt und gehängt. Die Prozeßakten stellen das hauptsächliche Quellenmaterial zu dieser mißglückten Reise dar.

Sehr wenig wissen wir von einer weiteren Expedition, der drei Schiffe angehörten und die Spanien im Jahre 1539 unter dem Kommando von

Francisco de la Ribera verließ. Eines der Schiffe ging in der Magellanstraße verloren, ein anderes kehrte nach Spanien zurück und soll dabei, nach dem Urteil argentinischer Historiker, die Falklandinseln entdeckt haben – eine Feststellung, die angesichts der neuesten Geschichte und des Besitzstreits um diese Inseln ihr Gewicht behalten hat.[90] Das dritte Schiff, möglicherweise unter dem Kommando eines gewissen *Alonso de Camargo*, durchfuhr die Meeresstraße und gelangte nach Valparaiso, wenige Jahre, nachdem diese Stadt 1536 durch den Konquistador Juan de Saavedra gegründet worden war.

Alle diese Reisen im Gefolge des Magellan erwiesen sich als wenig ermutigend. Morison hat festgestellt, daß von etwa siebzehn Schiffen, die insgesamt daran beteiligt waren, zwölf ausfielen und nur gerade eines, Delcanos «Victoria», den Weg zurück nach Europa fand; ferner habe von fünf Mann nur gerade einer Spanien wiedergesehen und mehr als tausend Seeleute seien insgesamt umgekommen.[91] Kein Wunder, daß um die Mitte des 16. Jahrhunderts Gerüchte aufkamen und von den Spaniern wohl auch absichtlich ausgestreut wurden, wonach die Magellanstraße kaum aufzufinden und wegen plötzlicher Gegenwinde und heimtückischer Ankerplätze nicht befahrbar sei. Im Versepos «La Araucana» des Kolonialdichters Alonso de Ercilla y Zuñiga, der um 1560 die Eroberung Chiles beschrieb, wird gar davon berichtet, der Seeweg sei gänzlich unpassierbar geworden, da sich Gebirge und Inseln verschoben hätten.[92]

Es war kein spanischer, sondern ein englischer Seefahrer, *Francis Drake*, dem es vorbehalten blieb, die Magellanstraße in seemännisch wirklich überzeugender Manier zu überwinden. Drake war kein Entdecker in dem Sinne, daß die Auffindung neuer Gebiete ein Hauptmotiv seiner Reisen gewesen wäre. Er war, obwohl er selbst dies leugnete, ein Pirat, allerdings einer von hohen Gnaden, der sich wie niemand sonst in den Küstengewässern der Karibik und Südamerikas auskannte und dessen Präsenz für die aufstrebenden Hafenstädte und die Handelsrouten des spanischen Überseereichs eine dauernde Belastung darstellte. Gefürchtet von den Spaniern, denen er als überzeugter Protestant ewige Rache geschworen hatte, verehrt von seinen eigenen Landsleuten, erscheint er recht eigentlich als die Galionsfigur des Elisabethanischen Zeitalters, in dem England sich anschickte, zur Weltmacht zu werden.[93]

Francis Drake verließ Plymouth am 13. Dezember des Jahres 1577 mit fünf Schiffen. Finanziert wurde die Reise von einer Gruppe vermögender Privatleute, vielleicht auch von der Krone; doch geschah dies im geheimen, denn Königin Elisabeth, die dem Unternehmen wohlwollend gegenüberstand, wollte Spanien nicht offen provozieren. Welches Ziel die Initianten verfolgten, hat bis heute nicht eindeutig geklärt werden können.[94] Sollte Drake die Molukken erreichen? Sollte er im äußersten Süden Amerikas nach einem legendären Südkontinent, der «Terra australis incognita», suchen? Sollte er gar zur Beringstraße und von dort irgendwie zurück in den Atlantik fahren? Man wird wohl, weniger weitgreifend, annehmen dürfen, daß der

zentrale Auftrag des Seefahrers dahin lautete, die von Spanien noch nicht besetzten Küstenstriche Argentiniens und Chiles nach Handelsmöglichkeiten auszukundschaften, daß Drake aber durchaus der Mann war, Augenblicksentscheidungen ganz nach eigenem Gutdünken zu fällen.

Bereits auf der Fahrt längs der afrikanischen Küste und zu den Kapverden gewann die Reise einen eigenwilligen Charakter: Man überfiel spanische und portugiesische Schiffe und ergänzte so die eigenen Vorräte – ein Verfahren, das für Drakes Stil der «Selbstversorgung» typisch blieb. Die brasilianische Küste wurde auf der Höhe von Porto Alegre erreicht, ohne daß man Berührung mit den Portugiesen hatte; dann erkundete man den Rio de la Plata und erreichte die Bucht von San Julián im Juni 1578. Hier kam es, in merkwürdiger Übereinstimmung mit Magellans Reise ein halbes Jahrhundert zuvor, zu einem Fall von Meuterei: Thomas Doughty, ein Edelmann und Freund des Kapitäns aus besseren Tagen, wurde der Aufwiegelung bezichtigt, in rasch einberufenem Standgericht abgeurteilt und enthauptet, wahrscheinlich, nach den geltenden martialischen Gesetzen, zu Recht.[95] Man stieß hier auch auf Patagonier, und *Francis Fletcher*, dem wir wichtige Aufzeichnungen verdanken, stellte fest, gar so groß, wie Pigafetta diese geschildert habe, seien sie nun doch nicht. Es bezeichnet den Tenor der englischen und auch der holländischen Reiseberichterstattung des nächsten Jahrhunderts, wenn Fletcher meint, die Tatsache, daß die Patagonier sich «in Wesen und Sitten» monströs entwickelt hätten, sei auf deren grausame Behandlung durch die Spanier zurückzuführen.[96]

Mit drei verbliebenen Schiffen gelangte Francis Drake von der Bucht von San Julián an den Eingang zur Magellanstraße und durchfuhr den Seeweg bei gutem Wetter, obwohl die Jahreszeit nicht günstig war, in der bemerkenswert kurzen Zeit von etwas mehr als vierzehn Tagen. Fletcher scheint sogar der Landschaft bisher ungewohnte Reize abgewonnen zu haben: «Dennoch sind hier«, schreibt er, «die flachen Niederungen sehr fruchtbar, und das Gras ist grün und wild; die Kräuter, von merkwürdiger Beschaffenheit, sind gut und vielfältig, die meisten Bäume sind immergrün, und die Temperatur entspricht derjenigen zu Hause. Die Wasser sind lieblich, die Erde eignet sich für jedes heimatliche Getreide – ein Platz ohne Zweifel, dem nichts fehlt als die Bevölkerung, um ihn zum Ruhme Gottes und zum Gedeih der Kirche zu nutzen.»[97]

Am 6. September 1578 passierte Drake das Cabo Pilar und trat in die Südsee ein. Hier ging er auf Nordwestkurs, was darauf hindeutet, daß eine Erkundung der südamerikanischen Pazifikküste beabsichtigt war, wurde aber von heftigen Stürmen nach Süden zurückgetrieben. Fletcher sah sich veranlaßt, den günstigen Eindruck, den Pigafetta vom friedlichen «Mare pacificum» erhalten hatte, zu korrigieren, indem er diesem den Namen «Mare furiosum» gab.[98] Eines von Drakes Schiffen ging verloren, ein anderes suchte Schutz in der Magellanstraße, verlor den Kontakt mit dem Flaggschiff und kehrte schließlich nach England zurück. Das Flaggschiff selbst, die «Golden Hind», wurde bis zum 57. Breitengrad abgetrieben und wartete auf der Leeseite einer Insel im äußersten Süden des Kontinents das Ende des Sturmes ab. Dieser unbeabsichtigte Vorstoß stellt eine der wenigen entdeckerischen Leistungen von Drakes Reise dar, schaffte er doch Klarheit darüber, daß, entgegen der Aussage zeitgenössischer Karten, an Südamerika keine weitere Landmasse mehr anschloß. «Als wir dort ankamen», schreibt Fletcher, «sahen wir, daß beide Meere ein und dasselbe Meer waren und daß es südlich der Erhebung dieser Insel kein Land mehr gab.»[99] Obwohl der Berichterstatter stolz davon spricht, die bisherige «Terra incognita» verdiene hinfort «Terra bene cognita» zu heißen,[100] ist doch unwahrscheinlich, daß Francis Drake das Kap Hoorn erreicht haben könnte; auch fand seine Entdeckung, wie die zeitgenössischen Karten zeigen, vorerst ein geringes Echo.

Mit dem einzigen verbliebenen Schiff, der «Golden Hind», fuhr Drake nun der Pazifikküste entlang nach Norden und suchte auf einer Plünder- und Kaperfahrt, die in der Seefahrtsgeschichte nicht ihresgleichen hat, die spanischen Niederlassungen in Chile, Peru und Mexiko heim. Der nordamerikanischen Pazifikküste entlang vorstoßend, gelangte der Engländer schließlich bis zu einem Punkt nördlich des heutigen San Francisco. Wir werden auf den Verlauf dieser Reise an anderer Stelle noch einzugehen haben. Hier sei nur noch angefügt, daß es Drake schließlich gelang, als erster englischer Seefahrer die Molukken zu erreichen, von dort aus die «Golden Hind» mit reicher Gewürzladung nach dem Mutterland zurückzuführen und damit – gleich wie vor ihm Delcano – diese zweite Weltumseglung mit einem von fünf Schiffen glücklich abzuschließen. Erwähnt sei hier noch die Reise des dritten Weltumseglers, *Thomas Cavendish,* der England 1586 verließ und, im wesentlichen Drakes Route folgend, ähnlich erfolgreiche Piratenaktivitäten betrieb, ohne jedoch Neuland aufzufinden.[101]

Nähere Kenntnis über die äußerste Südspitze des amerikanischen Kontinents brachte schließlich die Weltumseglung, welche die beiden Holländer *Jacob Le Maire* und *Willem Cornelis Schouten,* der erste als Expeditionsleiter, der zweite als Kapitän, im Jahre 1615 unternahmen. Der Eintritt Hollands in die westliche Hemisphäre ist vor dem Hintergrund einer geschichtlichen Entwicklung zu sehen, die mit dem Abfall der Niederlande von Spanien und dem Hause Habsburg [1581] einsetzte und im 17. Jahrhundert zu einer beispiellosen wirtschaftlichen Blüte der Republik und ihrer weltweit operierenden Seemacht führte.[102] Um 1620 war Amsterdam mit über hunderttausend Einwohnern das Zentrum der europäischen Seefahrt, der wichtigste Warenstapelplatz und die führende Warenbörse; und die großbürgerliche Oligarchie der Stadt entwickelte mit der Gründung von Fernhandelsvereinigungen, die ähnlich wie moderne Aktiengesellschaften funktionierten, ein kommerzielles Instrument, das dem iberischen Kronkapitalismus sowohl hinsichtlich der Kapitalreserven als auch der Flexibilität ihres Einsatzes überlegen war. Politisch richteten sich die maritimen Aktivitäten der Niederlande gegen Spanien wie Portugal, die seit 1580 unter Philipp II. in Personalunion verbunden waren. Nachdem bereits 1595 eine Flotte unter Cornelis de Houtman auf dem Weg ums Kap der Guten Hoffnung bis Indonesien vorgestoßen war, bedeutete die Gründung der «Vereinigten Ostindischen Kompanie» [V.O.C.] im Jahre 1602 den ersten Schritt zur Ausschaltung der portugiesischen Präsenz im malaiischen Raum. Das Gegenstück zu dieser Vereinigung, die «Westindische Kompanie», wurde im Jahre 1621 gegründet und erreichte nie die Bedeutung ihrer Vorgängerin. Ihr Versuch, in die portugiesische Stellung in Brasilien einzubrechen, mußte – wie zuvor jener der französischen Hugenotten – aufgegeben werden, und auch die wenigen Stützpunkte, die man an der nordamerikanischen Ostküste errichtete, waren nicht von Dauer. So blieben den Holländern nur wenige Positionen im südkaribischen Raum und ihre freilich zuweilen beträchtlichen Gewinne aus dem Kaperkrieg gegen die spanischen Silberflotten.

Die Weltumseglung von Le Maire und Schouten entsprang der Initiative des Handelshauses Le Maire, das sich dem Monopol der «Ostindischen Kompanie» nicht beugen und einen eigenen Weg zu den Gewürzinseln finden wollte. Die zwei Schiffe, die man dafür einsetzte, wurden in Hoorn an der Zuydersee, der damals zweitwichtigsten Hafenstadt der Niederlande, ausgerüstet. Am 14. Juni 1615 segelte man von der westfriesischen Insel Texel, dem Ausgangspunkt vieler holländischer Überseereisen, ab. Die südamerikanische Ostküste erreichte man, nach einer Atlantikpassage, die bis in Sichtweite der Insel Ascencion geführt hatte, weit im Süden, bei Puerto Deseado. Hier ergänzte man die Vorräte, und hier ging ein Schiff beim unvorsichtigen Kalfatern der Planken durch Brand verloren. Darauf segelte man Richtung Falkland-Inseln, wandte sich dann nach Südwesten und gelangte in Gewässer, die von Pinguinen, Seelöwen und Walfischen derart bevölkert waren, daß man sorgfältig manövrieren mußte, um den Tieren auszuweichen. Am 15. Januar 1616 segelte man in die Meeresstraße ein, die seither den Namen Le Mairestraße trägt. «So segelten wir», heißt es im Reisejournal, «mit großer Freude durch diese herrliche Passage und dankten Gott, daß er [uns] zu einem Teil verliehen hatte, wonach wir so [sehr] verlangt hatten. Danach wurde auf gemeinsamen Beschluß des [Schiffs-]Rates das westliche Land Mauritius von Nassau und das östliche Staaten-Land genannt.»[103]

Auf der Weiterfahrt passierte man, ohne ihn zu erkennen, den Zugang zum Beaglekanal, so benannt nach dem Schiff, auf dem Darwin bei seiner Weltumsegelung hier vorbeikam. Wenige Tage später wurde der südlichste Punkt des Kontinents, ein schneebedecktes Vorgebirge, bei stürmischem Wetter umfahren. «Nach dem Mittag», meldet der Bericht, «sahen wir Land in Nordnordwest, sehr hoch und weiß von Schnee, und erblickten im Westen zwei hohe Berge. Wir nahmen an, daß dort das hohe Land zu Ende sei. Als wir bei klarem Wetter das Ende sehen konnten, nannte unser Präsident es zu Ehren der Stadt Hoorn ‹Cabo de Hoorn›.»[104] Nach der Umsegelung des Kaps folgten Le Maire und Schouten einer etwas südlicheren Route als Magellan und traten in Java [Indonesien] in den Monopolbereich der V.O.C. ein, was zur Folge hatte, daß sie von den eigenen Landsleuten höchst ungnädig empfangen und Schiff und Waren beschlagnahmt wurden.[105]

Mit der erstmaligen Umsegelung des Kaps Hoorn durch die Holländer läßt sich das Kapitel der Erkundung des südamerikanischen Küstengebiets abschließen. Es verging viel Zeit, bis die Route ums Kap Hoorn zum regelmäßig befahrenen Seeweg wurde. Bis in die zweite Hälfte des 18. Jahrhunderts blieb es, wie James Cook berichtet, unter Seeleuten eine umstrittene Frage, welche der beiden Passagen – Magellanstraße oder Kap Hoorn – die weniger furchteinflößende sei.[106] Im 19. Jahrhundert wählten die Segelschiffe in der

II. Die Erkundung der Küsten

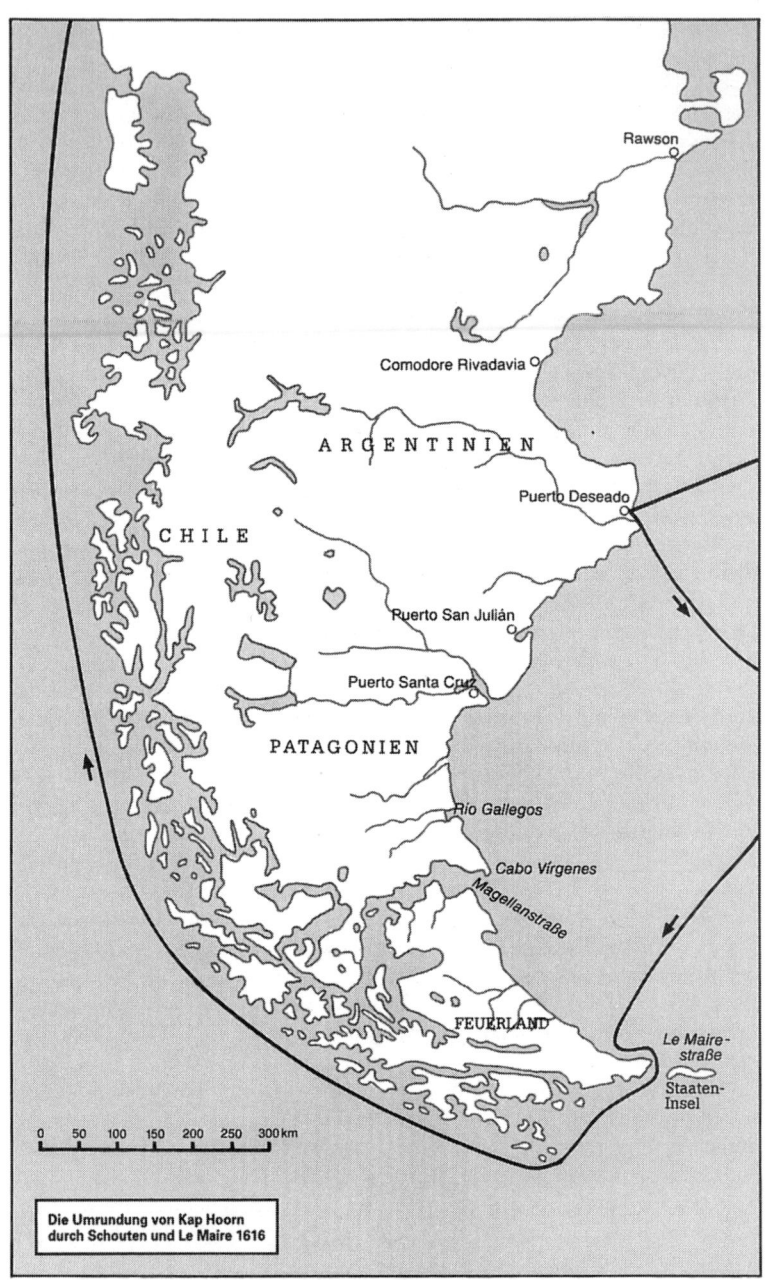

Regel die offenere Route ums Kap, während die Dampfschiffe, die nach 1860 in Verkehr kamen, die Magellanstraße bevorzugten. Heute sind die Gewässer südlich der Le Mairestraße fast wieder so einsam wie im 17. Jahrhundert. Und selbst die Inselbevölkerung der Feuerländer, die es damals noch gab, ist den eingeschleppten europäischen Krankheiten und dem Alkohol zum Opfer gefallen – in der Bibliothek des «British Museum» wird noch ein Vokabular in ihrer Sprache aufbewahrt, das ein Missionar gegen Ende des letzten Jahrhunderts aufgezeichnet hat.[107]

3. Nordamerika

Neufundland

Die Geschichte der Küstenerkundung im Norden folgt einem anderen Rhythmus als in der Karibik und im Süden.[1] Es fehlt hier eine Seefahrerpersönlichkeit wie Kolumbus, von deren Leistung vergleichbar beflügelnde Impulse ausgegangen wären. Die Vorstöße, wie sie von englischen und französischen Seefahrern gegen Ende des 15. und 16. Jahrunderts vorgetragen wurden, wirken fast zufällig, ordnen sich nicht ein in ein zielgerichtetes Konzept, sind gefolgt von Phasen entdeckerischer Untätigkeit. Das Interesse und eine substantielle Finanzierung durch die Krone ließen sich weder in England noch in Frankreich, wo Reformation und sozialer Wandel innenpolitischen Fragen Priorität verschafften, dauerhaft gewinnen. Zudem war die Zufahrt durch die nordatlantischen Gewässer, der widrigen Wind- und Strömungsverhältnisse wegen, riskanter als im Süden, und es fehlten die Inseln, welche wie Hispaniola, Kuba oder Puerto Rico eine Sprungbrettfunktion bei der Erschließung des Festlandes hätten übernehmen können. Hinzu trat schließlich, daß die ersten Nachrichten, die von diesen Gestaden in Europa eintrafen, kaum Auswanderungsgelüste weckten und Gerüchte über Gold- und Edelsteinvorkommen, die einzelne Seefahrer verbreiteten, sich rasch als irreführend erwiesen.

Die ersten englischen Atlantikreisen gingen in der zweiten Hälfte des 15. Jahrhunderts von Bristol, damals neben London der zweitgrößte Hafen des Landes, aus. Kaufleute aus dieser Stadt standen in regelmäßigen Handelsbeziehungen mit Spanien und Portugal, der Nord- und Ostsee, der französischen Atlantikküste, Irland und Island, und weitere Verbindungen mit der Levante, den Kanarischen Inseln, Madeira und den Azoren werden als wahrscheinlich angenommen.[2] Wir wissen von mehreren Erkundungsfahrten, die nach 1480 in Bristol gestartet wurden mit dem Ziel, neue Fischgründe oder vielleicht auch legendäre Inseln aufzufinden; aber es fehlen bisher alle Auskünfte darüber, wie weit die Schiffe vorstießen und welches Land sie allenfalls entdeckten. Wir wissen auch nicht, ob die Möglichkeit, Asien auf dem Westweg über den «schmalen Ozean» zu erreichen, in England bereits diskutiert wurde. Immerhin ist bekannt, daß Bartolomé, der Bruder des Kolumbus, als er auf seiner Propagandatour dem englischen König Heinrich VII. diese Idee vorlegte, einen ablehnenden Bescheid erhielt.

Deutlicher als seine namentlich kaum bekannten Vorläufer, wenn auch noch immer unscharf im Profil seiner Erscheinung und seiner Tat, tritt nach 1495 die Figur des *John Cabot* aus dem Schatten in die Geschichte. Zwar ist bis heute keine Beschreibung von ihm bekannt, kein Porträt und kein eigenhändiger Schriftzug; aber man weiß mit Sicherheit, daß er zwei große Atlantikreisen unternommen hat, von denen freilich niemand mit zureichender Präzision sagen kann, wohin sie führten. Fest steht immerhin, daß Cabot England zu seinem Rechtstitel auf Nordamerika verholfen hat, und auf seine Pionierleistung haben sich in der Folge die Engländer immer berufen.

Giovanni Cabotto wurde wahrscheinlich zur selben Zeit wie Kolumbus, um 1450, in Genua geboren. Er verbrachte seine Jugend in Venedig, wo er sich als Kaufmann betätigte und möglicherweise durch den Gewürzhandel bis nach Mekka gelangte. Seine Lebensspur führt weiter von Venedig nach Valencia in Spanien, wo er sich zwischen 1490 und 1493 aufhielt und vielleicht – wer weiß? – bei der triumphalen Rückkehr des Kolumbus nach dessen erster Reise anwesend war. In England dürfte Cabotto, den wir nun Cabot nennen, um 1495 eingetroffen sein; bereits am 5. März dieses Jahres erhielt er von Heinrich VII. einen Freibrief, der ihn berechtigte, «auf eigene Kosten und zu Ihren Lasten alle möglichen Inseln, Länder, Gegenden und Gebiete der Heiden und Ungläubigen, in welchem Teil der Erde sie auch gelegen sein mögen, aufzufinden, zu entdecken und zu untersuchen, soweit sie bisher den Christen unbekannt waren».[3] Die Worte sind sorgfältig gesetzt: Heinrich VII., der großen Wert auf die Erhaltung friedlicher Beziehungen zu Spanien legte, macht deutlich, daß er dessen Besitzrechte in den von Kolumbus bereits entdeckten Gebieten respektieren werde. Im zweiten Teil des Freibriefs werden John Cabot und seine Söhne als Vasallen und Statthalter des Königs in Pflicht genommen und angewiesen, von allen Einkünften, die sich aus der Seefahrt allenfalls ergeben könnten, nach Abzug der Unkosten ein Fünftel in Waren oder Geld abzuliefern.

Gewiß hat Cabot, als er seinen Plan dem König vorlegte, mit ähnlichen Argumenten wie vor ihm Kolumbus die Idee der Westfahrt nach Asien vertreten. Darauf deutet ein später verfaßter Rapport des mailändischen Gesandten in London, Raimondo de Soncino, hin, in dem es heißt: «Aber Herr Zoanne [Giovanni] hat seine Ziele weitergesteckt und überlegt schon, von dem erreichten Ort immer die Küste entlang weiter in Richtung Orient vorzustoßen, bis er eine um den Äquator gelegene Insel, die er Cipango nennt, vor sich hätte. Von dort, glaubt er, kämen alle Gewürze der Welt und alle Edelsteine...»[4] Es macht indessen den Anschein, als ob die Bristoler Kaufleute, als Cabot mit der Bitte um Finanzierung bei ihnen vorsprach, sich nicht recht hätten begeistern können: Das Geld, das zusammenfloß, reichte nur zur Ausrüstung eines kleinen Schiffes, der «Matthew», mit einer Besatzung von etwa zwanzig Mann.

Nachdem ein erster Versuch wegen Unruhen unter der Mannschaft kurz nach der Ausfahrt hatte abgebrochen werden müssen, verließ John Cabot den Hafen von Bristol am 20. Mai 1497. Über den Verlauf der Fahrt ist kaum etwas bekannt, da wir kein unmittelbares Zeugnis eines Mitreisenden, sondern nur Aufzeichnungen von Zuhausegebliebenen besitzen.[5] Nach einer Überfahrt, deren Dauer auf fünfunddreißig Tage berechnet worden ist, berührte man eine Küste jenseits des Atlantiks. Diese Reisedauer entsprach ziemlich genau derjenigen von Kolumbus' erster Reise, allerdings für eine nur halb so lange Distanz. Die Landung vollzog sich nicht anders als bei spanischen Entdeckungsfahrten: «Der Entdecker dieser Dinge», schreibt ein zeitgenössischer Gewährsmann, «pflanzte auf dem Land, das er gefunden hatte, ein großes Kreuz auf, zusammen mit einer Fahne von England und einer des Sankt Markus, da er Venezianer ist, so daß unsere Flagge sehr weit von zu Hause weg gehißt worden ist.»[6] Man stieß auf keine Bewohner, fand aber, wie Robinson, Fußspuren, die zur Vorsicht mahnten, denn eine derart kleine Besatzung durfte keinen Konflikt riskieren. Man setzte die Reise fort und folgte der unbekannten Küste während eines Monats in südöstlicher Richtung, wobei man auf den enormen Fischreichtum dieser Gewässer aufmerksam wurde. Dann trat man bei günstigen Wetter- und Windbedingungen die Rückfahrt an, die rund fünfzehn Tage dauerte und infolge einer Fehlüberlegung von Cabots Mitreisenden vor der bretonischen Küste endete. Von hier aus segelte die «Matthew» nach Bristol, wo sie am 6. August 1497 eintraf.

Die Frage, wo John Cabot in Amerika an Land gegangen sein könnte, ist unter den Spezialisten umstritten und kann heute noch nicht abschließend beantwortet werden. Wie im Falle des Kolumbus wird auch hier die «landfall discussion» immer wieder neu entfacht. Bei Cabot ist die Quellenlage noch deutlich unbefriedigender: keine Zeugnisse von unmittelbar Beteiligten; lückenhafte und knappe Berichte von solchen Personen, die sich nachträglich informierten; widersprüchliche Eintragungen auf alten Karten; irreführende und vielleicht absichtlich lügenhafte Aufzeichnungen von Cabots Sohn Sebastian, dem wir im Zusammenhang mit seiner späteren Reise zum Rio de la Plata schon begegnet sind.[7] Die bisher vorliegenden Hypothesen zu Cabots transatlantischer Landungsstelle, die einen weiten Freiraum menschlicher Einbildungskraft und patriotischen Wunschdenkens abdecken, sind sich vor allem in dem einen Punkt nicht einig, ob der Seefahrer zum amerikanischen Festland gelangt oder nur zur Insel Neufundland vorgedrungen sei. Eine Frage von nicht geringem Gewicht; denn falls Cabot tatsächlich Labrador, Neu Schottland oder gar Maine erreicht hätte, wäre er Kolumbus, der Venezuela 1498 erstmals sichtete, bei der Entdeckung des amerikanischen Festlandes zuvorgekommen!

Am wahrscheinlichsten, wenn auch keineswegs lückenlos belegbar, scheint heute die These von Samuel Eliot Morison, der den «landfall» beim Kap

Dégrat an der Nordspitze Neufundlands annimmt und davon ausgeht, daß Cabot über eine Erkundung der Ostküste dieser Insel nicht hinausgekommen sei.[8] Ist dem so, dann hat Cabot nur wenige Seemeilen von der Stelle entfernt angelegt, an der fünfhundert Jahre zuvor der Wikinger Leifr Eiríksson mit dem Aufbau der ersten Kolonie von L'Anse aux Meadows begann. Morisons These wird vor allem durch einen erst 1956 aufgefundenen Brief eines englischen, in Spanien ansässigen Kaufmanns an Kolumbus erhärtet, worin unter anderem festgehalten wird, Cabot habe «einen Monat damit verbracht, die Küste zu entdecken»[9] und sei dann vom Punkt seiner ersten Landungsstelle aus wieder nach Europa zurückgesegelt. Einen solchen Reiseverlauf an der Ostküste Neufundlands zu lokalisieren, erscheint nach Morisons Argumentation, welche alle denkbaren Rahmenbedingungen wie geographische Gegebenheiten, Distanzen, Jahreszeit etc. berücksichtigt, zumindest plausibel.

Cabot hatte von seiner Reise zwar wenig Aufsehenerregendes zurückzubringen, keine Papageien, kein Gold und keine Indianer, aber er erregte allgemeines Aufsehen und wurde vom König empfangen und großzügig entlöhnt. «...er wird Großadmiral genannt», schreibt ein Zeitgenosse, «große Ehre wird ihm erwiesen, er geht in Seide gewandet, und die Engländer sind verrückt nach ihm...»[10] Zweifellos war Cabot nun ganz davon überzeugt, einen Teil Asiens, nämlich das Cathay Marco Polos entdeckt zu haben; auch faßte er sogleich eine weitere Unternehmung ins Auge und trug sich mit weitreichenden handelspolitischen und gar missionarischen Absichten. «Ich glaube», schreibt der bereits erwähnte Soncino zur geplanten neuen Reise an den Herzog von Mailand, «auch ein paar arme italienische Mönche, denen ein Bistum versprochen wurde, machen die Fahrt mit. Und ich könnte, nachdem ich mit dem Admiral befreundet bin, ein Erzbistum haben, wenn ich mitfahren wollte, aber ich habe gedacht, die Pfründen, die mir Eure Exzellenz in Aussicht gestellt haben, seien sicherer...»[11]

Soncino war mit seinem Entschluß wohl beraten, denn John Cabots nächste Reise war ein völliger Mißerfolg. Man weiß, daß der Seefahrer im Februar 1498 von Heinrich VII. einen weiteren Freibrief ausgestellt erhielt, der den ersten im wesentlichen bestätigte, und daß Anfang Mai 1498 fünf Schiffe unter seinem Oberbefehl von Bristol ausliefen. Eines dieser Schiffe geriet in Seenot, suchte an der irischen Küste Schutz und kehrte dann nach Bristol zurück. Über das Schicksal der andern Schiffe und das Los des Oberkommandierenden ist nichts bekannt. Möglich, daß doch einige Seeleute überlebten, aber neue Informationen oder kostbare Fracht haben sie bestimmt nicht mitgebracht – dies hätte sich in den Quellen niederschlagen müssen. Auffällig ist vielmehr, daß von dem Plan, die Reichtümer Asiens und das Land des «Großkhans» auf dem Westwege zu erreichen, in England nun lange Zeit nicht mehr die Rede ist, wohl ein deutliches Indiz für das Scheitern von John Cabots Unternehmung.

Die Geschichte der weiteren Erkundungsfahrten, die Neufundland galten, ist spärlich dokumentiert und rasch erzählt. Portugiesen und Engländer

3. Nordamerika

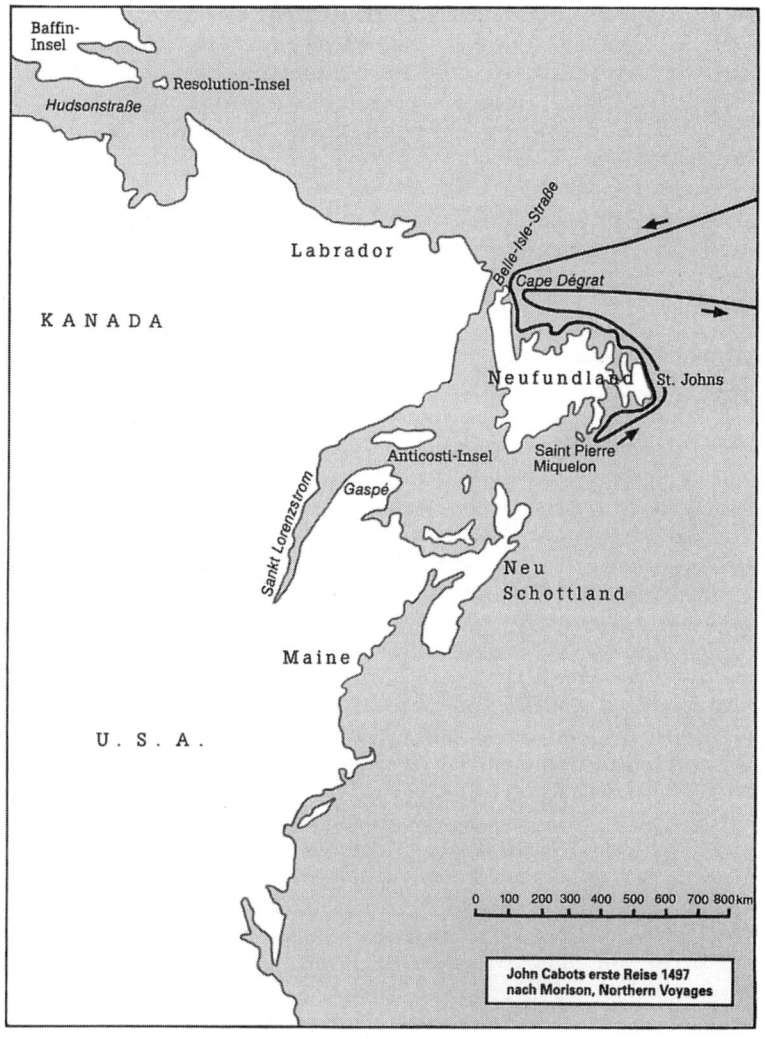

John Cabots erste Reise 1497
nach Morison, Northern Voyages

waren daran beteiligt.[12] Im Jahre 1499 erhielt *João Fernandes*, ein kleiner portugiesischer Gutsbesitzer, ein «lavrador» von den Azoren, von König Manuel I. einen Freibrief, der ihm das Gouverneursamt für «alle Inseln, bewohnt oder unbewohnt, die er entdecken und neu auffinden möge», versprach.[13] Fernandes gelangte wahrscheinlich nach der Insel Grönland, die bereits im 10. Jahrhundert von Norwegen aus aufgesucht worden war, zu der es aber längst keine Verbindungen mehr gab. Die Portugiesen gaben dieser Insel zu Ehren ihres Oberkommandierenden den Namen «Tiera del Lavrador», der später auf die Nordostküste Kanadas übertragen wurde und dort in der Bezeichnung Labrador hängenblieb. Fernandes gelangte später noch nach Bristol, wo ihm Heinrich VII. einen Freibrief ausstellte; dann ist von ihm nicht mehr die Rede.

Weitere portugiesische Unternehmungen bleiben mit dem Namen des portugiesischen Adelsgeschlechts der Corte-Real verknüpft. Im Jahre 1500, zum Zeitpunkt von Cabrals Brasilienfahrt, unternahm *Gaspar Corte-Real* eine erste Reise, die ihn nach Neufundland geführt haben dürfte. Im Jahre 1501 fuhr er mit drei Schiffen erneut aus. Wir verdanken dem italienischen Diplomaten und Kartenmacher Alberto Cantino, der in Lissabon die Rückkehr zweier Schiffe erlebte, einen klugen Kurzbericht. Darin wird davon gesprochen, daß die Schiffe durch Treibeis am weiteren Vordringen gehindert worden seien und daß man mit schmelzendem Eis die Süßwasservorräte ergänzt habe. Auch der Reichtum der Insel Neufundland an Wild aller Art und ihr großer Waldbestand, mit Bäumen, die als Masten für die größten Schiffe dienen könnten, wird erwähnt. Vom Italiener erfahren wir schließlich, daß Gaspar Corte-Real fünfzig Neufundland-Indianer raubte und dem portugiesischen Hof vorführte, zweifellos Angehörige des Beothukstammes, der in der ersten Hälfte des 19. Jahrhunderts ausgerottet worden ist. «Ich habe diese Leute gesehen, berührt und untersucht», schreibt Cantino, «und um mit ihrer Gestalt zu beginnen, erkläre ich, daß sie etwas größer sind als wir im Durchschnitt, mit vergleichbaren, wohlgeformten Gliedmaßen... Ihre Sprache ist unverständlich, aber dennoch nicht rauh, sondern ziemlich menschlich. Ihr Verhalten und ihre Gebärden sind sehr angenehm, sie lachen sehr und äußern gern ihre Freude. Soviel zu den Männern. Die Frauen haben kleine Brüste, wunderschöne Körper und recht angenehme Gesichter.»[14]

Von seiner zweiten Reise kam Gaspar Corte-Real nicht mehr zurück: Das dritte Schiff, sein Flaggschiff, blieb verschollen. Auch sein älterer Bruder Miguel, der 1502 mit zwei Schiffen nach Neufundland fuhr, kam auf hoher See um. In der Folge verlor König Manuel die Lust, ähnliche Vorhaben zu unterstützen. Die Ergebnisse dieser portugiesischen Unternehmungen haben in der von Cantino angefertigten berühmten Weltkarte, die heute in Modena aufbewahrt wird, ihren Niederschlag gefunden: Neufundland, bereits auf der frühen Karte von La Cosa verzeichnet, wird hier, ohne daß Cabot auch nur erwähnt wird, dem portugiesischen König zugesprochen.[15] Eine weitere Reise, um 1502 von den Portugiesen *Francisco Fernandes* und *João Gonsalves* im Auftrag des englischen Königs ausgeführt, hat, soweit wir wissen, diesen Wissensstand nicht zu erweitern vermocht.

Keine neue und vor allem keine sichere Information vermittelt auch eine Reise, die vom ersten Historiker der Neuen Welt, Peter Martyr, Sebastian Cabot zugeschrieben wird. Martyr lernte den jüngeren Cabot in Sevilla persönlich kennen, als dieser zum «Piloto mayor» berufen worden war, und entnahm gemeinsamen Gesprächen Hinweise auf eine Nordatlantikfahrt, die der Seefahrer im Jahr 1508 mit zwei Schiffen und dreihundert Mann Besatzung unternommen haben wollte. Auf seiner Reise, so Martyr, sei Cabot auf derartige Mengen von Fischen gestoßen, «daß sie gelegentlich die Fahrt der Schiffe behinderten», und man sei Bären begegnet, die sich von den Fischen nährten.[16] Die übrigen Quellen, die sich mit dieser Reise befassen, lassen einen definitiven Schluß darüber, ob sie wirklich stattgefunden hat, nicht zu. Williamson hält es für möglich, daß der Seefahrer die Hudsonstraße erreicht haben könnte;[17] Morison glaubt nicht an eine Nordatlantikfahrt des jüngeren Cabot und betrachtet lediglich dessen Reise zum Rio de la Plata als erwiesen.[18]

Erwähnt sei hier noch die Reise, die den Portugiesen *João Álvares Fagundes* ums Jahr 1525 zum Cape Breton Island südwestlich von Neufundland führte. Bedeutsam ist diese Fahrt deshalb, weil Fagundes mit bretonischen Fischern in Konflikt geriet, die hier bereits ihre Netze auslegten. In der Tat lassen sich die Anfänge der französischen Fischerei vor den Neufundlandbänken bis zur Unternehmung eines *Jean Denys* aus Honfleur im Jahre 1504 zurückverfolgen.[19] Um 1510 dürften bretonische, normannische und baskische Seeleute regelmäßig mit Fischladungen aus den Gewässern um «Terre-Neuffve» zurückgekehrt sein, und erste Berichte über die Ankunft von nordamerikanischen Indianern in Rouen stammen aus dem Jahr 1509.[20] Wie weit solche Unternehmungen bereits ins 15. Jahrhundert zurückreichen und wie weit ihnen der Charakter von Entdeckungsreisen zugestanden werden kann, ist umstritten. Sicher handelte es sich dabei um rein private Unternehmungen, denn das Königshaus der Valois konzentrierte sich auf den Mittelmeerhandel und war an den Möglichkeiten, welche die spanischen und portugiesischen Entdeckungsfahrten aufzeigten, nicht interessiert. Auf die geschichtliche Rolle Frankreichs weist noch heute die Existenz der beiden Neufundland im Süden vorgelagerten Inseln Saint Pierre und Miquelon hin, der beiden einzigen nordamerikanischen Territorien, die durch die Turbulenzen der Zeitläufte hindurch französisch geblieben sind.

Von Florida bis Neu Schottland

Wir haben gesehen, daß die spanischen Vorstöße aus dem karibischen Raum zur nordamerikanischen Ostküste nicht über Florida hinauskamen. Ponce de León hatte 1513 auf der Suche nach dem Jungbrunnen Kap Canaveral erreicht, und Menéndez de Avilés war es 1565 gelungen, die verhaßten französischen Hugenotten von der Halbinsel zu vertreiben, dadurch die Westflanke der spanischen Rückfahrroute zu sichern und ein gottgefälliges Werk zu tun. Aber weiter reichte der lange Arm Spaniens hier nicht; denn inzwischen war die Binneneroberung Mexikos und Perus ganz in den Vordergrund getreten und zog die Mehrzahl der Auswanderer in ihren Bann. Den Anspruch freilich auf territoriale Oberhoheit auch im Norden gab die Krone nicht auf.

Der französische König jedoch, Franz. I., ein Renaissancefürst von weitgespannter Bildung und ausgeprägter Unternehmungslust, dachte nicht mehr daran, diese papierenen Rechtstitel zu respektieren.[21] Er sah sehr klar, daß der Vertrag von Tordesillas Portugal und Spanien unter Ausschluß der übrigen atlantischen Anliegerstaaten ein rechtlich zweifelhaftes Handelsmonopol einräumte, dies aufgrund einer globalen päpstlichen Oberhoheit, die er so nicht akzeptieren konnte. In einer Erklärung aus dem Jahre 1541, die auf die Entdeckungsfahrten des Jacques Cartier nach dem Sankt Lorenzstrom Bezug nimmt und die uns ein Korrespondent Kaiser Karls V. überliefert hat, wird dies deutlich ausgedrückt. Franz I. habe, schreibt der Berichterstatter, seine Schiffe nicht ausgesandt, um den Frieden und die Freundschaft, die ihn mit dem Kaiser verbänden, zu gefährden, er sei indessen der Meinung, «daß die Sonne für ihn ebenso wie für die anderen leuchtet, und er möchte gern das Testament Adams sehen, um sich Rechenschaft zu geben, wie dieser die Erde und die anderen Dinge der gleichen natürlichen Beschaffenheit aufgeteilt hat».[22]

So offen konnte sich der französische König im Jahre 1522 noch nicht ausdrücken, als er *Giovanni da Verrazano* den Auftrag erteilte, einmal mehr auf dem Westweg nach den Reichtümern Cathays zu suchen; aber daß er schon damals so dachte, ist gewiß.[23] Zwar ist wahrscheinlich, daß die erste Initiative auch hier – wie im Falle von Kolumbus, Magellan oder John Cabot – vom Seefahrer selbst ausging; aber man weiß, obwohl ein entsprechender Freibrief verlorengegangen ist, daß Franz I. der Angelegenheit sofort seine Aufmerksamkeit schenkte und auch mehrere Schiffe der königlichen Flotte, darunter die «Dauphine», für das Unternehmen freistellte. Die materiell entscheidende Unterstützung kam indes von Bankiers und Kaufleuten der Handelszentren Lyon und Rouen. Zu Lyon unterhielt die Familie der Verrazanos, ursprünglich florentinischer Herkunft, verwandtschaftliche und kommerzielle Beziehungen, und es ist möglich, daß Giovanni hier geboren wurde. Auch mit Rouen und den aufstrebenden Hafenstädten der Normandie stand Giovanni da Verrazano in engem beruflichem und geschäftlichem Kontakt, und man weiß, daß der mächtige Jean Ango aus Dieppe, der im Guinea- und Neufundlandhandel ein Vermögen gemacht hatte, seinem Anliegen wohlgesinnt war.[24]

Nachdem eine erste Ausfahrt mit mehreren Schiffen wegen ungünstiger Witterung gescheitert war, verließ Verrazano am 17. Januar 1524 mit der «Dauphine» die Insel Madeira, wo er Proviant geladen hatte. Man nimmt an, daß das Schiff gegen hundert Tonnen faßte und rund fünfzig Mann Besatzung aufnahm. Anfang März traf die «Dauphine» vor dem Kap Fear im heutigen North Carolina ein. Ein Bordbuch ist nicht überliefert, aber wir sind über den Verlauf der Reise durch einen Brief in italienischer Sprache unterrichtet, die Kopie eines Schreibens Verrazanos und möglicherweise versehen mit Ergänzungen von seiner Hand, verfaßt in Dieppe unmittelbar nach der Rückkehr Anfang Juli 1524 und adressiert an den König.[25] Der Text verrät eine gute humanistische Bildung und einen aufgeschlossenen Geist, dessen Neugier sich stärker an der andersartigen Umwelt als am möglichen Profit orientiert; an sprachlicher Aussagekraft steht er den Aufzeichnungen von Kolumbus und Vespucci nicht, und jenen von Jean de Léry nur wenig nach.

Gleich nach seiner Ankunft in Nordamerika traf Verrazano auf die ersten Indianer, staunte über ihre Nacktheit und stellte die Wohlgestalt ihrer physischen Erscheinung fest; auch glaubte er, von den üblichen Erwartungen inspiriert, die Vertreter orientalischer Völkerschaften vor sich zu haben. «Ihre Augen», schreibt er, «sind schwarz und groß, ihr Blick ist durchdringend und rasch. Sie sind nicht sehr kräftig, aber haben einen hellen Verstand, sind sehr beweglich und ausgezeichnete Läufer. Diese letzten beiden Eigenschaften lassen sie, wenn wir unserer Erfahrung vertrauen können, den Orientalen ähnlich scheinen, vor allem denen aus den entferntesten Gegenden Chinas.»[26] Verrazano war beeindruckt vom weiten Sandstrand der Ostküste und den ausgedehnten Wäldern mit mediterranem Baumbestand: Palmen, Zypressen, Lorbeer. Auch in der Vegetation und im aromatischen Geruch der Pflanzen wurde für ihn die Nachbarschaft zu Asien spürbar, und der Boden, meint er, verrate durch seine Farbe das Vorhandensein von Gold. Anläßlich einer weiteren Begegnung mit den Indianern kam es zu einem Vorfall, der die beidseitige Unsicherheit solch früher Kulturkontakte trefflich widerspiegelt. Man hatte einen Matrosen mit ein paar kleinen Geschenken zum Ufer schwimmen lassen, die er einer Gruppe von Indianern zuwerfen sollte. Eine große Welle ergriff den Seemann und trug ihn halb entseelt an Land. Mit Entsetzen beobachtete die Mannschaft, wie er sofort von den Indianern umringt wurde und diese sich anschickten, ein Feuer zu entzünden. Niemand zweifelte daran, daß der Matrose gekocht und verspeist werden würde. Groß war indes die Erleichterung, als sich zeigte, daß die Indianer sich damit begnügten, den nackten Körper des Matrosen genau zu mustern und beim Feuer trocknen zu lassen. Dann führten die Indianer ihn an den Strand zurück: «Mit der größten Freundlichkeit begleiteten sie ihn Arm in Arm zum Meer; dann, damit er sich vom Schrecken erholen konnte, zogen sie sich auf einen ziemlich hohen Hügel zurück und fuhren fort, ihn zu betrachten, bis er ins Boot gestiegen war.»[27]

Verrazano entschloß sich, der Küste in nördlicher Richtung zu folgen, da es nicht ratsam schien, den Spaniern zu begegnen, von deren Vorstoß nach Florida er Kenntnis hatte. Er erreichte die ausgedehnten Buchten des Pamlico und Albemarle Sound, die durch langgestreckte sandige Nehrungen vom offenen Atlantik abgetrennt werden – ungastliche Gewässer, die noch heute ihre Opfer fordern. Daß Verrazano hier glaubte, nur noch durch eine schmale Landenge von China getrennt zu sein, kann niemanden erstaunen, der den ungewöhnlichen Küstenverlauf je aus dem Flugzeug erblickt hat. «Wir fuhren», schreibt der Seefahrer, «dieser Landenge entlang in der zähen Hoffnung, einen Durchlaß und ein wirkliches Vorgebirge zu finden, wo

158   *II. Die Erkundung der Küsten*

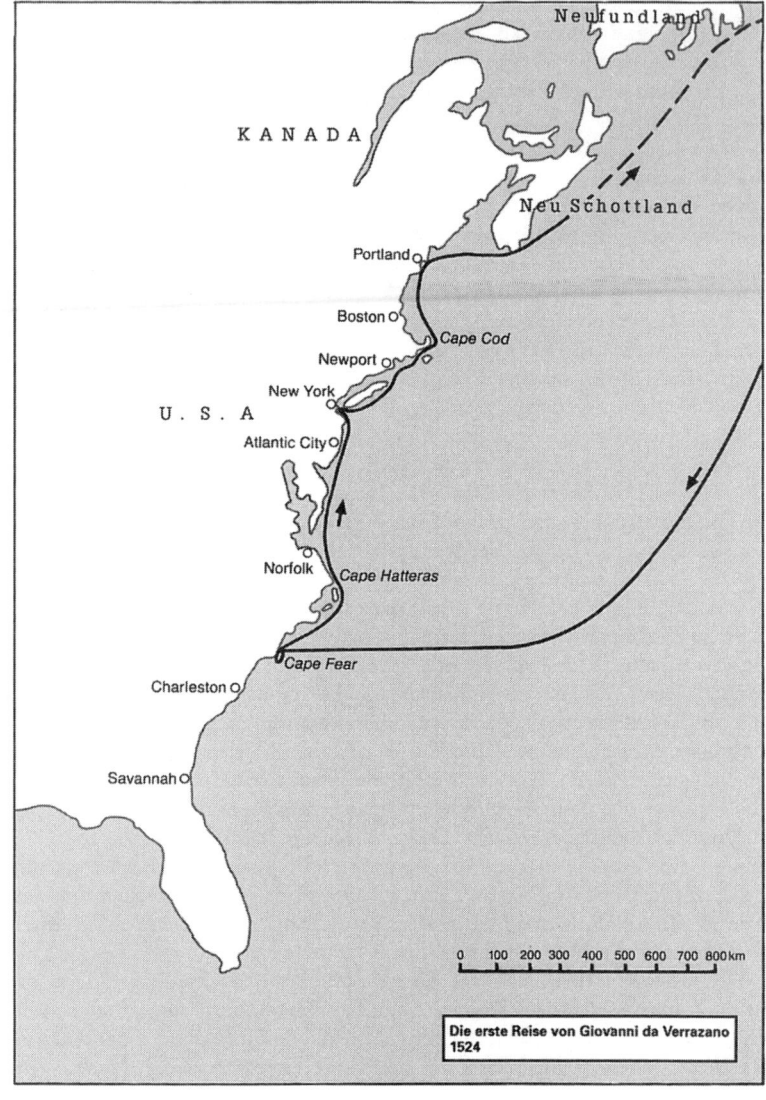

dieses Land im Norden enden müßte, damit wir die gesegneten Gefilde Cathays erreichen könnten.»[28]

Tagsüber segelnd und nachts den Anker auswerfend, setzte Verrazano die Fahrt fort und passierte, ohne ihn zu erkennen, den Eingang zur Chesapeake Bay. Nördlich davon, wahrscheinlich an der Küste des heutigen Bundesstaates Maryland, stieß er auf eine überaus reizvolle Landschaft, die er in Anlehnung an die bukolische Idyllendichtung seiner Zeit «Arcadia» nannte. Die nächste Ankerstelle der «Dauphine», die sich genau lokalisieren läßt, ist die Bucht von New York an der Mündungsstelle des Hudson River, einer der besten und größten Häfen der Welt, in den folgenden Jahrhunderten der Ankunftsort ungezählter Scharen von Auswanderern. Von dem, was aus seiner Entdeckung werden sollte, konnte Verrazano nichts wissen; aber er erkannte mit seemännischem Blick die vorzügliche Beschaffenheit der Bucht und widmete ihr eine kurze Schilderung, das erste schriftliche Dokument zur Geschichte der Weltstadt. «Nach einer Strecke von hundert Leguas fanden wir eine sehr reizvolle Stelle zwischen zwei kleinen Hügeln, die sie beherrschten. Zwischen ihnen ergoß sich ein sehr mächtiger Fluß ins Meer. Er war an der Mündung tief und konnte bei ansteigender Flut, die eine Höhe von acht Fuß erreichte, von jedem beladenen Schiff befahren werden. Da wir an gut geschützter Stelle vor der Küste ankerten, wollten wir uns nicht ohne Kenntnis der Mündung hineinwagen. Wir fuhren mit dem Boot den genannten Fluß hinauf zum Land, das wir stark bevölkert fanden.»[29] Man sieht, durch die Augen des Verrazano, die Szenerie in großartiger Unberührtheit vor sich: Brooklyn im Osten, Staten Island im Westen, die bewaldete Insel Manhattan mit ihren freundlichen und staunenden Bewohnern, an die heute nur noch der Ortsname erinnert. Zum Gedächtnis an den Seefahrer hat man 1964 an der engen Stelle, welche die äußere von der inneren Bucht trennt, die Verrazano-Narrows Bridge errichtet, zu jenem Zeitpunkt der Welt größte Hängebrücke.

Frisch aufkommende Winde veranlaßten Verrazano, von einer genaueren Erkundung der Bucht abzusehen und die Fahrt nach Norden fortzusetzen. Man erreichte die Narragansett Bay an der Stelle, wo sich heute Newport, ein eleganter Ausflugsort der New Yorker Gesellschaft, befindet. Im Brief des Seefahrers werden die Vorzüge dieses Ankerplatzes, an dem man sich während fünfzehn Tagen aufhielt und dem man den Namen «Refugio» gab, begeistert und mit überprüfbarer Genauigkeit beschrieben. Auch enthalten diese Aufzeichnungen eine ethnographisch bedeutsame Schilderung der damals dort lebenden Wampanoagindianer. Verrazano zeigt sich von deren liebenswürdiger Wesensart entzückt und glaubt in ihren sanften und edlen Physiognomien einen Widerschein antiker Schönheit aufzufinden, damit eine Vermutung über die geschichtliche Herkunft dieser Völker andeutend, die noch von den Reisenden des 18. Jahrhunderts mit Nachdruck vertreten worden ist.[30] Man wird die Glaubwürdigkeit des Seefahrers nicht in Zweifel ziehen, wenn er von der Begegnung mit den Indianern schreibt: «Sie sind sehr großzügig und geben alles her, was sie haben. Wir sind ihnen in großer Freundschaft verbunden.»[31]

Doch Verrazanos Interesse erschöpfte sich nicht in der Aufzeichnung flüchtiger Tauschkontakte. Er suchte die Indianer in ihren Wohnstätten auf, studierte den einfachen, aber zweckdienlichen Bau ihrer Unterkünfte und wurde auf die halbnomadisierende Lebensweise der Wanderfeldbauern aufmerksam. Auch von den natürlichen Reichtümern des Landes und vom Geschick seiner Bewohner, diese zu nutzen, ist im Bericht ausführlich die Rede: Verrazano, offensichtlich im Blick auf eine künftige Besiedlung, preist das fruchtbare Grasland und die leicht zugänglichen Waldungen der Bucht, gerät aber in die bei frühen Reisenden oft zu beobachtende Schwierigkeit, für die Pflanzen und Tiere, die er beschreibt, noch keinen brauchbaren Namen verfügbar zu haben. Diese Schilderung, bald auch in englischer Übersetzung zugänglich gemacht,[32] sollte ihre einflußreichen Leser finden, unter ihnen Roger Williams, der über hundert Jahre später an der Narragansett Bay die Puritanersiedlung Providence gründete mit dem festen, freilich auf die Dauer vergeblichen Vorsatz, den Indianern mit jenem Vertrauen zu begegnen, das diese seinerzeit den ersten europäischen Ankömmlingen geschenkt hatten.

Anfang Mai 1524 setzte Verrazano seine Fahrt in ständigem Sichtkontakt mit der Küste fort und erreichte das Kap Cod, jene sichelartig vorspringende Halbinsel, in deren Bucht 1620 die «Pilgrim Fathers» die Siedlung New Plymouth gründen sollten. Man folgte der Küste des heutigen Bundesstaates Maine und traf auf Indianer, die als ausgesprochen unfreundlich geschildert werden: «Keine Gefälligkeit konnte sie für uns einnehmen; und wenn sie nichts mehr einzutauschen hatten, vollführten diese Menschen, während wir uns entfernten, alle jene Gebärden der Verachtung und Schamlosigkeit, die rohen Kreaturen eigen sind, etwa, indem sie uns lachend ihren Hintern zeigten.»[33] Die weiteren Stationen der Reise sind aufgrund des Briefberichts schwer zu lokalisieren. Man nimmt aber an, Verrazano habe Kap Sable, die Südspitze des heute zu Kanada gehörigen Neu Schottland, erreicht und sei dann der bereits bekannten Ostküste von Neufundland gefolgt, bevor er zur Rückfahrt über den Nordatlantik aufbrach.[34] Auf den Karten, die nach Verrazanos Reise in Europa erschienen, werden die von ihm zuletzt aufgesuchten Gegenden als «Norumbega» bezeichnet und sind unter diesem Namen auch in der Dichtung besungen worden; woher das Wort stammt, ist ungewiß, und Vermutungen, wonach wikingische Seefahrer den Begriff geprägt haben könnten, sind schwer zu erhärten.[35] Am 8. Juli 1524 traf die «Dauphine» im Hafen von Dieppe ein.

Es ist das beachtliche Verdienst Giovanni da Verrazanos, klar erkannt und demonstriert zu haben, daß ein Küstengebiet von über zweitausend Kilometern Länge, gelegen zwischen dem 34. und 44. Breitengrad, unmöglich ein bloßer Ausläufer Asiens sein konnte und daß es sich hier um eine «Neue Welt» im wahrsten Sinne des Wortes handelte. Einen Durchlaß nach China konnte auch Verrazano nicht finden, und die Sehnsucht, dieses Ziel zu erreichen, blieb späteren Seefahrern ungeschmälert erhalten. Auch eine weitere Absicht, nämlich die Besiedlung und Urbarmachung der entdeckten Gebiete einzuleiten und die Mission der indianischen Bevölkerung zu ermöglichen, war vorerst nicht zu verwirklichen: Franz I., wenig später nach dem unglücklichen Feldzug in Italien gefangengesetzt, hatte andere Prioritäten, und es lag ihm näher und war auch leichter zu bewerkstelligen, sich mit den Türken gegen Spanien zu verbünden als jenseits des Atlantiks ein neues Machtpotential aufzubauen. Auch zur Verbesserung der kartographischen Kenntnis von der nordamerikanischen Ostküste hat Verrazano wenig beigetragen: Er vermied es, die Buchten genau zu untersuchen, um mögliche Hafenplätze auszukundschaften, und hinterließ keine Kartenskizzen. In dieser Hinsicht blieb den ihm nachfolgenden englischen, holländischen und schwedischen Seefahrern noch viel zu tun.

Giovanni da Verrazano unternahm, zusammen mit seinem Bruder Girolamo, noch zwei weitere Reisen, die nicht von entdeckungsgeschichtlicher Bedeutung sind: Nach einer Unternehmung, von der wenig mehr bekannt ist, als daß sie den «Gewürzen Indiens» galt, verließ der Seefahrer Dieppe im Jahre 1528 erneut, offenbar in der Absicht, in Brasilien eine Ladung Farbholz aufzunehmen. Dem spärlichen Quellenmaterial, das sich zu dieser Reise erhalten hat, ist zu entnehmen, daß Verrazano eine Antilleninsel, vielleicht Jamaica, erreichte und dort von Indianern umgebracht wurde.[36]

In unmittelbaren Zusammenhang zu Verrazanos erster bedeutender Reise gehören zwei spanische Unternehmungen, die zwar kaum neue Kenntnisse brachten, aber doch anzeigen, daß Spanien seinen Anspruch auf den Norden Amerikas nicht ganz aufzugeben gewillt war. Beunruhigt durch Informationen über die Vorbereitung von Verrazanos Amerikafahrt, die er von seinen Spitzeln aus Frankreich erhielt, entschloß sich Kaiser Karl V., Frankreich durch Entsendung einer eigenen Expedition entgegenzutreten. Zum Kommandanten des Schiffes, das in seinem Auftrag erneut einen Durchlaß nach «Cathayo oriental» suchen sollte, wurde *Esteban Gómez* bestimmt, ein Seemann portugiesischer Herkunft, der uns bereits als Meuterer auf Magellans Weltumseglung begegnet ist. Gómez verließ den Hafen von La Coruña im Nordwesten Spaniens im September 1524 – zu spät, um Verrazano noch abfangen oder ihm zuvorkommen zu können. Er erreichte Neufundland, mußte aber, da die Jahreszeit schlecht gewählt war, wegen des Treibeises auf einen Vorstoß zur Mündung des Sankt Lorenzstroms verzichten. So wandte sich Gómez nach Süden, folgte dem Küstenverlauf von Neu Schottland und Maine, umrundete das Kap Cod und trat kurz darauf die Rückfahrt an. Die Reise brachte wenig neue Information, ist aber dadurch nicht uninteressant, daß sie in der zeitgenössischen Kartographie, insbesondere in den Arbeiten des Portugiesen Diogo Ribeiro, einen greifbaren Niederschlag fand.[37]

Auch *Luis Vasquez de Ayllón*, der 1525 von Santo Domingo aus mit mehreren Schiffen zur nordamerikanischen Ostküste aufbrach, gelang es weder eine Durchfahrt nach China zu finden noch die maritime Präsenz

Spaniens in diesen Gewässern überzeugend zu demonstrieren. Man nimmt an, daß Ayllón bis zum Kap Fear vordrang und dort einen kurzlebigen Stützpunkt gründete; doch der Oberbefehlshaber erlag dem ungesunden Klima, feindselige Indianer und Nahrungsmittelknappheit ruinierten die Moral der Siedler, und nur wenige Überlebende kehrten schließlich nach Hispaniola zurück.[38]

Die Reisen von Gómez und Ayllón erscheinen im Gesamtzusammenhang als recht dürftiger Abgesang auf die glänzende Periode spanischer Alleinherrschaft in den karibischen Gewässern. Zu Lande, von seiner neuerworbenen mexikanischen Position aus, sollte Spanien seine Ansprüche auf Nordamerika noch über zwei Jahrhunderte lang hartnäckig verteidigen. Zur See aber nahte die Stunde Großbritanniens.

Freilich nahm man sich in England Zeit. Die Fahrten von John Cabot hatten zwar bewiesen, daß es dort an nautischem Know-how und geeigneten Schiffen nicht fehlte, aber sie entfalteten keine beflügelnde Wirkung. In die Regierungszeit Heinrichs VIII., von 1509 bis 1547, fallen keine Seereisen, welche mitgeholfen hätten, die europäische Kenntnis der transatlantischen Regionen zu erweitern. Das innenpolitische Klima, geprägt durch den Bruch des Königs mit Rom und das Vordringen der Reformation sowie durch die Abwanderung verarmter Bauern in die Städte und die Entstehung eines urbanen Proletariats, war solchen Unternehmungen nicht günstig.[39] Dabei war Heinrich, ein wißbegieriger und selbstbewußter Potentat, durchaus an geographischen Fragen interessiert und wies Kartographen an, entsprechende Informationen zu sammeln; doch zugleich lag ihm an der Erhaltung des Friedens mit Spanien; und er respektierte dessen territoriale überseeische Ansprüche, auch wenn ihm nicht verborgen blieb, daß es sie militärisch nicht überall wirksam zu verteidigen vermochte. Was die englischen Kaufleute anbetraf, zogen sie dem ungewissen Gewinn, der sich allenfalls in Amerika machen ließ, das sichere Geschäft des europäischen Handels, das dem Privatkapitalismus mächtigen Auftrieb verliehen hatte, vor: Sie blickten nach Antwerpen, Süddeutschland, Venedig und dem Baltikum und suchten sich Handelspartner in Nordafrika und in der Levante. Interessant ist in diesem Zusammenhang auch der Versuch der 1553 in London unter dem Namen «Merchant Adventurers» gegründeten Handelskompanie, Asien auf dem Weg nach Nordosten, also um das skandinavische Nordkap herum, zu erreichen – eine Unternehmung, die zwar ihr Ziel verfehlte, aber doch zu einer Belebung des englischen Rußlandhandels beitrug.[40] Im Atlantik dagegen beschränkte man sich auf den Heringsfang bei den Neufundlandbänken, auf den Zwischenhandel mit einigen Inseln und auf gelegentliche Kaperfahrten von privater Seite, die sich gegen spanische Schiffe richteten.

Dies begann sich mit dem Amtsantritt Königin Elisabeths I. im Jahre 1558 allmählich zu ändern. In einer Petition, die der humanistisch gebildete Ritter *Humphrey Gilbert* 1566 entwarf und der Königin vorlegte, wurde erneut auf die lukrativen Aussichten hingewiesen, welche die Eröffnung einer Nordwestpassage für England böte. Diese Überlegungen wurden in einer Propagandaschrift desselben Autors wiederaufgenommen, die zehn Jahre später unter dem Titel «A Discourse of a Discoverie for a New Passage to Cataia» in London gedruckt wurde. Im ersten Teil dieser Schrift demonstriert Gilbert seine ausgedehnte Belesenheit, indem er, sich auf klassische Autoritäten wie Platon, Aristoteles und Strabo abstützend, die Existenz einer Nordwestpassage nachzuweisen sucht. Dann kommt er auf die Vorzüge zu sprechen, die deren Entdeckung für England und ganz Europa bringen würde: «So könnten wir zu verschiedenen wunderbar reichen Ländern segeln, sowohl zivilisierten wie andern und außerhalb der [spanischen und portugiesischen] Rechtsprechung und Handelstätigkeit gelegenen, wo in großer Überfülle Gold, Silber und Edelgestein gefunden werden kann, ferner goldener Stoff, Seide, Gewürze, Kolonialwaren und andere Handelsgegenstände von unschätzbarem Wert...»[41] Man könne, fährt Gilbert fort, einen dauernden Handelsstützpunkt begründen, ohne die Interessen der Spanier zu gefährden, und es zeige sich dort die Möglichkeit, «diejenigen bedürftigen Landsleute anzusiedeln, welche die öffentliche Ruhe gefährden»; schließlich ließe sich dies alles bewerkstelligen, ohne den Staatsschatz zu belasten.[42]

In den siebziger Jahren diente Gilbert der Krone an wechselnden Fronten: zuerst in Irland, wo die Engländer bei der Unterwerfung, Besiedlung und Anglisierung der Insel Erfahrungen sammelten, die sich später in Nordamerika als verwertbar erwiesen; dann in den Niederlanden, wo er eingesetzt wurde, um den protestantischen Aufständischen im Kampf gegen den spanischen Statthalter beizustehen. Doch der Gedanke einer Entdeckungsreise nach der Neuen Welt ließ ihn nicht los. Im Jahre 1578 erhielt er von Königin Elisabeth, die seine Leistungen schätzte und seine Ziele billigte, einen ausführlichen Freibrief, der, verglichen mit Heinrichs VII. entsprechender Erlaubnis an Cabot, fast schon den Charakter einer kolonialen Gründungsurkunde [Charter] hat. Ausdrücklich wird darin englischen Auswanderern der «Genuß aller Privilegien von freien Bürgern und in England als Untertanen der Krone geborenen Personen»[43] zugebilligt – ein Recht, dessen Verweigerung zweihundert Jahre später zur Unabhängigkeit der Vereinigten Staaten führen sollte.

Einen ersten Versuch, die Küsten Nordamerikas zu erreichen, mußte Humphrey Gilbert im Herbst 1578 wegen ungünstiger Witterung und Unstimmigkeiten unter den Besatzungen seiner Schiffe aufgeben. Im Juni 1583 brach er, finanziell unterstützt von Kaufleuten in Southampton, mit fünf Schiffen und gegen zweihundertsechzig Mann Besatzung erneut auf. Nicht ohne Schwierigkeiten erreichte man Neufundland, und das Land wurde für die englische Krone feierlich in Besitz genommen; daß dies bereits 1497 durch Cabot geschehen war, hatte man seither vergessen. Durch den Bericht von *Edward Hayes*, einem an dem Unternehmen beteiligten Kapitän, der sich ebenfalls mit Kolonisationsprojekten beschäftigte, sind wir über den Verlauf der Reise eingehend unterrichtet.[44] Seiner Schilderung entnehmen wir, daß sich in der Bucht, wo heute die Hauptstadt Saint John's liegt, zum Zeitpunkt von Gilberts Eintreffen nicht weniger als sechsunddreißig Schiffe eigener und fremder Nationalität aufhielten. In einer Ansprache vor den anwesenden Fischern und Seeleuten verkündete Gilbert, daß auf der Insel künftig die Gottesdienste nach dem Ritual der «Church of England» durchgeführt und das Recht nach den Gesetzen Englands gesprochen werden sollten; ferner, daß demjenigen, welcher an der Person der Königin Majestätsbeleidigung verübe, die Ohren abgeschnitten würden. «Nachdem dies verkündet worden war», schreibt Hayes, «und mit allgemeinem Einverständnis aller, sowohl der Engländer wie der Fremden, Gehorsam versprochen worden war, wurde für den Fortbestand der Besitzung gebetet, und die Herrschaft begann.»[45]

Von Neufundland aus setzte Gilbert seine Fahrt mit drei Schiffen fort, um die nordamerikanische Küste zu erkunden, erreichte Neu Schottland, sah sich dann aber wegen schwindender Vorräte gezwungen, den Rückweg anzutreten. Nördlich der Azoren gerieten die Schiffe in einen fürchterlichen Sturm mit derart riesigen Wellen, daß sich der Berichterstatter zur Erklärung veranlaßt sieht, sie könnten durch den hügeligen Meeresgrund bewirkt worden sein. Das Schiff des Oberkommandierenden, die «Squirrel», geriet, unfachmännisch geführt und überladen, wie sie war, in Seenot und versank plötzlich in den Fluten. Hayes, der vom Deck seines Schiffes aus Zeuge des tragischen Geschehens wurde, berichtet, er habe Gilbert zuletzt im Toben der Elemente an Deck sitzen sehen, ruhig in einem Buche lesend. «Und so oft wir in Hörweite kamen», schreibt Hayes, «rief er uns zu, daß wir, ob wir uns nun zur See oder zu Lande aufhielten, dem Himmel gleich nahe seien. Er wiederholte dies mehrmals, und dem im Glauben an Jesus Christus unerschütterlichen Soldaten, der er war, stand dies wohl an.»[46] Es wird vermutet, daß das Buch, welches Gilbert in seiner letzten Stunde las, Thomas Morus' «Utopia» gewesen sein könnte, in der sich dieser Satz fast wörtlich wiederfindet.[47]

Der Gedanke einer Siedlungskolonie, wie ihn Gilbert in seinem «Discourse of a Discoverie» von 1576 bereits vertreten hatte, wurde in einem Traktat des mit ihm wohl auch persönlich bekannten Richard Hakluyt weiter ausgeführt, das den Titel «Discourse of Western Planting» trug und im Jahre 1584 der Königin vorgelegt wurde. Richard Hakluyt, den man «den Jüngeren» nennt, um ihn von einem gleichnamigen, ebenfalls mit Kolonialprojekten befaßten Vetter zu unterscheiden, reiste zwar nie nach Amerika, gehörte aber fraglos zu den Persönlichkeiten, in denen die expansionistische Aufbruchstimmung des elisabethanischen Zeitalters ihren wegweisenden Ausdruck fand. Als Jurist und Theologe ausgebildet und früh an kosmographischer Literatur interessiert, publizierte Hakluyt der Jüngere 1582 ausgewählte Berichte von Transatlantikreisen, darunter Texte von John Cabot und Giovanni da Verrazano, und empfahl seinen Landsleuten aufs eindringlichste, diese Entdeckungsfahrten fortzusetzen.[48] Der erwähnte «Discourse of Western Planting», der entstand, als sein Verfasser als Hauskaplan der britischen Botschaft in Paris weilte, enthält das erste ausgereifte Kolonisationsprojekt in englischer Sprache. Die altbekannte, nachgerade zum Stereotyp erstarrte Forderung, Cathay und die Reichtümer Asiens zu finden, tritt darin etwas in den Hintergrund; um so nachdrücklicher aber und mit unverhohlen kämpferischem Unterton ist nun davon die Rede, daß Spaniens Alleinherrschaftsanspruch in der westlichen Hemisphäre nicht mehr zu dulden sei und daß es höchste Zeit sei, durch Verbreitung der protestantischen Religion, durch Landnahme und Errichtung von Stützpunkten sowie durch die Ausweitung des Handels einer Macht entgegenzutreten, die durch ihr «türkenhaft grausames Verhalten in Westindien»[49] ohnehin jeden moralischen Anspruch eingebüßt habe. Nicht allein von der Ausbeutung überseeischer Gebiete, von Edelmetallen, tropischen Früchten, Holz für den Schiffbau, Zuckerrohr und Seidenraupen ist nun die Rede, sondern auch davon, englische Produkte zu exportieren und durch Verarbeitung von Wolle zu jenen wohlfeilen Mützen und Kleidungsstücken, wie die Indianer sie liebten, zu Hause Arbeitsplätze zu schaffen. Auch sei es, führt Hakluyt weiter aus, im Interesse der inneren Sicherheit nötig, den eigenen Bevölkerungsüberschuß abzubauen: «Die Wahrheit ist, daß durch den langen Frieden und den Rückgang der Krankheiten... unsere Bevölkerung mehr als je zuvor angewachsen ist. In jedem Handwerk und jeder Wissenschaft gibt es so viele, daß sie nicht nebeneinander gedeihen können und im Begriff sind, sich gegenseitig aufzufressen, ja, es gibt viele Tausende von Müßiggängern, die keine Arbeit finden, auf Aufruhr oder staatliche Veränderung sinnen und jedenfalls für das Gemeinwohl eine Belastung sind.»[50] Hakluyt der Jüngere, dies sei hier noch angefügt, widmete sein ganzes verbleibendes Leben geographischen Studien und dem kolonialen Gedanken eines «Greater Britain». Im Jahre 1589, ein Jahr nach der Vernichtung der spanischen Armada durch die Engländer, erschien von ihm eine weitere Sammlung von Reiseberichten unter dem Titel «The Principal Navigations, Voyages and Discoveries of the English Nation», ein Werk, das, 1599 in erweiterter Auflage nochmals vorgelegt, die bedeutendste Kompilation dieser Art in englischer Sprache darstellt.[51]

Die nächsten wichtigen Unternehmungen der Engländer im Gefolge von Gilberts und Hakluyts Kolonisationsprojekten waren mehrere Fahrten an die Küste North Carolinas in den Jahren 1584 bis 1590. Diese Reisen führten zwar nicht, wie beabsichtigt, zu einer ersten dauernden Niederlassung auf dem nordamerikanischen Festland, aber sie sind insofern entdeckungsgeschichtlich bedeutend, als wir ihnen die frühesten englischen Zeugnisse, in Wort und Bild, verdanken. Um die Erforschung dieser Zeitperiode hat sich der englische Historiker David B. Quinn in hervorragender Weise verdient gemacht.[52]

Wichtigster Initiant und treibende Kraft dieser Unternehmungen war

Walter Raleigh, der Stiefbruder von Humphrey Gilbert, einer der einflußreichsten Höflinge seiner Zeit und während einigen Jahren der besonders ausgezeichnete Günstling der Königin. Auch Raleigh hatte seine Erfahrungen als militärischer Kommandant bei der Kolonisation in Irland gesammelt, wo man Formen der Besiedlung erprobte, die später jenseits des Atlantiks verwirklicht wurden.[53] Dank königlicher Privilegien hatte er sich ein großes Vermögen erworben; doch war er, wie manche hervorragenden Persönlichkeiten seiner Zeit, nicht nur ein Tatmensch und fähig, das Schwert zu führen, sondern zugleich ein Gelehrter mit vielseitigen, besonders historischen Neigungen und einer Gewandtheit im schriftlichen Ausdruck, die sich auch in poetischen Werken gern zu erkennen gab.[54] Da Elisabeth I. die Gesellschaft Raleighs nicht missen wollte, nahm er persönlich an keiner Nordamerikareise teil – sicher zum Nachteil dieser Unternehmungen, denen seine zupackende Entschlußkraft wohl bekommen wäre.

Im März 1584 erhielt Raleigh von der Königin einen Freibrief, der inhaltlich im wesentlichen demjenigen entsprach, der für Gilbert ausgestellt worden war. Einen Monat später verließen zwei Schiffe, ausgerüstet vorwiegend auf seine Kosten, den Hafen von Plymouth, um die nordamerikanische Küste zu erkunden und günstig gelegene Stützpunkte auszukundschaften. Die Kapitäne der Schiffe hießen *Philip Amadas* und *Arthur Barlowe*, welch letzterer einen Bericht verfaßte, der von guter Beobachtungsgabe zeugt und zu den Klassikern des Genres gehört.[55]

Die beiden Schiffe folgten der weniger beschwerlichen Südroute, erreichten die westindischen Inseln und trafen Anfang Juli in der Gegend von Florida oder Georgia ein. Von hier aus folgte man nordwärts jener von langgestreckten Nehrungen begleiteten Küste, von der Verrazano gemeint hatte, es handle sich um eine letzte Abschrankung auf dem Weg nach Asien. Dann gelangte man zum nördlich von Kap Hatteras gelegenen Roanoke Island. «Die Insel», schreibt Barlowe, «hat viele gute Waldungen und ist, selbst mitten im Sommer, voll von Rotwild, Kaninchen, Hasen und Geflügel. Die Wälder sind nicht so, wie man sie in Böhmen findet, im Moskowiterreich oder in Hyrkanien, öde und unfruchtbar, sondern es finden sich hier die größten rotstämmigen Zedern der Welt, weit bessere als auf den Azoren, in Indien oder im Libanon...»[56] Auch begegnete man hier friedfertigen Indianern, «einem freundlichen, zutraulichen, vertrauenswürdigen Volk, bar aller Arglist und Niedertracht und lebend wie im Goldenen Zeitalter».[57] Der Häuptling der hier siedelnden Algonkinindianer, Wingina, war verletzt und mußte das Haus hüten; doch sein Bruder Granganimeo begrüßte die Ankömmlinge feierlich und leitete den Tauschhandel ein, bei dem Wollzeug und Metallwaren, Nahrungsmittel, Wampumschnüre und Felle ihren Besitzer wechselten. Die Beschreibung, die Barlowe von diesem Tauschhandel gibt, ist eine der ethnographisch interessantesten jener Zeit. So erfreulich erschien diese Begegnung auch den Indianern, daß sie den Wunsch äußerten, die Weißen möchten wiederkommen, und vielleicht gaben sie ihnen darum zwei

Begleiter nach Europa mit.[58] Nach einem Aufenthalt von etwa einem Monat kehrten Amadas und Barlowe nach England zurück.

Bereits im folgenden Jahr, 1585, war Raleigh bereit, eine neue Expedition zu entsenden, deren Ziel diesmal nicht mehr nur die Erkundung, sondern auch die Einrichtung eines festen Stützpunkts sein sollte. Er gewann sich die Unterstützung finanzkräftiger und politisch einflußreicher Kreise, ließ sich von der Königin ein Schiff der «Royal Navy» abtreten, stellte selbst ein eigenes zur Verfügung und beschaffte sich weiteres Geld durch die vorgängige Kaperung fremder Schiffe. Die Flotte umfaßte schließlich sieben artilleristisch gut ausgerüstete Schiffe, und es wurden um die fünfhundert Mann angeworben, die Hälfte davon als Seeleute, die andern als Kolonisten und Soldaten. Der Kommandant des ganzen Unternehmens und zugleich der Kapitän des Flaggschiffs «Tiger» war *Richard Grenville*, ein Edelmann und Freund Raleighs, der sich im Kampf gegen die Türken und Iren ausgezeichnet hatte und sich bald auch hervorragende seemännische Kenntnisse erwarb.[59] Chefnavigator der Flotte war *Simão Fernandes*, ein Portugiese von geringer Vertrauenswürdigkeit und seemännischer Begabung, der indes schon mehrmals über den Atlantik gesegelt war. Zum Gouverneur der zu schaffenden Kolonie wurde ein königlicher Stallmeister, *Ralph Lane*, bestimmt. Unter der Reiseleitung befand sich ferner eine Reihe besonders ausgebildeter Spezialisten, eine Art wissenschaftlicher Beirat, in dem man einen frühen Vorläufer der Forschungsteams sehen kann, welche im 18. Jahrhundert Weltumsegler wie Bougainville und Cook auf ihren Fahrten begleiteten. Einer dieser Spezialisten war *Thomas Harriot*, ein Hauslehrer Raleighs mit guten Kenntnissen in Mathematik, der als Reiseberichterstatter, Landvermesser, Festungsingenieur und Naturforscher eingesetzt werden und sich dieser Aufgabe mit Bravour entledigen sollte. Das wichtigste Zeugnis zu Raleighs Kolonisationsversuch, der «Briefe and True Report of the New Found Land of Virginia», erschienen 1588, ist sein Werk.[60] Neben Harriot ist vor allem noch *John White* zu erwähnen, ein Zeichner und Maler, dem wir zahlreiche Pflanzen-, Tier- und Menschendarstellungen aus Nordamerika verdanken, die, durch den Verleger Theodor de Bry in Kupfer gestochen, international weite Verbreitung fanden.[61]

Die Flotte verließ Plymouth Anfang April 1585, erreichte über die südliche Route die Antilleninsel Puerto Rico und traf Ende Juni in den Küstengewässern North Carolinas ein. Wie gering die Begeisterung für dieses Kolonisationsvorhaben gewesen sein muß, wird daraus ersichtlich, daß einzelne Schiffe sich vom Flottenverband trennten, um auf Kaperfahrt zu gehen; auch war die Stimmung unter den Mannschaften schlecht, nicht zuletzt wegen der psychologisch wenig geschickten Führung durch Grenville. Nachdem man die seichten Küstengewässer des Pamlico Sound erforscht hatte, nahm man mit der einheimischen Bevölkerung Kontakt auf, wobei die beiden nach England mitgereisten und nun zurückgeführten

Indianer Dolmetscherfunktion übernehmen konnten. Möglicherweise mit der Zustimmung des Häuptlings Wingina und seines Bruders Granganimeo und jedenfalls nicht gegen ihren Widerstand wurde auf Roanoke Island ein Fort errichtet, das ähnlich wie Kolumbus' La Navidad, und mit vergleichbarem Schicksal, als erster transatlantischer Brückenkopf dienen sollte. Ralph Lane wurde mit einer Besatzung von etwas über hundert Kolonisten zurückgelassen und mit der Versicherung, es würden baldmöglichst Versorgungsschiffe nach der Insel entsandt werden. Im August kehrte Richard Grenville mit seiner Flotte nach England zurück.

Obwohl über den ersten englischen Stützpunkt auf Roanoke Island Harriots Bericht, ein Rapport von Ralph Lane und die Skizzen Whites vorliegen,[62] fehlt doch eine eigentliche Chronik dieser Kolonie, die es gestatten würde, sich vom Tagesgeschehen ein Bild zu machen. Gewiß hat zunehmende Ernüchterung auch hier die Stimmung der Siedler geprägt. Es zeigte sich bald, daß die Insel als Standort nicht sonderlich gut gewählt war, weder im Blick auf ihre Zugänglichkeit von der See her noch als Sprungbrett zur Kolonisation des Festlandes, und Lane, der mehrere Erkundungsfahrten unternehmen ließ, erkannte, daß die nördlich gelegene Chesapeake Bay diesbezüglich günstigere Voraussetzungen bot. Wie in den frühen spanischen Stützpunkten im karibischen Raum war auch auf Roanoke Island das Trachten der Siedler auf rasche Bereicherung durch Edelmetallfunde gerichtet, und die Bebauung des Bodens, wenn auch von den Indianern zuerst mit Rat und Tat unterstützt, wurde nicht mit dem nötigen Einsatz vorangetrieben. Bald verschlechterten sich auch, hier wie anderswo, die Beziehungen zur Eingeborenenbevölkerung, und als die Indianer Nahrungslieferungen verweigerten und den Widerstand zu planen begannen, suchte Lane seine Zuflucht in einem heimtückischen Überfall, dem Häuptling Wingina und einige Stammesälteste zum Opfer fielen, der aber keine Lösung auf Dauer brachte. Auch scheint des Kommandanten autoritärer Führungsstil bei seinen Landsleuten keinen Anklang gefunden zu haben, und Lane beklagt sich in einem Brief darüber, daß er «mitten unter Wilden die Verantwortung für Wilde der eigenen Nation»[63] zu tragen habe. Als schließlich noch der versprochene Nachschub aus dem Mutterland ausblieb, Hunger sich meldete und die Moral weiter sank, schien das Los der Kolonie besiegelt. Es war ein völlig unerwarteter Glücksfall, daß im Vorsommer 1586 Francis Drake mit einer Flotte, mit der er zuvor die spanischen Stützpunkte in der Karibik heimgesucht hatte, vor Roanoke Island eintraf. Lane entschloß sich nach einigem Zögern, die Kolonie aufzugeben und mit seinen Leuten und der Flotte Drakes nach England zurückzukehren. Ein Versorgungsschiff, das, von Raleigh entsandt, zwei Tage später tatsächlich auf Roanoke Island eintraf, fand die Kolonie verlassen vor.

Ralph Lane und Francis Drake waren noch nicht nach England zurückgekehrt, als Richard Grenville mit mehreren Schiffen vor Roanoke Island erschien und seinerseits mit Erstaunen feststellen mußte, daß der Stützpunkt aufgegeben worden war. In völlig falscher Einschätzung der Lage ließ Grenville achtzehn Mann als Besatzung bei den Resten des aufgegebenen Forts zurück und fuhr wieder heim. Diese Garnison hatte gegen die feindseligen Indianer keine Chance, und niemand weiß, was aus ihr geworden ist. So endete der erste Versuch einer englischen Besiedlung des Festlandes.

Doch Walter Raleigh gab nicht auf. Im Mai 1587 verließ eine weitere Flotte von drei Schiffen England, diesmal unter dem Kommando von John White, der zum neuen Gouverneur jener Niederlassung werden sollte, der man inzwischen, zu Ehren der jungfräulichen Königin, den Namen Virginia gegeben hatte. Als Navigator war erneut Simão Fernandes dabei, dem mehr an Piraterie als an Koloniegründung gelegen war. Insgesamt reisten über hundert Personen mit, diesmal auch siebzehn Frauen mit ihren Ehegatten und Kindern. Ursprünglich war geplant, die günstigere Chesapeake Bay aufzusuchen, doch durch den fatalen Rat des Fernandes ließ sich White verleiten, erneut Roanoke Island anzulaufen, wo man Ende Juli eintraf. Man begann die zerfallende Siedlung wieder aufzubauen und suchte, freilich vergebens, die Beziehungen zu den Eingeborenen wiederherzustellen. Einer der beiden Indianer, die bereits unter Ralph Lane als Dolmetscher gedient hatten, wurde christlich getauft und als Vasall der englischen Königin zum Häuptling der lokalen Indianerstämme eingesetzt. Im August kam es zu einem Ereignis, dem man allgemein eine günstige Vorbedeutung beimaß: Ein Kind englischer Eltern wurde geboren, ein Mädchen, dem man sinnigerweise den Namen «Virginia» gab. Im selben Monat wurde John White nach England zurückgeschickt, damit er sich persönlich um sofortigen Nachschub kümmere. Alles schien diesmal auf gutem Wege.

Doch der Gang der europäischen Dinge war dem Vorhaben nicht günstig. Im Jahre 1581 hatten sich die Niederlande, moralisch wie militärisch von England mehr oder weniger offen unterstützt, von Spanien gelöst. Vier Jahre später entschloß sich Elisabeth I., die bisher im Verkehr mit den iberischen Mächten vorsichtig taktiert hatte, zu einem Beistandspakt mit den aufständischen Niederländern, der Philipp II. veranlaßte, gegen England zur See aufzurüsten. Bereits in den Jahren zuvor hatten Freibeuter wie John Hawkins und Francis Drake das spanische Handelsmonopol unterlaufen, spanische Stützpunkte geplündert und Prisen gemacht; und wir haben gesehen, welche Verlockung die Piraterie für einzelne Kapitäne unter Grenville bedeutete. Im Jahre 1587 zerstörte Drake in einem Handstreich einen Teil der Flotte, die sich in Cádiz zum Angriff auf England vorbereitete, und im selben Jahr fiel das Haupt der Maria Stuart. Im Juli des Jahres 1588 segelte die spanische Armada, eine der glänzendsten Flotten, welche die Weltmeere je befahren hat, im Ärmelkanal in ihr Verderben – und Großbritanniens Vormachtstellung zur See, bis ins 20. Jahrhundert ungebrochen, begann.

Daß unter diesen Umständen John White größte Mühe hatte, Schiffe für ein Unternehmen aufzutreiben, das nun plötzlich recht marginal geworden war, erstaunt nicht. Erst im März 1590 konnte eine Versorgungsflotte

Plymouth verlassen, und im August traf sie vor Roanoke Island ein. In dem Bericht, den er für Richard Hakluyt verfaßte, schildert John White, wie man sich mit unguten Vorahnungen der Siedlungsstätte näherte. «Wir ließen unsern Anker nahe an der Küste niedergehen», schreibt White, «und wir gaben mit einer Trompete ein Signal, und dann bliesen wir manche vertrauten Weisen und riefen ihnen freundlich zu – aber es kam keine Antwort.»[64]

Darüber, was mit der Besatzung von über hundert Männern, Frauen und Kindern geschehen war, die auf Roanoke Island vielleicht zwei Jahre lang auf Unterstützung aus England gewartet hatte, läßt sich ebensowenig Sicheres sagen, als Kolumbus nach dem Desaster von «La Navidad» im November 1493 in Erfahrung bringen konnte. Am wahrscheinlichsten ist, daß die Kolonisten schließlich die Insel freiwillig verließen, vielleicht in die Nachbarschaft befreundeter Indianer zogen oder sich auf den Weg zur Chesapeake Bay machten.[65] Als dort, in Jamestown, 1607 die erste dauernde Kolonie in Nordamerika gegründet wurde, schickte man einen Suchtrupp aus, der indessen keine Überlebenden mehr aufzufinden vermochte. Möglich, daß die Siedler der «verlorenen Kolonie» durch Vermischung in der indianischen Bevölkerung aufgingen; aber die Indianer dieser Gegend sind bereits im 18. Jahrhundert ausgestorben, und dafür, Spurenelementen europäischer Erbmasse nachzuspüren, ist es zu spät.

Die Gesamtbilanz der Kolonisationsversuche auf Roanoke Island in den Jahren 1584 bis 1590 lautet eindeutig negativ, und die Ursachen für das Versagen sind vielfältig: Ungunst der Zeitverhältnisse, unzureichende Eignung einiger Führer, mangelnde Einsatzbereitschaft der Siedler und fehlende Rücksicht im Umgang mit den Indianern, zuletzt auch das erlahmende Interesse des Initianten Raleigh selbst. Was bleibt, sind die Quellendokumente, vorab Harriots «Briefe and True Report of the New Found Land of Virginia» und John Whites Zeichnungen.

Von Thomas Harriots Notizen ist vieles verlorengegangen, und manches, was er zu publizieren gedachte, konnte nicht ausgeführt werden; sein «Briefe and True Report» indessen bezeichnet einen Höhepunkt nordamerikanischer Reiseberichterstattung: Solche Zuverlässigkeit bei der Wiedergabe eigener Beboachtung, solche Informationsfülle auf knappem Raum sind von englischen Reisenden in dieser Weltgegend über ein Jahrhundert lang nicht mehr erreicht worden. Dabei ist dieser Bericht, 1587 verfaßt, offensichtlich unter Zeitdruck und in deutlich propagandistischer Absicht entstanden – die Muße zur wissenschaftlichen Vertiefung, die Freiheit zur desinteressierten Distanz waren dem Autor nicht vergönnt. Ganz im Zentrum der Abhandlung steht der Reichtum des zu besiedelnden Gebiets an Naturprodukten aller Art, gesehen, im Unterschied zu Reisenden wie Kolumbus und Humboldt, ohne jede lyrische Ergriffenheit, gedeutet einzig im Hinblick auf die Frage, welcher Nutzen daraus für künftige Siedler und das Mutterland zu ziehen sei. Gewiß ist Harriots Darstellung nicht frei von schwärmerischer Übertreibung sich bietender Möglichkeiten: Seine Hoffnungen auf eine künftige Seidenraupenproduktion «wie in Persien», auf den Anbau und die Verarbeitung von Flachs und Hanf für die Bedürfnisse des Schiffbaus, auf die Ausbeutung von Eisenerz- und Kupferminen entbehren ebensosehr der glaubwürdigen Grundlage wie sein Hinweis auf Perlen, die man von den Indianern eingehandelt, aber leider bei einem Sturm verloren habe.[66] Im allgemeinen aber ist die Beschreibung von Pflanzen und Tieren genau und zuverlässig, und es wird auch sorgfältig geschildert, wie die Indianer mit ihren Naturprodukten umgingen. Korrekt sind die Hinweise auf die wertvollen Eigenschaften des Zedernholzes, «geeignet für schöne und feine Bettgestelle», auf die Überfülle an Krabben, Krebsen und Fischen, «deren Fleisch wir äußerst schmackhaft und angenehm fanden», und auf den Reichtum an Pelztieren, die «guten Gewinn bringen werden».[67] Wir erfahren durch Harriot manches über die Nahrungsmittel der Indianer wie Mais, Bohnen, Erbsen, Kürbisse und Sonnenblumenkerne sowie über Heil- und Genußmittel wie Blätter und Wurzeln des Sassafrasbaumes und den Tabak, «den sie vermittels Pfeifen aus Ton in Magen und Kopf einsaugen, wodurch unnötige Trägheit und andere üble Beschwerden vertrieben werden».[68] Offensichtlich hat sich der Berichterstatter gute Kenntnisse der Algonkinsprache erworben, und wo er den Namen eines Gegenstandes nicht kennt, schlägt er den entsprechenden Begriff der Eingeborenensprache vor. Auch die Schilderung, die Harriot am Schluß seiner Abhandlung von den Indianern und ihrer Lebensweise gibt, erweist sich als sehr wohlinformiert. Allerdings steht auch hier das Eigeninteresse im Vordergrund, wenn, wie schon bei Kolumbus, darauf hingewiesen wird, daß die Überlegenheit der eigenen Waffen die Indianer völlig ungefährlich mache und daß es ein leichtes sei, «sie in kurzer Zeit zu zivilisieren und zur wahren Religion hinzuführen».[69] Die Hintergründe des sich anbahnenden englisch-indianischen Konflikts werden von Harriot nicht offen dargelegt, wohl um den Propagandaeffekt der Schrift nicht herabzumindern; immerhin findet sich ein früher Hinweis auf die verheerende Wirkung der durch die Kolonisten eingeschleppten Krankheiten: «...innerhalb von wenigen Tagen, nachdem wir eine ihrer Siedlungen verlassen hatten, begann das Volk sehr rasch dahinzusterben... Diese Krankheit war so sonderbar, daß sie weder wußten, worum es sich handelte, noch wie sie zu heilen wäre; auch hatte es, nach der Auskunft der ältesten Leute der Gegend, noch nie zuvor so etwas gegeben...»[70]

Von unschätzbarem Wert sind neben Harriots Bericht die zahlreichen Aquarelle, die John White in enger Zusammenarbeit mit seinem Landsmann, der ihn auf den Exkursionen begleitete, geschaffen hat.[71] Neben einigen erstklassigen topographischen Ansichten werden vor allem Pflanzen, Tiere und Vertreter der indianischen Urbevölkerung, zuweilen bei deren alltäglichen Verrichtungen, dargestellt. Das Aquarell des von einem Palisadenzaun umgebenen Indianerdorfs Pomeiooc beispielsweise, von White mit einer erklärenden Legende versehen, ist nicht nur von ethnographischem, sondern auch von hohem ästhetischem Wert, und Gleiches gilt von seinen ganzfigurigen Indianerporträts, den ersten ihrer Art, welche die Individualität der Dargestellten mit überraschender Anteilnahme zum Ausdruck bringen. Viele der Pflanzen- und Tierzeichnungen sind von großer Präzision und feinem Kolorit – offensichtlich war es des Künstlers Ehrgeiz, eine ebenso wirklichkeitsnahe wie vollständige Galerie aller auf Roanoke Island vorkommenden Arten vorzulegen.

In England kam White in Kontakt mit dem bereits erwähnten Kupferstecher und Verleger Theodor de Bry, einem protestantischen Emigranten mit prononciert antispanischer Einstellung, der sich in Frankfurt niedergelassen hatte. De Bry erkannte das steigende Publikumsinteresse insbesondere der protestantischen Länder für die Anfänge der englischen und später der holländischen Überseereisen, und er beschloß, einige von John Whites Aquarellen in Kupfer zu stechen und sie einer gleichzeitig in vier Sprachen erscheinenden Edition des «Briefe and True Report» beizugeben. Diese Auflage, 1590 in wenigen Tagen gedruckt, hatte großen Erfolg; die Kupferstiche wurden später in den ersten Teil von de Brys großem Werk «America oder die Neue Welt» übernommen.[72]

Man wird, wenn der Mißerfolg des Siedlungsunternehmens auf Roanoke Island richtig gewichtet und der wenig systematische Charakter der nachfolgenden englischen Küstenerkundung verstanden werden soll, erkennen müssen, daß die englische Öffentlichkeit Amerika erst zwischen 1620 und 1640, zur Zeit der Puritanerverfolgungen unter Jakob I., als verlockendes Auswanderungsziel wahrzunehmen begann. Auch den englischen Handelskreisen drängte sich, trotz der Propagandaschriften Gilberts, Hakluyts und ihrer Gesinnungsfreunde, Amerika nicht zwingend als Absatzmarkt auf. Denn es gab erfolgversprechendere Alternativen: Den Ausbau der Handelsbeziehungen zu den freien Niederlanden und die Ersetzung Antwerpens durch Amsterdam; die Verbesserung der Beziehungen zu den norddeutschen Hafenstädten; die Verstärkung der Handelskontakte zu Rußland, wie sie 1553 durch die «Merchant Adventurers», die spätere «Moscovy Company», eingeleitet worden waren; den Zusammenschluß der Orientkaufleute zur «Levant Company» [1581]. Auch hatte Francis Drakes Weltumsegelung in den Jahren 1577–1580 Indien und den malaiischen Archipel in erreichbare Nähe gerückt: Im Jahre 1600 wurde die «East India Company» gegründet. Solchen Aussichten und Plänen gegenüber trat der Ausbau der nordamerikanischen Position nach dem Debakel von Roanoke Island vorerst in den Hintergrund.

Dennoch brach die Kontinuität der englischen Atlantikfahrten nicht ab. Zwischen 1602 und 1608 wurde die Strecke von und nach England über zwanzig Mal zurückgelegt, ohne daß ein einziges Schiff verlorenging, was beweist, daß die Kontakte insbesondere zu Neufundland zur Routine geworden waren.[73] Es ist durchaus wahrscheinlich, daß nach 1580 englische, französische und vielleicht auch portugiesische Schiffe gelegentlich die Festlandküste aufsuchten, aber es fehlen uns die entsprechenden Zeugnisse.

Genauer faßbar wird erst wieder die Reise von *Bartholomew Gosnold* im Jahre 1602.

Gosnolds Fahrt hatte jenen Teil der Ostküste zwischen dem 41. und 45. Breitengrad zum Ziel, den Verrazano und Gilbert als «Norumbega» bezeichneten, der dann «North Virginia» genannt wurde und der schon vor der Mitte des 17. Jahrhunderts allgemein unter dem heute noch gebräuchlichen Begriff «Neu England» bekannt war. Angeregt insbesondere durch den Bericht Hayes' von der Gilbert-Reise und finanziell unterstützt durch Kaufleute aus Southampton, vollzog der Seefahrer auf der «Concord» eine rasche Atlantikpassage und ging irgendwo an der Südküste des heutigen Bundesstaates Maine an Land. Von hier machte Gosnold sich auf die Suche nach jener zauberhaften Bucht, die Verrazano «Refugio» genannt hatte und die wir als Narragansett Bay identifizieren können. Er umsegelte das Kap Cod, dem er wegen des unvorstellbaren Fischreichtums diesen Namen gab: «Wir hatten unser Schiff so mit Kabeljau überladen», schreibt ein Begleiter, «daß wir viel davon wieder über Bord werfen mußten.»[74] Auf der Weiterfahrt berührte die «Concord» die Insel Martha's Vineyard, die Gosnold nach seiner Tochter nannte, worauf man auf einer westlich gelegenen Insel einen kleinen Stützpunkt errichtete. Da die Vorräte jedoch knapp wurden und die Kontakte zu den Indianern keine Gewähr für dauerhafte Sicherheit boten, entschloß man sich, die Rückfahrt anzutreten, ohne eine Besatzung zurückzulassen.

Bartholomew Gosnolds Reise schaffte über einen Küstenstrich Klarheit, der für die Anfänge der englischen Niederlassung jenseits des Atlantiks in wenigen Jahrzehnten von größter Bedeutung werden sollte, und zugleich war sie ein kommerzieller Erfolg. Ähnlich wie in Harriots Bericht werden in den beiden Augenzeugenberichten, die wir von Gosnolds Reise besitzen, Flora und Fauna im Hinblick auf deren Verwertbarkeit durch spätere Kolonisten beschrieben.[75] Herausgegriffen seien hier lediglich, weil sie wenig später zum Haupthandelsartikel in diesen Regionen wurden, die Felle, welche man einhandelte, nämlich solche von Bibern, Mardern, Ottern, Wildkatzen, Füchsen, Robben und Hirschen; und erwähnt seien die Blätter und Wurzeln des Sassafrasbaumes, die wegen ihrer Heilkraft, insbesondere gegen französische Pocken, nämlich Syphilis, zu Unrecht hochgeschätzt wurden. Bemerkenswert ist auch die bei den Reiseberichterstattern Gosnolds wie bei ihren Nachfolgern häufige Fehleinschätzung des Klimas. In der Tat präsentiert sich das Wetter in Neu England während der Monate Juni bis September in der Regel mit Sonnenschein, glasklarem Himmel und erfrischender Brise als überaus angenehm, und viele Seefahrer fühlten sich, auch vom Vergleich mit ähnlichen Breitengraden her, an mediterrane Verhältnisse erinnert. Wie hart die Winter in diesen Gegenden sind, wußte man nicht oder verschwieg es geflissentlich; erst die Dauersiedler sollten dies erfahren. Die Begegnungen mit den Indianern verliefen während Gosnolds Reise im allgemeinen gut und gar beidseitig erheiternd. Gelegentlich traf man sich zum gemeinsamen Mahl: «Der Häuptling», schreibt ein Berichterstatter, «kam wieder wie zuvor mit einer ganzen Schar und blieb den größten Teil des Tages bei uns. Als wir das Mittagessen einnahmen, setzten sie sich zu uns, aßen Kabeljau mit Senf und tranken unser Bier. Doch der Senf zwickte sie in der Nase, daß sie es nicht aushalten konnten, und es war ein Vergnügen, sich ihre Gesichter anzusehen...»[76]

Eine ähnliche Reise wie Gosnold, freilich in ausschließlich kommerzieller Absicht, unternahm *Martin Pring* im Jahre 1603. Interessant daran ist, daß dieses Unternehmen von Raleigh, der Gosnolds Reise aufmerksam verfolgt hatte, unterstützt wurde. Pring errichtete einen vorübergehenden Stützpunkt in der Cape Cod Bay, trieb Handel mit den Indianern, erreichte aber nichts weiteres.[77]

Im Jahre 1605 verließ Kapitän *George Waymouth* den Londoner Hafen auf der «Archangel» und landete erneut in Maine, südlich der Penobscot Bay. Die Reise wurde von einem katholischen Kaufmann unterstützt, der mit dem Gedanken spielte, für seine Glaubensgenossen ein Asyl zu finden – eine Idee, die erst 1632 durch Cecilius Calvert, second Lord Baltimore, bei der Gründung von Maryland wiederaufgenommen wurde. Wir besitzen von dieser Reise den lebendigen Bericht des *James Rosier*, der in Cambridge studiert hatte und später in den Jesuitenorden eintrat. Neben der üblichen Schilderung der nützlichsten Naturprodukte enthalten diese Aufzeichnungen einen Hinweis darauf, daß der Tabakgenuß, das «Trinken von Tabak», unter englischen Seeleuten bereits weit verbreitet war, daß man aber den rituellen Aspekt des Rauchens im Kreis der Indianer nicht erkannte. Vermerkt wird auch, daß die Birkenrindenkanus, welche die Indianer hier im Unterschied zu den Einbäumen südlicher Küstenvölker bauten, «wegen ihrer Leichtigkeit und ihres kunstvollen Baus»[78] weit schneller gerudert werden konnten als die englischen Boote – derartige Kanus sollten in den beiden folgenden Jahrhunderten zum wichtigsten Hilfsmittel bei der Erkundung des Hinterlandes werden. Rosier berichtet schließlich, ohne Gewissensbisse zu zeigen, wie man sich mit List einiger Indianer bemächtigt habe, um sie nach England zu bringen und bei späterer Gelegenheit wieder als Dolmetscher einzusetzen.

Die Reise von Waymouth inspirierte zwar keine Einzelunternehmungen vergleichbarer Art, bot aber Anlaß, die Pläne zur Kolonisation von Virginia besser zu koordinieren. Im Jahre 1606 setzten sich Geschäftsleute, Politiker und Kolonialpropagandisten wie der Lordoberrichter John Popham, der erste Lord der Schatzkammer Salisbury, der Mitbegründer der «East India Company» Thomas Smith und der unvermeidliche Richard Hakluyt an die Spitze einer «Virginia Company», welche von König Jakob I. eine Gründungsurkunde genehmigen ließ. Diese Handelskompanie teilte sich in zwei Gruppen mit verschiedenen Interessenbereichen auf: die eine, mit Sitz in London, sollte sich mit South Virginia befassen, also mit dem Schauplatz der Roanoke-Abenteuer; die andere, mit Kaufleuten aus Plymouth, Bristol und Exeter, sollte die Erschließung North Virginias voranzutreiben suchen.

3. Nordamerika

Im Mai 1607 entsandte die mit North Virginia befaßte Gruppe zwei Schiffe mit etwa hundert Kolonisten, die am Kennebec River siedeln sollten, nach Maine; ihre Anführer waren *George Popham*, ein Verwandter des Richters, und *Raleigh Gilbert*, ein Sohn des Kolonialpioniers. Nicht weit von der Mündung des Flusses erbaute man das Fort Saint George, dessen detaillierter Plan sich der spanische Botschafter in London zu beschaffen wußte und der sich in den Königlichen Archiven von Simancas gefunden hat. Ihm entnehmen wir, daß gegen zwanzig Häuser, darunter eine Kirche und ein Warenmagazin, erbaut wurden, daß man einen Wall aufschüttete und hinter einem Palisadenzaun zwölf Kanonen postierte. Der Winter, «sehr zur Unzeit einsetzend und frostig»,[79] wie es in einer Quelle eher beschönigend heißt, machte der Besatzung schwer zu schaffen, und viele Kolonisten, darunter Popham, starben. Als sich im nächsten Jahr Gelegenheit bot, nach England zurückzukehren, hatte niemand etwas dagegen einzuwenden. Mit der Aufgabe von Saint George's Fort brach die Erkundungs- und Siedlungstätigkeit in North Virginia ab. Ackerbau, Pelzhandel und Holzwirtschaft hatten sich in dieser Klimazone als zu beschwerlich erwiesen, um eine Siedlung zu erhalten, die lediglich auf dem Seeweg unterstützt werden konnte. Erst im Jahre 1620 sollte in North Virginia eine dauernde englische Kolonie möglich werden: Plymouth Plantation, die Gründung der puritanischen «Pilgerväter» in der Bucht von Kap Cod.

Mehr Erfolg hatte die Londoner Gruppe der «Virginia Company». In ihrem Auftrag verließen im Dezember des Jahres 1606 drei Schiffe unter dem Oberkommando von *Christopher Newport* London und erreichten auf der Südroute über die Karibik die Chesapeake Bay. Auf den Schiffen befanden sich über hundert Kolonisten, eine wenig zielstrebige und heterogene Gruppe, die vom vagen Wunsch nach leicht zu erwerbendem Reichtum geleitet war. Man landete im Süden der Bucht und erkundete den dort einmündenden Fluß, den man zu Ehren des Königs James River nannte; dann ließ man sich im Mündungsgebiet, an sumpfiger und ungesunder Stelle, nieder und errichtete ein Fort: Jamestown, die erste dauernde Kolonie der Engländer in Nordamerika. Zuerst freilich waren die Aussichten, diesen Stützpunkt halten zu können, kaum besser als zuvor in Roanoke Island. Die ersten Berichte, verfaßt in der Absicht, weitere Siedler anzulocken, geben zwar einen durchaus zutreffenden Eindruck von Landschaft und Naturerzeugnissen, unterschätzen aber die Schwierigkeiten, die sich einer dauernden Ansiedlung entgegenstellten. Typisch in dieser Hinsicht ist folgender Ausschnitt aus den Aufzeichnungen von *George Percy:* «Dieser Fluß, den wir entdeckten, ist einer der rühmenswertesten, die je durch irgendeinen Christen aufgefunden worden sind; er steigt und sinkt mit Flut und Ebbe auf einer Länge von hundertsechzig Meilen, und Schiffe mit großer Ladung können hier sicher ankern. Wo immer wir an diesem Fluß landeten, sahen wir die besten Wälder mit Buchen, Eichen, Zedern, Zypressen, Walnuß- und Sassafrasbäumen und Weinreben in großem Überfluß, welche als große

Büschel an vielen Bäumen hängen, ferner weitere Bäume, die unbekannt sind. Der Boden ist übersät mit vielen schönen und feinen Blumen verschiedener Farbe und Art. Es finden sich ferner viele Früchte wie Erdbeeren, Maulbeeren, Himbeeren und solche, die unbekannt sind. Mehrere Flußarme strömen durch die Wälder mit einer großen Menge von Fischen aller Art, insbesondere ist hier der Stör besser als irgendwo sonst auf der Welt. In dieser Gegend habe ich viele gute und weite Wiesen gesehen, die für jede Art Vieh gutes Weideland abgeben. Ferner gibt es hier einen großen Bestand an Rot- und Braunwild, und es gibt Bären, Füchse, Otter, Biber, Schleichkatzen und unbekannte wilde Tiere.»[80]

Die Kolonie hatte während der ersten Jahre die üblichen Anfangsschwierigkeiten: Mangel an Nahrung und Trinkwasser, zunehmende Feindseligkeit der benachbarten Indianer, Ausbruch von Krankheiten, Unstimmigkeiten unter den Siedlern. Erst nach 1612 konnte sich die Kolonie, dank der Einführung des Tabakanbaus durch John Rolfe, eine wirtschaftlich stabile Basis schaffen.

Für die Geschichte der Erkundungsfahrten längs der Ostküste bleibt eine Persönlichkeit besonders wichtig: *John Smith*. Es ist kaum, selbst in der damaligen bewegten Zeit, ein wechselhafterer Lebensweg vorstellbar als der dieses Mannes.[81] Smith hatte in jungen Jahren als Freiwilliger in der Armee Moritz von Oraniens gedient, hatte auf österreichischer Seite an den Türkenkriegen teilgenommen, war in Sklaverei geraten und nach Südrußland verschleppt worden. Dort gelang es ihm zu fliehen, und er schlug sich auf abenteuerlichen Wegen nach Prag durch, bereiste Deutschland, Frankreich und Spanien und gelangte bis Marrakesch. Im Jahre 1605 kehrte er nach England zurück, traf dort auf Bartholomew Gosnold, ließ sich von diesem für dessen Kolonialprojekte begeistern und unterhielt Beziehungen zu Kapitän Henry Hudson, von dem noch die Rede sein wird; auch spricht einiges dafür, daß er mit Richard Hakluyt und Thomas Harriot bekannt war. Im Jahre 1606 schiffte er sich mit Christopher Newport nach der Chesapeake Bay ein, und seine Umsicht und Tatkraft machten ihn rasch zu einer Stütze der Kolonie von Jamestown.

Im Sommer 1608 unternahm Smith zwei Erkundungsfahrten in der Chesapeake Bay, deren Ergebnisse in einer vorzüglichen kartographischen Aufzeichnung der Küstenebene Eingang fanden. Im folgenden Jahr kehrte er nach England zurück. Seinen Beobachtungen in Virginia widmete er eine Reihe von Schriften, darunter eine kurz gefaßte «True Relation» zur Gründungsgeschichte der Kolonie,[82] sowie, im Jahre 1612, seine ausführlicheren «Proceedings of the English Colony in Virginia». Das zuletzt genannte Werk enthält eine der aufschlußreichsten Darstellungen englisch-indianischer Beziehungen, die wir aus dem 17. Jahrhundert besitzen. Es ist offensichtlich, daß Smith, der die Algonkinsprache in zureichendem Maße verstand und sich durch sein unerschrockenes und selbstbewußtes Auftreten die Wertschätzung des Häuptlings Powhatan gesichert hatte, durchaus in der Lage war, die Anliegen und Bedürfnisse der Urbevölkerung aus ihrer Sicht zu verstehen. Hin und wieder gibt der Bericht Gespräche zwischen Stammeshäuptlingen und Kolonisten in direkter Rede wieder, und in den Ausführungen der Indianer wird etwas von der Ausweglosigkeit ihrer Situation sichtbar. Auch finden sich immer wieder Hinweise auf gesellige Begegnungen zwischen Indianern und Kolonisten, bei denen man angeregt über Gott und die Welt diskutierte. Als Smith sich für kurze Zeit in Gefangenschaft der Indianer befand, unterhielt er sich damit, seinen Gesprächspartnern einige Kenntnisse beizubringen und sie in ihrem ehrfürchtigen Glauben an die Allwissenheit und Allmacht der Europäer zu bestärken. «So ergötzte er diese armen Seelen», schreibt er von sich in der dritten Person, «indem er ihnen die Kugelgestalt der Erde demonstrierte, den Gang von Mond und Sternen, die Ursache von Tag und Nacht, die Weiten der Meere, die Eigenschaften unserer Schiffe, des Pulvers und der Kugeln, die Aufteilung der Erde, die Verschiedenheit der Völker und ihres Aussehens, ihrer Bräuche und ihrer Lebensbedingungen. Er tat so, als ob dies alles unter der Oberherrschaft des Kapitäns Newport stehe, den er ihnen gegenüber als seinen Vater bezeichnete und dessen Ankunft er ihnen so genau voraussagen konnte, daß sie in ihm ein Orakel sahen.»[83]

Am geschichtlichen Auftrag der Engländer, dieses Land zu übernehmen und seine Bewohner zu unterwerfen, zweifelte John Smith freilich keinen Augenblick, und die außergewöhnliche Einsicht in die politische Natur der gegenseitigen Beziehungen, über die er zweifellos verfügte, führte ihn nicht zu Duldung und Toleranz, sondern machte ihn im Gegenteil in besonderer Weise gefährlich.

Im Jahre 1609 verließ John Smith Virginia für immer und machte sich in England an die Verarbeitung seiner Eindrücke. Doch von der kolonialen Bühne trat der Unermüdliche nicht ab. Mit zwei Schiffen überquerte er 1614 erneut den Atlantik und ging an der Küste von Maine, nicht unweit der aufgegebenen Siedlung von Saint George, an Land. Das vordergründige Ziel dieser Unternehmung war es einmal mehr, von den Indianern im Tauschhandel Gold und Kupfer zu erwerben; ferner wollte man den Walfang, der in den Gewässern von Spitzbergen schon seit einiger Zeit mit Erfolg betrieben wurde, auch hier einführen. Es ist wahrscheinlich, daß Smith selbst, der die Literatur über Nordamerika gut gelesen hatte, diesen Zielen gegenüber von Anfang an skeptisch war, aber, um die finanzielle Unterstützung durch Privatleute nicht zu gefährden, seine begründete Skepsis verschwieg.[84] Gleich nach der Ankunft in Maine wandte er sich jedenfalls der Küstenerkundung zu und befuhr, meist im Ruderboot mit einer kleinen Gruppe von Begleitern, die Küste von der Penobscot Bay bis zum Kap Cod. Die Karte, die er nach seiner Rückkehr anfertigte und in Druck gab, gibt dieser Region erstmals den Namen «New England»; sie darf, wie seinerzeit die Karte von Virginia, als Spitzenprodukt der damaligen Amerikakartographie gelten.

Auch der Bericht, den John Smith über seine Neu England-Fahrt verfaßte,

II. Die Erkundung der Küsten

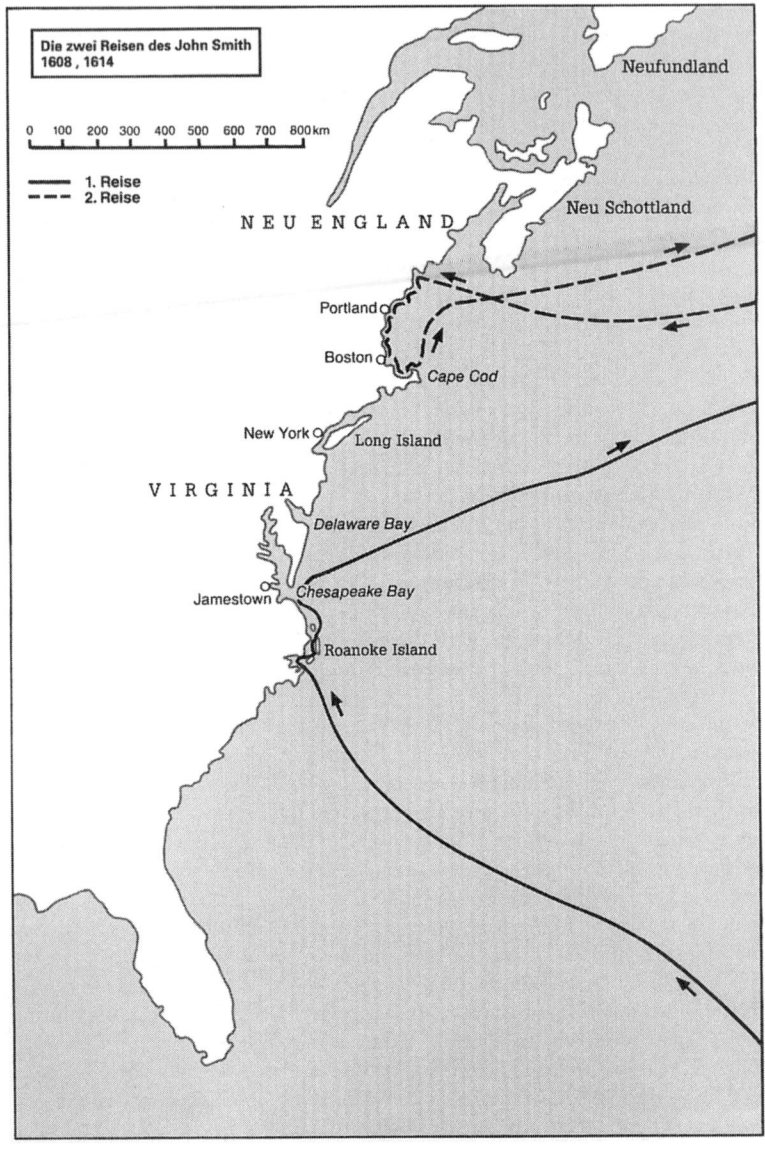

beweist die Sorgfalt, mit der er zu Werk ging; seine Beschreibung der Küstenlinie, schreibt Philip Barbour, der beste Kenner dieser Thematik, sei so zutreffend, daß man ihr auch heute ohne Schwierigkeit folgen könne.[85] Jede Bucht, die er befuhr, prüfte Smith sorgfältig auf ihre Eignung als Standort einer künftigen Kolonie. Wichtige Hinweise für spätere Siedlungsprojekte gaben ihm die Standorte indianischer Niederlassungen, deren Namen er häufig übernahm. Es ist John Smiths Verdienst, die Vorzüge der Massachusetts Bay früh erkannt zu haben. Von der Bucht im Norden des Kap Cod, dem Landungsgebiet der Puritaner auf der «Mayflower» im Jahre 1620, schreibt er mit prophetischem Urteil: «Und nun kamen wir nach Accomacke, zu einem Ankerplatz von hervorragender Güte mit gutem Land und keinem Mangel an irgend etwas, dessen fleißige Leute bedürfen...»[86]

Nach seiner Rückkehr nach England setzte sich Smith sofort mit Vertretern jener Plymouth-Gruppe der «Virginia Company» in Verbindung, welche die Rechte zur Besiedlung des Nordens besaß. In ihrem Auftrag brach er 1615 zu einer weiteren Reise nach Neu England auf. Doch sein Schiff geriet in die Hände zuerst von englischen, dann von französischen Piraten, die ihn an Bord festhielten. Vor La Rochelle gelang ihm die Flucht in einem Beiboot, er wurde bei starker See an Land geschwemmt und von Fischern gerettet. Wieder in England eingetroffen, verstärkte Smith seine Bemühungen in propagandistischer Absicht und blieb bis zu seinem Tod im Jahre 1631 einer der besten und einflußreichsten Kenner der nordamerikanischen Verhältnisse. Seine «Generall Historie», erschienen im Jahre 1624, sammelt die wichtigsten Zeugnisse zur Erkundung der nordamerikanischen Ostküste und bietet einen nützlichen Einblick in den damaligen Erkenntnisstand. Der zeitgenössische Leser dieses Werks konnte sich hier auf knappem Raum über die Geschichte der bisherigen englischen Bemühungen informieren, und er konnte sich ein Bild von den Möglichkeiten einer künftigen Besiedlung machen. Smith war und blieb ein Propagandist, das läßt sich nicht leugnen; aber er versprach nicht das Blaue vom Himmel. Seine publizistische Leistung wird man wohl vor allem darin sehen müssen, daß es ihm mit Nachdruck und mit den bekannten historischen Folgewirkungen gelang, seinen Lesern bewußt zu machen, welch weites Aktionsfeld dem menschlichen Unternehmungsdrang jenseits des Atlantiks offenstand.

Die Geschichte der Küstenerkundung zwischen Florida und Neu Schottland bliebe unvollständig, erwähnte man nicht die Leistung *Henry Hudsons*, die in dreifacher Hinsicht bedeutsam ist: Er öffnete mit der Erforschung des nach ihm benannten Flusses ein wichtiges Einfallstor zum Hinterland; er verschaffte den Niederländern, wenn auch nur kurzfristig, Zugang zur Ostküste; und er fand schließlich, wovon später noch die Rede sein wird, die nach ihm benannte Bay im Nordosten Kanadas.[87] Hudson hatte, wie bereits erwähnt, mit John Smith Verbindung; aber im Unterschied zu diesem stand bei ihm nicht der Gedanke der Kolonisation im Vordergrund, sondern der altbekannte Plan, auf der Nordroute zu den Reichtümern Asiens zu gelangen. Im Auftrag der «Muscovy Company», die seit 1553 ähnliche Ziele verfolgte, führte Hudson in den Jahren 1607 und 1608 zwei Fahrten aus, die ihn an die Ostküste Grönlands zum bisher unerreichten 80. Breitengrad und in die Gewässer zwischen Spitzbergen und Novaya Semlya führten.

Seine dritte Reise unternahm Henry Hudson im Auftrag der holländischen Ostindienkompanie. Diese Handelsgesellschaft, Symbol des Aufstiegs einer kapitalkräftigen Bürgerschaft, die sich unter der spanischen Herrschaft das Know-how und nach der Unabhängigkeit die Aktionsfreiheit erworben hatte, war 1602 gegründet worden. Bereits in den vorausgehenden Jahren war man durch die Umschiffung des Kaps der Guten Hoffnung in den Monopolbereich der Portugiesen in Indien, im malaiischen Archipel und in Japan eingebrochen; gleichzeitig zeigte man sich an Alternativrouten nach Asien interessiert, sei es im Norden, sei es um das Kap Hoorn, das 1616 von Le Maire und Schouten auch erreicht werden sollte. Hudson war vom holländischen Konsul in London, Emanuel van Meteren, für die Ostindienkompanie und die Aufgabe gewonnen worden, im Norden eine Passage nach Asien zu finden.

Im Frühling des Jahres 1609 verließ Hudson an Bord der «Half Moon» mit einer gemischt englisch-holländischen Besatzung Amsterdam und gelangte der Küste Norwegens entlang zum Nordkap. Da sich unter der Besatzung Unstimmigkeiten bemerkbar machten und gar eine Meuterei drohte, entschloß sich der Kapitän, sein Glück auf der Westroute zu versuchen und Neufundland anzusteuern. Von dort aus erreichte er die Küste Neu Englands, umsegelte das Kap Cod und stieß bis North Carolina, ins Gebiet der ehemaligen Roanoke-Kolonie, vor. Hier kehrte er um und fuhr, in enger Berührung mit der Küste und ständig auf einen Durchlaß zum Pazifik hoffend, wieder nordwärts. Er gelangte zum Eingang der Chesapeake Bay, vermied es aber, seinen Freund John Smith, der sich damals in Jamestown befand, aufzusuchen – wohl ein weiser Entschluß, denn Hudson fuhr im Auftrag einer fremden Macht, und dies hätte zu Verwicklungen führen können. Nachdem er das Mündungsgebiet des Delaware passiert hatte, gelangte Hudson in die Bucht von New York, die Verrazano 1524 entdeckt hatte, und folgte – dies die wichtigste Leistung seiner dritten Reise – dem schiffbaren Lauf des Hudson River auf einer Länge von zweihundertvierzig Kilometern, bis in die Gegend der heutigen Industriestadt Albany.

Obwohl sich seine Hoffnung, eine Wasserscheide zum Südmeer zu erreichen, nicht erfüllte, hatte Hudson doch einen der bequemsten Zufahrtswege zum Hinterland und damit zu den Pelzvorräten der Irokesen entdeckt. Bereits die Besatzung der «Half Moon» unterhielt einen lebhaften Handel mit den Indianern, wobei sich einmal mehr zeigte, wie zutraulich jene Stämme, die mit Europäern noch keinen Kontakt gehabt hatten, waren. Wir verdanken dem Logbuch von *Robert Juet*, einem in Angelegenheiten der Standortbestimmung wohlerfahrenen Begleiter, einen knappen, aber zuverlässigen Bericht. «Die Bevölkerung dieses Landes», schreibt Juet, «strömte an Bord und brachte uns Weintrauben und Kürbisse, welche wir gegen Kleinigkeiten tauschten. Und viele brachten uns Biber- und Otterfelle, die wir gegen Glasperlen, Messer und Beile einhandelten.»[88] Sehr früh entwickelte sich auch der fatale Brauch, den Gang der Geschäfte durch Verabreichung von Alkohol zu erleichtern – ein Genußmittel, das den Indianern unbekannt war und das, neben der Einschleppung fremder Krankheiten, entscheidend zu ihrem Niedergang beitrug. «Wir nahmen sie hinunter in die Kabine», schreibt Juet, «und gaben ihnen soviel Wein und ‹Aqua vitae›, daß sie alle sehr fröhlich wurden. Einer von ihnen hatte seine Frau bei sich, und diese saß so sittsam da, wie dies unsere Frauen vom Land an einem fremden Ort tun würden. Am Schluß war einer von ihnen, der sich schon die ganze Zeit, da wir hier waren, an Bord unseres Schiffes aufgehalten hatte, betrunken, und dies war für sie so sonderbar, daß sie nicht wußten, was sie davon halten sollten.»[89]

Nach der Rückfahrt in die Bucht von New York kam es zu einem blutigen Zwischenfall mit den Indianern, von denen immerhin der Ortsname «Manna-hata», der sich bekanntlich bis heute erhalten hat, zu erfahren war. Von hier aus segelte die «Half Moon» nach Europa zurück und traf im November 1609 in Dartmouth, an der englischen Südküste, ein. Hudson sandte einen Rapport an seine Auftraggeber in Amsterdam und bereitete sich vor, das Schiff nach Holland zurückzusegeln, doch wurde ihm untersagt, sein Land zu verlassen. Wir wissen von diesem Vorfall durch einen Bericht des holländischen Konsuls van Meteren: «Henry Hudson und die anderen englischen Besatzungsmitglieder wurden angewiesen, England nicht zu verlassen und dem eigenen Vaterland zu dienen. Viele Leute fanden es ziemlich unfair, daß die Seeleute auf diese Weise daran gehindert werden sollten, ihren Auftraggebern ihre Abrechnungen und Berichte vorzulegen, vor allem darum, weil ja die Unternehmung, an der sie mitgewirkt hatten, zum allgemeinen Nutzen der Seefahrt erfolgt war.»[90]

Diese Empfindlichkeit der englischen Krone zeigt deutlich, daß Entdeckungsreisen in ihrer politischen Dimension sehr früh ernst genommen wurden, selbst wenn sie von befreundeten Ländern ausgingen. Obwohl Henry Hudson das Hauptziel seiner Unternehmung, die Auffindung einer Passage im Norden, nicht erreicht hatte, fand seine Fahrt in Amsterdamer Handelskreisen Beachtung.[91] In den folgenden Jahren wurden mehrere holländische Schiffe an die nordamerikanische Küste entsandt, und der Seefahrer *Adriaen Block* zeichnete 1614 aufgrund eigener Erkundungen eine vorzügliche Karte, auf welcher der Küstenstrich der New Yorker Bucht bis nach Maine großzügig mit «Neu Niederland» überschrieben ist. Zur gleichen Zeit erteilten die Generalstaaten einer Gruppe von Kaufleuten, die sich zu einer Neu-Niederländischen Kompanie zusammengeschlossen hatten, ein Handelsmonopol. Ungeachtet englischer Proteste wurden mehrere Handelsstützpunkte errichtet, so Fort Orange an der Stelle des späteren

Albany im Jahre 1617, und Neu Amsterdam, das spätere New York, im Jahre 1624. Bereits einige Zeit vorher, 1621, war mit der «Westindischen Kompanie» ein Gegenstück zur «Ostindischen Kompanie» von 1602 gegründet worden, mit der Absicht, die holländischen Interessen jenseits des Atlantiks koordiniert zu verfolgen. Im Jahre 1626 kaufte Peter Minuit, der von der «Westindischen Kompanie» eingesetzte Gouverneur von Neu Amsterdam, den Indianern die Insel Manhattan für einige Kessel, Wolldecken und etwas billigen Schmuck im Wert von insgesamt sechzig Gulden ab. Weitere Niederlassungen folgten im Mündungsgebiet des Delaware und des Connecticut.

Das Hauptinteresse der «Westindischen Kompanie» in Nordamerika lag beim Pelzhandel, und obwohl auch Siedlungsprojekte ausgearbeitet wurden, fand sich keine zureichende Zahl von Auswanderungswilligen. Während die Kaperfahrten holländischer Schiffe in der Karibik hin und wieder erhebliche Gewinne in die Taschen der Handelsgesellschaft fließen ließen, fehlte es im Norden am nötigen Anfangskapital. Im Jahre 1664 erschienen vier englische Schiffe vor Neu Amsterdam und nahmen die Stadt kampflos ein. Damit war die Rolle der Holländer bei der Erschließung des Kontinents ausgespielt.

Henry Hudson unternahm in englischen Diensten noch eine weitere, seine vierte große Reise, die ihn, erneut auf der Suche nach der Nordwestpassage, in den hohen Norden führte; von ihr wird später die Rede sein.

Die Mündung des Sankt Lorenzstroms

Mit der Reise von Giovanni da Verrazano, der im Juli 1524 von einer Küstenfahrt, die ihn von North Carolina bis nach Maine geführt hatte, nach Dieppe zurückgekehrt war, hatte sich Frankreich in den Kreis der Nationen gestellt, die ihr Mitspracherecht an der Aufteilung der Neuen Welt anmeldeten. Zu weiteren Unternehmungen dieser Art kam es von französischer Seite vorerst nicht, denn die Energien Franz' I. waren durch den fortdauernden Kampf gegen Kaiser Karl V. gebunden. Keine Unterbrechung erlitten indessen die Atlantikfahrten aus den normannischen und bretonischen Hafenstädten nach Portugal und den portugiesischen Inseln sowie nach den reichen Fischgründen Neufundlands: Die Gelegenheit also, die Erfahrungen zur See weiterzupflegen und sich auf dem neuesten Stand der nautischen Kenntnisse zu halten, blieb bestehen.

Erst im Jahre 1532 kam Franz I. auf seinen Plan, den Namen Frankreichs mit der Auffindung des Seeweges nach Cathay zu verknüpfen, zurück. Anläßlich einer Pilgerreise, die den König auf den Mont-Saint-Michel führte, traf er mit Jean le Veneur, dem Bischof von Lisieux zusammen, einem von Dingen der Seefahrt faszinierten Mann, der die Frage der Nordwestpassage ins Gespräch brachte. Le Veneur stellte auch gleich den Seemann vor, den seine Erfahrungen und Fähigkeiten geeignet erscheinen ließen, den Durchlaß nach Asien zu finden: *Jacques Cartier*.[92] Um völkerrechtlichen

Verwicklungen vorzubeugen, traf sich Franz I. im folgenden Jahr mit Papst Clemens VII., besprach mit diesem unter diplomatisch geschickter Assistenz Jean Le Veneurs die Papstbullen Alexanders VI. und erreichte das Zugeständnis, daß die kirchliche Regelung der überseeischen Besitzrechte Spaniens und Portugals nur die damals tatsächlich bekannten Territorien betreffe und auf seither durch andere Nationen entdeckte Gebiete keine Anwendung finden könne. Damit war eine entscheidende Aushöhlung des Vertrags von Tordesillas vollzogen, und der Gedanke der Freiheit der Meere wurde gestärkt.

Die königlichen Instruktionen an Jacques Cartier haben sich nicht erhalten; aber wir wissen aus einem Abrechnungsbeleg, daß es sein Auftrag war, «nach dem Königreich [sic!] von Neufundland zu reisen, um gewisse Inseln und Gebiete zu entdecken, von denen es heißt, daß sich dort große Mengen von Gold und andere kostbare Dinge befinden».[93] Neben die wissenschaftliche Zielsetzung trat also die Hoffnung, die durch viele glücklose Kriegszüge arg strapazierte Staatskasse durch bequemen Profit möglichst rasch zu sanieren. Nirgends dagegen ist, bei einer derart von Papst und Bischof geförderten Unternehmung eigentlich erstaunlich, von einer Missionierung der indianischen Bevölkerung die Rede; wir wissen auch nicht, ob Geistliche überhaupt mitgefahren sind.

Für seine Reise, die von Saint-Malo ausgehen sollte, wählte Jacques Cartier zwei Schiffe von je sechzig Tonnen aus, deren Namen wir nicht mehr kennen, und ließ sich zwei zerlegbare Boote an Bord schaffen. Schwierigkeiten bereitete die Rekrutierung der Mannschaften: Offenbar fürchteten die Bürger von Saint-Malo und der benachbarten Hafenstädte, die Reise diene der Errichtung eines königlichen Monopols im Neufundland-Fischfang, und eine solche Entwicklung mochten sie nicht fördern. Schließlich fand sich die für eine reine Entdeckungsfahrt notwendige Besatzung von sechzig Mann, und am 20. April 1534 stach Cartier in See.

Die Überfahrt an die Ostküste Neufundlands bewältigten die Schiffe in der Rekordzeit von zwanzig Tagen. Das Treibeis zwang zu einem kurzen Aufenthalt im Süden der Insel, dann wurde sie im Norden umfahren, und die Belle-Isle-Straße, welche Neufundland vom amerikanischen Festland trennt, wurde überquert. Darauf folgte man in schwieriger Fahrt der zerklüfteten Felsenküste von Labrador bis zur Mündung des Saint Augustine River, untersuchte die Buchten sorgfältig nach günstigen Ankerplätzen und kehrte darauf nach Neufundland zurück, dessen Westküste man in südlicher Richtung entlangfuhr.

Auf seiner bisherigen Fahrt hatte Cartier keine Gewässer berührt, die nicht von portugiesischen, englischen und französischen Seeleuten bereits aufgesucht worden waren; auch begegnete er einem Schiff aus La Rochelle, das zum Fischfang ausgelaufen war. Die Küste Labradors beeindruckte die Reisenden durch ihren unwirtlichen und abweisenden Charakter. «Obwohl ich an vielen Orten landete», heißt es im Bericht, «konnte ich nirgends auch nur eine Wagenladung Erde erblicken. Blanc Sablon ausgenommen, gibt es nichts als Moos und kurzes, kümmerliches Gesträuch. Am Ende neige ich zum Glauben, dies sei das Land, das Gott dem Kain gegeben habe.»[94]

Bei undurchdringlichem Nebel und eisigem Wind folgte man der kartographisch bisher noch nicht erfaßten Westküste Neufundlands bis zum Kap Anguille – hätte man die Küstenerkundung noch etwas fortgesetzt, wäre der Inselcharakter Neufundlands erstmals sichtbar geworden. Doch Cartier drehte nach Westen ab, folgte den Magdalen Islands, welche die Französischkanadier nach Cartier Iles des Margaulx nennen, umsegelte im Norden Prince Edward Island, das er für einen Teil des Festlandes hielt, und erreichte schließlich die eigentliche Festlandküste der heutigen kanadischen Provinz New Brunswick, von deren Bevölkerung – eine Folge des durch diesen Seefahrer eröffneten Kapitels der Kolonialgeschichte – rund vierzig Prozent französischer Abstammung sind. Hier trat Cartier in von Europäern unbefahrene Regionen ein, und die Suche nach der Nordwestpassage wurde zum zentralen Anliegen. Vom Standort der heutigen Siedlung Richibucto aus folgten die beiden Schiffe der Küste nordwärts und traten nach Umrundung der Miscou-Insel, deren nördliches Kap bezeichnenderweise Cap de l'Espérance genannt wurde, in eine große Bucht, die Baie des Chaleurs ein, die an ihrer Öffnung fünfzehn Seemeilen breit ist und sich hundert Meilen landeinwärts erstreckt. «Wir hatten Hoffnung, hier den Durchlaß zu finden», schreibt Cartier, oder wer an seiner Stelle den Bericht verfaßte; doch als man die Bucht bis zu ihrem Ende im Beiboot erkundet hatte, wird beigefügt: «Wir hatten zu dieser Stunde Kenntnis vom Ende der genannten Bucht, und wir waren niedergeschlagen und traurig.»[95]

In dieser Bucht kam es auch zu einer unschönen Begegnung mit den Indianern, wahrscheinlich Angehörigen des Micmacstammes. Die Urbewohner, durch die Ankunft der Europäer in einen stürmischen Begeisterungstaumel versetzt, näherten sich in großer Zahl in ihren Booten: «Sie tanzten und machten Zeichen der Freude, und da sie unsere Freundschaft begehrten, riefen sie in ihrer Sprache: ‹Napu tu daman asurtat› und andere Worte, die wir nicht verstehen konnten.»[96] Cartiers Seeleute, die eine Hinterhältigkeit fürchteten, wußten sich nicht anders zu helfen, als den Indianern Kanonenkugeln über die Köpfe hinwegzuschießen und, als dies nichts fruchtete, feurige Lanzen in ihre Mitte zu werfen: «... das erstaunte sie so sehr», meldet der Berichterstatter, daß sie in großer Eile die Flucht ergriffen und uns nicht mehr verfolgten.»[97] Am folgenden Tag kam es zu einer neuerlichen Begegnung mit den Indianern, und es entwickelte sich ein munterer Tauschhandel. Dessen Beschreibung durch Cartier ist die erste Darstellung des später in diesen Regionen so wichtigen Pelzhandelsgeschäfts.

Weiter nordwärts segelnd, erreichte Cartier die Bucht von Gaspé, wo schlechte Wetterverhältnisse ihn zu einem Aufenthalt von über einer Woche nötigten. Er traf hier erneut auf zahlreiche Indianer, deren äußere Erscheinung, wie er richtig feststellt, von den zuvor getroffenen Micmac erheblich

3. Nordamerika

abwich: Es handelte sich um Huronen, die im folgenden Jahrhundert zu den wichtigsten Handelspartnern der Franzosen werden sollten. Die gegenseitigen Beziehungen waren ausnehmend freundlich. «Sie zählten, Männer, Frauen und Kinder zusammengenommen, mehr als dreihundert Personen, mit etwa vierzig Kanus», schreibt Cartier. «Nachdem sie sich am Ufer etwas mit uns vermischt hatten, kamen sie freiwillig mit ihren Kanus zu den Schiffen. Wir gaben ihnen Messer, Glasperlen, Kämme und anderen Tand von geringem Wert, wobei sie viele Zeichen der Freude zeigten, die Hände zum Himmel hoben und in ihren Kanus sangen und tanzten. Dieses Volk verdient sehr wohl, ein wildes genannt zu werden, denn sie sind die beklagenswertesten Leute, die es in der Welt geben kann, besitzen sie doch alle nichts, was mehr als fünf Sous wert wäre, ihre Kanus und Fischernetze ausgenommen.»[98]

In der Bucht von Gaspé kam es auch zum geschichtlich markantesten Ereignis der ersten Reise Jacques Cartiers. Am 24. Juli 1534 ließ Cartier ein Holzkreuz von neun Metern Höhe aufpflanzen, das die Inschrift «Vive le Roy de France» trug und durch ein Wappenschild mit drei Lilien, dem Wahrzeichen der französischen Könige, verziert war. Die versammelte Besatzung ließ sich zum Gebet auf die Knie nieder, und den staunenden Huronen, die sich eingefunden hatten, versuchte man, indem man gegen den Himmel wies, verständlich zu machen, «daß von dorther alle unsere Erlösung kommt».[99] Der Häuptling der Indianer jedoch, Donnacona, begriff sofort, daß es sich hier um einen Akt der Besitzergreifung handelte. Mit seinem Gefolge suchte er die französischen Schiffe auf und hielt vom Kanu aus eine eindringliche Brandrede: «Auf das Kreuz hinweisend», schreibt Cartier, «hielt er uns eine feierliche Ansprache, machte das Zeichen des Kreuzes mit zwei Fingern und wies dann auf all das umliegende Land hin, als ob er sagen wollte, daß diese Gegend ihm gehöre und daß wir dieses Kreuz nicht ohne seine Erlaubnis hätten errichten sollen.»[100] Durch die Übergabe von Geschenken und durch reichliche Bewirtung gelang es den Franzosen, Donnacona wieder versöhnlich zu stimmen und ihn zu bewegen, zwei seiner Söhne nach Frankreich mitreisen zu lassen. Die Freundlichkeit der französisch-indianischen Begegnung war beiderseits nicht ohne Hintergedanken: Die Indianer fühlten sich, wie man heute weiß, von ihren Nachbarn im Süden bedroht und brauchten einen starken Bundesgenossen; die Franzosen wußten, daß sie, um bei einer nächsten Reise einen dauernden Stützpunkt zu errichten, auf die Mithilfe der lokalen Bevölkerung angewiesen waren.[101]

Die Fortsetzung der Reise brachte wenig Neues. Statt die Halbinsel von Gaspé im Norden zu umsegeln, was zur Entdeckung der Mündung des Sankt Lorenzstroms geführt hätte, stieß Cartier zur Anticosti-Insel vor; dann erreichte er erneut die Küste Labradors, durchsegelte die Belle-Isle-Straße und begab sich, ohne an der neufundländischen Küste haltzumachen, auf den Rückweg. Anfang September 1534 traf er in Saint-Malo ein.

Gemessen an ihren Hauptzielen, ist die Bilanz dieser Reise negativ: Die Nordwestpassage wurde nicht gefunden; Reichtümer hatte man keine gesichtet. Die positiven Ergebnisse von Cartiers erster Reise beschränken sich auf die – noch immer ungenaue und irreführende – kartographische Erfassung der Westküste Neufundlands und einiger Küstenstriche des Festlands. Daß der Seefahrer seine Reise in von Riffen und Sandbänken durchsetzten Gewässern bei ungünstigen Witterungsbedingungen abschließen konnte, ohne Verluste an Menschen und Material zu beklagen, beweist indessen einen Grad von seefahrerischem Können und von Umsicht, wie dies in einer Zeit, da das Leben des Matrosen nicht eben viel galt, selten war.

Die zweite Reise von Jacques Cartier, die gleich nach seiner Rückkehr ins Auge gefaßt wurde, war ein ehrgeizigeres und aufwendigeres Unternehmen, bestimmt, wie es in den Instruktionen heißt, »die Seefahrt in den Gebieten jenseits von Neufundland zu vollenden, die Ihr bereits in Angriff genommen habt«.[102] Ausgerüstet wurden drei Schiffe, zwei davon wesentlich größer als jene der ersten Reise; die Finanzierung wurde durch Kaufleute aus Saint-Malo und – zum kleineren Teil – durch die Krone sichergestellt. Insgesamt reisten diesmal über hundert Offiziere und Matrosen mit, deren Namenliste sich erhalten hat, so daß man weiß, daß auch einige Edelleute als Freiwillige und einige Verwandte des Oberkommandierenden mit dabei waren. Ferner waren die beiden Indianer an Bord, die man dem Häuptling Donnacona geraubt hatte; man hatte zwar für ihre Ausbildung wenig getan und sie nicht einmal christlich taufen lassen, hoffte aber, sie würden als Dolmetscher dienen.

Am 19. Mai 1535 verließ die Flotte Saint-Malo und landete Ende Juli nach stürmischer Überfahrt in der Bucht von Blanc Sablon an der Küste Labradors, die man zum Treffpunkt bestimmt hatte. Von hier aus setzte Cartier seine Fahrt der Küste entlang fort, erreichte die Anticosti-Insel, die er im Westen umsegelte, und gelangte an die Nordküste der Gaspéhalbinsel. Die riesige Bucht, die sich im Westen öffnete, nannte der Seefahrer die Bucht von Sankt Lorenz, ein Name, der seither auch auf den Fluß, der zum Ontariosee führt, übertragen worden ist. Erstmals tauchte nun auch der Name Kanada auf, wahrscheinlich zurückgehend auf das indianische Wort «ka-na-ta», das «Dorf», «Siedlung» bedeutet.[103] Cartier folgte der Küste von Gaspé etwa zwanzig Meilen in westlicher Richtung, erblickte dann die Hügelzüge des gegenüberliegenden Ufers und wechselte auf die andere Seite der Flußmündung hinüber. Dann setzte er die Küstenerkundung fort und gelangte zur Einmündung des Saguenayflusses, heute eine touristisch erschlossene Monumentallandschaft mit fjordartigem Charakter, im 17. Jahrhundert ein wichtiges Einfallstor für französische Pelzhändler und Missionare. Ohne diesen Flußlauf zu erkunden, stieß Cartier weiter westwärts zur Ile d'Orléans vor, die dem heutigen Quebec vorgelagert ist und die er wegen ihrer Fülle wilder Weinreben «Bacchusinsel» nannte. Hier fand sich, begleitet von zahlreicher Gefolgschaft, Häuptling Donnacona ein, um seine beiden Söhne in die Arme zu schließen, und man feierte das Wiedersehen mit Speis und Trank.

Während Cartier in den Beibooten die Umgebung von Quebec nach einem günstigen Hafen absuchte, begannen sich die freundlichen Beziehungen zwischen Franzosen und Indianern zu zersetzen. Die Gründe dafür waren vielfältiger Natur: Vielleicht gaben die beiden indianischen Dolmetscher den ihrigen eine Schilderung ihres Frankreichaufenthalts, die mißtrauisch stimmte, wahrscheinlich fürchtete Donnacona, die Franzosen würden weiter stromaufwärts mit anderen Stämmen Bündnisse abschließen, und sicherlich kam es auch im alltäglichen Kontakt laufend zu Mißverständnissen und Reibereien, die das Klima vergifteten. An die Stelle der anfänglichen indianischen Hilfsbereitschaft traten Mißtrauen und Angst. Mit allen Mitteln, selbst mit einer Art von Geisterbeschwörung, suchten die Indianer das weitere Vordringen der Flotte zu verhindern.

Doch Jacques Cartier war entschlossen, bis nach Hochelaga vorzustoßen, einer großen Siedlung, die man ihm als Zentrum des huronischen Herrschaftsgebiets geschildert hatte. Der Name bedeutet «Damm der Biber» und deutet auf den damaligen natürlichen Reichtum der Insel hin, auf der sich heute die größte Stadt Kanadas, das vorwiegend französischsprachige Montreal, erhebt. Anfangs Oktober 1535 traf Cartier mit dem kleinsten seiner drei Schiffe vor Hochelaga ein.

Die Nachricht vom Nahen der fremden Männer hatte sich inzwischen im Land herumgesprochen, und Cartier wurde von über tausend Indianern empfangen, die große Mengen von Fischen und Fladenbroten aus Mais herbeitrugen und ihrer Freude durch Tanz und Gesang Ausdruck gaben. Festlich gekleidet und von Edelleuten und schwer bewaffneten Soldaten begleitet, machte sich Cartier zur Siedlung auf, die am Fuße eines Hügels lag, dem er den Namen «Mont Royal» – daher das heutige Montreal – gab. Hochelaga war ein Dorf von kreisförmigem Umriß mit etwa fünfzig indianischen Langhäusern, vom umgebenden Ackerland durch eine dreifache Reihe von Palisaden getrennt. Der Empfang war auch hier äußerst zuvorkommend, und sein Ablauf folgte einem bestimmten Bergrüßungszeremoniell. Kinder und Kranke wurden herbeigeholt, damit der «fremde Häuptling» ihnen die Hand auflege – dies ein deutlicher Hinweis auf die Gottesnatur und die damit verbundene Wunderkraft, die man den Ankömmlingen zuschrieb. Cartier spielte die Rolle, in die er sich überraschend geschoben sah, bereitwillig mit, wohl weniger in missionarischer als in taktischer Absicht: «Dann nahm der genannte Kapitän», heißt es im Bericht über die zweite Reise, «ein Brevier und las, Wort für Wort, die Leidensgeschichte Unseres Herrn, dergestalt, daß alle Anwesenden ihn hören konnten, und diese armen Leute wurden ganz still und lauschten aufmerksam, schauten gen Himmel und taten das, was sie uns tun sahen.»[104]

Von Hochelaga und der Subsistenzwirtschaft seiner Bewohner hat Cartier eine hervorragende Schilderung verfaßt. Darin ist die Rede von den wichtigsten Nahrungsmitteln und ihrer Zubereitung sowie von den als Schmuck und Zahlungsmittel verwendeten Wampumschnüren, die man ähnlich einem

II. Die Erkundung der Küsten

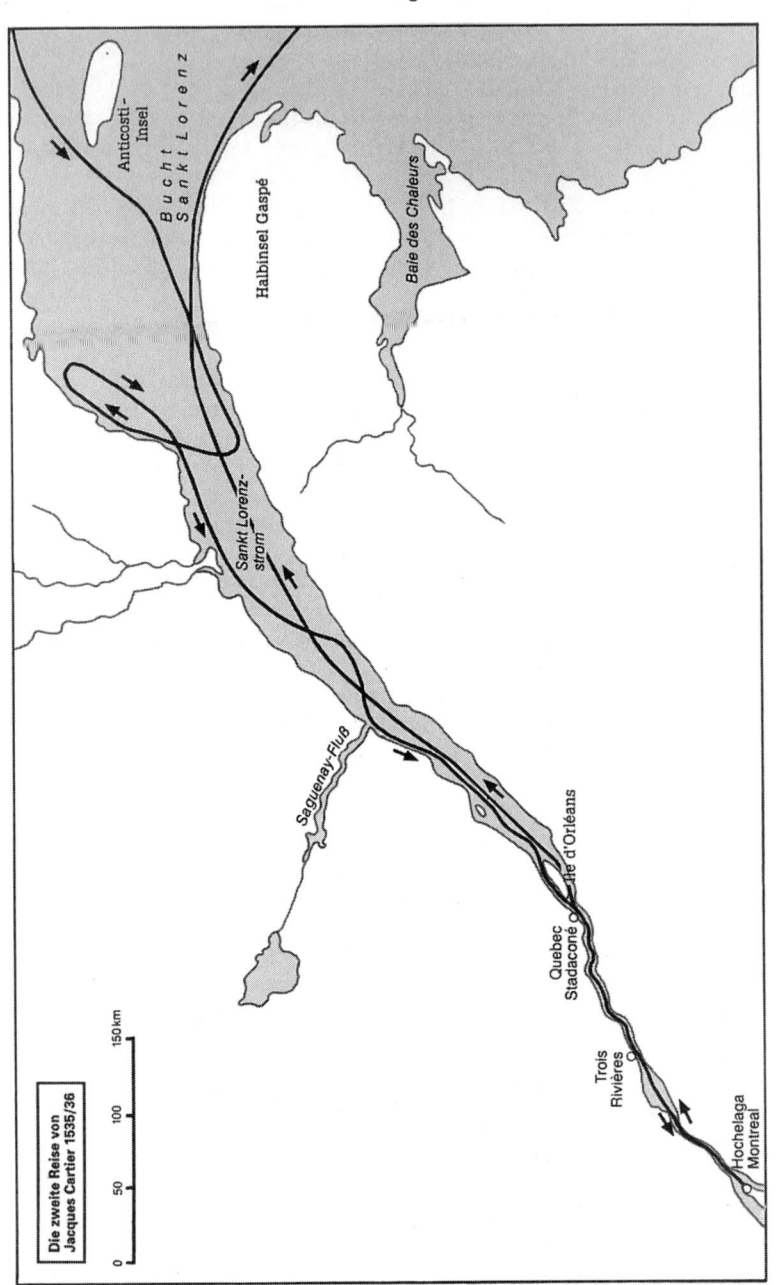

Rosenkranz mit sich trug und die, wie der Autor gutgläubig vermerkt, auch vortrefflich dazu geeignet seien, das Nasenbluten zu stillen. Cartier berichtet ferner von der Besteigung des Mont Royal, die er zweifellos in der Absicht unternahm, nach dem Durchlaß zum Pazifik Ausschau zu halten. Er beschreibt das Panorama der Gebirgszüge im Süden sowie das weite Flußtal im Westen, das er zur Urbarmachung als bestens geeignet betrachtet. Allerdings stellt er fest, daß ein weiteres Vordringen stromaufwärts wegen mächtiger Katarakte unmöglich sei; es handelt sich um die Lachine Rapids, so genannt, weil hier ein anderer französischer Entdeckungsreisender, La Salle, noch im Jahre 1669 vermutet hatte, ganz nahe bei China [la Chine] zu sein. Doch glaubte Cartier daran, daß nach Umgehung dieser Wasserfälle auf dem Landweg ein weiteres Vordringen aussichtsreich sei, und er wurde in diesem Glauben von den Indianern bestärkt, deren Bemerkungen und Zeichensprache anzudeuten schienen, daß im Hinterland, im «Reich von Saguenay», mit Edelmetallvorkommen zu rechnen war. Nach kurzem Aufenthalt in Hochelaga kehrte Cartier in die Gegend des heutigen Quebec zurück, wo ihn die beiden großen Schiffe und die übrigen Mannschaften erwarteten.

Die Franzosen hatten hier in der Zwischenzeit ein Fort aufgeführt, das während des Winters, den man hier zu verbringen gedachte, Schutz vor indianischen Überfällen bieten sollte. Zwar blieben die gegenseitigen Beziehungen einigermaßen freundlich, und man stattete dem benachbarten Dorf Stadaconé, dem Wohnsitz des Häuptlings Donnacona, einen Höflichkeitsbesuch ab; aber unterschwellig verbreitete sich Mißtrauen, und die Furcht vor einem heimtückischen Überfall verfolgte die französische Garnison während des ganzen Winters. Auch hatte man die Härte der Jahreszeit, die dem zauberhaften kanadischen Spätherbst, dem «Indian summer», zu folgen pflegt, weit unterschätzt. Von Mitte Dezember bis Mitte April saßen die Schiffe im Eis des Sankt Lorenzstroms fest, der Schnee lag über einen Meter hoch, und Wasser und Wein gefroren in den Fässern. Im Weihnachtsmonat brach unter Indianern wie Europäern eine Epidemie aus, im ersten Falle wahrscheinlich eine der eingeschleppten Infektionskrankheiten, die später große Teile der indianischen Bevölkerung dahinraffen sollten; im zweiten Falle der Skorbut.[105] In kurzer Zeit erkrankten fast alle Franzosen schwer, und über die Hälfte starb oder war nicht mehr einsatzfähig. Cartier ließ an einem Opfer eine Autopsie vornehmen, um die Ursache der noch kaum bekannten Krankheit abzuklären – seine Beschreibung des Befunds hat modernen Historikern eine zuverlässige Diagnose ermöglicht. Linderung brachte in höchster Not ein aus Zweigen der weißen Zeder [Thuya occidentalis] gebrauter Extrakt, den Häuptling Donnacona als Heilmittel empfohlen hatte. So groß war der Ausfall eigener Leute und die Angst vor einem indianischen Überraschungsangriff, daß Cartier jene Matrosen, die sich noch aufrecht halten konnten, anwies, im Innern der Schiffe gegen die Planken zu schlagen, um den Eindruck emsiger Tätigkeit zu erwecken.

Bei Frühlingsbeginn 1536 mehrten sich in den Augen der Franzosen die

Anzeichen dafür, daß die Indianer nichts Gutes im Schilde führten; man nimmt heute an, daß sich unter ihnen tatsächlich zwei widerstreitende Fraktionen gebildet hatten, eine, die das Kriegsbeil auszugraben vorschlug, und eine andere, welche die friedlichen Beziehungen zu den Kolonisten fortzusetzen gedachte.[106] Dem befürchteten Angriff kam Cartier indessen zuvor, indem er Donnacona und einige der angesehensten Stammesführer ins Fort lockte und gefangennahm – offenbar ohne jeden Skrupel; denn im Reisebericht ist lediglich davon die Rede, man habe sich der Person des Häuptlings versichert, damit er in Frankreich persönlich erzählen könne, was er in «diesen westlichen Ländern an Wundern der Welt gesehen habe».[107] Keiner der entführten Huronen sollte seine Heimat je wiedersehen.

Anfang Mai 1536 verließ Jacques Cartier, nachdem er ein Schiff wegen fehlender Besatzung hatte aufgeben müssen, seinen Standort beim heutigen Quebec und segelte, begleitet von zehn gefangenen Indianern, nach Hause. Die Reise mit einem Zwischenhalt auf Neufundland, wo man mit bretonischen Fischern zusammentraf, verlief ohne Zwischenfälle. Am 16. Juli traf man in Saint-Malo ein. «Mit gutem Wetter», schließt der Bericht der zweiten Reise, «sind wir übers Meer gefahren, dergestalt, daß wir am sechzehnten Tag des Juli im Hafen von Saint-Malo angekommen sind, dem Schöpfer dankend, daß er unsere Reise zu einem guten Ende gebracht hat und ihn bittend um seine Gnade und das ewige Leben. Amen.»[108]

Die Ergebnisse von Jacques Cartiers zweiter Reise sind in geographischer und politischer Hinsicht von großer Bedeutung. Die Unternehmung verschaffte Klarheit über die Küstenverhältnisse in der Bucht des Sankt Lorenz und stellte den Inselcharakter von Anticosti und Neufundland endgültig fest; zudem wurde der Sankt Lorenzstrom auf einer Strecke von über zweihundert Meilen befahren, die günstigen Anker- und Siedlungsplätze von Quebec und Montreal wurden erkannt, und es ergab sich aus eigenem Augenschein wie aus den Gesprächen mit den Eingeborenen, daß sich diese Wasserstraße nach Westen fortsetzte. Heute ist der Sankt Lorenzstrom Teil eines wichtigen, zweitausend Meilen langen Verbindungsweges, der dank seinem Ausbau nach 1950 auch Hochseeschiffen den Zugang zu den großen Seen bis zum amerikanischen Bundesstaat Minnesota ermöglicht. In politischer Hinsicht verschafften Cartiers Reise und seine Überwinterung Frankreich, zumindest theoretisch, einen vorrangigen Besitzanspruch gegenüber anderen europäischen Seemächten in dieser Weltgegend. Die vergleichsweise leichte Zugänglichkeit des Hinterlandes auf dieser Wasserstraße sollte der französischen Präsenz, obwohl diese sich immer in bescheidenem kolonisatorischem Rahmen hielt, gegenüber dem englischen Rivalen an der durch das Appalachengebirge eingegrenzten Ostküste wichtige strategische Vorteile verschaffen. Allerdings: Auch Cartiers zweite Reise hatte den Zugang zu Asien nicht geöffnet, und die wenigen Goldkörner, die man sich am Saguenayfluß von den Indianern eingehandelt hatte, befriedigten keineswegs die Erwartungen. Eine zusätzliche Erkundungsfahrt drängte sich auf.

3. Nordamerika

Doch in Frankreich waren die politischen Bedingungen, ähnlich übrigens wie nach der Rückkehr Verrazanos, einer weiteren Unternehmung nicht günstig. Franz I. stand erneut im Krieg gegen Karl V., und erst im Abkommen von Nizza von 1538 konnte ein wenig dauerhafter Waffenstillstand erreicht werden. Wir wissen indes, daß der französische König sich von Cartier über die Ergebnisse seiner Reise informieren ließ und daß auch Donnacona in Audienz empfangen wurde und Gelegenheit hatte, seine Kunde von unermeßlichen Reichtümern vorzubringen. Ferner hat sich ein Dokument erhalten, das als eigentliches Kolonisationsprojekt anzusprechen ist: Nicht weniger als sechs Schiffe werden darin verlangt und Proviant für einen Aufenthalt von mehr als zwei Jahren, und es sollen gegen vierhundert Mann mitreisen, darunter vor allem Handwerker und Bauern, aber erstmals auch Geistliche.[109] Schließlich existiert die Aufzeichnung eines langen Gesprächs, das Franz I. mit einem Portugiesen namens João Fernando Lagarto führte und aus dem hervorgeht, daß der König den Ausführungen Donnaconas Glauben schenkte und die skeptischen Einwände des Portugiesen, der eine Gefährdung der Interessen seines Landes befürchtete, zurückwies.[110]

Konkrete Form gewannen diese Pläne im Oktober 1540, als Franz I. «Unserem geschätzten und sehr lieben Jacques Cartier» den Auftrag gab, eine Flotte auszurüsten, «um die genannten Länder von Kanada und Hochelaga bis zu dem Land von Saguenay» zu erreichen.[111] In einer weiteren königlichen Weisung vom Januar des folgenden Jahres wurde *Jean-François de la Roque de Roberval*, ein in der Picardie ansässiger Edelmann, mit der Einrichtung und Leitung einer dauerhaften Siedlungskolonie in den noch nicht von einer anderen Seemacht besetzten Gebieten Kanadas betraut. Erstmals erscheint nun in den amtlichen Dokumenten auch die Verpflichtung zur Indianermission, von welcher bisher, auf den Reisen von Verrazano und Cartier, nicht die Rede gewesen war. Die Unternehmung, heißt es im Auftrag an Roberval ausdrücklich, würde ausgeführt «zur Verherrlichung und zu Ehren unseres heiligen christlichen Glaubens und unserer Heiligen Mutter, der Katholischen Kirche».[112] Merkwürdigerweise wird der Name von Jacques Cartier nicht mehr erwähnt: Es scheint, daß diesem das Kommando über die Flotte, Roberval jedoch uneingeschränkte Gouverneursfunktionen anvertraut waren, wodurch ein Kompetenzkonflikt vorprogrammiert war.

Der Umfang der Vollmachten, mit denen Roberval ausgestattet worden war, beunruhigte Spanien, das sich durch Spione in den französischen Hafenstädten über außerordentliche Aktivitäten auf dem laufenden halten ließ. Karl V., der durch seinen Berater Cristóbal de Haro, dem wir bereits im Zusammenhang mit der Magellan-Reise begegnet sind, informiert wurde, sprach empört von einer Verletzung des Abkommens von Nizza und suchte Unterstützung beim Papst und dem portugiesischen König, die sich indes neutral verhielten. Ein Schiff, das Karl V. nach der Ausfahrt Cartiers aussandte, kehrte zurück, ohne den Seefahrer aufgefunden zu haben.

Jacques Cartier verließ den Hafen von Saint-Malo am 23. Mai 1541 mit fünf Schiffen und einer Besatzung von vielleicht weit über tausend Mann,[113] die nur mühsam hatte rekrutiert werden können und unter der sich auch Sträflinge befanden. Roberval, noch immer beschäftigt mit Fragen der Finanzbeschaffung, blieb vorläufig in Frankreich zurück. Nach einer schwierigen Überfahrt und einem längeren Aufenthalt auf Neufundland erreichte Cartier Stadaconé, das heutige Quebec, gegen Ende August. Man wurde von den Huronen freundlich empfangen, blieb aber auf der Hut und begann mit der Errichtung eines befestigten Stützpunktes in einiger Entfernung von deren Siedlung, beim Cap Rouge, einem westlichen Vorort der heutigen Stadt. In seinem Bericht von der dritten Reise gibt Cartier eine begeisterte Schilderung der Landschaft in der unmittelbaren Umgebung: «Auf beiden Seiten des Flusses gibt es sehr gutes und schönes Land, voll von ebenso schönen und mächtigen Bäumen von verschiedener Art, wie man sie auf dieser Welt überhaupt sehen kann, einige davon mehr als zehn Armlängen höher als die andern ... Außerdem gibt es eine große Zahl von Eichen, von den schönsten, die ich je im Leben gesehen habe, die so mit Eicheln behangen waren, daß es schien, sie würden auseinanderbrechen. Darüber hinaus gibt es wunderschöne Ahornbäume, Zedern, Birken und andere Baumarten, die man in Frankreich nicht sieht, und in der Nähe dieses Waldes, auf der Südseite, ist die ganze Erde bedeckt mit Weinreben, die wir voller Trauben schwarz wie Brombeeren fanden, aber nicht so angenehm im Geschmack wie jene in Frankreich, weil sie nicht kultiviert werden ...»[114] Doch noch erwartungsvoller stimmte die Hoffnung auf Edelmetallvorkommen, die freilich eher durch eine überspannte Phantasie als durch die tatsächliche Bodenbeschaffenheit geweckt wurde. So glaubte man eine Erzmine zu entdecken, «mit dem besten Eisen auf der Welt»; man fand auf einer Klippe Steine, «die wir für Diamanten hielten», und man stieß am Fluß auf Blattgold, «ebenso dick wie ein Fingernagel».[115]

Um vor Einbruch des Winters zu noch größeren Reichtümern zu gelangen, machte sich Cartier mit zwei Barken und einer Begleitmannschaft auf, um stromaufwärts nach dem vielgerühmten «Reich von Saguenay» zu suchen. Aus dem Reisebericht geht nicht genau hervor, wie weit die beiden Boote vordrangen und ob man Hochelaga erneut besichtigte; man nimmt aber an, daß zum Teil auf dem Landweg und dank indianischer Führung die Lachinefälle erreicht wurden. Als Cartier von den Indianern erfuhr, daß er mindestens noch einen weiteren Wasserfall überwinden müßte, kehrte er zum Stützpunkt am Cap Rouge zurück.

Von der Überwinterung der Franzosen wissen wir wenig Zuverlässiges, da sich Cartiers Bericht dazu nicht mehr äußert. Einigen wenigen andern Dokumenten läßt sich entnehmen, daß die guten Beziehungen zu den Indianern, bei Koloniegründungen immer eine Hauptvoraussetzung fürs Überleben, sich rasch verschlechterten, daß es zu kriegerischen Zusammenstößen kam und eine große Zahl von Franzosen ihr Leben verlor. Es ist nicht wahrscheinlich, daß Cartier im folgenden Frühling noch die Kraft und die Unterstützung seiner Leute besaß, um einen weiteren geplanten Vorstoß stromaufwärts durchzuführen. Auch der Stützpunkt konnte nicht, wie vorgesehen, gehalten werden. Im Juni 1542 brach Cartier seine Lager ab und segelte, soviel wir wissen, mit allen noch verbleibenden Leuten nach Frankreich zurück. Neue Erkenntnisse hatte diese Reise nicht erbracht; aber im Rumpf seiner Schiffe führte der Kapitän allerlei Mineralien mit, auf deren Auswertung er höchste Hoffnungen setzte.

Im Hafen der heutigen Hauptstadt Neufundlands, Saint John's, traf Cartier auf die Nachschubflotte Robervals, die von La Rochelle aus den Atlantik überquert hatte. Roberval hatte sich in der Zwischenzeit mit der Vorbereitung und Finanzierung des Kolonisationsprojekts befaßt und zu diesem Zweck auch den persönlichen Grundbesitz veräußert; zudem hatte er sich auf Kaperfahrten weitere Mittel beschafft. Der Oberkommandierende und «König von Kanada»,[116] wie er in spanischen Geheimberichten bereits genannt wurde, suchte Cartier zur Rückkehr an den Sankt Lorenzstrom zu bewegen; doch dieser entfernte sich mit seinen Schiffen befehlswidrig im Schutz der Dunkelheit und kehrte im September 1542 nach Saint-Malo zurück. Durch diesen Akt der Insubordination war das Gelingen des Kolonisationsunternehmens entscheidend gefährdet; man fühlt sich an das kleinmütige Verhalten Ralph Lanes im Jahre 1586 erinnert, der die Roanokekolonie aufgab, kurz bevor die Versorgungsflotte eintraf.

Jean-François de la Roque de Roberval setzte seine Fahrt zum Sankt Lorenzstrom fort und bezog, die Überreste des früheren Forts nutzend, am Cap Rouge Quartier. Die Überwinterung erwies sich erneut als schwierig, und über fünfzig Kolonisten kamen um, vielleicht weil die Indianer, mißtrauisch geworden, das Rezept gegen Skorbut für sich behielten. Roberval beherrschte seinen Stützpunkt mit harter Faust: Ein Mann wurde wegen Diebstahls gehängt, andere wurden in Ketten gelegt, weitere Siedler, darunter auch Frauen, wurden ausgepeitscht.

Im nächsten Frühling ließ auch Roberval es sich nicht nehmen, einen Vorstoß ins Landesinnere, zu den mutmaßlichen Schätzen von Saguenay, zu unternehmen. Er brach mit acht Booten und mit siebzig Begleitern auf; wie weit man stromaufwärts vorstieß, läßt sich aus den Quellen nicht eruieren. Nach der Inschrift einer Karte von Pierre Descelliers aus dem Jahre 1546 könnte Roberval bis zur Einmündung des Ottawaflusses vorgedrungen sein.[117] Nach seiner Rückkehr zum Stützpunkt bei Cap Rouge westlich des heutigen Quebec, scheint der Oberkommandierende keine Möglichkeit mehr gesehen zu haben, die Kolonie zu halten. Irgendwann im Sommer, man weiß nicht genau, aus welchen Gründen, traten die überlebenden Kolonisten den Rückweg nach Frankreich an.

Die Gesamtbilanz der dritten Reise Cartiers und der nachfolgenden Unternehmung Robervals ist in jeder Hinsicht enttäuschend, und die portugiesischen und spanischen Beobachter konnten aufatmen. In geographischer

Hinsicht war nichts erreicht worden, was über bereits Bekanntes hinausgegangen wäre, und der Informationswert der überlieferten Aufzeichnungen ist dürftig. Die Beziehungen zur indianischen Küstenbevölkerung konnten nicht ausgebaut werden, im Gegenteil: obwohl zuerst friedfertig, verkamen sie bald zu argwöhnisch lauernder Feindseligkeit – denkbar schlechte Aussichten für eine Fortsetzung der kolonisatorischen Anstrengungen. Das aufwendige Unternehmen der dritten Reise brachte der Krone und den beiden Hauptinitianten nur Schulden, erwiesen sich doch die eingesammelten Gesteinsproben als wertlos. Jacques Cartier blieb nichts als der Spott: «Falsch wie ein Diamant aus Kanada» pflegen die Franzosen noch heute zu sagen, wenn sie einer Sache mißtrauen.[118] Die Hoffnung, in Übersee rasch zu Reichtum zu kommen, war in Frankreich auf lange Zeit diskreditiert; im Unterschied übrigens zu England, wo Martin Frobisher in den siebziger Jahren des Jahrhunderts noch ähnlichen Schimären folgen sollte. Schließlich konnte auch eine Antwort auf die Frage nach der Nordwestpassage nicht gegeben werden, ja es scheint, als sei die Frage gar nicht mehr gestellt worden.

Cartiers Unternehmungen wurden bis zum Beginn des folgenden Jahrhunderts von niemandem fortgeführt, und der Seefahrer geriet allmählich in Vergessenheit.[119] Zwar fehlte es nicht an gelegentlichen Kolonialprojekten, die aber bereits in der Vorbereitungsphase scheiterten. Gewiß fuhren Jahr für Jahr französische Fischfangflotten nach Neufundland und in die Bucht des Sankt Lorenz aus, und dieses Geschäft gewann dadurch noch an Auftrieb, daß es sich nach 1570 zunehmend mit dem Pelzhandel verband.[120] Aber über eine weitere Entdeckungsreise ist nichts bekannt. Wichtiger für Frankreich wurden in dieser Zeit die Fahrten von Villegaignon nach Brasilien und von Ribault und Laudonnière nach Florida, die den Hugenotten jenseits des Atlantiks neuen Siedlungsraum sichern sollten; alle diese Unternehmungen scheiterten jedoch, wie wir gesehen haben, am vehementen Widerstand der iberischen Völker.

Erst im Jahre 1603 sollte Samuel de Champlain die französische Erkundungstätigkeit am Sankt Lorenzstrom wieder aufnehmen. Von Quebec aus, das er im Jahre 1608 als dauerhafte Siedlung begründete, führten Champlain und seine Nachfolger mehrere große Inlandreisen aus, die zwar auch nicht nach Asien führten, aber für Frankreich das Gebiet der Großen Seen und die fruchtbaren Ebenen am Ohiofluß und am Mississippi erschlossen. Doch davon wird im Teil über die Landreisen die Rede sein.

Der hohe Norden

Wir haben gesehen, welches Gewicht bei der Motivation der nordamerikanischen Küstenerkundung der Absicht beizumessen ist, Asien auf dem Weg durch eine Nordwestpassage zu erreichen. In den Plänen der Projektemacher und in den Aufzeichnungen der Seefahrer, bei Hakluyt und bei Sebastian Cabot, Humphrey Gilbert, Verrazano und Cartier tritt dieser Gedanke ebensosehr hervor wie der Wunsch nach raschem Profit durch Handel oder durch die Ausbeutung vermuteter Edelmetallvorkommen. Auch die Fahrten in die Gewässer zwischen Labrador und Grönland, denen wir uns im folgenden zuwenden, waren Bemühungen um die Lösung dieser als vorrangig betrachteten Aufgabe; und auch diese Bemühungen sollten sich, was das Endziel anbelangt, als vergeblich erweisen. Doch hat die Vergeblichkeit der Nordatlantikfahrten gleichsam eine andere Qualität; denn hier suchte man nach einer Passage in Regionen, wo es eine solche Passage tatsächlich gab, ohne daß es indes mit den Mitteln der damaligen Seefahrt möglich war, sie zu befahren.

Im Jahre 1576 verließ *Martin Frobisher* London mit drei kleinen Schiffen, um sich auf die Suche nach der Nordwestpassage zu machen.[121] Intellektuelle Unterstützung wurde dem Seefahrer aus dem Freundeskreis um Humphrey Gilbert zuteil, der im selbem Jahr sein Traktat «For a New Passage to Cataia» veröffentlicht hatte; finanzielle Hilfe floß ihm von Seiten einiger Londoner Kaufleute und Schiffseigner zu. Zu seiner geographischen Vorbereitung benutzte Frobisher eine Karte des flämischen Kartenmachers Gerhard Mercator, die, auf eine fiktive Reise der venezianischen Brüder Zeno im späten 14. Jahrhundert gestützt, irrige Aussagen enthielt und in der Folge zur Fehleinschätzung der eigenen Leistung durch den Seefahrer beitrug.

Anfang Juli 1576 erreichte Frobisher das Kap Farvel im Süden Grönlands. Man wird ihn als Wiederentdecker dieser Insel ansprechen können, mit der die Beziehungen seit dem 14. Jahrhundert abgebrochen waren, obwohl er, auf Mercators Karte gestützt, glaubte, eine legendäre, dort fälschlich eingezeichnete Insel mit dem Namen Friesland aufgefunden zu haben.[122] Ohne an Land zu gehen, wurde die Fahrt auf dem einzigen noch verbliebenen Schiff, der «Gabriel», in westlicher Richtung fortgesetzt, und man gelangte in die Gewässer vor jener langgestreckten Insel, die durch Königin Elisabeth den Namen «Meta Incognita» erhalten sollte, die heute aber nach einem späteren Seefahrer Baffininsel heißt. Nachdem er das vorgelagerte Resolution Island berührt hatte, gelangte Frobisher zu einer riesigen Bucht, die er für den gesuchten Durchlaß nach Asien hielt: «Diesen Ort», schreibt der Berichterstatter *George Best*, «nannte er ‹Frobisher-Straße›, genau so wie Magellan am südwestlichen Ende der Welt, dort wo Amerika von dem Land, das am Südpol liegt, abgetrennt ist, den Seeweg, den er dort zur Südsee fand, ‹Magellan-Straße› nannte.»[123] Hier traf man auch erstmals mit Eskimos zusammen, deren Aussehen als weiteres Indiz für die Nachbarschaft des asiatischen Kontinents verstanden wurde: «Sie sehen aus wie Tataren», heißt es in einem anderen Bericht, «sie tragen langes schwarzes Haar, haben breite Gesichter und platte Nasen, ihre Hautfarbe ist gelblich-braun. Sie kleiden sich in Seehundfelle, und auch die Frauen tun dies auf gleiche Weise; doch deren Gesichter sind mit blauen Streifen versehen, die rund um die Augen und herab zu den Wangen verlaufen.»[124] Besondere Aufmerksamkeit erregte das geschlossene Fellboot der Eskimos, der Kajak, und die Gewandtheit, mit der sie es zu handhaben wußten. Die beidseitigen Kontakte waren indessen nicht durchwegs friedlich, was vielleicht als Hinweis darauf gewertet werden kann, daß Kontakte zu den Europäern, über die wir keine Zeugnisse besitzen, vorausgegangen waren; jedenfalls gerieten einige Besatzungsmitglieder der «Gabriel» in einen Hinterhalt und mußten aufgegeben werden.[125]

Als Frobisher im Oktober 1576 nach England zurückkehrte, brachte er neben einem Eskimo, der bald an Lungenentzündung starb, einige Gesteinsbrocken mit, wahrscheinlich Pyrit oder Schwefelkies, die man als goldhaltig betrachtete. Einer der Mitreisenden, *Dionyse Settle*, äußert sich dazu freilich mit begründeter Skepsis: «Das Gestein von diesem Kontinent, den wir als Amerika betrachten, funkelt und leuchtet in der Sonne wie Gold, und ebensolches läßt sich vom Sand im klaren Wasser sagen; dennoch erweist sich die Richtigkeit des alten Sprichwortes: Nicht alles, was glänzt, ist Gold.»[126]

Doch die Londoner Spezialisten, die das Gestein prüften, waren anderer Meinung, und die wie ein Lauffeuer sich verbreitende Nachricht, es seien Goldminen aufgefunden worden, ermöglichte es, rasch die Ausrüstung einer weiteren Unternehmung an die Hand zu nehmen. Eine Handelsgesellschaft, die «Company of Cathay», wurde gegründet, das nötige Kapital wurde zusammengelegt und ein königlicher Freibrief eingeholt. Das ursprüngliche wissenschaftliche Ziel, die Erkundung der Nordwestpassage, trat in den Hintergrund.

Die zweite Reise führte Frobisher im Jahre 1577 erneut nach Grönland und darauf in die nach ihm benannte Bucht an der Ostküste der Baffininsel. Die Kontakte mit den Eskimos waren wiederum vorwiegend unfreundlicher Natur, schlossen aber ethnographisch belangvolle Beobachtung nicht ganz aus. Man konzentrierte sich vor allem darauf, möglichst große Mengen von «Goldgestein» an Bord zu holen und segelte mit zweihundert Tonnen Pyrit nach England zurück, ferner mit einigen Eskimos, die man geraubt hatte, einem Mann, einer Frau und einem Kind. Die drei Eskimos überlebten die Überfahrt nur um wenige Monate, wurden aber während ihres Aufenthalts in Bristol zur viel bestaunten Sehenswürdigkeit. Der bereits erwähnte John White, der möglicherweise auf dieser Reise mit dabei war, versäumte nicht, von ihnen Zeichnungen anzufertigen;[127] auch wurde nach dem Tod des Eskimomannes eine Obduktion vorgenommen. Vom Arzt, der diesen in seinen letzten Stunden pflegte, hat sich ein Bericht erhalten: «Ich litt bitteren Kummer», heißt es darin, «und war betrübt, nicht so sehr wegen dem Tod des Mannes selbst, sondern darum, weil die Hoffnung, die unsere allergnädigste Königin gehegt hatte, mit ihm zusammenzutreffen, ihr nun durch die Finger geglitten war.»[128]

Im Jahre 1578 unternahm Frobisher eine dritte Reise nach Meta Incognita, diesmal mit einer Flotte von fünfzehn Schiffen. Da die Analysen des Pyritgesteins, vorgenommen durch zwei deutsche Alchimisten, fälschlicher-

3. Nordamerika

weise einen reichen Gold- und Silbergehalt ergeben hatten, beschloß die «Company of Cathay», jenseits des Atlantiks eine Bergbaukolonie anzulegen und entsprechend qualifizierte Handwerker und Siedler, über hundert an der Zahl, mitreisen zu lassen. Vom Plan, die Nordwestpassage zu finden, war in den Instruktionen nun nicht mehr die Rede.

Ende Mai verließen die Schiffe Harwich, berührten wie zuvor die Südküste Grönlands und erreichten die Ostküste der Baffininsel. Da der Sommer in diesen Regionen diesmal weniger mild war als auf den früheren Reisen und die Witterungsbedingungen mit Schneefall und Stürmen sich sehr ungünstig entwickelten, geriet die Flotte in größte Gefahr, vom Eis eingeschlossen zu werden. In den Berichten wird etwas von dem Grauen spürbar, das die Besatzungsmitglieder, von denen die meisten mit solchen Verhältnissen ganz unvertraut waren, überfiel. «Das Eis kam so schnell auf uns zu», schreibt ein gewisser *Thomas Ellis,* dessen Aufzeichnung sich erhalten hat, «und wir waren in so großer Gefahr, daß wir jede Stunde mit unserem Tod rechneten. Und so verharrten wir in dieser großen Gefahr, sahen uns selbst und den Rest unserer Schiffe so bedrängt und durch das Eis hin und her geworfen, daß es selbst das härteste Herz erweicht hätte.»[129] Mit viel Glück rettete man sich in die später so benannte Hudsonstraße, ohne die Bedeutung dieser Zufallsentdeckung zu erkennen. Dann zog man sich in die Frobisher Bay zurück. Es ist möglich, daß der Oberkommandierende, hätte er nach eigenem Ermessen handeln können, der Hudsonstraße weiter westwärts gefolgt wäre; aber sein Auftrag lautete, goldhaltiges Gestein zurückzubringen, und so machte man sich daran, in mühseliger Arbeit und unter schlimmsten klimatischen Bedingungen Pyrit abzubauen. Mit tausenddreihundertfünfzig Tonnen Gesteinsmaterial und den verbleibenden dreizehn Schiffen kehrte Frobisher Anfang Oktober nach England zurück. Daran, an den unwirtlichen Küsten der Frobisher Bay eine Kolonie zu gründen, dachte im Ernst niemand mehr.

In London wurde der Pyrit erneut untersucht, und der Schwindel flog auf. Die «Company of Cathay» ging bankrott, einige der daran beteiligten Kaufleute wurden ruiniert, und die Unternehmung endete mit dem Austausch wüster Beschuldigungen zwischen Frobisher und seinen Auftraggebern. In wissenschaftlicher Hinsicht ist die Gesamtbilanz der drei Reisen als Mißerfolg zu werten: Ein Durchlaß nach Westen wurde nicht gefunden, und über die tatsächlichen geographischen Verhältnisse herrschte, wie eine erhalten gebliebene Kartenskizze zeigt, verwirrende Unkenntnis.[130] Es ist sehr wohl möglich, daß die Wikinger, die sechshundert Jahre zuvor in diese Gewässer vorstießen, sich eine genauere Kenntnis zu beschaffen gewußt hatten. In den Berichten von Frobishers Begleitern finden sich immerhin einige wertvolle Betrachtungen über Ebbe und Flut, über Strömungsverhältnisse und über die Eisberge, deren Süßwassergehalt man staunend feststellte, daraus freilich den irrigen Schluß ziehend, sie müßten sich durchwegs an Land gebildet haben. Auch die Aufzeichnungen über die frühesten Kontakte mit den Eskimos sind nicht uninteressant, wenn auch wenig verständnisvoll. Daß die europäischen Ankömmlinge auf die Eingeborenen einen nachhaltigen Eindruck machten, hat man nachweisen können: Als der amerikanische Entdecker und Ethnologe Charles F. Hall um 1860 in der Frobisher Bay weilte und sich mit den Eskimos unterhielt, konnte er feststellen, daß sich in ihrer oralen Tradition die Geschichte der drei Reisen mit erstaunlicher Detailtreue erhalten hatte.[131]

Martin Frobisher, nachdem er zuerst ins Zwielicht, dann in Vergessenheit geraten war, erwarb sich auf Piratenfahrten ein neues Vermögen, startete zu einer zweiten Karriere, nahm in hohen Kommandofunktionen an der karibischen Plünderfahrt Drakes vom Jahre 1585 teil und beteiligte sich ehrenvoll am Seesieg über die Armada. Im Jahre 1588 wurde er von der Königin geadelt.

In entdeckungsgeschichtlicher Hinsicht sind Frobishers Reisen deshalb von Bedeutung, weil sie als Vorbereitung für drei weitere Fahrten, die sein Landsmann *John Davis* zwischen 1585 und 1587 durchführte, unerläßlich waren. Bei Davis trat die Suche nach der Nordwestpassage wieder ganz in den Vordergrund, und wenn er sie auch nicht fand, bleibt doch die zielstrebige Systematik seines Vorgehens beeindruckend.[132]

Auf seiner ersten Reise im Jahre 1585, einer kleinen, von Londoner Kaufleuten finanzierten Unternehmung, gelangte Davis mit zwei Schiffen an die Ostküste Grönlands, die er wegen ihrer Unwirtlichkeit «Land of Desolation» nannte, umfuhr das Kap Farvel und folgte der Westküste der Insel bis in die Gegend des heutigen Godthåb. Man traf hier auf Eskimos, deren Vertrauen man sich dadurch zu gewinnen suchte, daß man an Land mit Musikinstrumenten zum Tanz aufspielte – und tatsächlich begann sich ein bescheidener Tauschhandel anzubahnen. Darauf segelte man bei gutem Wind über die Meeresstraße, die noch heute nach dem Seefahrer genannt wird, und erreichte die Ostküste der Baffininsel beim Kap Dyer. Die Insel im Osten umrundend, fuhr man in den Cumberland Sound ein, welchen man auf einer Strecke von hundertachtzig Seemeilen erkundete, ohne ein Ende abzusehen. In der Gewißheit, hier den Durchgang zum Pazifik gefunden zu haben, trat Davis den Rückweg an.

Im nächsten Jahr kehrte der Seefahrer mit vier Schiffen nach Grönland zurück und erneuerte seine Bekanntschaft mit den dortigen Bewohnern, die sich nun zutraulicher zeigten. Die Besatzung eines Schiffes vergnügte sich dabei, mit den Eskimos Fußball zu spielen, und es scheint, daß mit aller Härte gekämpft wurde, denn, schreibt der Chronist, «die unsrigen warfen sie nieder, sobald sie auf den Ball losschlugen».[133] Man erreichte, der Davis-Straße in nordwestlicher Richtung folgend, einen Punkt auf dem 66. Grad nördlicher Breite, wurde dann aber von den Packeismassen gehindert, weiter vorzudringen. Auf einem seiner Schiffe, der «Mooneshine», gelangte Davis erneut zum Cumberland Sound, passierte, südwärts vorstoßend, die Frobisher Bay, verpaßte den Eingang zur Hudsonstraße und folgte der Küste von

Labrador nach Südosten. Erneut kam man zu einer größeren Bucht, dem Hamilton Inlet, die wiederum der Vermutung Nahrung lieferte, es könnte sich um einen Zugang nach China handeln. «Wir hatten», berichtet das Bordbuch der «Mooneshine», »die vollkommene Hoffnung auf einen Durchlaß, fanden wir doch eine mächtige See, die sich zwischen zwei Landmassen nach Westen erstreckte.»[134] Bei seiner Ankunft in England war Davis davon überzeugt, daß von den vier von ihm berührten Gewässern – Davis-Straße, Cumberland Sound, Frobisher Bay, Hamilton Inlet – zumindest eines eine praktikable Nordwestpassage anbieten würde: «Ich bin sicher», schreibt er an einen seiner Auftraggeber, «daß dies an einem von den vier Orten sein muß, oder überhaupt nirgends. Und ich kann Euch bei meinem Leben versichern, daß eine solche Reise ohne weitere Kosten, ja mit unbestreitbarem Profit durchgeführt werden kann...»[135]

Obwohl John Davis mit ungebrochenem Optimismus und einer wertvollen Ladung von Fellen von seiner zweiten Reise zurückkehrte, war es nicht leicht, Interesse und Unterstützung für ein weiteres Unternehmen zu finden. Es gelang jedoch, drei kleinere Schiffe auszurüsten, die sich im Mai 1587 auf den nun bereits wohlbekannten Weg nach Grönland machten. Erneut erreichte man die Bucht von Godthåb und trieb mit den Eskimos Tauschhandel. Da die Besatzungen mit Meuterei drohten und zu verstehen gaben, daß sie den Fischfang einer Entdeckungsreise vorzögen, sah sich Davis veranlaßt, die Erkundung der nach ihm benannten Straße nordwärts auf einer kleinen Pinasse fortzusetzen. Man überschritt den Polarkreis, immer wieder begleitet von den Kajaks der Eskimos, die weit hinausruderten, um ihre Felle gegen Armringe und Messerklingen einzutauschen. Schließlich erreichte man einen Punkt auf dem 72. Breitengrad, da ungefähr, wo sich heute die Siedlung Upernavik befindet, war aber wegen widriger Winde und riesiger Eismassen gezwungen, die Weiterfahrt abzubrechen. Man war bis zu jener Fortsetzung der Davis-Straße gelangt, die heute Baffin Bay heißt und die im Westen durch den Lancaster Sound den Zugang zur Beaufortsee und damit zum asiatischen Festland ermöglicht. Die Rückfahrt führte wieder durch die Gewässer von Cumberland Sound und Frobisher Bay, vorbei am Eingang zur Hudsonstraße und der Küste Labradors entlang; im September traf man in England ein.

Die drei Reisen von John Davis, den Morison als den größten der elisabethanischen Seefahrer bezeichnet hat,[136] ermöglichten dank seemännischem Können und einer ganz wissenschaftlichen Zwecken untergeordneten Zielstrebigkeit einen wesentlichen Fortschritt in der Kenntnis der Küstenverhältnisse zwischen Grönland und Neufundland. Davis' Leistungen fanden ihren Niederschlag in einer Abhandlung, in welcher er unter dem Titel «The World's Hydrographical Description» die theoretische Grundlage für spätere Nordpolarfahrten legte, ferner in einer Karte, die von Emery Molyneux 1592 publiziert wurde.[137] Daß der Seefahrer weitere Unternehmungen im Norden nicht mehr durchführen konnte, hing einmal mehr mit den

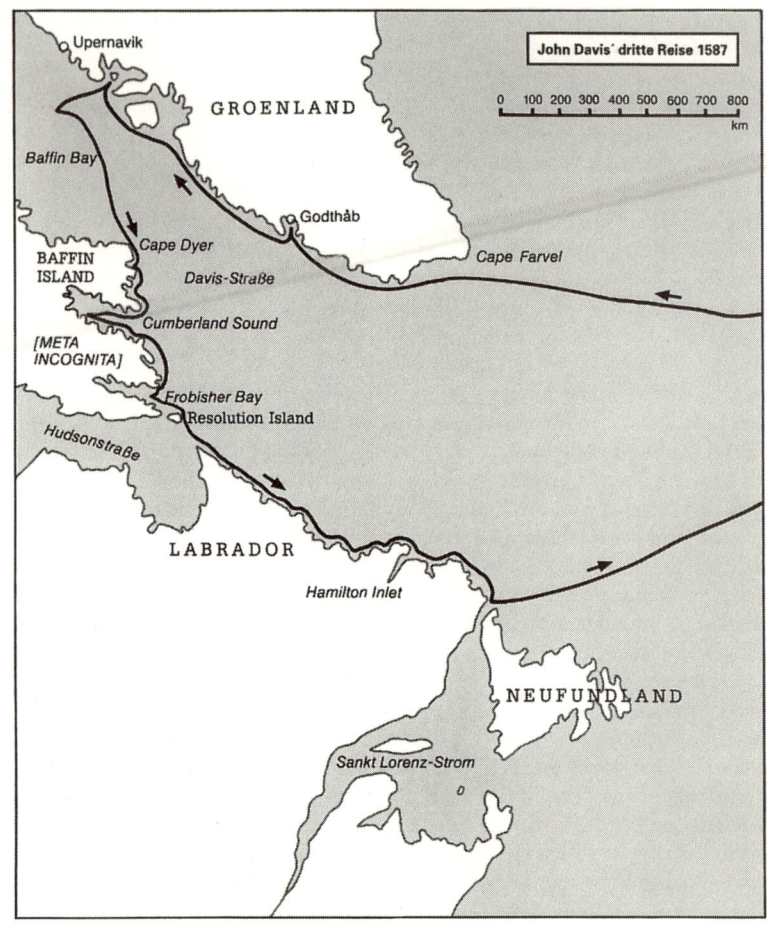

englischen Verteidigungsanstrengungen im Kampf gegen die Spanier zusammen. Doch seine Laufbahn zur See war nicht zu Ende. Im Jahre 1591 unternahm er zusammen mit Thomas Cavendish, von dem bereits kurz die Rede war, eine Fahrt zur Südspitze Patagoniens, berührte möglicherweise als erster die Falklandinseln und segelte durch die Magellanstraße, mußte dann aber wieder umkehren. Später gelangte John Davis in den Diensten der «East India Company» nach dem Fernen Osten und wurde 1605 von japanischen Piraten umgebracht.

Die nächste wissenschaftlich weiterführende und auch politisch folgenreiche Entdeckungsfahrt im hohen Norden wurde im Jahre 1610 von *Henry*

Hudson unternommen.[138] Wir sind diesem Seefahrer bereits im Zusammenhang mit der Erkundung der Ostküste begegnet, als er in holländischen Diensten von der New Yorker Bucht aus dem nach ihm benannten Fluß landeinwärts bis zum heutigen Albany folgte, ohne freilich die ersehnte Wasserscheide zum Südmeer zu erreichen. Bereits auf früheren Reisen hatte Hudson im Auftrag der «Muscovy Company» Polarmeererfahrungen gesammelt, war entlang der Ostküste Grönlands bis zum bisher unerreichten 80. Breitengrad vorgedrungen und hatte die Gewässer zwischen Spitzbergen und Novaya Semlya befahren. Mit der Geschichte früherer Versuche, eine Nordpassage nach Asien aufzufinden, war Hudson gut vertraut, und mit Seefahrern wie George Waymouth und John Smith stand er in persönlicher Verbindung. Unterstützt von einer Reihe von Londoner Kaufleuten, verließ Hudson an Bord der «Discovery», eines kleinen Schiffes mit lediglich neunzehn Mann Besatzung, die Mündung der Themse Mitte April 1610. Man machte einen Zwischenhalt auf Island, segelte weiter nach Grönland und der Ostküste der Baffininsel und befand sich im Juli vor dem Eingang zur Meeresstraße, die seither den Namen des Kapitäns trägt. Gegen den Widerstand eines Teils seiner Besatzung setzte Hudson bei stürmischem Wetter, schwierigen Strömungsverhältnissen und gefährlichem Eisgang seine Fahrt nach Westen fort. Er passierte die Ungava Bay und nannte das umliegende Land «Magna Britannia». Dann umsegelte er das Kap Wolstenholme und trat im Bewußtsein, den Durchlaß zum Pazifik gefunden zu haben, in die riesige Bucht ein, die seinen Namen trägt. «Seiner Sache gewiß und stolz, die Passage gefunden zu haben», wie es in einem Bericht heißt,[139] «fuhr Hudson der Ostküste der Bucht entlang nach Süden, über achthundert Seemeilen weit, und gelangte in die Sackgasse der James Bay, wo er, vom Eis eingeschlossen, zur Überwinterung gezwungen wurde.»

Über den weiteren Verlauf und den tragischen Ausgang der Reise sind wir durch den Bericht eines Kaufmanns namens *Habacuk Pricket* unterrichtet, der das Abenteuer überlebte.[140] Man bezog Winterquartier an der Südwestküste der James Bay und nährte sich kümmerlich vor allem von Vögeln, die hier ebenfalls ihr Standquartier hatten; die Hoffnung jedoch, mit Eskimos, die kurz auftauchten, in Tauschhandel zu treten, zerschlug sich. Der Gesundheitszustand der Mannschaft war schlecht, und mehrere Männer starben; andern scheint eine Tinktur gegen Skorbut, die man aus Baumzweigen braute, etwas geholfen zu haben. Als im Juni des folgenden Jahres das Eis zu tauen begann, kam es zwischen dem Kapitän, der die Forschungsreise fortzusetzen gedachte, und der Mannschaft, die heimkehren wollte, zum endgültigen Zerwürfnis. Die Rädelsführer nahmen Hudson und einige seiner Getreuen gefangen und setzten sie auf einem kleinen Beiboot mit geringer Verpflegung aus, was einem Todesurteil gleichkam. Pricket, der über die Meuterei berichtet, schreibt die Hauptverantwortung zwei Seeleuten zu, die auf dem Rückweg von Eskimos umgebracht wurden – ein elegantes Verfahren, um sich selbst und seine Mitreisenden nach der Ankunft in London zu entlasten. Es scheint, daß die Untersuchungskommission, die zur Klärung der Angelegenheit eingesetzt wurde, dieser Darstellung, wenn auch zögernd, Glauben schenkte; zu einer Verurteilung kam es nicht.[141] Zum glimpflichen Ausgang trug wohl auch bei, daß das angebliche Verdienst der acht Überlebenden, nun endlich einen Zugang zur Nordwestpassage entdeckt zu haben, ebenso unbestritten blieb, wie die durch ihre elendigliche gesundheitliche Verfassung bezeugte Tatsache, daß sie diese Leistung unter Einsatz ihres Lebens vollbracht hatten.

Auch Henry Hudsons vierte und letzte Reise brachte China den englischen Sehnsüchten nicht näher. Doch sie öffnete den Zugang zu den Küstengegenden einer Bucht, deren Zuflüsse ihrerseits den Weg zu den Wäldern des Hinterlandes und zu ihrem unermeßlichen Reichtum an Pelztieren aufschlossen. Im Jahre 1670 wurde unter dem Namen «Hudson's Bay Company» eine Handelsgesellschaft gegründet und durch königliches Privileg mit einem Monopol ausgestattet – ein entscheidender Schritt zur Binnenerschließung Amerikas im Bereich nördlich der Großen Seen. Hudsons Reise begründete auch den englischen Besitzanspruch in diesen Regionen und ermöglichte – dies ihre politische Auswirkung – die Eindämmung des französischen Einflusses nördlich des Sankt Lorenzstroms.

Gleich nach der Rückkehr der «Discovery» und ihrer Überlebenden wurde in London eine Gesellschaft zur weiteren Erforschung der Nordwestpassage gegründet, kurz «North-West Company» genannt, deren Freibrief, von Jakob I. ausgefertigt, mit ungerechtfertigter Zuversicht davon sprach, daß «der Handel mit den großen Königreichen von Tatarien, China, Japan, den Solomoneninseln, Chile, den Philippinen und anderen Ländern»[142] vorangetrieben werden sollte. Kapitän *Thomas Button* wurde damit beauftragt, entweder einen Weg zur Südsee zu finden oder die Gewißheit, daß es einen solchen nicht gebe.[143] Im Jahre 1612 erreichte Button mit zwei Schiffen ohne sonderliche Schwierigkeiten die Hudson Bay und fand in deren Westen einen zusammenhängenden Küstenstrich vor, dem er mit wachsender Ernüchterung bis zu einem Punkt folgte, den er passend «Hopes Checked» nannte. Im Mündungsgebiet des Nelsonflusses wurde überwintert, und nach Eintritt des Tauwetters setzte man mit stark reduzierter Mannschaft auf dem einzigen verbliebenen Schiff die Suche nach einer Passage im Nordwesten der Hudson Bay fort. Erneut blieb man darin erfolglos, und Button mußte sich mit der Aufzeichnung des Küstenverlaufs und Beobachtungen über die Gezeitenhöhe zufriedengeben; dann segelte er nach England zurück.

Im Jahre 1615 verließ *Robert Bylot*, der bereits auf Hudsons und Buttons Reisen mitgefahren war, zusammen mit dem ebenfalls erfahrenen *William Baffin* als Navigator den Londoner Hafen zu einem neuen Versuch.[144] Bylot erkundete die im Norden der Hudson Bay gelegenen Inseln, wurde aber durch unüberwindliche Eismassen am weiteren Vordringen gehindert. «Zweifellos gibt es eine Passage», schreibt Baffin nach der Rückkehr in seinem Bericht, «aber ob sie durch die Meeresstraße, die Hudsonstraße genannt wird, zu erreichen ist, scheint mir zweifelhaft; ich nehme eher das Gegenteil an.»[145]

Diese Feststellung fand bei den Aktionären der «North-West Company» Beachtung, und man entschloß sich, die Suche nach einer Nordwestpassage zwar nicht aufzugeben, aber auf die Gewässer westlich der Davis-Straße zu konzentrieren. Bereits im Jahre 1616 wurden Bylot und Baffin erneut ausgeschickt, und diesmal folgten sie dem Kielwasser von John Davis, indem sie der Westküste Grönlands entlang nach Nordwesten vorstießen. Sie gelangten, Davis' nördlichsten Standort hinter sich lassend, zur Hayeshalbinsel in der Nähe des seit 1952 von den USA betriebenen Luft- und Forschungsstützpunkts Thule. Doch die Durchfahrt durch den Smith Sound wurde den Seefahrern von den Eismassen verwehrt, sie waren gezwungen, nach Südwesten abzudrehen, und erreichten erstmals die Zugänge zum Jones Sound und zum Lancaster Sound. Nie waren die Engländer dem Ziel, die Nordwestpassage zu finden, so nahe gewesen, wie in diesem Augenblick. Doch das ahnten die Seefahrer nicht, und Baffin schreibt in einem Rapport an einen seiner Auftraggeber: «Ich möchte den ganzen Verlauf der Reise in ein Wort fassen, nämlich, daß es im Norden der Davis-Straße weder eine Passage noch eine Hoffnung auf eine Passage gibt. Wir sind allen oder fast allen Küsten in ihrem Umkreis entlanggefahren und haben gefunden, daß es sich bloß um eine große Bucht handelt.»[146] Von goldhaltigem Gestein und sonstigen Schätzen ist in Baffins Bericht nicht mehr die Rede; dagegen weist er, wie vor ihm John Smith, auf den reichen Bestand an Walfischen hin, die sich, weil bisher von niemandem bedroht, leicht erlegen ließen. Neben dem Profit, der aus der Verarbeitung von Walspeck zu Tran zu erwarten sei, erwähnt Baffin noch die Möglichkeit, Hauer und Stoßzähne von Walrossen und Narwalen gewinnbringend zu verarbeiten.[147]

Es bleiben nun noch einige kleinere Unternehmungen zu erwähnen, welche die Bilanz bisheriger Entdeckertätigkeit im nördlichen Eismeer im wesentlichen nicht veränderten, aber doch da und dort den Kenntnis- und Erfahrungsstand verfeinerten. Bereits in den Jahren 1605 und 1606 hatte König Christian IV. von Dänemark drei Reisen finanziert, die nach den normannischen Siedlungen auf Grönland forschen sollten, von denen alte Chroniken zu berichten wußten. Es waren dies, soviel wir wissen, nicht die ersten derartigen Fahrten, die von diesem Land ausgingen, gibt es doch Hinweise auf eine dänisch-portugiesische Grönlandexpedition, die ins Jahr 1473 zurückreichen.[148] Die wichtigste der von Christian IV. unterstützten Reisen wurde 1605 vom dänischen Edelmann *Godske Lindenov* kommandiert und vom daran beteiligten englischen Navigator *James Hall* beschrieben.[149] Man erforschte die Westküste Grönlands im Bereich des Polarkreises, trat in Handelskontakte mit den Eskimos, fand aber keine Spur früherer Siedlungen. Wir verdanken James Hall anschauliche Schilderungen der Eskimos, die er mit den Samojeden vergleicht und deren halbnomadisie-

II. Die Erkundung der Küsten

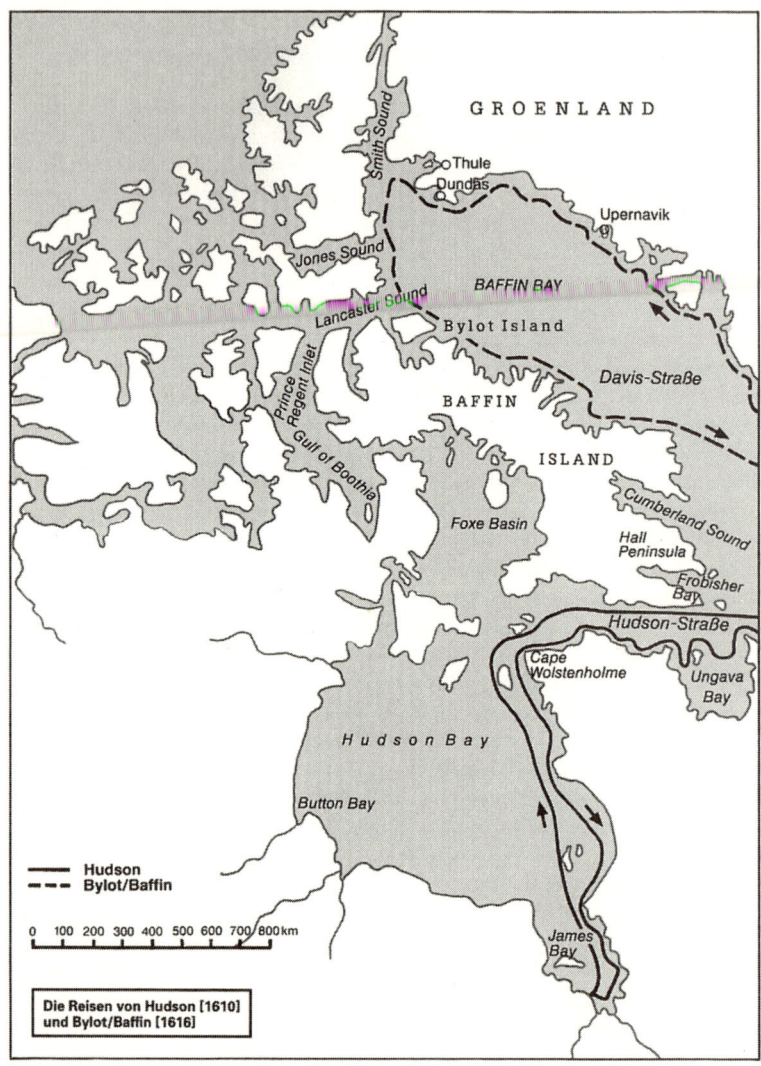

Die Reisen von Hudson [1610]
und Bylot/Baffin [1616]

— Hudson
--- Bylot/Baffin

rende, den wechselnden Standorten der Robben- und Fischbestände folgende Lebensweise er feststellt. Als Musterbeispiel von Halls sorgfältiger Beobachtung sei seine Beschreibung der Robbenjagd vom Kajak aus zitiert: «...sie rudern mit einem Paddel schneller als unsere Leute mit zehn, und wenn sie mit ihren Booten auf Fischfang gehen, verhüllen sie sich in ihren

Robbenfellkleidern und täuschen so die Robben, die sie für ihresgleichen und nicht für Menschen halten. Sie schießen auf Robben oder andere große Fische [sic!] mit Harpunen, an denen sie eine Blase befestigen, die dem getroffenen Fisch Auftrieb verleiht, damit er auf diese Weise ergriffen werden kann.»[150] In geographischer Hinsicht gingen die Ergebnisse von Lindenovs Reise und von zwei unmittelbar nachfolgenden dänischen Unternehmungen nicht über Davis hinaus. Dasselbe gilt von einer Fahrt, die *Jens Munk* im Jahre 1619 zur Hudson Bay unternahm: Sie brachte keine neuen Erkenntnisse und forderte das Leben fast der ganzen Mannschaft.[151] Immerhin gelang es den dänischen Polarmeerfahrten, frühzeitig den Besitzanspruch einer weiteren Nation anzumelden – Grönland ist heute, nicht zuletzt dank dieser Pionierleistungen, Bestandteil Dänemarks mit zwei Abgeordneten im Folketing zu Kopenhagen.

Im folgenden Jahrzehnt, zwischen 1620 und 1630, ruhte die europäische Schiffahrt in diesen Gewässern. Im Jahre 1631 kam es zu einer Doppelexpedition, die gleichzeitig von Kaufleuten aus London und Bristol angeregt und finanziert wurde, geführt von den Kapitänen *Luke Foxe* und *Thomas James* auf je einem Schiff.[152] Es gelang beiden Seefahrern, zuvor noch nicht erkundete Küstenstriche im Norden und Süden der Hudson Bay zu besuchen und die Feststellungen früherer Reisenden zu bestätigen; aber einen Durchlaß nach Westen fanden auch sie nicht. Eine solche Passage gibt es freilich: Es handelt sich um die schmale, meist von Eis bedeckte «Fury and Hecla Strait», die im Jahre 1822 vom englischen Polarforscher *William Edward Parry* erreicht wurde.

Sowohl Luke Foxe als auch Thomas James verfaßten Reiseberichte, in denen der abweisende Charakter der vereisten Tundragebiete und die Mühsale der Erkundung nochmals eindrücklich hervortreten. Denkwürdig war der Augenblick, als sich, am 29. August 1631, die beiden Schiffe östlich der Mündung des Nelsonflusses in der Hudson Bay begegneten. «Ich wurde von Kapitän James wohl aufgenommen», schreibt Foxe in seinem Bericht, «und wir wurden mit Speis und Trank bewirtet, soweit die Seevorräte dies gestatteten, zusätzlich einiger Rebhühner. Wir aßen im Zwischendeck, denn die große Kajüte war zu klein für uns und unsere Gefolgsleute.»[153] Der Name der beiden Seefahrer hat sich bis heute in einigen Ortsbezeichnungen erhalten, so im «Foxe Basin (vgl. Karte!)» im Norden der Hudson Bay und in der «James Bay» an deren Südspitze.

In der Folge wurde es still um die Frage der Nordwestpassage. Die Umsegelung des Kaps der Guten Hoffnung war inzwischen auch für holländische und englische Schiffe zur Routine geworden, und die Suche nach einem anderen Weg zu den Reichtümern Asiens drängte sich nicht mehr auf. Nach der Mitte des 17. Jahrhunderts begann im hohen Norden der Pelzhandel, von wenigen schwach bemannten Stützpunkten aus betrieben, die Energien derjenigen, die sich den harten klimatischen Bedingungen auszusetzen wagten, zu absorbieren, und die «Hudson's Bay Company»,

II. Die Erkundung der Küsten

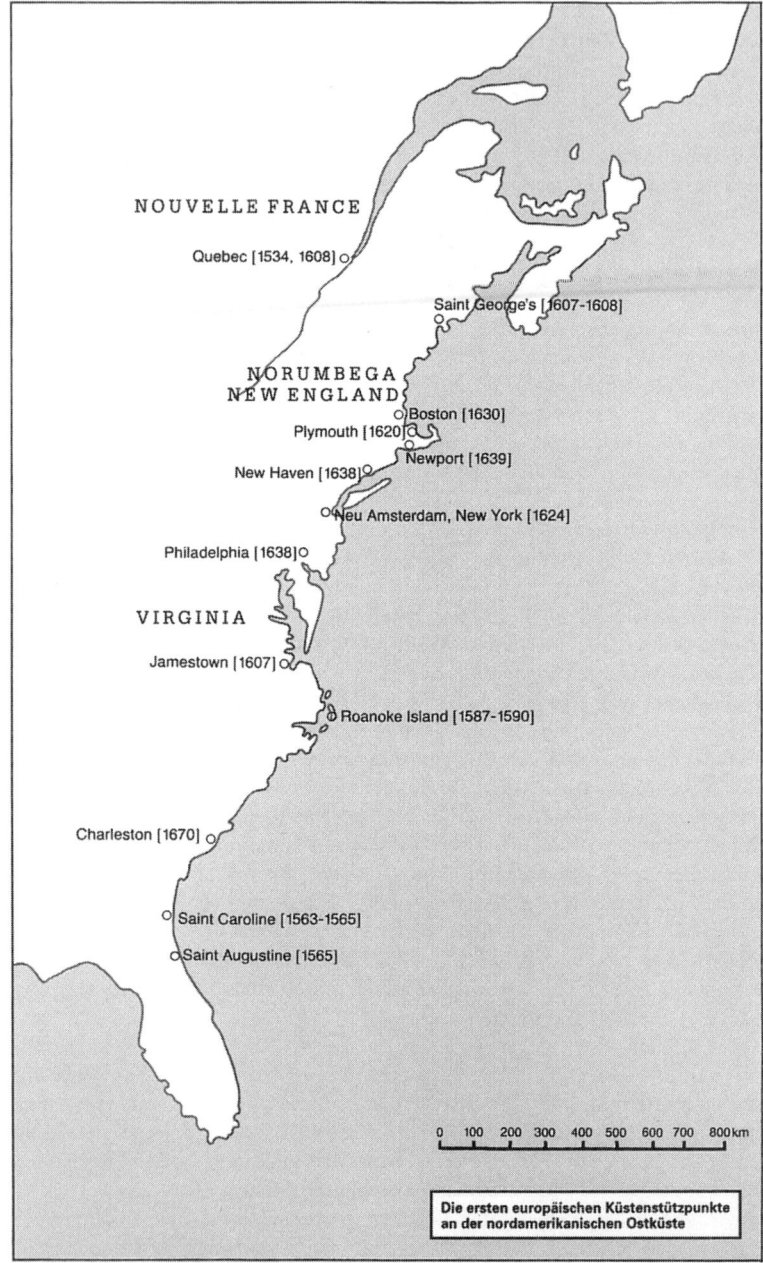

Die ersten europäischen Küstenstützpunkte an der nordamerikanischen Ostküste

1670 gegründet, befaßte sich vorrangig mit der Erkundung des Hinterlandes südlich und westlich der Hudson Bay. Erst im 19. Jahrhundert wurde die Erkundung zur See in diesen Regionen wiederaufgenommen, tragisch kulminierend in der Katastrophe der Polarexpedition *John Franklins* im Jahre 1848, bei der zwei Schiffe mit ihren Besatzungen irgendwo auf Victoria Island verschwanden. Erst in den Jahren 1905 und 1906 gelang es dem Norweger *Roald Amundsen,* auf der «Gjöa» vom Lancaster Sound aus einen verwinkelten Weg nach Westen zu finden und schließlich die Beringstraße zu erreichen. Seither ist die Nordwestpassage, deren Befahrung in wirtschaftlicher Hinsicht uninteressant ist, in beiden Richtungen hin und wieder zu Forschungszwecken zurückgelegt worden.

Im Zusammenhang betrachtet, bietet die Geschichte der frühen Bestrebungen zur Auffindung eines nördlichen Seewegs nach Asien das Bild einer fortschreitenden Ernüchterung. Die merkwürdig realitätsfernen Hoffnungen auf dauernde Stützpunkte und auf die Ausbeutung ergiebiger Gold- und Silberminen zerschlugen sich bald, die Investitionen der Geldgeber wurden geringer, der Aufwand an Schiffen und Begleitmannschaften wurde bescheidener. Auf die wissenschaftliche Ergiebigkeit der Reisen wirkte sich solche Einschränkung indessen nicht unbedingt nachteilig aus. Nachdem Martin Frobishers Fahrten zwar das Tabu der Unzugänglichkeit der Polarregionen brachen, aber noch wie das blinde Vorprellen des Falters gegen die brennende Lampe anmuten, bezeugten die mit bescheidenen Mitteln durchgeführten Fahrten von John Davis einen hohen Grad an methodischer Umsicht und innerer Folgerichtigkeit. Der Geisteswandel ist offensichtlich: Besonders bei der Erkundung der Hudson Bay wird sichtbar, wie das materielle Motiv zunehmend zurücktrat und die Mehrung nautischer und geographischer Kenntnis zum Hauptanliegen wurde. Ganz in Vergessenheit sollte der Gedanke vom Zugang nach Asien nicht geraten, aber er wechselte den Schauplatz, trat vom maritimen in den binnenländischen Bereich über. Und wie die Seefahrer im Gefolge Frobishers hofften, jede sich vor ihnen öffnende Bucht möge die letzte sein, zog manchen nordamerikanischen Inlandreisenden des folgenden Jahrhunderts die fixe Idee westwärts, vom nächsten Hügelzug aus, den er erklomm, würde sich der Blick auf das Südmeer öffnen.

Die Reisen zu Land

Titelvignette aus Schmidel, U.,
Wahrhaftige Historien einer wunderbaren Schiffahrt
[Graz 1962]

I
Der Vorstoß ins Landesinnere

1. Mittelamerika

Der Marsch nach Tenochtitlán

Die Entdeckung und Eroberung des mittel- und südamerikanischen Festlandes ist, sowohl was die räumliche Ausdehnung dieser Expansionsbewegung als auch was ihre Dauer betrifft, ein weltgeschichtlich einzigartiges Ereignis. Zwischen 1519 und 1550, im Zeitraum einer Generation, sind von den spanischen Konquistadoren riesige, teilweise schwer zugängliche Territorien erkundet und unterworfen worden, zuerst in Mexiko und dem südlich anschließenden Zentralamerika, dann im Bereich des langgestreckten Andenhochlandes, im Staatsgebiet des heutigen Ecuador, Peru, Boliven und Chile. Überträgt man die Distanzen, die dabei durchmessen wurden, auf die europäische Landkarte, gelangt man, von Sevilla nach Osten fortschreitend, weit über den Ural und das Kaspische Meer hinaus. Vollbracht wurde diese Leistung von einigen tausend Soldaten, Untertanen der Vereinigten Königreiche von Kastilien und Aragon mit einer Bevölkerung von etwa sieben Millionen; unterworfen, wenn auch nicht überall unter dauernder Kontrolle gehalten, wurden etwa fünfzig Millionen Bewohner der Neuen Welt.

Die Antwort auf die Frage, wie solches überhaupt möglich war, muß zwischen Erklärungen unterscheiden, welche die Spanier selbst und die geschichtlichen Voraussetzungen für ihre Unternehmungen ins Auge fassen, und solchen, welche die Rahmenbedingen für den Vorstoß auf dem amerikanischen Festland untersuchen. Spanien war für seine Unternehmung gut gerüstet. Von entscheidender Bedeutung war, wie wir gesehen haben, die Erfahrung der »Reconquista«, die 1492 mit dem Fall von Granada ihren Abschluß fand. «Die langen Jahrhunderte des Grenzkonflikts in Kastilien», sagt einer der besten Kenner der Verhältnisse, «halfen jene eigentümliche Mischung von Individualismus und Gemeinsinn erzeugen, welche eines Tages die Eroberung Amerikas möglich machte.»[1] In der Periode der «Reconquista» bildeten sich Konquistadorenpersönlichkeiten heran, die ihren gesellschaftlichen Status aus ihrem heldenhaften Verhalten im Kampf herzuleiten suchten, und hier entwickelte sich jenes kollektive christliche Sendungsbewußtsein, das auf die Kreuzzugstradition zurückgriff und später selbst schlimmste Ausschreitungen noch durch den edlen Endzweck zu beschönigen vermochte. Auch die Fertigkeit im Gebrauch der Waffen, das taktische Geschick in der Truppenführung, die Bereitschaft zur Mobilität, die Gewandtheit bei diplomatischen Verhandlungen und die Techniken zur

Befriedung und Kolonisation der eroberten Territorien wurden in dieser Zeit ausgebildet.

Zu diesen geschichtlichen Voraussetzungen des überseeischen Erfolgs treten, zum Teil mit ihnen eng verknüpft, die spezifischen Bedingungen des Kulturkontakts in Übersee. Das Auftreten der kriegserprobten, militärtechnisch weit überlegenen Spanier wirkte auf die Indianer als ein Schock. Man konnte sich, vor allem in der ersten Phase des Zusammenpralls, die Überlegenheit der weißen Männer nur durch die Göttlichkeit ihres Wesens oder durch einen magischen Zauber erklären. Auch die Art und Weise, wie die fremden Eindringlinge sich verhielten, löste Verwirrung aus: Sie verlangten Unterwerfung unter einen Herrn, der unendlich weit entfernt war und den nie jemand gesehen hatte; sie lösten Kriege aus, ohne zuvor verhandelt zu haben; sie betrachteten die den vertrauten Gottheiten so wohlgefälligen Menschenopfer mit Abscheu, und sie empfahlen einen Sinneswandel, der die Aussicht auf ein ewiges Leben eröffnete, von dem niemand sich eine Vorstellung machen konnte. Dies alles wirkte in höchstem Grade verunsichernd und lähmte die Regungen des Widerstands. Hinzu kam, daß die indianischen Völker, auf welche die Spanier stießen, in politischer und sozialer Hinsicht weder in Mittel- noch in Südamerika homogene Gebilde waren. Es gab Völkerschaften, die unter dem Joch der Knechtschaft ächzten oder den Aufstand planten, und diese Stämme als treue Bundesgenossen zu gewinnen, war für einen Invasor, der das innenpolitische Kräftespiel aufmerksam beobachtete, nicht allzu schwer. Andere Völker hatten sich mit der Oberhoheit einer allmächtigen Zentralgewalt längst abgefunden und traten apathisch von einem Herrschaftssystem in ein anderes über. Der mangelnde Widerstand des Azteken- und des Inkareiches erklärt sich indessen nicht nur aus der militärtechnischen Überlegenheit der Spanier und der Unzuverlässigkeit der indianischen Untertanen; auch Endzeitprophezeiungen, die den Zerfall der einheimischen Herrscherdynastien und die Wiederkehr rächender Gottheiten voraussagten, hatten eine fatale Wirkung. Schließlich darf nicht außer acht gelassen werden, daß den Spaniern bei ihrem Vordringen ein zwar unsichtbarer aber mächtiger Verbündeter beistand: die eingeschleppten Krankheiten, die den Indianern bisher unbekannt gewesen waren und gegen die sie keine Abwehrkräfte ausgebildet hatten. Schon im unmittelbaren Anschluß an die ersten Feldzüge in Mexiko und Peru forderten Infektionskrankheiten wie Pocken, Masern und Tuberkulose, deren Diagnostizierung im Rückblick nicht leicht fällt, Zehntausende von indianischen Opfern.[2]

Die Geschichte der spanischen Festlanderoberung beginnt mit der Gestalt des *Hernán Cortés* und mit dessen Feldzug gegen die Hauptstadt des Aztekenreichs, Tenochtitlán, im Jahre 1519.[3] Cortés wurde 1485 in der Provinz Estremadura geboren und entstammte wie Balboa und Francisco Pizarro, dem er verwandt war, dem Kleinadel der Hidalgos. Er sollte in Salamanca die Rechte studieren, brach aber diese Ausbildung nach kurzer Zeit ab. Die Eltern, denen sein ungebärdiges und zu allerlei Streichen aufgelegtes Wesen zu schaffen machte, waren vielleicht am Entschluß des Sohnes, nach Übersee zu fahren, beteiligt. Im Jahre 1504 segelte Cortés nach Hispaniola ab, erwarb dort Land und übte in einer neugegründeten Siedlung das Amt eines Ratsschreibers aus. Sieben Jahre später begleitete er den Gouverneur von Kuba, Diego Velásquez, nach dieser Insel und arbeitete als dessen Sekretär und Schatzmeister. Er betätigte sich als Farmer, beutete mit Hilfe indianischer Fronarbeiter lokale Goldvorkommen aus und versah das Amt eines Richters in Santiago de Baracoa, der ersten Siedlung der Insel. In diesen Funktionen gelangte er in kurzer Zeit zu Reichtum und Ansehen und gewann einen guten Einblick in die Kolonialverwaltung und die Überseepolitik der spanischen Krone.

In den Jahren 1517 und 1518 hatte Diego Velásquez zwei Erkundungsflotten an die Küste Mexikos entsandt; die erste, unter dem Kommando von Francisco Hernández de Córdoba, wurde, wie wir gesehen haben, in schwere Auseinandersetzungen mit den Maya-Indianern verwickelt und erreichte nichts; die zweite, unter Juan de Grijalva, stellte den Goldreichtum des Landes und den hohen Zivilisationsstand der Bevölkerung fest, verzichtete aber darauf, einen Stützpunkt zu gründen. Noch im Jahre 1518 plante Velásquez eine weitere derartige Expedition, die unter der Leitung von Cortés stehen sollte; ihre Aufgabe war es, einige von Grijalvas Leuten, die man auf dem Festland hatte zurücklassen müssen, heimzuholen, möglichst profitablen Handel zu treiben und die Küstengebiete kartographisch aufzunehmen. Von einer Koloniegründung war nicht die Rede, obwohl ein entsprechender Plan Velásquez' bereits feststand; aber es fehlte noch die Genehmigung der Krone. Dieser Plan des Gouverneurs stieß sich freilich am Ehrgeiz des Cortés, der seinerseits beabsichtigte, als Kolonisator des Festlandes in die Geschichte einzugehen. In einem deutlichen Akt der Insubordination verließ Cortés im Februar 1519 überstürzt Kuba, bevor Velásquez, der den Verrat ahnte, ihn zurückhalten konnte. Es war dasselbe Jahr, in dem Magellan von Sanlúcar zur ersten Weltumsegelung ausfuhr.

Die Flotte des Cortés, seemännisch geführt von *Antón de Alaminos*, dem wir bereits als einem Gefährten des Ponce de León begegnet sind, umfaßte insgesamt elf Schiffe und trug bei Antritt der Reise über sechshundert Mann. Zu diesen traten später noch mehr als tausend Nachzügler hinzu, wodurch sich die gesamte Streitmacht schließlich auf gegen zweitausend Spanier belief. Die Mannschaften waren militärisch gut gerüstet, was zeigt, daß man durchaus mit einem längeren Feldzug rechnete. Über fünfhundert Mann, darunter ein Detachement von Armbrustschützen, dienten als Soldaten und verfügten an persönlicher Bewaffung über Schwert, Spieß und Dolch; als Feuerwaffen führte man dreizehn Gewehre, zehn schwere Geschütze und vier Feldschlangen mit – ein Bestand, der später noch verstärkt werden konnte. Die Zahl der Pferde, welche zusammen mit den Feuerwaffen auf die Indianer eine besonders einschüchternde Wirkung ausüben sollten, belief sich auf sechzehn und konnte später auf achtzig erweitert werden.[4]

Nach stürmischer Überfahrt durch den Yukatánkanal traf Cortés auf der Cozumelinsel ein und erkundigte sich bei den Indianern nach den Landsleuten. Einer dieser Spanier, *Jerónimo de Aguilar*, der einen Schiffbruch überlebt und die Mayasprache erlernt hatte, sollte in der Folge nützliche Dienste als Dolmetscher leisten. Nicht weniger wichtig wurde eine junge und hübsche Indianerin, die man am Tabascofluß aufgriff und auf den Namen «Marina» taufte: Sie beherrschte die Nahuatlsprache der Azteken sowie die Mayasprache und diente erst als Dolmetscherin, dann als Geliebte des Cortés und schließlich als Gattin eines Gefolgsmannes. Am Karfreitag des Jahres 1519 ging man in der Nähe des Ortes an Land, wo Villa Rica de la Vera Cruz, die erste europäische Stadt auf mexikanischem Boden, gegründet wurde. Irgendeine Vollmacht zu solcher Stadtgründung besaß Cortés allerdings nicht; aber es gelang ihm, taktisch geschickt, diesen Schritt als im höheren Interesse der spanischen Krone liegend darzustellen und sich von einem Stadtrat, den er selbst einsetzte, zum höchsten richterlichen und militärischen Beamten wählen zu lassen. Hier wie später erwies sich Cortés' Fertigkeit, die Untergebenen nach seiner Pfeife tanzen zu lassen, ohne daß sie es merkten. «Bei der Ausrüstung der Flotte», schreibt der Historiker Altolaguirre, «war Cortés so klug gewesen, Hauptleute auszuwählen, die ihm völlig ergeben waren und die seine Pläne in jeder Lage unterstützten; und er benützte sie..., um für die wichtigsten Entscheide nicht verantwortlich zu erscheinen, indem er immer vorgab, dem Druck zu weichen, den sein Heer auf ihn ausübte, während es in Wirklichkeit das Heer war, das ihm in seinem Vorhaben blind folgte.»[5] Cortés machte auch deutlich, daß die Gründung des Stützpunktes von Vera Cruz nur ein Mittel zum höheren Zweck eines großangelegten Vorstoßes ins Landesinnere sein sollte. Jene unter seinen Leuten, die sich weiterhin den Weisungen Velásquez' verpflichtet fühlten und auf baldige Rückkehr drängten, wußte er durch schlaues Intrigenspiel zu isolieren, und um die Gefahr von Desertionen ganz zu bannen, wurden sämtliche Schiffe unter dem Vorwand, sie seien vom Bohrwurm zerfressen, auf Grund gesetzt.[6]

Während rund vier Monaten hielt man sich in Vera Cruz auf, erstellte nach spanischer Sitte den schachbrettartigen Grundriß der Stadt und zog bei den benachbarten Indianern eingehende Erkundigungen über Bodengestalt und Bevölkerung des Festlandes ein. In der ersten Augusthälfte des Jahres 1519 trat Cortés mit rund vierhundert Mann seinen denkwürdigen Marsch nach Tenochtitlán, dem heutigen Mexiko-Stadt, an, über eine Distanz von etwa sechshundert Kilometern, die man in weniger als drei Monaten zurücklegen sollte.[7]

Dieser Eroberungszug ist von allen ähnlichen Unternehmungen, die spanische Konquistadoren in Mittel- und Südamerika durchführten, am besten dokumentiert. Wir wissen davon durch die Briefe, die Hernán Cortés an Kaiser Karl V. schrieb, umfangreiche Berichte, welche den Reichtum des Landes, den Glanz der eigenen Waffentaten und den Nutzen des ganzen

1. Mittelamerika

Unterfangens ins beste Licht stellen, da es ja galt, die Unrechtmäßigkeit des Vorgehens in den Hintergrund treten zu lassen.[8] Neben diesen Briefen gibt es die «Historia verdadera» des *Bernal Díaz del Castillo*, der als Soldat unter Cortés diente und zwanzig Jahre später, im wohlverdienten Ruhestand, seine ausführlichen Erinnerungen niederschrieb.[9] Der Text des Bernal Díaz gehört zu den reichhaltigsten, farbigsten und unterhaltsamsten der gesamten amerikanischen Reiseberichterstattung und weist seinen Verfasser als einen Mann von guter Vorbildung und wacher Auffassungsgabe aus, der Cortés durchaus kritisch zu sehen vermag, freilich dazu neigt, den eigenen Einfluß auf den Gang der Ereignisse zu überschätzen. Das dritte wichtige Quellenwerk zur Eroberung Mexikos ist Francisco López de Gómaras «Conquista de Méjico», erschienen im Jahre 1552.[10] Gómara war ein Geistlicher, der selbst nicht an den Eroberungszügen teilnahm, aber Cortés in dessen letzten Lebensjahren als Seelsorger nahestand. Das Werk, in klassischem und elegantem Stil verfaßt, vermittelt wertvolle Einzelheiten und ist der Person des Cortés sehr wohlgesinnt. Diesem Umstand verdanken wir übrigens den zuvor erwähnten Bericht des Bernal Díaz; denn Díaz fühlte sich nach der Lektüre Gómaras gedrängt, die Dinge in ein richtigeres Licht zu rücken und insbesondere den Anteil der Mannschaften am Erfolg des Mexikofeldzuges zu betonen.

Die erste indianische Stadt, in welche die Spanier zu Beginn ihres langen Marsches einzogen, war Cempoala, die Hauptstadt des Totonakenreiches, damals mit etwa achtzigtausend Bewohnern größer als Sevilla oder Madrid. Die Stadt, deren alte Mauerreste noch zu besichtigen sind, liegt in der Küstenebene nördlich von Veracruz, in der sogenannten «tierra caliente» mit ihrem feuchtheißen Klima und ihren ungesunden Sumpf- und Urwaldregionen. Wie sehr die Hoffnung, Edelmetalle zu finden, die allgemeine Erwartung bestimmte, zeigte sich bereits beim Einritt der Vorhut in die Stadt. «Unsere Kundschafter zu Pferd», schreibt Díaz, «erreichten einen großen Platz mit anschließenden Höfen, in denen wir Quartier nehmen sollten. Die Mauern waren offenbar in den letzten Tagen frisch heruntergewaschen und getüncht worden, was sie sehr gut verstehen, und es schien einem unserer Kundschafter, als müsse diese weiße Oberfläche, die in der Sonne hell glänzte, aus Silber sein. So ritt er in vollem Galopp zurück zu Cortés, um ihm zu erzählen, die Hausmauern seien aus Silber. Doch Doña Marina und Aguilar sagten, das müsse Tünche oder Kalk sein, und wir lachten sehr über dieses Mannes Silber und seine Aufregung...»[11]

Bereits an der Küste hatte Cortés vom mächtigen Reich der Azteken gehört, mit einem Provinzstatthalter Gespräche geführt und Geschenke ausgetauscht. Er erfuhr vom mächtigen Herrscher Montezuma II., der seit einem guten Jahrzehnt in Tenochtitlán unumschränkt regierte, sein Gebiet durch Kriegszüge erweitert hatte und unter strenger Tributpflicht hielt. Auch über die Ausdehnung, die Organisation und die militärische Stärke des Aztekenreiches zog Cortés sorgfältige Erkundigungen ein. Der Provinzstatthalter und seine Beamten waren ihrerseits gehalten, der Hauptstadt unverzüglich Meldung über die fremden Ankömmlinge zu machen, und Cortés, indem er eine Art von Fantasia veranstaltete und Kanonenkugeln in den Urwald feuern ließ, bemühte sich mit Erfolg, beeindruckend zu wirken. Man weiß aus aztekischen Quellen, insbesondere aus den Zeugnissen, die der Franziskanermönch Bernardino de Sahagún nach 1550 auf Grund mündlicher Aussagen aufgezeichnet hat, daß die Nachrichten der Meldeläufer am Hof Bestürzung hervorriefen. Die Kunde von den Kanonen, die feurige Kugeln aus ihren Bäuchen spuckten, von den in Eisen gekleideten Reitern, die auf ihren «Hirschen» hoch wie Häuser schienen, von den Bluthunden mit ihren funkensprühenden gelben Augen und hängenden Zungen war kaum zu fassen. «Als Montezuma diesen Bericht gehört hatte», überliefert Sahagún, «griff Furcht ihn an. Sie schwächte sein Herz bis zur Ohnmacht, es schrumpfte zusammen. Und die Verzweiflung eroberte ihn.»[12]

Der Zufall wollte, daß die Ankunft der Spanier in eine Zeitperiode fiel, da sich im Aztekenreich und insbesondere am Hofe Montezumas, durch beunruhigende Vorzeichen angekündigt, Untergangs- und Endzeitstimmung verbreitete. Man erwartete mit Furcht und Zittern die Wiederkehr des strafenden Priesterkönigs Quetzalcóatl, der, wie die Auguren angezeigt hatten, genau in diesem Jahr im Osten erscheinen sollte. Der Gedanke lag nun nahe, daß man die spanischen Ankömmlinge mit Quetzalcóatl in Verbindung brachte und ihnen, wenigstens bevor man sie näher kannte, die Eigenschaften jenes Messias zuschrieb. Sahagún berichtet: «Als das Jahr ‹Dreizehn Kaninchen› sich seinem Ende näherte, als es sich fast mit dem nächsten berührte, erschienen sie wieder. Sie wurden wieder gesehen. Sogleich brachte man Montezuma die Kunde, und er sandte sofort Boten aus, denn er dachte: ‹Nun ist unser Fürst Quetzalcóatl gekommen!› In seinem Herzen fühlte er: ‹Er ist erschienen, er ist zurückgekommen. Nun wird er wieder seinen Thron einnehmen, wie er versprochen hat.›»[13] Inwieweit eine solche Erwartungshaltung unter den Azteken und den von ihnen unterjochten Völkern allgemein vorhanden war und inwieweit sie vielleicht von Sahagún überbetont wurde, der als Missionar dazu neigen mochte, eine Bereitschaft dieser Völker zur inneren Umkehr vorauszusetzen, läßt sich heute schwer sagen.[14] Merkwürdig bleibt, daß eine ähnliche Endzeitstimmung nicht nur im Falle der Azteken, sondern auch bei anderen Völkern wie den Maya und vor allem den Inka genau zum Zeitpunkt des Auftritts der Konquistadoren festzustellen ist.

In Cempoala traf Cortés mit einem Häuptling der Totonaken, den Bernal Díaz den «fetten Kaziken» nennt, zusammen.[15] Er erzählte diesem, er sei hergesandt als Vasall des großen Fürsten und Kaisers Karls V. und sein Auftrag sei es, überall Unrecht wiedergutzumachen, Bösewichter zu bestrafen und insbesondere dem Brauch der Menschenopferung, auf deren Spuren die Spanier bereits gestoßen waren, ein Ende zu bereiten. Auch benutzte Cortés die Gelegenheit, den Häuptling in die Vorzüge der christlichen

Religion einzuweihen. Vom «fetten Kaziken» erfuhren die Spanier, daß die Totonaken erst kürzlich unter das Joch der Aztekenherrschaft gebracht worden waren und bitter unter der Fremdherrschaft litten. Cortés hörte aufmerksam zu, versprach tatkräftige Hilfe und gab sich vielleicht erstmals Rechenschaft darüber, daß er keiner geschlossenen aztekischen Abwehrfront gegenüberstand und, mit diplomatischem Geschick vorgehend, den Widerstand der unterworfenen Völker zu seinen Zwecken nutzen konnte. Für den Weitermarsch stellte der Kazike mehrere Hundert, vielleicht gegen tausend Lastträger zur Verfügung – ein unerläßliches Hilfsmittel in einem Land, dem Rad und Wagen ebenso unbekannt waren wie Tiere, die abgerichtet gewesen wären, Gepäck zu befördern. Es steht außer Zweifel, daß ohne die Mithilfe einheimischer Träger, die zuweilen auch Dolmetscher- und Wegweiserfunktionen übernahmen, die Entdeckung der riesigen Binnenräume Amerikas vor dem Einsatz von Automobil und Flugzeug nicht möglich gewesen wäre. Cortés war der erste, der diese Dienstleistung in größerem Umfang zu nutzen verstand.

Am 16. August verließ das spanische Expeditionsheer Cempoala, folgte erst dem Lauf des Antiguaflusses und strebte dann, die Abhänge der Sierra Madre Oriental erklimmend, der Hochebene zu. Es war, zu Beginn der Regenzeit, ein mühseliger Marsch, und es scheint, daß die von den Totonaken empfohlene, besonders strapaziöse Route so gewählt wurde, daß man den Kontakt mit Siedlungen, die der Zentralregierung treu ergeben waren, vermied.[16] Von der «tierra templada», der gemäßigten Zone in einer Höhe von zwischen achthundert und zweitausend Metern, stieg man langsam zur kalten Zone, der «tierra fría» empor, oberhalb welcher mit ewigem Schnee bedeckte vulkanische Gebirge wie der Pico de Orizaba Höhen von über fünftausend Metern erreichen. Statt den leichteren Weg nördlich des Cofre de Perote zu wählen, den später auch Humboldt benutzte und dem heute Eisenbahn und Straße folgen, kämpfte man sich südwestlich von Coatepec über einen Paß, den man «Nombre de Dios» nannte, und durchquerte anschließend ein unwirtliches, wüstenähnliches Hochplateau. «Gott aber weiß», schreibt Cortés in seinem zweiten Brief, «welches Ungemach hier meine Leute durch Hunger und Durst erduldeten, insbesondere auch durch einen Sturm mit Hagel und Regen, der in dieser Wüste über uns hereinbrach, so daß ich dachte, es würden viele meiner Leute vor Kälte umkommen. Es starben dann einige Indianer...«[17]

Nachdem man die Sierra Madre Oriental durchquert und einen weiteren Paß bezwungen hatte, stieg man Anfang September in eine fruchtbare, gut besiedelte Ebene hinab und gelangte zu einer größeren Stadt, die Cortés Caltanmí, Bernal Díaz aber Zocotlán nennt und die dem heutigen Tlantlanquitepec entsprechen dürfte. Der dortige Kazike, Olintecle, war Montezuma tributpflichtig, und es lag eine aztekische Garnison im Ort. Vom Kaziken erfuhren die Spanier erstmals Genaueres über die Hauptstadt Tenochtitlán, über ihre stattlichen Häuser und Befestigungen, ihre Wasserstraßen und

Brücken, ihren Reichtum an Gold und Edelsteinen. «Und alles, was sie uns über die Befestigungen erzählten und über die Brücken», schreibt Bernal Díaz, «weckte in uns den Wunsch, unser Glück gleich zu versuchen, obwohl ein solches Unterfangen nach dem, was uns Olintecle darlegte, aussichtslos schien; denn aus solchem Stoff sind die spanischen Soldaten nun einmal gemacht.»[18] Auch diesem Kaziken versicherte Cortés in feierlicher Rede, er komme von weit entfernten Ländern, die dem mächtigen Kaiser Karl V. untertan seien, und sein Auftrag sei es, Montezuma zu befehlen, davon abzulassen, seine Untertanen zu opfern, zu töten und auszurauben, ferner ihn zu veranlassen, als Vasall in die Dienste des Kaisers zu treten. Derartige Aufforderungen wurden oft in Form eines Schriftstücks, eines sogenannten «requerimiento», das der Kronjurist Palacios Rubios ausgearbeitet hatte, von den Konquistadoren mitgeführt und bei passender Gelegenheit, in Mittel- wie in Südamerika, vor den Indianern verlesen. An die Feststellung, die Indianer hätten sich inskünftig als Untertanen des Kaisers und des Papstes zu betrachten, schlossen sich im «requerimiento» Drohungen an, daß sie im Falle der Unbotmäßigkeit mit kriegerischer Unterwerfung und mit der Versklavung von Frauen und Kindern zu rechnen hätten. Das Dokument bezeichnet exakt die politische Dimension spanischer Entdeckungsreisen und den mit der Auffindung bisher unbekannten Territoriums verbundenen absoluten Herrschaftsanspruch, dessen Legitimierung für die eingeborene Bevölkerung völlig im dunkeln blieb. Der scharfen Kritik, die Georg Friederici am «requerimiento» geübt hat, bleibt auch aus heutiger Sicht nichts beizufügen: «Auf das Seltsam-Lächerliche und Erstaunlich-Törichte dieses Manifestes Leuten gegenüber, die man zum ersten Male sah, mit denen man sich gegenseitig in keiner Weise verständigen konnte und die keinerlei Gefühl oder Ahnung von des andern Weltanschauung und Gedankengang hatten, braucht nur hingewiesen zu werden.»[19]

Mitte September 1519 marschierte Cortés in Tlaxcala ein, der Hauptstadt einer Republik, die sich immer wieder den Anweisungen Montezumas widersetzte und in ständigem Zwist mit der Zentralregierung lag, zugleich aber gute Beziehungen zu den Totonaken pflegte. «Die Stadt», schreibt Cortés an Karl V., «ist so groß und bewundernswert, daß, obwohl ich viel von dem, was ich sagen könnte, weglasse, selbst das Wenige, was ich sage, fast unglaubhaft scheinen mag; denn die Stadt ist viel größer und stärker als Granada zur Zeit seiner Eroberung, viel besser versorgt mit allen Produkten des Landes wie Brot, Geflügel, Wild, Fisch, Gemüse und andern Dingen, welche die Bewohner essen und die sehr gut sind.»[20] Vor dem Einzug in die Stadt war es verschiedentlich zu kriegerischen Zusammenstößen mit den unerschrocken kämpfenden Tlaxcalteken gekommen, und die Spanier hatten, obwohl immer siegreich, ihren Ruf, Götter und unverletzlich zu sein, eingebüßt. Es gelang Cortés indes, mit den Tlaxcalteken einen dauerhaften Frieden zu schließen und sich damit die wichtigsten Bundesgenossen in den späteren Auseinandersetzungen mit den Azteken zu sichern. «Cortés empfand große Freude», schreibt Gómara, «als er sah, daß zwischen seinen neuen Freunden und Montezuma Zwietracht, Krieg und ein so großer Gegensatz herrschten, was ihm sehr gelegen kam, denn er nahm an, auf diesem Wege alle rascher unterjochen zu können. Und so verhandelte er heimlich mit den einen wie mit den andern, um das Geschäft von Grund auf gut zu führen.»[21]

Auch an anderer Front war der Heerführer erfolgreich: Durch beherrschtes Zureden erreichte er, daß der Widerstand gegen eine Fortsetzung des Marsches, der sich in den Reihen seiner Leute bemerkbar gemacht hatte, aufgegeben wurde. Und schließlich gelang es Cortés auch, durch das freundlich hinhaltende Benehmen, das er aztekischen Gesandten gegenüber zeigte, Montezuma zu beruhigen – wie es überhaupt seine Art war, demjenigen, mit welchem er gerade zu tun hatte, mit gewinnender Liebenswürdigkeit zu begegnen. Am 13. Oktober verließen die Spanier Tlaxcala und zogen in südlicher Richtung der Stadt Cholula entgegen; rund hunderttausend bewaffnete Tlaxcalteken wollten ihm, wie Cortés wohl übertreibend bemerkt, das Ehrengeleit geben, und gegen sechstausend Mann schlossen sich dem Heereszug dauernd an.[22]

Cholula, heute eine verschlafene Kleinstadt, berühmt durch die dem Gott Quetzalcóatl geweihte Tempelpyramide, zählte damals hunderttausend Einwohner und war das Markt- und Handelszentrum einer der fruchtbarsten Gegenden des mexikanischen Hochlandes. Die Stadt unterstand der Zentralregierung in Tenochtitlán; das Verhältnis zu Tlaxcala war gespannt. In der Entdeckungsgeschichte bleibt der Name Cholulas eng verknüpft mit einem der größten Massaker, die sich der europäische Eindringling je der einheimischen Bevölkerung gegenüber hat zuschulden kommen lassen. Was sich tatsächlich ereignete, läßt sich aus den Quellen einigermaßen rekonstruieren; die Hintergründe des Geschehens jedoch werden wohl nie ganz erhellt werden. Fest steht, daß Cortés aus einer Reihe von Anzeichen, zuletzt auch aus einer Warnung, die man seiner Dolmetscherin Marina hatte zukommen lassen, schloß, die Bewohner Cholulas planten einen heimtückischen Überfall, und daß er sich entschied, diesem Anschlag zuvorzukommen. Der Heerführer ließ einige der wichtigsten Würdenträger mit ihrem Gefolge zu sich kommen und den Platz, auf dem sie sich versammelten, durch starke Wachen abriegeln; zugleich wurden Kanonen vor den Stadtmauern aufgestellt und gegen die Zugänge gerichtet, und die draußen kampierenden Tlaxcalteken wurden angewiesen, auf ein vereinbartes Zeichen in die Stadt einzudringen und die Bewohner niederzumachen. Fünf Stunden lang dauerte diese Bartholomäusnacht der Überseegeschichte, über dreitausend Stadtbewohner wurden, wie Cortés dem Kaiser stolz berichtet,[23] umgebracht, ganze Stadtteile wurden in Brand gesteckt, Privathäuser ausgeraubt und Tempelstätten zerstört. Die Erinnerung an das Gemetzel, wie sie sich in der indianischen Überlieferung niederschlug, hat Sahagún wie folgt festgehalten: «Das Volk von Cholula war ohne Argwohn gekommen, die Krieger waren ohne Waffen. Ohne Schwerter und ohne Schilde standen sie vor den Spaniern. Durch hinterlistigen Verrat kam es zu diesem Blutbad, und durch die Lügen der Tlaxcalteken geblendet, starben sie, ohne zu wissen warum. Und als das Blutbad zu Ende war, brachte man Montezuma die Nachricht. Boten kamen und gingen, eilten von Tenochtitlán nach Cholula und hasteten wieder zurück. Und das einfache Volk war bestürzt durch die Kunde und konnte nichts anderes mehr tun als zittern in Furcht und Entsetzen. Ein Aufruhr erhob sich, als ob die Erde bebe.»[24]

Daß die spanischen Quellen dieses Massaker anders sehen und zwar nicht leugnen, aber als militärisch notwendig erachten, versteht sich. Gómara äußert sich mit beredten Worten über die Heimtücke der Stadtbewohner, die, als Cortés sie um Nahrung gebeten habe, zwischen den Zähnen gemurmelt hätten: «Warum möchten sie essen, da sie ja selbst bald in Pfeffer gekocht gegessen werden?»[25] Auch Bernal Díaz weist auf die Verderbtheit der Leute von Cholula hin, auf ihren Götzenglauben, ihre Menschenopfer und ihren Kannibalismus; zudem bezichtigt er Bartolomé de las Casas, der als einziger spanischer Kommentator das Massaker scharf verurteilte, der Verdrehung der Wahrheit.[26] Spätere Historiker sind nicht müde geworden, um eine gerechte Beurteilung des Ereignisses zu ringen. William Prescott, der erste wissenschaftlich bedeutende Historiker der Vereinigten Staaten und ein Bewunderer des Cortés, spricht in seinem 1843 erschienenen Werk von einem «schwarzen Fleck auf dem Andenken der Eroberer»[27], findet indessen Untaten dieser Art in der menschlichen Natur begründet und relativiert die Schwere des Verbrechens durch den Vergleich mit ähnlichen Ereignissen der europäischen Geschichte. Salvador de Madariaga und Ángel de Altolaguirre halten den Verschwörungsplan der Bewohner Cholulas für erwiesen und neigen dazu, Cortés' Vorgehen als dadurch gerechtfertigt zu betrachten.[28] Auf das Verhalten der Gegner im weiteren Verlauf des Feldzuges hatte das Massaker von Cholula als sichtbarer Beweis der militärischen Überlegenheit und enthemmten Rücksichtslosigkeit der Spanier die niederschmetterndste Wirkung; freilich sollte sich bald auch zeigen, daß weniger befähigte Führer wie etwa Pedro de Alvarado, die ähnlich wie Cortés handeln wollten, die Spanier in höchste Gefahr brachten.

Am 1. November setzte Cortés seinen Weg in westlicher Richtung, nach der etwa hundertfünfzig Kilometer entfernten Hauptstadt Tenochtitlán fort. Er entließ einen Teil seiner indianischen Hilfstruppen, weil er erkannte, daß eine zu große Schar nicht mehr unter Kontrolle zu halten war; das Heer umfaßte nunmehr noch etwa vierhundertfünfzig Spanier und zweitausend Indianer. Der Weitermarsch führte zwischen den Doppelvulkanen Popocatépetl und Ixtaccíhuatl hindurch, und Cortés entsandte einen seiner Hauptleute, Diego de Ordás, mit dem Auftrag, den Gipfel des ersteren zu besteigen. Den Spaniern war das Phänomen feuerspeiender Berge nicht ganz unbekannt,[29] und sie verbanden damit gewiß nicht die andächtig-mystische Vorstellung wie die Indianer, wollten diesen vielmehr beweisen, daß keine

1. Mittelamerika

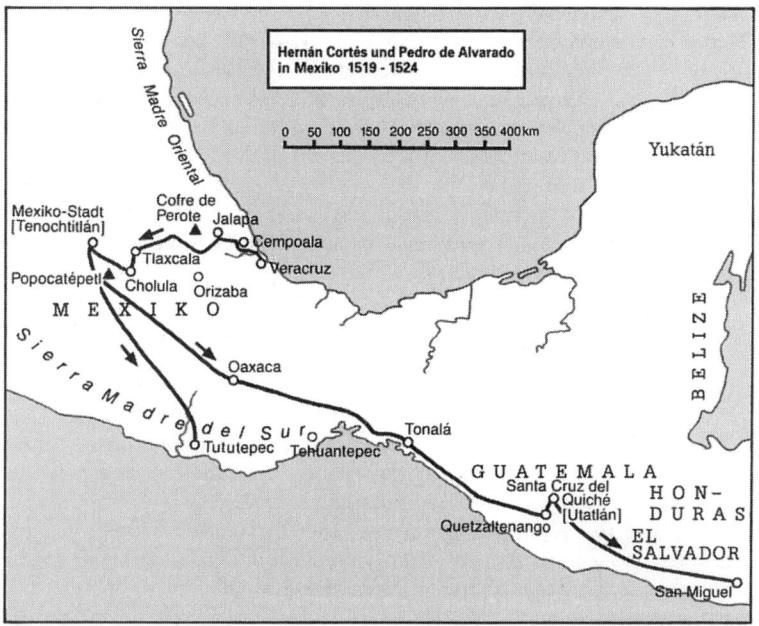

falsche Scheu sie davon abhielt, auch dieses Geheimnis zu erkunden. Die wissenschaftliche Neugierde, die Cortés trieb, kommt in seinem zweiten Brief an Kaiser Karl V. schön zum Ausdruck: «Da ich immer wünschte», schreibt er, «Eurer Hoheit einen sehr eingehenden Bericht von allen Dingen dieses Landes zu geben, wünschte ich auch die Erklärung für das zu finden, was mir einigermaßen als ein Wunder erschien, und ich entsandte zehn meiner Begleiter, die mir dafür geeignet schienen, mit einigen eingeborenen Führern und forderte sie auf, wenn möglich den Gipfel des Berges zu erklimmen und das Geheimnis des Rauches zu entdecken, von woher er komme und wie.»[30] Der erste Versuch mißlang, und Ordás mußte, wie Humboldt dreihundert Jahre später am Chimborazo, unterhalb des Gipfels umkehren; doch Cortés ließ nicht locker und schickte zwei Jahre später den Edelmann *Francisco Montaño* auf den Popocatépetl; ihm gelang es, sich in einem Korb in den Krater abzuseilen und einige Schwefelproben zurückzubringen.[31]

Je mehr man sich Tenochtitlán näherte, desto häufiger erschienen beim spanischen Heer aztekische Gesandtschaften, die durch Übergabe reicher Geschenke und durch merkwürdige Beschwörungsrituale zu erreichen versuchten, daß Cortés seinen Marsch abbreche und an die Küste zurückkehre. Der Heerführer behandelte die Gesandten mit ausgesuchter Höflichkeit,

I. Der Vorstoß ins Landesinnere

setzte aber seinen Weg fort. Schließlich überwand man bei winterlichem Wetter eine letzte Anhöhe und sah vor sich das fruchtbare Tal von Mexiko mit seinen freundlichen Lagunenstädten und wohlgepflegten Verbindungswegen liegen. «Als wir so viele Städte und Dörfer sahen», schreibt Bernal Díaz, «solche im Wasser und solche auf dem festen Land, und als wir die gerade und ebene Dammstraße erblickten, die nach Mexiko führte, standen wir verwundert und sagten uns, dies müßten Verzauberungen sein, wie sie im Ritterroman des Amadis geschildert werden... Und einige unserer Soldaten fragten sich gar, ob es sich nicht um einen Traum handle.»[32] Am 8. November 1519 traf Cortés mit seinem Herr vor der Hauptstadt ein und wurde von Montezuma und seinem prunkvollen Gefolge begrüßt. Der Traum vom exotischen Potentaten, den Kolumbus zu träumen nicht aufgehört hatte, schien Wirklichkeit geworden.

Die Schilderung von Cortés' Aufenthalt in der Hauptstadt der Azteken gehört nicht in den engeren Bereich der Geschichte der Reisen; wir beschränken uns hier auf eine raffende Darstellung der Ereignisse. Bereits eine Woche nach seiner Ankunft glaubte der Heerführer seine eigene und die Sicherheit seiner Truppen nur dadurch gewährleisten zu können, daß er Montezuma als Geisel gefangensetzte. Dies und andere Übergriffe, insbesondere die Zerstörung der Tempelanlagen und der Götterbilder, führte zu einem gefährlichen Stimmungsumschwung unter den Stadtbewohnern.

Fast gleichzeitig erreichte Cortés die Nachricht, daß vor der Küste ein Geschwader spanischer Schiffe eingetroffen sei, dessen Kommandant, *Pánfilo de Narváez*, von dem wir in anderem Zusammenhang schon gesprochen haben, im Auftrag des Gouverneurs von Kuba dessen Oberhoheit auf dem mexikanischen Festland sicherzustellen habe. Cortés handelte rasch: Nachdem er Pedro de Alvarado zum Kommandanten einer kleinen Garnison von fünfhundert Mann ernannt hatte, die in äußerst gefährdeter Position in der Hauptstadt ausharren sollte, trat er Anfang Mai 1520 mit einer Schar von siebzig kampferprobten Veteranen den Rückweg an die Küste an,[33] wobei er im wesentlichen die bereits bekannte Route benutzte und in Cholula und Tlaxcala Etappenhalte einschaltete. In der Nähe von Cempoala gelang es dem Heerführer, die undisziplinierten und schlecht geführten, zahlenmäßig weit überlegenen Truppen des Narváez in einem Nachtangriff zu schlagen. Die Mehrzahl dieser besiegten Landsleute schloß sich in der Folge Cortés an, so daß seine Streitmacht nun gegen tausend Fußsoldaten und rund hundert Berittene betrug. Mit diesem Heer wurde unverzüglich der Marsch nach Tenochtitlán angetreten, da man durch Meldeläufer erfahren hatte, die dortige Besatzung befinde sich in höchster Gefahr, überwältigt zu werden. Als Cortés am 24. Juni wieder vor der Hauptstadt eintraf, zeigte sich niemand, ihn zu begrüßen, und Totenstille, der Vorbote nahenden Unheils, lag über den verlassenen Straßen.

In Tenochtitlán hatte Pedro de Alvarado in seines Vorgesetzten Abwe-

1. Mittelamerika

senheit die heikle Aufgabe, die ihm übertragen war, schlecht gemeistert. Die Beziehungen der spanischen Garnison zur Bevölkerung hatten sich unter dem jungen Mann, der bereits auf der Reise von Juan de Grijalva nach Yukatán dabeigewesen war, rapide verschlechtert. An einem hohen Festtag, als sich Führer und Volk versammelten, um ihrem Kriegsgott zu huldigen, hatte Alvarado, offenbar der nervlichen Belastung nicht mehr gewachsen, das Zeichen zum heimtückischen Überfall gegeben und mindestens sechshundert Mann, darunter die angesehensten Würdenträger, umbringen lassen; mildernde Umstände, wie den Nachweis einer geplanten Verschwörung, gibt es in diesem Fall im Gegensatz zu Cholula anscheinend nicht.[34]

Cortés vereinigte gleich nach seinem Eintreffen die eigenen Truppen mit denen der Garnison, was erstaunlicherweise nicht behindert wurde; doch um das Palastviertel, in dem die Spanier sich aufhielten, schloß sich sogleich der Belagerungsring der Azteken, die unversöhnlich auf Rache sannen. Den Belagerten fehlte es an Wasser, und eine Hungersnot zeichnete sich ab. Ein Versuch, Montezuma beschwichtigend auf sein Volk einwirken zu lassen, mißlang: Der Aztekenherrscher wurde während seiner Ansprache durch einen Pfeil und Steinwürfe tödlich verletzt. In der Nacht vom 30. Juni, der «noche triste», unternahm Cortés einen verzweifelten Ausfall, bei dem die Hälfte seiner Leute umkam und ein Großteil der Ausrüstung und Bewaffnung verlorenging. Wir verdanken Bernal Díaz die anschaulichste Schilderung dieses Rückzugs: Der unablässige Ansturm der aztekischen Krieger, die Verwirrung und Panik unter den Fliehenden, die sich türmenden Leichen von Pferden und Menschen in den Kanälen, der Schmerz um die gefallenen Helden – dies alles hat im Rückblick des alternden Chronisten nichts von seinem Schrecken verloren.[35] Die Bewohner Tenochtitláns atmeten nach dem Abzug der Spanier auf: «Und als die Spanier so aus Tenochtitlán geflohen waren», schreibt Sahagún, «dachten die Azteken, sie wären für immer gegangen und würden nie mehr zurückkehren.»[36]

Das war nun freilich ein Irrtum; denn für Cortés stand fest, obwohl manche seiner Leute gern nach Veracruz zurückgekehrt wären, daß das Aztekenreich endgültig besiegt und unterworfen werden müßte. Es war das Glück der Spanier, daß die tlaxcaltekischen Bundesgenossen ihnen treu geblieben waren, und Tlaxcala wurde auch zum Ausgangspunkt des neuen Feldzuges, der mit großer Umsicht geplant wurde. Von hier aus unterwarf Cortés zuerst in verschiedenen kleineren Unternehmungen einige Stämme, die sich feindlich gezeigt hatten, und festigte damit die Moral der eigenen Truppe. Diese Aktionen wurden mit größter Grausamkeit durchgeführt und schonten weder Frauen noch Kinder. Ein Wandel im taktischen Vorgehen ist offensichtlich: «Es zeigte sich jetzt jener Cortés», schreibt Richard Konetzke, «der sich durch seine Härte der Kriegführung in den Ruf eines brutalen Peinigers der Eingeborenen gebracht hat und dessen Andenken darum noch im heutigen Mexiko verabscheut wird. Man sollte aber darüber auch den anderen Cortés nicht vergessen, der die Freundschaft der Indianer suchte, auf ihre Erhaltung bedacht war und bei ihnen freiwilligen Gehorsam und aufrichtige Zuneigung fand.»[37]

In Tlaxcala begann Cortés auch, durch frühere Erfahrung gewitzigt, mit dem Bau einer Flotte, die schließlich dreizehn Brigantinen umfaßte, welche, in ihre Teile zerlegt, auf dem Landweg zum See von Tenochtitlán geschafft wurden. Von der Küste her traf laufend Verstärkung an Mannschaften und Material ein, da sich die Kunde von den Reichtümern Mexikos inzwischen nicht nur auf Kuba, sondern auch auf Jamaica und Hispaniola herumgesprochen hatte. Als Cortés sich erneut in Richtung auf die aztekische Hautpstadt in Bewegung setzte, befehligte er eine Streitmacht von gegen tausend Landsleuten, darunter über achtzig Reiter und über hundert Musketiere und Armbrustschützen; dazu kamen die Hilfstruppen der Tlaxcalteken, deren Zahl sich auf fünfzigtausend Mann belaufen haben dürfte. Die Belagerung Tenochtitláns begann Ende Mai 1521.

Die Verteidigung der Stadt lag in den Händen des neuen Aztekenherrschers Cuauhtémoc, eines unversöhnlichen Feindes der Spanier, der sämtliche Vorschläge zur friedlichen Übergabe der Stadt zurückwies. Nach schwierigen und verlustreichen Annäherungsgefechten gelang es Cortés, die Stadt vom umliegenden Land abzuschneiden und die Versorgung mit Lebensmitteln und Trinkwasser zu unterbinden. Vorstöße ins Stadtzentrum wurden von den tapferen Verteidigern immer wieder zurückgeschlagen, und mehrmals gelang es den Azteken, spanische Gefangene zu machen, die vor den Augen ihrer Landsleute den Göttern geopfert wurden. Doch die Spanier und ihre indianischen Verbündeten ließen sich nicht aufhalten, eroberten ein Viertel nach dem anderen, rissen alle Häuser nieder und füllten mit dem Schutt die Kanäle, um den Zugang zu erleichtern. Wer sich in den Weg stellte, wurde niedergemacht, und besonders grausam scheinen die Hilfstruppen gewütet zu haben, obwohl sie, wie Cortés schreibt, deswegen mehrmals getadelt und ermahnt worden seien.[38] Hunger und Durst forderten weitere Opfer: «Größer kann kein Leid sein, als sie es erduldeten», heißt es in der aztekischen Überlieferung, «so furchtbar waren sie eingeriegelt, und der Hungertod mähte sie nieder.»[39] «So groß war das Wehgeschrei der Frauen und Kinder», schreibt selbst Cortés in seinem dritten Brief an den Kaiser, «daß es unter uns niemanden gab, dessen Herz dabei nicht geblutet hätte.»[40] Am 13. August 1521 gab Cuauhtémoc den Kampf auf, die Stadt wurde besetzt, geplündert, gebrandschatzt und völlig zerstört, die überlebenden Bewohner wurden vertrieben. Man schätzt, daß während der achtzigtägigen Belagerung über zweihunderttausend Azteken umgekommen sind.[41]

Liest man in den Quellendokumenten, welche uns die Augenzeugen der Eroberung Mexikos hinterlassen haben, tritt die Bewunderung ganz unverhohlen hervor, welche Größe und Glanz des Aztekenreiches bei seinen Entdeckern hervorgerufen haben. Selbst Hernán Cortés, ein kühler und berechnender Mann, der sich in seinen Briefen sehr wohl der Gefahr bewußt ist, durch Schwärmerei unglaubhaft zu werden, blickt begeistert von den Tempeltürmen herab auf das prächtige, wohlgeordnete Tenochtitlán und bestaunt den kostbaren Aufwand, mit dem sich die Person des Aztekenherrschers umgab. Bernal Díaz, ein leicht zu beeindruckender, weniger zur Reflexion neigender Charakter, meint zu träumen, wenn er Jahrzehnte später an die Blumengärten und Schattenpromenaden, an Montezumas Empfänge und an seinen Hofstaat zurückdenkt: «Es war in der Tat wunderbar», schreibt er, «und nun, da ich darüber schreibe, tritt mir alles vor meine Augen, als ob es gestern gewesen wäre.»[42]

Tenochtitlán war zum Zeitpunkt seiner Eroberung das Zentrum einer wohlfunktionierenden Zentralverwaltung und ein blühender Umschlagplatz mit einer Bevölkerung von zwischen fünfhunderttausend und einer Million Einwohnern, die zahlreichen Vororte nicht eingerechnet.[43] Die Kapitale war durch die Fronarbeit von Generationen dem wasserreichen Gelände abgerungen worden und präsentierte sich als eine Lagunenstadt, die den Bedürfnissen ihrer Bewohner in einer für das vorindustrielle Zeitalter musterhaften Weise entgegenkam und sich zugleich durch den monumentalen, prunkvollen Stil ihrer öffentlichen Gebäude und ihres Tempelbezirks als Residenz der politischen und klerikalen Macht auswies. Die spanischen Eroberer mußten, wenn sie in ihrer Beschreibung der Kapitale gerecht werden wollten, Vergleiche mit den glänzendsten Städten ihrer Heimat, mit Sevilla und Córdoba, bemühen, und nicht selten wird deutlich, daß Tenochtitlán alles bisher Gewohnte übertraf und vielleicht, wie Díaz meint, nur noch von Peru überboten wurde.[44] Auch Francisco López de Gómara, der aus der Distanz wesentlich nüchterner urteilt als Díaz, berichtet staunend von den Dingen, die ihm aus Mexiko mitgeteilt wurden, und meint, es sei dort vieles genau so gut oder besser als in Spanien.[45]

Sicher ist es so, daß die Berichterstatter vor allem festhielten, was ihnen anschaulich vor die Augen trat und was durch seine Ungewohntheit oder seine Pracht fesselte. Dafür, den gesellschaftlichen Strukturen und der Verwaltungsorganisation des Aztekenreiches nachzuforschen, mangelte es den Spaniern an Zeit und an Motivation, war es doch ihr Hauptanliegen, die staatliche Ordnung der Fremdkultur möglichst reliktlos in die Ordnungsvorstellungen des eigenen Herrschaftssystems überzuführen. Dagegen fehlt es bei Cortés, Díaz und Gómara nicht an eingehender Schilderung des aztekischen Hofes, der Speisen, die Montezuma aufgetragen wurden, der Bediensteten, die ihn umgaben, der Gaukler, die ihn unterhielten. Auch für die Pracht der Architektur, für die manchmal fast erschreckende Ausdruckskraft der bildenden Kunst und die gediegene Qualität des Kunstgewerbes besaßen die europäischen Betrachter einen sicheren Sinn; Bernal Díaz, der gern mit seinen zwar eher bescheidenen kulturhistorischen Kenntnissen prahlt, fühlt sich bei der Betrachtung von Gemälden und Statuen an Michelangelo erinnert.[46]

Lediglich ein dunkler Schatten legt sich über das zauberhafte Bild, das die Berichterstatter vor uns ausbreiten: der Götzendienst und die damit verbundenen Menschenopfer. Der Abscheu der Eroberer bleibt auch heute noch nachvollziehbar: In der Tat starben im Aztekenreich Jahr um Jahr mehrere Tausend meist junger Menschen auf den Altären der Götter, und die Blutspur in den Tempeln wurde breiter, je mehr man sich Tenochtitlán näherte. Bei Gómara finden wir, mit aller Liebe zum Detail, die diesen Chronisten kennzeichnet, gräßliche Schilderungen der Opferstätten mit ihrem bestialischen Gestank und dem geronnenen Blut an den Wänden.[47] Bernal Díaz, der wichtige Gespräche gern in direkter Rede wiedergibt, berichtet ausführlich, wie Cortés auf den Aztekenherrscher einredete, er möge die Menschenopfer einstellen – offenbar ohne Erfolg.[48] Die Unduldsamkeit, mit der man sich gegen die aztekische Religion stellte, und der Vandalismus, den man an den Tempelstätten walten ließ, erwiesen sich freilich als taktisch falsch. Dieses Verhalten festigte, wie besonders Altolaguirre gezeigt hat,[49] den Widerstandswillen der Azteken und entzog dem Glauben, die Spanier seien als Götter gekommen, schließlich jede Grundlage. Bei der Rechtfertigung der Eroberungszüge durch die Chronisten sollte die Praxis der Menschopfer und des Kannibalismus der Priesterkaste indes eine wichtige Rolle spielen.

Die Berichte von Cortés, Díaz und Gómara informieren in erster Linie über die Ereignisgeschichte: den Verlauf der Märsche, die Begegnungen mit Stammesfürsten, die diplomatischen Verhandlungen, die kriegerischen Verwicklungen. Unverkennbar ist indessen bei allen Autoren auch das Bedürfnis, sich über das der spanischen Krone zugefallene Land Rechenschaft zu geben. Am deutlichsten wird diese Absicht vielleicht bei Gómara sichtbar, dessen Werk stellenweise schon fast an eine Landeskunde erinnert, wie sie später Humboldt über Mexiko verfassen sollte.

Aber auch in Cortés' Briefen, die als unmittelbares Zeitdokument den geringsten Abstand zu den laufenden Ereignissen wahren, tritt immer wieder ein den Alltagssorgen enthobenes geographisches Interesse hervor, das zeigt, wie wenig sich der Ehrgeiz dieser Persönlichkeit in glänzenden Waffentaten und der Beibringung von Gold- und Silberschätzen erschöpfte. Der Heerführer wußte aus den Erfahrungen, die er in der Karibik hatte sammeln können, wie unersprießlich und destruktiv ein bloßes Haudegentum, das von der Hand in den Mund lebte, werden konnte. Den Blick, den er auf die von ihm eroberten Gebiete warf, war derjenige eines Mannes, welcher in der Neuen Welt bleiben und sich und seinen Leuten eine Existenz sichern wollte, die den Vergleich mit den Verhältnissen im Mutterland nicht zu scheuen brauchte. Cortés' Beobachtungen, wenn er beispielsweise das Warenangebot der mexikanischen Märkte prüfte und als Indiz für den Ertrag der umliegenden Gebiete wertete, bezeugen eine kluge Wahrnehmung des Wesentlichen. Auch seine ständige Bereitschaft, einheimische Informanten zu empfangen und sie über ihre Herkunftsorte zu befragen, erscheint als Ausdruck einer zielstrebig eingesetzten Neugierde, die den höheren Zweck der Nutzung und Besiedlung des Landes nie aus den Augen verlor. Daß der hohe Kulturstand des Aztekenreiches, etwa das Netz der Verkehrswege und die Existenz genauer geographischer Karten, Cortés die Orientierung im Gelände erleichterte, schmälert nicht sein Verdienst als Reisender. Aus seinen Briefen an den Kaiser geht schließlich auch hervor, welch großen Wert der Konquistador darauf legte, nach seiner Ankunft in größeren Siedlungen geeignete Unterführer mit der Erkundung des umliegenden Geländes zu betrauen. Es geschehe dies, schreibt er einmal, um sich mit den Absichten der Bewohner und all den Dingen, welche einer Besiedlung dienlich seien, bekannt zu machen,[50] und in der Tat war ihm die Verläßlichkeit der Kundschafterberichte ein wichtiges Anliegen. Man würde die Qualität der spanischen Quellendokumentation zur Eroberung des Aztekenreiches unterschätzen, wollte man in ihr ausschließlich eine Chronik der Ereignisse und eine Aufzeichnung des Spektakulären sehen.

Das Festland zwischen den Meeren

Mit der Eroberung der aztekischen Hauptstadt war die wichtigste Voraussetzung zur weiteren Durchdringung Mittelamerikas geschaffen. Dem Fall der blühenden Kapitale folgte auf dem Fuße der Zerfall des Reichs, das von hier aus beherrscht worden war, und die spanischen Heerführer, die sogleich in alle Himmelsrichtungen zur Erkundung ausgesandt wurden, trafen nicht selten auf resignierte Unterwerfung. Cortés unterstützte solche Erkundungszüge tatkräftig: Nicht nur erkannte er die Gefahr, die der soldatischen Moral beim tatenlosen Genuß des Sieges droht; ihm war auch daran gelegen, unverzüglich die Landverteilung in Angriff zu nehmen. So legte er das Fundament zur kolonisatorischen Erschließung des Landes, was um so wichtiger war, als der Fluß des erbeuteten Goldes allmählich zu versiegen begann. Er folgte damit einer wichtigen Maxime, die der Chronist López de Gómara später wie folgt formuliert hat: «Wer nicht siedelt, wird keine gute Eroberung machen, und wer nicht das Land erobert, wird die Menschen nicht zum christlichen Glauben bekehren: deshalb muß der Grundsatz des Eroberns das Siedeln sein.»[51]

Die Erkundung eines Zugangs zur Südsee gehörte zu den ersten Aufgaben, die Cortés in Angriff nahm. Er mußte wissen, daß ihm hierin vor einem Jahrzehnt Balboa zuvorgekommen war; vom Verlauf der Weltumsegelung Magellans und der Rückkehr Delcanos dagegen hatte er noch keine Kunde. In seinem dritten Brief an Kaiser Karl V. spricht er ganz unbefangen davon, daß die Entdeckung dieses Meeres mit allen seinen Schätzen, von dem er durch indianische Informanten gehörte hatte, seine Sache sein werde, womit er Seiner Majestät «große und erinnerungswürdige Dienste» zu leisten imstande sei.[52] Sofort entsandte er denn auch auf getrennten Wegen zwei

Gruppen von spanischen Kundschaftern, welche die Küste erreichten, ein Kreuz aufpflanzten und vom Pazifik Besitz ergriffen. Er ordnete auch an, daß mehrere Schiffe gebaut wurden: einige Brigantinen zur Erkundung und kartographischen Erfassung der Pazifikküste und zwei Karavellen, die zu größeren Entdeckungsreisen eingesetzt werden sollten.

Bei der Erkundung der Südprovinzen Mexikos machte sich *Pedro de Alvarado* besonders verdient, jener ungestüme junge Mann, dessen Fehlverhalten die «noche triste» verschuldet hatte, dem aber Cortés seine Gunst nicht entzog. Zuerst wurde Alvarado in die Gebirgsregionen der Sierra Madre del Sur entsandt, wo er in brutalem Befriedungsfeldzug Streitigkeiten, die zwischen indianischen Stämmen ausgebrochen waren, ein Ende setzte. Mit Glück entkam der Anführer dem Anschlag des Kaziken von Tututepec und einer Meuterei unter den eigenen Leuten, die es ungern sahen, wie er das Gold, das er von den Indianern rücksichtslos erpreßte, in die Hauptstadt zurücksenden ließ.

Im Dezember des Jahres 1523 brach Alvarado mit dreihundert Mann Fußvolk, hundertfünfzig Reitern und mehreren Tausend Mann indianischer Hilfstruppen zu einer weiteren Expedition nach Süden auf, die ihn bis nach Guatemala und San Salvador führte. Nach der Durchquerung der Gebirgsgegenden in der Provinz Oaxaca stieg das Heer bei Tonalá zur Pazifikküste hinab; dann erklomm man erneut die Sierra und erreichte Quetzaltenango, heute die größte Stadt im Westen Guatemalas, gelegen auf über zweitausenddreihundert Metern Höhe. Wie Cortés bei seinem Mexikofeldzug profitierte auch Alvarado von Stammesgegensätzen. Er trat als Bundesgenosse der Cakchiqueles gegen deren Feinde, die Quichés, auf, die er in mehreren großen Schlachten besiegte. Der Feldzug endete mit der Einnahme der Stadt Utatlán, des heutigen Santa Cruz del Quiché, die auf den Grund zerstört und deren Oberhäupter bei lebendigem Leibe verbrannt wurden. Auf dem Weitermarsch erreichte Alvarado die Hauptstadt der Cakchiqueles, das heutige Guatemala-Stadt. «Ich wurde von den Herren von Guatemala», berichtet er in seinem zweiten Brief an Cortés, «sehr gut empfangen, wie es zu Hause nicht hätte besser sein können, und wir wurden mit allem Nötigen so gut versehen, daß uns nichts fehlte.»[53] Zum Dank für diesen Empfang griff Alvarado noch zwei den Cakchiqueles feindlich gesinnte Orte an und wütete furchtbar unter den Bewohnern.

Von Guatemala-Stadt aus setzte Alvarado seinen Eroberungszug der Pazifikküste entlang nach dem heutigen El Salvador fort. Erneut stieß er auf erbitterten Widerstand der Bevölkerung und wurde selbst durch einen Pfeilschuß am Bein verwundet. Nachdem er bis San Miguel vorgedrungen war, zwang ihn der Einbruch des Winters zur Rückkehr nach Guatemala. El Salvador wurde in den folgenden Jahren von Gefolgsleuten des Alvarado erobert, und es kam zu ersten Landkontakten zwischen diesen und den Söldnern, welche Pedrarias Dávila von Panama aus zur Erkundung Nicara-

1. Mittelamerika

guas ausgeschickt hatte. Pedro de Alvarado zeigte sich den Cakchiqueles gegenüber, die ihm bei seinen Eroberungen zur Seite gestanden waren, wenig dankbar. Durch Erpressung von Goldzahlungen und Tributen provozierte er einen Aufstand, der erst im Jahre 1530 niedergeschlagen werden konnte.

In den Jahren 1526 bis 1530 hielt sich Alvarado in Spanien auf, wo er sich mit einer einflußreichen Dame verheiratete, zum Ritter des Santiago-Ordens ernannt wurde und den Titel eines Gouverneurs von Guatemala zugesprochen erhielt. Über Mexiko reiste er nach Guatemala zurück und trat nach einigen Rechtshändeln und der endgültigen Befriedung des Landes sein neues Amt an. Doch sein rastloses Naturell ließ ihn nicht zur Ruhe kommen. Als er von den Erfolgen Francisco Pizarros in Peru hörte, reiste er 1533 nach Quito, konnte aber durch Bezahlung einer Abfindungssumme zur Rückkehr bewegt werden. Zu seinem Gouverneursamt fügte er noch die Statthalterschaft über Honduras hinzu, unterwarf und versklavte, wer sich ihm in den Weg stellte, und arbeitete gleichzeitig an der Vorbereitung weiterer Entdeckungsreisen, so am Plan einer See-Unternehmung zu den Gewürzinseln. Im Zusammenhang mit der Niederschlagung eines Indianeraufstandes kam er 1541 durch einen Reitunfall auf eine Art ums Leben, die ihm gemäß war.[54]

Zu den Gefolgsleuten, die Cortés mit der weiteren Erkundung des Festlandes betraute, gehörte neben Alvarado auch *Diego de Ordás*, der uns bereits bei seinem Versuch, den Popocatépetl zu besteigen, begegnet ist.[55] Ordás wurde beauftragt, dem Coatzacoalcosfluß von der Bucht von Campeche aus stromaufwärts zu folgen, da die Breite der Flußmündung die Möglichkeit eines leichten Zugangs zum Pazifik anzukündigen schien. Auf dem Weg landeinwärts trafen die Spanier auf große Siedlungen der Mixteken, die vom Aztekenreich unabhängig waren, aber ständig vor Übergriffen auf der Hut sein mußten. Ordás dürfte bis Minatitlán vorgedrungen sein, das heute Hochseeschiffen zugänglich ist, möglicherweise auch darüber hinaus; sicher hat er selbst die mexikanische Landenge, die an dieser Stelle eine Breite von zweihundertzwanzig Kilometern erreicht, nicht durchquert. Dank dem Vorstoß des Alvarado längs der Pazifikküste nach Tonalá konnte sich indessen Cortés von der kurzen Distanz zwischen den Meeren eine recht genaue Vorstellung machen, und er unterstrich später auch durch den Ausbau des Pazifikhafens von Tehuantepec die strategische Bedeutung dieser Entdeckung. Von Diego de Ordás wird im Zusammenhang mit den südamerikanischen Binnenreisen noch zu sprechen sein.

Große Anstrengungen wurden auch zur Durchdringung der Halbinsel von Yukatán unternommen, deren Gebiet heute zu den Territorien von Mexiko, Belize und Guatemala gehört. Die Küste von Yukatán war bereits im Jahre 1517 von Francisco Hernández de Córdoba entdeckt und im folgenden Jahr von Juan de Grijalva näher erforscht worden – darüber haben wir bereits im Teil über die Seereisen berichtet. Die eigentliche Erkundung des Festlandes wurde von *Francisco de Montejo,* ebenfalls einem früheren Gefolgsmann des Cortés, in Angriff genommen, der sich anläßlich eines Spanienaufenthalts von Karl V. die entsprechenden Vollmachten hatte übertragen lassen. Im Jahre 1527 erreichte Montejo mit einer im Mutterland zusammengestellten und ausgerüsteten Flotte auf dem Weg über Hispaniola die Küste von Yukatán bei der Cozumelinsel. Nach der üblichen Verschlechterung der zuerst freundlichen Beziehungen zu den Indianern und nach den üblichen Regungen des Ungehorsams unter den Soldaten, denen das Gold zu wenig rasch in die Tasche floß, begann der Anführer mit etwa hundertzwanzig Mann, darunter vielen Berittenen, den Marsch der Küste entlang, durch die «tierra caliente», gegen Norden. Beim Kap Catoche setzte man den Weg in westlicher Richtung fort, erreichte Chauaca, einen wichtigen Hauptort der Maya-Indianer, und blieb in einem vom Gegner listig ausgelösten Überraschungsangriff mit Mühe erfolgreich. Es ist möglich, bleibt aber in der Forschung umstritten, daß die Spanier auf die gewaltigen Ruinenstätten von Chichen Itzá trafen.[56] Nach einem Marsch von sechs Monaten Dauer kehrte Montejo mit einer kleinen Gruppe, die ihr nacktes Überleben dem Mitleid der Küstenindianer verdankte, zum Ausgangspunkt der Unternehmung zurück.

Der nächste Eroberungszug führte in einer gleichzeitig zu Land und zu Wasser vorgetragenen Unternehmung in die Bucht von Chetumal. Hier traf man auf einen Landsmann namens *Gonzalo Guerrero,* der ähnlich wie Jerónimo de Aguilar jahrelang unter den Maya gelebt und zu deren wichtigstem militärischen Berater geworden war. Im Unterschied zu Aguilar, welcher Cortés als Dolmetscher beste Dienste leistete, blieb Guerrero seinen indianischen Gastgebern gegenüber loyal und vereitelte mit einer List das weitere Vordringen Montejos. Dieser Fall eines kulturellen Überläufers, der angestammter Sitte, Religion und Lebensform entsagt, ist nicht selten in der Geschichte der Entdeckungsreisen, wird aber von den Chronisten begreiflicherweise nur gelegentlich, und dann mit unverhohlener Empörung erwähnt.[57]

Einen weiteren Vorstoß zur Erschließung Yukatáns unternahm Montejo schließlich von der Mündung das Tabascoflusses aus in östlicher Richtung. Nachdem die Bevölkerung der näheren Umgebung unterworfen und ein sicherer Stützpunkt errichtet worden war, zogen die Spanier über den Rio Usumacinta nach Acalán. Weil Montejo erkrankt war, führte sein Zweiter im Kommando, *Alonso Dávila,* die Expedition unter größten Schwierigkeiten fort, da die Indianer jede Hilfe ablehnten und beim Herannahen der Eindringlinge die Flucht ergriffen. Man erreichte den befestigten Flecken von Mazatlán, der verlassen worden war, gelangte zur Küstenstadt Champotón, wo man von den Indianern überraschend freundlich begrüßt wurde, und setzte den Weg nach Campeche fort. Hier gründete Montejo eine Stadt, die er nach seinem Geburtsort Salamanca nannte und die zum wichtigsten Ausgangspunkt für die weitere Durchdringung Yukatáns werden sollte. Die

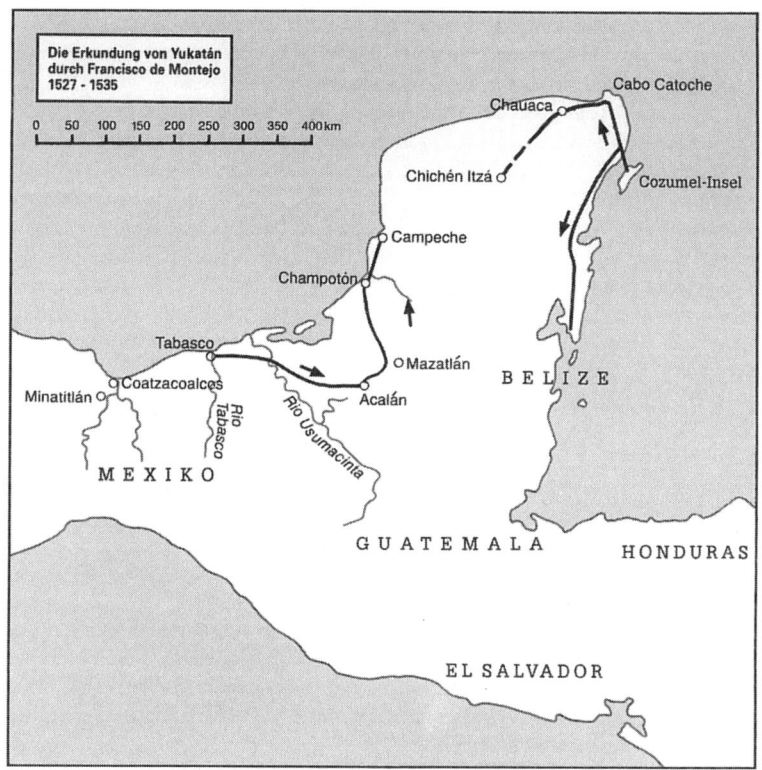

Befriedung und Kolonisation des Landes erwies sich freilich als besonders mühsam, und im Jahre 1534 gefährdete ein sich rasch verbreitender Maya-Aufstand das bisher in beharrlicher Bemühung Erreichte. Montejo, in einem Brief an die Krone, sucht seine Schwierigkeiten zu begründen: «In diesem Gebiet gibt es zwar Seen, aber keinen einzigen Fluß, und die Hügel sind aus gewachsenem Fels, trocken und ohne Wasser. Das ganze Land ist von dickem Buschwerk bedeckt und so steinig, daß es keinen Fußbreit fruchtbarer Erde gibt. Gold haben wir nicht entdeckt, noch sonst irgend etwas, woraus ein Vorteil gezogen werden könnte. Die Bewohner sind die verworfensten und verräterischsten aller Gegenden, die bis heute entdeckt worden sind...»[58] Es war der Sohn Montejos, dem es zwischen 1535 und 1545 gelang, Yukatán zu unterwerfen und sich mit Pedro de Alvarado, der ebenfalls Herrschaftsansprüche auf dieses Gebiet anmeldete, gütlich zu einigen.

In die Zeit der zwanziger Jahre des 16. Jahrhunderts fällt die Erkundung des Hinterlandes von Honduras. Hier und in den weiter südlich gelegenen

I. Der Vorstoß ins Landesinnere

Regionen des heutigen Nicaragua und Costa Rica wird besonders deutlich, wie nach der Eroberung Mexikos das noch unbekannte Festland zum Kampfplatz rivalisierender Konquistadorenpersönlichkeiten wurde, denen es vor allem darum ging, ein Statthalteramt zu erwerben und sich persönlich zu bereichern.[59] Es war Kolumbus gewesen, der auf seiner vierten Reise, 1502, diese Küstenstriche erstmals berührt hatte und, wie der Leser sich erinnert, in mühseliger Seefahrt um das Cabo Gracias á Dios herum nach Süden vorgedrungen war. Nachdem Balboa im Jahre 1513 die Landenge von Panama durchquert hatte, wurde Pedrarias Dávila zum Gouverneur der Landenge ernannt. Unter seiner Regierung gelangten *Gil Gonzáles Dávila*[60] und *Andrés Niño* im Jahr 1522 in einer kombinierten Land- und Seeunternehmung entlang der Pazifikküste nach Costa Rica und Nicaragua. Da der Gouverneur von Panama fürchtete, sein Namensvetter könnte zu mächtig werden, entsandte er *Francisco Hernández de Córdoba*, nicht zu verwechseln mit dem gleichnamigen Seefahrer, nach Nicaragua. Im Grenzgebiet zwischen Nicaragua und Honduras kam es zwischen den Truppen des Gil Gonzáles Dávila und des Francisco Hernández zum Kampf; Dávila siegte und bezog an der Atlantikküste von Honduras, beim heutigen Puerto Cortés, Quartier.

Zur selben Zeit, 1523, entsandte Cortés einen seiner Hauptleute, *Cristóbal de Olid,* mit einem Entdeckungs- und Eroberungsauftrag nach Honduras. Olid, der während eines Zwischenhaltes auf Kuba von den Freunden des dortigen Gouverneurs gegen Cortés aufgewiegelt worden war, beschloß, sich Honduras in eigener Verantwortung zu unterwerfen. So gab es im Jahre 1524 nicht weniger als vier Prätendenten für die Herrschaft über dieses Gebiet: Gil Gonzáles Dávila, den Gouverneur von Panama, und seinen Feldherrn Hernández de Córdoba sowie den abgefallenen Olid; und natürlich Cortés, der nicht daran dachte, seine Oberhoheit abzutreten. Verlauf und Ausgang der Auseinandersetzungen zwischen den rivalisierenden Konquistadoren, eines üblen Ränkespiels, wie es sich bei der Eroberung von Südamerika noch oft genug wiederholen sollte, seien hier nur knapp zusammengefaßt. Olid brachte den Unterführer *Francisco de Las Casas* in seine Gewalt, den Cortés zu seiner Maßregelung ausgesandt hatte; dann wandte er sich gegen Dávila, schlug dessen Truppen und nahm ihn gefangen.[61] Beiden Gefangenen gelang es, Olid erst in Sicherheit zu wiegen und dann umzubringen; darauf zogen sie, an der Ostküste einige Garnisonen zurücklassend, über Guatemala nach Mexiko zurück.

Unterdessen hatte Cortés, statt sich der Sicherung seiner Herrschaft und dem Aufbau der Kolonie zu widmen, beschlossen, selbst eine Strafexpedition nach Honduras zu führen. Er reiste in großer Aufmachung und mit dem Hofstaat eines Vizekönigs: Über hundert Spanier, darunter prächtig herausgeputzte Kammerherren, Haushofmeister und Stallmeister, begleiteten ihn, und die Eskorte stellten dreitausend Indianer. Auch der Aztekenkönig Cuauhtémoc mit Gefolge war dabei, ferner die wichtigsten Unterführer, ebenso der Chronist Bernal Díaz. Man erreichte die Bucht von Campeche bei Coatzacoalcos, wo Diego de Ordás bereits eine Garnison stationiert hatte; dann durchquerte man in äußerst entbehrungsvollem Marsch die Halbinsel von Yukatán und erreichte den Golf von Honduras bei der Einmündung des Rio Dulce. Von den Spaniern, die er hier antraf, erfuhr Cortés, welches Ende Olid genommen hatte.

Dieses zweite große Unternehmen des Cortés, das zeigte, daß Yukatán nicht, wie man lange vermutet hatte, eine Insel war, wurde von der Hinrichtung des Cuauhtémoc überschattet. In seinem fünften Brief an den Kaiser berichtet Cortés von einem Verschwörungsplan des Aztekenherrschers, der ihm verraten worden sei; er habe keine andere Wahl gehabt, als rasch zu handeln und Cuauhtémoc zusammen mit einem weiteren Fürsten hinrichten zu lassen.[62] Bernal Díaz dagegen bedauert diese Hinrichtung, die durch den Strang erfolgte, und schildert mit Anteilnahme das Ende der Verurteilten. «Mir taten Cuauhtémoc und sein Vetter sehr leid», schreibt er, «hatte ich sie doch als hohe Herren gekannt. Und auf dem Marsch hatten sie mich sogar durch manche Gefälligkeit ausgezeichnet, insbesondere, indem sie mir einige Indianer zuwiesen, die mir Futter für mein Pferd beschafften. Ihre Hinrichtung war sehr ungerecht, und alle Teilnehmer an diesem Zug hielten sie für eine schlimme Sache.»[63] Das Schicksal Cuauhtémocs erinnert an den Tod des Inkaherrschers Atahualpa; und auch dort sollte es nicht an kritischen Stimmen aus dem Kreis der Konquistadoren fehlen.

Durch seine Unterführer ließ Cortés den Rio Dulce stromaufwärts erforschen und feststellen, daß es eine Meerenge zum Pazifik auch hier nicht gab. Mit der Gründung mehrerer Städte wurden Ausgangspunkte für die spätere Kolonisation des Hinterlandes geschaffen, und die Gebietsansprüche des Hernández de Córdoba, der noch immer von Nicaragua aus seinen weiteren Vorstoß plante, wurden zurückgewiesen. Gerne hätte sich Cortés weiter der Erschließung von Honduras gewidmet, doch die Nachricht, während seiner Abwesenheit seien in Mexiko-Stadt blutige Machtkämpfe unter den hochgestellten spanischen Beamten ausgebrochen, veranlaßte ihn zur Rückreise. Nachdem er in Honduras Hernando de Saavedra als seinen Statthalter eingesetzt hatte, segelte er am 25. April 1526 von Trujillo ab und erreichte nach einem Zwischenhalt auf Kuba den Hafen von Veracruz. Der Marsch landeinwärts auf bekannten Wegen nach Mexiko-Stadt wurde zu einem Triumphzug, denn man hatte Cortés tot geglaubt; besonders die Indianer hatten unter dem Interregnum gelitten und begrüßten sein Erscheinen in jedem Etappenort mit Freudenkundgebungen. Es gelang Cortés, in der Hauptstadt wieder die Ruhe herzustellen; er mußte sich aber damit abfinden, daß die Krone, durch die vorangehenden bürgerkriegsähnlichen Wirren beunruhigt, ihm eine Reihe hoher Verwaltungsbeamter an die Seite stellte, was faktisch einer Entmachtung gleichkam.

Auch im Norden von Mexiko-Stadt waren mehrere Unterführer von Cortés damit beschäftigt, den spanischen Herrschaftsbereich auszuweiten.

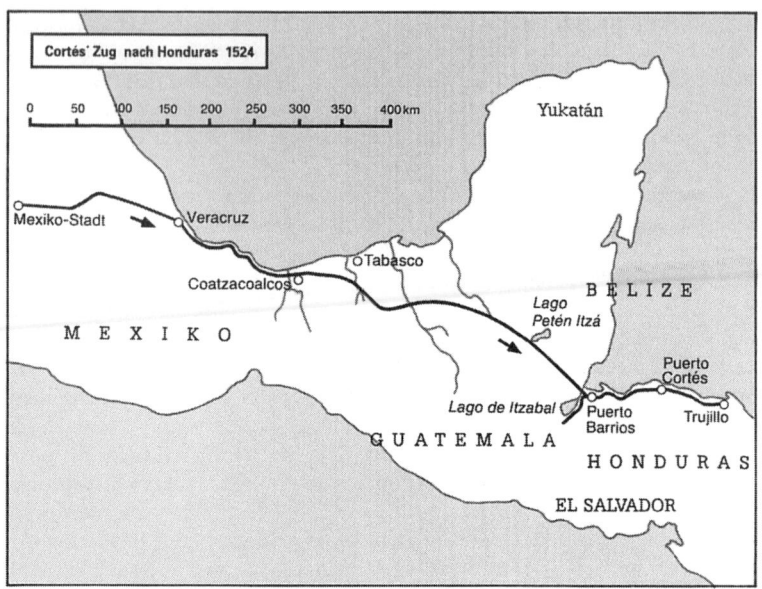

Im Jahr 1530 gründete *Cristóbal de Oñate* nordwestlich der Hauptstadt an klimatisch günstiger Lage Guadalajara, heute mit über zwei Millionen Einwohnern die Kapitale des Bundesstaates von Jalisco. Zur selben Zeit suchte *Nuño de Guzmán*, einer der obersten Richter und ein erbitterter Gegner des Cortés, eine eigene Statthalterschaft zu begründen. Mit fünfhundert spanischen Gefolgsleuten und über zehntausend Indianern drang Guzmán in die Gegend von Guadalajara vor, besiegte in einer großen Schlacht die einheimische Bevölkerung und gründete 1535 in der Nähe der Pazifikküste, beim heutigen Tepic, die Stadt Compostela.

Wichtiger noch als diese Feldzüge war die Erkundung der Pazifikküste zur See in nördlicher Richtung.[64] Eines der Fernziele solcher Unternehmungen war die Auffindung einer legendären «Straße von Anian», eines Durchlasses vom Pazifik zum Atlantik, auf dessen Existenz man auf Grund der Lektüre bei Marco Polo glaubte hoffen zu dürfen.[65] Bereits wenige Monate nach der Eroberung Tenochtitláns hatte Cortés Anweisung gegeben, an der Mündung des Rio de las Balsas in die Südsee eine Werft zu erstellen und dort mit Material, das indianische Träger mühsam von Veracruz aus herbeischleppten, mehrere Schiffe zu erbauen. In einer ersten Unternehmung, die von hier ausging, wurde 1527 *Álvaro de Saavedra Cerón* in Weiterführung des alten Kolumbusplanes nach den Molukken abgeschickt in der Hoffnung, er würde Kontakte mit den vermißten Schiffen des Magellan und des Loaysa aufnehmen und Gewürzsamen nach Mexiko zurückbringen können. Saavedra Cerón gelang es nicht, die schwierige Rückfahrt zu bewältigen, aber es gebührt ihm der Ruhm, den Pazifik erstmals von Mexiko aus überquert zu haben.

Im Jahre 1533 folgten *Hernando de Grijalva* und *Diego de Becerra*, vom Hafen von Tehuantepec ausgehend, der Pazifikküste nordwärts bis nach Niederkalifornien, das sie für eine Insel hielten und Santa Cruz nannten. Zwei Jahre später stieß Cortés selbst mit drei Schiffen und gegen hundertsiebzig Mann zur Halbinsel vor und erreichte die Bucht von La Paz, kehrte aber, da die Verpflegung knapp wurde und kein Gold zu finden war, ernüchtert um.[66]

Im Jahre 1535 verließ *Francisco de Ulloa* den Hafen von Acapulco zu einer weiteren Küstenerkundung. Er erreichte das Nordende des Golfs von Kalifornien beim Mündungsgebiet des Coloradoflusses und stieß anschließend entlang der Westküste von Niederkalifornien bis in die Nähe des heutigen San Diego vor. Das Land, welches sie entdeckten, erschien den Reisenden als öde und unfruchtbar, was sie nicht hinderte, es in üblicher Weise, unter notarieller Aufsicht, für die Krone in Besitz zu nehmen.[67] Das Verdienst von Ulloas Reise ist, daß die Verbindung Niederkaliforniens mit dem Festland erstmals erkannt wurde, was indessen die Kartographen bis ins 17. Jahrhundert nicht hinderte, das Territorium als Insel einzutragen.[68] Die Ergebnisse dieser Erkundungsfahrt wurden im Jahre 1542 durch *Juan Rodríguez Cabrillo* beträchtlich erweitert. Cabrillo folgte der langgestreckten kalifornischen Küstenlinie von San Diego aus nach Norden, passierte die Los Angeles vorgelagerten Inseln Santa Catalina und San Clemente, wo er auf friedfertige Indianer stieß, und erreichte den 38. Breitengrad nördlich des heutigen San Francisco. Wie zahlreiche Seefahrer nach ihm, unter diesen Francis Drake, der 1578 hier aufkreuzte, übersah Cabrillo das «Golden Gate», den schmalen Zugang zu einer der schönsten Buchten, welche die Weltkarten verzeichnen.

Alle diese Seefahrten, die noch immer von der vagen Hoffnung beflügelt wurden, sie könnten schließlich zur Auffindung der Reichtümer Asiens führen, brachten keine Kenntnisse über das Hinterland dies- und jenseits des Rio Grande. Es blieb Konquistadorenfiguren wie Francisco Vásquez de Coronado und Hernando de Soto vorbehalten, hier größere Klarheit zu schaffen. Von ihnen wird im Zusammenhang mit der Durchdringung Nordamerikas die Rede sein.

Man darf, wenn man den Eroberungszügen des Cortés und seiner Hauptleute folgt, nicht außer acht lassen, daß der Kampf gegen die Indianer und gegen die Beschwerlichkeiten unbekannter Territorien und ungewohnter Klimazonen von einer nicht minder beharrlichen Auseinandersetzung begleitet wurde, die man als das Ringen um die Anerkennung durch die Krone bezeichnen kann. Wir haben gesehen, wie der Marsch nach Tenochtitlán von Anfang an im Zeichen der Unbotmäßigkeit gegenüber dem Gouverneur von

Kuba, Velásquez, stand, und wir erinnern uns an das Scheitern der Mission des Narváez, der ausgesandt worden war, um in Mexiko den Oberbefehl zu übernehmen. Wiederholt versuchte die Krone in der Folge, beraten vom bereits zu Kolumbus' Zeiten einflußreichen Bischof Fonseca, Cortés an die kurze Leine zu nehmen. Erst ein Jahr nach der endgültigen Einnahme von Tenochtitlán, 1522, wurde Cortés zum Gouverneur der von ihm entdeckten Gebiete ernannt, denen er den Namen «Neu Spanien» gegeben hatte. Doch erneute Schwierigkeiten stellten sich mit dem Abfall Cristóbal de Olids ein, als Cortés, allzu unüberlegt, seinen Feldzug nach Honduras unternahm und die Verwaltung des Reichs rivalisierenden Stellvertretern überließ. Daß die Krone auf die Nachricht der ausgebrochenen Unruhen hin Cortés die Macht entzog oder doch durch hochgestellte Verwaltungsbeamte stark einschränkte, kann nicht wundern.

Im Jahre 1528 trat Cortés mit einem imposanten Gefolge, wohlversehen mit kostbaren Geschenken und aufsehenerregenden Kuriositäten, die Fahrt nach Spanien an, um bei Hofe die Rückerstattung seiner vollen Befugnisse als Gouverneur zu erreichen. Er ging in Palos an Land und nahm in dem nahen Franziskanerkloster La Rábida Quartier, in dem einst Kolumbus Aufnahme gefunden und wertvolle Unterstützung erhalten hatte. Karl V. empfing ihn und seine Geschenke zwar äußerst huldvoll, versagte ihm aber in der weisen Voraussicht, daß sich die Qualitäten des siegreichen Entdeckers selten mit denen des ergebenen Beamten verbinden, das hohe Amt. «Er bat um die Gouverneurswürde von Mexiko», schreibt Gómara, «und der Kaiser gab sie ihm nicht, denn er war der Meinung, diese komme einem Konquistadoren nicht zu. Ebenso verfuhr König Ferdinand mit Christoph Kolumbus, der Amerika entdeckte, und mit Gonzalo Hernández de Córdoba, dem großen General und Eroberer von Neapel.»[69] Die Bedeutung von Cortés' persönlicher Leistung wagte zwar niemand anzutasten, und die Gaben, die der Eroberer nach allen Seiten hin verteilte, an Hofbeamte, Kardinäle und adelige Damen, widerspiegelten glaubhaft genug den Reichtum der von ihm entdeckten Gebiete. Aber eine Erneuerung oder Erweiterung seiner ursprünglichen Machtbefugnisse konnte Cortés nicht erreichen.

Als Cortés im Jahre 1530 nach Mexiko zurückkehrte, gestattete ihm zwar das Amt des Generalkapitäns oder des Kommandanten der königlichen Truppen die bereits erwähnte Erkundung der Pazifikküsten voranzutreiben; seine politischen Kompetenzen aber waren gering. Im Jahre 1535 setzte Karl V. mit der Person seines Kammerherrn Antonio de Mendoza den ersten Vizekönig von Neu Spanien ein. Die Forschung hat bis heute nicht eindeutig klären können, welche Gründe zur Schaffung dieses Amtes führten, ob es sich um eine bloße Weiterführung aragonischer Tradition handelte, welche den Vizekönig als Stellvertreter des Monarchen bereits kannte, oder ob gar Cortés' Bemühungen dazu beitrugen, freilich ohne daß er selbst Nutznießer dieser Bemühungen gewesen wäre.[70] Unbestritten ist, daß die Ernennung Mendozas, «eines ruhigen, maßvollen, klugen und manchmal pfiffigen Mannes», wie Madariaga ihn nennt,[71] weiter dazu beitrug, daß der Stern des Cortés verblaßte. Im Frühjahr 1540 reiste er endgültig nach Spanien zurück, verbrachte seinen Lebensabend, ähnlich wie Kolumbus, mit aussichtslosen Wiedergutmachungsforderungen an die Krone und verstarb am 2. Dezember 1547 in einem kleinen Dorf in der Nähe von Sevilla.

Hernán Cortés war unzweifelhaft, was den Umfang und die Vielfalt seiner Begabungen und die energische Gradlinigkeit seiner Willenskraft anbetrifft, der bedeutendste aller spanischen Konquistadoren. Die Streitfrage aufzuwerfen, ob er der größere Feldherr oder Staatsmann war, ist müßig: Zu beidem war er in hohem Maße befähigt; doch boten ihm die Umstände bessere Gelegenheit, als Soldat hervorzutreten. Die wichtigste Voraussetzung zum militärischen Erfolg, nämlich das Vertrauen seiner Truppen, erwarb sich Cortés rasch und ohne Zwang durch die Ausstrahlung seiner Persönlichkeit. Er war von angenehmer Erscheinung, schlank und kräftig, gewandt im gesellschaftlichen Umgang und geistreich im Gespräch, geübt in der Handhabung von Waffen und äußerst tapfer im Kampf. Die Tatsache, daß er seine Laufbahn unter ungünstigen Umständen begonnen und von der Pike auf gedient hatte, verschaffte ihm allgemeines Ansehen. Die Eigenheiten und Schwächen seines Charakters waren so geartet, daß sie ihn mit seinen Leuten eher verbanden als von ihnen trennten: Wie sie war er goldgierig, hielt wenig von sexueller Enthaltsamkeit und asketischem Lebenswandel, war aber bis zur Frömmelei überzeugt von seinem christlichen Auftrag im Zeichen des Kreuzes. Im Umgang mit den Indianern war er, wo diese sich seinen Zielen entgegenzustellen wagten, von brutaler Rücksichtslosigkeit, auch wenn vereinzelte Fälle von freundlichem und entgegenkommendem Verhalten überliefert sind.

Cortés' staatsmännische Fähigkeiten bewährten sich auf zwei Ebenen: im diplomatischen Umgang mit den indianischen Stammesfürsten und im Verkehr mit dem Kaiser, wovon seine Briefe zeugen. Wie es ihm auf dem Marsch nach Tenochtitlán gelang, die inneren Konflikte im Aztekenreich zu seinem Vorteil zu nutzen, sich mit den Indianerstämmen, mit denen er gerade zu tun hatte, kurzfristig freundlich zu stellen und die weiter entfernten im Ungewissen zu lassen, ohne je eine übermächtige Allianz zu provozieren – dies darf als ein Meisterstück der Staatskunst betrachtet werden. Durchaus bemerkenswert ist in diesem Zusammenhang auch, wie Cortés fast immer die Ernährung und Unterbringung seines Heeres, die ja meist auf Kosten der einheimischen Bevölkerung erfolgte, sicherzustellen wußte. Staatsmännisch verdient schließlich auch sein schriftlicher Umgang mit dem Kaiser genannt zu werden. Der Stil seiner Briefe ist einfach, die Aussage ist im Blick auf die kaiserlichen Erwartungen ausführlich und instruktiv gehalten, weniger Rühmliches wird geschickt verschwiegen, ohne daß der Wahrheitsgehalt sehr beeinträchtigt worden wäre. Cortés war keine Kondottiere-Natur, und seine Loyalität wirkt glaubwürdig. Allerdings kannte er auch den Wert der eigenen Person und wußte ihn darzustellen, was wiederum dieser Loyalität größeres Gewicht verlieh.

Cortés war, in der für die Konquistadoren typischen Verbindung, Entdekker und Eroberer zugleich. Das Streben nach Macht und das Streben nach Wissen gingen bei ihm ineinander über, wenn auch ersteres deutlicher hervortritt. Im Unterschied zu anderen Konquistadoren gilt für Cortés, daß sein Forscherdrang nicht bloßes Beiprodukt blieb, sondern, wie die Suche nach einer Landenge und die Pazifikerkundung zeigen, autonome Zielsetzung. Auch betrachtete er die Gebiete, die er eroberte, mit dem Blick dessen, der sie genau kennenlernen und ihren Wert zum Wohl der Allgemeinheit nutzbar machen will. Dazu, seine Macht ruhig und behaglich zu genießen, war Cortés, wie sein Feldzug nach Honduras zeigt, nicht geschaffen.

Unter Antonio de Mendoza, der als Vizekönig von Neu Spanien zwischen 1535 und 1550 über ein Gebiet herrschte, das von Panama bis zu den ungewissen Grenzgebieten jenseits des Rio Grande reichte, wandelte sich die Konquistadorengesellschaft allmählich und in vielschichtigem Prozeß zu einer Gesellschaft von Siedlern.[72] Noch immer kam es zu Kriegs- und Erkundungszügen, die von den zeitgenössischen Geschichtsschreibern mit dem beschönigenden Wort der «pacificación» bezeichnet werden; doch in Mittelamerika wurde der Widerstand, wenn er sich überhaupt regte, rasch gebrochen, und das neue Herrschaftssystem überlagerte mit fragloser Selbstverständlichkeit das alte. Der Gründung von Stützpunkten und Städten folgte die Verteilung des Landes unter die Veteranen, die ihre Waffentaten belohnt sehen wollten, und unter die neuen Einwanderer, die nach 1530 in steigender Zahl von den Inseln und aus dem Mutterland eintrafen. Obwohl in Mexiko, im Unterschied zu Peru und Chile, Besitzstreitigkeiten zwischen rivalisierenden Clans weitgehend vermieden werden konnten, vollzog sich der Wandel von der mobilen zur seßhaften Gesellschaft auch hier nicht ohne Schwierigkeiten, vor allem deshalb, weil die körperliche Arbeit auf dem Felde unbeliebt war und als Merkmal eines niedrigen sozialen Status galt. Der Prozeß der Kolonisation vollzog sich hauptsächlich auf zwei Ebenen: durch die Verteilung kleinerer Landparzellen im Umkreis der Städte an die «vecinos», die Stadtbürger; und durch die Verleihung von sogenannten «encomiendas». Mit letzterem war nicht persönlicher Landbesitz gemeint, sondern die Übertragung der Tribute, welche die Indianer einer bestimmten Region zu entrichten hatten, und die Möglichkeit, diese Indianer zu Arbeiten einzusetzen. Viele der Entdecker Mittel- und Südamerikas ließen sich ihre Verdienste durch ausgedehnte «encomiendas» bestätigen: Cortés beispielsweise herrschte, nach eigener Schätzung, über mehr als hunderttausend Indianer, und Francisco Pizarro, der spätere Eroberer Perus, gebot über zwanzigtausend Tributpflichtige.[73]

Die Geschichte der spanischen Besiedlung und Verwaltung der Überseeterritorien, die sich im ständigen Interessenkonflikt zwischen Krone und

Kolonisten vollzog, ist nicht mehr Gegenstand dieses Buches. Es versteht sich, daß der Prozeß der Erkundung, verstanden als die fortschreitende und umfassende Wahrnehmung eines geographischen Territoriums und seiner ausbeutbaren Möglichkeiten, weiter vorangetrieben wurde, bildete er doch eine wichtige Grundlage der wirtschaftlichen Prosperität. Aber man bemühte sich auch, zumindest vereinzelt, um ein größeres Verständnis und eine bessere Kenntnis der Fremdkulturen. Die Verleihung von «encomiendas» schloß, nach Auffassung der Krone, auch die Verpflichtung zur geistlichen Betreuung der Indianer mit ein. Selbst wenn die Missionserfolge weit hinter den Erwartungen der ersten Ordensbrüder zurückblieben, die in Yukatán an Land gingen, bleibt es doch das Verdienst jener zweiten Missionarsgeneration, welcher der Franziskanermönch Sahagún angehörte, als Entdecker ganz anderer Art in das unbekannte Land aztekischer Geschichte und Kultur vorgestoßen zu sein. Ein Wandel der ursprünglichen Konquistadorenmentalität wird unverkennbar, wenn ein anderer Missionar, der Dominikaner Diego Durán, gegen Ende des 16. Jahrhunderts feststellt, es sei ein großer Fehler gewesen, wenn man «mit großem Eifer und wenig Weisheit» die alten Bilder der Azteken zerstört habe, weil damit ein Zugang zu ihrer Kultur verschüttet worden sei.[74] Auch wenn die Leistungen der Besiedlung und des Aufbaus der administrativen und politischen Strukturen sichtbarer sind, darf doch dieses voranschreitende Bemühen um eine bessere Kenntnis des Landes und seiner einheimischen Kultur nicht unerwähnt bleiben. Alexander von Humboldt jedenfalls, als er über zwei Jahrhunderte später Mexiko aufsuchte, zeigte sich tief beeindruckt von den Leistungen der Landeskunde und von den wissenschaftlichen Institutionen, die sich ihr widmeten.[75]

2. Südamerika

Ecuador und Peru

Die ersten Unternehmungen zur Erkundung des Andenhochlandes gingen von der Pazifikküste Panamas aus, wo Pedrarias Dávila seit 1519 als Gouverneur wirkte. Es handelte sich um kleinere Küstenfahrten, die möglicherweise nicht alle überliefert sind. Erst um 1530 kam man in Kontakt mit der Peripherie des Inkareiches, und erst in den folgenden Jahren begann das Gerücht von den Reichtümern dieser Gebiete die Eroberer und Kolonisten anzuziehen.

Im Jahre 1522 segelte *Pascual de Andagoya* der Küste entlang etwa zweihundert Seemeilen nach Süden und erreichte die Mündung des Flusses San Juan im heutigen Kolumbien. Die Indianer, denen Andagoya begegnete, beklagten sich über Angriffe eines kriegerischen Nachbarvolkes aus dem Lande Birú – auf welches Wort sich der Name des späteren Vizekönigreichs

I. Der Vorstoß ins Landesinnere

Peru zurückführen läßt.[1] Zwei Jahre später erfolgte erneut eine Unternehmung zur See, die jedoch kaum weiter führte und keine neuen Erkenntnisse brachte. Bemerkenswert ist, daß an dieser Fahrt bereits die späteren Konquistadoren Francisco Pizarro und Diego de Almagro beteiligt waren; der Jurist Gaspar de Espinosa sowie der Geistliche Hernando de Luque besorgten die Finanzierung. Zwischen 1526 und 1528 kam es zu einem dritten Versuch. Mit zwei Schiffen, hundertsechzig Mann Besatzung und einigen Pferden folgte Pizarro der Küste, und eines der Schiffe unter dem Kommando des *Bartolomé Ruiz* überquerte den Äquator. Bei dieser Gelegenheit kaperte man ein großes Balsafloß, dessen kostbare Ladung einen ersten konkreten Hinweis auf den Reichtum und die Kunstfertigkeit der Inkas gab. «Sie führten mit sich», heißt es im Bericht, der sich erhalten hat, «viel Silber- und Goldschmuck, zum Tauschhandel bestimmt... darunter Kronen, Diademe, Gürtel, Armreifen, Brustharnische, sowie Pinzetten, Schellen, Ketten, Bündel von Perlen, rote Schminke, versilberte Spiegel, Becher und andere Trinkgefäße.»[2] Im übrigen verlief auch diese Fahrt wenig erfolgreich: Viele Teilnehmer erkrankten, manche starben, und die meisten kehrten enttäuscht nach Panama zurück. Mit einem Dutzend verbliebener Getreuer gelangte Pizarro bis zum Golf von Guayaquil und ankerte vor einer stattlichen indianischen Siedlung, die sich mit dem heutigen Tumbes, der nördlichsten Stadt Perus, identifizieren läßt. Man wurde hier freundlich empfangen, trieb lohnenden Tauschhandel und demonstrierte seine Schießkünste. Mit einigem Gold und Silber, mit Töpfereien und Textilien sowie mit Indianerjungen, die man zu Dolmetschern auszubilden hoffte, kehrte man 1528 nach Panama zurück.

Im selben Jahr segelte *Francisco Pizarro* nach Spanien, um Karl V. über seine Fahrten Bericht zu erstatten, die Finanzierung einer weiteren Unternehmung sicherzustellen, die königliche Erlaubnis dafür einzuholen und Leute anzuwerben. Es traf sich, daß er zur gleichen Zeit wie Cortés am Hofe empfangen wurde und von dem Kolonialoptimismus, den dessen Besuch ausgelöst hatte, profitieren konnte. In der ausgehandelten Kapitulation wurde Pizarro der Titel eines Gouverneurs und Generalkapitäns der »Provinz Peru« zuerkannt, Luque wurde zum Bischof von Tumbes, Almagro zum Kommandanten des dortigen Forts und Ruiz zum «Piloto Mayor» der Südsee ernannt; weitere Bestimmungen regelten die Abgabe der Einkünfte, die Einfuhr schwarzer Sklaven und die Einsetzung königlicher Beamter. Nachdem die Rekrutierung der Mannschaften einige Schwierigkeiten gemacht hatte, segelte Pizarro Anfang 1530 mit vieren seiner Halbbrüder nach Panama zurück und vereinigte sich dort erneut mit Diego de Almagro, der seinerseits die Reisevorbereitungen vorangetrieben hatte.

Francisco Pizarro dominiert die Geschichte der südamerikanischen Entdeckungsreisen in ähnlicher Weise wie Cortés die der mexikanischen, obwohl die beiden Konquistadoren, bei ähnlichem Erfahrungshintergrund, sehr unterschiedliche Charaktere waren.³ Wie Cortés stammte auch Pizarro aus der Provinz Estremadura und war als unehelicher Sohn eines königlichen Offiziers ebenfalls dem Landadel verbunden. Im Jahre 1502 gelangte er mit Kolumbus nach Hispaniola, fuhr 1509 unter Alonso de Ojeda zum Golf von Darién und war an der Verhaftung von Balboa maßgeblich beteiligt. In der Folge erwarb und bewirtschaftete er Ländereien in Panama, amtete als Stadtrat und kam rasch zu einem Vermögen, das ihm die Finanzierung seiner Unternehmungen gestattete. Der Umstand, daß er sich in Spanien persönlich die königlichen Vollmachten beschafft hatte, machte ihn unabhängig von Gouverneur Dávila und unbestritten im Kreis seiner Untergebenen – ein Kampf um die Sicherung seiner Autorität, wie Cortés ihn führen mußte, blieb ihm erspart. Durch seine Entschlossenheit, seine Zielstrebigkeit und Zähigkeit gewann sich Pizarro rasch den Respekt seiner Leute; aber er war zu argwöhnisch und nachtragend, um beliebt zu sein. Die gesellige Umgänglichkeit und gewandte Lebensart des Cortés ging ihm ab, und seine Loyalität reichte kaum über einen engen Zirkel von Verwandten und Vertrauten hinaus. Pizarro konnte weder lesen noch schreiben und machte sich wenig Gedanken über die moralischen Implikationen seines Auftrags: Die Leiden der Indianer ließen ihn gleichgültig, und ihre Bekehrung interessierte ihn nicht. Die eigentliche Lust an der Grausamkeit, die Cortés doch wohl fehlte, war Pizarro nicht fremd.

Anfang Januar 1531 verließ der Entdecker mit etwa zweihundert Mann und gegen vierzig Pferden Panama zu Schiff, in der Absicht, bei Tumbes eine dauernde Siedlung zu gründen, die, ähnlich wie Vera Cruz in Mexiko, als Ausgangspunkt für die nachfolgende Inlanderkundung dienen sollte. Da starke Gegenwinde die Fahrt behinderten, entschloß er sich, im Norden Ecuadors an Land zu gehen, die Schiffe zwecks Proviantbeschaffung zurückzusenden und den Weg der Küste entlang zu Fuß fortzusetzen. Der Marsch durch den tropischen Regenwald, der hier den Westabhang der Anden bedeckt, war äußerst mühsam, eine Tropenkrankheit brach aus, und in der Bucht von Guayaquil kam es zu Zusammenstößen mit kriegerischen Eingeborenen. Immerhin klappte der Nachschub einigermaßen: Zwei Konquistadoren, die bereits bei der Erkundung Nicaraguas mitgewirkt hatten und noch von sich reden machen sollten, Sebastián de Benalcázar und Hernando de Soto, folgten auf dem Seeweg mit über hundert Mann nach und vereinigten sich mit den Truppen Pizarros. Da man Tumbes zerstört und verlassen vorfand, rückte man weiter nach Süden vor und gründete nahe der heutigen Stadt Piura die erst spanische Siedlung in Peru mit Namen San Miguel.

Von Piura brach Pizarro im September 1532 mit hundertsiebzig Mann, darunter sechzig Reitern, ins Inkareich auf, dessen Hauptstadt Cuzco er ein Jahr später erobern sollte. Dieser Feldzug steht, was die Leistung des Eroberers betrifft, nicht hinter der Eroberung Mexikos zurück, wenn auch die Berichte, die von ihm überliefert sind, es an Informationsdichte mit den Aufzeichnungen eines Cortés und Bernal Díaz nicht aufnehmen können. Von *Hernando Pizarro*, einem Halbbruder des Francisco, besitzen wir einen an das oberste Gericht von Santo Domingo gerichteten Brief, der sich eingehend mit den eigenen Verdiensten um die Eroberung Perus befaßt.[4] *Pedro Pizarro*, ein Cousin Franciscos, der als Page mitzog und im Alter seine Erinnerungen niederschrieb, verfaßte eine lebendige Schilderung der Ereignisse, die indessen auch nicht alle Phasen der Eroberung, insbesondere nicht deren Vorbereitung, einbezieht.[5] Äußerst informativ sind die Aufzeichnungen des *Francisco de Xerez*, des Privatsekretärs von Francisco Pizarro; doch Xerez mußte wegen eines Unfalls seine Reise abbrechen, und sein Bericht ist ebenfalls unvollständig.[6] Die umfangreichsten und detailliertesten Aufzeichnungen verdanken wir Pedro Cieza de León, der erst über ein Jahrzehnt nach dem Fall Cuzcos in Peru eintraf, aber viele Gefolgsleute des Pizarro noch befragen konnte.[7] Ein weiterer wichtiger Berichterstatter, Augustín de Zárate, war ebenfalls kein Augenzeuge der Ereignisse und hielt sich in offizieller Mission nur kurz in Peru auf, aber er war, ähnlich wie Gómara, ein geschulter Historiker, und seine Beschreibungen der «dramatis personae» gehören zu den glaubwürdigsten.[8] Auch von indianischer Seite verfügen wir nicht über die Auskünfte, wie sie Sahagún in Mexiko zu sammeln verstand. Zu erwähnen wäre hier die Chronik des von Spaniern erzogenen Mestizen Garcilaso de la Vega, deren Wert als historische Quelle von der Forschung jedoch angezweifelt wird.[9]

Zu dem Zeitpunkt, da Francisco Pizarro von Piura aufbrach, befand sich das Inkareich in einem Zustand innerer Unruhe, der das Vordringen der Spanier in ähnlicher Weise begünstigte wie seinerzeit die Auflehnung tributpflichtiger Völkerschaften den Marsch Cortés' nach Tenochtitlán.[10] Um das Jahr 1525 war der Inkaherrscher Huayna-Capac, der das Andenhochland zwischen dem südlichen Kolumbien und Santiago de Chile mit unangezweifelter Autorität regiert hatte, überraschend einer Epidemie zum Opfer gefallen. Um Huayna-Capacs Nachfolge stritten sich dessen Söhne Huascar und Atahualpa, der erste designierter Nachfolger mit Sitz in Cuzco, der zweite Militärkommandeur der Region von Quito. Der Bruderzwist weitete sich zum Bürgerkrieg aus, und die Truppen Atahualpas stießen siegreich gegen Cuzco vor. Auf seinem Marsch nach Süden hatte Atahualpa sein Lager bei Cajamarca aufgeschlagen, einer heute noch reizvollen Stadt auf einer Höhe von zweitausendsiebenhundertfünfzig Metern, achthundertfünfzig Kilometer von Lima und über tausendzweihundert Kilometer von Cuzco entfernt.

Pizarro erfuhr von diesem Bürgerkrieg auf dem Marsch landeinwärts und erkannte sogleich den Vorteil, der sich daraus ziehen ließ. Nachdem er das wüstenähnliche Küstengebiet durchquert hatte und, wahrscheinlich dem Chancayfluß folgend, zur Puna genannten Hochebene aufgestiegen war, entsandte er seinen Hauptmann de Soto zur Rekognoszierung. De Soto stieß

2. Südamerika

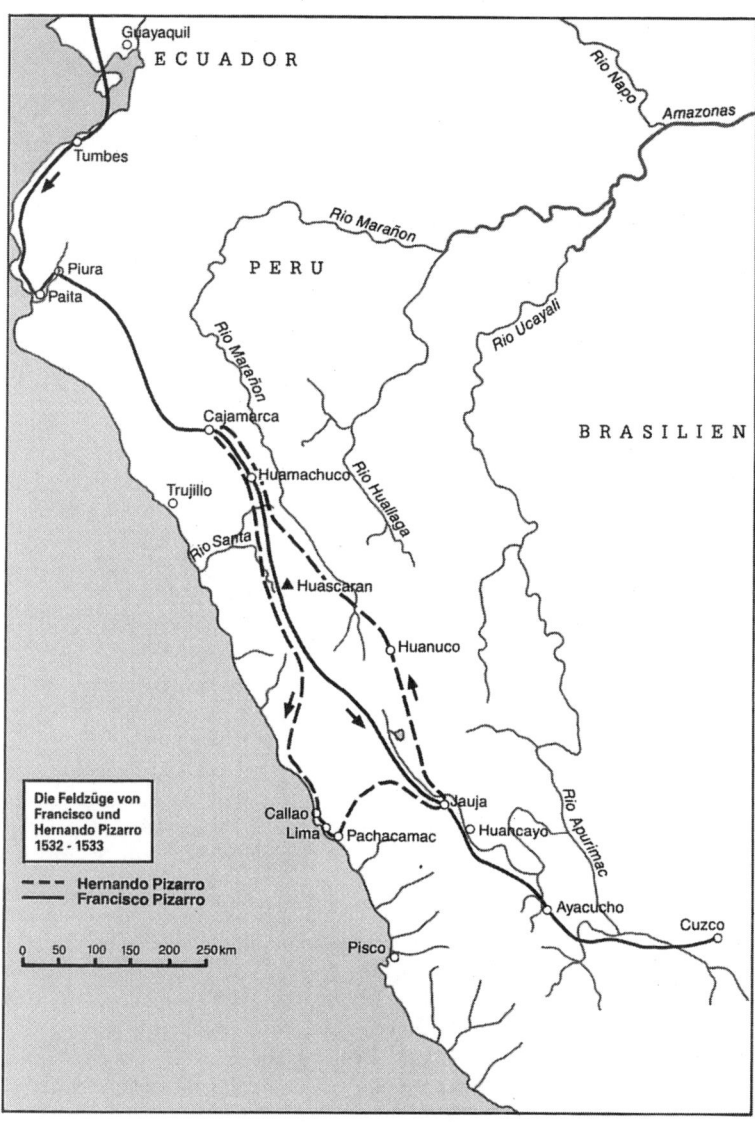

auf einen vom Bürgerkrieg verwüsteten Ort, dessen Kazike auf Huascars Seite gestanden hatte, und verfuhr in der gewohnten Weise. «Der ‹Capitán›», schreibt ein Chronist, «bot ihnen im Namen der Christen den Frieden an: sie sollten des Kaisers Untertanen werden; dann bräuchten sie Atahualpa nicht mehr zu fürchten.»[11] Man traf hier auch auf einen Gesandten Atahualpas, der den Spaniern als Geschenk getrocknete Enten und Keramik überreichte. Der Chronist, Böses ahnend, kommentiert: «Es waren getrocknete Enten, was zu bedeuten hatte, daß sie Gleiches mit den Christen vorhatten. Außerdem brachte er zwei aus Ton hergestellte schwere Festungen und bemerkte dazu, unterwegs gebe es ähnliche.»[12]

Am 15. November 1532 traf Francisco Pizarro auf der fruchtbaren Talebene von Cajamarca ein und bezog mit seinen Leuten in der menschenleeren Stadt, in deren Nähe Atahualpa mit einem Heer von mehreren Zehntausend Mann kampierte, Quartier. Hernando de Soto wurde mit einigen Berittenen, darunter einem Dolmetscher, ins Feldlager des Inkaherrschers entsandt. Durch das schweigende Spalier der Soldaten ritt de Soto zur Residenz des höchsten Inkas, den er, umgeben von seinen Lieblingsfrauen, antraf. Er gab ihm zu verstehen, daß er als Stellvertreter des Gouverneurs Pizarro auftrete, welcher ihn am nächsten Tag zu empfangen wünsche; Atahualpa sagte seinen Besuch zu. Die Nacht verbrachten die Spanier in großer Furcht vor einem Überfall, denn jedem war klar, daß im Kampf gegen ein zahlenmäßig dermaßen überlegenes Heer nicht die geringste Aussicht auf Rettung bestand. Doch Atahualpa griff nicht an, sondern begab sich am nächsten Tag mit seinem Hofstaat zu Pizarro. Dadurch besiegelte er das Schicksal seines Volkes.

In der Nacht auf den 16. November reifte in der Umgebung des Francisco Pizarro der Plan, sich mit einem Mittel aus der fast aussichtslosen Lage zu helfen, das sich bereits in Mexiko bewährt hatte: Man beschloß, Atahualpa als Geisel zu nehmen. Am nächsten Tag wurde der Hauptplatz Cajamarcas, wo man den Inka zu empfangen gedachte, mit Soldaten, die sich versteckt hielten, umstellt. Der Inkaherrscher, dessen Ankunft sich verzögerte, wurde mit Freundschaftsbekundungen in Sicherheit gewiegt: «Ich werde ihn als meinen Freund und Bruder empfangen», ließ ihm Pizarro ausrichten, «wie er auch hereinziehen möge.»[13] Über den Einzug des völlig ahnungslosen Inkaherrschers und seines Gefolges in die Stadt gibt es verschiedene sich bestätigende und ergänzende Schilderungen. Der Augenzeuge Francisco de Xerez schreibt: «Voraus ging eine Abteilung von Indianern, die in bunte schachbrettartig gemusterte Livreen gekleidet waren; sie entfernten jeden Strohhalm und kehrten den Weg sauber. Nach ihnen kamen drei weitere, anders gekleidete Abteilungen, und alle sangen und tanzten. Dann folgten viele Männer mit Harnischen und Schmuck und Kronen aus Gold und Silber. In ihrer Mitte erschien Atahualpa selbst in einer mit Papageienfedern verschiedenster Farbe ausgeschlagenen und mit Gold und Silber verzierten Sänfte, die von zahlreichen Indianern auf den Schultern getragen wurde.

Dahinter folgten zwei weitere Sänften und zwei Hängematten mit andern hochgestellten Persönlichkeiten und noch viele Leute mit Kronen aus Gold und Silber.»[14]

Als Atahualpa mit seinem Gefolge den Hauptplatz erreicht hatte, trat ihm der Dominikanerpater *Vicente de Valverde* mit dem Kruzifix in der einen und dem Brevier in der andern Hand entgegen und verkündete feierlich das «requerimiento», die Huldigungsforderung. Der Inka verlangte nach dem Brevier und warf es dann, nach der Beobachtung spanischer Augenzeugen, mit verächtlicher Geste zu Boden, indem er Drohungen ausstieß. Darauf rannte der Dominikanerpater, seinerseits erbost, zu den in den angrenzenden Gebäuden wartenden Spaniern zurück und rief: «Kommt heraus, Christen! Tretet diesen feindseligen Hunden entgegen, welche die göttlichen Dinge zurückweisen!»[15] Nun gab Pizarro das vereinbarte Signal zum Überfall. Man feuerte Kanonenschüsse auf die Indianer ab, Trompeten schmetterten, die Reiterei sprengte in die Menge, und das Gemetzel begann. Die Indianer, vollkommen überrascht, dachten nicht an Widerstand: «Kein Indio hatte seine Waffen gegen die Spanier erhoben», schreibt Francisco de Xerez, «derart groß war ihr Entsetzen, als sie den Gobernador in ihre Mitte treten sahen, als plötzlich die Kanonen losgingen und die Pferde geschlossen hervorbrachen – noch nie zuvor hatten sie so etwas gesehen. In vollkommener Verwirrung suchten sie deshalb ihre Rettung nur noch in der Flucht, anstatt zu kämpfen.»[16]

Doch diese Flucht gelang den wenigsten: Die Spanier setzten das Massaker in den Gassen der Stadt gnadenlos fort, ihre Reiterei drang mordend und plündernd bis zum gegnerischen Feldlager vor. Erst der Einbruch der Nacht machte dem Gemetzel ein Ende.

Über die Zahl der gefallenen Indianer gehen die Angaben der Chronisten auseinander, aber es könnte sich durchaus um Tausende gehandelt haben, denn die Rede ist davon, daß die ganze Talebene von Leichen übersät gewesen sei.[17] Unter den Toten befanden sich fast alle Würdenträger von Atahualpas Umgebung, die Sänftenträger, die Bediensteten und die meist unbewaffneten Begleiter. Fast wäre auch Atahualpa umgebracht worden: Nur mit Glück gelang es Pizarro persönlich, einen Messerwurf, der dem Inka galt, abzuwehren. Von den eigenen Truppen wurde bloß ein schwarzer Diener getötet, ferner wurde ein Pferd verletzt.

Die Frage, weshalb sich Atahualpa so ahnungslos in eine so offensichtliche Falle haben locken lassen, hat die Historiker oft beschäftigt. Die Antwort muß wohl, in Anlehnung an das Urteil eines der besten Kenner, John Hemmings, lauten, daß der Inkaherrscher, gestützt auf irreführende Meldungen seiner Kundschafter, die Gefährlichkeit der Spanier völlig unterschätzte.[18] Ganz in Anspruch genommen von seiner Auseinandersetzung mit Huascar, dachte Atahualpa nicht daran, in der kleinen Gruppe dieser weißhäutigen und bärtigen Ankömmlinge ernsthafte Gegner zu sehen, und darum unternahm er auch nichts, um ihren Vormarsch nach

Cajamarca aufzuhalten. Vielleicht hoffte er, die Spanier als Verbündete zu gewinnen, was den Pomp seines Auftritts erklären könnte. Von der Geistesverfassung der Spanier hatte Atahualpa keine Ahnung: Er wußte nichts von deren Streben nach Gold und dem Seelenheil; und er wußte nichts von der angstvollen Verzweiflung, welche die Konquistadoren beim Anblick seines Heeres erfaßt und zum heimtückischen Überfall veranlaßt hatte.

Die Geiselname Atahualpas war in der Tat das einzige Mittel, einerseits den Widerstand weiter Teile der Inkabevölkerung zu lähmen, andererseits aber die Autorität des Herrschers weiter zu nutzen, indem man ihn Befehle ausgeben ließ, welche seine Untertanen zur Unterstützung der Eindringlinge aufforderten. Kaum hatte sich Francisco Pizarro nämlich in den sicheren Besitz Cajamarcas gesetzt, sandte er Unterführer aus, um das Land weiter zu erkunden. Im Januar 1533 verließ einer seiner Halbbrüder, *Hernando Pizarro*, mit etwa zwanzig Berittenen Cajamarca, um die bedeutendste Küstenstadt des Inkareiches, Pachacamac, aufzusuchen, von deren Goldschätzen man gehört hatte. Der Weg führte zuerst durch die unwirtliche Puna nach Huamachuco, dann durch die tief eingegrabene Schlucht des Santaflusses vorbei am schneebedeckten Gipfel des Huascaran, des mit seinen sechstausendsiebenhundert Metern höchsten Berges, den die Spanier je gesehen hatten. Bei Huaráz wandte man sich nach Westen, überquerte die Cordillera Negra und ritt über abschüssige Vorgebirge zur Küste hinab. Dann setzte man den Weg in südlicher Richtung fort, durchquerte wüstenähnliches Küstengebiet, stieß aber immer wieder auf sorgfältig bewässerte, fruchtbare und dicht bevölkerte Gebiete. Es war dies das Territorium der durch ihre bemalte Keramik und ihr hochentwickeltes Kunsthandwerk berühmten Chimúkultur, die im Laufe des 15. Jahrhunderts vom Herrschaftsbereich der Inkas erfaßt worden war. Ende Januar langte man in Pachacamac an. Die Stadt, dreißig Kilometer von Lima entfernt, heute wegen ihrer stark rekonstruierten Tempelanlagen bekannt, war damals eine wichtige Orakelstätte und ein Wallfahrtsort ähnlich Mekka, was die Spanier intuitiv begriffen, wenn sie die Tempel, die sie vorfanden, als «Moscheen» bezeichneten.[19] Die ersehnten Goldschätze aber fanden sie nicht, vielleicht, weil die Bewohner, wie die Chronisten vermuten, sie rechtzeitig beiseite geschafft hatten. Man durchsuchte und plünderte die Tempel, fand da und dort ein paar wertvolle Opfergaben, riß etwas Gold- und Silberblech von den Statuen und zerstörte die Götterbilder vor den Augen einer entsetzten Bevölkerung. Diese Vandalenakte bedeuteten den Anfang vom Ende eines wichtigen kulturellen Zentrums: Der Südamerikareisende Johann Jakob von Tschudi, der um 1840 den Ort aufsuchte, fand nur noch unansehnliche Ruinen, die von der «Wut, nach Schätzen zu graben» immer mehr in Mitleidenschaft gezogen wurden.[20]

Der Rückweg führte Hernando Pizarro auf besonders schwieriger Route nach Jauja, einer damals volkreichen Stadt, wo er hoffte, mit Chalcochima,

2. Südamerika

einem von Atahualpas erfolgreichsten Heerführern, der siegreich gegen die Truppen Huascars gekämpft und diesen schließlich umgebracht hatte, zusammenzutreffen. Es gelang Pizarro, Chalcochima in Sicherheit zu wiegen und zu überreden, ihn nach Cajamarca zu begleiten, wo man Ende Mai 1533 eintraf.

Wir besitzen von diesem Entdeckungs- und Eroberungszug einen eingehenden Bericht des Hernando Pizarro, der, im Unterschied zu seinem Bruder Francisco, mit der Feder umzugehen wußte, sowie eine eingehende Schilderung seines Notars, *Miguel Estete*.[21] Beide beschreiben die Mühsal der Reise über verschneite Hochebenen, durch schwindelerregende Schluchten und öde Wüstenstriche und berichten zugleich voller Bewunderung vom Zustand des Straßennetzes, das die Inkas aufgebaut hatten, um die Strapazen erträglicher zu machen. Die Rede ist von vorzüglich unterhaltenen Wegverbindungen, an exponierter Stelle geschützt durch Verbauungen und entwässert durch Abflußrinnen; von Treppenanlagen, die freilich den Pferden beschwerlich fielen, und von Hängebrücken, die sich, aus Pflanzenfasern geflochten, über die Abgründe spannten. «Die eine dieser Brücken», schreibt Miguel Estete, «dient dem gemeinen Volk zum Übergang und hat einen Pförtner, der den Wegzoll einzieht. Über die andere Brücke gehen die Herren und ihre Hauptleute. Diese ist sonst immer gesperrt, doch wurde sie für unsern Hauptmann und seine Leute geöffnet, und die Pferde überschritten sie wohlbehalten.»[22]

Auch den großen Siedlungen mit ihren stattlichen Gebäuden aus fest gefügtem Stein, «mit Portalen wie denen in Spanien», und den üppigen Wiesen, auf denen Herden weideten «wie in Kastilien und Estremadura», gilt die Aufmerksamkeit der Reisenden. Der Chronist Cieza de León, der die Gegend zwei Jahrzehnte später besuchte, preist besonders die Fruchtbarkeit der durch die weitläufigen Bewässerungssysteme erschlossenen Küstenlandschaft. «In diesen Tälern säen die Indianer Mais an», schreibt er, «der zweimal im Jahr geerntet wird und reichen Ertrag bringt. In einigen Gebieten ziehen sie die Yuccapflanze, welche nützlich ist, um ein Brot zu machen und ein Gebräu, wenn es an Mais fehlt. Sie ziehen ferner Süßkartoffeln, die fast wie Kastanien schmecken, weiter Kartoffeln, Bohnen und anderes schmackhaftes Gemüse.»[23]

Fast zur gleichen Zeit, da Hernando Pizarro das nordperuanische Küstengebiet erkundete, schickte Francisco Pizarro einen Trupp von Kundschaftern von Cajamarca nach der Hauptstadt des Inkareiches, Cuzco, ab, mit dem Auftrag, soviel Gold als möglich zu beschlagnahmen und dessen Herbeischaffung zu überwachen. Über diese Unternehmung sind wir nicht durch den persönlichen Bericht eines Beteiligten informiert. Wir wissen aber, daß drei spanische Fußsoldaten, denen Gold offenbar mehr bedeutete als das Leben, sich freiwillig meldeten. Den langen Weg über die Inkastraße nach Cuzco legten sie in Sänften, begleitet von Sendboten des Atahualpa, zurück. In der Hauptstadt wurden die Soldaten von Quisquis, dem Feldherrn, der die Stadt eben der Partei des Huascar weggenommen hatte, sehr kühl empfangen. Bei ihrem Raub, gab er zu verstehen, könne er ihnen nicht helfen; im übrigen sollten sie tun, was sie für richtig hielten. Das ließen sich die drei Haudegen nicht zweimal sagen: Sie drangen in die «Bohíos del Sol», die Andachtsräume der Inkas, ein und lösten die Goldverkleidungen von den Wänden; sie erafften, was ihnen vor ihre staunenden Augen kam, Prunkmöbel, Goldgeschirr und Opfergaben; und nichts hielt sie davon ab, einbalsamierten Toten, die sie im Ahnengrab fanden, ihre Goldmasken vom Gesicht zu reißen. Francisco de Xerez versucht in seinem Bericht, den Umfang der Beute, den die Plünderer schließlich nach Cajamarca zurückbrachten, festzustellen: «Es kamen zweihundert Lasten Gold und fünfundzwanzig Lasten Silber; an Gold mußte dies mehr als hundertdreißig spanische Zentner ausmachen. Danach folgten noch sechzig Lasten minderwertigen Goldes; es waren überwiegend Platten wie Kistenbretter, drei bis vier Spannen lang, die man von den Wänden der Häuser entfernt hatte. Sie wiesen Löcher auf und waren wohl angenagelt gewesen.»[24] Daß die Spanier dieses Abenteuer heil überstanden, erklärt sich aus der heiklen Situation von Atahualpas General, der einerseits seinem Herrscher loyal verpflichtet blieb und anderseits, noch immer in Kämpfen mit den Gefolgsleuten Huascars begriffen, das Risiko eines Zweifrontenkrieges unmöglich eingehen konnte. In entdeckungsgeschichtlicher Hinsicht hat dieser Zug nach Cuzco geringes Gewicht: Die drei Soldaten waren zwar die ersten und zugleich die letzten Spanier, die das alte Cuzco in seiner ganzen Pracht erblickten; aber sie versäumten es und waren wohl auch außerstande, darüber schriftlich zu berichten.

Während diese beiden Vorstöße nach Pachacamac und nach Cuzco unternommen wurden, bemühte sich Francisco Pizarro nach Kräften, den größtmöglichen Vorteil aus der Gefangenschaft des Inkaherrschers zu ziehen. Die Geschichte von der Erpressung Atahualpas und davon, wie er schließlich unter dürftigem Vorwand vor ein Scheingericht gestellt und umgebracht wurde, ist oft erzählt worden – es handelt sich um eines der lamentabelsten Trauerspiele der Kolonialgeschichte. Bereits kurze Zeit nach der Gefangennahme Atahualpas war den Spaniern der Gedanke gekommen, aus der Geisel möglichst viel Gold herauszupressen. In der Hoffnung, bald freizukommen, trat der Inka auf diesen Handel ein und machte wohl selbst, da er die Gier der Konquistadoren bemerkte, einen entsprechenden Vorschlag. Es wurde notariell vereinbart, ein bestimmtes Zimmer solle innerhalb einer bestimmten Frist mit Gold angefüllt werden – darauf solle der Inkaherrscher freigelassen werden. «Der Gouverneur fragte ihn», berichtet Xerez, «wieviel er geben würde und in welcher Frist. Atahualpa sagte, er würde einen Raum voller Gold geben. Dieser Raum war zweiundzwanzig Fuß lang und siebzehn Fuß breit und sollte bis zu einer weißen Linie auf halber Höhe angefüllt werden, was etwa anderthalbmal mannshoch war. Er sagte, daß er den Raum bis zu dieser Höhe mit verschiedenen Gegenständen aus Gold, mit Krügen,

Töpfen und anderen Stücken anfüllen werde. Auch würde er ihm eine ganze Hütte, zweimal mit Silber gefüllt, übergeben. Und dies würde binnen zweier Monate ausgeführt.»[25]

Das aus allen Himmelsrichtungen herbeigeschleppte Edelmetall wurde – ein unermeßlicher Kulturverlust – sofort eingeschmolzen, mit dem königlichen Prägestempel versehen und nach Abzug des Fünftels, der an die Krone ging, unter den Konquistadoren entsprechend ihrem Stand und ihren Verdiensten verteilt. Dem Inkaherrscher, der nie mehr als ein Figurant im Kalkül der Spanier gewesen war, half alles Gold nichts. Mitte April 1533 war einer der Initianten der peruanischen Entdeckungszüge, Diego de Almagro, mit hundertfünfzig Spaniern und fünfzig Pferden aus Panama in Cajamarca eingetroffen, wodurch sich das Kräfteverhältnis zugunsten der Spanier verschob. Diese Neuankömmlinge sahen in Atahualpa, dem sie sich durch kein Versprechen verpflichtet fühlten, bloß eine Belastung; es drängte sie, zu noch unentdeckten Reichtümern aufzubrechen, und dazu bedurften sie seiner Unterstützung nicht. Zudem hatten sich in Cajamarca Gerüchte verbreitet, wonach der Inkaherrscher durch geheime Sendboten seinen Heerführer in Quito, Rumiñahui, aufgefordert habe, mit seinem Heer nach Cajamarca zu eilen, um ihn zu befreien. Unter dem Eindruck dieser Gerüchte, die sich später als falsch erwiesen, und bedrängt von seinen Unterführern, ordnete Francisco Pizarro widerstrebend die Hinrichtung des Atahualpa auf dem Scheiterhaufen an; sollte er sich zum Christentum bekehren, würde ihm die Gnade der Erdrosselung durch die Garotte gewährt werden.

Der Entschluß zur Beseitigung Atahualpas wurde mit auffälliger Eile, so, als wollte man jedem Widerspruch und jeder Forderung nach juristisch einwandfreiem Verfahren zuvorkommen, in die Tat umgesetzt. Ein Augenzeuge berichtet: «Als er merkte, daß sie ihn doch töten würden, bat er den Gobernador, er möge sich um seine kleinen Kinder kümmern und sie zu sich nehmen. Das waren seine letzten Worte. Die anwesenden Spanier sprachen für sein Seelenheil das Credo, und anschließend wurde er erdrosselt. In Erfüllung des Richtspruches schob man etwas Feuer heran und verbrannte einen Teil seines Gewandes und seines Fleisches. An jenem Abend – es war schon spät – blieb sein Leichnam auf der Plaza, damit jedermann sehe, daß er tot war.»[26]

Die Hinrichtung Atahualpas erscheint im Rückblick als eine durch nichts zu rechtfertigende Tat; und sie erschien damals besonnenen Zeitgenossen nicht anders. Pizarro hatte seinen Entscheid in Abwesenheit seines Bruders Hernando und eines weiteren wichtigen Unterführers, Hernando de Sotos, getroffen, und von beiden weiß man, daß sie Atahualpa wohlgesinnt waren. Das Gerücht von geheimen Weisungen Atahualpas an seinen Heerführer Rumiñahui bestätigte sich ebensowenig wie die Nachricht von herannahenden feindlichen Truppen. Der Inkaherrscher hatte sich während seiner Gefangenschaft immer freundlich und höflich verhalten, und manche seiner

Wächter hatte er durch sein gewinnendes Wesen für sich eingenommen. So kann nicht erstaunen, wenn der Gouverneur von Panama, Gaspar de Espinosa, in einem Schreiben an Karl V. mit folgenden Worten auf den Vorfall zu sprechen kommt: «Nach meinem Dafürhalten hätte es einer ganz gründlichen Untersuchung und Klärung bedurft, bevor man einen solchen Schuldspruch fällt und einen Menschen umbringt, der so viel Gutes getan und so reiche Schätze verschenkt oder uns auf solche hingewiesen hat, ohne daß bis zum heutigen Tage einem Spanier oder einer anderen Person das geringste Leid geschehen ist.»[27] Und in einer Antwort des Kaisers, die sich erhalten hat, werden, obwohl das Argument vom «Verrat» Atahualpas akzeptiert wird, ernsthafte Bedenken deutlich: «Dessenungeachtet sind wir mißvergnügt über den Tod Atahualpas, um so mehr, als er im Namen des Gesetzes vollzogen worden ist; denn er war ein Monarch...»[28] Auch der Historiker Oviedo, der vom gottgewollten Auftrag der Eroberer völlig überzeugt war und die schlimmsten Verbrechen der Konquistadoren mild beurteilte, kommt im Falle der Hinrichtung Atahualpas zu einem kritischen Urteil, allerdings aus eher befremdlich anmutenden Überlegungen: «Die Erfahrung hat gezeigt, wie schlecht beraten man war und wie falsch man handelte, als man Atahualpa nach seiner Gefangennahme umbrachte, denn damit entzog man, abgesehen von der Sünde gegen Gott, dem Kaiser und den Spaniern... unermeßliche Schätze, welche dieser Prinz ihnen gegeben hätte.»[29]

Der erste Historiker der neueren Zeit, der sich eingehend mit den spanischen Quellen befaßt hat, der Nordamerikaner William Prescott, Verfasser auch einer bereits erwähnten Geschichte der Eroberung Mexikos, spricht von prämeditiertem Mord und gibt Francisco Pizarro daran die Hauptschuld: «Die Ermordung Atahualpas», schreibt er, «wird mit Recht als eine Tat beurteilt, die einen nie auszulöschenden Fleck auf den spanischen Waffen in der Neuen Welt zurückgelassen hat.»[30] Und ähnlich lauten die Urteile späterer Historiker – mit gewissen Nuancen, die sich aus der nicht zu tilgenden Widersprüchlichkeit des lückenhaften Quellenmaterials ergeben. In der Tradition der peruanischen Indios aber haben sich bis heute, zuletzt auch in schriftlicher Überlieferung, Tragödienspiele erhalten, in welchen das traurige Schicksal des Inkaherrschers anläßlich bestimmter Festlichkeiten vorgeführt wird.[31]

Gleich nach der Hinrichtung Atahualpas suchte und fand Pizarro einen Nachfolger in der Person des Tupac Hualpa, eines Bruders von Atahualpa und Huascar, der in feierlicher Zeremonie als Marionettenkönig eingesetzt wurde. Mit dieser staatsmännisch geschickten Wahl hoffte Pizarro auch die Anhänger Huascars auf seine Seite zu ziehen, und in der Tat wurde er auf seinem Vormarsch nach Cuzco nicht selten als Befreier begrüßt. Tupac Hualpa starb zwar wenig später an einer Krankheit; aber es fand sich eine weitere Mittlerfigur in der Gestalt eines weiteren Sohnes von Huayna-Capac, des sehr jugendlichen Manco Inca.

2. Südamerika

Im August des Jahres 1533 verließen Francisco Pizarro, Diego de Almagro und Hernando de Soto die Stadt Cajamarca und zogen mit ihrem Heer nach Süden. Nicht alle Konquistadoren der ersten Stunde nahmen am Marsch nach Cuzco teil. Einige von ihnen fanden, sie hätten sich nun genug bereichert, um das Leben in Panama oder in Spanien zu genießen, und der Oberbefehlshaber ließ sie ziehen. Auch Hernando Pizarro fehlte. Er war mit der wichtigen Aufgabe betraut worden, die Heimschaffung des königlichen Anteils an Edelmetallen zu überwachen, und sein Auftritt am spanischen Hof, im Januar 1534, brachte dem Peru-Unternehmen die nötige Publizität und den unerläßlichen Zustrom weiterer Auswanderer.

Francisco Pizarros Heer folgte zuerst den Inkastraßen, die Hernando auf seinem Feldzug nach Pachacamac schon benutzt hatte. Bei Jauja, der Stadt, welche von Hernando auf dem Rückweg berührt worden war, kam es zum ersten kriegerischen Zusammenstoß mit Truppen unter dem Kommando von Atahualpas Heerführern. Der Kampf war wie gewohnt rücksichtslos und blutig, der Sieg fiel leicht, und von der Stadtbevölkerung wurden die Spanier als Befreier begrüßt. Das schwierigste Stück Weges stand nun noch bevor. Die Landschaftsgestalt im zentralen Andengebiet ist ungemein vielfältig: Tiefeingeschnittene Schluchten wechseln mit steppenartigen Hochebenen, von lieblichen Talflächen führt der Weg empor zu den Pässen riesiger, schneebedeckter Gebirgsmassive, die sich kulissenartig in die Tiefe gliedern. Ohne die schmalen, aber gut ausgebauten und häufig gepflasterten Inkastraßen wäre ein Vordringen kaum denkbar gewesen. Zwar fanden die Spanier viele Brücken zerstört vor; da aber die Flüsse in dieser Jahreszeit wenig Wasser führen, wurde diese Behinderung kaum wirksam. Auch der größte der zu passierenden Flüsse, der Apurimac, konnte auf einer Furt überquert werden. Obwohl die gegnerischen Indianer ihre Taktik verfeinerten, die offene Feldschlacht mieden und sich auf Überfälle aus dem Hinterhalt verlegten, konnten sie keinen Erfolg erringen. Dagegen erfochten die Spanier in einer Schlacht außerhalb Cuzcos gegen das letzte Aufgebot des Generals Quisquis den entscheidenden Sieg, mit dem der Widerstand von Atahualpas Besatzungsmacht endgültig gebrochen wurde. Während des Marsches war übrigens auch Chalcochima, den man in Ketten mitgeführt hatte, hingerichtet worden, und zwar aufgrund ähnlicher Beschuldigungen, wie sie Atahualpa gegenüber erhoben worden waren. Der tapfere Feldherr lehnte eine Bekehrung ab und starb den Feuertod.

Am 15. November 1533 traf Francisco Pizarro mit Manco Inca in Cuzco ein und wurde von den Bewohnern freundlich empfangen. Die Stadt mit ihrem berühmten, makellos gefügten Mauerwerk und ihren engen Gassen, beschützt von der höher gelegenen Festung Sacsahuaman, wäre leicht zu verteidigen gewesen; doch die Bevölkerung war glücklich, der Fremdherrschaft des Quisquis entronnen zu sein, und sie akzeptierte Manco Inca als legitimen Herrscher. Auch wenn Cuzco weniger prachtvoll gelegen war als

Tenochtitlán, auch wenn seine Paläste und Tempelstätten bereits ausgeplündert waren, standen die Spanier doch staunend vor diesem städtischen Gemeinwesen, das mit seiner zweckmäßigen Anordnung der Straßen, mit seinem ausgeklügelten Kanalisationssystem, mit der Stattlichkeit seiner öffentlichen Bauten vieles in den Schatten stellte, was man von Spanien gewohnt war. «Die Stadt von Cuzco», schreibt der Chronist *Pedro Sancho de la Hoz*, «Hauptstadt und Residenz der Herrscher, ist so groß und wunderbar, daß sie selbst in Spanien als bemerkenswert gelten könnte. Sie ist voller Paläste; keine armen Leute wohnen in der Stadt, sondern jeder Herrscher und alle vornehmen Herren bauen sich ihre eigenen Häuser, auch wenn sie nicht immer hier leben. Die meisten dieser Häuser sind aus Stein, oder mit Stein eingefaßt; aber es gibt auch viele Häuser, die mit an der Sonne getrockneten Ziegelsteinen sehr stattlich aufgeführt sind. Die Häuser folgen dem geradlinigen Netz der Straße. Alle diese Straßen sind gepflastert, und in der Mitte fließt in mit Steinen ausgekleideter Rinne das Wasser. Der einzige Nachteil dieser Straßen ist, daß sie eng sind und es nur einem Berittenen gestatten, auf der einen Seite der Rinne durchzukommen.»[32]

Cuzco war nicht nur Residenz und Verwaltungszentrum, sondern auch Stapelplatz aller erdenklichen Waren, die im Reich erzeugt und gehandelt wurden. Pedro Pizarro erinnert sich noch in fortgeschrittenem Alter lebhaft an die riesigen Vorräte, die in den Speichern lagerten, an die reichen Bestände an Gewändern, Stoffen und Federkleidern in den Magazinen, an die sich türmenden Metallbarren, die auf ihre Verarbeitung warteten. «Ich vermag nicht alles zu beschreiben», meint er, «was ich sonst noch gesehen habe an gestapelten Kleidern und Geweben aller Art, wie sie in diesem Königreich gefertigt und getragen wurden; denn es fehlte die Zeit zum Betrachten und die Kenntnis, die dazu gehört hätte, alle diese Dinge zu verstehen.»[33] Ein ehrliches Eingeständnis: Wohl selten haben sich Eroberer so ungehemmt und achtlos am Reichtum anderer bereichert, wie die Spanier nach der Einnahme Cuzcos. Unter den Zeitgenossen regten sich kaum Stimmen, die zur Zurückhaltung und Mäßigung mahnten. Am ehesten ist Selbstkritik, hier wie anderswo, noch in den Reihen der Kleriker zu finden, wenn auch durchaus nicht bei allen. Der junge Priester *Cristóbal de Molina* bleibt eine Ausnahme, wenn er von seinen Landsleuten schreibt: «Ihre einzige Sorge galt dem Einsammeln von Gold und Silber, um reich zu werden... ohne zu bedenken, daß sie Unrecht taten, vernichteten und zerstörten.»[34]

Im Zeugnis vieler späterer Betrachter klingt der Schmerz über die so gewaltsam beseitigte Kultur nach, am eindrücklichsten wohl in den «Comentarios Reales» des Mestizen Garcilaso de la Vega, der, ein halbes Jahrhundert nach der Eroberung Cuzcos schreibend, zu einem wichtigen Chronisten des Inkareiches geworden ist. Mit diesem Mestizen beginnt die Tradition einer Geschichtsschreibung, welche zwar die militärische Leistung der Konquistadoren anerkennt, mit deren Schilderung aber das Bedauern über den Untergang einer Kultur verbindet. Alexander von Humboldt, der sich, innerlich tief erschüttert, 1802 vom Sohn eines Kaziken die Ruinen von Cajamarca zeigen ließ, führt diese Tradition in seinen «Ansichten der Natur» ebenso fort wie William Prescott in seinem Werk «Die Eroberung von Peru». Vom englischen Historiker Clements Markham, dem Herausgeber vieler spanischer Quellentexte, der Cuzco im Jahre 1853 aufsuchte, besitzen wir eine ergriffene Schilderung. Der Reisende beschreibt, wie er nach schwerem Gewitter von den Anhöhen zur Stadt hinabstieg, die lichtüberflutet in strahlender Apotheose zu seinen Füßen lag: «Wohin sind all deine Macht, deine Herrlichkeit und deine Reichtümer gegangen?» ruft Markham aus. «Die barbarischen Eroberer erwiesen sich als zu stark. Deine unermeßlichen und ungenannten Schätze sind wieder vergraben in der Erde, der gierigen Suche deiner Zerstörer entzogen; aber deine Söhne, einst die glücklichen Untertanen der Inkas, sind in die Sklaverei abgesunken.»[35] Und ähnlichen Gefühlen mag sich der heutige Tourist ausgeliefert finden, wenn er beispielsweise Cajamarca aufsucht, in die «Schatzkammer» des Atahualpa geführt wird und dort nachdenklich den roten Strich betrachtet, den man kürzlich an die Mauer hat malen lassen, um anzuzeigen, bis zu welcher Höhe die Spanier den Raum angeblich mit Gold füllen ließen.

Der Feldzug des Francisco Pizarro nach Cuzco unterscheidet sich in Motivation und Vorgehen nicht von der Eroberung Mexikos durch Cortés. Gewisse Abweichungen und Verschiebungen des Akzents erklären sich aus der unterschiedlichen Landschaftsgestalt, aus den anders gelagerten politischen Verhältnissen im Inkareich und aus dem anders gearteten Charakter Francisco Pizarros. Im Andenhochland war das Gelände den Invasoren im allgemeinen weniger günstig, und die Nachschubwege waren länger; doch erleichterte das vorzüglich unterhaltene Straßensystem ihnen den Vormarsch. In Mexiko erhoben sich tributpflichtige Untertanenvölker gegen die Zentralregierung, während in Peru die herrschende Schicht unter sich zerstritten war; dies hatte zur Folge, daß Pizarro erst die Gegenpartei besiegen und einen akzeptablen Herrscher präsentieren mußte, bevor er aus der Bevölkerung Hilfstruppen rekrutieren konnte. In Mexiko wie in Peru gingen der Ankunft der Spanier unheilverkündende Vorzeichen und messianische Zukunftserwartungen voraus; aber es ist offensichtlich, daß eine solche Endzeitstimmung, wenn es sie wirklich gab, die Kampfkraft der Inkas weit weniger lähmte als jene der Azteken. Cortés stand unter Legitimationsdruck; Pizarro aber hatte sich in Spanien seinen Gouverneurstitel zusprechen lassen, und seine Autorität blieb während des ganzen Feldzugs unangezweifelt. In Mexiko waren Menschenopfer an der Tagesordnung und boten willkommenen Anlaß, die Eroberung als einen Feldzug gegen bestialische Sitten und teuflische Verwirrungen zu deklarieren; in Peru gab es solche Opfer zwar gelegentlich auch noch, doch eine Rechtfertigung des eigenen Vorgehens ließ sich daraus nicht ableiten. Schließlich erwies sich in Peru die Übertragung des spanischen Herrschaftssystems im Vergleich zu Mexiko als wesentlich schwieriger, weil, wie noch zu zeigen sein wird, die Machtkämpfe unter den Konquistadoren den Aufbau des neuen Vizekönigreichs stärker hemmten und verzögerten.

Für die Berichterstattung über diese Andenfeldzüge gilt, ähnlich wie in Mittelamerika, daß die unmittelbar Beteiligten, die unter dem Eindruck des aktuellen Geschehens schrieben, selten über die bloße Ereignisgeschichte hinaus zu einer vertieften Wahrnehmung ihrer Umgebung gelangten. Autoren aber, die aus einer gewissen zeitlichen Distanz und unter weniger turbulenten Lebensumständen beobachteten, verdanken wir landeskundlich und ethnographisch höchst wichtige Aufzeichnungen. Cieza de León beispielsweise durchreiste zehn Jahre nach dem Fall des Inkareiches, von dem er bereits in der Vergangenheitsform spricht, fast dessen gesamtes Territorium und machte sich Notizen zu allem, was er sah: «Oft, wenn die anderen Soldaten sich ausruhten», bemerkt er in der Widmung des Buchs, das er in Lima fertigstellte, «schrieb ich, bis die Müdigkeit mich überkam. Doch weder Müdigkeit noch die Rauheit des Landes, noch Gebirge und Flüsse oder unerträglicher Hunger und andere Qualen konnten mich an meinen zwei Pflichten hindern: zu schreiben und der Fahne und meinem Hauptmann ohne Fehl zu folgen.»[36] Cieza de León gibt eine genaue Beschreibung der Landschaftsgestalt von den Gebieten zwischen Kolumbien und Bolivien, er beobachtet aufmerksam die Lebensformen und Sitten der Bewohner und berichtet eingehend über die wichtigsten Naturprodukte und deren Verwendung. Wie anderen Pionierberichterstattern fehlt ihm noch das begriffliche und wissenschaftliche Instrumentarium, welches es gestatten würde, das Neue anders als eine Abweichung vom Vertrauten zu beschreiben. Als Beispiel sei hier seine Beschreibung des Lamas herausgegriffen, des wichtigsten domestizierten Tieres der Andenbewohner. «Es scheint mir», schreibt Cieza de León, «daß nirgends in der Welt von solchen Schafen gehört wurde und solche Schafe gefunden wurden wie diese hier in Indien. Man begegnet ihnen vor allem in diesem Königreich [Peru], in Chile und in einigen Gegenden der Provinz von Río de la Plata. Es mag sein, daß sie auch in Gegenden gefunden werden, die uns noch unbekannt sind. Diese Schafe sind unter den ausgezeichnetsten Geschöpfen, die Gott erschaffen hat, und unter den nützlichsten. Es will scheinen, als habe Gottvater, als er diese Tiere erschuf, dafür sorgen wollen, daß das Volk dieses Landes von ihnen leben und sich erhalten könne; denn mit andern Mitteln, ohne diese Schafe, könnten diese Indianer – ich spreche von den Gebirgsbewohnern Perus – ihr Leben nicht fristen... Die Eingeborenen nennen diese Schafe ‹llamas› und die männlichen ‹urcos›.»[37]

Mit der Eroberung Cuzcos im Jahre 1533 war die Erkundung der Territorien des Inkareichs noch nicht abgeschlossen. Schon auf dem Vormarsch nach Cajamarca hatten die Spanier Informationen über die Nordprovinzen des Reiches und deren Hauptstadt Quito eingezogen, wo Atahualpas General Rumiñahui das Kommando führte. Nun, da Cuzco erobert und ausgeraubt war, schien nichts näherzuliegen, als dort nach neuen Schätzen zu suchen.

Die Geschichte der Erkundung des heutigen Ecuador ist mit den Namen dreier Konquistadoren verbunden: mit *Sebastián de Benalcázar*, der bereits an der Entdeckung Nicaraguas und an der Eroberung Perus mitgewirkt hatte; mit *Pedro de Alvarado*, der uns bereits als Begleiter des Cortés, als Hauptverantwortlicher der «noche triste» und als Gouverneur Guatemalas begegnet ist; und mit *Diego de Almagro*, einem der wichtigsten Initianten der peruanischen Unternehmung. Gleich nach seinem Abzug aus Cajamarca hatte Francisco Pizarro Benalcázar mit Goldschätzen und einem kleinen Begleittrupp nach Piura zurückgeschickt mit dem Auftrag, diesen Stützpunkt besser zu schützen und damit die Verbindung nach Panama sicherzustellen. In Piura traf der Unterführer zu seiner Überraschung auf über zweihundert frisch eingetroffene Landsleute, welche die Kunde von den Reichtümern Perus herbeigelockt hatte. Nicht weniger in Erstaunen setzte ihn die Nachricht, daß Pedro de Alvarado weiter nördlich, in der Bucht von Manta, mit einer Streitmacht von über fünfhundert Mann an Land gegangen sei und gegen Quito marschiere. Angesichts dieser Lage entschloß sich Benalcázar, von seinen Instruktionen abzuweichen und seinerseits mit zweihundert Mann und sechzig Pferden zum Vorstoß in die Nordprovinzen aufzubrechen. Dies geschah im Jahre 1534.

Benalcázar konnte nicht schreiben, wir besitzen von diesem Feldzug keine Quellen und sind auf spätere Zeugnisse angewiesen, um den Verlauf der Route zu rekonstruieren.[38] Man durchquerte zuerst die wüstenähnliche Küstenebene, stieg dann zum Hochland auf und traf bei Saraguro auf die Inkastraße, die sich zwischen den mit Vulkanen besetzten, fast parallel verlaufenden Andenketten hinzog. Dieser Straße folgte man bis Tumibamba, dem heutigen Cuenca. Diese Stadt stand Cuzco wenig nach, und Cieza de León berichtet von den wohlgefügten steinernen Palästen, von dem mit Gold ausgeschlagenen Sonnentempel und von den leuchtend bemalten Häusern mit ihren dauerhaften Strohdächern.[39] Die Bevölkerung von Tumibamba war erst vor einem halben Jahrhundert unterworfen worden, und mehrere ihrer Aufstände waren, zuletzt unter Atahualpas Oberherrschaft, mit äußerster Brutalität niedergeschlagen worden. So wurden die Spanier freudig begrüßt, und es konnten mehrere Tausend Mann indianischer Hilfstruppen ausgehoben werden. Auf einer Hochebene unweit von Ríobamba, auf über viertausend Metern über Meer, kam es zu einer großen Schlacht mit einem Heer Rumiñahuis, dessen Zahl Oviedo auf nicht weniger als fünfzigtausend Mann schätzt.[40] Die spanische Reiterei entfaltete sich auf dem für sie günstigen Gelände mit gewohnter Überlegenheit; dennoch war der Sieg nicht vollständig. Immer wieder wurde in der Folge der Vormarsch auf Quito durch Überfälle und Scharmützel behindert. Doch im Juni 1534, nach einem Feldzug von vier Monaten Dauer, zog Benalcázar in Quito ein. Rumiñahui war es gelungen, die Stadt zu evakuieren, die Magazine und

256 I. Der Vorstoß ins Landesinnere

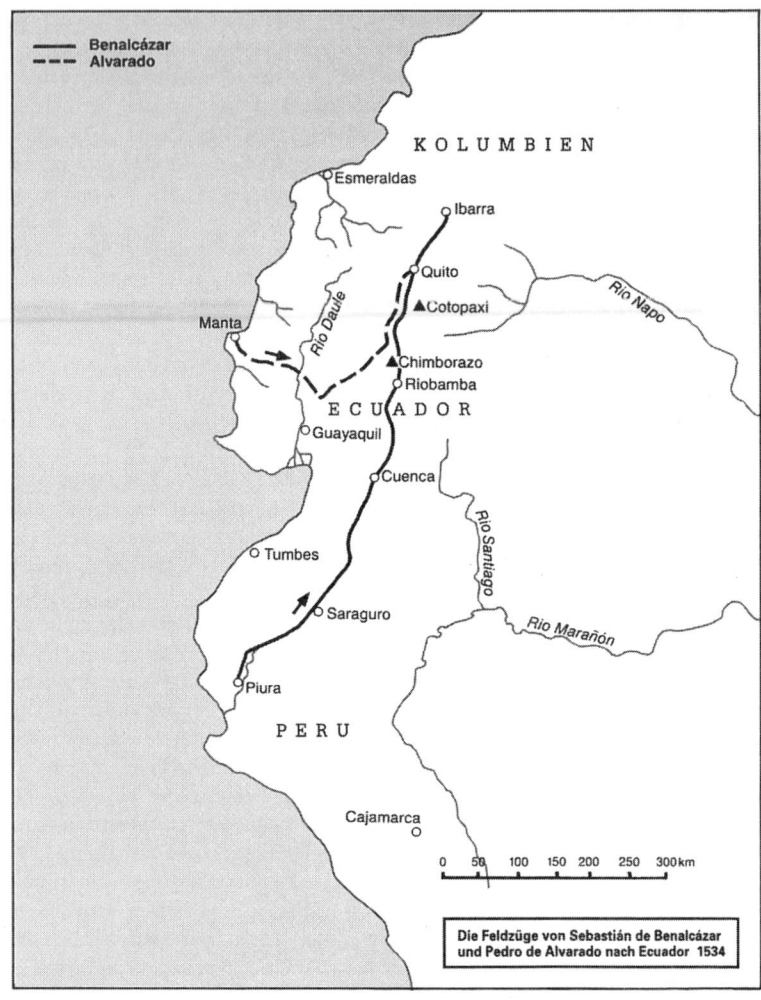

Die Feldzüge von Sebastián de Benalcázar und Pedro de Alvarado nach Ecuador 1534

Getreidespeicher zu leeren, die wichtigsten Gebäude in Brand zu stecken und seine Truppen in den nahen Wäldern neu zu sammeln. Doch sein Gegenangriff, eine kühne nächtliche Attacke auf die Stadt, wurde von den Spaniern und ihren Verbündeten abgewiesen. Benalcázar setzte sogleich den fliehenden Truppen nach. Eine Ortschaft, die er ohne Schätze fand, bestrafte er, indem er alle Frauen und Kinder auf den Hauptplatz führen und umbringen ließ. Schließlich wurde auch Rumiñahui ergriffen, und durch grausame Folterungen suchte man aus ihm den geheimen Aufbewahrungsort eines Schatzes herauszupressen, den es nicht gab; dann führte man ihn auf den Hauptplatz von Quito und brachte ihn um.

Während Benalcázar gegen Quito vorstieß, hatte Diego de Almagro, der sich mit seinen Gefolgsleuten nördlich von Cuzco aufhielt, seinerseits von der Landung Pedro de Alvarados vernommen. Alvarados Vorstoß bedrohte den Herrschaftsanspruch des Gouverneurs Pizarro auf die Nordprovinzen, was Almagro bewog, sich unverzüglich nach Piura zu begeben, um solchen Übergriffen entgegenzutreten. In Piura stellte er fest, daß Benalcázar seinen Posten verlassen hatte und folgte seinen Spuren Richtung Quito, um auch diesen Unterführer, falls nötig, an seine Loyalitäten zu erinnern. Obwohl Almagro nur über wenig Berittene verfügte, kam er gut voran, da der Widerstand der Indianer im wesentlichen bereits gebrochen war. In Quito traf er mit Benalcázar zusammen und akzeptierte dessen Entschuldigung für sein eigenmächtiges Verhalten, da es geboten schien, gemeinsame Front gegen die Truppen des anrückenden Alvarado zu machen.

Pedro de Alvarado hätte eigentlich seinen beiden Rivalen längst zuvorkommen müssen, denn die Stelle, an der er landete, die Bucht von Manta, liegt in Luftlinie nur zweihundert Kilometer von Quito entfernt; zudem war sein Heer größer und besser ausgerüstet. Doch der Konquistador, nie ein Mann umsichtig abwägender Planung, wählte für seine «entrada», seinen Zugang zum Hinterland, eine extrem schwierige Route. Durch das unzugängliche Küstengebiet im Nordwesten Ecuadors, das, im Unterschied zum Süden, feuchttropischen Landschaftscharakter hat und mit Mangrovensümpfen und Regenwald durchsetzt ist, kämpfte sich Alvarado landeinwärts. Es fehlte an Nahrung, da man die Küstenbewohner erschreckt und in die Flucht getrieben hatte; die Mückenplage war unerträglich, und Krankheiten brachen aus; die Schwerter rosteten in der dampfenden Hitze. Dem Umstand, daß sich Alvarado später für seine unbesonnene Unternehmung öffentlich rechtfertigen mußte, verdanken wir einen kurzen Bericht. «Ein unwegsameres und schrecklicheres Land als das, in welches ich hier verschlagen wurde», heißt es darin, «dürfte es in jenem Himmelsstrich, ja auf der ganzen Welt kaum geben; nichts als Berge, Flüsse und Sümpfe, Dschungel und Dickicht; wir mußten uns den Weg mit dem Degen und den Händen bahnen... In jener Zeit wurden mir viele Leute krank; es war eine ganz schlimme Seuche: die meisten starben bereits einen Tag nach dem ersten Fieberanfall weg; manche, die davonkamen, verloren den Verstand.»[41]

Der schwülen Hitze folgte, je höher man die Westabdachung der Anden hinanstieg, die Kälte. Die Küstenindianer, die man als Träger eingesetzt hatte, vertrugen den Klimawechsel nicht und starben. Ein Aschenregen, wahrscheinlich herrührend von einer Eruption des Vulkans Cotopaxi, verdunkelte den Himmel und erzeugte Todesahnungen. Man überschritt, offensichtlich irregeleitet, die Wasserscheide auf einem der höchsten und unzugänglichsten Andenpässe. «Dort überraschte uns», schreibt Alvarado, «ein

Schneesturm, verbunden mit Hagelschauern und eisiger Kälte. Es erfroren mindestens neun spanische Männer und Frauen, fast alle Neger und sonstige Dienstleute, die ich mitführte, auch einige Pferde. Die Not, in die wir durch dieses Ungewitter gerieten, war so groß, daß jeder, um nur rasch diesem Ort der tödlichen Schrecken zu entrinnen, Vorräte, Kleider, Gold und Silber liegenließ...»[42] Als man die westliche Andenkette überwunden hatte, waren gegen neunzig Spanier und fast alle Lastenträger an Kälte und Erschöpfung gestorben, nur wenige Pferde hatten überlebt, und die Moral war schlecht. Völlige Niedergeschlagenheit aber erfaßte Alvarado, als er auf der Inkastraße die Hufspuren der Reiterei von Benalcázar und Almagro erblickte und sich eingestehen mußte, beim Wettlauf nach Quito den kürzeren gezogen zu haben.

In der Folge wäre es beinahe zur kriegerischen Auseinandersetzung zwischen den rivalisierenden Spaniern gekommen. Südlich von Quito trafen die unter Almagro vereinigten Truppen mit den Streitkräften Alvarados zusammen, und man bereitete sich auf einen Waffengang vor, der den Indianern eine letzte Chance hätte bieten können. Doch es gelang in schwierigen Verhandlungen, den Konflikt abzuwenden. Almagro erklärte sich bereit, Alvarado eine Abfindungssumme von hunderttausend Goldpesos zu bezahlen und dessen Leute, falls sie es wünschten, in die eigenen Dienste zu nehmen; sein Nebenbuhler sollte nach Empfang des Geldes nach Guatemala zurückkehren. Während Benalcázar als Statthalter in Quito zurückblieb, zogen Almagro und Alvarado gemeinsam nach Süden. Auf dem Rückweg kam es zum Zusammenstoß mit dem indianischen Heerführer Quisquis, der, wie wir uns erinnern, von Pizarro vor den Toren Cuzcos geschlagen worden war und der nun, ohne von der Einnahme Quitos zu wissen, mit den Resten seines Heeres und einem riesigen Troß dem Norden zustrebte. Es gelang Quisquis, eine Niederlage zu vermeiden und dem Feind gar einige Verluste zuzufügen; doch die Spanier erbeuteten eine große Lamaherde, die er mit Vorräten mitgeführt hatte, und nahmen die Begleitmannschaften gefangen. Quisquis erreichte zwar Quito, doch bloß um festzustellen, daß die Stadt in Feindeshand gefallen war. Dies bedeutete für den ausdauerndsten aller Gegner der Konquistadoren das Ende: Seine Truppen verweigerten den Kampf, die Offiziere rebellierten und brachten ihn schließlich um. Es war dies ein unwürdiger Tod für einen der besten und lernfähigsten Generäle Atahualpas, den einzigen, der sich, wie Pedro Pizarro bemerkt, dem Zugriff der Spanier immer zu entziehen wußte.[43]

Der Argwohn, mit dem die Eroberer der Nordprovinzen, Benalcázar, Almagro und Alvarado, sich gegenseitig beobachteten, wirkt aus geschichtlicher Distanz wie das vergleichsweise harmlose Vorspiel zu weit gravierenderen Entwicklungen. In Cuzco hatte sich Francisco Pizarro durch den geschickten Kunstgriff der Inthronisation Manco Incas die Loyalität der Indianer vorerst sichern können; ungewiß aber blieb, ob er die Autorität gegenüber seinen Landsleuten, die er sich als Eroberer erworben hatte, auch als Kolonisator würde geltend machen können. Bereits die Verteilung der Goldbeute hatte dieses Problem sichtbar werden lassen, und die Situation spitzte sich dadurch weiter zu, daß der Gouverneur offensichtlich gewillt war, alle Macht auf den Kreis seiner Familie zu konzentrieren, während manche seiner Unterführer, die im Verlaufe der Feldzüge charakterliches Profil und eine ergebene Hausmacht gewonnen hatten, persönliche Besitzansprüche zu äußern begannen. Vorerst gelang es Pizarro taktisch geschickt, einige der Rivalen auszuschalten. Pedro de Alvarado erhielt seine Auszahlung und segelte befriedigt nach Mittelamerika zurück. Andere ließen sich bewegen, nach Spanien zurückzukehren, unter diesen Hernando de Soto, der einige Jahre später eine spanische Expedition zum Mississippi führen und in dessen Fluten sein Grab finden sollte. Unbequem und störend aber blieb weiterhin Diego de Almagro, seit den Anfängen der peruanischen Entdeckungen als Organisator und Geldgeber ebenso unentbehrlich wie als Mitstreiter verdienstvoll, eine Konqusitadorennatur durch und durch: tapfer, ehrgeizig, schlau und nachtragend. Almagro betrachtete sich, nicht zu Unrecht, als Partner des Gouverneurs und nicht als ein Untergebener, und er hielt, mit nicht minder guten Gründen, die Ansprüche des Pizarro-Clans für nicht gerechtfertigt. Zudem glaubte er aufgrund von geographisch unklaren Grenzvereinbarungen, die Hernando Pizarro auf seinem Spanienbesuch mit der Krone ausgehandelt hatte, Cuzco zu seinem künftigen Herrschaftsbereich rechnen zu können, was den Auffassungen des Gouverneurs zuwiderlief. Das Verhältnis zwischen Francisco Pizarro und Almagro, das nie unbelastet und immer wechselhaft gewesen war, wurde immer gespannter. Im Frühling des Jahres 1535 entschloß sich Almagro, Cuzco zu räumen und im Süden des Inkareiches, auf den Pizarro keinen Anspruch erhob, nach weiteren Schätzen zu suchen. Der Gouverneur, froh, ihn loszuwerden, unterstützte sein Unternehmen tatkräftig.

Bolivien und Chile

Anfang Juli 1535 verließ *Diego de Almagro* die Stadt Cuzco und machte sich auf den Weg zu den Südprovinzen des Inkareiches.[44] Seine Heerschar war eindrucksvoll: Über sechshundert wohlbewaffnete spanische Soldaten, davon die Hälfte beritten, ferner Negersklaven und rund zwölftausend Mann indianischer Hilfstruppen und Träger, die Manco Inca gestellt hatte und die unter dem Kommando seines Halbbruders standen. Diese Truppen teilte Almagro in mehrere Abteilungen auf, die mit Rekognoszierungs- und Nachschubaufgaben betraut waren; gleichzeitig wurden einige Schiffe zur Erkundung der chilenischen Küste ausgeschickt.[45]

Almagro folgte der Inkastraße über die ausgedehnte, von eisigen Winden gepeitschte Hochebene bis zum Titicacasee, der auf einer Höhe von dreitausendachthundert Meter liegt. Den See ließ er zur Linken liegen und überquerte auf Kanus, welche ihm die einheimischen Indianer zur Verfügung stellten, dessen wichtigsten Zufluß im Süden, den Rio Desaguadero. Dann setzte er seinen Weg in südöstlicher Richtung nach Poopó, gelegen am gleichnamigen See, fort. Während er in der Umgebung des Titicacasees noch auf fruchtbares und kultiviertes Land gestoßen war, wurde nun die Gegend unwirtlich, die Flüsse versiegten oder wichen salzigen Tümpeln, die Ernährung der Truppe war schwierig. Auf seinem Vormarsch nach Süden kam Almagro westlich von Potosí vorbei, ohne etwas von der Existenz des dortigen «Silberbergs» zu ahnen, dessen Schätze zehn Jahre später zum Hauptanziehungspunkt für Kolonisten werden und dem Ort einen raschen, aber wenig dauerhaften Aufschwung bringen sollten. Obwohl die Hoffnung, auf eine blühende Stadtkultur und weitere Reichtümer zu stoßen, immer mehr dahinschwand, zog man den Weg über öde Hochlandflächen beharrlich weiter und gelangte im Oktober 1535 zur kleinen Oase von Tupiza, nahe der Grenze zu Argentinien, wo man sich während zwei Monaten etwas von den Strapazen erholte.

Es fällt schwer, sich vorzustellen, was Almagro bewogen haben könnte, den Marsch von hier aus noch weiter fortzusetzen, bestimmt eher die Furcht vor schmählicher Rückkehr mit leeren Händen als die Aussicht, ein unabhängiges Kolonialreich zu begründen. Jedenfalls entschloß er sich, die riesigen Hochflächen, welche im argentinisch-chilenischen Grenzbereich die beiden Andenketten trennen, in südwestlicher Richtung zu durchqueren und zur Pazifikküste vorzustoßen. Man stieg zuerst die Ostabdachung der Anden in die Täler ab, die sich zum Rio de la Plata hin entwässern, stieß auf Urwaldindianer, die nicht mehr der Inkaherrschaft unterstanden und als Bogenschützen gefährlich wurden, rettete sich mit knapper Not vor den in dieser Jahreszeit einsetzenden Überschwemmungen der Schneeschmelze. Dann wandte man sich nach Westen, stieg wieder zu den Hochebenen hinauf und bewältigte als wohl schwierigstes Teilstück der gesamten Reise den San Franciscopaß, der die westlichen Kordilleren auf einer Höhe von gegen fünftausend Metern überwindet. Der Chronist Zárate gibt eine eindrückliche, vielleicht etwas fabulierende Schilderung: «Viele Menschen und Pferde starben an der Kälte, denn weder ihre Bekleidung noch ihre Rüstung konnte sie vor dem durchdringenden, eisigen Wind schützen... Viele von denen, die starben, blieben steifgefroren auf ihren Füßen und gegen Felsen gelehnt stehen, und die Pferde, die sie am Zügel geführt hatten, froren ebenfalls fest, zersetzten sich nicht und blieben frisch...»[46] Nachfolgende Verstärkungstruppen, die derselben Route folgten und Hunger litten, waren glücklich, vom konservierten Pferdefleisch zehren zu können.

Beim Abstieg zum Pazifik folgte Almagro dem fruchtbaren Tal von Copiapó, welches die Atacamawüste im Süden abschließt. Er traf hier auf indianische Siedlungen, konnte Nahrung beschaffen, erfuhr aber nichts vom Reichtum der Gegend an Silber und anderen Metallen, der heute intensiv ausgebeutet wird. Der Küste südwärts folgend, zur Linken immer die hochragende Kette der schneebedeckten Anden, die hier mit dem Aconcagua, dem höchsten Berg ganz Amerikas, eine Höhe von gegen siebentausend Metern erreichen, gelangte Almagro schließlich in die Gegend von Valparaíso, der heute wichtigsten Hafenstadt Chiles. Hier entschloß er sich, da die Kräfte seiner Leute erschöpft und die Indianer kriegerisch gesinnt waren und da ihn ferner zu Schiff die Nachricht erreichte, er sei zum Statthalter eines Teils von Peru bestimmt, zur Umkehr. Er folgte der Küste nordwärts, verzichtete wohlweislich auf eine neuerliche Andenüberquerung, sah sich nun aber mit den Strapazen der Wüstendurchquerung im nördlichen Chile konfrontiert. Um sich bei der Versorgung mit Wasser an den wenigen, weit auseinanderliegenden Quellen nicht zu behindern, drang man in zeitlich gestaffelten Gruppen durch die Atacamawüste vor. Zu Beginn des Jahres 1537 traf Almagro im Süden von Peru ein und versammelte in der Nähe des heutigen Arequipa, was von seinem Konquistadorenheer noch übrig war; dann strebte er Cuzco zu.

Über die Unternehmung des Diego de Almagro gibt es nur wenige Berichte von Zeitgenossen, vielleicht darum, weil der Vormarsch nach Chile ausgesprochen arm an jenen Waffentaten war, die damalige Chronisten als besonders überlieferungswürdig betrachteten.[47] Nennenswerter indianischer Widerstand machte sich in der Tat kaum bemerkbar, weil die Bevölkerungsgruppen, die man in den spärlich besiedelten Gebieten Boliviens und des nördlichen Chile antraf, keine mächtige Zentralregierung hinter sich hatten. Aus dem Bericht des Priesters *Cristóbal de Molina*, der Almagro begleitete, geht hervor, mit welch völlig skrupelloser, fast schon gewohnheitsmäßiger Rücksichtslosigkeit die Spanier mit den Indianern umsprangen, welche als aneinandergekettete Lastenträger mitzogen oder aber als seßhafte Bauern für die Versorgung des vorbeiziehenden Heeres aufzukommen hatten. «Selbst da, wo die Indianer bereit waren zu dienen», schreibt Molina, «wo aber ihre Leistungen nicht den Erwartungen der Spanier entsprachen, plünderten diese ihre Dörfer, nahmen sich mit Gewalt, wonach sie gelüstete, und raubten ihnen Frauen und Kinder. Sie rissen ihnen die Häuser ein, um Brennholz zu gewinnen, wenn die Indios ihnen ihrer Meinung nach nicht genug davon besorgten. Auf diese Weise zerstörten und verwüsteten sie auf ihrem Zug das ganze Land.»[48] Auf dem Marsch durch Bolivien und Chile entwickelte sich auch eine neue Form von überfallartigen Sklavenraids und Plünderungen, das sogenannte «rancheando», zu dem nicht selten indianische Hilfstruppen und Negersklaven ermuntert wurden. Es ist wahrscheinlich, daß, wie John Hemming vermutet, unter Almagros Leuten besonders viele Spanier der zweiten und dritten Eroberungswelle waren, welche von den Reichtümern Cajamarcas und Cuzcos nicht mehr hatten profitieren können und nun ihren Unwillen an den wehr- und besitzlosen Indianern der Südprovinzen ausließen.[49]

In materieller Hinsicht war der Zug nach Chile oder «Chillí», dem Land, wo nach dem Verständnis der Aimara-Indianer «die Erde aufhört»[50], eine herbe Enttäuschung. Die Hoffnung auf neue Goldschätze hatte sich nicht

I. Der Vorstoß ins Landesinnere

erfüllt, und auch auf fruchtbares Siedlungsland war man kaum gestoßen. Die Ausrüstung der Expedition hatte viel Geld gekostet, und Almagro hatte seinen Leuten große Summen vorgeschossen, die für ihn verloren waren. In entdeckungsgeschichtlicher Hinsicht hingegen bleibt der Zug nach Chile eine der wichtigsten Leistungen bei der Erkundung des Andenhochlandes. Die Grenzen des spanischen Einflußbreichs waren gegen zweitausend Kilometer weit nach Süden vorgeschoben und der südliche Abschnitt der Anden war in seiner hier besonders eindrucksvollen Breitenausdehnung von Ost nach West erstmals durchquert worden. Dabei wurde nicht nur der physische Durchhaltewillen der Mannschaften auf eine harte Probe gestellt; der Zug durch dieses riesige und unbekannte Gebiet mit seinen geringen natürlichen Ressourcen stellte auch hohe organisatorische Anforderungen an seinen Führer. Daß es Almagro gelang, seine rohe Heerschar während fast zwei Jahren bei der Stange zu halten, beweist den außerordentlichen Rang seiner Persönlichkeit.

2. Südamerika

Als Almagro nach Cuzco zurückkehrte, fand er gewaltsam veränderte Verhältnisse vor. Unter Führung von Manco Inca hatten sich die Indianer erhoben und Cuzco mit seiner spanischen Besatzung von gegen zweihundert Mann von der Umwelt abgeschnitten. Dieser Aufstand der Inkas, deren Oberschicht von den Spaniern aufs übelste drangsaliert worden war und deren Untertanen, die Bauern, man wie Vieh zur Fronarbeit trieb, ist bereits von zeitgenössischen spanischen Historikern mit einigem Verständnis kommentiert worden. Oviedo zitiert in seinem großen Geschichtswerk die Klagerede eines Inkaherrschers und stellt sich damit an den Anfang einer Tradition europäischer Überseegeschichtsschreibung, die ihr Mitgefühl immerhin dadurch bewies, daß sie ausgewählten Opfern ein rhetorisch eindrucksvolles Schlußwort zugestand. Nach Oviedo soll sich einer der Häuptlinge wie folgt geäußert haben: «Dann seid ihr Christen gekommen und habt uns aus Freien zu Sklaven, aus Herren zu Dienern gemacht... anstatt uns gut und gerecht zu behandeln, habt ihr unsere Frauen und Töchter zu Konkubinen genommen. Um uns unseres Eigentums zu berauben, habt ihr uns verbrannt, mit Hunden gehetzt und mit bösen Worten geschmäht. Doch am meisten schmerzt und bedrückt uns, daß der Herrscher, den Gott uns gegeben hat, der von uns hoch geschätzt und verehrt worden ist und dem wir gedient haben, nun wie der Geringste von uns behandelt wird.»[51]

Francisco Pizarro war zu diesem Zeitpunkt mit der Gründung von Lima und anderen Küstenstädten beschäftigt, und die Entsatztruppen, die er nach Cuzco sandte, wurden von den aufständischen Indianern zurückgeschlagen. Unterstützung an Material und Soldaten, die der Gouverneur dringend aus Panama, Nicaragua und gar aus Hispaniola anforderte, traf nur zögernd ein. In dieser schwierigen, zeitweise fast aussichtslosen Lage bedeutete das Herannahen von Almagros Streitkräften die Rettung. Im April des Jahres 1537 sprengte Almagro den indianischen Belagerungsring und marschierte in Cuzco ein.

Kommandant der Stadt war zu dieser Zeit Hernando Pizarro, der inzwischen von seiner Mission aus Spanien zurückgekehrt war. Für Almagro, der als Befreier auftreten konnte, schien die Gelegenheit günstig, seine früheren Besitzansprüche auf Cuzco durchzusetzen, und er nahm nun endgültig Partei gegen die Familie Pizarros und deren Gefolgsleute. Dies war der Auftakt zu einer Periode bürgerkriegsähnlicher Wirren, die sich über ein Jahrzehnt lang zwischen Pizarristen und Almagristen hinzogen, vor den Augen der Indianer, deren geschichtliche Rolle zwar ausgespielt war, die aber von beiden Seiten noch gelegentlich als Verstärkung mißbraucht wurden. Im Frühling des Jahres 1538 brachte ein Heer unter Hernando Pizarro den Truppen Almagros vor den Toren Cuzcos eine empfindliche Niederlage bei. Der besiegte Heerführer wurde, obwohl recht betagt, vor ein Gericht gestellt und mit der Garotte erwürgt – was dem Haß der beiden Parteien erneuten Auftrieb gab. Drei Jahre später wurde Francisco Pizarro in seiner

Residenz in Lima ermordet, und Diego de Almagro, der gleichnamige Sohn des Chilereisenden, wurde zum Gouverneur von ganz Peru ausgerufen. Doch der junge Almagro wurde seinerseits vom Gesandten Karls V., Cristóbal Vaca de Castro, ausgeschaltet, der von Spanien nach Peru geeilt war, um Ruhe und Ordnung wiederherzustellen. Gegen Vaca de Castros Nachfolger, den ersten Vizekönig Blasco Núñez de Vela, der in Peru erschien, um im Auftrag der Krone Indianerschutzgesetze, die «Leyes Nuevas» durchzusetzen, empörte sich wiederum Gonzalo Pizarro, der jüngste Halbbruder des Eroberers von Peru. Gonzalo, von dessen entdeckungsgeschichtlicher Leistung noch die Rede sein wird, schlug den Vizekönig in offener Feldschlacht und erklärte sich zum Herrscher Perus, wurde jedoch 1548 von einem weiteren Abgesandten des Kaisers, Pedro de la Gasca, besiegt und hingerichtet. Den tapferen Manco Inca schließlich, der von einem Schlupfwinkel aus den Spaniern einen zähen Widerstand entgegengesetzt hatte, brachten spanische Meuchelmörder um.

Das Jahrzehnt des Parteienzwists und der Auflehnung gegen die kaiserliche Gewalt, dessen turbulente Wechselhaftigkeit hier nur skizziert werden konnte,[52] wirft im Rückblick seinen Schatten zwar nicht auf die Eroberungsleistung des Francisco Pizarro und des Diego de Almagro, wohl aber auf deren staatsmännisches Vermögen. «Niemand wird», schreibt McAlister, «die Kriegstüchtigkeit von Pizarro und Almagro in Frage stellen; aber ihnen fehlte das politische Geschick eines Cortés, und sie vermochten kaum, über die unmittelbaren Anforderungen, welche ihre Raubzüge an sie stellten, hinauszublicken.»[53] Zwar konnte auch Cortés in Mexiko seine Machtstellung nicht unangetastet halten; aber seine Unbestrittenheit erlaubte es, nach dem Fall von Tenochtitlán den Prozeß der Befriedung rasch abzuschließen und die Kolonisation voranzutreiben. In den Andenhochländern gestaltete sich diese «Translatio imperii» wesentlich schwieriger. Die Indianer blieben in abgelegenen Gebieten bis gegen Ende des 16. Jahrhunderts, in Südchile gar bis ins 19. Jahrhundert, eine Bedrohung. Und solange nicht feststand, wo die spanische Zentralregierung ihren Sitz haben sollte, ob in Cuzco oder in Lima, war an den Aufbau des Verwaltungsapparats und an die Bewirtschaftung des Landes nicht zu denken. Immerhin wurde 1543, nach der Ankunft des ersten Vizekönigs Núñez de Vela ein neues Überseeterritorium geschaffen, das Vizekönigreich Peru, welches sich, bei geographisch nicht genau und endgültig festlegbaren Grenzen, von Panama bis Chile und auf die entdeckten Gebiete östlich der Anden erstreckte. Erst im 18. Jahrhundert, 1739, wurde das Vizekönigreich Neu Granada mit der Hauptstadt Bogotá gegründet, das den Bereich der heutigen Republiken von Venezuela, Kolumbien und Ecuador umfaßte; und 1776 trat das Vizekönigreich Rio de la Plata mit der Hauptstadt Buenos Aires hinzu, dem auch Bolivien angehörte.

Die Auseinandersetzung zwischen Pizarristen und Almagristen brachte die Erkundung des Andenhochlandes nicht zum Erliegen. Bereits im April des Jahres 1539 hatte *Pedro de Valdivia* von Francisco Pizarro die Bewilligung erhalten, erneut nach Chile vorzustoßen. Auch Valdivia stammte aus der Extremadura; er war 1534 nach der Neuen Welt gelangt und hatte auf der Seite der Pizarristen gekämpft. Bei der Vorbereitung der Expedition waren manche Schwierigkeiten zu überwinden. Valdivia war kein vermögender Mann und mußte, nachdem er rückhaltlos sein eigenes Geld investiert hatte, mühsam weitere Geldgeber gewinnen; auch erwies es sich als äußerst schwierig, Mannschaften zu rekrutieren, denn die Strapazen, die Almagros Leute hatten erdulden müssen, waren nicht vergessen.[54]

Im Januar des Jahres 1540 verließ Valdivia die Stadt Cuzco mit einer Schar von weniger als einem Dutzend Männer, denen sich später vielleicht noch hundert weitere Landsleute und um die tausend Indianer anschlossen – gemessen an der Aufgabe, die man sich stellte, eine lächerlich geringe Zahl.[55] Mit von der Partie war *Inés Suárez*, die Geliebte des Anführers, eine überaus beherzte Person, die den Männern an Mut und Rücksichtslosigkeit nicht nachstand. Man wählte, durch Almagros böse Erfahrungen im Hochland gewitzigt, den Weg durch die öden Küstengebiete nach Süden. Vom Tal von Copiapó aus, dessen Fruchtbarkeit bereits Almagro gerühmt hatte, stieß Valdivia achthundert Kilometer in südlicher Richtung vor und gründete im Februar 1541 in ausgezeichneter Lage, auf einer weiten Ebene zu Füßen der schneebedeckten Anden, Chiles heutige Hauptstadt, Santiago. Einer von Valdivias Begleitern, *Góngora Marmolejo*, äußert sich begeistert über die Annehmlichkeiten des neu entdeckten Landes: «Es gibt viele Flüsse, die von der Cordillera Nevada herab in die Südsee fließen und viel Wasser führen... Es ist das beste Wasser, das es wohl auf der Erde gibt, und das gesündeste; und das Land hat eine so gute und gesunde Luft, daß nie jemand krank geworden ist.»[56] Ähnlich wie Cortés in Vera Cruz ließ sich Valdivia in Santiago vom sofort ernannten Stadtrat scheinbar widerstrebend zum Gouverneur von Chile wählen, das er «Nueva Estremadura» nannte. Zum Stellvertreter des Gouverneurs wurde *Alonso de Monroy* bestimmt.

Valdivia hatte sich gegen zweierlei Gegner durchzusetzen: gegen Aufrührer in den eigenen Reihen, deren Anschlägen er mit Glück entkam; und gegen die Eingeborenenbevölkerung der Araukaner, die in Mittel- und Südchile einen besonders hartnäckigen Widerstand entfalteten. Die Araukaner, deren Bevölkerungszahl im 16. Jahrhundert auf etwas über eine Million geschätzt wird, lebten seßhaft und trieben Ackerbau; einige ihrer Stämme standen während über zweihundert Jahren mit den Spaniern im Krieg und wurden erst gegen Ende des 19. Jahrhunderts ganz unterworfen und in Reservate abgedrängt.[57] Als Valdivia in der Nähe des heutigen Valparaíso ein Schiff erbauen und einen Stützpunkt errichten ließ, um die Seeverbindung mit Peru aufzunehmen, griffen die Indianer die dortige Garnison an und brachten fast alle Spanier um. Im September 1541, während eines Unterwerfungsfeldzuges, den der Gouverneur im Süden Santiagos durchführte, griff eine indianische Streitmacht die Stadt an und schnürte sie von der Umgebung ab. Es wird überliefert, daß sich der Feldkaplan, ein gewisser *Padre Lobo*, durch besonderen Kampfesmut hervortat, und auch Inés Suárez verbreitete, indem sie indianische Geiseln hinrichten und deren Köpfe dem Feind entgegenwerfen ließ, Furcht und Schrecken.[58] Ein verzweifelter Ausfall der Reiterei unter der Führung des Stadtkommandanten Monroy brachte die Befreiung; doch die Lage blieb äußerst prekär. Valdivia, der, von einem Boten benachrichtigt, herbeieilte, bot sich ein klägliches Bild: Kein Pfahl sei mehr aufrecht gestanden, berichtet er in einem Brief; den Verteidigern sei nichts mehr geblieben «als die Kleiderfetzen, die sie im Kampf trugen, die Waffen, die sie auf sich hatten, sowie zwei Schweine, ein Ferkel, eine Henne, ein Hahn und sogar noch zwei Handvoll Weizen».[59]

Um für Nachschub zu sorgen, entsandte Valdivia seinen Stellvertreter Monroy mit fünf Reitern, die entbehrlich schienen, nach Peru. Die folgenden zwei Jahre verbrachte die Besatzung Santiagos in einem Zustand ständiger Bedrohung und äußerster Entbehrung. «Und so gingen wir», schreibt Valdivia, «umher wie Gespenster, und die Indianer nannten uns ‹cupais›, was in ihrer Sprache ‹Teufel› heißt, denn gleichgültig, zu welcher Stunde sie uns angriffen – und sie sind sehr erfahren in nächtlichen Überfällen –, immer fanden sie uns wach und, falls nötig, zu Pferd...»[60] Unterdessen schlug sich Monroy auf abenteuerlichen Wegen nach Peru durch und rüstete ein Versorgungsschiff aus, das im September 1543 in Valaparaíso anlangte; er selbst kehrte wenig später mit einer dringend benötigten Verstärkung von sechzig Berittenen nach Santiago zurück. Diese Maßnahmen retteten die neue Kolonie vor dem Untergang.

Valdivia bemühte sich nun sofort, eine regelmäßige Seeverbindung mit Peru herzustellen. Zu diesem Zweck ließ er 1544 die Hafenstadt La Serena gründen, so genannt nach einem Landstrich in der Extremadura, noch heute eine der reizvollsten Siedlungen des Landes. Ungefähr zur gleichen Zeit entsandte er den genuesischen Kapitän *Juan Bautista Pastene*, der ein weiteres Versorgungsschiff aus Peru herangeführt hatte, zur Erkundung der Küstengewässer nach Süden. Valdivia wußte von der Umseglung des Kontinents durch Magellan und von den weniger glücklichen Unternehmungen seiner Nachfolger; auch war bereits ein Schiff, jenes von Alonso de Camargo, auf dem Weg durch die Magellanstraße in Valparaíso eingetroffen. Sicher machte sich der Gouverneur, indem er den Genuesen ausschickte, Hoffnungen auf die Einrichtung einer direkten Schiffsverbindung mit Spanien – doch dazu kam es nicht vor dem 18. Jahrhundert. Es scheint, daß Pastene bis auf die Höhe der heutigen Stadt Valdivia vordrang und dann, man weiß nicht aus welchen Gründen, umkehrte.

Im Jahre 1547 erreichte Valdivia die Nachricht vom Eintreffen des Pedro de la Gasca in Peru. Ungeachtet der Freundschaft, die ihn mit dem Pizarro-Clan verbunden hatte, beschloß der Gouverneur, nach Peru zu reisen, Gasca seiner Botmäßigkeit zu versichern und dadurch auch eine zusätzliche

Absicherung der eigenen Position zu erreichen. In der Tat gelang es ihm, sich im Gouverneursamt bestätigen zu lassen; allerdings mußten auch Beschuldigungen abgeklärt werden, die ihm vorwarfen, die Einkünfte seiner Soldaten unterschlagen zu haben und mit Inés Suárez in einem unehelichen Verhältnis zu leben. Einigermaßen rehabilitiert, kehrte er 1549 nach Santiago zurück.

Die Stadt zählte zu diesem Zeitpunkt rund zweihundert spanische Bewohner, man hatte begonnen, Landbesitz und indianische Fronarbeiter zu verteilen, und die Kolonie fing allmählich an zu prosperieren. Die weitere Umgebung Santiagos wurde durch Unterführer Valdivias erkundet und unterworfen. Im Jahre 1550 überstieg *Francisco de Villagrán*, von Peru herkommend, die östliche Andenkette, erreichte die Gegend von Tucumán im heutigen Argentinien, zog in südlicher Richtung weiter und gelangte schließlich über den noch heute wichtigen Paßübergang westlich von Uspallata nach Santiago.[61] Diese Gebiete waren bereits zwischen 1543 und 1546 von Peru und Bolivien aus durch *Diego de Rojas* und seinen Nachfolger *Francisco de Mendoza* erkundet worden. Ein anderer Konquistador, *Núñez de Prado*, war 1550, ebenfalls von Peru aus, in das Gebiet östlich der Anden gelangt, stritt sich dort mit Villagrán und dem später von Valdivia hierher entsandten *Francisco de Aguirre* und wurde gefangengesetzt. Aguirre gründete 1553 die Stadt Santiago del Estero, die sich rühmen darf, die älteste spanische Siedlung in Argentinien zu sein.[62]

Pedro de Valdivia unternahm 1549 einen weiteren Erkundungszug nach Süden und gründete im folgenden Jahr, fünfhundertachtzig Kilometer von Santiago entfernt, Concepción. Die heutige Stadt, die in ihrer Geschichte mehrmals von Erdbeben und von Flutwellen verwüstet wurde, erhebt sich in einiger Entfernung vom ursprünglichen Gründungsort. Weiter nach Süden vordringend, gründete der Gouverneur im Jahre 1552 in einer damals dicht bewaldeten und heute landwirtschaftlich genutzten Gegend die nach ihm benannte Stadt. Während seines Vormarsches bemühte sich Valdivia mit großer Umsicht, das Erreichte zu sichern, indem er Städte anlegen und, zum Schutz gegen die anhaltenden Überfälle der Araukaner, zahlreiche Forts errichten ließ. Überhaupt zeichnete sich der Gouverneur vor anderen Konquistadoren dadurch aus, daß er der Bewirtschaftung der eroberten Gebiete Priorität einräumte und, ohne der persönlichen Bereicherung abgeneigt zu sein, der hemmungslosen Goldgräberei seiner Leute mit entsprechenden Weisungen entgegenzutreten suchte. Im Gegensatz zu Almagro erkannte er das landwirtschaftliche Potential des Landes. «Ich versichere Eurer Majestät», berichtet er zweifellos allzu schönfärberisch in einem Brief an Kaiser Karl V., «seit der Entdeckung Indiens wurde bis heute noch kein derartiges Land für Eure Majestät entdeckt: Es ist dichter bevölkert als Neu Spanien [Mexiko], sehr gesund, sehr fruchtbar und mild. Es besitzt ein sehr angenehmes Klima und ist außerordentlich reich an Goldminen, und nirgends hat man erfolglos geschürft. Das Land hat Überfluß an Menschen, Vieh und

Nahrungsmitteln, und – eine wichtige Nachricht – ganz in der Nähe findet man eine Menge Gold an der Erdoberfläche. Nur eines fehlt im Land: Spanier und Pferde! Das Land ist sehr eben, abgesehen von ein paar mäßigen Anhöhen, und reich an schönem Holz.»[63]

Auch die Küstenerkundung zur See ließ Valdivia fortsetzen. Im Jahre 1553 entsandte er zwei Schiffe unter *Francisco de Ulloa* und *Francisco Cortés Ojea* von Valdivia aus nach Süden. Ulloa, der uns bereits in Diensten des Cortés bei der Erkundung des Golfs von Kalifornien begegnet ist, erreichte die Insel Chiloé, folgte dem Außenrand der westpatagonischen Inselkette und trat von Westen her in die Magellanstraße ein, mußte dann aber umkehren. Vier Jahre später segelte *Juan Fernández Ladrillero* von Valdivia aus nach Süden und gelangte, die Magellanstraße passierend, bis zum Cabo Vírgenes, wo er wieder umkehrte.[64] Ladrillero verfaßte einen Bericht, der es gestattet, seinen Hinweg zu verfolgen; über den Rückweg schweigt er sich aus. Trotz diesen maritimen Anstrengungen Valdivias und seiner Nachfolger kann vom systematischen Aufbau einer südpazifischen Seemacht im 16. Jahrhundert nicht gesprochen werden: Die Piratenfahrt des Francis Drake, der in den Jahren 1578 und 1579 die Küste aufsuchte, Valparaíso und Callao plünderte und zahlreiche Prisen nahm, enthüllte schmerzlich die Verwundbarkeit der spanischen Position.

Die Seereise des Ladrillero erfolgte zwar noch nach den Plänen Valdivias, doch dieser erlebte ihren Erfolg nicht mehr. Am Weihnachtstag des Jahres 1553 geriet der Gouverneur mit einem kleinen Begleittrupp in einen Hinterhalt der Araukaner, der von seinem ehemaligen indianischen Bediensteten, welcher mit der spanischen Kampftaktik vertraut war, gelegt worden war. Valdivia, der sich vielleicht hätte retten können, wenn er nicht auf den ihn begleitenden Feldkaplan Rücksicht genommen hätte, wurde gefangengenommen und unter nie genau geklärten Umständen umgebracht.

Zu den Unternehmungen des Pedro de Valdivia besitzen wir außer den elf persönlichen Briefen, die er zwischen 1545 und 1552 verfaßte, und dem Reisebericht seines Mitstreiters Góngora Marmolejo noch ein merkwürdiges Dokument in Form des Heldenepos von Alonso de Ercilla y Zuñiga, das unter dem Titel «La Auracana» nach 1560 entstand.[65] Ercilla traf drei Jahre nach Valdivias Tod in Chile ein und nahm während sechs Jahren an den Kämpfen gegen die Indianer teil. Die Feder ebenso geschickt führend wie das Schwert, verfaßte er eine Versdichtung in drei Teilen und siebenunddreißig Gesängen, deren Hauptthema der Freiheitskampf der Araukaner ist, die ihm durch ihren Widerstandswillen bewunderswert schienen. Im Vorwort zu seinem Epos schreibt Ercilla: «Und manchen mag scheinen, als neigte ich eher der Seite der Araukaner zu, da ich ihre Angelegenheiten ausführlicher behandle als für Barbaren erforderlich. Betrachten wir aber ihre militärischen Gebräuche und ihre Art, sich auf den Krieg vorzubereiten und ihn zu führen, müssen wir anerkennen, daß sie in dieser Hinsicht wenige ihresgleichen haben. Wenige Nationen haben sich bei der Verteidigung ihres Landes gegen so furchterregende Gegner, wie die Spanier dies sind, mit solcher Tapferkeit und solchem Durchhaltewillen verteidigt.»[66] Natürlich bildet das Lob der Araukaner in Ercillas an gewaltigen Schlachtszenen und Landschaftsschilderungen reicher Darstellung vor allem die Folie, von der sich die Leistung der Konquistadoren um so glänzender abhebt; dennoch scheut er sich nicht, am Verhalten der Spanier Kritik zu üben, was dazu führte, daß die offiziellen Stellen auf das Epos, das sich gleich nach seinem Erscheinen großer Popularität erfreute, reserviert reagierten. Ercilla kannte viele der Begleiter Valdivias noch persönlich und äußert sich über den Gouverneur selbst mit nicht unkritischer Bewunderung, wenn er festhält: «Valdivia wurde dieser Sieg [über Chile] mit großer Berechtigung zugeschrieben, und es ist gut, daß man sein Andenken in Ehren hält ... Er erlangte in Arauco den Ruhm, der von niemandem zuvor erlangt worden war: Er spannte das stolze Volk ins schwere Joch und verwandelte Freiheit in Unterdrückung.»[67]

Der Tod Valdivias wirkte, wie der englische Historiker Kirkpatrick bemerkt, wie der Wegfall des Scheitelsteins aus einem Bogen.[68] Erneut erschien das Überleben der jungen Kolonie gefährdet, die üblichen Nachfolgestreitigkeiten um das Gouverneursamt setzten ein, überall erhoben sich die Indianer, und einzelne Siedlungen, etwa Concepción, mußten zeitweise geräumt werden. In den Jahren nach 1540 waren rund zweitausendvierhundert Spanier an der Eroberung Chiles beteiligt gewesen, fünfundzwanzig Jahre später war diese Zahl um tausend gesunken.[69] Mit dem Eintreffen des neuen Gouverneurs García Hurtado de Mendoza im Jahre 1557 beruhigte sich die Lage zwar etwas, und die agrarische Erschließung wurde vorangetrieben, nahm aber infolge der Abhängigkeit vom Vizekönigreich Peru und der geringen Einwanderung nur einen zögernden Aufschwung.

Vom Quellgebiet des Amazonas zu seiner Mündung

Vom Andenhochland ist auch die Erkundung des Amazonas ausgegangen, des größten Stromes Südamerikas mit einer Länge von gegen siebentausend Kilometern. Eigentlich gehört diese Leistung zur Entdeckungsgeschichte Brasiliens; aber ihre Behandlung in diesem Zusammenhang rechtfertigt sich dadurch, daß die wichtigsten Pioniergestalten dieser Unternehmungen ihre Erfahrungen im Andenhochland gesammelt hatten und von dort aus flußabwärts nach Osten vorstießen.

Anführer der ersten bedeutenden Expedition dieser Art war *Gonzalo Pizarro*, von dessen Auflehnung gegen den Vertreter der Krone und von dessen unrühmlichem Ende wir schon gehört haben. Der jüngste Halbbruder des Eroberers von Peru vereinigte in seiner Persönlichkeit viele Konquistadorenqualitäten. Er war selbstbewußt, tapfer und kampferprobt; zugleich aber galt er als äußerst grausam und trug am Aufstand des Manco Inca offenbar die Hauptschuld.[70] Am Ende des Jahres 1540 war Gonzalo zum

Gouverneur von Quito bestimmt worden. Aber er ließ bald erkennen, daß Verwaltungsarbeit nicht seine Sache war, und befaßte sich sofort mit den Vorbereitungen für einen neuen Eroberungszug.

Es war dies die Zeit, als sich unter den Spaniern in Ecuador die Legende vom «El Dorado», vom «goldenen Mann», zu verbreiten begann, eine der geschichtswirksamsten Chimären der frühen Neuzeit. Als einer der ersten Zeitgenossen kommt der Chronist Oviedo auf die Legende zu sprechen: In Santo Domingo eintreffende Spanier, schreibt er, hätten ihm von einem einheimischen König oder Fürsten berichtet, dessen Gewohnheit es sei, seinen ganzen Körper mit Goldstaub zu bedecken.[71] Cieza de León, der Quito gegen Ende der vierziger Jahre besuchte, berichtet von einem «Tal des El Dorado», das sich jenseits der Berge im Osten der Stadt befinde, wo die Bevölkerung sehr reich sei und sich mit Goldschmuck behänge.[72] In späteren Berichten verband sich die Legende mit einem See, auf dessen Grund man einen Goldschatz vermutete, und mit der Vorstellung von einem «Zimtland», in dem dieses begehrte tropische Gewürz in besonders feiner Qualität gedeihe. Über den wahren Kern all dieser Geschichten haben sich die Historiker bis heute nicht einigen können.[73] Manche von ihnen bringen das El Dorado mit dem nicht weit von Bogotá gelegenen Kratersee Laguna de Guatavita in Beziehung: Auf diesem See hätten die Chibcha-Indianer jeweils bei der Einsetzung eines neuen Königs dessen Körper in feierlichem Zeremoniell mit Goldstaub bestrichen. Ein von indianischen Goldschmieden wunderschön gearbeiteter, im Museo del Oro von Bogotá aufbewahrter Kunstgegenstand, der eine derartige feierliche Inthronisation auf einem Gewässer darstellt, scheint diese Theorie zu bestätigen. Bedenkt man aber, wie bereitwillig die Konquistadoren dem flüchtigsten Hinweis über Goldvorkommen ihr Gehör schenkten und wie rasch sich solche Nachrichten in ihrer Vorstellung bestätigten und gegenseitig ergänzten, wird man die These einer rein spanischen Herkunft der Legende nicht abwegig finden können. Genau lokalisieren ließ sich das El Dorado nie; es besaß im Gegenteil die merkwürdige Eigenschaft, sich dem Zugriff der Entdecker immer wieder zu entziehen und im Laufe des 16. Jahrhunderts immer mehr gegen die südamerikanische Ostküste abzuwandern.

Dieses El Dorado wollte Gonzalo Pizarro nun um jeden Preis für sich gewinnen. «Große alteingesessene Häuptlinge ebenso wie Spanier», schreibt er nach seiner Rückkehr an Karl V., «hatten mir in Quito und Umgebung bestätigt, daß die Zimtprovinz und die Laguna del Dorado ein dicht besiedeltes und reiches Land sei. Da faßte ich den Entschluß, diese Provinzen im Namen Seiner Majestät zu entdecken und zu erobern und so die Königreiche und den Kronbesitz Eurer Majestät zu mehren.»[74] Bereits Ende Februar 1541 verließ Gonzalo Pizarro Quito in östlicher Richtung. Sein Heer bestand aus über zweihundert Spaniern, die meisten von ihnen beritten, sowie gegen viertausend Hochlandindianern, die als Träger eingesetzt wurden; ferner führte man eine große Zahl von Schweinen als Proviant und eine Herde von Lamas als Lasttiere mit sich. Die Expedition überquerte zuerst die östliche Kette der Anden, wo viele Indianer infolge der Kälte umkamen; dann stieg man in die ausgedehnten Regenwälder im Quellgebiet des Amazonas hinab und bahnte sich mühsam und unter größten Entbehrungen einen Weg. Gold fand man keines, und die Zimtbäume, auf die man hin und wieder stieß, standen vereinzelt in unzugänglichem Gelände. Die Urwaldindianer lebten in weit auseinanderliegenden Siedlungen und in den kümmerlichsten Verhältnissen. Auf die Frage, wo sich das El Dorado befinde, wußten sie keine klare Antwort, was Gonzalo dermaßen erzürnte, daß er, wie Cieza de León, der persönlich nicht dabei war, berichtet, die Indianer auf die Folter spannen und einige von ihnen verbrennen und den Bluthunden vorwerfen ließ.[75]

Nach einem Marsch von rund zehn Monaten Dauer gelangte man an die Ufer des Rio Coca, eines Zuflusses des Napo, der seine Wasser dem Amazonas zuträgt. Gonzalo Pizarro war nicht der erste, der die Anden in östlicher Richtung überwand: Almagro war bereits 1535 auf seinem Marsch nach Chile mit einem noch größeren Heer die Ostabdachung der Anden hinabgestiegen; und ein Unterführer Francisco Pizarros, *Alonso de Alvarado*, hatte wenig später den Rio Huallaga erreicht, der in einen der wichtigsten Quellflüsse des Amazonas, in den Marañón, einmündet. Ob Gonzalo Pizarro, als seine Idee vom El Dorado sich immer mehr verflüchtigte und es sich zeigte, daß an eine Ausbeutung der Zimtvorkommen nicht zu denken war, weitere Ziele anstrebte, erscheint fraglich; immerhin findet sich bei Cieza de León ein Hinweis, er habe angesichts der schrecklichen Vorstellung einer Rückkehr durch den Dschungel mit dem Gedanken gespielt, flußabwärts zu fahren.[76] Jedenfalls zimmerte man mit den dürftigsten Mitteln ein Boot, da ein weiteres Vordringen durch den Regenwald ganz unmöglich geworden war.

Es war indessen nicht Gonzalo Pizarro, dem die entdeckerische Hauptleistung dieser Expedition zu verdanken ist, sondern sein Unterführer *Francisco de Orellana*. Während Gonzalo mit seiner völlig erschöpften und ausgehungerten Mannschaft, bedroht von den wilden Tieren des Urwalds und umschwärmt von Stechmücken, ein Standquartier bezogen hatte, erkundete Orellana mit dem Boot den Rio Coca und vielleicht den Napofluß – die Quellendokumente gestatten keine nähere Lokalisierung – in der Hoffnung, Verpflegung zu beschaffen und auf fruchtbares Land zu stoßen. Auf seiner Fahrt wurde der Unterführer offenbar immer weiter vom Standquartier abgetrieben, so daß er den Gedanken einer Rückfahrt aufgab und, zuerst den Napofluß und dann den Amazonas mit seinen weit ausgreifenden Windungen befahrend, schließlich dessen Mündung im Nordosten Brasiliens erreichte. Gonzalo Pizarro hat später dieses Vorgehen, das er als Desertion empfand, schärfstens getadelt: «Sein Verhalten den Expeditionskameraden gegenüber», schreibt er, «war von einer Grausamkeit, die selbst Ungläubigen fremd ist; denn er war genau darüber im Bilde, wie katastrophal es um unsere Proviantversorgung bestellt war, so fern von allen bewohnten Gegenden inmitten eines Labyrinths von großen Strömen.»[77] Orellana und seine Begleiter rechtfertigten demgegenüber ihren Entscheid zur Fortsetzung der Fahrt mit der starken Strömung und mit dem schlechten Gesundheitszustand der Besatzung. «...denn es dämmerte uns», schreibt der mitreisende Geistliche *Gaspar de Carvajal*, «daß es wegen der starken Strömung nicht möglich war, den Fluß hinauf zurückzufahren, auch wenn wir das wollten, und es auf dem Landweg zu versuchen, war unmöglich: So befanden wir uns wegen des Hungers in großer Todesgefahr. Nachdem wir uns beratschlagt hatten, was zu tun sei, und nachdem wir unser Elend und unsere Mühsale bedacht hatten, entschieden wir uns, von zwei Übeln dasjenige zu wählen, das dem Hauptmann [Orellana] und uns allen das geringere schien, nämlich vorwärts zu gehen und dem Fluß weiter zu folgen...»[78]

Dem Feldkaplan Carvajal, einem kämpferischen Mann, der zwei gefährliche Verletzungen, verursacht durch indianische Pfeile, überlebte, verdanken wir den ausführlichen Augenzeugenbericht des Reiseverlaufs.[79] Diesen Aufzeichnungen ist zu entnehmen, daß Orellana mit zwischen fünfzig und sechzig Mann dem Napofluß bis zum Amazonas folgte, wechselweise begrüßt, bekämpft und gemieden von da und dort siedelnden Indianerstämmen, die noch nie Menschen anderer Rasse gesehen hatten. Mit Glück entging man mancherlei Gefahren, so etwa den Strömungen, die an der Einmündung von Nebenflüssen auftreten konnten. «Das eine Wasser kämpfte mit dem andern», schreibt Carvajal, «und der Strom führte zwischen beiden Ufern viel Holz mit sich, das die Fahrt erschwerte; denn es traten viele Strudel auf, und es trieb uns von einer Seite zur andern.»[80] Da auf das Boot kein Verlaß mehr war, ging man daran, eine Brigantine zu zimmern, die, dank der Mitarbeit der Indianer, binnen Monatsfrist fertiggestellt war. Anfang Juni 1542 passierte man beim heutigen Manáus die Einmündung eines breiten Stroms, dem man wegen seines dunklen, klaren Wassers den bis heute üblichen Namen Rio Negro gab. Carvajals Bericht zeugt von guter Beobachtungsgabe: «Wir sahen linkerseits», schreibt er, «die Mündung eines anderen großen Flusses, der sich in den ergoß, auf dem wir fuhren, und dessen Wasser schwarz wie Tinte war, weshalb wir ihm den Namen Rio Negro gaben; er strömte so schnell und so wild daher, daß er mehr als zwanzig Meilen lang im anderen Wasser einen Streifen bildete, ohne sich mit ihm zu vermischen.»[81] Weiter stromabwärts traf man auf dichter besiedelte Ufer mit wehrhafteren Indianern, die, wie Carvajal vermutet, dem Kriegerinnenvolk der Amazonen tributpflichtig waren. Man wurde in Gefechte verwickelt, verlor ein paar eigene Leute, und auf beide Schiffe ging ein derartiger Pfeilregen nieder, daß sie wie Stachelschweine aussahen. Unter den Angreifern glaubte Carvajal einige Frauen zu erkennen, die in vorderster Front mit besonderer Tapferkeit kämpften. «Diese Frauen», schreibt er in seinem Bericht, «sind sehr weißhäutig und groß und tragen sehr langes Haar, das sie geflochten und um den Kopf gewickelt haben. Sie sind sehr kräftig

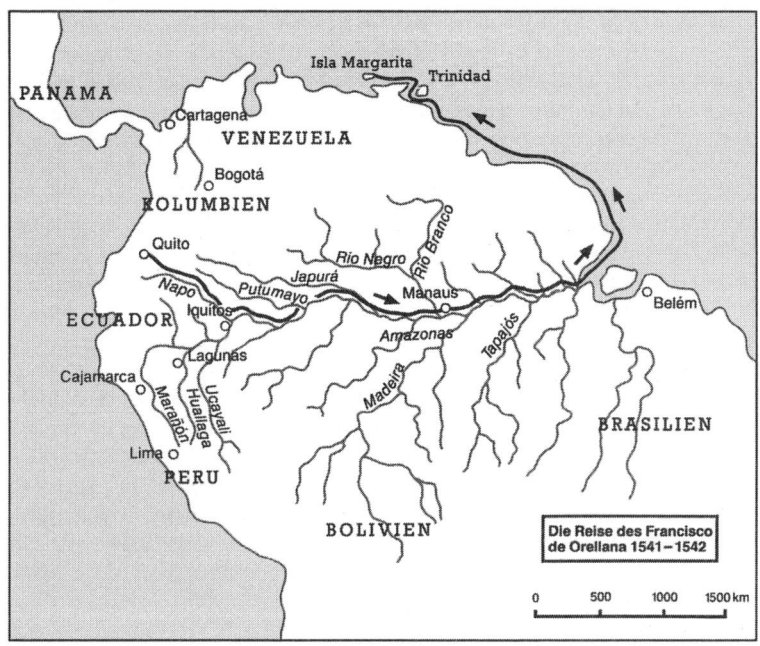

und gehen, abgesehen von der bedeckten Scham, ganz nackt. In den Händen tragen sie Pfeile und Bogen, und sie leisten im Kampf so viel wie zehn männliche Indianer. Es war unter ihnen tatsächlich eine Frau, die einen Pfeil eine Spanne tief in eines unserer Boote schoß.«[82]

Pater Carvajal war kein ungebildeter Mann, und die antike Sage vom kriegerischen Weibervolk, das Homer im Nordosten Kleinasiens ansiedelte, war ihm gewiß vertraut. Gezielte Fragen, die man diesbezüglich an einige Indianer stellte, welche, um ungeschoren davonzukommen, alles bestätigten, ergaben das erwartete Bild: Diese Amazonen existierten in der Tat; sie seien furchteinflößende Kriegerinnen, die sich einmal im Jahr zum Zweck der Fortpflanzung mit den Männern eines Nachbarvolkes verbänden, ihre männlichen Nachkommen töteten und sich, um besser mit dem Bogen schießen zu können, die rechte Brust abschnitten. Bereits Kolumbus hatte auf seiner zweiten Reise Frauen beobachtet, die mutig zum Bogen griffen, und mit Orellanas Flußerkundung gewann die Vorstellung von der Existenz überseeischer Amazonen schärferen Umriß. In der Folge hielt sich das Gerücht beharrlich, und zwar sowohl in der Reiseberichterstattung und völkerkundlichen Literatur als auch in bildlichen Darstellungen. Der Jesuitenpater Joseph-François Lafitau, der im Jahre 1724 die erste umfassende Völkerkunde der Indianer schrieb, vermutete in den Amazonen ein Bindeglied zu den Völkern Vorderasiens, auf die er die Indianer zurückführte,[83] und noch der französische Forschungsreisende La Condamine, der Südamerika nach 1735 aufsuchte, schloß die Existenz eines solchen Volkes keineswegs aus.[84] In der bildenden Kunst erscheint die Amazone immer wieder als allegorische Verkörperung der Neuen Welt, nackt und bewaffnet, so beispielsweise im besonders typischen Kupferstich «America» von Adriaen Collaert um 1600 oder im grandiosen Deckenfresko von Tiepolo in der Würzburger Residenz.[85] Allerdings gab es bereits zur Zeit Carvajals Kommentatoren, die den Erzählungen von den Amazonen nicht recht Glauben schenken mochten. «Ich glaube nicht», schreibt etwa Gómara, «daß irgendeine Frau sich ihre rechte Brust abschneiden oder abbrennen würde, um mit dem Bogen zu schießen, was sie auch sonst sehr gut tun kann, oder daß diese Frauen ihre Söhne töten oder verbannen und ohne Männer leben, denn sie sind äußerst wollüstig. Neben Orellana haben nach der Entdeckung Indiens noch andere ähnliche Gerüchte von Amazonen in Umlauf gesetzt, doch noch nie ist an diesem Fluß derartiges beobachtet worden, noch wird solches in Zukunft geschehen. Indes schreiben und sprechen viele vom Fluß der Amazonen, und viele haben sich zusammengefunden, um dorthin zu gehen.»[86] Gómaras Skepsis war, wie wir wissen, sehr berechtigt; doch sie verhinderte nicht, daß der Fluß seinen Namen bis heute beibehalten hat.

Auf der Weiterfahrt stromabwärts wurden die Leute Orellanas in weitere Gefechte mit den Indianern verwickelt, die nicht immer bereit waren, ihre Nahrungsmittelvorräte herzugeben. Daß man sich dem Mündungsgebiet des Flusses näherte, ließ sich bald aus den Gezeitenströmen schließen, die über sechshundert Kilometer landeinwärts spürbar sind und im Küstenbereich mit einer Flutwelle gefährlich werden können. Man traf im Mündungsgebiet auch auf friedliche Völker, die im Gespräch zu erkennen gaben, daß Christen ihnen nicht unbekannt seien. Ende August 1542 hatte man den Ausfluß des wasserreichsten Stromes der Erde erreicht, den Amerigo Vespucci ein halbes Jahrhundert zuvor für Europa entdeckt hatte. Man folgte anschließend, von günstigen Winden getrieben, der Küste von Guayana, passierte das Delta des Orinoko, durchfuhr mit großer Mühe den Golf von Paria, den Kolumbus auf seiner dritten Reise aufgesucht hatte, und gelangte zuletzt zur Insel Cubagua im heutigen Venezuela. An Bord eines spanischen Schiffes reiste Orellana ins Mutterland zurück, um Bericht zu erstatten und für seine Verdienste ausgezeichnet zu werden.

Gaspar de Carvajal kommt in seinem Bericht kaum auf seinen Vorgesetzten zu sprechen; aber es muß sich um eine außergewöhnliche Persönlichkeit gehandelt haben. «Was seine Autorität betrifft», schreibt J. H. Parry, «seine Anpassungsfähigkeit, Energie und hochgemute Zielstrebigkeit, hatte Orellana wenige seinesgleichen in den Annalen der Entdeckungsgeschichte.»[87] Dadurch, daß es ihm gelang, seine kleine Mannschaft geeint und bei leidlicher Stimmung zu halten, entschied Orellana über den Erfolg seines Unternehmens. Der schwer nachzuweisende Vorwurf der Desertion scheint von der spanischen Krone nicht übernommen worden zu sein und des Amazonasfahrers späteres Leben nicht belastet zu haben. Dennoch hatte Orellana mit seinen weiteren Plänen wenig Glück. Auf seinem Rückweg über den Atlantik mußte er wegen schlechten Wetters in Portugal einen Zwischenhalt einschalten und wurde dort, ähnlich wie Kolumbus fünfzig Jahre zuvor, scharfen Verhören unterworfen. Die «Casa de la Contratación» in Sevilla mußte zuerst auf Grund der Abmachungen von Tordesillas feststellen, daß der Amazonas zum spanischen Einflußbereich gehöre – erst dann wurde Orellana zum «Adelantado» einer neuen Provinz «Nueva Andalucía» ernannt. Im übrigen gewährte ihm die Krone, welche die Schwerpunkte ihrer überseeischen Besitzungen mit guten Gründen in Mexiko und Peru ansetzte, nur geringe Unterstützung. Mit einer vorwiegend auf eigene Kosten notdürftig ausgerüsteten Flotte erreichte Orellana 1545 erneut, diesmal von Osten her, das Mündungsgebiet des Amazonas. Wie andere Reisende vor ihm fand er sich im riesigen Delta nicht zurecht; er selbst und die meisten seiner Leute erkrankten und kamen um, und nur wenige Überlebende konnten sich auf abenteuerlichen Wegen nach der Insel Margarita im heutigen Venezuela retten.

Während Orellana den Unterlauf des Amazonas erkundete, hatte sich Gonzalo Pizarro in fast aussichtsloser Situation zur Umkehr nach Quito entschließen müssen. Der Rückmarsch entlang den sumpfigen Flußufern des Rio Napo und durch die Regenwälder an der Ostabdachung der Anden gehört zu den entbehrungsreichsten Unternehmungen der südamerikanischen Entdeckungsgeschichte, schlimmer wohl noch als Pedro de Alvarados mühseliges Sich-Vorantasten im ecuadorianischen Küstengebiet und Almagros eisige Höhenwanderung über den San Franciscopaß. «Schließlich aßen wir noch die letzten Pferde auf...», berichtet Gonzalo Pizarro. «Unter größten Leiden und unter Einbuße sämtlicher Habe erstiegen wir wieder das Hochland von Quito. Wir hatten nur noch unsere Degen, stützten uns auf Stecken und mußten immerzu den Weg freischlagen. Bis zu dem Punkt, wo ich umkehrte, waren es über zweihundertsiebzig Meilen; der Rückweg war noch viel länger, und auf ihm starb wieder eine Reihe von Spaniern an Hunger...»[88] Bei seinem Eintreffen in Quito, im Juni 1542, erfuhr Gonzalo Pizarro von der Ermordung seines Bruders Francisco und schaltete sich in die Nachfolgestreitigkeiten ein. Im Jahre 1548 wurde er, wie wir gesehen haben, vom kaiserlichen Abgesandten Pedro de la Gasca besiegt und hingerichtet.

Der Amazonas ist weder in der einen noch in der anderen Richtung zum Zugangsweg geworden, der das brasilianische Hinterland rasch und gefahrlos erschlossen hätte. Die nächste Unternehmung, die diesmal von Peru ausging, fügte den bisherigen Kenntnissen nichts hinzu und endete in blutigem Zusammenbruch. Unter dem Kommando von *Pedro de Ursúa* versammelte sich 1559 ein Heer von dreihundertsiebzig Spaniern und mehreren Tausend Indianern und folgte dem Lauf des Huallagaflusses mit dem vagen Auftrag, die fruchtbaren und goldreichen Gebiete «Dorado und Omagua» am Amazonas in Besitz zu nehmen.[89] Es war eine bunt zusammengewürfelte Schar, unzufriedene Veteranen, Wegelagerer und anderes menschliches Treibgut der bürgerkriegsähnlichen Wirren, und bald erhob sich Widerspruch gegen die schwächliche Führung. Am Neujahrstag des Jahres 1561 kam es am Oberlauf des Amazonas zur Rebellion: Ursúa wurde umgebracht und *Fernando de Guzmán* zum neuen Führer ausgerufen. Düsterer Drahtzieher der Ereignisse war *Lope de Aguirre*, ein Mann, wie John Hemming schreibt, von «uneingeschränkter Niedertracht, grausam, psychopathisch und erfüllt von besessenem Groll gegen die ganze spanische Gesellschaft».[90] Guzmáns Herrschaft war kurz: Nachdem er von Aguirre in offener Zuwiderhandlung gegen alle geltenden Rechtsgrundsätze zum König eines imaginären Reiches Peru gekürt worden war, brachte ihn derselbe Aguirre um. In der Folge ließ dieser Anführer, offensichtlich wahnsinnig geworden, jedermann, der durch irgendeine Begabung herausragte, töten, was zu größeren Verlusten führte als die Angriffe der Indianer. Ein merkwürdiger Brief, den Aguirre später an König Philipp II. richtete, gestattet es, den unheilvollen Charakter besser zu erkennen: ein in seinem Gerechtigkeitsgefühl verletzter, auf Rache sinnender Michael Kohlhaas mit dem tyrannischen Zynismus eines Nero. Dieser Brief, in dem der Verfasser sich und seine überlebenden Getreuen von allen Verpflichtungen und Verantwortlichkeiten lossagt, enthält nichts von entdeckungsgeschichtlichem Belang, hat aber den Vorteil enthüllender Offenheit. «Da tötete ich den neuen König [Guzmán]», schreibt Aguirre, «den Hauptmann seiner Wache und Generalleutnant, vier Hauptleute, seinen Verwalter, seinen Kaplan, einen Messepriester, eine Frau, einen Komptur der Rhodosritter, einen Admiral, zwei Fähnriche und weitere fünf oder sechs seiner Diener, mit der Absicht, den Kampf weiterzutragen und dabei zu sterben wegen der vielen Grausamkeiten, die Deine Minister gegen uns verüben. Ich ernannte dann aufs neue Hauptleute und Feldwebel. Als sie mich töten wollten, ließ ich sie alle aufhängen.»[91]

Im Juli des Jahres 1561 erreichte Aguirre mit seinen «marañones», der verschworenen Schar, welche die gemeinsam begangenen Untaten zusammenschweißte, den Atlantik und segelte nordwärts zur Insel Margarita. Der Gouverneur und die Beamten dieser Insel wurden umgebracht, und der rasende Konquistador entwarf Pläne zur Eroberung Panamas und zur Anzettelung eines Aufstandes, der die Stellung der Krone im Vizekönigreich Peru erschüttern sollte. Erst im Oktober desselben Jahres gelang es seinen Begleitern, ihren Anführer zu töten. Sein Kopf wurde als Zeichen dafür, wie Verräter enden, noch während Jahren in der venezolanischen Hafenstadt Tocuyo ausgestellt. Ein Zeitgenosse, Pedrarias de Almesto, kommentiert den Tod Aguirres mit den folgenden Worten: «Und so fuhr seine Seele für immer

zur Hölle, und unter den Menschen wird er denselben Ruf haben wie der verruchte Judas. Man wird seinen Namen verfluchen und verhöhnen als den des schlechtesten und verderbtesten Menschen, der je geboren worden ist.»[92]
Im Gesamtzusammenhang der Erkundungsgeschichte Mittel- und Südamerikas bleibt die Figur Lope de Aguirres deshalb interessant, weil sich in ihr an sich typische und gemeinhin erwünschte Konquistadorenqualitäten wie dominantes Selbstbewußtsein, skrupellose Rücksichtslosigkeit und eiserner Durchhaltewillen in krankhafter Übersteigerung und fataler Entgleisung gegen jedes Gesetz, ja sogar zuletzt gegen die Oberhoheit des Monarchen wandten, die bisher niemand anzutasten gewagt hatte.

In den folgenden Jahrzehnten wurden wiederholt, meist von Ecuador aus, Reisen an den Amazonas unternommen, und es wurden dessen Zuflüsse aus südlicher Richtung bis zum Rio Madeira erkundet. Die meisten dieser Entdeckungsfahrten waren kleine, schlecht dokumentierte Unternehmungen. Im Jahre 1637 gelang es zwei Franziskanermönchen, *Diego de Brieba*[93] und *Andrés de Toledo*, erstmals seit Aguirre den Amazonas bis zur Mündung zu befahren. Im selben Jahr verließ eine portugiesische Expedition unter dem Kommando von *Pedro Teixeira* die Amazonasmündung bei Belém mit dem Auftrag, erstmals stromaufwärts bis ins Quellgebiet des Flusses vorzudringen. Ein Jahr später traf Teixeira in Quito ein. Wir wissen wenig über diese Reise; auf dem Rückweg stromabwärts aber ließ sich der Portugiese von einem spanischen Jesuitenpater, *Cristóbal de Acuña*, begleiten, dessen Bericht an Genauigkeit der Beobachtung die Aufzeichnungen von Carvajal übertrifft.[94] Diese portugiesisch-spanische Zusammenarbeit wurde möglich, nachdem sich 1580 die beiden Länder durch Personalunion verbunden hatten; sie endete mit der Erhebung der Portugiesen gegen die spanische Herrschaft im Jahre 1640. Acuñas Bericht erschien in Madrid im Jahre 1641 und wurde sofort wieder eingestampft, da König Philipp IV. befürchtete, der neue Feind an der Westgrenze könnte sich daraus nützliche Informationen holen. Nur wenige Exemplare des originalen Drucks haben sich erhalten.

Christóbal de Acuñas Bericht verrät eine erstaunlich genaue Kenntnis des riesigen Einzugsgebiets des Amazonas-Stromes. Er vergleicht den Fluß mit dem Ganges, dem Euphrat und dem Nil und kommt zu dem Schluß: «Der Amazonas bewässert weitere Regionen, befruchtet größere Ebenen, erhält mehr Völker und vergrößert mit seinen Fluten einen mächtigeren Ozean; ihm fehlt lediglich, um die Gunst jener Flüsse zu übertreffen, daß seine Quelle im Paradies liegt, wie dies für jene anderen Flüsse von gewichtigen Autoren behauptet wird.»[95] Acuña hütet sich, uneinlösbare Hoffnungen zu wecken, und wenn auch er an ein El Dorado und an die Amazonen glaubt, bemerkt er doch vorsichtig, daß er nicht nach persönlichem Augenschein urteilen könne, daß aber, wenn von einer Sache so viel geredet werde, wohl etwas Wahres daran sein müsse.[96] Das Hauptaugenmerk des Jesuitenpaters gilt der Beschreibung des Landes und seiner Naturprodukte sowie völkerkundlichen Beobachtungen, und es ist unverkennbar, daß kolonisatorische Nutzung und Mission seine vornehmlichsten Anliegen sind.

Die wichtigsten Naturerzeugnisse, die dem Amazonasbecken mit geringem Aufwand abzugewinnen seien, sind nach Meinung Acuñas Kakao, Tabak, Zucker und Holz. Kakao, unter dem Namen «cacahuatl» der aztekischen Oberschicht als Getränk bekannt, war von Cortés nach Spanien gebracht worden, und Acuñas Plan, längs des Flußufers Kakaobaumplantagen anzulegen, zeigt, daß das Genußmittel zu diesem Zeitpunkt in Übersee schon begehrt war. Auch des Reisenden Interesse am Tabak deutet darauf hin, daß sich die Kunde vom Lustgewinn, den dieses Naturprodukt verschafft, verbreitet hatte, nachdem die Engländer um 1610 in Virginia systematisch mit seinem Anbau begonnen hatten. Die Nutzung von Zuckerrohr, im 18. Jahrhundert dank der Sklavenwirtschaft das wichtigste Naturerzeugnis Brasiliens, befand sich, als Acuña berichtete, wegen der Eroberung nordöstlicher Küstengebiete durch die Holländer in einer Krise, welcher der offensichtlich wohlinformierte Jesuitenpater durch die Anlage neuer Plantagen am Amazonas entgegenzutreten empfahl. Besonders großes Gewicht legte Acuña auf die Ausbeutung der reichen Holzvorkommen, die er mit einer Entschiedenheit, die dem monopolistischen Denken der Krone zuwiderlief, für den Schiffsbau einzusetzen gedachte.[97] «An diesem Fluß», schreibt er, «können Schiffe besser und mit geringeren Kosten gebaut, fertiggestellt und vom Stapel gelassen werden als in jedem anderen Land, ohne daß irgend etwas aus Europa herbeigeschafft werden muß außer dem Eisen für die Nägel. Denn hier gibt es Holz in Hülle und Fülle; ferner Ankertaue so stark wie diejenigen aus Hanf, die aus der Rinde bestimmter Bäume verfertigt werden und im schwersten Sturm nicht reißen; hier gibt es Pech und Teer, so hervorragend wie aus Arabien, hier gibt es pflanzliches Öl wie solches vom Fisch, um das Holz fertig zu bearbeiten und seine Härte zu mildern. Hier gewinnt man hervorragenden Werg, den sie ‹embira› nennen und der zum Kalfatern der Schiffe und auch für Bogensehnen unübertroffen ist. Hier gibt es Baumwolle für Segel, die das beste ist, was die Felder hervorbringen, und hier gibt es schließlich eine so große Bevölkerung, daß es an nichts fehlt, um so viele Schiffe zu bauen, als man auf Stapel legen kann.»[98]

Obwohl Acuña keinen Zweifel daran aufkommen läßt, daß er die Indianer als billige Arbeitskräfte einzusetzen gedenkt, begegnet er der eingeborenen Bevölkerung mit einem humanen Interesse, das sich keineswegs in der ihnen zugedachten Zweckbestimmung erschöpft. Er unterscheidet verschiedene Stämme, beschreibt ihre Werkzeuge und Waffen, ihr Vorgehen bei Jagd und Fischfang, ihre religiösen Rituale, und immer wieder freut er sich über ihr freundliches und friedfertiges Naturell, das, wie er meint, die besten Aussichten auf eine rasche Missionierung eröffne. Gegen die pauschale Beschuldigung des Kannibalismus nimmt Acuña die Indianer in Schutz: «Ich möchte nicht leugnen», schreibt er, «daß an diesem Fluß eine Rasse von Kannibalen lebt, die bei gewissen Gelegenheiten keinen Widerwillen empfindet, Menschenfleisch zu essen. Aber ich möchte meine Leser davon überzeugen, daß es keine öffentlichen Fleischmärkte gibt, auf denen das Fleisch von Indianern angeboten wird, wie jene erklären, die unter dem Vorwand, solche Grausamkeit verhindern zu wollen, die Indianer, die frei geboren sind, zu Sklaven machen.»[99] Überhaupt erweist sich Acuña als ein entschiedener Gegner der Sklaverei, und es ehrt sein Andenken, die «dauernde Versklavung dieser armen Indianer», als «größte Ungerechtigkeit»[100] verurteilt und entsprechende portugiesische Praktiken früh angeprangert zu haben. Insofern erweist er sich als ein Vorgänger seines Ordensbruders Antônio Vieira, der nach 1650 in Brasilien wirkte und in seinen mutigen Predigten unablässig für die Amazonasindianer eingetreten ist.[101]

Die Unternehmung des Pedro Teixeira ist, abgesehen davon, daß sie den Amazonas erstmals von Ost nach West erkundete, von geringer entdeckungsgeschichtlicher Bedeutung. Der Bericht jedoch, den Cristóbal de Acuña verfaßte, verrät gegenüber den an der Ereignisgeschichte orientierten Aufzeichnungen des Carvajal einen deutlich vertieften Grad der Wahrnehmung und ein gewandeltes Empfinden für die Möglichkeiten engagierter kolonisatorischer Erschließung.

Der nächste wichtige Beitrag zur Erschließung des Amazonasoberlaufs stammt vom Jesuitenpater *Samuel Fritz*.[102] In Böhmen aufgewachsen, wurde Samuel Fritz, nachdem er in Prag seine philosophischen Studien abgeschlossen hatte und in den Orden eingetreten war, im Jahre 1683 nach Amerika entsandt.

Er erreichte Quito vom Karibikhafen Cartagena aus, indem er dem Magdalenafluß stromaufwärts folgte und auf ähnlicher Route wie Humboldt über hundert Jahre später die Südprovinzen Kolumbiens durchquerte. Von der Hauptstadt Ecuadors stieß er sofort zum Marañón vor, folgte diesem bis zum Rio Huallaga und gründete bei Lagunas eine Missionsstation zur Bekehrung der Omagua-Indianer. Diese ehemals mächtige, heute fast ausgelöschte Völkergruppe, deren Siedlungsgebiet sich weit ins Territorium des heutigen Ost-Peru erstreckte, war erstmals von Orellana aufgesucht worden. Spanische Franziskanermönche hatten in der Folge vergebliche Missionsversuche unternommen. Erst Pater Samuel Fritz waren Bekehrungserfolge größeren Umfangs vergönnt: Zwischen 1685 und 1688 gewann er sich als Heilkundiger und Wanderprediger das Vertrauen zahlreicher Indianer, bekehrte manche von ihnen und errichtete in ihren Siedlungen weitere Missionsstationen und Gotteshäuser. In den Aufzeichnungen des Missionars, die sich durch glücklichen Zufall erhalten haben und die zu Beginn unseres Jahrhunderts aufgefunden worden sind, ist eindrucksvoll von den Hindernissen die Rede, die sich solch christlichem Wirken entgegenstellten. Wir erfahren, daß schwere Fieberanfälle den Geistlichen heimsuchten, so daß er des Nachts seinen Leib förmlich glühen fühlte; Krokodile schlichen sich im Dunkeln an seine Hängematte heran, Ratten nagten an seinem Eßbesteck und fraßen ihm die kärgliche Nahrung weg.[103]

I. Der Vorstoß ins Landesinnere

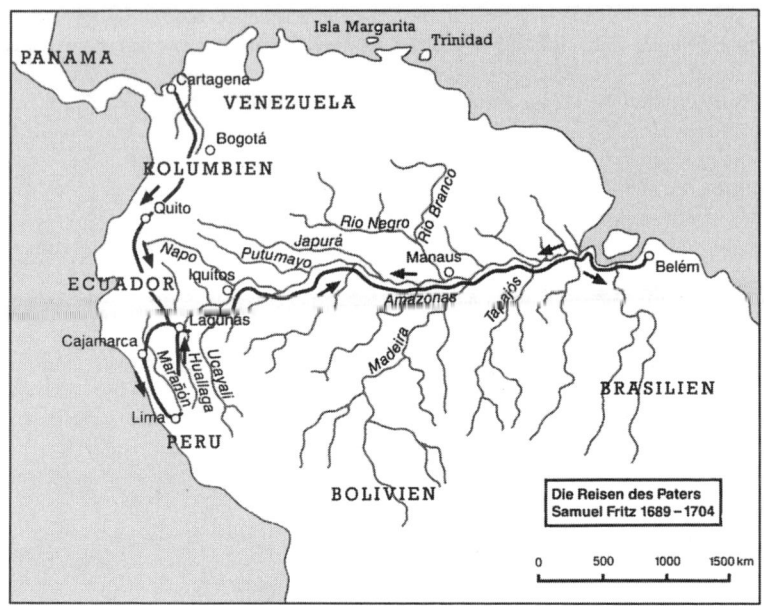

Im Jahre 1689 reiste Pater Samuel Fritz, um sich von seiner Krankheit zu erholen, nach Pará, dem heutigen Belém, das 1616 von den Portugiesen gegründet worden war. Es ist bezeichnend für die gespannten portugiesisch-spanischen Beziehungen jener Zeit, daß der Missionar sogleich gefangengesetzt wurde, unter dem Verdacht, ein Spion zu sein, der im Auftrag der kastilischen Krone das Vordringen der Portugiesen habe beobachten müssen. In der Tat waren die Portugiesen in den vorangehenden Jahrzehnten weit über den Bereich der Tordesillaslinie westwärts vorgestoßen, und die Expedition des Pedro Teixeira hatte ihnen einen in ihren Augen gewichtigen Rechtstitel verschafft. Ein Spion war Pater Samuel Fritz mit Bestimmtheit nicht; aber er kannte sich in den damaligen Methoden geographischer Ortsbestimmung aus, wußte um die Vertragsbestimmungen von Tordesillas und brachte 1692 den Sachverhalt der portugiesischen Grenzverletzungen auch in einem Schreiben an den Vizekönig von Peru zur Kenntnis.[104] Es sollten über anderthalb Jahre vergehen, bis Samuel Fritz auf Grund eines Sendschreibens des portugiesischen Königs wieder freigelassen wurde und seinen Rückweg antreten konnte.

Auf seiner Fahrt stromaufwärts führte der Jesuitenpater, nun in gesundheitlich guter Verfassung, ein genaues Tagebuch. Es gibt Auskunft über die portugiesischen Stützpunkte und Missionsstationen, die, obwohl schwach bemannt und zuweilen im Zerfall begriffen, bis zur Einmündung des Rio

2. Südamerika

Negro als willkommene Etappenhalte dienten. Auch die verschiedenen Stämme, denen er begegnete, werden namentlich erwähnt. Es spricht für das Ansehen, dessen sich Samuel Fritz unter den Indianern erfreute, daß man ihn überall freundlich begrüßte und zum Bleiben aufforderte. Auch hatte sich während seiner Abwesenheit das Gerücht verbreitet, ein Erdbeben, das sich ereignet hatte, sei die Strafe Gottes für des Geistlichen Festnahme durch die Portugiesen gewesen; und eine andere indianische Legende sprach davon, die Portugiesen hätten den Leib des Missionars in Stücke geschnitten, die Einzelteile aber hätten sich kraft seines unsterblichen Geistes wieder zusammengesetzt.[105] Am Rio Negro traf der Pater auf eine Gruppe von Indianern, die eine Flinte französischer Machart mit sich führten – ein wichtiger Hinweis auf die Existenz indianischer Handelsverbindungen zur Cayenneküste, wo sich in der ersten Hälfte des 17. Jahrhunderts die Franzosen festgesetzt hatten. Zu Beginn des Jahres 1692 traf Samuel Fritz wieder in der Gegend von Lagunas ein.

Noch im selben Jahr entschloß sich der Jesuitenpater, den spanischen Vizekönig in Lima aufzusuchen und diesem von seiner Reise und dem Vordringen der Portugiesen flußaufwärts Bericht zu erstatten. Sein Weg führte den Rio Huallaga aufwärts, über die Cordillera Central nach Cajamarca, hinab an die Küste nach Trujillo und von hier in die Hauptstadt. Aus einem Briefwechsel mit einem hohen Beamten des Vizekönigs, der sich erhalten hat, wird deutlich, daß man bereit war, den Missionar bei seiner Arbeit finanziell zu unterstützen und ihm auch, zum Schutz gegen portugiesische Übergriffe, eine militärische Eskorte zur Seite zu stellen.[106] Von Lima aus kehrte Samuel Fritz offenbar auf direktem Wege in seine Missionsgebiete am Rio Huallaga und Marañón zurück. Es ist wahrscheinlich, daß er auf diesem Wege als erster den Ursprung des Marañón in der Lagune von Lauricocha festgestellt hat. Auf einer Karte, die der Jesuitenpater im Jahre 1691 aufnahm und die später in irreführend abweichender Form in Kupfer gestochen wurde, sind die Ergebnisse der Missionsreisen festgehalten.[107] Im Jahre 1704 wurde Pater Samuel Fritz zum Superior der gesamten Marañón-Missionen ernannt.

Über die letzten Jahre im Leben des Missionars sind wir durch Tagebuchaufzeichnungen und Briefe unterrichtet. Daraus geht hervor, daß die Zahl der Missionare am Rio Huallaga und Marañón durch mehrere Neuankömmlinge verstärkt werden konnte und daß man von Quito aus auch Anstrengungen zu deren militärischem Schutz unternahm, daß aber die Überfälle durch die Portugiesen die dauernde Hauptsorge blieben. Bei diesen Portugiesen handelte es sich um kleine Gruppen bewaffneter Abenteurer, die im brasilianischen Hinterland operierten und deren Hauptbeschäftigung die Beschaffung indianischer Sklaven für die Zuckerrohrplantagen war. Man nannte diese Sklavenjäger «bandeirantes», gelegentlich spricht man auch von «mamelucos», weil viele von ihnen Mischlinge waren, oder von «paulistas», weil einer ihrer wichtigsten Ausgangspunkte im 17. Jahrhundert São Paulo war. Die «bandeirantes» bewegten sich, oft freilich mit stillschweigender

Duldung der Gouverneure, jenseits der gesetzlichen Regelungen, denn mehrmals, so beispielsweise durch einen königlichen Erlaß im Jahre 1570 und durch eine päpstliche Bulle im Jahre 1639, war die Versklavung von Indianern ausdrücklich als unrechtmäßig erklärt worden.[108] Ausnahmen waren nur vorgesehen, wenn den Indianern kämpferischer Widerstand gegen die Bekehrung und menschenunwürdiges Verhalten [Kannibalismus] nachgewiesen werden konnte und wenn diese besonderen Umstände jenen Eingriff nötig zu machen schienen, den man mit einem dehnbaren Begriff den «gerechten Krieg» nannte. Ein solcher Sonderfall war indessen im Missionsbereich von Samuel Fritz in keiner Weise gegeben. Nicht nur war der territoriale Anspruch der Portugiesen auf dieses Gebiet höchst zweifelhaft; es war auch offensichtlich, daß die Indianer in den gegen dreißig Siedlungen, welche der Jesuitenpater und seine Ordensbrüder betreuten, keine aggressiven Absichten hegten und einer Bekehrung zum Christentum – was immer man darunter verstehen mochte – keinen Widerstand entgegensetzten. Unermüdlich bemühten sich Samuel Fritz und seine Freunde, die geltende Rechtslage den Portugiesen in Erinnerung zu rufen und die Sicherheit ihrer indianischen Schützlinge zu erreichen. Aber es half alles nichts: Immer mehr Missionsstationen mußten geräumt werden, die Indianer wurden aus den angestammten Siedlungsgebieten verjagt und in immer unwirtlichere Existenznischen getrieben – ein gnadenloser Prozeß, der sich heute unter den verschärften Bedingungen der industriellen Erschließung fortsetzt. «Es ist wahrhaftig mit blutigen Tränen zu beweinen», schreibt *Heinrich Richter*, ein anderer deutscher Missionar und langjähriger Begleiter des Samuel Fritz, nach Europa, «daß christlicher Potentaten Beamte die armen Leute so erbärmlich unterdrücken und aussaugen.» Ansonsten, fährt Richter fort, wäre es ein leichtes, die Indianer zu bekehren: «Denn es braucht hierzu nicht mehr, als daß sie einmal gewiß wissen und zuverlässig versichert werden, daß sie ohne Steuer in ihrer Freiheit gelassen werden, daß man eine erkleckliche Zahl Missionarios hierhin sende und diese sich mit kleinen Geschenken freigebig einstellten – so ist die Sache geschehen.»[109]

In den letzten zehn Jahren seines Wirkens zog sich Pater Samuel Fritz nach Jéveros, westlich der Einmündung des Rio Huallaga in den Marañón zurück, wo er im Jahr 1725 starb. «Mit der Kasteiung seines Fleisches», schreibt ein Ordensbruder in seinem Nachruf, «verband sich heftiger Abscheu und Verachtung des Müßiggangs, so daß weder die Temperatur mit ihren großen Schwankungen noch Krankheit oder irgendeine andere Ursache ihn veranlassen konnten, über das strikt nötige hinaus Erholung zu suchen. Entweder betete er, las oder unterrichtete das Volk; oder er war mit irgendeiner handwerklichen Tätigkeit beschäftigt und folgte damit dem Beispiel der Kirchenväter in der Wüste und der Apostel.»[110]

Samuel Fritz hielt sich über fünfunddreißig Jahre im Amazonasgebiet auf und war zu seiner Zeit der beste Kenner dieses Stromes und seiner zahlreichen Quellflüsse. Ähnlich wie seine Ordensbrüder in Kanada, die zur selben

Zeit das Gebiet der Großen Seen bis zum Mississippi erforschten, vertrat Pater Samuel Fritz den Typus des vielseitig interessierten Missionars und Wanderpredigers, der sich, ausgehend von intimer Kenntnis von Land und Leuten, zum Ziel setzte, dem Glauben den Zugang in die entlegensten Regionen des Hinterlandes zu öffnen. Und ähnlich wie bei seinen Ordensbrüdern im Norden war es seine Tragik, daß er mit solchem Bemühen einer kolonisatorischen Expansion den Weg ebnete, deren Beweggründe er moralisch nie und nimmer hätte billigen können.

Eine weitere Reise ins Amazonasgebiet, nach Motivation und Methode neu und wegweisend, wurde in den Jahren 1743 und 1744 vom französischen Naturforscher und Physiker *Charles-Marie de La Condamine* unternommen. Anlaß zu dieser Expedition war der Widerstreit der Lehrmeinungen, der sich zwischen den Anhängern Isaac Newtons und dem Direktor der Sternwarte von Paris, Jacques Cassini, über die Form der Erdkugel entzündet hatte. Um durch empirische Messungen Klarheit zu schaffen, entsandte die «Académie des Sciences» im Jahre 1735 eine Gruppe von zehn Wissenschaftlern nach Quito, mit der Anweisung, unter dem Äquator die genaue Vermessung eines Meridianstücks durchzuführen und Untersuchungen über die Erdanziehungskraft anzustellen. Man reiste auf längst bekannten Routen nach Cartagena, durchquerte die Landenge von Panama und folgte der Pazifikküste bis Manta, wo La Condamine gemeinsam mit dem Mathematiker *Pierre Bouguer* die Arbeiten aufnahm, während die übrige Reisegesellschaft in komfortablere Unterkünfte nach Guayaquil weitersegelte. Es gelang den beiden Gelehrten dank einer Mondfinsternis, deren letzte Phase sie beobachten konnten, eine genaue Standortbestimmung durchzuführen, auf die sich zahlreiche Karten Südamerikas im 18. Jahrhundert stützten.

Zusammen mit *Pedro Vicente Maldonado*, einem der begabtesten Kartographen und Naturforscher des Vizekönigreichs Peru, zog La Condamine von der Küstenstadt Esmeraldas zuerst auf Wasserwegen, dann über schmale Bergpfade nach Quito. In der Stadt wurden die «Erdvermesser», deren Ankunft angekündigt worden war und die sich durch ein Empfehlungsschreiben des spanischen Königs ausweisen konnten, sehr entgegenkommend empfangen. Nachdem die übrigen Mitglieder der Expedition ebenfalls hier eingetroffen waren, wurden die wissenschaftlichen Arbeiten in günstig gelegenem Gelände nordöstlich von Quito fortgesetzt; darauf bezog man in Cuenca, dreihundert Kilometer weiter südlich, Standquartier. Die Vermessungsarbeiten zogen sich über längere Zeit hin, und in der Bevölkerung begannen Gerüchte zu zirkulieren, welche die Franzosen beschuldigten, nach Gold zu suchen oder im Dienst der feindlichen Engländer das Land auszuspionieren. Es erhob sich schließlich handfester Widerstand, und Steinpyramiden, die man an den Vermessungspunkten aufgeschichtet und unbedachterweise mit dem Lilienwappen der Könige von Frankreich gekrönt hatte, wurden niedergerissen. Die Forschergruppe, geschwächt durch Mord, Unfall und Krankheit, begann sich aufzulösen. Einige der Teilnehmer reisten über Bogotá nach Cartagena zurück; La Condamine aber entschloß sich, zusammen mit Maldonado den Amazonas bis zur Mündung in den Atlantik zu befahren. Aufzeichnungen von Missionaren und ein Exemplar der Amazonaskarte von Samuel Fritz, auf das La Condamine bei Archivstudien im Jesuitenkollegium von Quito gestoßen war, dürften den Naturforscher in diesem Entschluß bestärkt haben.

Der Bericht von dieser Amazonasfahrt ist in einer «Relation abrégée» enthalten, die La Condamine im Jahre 1745, nach seiner Rückkehr nach Paris, vor der «Académie des Sciences» verlas.[111] Im Vorwort zu dieser Schrift bemerkt der Autor, es gehe ihm nicht darum, den Leser mit der Schilderung von «außerordentlichen Ereignissen» und mit «reizvollen Gemälden über fremde und unbekannte Sitten und Gebräuche» zu unterhalten; wichtiger sei es, ihm Wissen zu vermitteln und die Ergebnisse seiner geographischen und naturkundlichen Studien mitzuteilen.[112] La Condamine ist weder politisch noch missionarisch, noch wirtschaftlich interessiert; einziger Zweck seiner Reise ist, die Forschung voranzubringen. Zu Recht ist von der französischen Wissenschaftshistorikerin Michèle Duchet festgestellt worden, daß der Naturforscher nicht nur für seine Aufgabe hervorragend vorgebildet war, sondern sich auch durch die Lektüre aller ihm zugänglichen Quellen eine genaue Kenntnis des damaligen Wissensstandes zu verschaffen bemühte.[113] In beidem, in seiner Ausbildung wie in seiner Vorbereitung, erinnert La Condamine bereits an Alexander von Humboldt und hebt sich zugleich ab von seinen reisenden Vorgängern. Auch einige der Entdeckungen des deutschen Naturforschers nahm der Franzose vorweg. So erwähnt er bereits das Pfeilgift Curare, dessen Wirkung Humboldt und Bonpland fünfzig Jahre später am Orinoko erproben sollten. La Condamine hatte auch eine erstaunlich genaue Kenntnis von der Existenz einer Verbindung zwischen den Stromsystemen des Amazonas und des Orinoko, die Humboldt durch Befahrung das Casiquiare empirisch nachweisen sollte. Die Art und Weise, wie er das Problem der Flußverbindung diskutiert, die vorliegenden Zeugnisse mündlicher indianischer Überlieferung und des eigenen Augenscheins prüft und gegeneinander abwägt sowie verdunkelnde Spekulationen späterer Forscher zurückweist, darf als schönes Beispiel aufgeklärter wissenschaftlicher Argumentation gelten.

Obwohl nicht sehr umfangreich, vermittelte die «Relation abrégée» den Zeitgenossen in eleganter Formulierung Auskünfte vielfältigster Art, über Pflanzen und Tiere, Indianer und Kolonisten sowie über den Wandel der Verhältnisse seit der Frühzeit der Stromerkundung. Hervorgehoben sei, daß La Condamine auf den Kautschukbaum [Hevea brasiliensis] aufmerksam wurde, der von den Chronisten Peter Martyr und Oviedo erstmals erwähnt wird. «Das Harz», heißt es in seinem Bericht, «heißt ‹cahuchu› und ist in den gegen das Meer gelegenen Gegenden der Provinz Quito ebenso verbreitet wie an den Ufern des Marañón; auch dient es denselben Zwecken. Wenn es frisch ist, gibt man ihm in einer Form das gewünschte Aussehen; es kann

2. Südamerika

vom Regen nicht durchdrungen werden, und was es noch bemerkenswerter macht, ist seine große Schmiegsamkeit. Man macht daraus Flaschen, die nicht zerbrechen, Stiefel und hohle Bälle, die sich zusammendrücken lassen und nachher wieder ihre frühere Form annehmen.»[114] Muster dieses Naturprodukts, das bis um 1880 ausschließlich aus Südamerika bezogen wurde, sandte La Condamine nach Frankreich, und er verfaßte später darüber auch eine gesonderte Abhandlung.[115]

Bemerkenswert sind La Condamines Ausführungen über die Indianer. Der Naturforscher ist offensichtlich kein Parteigänger jener Idee des besitzlos-glücklichen, im Stand paradiesischer Unschuld verharrenden «edlen Wilden», wie sie bereits von Missionaren des 17. Jahrhunderts zuweilen vertreten wurde und nach der Publikation von Rousseaus «Discours sur l'origine de l'inégalité» [1755] weite Verbreitung fand. Hauptmerkmal des indianischen Charakters ist für ihn dessen Gefühllosigkeit und Apathie. Beides, fährt er fort, gehe auf die «geringe Zahl von Ideen» zurück, über die der Indianer verfüge und die sich nicht über dessen einfachste Bedürfnisse hinaus erstreckten. Hier das knappe, aber aussagekräftige Bild, das La Condamine von den Indianern entwirft: «Sie sind gierig bis zur Gefräßigkeit, solange sie ihre Wünsche befriedigen können; anspruchslos, wenn die Notwendigkeit es gebietet, und auf alles verzichtend, ohne irgend etwas zu begehren; kleinmütig und feige im Übermaß, wenn die Trunkenheit sie nicht belebt; arbeitsscheu und jedem Streben nach Ruhm, Ehre und Anerkennung gegenüber gleichgültig; nur gerade mit dem Nächstliegenden beschäftigt und davon ganz erfüllt; ohne jede Sorge für die Zukunft; zur Voraussicht und Überlegung unfähig; sich, wenn sie daran nicht gehindert werden, einer kindlichen Freude hingebend, die sie, ohne Sinn und Zweck, in Sprüngen und unmäßigem Gelächter ausdrücken; ihr Leben dahinbringend, ohne darüber nachzudenken, und älter werdend, ohne die Kindheit, mit all ihren Fehlern, ablegen zu können.»[116] Und der Naturforscher schließt mit der lapidaren Feststellung: «Es ist demütigend zu sehen, wie der Mensch, welcher der einfachen Natur ausgeliefert ist und über keine Erziehung und Gesellschaft verfügt, sich wenig vom Tier unterscheidet.»[117]

Mit solcher Beurteilung des Indianers sind wir nun freilich weit von einer Einschätzung wie jener des Jesuitenpaters Samuel Fritz entfernt, der gerade die Bedürftigkeit des andern zum Anlaß seines missionarischen Beistandes nahm. Für La Condamine gibt es zum abendländisch-urbanen Zivilisationsgeschöpf, das sich kraft seiner Vernunft unablässig um die Verbesserung seiner Daseinsbedingungen und seiner selbst bemüht, keine Alternative. Seine Darstellung der Indianer wird nicht durch ein wirkliches Interesse an deren Lebensform motiviert, stellt die Beobachtung der Fremdkultur nicht in den Rahmen ihrer Eigengesetzlichkeiten und bleibt so notwendig an der Oberfläche der Erscheinungen. Kein Wunder, wenn in La Condamines Betrachtungsweise vor allem die Abweichungen vom eigenen Zivilisationsstand als Kuriosität auffallen. So widmet er eine längere Passage seines

Berichts der Beschreibung des Ohrschmucks, der bei bestimmten Amazonasvölkern zu einer auffälligen Verlängerung des Ohrläppchens führt – Voltaire, in seinen anthropologischen Ansichten La Condamine nahe verwandt, hat später in seinem «Candide» solche «oreillons» eine exotische Rolle spielen lassen.[118]

Die Hauptleistung von La Condamines «Relation abrégée» ist gewiß nicht im Bereich der ethnographischen Darstellung zu suchen. Wichtig und wegweisend aber waren die durch unermüdliche Messungen und aufmerksame Beobachtung gewonnenen Informationen zu Geographie, Flora und Fauna der bereisten Gebiete. Begleitet durch Karten von bisher unerreichter Genauigkeit und ergänzt durch zusätzliche Aufzeichnungen und Spezialstudien aus der Feder von Begleitern und wissenschaftlichen Mitarbeitern wie dem Botaniker *Joseph de Jussieu* und den spanischen Marineoffizieren *Jorge Juan* und *Antonio de Ulloa*, wurde hier eine reichhaltige wissenschaftliche Dokumentation vorgelegt, die ihresgleichen suchte und den Erfolg des ganzen Unternehmens sicherstellte.[119]

Venezuela und Kolumbien

Die ersten Vorstöße zur Erkundung des Andenhochlandes und zur Eroberung des Inkareiches waren von der Pazifikküste Panamas ausgegangen, und bereits in den Jahren nach 1530 hatte sich ein regelmäßiger Schiffsverkehr nach dem Golf von Guayaquil, nach Trujillo und Callao eingespielt, um den Nachschub an Menschen und Material sicherzustellen. Das Hinterland des heutigen Kolumbien und Venezuela dagegen wurde von Stützpunkten entlang der Karibikküste aus erschlossen, die entsprechenden Reisen wurden erst nach Abschluß von Pizarros Perufeldzug in Angriff genommen, und sie führten zu weniger spektakulären Ergebnissen. Das Festland von Venezuela ist, wie wir im Teil über die Seereisen berichteten, erstmals im Jahre 1498, auf Kolumbus' dritter Reise, durch Europäer gesichtet worden. Bereits im folgenden Jahr war einer der Gefolgsleute des Kolumbus, Alonso de Ojeda, an die Küste zurückgekehrt, hatte sie zusammen mit Juan de la Cosa und Amerigo Vespucci bis zur Bucht von Maracaibo befahren und das entdeckte Land Venezuela genannt. Im Jahre 1513 war Vasco Núñez de Balboa vom Golf von Darién aus über die Landenge von Panama vorgestoßen und hatte die Südsee erblickt. Die ersten Hafenstädte an Südamerikas Nordküste entstanden unter der Oberherrschaft des Gouverneurs von Hispaniola zu Beginn des neuen Jahrhunderts: Cumaná, die erste dauernde Siedlung in Südamerika überhaupt, wurde 1521 gegründet, 1525 und 1527 kamen Santa Marta und Coro hinzu, und Cartagena geht auf das Jahr 1533 zurück. Alle diese Stützpunkte entwickelten sich langsam und gehörten nicht zu den bevorzugten Zielen der Auswanderer. Ausgedehnte Sümpfe und dichter Regenwald erschwerten den Zugang zum Hinterland, und die ansässigen Indianer, ständig bedroht durch die Überfälle der Sklavenjäger, zeigten sich

2. Südamerika

feindselig. Zwar brachte die Perlenfischerei vor der unwirtlichen Küste einige Einkünfte; aber die Nachrichten von den Goldschätzen in Mexiko und Peru waren zu verlockend, als daß viele Kolonisten sich hier dauernd niedergelassen hätten. Um 1570 lebten in den acht europäischen Siedlungen der Nordküste, die sich hatten halten können, kaum mehr als zweihundert Spanier.[120]

Die erste nennenswerte Entdeckungsreise im Gebiet des heutigen Venezuela wurde 1531 von *Diego de Ordás* unternommen. Ordás gehörte zu den Hauptleuten des Cortés, die sich bereits in Mittelamerika ausgezeichnet hatten: Er hatte den Versuch zur Besteigung des Popocatépetl unternommen und war von der Bucht von Campeche aus zur Suche nach einem Durchlaß zum Pazifik aufgebrochen. Im Jahre 1530 verließ er Spanien mit fünf Schiffen und sechshundert Mann Besatzung,[121] erreichte Südamerika nördlich der Mündung des Amazonas und stieß, ohne einen geeigneten Ankerplatz zu finden, den Küstenstrichen Guayanas entlang bis zur Insel Trinidad vor. Auch das Trachten des Diego de Ordás ging nach Gold, das er in der Nähe des Äquators, wo die Sonne ihre Kraft am stärksten entfaltet, in besonders reichen Vorkommen vermutete. Es ging, so meinte er, lediglich darum, dem Lauf des Orinoko bis zu dessen Quelle zu folgen – dann würde man sich einer Tat rühmen können, die jener des Cortés nicht nachstünde.

Im Juni 1531 begann auf mehreren kleinen Schiffen die Fahrt stromaufwärts. Der Orinoko führte Hochwasser, man kam, mühsam gegen die Strömung anrudernd, nur langsam vorwärts. Das Klima erwies sich als mörderisch, und Krankheiten brachen aus; auch machte man sich die Indianer, die sich erst leutselig gezeigt hatten, zu Feinden und war zu immer härteren Vergeltungsschlägen gezwungen. Überall erkundigte man sich nach Goldschätzen und wurde von den Eingeborenen, welche die Eindringlinge möglichst rasch loswerden wollten, immer weiter stromaufwärts gewiesen. Wohin die Reise führte, wußte bald niemand mehr. Von seiner murrenden Mannschaft bedrängt, gab Ordás zwar zu, daß er nicht wisse, wohin es gehe, meinte aber, der Enderfolg sei sicher.[122] Schließlich erreichte man den Rio Meta, den breitesten der vielen Flüsse, welche die venezolanischen Tiefebenen, die Llanos, entwässern. Dann drang man allenfalls bis zu den Stromschnellen von Atures vor und bestaunte vielleicht, mit den Worten Humboldts zu sprechen, «das ergreifende Schauspiel eines eingeengten und wie völlig in Schaum verwandelten großen Stromes».[123] Doch im Unterschied zu Humboldt, der die Katarakte im Jahre 1800 überwand, war für Ordás hier die Reise zu Ende. Der Versuch, dem Rio Meta zu folgen, scheiterte wegen des im Dezember zu niedrigen Wasserstandes. Als man den Orinoko abwärts fuhr, fand man das Flaggschiff, das man in einem Seitenarm des Flusses vor Anker gelegt hatte, auf dem Trockenen und konnte bloß die Ladung retten. An die Karibikküste zurückgekehrt, verwickelte sich Ordás in Streitigkeiten mit den dort ansässigen Spaniern, welche die Rechtstitel, die er geltend machte, nicht anerkannten. Als Gefangener wurde er dem Gerichtshof von Santo Domingo vorgeführt, der ihn aber auf freien Fuß setzte. Auf der Rückfahrt nach Spanien, wo er seine Angelegenheit dem König vorzulegen gedachte, starb Diego de Ordás an einer Krankheit, vielleicht auch durch Gift.[124]

Die nächsten Unternehmungen, welche die Kenntnis des Hinterlandes zwischen Rio Magdalena und Orinokomündung erweitern halfen, verdanken wir deutschen Reisenden. Diese Tatsache ist überraschend und bedarf der Erklärung. Wir haben gesehen, daß Deutsche dank dem fortgeschrittenen Stand ihres Druckereiwesens eine bemerkenswerte Rolle bei der Verbreitung von Wissen über die «Neue Welt» spielten: Einige der frühesten Ausgaben des Kolumbus und Vespucci sind im deutschen Kulturraum, in Straßburg, Basel oder Augsburg, publiziert worden. Auch als Förderer überseeischer Unternehmungen sind uns Deutsche schon begegnet: An der erfolglosen Reise des García Jofre de Loaysa zum Kap Hoorn beteiligten sich, durch Vermittlung von Cristóbal de Haro, die Handelsfamilien der Fugger und Welser, und auch in die Erkundung des Rio de la Plata floß deutsches Kapital. Deutsche Söldner machten schließlich, wie wir uns erinnern, gelegentlich durch die Aufzeichnung ihrer Erlebnisse von sich reden, so Hans Staden aus Brasilien und Ulrich Schmidel von den Ufern des Rio de la Plata. Doch von allen diesen frühen Formen der Mitwirkung am Überseegeschäft unterscheidet sich der Beitrag zur Erschließung Venezuelas dadurch, daß nun Deutsche erstmals auf eigne Rechnung und in eigener Verantwortung auftraten.[125]

Im Jahre 1528 schloß Kaiser Karl V., der dem süddeutschen Kapital seine Wahl verdankte, mit dem Handelshaus der Welser, das bereits über eine Niederlassung in Santo Domingo verfügte, einen Vertrag ab. Darin wurde den Welsern die Statthalterschaft über das Gebiet zwischen Kap Vela und Kap Maracapaná, ungefähr das Territorium des heutigen Venezuela, zugesprochen. Die Deutschen wurden verpflichtet, in dieser Region mindestens zwei Siedlungen zu gründen, drei Festungen zu errichten und einige Hundert Siedler dorthin zu entsenden.[126] Zum ersten Statthalter wurde *Ambrosius Dalfinger* ernannt, der zuvor die Vertretung auf Hispaniola geleitet hatte. Dalfinger erreichte die kleine Hafenstadt Coro im Februar 1529 und unternahm mehrere Reisen, zuerst entlang der Küste nach Westen und dann ins Landesinnere. Er gründete den kleinen Stützpunkt von Maracaibo, aus dem sich in unserem Jahrhundert die zweitgrößte Stadt des Landes und dessen wichtigster Umschlagplatz für Erdöl entwickelt hat. Dann erkundete er den Maracaibosee, eigentlich eine Bucht mit brackigem Wasser, in der doppelt irreführenden Hoffnung, er würde hier den Zugang zum Pazifik und zu großen Goldschätzen finden. Der Widerstand der Indianer und das feuchtheiße Klima forderten zahlreiche Opfer, und man sah sich veranlaßt, nach Santo Domingo zurückzukehren, um sich von den Strapazen zu erholen und eine neue Unternehmung vorzubereiten.

2. Südamerika

Im Juni 1531 verließ Dalfinger erneut, begleitet von gegen zweihundert meist spanischen Söldnern und einer großen Zahl von Trägern, die Stadt Coro in westlicher Richtung. Er überquerte die nördlichsten Ausläufer der Anden westlich des Maracaibosees und drang bis zum Rio Magdalena vor. Auf diesem Marsch traf man auf freundlich gesinnte Indianerstämme, die Goldschmuck herstellten und bei denen man sich eine Zeitlang aufhielt; *Esteban Martín*, einer der Hauptleute Dalfingers, hat in seinem Bericht von diesem Zusammentreffen eine idyllische Schilderung hinterlassen.[127] Den großen Fluß konnte man, seiner Breite und Strömung wegen, nicht überqueren, und man folgte seinem rechten Ufer stromaufwärts durch den damals noch unabsehbaren Regenwald bis nahe der Einmündung des Sogamosoflusses. Dann war man gezwungen, den Rückweg über die Hochebenen der Anden zum Südufer des Maracaibosees anzutreten. Die meisten noch verbliebenen indianischen Träger starben auf diesem Marsch, und neue Troßknechte ließen sich nicht finden, da die Indianer, mißtrauisch geworden, ihre Siedlungen zerstörten und das Weite suchten. Zuweilen griffen sie auch überraschend aus dem Hinterhalt an, und bei einer dieser Attacken wurde Ambrosius Dalfinger von einem vergifteten Pfeil im Nacken getroffen und starb. Hunger und Durst waren so unerträglich geworden, daß die Söldner eines Nachschubtrupps ihre Rettung im Kannibalismus suchten und eine Indianerin aufaßen.[128] Der Chronist Oviedo, zutiefst betroffen von der Nachricht, daß sich seine eigenen Landsleute derjenigen Todsünde schuldig gemacht hätten, die man den Indianern so gern vorwarf, schreibt: «O welch teuflischer Entschluß! Und so bezahlten sie für ihre Sünde: Diese drei Männer tauchten nie wieder auf, denn es war Gottes Wille, daß es nicht an Indianern fehlte, von denen sie später ihrerseits verspeist wurden.»[129] Im August 1533, zwei Jahre nach Antritt der Reise, trafen die kläglichen Überreste der Expedition in Maracaibo ein. Vom Gold, das die Teilnehmer den Indianern hatten abnehmen können, war kaum mehr etwas vorhanden.

Bereits im September 1530 war *Nicolaus Federmann*, der als Dalfingers Stellvertreter in Coro geamtet hatte, von dort aus in südlicher Richtung landeinwärts aufgebrochen. Wie Dalfinger kam Federmann aus der süddeutschen Reichsstadt Ulm; er entstammte einer gebildeten Kaufmannsfamilie und ist der einzige unter den kommandierenden deutschen Konquistadoren, dem wir einen umfassenden Reisebericht verdanken.[130]

Federmann verfügte, nach seinen eigenen Angaben, über eine Streitmacht von hundertsechsundzwanzig Mann, davon sechzehn Berittene, und sein Umgang mit den Indianerstämmen des Hinterlandes folgte simplen Richtlinien: Entweder fand man sie freundlich und unterwürfig gesinnt, und dann tauschte man Geschenke aus, wobei man ihren Goldschmuck besonders im Auge behielt; oder man fand sie feindselig, und dann erschienen sie als Menschenfresser und bösartige Teufel, die keine Gnade verdienten und niedergemacht oder versklavt wurden. Auf der Suche nach dem Südmeer, das Federmann als Hauptziel seiner Unternehmung betrachtete, drang sein

I. Der Vorstoß ins Landesinnere

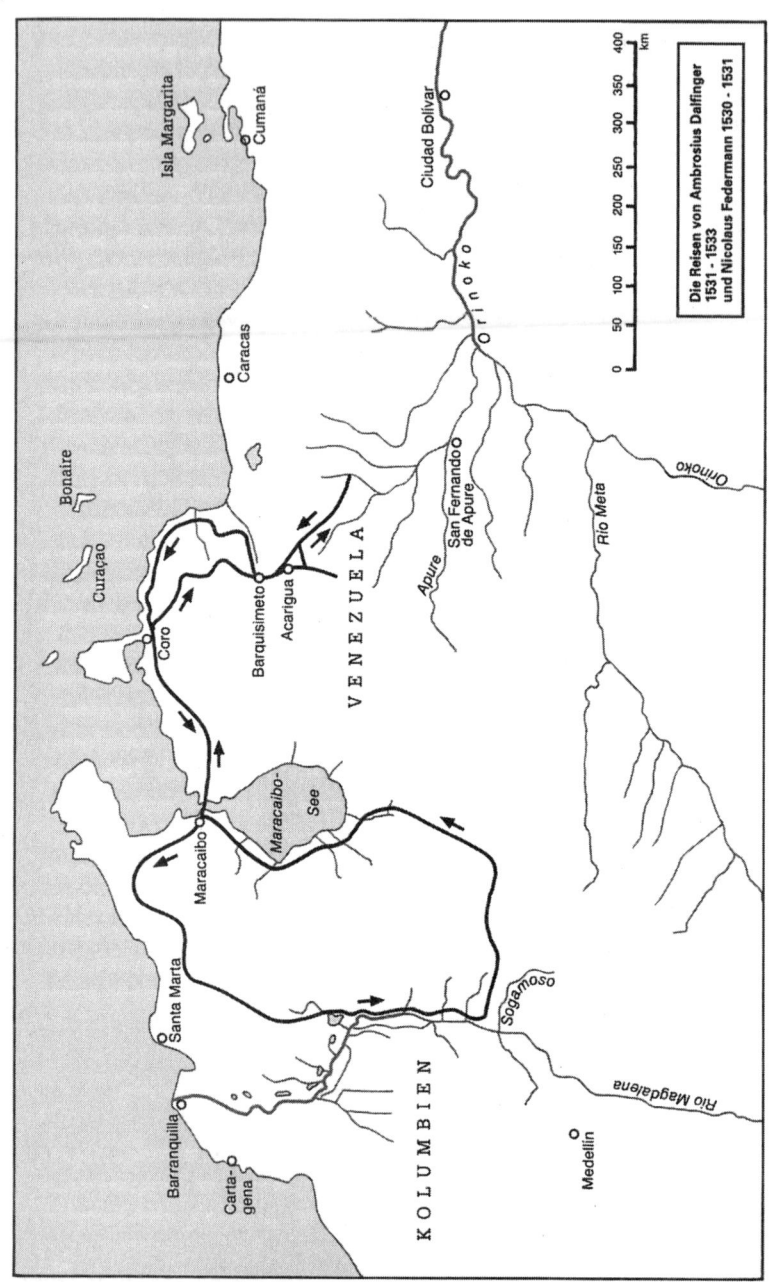

Trupp durch die bewaldeten Hügelzüge im Küstengebiet vor, überschritt sie und stieg darauf ins Flachland beim heutigen Barquisimeto hinab. Man stieß hier auf das große Volk der Caquetíos, Leute von kriegerischer Wesensart, welche einige benachbarte Stämme unterworfen hatten. Wie anderswo flößten auch hier die Pferde den Bewohnern die größte Furcht ein; und auch hier hielten die Indianer die Spanier für unsterblich, so daß, als viele von ihnen infolge des ungesunden Klimas erkrankten, Federmann darauf achtete, sie in Hängematten unsichtbar mitzuführen, und den Indianern erklärte, es handle sich um besonders hochgestellte Persönlichkeiten.[131]

Bei einem andern Volk, das im Einzugsgebiet des Rio Apure siedelte, nahm sich Federmann in gewohnter Manier den Kaziken als Geisel und ließ sich von diesem, der die Fremdlinge möglichst rasch los sein wollte, über die zwei besten Wege nach der Südsee unterrichten. Der Weg freilich, den man schließlich einschlug, führte in ganz anderer Richtung. Wie sehr Federmann in geographischer Hinsicht im dunkeln tappte, zeigen seine Vermutung, er befinde sich in unmittelbarer Nähe des Gebietes, welches Sebastian Cabot drei Jahre zuvor vom Rio de la Plata aus erkundet hatte, sowie seine Hoffnung, Cabots Leuten zu begegnen, damit er von ihnen mehr über die Südsee erfahren, sie aber nötigenfalls auch hindern könnte, in den Hoheitsbereich der Deutschen einzudringen. Von einem Berg aus, den Federmann auf Anraten der Indianer bestieg, glaubte er schließlich, vom Morgennebel etwas verdeckt, eine Wasserfläche zu erkennen, die an den Pazifik erinnerte – ein Irrtum von groteskem Ausmaß, vergleichbar den Vorstellungen des Giovanni da Verrazano, der glaubte, von den Landzungen North Carolinas aus nach China blicken zu können.[132]

Nach solcher «Entdeckung» drängte sich im Februar 1531 die Rückkehr nach Norden auf; denn Federmanns Streitmacht war durch Krieg und Krankheit geschwächt, und ihre Versorgung erwies sich als zunehmend schwierig, da die Indianer, auf deren Kosten man sich verpflegte, aus ihren Siedlungen flohen und ihre Vorräte zerstörten. Jede Rücksicht gegenüber den Eingeborenen fiel nun dahin: Man brandschatzte und plünderte, folterte und vergewaltigte, mordete und metzelte. Kalkül und Kriegslist wandelten sich zum hinterhältigen Verrat, und man scheute sich nicht, während Friedensgespräche im Gang waren, den Überfall vorzubereiten. Mit den Worten Federmanns: «Da wir mit ihnen des Friedens halber sprachen und unterhandelten, und sie an so etwas gar nicht dachten und völlig wehrlos waren, stachen wir viele der ihrigen zu Boden, bis der Rest floh; dann attackierten die Reiter und stießen sie zu Boden, und die Fußsoldaten erstachen sie wie die Säue. Ihnen blieb nur die Flucht, aber daran hinderte sie die Reiterei, so daß sie sich schließlich im Gras verbargen, die Lebendigen unter den Erstochenen; doch die Lebendigen wurden, nachdem man mit den Fliehenden abgerechnet hatte, aufgesucht und erwürgt.»[133]

Auf dem Rückweg nach Coro durchquerte man erneut das Flachland bei Barquisimeto, wo man von den Caquetíos freundlich aufgenommen und verpflegt wurde. Dann setzte man den Weg zum Yaracuyfluß fort, bog aber, statt diesem bis zur Küste zu folgen, in nordwestlicher Richtung ab und kämpfte sich durch gebirgige Dschungelgegenden. Erneut nahmen Tropenkrankheiten überhand, und Federmann selbst wurde, wie er schreibt, «vom Fieber angestoßen»;[134] auch häuften sich Indianerüberfälle, und die Bewohner verweigerten jede Zusammenarbeit. «Wir konnten», schreibt Federmann, «von unseren indianischen Führern weder durch Güte noch durch Zwang irgend etwas in Erfahrung bringen. Da ließ ich zwei von ihnen zerhacken, um den andern Furcht einzujagen, aber das half gar nichts: Sie wollten lieber erstochen werden als unsere Gefangenen sein. Sie hatten uns diesen Weg nur deshalb gewiesen, um uns in die Irre zu führen und Hungers sterben zu lassen. So wollten sie sich an uns rächen, was ihnen fast gelungen wäre.»[135] Auf dem Weitermarsch brachten Hunger und Durst die Expedition an den Rand des völligen Zusammenbruchs. Das Glück wollte, daß man im Dickicht auf einen Jaguar stieß, der von den entkräfteten Soldaten mit viel Mühe getötet werden konnte und dessen Fleisch, obwohl «stinkend und ungesund»,[136] in kleine Portionen zerteilt und verzehrt, das Schlimmste verhüten half. Im März des Jahres 1531 traf Nicolaus Federmann mit wenigen Überlebenden wieder in Coro ein.

Nach einem vierjährigen Aufenthalt in Deutschland, wo er seinen Bericht verfaßte, kehrte Federmann nach Venezuela zurück und unternahm noch zwei weitere «entradas», die zwar zum größten Teil bekannten Routen folgten, aber doch anzeigten, daß seine Hoffnung, in Äquatornähe Gold zu finden, nicht geschwunden war. Im Jahre 1536 drang er, den Spuren Dalfingers folgend, in die Regionen westlich des Maracaibosees vor, zog sich aber wieder zurück, als er vom Gouverneur von Santa Marta die Mitteilung erhielt, er stehe im Begriff, das den Welsern übertragene Herrschaftsgebiet zu verlassen. Die zweite Reise, bereits Ende des nächsten Jahres, führte Federmann durch die Llanos zum Oberlauf des Metaflusses, in ein Gebiet, das seit Diego de Ordás verschiedentlich aufgesucht worden war und das, obwohl der Mythos vom El Dorado noch nicht geboren war, als Zentrum reicher Goldvorkommen galt. Mühsam die Ostabdachung der Anden hochklimmend, erreichte Federmann schließlich die Hochfläche von Bogotá, wo er feststellen mußte, daß ihm zwei andere Konquistadoren, der bereits erwähnte Sebastián de Benalcázar und Gonzalo Jiménez de Quesada, von dem noch die Rede sein wird, zuvorgekommen waren. Alle drei Entdecker ließen sich im Juni 1539 in überraschender Eintracht von Kanus den Magdalenafluß hinuntertragen, doch dann entzündeten sich die üblichen Zwistigkeiten um Finde- und Besitzrechte. Nach Spanien zurückgekehrt, wurde Federmann von spanischer Seite, aber auch von den Welsern, der Überschreitung seiner Kompetenzen angeklagt, und er verbrachte, wie andere vor ihm, die Jahre vor seinem Tod im Jahre 1542 mit allerlei Rechtshändeln.

Nicolaus Federmann unterschied sich wenig von anderen Konquistadoren, und wenn doch, dann kaum zum Guten. Man entnimmt seinen Aufzeichnungen wichtige Hinweise auf indianische Siedlungsgebiete, die dem Ethnologen zur Lokalisierung längst ausgerotteter Stämme dienlich sein mögen; aber man entnimmt ihnen keinerlei Anwandlung von Mitgefühl mit denen, welche sein Erscheinen ins Verderben stürzte. Indessen verfügte er über wichtige Mannestugenden des Renaissancemenschen: Unerschrockenheit, Härte gegenüber sich selbst und seinen Untergebenen, Befähigung, sich wechselnden Umständen anzupassen, Begabung zur Improvisation. «Sein Schneid und sein persönlicher Mut», schreibt Juan Friede, Federmanns bester Biograph, «waren beispielhaft. Er befehligte seine Truppen immer selbst und verwarf die bequeme Politik mancher Gouverneure, die ihre Hauptleute auf die Expeditionen sandten und einen Teil der Kriegsbeute für sich abzweigten. Nie strafte er seine Gegner wegen persönlicher Interessen oder wegen mangelnden Respekts vor seiner Person. Seine Vergehen waren die Vergehen seiner Zeit...»[137]

Eine weitere Expedition ins Landesinnere, welche die Ergebnisse von Dalfingers und Federmanns Reisen bestätigen und ergänzen sollte, wurde von *Georg Hohermuth* unternommen, der nach Dalfingers Tod das Gouverneursamt angetreten hatte. Hohermuth stammte aus Speyer, weshalb ihn die Spanier, die seinen Namen schlecht aussprechen konnten, Jorge Espira [Georg von Speyer] nannten. Er studierte Theologie in Heidelberg, wandte sich dann aber weltlichen Geschäften zu und wurde von den Welsern beauftragt, in Sevilla eine Streitmacht zu rekrutieren, welche die deutschen Garnisonen in Venezuela verstärken sollte. Im Februar 1535 traf Hohermuth in der Hafenstadt Coro ein, und bereits drei Monate später brach er mit vierhundert Mann und achtzig Reitern landeinwärts auf. Zu seinen Begleitern zählte der landeskundige Esteban Martín, der bereits an Dalfingers Feldzug beteiligt gewesen war. Mit von der Partie war ferner *Philipp von Hutten*, ein Verwandter des berühmten Humanisten, der einen umfangreichen Bericht verfaßte.[138]

Georg Hohermuths Trupp wählte vorerst die Route nach Barquisimeto und Acarigua, die bereits Federmann eingeschlagen hatte. Dann überschritt man, in südwestlicher Richtung vorstoßend, die Oberläufe vieler nördlichen Zuflüsse des Orinoko und versuchte, der Ostflanke der Cordillera de Mérida folgend, einen Durchlaß zu den gemutmaßten Goldschätzen des Hochlandes zu finden. Da dies mißlang, rückte man weiter nach Süden vor, überschritt die Quellflüsse des Rio Guaviare und drang, zeitlich noch vor Orellana, bis ins Einzugsgebiet des Amazonas vor. Hunger, Krankheiten und Indianerüberfälle hatten Hohermuths Mannschaft inzwischen derart geschwächt und demoralisiert, daß nur der Entschluß zur Rückkehr die Meuterei abwenden konnte. Hutten schreibt: «Denn wir hatten nicht genug gesunde Christen, um das Lager zu bewachen und die Vor- und Nachhut zu stellen. Wir befanden uns fünfhundertundfünfzig Meilen von Coro entfernt, ungefähr vierzig Mann zu Roß und hundert zu Fuß, doch davon keine vierzig Mann gesund und der größte Teil ohne Rapier oder sonstige Waffen, ohne Büchse oder Armbrust, wie sie unter Indianern vonnöten wären ...»[139] Erst diese äußerste Entbehrung veranlaßte Hohermuth, den Frieden zu suchen. «Wir litten», schreibt Hutten, «großen Mangel an Proviant und machten zuletzt Frieden mit den Indianern, die in ihren Kanus mit Mais und Fisch zu uns kamen, damit wir uns ernähren konnten.»[140]

Der Rückmarsch folgte im wesentlichen auf der bereits bekannten Route und vollzog sich vergleichsweise rasch. In der Nähe des Rio Apure vernahm man von Indianern, daß zuvor weiße Soldaten die Gegend durchzogen hätten, zweifellos Federmanns Leute auf ihrem Zug nach Bogotá; doch zu einem Zusammentreffen kam es nicht. Im Mai 1538 traf Hohermuth wieder in Coro ein: Von vierhundert Leuten hatten bloß hundertsechzig die Strapazen überstanden, und diese Überlebenden waren, wie Hutten berichtet, «nicht viel besser gekleidet wie die Indianer und nackt wie diese».[141]

Die von Georg Hohermuth in drei Jahren zurückgelegte Wegstrecke von dreitausend Kilometern Länge macht die Unternehmung des Deutschen zu einer der längsten Entdeckungsreisen in Südamerika. Georg Friederici hat diesen Zug, was den Durchhaltewillen seines Anführers betrifft, mit den weit ausgreifenden Expeditionen de Sotos und Coronados im Süden Nordamerikas verglichen,[142] und eine gewisse Ähnlichkeit liegt auch darin, daß alle diese Reisen in ihrem Verlauf nicht präzise lokalisierbar sind und keine Einfallswege öffneten, die anschließend regelmäßig begangen worden wären. Im Verhalten gegenüber den Indianern unterschied sich Hohermuth nicht von seinen Vorgängern, auch wenn der Bericht Huttens einfühlsamer wirkt als jener Federmanns. Die erhofften Goldvorkommen wurden auch diesmal nicht gefunden; immerhin drang Hohermuth an verschiedenen Punkten seiner Reise ins Grenzgebiet der Muisca ein, eines Stammes der Völkerfamilie der Chibcha, die Gold hervorragend zu verarbeiten verstanden – aber davon ahnte er nichts. Von den überlebenden Teilnehmern wurde die Unternehmung als völliger Mißerfolg empfunden, und Hutten blieb kein anderer Trost als der, anderen Konquistadoren sei es nicht anders ergangen.[143] Fast nimmt man an, Hutten habe es bereut, nach Amerika gefahren zu sein, und jedenfalls bezeugen die Briefe, die sich von ihm erhalten haben, eine Anhänglichkeit an seine Familie, die sich in den Zeugnissen der spanischen Konquistadoren selten findet. Aus seinem Schreiben an einen Freund in Nürnberg sei hier im originalen Wortlaut zitiert: «Ich bitt euch wollet mir offt schreiben neue Zeitung, dann es uns armen Verbannten ein großer Trost ist, brief vom Vaterland zu haben. Ich achte wohl, ich sey drausen lang für tod gehalten, auch bitt ich euch in Ermahnung alter Treu und alten Gesellschaft, wollet euch mein Eltern und Bruder lassen befohlen sein, ihnen oft ein Trostbrieflein schreiben, dann ich wohl weiß, daß ich meinen Eltern gar ein betrübt und unruhig Alter mit meiner langen Reiss geben hab. Gott der Allmächtig schick es alles zum besten.»[144]

Nach seiner Rückkehr plante Hohermuth einen weiteren Vorstoß ins Landesinnere, doch sein Tod im Jahre 1540 verhinderte dessen Durchfüh-

2. Südamerika

rung. Im Einvernehmen mit dem interimistisch als Gouverneur amtierenden Bischof Rodrigo de Bastidas bereitete nun Philipp von Hutten, der das Amt des militärischen Oberkommandierenden übernommen hatte, das nächste Unternehmen vor. Es ist sicher, daß der Deutsche zu diesem Zeitpunkt bereits von der El Dorado-Legende gehört hatte – darauf deuten jedenfalls die Aussagen des José de Oviedo y Baños hin, eines der wenigen Chronisten, dem wir Einzelheiten über diesen Zug verdanken.[145] Im August 1541 folgte Hutten mit etwa hundertfünfzig Mann im wesentlichen der Route Hohermuths entlang der Andenostflanke und drang bis ins Stammesgebiet der Omagua-Indianer südlich des Rio Guaviare vor. Diese Indianer, nicht zu verwechseln mit denen gleichen Namens, die Pater Samuel Fritz am Oberlauf des Amazonas zu bekehren versuchen sollte, lebten in großen Siedlungen und erwiesen sich als äußerst wehrhaftes Volk. Von Oviedo y Baños besitzen wir eine Schilderung der Ankunft Huttens im Land der Omagua, die an Díaz del Castillos Beschreibung Tenochtitláns erinnert. «Unsere Leute», schreibt der Chronist, «standen nun auf erhöhter Stelle, und als sie ihre Blicke in alle Richtungen schweifen ließen, entdeckten sie in geringer Entfernung eine Stadt von solch außergewöhnlicher Größe, daß nicht abzusehen war, wie weit sie sich erstreckte. Ihre Straßen waren gerade, und ihre Häuser standen nahe beieinander. Ein Haus von prächtiger Bauart stach besonders hervor; nach Angaben ihres befreundeten Häuptlings war dies der Palast des städtischen Kaziken Cuarica. Er diente sowohl als sein Wohnhaus als auch als Tempel der vielen Götter, deren goldene Statuen sich dort befanden.»[146]

Im Unterschied zu Cortés gelang es Hutten nicht, sich in den Besitz dieser Stadt, deren Bild sich in der Schilderung des nicht am Zug beteiligten Chronisten zweifellos verklärt, zu setzen. Ein Scharmützel mit den Indianern, bei dem er selbst verwundet wurde, zeigte dem Konquistadoren, daß ein Angriff mit der geringen Zahl entkräfteter Leute, die ihm noch folgten, nicht zu wagen war. So blieb im Jahre 1545 nur der bittere Entschluß zur Rückkehr. Mit Glück erholte sich Hutten von seiner Verletzung und überstand Gefahren und Strapazen des Rückmarsches; doch in unmittelbarer Nähe von Coro geriet er in den Hinterhalt eines spanischen Rivalen, der sich während seiner Abwesenheit zum unrechtmäßigen Gouverneur aufgeschwungen hatte, und wurde ermordet. Dies geschah in der Karwoche des Jahres 1546; die Expedition hatte fast fünf Jahre gedauert.

Die Ermordung Philipp von Huttens erregte empörtes Aufsehen in Europa, der Kaiser veranlaßte persönlich eine Untersuchung, und der Mörder, ein gewisser Juan de Carvajal, wurde vor Gericht gestellt und hingerichtet. Jene, die Hutten persönlich gekannt hatten und mit ihm umhergezogen waren, beklagten den Verlust eines liebenswürdigen Menschen. «Alle Überlebenden», schrieb ein Beamter an die Audiencia von Santo Domingo, «weinen um ihn und werden um ihn weinen, solange sie sich in Indien aufhalten; denn sie sagen, daß er nicht nur ihr ‹capitán general› war, sondern der Vater von ihnen allen.»[147] Besonderes Mitgefühl gegenüber den Indianern geht aus Philipp von Huttens Bericht freilich nicht hervor. Der deutsche Historiker, der seinen Bericht im Jahre 1783 aus den Familienpapieren veröffentlichte, bemerkt jedenfalls in seiner Vorrede mit dem kritischen Sinn des aufgeklärten Philanthropen: «Auch die sonst redlichen Deutschen beflecken sich mit all den Grausamkeiten, die man den Spaniern mit so vielem Recht zum Vorwurfe macht.»[148]

Mit dem Tod Philipp von Huttens endeten die deutschen Entdeckungsreisen im venezolanischen Hinterland. Sie hatten ungeheure Mühen gekostet, aber wenig eingebracht und keine Kolonisation eingeleitet. Ihr Ausgangspunkt, Coro, heute eine malerische Stadt mit reizvollen kolonialen Bauten, blieb kaum mehr als eine Ansammlung von Hütten. Die Deutschen hatten, wie John Hemming schreibt, «einige der am wenigsten zugänglichen Gebiete Südamerikas erkundet, den Tod von Hunderten von Europäern und Tausenden von Indianern bewirkt, aber kein Zeichen auf der Karte hinterlassen».[149] Auch der Anspruch der Welser auf das Gouverneursamt in diesen Teilen Südamerikas ließ sich auf die Dauer nicht aufrechterhalten. Im Jahre 1546 wurde der Vertrag Karls V., der den Deutschen diese Region zur Kolonisation zugesprochen hatte, rückgängig gemacht. Bis zum Jahre 1717 gehörte das Gebiet zum Vizekönigreich Peru; dann wurde das Vizekönigreich Neu Granada geschaffen und von Santa Fé de Bogotá aus verwaltet.

Der Beitrag der Welser zur Entdeckungsgeschichte ist von der spanischen Geschichtsschreibung, die den «Lutheranern» nicht wohlgesinnt war, mit wenig Sympathie kommentiert worden. In seiner Streitschrift zur Verteidigung der Indianer, der «Brevísima Relación», beschuldigt Las Casas die Deutschen besonderer Grausamkeit im Umgang mit den Indianern,[150] und Oviedo y Baños urteilt nicht anders.[151] Selbst in der modernen «Encyclopedia Americana» ist noch die Rede vom Fehlverhalten der Deutschen und ihrer Mißhandlung der Indianer, was zur Aberkennung ihrer Rechtstitel geführt habe.[152] Gewiß sind damals im Streit um das Gouverneursamt von den Spaniern solche Vorwürfe geäußert worden; doch angesichts der unabsehbaren Untaten, welche alle Konquistadoren an den Indianern begingen, will eine derartige Schuldzuweisung dem heutigen Betrachter als zynisch erscheinen.

Der Zugang zum Andenhochland von Kolumbien von der Karibikküste aus wird durch den Rio Magdalena erschlossen, einen mächtigen Strom, der noch dreihundert Kilometer von der Mündung entfernt über einen Kilometer breit ist und bis zu seiner Quelle in der Cordillera Central eine Gesamtlänge von gegen tausendsechshundert Kilometern aufweist. Eine Fahrt auf dem seichten, von Sandbänken und Strudeln durchsetzten Fluß ist noch heute ein mühsames Abenteuer. Gabriel García Márquez, der bedeutende kolumbianische Schriftsteller, hat davon für die Zeit der Jahrhundertwende die folgende Schilderung gegeben: «Nachts aber, zum Schlafen, mußte der Dampfer vertäut werden, und dann wurde sogar die schlichte Tatsache, lebendig zu sein, unerträglich. Zu der Hitze und den Schnaken kam der Gestank des eingesalzenen Fleisches, das in Streifen an der Reling zum Trocknen aufgehängt war. Die Mehrzahl der Passagiere, insbesondere die Europäer, verließen die zu Faulkammern gewordenen Kabinen und verbrachten die Nacht an Deck, verscheuchten Getier aller Art mit ihrem einzigen Handtuch, mit dem sie sich auch den unaufhörlich rinnenden Schweiß abwischten, und erreichten erschöpft und von Stichen verschwollen den Morgen.»[153] Heute führt auf den gebirgigen Anhöhen eine gute Verbindungsstraße von Barranquilla nach Bogotá; doch den sumpfigen, überwachsenen Flußufern entlang gibt es immer noch keinen durchgehenden Weg.

Die Erschließung Kolumbiens ging aus von der bereits 1525 durch Rodrigo de Bastidas gegründeten Hafenstadt Santa Marta, die auf eine ähnlich wechselhafte Geschichte zurückblickt wie das weiter westlich gelegene Cartagena. Es war der 1535 zum Statthalter dieses Stützpunkts bestimmte Pedro Fernández de Lugo, der die Initiative ergriff. Aus einer Familie stammend, die sich um die Eroberung der Kanarischen Inseln verdient gemacht hatte, war de Lugo an der Geschichte der Seefahrten und Landreisen interessiert und begierig, einen eigenen Beitrag zu leisten, wobei er, wie vor ihm die Welser, an die Auffindung eines neuen Zugangs zum Pazifik dachte. Zudem war der Statthalter von Santa Marta reich oder doch dank seiner guten Beziehungen zu spanischen, italienischen und deutschen Handelsleuten in der Lage, sich finanzielle Mittel zu beschaffen.

Die Expedition, die Fernández de Lugo noch auf den Kanarischen Inseln auszurüsten begann, war mit einem Bestand von zwischen fünfhundert und achthundert Mann eine der größten der südamerikanischen Entdeckungsgeschichte. Die Mehrzahl der Teilnehmer war auf die Nachricht von der Auffindung der peruanischen Goldschätze durch Francisco Pizarro aus Spanien herbeigeeilt, verfügte also über geringe Erfahrung. Zum Anführer dieser Streitmacht bestimmte der Statthalter den jungen *Gonzalo Jiménez de Quesada*, einen aus der Universität von Salamanca hervorgegangenen Juristen, dessen Bildungsgrad die unter Konquistadoren gemeinhin übliche Norm deutlich übertraf. Quesada besaß ausgesprochene Führungsqualitäten, ohne ein Rohling zu sein: Mit seinen spanischen Gefolgsleuten wußte er geschickt umzugehen und blutige Rivalenkämpfe zu vermeiden; und auch sein Umgang mit den Indianern war weniger rücksichtslos als üblich. In seinem testamentarischen Nachlaß verfügte er immerhin, es sollten auf seine Kosten Messen für die Seelen der getöteten Indianer gelesen werden.[154]

Quesada verließ Santa Marta im April 1536 mit zwei Abteilungen, wovon die eine zu Schiff den Rio Magdalena von seiner Mündung her befahren sollte, während die andere, das Landheer mit Fußsoldaten, Reitern und indianischen Trägern, den Flußufern folgen und sich beim heutigen Mompos mit der ersten Abteilung vereinigen sollte. Diesem amphibischen Vorgehen war kein Erfolg vergönnt: Von den ausgesandten Schiffen trafen nur wenige

I. Der Vorstoß ins Landesinnere

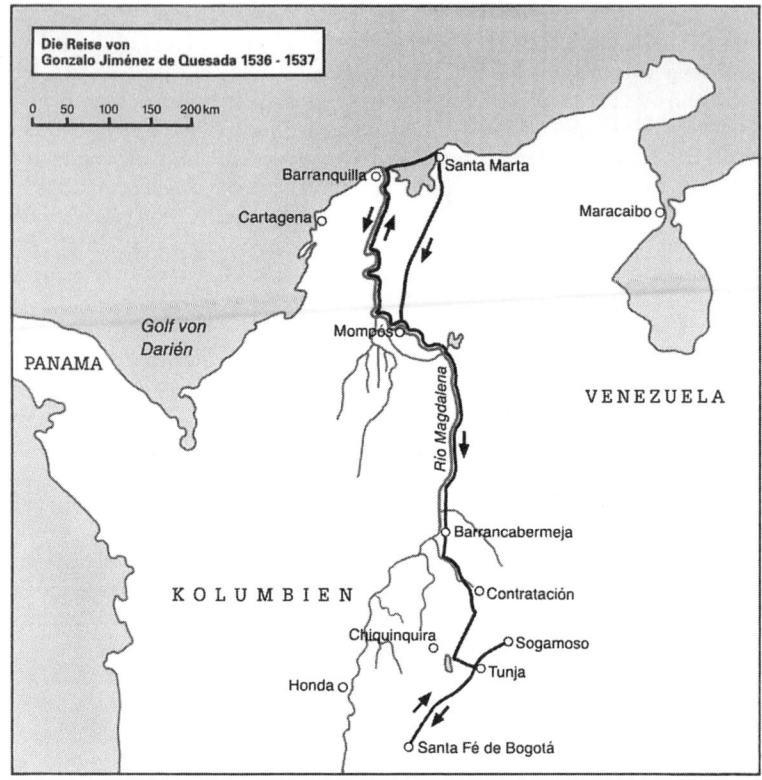

mit großer Verzögerung am Treffpunkt ein, und der Nachschub auf dem Fluß erwies sich als kaum weniger mühevoll als der Vormarsch entlang den Ufern. Das Landheer folgte dem Fluß, statt zu den klimatisch angenehmeren Anhöhen der Anden hochzusteigen, kämpfte sich durch Sümpfe und das Dickicht des Regenwaldes voran, erlitt schwere Verluste durch unbekannte Krankheiten, Unfälle und die vergifteten Pfeile der Indianer. Man erreichte die Gegend des heutigen Barrancabermeja, wo sich eine indianische Siedlung mit reichen Pflanzungen befand, die von den Bewohnern verlassen worden war. Hier überwinterte man und suchte sich zu erholen. Quesada entsandte auf Kanus, die er den Indianern geraubt hatte, Kundschafter stromaufwärts, die ihm meldeten, der Flußlauf verenge sich dermaßen und die Strömung sei so stark, daß ein weiteres Vordringen unmöglich sei. Bereits traf man Anstalten zur Rückkehr. Da meldete eine Bootsbesatzung, die einen Nebenfluß, wahrscheinlich den Rio Opón erkundet hatte, sie sei Indianern begegnet, die mit dem Hinterland Salzhandel trieben. Quesada, dem in dieser auswegloser Lage der kleinste Hoffnungsschimmer verheißungsvoll schien, deutete diese Nachricht als Hinweis auf die Existenz eines reichen Volks im östlichen Andenhochland. Konnte sich nicht das reiche Land Meta, von dem Diego de Ordás geträumt hatte, in unmittelbarer Nähe befinden? «Als er dies hörte», schreibt der Chronist Oviedo, «entschloß er sich, die Gebirge zu erkunden. Er setzte sich zum Ziel, nachzufragen, wo diese Salzkuchen – so unterschiedlich vom Salz der Küstenindianer – herkamen. Er nahm an, daß, wo immer dieses Salz hergestellt wurde, rege Handelsbeziehungen mit der Bevölkerung des Südens bestehen müßten.»[155]

Der Entschluß, die ungesunden Niederungen des Rio Magdalena zu verlassen, bedeutete zwar die Rettung; aber der Aufstieg zur Andenhochebene war erneut äußerst anstrengend und verlustreich. Als man schließlich das Hochland nördlich von Bogotá erreichte, war die Streitmacht auf hundertsiebzig Mann geschrumpft; drei Viertel der Mannschaft waren in den zehn Monaten seit Antritt der Reise umgekommen oder hatten, erkrankt und verletzt, den Rückweg flußabwärts nach Santa Marta antreten müssen. Quesada besaß nun noch ungefähr so viele Leute, wie Pizarro bei der Eroberung des Inkareiches hatte einsetzen können.

Auf die mühselige Erkundung des Magdalenaflusses folgte nun die Unterwerfung der die Hochebene von Bogotá besiedelnden Muisca-Indianer, ein Unternehmen, das – zumindest auf spanischer Seite – weit weniger Opfer forderte und einigen Gewinn versprach. Die zur Sprachfamilie der Chibchavölker gehörenden Muisca kannten keine Zentralregierung, sondern lebten in kleinen Stammesgemeinschaften, die unabhängigen Kaziken unterstanden. Im Unterschied zu den Azteken und den Inkas waren sie kaum militärisch organisiert und verfügten nicht über die tückischen Waffen der Dschungelindianer. Die «Befriedung» dieser Stämme sollte sich zwar als langwierig erweisen, weil sie ein großes Gebiet besiedelten; aber sie stellte den Spaniern und ihrer auch hier gefürchteten Reiterei keine Probleme. Die Muisca waren ausgezeichnete Kunsthandwerker und wußten den Ton, das Gold und die Edelsteine hervorragend zu bearbeiten. Auch wenn die Reichtümer, welche die Leute Quesadas bei ihnen vorfanden und sich sogleich aneigneten, deutlich geringer waren als in den Tempelstätten Perus, war die Beute doch beträchtlich. Von den Vorzügen der Landschaft im Norden von Bogotá hat ein Chronist, Juan de Castellanos, eine begeisterte Schilderung gegeben. «Alles innerhalb der Grenzen dieses versteckten Gebietes gelegene Land», schreibt dieser Autor, «erfreut sich günstiger Einflüsse. Es verfügt über Gold und Silber, Kupfer, Blei und Edelsteine von großem Wert. Sein Klima ist immer mild und angenehm, denn es ist selten so kalt, daß man mit Feuer und Kohlenbecken heizen muß. Zwar gibt es gelegentlich Fröste und Hagelschauer; aber die kahlen Hochebenen sind keineswegs unfruchtbar und bringen gute Ernten; es gedeiht Getreide, Futtergras und Gemüse, und es gibt nun alle Art von Vieh in großer Zahl. Setzt man noch den Pflug ein, verwandelt sich Herbheit in Milde...»[156]

I. Der Vorstoß ins Landesinnere

Die Eroberung der Hochebene von Bogotá beschäftigte Quesada während der Jahre 1537 und 1538. In einem ersten Zusammentreffen auf für sie günstigem ebenem Gelände schlugen die Spanier ein Heer von sechshundert indianischen Kriegern; deren Oberkommandierender, der Zipa Tisquesusa, rettete fürs erste knapp sein Leben.[157] Mit einem zweiten bedeutenden Herrscher, dem Zaque von Tunja, wurde man ebenfalls ohne Schwierigkeiten fertig. In Tunja, dem Hauptort seines Stammesgebietes, drang man in den Palast des Potentaten ein, setzte ihn gefangen, erschlug all jene, die sich für ihn wehrten, und plünderte die Residenz. Die Beute betrug über sechshundert Kilogramm von zu Schmuckstücken verarbeitetem Feingold sowie zweihundertachtzig Edelsteine. Das Gold wurde wie üblich sofort eingeschmolzen; was sich heute davon im «Museo del Oro» von Bogotá an Kostbarkeiten höchsten Kunstverstandes findet, ist nur ein kleiner Rest. Von Tunja stieß Quesada in nordöstlicher Richtung nach Sogamoso vor, dem «Rom der Chibchavölker» mit seinem Haupttempel. Aus Unachtsamkeit setzten zwei Soldaten, die sich nachts in den Tempel schlichen, um das Gold zu behändigen, den heiligen Schrein in Brand – man erinnert sich an die schändliche Plünderung Cuzcos. Das entsetzte indianische Oberhaupt der Stadt gab jeden Widerstand auf und ließ sich auf den Namen «Alonso» christlich taufen. Dann strebte man, angetrieben vom Verdacht, der Zipa Tisquesusa könnte inzwischen seine Schätze versteckt haben, wieder dem Süden zu. Nachdem der Zipa ermordet worden war, setzte man in der Person eines gewissen Sagipa einen gefügigen Nachfolger ein. Aus diesem suchte man durch Folter herauszupressen, wo er sein Gold versteckt halte. Sagipa sagte, er wisse von keinem solchen Versteck. Da erinnerten sich seine Peiniger an das üble Spiel, das fünf Jahre zuvor mit Atahualpa getrieben worden war. Man forderte den Kaziken auf, Gold herbeischaffen zu lassen, und er versprach, binnen zwanzig Tagen eine Hütte mit dem Edelmetall aufzufüllen. Als nicht genügend Gold eintraf, unterwarf man Sagipa erneut der Tortur, und der Unglückliche bezeichnete eine Stelle, wo nach dem verborgenen Schatz zu graben sei. Als sich dort nichts fand, setzte man die Folter fort: «Sie unterzogen ihn schwerer Folter», berichtet ein Augenzeuge. «Seine Füße, die man ins Feuer hielt, krümmten sich, und sie waren zu ihm sehr grausam. Dann schafften sie ihn ins Lager, wo er wenige Tage später starb.»[158] Dies war ein Kunstfehler; und Quesada, als gewiegter Jurist, der wußte, daß Kaiser Karl V. das Leben fremder Machthaber schützte, ließ protokollarisch von Zeugen festhalten, daß Sagipa nicht durch die Folter zu Tode gekommen sei.

Im Juni 1538 wurde die Beute verteilt. Nach Abzug des königlichen Fünftels und der Auslagen für Ausrüstung und Unterhalt der Truppe wurden Gold und Edelsteine in entsprechend abgestuften Teilen an die Offiziere, die Reiter und die Fußsoldaten abgegeben, wobei der Hauptanteil dem Gouverneur von Santa Marta und dem Anführer Quesada zufiel. Wer seine Leistung nicht ins rechte Licht zu setzen wußte, ging leer aus, ebenso die Angehörigen all jener Leute, die auf dem Marsch umgekommen waren. Über die Abrechnung wurde sorgfältig Buch geführt, und es gelang Quesada, Streitigkeiten zu vermeiden.

Im Jahre 1539 kam es auch zu dem denkwürdigen Zusammentreffen der drei Konquistadoren Quesada, Benalcázar und Federmann auf der Hochebene von Bogotá. Sebastián de Benalcázar war, wie wir im Kapitel über Peru und Ecuador berichtet haben, im Jahre 1534 nach Ecuador vorgestoßen und hatte das Statthalteramt von Quito angetreten. Von hier aus unternahm er weitere Vorstöße nach Norden, ins Hochland des heutigen Kolumbien, in der Hoffnung, sich außerhalb von Pizarros Zuständigkeitsbereich ein eigenes Herrschaftsgebiet zu schaffen. In den Jahren 1536 und 1537 gründete Benalcázar die Städte Popayán und Cali und drang darauf über das Hochland der Cordillera Central zum Oberlauf des Magdalenaflusses beim heutigen Neiva vor. Zweifellos war auch bei diesem Konquistador die Suche nach dem Gold das Hauptmotiv, und es ist wahrscheinlich, daß er zusammen mit Gonzalo Pizarro, seinem Nachfolger als Gouverneur von Quito, zu den ersten gehörte, die an die Legende vom El Dorado glaubten. Nördlich von Neiva traf Benalcázar auf einen Erkundungstrupp, den Quesada von Bogotá ausgeschickt hatte, und vernahm die Nachricht von der Eroberung der Stammesgebiete der Muiscavölker. Er entschloß sich, seinen Landsleuten ins Hauptquartier von Bogotá zu folgen.

Zur selben Zeit hatte, wie wir uns erinnern, Nicolaus Federmann auf seiner letzten Reise nach dem reichen Land Meta gesucht und war schließlich, die Ostabdachung der Anden mühsam erklimmend, auf der Hochebene von Bogotá eingetroffen. Im April 1539 vereinigten sich die drei Expeditionstrupps von Quesada, Benalcázar und Federmann in unmittelbarer Nähe des heutigen Bogotá und schlugen ihre Lager auf. Den Beteiligten war die historische Bedeutung des Augenblicks bewußt. «Wir betrachteten es als ein großes Wunder», schreibt einer von ihnen, «daß Männer von drei Statthalterschaften, von Peru, von Venezuela und Santa Marta, an einer Stelle zusammentrafen, die so weit vom Meer, von jenem des Südens wie dem des Nordens, entfernt ist.»[159]

Dem diplomatischen Geschick Quesadas gelang es, mit den andern Anführern, die alle an ihren Besitzansprüchen festhielten, ein vorläufiges Übereinkommen auszuhandeln. Es wurde vereinbart, alle drei Führer sollten nach Spanien reisen und ihre Angelegenheit einem kaiserlichen Schiedsgericht vorlegen. Die Mehrzahl der Soldaten wurde als Kolonisten angesiedelt, sei es auf dem Hochland von Bogotá, sei es in den neugegründeten Städten Popayán und Cali. Die Anführer und der Rest der Truppen schifften sich auf dem Magdalenafluß stromabwärts ein, passierten erstmals die Stromschnellen bei Honda und trafen im Juni 1539 in Cartagena ein. Von hier aus kehrten Quesada, Benalcázar und Federmann nach Spanien zurück.

Das weitere Schicksal der Konquistadoren entsprach mit Bestimmtheit nicht ihren hochgesteckten Erwartungen. Federmann wurde, wie wir hörten, von den Spaniern wie von den Welsern der Überschreitung seiner Amtspflichten angeklagt, und er verstarb im Jahre 1542 in noch jugendlichem Alter. Auch Quesada, obwohl er mit Geschenken beladen in Sevilla eintraf, fand eine ungnädige Aufnahme. Verschiedene Rechtsklagen wurden gegen ihn erhoben, so wegen Steuerhinterziehung und wegen der Ermordung des Muiscaherrschers Sagipa. Er verteidigte sich eine Weile geschickt, tauchte dann vorübergehend in Frankreich unter und erreichte schließlich im Jahre 1547 seine Rehabilitierung. Darauf kehrte er nach Kolumbien zurück und ließ sich in der inzwischen gegründeten Stadt Bogotá nieder. Von dieser Stadt aus unternahm er 1569 noch eine kostspielige, aber völlig erfolglose Expedition hinab in die Tiefebenen östlich der Anden, noch immer in der Hoffnung, das wirkliche El Dorado zu finden. Er starb hochbetagt im Alter von fast achtzig Jahren. Sebastián de Benalcázar schließlich erhielt von der Krone ein Monopol zur Ausbeutung der gemutmaßten Zimtreichtümer und kehrte als Statthalter der Region von Popayán nach Kolumbien zurück; großen Reichtum wird ihm sein Monopol indessen nicht eingebracht haben.

Zum Abschluß dieses Kapitels, das den Entdeckungs- und Eroberungszügen im Gebiet des heutigen Venezuela und Kolumbien gewidmet ist, sind noch einige Unternehmungen zu erwähnen, welche dem Unterlauf des Orinoko und seinen südlichen Zuflüssen galten und einen letzten Versuch darstellten, dem El Dorado doch noch auf die Spur zu kommen. Von Diego de Ordás, der im Jahre 1531 mit seiner Fahrt von der Orinokomündung bis zum Zufluß des Rio Meta und vermutlich bis zu den Stromschnellen von Atures die Erkundung dieses Flußsystems einleitete, ist bereits die Rede gewesen. Auf der Suche nach dem sagenhaften Lande Meta stieß *Alonso de Herrera*, ein Offizier aus dem Trupp von Ordás, im Jahre 1535 zum gleichnamigen Fluß vor; doch der Anführer erlag einem indianischen Giftpfeil, und seine Leute gaben auf. In den achtziger Jahren des 16. Jahrhunderts war es *Antonio de Berrío*, der vom Andenhochland aus verschiedene Vorstöße hinab in die Llanos Venezuelas unternahm. Er war ein Verwandter Quesadas und mit dessen El Dorado-Visionen bestens vertraut. Die wichtigste von Berríos Fahrten führte im Jahre 1590 den Orinoko abwärts zur Einmündung seines bedeutendsten südlichen Nebenflusses, des Rio Caroní.[160] Am Oberlauf dieses Flusses, so ging das Gerücht, befinde sich der Manoasee, ein wichtiger Merkpunkt auf dem verschlungenen Weg nach dem El Dorado, das man nun irgendwo im Bergland von Guayana vermutete. «Der große Fluß, der Caroní genannt wird», schreibt Berrío an den spanischen König Philipp II., «kommt von Guayana herab und kann wegen eines Wasserfalles nicht befahren werden. Doch ein bißchen weiter flußaufwärts, wo ein Häuptling namens Morequito lebt, hört das Gebirge auf, und die Provinzen von Guayana beginnen, und ihnen folgen Manoa, El Dorado und andere Provinzen.»[161] Wegen des schlechten Zustands seiner Mannschaft und mangels zureichender Verpflegung mußte Berrío die Erkundung des Rio Caroní abbrechen. Im Jahre 1591 zog er sich auf die Insel Trinidad zurück.

2. Südamerika

Im Jahre 1593 sandte Antonio de Berrío seinen Hauptmann *Domingo de Vera* an den Orinoko zurück mit dem Auftrag, er möge, dem Caronífluß folgend, zum El Dorado vordringen. Auch Domingo de Vera stieß nicht auf Gold und mußte seine Unternehmung abbrechen; aber er glaubte den üblichen Auskünften der Indianer, das Edelmetall würde sich, wenn man den Vormarsch nur fortsetze, schon finden, und gelangte so zur inneren Gewißheit, er habe den Zugang zum Goldland geöffnet. Berrío, über diese Nachricht hocherfreut, machte sich daran, eine Streitmacht zusammenzustellen, die ihn in den endgültigen Besitz El Dorados bringen sollte. Doch die Intrigen der Gouverneure von Cumaná, Caracas und der Insel Margarita, die alle seine Rechtstitel anzweifelten, hinderten ihn, seine Entdeckungen fortzusetzen. Immerhin entsandte er noch seinen Hauptmann Domingo de Vera nach Spanien, wo dieser weitere Interessenten gewinnen und Mannschaften rekrutieren sollte.

Im Jahre 1595 trat eine Persönlichkeit auf den Plan, der wir bereits in ganz anderem Zusammenhang begegnet sind: *Sir Walter Raleigh*. Der Günstling Königin Elisabeths I. hatte sich, wie wir uns erinnern, in den Jahren nach 1584 um die Kolonisation Virginias bemüht, ergebnislos zwar, aber ohne an Begeisterungsfähigkeit und Unternehmungslust Schaden genommen zu haben. Eine Liebesaffäre stürzte den Edelmann vorübergehend in Ungnade und ließ ihn darauf sinnen, wie er die Gunst der Königin erneut gewinnen könnte. Um das Jahr 1590 dürfte Raleigh erste Meldungen über die El Dorado-Suche der Spanier im Orinokogebiet erhalten haben; es ist denkbar, daß eine Fassung von Domingo de Veras begeistertem Bericht von den Engländern erbeutet und an ihn weitergeleitet worden war.[162] Nun erwachte in Raleigh der Gedanke, sich durch die Auffindung dieses El Dorados für die englische Krone verdient zu machen. Im Frühling des Jahres 1595 machte sich eine von ihm ausgerüstete Flotte von vier Schiffen auf den Weg zur Orinokomündung.[163]

Die Unternehmung Walter Raleighs gehört in den historischen Zusammenhang jenes ausgedehnten Kaperkrieges auf allen Weltmeeren, der bereits vor dem Untergang der Armada [1588] zu Zusammenstößen zwischen englischen und spanischen Schiffen geführt hatte und der nun, ohne eigentliche Kriegserklärung, aber doch mit der Billigung Königin Elisabeths I., seinen ungehemmten Fortgang nahm. Die Übergriffe zur See rechtfertigte England durch die Freihandelsdoktrin, mit der es dem im Tordesillasvertrag festgehaltenen Monopolanspruch der iberischen Mächte entgegentrat. In Wahrheit aber ging es um die Frage der Vormacht vor allem im atlantischen Raum. «Denn wer immer über die See gebietet», hatte gerade Raleigh mit aller Deutlichkeit festgestellt, «gebietet über den Handel, und wer immer über den Handel der Welt gebietet, gebietet über die Reichtümer der Welt und somit über die Welt überhaupt.»[164] In Nordamerika hatte sich, wie wir gesehen haben, der lange Arm Spaniens als zu schwach erwiesen, sowohl englische als auch französische Entdecker und Kolonisatoren auf die Dauer abzuweisen. Doch im karibischen Raum hatte Spanien seit den vernichtenden Überfällen von Francis Drake auf Santo Domingo und Cartagena im Jahre 1586 hinzugelernt: Die Küstenstädte waren massiv befestigt worden, und ihr Überleben wurde durch die voranschreitende Kolonisation des Hinterlandes zunehmend sichergestellt. Zwar gelang es den Engländern noch immer, die eine oder andere Galeone aus der spanischen Silberflotte herauszuholen und reiche Beute zu machen. Aber an strategisch wichtiger Stelle Fuß zu fassen, war ihnen im Süden nicht mehr möglich: Die letzte Kaperfahrt an die mittelamerikanische Küste, welche John Hawkins und Francis Drake 1595 gemeinsam unternahmen, mußte nach dem Tod dieser beiden Oberkommandierenden ziemlich ergebnislos abgebrochen werden. Auch Sir Walter Raleighs Unternehmen vom selben Jahr sollte, trotz anfänglicher Teilerfolge, zu spät kommen: Selbst wenn es ein El Dorado gegeben hätte – den Spaniern wäre es nun nicht mehr zu entreißen gewesen.

Im Frühling des Jahres 1595 traf Raleigh mit seinen vier Schiffen vor der Insel Trinidad ein, sehr zur Überraschung von Antonio de Berrío, der sich hierher zurückgezogen hatte, um eine weitere Expedition vorzubereiten. San José de Oruna, der befestigte Platz, den Berrío unweit des heutigen Port of Spain angelegt hatte, wurde von den Engländern ohne Zaudern angegriffen, ohne nennenswerte Gegenwehr erobert und in Brand gesteckt; der Gouverneur wurde gefangengenommen. In ausgiebigen, mit lauernder Freundlichkeit geführten Gesprächen suchte Raleigh das Geheimnis des Zugangs zum El Dorado aus Berrío herauszulocken, während der Spanier alles unternahm, um seinem Rivalen die Hindernisse, die sich einer Reise zum Orinoko entgegenstellten, möglichst abschreckend vor Augen zu führen. Aus dem ausführlichen, literarisch wertvollen Reisebericht, den wir von Raleigh besitzen, geht hervor, daß er in Berrío den erfahrenen und tapferen Edelmann ebenbürtigen Standes achtete, sich aber von dessen hinhaltenden Ausführungen nicht beeindrucken ließ. «Berrío war», schreibt Raleigh, «von großer Betrübnis und Bitterkeit ergriffen, suchte mit allen möglichen Argumenten, mich abzuhalten, und versicherte auch den Gentlemen meiner Umgebung, daß alle Anstrengungen vergeblich sein würden... Vieles von dem, was er sagte, entsprach der Wahrheit; doch ich entschloß mich, was immer sich ereignen würde, die Probe aufs Exempel zu machen.»[165]

Im Mai 1595 machte sich Raleigh zur Orinokomündung auf, kämpfte sich durch das labyrinthische Gewirr der Mündungsarme und durch die Mangrovensümpfe und erreichte schließlich mit Glück den Zufluß des Rio Caroní. Wegen des einsetzenden Hochwassers war an eine weitere Erkundung dieses Flusses nicht zu denken, und lediglich ein Vortrupp stieß zu Land zu den Wasserfällen vor. Vom El Dorado hörte man nichts Genaues, und es blieb bei den üblichen Gerüchten und Mußmaßungen; doch von der Schönheit und Fruchtbarkeit der Landschaft zeigte sich Raleigh begeistert. «Auf beiden Seiten dieses Flusses», berichtet er später im Gedenken an die bukolische Hochstimmung jener Tage, «begegneten wir den wunderschönsten Landschaften, die je mein Auge erblickt hatte. Und während alles, was wir bisher

2. Südamerika

gesehen hatten, nur Wald, Weidengesträuch, Buschwerk und Dornendikkicht gewesen war, erblickten wir nun weite Flächen von zwanzig Meilen Länge mit kurzem und saftig grünem Gras und mit verschiedenenorts natürlich gewachsenen Baumgruppen, die durch alle Kunstfertigkeit und Arbeit nicht besser hätten angeordnet werden können. Und während wir weiter ruderten, kam das Wild ans Ufer zur Tränke, als ob es von einem Wächter gerufen worden wäre.»[166] Doch die Idylle täuschte nicht darüber hinweg, daß das Hauptziel der Reise verfehlt und bisheriger Kenntnis wenig zugefügt worden war. Raleigh sah sich denn auch veranlaßt, seine Reise als bloße Rekognoszierung zu deklarieren. In finanzieller Hinsicht war das Unternehmen kein Erfolg: Auch die Überfälle auf einige spanische Siedlungen und die Kaperung einiger spanischer Schiffe vor der Rückkehr über den Atlantik waren nicht kostendeckend. Im September 1595 kehrte Raleigh nach England zurück.

Der unverzüglich publizierte und anschließend in mehrere europäische Sprachen übersetzte Reisebericht kann als ein Meisterstück früher Kolonialismuspropaganda betrachtet werden.[167] Raleigh griff bereitwillig auf alles zurück, was bisherige Reisende zur Legende vom El Dorado beigetragen hatten, und setzte da und dort ein neues Glanzlicht auf. Die Rede ist von Gold in allen denkbaren Erscheinungsformen, massiv in Minen lagernd, zu Staub zerrieben und auf die Haut der Würdenträger in geheimnisvollem Zeremoniell aufgetragen, zum kostbaren Schmuckstück geschmiedet und mit Edelsteinen verschönt, im Innern von Tempelstätten zu glanzvoller Wandbekleidung verarbeitet. Auch eine neuartige Herrschergestalt tritt auf, ein Verwandter des peruanischen Inkakönigs, aber diesen an Machtfülle und Reichtum noch übertreffend; das Volk der Amazonen wird einmal mehr erwähnt, und schließlich wird noch auf die Existenz weiterer sonderbarer Menschenwesen, der «Ewaipanoma», die ihren Kopf auf der Brust tragen, hingewiesen – auf diese letzteren sollte später Shakespeare in seinem «Othello» zurückgreifen.[168] Bemerkenswert ist, daß sich Raleigh in bewußter Abkehr von den scharf gerügten Greueltaten der Spanier einer humanen Indianerpolitik zu befleißigen suchte. «Ich duldete nicht», schreibt er, «daß irgendeiner meiner Leute einem ihrer Stämme auch nur eine Kartoffelknolle wegnahm, ohne für Entschädigung zu sorgen, oder deren Frauen und Töchter antastete; dieses von den Spaniern, welche sie in allem tyrannisieren, so abweichende Verhalten führte dazu, daß die Indianer unsere Königin, welche, wie ich ihnen sagte, solche Rücksichtnahme angeordnet hatte, sehr bewunderten und unsere Nation achteten.»[169] In einer vom Reisebericht unabhängigen Schrift, die Raleigh oder einer seiner Mitarbeiter verfaßte, wird gar der Gedanke vertreten, England habe gegenüber den Indianern die Rolle einer Schutzmacht und ein eigentliches Vormundschaftsmandat zu übernehmen, wonach die Indianer gegen spanische Übergriffe verteidigt werden sollten und ihnen bei der Rückeroberung Perus geholfen [!] werden sollte.[170] Derartige Kritik an der Indianerpolitik der Spanier sollte bis zum

18. Jahrhundert in der englischen, aber auch in der französischen Reiseberichterstattung und Kolonialliteratur ihren festen Platz einnehmen; der Nachweis freilich, daß das üble spanische Beispiel die rivalisierenden Kolonialmächte unter ähnlichen Bedingungen veranlaßt hätte, humaner vorzugehen, ließe sich kaum erbringen.

Von England aus verfolgte Raleigh seinen Plan zur Auffindung des El Dorado unbeirrt weiter. Im Jahre 1596 entsandte er Kapitän *Laurence Keymis*, der sich bereits auf der ersten Reise bewährt hatte, an die Orinokomündung zu genaueren Nachforschungen. Keymis stieß an der Einmündung des Rio Caroní auf den neu gegründeten spanischen Stützpunkt San Thomé und erfuhr von einer großen Flotte, die Domingo de Vera inzwischen in Spanien zusammengestellt und nach Trinidad überführt hatte. Eine weitere von Raleigh noch im selben Jahr vorbereitete Erkundungsfahrt unter dem Kommando von *Leonard Berry* führte zu einer besseren Kenntnis des Küstengebiets im heutigen Surinam und Französisch-Guayana; auch taten die in dieser Region befragten Indianer den Engländern erneut den Gefallen, sie in ihren Illusionen über das Goldland zu bestärken. Der Tod von Königin Elisabeth I. im Jahre 1603 und die Thronbesteigung Jakobs I. durchkreuzten allerdings vorderhand Raleighs Entdecker- und Kolonisationsprojekte. Der unternehmungslustige Edelmann, durch sein selbstbewußtes und expansives Naturell dem König ohnehin unsympathisch, wurde im Zusammenhang mit der Thronfolge der intriganten Einmischung bezichtigt, des Hochverrats angeklagt und ins Gefängnis gesteckt. «Raleigh wanderte in den Tower», schreibt der englische Historiker Trevelyan, «von dessen Zinnen er auf das Segelgewirr der Themse hinabsehen und in wehmütiger Erinnerung dem Lärm und den Gesängen der Seeleute lauschen konnte.»[171] Es scheint, daß während der langen Zeit seiner Inhaftierung, zwischen 1603 und 1616, die Vorstellung, er könne sich vor sich selbst und vor seiner Nation nur noch durch die Auffindung des El Dorado rehabilitieren, zunehmend wahnhaften Charakter gewann. Nach seiner Freilassung erreichte Raleigh, daß ihm ein königliches Patent zu einer weiteren Expedition an die Orinokomündung ausgefertigt wurde, mit der unmißverständlichen Auflage, daß Konflikte mit Spanien unbedingt vermieden werden sollten. Die Krone behielt sich ein Fünftel der zu erwartenden Gewinne vor und überließ im übrigen die Finanzierung des Unternehmens Raleigh und seinen Freunden. Im Juni 1617 verließ eine stattliche Flotte von nicht weniger als dreizehn Schiffen und gegen tausend Mann Besatzung England.

Raleighs zweite Fahrt zum Orinoko blieb, wie ambitiös sie auch geplant und ins Werk gesetzt war, gänzlich ergebnislos und besiegelte nicht nur das Schicksal ihres Initianten, sondern beendete auch endgültig Englands Versuche, auf dem tropischen Festland Fuß zu fassen. Mit seinen fünfundsechzig Jahren war der Oberkommandierende ohnehin zu alt, um an vorderster Front durch sein Beispiel motivierend zu wirken, und bereits während der Überfahrt begann die Mannschaftsmoral sich zu zersetzen. Während Raleigh mit den größeren Schiffen zur Sicherung des Unternehmens vor der Orinokomündung zurückblieb, stieß Kapitän Keymis zum Rio Caroní vor. Beim spanischen Stützpunkt San Thomé kam es, in flagranter Verletzung der wichtigsten königlichen Weisung, zum mutwillig ausgelösten kriegerischen Zusammenstoß – wer dafür auf englischer Seite die Hauptverantwortung trug, blieb schon damals umstritten und ist auch heute nicht geklärt.[172] San Thomé wurde gestürmt, der spanische Gouverneur wurde erschlagen, und auch Raleighs Sohn, der seine Tapferkeit hatte beweisen wollen, kam ums Leben. Die Eroberung des ärmlichen Stützpunkts brachte den Engländern nichts, die Suche nach den Goldminen des El Dorado kam über einige ziellose Vorstöße landeinwärts nicht hinaus, und die enttäuschten Mannschaften forderten bald die Rückkehr. Kapitän Keymis blieb nichts anderes übrig, als zur Orinokomündung zurückzusegeln und Raleigh, der sich in Trinidad aufhielt, die Nachricht des eigenen Versagens zu überbringen. Der Oberkommandierende sah sich am Ende aller seiner Hoffnungen. Da er wußte, daß in England eine Strafuntersuchung auf ihn wartete, trug er sich mit dem Gedanken, sich in eine neu zu gründende Kolonie abzusetzen. Doch seine Kapitäne verließen ihn, die Mannschaften drohten mit Meuterei, und so blieb nur noch der Weg zurück. Im Juni 1618 traf Raleigh als gebrochener Mann in England ein; zwei Monate später wurde er erneut im Tower festgesetzt. In einer Verteidigungsschrift, die eine wichtige Quelle zum Reiseverlauf darstellt, suchte sich Raleigh zu rechtfertigen.[173] Seine Ausführungen zeigen nochmals, daß dieser unermüdliche Promotor transatlantischer englischer Machtentfaltung, über seine fixe Idee vom El Dorado hinaus, neue und bemerkenswerte Gedanken über ein menschlich verantwortbareres, kommerziell sinnvolleres Empire im Kopf bewegte, welches das spanische Reich ablösen oder doch in Schranken weisen müsse. Aber es half alles nichts. König Jakob I. wollte nicht die Auseinandersetzung mit Spanien, sondern den Frieden, und er war auf die Botmäßigkeit seiner Untertanen, nicht auf deren eigenwillige Initiativen angewiesen. Walter Raleigh wurde wegen Hochverrats zum Tode verurteilt und am 29. Oktober 1618 enthauptet.

Auch den Spaniern, dies mochte Raleighs zahlreichen Anhängern zum Trost dienen, war die Auffindung eines El Dorado nicht vergönnt. Antonio de Berrío war im Jahre 1597 gestorben, und Domingo de Vera, der die aus Spanien herbeigeholten Goldsucher nicht zu zähmen verstand, zog sich enttäuscht nach Caracas zurück. Nach 1598 unternahm Antonio de Berríos Sohn, *Fernando*, insgesamt gegen zwanzig Vorstöße auf südlichen Nebenflüssen des Orinoko stromaufwärts, scheiterte aber an den Wasserfällen des Hochplateaus. Zweifellos hätte er seine Suche nach dem Manoasee und der Residenz des neuen Inka mit derselben Besessenheit fortgesetzt wie sein Vater; aber während eines Heimatbesuchs im Jahre 1622 wurde er von nordafrikanischen Piraten entführt und starb in Algier an der Pest. Trinidad, wichtigster Ausgangspunkt der letzten Unternehmungen, sank in den Dornröschenschlaf zurück, die Insel fiel, mit den Worten ihres bedeutendsten Schriftstellers, V. S. Naipauls, zu reden, für zweihundert Jahre «aus der Geschichte heraus».[174] Die Idee vom El Dorado verlor rasch an Faszinationskraft: Von allen Konquistadorenvisionen hat sie indes am längsten, zwischen 1540 und 1620, ihre stimulierende Wirkung ausgeübt und wohl am meisten Menschen ins Verderben gestürzt. Wenig erinnert heute an die Zeit, da Wirklichkeit und Traum sich untrennbar überlagerten. Am «Pan American Highway», der von Ciudad Bolívar in Venezuela nach Boa Vista in Brasilien führt, gibt es noch eine Ortschaft mit Namen El Dorado; sie besitzt eine Tankstelle, die von acht Uhr vormittags bis sieben Uhr nachmittags, wenn man Glück hat, geöffnet ist.

Brasilien

Wir haben bereits im ersten Teil dieses Buches, der sich mit den Seereisen befaßte, die Erkundung der brasilianischen Küstenlinie zwischen der Amazonasmündung und dem heutigen Porto Alegre dargestellt. Das riesige Gebiet, das innerhalb seiner heutigen Grenzen fast die Hälfte der Gesamtfläche Südamerikas ausmacht, galt als portugiesische Domäne – so jedenfalls wollte es der freilich noch auf sehr unklaren geographischen Vorstellungen beruhende Tordesillasvertrag von 1494. Seefahrer verschiedener Nationen hatten sich bei der Erkundung der Küstengewässer hervorgetan: Vicente Yáñez Pinzón, der Gefährte des Kolumbus, der Asienfahrer Pedro Álvares Cabral, der bescheidene Gonçalo Coelho und der geschickt sich in Szene setzende Amerigo Vespucci. Im außenpolitischen Konzept König Manuels I. von Portugal beanspruchten diese Entdeckungen allerdings keinen Vorrang: Das Gold aus Afrika und die Gewürze aus Indien und Ostasien waren wichtiger. Dennoch entwickelte sich in den ersten Jahrzehnten des 16. Jahrhunderts von Lissabon aus und unter direkter Aufsicht der Krone ein maßvoller transatlantischer Handel mit Farbholz, und an der Küste wurden einige Stützpunkte – Pernambuco [Recife], Bahia [Salvador], Cabo Frio – errichtet. An eine Durchdringung des Hinterlandes dachte angesichts des geringen Bevölkerungspotentials des Mutterlandes noch niemand; auch entfiel hier vorerst die Sogwirkung, welche die Auffindung von Gold in Mittelamerika und Peru auf die spanischen Auswanderer ausübte.

Im Jahre 1555 wurde, wie wir uns erinnern, der Besitzanspruch Portugals auf Brasilien durch die Niederlassung von Durand de Villegaignon in Frage gestellt; doch bereits zehn Jahre später hatten die Franzosen ihre Rolle ausgespielt. Zum letzten Versuch der Festsetzung einer fremden Kolonial- und Seemacht kam es im Jahre 1624, als eine holländische Flotte unter dem Kommando von *Jakob Willekens* und *Pieter Heyn* vor Bahia erschien und die Hafenstadt sich nach kurzem Gefecht ergab. Bahia mußte zwar bereits im folgenden Jahr geräumt werden, doch gelang es den Holländern, im Nordosten, bei Pernambuco, erneut Fuß zu fassen und sich in dieser

2. Südamerika

Kolonie, die sie hoffnungsvoll «Neu Holland» nannten, bis zum Jahr 1654 zu halten. Es wäre dies eine Episode ohne kolonial- und entdeckungsgeschichtlichen Belang, wenn nicht während der Amtszeit des Gouverneurs Moritz von Nassau-Siegen [1636–1643] bemerkenswerte Anstrengungen zum Studium der Landschaftsgestalt und der tropischen Natur unternommen worden wären. So wußte Moritz von Nassau einige begabte Künstler in seinen Dienst zu ziehen, unter diesen den Kunstmaler Frans Post, dem wir die künstlerisch wertvollsten Landschaftsbilder des frühkolonialen Südamerika verdanken, oder Albert Eckhout, dessen großformatige Indianerdarstellungen nicht nur von bedeutendem ethnographischem Wert sind. Erwähnt seien auch die Forschungen der beiden Botaniker Georg Markgraf und Willem Piso, deren beider Werke über Flora und Fauna Brasiliens bis zum Beginn des 19. Jahrhunderts unübertroffen blieben.[175]

Die Erschließung der rückwärtigen Gebiete, des buschartig bewaldeten Berglandes im Süden und des mit immergrünem Regenwald bedeckten Amazonastieflandes im Norden, trieben die Portugiesen nur langsam voran. Im Jahr 1530 – im Fernen Osten hatte man bereits den malaiischen Archipel, die Gewürzinseln und China erreicht – entschloß sich König Johann III., etwas für die Kolonisation von Brasilien zu tun. Er entsandte eine Flotte von fünf Schiffen, besetzt mit über vierhundert Soldaten und Siedlern unter dem Kommando von *Martím Afonso de Sousa* über den Atlantik. Sousa folgte im Jahre 1531 der Küste von Pernambuco bis in die Nähe des Rio de la Plata, gründete beim heutigen Santos die Siedlung São Vicente und trug Sorge, überall Wappenpfähle, sogenannte «padrões», einzupflanzen, um den Besitzanspruch zu markieren. Im Süden des heutigen Santos unternahmen Sousas Leute eine größere «entrada» ins Landesinnere, in der vergeblichen Hoffnung, auf Gold und Silberschätze zu stoßen. Dann gründete man in der Umgebung des späteren São Paulo die Ackerbausiedlung Piratininga. Wichtig war diese Unternehmung auch deshalb, weil die Standortbestimmungen der Navigatoren ergaben, daß die Mündung des Rio de la Plata, die Solís 1515 entdeckt hatte, nicht mehr in dem durch den Tordesillasvertrag zugesicherten Einflußbereich Portugals lag. Es sind denn auch in der Folge keine weiteren Vorstöße mehr in dieser Richtung unternommen worden.

Im Jahre 1534 führte König Johann III. das System der lehensrechtlichen Landschenkungen ein, um einen stärkeren Anreiz zur Besiedlung zu schaffen. Ganz Brasilien wurde in fünfzehn Abschnitte, sogenannte «capitanias», eingeteilt, deren Ausdehnung so bestimmt wurde, daß von einem Küstenstreifen aus, dessen Länge in der Regel um die fünfzig Meilen betrug, zwei in diesem Abstand parallel verlaufende Grenzlinien landeinwärts gezogen wurden, dergestalt, daß die Ausdehnung nach Westen hin offen blieb. Die weitaus prosperierendste Kapitanie war Pernambuco. Zum Handel mit Farbholz trat hier nach 1540 dank der Zufuhr von Sklaven aus Westafrika, aber auch infolge der hemmungslosen Versklavung der brasilianischen Indianer, die Zuckerrohrproduktion auf riesigen Farmbetrieben hinzu, die bis zum 18. Jahrhundert das wirtschaftliche Hauptpotential des Landes darstellte. Im Jahre 1549 wurden die Niederlassungen durch die Einsetzung eines Generalgouverneurs stärker an die Krone gebunden, und Bahia wurde zur Hauptstadt bestimmt, die es bis 1763 blieb.[176]

Die Zeitspanne zwischen dem Beginn und den dreißiger Jahren des 16. Jahrhunderts wird in der brasilianischen Geschichte zuweilen als die «Zeit der Faktoreien» bezeichnet. Das Hauptaugenmerk der Krone richtete sich während dieser Phase darauf, die Küstenlinie gegen die Übergriffe fremder, vor allem französischer Schiffe zu sichern und einige befestigte Handelsstationen, sogenannte «feitorias», anzulegen. Angesichts der geringen Zahl portugiesischer Zuwanderer waren Vorstöße ins Landesinnere noch nicht angezeigt, und wegen der da und dort recht zahlreich siedelnden Tupí-Indianer, die sich mit Pfeil und Bogen durchaus zu wehren verstanden, auch nicht ratsam. Obwohl das südliche Bergland mit seinem von Buschwerk und geringen Waldbeständen geprägten Savannencharakter zugänglicher gewesen wäre als etwa das mexikanische oder peruanische Hochland, hielt man sich zurück, und einzelne Kolonisatoren, unter ihnen Martím Afonso de Sousa, erließen sogar ausdrückliche Verbote, in den Sertão, das Hinterland, vorzudringen.

Wenige Ausnahmen bestätigen diese Regel. Die wichtigste dieser Ausnahmen war zweifellos *Aleixo Garcia*, der 1515 als einer der portugiesischen Begleiter von Solís zum Rio de la Plata aufgebrochen war, aber auf der Insel Santa Catarina, dem heutigen Florianópolis vorgelagert, Schiffbruch erlitten hatte. Von hier aus stieß Garcia um 1520 mit einigen Begleitern, darunter einem Mulatten namens *Pacheco*, landeinwärts über die Flüsse Paraná und Paraguay bis zu den Ebenen des Gran Chaco vor. Mit einem Heer von gegen zweitausend Guaraní-Indianern, das er um sich geschart hatte, erklomm der Portugiese nördlich von Potosí die Anden und drang – noch einige Jahre vor Francisco Pizarro – in den Machtbereich der Inkas vor. In mehreren Gefechten mit den Inkas blieb Garcia siegreich und machte gute Beute an Silber- und Kupferwaren. Auf der Rückreise, ums Jahr 1525, wurde Garcia ermordet, und zu einer Wiederholung seines Unternehmens kam es bis auf weiteres nicht. Ein Bericht von dieser Reise liegt nicht vor; doch verschiedene Quellenhinweise, auch von Seite der Inka, vermögen sie zu bestätigen.[177] Bemerkenswert ist an Aleixo Garcias staunenswerter Expedition, daß ein Hauptmotiv, neben dem üblichen Verlangen nach Edelmetallen, die Suche nach dem «Weißen König» war. Wir sind diesem Trugbild bereits begegnet, als wir, im Teil über die Seereisen, von der Südamerika-Unternehmung des Sebastian Cabot sprachen. Wiederum wird man an den sagenhaften christlichen Priesterkönig Johannes erinnert, mit dem Heinrich der Seefahrer, als er die ersten Fahrten längs der afrikanischen Küste organisierte, in Kontakt zu treten hoffte, um eine heilige Allianz gegen die Bedrohung durch den Islam zu schließen.[178]

Zu den Ereignissen, welche die Durchdringung des Sertão bereits zur Zeit der Faktoreien wenigstens vorbereiten halfen, gehört unzweifelhaft auch die Ankunft der Jesuitenpatres *Manuel de Nóbrega* und *José de Anchieta* in Bahia im Jahre 1549. Obwohl sich unter den frühen Besuchern Brasiliens auch andere Ordensgeistliche, Franziskaner, Benediktiner und Kapuziner, befanden, waren es doch die Jesuiten, die zum eigentlichen kulturellen Faktor in diesem Lande wurden und die Erforschung von Land und Leuten mit besonderer Kompetenz vorantrieben. Von Nóbrega, Anchieta und deren Nachfolgern besitzen wir zahlreiche geographisch und ethnographisch aufschlußreiche Briefe, und ein weiterer Ordensbruder, *Fernão Cardim*, hat eine wichtige Abhandlung über Klima und Landschaftsgestalt Brasiliens verfaßt – Zeugnisse, welche die bereits im Teil über die Seereisen erwähnte Berichterstattung von André Thevet, Jean de Léry und Hans Staden trefflich ergänzen.[179] Im Unterschied zum üblichen Typ des Konquistadors, der sich, wenn er überhaupt dialogfähig war, auf Dolmetscher stützte, bezeugten die Jesuiten ihr vertieftes Interesse an den Indianerkulturen durch das Erlernen von Eingeborenensprachen. Zu den ersten Geistlichen, die in der Tupí-Sprache predigten, gehörte *João de Azpilcueta Navarro*, der bereits mit Nóbrega nach Brasilien gekommen war und mehrere Reisen ins Hinterland unternahm. Eine besondere Fertigkeit entwickelten die Jesuiten auch auf dem Gebiete der Kartographie, und an den Arbeiten zum ersten wissenschaftlich einigermaßen zuverlässigen Atlas des Landes, die zu Beginn des 18. Jahrhunderts aufgenommen wurden, waren sie entscheidend beteiligt. Als geistige Umschlagplätze solcher Informationen dienten die Kollegien, so vor allem dasjenige von Bahia, das um 1690 eine Bibliothek mit dreitausend Bänden besaß.[180]

Zum Hauptanliegen des Jesuitenordens in Brasilien wurde die Indianermission. Man zog die halbnomadisch lebenden Indianer in Missionsdörfern, den «aldeias» zusammen, um sie in der christlichen Lehre unterweisen und beim Bebauen der Felder anleiten zu können. Da man die Indianer dem korrumpierenden Einfluß der weißen Kolonisten entziehen wollte, legte man die «aldeias» in einiger Distanz von den portugiesischen Siedlungen an: Sie übernahmen also eine wichtige Vorpostenfunktion beim Vorstoß in den Sertão. Gegen Ende des 17. Jahrhunderts hatten die etwa dreihundert im Lande lebenden Jesuiten sowohl im südlichen Bergland als auch längs des Amazonas ein weitmaschiges Netz von derartigen Stützpunkten errichtet. Einige dieser Missionare traten auch als Wanderprediger auf und folgten den Indianern auf ihren langen Streifzügen. Über Erfolg und Mißerfolg dieser Missionsarbeit zu urteilen und eine Debatte fortzuführen, die seit dem 16. Jahrhundert die Geister erregt hat, ist hier nicht der Ort.[181] Unzweifelhaft aber ist, daß die Tätigkeit der portugiesischen Mönche, die noch von spanischen Ordensbrüdern unterstützt wurden, die vom Rio de la Plata aus zu den Oberläufen von Paraná und Paraguay vordrangen, wesentlichen Anteil an der Durchdringung des Hinterlandes beanspruchen darf. Mit der Bekämpfung der Jesuitenmission durch den Staat, die in Brasilien um 1759, im spanischen Kolonialgebiet einige Jahre später einsetzte und 1773 zur Aufhebung des Ordens führte, fand diese Periode der «geistlichen Erschließung» ihren Abschluß.

Den wichtigsten Beitrag zur Durchdringung des Sertão leisteten jedoch die sogenannten «bandeirantes».[182] Es handelte sich dabei um Sklavenhändler, Jäger und Abenteurer, die in Gruppen von zwanzig bis mehreren Hundert Mann ins Hinterland aufbrachen, um nach Goldvorkommen oder fruchtbarem Siedlungsgebiet zu suchen. Diese Gruppen bestanden zur Mehrzahl aus Indianern und gelegentlich auch aus Negersklaven, die freiwillig oder unter Zwang Hilfsdienste als Pfadfinder, Träger und Dolmetscher leisteten. Den Kern der Gruppe bildeten in der Regel Portugiesen in jugendlichem, unternehmungslustigem Alter und oft auch Mestizen, sogenannte «mamelucos». Man reiste mit leichtem Gepäck, dürftig bekleidet, mit Buschmessern und wenigen Gewehren bewaffnet und meist zu Fuß oder im Kanu. Die Lebensweise war einfach und ungebunden und eignete sich nicht für seßhafte, sozial integrierte Naturen – in dieser Hinsicht erinnern die «bandeirantes» an die Waldläufer in Kanada, die «coureurs des bois», die allerdings in kleineren Gruppen oder allein auszogen und mit dem Pelzgeschäft eine klarer umrissene Aufgabe hatten. Die «bandeirantes» blieben mehrere Monate, ja nicht selten Jahre von ihren Ausgangspunkten im Küstengebiet weg; wenn sie zurückkamen, führten sie häufig indianische Gefangene mit sich, die sie auf ihren Sklavenjagden ergriffen hatten und an die Zuckerplantagen verkauften. «Sie ziehen dahin», schrieb ein Jesuitenpater, «ohne Gott, ohne Nahrung, nackt wie Wilde und allen Widerwärtigkeiten und Drangsalen dieser Welt ausgesetzt. Zwei- oder dreihundert Leguas weit dringen sie in den Sertão ein und stehen dem Teufel, indem sie Sklaven stehlen und mit ihnen Handel treiben, mit erstaunlicher Aufopferungsbereitschaft zu Diensten.»[183] Diese Sklavenjagd brachte die «bandeirantes» in einen Dauerkonflikt mit den Missionaren, denen der Schutz der Eingeborenen am Herzen lag und deren «aldeias» nicht selten Ziel von Überfällen wurden. Besonders berüchtigt waren in dieser Hinsicht die «bandeirantes», die von São Paulo ausgingen, die «paulistas», die zu einer Bedrohung selbst noch der spanischen Missionsdörfer in Paraguay wurden. Auch wenn wenige unter diesen Waldläufern über die nötige Bildung verfügten, um über ihre Taten schriftlich Bericht zu erstatten, leisteten sie doch Pionierarbeit bei der Öffnung des Hinterlandes zwischen São Paulo und Pernambuco, aber auch im Bereich des Amazonasstromes. Die Herkunft des Begriffs «bandeirantes» ist nicht ganz klar; die meisten Historiker führen ihn auf das Fähnchen [bandeira] zurück, das diese Trupps mit sich führten.[184]

Die erste Hälfte des 17. Jahrhunderts war die Blütezeit der «bandeirantes», wie sie in Kanada die Blütezeit der «coureurs des bois» war. Doch erste Unternehmungen dieser Art setzten bereits früher ein. In den Jahren nach 1570 dürfte von der Ostküste her und vom Mündungsgebiet der Flüsse Paraiba und Doce aus erstmals der heutige Binnenstaat Minas Gerais erreicht worden sein, dessen Bodenschätze man zu Beginn des nächsten Jahrhunderts systematisch auszubeuten begann. Zu den Pionierfiguren gehörte hier *Antônio Dias Adorno*, der 1574 mit mehreren Hundert Mann auf nicht genau lokalisierbarer Route landeinwärts zog und mit siebentausend Indianersklaven zurückkehrte; ferner brachte man Edelsteine mit, die man für Smaragde und Saphire ansah, die sich aber als weniger wertvolle Amethyste erwiesen.[185] Zehn Jahre später führte *Jerônimo Leitão* eine große Gruppe von «bandeirantes» auf dem westlich von São Paulo entspringenden Fluß Tietê zum Oberlauf des Paraná; Gold wurde zwar keines gefunden, doch die Indianersklaven, die man in den «aldeias» raubte, boten einigermaßen Ersatz. Nach 1590 drangen verschiedene Waldläufertrupps in die Region des Staates Goiás, nördlich und westlich der heutigen Hauptstadt Brasilia, vor; auf den Wassern des Rio São Francisco kehrte man wieder zur Küste zurück. *Fernão de Camargo* und *Luís Dias Leme*, die um 1635 im Süden Brasiliens umherzogen, verdanken wir die Erkundung der Provinz von Rio Grande do Sul.

Eine besonders eindrückliche Persönlichkeit unter den zahllosen Anführern von «bandeiras» war *Antônio Rapôso Tavares*.[186] Im Jahre 1648 verließ er an der Spitze von zweihundert Portugiesen und tausend Indianern São Paulo und gelangte, auf dem Rio Tietê stromabwärts fahrend, zum Oberlauf des Paraná. Von dort rückte er weiter westwärts zum Rio Paraguay vor, möglicherweise bis in die Gegend des heutigen Corumbá, an der Grenze zu Bolivien. Über den weiteren Verlauf dieser Unternehmung herrscht eine gewisse Unklarheit. Die Legende will, Rapôso Tavares oder ein Teil seiner Leute habe die Anden erklommen und schließlich den Pazifik erreicht.[187] Als wahrscheinlicher gilt, daß es den «bandeirantes», auf welche Weise auch immer, gelang, die riesigen Sumpfgebiete im Quellgebiet des Paraguay zu überwinden und bis zum Einzugsgebiet des Amazonas vorzudringen, den man, den Flüssen Guaporé, Mamoré und Madeira folgend, schließlich auch erreichte. Von der Einmündung des Rio Madeira aus folgte Tavares offenbar dem Amazonas stromaufwärts und erreichte auf dem Weg, den Orellana als erster in umgekehrter Richtung befahren hatte, Quito, wo er 1651 eintraf. Der Rückweg führte die «bandeirantes» auf bereits gut bekannter Route den Amazonas flußabwärts bis westlich von Belém, dort folgte man dem Rio Tocantins gegen Süden und gelangte schließlich, zu Fuß und in Kanus das ausgedehnte Bergland durchquerend, wieder nach São Paulo zurück. Auf seiner gesamten Reise, die gegen fünf Jahre dauerte, dürfte Rapôso Tavares fast zwölftausend Kilometer zurückgelegt haben. Entbehrung und Mühsal hatten sein Aussehen derart verändert, daß ihn bei seiner Ankunft in São Paulo Verwandte und Freunde nicht wiedererkannten. Während die Jagd nach Indianersklaven bei dieser «bandeira» ganz in den Hintergrund trat, ist ihre politische Bedeutung unverkennbar: Ein Jahrzehnt nach der Amazonasfahrt des Pedro Texeira wurde durch die Unternehmung eines weiteren Portugiesen angezeigt, wie weit Brasilien seine Grenzen westwärts vorzuschieben gedachte.[188]

I. Der Vorstoß ins Landesinnere

Die "Bandeira" des Rapôso Tavares 1648 - 1652

Nach der Mitte des 17. Jahrhunderts verlor die Sklavenjagd als Antrieb der «bandeirantes» allmählich an Bedeutung, denn die Beschaffung von Sklaven aus Westafrika hatte sich inzwischen besser eingespielt, wurde weniger durch rivalisierende Seemächte gestört, und die Schwarzen erwiesen sich im Plantagendienst als widerstandsfähiger. Mehr und mehr trat die Suche nach Edelmetallen und Edelsteinen in den Vordergrund, und der Sklavenjäger wurde vom Goldwäscher und Diamantenschürfer abgelöst. Im Jahre 1674 machte sich *Fernão Dias Pais* ins Hinterland auf, ein Brasilianer von Geburt, in sehr vermögenden Verhältnissen in São Paulo aufgewachsen und imstande, die Unternehmung weitgehend aus eigenen Mitteln zu finanzieren. Während zwei Jahren war die Unternehmung, die wichtigste Goldsucherexpedition überhaupt, sorgfältig geplant worden; Informationen früherer «bandeirantes» wurden sorgfältig ausgewertet, die nötigen Utensilien für den Abbau und die Verarbeitung der erhofften Schätze wurden bereitgestellt und Goldschmiede und Feldgeistliche verpflichtet. Da man von vornherein an ein Unternehmen von längerer Dauer dachte, wurde eine Vorhut ausgesandt, um den Weg zu erkunden und Etappenstationen vorzubereiten. Der Haupttrupp mit etwa vierzig Portugiesen marschierte von São Paulo aus in Richtung auf das heutige Belo Horizonte und unterzog die nördlich davon gelegenen Regionen von Minas Gerais einer eingehenden Erkundung. Die Suche zog sich über Jahre hin, und es war schwierig, die Leute bei der Stange zu halten; eine Meuterei mußte niedergeschlagen werden, und manche «bandeirantes» liefen davon, um sich wieder der Sklavenjagd zuzuwenden. In der Nähe der Stadt Diamantina, zusammen mit Ouro Preto eine der reizvollsten frühkolonialen Siedlungen der Gegend, scheint Dias Pais schließlich fündig geworden zu sein. Im Jahre 1681, nach siebenjähriger Abwesenheit, machten sich die «bandeirantes» wieder auf den Rückweg; doch ihr Anführer starb unterwegs, und die Einkünfte reichten nicht aus, die Auslagen für die Expedition zu decken.[189]

Die Unternehmung von Fernão Dias Pais löste einen Goldrausch aus und führte in Minas Gerais zu einem Massenzustrom von Glücksrittern aller Art: Während die Region um 1690 kaum besiedelt war, zählte sie zwanzig Jahre später um die dreißigtausend Einwohner und gegen Ende des 18. Jahrhunderts annähernd eine halbe Million.[190] Zuerst begnügte man sich mit Goldwäscherei längs den Flußufern; dann schossen überall Bergbausiedlungen aus dem Boden. «Jedes Jahr», schreibt der Jesuitenpater Antonil zu Beginn des 18. Jahrhunderts, «kommt eine Menge von Portugiesen und Ausländern mit den Schiffen herüber, um zu den Minen zu gelangen. Aus den Städten, den Siedlungen, den Pflanzungen und dem brasilianischen Hinterland kommen Weiße, Farbige, Schwarze zusammen mit vielen Indianern in Diensten der ‹paulistas›. Es handelt sich um eine Mischung von Menschen jeder Art und jeden Standes: Männer, Frauen, Junge und Alte, Arme und Reiche, Vornehme und Gewöhnliche, Juristen, Geistliche, Mönche verschiedener Orden, von denen manche weder über ein Haus noch ein Kloster in Brasilien verfügen.»[191]

Der Zustrom von Goldsuchern führte in Minas Gerais zur Ausbildung einer Kolonialgesellschaft, die ähnlich wie im Kalifornien des 19. Jahrhunderts durch Korruption, Kriminalität und Rechtsunsicherheit gekennzeichnet war, und die Krone hatte alle Mühe, die Goldgewinnung unter Kontrolle zu halten, sich ihr Fünftel zu sichern und den Schmuggel zu bekämpfen. Die Ausbeutung der Edelsteinvorkommen entwickelte sich etwas langsamer, nicht zuletzt deshalb, weil Diamanten und ähnlicher Schmuck bisher erst aus Indien und dem malaiischen Archipel bekannt waren, eine erhebliche Nachfrage aus Europa noch nicht bestand und sich nur wenige Spezialisten auf die sachgerechte Verarbeitung verstanden. Erst im Jahre 1729 sandte der Gouverneur der inzwischen zur selbständigen Kapitanie erhobenen Region Minas Gerais einige Edelsteine nach Lissabon zur offiziellen Begutachtung, und im folgenden Jahr wurde eine erste Regelung betreffend die Ausbeutung der Edelsteinvorkommen erlassen.

Bis zum Jahre 1760 stiegen die Einkünfte aus den Minen, Gold und Edelsteine zusammengerechnet, mit schöner Regelmäßigkeit an, einerseits weil die bestehenden Fundstellen intensiver ausgebeutet wurden, andererseits weil man, westwärts vordringend, in den heutigen Staaten Goiás und Mato Grosso neue Fundstellen entdeckte. Daß diese Einkünfte nicht optimal zur Besiedlung und landwirtschaftlichen Erschließung des Landes genutzt wurden, daß eine halbwegs gerechte Vermögensverteilung mißlang und selbst das Mutterland wenig dauerhaften Gewinn aus dem Reichtum zog, darf uns hier nicht näher beschäftigen.[192] Aus entdeckungsgeschichtlicher Sicht läßt sich sagen, daß mit dem Goldrausch in Minas Gerais die lange gehegte Sehnsucht nach dem El Dorado sich in gewissem Sinne verwirklichte, wenn auch ganz anders, als man erwartet hatte. Im Gegensatz zu Mexiko und Peru waren es hier nicht indianische Hochkulturen, die sich bereits während Jahrhunderten mit der Beschaffung und Verarbeitung von Edelmetallen beschäftigt hatten; hier mußte man, oft unter großer Mühe und mit unsicherer Gewinnaussicht, selbst nach dem Reichtum suchen. Zu einer erkennbaren Verbesserung der Lebensqualität, wie wir heute sagen würden, hat das Gold weder in Mittelamerika noch im Andenhochland, noch in Brasilien beigetragen: «Es ist sehr wahrscheinlich», schreibt C. R. Boxer, «daß es während dieser Periode zu keinem ‹Zuwachs an Glückseligkeit› kam, obwohl es selbstredend unmöglich ist, Richtigkeit oder Unrichtigkeit einer solchen Feststellung zu beweisen.[193] Mit dem Goldrausch in Brasilien neigte sich auch die Zeit der «bandeirantes» ihrem Ende zu. Sie hatten ihre wichtige Pfadfinderaufgabe erfüllt, wurden durch die neue Siedlergemeinschaft in den Hintergrund gedrängt und nicht selten um die durch ihre Entdeckerleistung begründeten Besitzrechte geprellt.

Während in Minais Gerais und in den westlich davon gelegenen Gebieten die Erschließung des Landes in fast hektischem Rhythmus vorangetrieben wurde, bemühte man sich im Süden um die Verbesserung der Verbindungswege von São Paulo nach dem Paraná und dem Paraguay. Auch hier wirkten Gold und Edelsteine als Hauptimpuls, ging es doch darum, entsprechende Vorkommen, die man im Mato Grosso festgestellt hatte, unter Benutzung der hier vorhandenen Wasserwege zu erreichen. Man nennt diese Unternehmungen, die meist São Paulo zum Ausgangspunkt hatten und um 1720 einsetzten, die «Monsunfahrten». Dieser Name führt sich wahrscheinlich auf die Erfahrung des halbjährlichen Wechsels der Windrichtung zurück, welche die Portugiesen in Indien gemacht hatten, vollzogen sich doch die Reisen von São Paulo zum Rio Paraguay mit vergleichbarer Regelmäßigkeit.[194]

2. Südamerika

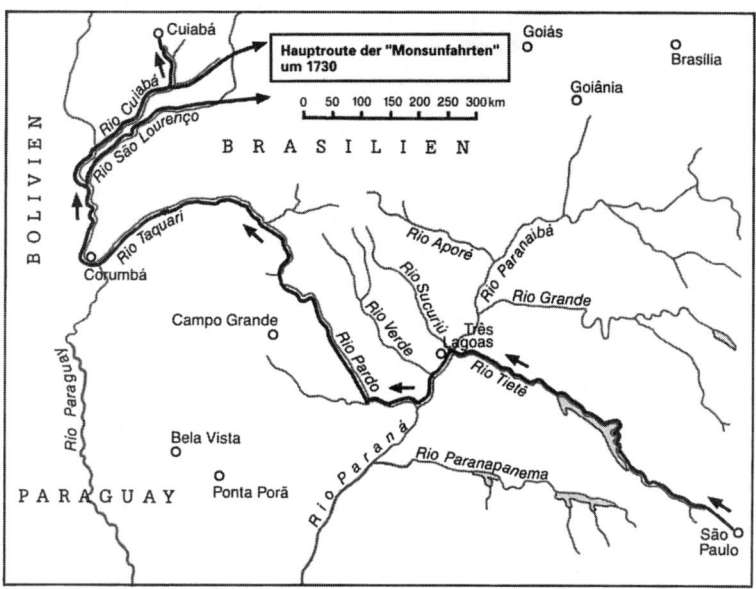

Die Monsunfahrer verließen São Paulo in den Monaten April und Mai, wenn die Flüsse Hochwasser führten und die zahlreichen Stromschnellen leichter passiert werden konnten. Als Transportmittel benutzte man zu Beginn dieser Art von Unternehmungen das Floß; später wechselte man auf das Rindenkanu über, das leicht über Land zu tragen war, und bediente sich auch gelegentlich des stabileren Einbaums. Die Gefahren, die den Monsunfahrern drohten, waren vielfältiger als jene, welche die «bandeirantes» beim Marsch durch das Bergland erwarteten, und nur die maßlose Gier nach Gold und ungebundener Lebensweise vermag zu erklären, warum solche Unternehmungen nach 1720 regelrecht in Mode kamen. Die Fahrt mit den fragilen Ruderbooten ohne Kiel und Steuer blieb immer äußerst gefahrvoll: Auch wenn die Schiffsleute mit der Zeit eine stupende Fertigkeit und eine gute Kenntnis des Flußverlaufs entwickelten, begegnete man doch häufig leer dahintreibenden Kanus, von deren Mannschaften nie jemand wieder Kunde erhielt. Häufig brachen Hungersnöte aus, weil Proviant verlorengegangen oder verdorben war und man sich unterwegs nur sehr unzureichend damit eindecken konnte; die Moskitos waren allgegenwärtig, und Netze zum Schutz kannte man noch nicht; gegen die Malaria, übertragen durch Stechmücken der Gattung Anopheles, gab es kein Mittel. Schließlich waren auch die Indianer besonders gefährlich, nicht so sehr darum, weil sie, wie am Amazonas, besonders zahlreich gewesen wären, wohl aber deshalb, weil sie eine Taktik des amphibischen Überfalls entwickelten, der man sich recht wehrlos ausgesetzt sah. Im Jahre 1725 vernichteten diese Indianer beispielsweise einen Konvoi mit gegen sechshundert Monsunfahrern, und lediglich ein Portugiese und ein schwarzer Sklave entkamen, um die traurige Nachricht zu melden.[195]

Die Routen, welche die Monsunfahrer wählten, waren nicht immer dieselben. In der Regel folgte man dem Rio Tietê zum Paraná, erreichte den Rio Pardo, folgte diesem zum Rio Taquari, der sich in den Paraguay ergießt, und gelangte schließlich über den Paraguay und seine nördlichen Zuflüsse in das Gebiet von Cuiabá, der Hauptstadt des heutigen Staates Mato Grosso. Die Reise von São Paulo nach Cuiabá dauerte, wenn alles gut ging, zwischen fünf und sechs Monaten, ungefähr gleich lange wie die Fahrt von Lissabon um das Kap der Guten Hoffnung nach Goa; die Rückreise war, da weniger Leute und geringere Lasten zu befördern waren, wesentlich kürzer. Ein ähnlicher Exodus, wie wir ihn beim Goldrausch in Minas Gerais beobachtet haben, wurde auch durch die Öffnung der Monsunrouten im Süden ausgelöst. Wie im Norden handelte es sich bei den Menschen, die landeinwärts strebten, um sozial wenig integrierte Individuen aus unterschiedlichsten gesellschaftlichen Verhältnissen mit unbändigen, aber einigermaßen vagen Sehnsüchten: «Sie überfluten das Hinterland», schreibt ein zeitgenössischer Chronist, «als ob es sich um das gelobte Land oder das verborgene Paradies handle, in dem Gott unsere Ureltern erschuf.»[196] Unausrottbare Vorstellungen offenbar: Christoph Kolumbus hatte, Jahrhunderte zuvor, ähnlichen Hirngespinsten nachgehangen. Kein Wunder, daß angesichts des Zustroms von Menschen auf den Monsunrouten die Unternehmungen sorgfältig organisiert und koordiniert werden mußten. So spielte es sich ein, daß in der Regel ein großer Konvoi jährlich São Paulo verließ. Das größte uns bekannte Unternehmen ist jenes des *Rodrigo César de Meneses*, der São Paulo im Jahre 1726 mit über dreihundert Kanus und gegen dreitausend Mann Besatzung verließ.

Von der Unternehmung des Meneses besitzen wir einen Bericht, der es gestattet, diese Monsunfahrt im einzelnen zu verfolgen.[197] Man reiste in möglichst geschlossenem Verband, tagsüber zwischen acht Uhr vormittags und fünf Uhr nachmittags, und verbrachte die Nacht in Lagern am Flußufer, die durch Wachen sowohl gegen Indianer als auch gegen entweichende Deserteure gesichert wurden. Die Stromschnellen am Rio Tietê waren besonders gefährlich, und man erinnerte sich angstvoll der Namen jener, die ihnen zum Opfer gefallen waren; auch erwiesen sie sich als zeitraubendes Hindernis, mußten doch viele Lasten umgeladen und über Land getragen werden. Auf dem Paraná kam man rascher voran, aber noch immer blieben Wirbel, Kliffe und Indianerüberfälle gefährlich. Man machte hier einen Etappenhalt auf der Farm eines gewissen Manuel Homem und deckte sich mit neuen Nahrungsmitteln ein – ein gutes Beispiel für die Etappenfunktion, welche weit ins Hinterland vorgeschobene Gutsbetriebe, «facendas», übernehmen konnten. Die Weiterfahrt auf dem Rio Pardo stromaufwärts verlangte von den Ruderern den Einsatz aller ihrer Kräfte. In seinem Oberlauf wurde der Fluß unpassierbar, und man mußte alle Ladungen zu Land zum Rio Coxim, einem Zufluß des Rio Taquari, befördern, wobei man erneut auf die Unterstützung von Farmbetrieben, denen man schwarze Sklaven zuführte, zählen konnte. Die Talfahrt auf dem Rio Taquari war, nachdem man äußerst gefährliche Stromschnellen und einen engen Kanal überwunden hatte, problemlos; doch am Oberlauf des Rio Paraguay trat man in ein riesiges Sumpfgebiet ein und kämpfte sich, durch Treibgras behindert und von Moskitos umschwärmt, mühsam nordwärts Richtung Cuiabá vor. Über vier Monate nach der Abreise von São Paulo erreichte man diese kleine Siedlung, Ausgangspunkt weiterer Vorstöße in die Minengebiete des Mato Grosso und Goiás'. Rodrigo César de Meneses nutzte seinen Aufenthalt in Cuiabá, um die geradezu anarchischen Zustände im Bergbauwesen unter Kontrolle zu bringen und insbesondere die Abgabe des königlichen Fünftels zu sichern. Ein in die Grenzzone von Realität und Traum entrückter Ort, dieses Cuiabá – noch zu Beginn unseres Jahrhunderts, bevor die ersten Bahnlinien die einigermaßen regelmäßige Verbindung mit der Umwelt herstellten. Colonel Percy Fawcett, ein englischer Entdeckungsreisender, der auf der Suche nach einer geheimnisvollen antiken Stadt nach dem Ersten Weltkrieg hier vorbeikam, schreibt von einer Geisterstadt, auf deren Hauptplatz man Goldnuggets auflesen könne,[198] und Claude Lévi-Strauss, der 1936 von hier aus zu einem Feldforschungsaufenthalt aufbrach, wundert sich über die von Goldsuchern durchwühlte Umgebung der Stadt.[199] Während anderthalb Jahren verweilte Meneses in Cuiabá, bereiste die Umgebung und überprüfte die Ausführung seiner Anordnungen; dann kehrte er nach São Paulo zurück.

Die Leistung der «bandeirantes» und der Monsunfahrer im 17. und 18. Jahrhundert erinnert im welthistorischen Vergleich, vom Umfang des erschlossenen Gebietes her gesehen, durchaus an die Öffnung des Zugangs zu Sibirien unter Zar Iwan IV., dem Schrecklichen [1533–1584], oder an die Erkundung des nordamerikanischen Mittelwestens durch die französischen Waldläufer des 17. Jahrhunderts. Gegenüber den genannten Beispielen bleibt für die brasilianischen Verhältnisse besonders typisch, wie rasch der Siedler dem Reisenden folgte und wie oft sich sogar beide Formen existentiellen Verhaltens in ein und derselben Person verbanden.

Das Stromsystem des Amazonas, dem wir uns zum Schluß dieses Abschnitts noch zuwenden wollen, ist, wie wir gesehen haben, vom Andenhochland her zuerst erkundet worden. Im Jahre 1541 hatte Gonzalo Pizarro auf der Suche nach dem El Dorado und nach dem Zimtland Quito verlassen, und sein Unterführer, Francisco de Orellana, war den Amazonas bis zu seiner Mündung hinuntergefahren. Zwanzig Jahre später machte sich Lope de Aguirre zum Führer einer ähnlichen Unternehmung und prägte ihr den Stempel seiner furchterregenden Persönlichkeit auf. Die erste bedeutende Expedition von portugiesischer Seite wurde durch Pedro Teixeira im Jahre

1637 unternommen; dem spanischen Jesuitenpater Cristóbal de Acuña verdanken wir einen interessanten Bericht über die Rückreise. Zwischen 1685 und 1725 durchstreifte Pater Samuel Fritz, wie wir uns erinnern, missionierend weite Gebiete am Ostabhang der Anden und im Quellgebiet des Amazonas und seiner Zuflüsse. Im Jahre 1743 schließlich war es Charles-Marie de la Condamine, der dem Fluß zu seiner Mündung folgte und einen Bericht verfaßte, der sich an den wissenschaftlichen Ansprüchen der Aufklärungszeit orientierte. Zu diesem Zeitpunkt war der Amazonas bereits von verschiedenen portugiesischen Reisenden auf seinen südlichen Zuflüssen von Mato Grosso und Goiás aus erreicht worden. Wir haben Antônio Rapôso Tavares erwähnt, der um 1650 als einer der ersten den Rio Madeira hinunterfuhr. Anzufügen wären die Namen von *Leonardo de Oliveira* und *João de Sousa de Azevedo*: Beide stießen von Mato Grosso aus über den Rio Tapajós zum Amazonas vor.

An der Erschließung des Amazonas und seiner Nebenflüsse vom Mündungsgebiet bei Belém aus hatten die missionierenden Ordensgemeinschaften, vor allem die Jesuiten, großen Anteil. Die Voraussetzungen, sich in der Abgeschiedenheit der «aldeias» ungestört der Bekehrung der Indianer widmen zu können, schienen hier vorerst etwas günstiger als im Süden. Zwar gab es kaum Wegverbindungen zu Land, aber man bewegte sich mit dem Kanu der Indianer ohne Schwierigkeit über große Distanzen, und die Verpflegung mit Fischen und Wildbret war so gut gesichert, daß ein Jesuitenpater in diesem Umstand einen Fingerzeig göttlicher Vorsehung sah.[200] Vom berühmtesten portugiesischen Jesuiten des 17. Jahrhunderts, Antônio Vieira, der als Verteidiger der Indianer eine ähnliche Rolle spielte wie Las Casas, besitzen wir die Schilderung einer Flußfahrt auf dem Rio Tocantins. Vieira preist die Schönheit der Landschaft und die Klarheit des Flusses mit seinem reichen Fischbestand, und er lobt die Indianer für ihre Bereitschaft, bei der Erschließung des Landes mitzuwirken. «Sie sind es», schreibt der Jesuit, «die, nachdem sie Tag und Nacht unablässig gerudert haben, noch für sich selbst und die Portugiesen Nahrung suchen gehen, wobei für uns immer das Beste abfällt. Sie bauen Hütten für uns, und wenn wir den Ufern entlang zu gehen haben, tragen sie die Lasten und sogar die Waffen. Die armen Indianer tun dies alles ohne andere Entlöhnung als die, Hunde genannt und mit anderen Schimpfnamen bedacht zu werden... Es hat Expeditionen gegeben, von denen mehr als die Hälfte der Indianer nicht mehr zurückkehrte – sie starben wegen Überarbeitung und grober Behandlung.»[201]

Trotz der Hilfsbereitschaft der Indianer und der optimistischen Lagebeurteilung mancher Jesuiten blieben die Lebensbedingungen am Amazonas im 17. Jahrhundert sehr schwierig. Der Handel beschränkte sich auf den Umschlag von Naturprodukten, und obwohl das Gerücht von Goldvorkommen auch hier umlief, löste es keinen Massenzustrom aus. Um 1650 dürfte die weiße Bevölkerung der Provinz «Amazonia» etwa tausend Seelen betragen haben, zu Beginn des 18. Jahrhunderts vielleicht das Doppelte.[202] Um 1750 betrug die Zahl der Missionssiedlungen über sechzig, von denen etwa dreißig durch Jesuiten, die übrigen vor allem durch Kapuziner und Karmeliter betrieben wurden. Obwohl auch hier wegen Frondienst und eingeschleppten Krankheiten die indianische Bevölkerung rapide zurückging, nimmt man an, daß um die Mitte des Jahrhunderts rund fünfzigtausend Indianer in den längs des Flusses über weite Flächen verteilten «aldeias» siedelten.[203]

Auch in «Amazonia» geriet die Missionsarbeit der Jesuiten, die sich auf die Indianerschutzgesetzgebung der Krone beriefen, im Laufe des 18. Jahrhunderts in wachsenden Widerspruch zur Tätigkeit der «bandeirantes», die vom Sklavenraub lebten und nicht selten das Wohlwollen der Gouverneure genossen. Daß es den innovationsfreudigen Ordensbrüdern gelang, ihre «aldeias» zu prosperierenden Farmbetrieben auszubauen, die neben Zucker und Kakao, Kaffee und Baumwolle erzeugten und Viehzucht betrieben, wird von zahlreichen unvoreingenommenen Reisenden, auch von La Condamine, bezeugt; dieser Umstand aber weckte den Neid der anderen Kolonisten, die auf politischer Ebene gegen die Missionare intrigierten und Rivalitäten unter den Ordensgemeinschaften auszunutzen suchten. Auch am Amazonas besiegelte schließlich die Aufhebung des Jesuitenordens einen der wenigen ernstzunehmenden Versuche, der Indianerfrage verantwortungsbewußt zu begegnen. Auch hier ist unbestritten, daß die Jesuiten die natürlichen Gegebenheiten ihres tropischen Siedlungsgebietes sorgfältig und mit wachem Blick für seine Entwicklungsmöglichkeiten studierten und, auch wenn ihr Ziel die resolute Umerziehung der Indianer blieb, der indianischen Kultur nicht gleichgültig gegenüberstanden. Ein kritischer Kenner der Verhältnisse, John Hemming, urteilt zusammenfassend: «Die Jesuiten waren bigott und autoritär, ihre Missionsstationen waren bis ins Letzte durchorganisiert und erstrebten die völlige Unterdrückung der Stammessitten. Doch die missionierenden Patres waren zum mindesten intelligent, und sie schützten die Indianer gegen die schlimmsten Übergriffe der Kolonisten.»[204]

Wenn das vielarmige Stromsystem des Amazonas das Vordringen der Portugiesen überhaupt erst möglich machte, so trug neben dem durch eingeschleppte Seuchen ausgelösten Bevölkerungsschwund auch die Feindschaft einzelner Stämme untereinander dazu bei, die Übernahme der Herrschaft durch die weißen Siedler und Händler zu erleichtern. Als im Jahre 1749 eine Expedition unter *José Gonçalves da Fonseca* den Rio Madeira stromaufwärts zum Mato Grosso vordrang, stieß sie mit den kriegerischen Mura-Indianern zusammen, die sich in der Folge am mittleren Amazonas ausbreiteten und durch ihre Guerillataktik den portugiesischen Stützpunkten schwer zu schaffen machten. Zur selben Zeit schoben sich von ihren ursprünglichen Siedlungsgebieten am Oberlauf des Rio Tapajós die Mundurukú-Indianer in nordwestlicher Richtung vor und prallten mit den Mura zusammen. Diesem internen indianischen Konflikt hatten es die Portugiesen hauptsächlich zu verdanken, daß ihnen die Mura 1785 überraschend den Frieden anboten und ihre hervorragende Kenntnis der Wasserstraßen im Umkreis des heutigen Manaus in den Dienst weiterer Erkundungsreisen stellten.[205] Ein Jahrzehnt später gelang es dann nach verlustreichen Gefechten, auch die besonders gefürchteten Mundurukú zu unterwerfen, und diese wiederum wurden als Hilfstruppen, Träger und Kundschafter im Kampf gegen weiter stromaufwärts lebende Völkerschaften eingesetzt. Die überaus große ethnische Vielfalt in diesen Gegenden legte es nahe, überall nach ähnlichem Muster zu verfahren: Man nutzte bestehende Spannungen aus oder erzeugte neue Rivalitäten durch den Abschluß von Bündnisabkommen mit kollaborationsbereiten Stammesgruppen, und so gelang es, gegnerischen Allianzen zuvorzukommen. Eine mächtige Stammesföderation, wie sie in Nordamerika die Irokesen bereits vor der Ankunft der Weißen gegründet hatten, existierte hier nicht.

Eine zumindest potentielle Gefahr für das weitere Vordringen der Portugiesen stellten die Spanier dar, die mit guten Gründen behaupteten, es seien ihnen im Vertrag von Tordesillas alle diese Gebiete mit Ausnahme des Bereichs der Amazonasmündung zugesprochen worden. Wenn es zu einer systematischen Durchdringung des Amazonasbeckens von Westen her nicht kam, so lag dies vor allem daran, daß die spanischen Kräfte durch die Kolonisation und die Ausbeutung der Gold- und Silbervorkommen des Andenhochlandes gebunden waren. Die Verbindung Portugals und Spaniens in Personalunion unter Philipp II., die von 1580 bis 1640 bestand, trug weiterhin dazu bei, daß eine territoriale Auseinandersetzung aufgeschoben wurde. Daß sich die beiden kolonialen Rivalen in der Folge scharf beobachteten, zeigt das Beispiel des Paters Samuel Fritz, der anläßlich seiner Reise nach Belém im Jahre 1689 als vermeintlicher spanischer Spion gefangengesetzt wurde. In der zweiten Hälfte des 17. Jahrhunderts kam es am Oberlauf des Amazonas, aber auch im Gebiet der heutigen Republiken Uruguay und Paraguay immer wieder zu Zusammenstößen zwischen portugiesischen und spanischen «bandeirantes», die meist mit dem Sieg des jeweils Stärkeren endeten, ohne daß ein internationaler Konflikt ausgelöst wurde.

Im Jahre 1750 gelang es Portugal und Spanien, sich im «Vertrag von Madrid» auf eine Festlegung der gemeinsamen südamerikanischen Grenzen zu einigen, welche die Verfügungen von Tordesillas aufhob und im wesentlichen bis heute intakt geblieben ist. Der Vertrag von Madrid honorierte die Anstrengungen, welche portugiesische «bandeirantes» und Missionare im vorangegangenen Jahrhundert erbracht hatten, indem er nach dem Grundsatz des «uti possidetis» nicht von theoretischen Besitzansprüchen, sondern von dem durch die Entdeckung und Festsetzung nachgewiesenen tatsächlichen Besitz ausging, wodurch Portugal mit einem Federstrich ein Gebiet von der Größe Europas zugewiesen bekam. Man bemühte sich auch mit bemerkenswerter Umsicht, den Grenzverlauf natürlichen Gegebenheiten wie Flußläufen und Wasserscheiden anzupassen und verzichtete auf die Festlegung astronomisch bestimmter Merkpunkte, was bei den Unzulänglichkeiten der damaligen Standortbestimmung unweigerlich zu Kontroversen geführt hätte.

Der Vertrag von Madrid sah auch vor, daß Beamte beider Kolonialmächte ins Grenzgebiet entsandt werden sollten, um sich in gemeinsamer Absprache auf den Grenzverlauf zu einigen und ihn kartographisch zu fixieren. Dies führte in der zweiten Hälfte des 18. Jahrhunderts zu reger Erkundungstätigkeit an der Peripherie des riesigen Landes, sowohl an der Grenze zu den Vizekönigreichen Peru und Neu Granada wie zum Vizekönigreich Rio de la Plata, das 1776 konstituiert worden war. Auf Grund der Arbeit solcher Grenzkommissare und ihrer Teams von Forschern, Landvermessern und Juristen wurde der Vertrag von Madrid im Jahre 1777 durch den Grenzvertrag von San Ildefonso modifiziert und präzisiert. Von den Entdeckern, die sich in solcher Funktion verdient machten, seien hier nur einige wenige genannt. Im Jahre 1759 befuhr *Mendonça Furtado* den Rio Negro und traf in der Nähe des heutigen Barcelos mit dem spanischen Grenzbeamten *José de Iturriaga* zusammen. Am Oberlauf des Rio Branco waren um 1780 der

Militäringenieur *Ricardo Franco de Almeida Serra* und der Kartograph *Antonio Pires da Silva Pontes* tätig: Ihnen verdankt man die Erkundung des Quellflusses Takatu in dem Gebiet, wo zwei Jahrhunderte zuvor das El Dorado vermutet worden war. Im Jahre 1782 folgten der Portugiese *Teodosio Constantino de Chermont* und der Spanier *Francisco Requena y Herrera* einem weiteren Nebenfluß des Amazonas, dem Rio Japurá, und legten die Grenze zum heutigen Kolumbien fest. Requena führte ein Tagebuch dieser Unternehmung; und er war es vermutlich, der auf einigen hübschen Aquarellen festhielt, wie sich die Mitglieder der Expedition, korrekt uniformiert und mit dem Dreispitz auf der modischen Perücke, mit ihren physikalischen Instrumenten der Standortbestimmung widmeten.[206] Auch für alle diese Unternehmungen gilt, daß sie ohne die meist erzwungene Mithilfe der Indianer nicht möglich gewesen wären. «Solche Flußerkundung», kommentiert ein besorgter Vertreter der Geistlichkeit im 18. Jahrhundert, «ist verhängnisvoll für die Indianer, die in der Regel dabei umkommen oder für ihr ganzes Leben geschädigt werden. Ihr Entsetzen ist so groß, daß sie es vorziehen, aus ihren Dörfern zu fliehen, um sich dieser Gefahr nicht aussetzen zu müssen.»[207]

Eine besonders herausragende Gestalt unter diesen Forschern war *Alexandre Rodrigues Ferreira*, der, in Bahia geboren, seine naturwissenschaftliche Ausbildung an der Universität von Coimbra erhielt. Zwischen 1783 und 1792 unternahm Ferreira mehrere ausgedehnte Reisen am Rio Negro, am Rio Branco und am Rio Guaporé. Über seine Unternehmungen führte er Tagebuch und entsandte Rapporte an den Direktor des Naturkundlichen Museums in Lissabon; einige seiner Begleiter fertigten auch Zeichnungen von botanischem und ethnographischem Interesse an, die sich teilweise erhalten haben. Ferreiras Hauptinteresse galt den Pflanzen, die er in einem Herbarium sammelte, sowie den Kristallen, die er zu klassifizieren suchte.[208]

Die Bemühungen um die Festlegung der Grenzen dauerten mit Unterbrechungen bis ins 19. Jahrhundert an – daß sie nicht immer zur Beilegung der Konflikte führten, zeigt das Beispiel Alexander von Humboldts, dem im Jahre 1800 die Fahrt auf dem Rio Negro flußabwärts von den Portugiesen verweigert wurde. Der Einsatz der Grenzkommissare und ihrer Forschungsteams leitete in wissenschaftlicher Hinsicht eine neue Phase ein: Die Epoche der Pionierentdeckungen und der Inbesitznahme war vorbei; die Reisenden des 19. Jahrhunderts sahen ihre Aufgabe darin, sachkundig und systematisch zu prüfen, was man in Besitz genommen hatte, und zu zeigen, wie sich daraus möglichst großer Nutzen ziehen lasse.

Argentinien und Paraguay

Von der Entdeckung des Rio de la Plata, der den Zugang zum argentinischen Hinterland erschließt, ist bereits im Teil über die Seereisen die Rede gewesen.[209] Im Jahre 1516 hatte Juan Díaz de Solís in spanischen Diensten erstmals die Bucht erreicht, die «Mar Dulce» genannt wurde; darauf war er von Eingeborenen erschlagen worden. Drei Jahre später kam Magellan auf seiner Suche nach einem Durchlaß zum Südmeer hier vorbei und setzte nach kurzem Aufenthalt seine Fahrt längs der patagonischen Küste fort. Auch Sebastian Cabot beabsichtigte, im Auftrag der spanischen Krone zum Pazifik vorzustoßen, blieb aber in der Bucht des La Plata hängen, die er zwischen 1527 und 1529 in der Hoffnung auf Silbervorkommen, die es nicht gab, erkundete. Cabot befuhr die Flußläufe des Paraná und des Paraguay, dabei unterstützt vom später eingetroffenen Diego García de Moguer; beide kehrten zurück und schwärmten von Silber und der Residenz eines geheimnisvollen «Weißen Königs». Im Jahre 1535 entsandte Karl V., angespornt durch die Erfolgsmeldungen aus Peru, Pedro de Mendoza mit einer großen Flotte nach dem Rio de la Plata, wo Buenos Aires gegründet wurde. Doch Mendoza stieß, sehr im Gegensatz zu Francisco Pizarro, auf keine Hochkultur, sein Unternehmen war eine Enttäuschung, und er starb auf der Rückreise. Immerhin gelang es seinem Nachfolger Juan de Ayolas, dem Rio Paraná und dem Rio Paraguay folgend, bis nördlich des heutigen Asunción vorzustoßen – eine Entdeckungsreise, von der wir durch den deutschen Söldner Ulrich Schmidel Kunde haben.

Alles in allem waren die Entdeckungsreisen in den zwei Jahrzehnten nach Juan Díaz de Solís nur geographisch von Bedeutung; in wirtschaftlicher und politischer Hinsicht zahlten sie sich, trotz teilweise großem Aufwand, nicht aus. Edelmetalle konnten in dem Land, dessen Reichtum sich bis heute auf Landwirtschaft und Viehzucht gründet, nicht gefunden werden, und Namen wie «Rio de la Plata» und «Argentina», die auf Silbervorkommen anspielen, sind bis heute irreführender Ausdruck eines allzu lebhaften Wunschdenkens geblieben. Die Stützpunkte, die gegründet wurden, auch Buenos Aires, mußten bald wieder aufgegeben werden, und nur in Ascunción konnte sich unter dem Kommando des *Domingo Martínez de Irala*, einem Nachfolger Mendozas, eine Garnison kümmerlich behaupten.

Die äußerst bedrängte Lage dieser spanischen Niederlassung bewog Karl V. im Jahre 1540, eine Hilfsexpedition unter dem Kommando des *Alvar Núñez Cabeza de Vaca* nach diesem Teil Südamerikas zu entsenden. Cabeza de Vaca ist uns auf diesen Blättern bereits begegnet: Im Jahre 1528 hatte er zusammen mit Pánfilo de Narváez den Golf von Mexiko von der Tampa Bay bis nach Galveston erkundet und hatte sich schließlich auf abenteuerlichen Wegen nach Kalifornien und Mexiko durchgeschlagen – darauf wird noch zurückzukommen sein. Zwischen 1537 und 1540 hielt sich der Entdecker in Spanien auf, wo er einen Bericht über seine nordamerikanische Unternehmung verfaßte. Hier erreichte ihn die Aufforderung des Kaisers, das Gouverneursamt in Asunción zu übernehmen.

Cabeza de Vaca verließ Cádiz Anfang November 1540 mit drei Schiffen und vierhundert Mann und erreichte über die Kanarischen und Kapverdischen Inseln die der brasilianischen Küste im Süden vorgelagerte Insel Santa Catarina im März des folgenden Jahres. Nachdem ein Schiff, das er zur Bucht des Rio de la Plata entsandt hatte, wegen widriger Winde hatte umkehren müssen, entschloß sich der Gouverneur zum Marsch landeinwärts nach Asunción, über eine Distanz von annähernd tausend Kilometern. Dem Expeditionstrupp gehörten zweihundertfünfzig Fußsoldaten, gegen dreißig Reiter, eine nicht genau bekannte Zahl von Indianern und zwei Geistliche an. Die Reise verlief ohne große Zwischenfälle: Cabeza de Vaca legte Wert auf friedlichen Umgang mit den Guaraní-Indianern, die ihn verpflegten; das Gelände bot keine außergewöhnlichen Schwierigkeiten. Wie in diesen Gegenden üblich, legte man einen Teil der Route auf den Flußläufen zurück, in Kanus, welche die Indianer zur Verfügung stellten. Dem Rio Iguaçu stromabwärts folgend, gelangte man zu dessen berühmten Wasserfällen, dem gewaltigsten Naturschauspiel dieser Art in Südamerika. Es gelang, den Katarakten, die sich durch Stromschnellen, eine Dunstwolke mit Regenbogen und das Tosen des stürzenden Wassers ankündigen, auszuweichen und sie zu umgehen. «Die Strömung des Iguaçu», heißt es in Cabeza de Vacas Bericht von der Reise, «war so stark, daß die Kanus rasend schnell flußabwärts schossen, denn ganz nahe der Stelle, wo der Gouverneur sich einschiffte, stürzt der Fluß über einige sehr hohe Felsen hinab, und das Wasser schlägt unten mit solcher Gewalt auf, daß man es von sehr weitem hört. Und der Gischt des Wassers... steigt zwei Speerwürfe hoch und höher. Es war also nötig, die Kanus zu verlassen, sie an Land zu ziehen und sie mit großer Mühe mehr als eine halbe Legua weit am Wasserfall vorbei zu tragen, was sehr viel Anstrengung kostete.»[210] Das ist sicher keine Schilderung, die dem grandiosen Erlebnis sprachlich gewachsen wäre, und J. H. Parry spricht sogar, nicht ohne Grund, von einer für die spanischen Reisenden typischen Indifferenz gegenüber Naturschauspielen;[211] erst im Verlaufe des 18. Jahrhunderts sollten die Wasserfälle Süd- und Nordamerikas jene Anziehungskraft auf Reisende gewinnen, die sie seither auszeichnet.

Nachdem Cabeza de Vaca und seine Leute den Paraná überquert hatten, von Indianern eskortiert und geradezu rührend umsorgt, setzten sie ihren Weg in Richtung Asunción fort. Im März des Jahres 1542 traf man in der Siedlung ein, deren Bewohner, völlig isoliert, die Hoffnung auf Hilfe schon aufgegeben hatten. «Diese Stadt», heißt es im Bericht, «liegt an den Ufern des Paraguayflusses unter dem fünfundzwanzigsten Grad südlicher Breite. Bei seiner Ankunft eilten dem Gouverneur zum Empfang die Hauptleute und alle, die dort lebten, entgegen und freuten sich unglaublich. Sie sagten, sie hätten nie gedacht, daß man ihnen zu Hilfe kommen würde; denn die Gefahren und Schwierigkeiten einer noch nicht entdeckten und erkundeten

2. Südamerika

Route seien groß, und der Hafen von Buenos Aires, von wo man sich mögliche Hilfe erhofft habe, sei aufgegeben worden. Und aus diesem Grund hätten die Indianer angefangen, sie mit großer Dreistigkeit und Kühnheit anzugreifen, um sie zu töten.»[212]

In Asunción übernahm Cabeza de Vaca das ihm übertragene Gouverneursamt und setzte Domingo Martínez de Irala, den bisherigen Statthalter, zu seinem Stellvertreter ein. Die lockeren Sitten, die der Stadt den Spitznamen «Paradies des Mohammed» eingetragen hatten,[213] veranlaßten den Gouverneur, ein strenges Regiment einzuführen. Rasch entwickelte sich zwischen den beiden Anführern, beides Persönlichkeiten von markantem Zuschnitt, Gegnerschaft. Rubio y Esteban, ein hervorragender Kenner der argentinischen Frühgeschichte, hat den Gegensatz zwischen Cabeza de Vaca und Martínez de Irala wie folgt beschrieben: «Der erste, von unnachgiebiger Strenge, wenn es darum ging, Mißbräuche irgendwelcher Art zu verhindern, zügelte ständig Ehrgeiz und Sinneslust... Irala dagegen war ehrgeizig, großzügig, skrupellos, von lockeren Sitten, tolerant gegenüber allen Arten des Mißbrauchs und der Unmoral, vor allem wenn die dafür Verantwortlichen seine Freunde waren...»[214]

Nachdem Cabeza de Vaca Moral und Ordnung wieder einigermaßen ins Lot gebracht hatte, organisierte er weitere Erkundungszüge zum Gran Chaco und ins Andengebiet, genährt von wechselnden Hoffnungen, den «Weißen König», das Silbergebirge oder wenigstens das Reich der Amazonen zu finden. Diese Reisen trugen zwar zur Erhellung der Geographie abgelegener Regionen im Norden des heutigen Paraguay bei, brachten aber nichts, was für die Krone von Interesse gewesen wäre. Cabeza de Vaca selbst kehrte 1544 fieberkrank von einer Reise aus den Sümpfen nördlich von Asunción zurück und mußte seinen Soldaten, um sie bei der Stange zu halten, versprechen, ihnen ihre Verluste aus der eigenen Tasche zu begleichen.[215]

Mit seinem strengen Sinn und seiner Politik des freundlichen Umgangs mit den Indianern konnte sich Cabeza de Vaca bei seinen Landsleuten in Asunción auf die Dauer nicht durchsetzen. Ein Aufstand, von Anhängern des Martínez de Irala angezettelt, brach aus, der Gouverneur wurde abgesetzt und 1545 in Ketten nach Spanien zurückgeschickt. Dort gelang es ihm zwar, seine teilweise Rehabilitierung zu erreichen;[216] doch der vielleicht ausdauerndste und umsichtigste aller spanischen Landreisenden kehrte, inzwischen über sechzig Jahre alt geworden, nie mehr nach Amerika zurück.

Da der Landweg zur Ostküste weiterhin äußerst prekär und auch die Verbindung zum Rio de la Plata zu riskant blieb, entschloß sich Domingo Martínez de Irala, von Asunción aus den Zugang zum Vizekönigreich Peru zu öffnen. Im Jahre 1547 fuhr er mit sieben Brigantinen und zweihundert Kanus den Rio Paraguay stromaufwärts, und ein Begleittrupp folgte zu Lande. An dieser amphibischen Unternehmung waren weiter gegen zweitausend indianische Gefolgsleute beteiligt; auch Ulrich Schmidel, der unverwüstliche deutsche Haudegen, war erneut mit von der Partie. In seinem

Bericht schildert Schmidel die überstandenen Strapazen und nennt die Namen der gegnerischen Stämme, die man plündernd und mordend vor sich her trieb. Das übliche Schauspiel, alles in allem, und in üblicher Weise beschrieben. Auffällig ist höchstens die besondere Aufmerksamkeit, die Schmidel den indianischen Frauen zuwendet: Von ihrer Schönheit und kaum verhüllten Nacktheit ist immer wieder die Rede und davon, wie bereitwillig sie sich den Männern gefällig zeigten.[217]

Im Gebiet des heutigen Peru stießen die Spanier auf Indianer, die ihre Sprache verstanden und die der Oberherrschaft des Vizekönigs von Peru unterstellt waren. Aus Lima traf denn auch strikte Weisung ein, man dürfe den Marsch weiter westwärts nicht mehr fortsetzen; offenbar fürchtete Pedro de la Gasca, der vom Kaiser zur Beilegung des Konflikts zwischen Pizzaristen und Almagristen dorthin entsandt worden war, eine unerwünschte Einmischung in seine Angelegenheiten.[218] Nachdem Irala vier seiner Begleiter als Verbindungsleute nach Lima abkommandiert hatte, kehrte er nach Asunción zurück. Zu dieser Zeit wurde Ulrich Schmidel durch Vermittlung des Repräsentanten der Fugger in Sevilla ein Brief aus Deutschland zugestellt, der ihn veranlaßte, um seine Entlassung aus spanischen Diensten nachzusuchen. Dem Gesuch wurde stattgegeben, und der Deutsche erreichte auf abenteuerlichen Wegen quer durch den Süden Brasiliens die Hafenstadt São Vicente, von wo er sich nach Europa einschiffte. In Schmidels Bericht ist nur kurz von der Rückreise die Rede, und er schließt mit den Worten: «Aber es hat Gott der Allmächtige hiebei sonderlich sein Gnad sehen und bei uns leuchten lassen, und uns vor großem Unglück, darinnen wir allbereit gesteckt, gnädiglich behütet und erlöset...»[219] Ob solch gottesfürchtige Rede ausreichte, die Absolution von so vielen begangenen Untaten zu verschaffen, entzieht sich der Kenntnis der Historiker.

Grenzkontakte, wie Domingo Martínez de Irala sie während seiner Reise mit Untertanen des Vizekönigs aufgenommen hatte, wurden in der zweiten Hälfte des 16. Jahrhunderts immer häufiger. Von Bolivien und Chile aus hatten um 1550 Konquistadoren der zweiten Generation, denen der große Reichtum versagt geblieben war, die östliche Andenkette überstiegen; wir haben die Namen von Diego de Rojas, Francisco de Mendoza, Francisco de Villagrán, Núñez de Prado und Francisco de Aguirre bereits erwähnt. Wie überall im spanischen Kolonialbereich wurden, um Herrschaft und Durchdringung des Hinterlandes sicherzustellen, Städte gegründet: Tucumán, Santiago del Estero, Córdoba, um die wichtigsten zu nennen. Eine besondere Anziehungskraft auch auf Glücksritter aus dem Osten ging von der Silberstadt Potosí in Bolivien aus, die um 1610 rund hundertfünfzigtausend Einwohner zählte und zeitweilig die größte spanisch sprechende Stadt auf der ganzen Erde war. Nach 1580 wurde es möglich, von hier aus Silbertransporte über Asunción und den Rio de la Plata nach dem Mutterland zu senden, während umgekehrt Potosí auf die Getreidelieferungen aus Argentinien angewiesen war.

2. Südamerika

Das Verdienst, den Flußweg von Asunción nach dem Rio de la Plata wieder geöffnet und Buenos Aires neu errichtet zu haben, kommt *Juan de Garay* zu.[220] Im Jahre 1573 fuhr Garay mit rund achtzig Leuten, vor allem Kreolen, den Paraguay hinab und gründete zuerst Santa Fe, einen verkehrsstrategisch günstig gelegenen Warenumschlagplatz mit guten Verbindungen nach Córdoba und Santiago del Estero. Im Jahre 1580 unternahm Garay einen erneuten Vorstoß flußabwärts und gründete zum zweiten Mal Buenos Aires, das Pedro de Mendoza über vier Jahrzehnte zuvor hatte aufgeben müssen. Bis zum Ende des 16. Jahrhunderts wurden im Bereich des heutigen Argentinien fünfzehn Städte gegründet, die sich halten konnten, und es wurde so ein Netz von Etappenstationen aufgebaut, das den Handelsverkehr auf der Nord-Süd-Achse von Rio Paraguay und Rio Paraná, aber auch durch die ausgedehnten Grassteppen der Pampas ermöglichte. Die Aufgabe der Erschließung des Hinterlandes wurde hier, im Unterschied zu Mexiko und Peru, von einer sehr kleinen Schar von Kolonisten bewältigt, da das Land, arm an Edelmetallen, wenig Einwanderer anzog. Man schätzt, daß um 1570 im ganzen Bereich des heutigen Argentinien nur etwa zweitausend spanischstämmige Kolonisten wohnten, im Vergleich zu ihren weit über zweihunderttausend Landsleuten im übrigen Mittel- und Südamerika eine geringe Zahl; hinzu traten etwa viertausend Mestizen. Córdoba, während Jahrzehnten prosperierendste Stadt in diesem Raum, zählte um 1580 kaum mehr als zweihundertfünfzig weiße Bewohner, und in der ganzen Provinz von Tucumán lebten um 1600 bloß etwa siebenhundert Spanier.[221]

Die Verwaltung der Gebiete im heutigen Paraguay und Argentinien unterstand theoretisch dem Vizekönigreich von Peru; aber es erwies sich als ganz unmöglich, von Lima aus die Regierungsgewalt wahrzunehmen. So lag die Macht faktisch in den Händen von Provinzgouverneuren, die sich durch ihre Persönlichkeit und Leistung ausgezeichnet und in Führungspositionen aufgeschwungen hatten, die sie allerdings, von Aufruhr und Putsch ständig bedroht, selten lange halten konnten. Erst gegen Ende des 16. Jahrhunderts wurde es zur Regel, daß die Gouverneure als Vertreter der königlichen Gewalt von der Krone bestätigt und ihre Amtsdauer und Besoldung einheitlich geregelt wurden. Doch der Grad der faktischen Selbstverwaltung war, im Unterschied zu Mexiko und Peru, hoch, besonders in den Siedlungen des Hinterlandes, die sich, im Gegensatz zu den Küstenstützpunkten, auf agrarwirtschaftlicher Basis gedeihlich entwickelten und keiner Unterstützung bedurften. Im Verlauf des 18. Jahrhunderts nahm auch Buenos Aires, bisher vor allem als Garnisonsstadt von Gewicht, einen deutlichen wirtschaftlichen Aufschwung, dessen Ursache einerseits im regen Schmuggelhandel mit den jenseits der Bucht siedelnden Portugiesen, andererseits im Abschluß von Handelsabkommen mit englischen Schiffen, die Sklaven herbeischafften, lag. Im Jahre 1776 wurde die Stadt zum Verwaltungszentrum eines von Spanien neu geschaffenen Vizekönigreichs Rio de la Plata, dem freilich bereits drei Jahrzehnte später die Unabhängigkeitsbewegung ein

Ende setzte. Im Zusammenhang mit den Unabhängigkeitskriegen löste sich schließlich auch Paraguay als selbständiger Staat von der neuen Republik Argentinien, und nördlich des Rio de la Plata, in einem von Spaniern und Portugiesen abwechselnd beanspruchten Gebiet, konstituierte sich die unabhängige Republik Uruguay.

Ähnlich wie in Brasilien spielten auch im Einflußbereich des Vizekönigreichs Rio de la Plata die Jesuitenmissionare eine wichtige Rolle bei der Durchdringung des Hinterlandes. Zu Beginn des 17. Jahrhunderts wurden am Oberlauf des Paraná die ersten Guaraní-Missionsstationen errichtet, die man hier «reducciones» nannte. Auch am Paraná war immer wieder mit den Überfällen der «bandeirantes» oder «paulistas» zu rechnen, bis sich die Jesuiten entschlossen, zu ihrem und der Indianer Schutz Söldnertrupps einzusetzen. Dank gut organisierter und fachkundig betriebener Plantagenwirtschaft und der Befreiung von Steuern und Abgaben erlebten die Reduktionen einen erstaunlichen Aufstieg: Um 1700 zählte man über dreißig solcher Stützpunkte, in denen gegen fünfzigtausend Indianer seßhaft lebten.[222]

Wie in Brasilien zeichneten sich die Jesuitenmissionare auch hier durch ihr Interesse an der Eingeborenenbevölkerung und deren natürlicher Umwelt aus. Als Beispiel sei hier Pater Roque González de Santa Cruz genannt, der unter dem Namen «Apostel von Uruguay» in die Geschichte eingegangen ist. Als Kreole in Asunción aufgewachsen, hatte sich González de Santa Cruz in den Reduktionen des oberen Paraná nützlich gemacht und war dann als Wanderprediger gegen Osten gezogen. Mit wenigen Begleitern erreichte er den Oberlauf des Rio Uruguay und gründete in einer Gegend, in der noch nie jemand einen Weißen gesehen hatte, mehrere Missionsstationen, bevor er um 1630 von Indianern erschlagen wurde.[223] Jesuitenmissionaren verdanken wir auch Berichte über die Missionsarbeit, die, weit über eine Schilderung der Alltagsverrichtungen hinausgehend, wichtige Informationen völker- und landeskundlicher Natur vermitteln. Dies gilt etwa von den Aufzeichnungen des österreichischen Jesuitenpaters Florian Paucke, der nach 1750 am oberen Paraná wirkte. Paucke fügte seiner ebenso ausführlichen wie unterhaltsamen Darstellung über hundert teils farbige Skizzen bei, die beispielsweise die wesentlichste Bildinformation über die Mocobi-Indianer enthalten, ein Jäger- und Sammlervolk des Chaco, das von den Spaniern den Gebrauch des Pferdes übernahm.[224] Mit der Bekämpfung der Jesuiten und der Aufhebung des Ordens im Jahre 1773 nahm auch das Wirken der Ordensbrüder in Argentinien ein Ende, und es gelang nicht, und wurde auch nicht ernstlich versucht, die Siedlungsformen, welche die Patres entwickelt hatten, weiterzuführen.

Die Durchdringung der südlichen Teile des heutigen Argentinien, insbesondere der weitgedehnten, auch heute fast nur als Schafweide genutzten Grassteppengebiete Patagoniens, fällt ins 19. Jahrhundert und führte erst in jüngster Zeit zur Entstehung größerer Siedlungszentren. Die Seefahrer, welche im Gefolge Magellans den unwirtlichen Gestaden folgten, wußten wenig Verlockendes zu berichten, und der Meuterer Thomas Doughty, von Francis Drake seinerzeit vor die Wahl gestellt, ob er lieber geköpft oder an Land ausgesetzt werden wolle, war wohl gut beraten, als er die erste Lösung wählte.[225] Charles Darwin, der unter Kapitän Robert FitzRoy im Jahre 1832 vor der Küste eintraf, stieß lediglich auf einen kleinen, kurz zuvor gegründeten Stützpunkt. «Das Land», schrieb Darwin in seinem Bericht, «blieb immer dasselbe und war äußerst uninteressant. Die vollkommene Ähnlichkeit aller Naturerzeugnisse durch ganz Patagonien ist eines seiner auffälligsten Merkmale. Die ebenen Flächen dürren Kieses tragen die gleichen verkümmerten und zwerghaften Pflanzen; und in den Tälern wachsen überall dieselben dorntragenden Büsche. Überall sieht man dieselben Vögel und Insekten. Selbst die Flußufer und die Ufer der kleinen klaren, sich in den Fluß ergießenden Bäche wurden kaum durch einen helleren Ton von Grün belebt. Der Fluch der Unfruchtbarkeit liegt auf dem Lande...»[226]

Wenn die Spanier dieser Einöde dennoch eine gewisse Beachtung zu schenken begannen, so lag dies an der Präsenz einer englischen Flotte unter dem Kommando *George Ansons*, die 1740 in feindseliger Absicht hier aufkreuzte. Zwar zog es Anson vor, statt, wie man befürchtete, einen Stützpunkt zu gründen, den Kontinent zu umsegeln und die spanische Schiffahrt im Pazifik zu beunruhigen; aber die Verletzlichkeit der patagonischen Küste war doch offensichtlich geworden. Im Jahre 1745 entsandte der Gouverneur von Buenos Aires ein Schiff unter *Joaquin de Olivares* der Küste entlang nach Süden mit dem Auftrag, die Möglichkeit der Errichtung eines Stützpunktes in der Bucht von San Julián zu überprüfen und eine genaue Küstenvermessung durchzuführen. Der Besatzung gehörten drei offenbar seekundige Jesuitenpatres an, *José de Quiroga*, *José Cardiel* und *Matthias Strobel*, welche die Möglichkeiten zur Missionierung klären sollten. Von der Bucht von San Julián aus stieß man landeinwärts vor, scheint auch aus der Ferne die schneebedeckten Gipfel der Anden erblickt zu haben, traf aber keine Indianer an.[227] Darauf trat man, ohne einen Stützpunkt gegründet zu haben, enttäuscht die Rückkehr an.

Ein Jahr später machte sich der erwähnte José Cardiel zusammen mit einigen Ordensbrüdern erneut nach Süden auf, in der Absicht, im Hinterland des heutigen Mar del Plata, wo es tatsächlich Indianer gab, die christliche Botschaft zu verkünden. Cardiel verdanken wir die erste zuverlässige Karte dieser Gegend. Einer seiner Begleiter, der englische Jesuit *Thomas Falkner*, verfaßte einen Bericht über Patagonien und die angrenzenden Gebiete – den besten dieser Art im 18. Jahrhundert, der 1775 auch in deutscher Übersetzung erschienen ist.[228] Gestützt auf eigene Unternehmungen, aber auch auf die Aussagen spanischer Reisender und indianischer Informanten gibt Falkner einen nüchternen, das eigene Verdienst bescheiden zurückstellenden Überblick über das Küstengebiet und die das ausgedehnte Hinterland von den chilenischen Anden her entwässernden Flußsysteme des

Rio Colorado und Rio Negro. Obwohl er Flora und Fauna sorgfältig beschreibt, entgeht ihm die Kargheit des Landes nicht, und er hütet sich vor der Propagierung hochgespannter Kolonisationsprojekte. An die englische Nation gewendet, empfiehlt Falkner indessen die Schaffung eines maritimen Stützpunkts im Mündungsgebiet des Rio Negro: «Eine Kolonie an der Mündung dieses Flusses», schreibt er, «würde für die Schiffe, die nach der Südsee segeln, viel bequemer sein als Buenos Aires, wo sie wegen der widrigen Winde vierzehn Tage bis vier Wochen lang warten müssen, ehe sie auslaufen können... Wenn eine Nation darauf verfiele, dieses Land zu bevölkern, so würde dies für die Spanier die Ursache einer beständigen Unruhe sein.»[229]

Einen guten Teil seiner Ausführungen widmet Falkner den patagonischen Indianern, den Puelche und Tehuelche, deren zahlreiche Stämme er einzeln nennt und deren Daseinsform er beschreibt – ein nachdenklich stimmendes ethnographisches Zeugnis, dessen Zuverlässigkeit als gesichert gilt. Die Vernichtung dieser Völker mag der englische Jesuit vorausgesehen haben, denn er erkennt kritisch die fatale Wirkung der europäischen Importprodukte Branntwein und Pocken, die «unter ihnen eine größere Verwüstung verursachen als die Pest, die durch ihren giftigen Einfluß ganze Städte verheert».[230] Den üblichen Fabelgeschichten begegnet Falkner mit Mißtrauen: Die Patagonier seien zwar große und stark gebaute Menschen, aber durchaus keine Riesen, und die Vorstellung von einem weißen Königreich sei ein Hirngespinst.

Thomas Falkners Beschreibung von Patagonien präsentiert einen Wissensstand, der während Jahrzehnten nicht wesentlich erweitert wurde. Die meisten Seefahrer, unter ihnen vor allem Engländer, welche die unwirtlichen Küsten berührten, beeilten sich, durch die Magellanstraße oder um das Kap Hoorn weiterzukommen. Eine systematische Erkundung des Hinterlandes durch die argentinische Regierung und eine Evaluation seiner wirtschaftlichen Möglichkeiten sollte erst in den siebziger Jahren des 19. Jahrhunderts einsetzen.

3. Nordamerika

Der Süden

An der Erkundung der nordamerikanischen Küsten auf dem Seeweg waren die iberischen Nationen, Frankreich und England in ähnlicher Weise beteiligt, und die Kenntnis in Kartographie, Navigation und Schiffbau, die solche Erkundung erst möglich machte, war international; das Verdienst indessen, weite Teile des Hinterlandes erstmals durchquert zu haben, fällt den Spaniern zu. Die Pionierrolle Spaniens ergab sich folgerichtig aus der Stellung, welche sich dieses Land zwischen der ersten Reise des Kolumbus [1492/93] und dem Eintreffen des Cortés vor der mexikanischen Ostküste [1519] im

3. Nordamerika

karibischen Raum aufgebaut hatte. Zwar blieb diese Stellung nicht unangetastet, weder im 16. noch im 17. Jahrhundert, und immer wieder wurden, geltenden Friedensregelungen zum Trotz, Hafenstützpunkte und Edelmetallflotten zum Ziel dreister Überfälle englischer, holländischer und französischer Kaperfahrer. Aber wirklich gefährdet war «the Spanish Main», wie die Engländer die spanische Position in der Karibik nannten, nicht. Die Nachricht von der Auffindung der Reichtümer in Mexiko und Peru hatte nach 1540 zu einer starken Zunahme der Einwanderer geführt, von denen sich viele in den Handelsstützpunkten an der Festlandküste niederließen und die spanische Präsenz verstärkten. Um 1570 siedelten auf den westindischen Inseln bereits gegen zehntausend Spanier sowie sechzigtausend Mulatten und Mestizen, die sich gegen fremde Eindringlinge zu verteidigen wußten.[1]

Der Vorstoß der Spanier von den Inseln nach Florida und in die Regionen beidseits des Mississippi, die sich noch heute, wirtschaftlich wie kulturell, gegen den Golf von Mexiko hin öffnen, erfolgte aus ähnlichen Motiven wie der Marsch nach Tenochtitlán und Cuzco. Der Entdecker Floridas, Ponce de León, von dem wir im Zusammenhang mit den Seereisen bereits gesprochen haben, war insofern eine typische Konquistadorennatur, als sich in seinem Wesen praktische Begabungen wie die Beherrschung des Kriegshandwerks und die Kunst der Menschenführung mit dem visionären Ehrgeiz mischten, unermeßliche Reichtümer, das irdische Paradies oder, wie wir uns erinnern, gar den Jungbrunnen aufzufinden. Im Unterschied zu seinen glücklicheren Landsleuten, einem Hernán Cortés und einem Francisco Pizarro, holte sich Ponce im Jahre 1521, als er zum zweiten Mal von Puerto Rico nach Florida fuhr, bloß den Tod; doch seine Visionen lebten in abgewandelter Form weiter. Auch Pánfilo de Narváez, der 1520 als Gefolgsmann des Gouverneurs von Kuba Cortés vergeblich entgegengetreten war und der 1528 an die Küste Floridas aufbrach, scheiterte kläglich. Wir haben darüber berichtet, wie Narváez sich mit seinen Leuten durch die Sümpfe der Halbinsel vorankämpfte, wie er das eingeplante Rendezvous mit seiner Begleitflotte verpaßte und schließlich gezwungen war, mit notdürftig gezimmerten Schiffen den Versuch zu wagen, der Küste entlang nach Mexiko vorzustoßen. Nur einer von Narváez' Unterführern, *Alvar Núñez Cabeza de Vaca*, überlebte mit wenigen Getreuen das wagemutige Abenteuer. Es ist dieser Mann, von dem wir den ersten Bericht über die Durchquerung weiter Teile des nordamerikanischen Kontinents besitzen, eine Meisterleistung der spanischen Reiseliteratur.[2]

Man nimmt an, daß Cabeza de Vacas Schiff im November des Jahres 1528 in der Nähe des heutigen Galveston, im Bundesstaat Texas, an Land gespült wurde. «Als die Indianer sahen», schreibt der Chronist, «welches Unglück über uns gekommen war und in welch schlimmer Lage wir uns mit all dem Unheil und Elend befanden, setzten sie sich zu uns; sie empfanden beim Anblick unserer Not großen Schmerz und solches Mitleid, daß sie zu weinen anfingen, und zwar so aufrichtig, daß man es weithin hören konnte; es

I. Der Vorstoß ins Landesinnere

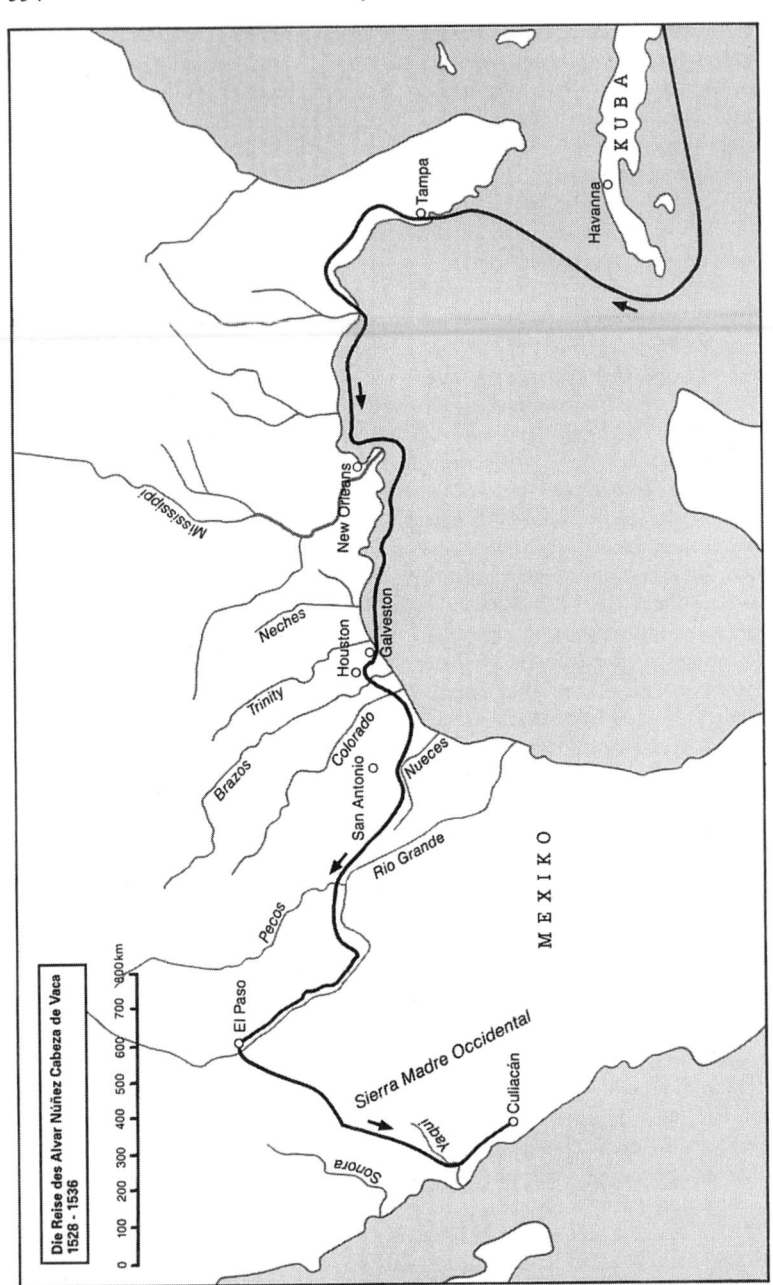

dauerte länger als eine halbe Stunde.»³ Zusammen mit wenigen Landsleuten und notdürftig versorgt von Indianern, über deren Absichten man im unklaren blieb, hungerte man sich durch einen harten Winter. Dann gelang es Cabeza de Vaca und drei Begleitern, *Alonso del Castillo, Andrés Dorantes* und dem Negersklaven *Estebanico*, zu fliehen. In den folgenden Jahren zogen die Spanier auf einer Route, die sich mit Genauigkeit nicht mehr lokalisieren läßt, gegen Westen, in der Hoffnung, auf ihre Landsleute in Mexiko zu stoßen. Daß dieses Ziel schließlich auch erreicht werden konnte, war Cabeza de Vacas Geschick im Umgang mit den Indianern zu verdanken. Dem Anführer war nicht entgangen, welche suggestive Kraft vom Auftreten der fremdartigen weißen Besucher auf die Indianer ausging, und er nutzte dieses Charisma, zusammen wohl auch mit etwas medizinischer Kenntnis, um sich und seine Begleiter als Heilkundige auszugeben. So zogen die Wunderheiler von Stamm zu Stamm, immer westwärts, schlugen das Kreuz über den Kranken und sprachen merkwürdige und anscheinend hilfreiche Gebete, so daß ihnen der Ruf ihrer mildtätigen Wirksamkeit vorausging. Auch lebten Cabeza de Vaca und seine Gefährten äußerst bescheiden, nahmen als Geschenk nur an, was sie zu ihrer Ernährung brauchten und dienten zugleich als Vermittler von Handelswaren, ohne davon profitieren zu wollen. Im Lauf der Zeit scheint es sich eingespielt zu haben, daß man sich vom Stamm, bei dem man sich zuletzt aufgehalten hatte, zum nächsten begleiten ließ, was offenbar auch dann möglich war, wenn die Stammesgruppen untereinander verfeindet waren. «Da dieses Volk und jene, die uns begleiteten, Feinde waren und ihre Sprache nicht verstanden», schreibt Cabeza de Vaca in seinem Bericht, «entließen wir die letzteren, übergaben ihnen, was wir als Gastgeschenk erhalten hatten, und gingen mit den andern weiter. Als die Nacht einbrach, erreichten wir in einer Entfernung von sechs Leguas ihre Behausungen, und zu unsern Ehren wurde ein großes Fest gefeiert. Wir blieben einen Tag und setzten am nächsten unsere Reise mit diesen Indianern fort. Sie nahmen uns mit zu den Siedlungen anderer Indianer...»⁴

Auf Grund der Angaben im Reisebericht und der Feststellungen späterer Reisender, die in der mündlichen indianischen Überlieferung auf Spuren von Cabeza de Vacas Besuch stießen, läßt sich der Routenverlauf wenigstens ungefähr festlegen.⁵ Zuerst folgten die Spanier in einem Abstand von vielleicht sechzig Kilometern der texanischen Lagunenküste und erreichten, landeinwärts vordringend, den Pecos River. Dann stieß man zum Rio Grande vor, der seit 1846 die Grenze zwischen Mexiko und den Vereinigten Staaten bildet, und erreichte die Gegend von El Paso. Nachdem man die trockene Einöde der nordmexikanischen Hochebene durchquert hatte, stieg man zum Rio Yaqui hinab und folgte der Westabdachung der Sierra Madre Occidental bis nach Culiacán.

Auf ihrem langen und mühseligen Marsch trafen Cabeza de Vaca und seine Begleiter auf nichts, was die Erwartung großer Reichtümer bestätigt hätte, auch hüteten sie sich, auf entsprechende indianische Vorspiegelungen einzugehen und die Marschrichtung abzuändern. Der Reisebericht schildert anschaulich die Kargheit der Natur und die Dürftigkeit indianischen Lebenswandels. «Ich glaube», schreibt Cabeza de Vaca, «daß diese Völker besser hören und sehen und über empfindlichere Sinne verfügen als andere auf der Welt. Es scheint, als seien sie mehr als andere Menschen geschaffen, Hunger, Durst und Kälte zu ertragen.»[6] Der Reisebericht erwähnt als erstes europäisches Dokument die riesigen Bisonherden, die im Dasein der Prärie-Indianer eine zentrale Rolle spielten und in der zweiten Hälfte des 19. Jahrhunderts fast völlig ausgerottet worden sind.[7] Die Rede ist auch von vereinzelten kleinen indianischen Behausungen, «pueblos», auf die man gelegentlich stieß; es ist aber nicht anzunehmen, daß man in den Siedlungsraum der Pueblo-Kulturen im nordamerikanischen Südwesten vordrang.

Im Quellgebiet des Rio Yaqui stießen Cabeza de Vaca und seine Begleiter nach acht Jahren der Abwesenheit erstmals wieder auf Anzeichen spanischer Zivilisation: auf ein Degengehenk und einen Hufnagel, die einem Indianer als Schmuck dienten. Dies deutete auf Kontakte zwischen den Indianern und den Spaniern der mexikanischen Nordprovinz hin, und in der Tat spielte hier wie anderswo in den Grenzbereichen die Sklavenjägerei eine dominante Rolle. Offensichtlich bereitete es den Indianern, die Cabeza de Vaca ihr freundliches Geleit gaben, Mühe, ihn mit den plündernden und mordenden Horden seiner Landsleute, die in diesem Gebiet operierten, in Verbindung zu bringen: «Die Indianer sagten», heißt es im Bericht, «daß wir aus den Gegenden des Sonnenaufgangs kamen, jene aber aus den Gegenden des Sonnenuntergangs; daß wir die Kranken heilten, während jene die Gesunden umbrachten; daß wir nackt und barfuß gekommen waren, jene aber bekleidet und auf Pferden mit Lanzen; daß wir nichts begehrten, sondern alles weitergaben, während jene anderen nur die Absicht hatten, alles, was sie vorfanden, zu rauben und niemandem etwas zu geben.»[8]

Die erste Begegnung mit Landsleuten im Norden Mexikos, im Jahre 1536, hat Cabeza de Vaca wie folgt geschildert: «An diesem Tag ging ich zehn Leguas weit, und am Morgen des nächsten Tages traf ich auf zehn Christen zu Pferd, die in große Aufregung gerieten, als sie mich so seltsam gekleidet und in Gesellschaft von Indianern erblickten. Sie schauten mich lange an, dermaßen verdutzt, daß sie weder etwas zu mir sagten noch irgend etwas fragten. Ich sagte ihnen, sie sollten mich zu ihrem Hauptmann bringen.»[9] In Mexiko, dem damaligen Neu Spanien, wurde Cabeza de Vaca von Vizekönig Antonio de Mendoza empfangen, der an einer Konsolidierung seiner Herrschaft im Norden und an einer humaneren Indianerpolitik interessiert war. Zwei von seinen Begleitern, Castillo und Dorantes, blieben in Mexiko-Stadt und heirateten reiche Witwen; Estebanico, der Schwarze, bereitete sich auf eine neue Unternehmung vor. Der Anführer selbst reiste 1537 nach Spanien zurück, wo er seinen Bericht, die «Naufragios», verfaßte – bei aller gelegentlich übertreibenden Darstellung doch das eindrückliche Dokument eines zähen Überlebenswillens und einer echten Anteilnahme an indianischer Lebens- und Daseinsform. Der Bericht beweist auch, daß es schon damals neben den üblichen Konquistadorenfeldzügen mit bewaffneter Streitmacht Möglichkeiten alternativen Reisens gegeben hätte, die man ohne großen Aufwand hätte in den Dienst der Landeserkundung stellen können. Vier Jahre nach seiner Rückkehr nach Spanien wurde Cabeza de Vaca von Karl V. mit der Aufgabe betraut, nach Südamerika zu reisen und der bedrängten Garnison von Asunción Hilfe zu bringen. Von diesem letzten Unternehmen der außergewöhnlichen Entdeckergestalt ist bereits die Rede gewesen.

Obwohl Cabeza de Vaca sich in seiner Darstellung hütete, die Sehnsüchte nach ungehobenen Reichtümern im Norden des Golfs von Mexiko zu nähren, blieben die Wunschvorstellungen intakt. Neben die üblichen Visionen von einem Goldland, dem irdischen Paradies oder einem bequemen Zugang zu den Schätzen Chinas trat nun vor allem die Legende von den «Sieben Städten von Cibola». Es handelt sich dabei um eine Vorstellung, die in ähnlicher Form innerhalb indianischer wie europäischer Kulturtradition vorkommt, wobei schwer abschließend zu klären ist, woher die Konquistadoren sie übernahmen.[10] Das Wort «Cibola» könnte aus einer Indianersprache stammen und soviel wie «Höhle» bedeuten, und in einem indianischen Schöpfungsmythos ist tatsächlich von «sieben Höhlen» die Rede, von denen einige Stämme ihre Herkunft herleiten. Aus der iberischen Erzähltradition ist ferner jene bereits erwähnte Sage bekannt, wonach sieben Bischöfe auf der Flucht vor den Mauren im achten Jahrhundert über die See nach Westen geflohen seien und auf einer Insel sieben Städte gegründet hätten. Es ist wahrscheinlich, daß solche Legenden von Indianern, mit denen die spanischen Kolonisten ins Gespräch kamen, bereitwillig unterstützt wurden, in der üblichen Hoffnung, man könne sich damit die Fremdlinge vom Leibe halten. In diesem Sinne erzählt der spanische Chronist Pedro de Castañeda von einem indianischen Gewährsmann, der wie folgt von seinen Wanderungen in den Norden berichtet habe: «Dieser Indianer sagte, er sei der Sohn eines verstorbenen Händlers. Als er noch ein kleines Kind gewesen sei, habe sein Vater die Indianer des Hinterlandes mit feinen Federn als Schmuck beliefert und sei mit großen Mengen von Gold und Silber zurückgekommen, wovon es in jenem Land viel gebe. Er sei ein- oder zweimal mit ihm dorthin gegangen, und er habe einige sehr große Städte gesehen, die sich mit Mexiko-Stadt und seinen Vorstädten vergleichen ließen. Er habe sieben sehr große Städte gesehen mit Straßenzügen, die von Silberschmieden bewohnt seien. Man brauche vierzig Tage, um in diese Gegend zu gelangen, durch eine Einöde, in der nichts gedeihe außer einigen wenigen sehr kleinen Pflanzen von einer Spanne Höhe. Der Weg, den sie gegangen seien, führe durch ein Land zwischen zwei Meeren...»[11]

Wie dem allem auch sei: Die Gerüchte von den «Sieben Städten von Cibola» wirkten aufregend und begründet genug, um die Entsendung weiterer Expeditionen in den Norden des Golfs von Mexiko ins Auge zu fassen. Der Anführer der nächsten derartigen Unternehmung war *Hernando de Soto* – auch dieser Name ist uns bereits begegnet. De Soto stammte wie viele Konquistadoren aus dem kleinen Landadel der Extremadura; er hatte unter Pedrarias Dávila an der Erkundung der Landenge von Panama teilgenommen, hatte unter Francisco Hernández de Córdoba Nicaragua bereist und war schließlich im Kreis der Vertrauten von Francisco Pizarro am Andenfeldzug beteiligt gewesen. Ein alter Hase also, wohlerfahren im Kampf gegen fremde Völker, gegen Gegner in den eigenen Reihen, gegen die Nachgiebigkeiten der eigenen Natur. In Peru hatte de Soto zwar viel Geld gemacht, war aber bei der Landverteilung nicht nach seinen Wünschen berücksichtigt worden und bemühte sich darauf in Spanien, wo er gute Beziehungen zum Hofe besaß, um einen neuen Auftrag. Im Jahre 1537 wurde ihm in der Nachfolge des seit einem Jahrzehnt verschollenen Pánfilo de Narváez die Aufgabe anvertraut, einen neuerlichen Entdeckungs- und Eroberungszug nach Florida zu unternehmen; gleichzeitig wurde er zum Gouverneur von Kuba und den zu entdeckenden Gebieten ernannt. Wir wissen, daß de Soto sich bemühte, Cabeza de Vaca, dem er in Spanien begegnete, als Mitreisenden zu gewinnen; doch dieser, eingedenk seiner eigenen ernüchternden Erfahrungen, lehnte ab.

Im Mai des Jahres 1539 traf Hernando de Soto mit neun Schiffen, sechshundert Soldaten und über zweihundert Pferden vor der Westküste von Florida ein. Dem Heerzug folgte eine Herde von Schweinen, welche die Verpflegung sicherstellen sollte, ferner ein Troß von angeketteten Indianersklaven, die Lasten trugen und deren Bestand, wenn sie starben, laufend ergänzt wurde. Es war ein bis ins Detail vorbereitetes Unternehmen und eine hervorragend ausgerüstete Streitmacht, geführt von einer erfolgsgewissen Persönlichkeit, die ihrer ohnehin außergewöhnlichen Laufbahn mit der Entdeckung der «Sieben Städte» und eines neuen Zugangs zum Pazifik die Krone aufzusetzen gedachte. Die Schwachstelle des ganzen Unternehmens lag jedoch, wie sich bald zeigen sollte, gerade in seiner glanzvollen, den Gegebenheiten schlecht angepaßten Ausrüstung und in der ehrgeizigen Fixiertheit ihres Befehlshabers.

Wir wissen nicht genau, an welchem Punkt Hernando de Sotos Streitmacht an Land ging, vielleicht in der Tampa Bay oder südlich davon, bei Charlotte Harbour.[12] Auch der weitere Verlauf der Reise kann, obwohl sich zwischen 1935 und 1939 eine «United States De Soto Commission» um Klärung bemühte, nicht genau festgelegt werden, denn die erhalten gebliebenen Zeugnisse kennen keine genaue Standortbestimmung, die Indianervölker, auf die sie Bezug nehmen, sind verschwunden, Landschaft und Flußläufe haben ihr Aussehen verändert. Vier historische Quellentexte orientieren über diese Expedition: der längere Bericht eines portugiesischen Teilnehmers, den man den *Hidalgo von Elvas* zu nennen pflegt; das kurze Zeugnis eines hohen Beamten namens *Luis Hernández de Biedma*; das Tagebuch des Sekretärs von de Soto namens *Rodrigo Ranjel*, das in Oviedos Geschichtswerk «Historia General y Natural de las Indias» eingegangen ist, und schließlich die auf Berichte von Augenzeugen und das Hörensagen sich gründende Darstellung des Chronisten Garcilaso de la Vega.[13]

Bereits zu Beginn des Vormarsches durch die Halbinsel von Florida nordwärts zeigte sich, daß die Unternehmung große Opfer kosten würde. Die Indianer, deren Gefährlichkeit im Sumpf und dichten Baumbestand schon Pánfilo de Narváez hatte erleben müssen, sahen angesichts des rücksichtslosen Vorgehens von de Soto keinen Grund, zutraulich zu werden. Zu offenen Feldschlachten wie auf den Hochebenen der Anden kam es nicht, und die spanische Kampfkraft konnte folglich nicht ausgeschöpft werden; die Indianer kämpften vielmehr aus dem Hinterhalt, und ihre Angriffe auf Teile der Vor- oder Nachhut führten andauernd zu empfindlichen Verlusten. Ein Glücksfall war, daß man auf dem Vormarsch auf einen Landsmann stieß, einen Teilnehmer von Narváez' Expedition namens *Juan Ortiz*, der unter Indianern überlebt hatte – nackt, tätowiert und mit Pfeil und Bogen ausgerüstet wie sie. Ortiz wußte zwar nichts von den «Sieben Städten», und man fragt sich, mit welchen Gefühlen er sich der Streitmacht des de Soto anschloß; aber er konnte sich, wie andere vor ihm, die in Mittel- und Südamerika das «going native» gewählt hatten, als Dolmetscher nützlich machen. Die Schiffe hatte man nach Kuba zurückgeschickt, um Vorräte herbeizuschaffen.

Den Winter 1539/40 verbrachte de Soto nahe der Apalachee Bay, ungefähr da, wo sich Narváez mit dem Rest seiner Truppe auf selbstgezimmerten Booten eingeschifft hatte. Im Frühling setzte man seinen Weg in nordöstlicher Richtung fort, um zu einem Land zu gelangen, von dem man gehört hatte, daß es von einer Frau regiert würde, in deren Residenz die reichen Tributgaben der Untertanen zusammenströmten. «Der erste Gedanke in den Köpfen dieser Kastilier», schreibt Garcilaso de la Vega, «war es, dieses Land zu erobern und Gold und Silber zu suchen, und ihr Interesse galt nichts anderem als diesen Metallen.»[14] Zwar traf man am Oberlauf des Savannah River tatsächlich auf eine indianische Herrscherin, aber ihr «Königreich» war nicht der Rede wert, und man fand bloß Süßwasserperlen vor, die von den Indianern beim Braten der Muscheln beschädigt worden waren. Da die Amazone von reichen Städten im Westen sprach, nahm man sie gleich als Geisel mit; doch sie hatte Glück und entkam.

Hernando de Soto wandte sich nun nach Südwesten und folgte dem Alabama River bis zur Mobile Bay. Die Stimmung im Heer, das durch Indianerüberfälle und Krankheit bereits mehr als hundert Mann eingebüßt hatte, war schlecht. Gern wäre man hier geblieben und hätte einen festen Stützpunkt gegründet. «Allen schien es richtig», heißt es im Bericht des Hidalgo von Elvas, «an dieser günstigen Stelle eine Siedlung zu gründen, welche alle Schiffe, die aus Neu Spanien, Peru, Santa Marta und dem Festland nach Spanien abgingen, anlaufen könnten; denn es ist ein gutes Land und geeignet, sich Vorräte zu beschaffen. Aber de Soto, da ihm nun

I. Der Vorstoß ins Landesinnere

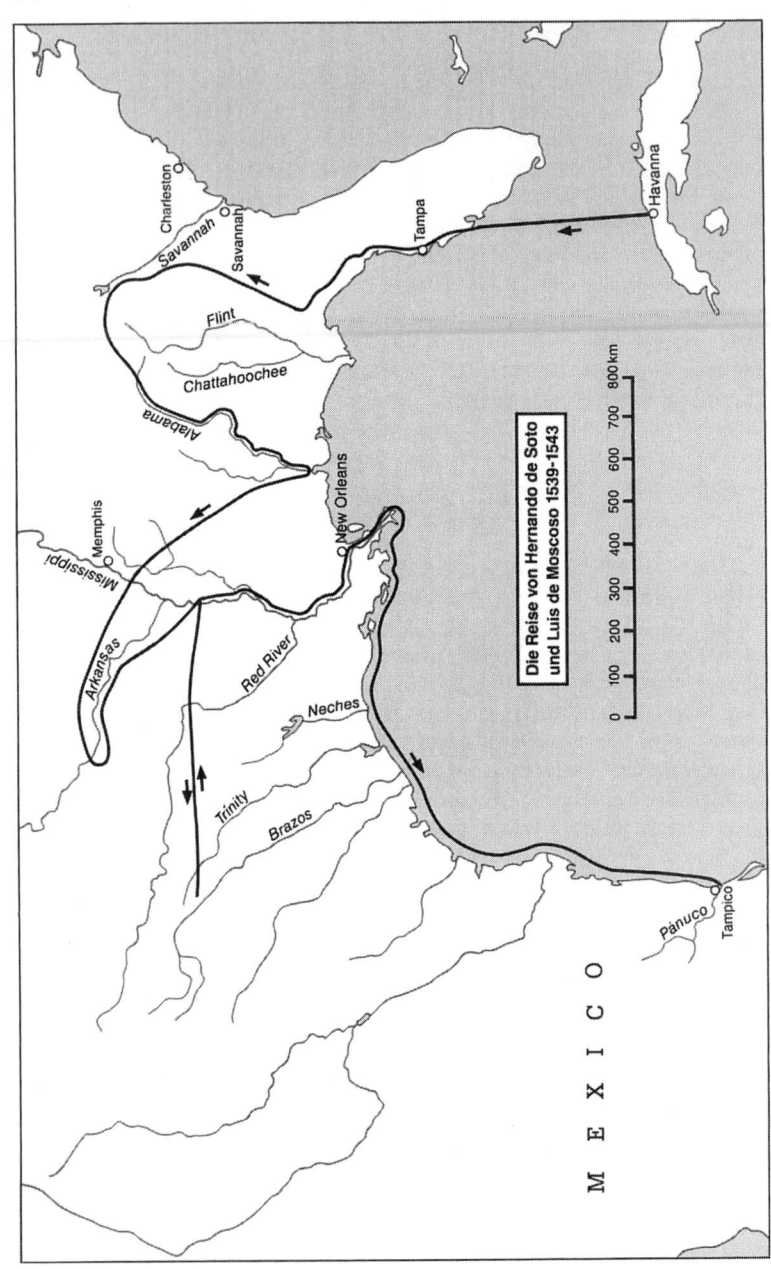

einmal der Sinn danach stand, einen Schatz wie denjenigen des Atahualpa, des Herrn von Peru, zu finden, war damit nicht zufrieden.»[15] So verweilte man nur gerade lange genug, um mit den Indianern in schwere Auseinandersetzungen verwickelt zu werden. Auf die sich anbietende Möglichkeit, Kontakt mit der Versorgungsflotte aufzunehmen, wurde verzichtet; denn de Soto wollte seinen Landsleuten nicht mit leeren Händen gegenübertreten. So zog man erneut landeinwärts nach Nordwesten, den goldenen Städten der Legende entgegen und verbrachte einen bitterkalten Winter irgendwo im Nordwesten des heutigen Bundesstaates Alabama.

Im Mai des Jahres 1541 erreichte de Soto den riesigen Strom, der Nordamerika vom Gebiet der Großen Seen bis zu seiner Mündung in den Golf von Mexiko auf einer Distanz von rund dreitausend Kilometern durchquert: den Mississippi. Es sollte dies, und nicht die Auffindung von Goldschätzen, die eigentliche Leistung der ganzen Reise bleiben. Auch wenn nicht ausgeschlossen werden kann, daß frühere Reisende, etwa Alonso Álvarez de Pineda im Jahre 1518, den Strom in seinem Mündungsgebiet befahren hatten, waren doch de Soto und seine Gefolgsleute die ersten, welche die Bedeutung der Wasserstraße erkannt haben dürften. Der amerikanische Schriftsteller Mark Twain, der dem Mississippi verfallen war, läßt mit dem Datum dieser Entdeckung die Geschichte seines Landes beginnen: Von diesem Zeitpunkt an, schreibt er in «Life on the Mississippi», beginne die amerikanische Geschichte ein ehrwürdiges Alter und Rost anzusetzen.[16] Die Konquistadoren freilich begegneten dem Strom mit der üblichen Indifferenz gegenüber Naturschauspielen. «Der Fluß», schreibt der Hidalgo von Elvas, «war annähernd eine halbe Legua breit. Von einem Menschen, der an dem einen Ufer stand, konnte man von dem andern her nicht sagen, ob es ein Mensch oder etwas anderes sei. Der Strom war tief und floß schnell dahin, und das immer schlammige Wasser führte mit seiner Kraft viele Bäume und viel Holz mit sich.»[17] Da die Auskünfte der Indianer fruchtbare und dicht besiedelte Gebiete im Westen in Aussicht stellten, entschloß sich de Soto, den Mississippi mit seiner Streitmacht zu überqueren. Man schlug Bäume, höhlte sie aus und setzte in mehreren Transporten über.

In den Sommermonaten des Jahres 1541 folgte man dem Arkansas River zu dessen Oberlauf, kehrte dann aber, als sich vom Reichtum der «Sieben Städte» nichts zeigte und auch der Durchlaß zum Pazifik unauffindbar blieb, zum Westufer des Mississippi zurück. Der Winter war hart, und es fehlte an Nahrung. Zweihundertfünfzig Spanier waren inzwischen umgekommen, darunter der Dolmetscher Ortiz, der vergeblich gehofft haben mochte, Sevilla wiederzusehen; die Mehrzahl der Pferde war verendet. Auch Hernando de Soto, von Fieber geschüttelt und von Mißtrauen umgeben, war am Ende seiner Hoffnungen angekommen. Er verstarb am 21. Mai 1542, und sein Körper wurde, um den indianischen Glauben an die Unsterblichkeit des weißen Anführers nicht zu erschüttern, in aller Stille im Mississippi versenkt – man fühlt sich an die Beisetzung des Königs Alarich im Busento erinnert.

I. Der Vorstoß ins Landesinnere

Der vom Anführer zu seinem Nachfolger bestimmte *Luis de Moscoso* befand sich in einem Dilemma: Sollte er sich auf ähnlicher Route wie zuvor Cabeza de Vaca nach Mexiko durchzuschlagen versuchen oder sollte er sich vom unbekannten Fluß zum Golf von Mexiko tragen lassen? Man entschloß sich für die erste Variante und setzte den Marsch westwärts über die Prärie vielleicht bis zum Oberlauf des Brazos River fort. Dann, da ein Ende der mühsamen Wanderung nicht abzusehen war und die Verpflegung der Truppe immer größere Schwierigkeiten machte, trat man die Rückkehr zum Mississippi an. Nun galt es, die zweite Rettungsmöglichkeit zu wagen und eine Flotte zu erbauen, die nicht nur den Fluten des Mississippi, sondern auch den Anforderungen einer längeren Küstenschiffahrt gewachsen war. Immerhin befand man sich in etwas günstigerer Lage als Narváez fünfzehn Jahre zuvor: Man verfügte über tüchtige Zimmerleute und genug Werkzeug; aus den Halseisen und Ketten der Sklaven schmiedete man Nägel. Im Juli des Jahres 1543 trat Moscoso auf sieben Barken die Fahrt flußabwärts an. Von den wendigen Kanus der Indianer immer wieder verfolgt und mit Pfeilen eingedeckt, erreichte man schließlich das Mündungsdelta. Während fünf Wochen folgte man der unwirtlichen Sandküste, bald rudernd, bald die selbstgebastelten Segel setzend, ohne jede Vorkenntnis des Küstenverlaufs, der Untiefen und der Strömungsverhältnisse. Anfang September traf man beim ersten spanischen Stützpunkt an der Mündung des Rio Pánuco ein. Über vier Jahre waren seit der Abfahrt vergangen, von den sechshundert Soldaten war noch die Hälfte am Leben, die Pferde hatte man aufgegessen. Die Mannschaften fühlten sich geprellt, und die Aussicht, das unfruchtbare Land, das die mexikanischen Pioniersiedler übriggelassen hatten, zu beakkern, erschien ihnen als unzureichendes Entgelt für ihre Strapazen. Die meisten Überlebenden zogen schließlich nach Peru weiter, wo Garcilaso de la Vega sie später befragen konnte; Moscoso und Ranjel ließen sich in Neu Spanien nieder.

Der Entdeckungszug des Hernando de Soto und des Luis de Moscoso erscheint staunenswert, wenn man sich davon Rechenschaft gibt, welch motivierende Wirkung eine auf schwächste Indizien gestützte Zielvorstellung, beharrlich und willensstark vertreten, auf ein Kollektiv von Söldnern und Dienstleuten auszuüben vermag. Im Hinblick auf das Verhältnis zwischen Aufwand und Ertrag muß von einem völligen Scheitern gesprochen werden. Auch die entdeckungsgeschichtliche Bedeutung der Unternehmung darf nicht überschätzt werden: Wohl ist die Befahrung des Mississippi zu erwähnen; doch die Beschreibung des Flußverlaufs bleibt in der Berichterstattung dürftig, und eine Erweiterung des kolonialen Besitzstandes wurde weder erreicht noch vorbereitet. Es blieb französischen Entdeckungsreisenden, Männern wie Marquette und La Salle, vorbehalten, über ein Jahrhundert später größere geographische Klarheit zu schaffen und einen politischen Machtanspruch zu formulieren. Im Unterschied zu Cabeza de Vaca hat Hernando de Soto auch keine neuen Methoden des Vorgehens und keinen weiterführenden Stil des Umgangs mit der einheimischen Bevölkerung erprobt; seine Expedition erscheint im Gegenteil in mancher Hinsicht als ein Abgesang auf das Hohelied bisheriger Konquistadorentradition.

Zur gleichen Zeit, da Hernando de Soto sein Unternehmen in Spanien plante, trug sich Antonio de Mendoza, der Vizekönig von Neu Spanien, mit dem Gedanken, sich seinerseits um die Planung von Entdeckungsreisen verdient zu machen. Mendoza hatte Cabeza de Vaca nach dessen Rückkehr freundlich aufgenommen, ihn befragt und seinen Informationen anscheinend wegweisendere Bedeutung zugemessen als dieser selbst; auch wußte der Vizekönig von der in Cortés' Auftrag erfolgten Fahrt des Francisco de Ulloa zum Golf von Kalifornien, und er war nicht der Mann, sich in den Hintergrund drängen zu lassen. Im Jahre 1539, wenige Monate nach der Landung des de Soto in Florida, entsandte Mendoza den Franziskaner *Marcos de Niza* nach Norden, um die Gerüchte über die «Sieben Städte» durch den Augenschein abzuklären.[18] Fray Marcos, ein gebürtiger Franzose, war in kosmographischen Fragen nicht minder bewandert als in theologischen und hatte unter Francisco Pizarro in Peru gedient. In seiner Begleitung befand sich der Negersklave *Estebanico*, der einzige von Cabeza de Vacas Gefährten, der sich bewegen ließ, einen neuen Versuch zu wagen. Den beiden Reisenden wurden ferner indianische Hilfstruppen mitgegeben.

Wenn die Unternehmung von Marcos de Niza allzu früh abgebrochen werden mußte, so lag dies an Estebanico, der in seinem Stolz über die ihm zugedachte Rolle als Entdeckungsreisender die Vorsichtsmaßnahmen, die sein Überleben sichern sollten, zu treffen unterließ. Die beiden Reisenden hatten vereinbart, Estebanico solle eine Vorhut befehligen und sich die Indianer, auf die er stoße, durch den Glanz seines Auftretens, die Verteilung von Geschenken und allerlei Wundertaten so günstig stimmen, daß sie den nachfolgenden Priester freundlich bei sich aufnehmen würden. Auch sollte die Vorhut laufend über ihre Entdeckungen informieren, und zwar hatte man ausgemacht, daß Estebanico die Bedeutung seiner jeweiligen Entdeckung durch die Größe eines Holzkreuzes ausdrückte, das er an Marcos zurücksandte. Es scheint indessen, daß dem Schwarzen das Bewußtsein seiner eigenen Bedeutung immer gefährlicher zu Kopfe stieg: Zwar gewann er sich manche Indianerstämme zu Freunden, zugleich aber erregte er durch sein aufgeblasenes Benehmen und seinen freizügigen Umgang mit indianischen Frauen Befremden. Es gelang Estebanico, von der Sierra Madre Occidental über die Wüstensteppen und Hochebenen Arizonas bis zu stattlichen indianischen Siedlungen vorzudringen, die man mit dem lang gesuchten Cibola in Verbindung bringen konnte – es handelte sich um die kunstvollen «pueblos» der Zuñi-Indianer im Westen des heutigen Bundesstaates Neu Mexiko. Dann aber erregte der Schwarze den Unwillen eines Indianerhäuptlings, wurde gefangengenommen und umgebracht. Der Vorfall, der sich in einer Siedlung mit Namen Hawikuh ereignete, ist durch die mündliche Überlieferung der Zuñi-Indianer bis in die jüngste Zeit weitergetragen worden. «Wir glauben zu wissen», heißt es in dieser Überlieferung, «daß vor langer Zeit, als die Dächer noch auf den Mauern von Kya-ki-me [Hawikuh] lagen, der Rauch noch über den Häusern schwebte und die Sprossen der Leitern noch nicht zerbrochen waren, schwarze Mexikaner aus ihrer Heimat, dem Land des immerwährenden Sommers, hierherkamen... Damals wurde von unseren Altvorderen, dort wo der Stein am Bach unten steht, ein schwarzer Mexikaner umgebracht, ein großer Mensch mit von Pfeffer aufgeschwollenen Lippen... Und die andern rannten weg, verfolgt von unseren Großvätern, und kehrten zurück ins Land des immerwährenden Sommers.»[19]

Fray Marcos, nachdem ihm der Tod seines Begleiters gemeldet worden war, setzte seinen Weg trotz dem Widerstand seiner indianischen Hilfstruppe noch so lange fort, bis er das langgesuchte Cibola mit eigenen Augen sehen konnte. Von einem Hügel blickte er auf die Siedlung hinab: «Mit meinen Indianern und den Dolmetschern», schreibt er in seinem Bericht, «folgte ich meinem Weg, bis wir in die Sichtweite von Cibola kamen, das am Abhang eines runden Hügels in der Ebene liegt. Die Siedlung machte einen guten Eindruck und war die stattlichste, die ich in jenen Gegenden gesehen habe. Alle Häuser sind, wie die Indianer mir erzählt haben, aus Stein, mit Stockwerken und flachen Dächern.»[20] Dann kommt Marcos auf den sagenhaften Reichtum der Stadt zu sprechen: «Die Leute sind ziemlich weiß, sind bekleidet, schlafen in Betten, und ihre Waffen sind Bogen. Sie sind im Besitz von Smaragden und anderen Edelsteinen, schätzen aber nichts so sehr wie die Türkise, mit denen sie die Mauern und Eingänge ihrer Häuser, ihre Kleider und Gefäße verzieren und die sie anstelle von Geld im ganzen Land benutzen. Ihre Kleidung besteht aus Baumwolle und Ochsenhäuten, und dies sind ihre ausgezeichnetsten und ehrenwertesten Gewänder. Sie benutzen Gefäße von Gold und Silber, denn sie verfügen über kein anderes Metall, und sie gebrauchen diese häufiger und in größerer Zahl, als dies in Peru der Fall ist...»[21]

Diese und einige andere Bemerkungen des Marcos de Niza haben die Historiker an der Glaubwürdigkeit seiner Aussagen zweifeln lassen.[22] Als wahrer Kern seiner Darstellung bleibt indes bestehen, daß Fray Marcos tatsächlich auf eine Siedlung der Zuñi-Indianer stieß und daß es innerhalb ihres Territoriums tatsächlich sieben solcher Siedlungen gab. Fest steht auch, daß die Informationen, die der Franziskanermönch nach Hause brachte, Anlaß zu weiteren hochgespannten Erwartungen gaben.

Antonio de Mendoza nutzte die günstige Stimmung und bereitete sofort eine neue, wesentlich größere Expedition vor. Im Februar 1540 wurde in Compostela, an der mexikanischen Pazifikküste, unter dem Kommando des *Francisco Vásquez de Coronado* eine Streitmacht zusammengezogen, die rund zweihundertfünfzig Reiter, dreihundert Indianer und einen großen Troß mit Bediensteten, Handwerkern und mehreren Geistlichen umfaßte.[23] Der Vizekönig legte Wert darauf, die hervorragend ausgerüstete Truppe anläßlich einer Parade persönlich zu verabschieden. Gleichzeitig wurde als flankierendes Unternehmen eine kleine Flotte unter dem Kommando des *Hernando de Alarcón* zum Golf von Kalifornien entsandt mit dem Auftrag, nach einer Wasserstraße zu den «Sieben Städten von Cibola» zu suchen. Über den Verlauf der Landreise gibt es verschiedene kürzere Berichte; die Hauptquelle stammt vom bereits erwähnten Augenzeugen *Pedro de Castañeda* und wurde etwa zwanzig Jahre nach den Ereignissen verfaßt.[24]

Coronado ging mit großer Umsicht vor. Von Culiacán aus entsandte er eine leicht bewegliche Vorhut nach Norden, die unter Führung des erneut beteiligten Marcos de Niza schließlich die Zuñisiedlung Hawikuh, das vielgerühmte Cibola, erreichte. Die Enttäuschung der Spanier beim Anblick des bescheidenen indianischen Fleckens geht aus den Worten des Berichterstatters Castañeda deutlich hervor: «Es ist ein kleines übervölkertes Dorf, ganz im Zerfall begriffen. Es gibt Bauernhäuser in Neu Spanien, die auf Distanz besser aussehen.»[25] Marcos de Niza, dessen Bericht ganz andere Erwartungen geweckt hatte, geriet in eine heikle Situation. «So schlimm lauteten die Verwünschungen», schreibt Castañeda, «die einige dem Bruder Marcos entgegenschleuderten, daß ich Gott anflehte, er möge ihn vor diesen in Schutz nehmen.»[26] Der Franziskaner war gut beraten, sich bei nächster Gelegenheit nach Mexiko abzusetzen, «weil er nicht dachte, daß es für ihn sicher wäre, in Cibola zu bleiben, hatte sich doch sein Rapport als vollkommen falsch erwiesen, weil weder die Königreiche, von denen er gesprochen hatte, noch die völkerreichen Städte, noch die Goldreichtümer, noch die kostbaren Steine, noch die feinen Gewänder und andere Dinge aufgefunden werden konnten, von denen er von der Kanzel herab gesprochen hatte».[27]

Von Hawikuh aus setzte Coronado seinen Weg in östlicher Richtung fort und gelangte nördlich von Albuquerque, der größten Stadt im heutigen Bundesstaat Neu Mexiko, an den Oberlauf des Rio Grande. Hier wurde das Winterlager bezogen und die umliegenden Indianerdörfer wurden nach Vorräten abgesucht. Daß es dabei zu kriegerischen Zwischenfällen kam, welche die Berichterstatter beschönigend Vergeltungsaktionen nennen, versteht sich nachgerade von selbst. Unter der Führung des Hauptmanns *García López de Cárdenas* drang ein Erkundungstrupp in nordwestlicher Richtung zum Colorado River vor. Cárdenas war der erste Weiße, der in die Abgründe des Grand Canyon hinabblickte, eine der eindrücklichsten Schluchtlandschaften der Erde, die heute jedes Jahr von zwei Millionen Touristen besucht wird. Die Schilderung, die wir davon besitzen, klingt nach spanischer Manier nüchtern: «Es war eine hochgelegene Gegend, offen gegen Norden hin und mit verkrüppeltem Nadelholz bestanden, ferner so kalt, daß selbst während der warmen Jahreszeit niemand dort leben konnte. Sie verbrachten drei Tage am Rand der Schlucht und suchten nach einem Durchgang hinab zum Fluß, der von oben sechs Fuß breit schien, obwohl die Indianer sagten, er sei eine halbe Legua breit. Doch es war unmöglich hinunterzusteigen.»[28] Ein anderer Unterführer, *Hernando de Alvarado*,

I. Der Vorstoß ins Landesinnere

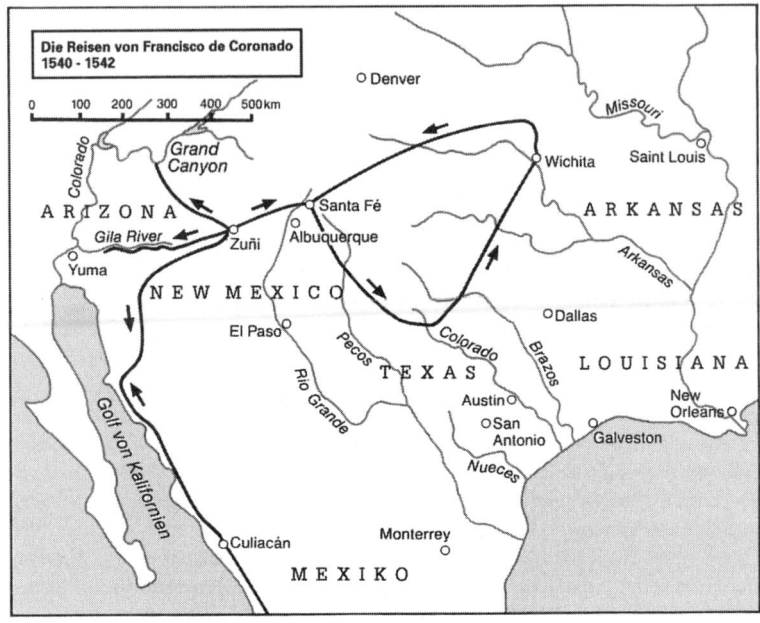

erreichte das achtzig Kilometer westlich von Albuquerque auf einem Felskopf errichtete Indianerdorf Acoma, die am längsten andauernd bewohnte Siedlung der Vereinigten Staaten. Die Beschreibung, die Castañeda davon gibt, vermittelt einen guten Eindruck: «Das Dorf war sehr stark, denn es lag auf einem Felsen und entzog sich dem Zugriff. Auf allen Seiten fielen die Hänge jäh ab, und der Fels war so hoch, daß es einer sehr guten Muskete bedurfte, um eine Kugel so weit zu schießen. Es gab lediglich einen Eingang, der durch eine gezimmerte Treppe erreicht wurde, welche von einem Abhang am Fuß des Felsens ausging. Zuunterst war eine breite Treppe mit zweihundert Stufen, dann folgte eine Strecke mit etwa hundert engeren Stufen, und zuoberst mußte man auf einer Höhe von drei Körperlängen die Fußspitzen in Felslöcher stecken und mit den Händen nachhelfen.»[29]

Von einem Indianer, den Castañeda seines Aussehens wegen als «der Türke» bezeichnet, erfuhr Coronado im Herbst des Jahres 1540 von einem Königreich im Osten mit Namen Quivira. Zwar erhob sich von Anfang an unter den Spaniern der begründete Verdacht, es handle sich um ein Ablenkungsmanöver, aber der Wunsch, doch noch auf einen reichen Potentaten zu stoßen, verdrängte andere Überlegungen. Die weitere Route von Coronado läßt sich nicht mit Sicherheit festlegen. Wahrscheinlich zog er weiter ostwärts, überquerte den Pecos River und stieg in die Grassteppen des Llano Estacado, im heutigen Texas, hinab. Eindrücklich waren wiederum die

3. Nordamerika

bereits weiter südlich von Cabeza de Vaca gesichteten riesigen Büffelherden. Auch traf man auf Indianer, die von ihrer Begegnung mit den früheren spanischen Reisenden zu berichten wußten, und verschaffte sich allmählich ein deutlicheres Bild von den Weiten des nordamerikanischen Südens. Man kann sich die Aufregung der Indianer vorstellen, als nun nicht mehr ein paar zerlumpte Heilkundige, sondern eine ganze Heerschar ins Land strömte, während gleichzeitig vom Mississippi her der Vormarsch de Sotos und Moscosos gemeldet wurde.

Auch Coronado blieb es versagt, Gold- und Silberschätze aufzufinden und in Höfen mit asiatischem Gepränge empfangen zu werden, und da die Vorspiegelungen des «Türken» immer unglaubwürdiger wurden, legte man ihn erst in Ketten und brachte ihn dann um. Den Weg aber setzte man weiter fort, zuerst nach Osten, dann in scharfer Wendung nach Nordosten: Ein Vortrupp des Coronado erreichte den Arkansas River und stieß nördlich des heutigen Wichita, im Bundesstaat Kansas, tatsächlich auf eine Siedlung mit Namen Quivira. Aber erneut war die Enttäuschung beim Anblick der bescheidenen Wohnstätten und ihrer ärmlichen Bevölkerung groß, und die Hoffnung, Reichtümer zu finden, wurde endgültig begraben. «Es hat Gott gefallen», tröstet sich Castañeda, «daß weitere Entdeckungen anderen Völkern vorbehalten bleiben und daß wir, die hier waren, uns damit zufrieden geben, daß wir die ersten waren...»[30] Ein anderer zeitgenössischer Kommentator sieht in der Erfolglosigkeit der Unternehmung eine Strafe Gottes, weil man es versäumt habe, der Bekehrung der Indianer vor der Suche nach Schätzen Priorität einzuräumen.[31]

Den Winter 1541/42 verbrachte Coronado mit dem Hauptharst seiner Streitmacht wieder am Oberlauf des Rio Grande. Eigentlich war geplant, im nächsten Jahr erneut ins Gebiet von Quivira vorzustoßen, dessen fruchtbares Weide- und Ackerland wenigstens die Verpflegung der Truppe sicherstellte; doch ein Reitunfall des Anführers und der wachsende Unmut der Mannschaft zwangen zur Rückkehr. Einige Franziskanermönche blieben unter den Indianern zurück und erlitten später den Märtyrertod. Mit großer Mühe, von Indianern verfolgt, von Hunger geplagt und durch die mangelnde Disziplin seiner Soldaten gefährdet, schaffte Coronado schließlich mit etwa hundert Überlebenden den Rückmarsch nach Mexiko-Stadt. Vom Vizekönig wurde er enttäuscht, aber korrekt empfangen. «Er erstattete», schreibt Castañeda, «Bericht an den Vizekönig, Don Antonio de Mendoza, der ihn nicht sehr gnädig empfing, ihm aber bestätigte, seine Aufgabe erfüllt zu haben. Sein Ansehen jedoch verlor sich von Stund' an.»[32] Coronado amtete noch kurze Zeit als Gouverneur der Nordprovinz von Neu Spanien und ging aus einer Untersuchung, die seiner Rolle als Truppenkommandant galt, einigermaßen entlastet hervor; er starb im Jahre 1554 und wurde in der Kirche Santo Domingo in Mexiko-Stadt beigesetzt.

Hernando de Alarcón, der mit einer kleinen Flotte zum Golf von Kalifornien entsandt worden war, um die Verbindung zu Coronados Streitmacht aufzunehmen, gelangte zwar zur Mündung des Colorado River und folgte diesem Fluß bis in die Nähe der heutigen Stadt Yuma [Arizona]. Dort schnitt er eine Botschaft in die Rinde eines Baumes und vergrub an dessen Fuß einige Briefschaften. Ein Hauptmann von Coronados Streitmacht, *Melchior Diaz*, der einen Erkundungszug in diese Gegend befehligte, stieß später auf diese Dokumente. Es scheint dies der einzige Kontakt zwischen der See- und der Landunternehmung gewesen zu sein, die Antonio de Mendoza 1540 ausgeschickt hatte.[33]

An ihren Zielen gemessen verlief auch die Expedition des Francisco Vásquez de Coronado, ähnlich wie fast gleichzeitig jene de Sotos, erfolglos. Aber die Berichte von dieser Reise, das Zeugnis Pedro de Castañedas, einige Briefe des Kommandanten und andere Texte, die sich erhalten haben, geben doch reichhaltigen Aufschluß über die Vielfalt der großzügig strukturierten Topographie des nordamerikanischen Südwestens und über seine indianische Bevölkerung. Coronado war der erste Europäer, der mit den Pueblo-Indianern in engere Berührung kam und auf ihre Ackerbaukultur, ihre gesellschaftliche Organisation und ihre Leistungen vor allem auf den Gebieten der Architektur und der Töpferei aufmerksam wurde. Gewiß fehlte ihm der menschheitsgeschichtlich geschulte Blick der Archäologen und Ethnologen, die sich im 19. Jahrhundert mit dieser Kultur zu befassen begannen.[34] Aber es ist unverkennbar, daß die erwartungsvolle Aussicht, man befinde sich ganz in der Nähe der «Sieben Städte von Cibola», die Beobachtungsgabe der Betrachter schärfte.

Für die Dauer eines halben Jahrhunderts erlahmte das spanische Interesse für die Regionen, die Coronado und de Soto bereist hatten, und der Name Cibola verlor seinen Glanz. Nur wenige Reisende drangen in dieser Zeit zum Oberlauf des Rio Grande vor, so etwa die Franziskanermönche *Agustín Rodríguez*, *Francisco López* und *Juan de Santa María*, die im Jahre 1581 bei den Zuñi-Indianern noch auf einige Gefolgsleute des Coronado stießen, die man dort vergessen hatte. Um dieselbe Zeit gelangte auch *Antonio de Espejo*, ein reicher Kaufmann aus Mexiko-Stadt, der noch immer von einem Goldsee träumte, in diese Gegenden und verfaßte einen bemerkenswerten Bericht.[35]

Doch die See erwies sich einmal mehr als das dem Menschen günstigere Element. Neben der Hoffnung auf den Erwerb unermeßlicher Reichtümer blieb auch der Gedanke von einem Durchlaß vom Pazifik zum Atlantik – der «Straße von Anian», von welcher schon Cortés geträumt hatte – weiterhin wirksam. Zwei Jahre nach Alarcóns Unternehmung erreichte *Juan Rodríguez Cabrillo*, dessen Namen wir bereits im Kapitel über Mittelamerika erwähnt haben, einen Punkt im Norden der Bucht des späteren San Francisco, freilich ohne die großartige Lage dieses Hafens zu erkennen. Weitere Kontakte mit «Alta California» kamen auf dem «Umweg» über die Philippinen zustande: Im Jahre 1565 gelangte *Andrés de Urdaneta* von Manila in die Gewässer vor dem heutigen Los Angeles und segelte nach Acapulco weiter – damit trug er entscheidend zur Öffnung jener transpazifischen Verbindung bei, die in der Folge einmal im Jahr von den sogenannten «Manila-Galeonen» befahren wurde. Auf demselben Weg erreichte *Sebastián Rodríguez Cermeño* im Jahre 1595 die Drake's Bay nördlich von San Francisco; er erlitt dort zwar Schiffbruch, konnte sich aber mit einem selbstgezimmerten Boot der Küste entlang nach Süden durchschlagen. Im Jahre 1602 wurde *Sebastián Vizcaíno* mit drei Schiffen von Acapulco nach Norden entsandt, mit dem Auftrag, zum Kap Mendocino, nördlich von San Francisco, vorzustoßen, die Küste genau zu erkunden und nach einem günstigen Hafenplatz Ausschau zu halten. Vizcaino schlug die Bucht von Monterey als geeignet für einen Stützpunkt vor; doch erst 1770 entstand hier eine dauernde Niederlassung.

Bereits im Jahre 1579 hatte *Francis Drake*, von dessen Weltumsegelung wir im Teil über die Seereisen berichtet haben, dieselben Gewässer erreicht. Der Engländer war, wie wir uns erinnern, durch die Magellanstraße gesegelt, hatte die nur schwach befestigten spanischen Stützpunkte längs der südamerikanischen Pazifikküste mit seinen kühnen Piratenakten verunsichert und hatte dann Kurs nach Norden genommen. Es steht nicht mit Sicherheit fest, bis zu welchem Punkt der nordamerikanischen Pazifikküste er vordrang, vielleicht bis zum kanadischen Vancouver Island.[36] Man weiß auch nicht, in welcher Bucht Drake einen längeren Halt einschaltete, um sein Schiff, die «Golden Hind», gründlich zu überholen, vielleicht tatsächlich in der nach ihm benannten Bay, wo 1933 eine Messingplakette gefunden wurde, die darauf hinzuweisen scheint, deren Echtheit aber unter Spezialisten umstritten ist.[37] Wichtiger ist, daß Drake während seines Aufenthalts friedliche Beziehungen zu den dortigen Miwokindianern unterhielt und ihr Gebiet, das er in Anlehnung an die antike Bezeichnung für England «Nova Albion» nannte, im Namen von Königin Elisabeth I. in Besitz nahm. Auch wenn dieser Akt der Besitzergreifung keine unmittelbaren weltpolitischen Folgen hatte und bloß gelegentlich von Kolonisationspropagandisten im Umkreis von Humphrey Gilbert ins Feld geführt wurde, kann er doch als frühes Vorzeichen für die Rolle betrachtet werden, welche England auf dem nordamerikanischen Kontinent zu spielen gedachte. Es sollten denn auch englische Kapitäne wie James Cook und George Vancouver sein, denen die Aufgabe zufiel, gegen Ende des 18. Jahrhunderts die Erkundung der nordamerikanischen Pazifikküste, welche die Spanier eingeleitet hatten, abzuschließen.

Die Erforschung des Südwestens auf dem Landweg wurde erst gegen Ende des 16. Jahrhunderts durch die Unternehmung von *Juan de Oñate* wiederaufgenommen. Oñate stammte aus Zacatecas, einer durch ihre Silbervorkommen noch heute berühmten Stadt, welche die Spanier 1548 gegründet hatten. Er war ein reicher Mann mit vornehmen Verwandtschaftsverbindungen: Seine Frau zählte sowohl Cortés als auch Montezuma zu ihren Vorfahren. Gestützt auf die Ergebnisse der vorangehenden Reisen plante Oñate vor allem ein kolonisatorisches Unternehmen, an welchem rund vierhundert Männer mit ihren Familien teilnahmen, ferner der übliche Troß mit schwarzen Bediensteten und indianischen Trägern sowie eine größere

I. Der Vorstoß ins Landesinnere

Zahl von Geistlichen. Die Hauptquelle für diese Unternehmung stellt der Bericht des *Gaspar Pérez de Villagrá* dar, verfaßt in Form eines Versepos wie seinerzeit die der Eroberung Chiles gewidmete «Araucana» des Alonso de Ercilla y Zuñiga, aber von weit geringerem literarischem Wert.[38] Doch im Unterschied zu Ercilla war Villagrá, der als Hauptmann und enger Vertrauter Oñates mitreiste, ein wohlinformierter Augenzeuge; das Epos erschien nach seiner Rückkehr nach Spanien, 1615, im Druck.

Juan de Oñates Zug verließ Santa Barbara, damals die nördlichste Grenzstadt in Neu Spanien, im Jahre 1598 und erreichte den Rio Grande beim heutigen El Paso. Hier nahm der Anführer als Gouverneur «alle Königreiche und Provinzen von Neu Mexiko» im Namen des «allerchristlichsten Königs Philipp, des zweiten dieses Namens»,[39] in Besitz. Festlichkeiten fanden statt und ein Schauspiel, von einem Hauptmann namens Farfán verfaßt, stellte das Eintreffen der Missionare und ihr erfolgreiches Wirken dar. Nördlich des heutigen Albuquerque wurde die erste Hauptstadt, San Juan de los Caballeros, gegründet. Von hier aus entsandte Oñate Erkundungstrupps nach allen Richtungen, hinab zu den Büffelprärien im Osten und hinauf zum vermuteten Seeweg nach China, der «Straße von Anian», im Norden. Bei Acoma, der Felsensiedlung der Pueblo-Indianer, die Hernando de Alvarado entdeckt hatte, geriet ein solcher Erkundungstrupp in einen indianischen Hinterhalt, und einige Spanier wurden getötet. Der Rachefeldzug, den Oñate anordnete, war gnadenlos. Während drei Tagen rannten die Spanier gegen die Felsenfestung an, erklommen im Kampf Mann gegen Mann die Treppenstufen, die zu den indianischen Behausungen führten und zündeten schließlich die ganze Siedlung an. Kein einziger Gegenstand auf dem ganzen Felsen, schreibt Villagrá, dessen Epos begeistert vom spanischen «Heldenkampf» berichtet, sei nicht von Strömen von Blut befleckt gewesen.[40] Daß Oñate mit der Brutalität dieses Vorgehens der Sache der Missionare keinen Dienst erwies, haben die mitreisenden Geistlichen sogleich erkannt. «Auf allen diesen Feldzügen», schreibt einer von ihnen, «hat er viele Indianer hingeschlachtet, menschliches Blut ist vergossen worden, er hat geraubt, geplündert und andere Grausamkeiten begangen. Ich bete zu Gott, er möge ihm gnädig erlauben, für seine Taten Buße zu tun.»[41]

Nachdem Oñate auf einem letzten Feldzug entlang dem Colorado River noch zum Golf von Kalifornien vorgestoßen war, kehrte er im Jahre 1608 nach Mexiko-Stadt zurück. Wegen seiner Racheakte gegenüber den Indianern wurde er in eine gerichtliche Untersuchung hineingezogen, die sich über Jahre hinschleppte. Wie andere Konquistadoren vor ihm starb Oñate arm, verbittert und vergessen.

Es war nun endgültig klar, daß aus den Gebieten im Norden Neu Spaniens kein rascher Gewinn gezogen werden konnte. Der Vizekönig orientierte in diesem Sinn die Krone, und diese gab Anweisung, inskünftig von kostspieligen Unternehmungen in den amerikanischen Südwesten Abstand zu nehmen. Im Jahre 1609, zwei Jahre nach der Anlegung der ersten englischen

Niederlassung Jamestown an der Küste von Virginia, gründete der neue Gouverneur, Pedro de Péralta, noch die spätere Hauptstadt des künftigen amerikanischen Bundesstaates Neu Mexiko, Santa Fe. Die Stadt entwickelte sich nur äußerst langsam und mußte gegen Ende des 17. Jahrhunderts sogar von den Siedlern aufgegeben und kurzfristig den Indianern überlassen werden. Ihre Funktion lag vor allem darin, den wenigen Händlern und vor allem den Missionaren, die sich in diese Gegenden vorwagten, als Warenumschlagplatz und notfalls als Refugium zu dienen. Die Bevölkerung des heutigen Santa Fe spricht Spanisch und Englisch, und der aus den Gründungsjahren datierende Sitz des Gouverneurs gilt als das älteste erhaltengebliebene öffentliche Gebäude der Vereinigten Staaten.

Im 17. Jahrhundert waren es die Missionare, welche die Kenntnis der Gegenden, die Cabeza de Vaca, Moscoso, Coronado, de Niza, Oñate und andere durchstreift hatten, zu vertiefen suchten. Es handelte sich vor allem um Franziskanermönche, die südwestlich von Santa Fe, in Santo Domingo, ihr Hauptquartier errichteten und sich von hier aus in die Siedlungen der Pueblo-Indianer begaben. Um 1630 wurden gegen hundert Dörfer von etwa fünfzig Geistlichen betreut, und die Aussichten schienen ausnehmend günstig: Die Indianer erwiesen sich als friedfertig, arbeitsam und in mancher Hinsicht lernbegierig. Die Kirchen, die unter Anleitung der Missionare in diesen Siedlungen entstanden, beweisen, wie geschickt die neu gewonnenen Christen ihre Begabungen als Zimmerleute und Maurer einzusetzen wußten – einige von ihnen sind als eindrucksvolle historische Denkmäler bis heute erhalten geblieben oder rekonstruiert worden.

Von den Geistlichen, die um 1630 im späteren Neu Mexiko wirkten, soll *Alonso de Benavides* genannt werden, ein Mann, in dem sich die Hoffnung, auf besonders bekehrungsfreudige Indianer zu stoßen, merkwürdig mit abseitigen mystischen Visionen mischte.[42] Benavides und seine Gefolgsleute stießen in nordöstlicher Richtung über das Siedlungsgebiet der Pueblo-Indianer hinaus bis in die Jagdgründe der diesen feindlich gesinnten Apache-Indianer im heutigen Texas vor. Der spätere amerikanische Bundesstaat Texas wurde im Jahre 1675 zum Ziel einer ersten größeren Missionsunternehmung, die von Pater *Larios* angeführt und von Leutnant *Fernando del Bosco* und seiner Eskorte militärisch unterstützt wurde.[43] Im Jahre 1686 gelangte der Hauptmann *Alonso de León*, begleitet von Franziskanermönchen und hundert Soldaten, vom mexikanischen Monterey aus an den Oberlauf des Rio Grande und stieß in mehreren Streifzügen in die Nähe des heutigen Antonio vor. Bemerkenswert an diesen Unternehmungen war, daß sie neben der Missionsabsicht auch das Ziel verfolgten, den französischen Zugriff auf dieses Gebiet, wie er nach der erfolgreichen Mississippi-Fahrt des Cavelier de La Salle vom Jahre 1682 drohte, abzuwehren. Von diesem spanisch-französischen Konflikt wird in anderem Zusammenhang noch die Rede sein.

Wenn es eine Zeitlang scheinen mochte, als würde sich der spanische Einfluß auf die Pueblo-Indianer auf die Dauer durchsetzen, so trog dieser

Eindruck. Die scheinbare Bekehrungsbereitschaft der Indianer entsprang keineswegs religiösem Sinneswandel, sondern dem Wunsch, sich die Sympathien einer Schutzmacht zu sichern, die in Grenzstreitigkeiten mit den nomadisierenden Apachen nützlich sein konnte. Unter der Oberfläche entgegenkommender Anpassung pflegten die Pueblo-Indianer ihre archaischen Rituale weiter. Dieser Umstand veranlaßte die Missionare im Einverständnis mit der Kolonialverwaltung, aber mit wohl etwas unterschiedlichen Zielvorstellungen, gegen das, was man den Götzen- und Hexendienst der Indianer nannte, mit drastischen Strafen vorzugehen. Die Unterdrückung der religiösen Traditionen führte im Jahre 1680 zu einem raffiniert vorbereiteten Aufstand der vereinigten Pueblo-Indianer unter ihrem Anführer Popé. Hunderte von Spaniern, vor allem die Missionare in den abgelegenen Dörfern, wurden umgebracht; Santa Fe wurde belagert und schließlich eingenommen. Etwa zweitausend Kolonisten überlebten den als schmählich empfundenen Rückzug nach El Paso. Es war dies der erfolgreichste Indianeraufstand während der zwei Jahrhunderte spanischer Kolonialherrschaft in der Neuen Welt.[44]

Erst in den Jahren nach 1690, hundert Jahre nach den Unterwerfungsaktionen des Juan de Oñate, gelang es den Spaniern, sich mit einer Reihe von blutigen Feldzügen gegen den ermatteten Widerstand der Pueblo-Indianer endgültig durchzusetzen und die Nordprovinz wieder unter Kontrolle zu bringen. Die Region blieb weiterhin ein typischer Außenposten, isoliert und verschlafen, unberührt von der Betriebsamkeit und Prosperität der Minengebiete des mexikanischen Hochlandes. Die spanische Bevölkerung wuchs durch Einwanderung und Vermischung nur langsam, aber doch stetig. Durch den Bericht einer Inspektionsreise, die in den Jahren 1766–68 unternommen wurde, um den Grenzverlauf im Norden abzuklären, sind wir über die damaligen Verhältnisse in Neu Mexiko informiert. Sein Verfasser, *Nicolas de Lafora*, schätzt die spanische Gesamtbevölkerung der Provinz auf knapp zehntausend Menschen; in der Hauptstadt Santa Fe dürften damals etwas über zweitausend Spanier, darunter die Angehörigen der ständigen Garnison, gelebt haben.[45] Der Lebensstil der Kolonisten war, Laforas Bericht zufolge, sehr einfach. Man widmete sich mit gutem Erfolg der Landwirtschaft und der Viehzucht und betrieb nebenher einen kleinen Handel mit den Indianern, die ihre gewobenen Tücher und ihre Büffelfelle auf die lokalen Märkte brachten. Im Grenzgebiet blieben allerdings die Indianerstämme, speziell Apachen und Comanchen, gefährlich, und ihre Überfälle kamen deshalb besonders überraschend, weil sie von den Kolonisten das Pferd übernommen hatten und noch mobiler geworden waren. Immer wieder wurden Missionssiedlungen angegriffen, was von den schlecht ausgerüsteten spanischen Garnisonen nicht verhindert, sondern nur durch kontraproduktive Vergeltungsschläge geahndet werden konnte. Solche Unsicherheit, aber auch der schwindende Glaube an den Bekehrungserfolg, trugen nach 1770 auch zum allmählichen Niedergang der Missionssiedlungen bei.

Die Berichte, die wir aus der zweiten Hälfte des 18. Jahrhunderts aus Neu Mexiko besitzen, ziehen im allgemeinen eine ernüchternde Bilanz: Von den «Sieben Städten von Cibola» ist nun nicht mehr die Rede. Lafora spricht zwar noch von einigen Silberminen; aber sie seien von geringem Wert, und es lohne sich nicht, sie auszubeuten.[46]

Vom Sankt Lorenzstrom zu den Großen Seen

Die Geschichte der nordamerikanischen Inlanderkundung vom Sankt Lorenzstrom bis zur Mündung des Mississippi ist von den Franzosen geschrieben worden. Ihr erstes Kapitel wurde, wie wir uns erinnern, von Jacques Cartier verfaßt, der zwischen 1534 und 1542 auf drei Seereisen die Bucht von Sankt Lorenz erkundete und auf seiner zweiten Fahrt auf dem gleichnamigen Fluß bis zur Huronensiedlung Hochelaga, beim heutigen Montreal, vorstieß. Die Unternehmungen Cartiers brachten weder die erhofften Reichtümer noch öffneten sie eine «Nordwestpassage», nämlich den Zugang zu China; Ernüchterung stellte sich ein, und zu Entdeckungsreisen, welche über die bisherigen Kenntnisse hinausgeführt hätten, kam es in der zweiten Hälfte dieses Jahrhunderts nicht mehr. Auch war das politische Klima im Mutterland der Finanzierung und Planung weiterer Vorstöße nicht günstig. Die Religionswirren, die auf kolonialem Gebiet zu den hugenottischen Kolonisationsversuchen in Brasilien und Florida geführt hatten, kulminierten 1572 in der Bartholomäusnacht, dauerten in einer Reihe von Religionskriegen fort und konnten erst mit dem Erlaß des Toleranzedikts von Nantes durch Heinrich IV. [1598] beendet werden.

Das will nun nicht heißen, Frankreich habe seine maritimen Aktivitäten vor der amerikanischen Nordostküste während dieser Zeitperiode eingestellt. Der Fischfang vor den Küsten Neufundlands, von bretonischen und normannischen Seeleuten seit dem Beginn des Jahrhunderts betrieben, kam nie zum Stillstand, und nach 1550 entsandten die nordfranzösischen Hafenstädte Jahr für Jahr ihre Fangflotten in jene Gewässer.[47] Auch an Kolonisationsplänen fehlte es nicht. Im Jahre 1577 erhielt der bretonische Edelmann *Mesoguez de La Roche* von König Heinrich III. die Erlaubnis, zur Sankt Lorenzbucht zu fahren und solche Gebiete, die noch keinem andern ausländischen Monarchen unterständen, in Besitz zu nehmen und zu besiedeln. Doch eine erste Reise mußte 1584 infolge eines Schiffbruchs kurz nach der Ausfahrt abgebrochen werden, und ein weiterer Kolonisationsversuch auf der unwirtlichen, vor der Küste Neuschottlands gelegenen Ile du Sable verlief nach wenigen Jahren buchstäblich im Sande.

Ähnlich erfolglos war das Siedlungsprojekt des *Pierre Chauvin de Tonnetuit* aus der Normandie, der aus den Händen Heinrichs IV. das königliche Patent seines Vorgängers La Roche übernahm. Tonnetuit gründete, unterstützt vom erfahrenen Seemann *François Gravé du Pont*, im Jahre 1600 an der Einmündung des Saguenay River die Kolonie Tadoussac, an einer Stelle, die Jacques Cartier zuerst aufgesucht und die seither Fischern und Händlern als Anlegestelle gedient hatte. Einmal mehr waren die Kolonisten dem harten Test der Überwinterung nicht gewachsen, und die Niederlassung mußte vorübergehend geräumt werden. Am Beispiel Tonnetuits zeigt sich auch eine Gefahr von Unternehmungen, in denen die Krone einem Privaten ein befristetes Monopol abzutreten und ihm gleichzeitig Finanzierung und Organisation der Reise zu überlassen pflegt: Dem Normannen ging es vor allem darum, möglichst rasch seine Auslagen zurückzugewinnen, und ein längerfristig zu verwirklichendes Vorhaben, wie es Heinrich IV. mit dem Aufbau der «Nouvelle France» vorschweben mochte, interessierte ihn nicht. Bemerkenswert am gescheiterten Siedlungsversuch von Tadoussac bleibt ein auffälliger Wandel der kommerziellen Prioritäten, der sich in der Wahl dieses Ortes manifestierte. Für Chauvin de Tonnetuit stand nicht mehr der Fischfang im Vordergrund, sondern der seit der Jahrhundertmitte mächtig aufkommende Pelzhandel – und dafür wäre Tadoussac, wo ein Fluß den Zugang zu den reichen Biberbeständen des Hinterlandes erschloß und Handelskontakte mit den Indianern sich leicht aufrechterhalten ließen, gut geeignet gewesen. Als Ackerbaukolonie aber war Tadoussac schlecht gewählt.

Der Mann, der die Sache der Kolonisation Kanadas zur seinigen machte und sie, allen Widerständen zum Trotz, mit der ihm eigenen Dynamik bis zum Tode verfechten sollte, war *Samuel de Champlain*. Über Herkunft und Ausbildung dieser herausragenden Persönlichkeit, die man mit guten Gründen den Vater Französisch-Kanadas genannt hat, haben wir nur geringe und nicht durchwegs gesicherte Kenntnis.[48] Um 1570 in Brouage südlich von La Rochelle geboren, entstammte Champlain wahrscheinlich einer protestantischen Familie, trat aber später zum Katholizismus über; ob er adliger Herkunft war oder erst später geadelt wurde, ist ungeklärt. Früh an Seefahrt und Navigation interessiert, unternahm er um die Jahrhundertwende in spanischen Diensten eine Fahrt nach Westindien und Mittelamerika. Der Bericht, den er über diese Reise verfaßte, bezeugt bereits jene wache, unvoreingenommene und weitgespannte Aufmerksamkeit allem gegenüber, welche auch die späteren Schriften auszeichnet; auch war Champlain, wie sich schon hier zeigen sollte, ein recht geschickter Zeichner und Illustrator seines eigenen Werkes.[49] Auf seiner Westindienreise gelangte Champlain bis zur Hauptstadt Neu Spaniens, die damals, nach seiner Schätzung, gegen fünfzehntausend spanische Einwohner zählte und ihn durch die Pracht ihrer Kirchen, Paläste und schönen Bürgerhäuser überraschte; dann folgte er der mittelamerikanischen Ostküste bis Portobello und stellte als einer der ersten Überlegungen zum Bau eines Verbindungskanals in den Pazifik an.[50]

Zu seiner ersten Kanadafahrt brach Samuel de Champlain im Jahre 1603 zusammen mit dem bereits erwähnten François Gravé du Pont auf; für Finanzierung und Organisation der Unternehmung war ein einflußreicher Gefolgsmann Heinrichs IV., Aymar de Chaste, besorgt. Wir wissen, daß

3. Nordamerika

Champlain an Bord kein Kommando innehatte und lediglich als gebildeter Begleiter mitfuhr, der den Auftrag hatte, «sich das Land anzuschauen»;[51] diesem Auftrag kam er nach, indem er einen Reisebericht verfaßte – den einzigen, den wir von dieser Unternehmung besitzen.[52]

Ende Mai 1603 trafen Samuel de Champlain und François Gravé du Pont vor Tadoussac ein. Von hier aus erkundete Champlain den Saguenay River auf einer Länge von etwa sechzig Kilometern und verschaffte sich von den hier lebenden Montagnais-Indianern, mit denen er freundlich umging, Informationen über den Lac St.-Jean, dem dieser Fluß entspringt. Von den Indianern erfuhr er auch, daß sich weit im Norden ein «Nordmeer»[53] befände – zweifellos ein Hinweis auf die riesige Bucht, die der Engländer Hudson sieben Jahre später erkunden sollte. Obwohl auch Champlain, wie die Seefahrer vor ihm, vom Wunsch beseelt war, einen Seeweg nach China zu finden, sah er doch in dieser Information nicht gleich eine Bestätigung seiner Sehnsüchte, sondern vermutete im «Mer de Nort» zu recht bloß eine Bucht des Atlantiks. Der Franzose dürfte der erste Reisende gewesen sein, der sich eine genauere Vorstellung vom weitgespannten Netz indianischer Handelswege zwischen Hudson Bay und Sankt Lorenzstrom zu machen wußte, das bald in den Dienst des französischen Pelzhandels gestellt werden sollte.

Vergleicht man Champlains Unternehmungen mit jenen der spanischen Konquistadoren im Süden, fällt auf, wie systematisch der Franzose vorging und wie sehr er sich, obwohl mittelalterlich anmutenden Phantasievorstellungen nicht durchwegs abgeneigt, doch hütete, zum Opfer von Visionen zu werden. Nachdem er über das Hinterland am Oberlauf des Saguenay River einigermaßen Klarheit gewonnen hatte, setzte er unter der seemännischen Führung von François Gravé du Pont die Fahrt auf dem Sankt Lorenzstrom fort. Man passierte mit kleineren Schiffen die Stelle, wo Cartier die Indianersiedlung Stadaconé vorgefunden und, von Skorbut und Hunger schwer bedroht, den schlimmen Winter von 1535 auf 1536 verbracht hatte. Dann erreichte man die Gegend im Umkreis des heutigen Montreal, wo der berühmte Vorgänger auf eine «Hauptstadt» der Huronen, Hochelaga, gestoßen war und sie anschaulich beschrieben hatte. Doch die Huronen waren in der Zwischenzeit weggezogen, möglicherweise auf Druck einer Stammesvereinigung der nomadisierenden Montagnais- und Algonkinindianer, die sich dem Pelzhandel verschrieben hatten. Dank der guten Dolmetscher, über die Champlain – im Gegensatz zu Cartier – verfügte, gelang es ihm, weitere wichtige Informationen einzuholen: über die Stromschnellen flußaufwärts sowie über den Ontario- und Eriesee, ja selbst über die Niagarafälle, die erstmals in der Reiseliteratur Erwähnung finden.

Auch Champlain blieb es vorerst versagt, über die Lachine Rapids hinaus weiter westwärts vorzudringen. Aber er gewann einen ersten Eindruck vom kommunizierenden System der großen Seen und gab sich davon Rechenschaft, über welche Distanzen die Indianer Meldungen und Waren auszutauschen wußten. Der Gedanke lag nahe, daß, wenn man die Kenntnis der Topographie richtig einsetzte und von der Erfahrung der Indianer profitierte, der langgesuchte Zugang zum Pazifik geöffnet werden konnte. «Mit den Kanus der Wilden», schreibt Champlain, «kann man frei und zuverlässig überallhin reisen, auf den kleinen wie auf den großen Flüssen. Indem man sich der Wilden und ihrer Kanus bedient, kann man alles sehen, das Gute wie das Schlechte, im Zeitraum von ein bis zwei Jahren.»[54] Im August des Jahres 1603 kehrten Champlain und Gravé du Pont nach Tadoussac zurück. Nachdem man sich auf der Halbinsel Gaspé noch mit einem Vorrat an Fischen eingedeckt hatte, trat man die Rückfahrt über den Atlantik an.

Die zweite Kanadareise Champlains zielte in andere Richtung. Bereits im Frühling des nächsten Jahres brach der Entdecker zusammen mit Gravé du Pont und rund sechzig Kolonisten nach Neu Schottland auf. Der Expedition schloß sich auch *Pierre du Gua de Monts* an, der seinerzeit Chauvin de Tonnetuit nach Kanada begleitet und nun die Nachfolge von Aymar de Chaste als Inhaber des königlichen Patents angetreten hatte. Mit einem kleinen Schiff wurden die Bay of Fundy und das angrenzende Festland, dem die Franzosen den Namen Akadien gaben, erkundet. Während Gua de Monts sich um die Einrichtung eines Stützpunkts kümmerte, befuhr Champlain die Küste in südlicher Richtung bis zur Penobscot Bay. Man überwinterte, ohne von den Erfahrungen früherer Kolonisten viel gelernt zu haben, unter den üblichen mißlichen Bedingungen an der Mündung des Sainte Croix River. Im nächsten Jahr, 1605, folgten Gua de Monts und Champlain auf der Suche nach einem geeigneteren Stützpunkt der Küste des amerikanischen Bundesstaates Maine bis hinab zum Kap Cod, freilich ohne fündig zu werden. Schließlich errichtete man in Neu Schottland, beim heutigen Annapolis Royal, eine weitere Niederlassung, Port Royal, wo man die beiden folgenden Winter in leidlicher Verfassung verbrachte. Doch dann mußte dieses Siedlungsexperiment abgebrochen werden, da Pierre du Gua de Monts eine Verlängerung seines Patents verweigert wurde. Auch Champlain, der sich dank seiner physischen Robustheit in guter Verfassung gehalten hatte, kehrte nach Frankreich zurück. Es waren die Engländer, die in Akadien, in «Norumbega», wie sie auf ihren Pionierfahrten diese Küste genannt hatten, inskünftig die Initiative an sich rissen.

Im Vordergrund des zweiten Kanada-Aufenthalts von Champlain hatte die Errichtung einer Niederlassung gestanden. Die Fahrten, die der Franzose entlang der Atlantikküste ausführte und von denen er erneut in einem eigenen Bericht Rechenschaft gab,[55] berührten kein bisher unbekanntes Gebiet: Im Jahre 1602 hatte Bartholomew Gosnold diese Gestade aufgesucht; und 1605, gleichzeitig mit Champlain, aber ohne diesem zu begegnen, hatte George Waymouth eine ähnliche Reise unternommen. Die Informationen indessen, die Champlain sammelte und mit großer Sorgfalt in kartographische Darstellungen umsetzte, sind von deutlich besserer Qualität als jene seiner Vorläufer. Auch erscheint, von der Gesamtleistung des Entdeckers

3. Nordamerika

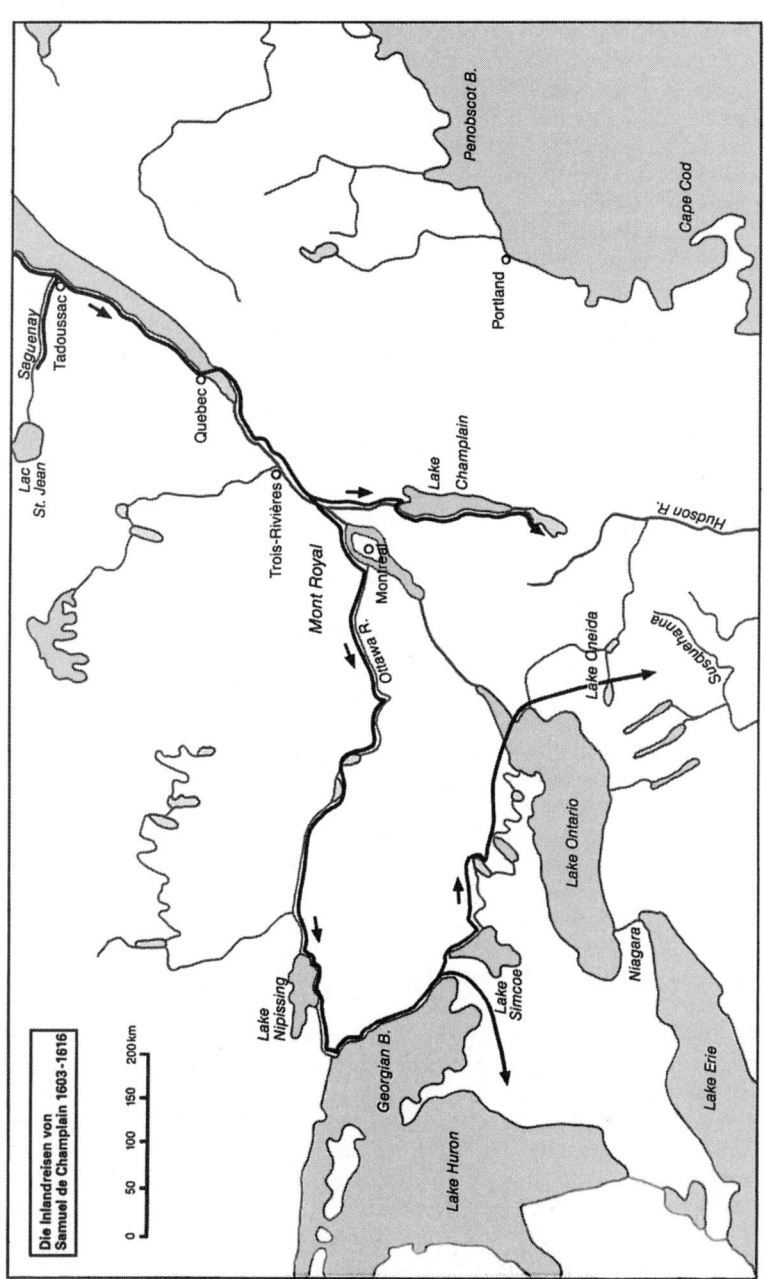

Die Inlandreisen von Samuel de Champlain 1603-1616

Champlain her gesehen, die Erkundung der Küstengegenden im Süden Neu Schottlands als ein weiterer wichtiger und notwendiger Schritt seiner Entwicklung. Hier profilierte sich der Franzose nicht nur als selbständiger Forscher und erwarb sich im Umgang mit den Indianern jenes aus Rücksicht und Kalkül gemischte Verhalten, das für viele seiner Landsleute vorbildlich werden sollte; hier entwickelte er auch den sicheren Blick für die in einer Landschaft angelegten kolonisatorischen Möglichkeiten, der sein späteres Schaffen bestimmen sollte.

Sein nächster Einsatz führte Samuel de Champlain wieder an den Sankt Lorenzstrom. Eine französische Niederlassung in diesem Gebiet, dessen war sich der Entdecker nun bewußt geworden, hatte drei entscheidende Vorteile: Sie war dem Zugriff der rivalisierenden Engländer entzogen; sie konnte gleichzeitig als Ackerbaukolonie und Pelzwarenumschlagplatz entwickelt werden; und sie konnte als Ausgangspunkt zu weiteren Expeditionen ins Landesinnere, hin zum Pazifik, dienen, den zu erreichen immer noch das wichtigste Fernziel Champlains blieb. Im April des Jahres 1608 verließ der Entdecker, nun erstmals in kommandierender Funktion, mit drei Schiffen den normannischen Hafen von Honfleur, um im Auftrag von Gua de Monts eine Kolonie zu gründen. Die Flotte lief zuerst Tadoussac an, wo man in einen Konflikt mit baskischen Pelzhändlern geriet, die das französische Monopol unterwandert hatten. Dann setzte man den Weg flußaufwärts mit einem kleineren Schiff fort bis zu jener Stelle, wo sich einst die Indianersiedlung Stadaconé befunden hatte. Hier, an markant erhöhter Lage über dem sich verengenden Fluß, gründete Champlain im Juli 1608 die erste dauernde Niederlassung in Kanada, Quebec. Auf einer frühen Zeichnung, die sich erhalten hat, erkennt man den bescheidenen und doch nicht anspruchslosen Charakter der ersten Siedlung: drei zweistöckige Häuser mit umlaufender Galerie, ein Graben mit Zugbrücke, einige geometrisch aufgeteilte Gärtchen – alles in allem eine französische Schloßanlage «en miniature», von deren späterem Ausbau sich bis in unsere Zeit eindrückliche Reste erhalten haben.

Bereits im folgenden Jahr stieß Champlain weiter flußaufwärts vor und folgte, vom Sankt Lorenzstrom nach Süden abbiegend, dem Richelieu River bis zu jenem See, dem er seinen eigenen Namen gab. Auf diesem Vorstoß war Champlain nur von zwei Landsleuten und etwa sechzig Indianern begleitet; unter den letzteren befand sich auch eine Gruppe von Huronen, die im Binnenhandel im Bereich der Großen Seen eine wichtige Rolle spielten und mit den Franzosen eine Allianz eingegangen waren. Am Südende des Lake Champlain traf man auf einen Trupp von Irokesen, und es kam zu einer der wenigen kriegerischen Begegnungen, an denen Champlain direkt beteiligt war. Der Entdecker hat im Bericht, den er über diese Reise verfaßte, eine Darstellung des Scharmützels, illustriert durch eine eigene Zeichnung, gegeben. Da sich seine Gefolgsleute, von der siegesbewußten Übermacht des Feindes erschreckt, in ein Wäldchen zurückzogen, war Champlain gezwungen, dem Feind allein, mit der Hakenbüchse im Anschlag, entgegenzutreten, und es gelang ihm, drei Irokesenhäuptlinge, die durch ihren Federschmuck leicht erkennbar waren, niederzustrecken. «Ich zielte auf einen der drei Häuptlinge», beschreibt Champlain stolz seine Waffentat, «und auf einen Schlag fielen ihrer zwei zu Boden, und einer ihrer Begleiter wurde verletzt und starb einige Zeit danach. Ich hatte vier Kugeln in meine Hakenbüchse gesteckt.»[56] Die Irokesen, die noch nie einen Schuß gehört hatten und sich dessen Wirkung nicht erklären konnten, gerieten in Panik und ergriffen die Flucht.

Das kleine Gefecht am Lake Champlain hatte eine weitreichende Wirkung. Es besiegelte den Gegensatz zwischen den Verbündeten der Franzosen, den Huronen, Algonkin und Montagnais, und den machtpolitisch ursprünglich dominanten Irokesen und löste langandauernde Indianerkriege aus, deren Opfer vornehmlich die Huronen wurden. Zudem öffnete Champlains Vorstoß den Zugang zum Oberlauf des Hudson River und legte, wenn auch vorerst nur theoretisch, einen ersten gangbaren Weg zum Hinterland der englischen Besitzungen an der Ostküste frei. Informationen, die er von den ihn begleitenden Indianern erhielt, verdeutlichten Champlain die Bedeutung seiner Entdeckung. «Ich sah», schreibt er in seinem Bericht, «im Süden andere Berge, nicht weniger hoch als die ersten waren, aber nicht von Schnee bedeckt. Die Wilden sagten, daß wir dort auf ihre Feinde [die Irokesen] treffen würden, die dort in großer Zahl lebten. Sie sagten, es sei nötig, einen Wasserfall zu überwinden [Ticonderoga], den ich nachher sah; dann würde man in einen anderen See [Lake George] gelangen, der neun oder zehn Meilen lang sei. Am Ende dieses Sees angelangt, müsse man etwa zwei Meilen über Land gehen, um zu einem Fluß zu kommen [Hudson River], welcher der Küste von Norumbega zufließe, die mit derjenigen von Florida zusammenhänge...»[57] Nur wenige Wochen nach Champlain sollte Henry Hudson auf seiner dritten Ausfahrt, von der wir im Teil über die Seereisen berichtet haben, den Hudson River hinauf bis in die Nähe des heutigen Albany gelangen. Erstmals waren sich Frankreich und England, um die Mitte des 18. Jahrhunderts die erbittertsten Gegner im Kampf um die Aufteilung des Hinterlandes, auf eine Distanz von etwas über hundert Kilometern nahegekommen.

Zwischen 1609 und 1613 war Samuel de Champlain so sehr damit beschäftigt, den Aufbau Quebecs voranzutreiben, das Pelzhandelsmonopol zu verteidigen und für die Zuwanderung neuer Siedler zu werben, daß er persönlich wenig Zeit für weitere Unternehmungen aufwenden konnte. Aber sein Interesse blieb wach, und das Fernziel – der Pazifik – blieb verlockend. So beschloß er, an seiner Stelle und in seinem Auftrag, andere Entdecker vorzuschicken. Der wichtigste von diesen war *Etienne Brulé*, ein junger Mann von zwanzig Jahren, der bei den Algonkinindianern und den Huronen überwintert und sich deren Sprache angeeignet hatte. Brulé gilt als der erste namentlich bekannte Franzose, der den Typus des «Waldläufers», des «coureur des bois»[58] verkörperte, der für die Geschichte der französisch-indianischen Beziehungen nicht minder prägend werden sollte als der zeitlich etwas später auftretende Missionar. Wer waren diese Waldläufer? Im Unterschied zu den «bandeirantes» in Südamerika, mit denen sie ihre unabhängige Lebensweise verband, traten die «coureurs des bois», die man später auch «voyageurs» nannte, meist als Einzelgänger auf. Es handelte sich in der Regel um Außenseiter der sich allmählich ausbildenden Kolonialgesellschaft, die dem Dienst bei Militär oder Marine entlaufen, der Verführungskraft einer indianischen Frau oder der Verlockung durch ein freies Leben in der Wildnis erlegen waren. Diese kulturellen Überläufer führten, wie die Missionare vorwurfsvoll festzustellen pflegten, das «Leben der Wilden»,[59] deren Sprache sie sprachen, deren Frauen sie schwängerten, deren Kleider sie trugen und deren Feste sie feierten. Im Kreis der Indianer wohlgelitten, waren die «coureurs des bois» wichtige Mittler im Kulturkontakt: Sie schlichteten Konfliktfälle, berieten die Missionare, organisierten den Pelzhandel. Waldläufer sollten zwar für den Stil der französischen Inlandexpansion, die auf einem Netz weit vorgeschobener und teilweise mobiler Stützpunkte beruhte, besonders charakteristisch werden; aber es gab sie als «long hunters» auch unter den Engländern und als «boschloopers» auch unter den Holländern. Die entdeckerische Leistung der «coureurs des bois» war zweifellos erheblich; aber sie läßt sich schwer fassen, denn ein Reisejournal zu führen oder Kartenskizzen zu verfertigen war ihre Sache in der Regel nicht.

In den Jahren 1611 und 1612 stieß Etienne Brulé, zuerst dem Ottawa River folgend, zur Georgian Bay vor, jener Bucht des Lake Huron, an der die Huronen ihre Heimstätten hatten. Im Jahre 1615 begleitete er Champlain auf einer Reise zum Lake Simcoe und zum Lake Ontario, von der noch die Rede sein wird. In einer weiteren Unternehmung gelangte Brulé zusammen mit einem Dutzend huronischer Pfadfinder bis zum Oberlauf des Susquehanna River und folgte diesem Fluß bis hinab zur Chesapeake Bay. Auf dem Rückweg geriet er in die Gefangenschaft der Irokesen, wurde gemartert, entkam aber. In einer Reihe weiterer Unternehmungen, die in die Zeit zwischen 1618 und 1628 fielen, gelangte der Waldläufer, immer in Begleitung einiger Indianer, mit großer Wahrscheinlichkeit zum Lake Superior und zum Lake Erie; aber wir wissen nichts Genaues über die Routen, die er wählte. Im Jahre 1633 wurde Brulé von den Huronen, mit denen er über zwei Jahrzehnte zusammengelebt hatte, aus unbekannten Gründen umgebracht.[60]

Erst im Jahre 1613 fand Champlain, der nun als «lieutenant» von Neu Frankreich die oberste Regierungsverantwortung in Kanada trug, Zeit für eine weitere Erkundungsfahrt. Er folgte zuerst dem Sankt Lorenzstrom bis dorthin, wo Cartier die Huronensiedlung Hochelaga vorgefunden hatte und wo 1642 die dauernde Niederlassung Mont Royal [Montreal] gegründet werden sollte; Champlains Bericht vermittelt eine erste eingehendere Beschreibung dieser Gegend. Mit Kanus aus Birkenrinde ruderte man den Ottawa River flußaufwärts und gelangte bis zum Allumette Island, nahe der heutigen Kleinstadt Pembroke. Ziel dieser Reise war es, einen Verbindungsweg zu jenem «Nordmeer», der Hudson Bay nämlich, herzustellen, von dem die indianischen Pelzhändler gelegentlich zu erzählen wußten. Champlain hatte vor Antritt dieser Reise einen Waldläufer, *Nicolas de Vignau*, ausgesandt, um in dieser Sache Erkundigungen einzuziehen, und dieser hatte nicht nur die Meldungen der Indianer bestätigt, sondern auch behauptet, er habe die Hudson Bay selbst aufgesucht und sei dort auf das Wrack eines englischen Schiffes gestoßen. Ob Vignau die Wahrheit sprach, hat nie mit Sicherheit abgeklärt werden können;[61] aber es ist wahrscheinlich, daß man zu dieser Zeit von den Überwinterungen der Engländer Henry Hudson und Thomas Button in der großen Bucht im Norden wußte und mit dieser Unternehmung dem Zugriff der Engländer auf den Pelzhandel zuvorkommen wollte.

Dieses Ziel indessen hat Champlain nicht erreicht – rund sechshundertfünfzig Kilometer wären von Allumette Island zur Hudson Bay noch zu überwinden gewesen und dies zweifellos gegen den heftigen Widerstand der Algonkinindianer, die ihre Mittlertätigkeit im Pelzgeschäft gefährdet sahen. Dennoch bleibt die Reise auf dem Ottawa River, die Champlain in einem gesonderten Bericht, der «Quatrième Voyage», beschrieb, eine bedeutende Leistung.[62] Die Fahrt auf dem wechselhaften Fluß, der sich bald zu Seen weitet, bald zu schmalen, mit Stromschnellen durchsetzten Passagen verengt, vorbei an auch heute noch herrlich unberührten Landschaften im Umkreis der heutigen Hauptstadt Ottawa, verlangte von den Kanuten großen Mut und viel Geschick, und oft mußten die Boote über weite Strecken getragen werden. Auf dieser Reise verlor der Entdecker ein in Bronze gearbeitetes Meßgerät, ein Astrolabium, das im Jahre 1867 auf einem Acker bei Pembroke wieder aufgefunden worden ist und sich heute im Museum der «New York Historical Society» befindet – ein Zeugnis für die tatsächliche Präsenz eines Reisenden, wie es für die frühe Entdeckungsgeschichte nicht eben häufig ist.

Im Jahre 1615 unternahm Champlain, zusammen mit dem bereits erwähnten Etienne Brulé, eine weitere Reise auf dem Ottawa River und erreichte den Lake Nipissing. Dann folgte er dem French River, der aus diesem See in westlicher Richtung austritt, und gelangte zur Georgian Bay des Lake Huron, den er, angesichts seiner riesigen Ausdehnung, das «Süßwassermeer» [«Mer douce»][63] nannte. Damit hatte der Entdecker eine Route beschritten, die zum wichtigsten Pelzhandelsweg von Neu Frankreich werden sollte, und er hatte zugleich den Zugang zu den Kernlanden der Huronen erschlossen, die wenig später zum hauptsächlichsten Tätigkeitsfeld der französischen Missionare werden sollten. Auf Bitten der Huronen schloß sich Champlain einem Kriegszug gegen die Irokesen an. Der Weg führte von der Georgian Bay zum Lake Simcoe und dann zum Lake Ontario, den die Franzosen erstmals erblickten. Mit den Kanus folgte man dem Ufer des Ontariosees bis zu dessen östlichem Ende und gelangte dann auf dem Landweg Richtung

Süden in die Nähe des Lake Oneida, im heutigen nordamerikanischen Bundesstaat New York. Dort stieß man auf die durch einen Palisadenzaun geschützte Siedlung eines der damals fünf Stämme des vereinigten Irokesenbundes, wahrscheinlich jene der Onondaga-Indianer. Champlain bereitete eine nach allen Regeln mittelalterlicher Kriegskunst durchgeführte Belagerung vor; doch seine huronischen Bundesgenossen, denen jedes Zögern als Zeichen der Feigheit erschien, drängten auf sofortigen Angriff. Auf diese Weise ließ sich der Stützpunkt jedoch nicht einnehmen: Der Ansturm der Huronen wurde mehrmals unter großen Verlusten zurückgewiesen, und die Belagerung mußte aufgegeben weden. Champlain selbst wurde am Knie verletzt und mußte auf dem Rückmarsch zum Lake Ontario in einem Korb mitgetragen werden. Diese «Niederlage» der französisch-indianischen Alliierten erschütterte das Prestige der Kolonisten und ihres Führers beträchtlich und führte zu einer Neubelebung des Widerstandswillens unter den Stämmen des Irokesenbundes, der, unterstützt von holländischen und englischen Siedlern im Hinterland von New York, zum Hauptfeind Neu Frankreichs an seiner Südgrenze werden sollte.

Eigentlich hätte Champlain nun nach Quebec zurückkehren wollen, doch die Indianer hielten ihn zurück, vielleicht, weil sie sich in seiner Gegenwart vor Rachefeldzügen der Irokesen sicherer fühlten. So verbrachte der Entdecker den Winter 1615/16 im Stammesgebiet der Huronen zwischen Georgian Bay und Lake Simcoe. Während dieser Zeit nahm er am Leben der Huronen teil, vervollkommnete sich in der Kenntnis ihrer Sprache, studierte ihre Lebensform und begleitete sie auf ihren Jagdzügen. Zusammen mit dem Franziskanermönch *Joseph Le Caron* suchte er Nachbarvölker der Huronen auf, so die Tionontati, die sich durch ihre ausgedehnten Tabakpflanzungen auszeichneten und durch die «cheveux-relevés», ihre kunstvoll aufgesteckten Frisuren, auffielen.

Die völkerkundlichen Beobachtungen, die Champlain in seinem Bericht niederlegte, sind von großem Wert, halten sie doch den Kulturstand von Volksgruppen fest, die bereits ein halbes Jahrhundert später untergingen oder als selbständige Stammeseinheiten nicht mehr erkennbar waren. Aus den Aufzeichnungen läßt sich ein zusammenhängendes Bild des huronischen Alltagslebens gewinnen. Von den materiellen Existenzgrundlagen wie Akkerbau und Jagd ist ebenso die Rede wie von den gesellschaftlichen Verhaltensformen, der Arbeitsteilung zwischen den Geschlechtern, der Kindererziehung, den Festen, den Abmachungen über Krieg und Frieden. Zum Liebesleben der Huronen findet sich, um hier ein Beispiel zu geben, folgende von genauer Beobachtung zeugende Notiz: «Ein Verliebter oder Verehrer überreicht dem Mädchen einige Hals- und Armbänder und Kettchen aus Keramik, und wenn das Mädchen den Verehrer angenehm findet, nimmt es das Geschenk entgegen. Nachdem dies geschehen ist, schläft der Geliebte mit ihr während drei oder vier Nächten, ohne ein Wort zu ihr zu sagen. Während dieser Zeit pflücken sie die Frucht ihrer Zuneigung, und es kann oft geschehen, daß das Mädchen nach acht oder fünfzehn Tagen seinen Liebhaber verläßt, weil sie sich nicht verstanden haben...»[64]

Im allgemeinen wird man sagen können, daß Champlains Aufzeichnungen über die Huronen von sympathetischem Interesse zeugen und bemerkenswert frei von Vorurteilen sind. Wenn der Entdecker an den Sitten der «Wilden» Anstoß nahm, so führte er diese Unmoral auf die fehlende Religion zurück, glaubte aber, daß durch tatkräftige Missionsanstrengung diesem Übelstand abzuhelfen sei. Daß die Indianer zur Übernahme des «wahren Glaubens» bereit seien, das bezweifelte Champlain nicht: «Sie verfügen», schreibt er, «im Gespräch über viel gesunden Menschenverstand und zeigen den Wunsch, Gott kennenzulernen.»[65] Er war überzeugt, daß die Übernahme des Christentums die Moral der Indianer günstig beeinflussen würde und wies der Mission damit einen zivilisatorischen Auftrag zu.

In geographischer Hinsicht waren die Ergebnisse von Champlains Winteraufenthalt bei den Huronen, wie seine Karte aus dem Jahre 1616 verrät, recht bescheiden.[66] Während der Ontariosee in Lage und Form gut erfaßt ist, herrscht über die Größe des Lake Huron noch Ungewißheit; vom Lake Superior und dem Lake Michigan hat der Autor, gestützt auf indianische Informationen, offensichtlich nur vage Vorstellungen, und der Lake Erie wird ganz vergessen. Es sollte den Missionaren vorbehalten bleiben, das kartographisch schwer zu erfassende Gebiet des größten Seensystems der Erde einigermaßen zuverlässig zur Anschauung zu bringen. Gewiß empfand Champlain schmerzlich, daß er an zwei wichtigen Aufgaben, die er sich gestellt hatte, gescheitert war: Im Norden hatte der Widerstand der indianischen Pelzjäger ein Vordringen zur Hudson Bay verhindert; und im Westen hatte sich der Zugang zum Pazifik und nach China, der ungeahnt großen Breitenausdehnung des Kontinents wegen, als verschlossen erwiesen.

Mehr als eine vage Information, wonach weit im Westen Menschen mit weißer Hautfarbe und blonden Haaren lebten, ließ sich nicht aus den Indianern herauspressen.[67] Im Mai 1616 machte sich Champlain, begleitet von einer Gruppe huronischer Pelzhändler, auf den Rückweg nach Quebec, und zwar auf derselben Route, die für die Hinreise gewählt worden war. Es war dies die letzte größere Unternehmung des Entdeckers.

In den folgenden fünfzehn Jahren widmete sich Champlain mit der ihm eigenen Unermüdlichkeit dem Ausbau der französischen Niederlassung. Die Hindernisse waren erheblich, und an Rückschlägen fehlte es nicht; insbesondere erwies es sich als schwierig, die Geldgeber im Mutterland für ein langfristiges kolonisatorisches Engagement zu gewinnen, das über eine Beteiligung am Pelzhandel hinausging. Erst mit der Gründung der «Compagnie de la Nouvelle France» durch Richelieu im Jahre 1627, die das Pelzhandelsmonopol übernahm und sich gleichzeitig zur Entsendung einiger Tausend Siedler verpflichtete, erhielten Champlains Hoffnungen eine tragfähige politische Grundlage. Doch die vorübergehende Besetzung Quebecs durch die Engländer im Jahre 1629 war ein arger Rückschlag, die Zuwanderung von Siedlern aus Frankreich verlief weiterhin stockend, und die kriegerischen Vorstöße der Irokesen gegen den Oberlauf des Sankt Lorenzstroms erschwerten nach der Jahrhundertmitte den Pelzhandel zunehmend. Um 1660 lebten in Neu Frankreich lediglich etwa dreitausend Kolonisten, während die nordamerikanischen Niederlassungen der Engländer um diese Zeit rund siebzigtausend Einwohner zählten – eine wichtige demographische Vorentscheidung für die koloniale Entwicklung in Nordamerika.[68] Ein neuer Aufschwung setzte im Jahre 1663 ein, als Kanada unter Colbert, dem Wirtschaftsminister Ludwigs XIV., dem Mutterland als Provinz angegliedert wurde und größere Mittel für die Urbarmachung des Landes eingesetzt wurden. Dadurch wurden wieder Kräfte frei, die der Erkundung der Gebiete westlich der Großen Seen zugute kam. Auf diese Periode wird noch einzutreten sein.

Samuel de Champlain verstarb am Weihnachtstag des Jahres 1635 in Quebec. In seiner Verbindung von zielgerichteter entdeckerischer und kolonisatorischer Unternehmungslust erscheint er als eine Persönlichkeit von ganz besonderer Statur. Niemand kannte das Kanada seiner Zeit so genau wie er: die Küsten Akadiens und Neu Schottlands, den Mündungstrichter des Sankt Lorenzstroms und den Verlauf dieses Flusses von Tadoussac bis Montreal, die Zugänge zu den Großen Seen und zum nach ihm benannten See im Grenzgebiet zwischen den USA und Kanada. In seinen umfangreichen Reiseberichten hat Champlain den Ertrag seiner systematisch voranschreitenden Reisetätigkeit mit offenem Sinn und lebendiger Direktheit festgehalten, und daß er dies in kolonialpropagandistischer Absicht tat, hat den Wahrheitsgehalt kaum geschmälert.[69] Daß die Aussicht auf Gold und rasch zu erwerbenden Reichtum im Falle Kanadas dahinfiel, erweist sich am Duktus dieser Reiseaufzeichnungen, denen das Hektisch-Vorandrängende und die theatralisch-ausholende Gebärde abgeht, die aber durch die geduldige Unentwegtheit ihrer Nachforschung eine neue Qualität gewinnen. In dieser Hinsicht wirkte Champlains Vorbild auf die Reiseberichterstattung der Missionare weiter, die in den folgenden Jahrzehnten die Erschließung des Hinterlandes besonders erfolgreich vorantreiben sollten.[70]

Erste französische Missionsbemühungen gehen in Kanada auf das Jahr 1611 zurück, als zwei Jesuitenpriester, *Pierre Biard* und *Ennémond Massé*, an der Küste Akadiens eintrafen. In den folgenden Jahren kümmerte sich eine kleine Zahl von Franziskanern von der strengen Ordensregel der Rekollekten um die Indianer dieses Gebiets, doch ihre Arbeit mußte wegen mangelnder Unterstützung durch das Mutterland bald abgebrochen werden.

Im Jahre 1623 gelangte der Franziskanermönch *Gabriel Sagard* nach Quebec und unternahm eine längere Reise ins Gebiet der Huronen. Seine Beobachtungen, die einerseits die völkerkundlichen Aufzeichnungen Champlains ergänzen, anderseits für die Frühgeschichte Neu Frankreichs wichtig sind, erschienen in den Jahren 1632 und 1636 in zwei Bänden.[71] Wenig später wagten sich die Jesuitenpatres *Jean de Brébeuf* und *Gabriel Lalemant* in diese unwirtlichen Gegenden vor; auch sie verfaßten auf genauer Kenntnis ihrer indianischen Gastgeber beruhende Berichte,[72] bevor sie 1649 am Marterpfahl der Irokesen den von ihnen herbeigewünschten Märtyrertod starben. Noch vor der Jahrhundertmitte erwarben sich die Jesuiten im religiösen Leben der Kolonie eine deutliche Monopolstellung, und um 1640 hatten sie im Siedlungsgebiet der Huronen an der Georgian Bay fünf Kirchen errichtet und über tausend Taufen vorgenommen. Durch ihre Superioren wurden die Missionare angehalten, jedes Jahr über ihre Erfahrungen in ihrem Tätigkeitsgebiet Bericht zu erstatten, und die Berichte wurden redigiert, nach Paris gesandt und dort gedruckt. Diese «Jesuitenrelationen», die zu Beginn unseres Jahrhunderts in über siebzig Bänden ediert worden sind, stellen ein wichtiges Zeugnis auch für die Entdeckungsgeschichte dar.[73]

Den Jesuitenmissionaren, die zwischen 1634 und 1650 an der Georgian Bay eine kurze Blüte ihrer Bekehrungstätigkeit erlebten, verdanken wir in erster Linie wichtige ethnographische Zeugnisse über die Stämme, mit denen sie in Berührung kamen, vor allem Huronen und Irokesen. Der Missionar teilte weitgehend die Lebensform der indianischen Bevölkerung, unter der er lebte; er schlief in den Hütten der Eingeborenen auf gestampfter Erde, ernährte sich von denselben Naturprodukten, begleitete sie auf ihren Jagdzügen, im Sommer im Kanu und im Winter auf den Schneeschuhen. Diese asketische Lebensweise entsprach sowohl den Vorschriften der Ordensregel als auch der Missionsstrategie, die davon ausging, daß man die zu Bekehrenden in ihrem Siedlungsgebiet aufsuchen müsse. «Bedeutet es nicht schon viel», schreibt Pater Jean de Brébeuf, «in Lebensweise, Bekleidung und Nachtruhe auf jeden Komfort zu verzichten und der einfachen Notwendigkeit zu gehorchen? Ist das nicht eine schöne Gelegenheit, sich mit Gott zu verbinden, wenn es niemanden sonst gibt, an den man sein Herz hängen kann?»[74] Die Anspruchslosigkeit dieser Existenzform prägte auch jenen Typus des Missionars, der sich als Reisender hervortat, wie denn eine Neigung zur Askese häufig die Voraussetzung zu entdeckerischer Aktivität gewesen ist. Es ist zweifellos auch so, daß manche Missionare von ihrer Bekehrungsaufgabe, deren Erfolg ohnehin unsicher scheinen mußte, nicht ganz befriedigt waren; in solchen Fällen lag es nahe, sich durch die Erkundung von Land und Leuten verdient zu machen.[75]

Von Sainte Marie an der Georgian Bay aus, wo sie 1640 ihren befestigten Hauptstützpunkt errichteten, übten die Missionare ihre Entdeckertätigkeit vorerst in zwei Stoßrichtungen aus: nach Nordwesten zum Lake Superior und nach Süden zum Lake Erie. Im Jahre 1641 folgten die beiden Jesuitenpatres *Isaac Jogues* und *Charles Raymbault* einer Einladung der Chippewa-Indianer, sie in ihren Wohnstätten an der Landenge zwischen Lake Huron und Lake Superior aufzusuchen. Diese Gegend, in der sich heute die Stadt Sault Sainte Marie befindet, ein für den Warenverkehr zu Schiff strategisch wichtiger Punkt im amerikanisch-kanadischen Grenzgebiet, war um das Jahr

1618 bereits von Etienne Brulé erreicht worden. Die Erkundungsfahrt der beiden Jesuiten brachte erste Nachricht von den Sioux, einer der größten Sprachfamilien Nordamerikas, und erhärtete die Vermutung von der Existenz eines weiteren riesigen Süßwassersees im Westen, des Lake Superior. «Sie gelangten zu den Stromschnellen», heißt es in den Jesuitenrelationen, «wo etwa zweitausend Seelen wohnten, und erhielten Nachricht von einer großen Anzahl weiterer seßhafter Stämme, die nie Europäern begegnet waren und nie von Gott gehört hatten, unter diesen die Nadouessis-Indianer [Sioux], wohnhaft im Nordwesten oder Westen der Stromschnellen, achtzehn Tagemärsche entfernt. Während der ersten neun Tage muß man einen großen See durchqueren, der oberhalb der Stromschnellen beginnt...»[76]

Weitere Reisen in nordwestlicher Richtung und die Befragung von Indianern, die als Pelzjäger und -händler weite Strecken zurücklegten, gestatteten es den Missionaren, sich ein immer klareres Bild von jenem riesigen See zu machen, dem der Jesuitenpater *Paul Ragueneau* seinen Namen, «Lac Supérieur», gegeben hatte. Die Vorstellung, man könnte auf diesem Weg zum Pazifik und nach China gelangen, belebte sich erneut. «Die Wilden», schreibt einer der wichtigsten Berichterstatter, *Jérôme Lalemant*, «die am entfernten Ende dieses Sees leben, haben uns eine ganz neue Erkenntnis über den lang gesuchten Weg nach Japan und China gegeben, was dem neugierigen Leser gewiß nicht mißfallen wird. Wir erfahren von diesen Völkern, daß sie auf drei Seiten vom Meer umgeben sind, gegen Süden, Westen und Norden, was, wenn es sich so verhält, ein starkes Argument und ein sicherer Hinweis darauf ist, daß diese drei benachbarten Meere in Wirklichkeit nur ein Meer bilden, nämlich das chinesische...»[77] Lalemant stellte sich den Lake Superior offensichtlich als eine Art Drehscheibe vor, von der aus Hudson Bay, Golf von Mexiko und Pazifik gleichermaßen leicht zu erreichen wären – und irrte sich dabei allerdings gewaltig in den Distanzen, die er in jeder Richtung auf wenige hundert Meilen veranschlagte.

Nach der Jahrhundertmitte waren es die Onondaga-Indianer, ein Stamm der Irokesen, welche Jesuiten und Pelzhändler in ihr Gebiet südlich des Lake Ontario einluden. Im Jahre 1654 benutzte der Jesuitenmissionar *Simon Le Moyne* eine Phase, in der die Irokesen das Kriegsbeil begraben hatten, dazu, weit in den Bereich des heutigen Bundesstaates New York vorzudringen und durch Verhandlungen mit den Onondaga wie auch mit den östlich von diesen siedelnden Mohawk-Indianern die Anlage von Missionsstationen vorzubereiten. Sein Reisejournal gibt genaue Auskunft über die alltäglichen Verrichtungen des Missionars. Die Rede ist von Empfängen durch die Stammesältesten mit ihren Begrüßungsreden und Festessen, von der Tröstung und Heilung von Kranken, von der Taufe Sterbender und Neugeborener, von der Überreichung von Geschenken.[78] Le Moynes Friedensbemühungen führten freilich zu keinen dauernden Ergebnissen, was sich auch in der Familiengeschichte Le Moynes spiegelt: Die Verwandten des Jesuitenmissionars traten in der Folge vor allem als Kommandanten in den Feldzügen gegen Irokesen und Engländer hervor. Im Jahre 1655 gelang es den Ordensbrüdern *Claude Dablon* und *Pierre Joseph Marie Chaumonot* immerhin, erneut in den Süden des Lake Ontario vorzudringen. Wenig später dürfte man auch die ersten Informationen über die waldreichen und fruchtbaren Gebiete am Ohio River, dem größten östlichen Zufluß des Mississippi, erhalten haben. «Die Erde ist dort so fruchtbar», heißt es im Bericht des bereits erwähnten Jérôme Lalemant, «daß man ohne zu übertreiben sagen könnte, was die israelitischen Entdecker vom verheißenen Land sagten; denn, um bloß vom Mais zu sprechen, entwickelt dieser Stengel eine solche Dicke und Höhe, daß man an Bäume denken könnte, und trägt Kolben von zwei Fuß Länge mit Körnern, die der Größe unserer Muskatellertrauben gleichen. Dort gibt es keine Elche und Biber mehr, wie sie in den kalten Regionen leben; aber um dies wettzumachen, leben Büffel, Schweine und Hirsche sowie andere Arten von uns ganz unbekannten großen Tieren in den dortigen wunderschönen Wäldern, welche Obstgärten gleichen und sich aus Bäumen zusammensetzen, die fast alle Früchte tragen. In den Baumkronen leben friedliche Vögel aller Art, vor allem kleine Papageien, die so zahlreich sind, daß wir einige unserer Irokesen aus jenen Gegenden haben zurückkehren sehen mit Halstüchern und Gürteln, die aus den Federn dieser Vögel gewoben sind.»[79]

Die Naturbetrachtung des Paters Lalemant ist ein schönes Beispiel dafür, wie neben dem Westen allmählich auch der Süden mit seinem milderen Klima und seiner abwechslungsreicheren Vegetation seine Verführungskraft zu entfalten beginnt, und die späteren französischen Reisenden sollten diesem Fingerzeig auch folgen. Wenn der Jesuitenmissionar freilich davon träumte, im Süden würden blühende Pflanzungen entstehen, auf denen, ähnlich wie in Paraguay, Missionare und Indianer in tätig-frommer Gemeinschaft zu einer neuen Daseinsform finden würden, täuschte er sich. Die Durchdringung des Hinterlandes durch die Franzosen sollte sich nicht auf die Bibel und den Pflug, sondern auf das Gewehr und den Handel stützen.

Während die Missionare ihre Kenntnis der Indianer vertieften und deren Informationen auswerteten, setzten auch die Waldläufer ihre Erkundung des Hinterlandes fort. Einer jener jungen Männer, die Champlain bei den Indianern in die Schule zu schicken pflegte, *Jean Nicollet*, hatte sich nach 1620 über zehn Jahre lang zuerst auf Allumette Island, dann am Lake Nipissing aufgehalten und auch einen Bericht geschrieben, von dem wir allerdings nur dank Hinweisen der Missionare wissen. Im Jahre 1635, vielleicht auch etwas später, stieß Nicollet auf Wegen, die bereits Brulé erkundet hatte, der Nordküste des Lake Huron entlang in die Gegend von Sault Sainte Marie vor. Von dort erreichte er die Seeverbindung von Mackinac, die heute von einer der längsten Hängebrücken der Welt überspannt wird, und drang als erster Franzose zum Lake Michigan vor. Er ruderte der Westküste dieses Sees entlang bis zur Green Bay und gelangte zur Mündung des Fox River. Es ist möglich, daß Nicollet diesem Fluß stromaufwärts folgte – wie weit, läßt sich auf Grund der spärlichen Hinweise in den Jesuitenrelationen nicht erkennen.[80] Da der Fox River in seinem Oberlauf bis auf zwei Kilometer an den Wisconsin River, den schiffbaren Zufluß des Mississippi herankommt, läßt sich immerhin sagen, Nicollet sei als erster europäischer Entdecker im Begriff gewesen, die Wasserscheide zur wichtigsten Nord-Süd-Flußverbindung Nordamerikas zu überwinden.

Auch Nicollet hoffte, den Weg nach China und Japan zu finden und führte vielleicht deshalb, als eine Art Erkennungszeichen, ein prächtiges chinesisches Damastgewand in seinem Birkenkanu mit. Zudem reiste er offensichtlich in diplomatischer Mission, denn seine Aufgabe, die er erfolgreich löste, bestand darin, zwischen den Huronen und den am Lake Michigan siedelnden Winnebago-Indianern einen Friedensvertrag auszuhandeln. In einem Jesuitenbericht wird anschaulich von der ersten Begegnung des Franzosen mit den Winnebago berichtet: «Als er zwei Tagereisen von diesem Volk entfernt war, entsandte er einen der Wilden mit der Meldung, daß er den Frieden bringe, was um so mehr begrüßt wurde, als sie hörten, daß diese Botschaft von einem Europäer ausginge. Daraufhin schickten sie ihm mehrere junge Männer entgegen, die den ‹Manitouriniou›[81], das heißt den ‹wunderbaren Mann› treffen sollten. Sie trafen ihn, begleiteten ihn und schleppten sein Gepäck. Er trug ein großes Gewand aus chinesischem Damast, bestickt mit Blumen und Vögeln in vielen Farben. Beim Anblick dieses Mannes, der in beiden Händen den Donner mit sich trug – denn so nannten sie die zwei Pistolen, die er hielt –, ergriffen die Frauen und die Kinder die Flucht. Die Neuigkeit von seiner Ankunft verbreitete sich rasch im Umkreis, wo sich vier- oder fünftausend Leute versammelten. Jeder der Häuptlinge gab ihm zu Ehren ein Fest, und an einem dieser Bankette wurden mindestens sechsmal zwanzig Biber aufgetragen. Der Friede wurde abgeschlossen, und er [Nicollet] kehrte zu den Huronen zurück...»[82] Nach dieser entdeckungsgeschichtlich bedeutsamsten seiner Unternehmungen zog sich Nicollet an den Sankt Lorenzstrom zurück, wo er als Kaufmann und Dolmetscher tätig blieb; in den Stromschnellen dieses Flusses kam er 1642 bei einem Bootsunglück ums Leben.

Von der Schar der Waldläufer, die dazu beitrugen, Frankreichs Vorstoß zum Mississippi vorzubereiten, seien schließlich noch *Pierre Esprit Radisson* und *Médard Chouart des Groseilliers* erwähnt. Radisson war als Jüngling von feindlichen Irokesen entführt und, wie dies zuweilen geschah, von den Indianern adoptiert und erzogen worden. Er vertrat seinen Stamm in den Handelsbeziehungen mit den Holländern am Hudson River, erreichte Neu Amsterdam, das spätere New York, und kehrte von dort im Jahre 1654 nach Frankeich zurück. Da hielt es ihn jedoch nicht lange; zusammen mit seinem Schwager Groseilliers gelangte er erneut nach Neu Frankreich, wo die beiden als «coureurs des bois» während fast zehn Jahren mehrere Reisen zur Green Bay und in die Nachbarschaft der Hudson Bay unternahmen. Sie erreichten den Lake Michigan, den «entzückendsten See der Erde» mit einer Landschaft, so angenehm im Klima und so fruchtbar, daß sie es nicht verstehen konnten, daß man in Europa um den Besitz eines Felsens im Meer kämpfe, wo doch diese Gegenden für eine große Zahl von Auswanderern ein «Labyrinth der Lustbarkeit» darstellen würden.[83] Von den indianischen Pelzhändlern, die mit Stämmen westlich des Lake Michigan in Verbindung standen, erhielten Radisson und Groseilliers auch Nachricht vom Mississippi und von einer mächtigen Flußgabelung – vielleicht der Mündungsstelle des Missouri beim heutigen Saint Louis.[84] Zwar besitzen wir für die Unternehmungen der beiden Waldläufer einen persönlichen Bericht Radissons; aber er ist lückenhaft und widersprüchlich und gestattet keinerlei sichere Rekonstruktion der begangenen und befahrenen Wegstrecken. Bedenkt man, daß es um die Wende zum 18. Jahrhundert in Kanada schätzungsweise zweihundert «coureurs des bois» gab,[85] die ihre ganze aktive Lebensperiode den Handelskontakten zwischen den verschiedensten Indianerstämmen widmeten, und stellt man sich vor, alle diese Waldläufer hätten ihre Routen genau aufgezeichnet, so ergäbe sich das Bild eines von einem Netz unzähliger Handelswege zu Wasser und zu Land überspannten riesigen Gebietes, das sehr wohl von der Hudson Bay zum Oberlauf des Mississippi und von dort zum Hudson River gereicht haben könnte.

Interessant ist im Blick auf den zeitgeschichtlichen Hintergrund noch der Verlauf des späteren Lebens von Pierre Esprit Radisson. Im Jahre 1663 trat der Franzose in die Dienste der Engländer über und versuchte mehrmals, zusammen mit seinem Schwager, auf dem Seeweg zur Hudson Bay vorzustoßen.[86] Der begeisterte Bericht, den er über den Pelzreichtum jener Gegenden verbreitete, fürte im Jahre 1670 zur Gründung der «Hudson's Bay Company» und damit zu der von Frankreich befürchteten Stärkung der englischen Position am «Nordmeer». Eine besonders enge Verbundenheit mit dem Mutterland, dies zeigte sich auch in andern Fällen, war nie die Stärke der Waldläufer: Wechselhaft wie ihr Dasein waren in der Regel auch ihre Verbindungen, die sich nach der besten Ware und dem größten Profit richteten.

Der Mississippi

Waldläufer und Missionare. Es sollte zwei Vertretern dieser beiden besonders aktiven Gruppen vorbehalten sein, den Zugang zum Oberlauf des Mississippi aufzuschließen: dem Pelzhändler *Louis Jolliet* und dem Jesuitenpater *Jacques Marquette*. Ihre Unternehmung fiel in eine Zeitperiode, in der sich die immer wieder in ihrer Existenz bedrohte Kolonie erstmals einer gesicherten Zukunft gegenübersah. Im Jahre 1663 war die moribunde «Compagnie de la Nouvelle France» durch die Krone übernommen und Kanada war durch Jean-Baptiste Colbert, den späteren Minister Ludwigs XIV., zur französischen Provinz erklärt worden.[87] Zwei Jahre später war in Quebec in der Person von Jean Talon ein besonders energischer Intendant eingetroffen, der sich vornahm, der Westexpansion neue Impulse zu geben. In einem Brief an den König erklärte Talon, er werde eine Reihe entschlossener Männer nach dem Westen, dem Nordwesten, dem Südwesten und dem Süden Kanadas ausschicken mit dem Auftrag, sie sollten weiter vordringen als je zuvor; ferner sollten sie Reisejournale führen und die neu gefundenen Gebiete im Namen des Königs in Besitz nehmen.[88] Bei diesen Plänen spielte erneut die Hoffnung mit, man würde China oder auch die Bucht von Kalifornien, «La Mer Vermeille», erreichen; aber man sprach auch von Kupferminen und wertvollen Mineralvorkommen, die man am Lake Michigan vermutete. Im Jahre 1671 entsandte Talon seinen persönlichen Beauftragten Simon-François de Saint-Lusson nach Sault Sainte Marie, wo dieser, unterstützt durch vier Jesuiten, die Vertreter von siebzehn westlichen Indianerstämmen empfing und diesen erklärte, daß sie sich inskünftig als Untertanen der französischen Krone zu betrachten hätten.[89]

Von diesem geschichtlichen Umfeld aus ist die Expedition zu verstehen, die im Jahre 1673 den Pelzhändler Jolliet und den Jesuitenmissionar Marquette, begleitet von einigen Waldläufern, vom Westufer des Lake Michigan über den Fox River zum Wisconsin River und damit an den Oberlauf des Mississippi führte. Im Bericht des Paters Marquette, der in die Jesuitenrelationen eingegangen ist, wird der Verlauf der Reise recht detailliert dargestellt.[90] Trotz der Warnungen der einheimischen Indianer, die mit Hinweisen auf unüberwindliche Hindernisse, lauernde Dämonen und tödliche Hitze den Vormarsch zu verhindern suchten, machte man sich auf den Weg, unterstützt von indianischen Führern. Man erreichte den Oberlauf des Fox River und das sumpfige Gelände im Bereich der Wasserscheide. Wo man vorbeikam, versammelte sich eine große Zahl von Indianern, «die aus dem Staunen nicht herauskamen, sechs Franzosen, allein in zwei Kanus, eine so außerordentliche und gewagte Expedition unternehmen zu sehen».[91] Um die Mitte des Monats Juni verließ man «die Wasser, die Quebec zufließen», und trug die Boote zum Wisconsin River. «Der Fluß, auf dem wir uns einschifften», schreibt Marquette, «heißt Meskousing [Wisconsin], ist recht breit, hat einen sandigen Grund und verschiedene Sandbänke, welche die Schiffahrt erschweren; auch gibt es viele Inseln mit Weinreben, und an den Ufern erblickt man gutes Land mit Wäldern, Grasland und Hügeln...»[92]

Der große Augenblick der Unternehmung, von den Reisenden bewußt so empfunden, war der Tag des Eintritts in den Mississippi an einer Stelle, die noch heute den französischen Namen «Prairie du Chien» trägt. «Glücklich erreichten wir am 17. [Juni] den Mississippi», schreibt Marquette, «mit einer Freude, die ich nicht beschreiben kann.»[93] Man folgte dem mächtigen Strom, dessen ruhiger Lauf sich von den mit Wasserfällen durchsetzten Flüssen des Nordens unterschied, und bewunderte die Fruchtbarkeit des Landes an beiden Ufern, «der schönsten Wohnstatt», nach dem Urteil des späteren

3. Nordamerika

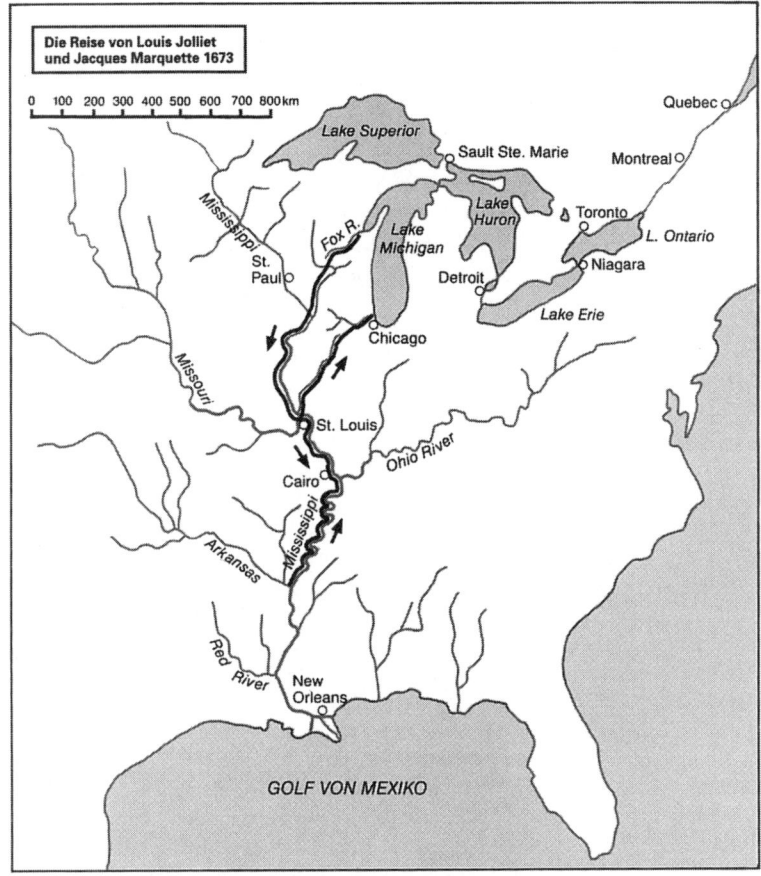

Die Reise von Louis Jolliet und Jacques Marquette 1673

Amerikareisenden Alexis de Tocqueville, «die Gott je dem Menschen bereitet hat».[94] Vorerst fand sich keine indianische Bevölkerung; dann aber stieß man auf eine Gruppe von Illinoisindianern, mit denen man die Friedenspfeife, das Kalumet, rauchte, ein Zeremoniell, das bei vielen Prärie- und Plainsindianern verbreitet war und als Instrument der Friedenssicherung auch entdeckungsgeschichtliche Bedeutung beansprucht.[95] Geschenke wurden ausgetauscht, gemeinsame Mahlzeiten eingenommen und Ansprachen gehalten, und wir verdanken dem Berichterstatter Marquette die Aufzeichnung der Rede eines Häuptlings, von der wir hier einen Ausschnitt wiedergeben: «Der Häuptling erhob sich, legte seine Hand auf den Kopf eines Sklaven, den er uns schenken wollte, und sprach also: ‹Ich danke dir, Schwarzrock, und dir, Franzose Jolliet, daß ihr euch so große Mühe gegeben habt, uns aufzusuchen. Nie ist dieses Land so schön und die Sonne so strahlend gewesen wie heute... Hier ist mein Sohn, den ich dir übergebe, damit du mein Herz erkennst, und ich bitte dich, Mitleid mit mir und meinem Volk zu haben. Du kennst den großen Geist, der uns erschaffen hat, du sprichst zu ihm und hörst auf sein Wort; bitte ihn, daß er mir Leben und Gesundheit gibt und unter uns wohne, damit wir ihn kennenlernen können.›»[96] Wir verdanken ferner Marquette eine eingehende und freundliche Beschreibung der Illinoisindianer und ihrer Sitten, und selbst ihren Tänzen und Gesängen, die von den Zeitgenossen in der Regel als besonders barbarisch qualifiziert wurden, wird eine gewisse Anmut nicht abgesprochen.

Auf der Weiterfahrt flußabwärts wurde beim heutigen Saint Louis die Stelle erreicht, wo sich der zweitlängste Strom der Vereinigten Staaten, der Missouri, in den Mississippi ergießt. Der Fluß, den die Indianer «Pekitanoui» oder «Schmutziger Fluß» nannten, führte Hochwasser: «Ich habe nie etwas Schrecklicheres gesehen», schreibt Marquette, «als dieses Gewirr von ganzen Bäumen, von Ästen und schwimmenden Inseln, das mit solcher Gewalt durch die Mündung des Flusses austrat, daß man es nicht wagen konnte hindurchzufahren, ohne sich großer Gefahr auszusetzen.»[97] Dieser Zufluß aus dem Westen belebte bei den Reisenden erneut die Hoffnung, man könnte einen Durchlaß zum Pazifik und zur Bucht von Kalifornien gefunden haben, und die Informationen der Indianer über weiter westlich gelegene Siedlungen und mühelos zu durchquerendes Grasland stimmten ebenfalls zuversichtlich. In der Tat war der Missouri bereits zu jener Zeit eine wichtige Verkehrsader, die von den Indianern in Einbäumen und Fellbooten regelmäßig befahren wurde, und er sollte ein Jahrhundert später denn auch zum wichtigsten Zugang der Europäer nach dem Fernen Westen werden.

Doch Jolliet und Marquette entschlossen sich, vorerst die Erkundung des Mississippi fortzusetzen, dessen Verlauf immer deutlicher dem Golf von Mexiko entgegenwies. Sie passierten die Einmündung des Ohio River, des wichtigsten Nebenflusses aus dem Osten, und trafen dort auf Indianer, wahrscheinlich Cherokee, die sich im Besitz von Feuerwaffen, Hacken und Rasiermessern befanden und die aussagten, sie hätten diese Gegenstände von Europäern, «von Menschen wie euch»,[98] erhalten, die nur wenige Tagereisen entfernt am Meer lebten. Daß die Indianer diese Distanzen freilich grob zu unterschätzen pflegten, vielleicht weil sie in altbekannter Manier die Weißen möglichst rasch loswerden wollten, zeigte sich bei der Weiterfahrt, die bis zur Einmündung des Arkansas River führte, immer noch über sechshundert Kilometer vom Golf von Mexiko entfernt. Man traf hier auf einen Stamm, der durch ein feindliches Nachbarvolk am direkten Kontakt mit den Spaniern im Golf von Mexiko verhindert war und vor einer Fortsetzung der Reise warnte. In einer denkwürdigen Besprechung entschlossen sich die Reisenden zur Umkehr: «Herr Jolliet und ich», schreibt Pater Marquette, «hielten erneut Rat, um zu klären, was zu tun sei – ob wir weiter vorstoßen, oder ob wir uns mit der Entdeckung, die wir gemacht hatten, zufriedengeben sollten.

3. Nordamerika

Wir gaben uns genau darüber Rechenschaft, daß wir nicht weit vom Golf von Mexiko entfernt waren, dessen Becken auf 31° 60' geographischer Breite liegt, während wir uns bei 33° 40' befanden – bis dorthin würde es nicht mehr als zwei oder drei Tagereisen weit sein. Es konnte kein Zweifel bestehen, daß der Mississippi in den Golf von Florida oder den Golf von Mexiko einmündete und daß er sich nicht in östlicher Richtung nach Virginia wendete, dessen Meeresküste auf 34° liegt, eine Breite, die wir passiert hatten, ohne zum Meer gelangt zu sein; auch der Westen auf der Höhe von Kalifornien kam nicht in Frage, da unsere Route dazu in westlicher oder südwestlicher Richtung hätte verlaufen müssen, während wir immer gegen Süden gefahren waren. Wir zogen ebenfalls in Betracht, daß wir riskierten, der Ergebnisse unserer Reise verlustig zu gehen, von denen wir niemandem mehr würden Kenntnis geben können, wenn wir uns den Spaniern überantworteten, die uns zweifellos als Gefangene festhalten würden. Darüber hinaus sahen wir wohl, daß wir nicht in der Lage waren, den mit den Europäern verbündeten Eingeborenen Widerstand zu leisten, die zahlreich und erfahren im Umgang mit Feuerwaffen waren und die beständig den Unterlauf des Flusses verunsicherten. Die Tatsache schließlich, daß wir über alle Kenntnisse verfügten, die wir uns von unserer Entdeckungsreise erwünschen konnten, bewog uns, die Rückkehr ins Auge zu fassen.»[99]

Die Rückfahrt auf dem ausgiebig mäandernden Fluß stromaufwärts war außerordentlich hart. An der Mündung des Ohio River scheint Marquette einem Indianer einen Brief in lateinischer Sprache ausgehändigt zu haben, mit der Bitte, er solle diesen den Europäern an der Ostküste zuleiten. Ein solches Schreiben gelangte schließlich in die Hände des Gründers von Pennsylvania, William Penn, welcher es nach England sandte, wo es über zweihundert Jahre später wieder aufgefunden worden ist.[100] Nördlich des heutigen Saint Louis bogen Jolliet und Marquette in den Illinois River ein, folgten diesem Fluß zum Des Plaines River und erreichten beim heutigen Chicago den Lake Michigan. In etwa vier Monaten hatten die beiden Reisenden auf den ruhig dahinströmenden Flüssen des Mittleren Westens eine Strecke von gegen fünftausend Kilometern zurückgelegt. Sie hatten die wichtigste Verkehrsachse des Kontinents für Frankreich in Besitz genommen, den Zugang zum Wirtschafts- und Kulturraum der Karibik erschlossen und zweifelsfrei in Erfahrung gebracht, daß es den erhofften raschen Zugang zum Südmeer und nach China nicht gab; und sie hatten auf der Rückfahrt eine wichtige Abkürzung entdeckt, den «Illinois Waterway», der, in unserem Jahrhundert mit Dämmen, Schleusen und Kanälen großzügig ausgebaut, einen wichtigen Transportweg zwischen Mississippi und Lake Michigan darstellt. Ihre Unternehmung hatten Jolliet und Marquette mit den bescheidensten Mitteln durchgeführt, ohne militärische Eskorte und organisierten Nachschub, aber mit der Bereitschaft, ihrem Streben nach neuer Kenntnis persönliche Bedürfnisse unterzuordnen und ihre Vertrautheit mit indianischer Mentalität geschickt für die eigenen Ziele einzusetzen. Diese Art des

I. Der Vorstoß ins Landesinnere

Vorgehens sollte für viele nordamerikanische Entdeckungsreisen des 18. Jahrhunderts geradezu stilbildend werden.

Die Fahrt von Jolliet und Marquette hatte weite Siedlungsgebiete im Mittleren Westen erschlossen, doch Frankreich verfügte weder über die Kolonisten noch über den kolonialpolitischen Willen, um die sich bietende Gelegenheit zu nutzen. Zwischen 1667 und 1714 war Ludwig XIV. in eine Reihe von europäischen Kriegen verwickelt, die, zusammen mit seiner prunkvollen Hofhaltung, so viel Geld verschlangen, daß an eine langfristige Unterstützung Neu Frankreichs nicht zu denken war. Zwar stand der Graf Frontenac, der seit 1672 in Kanada als tatkräftiger und eigenwilliger Gouverneur residierte, der Westexpansion wohlwollend gegenüber; doch Colbert war der Meinung, man solle vordringlich die Stützpunkte am Sankt Lorenzstrom ausbauen und dort die Ansiedlung forcieren. «Was diese neuen Entdeckungen betrifft», ließ der König nach der Rückkehr von Jolliet und Marquette den Grafen Frontenac wissen, «sollt ihr dazu auf keine Weise ermuntern, es sei denn, es bestünde ein großes Bedürfnis und es sei von offensichtlichem Vorteil. Ihr sollt nach Möglichkeit den Standpukt vertreten, daß es weit wertvoller ist, eine kleine Fläche besetzt zu halten und diese gut zu bevölkern, als sich auszudehnen und mehrere kleine Niederlassungen zu besitzen, die leicht durch alle Art von Zufällen zerstört werden können.»[101]

Doch nicht nur die Unterstützung durch das Mutterland ließ zu wünschen übrig; auch die Initiative der Missionare begann zu erlahmen. Um 1650 mußte die Missionstätigkeit unter den Huronen an der Georgian Bay aufgegeben werden, und es wurde offensichtlich, daß selbst vorübergehende Erfolge, wie sie die Jesuitenreduktionen in Paraguay darstellten, hier gegen den Widerstand der Irokesen nicht erreicht werden konnten. Auch in den politischen Geschäften der Kolonie verloren die Jesuiten immer mehr an Einfluß. Gegen Ende des 17. Jahrhunderts war die Zeit des «Schwarzrocks» im Birkenrindenkanu endgültig vorbei, und die Erkundungstätigkeit ging ganz an die «coureurs des bois» und die Pelzhändler über.

Trotz solch ungünstiger Bedingungen führten die Franzosen die Erschließung des Hinterlandes fort. Jolliet und Marquette hatten sich, was die Erkundung des Mississippi betraf, mit einer Leistung zufriedengeben müssen, die noch der Vollendung harrte. Diese Aufgabe übernahm *René-Robert Cavelier de La Salle*.

La Salle entstammte einer vornehmen bürgerlichen Familie in Rouen, wurde von den Jesuiten erzogen und wanderte im Jahre 1666 nach Kanada aus, wo er einen Landbesitz in der Nähe von Montreal bewirtschaftete. In den folgenden Jahren unternahm er mehrere Expeditionen als Pelzhändler, die aber nicht über die bekannten Routen hinausführten; eine Reise zum Oberlauf des noch unbekannten Ohio River ist unter Historikern umstritten.[102] Im Jahre 1677 besuchte er Frankreich, um sich Mittel für eine größere Unternehmung und ein königliches Patent zu sichern, was ihm dank seinen hervorragenden Beziehungen auch gelang. Die Erlaubnis des Königs erstreckte sich auf fünf Jahre; während dieser Zeit war La Salle ermächtigt, das Mississippibecken und den «Weg nach Mexiko» zu erkunden und, falls nötig, befestigte Stützpunkte zu errichten.[103]

Im Jahre 1678 kehrte La Salle in Begleitung des *Henri de Tonty*, eines ehemaligen Offiziers in königlichen Diensten, der zu seinem treuesten Begleiter werden sollte, nach Kanada zurück. Dort traf er auf einen flämischen Rekollektenmönch, *Louis Hennepin*, der zumindest an einem Teil der späteren Unternehmungen beteiligt war und Berichte schrieb, in denen sich Fabuliererei und zutreffende Beobachtung in kaum zu entflechtender Weise mischen.

Cavelier de La Salle ging bei der Planung seiner Reisen mit großer Umsicht vor.[104] Er setzte sich mit Frontenac, der ihn finanziell unterstützte, ins Einvernehmen. Verschiedene Forts wurden errichtet, die als Etappenstationen dienen sollten: Fort Saint Joseph am südlichen Ende des Lake Michigan, Fort Saint Louis und Fort Crèvecœur am Illinois River. Aus den Aufzeichnungen Hennepins geht hervor, wie gewandt und ortskundig man sich zu dieser Zeit bereits im Gebiet der Großen Seen bewegte. Wir verdanken dem reisefreudigen Pater die erste Beschreibung des «unglaublichen Katarakts oder Wasserfalls» am Niagara River, der sich über «mehr als fünfhundert Fuß in die Tiefe» stürze und seinesgleichen auf der ganzen Welt nicht habe.[105] Auf einer Werft am Niagara River entstand auf Anordnung La Salles das erste Segelschiff für den Handelsverkehr auf den Großen Seen, «Le Griffon», der «Vogel Greif». Hennepin schildert die Ausfahrt des Schiffes und seine Wirkung auf die Indianer: «Wir setzten Segel am siebenten des Monats August und steuerten nach Süd-Südwest. Nach dem Te Deum feuerten wir alle Kanonen und Bordstücke ab, in Gegenwart von mehreren Irokesen... und diese Wilden unterließen es nicht, eine Beschreibung von der Größe unseres Schiffes den Holländern in New York zu geben, mit denen sie viele Pelze handeln, die sie dorthin bringen, um Feuerwaffen und Kleider zu erhalten.»[106] Ein langes Dasein war der «Griffon» freilich nicht beschieden; sie sank auf der Rückkehr von der Green Bay mit einer Ladung von Pelzen im Sturm. Hennepin hatte das Glück, nicht an Bord zu sein, aber er geriet irgendwo am Oberlauf des Mississippi in die Hand der Siouxindianer, die ihn während Monaten gefangenhielten, bis er durch einen Pelzhändler befreit wurde.

René-Robert Cavelier de La Salle brach zu der Unternehmung, die ihn berühmt machen sollte, im Januar des Jahres 1682 auf. Zusammen mit Henry de Tonty, zwei Dutzend Landsleuten und einer Begleitmannschaft von dreißig Indianern begann er seine Mississippifahrt bei der Einmündung des Illinois River über fünfhundert Kilometer unterhalb der Stelle, wo Jolliet und Marquette zu ihrer denkwürdigen Flußreise aufgebrochen waren. Man passierte die Einmündung des Missouri, des Ohio und des Arkansas River und stellte über die Fruchtbarkeit der Ufergegenden und die Sitten der Indianer ähnliche Betrachtungen an wie die Vorgänger. Tonty, der seine

Beobachtungen aufzeichnete, bemerkte zwar, daß die Biber gegen Süden hin rar und die Flußufer der häufigen Überschwemmungen wegen stellenweise unbewohnbar würden; zugleich aber war der Reichtum an anderem Wild nicht zu übersehen, und die Indianer lebten seßhaft und hatten «gewisse Gewohnheiten der Unterordnung» bereits angenommen.[107] Auch boten sich überall die Möglichkeiten geradezu an, die unberührte Natur zum eigenen Vorteil zu nutzen; Tonty träumt gar von der Einführung der Seidenraupe und dem Aufbau einer Seidenindustrie, wie sie in Südfrankreich von den Hugenotten zur Blüte gebracht worden war. Der Mississippi, fährt er fort, würde sich als Handelsstraße vorzüglich eignen, um all jene Waren, die das Land bereitwillig liefere, Bauholz, Getreide und eingepökeltes Fleisch vor allem, ans Meer zu befördern.[108] In solchen Aussagen wird nun allerdings eine Neuorientierung der kommerziellen Zielvorstellungen sichtbar, wie sie damals im Mutterland noch nicht nachvollzogen werden konnte. Quebec, der Pelzhandel und die mühsame Fischerei vor der Küste Akadiens traten in den Hintergrund, und es eröffnete sich die Aussicht auf ein neues Handelsimperium im Süden und am Golf von Mexiko, dessen Möglichkeiten die Spanier nicht zu nutzen verstanden hatten. Nicht anders dachte übrigens Hennepin, wenn er schreibt: «Dieser weite Kontinent wird imstande sein, in kurzer Zeit unsere Inseln in Westindien mit Brot, Wein und Fleisch zu versorgen, und unsere französischen Freibeuter und Küstenbrüder werden imstande sein, Wild in weit größerer Menge zu töten als auf all den Inseln, die sie besetzt halten.»[109]

Am 9. April des Jahres 1682 traf La Salle im Mündungsgebiet des Mississippi ein. Er war, wie wir wissen, nicht der erste: Spanische Seefahrer hatten diese Küstengegenden bereits vor 1520 aufgesucht, Hernando de Soto hatte den Strom 1541 überquert, und Luis de Moscoso, sein Nachfolger, hatte ihn ein Jahr später bis zur Mündung befahren. Doch erst mit La Salles Leistung wurde endgültig klar, welche Bedeutung dieser Wasserstraße, von deren Verlauf nun über zweitausendfünfhundert Kilometer bekannt waren, zukam. In feierlichem Zeremoniell nahmen die Franzosen das Gebiet für die Krone in Besitz und nannten es zu Ehren ihres Königs Louisiana. Der begleitende Geistliche stimmte das «Vexilla Regis» und das «Te Deum» an, drei Salven wurden abgefeuert, eine Säule, versehen mit dem Wappen Frankreichs, wurde aufgerichtet. In einem Schreiben an den Marineminister Ludwigs XIV. erläutert La Salle, von sich selbst in der dritten Person sprechend, sein historisches Verdienst: «Er hat», schreibt er, «auf diese Weise die wichtigste und schwierigste Entdeckung, die je einem Franzosen gelang, gemacht, und zwar ohne einen einzigen Mann verloren zu haben, in Ländern, wo ein Ponce de León, ein Pánfilo de Nárvaez und ein Hernando de Soto mit über zweitausend Spaniern ganz erfolglos geblieben und umgekommen sind. Nie hat ein Franzose eine derartige Unternehmung mit so wenig Leuten und angesichts so vieler Feinde vollbracht. Aber er hat für sich selbst keinerlei Nutzen aus der Entdeckung gezogen, deren Unglücksfälle und wiederholte Widrigkeiten ihn mehr als zweihunderttausend Pfund gekostet haben, worüber nach der Rückkehr nach Frankreich getreulich abgerechnet werden wird. Er wird sich nichtsdestoweniger glücklich schätzen, wenn er zum Ruhm und Vorteil Frankreichs etwas zu leisten imstande war...»[110] Wie groß dieses «Louisiana» war, wo die Grenzen des französischen Machtanspruchs liegen und wie sie allenfalls verteidigt werden sollten, war La Salle allerdings völlig unklar. Doch der glänzende Erfolg war für Frankreich durchaus verdient: Keine andere europäische Kolonialmacht hatte sich bis zu diesem Zeitpunkt so beharrlich und systematisch um die Erkundung des nordamerikanischen Hinterlandes bemüht.

Auch für La Salle erwies sich der Rückweg stromaufwärts als äußerst mühsam. Es kam zu Indianerüberfällen, die Vorräte wurden knapp, der Anführer selbst erkrankte, einige Begleiter desertierten. Bei der Rückkehr nach Quebec zeigte sich, daß der inzwischen neu ernannte Gouverneur, Le Febvre de la Barre, dem Entdecker nicht günstig gesinnt war. In Rapporten, die er ans französische Marineministerium sandte, beschuldigte La Barre ihn der Amtsanmaßung, der Aufwiegelung der Irokesen gegen die Kolonie, der Verbreitung falscher Nachrichten über seine Reisen.[111] La Salle, der in Quebec über wenig Freunde und viele Gläubiger verfügte, entschloß sich unverzüglich zur Rückkehr nach Frankreich. Dort wollte er sich zu rechtfertigen suchen, und dort wollte er für seinen Plan werben, mit einer Unternehmung zur See, vom Golf von Mexiko aus, das Mündungsgebiet des Mississippi durch einen Stützpunkt zu sichern.

Im Mutterland gelang es La Salle, die Beschuldigungen, die gegen ihn erhoben worden waren, zu entkräften, und er verstand es, Ludwig XIV., der auf Spanien schlecht zu sprechen war und der dessen koloniale Position in Mittelamerika und in der Karibik zu schwächen wünschte, für seinen Plan zu gewinnen. Im Juli 1684 verließ eine Flotte von vier Schiffen den Hafen von La Rochelle; neben den Schiffsbesatzungen fuhren über hundert Soldaten, Handwerker und Feldarbeiter mit, ferner eine Reihe enger Vertrauter La Salles, mehrere Familien und einige unverheiratete Mädchen. Das Oberkommando zur See hatte Marinekapitän Beaujeu; zu Land sollte La Salle befehligen – eine unselige Partnerschaft zweier widerstrebender Naturen, die das Unternehmen von allem Anfang an gefährdete. Nach einem Zwischenhalt auf Santo Domingo, an dessen Westküste sich französische Siedler und Plantagenherren eingenistet hatten, erreichte man das Mündungsgebiet des Mississippi, verfehlte aber den Zugang zum Fluß und landete in der Matagorda Bay westlich des heutigen Galveston. Nachdem Beaujeu nach Frankreich zurückgesegelt war, unternahm La Salle zwischen 1685 und 1687 verschiedene erfolglose Versuche, zur Mündung des Mississippi vorzudringen. Der schwierige Charakter des Kommandanten und die Aussichtslosigkeit der Lage führten bald zu kaum verhüllter Gegnerschaft innerhalb einer Mannschaft, deren Zahl inzwischen durch Krankheit und indianische Überfälle von hundertachtzig auf etwas über vierzig Kolonisten abgesunken war.

I. Der Vorstoß ins Landesinnere

Im März 1687 wurde La Salle bei einem verzweifelten Versuch, landeinwärts zum Mississippi durchzustoßen, von einer Gruppe von Meuterern umgebracht. Einem der ergebensten Gefolgsleute des Entdeckers, *Henri Joutel*, dem wir auch einen glaubwürdigen Bericht verdanken, gelang es in der Folge, auf abenteuerlichen Wegen durch das Territorium des heutigen Bundesstaates Texas zum Arkansas River vorzudringen. Hier kam es zu einer überraschenden Begegnung mit Landsleuten. Joutel berichtet: «Als wir über den Fluß blickten, sahen wir ein großes Kreuz, wie die Missionare es in Frankreich und anderswo aufzurichten pflegen, und, in geringem Abstand davon, ein nach französischer Art erbautes Haus; darunter lag das Dorf der Wilden. Als wir das Kreuz sahen, war uns klar, daß es sich nicht um Engländer handeln konnte.»[112] Die zwei Franzosen, die hier lebten, geleiteten Joutel flußabwärts zum Mississippi, worauf man auf bereits bekanntem Weg stromaufwärts zum Fort Saint Louis am Illinois River ruderte. Im Jahre 1688 segelte Joutel nach Frankreich zurück, wo er, in seiner Geburtsstadt Rouen, den Rest seines Lebens unter weniger aufregenden Umständen verbrachte.

René-Robert Cavelier de La Salle war neben Samuel de Champlain die zweite herausragende Persönlichkeit der französischen Binnenerkundung Nordamerikas. Champlain war ein Mann des Beginns, oft im Ungewissen tappend, gläubig den Illusionen von der Erreichbarkeit Chinas, der Christianisierung der Heiden, der raschen Prosperität der Niederlassung nachhängend, aber umsichtig, systematisch und auf beharrliche Weise geduldig im Vorgehen. La Salle, ein weniger glücklich geartetes Temperament, folgte einer einzigen fixen Idee: Der mächtige Strom, den er bis zu seiner Mündung befahren hatte, sollte, koste es, was es wolle, für Frankreich in Besitz genommen und seine eigene Leistung für immer in die Annalen der Geschichte eingeschrieben werden. Francis Parkman, der große amerikanische Historiker und Schriftsteller, gibt in dem noch immer lesenswerten Buch, das er dem Franzosen gewidmet hat, das folgende Porträt: «Ernsthaft in allen Dingen, gleichermaßen unfähig zu lockeren Vergnügungen und entspannter Ruhe, ohne eine andere Freude als die Verfolgung großer Ziele, zu scheu für die Gesellschaft und zu zurückhaltend, um populär zu werden, oft unsympathisch und immer so erscheinend, Emotionen, die er nicht äußern konnte, in sich erstickend, zu allgemeinem Mißtrauen erzogen, streng gegenüber seinen Gefolgsleuten und mitleidslos gegenüber sich selbst, die Last der Mühsal und der Gefahr tragend und von den andern eine gleiche Beharrlichkeit, gepaart mit stillschweigender Ehrerbietung, verlangend, keinen andern Berater als sich selbst duldend, das Unmögliche versuchend und nach dem greifend, was zu groß war, um festgehalten zu werden – in diesem widersprüchlichen und selbstquälerischen Wesen lag der Ursprung all seiner Triumphe, seines Scheiterns und seines Todes.»[113]

Die Fahrten von Jolliet, Marquette und La Salle hatten den Mississippi für Frankreich erschlossen, doch die Anstrengungen des Mutterlandes, den

Besitz des Erreichten zu sichern, erfolgten erst mit zehnjähriger Verspätung. Im Jahre 1698 erreichte der Französisch-Kanadier *Pierre Le Moyne d'Iberville* mit vier Schiffen und vierhundert Kolonisten das Mündungsgebiet des Flusses vom Golf von Mexiko aus. Iberville war von seinem Bruder, *Jean-Baptiste Le Moyne de Bienville*, begleitet, und beide gründeten, nachdem sie sich in den schwierigen topographischen Verhältnissen im Mississippidelta zurechtgefunden hatten, den Stützpunkt Biloxi, etwa hundert Kilometer östlich davon.[114] Die Siedlung wurde mit einem doppelten Palisadenzaun umgeben, Basteien wurden aufgeführt und mit Kanonen bestückt; denn die Spanier, beunruhigt durch die französischen Aktivitäten im Golf von Mexiko, hatten ihrerseits im äußersten Westen des heutigen Bundesstaates Florida das Fort Pensacola eingerichtet. Aber auch mit den Engländern, die 1670 ihre erste dauernde Niederlassung in South Carolina gegründet hatten, war zu rechnen. Während Iberville nach Frankreich reiste, um Nachschub und mehr Kolonisten zu beschaffen, bemühte sich Bienville mit viel Geschick, die Freundschaft der einheimischen Indianer zu gewinnen und sie gegen die Engländer aufzuwiegeln. Dem Kapitän eines englischen Kriegsschiffs, der «Carolina Galley», die 1699 vor der Mississippimündung erschien, gab Bienville zu verstehen, daß er hier nichts zu suchen habe; das Land sei in französischem Besitz.

In einer Reihe von Expeditionen, an denen sich auch kanadische Waldläufer beteiligten, wurden um die Jahrhundertwende der Unterlauf des Mississippi und die westlich davon gelegenen Regionen im heutigen Bundesstaat Texas erkundet und mehrere neue Stützpunkte angelegt. Erwähnt seien hier die Namen von drei Reisenden, die sich dabei besonders auszeichneten: *Louis de Saint Denis, Bénard de La Harpe* und *Antoine Le Page du Pratz*. Louis de Saint Denis gelangte im Jahre 1714 vom Red River, wo er den Stützpunkt von Natchitoches gegründet hatte, zum Rio Grande, wo er sich um freundschaftliche Handelskontakte mit den Spaniern bemühte. Es gelang ihm während einiger Zeit, die schwierige Rolle des Mittlers zwischen Spaniern, Franzosen und Indianern zu spielen; doch dann geriet seine Integrität ins Zwielicht, und er setzte sich nach den französischen Niederlassungen ab. Bénard de La Harpe, ein Händler, der ein Stück Land am Red River zugewiesen bekommen hatte, drang im Jahre 1719 bis ins südliche Oklahoma vor und verfaßte eine sorgfältige Reisebeschreibung.[115] Le Page du Pratz schließlich verdanken wir einen Bericht zur Frühgeschichte Louisianas, der sich durch Genauigkeit der naturwissenschaftlichen Beobachtung und durch außergewöhnliches Verständnis für die Lebensform der Natchezindianer auszeichnet.[116] Auf die Aufzeichnungen von Le Page du Pratz und anderer Reisender gestützt, sollte François René de Chateaubriand um die Wende zum 19. Jahrhundert seine exotischen Romane «Atala» und «René» schreiben.

Der wichtigste Stützpunkt der Franzosen am Unterlauf des Mississippi wurde la Nouvelle Orléans, das heutige New Orleans, gegründet im Jahre 1718 durch Jean-Baptiste Le Moyne de Bienville, so genannt zu Ehren des

I. Der Vorstoß ins Landesinnere

Herzogs Philipp II. von Orléans. Die Stadt, deren Innenbezirk, das «Vieux Carré» oder «French Quarter», noch heute in architektonischer Hinsicht an ihre französischen Anfänge erinnert, wurde 1722 zur Kapitale der Kolonie Louisiana erhoben, deren Verwaltung in den Händen einer neugeschaffenen «Compagnie d'Occident» lag. Ein Versuch des in französischen Diensten tätigen schottischen Bankiers John Law, die Kolonie als Spekulationsobjekt zur Sanierung der Staatsfinanzen zu nutzen, endete indessen in einem Finanzskandal. Zwischen 1730 und 1760 blieb der wirtschaftliche Aufschwung, gemessen an den Erwartungen, sehr bescheiden, auch wenn neben den Handel die mit eingeführten schwarzen Sklaven betriebene Plantagenwirtschaft trat. Auch hier erwies sich als Hauptschwierigkeit die mangelnde Auswanderungsbereitschaft der Franzosen. Zwar wurden hin und wieder, wie sich in «Manon Lescaut» des Abbé Prévost [1731] nachlesen läßt, Dirnen nach Louisiana geschafft, und einige Tausend Franzosen wurden 1755 durch die Engländer aus Neu Schottland in den Süden deportiert, was sich literarisch wiederum in Henry Wadsworth Longfellows Versdichtung «Evangeline» [1847] niedergeschlagen hat. Dies aber genügte bei weitem nicht, um die Visionen des Cavelier de La Salle wahrzumachen. Ein schwerer Schlag gegen Louisiana bedeutete schließlich der Siebenjährige Krieg, der in seiner nordamerikanischen Variante «French and Indian War» genannt wird und dort von 1752 bis 1763 dauerte. War es mit den Engländern bisher nur zu sporadischen Zusammenstößen gekommen, die allerdings im Frieden von Utrecht [1713] zum Verlust Akadiens und der Besitzrechte auf die Hudson Bay geführt hatten, bedrohte der Vorstoß der englischen Kolonisten, die um die Jahrhundertmitte die Appalachen überstiegen und ins Ohiotal eindrangen, die Existenz der französischen Handelsstationen im Süden der Großen Seen. Zwar gelang es den Franzosen, welche günstig postiert waren, die Landschaft kannten und auf die Freundschaft der indianischen Nachbarvölker zählen konnten, die ersten Auseinandersetzungen erfolgreich zu bestehen, aber sie waren zahlenmäßig viel zu schwach, um auf einen endgültigen Sieg hoffen zu können. Im Frieden von Paris [1763] mußte Frankreich alle seine kanadischen Besitzungen an England abtreten. Schon ein Jahr zuvor hatten die Franzosen Louisiana, dessen Position mit dem Wegfall der Verbindungslinie am Mississippi ohnehin geschwächt worden war, an Spanien übergeben.[117] Zwar erreichte Napoleon Bonaparte, daß ihm diese Kolonie im Jahre 1800 wieder zurückerstattet wurde; aber nur drei Jahre später entschloß er sich im sogenannten «Louisiana Purchase», die Niederlassung für eine Summe von rund fünfzehn Millionen Dollar an die Vereinigten Staaten zu verkaufen, um seinen Krieg gegen England finanzieren zu können. Damit war der Traum der französischen Entdecker, mit ihren Taten die Grundlage zu einem nordamerikanischen Kolonialimperium gelegt zu haben, endgültig ausgeträumt.

Unbestritten aber bleibt die entdeckerische Leistung. Im Zeitraum eines Jahrhunderts hatten französische Pioniere, deren Zahl zu keinem Zeitpunkt mehr als tausend betragen haben dürfte, riesige Gebiete vom Sankt Lorenzstrom zur Hudson Bay und zu den Großen Seen, und von diesen zum Ober- und Unterlauf des Mississippi auf wagemutigen Kanufahrten erforscht. Diese Vorstöße zu neuen Horizonten wurden weder durch die Krone noch durch private Handelsgesellschaften kontinuierlich gefördert; sie entsprangen vielmehr der individuellen Initiative weniger Kolonialbeamter und einer Schar von Missionaren und Waldläufern, die sich zuweilen in eigenartiger Symbiose verbanden. Allerdings zog diese Erkundungstätigkeit im Westen, wie Colbert zu Recht befürchtete, wichtige Kräfte von der Siedlungskolonie am Sankt Lorenzstrom ab, wo um 1700 nicht mehr als fünfzehntausend Kolonisten lebten, verglichen mit den rund zweihundertfünfzigtausend Engländern an der Ostküste eine verschwindend kleine Zahl.[118] Auch gelang es den Franzosen nicht, die fruchtbaren Weiten des Mississippibeckens für die Kolonisation wirklich nutzbar zu machen; es blieb beim Monopolgeschäft des Pelzhandels und dem Aufbau eines grobmaschigen Netzes von teilweise befestigten Handelsstationen, das an das Stützpunktsystem erinnert, welches Portugiesen und Holländer im afrikanisch-asiatischen Raum zur See errichteten. Daß an eine Landnahme vorerst nicht gedacht werden konnte, kam den Beziehungen mit den Indianern zugute, die, von den durch die Engländer unterstützten Irokesen abgesehen, meist friedlich blieben, was wiederum eine vorurteilsfreie Berichterstattung über das Land und die Bevölkerung ermöglichte. Der Umstand, daß keine Edelmetalle gefunden wurden und daß auch die Aussicht, man könnte rasch zum Pazifik und den Reichtümern Chinas vorstoßen, allmählich verblaßte, trug ferner dazu bei, daß den französischen Binnenreisen in Nordamerika jener Charakter des Gewalttätigen und Fieberhaft-Erregten, der den Konquistadorenzügen im Süden so oft anhaftete, fast ganz fehlte. Die Tatsache schließlich, daß die von Frankreich entdeckten Gebiete verlorengingen, bevor sie wirklich in Besitz genommen werden konnten, bewahrt diese Periode der Überseegeschichte im Rückblick der Nachgeborenen vor dem Makel flagranter Unrechtmäßigkeit und ausbeuterischer Zwangsherrschaft. Die nordamerikanische Landkarte hält in manchen Ortsbezeichnungen noch die Erinnerung an das Netz jener Etappenstationen wach, das Frankreich für eine kurze Weile den Besitz riesiger Territorien zu verbürgen schien: New Orleans, Baton Rouge, Lafayette, Cape Girardeau, Saint Louis, Joliet, Detroit.

Von der Ostküste landeinwärts

Die Durchdringung des amerikanischen Hinterlandes von der Ostküste südlich des Sankt Lorenzstromes aus trägt einen anderen Charakter und folgt einem anderen Rhythmus als die entsprechenden Expansionsbewegungen der Spanier im Süden und der Franzosen im Norden. Wir haben im ersten Teil dieses Buches berichtet, wie sich im Gefolge der Pionierunternehmungen eines John Cabot, Martin Frobisher und Humphrey Gilbert in

England Interessengruppen herausbildeten, die für den Aufbau von transatlantischen Niederlassungen eintraten, und wir haben auf den wichtigen Beitrag hingewiesen, den englische Seefahrer wie Bartholomew Gosnold, George Waymouth, John Smith und Henry Hudson zu Beginn des 17. Jahrhunderts zur Küstenerkundung Nordamerikas leisteten. Nach einem ersten erfolglosen Versuch auf Roanoke Island war es 1607 den englischen Siedlern gelungen, sich in Jamestown [Virginia] dauernd niederzulassen; 1620 gründeten die Pilgerväter in Plymouth [Massachusetts] ihre Kolonie, und in den dreißiger Jahren entstanden am Küstensaum, der reich an Buchten und günstigen Ankerplätzen ist, weitere Hafenstützpunkte.

Doch zur Erkundung der weiten, damals durchwegs bewaldeten Küstenebene, die sich auf einer Breite von gegen hundert Kilometern im Norden und dreihundert Kilometern im Süden vom heutigen Bundesstaat New York bis nach Georgia erstreckt, nahmen sich die Engländer Zeit. Erst nach der Mitte des 17. Jahrhunderts wurde der Gebirgsfuß der Appalachen, die sich auf einer Länge von zweitausendsechshundert Kilometern vom Sankt Lorenzstrom bis Alabama hinziehen, da und dort erreicht, und die Paßübergänge wurden erst um die Mitte des folgenden Jahrhunderts dann und wann benutzt. Bedenkt man, daß die Spanier sich in wenigen Jahrzehnten fast ganz Mittelamerika und das Andenhochland unterwarfen und daß die Franzosen in ähnlich kurzer Zeitspanne bis ins Gebiet der Großen Seen vordrangen, erscheint der Unterschied frappant und erklärungsbedürftig.

Man hat gelegentlich die englische Verzögerung auf den Nationalcharakter zurückgeführt, und auch der bedeutende deutsche Kolonialhistoriker Georg Friederici hat dieser Versuchung nicht ganz widerstanden.[119] Doch es gibt stichhaltigere Begründungen. Mitverantwortlich für die Verzögerung, wenn auch gewiß nicht ausschlaggebend, war die topographische Situation. Bekanntlich sind es überall Flußläufe gewesen, die den Zugang zum Hinterland erleichtert haben, und solche Verkehrswege sind an der Ostküste der heutigen Vereinigten Staaten zwar durchaus vorhanden, aber sie sind nur bis zum Fuß der Appalachen, der sogenannten «fall line», schiffbar, und es gibt keinen, der, dem Sankt Lorenzstrom vergleichbar, den Weg zum Mittleren Westen und dem Einzugsgebiet des Mississippi direkt erschlösse. Die meisten dieser Flüsse haben ihr Quellgebiet in nördlicher und nordwestlicher Richtung, und der einzige von ihnen, der Hudson River, der bereits nach 1620 erst von holländischen, dann von englischen Pelzhändlern regelmäßig befahren wurde, führte in den Einflußbereich des französischen Gegners und seiner huronischen Bundesgenossen. Die Appalachen sind zwar andererseits gewiß nicht die fast unüberwindliche Schranke, als die sie zuweilen dargestellt worden sind, doch der langgestreckte Gebirgszug wirkt als natürliche Begrenzung und trug sicher dazu bei, die Erwartung auf einen rasch zu bewältigenden Durchlaß zum Pazifik und nach China, die lange Zeit auch bei den Engländern wirksam blieb, zu dämpfen. Doch diese Hemmnisse sind in keiner Weise zu vergleichen mit den Schwierigkeiten, welche die Spanier in den Sümpfen Floridas, in den Einöden Neu Mexikos und auf den Andenhochebenen zu überwinden hatten; an der Landschaftsgestalt allein kann es daher nicht gelegen haben.

Wichtiger sind, vor allem im Vergleich zum kolonialen Spanien, die Unterschiede der geschichtlichen Situation. Die Übersee-Expansion der Spanier schließt, wie wir gesehen haben, eng an die Epoche der Reconquista an: In diesem Prozeß der nationalen Selbstfindung im Kampf gegen den Islam wurden die Energien freigesetzt, die nach der Rückeroberung Granadas neue Betätigungsfelder suchten; hier bildeten sich Kolonisationsmethoden und Verhaltensmuster aus, die in Übersee wirksam werden sollten. Die spanischen Konquistadoren handelten, verspätete Kreuzfahrer, die sie waren, aus dem Geist des mittelalterlichen Heldenepos; in ihnen verbanden sich oft genug übersteigertes Selbstbewußtsein und übersteigerte Erfolgserwartung mit dem Willen zur denkwürdigen Tat – Miguel de Cervantes hat in seinem «Don Quixote» diese Haltung unübertrefflich persifliert. Dazu kam nun noch, daß bereits die ersten Fahrten und Eroberungszüge nach und in der Neuen Welt solche Erfolgserwartungen weitgehend rechtfertigten: Das Gold, das man begehrte, gab es tatsächlich, und es gab die militärisch untüchtigen Heiden, die nach Belieben bekehrt, versklavt und umgebracht werden konnten; ja selbst das Südmeer, dessen Wellen irgendwo Chinas Gestade bespülten, fand sich schließlich. Die «Katholischen Könige» unterstützten im allgemeinen die entdeckerischen und kolonisatorischen Anstrengungen, förderten die Auswanderung ohne große Einschränkung, achteten auf eine möglichst ansteigende Profitrate und kontrollierten, wenn auch nicht immer wirksam genug, die Verwaltung der entfernten Besitzungen.

Ganz anders lagen die Dinge im Falle der englischen Besiedlung der nordamerikanischen Ostküste. Von einem neuen Schwung, den nach dem Tode Elisabeths I. die Dynastie der Stuarts der Nation verliehen hätte, kann nicht die Rede sein. Die Außenpolitik Jakobs I. gab den elisabethanischen Grundsatz der maritimen Überlegenheit gegenüber Spanien auf, vernachlässigte den Ausbau der Flotte und enttäuschte die Erwartungen von See- und Kaufleuten. Auf innenpolitischem Gebiet führten des Königs Mißachtung des Parlaments und seine Intoleranz gegenüber Puritanern und Katholiken zu beunruhigender gesellschaftlicher Polarisierung. Mit der Amtseinsetzung Karls I. [1625] verschärften sich die politischen und konfessionellen Gegensätze, ein Konflikt, der schließlich in den Bürgerkrieg ausartete [1642–1660] und dem König den Kopf kostete. Die Engländer, die während der ersten Hälfte des 17. Jahrhunderts nach Amerika fuhren, waren keineswegs Exponenten einer aufstrebenden, über ihre Grenzen hinausgreifenden Nation, sondern Bürger, die der politischen Instabilität, der konfessionellen Verfolgung und der Rechtsunsicherheit entflohen, um sich weit weg von zuhause eine neue, möglichst unabhängige Existenz aufzubauen. Gewiß gab es auch in England vereinzelte Persönlichkeiten vom charakterlichen Zuschnitt der spanischen Konquistadoren, Humphrey Gilbert und

Walter Raleigh beispielsweise, die in Irland Kolonialerfahrung erworben hatten; doch die überwiegende Mehrzahl der frühen Auswanderer nach Amerika, Aristokraten wie Handwerker und Gewerbetreibende, hatten nicht ihre historische Rolle im Auge, sondern das sehr private Ziel, sich jenseits des Atlantiks vom eigenen Stück Land redlich und in freier Ausübung ihrer bürgerlichen und religiösen Rechte zu nähren.

Dies galt in ganz besonderem Maß für die sogenannten Pilgerväter, die im November des Jahres 1620, nach stürmischer Überfahrt an Bord der «Mayflower», an der Küste von Kap Cod landeten und die Siedlung Plymouth gründeten.[120] Es handelte sich bei diesen Auswanderern um Puritaner, um radikale Oppositionelle gegenüber der anglikanischen Staatskirche, die in Amerika ein «Neues Jerusalem», eine auf den Grundlagen von Siedlerfamilie und selbstverwalteter Gemeinde beruhende Gemeinschaft der Gläubigen schaffen wollten. In den ersten Jahren kämpfte die Kolonie um ihr nacktes Überleben, die Nahrung war knapp, die Indianer erschienen bedrohlich, und es blieb wenig Zeit, das Land auszukundschaften. In den Aufzeichnungen, die der Gouverneur *William Bradford* nachträglich zur Geschichte seiner Kolonie verfaßte, werden die Unwirtlichkeit der Gegend und die bedrückte Stimmung der ersten Siedler eindrucksvoll geschildert. «Hier aber kann ich nicht anders», schreibt Bradford, «als innehalten und halb verwundert bei dieser armen Leute gegenwärtigem Los verweilen; und ich nehme an, auch der Leser werde das tun, wenn er sich selbiges recht vorstellt. Nachdem sie also den weiten Ozean passiert und ein Meer von Ungemach vor sich liegen hatten..., so hatten sie jetzt keine Freunde, die sie willkommen hießen, keine Herbergen, wo sie ihren mitgenommenen Leib stärken oder erfrischen konnten, keine Häuser und noch viel weniger Städte, wohin sie sich wenden konnten, um Zuflucht zu finden... Übrigens, was anderes konnten sie sehen als eine abstoßende, verlassene Wildnis voll wilder Tiere und wilder Menschen? Und welche Menge es davon geben sollte, wußten sie nicht. Auch war es ihnen versagt, auf den Gipfel des Pisga[121] zu steigen, um von dieser Wildnis aus ein besseres Land zu schauen und ihre Hoffnungen zu nähren, denn wohin auch immer sie ihre Augen wandten – es sei denn himmelwärts –, gab es für sie wenig Trost oder Freude aus irgendwelchen äußeren Umständen.»[122]

Im Jahre 1630 lebten in Plymouth rund dreihundert Kolonisten, und es war gelungen, am Kennebec River im Norden und am Connecticut River im Süden kleine Außenhandelsstationen zu errichten. Die große puritanische Auswanderungswelle, die nach 1625 einsetzte, führte zur Schaffung weiterer Kolonien: 1626 wurde an der Massachusetts Bay Salem gegründet, 1630 Boston. Im Jahre 1629 verlieh Karl I. der «Company of the Massachusetts Bay in New England» einen Freibrief, und diese Handelsgesellschaft, direkt dem König unterstellt, aber politisch und wirtschaftlich weitgehend selbständig, wurde zum wichtigsten Instrument der Verwaltung bestehender und zu gründender Niederlassungen.

Die Anstrengungen zur Erkundung des Hinterlandes hielten sich in Neu England, wie anderswo an der englisch besiedelten Ostküste, während des ganzen 17. Jahrhunderts in engen Grenzen. Man verließ in der Regel den Umkreis der Siedlungen lediglich zu Jagdausflügen, zu Vergeltungsangriffen auf die Indianer und zur Suche nach günstigen Standorten für neue Niederlassungen. Es gab kaum Landkontakte zwischen den einzelnen Kolonien am Küstensaum, und einigermaßen regelmäßige Seeverbindungen spielten sich erst im nächsten Jahrhundert ein. Gewiß fanden sich unter den Siedlern markante Persönlichkeiten, die in Regierungsgeschäften, in der Seelsorge und sozialen Betreuung der Kolonistengemeinschaften wegweisende Pionierarbeit leisteten; aber es fehlte eine Figur wie Samuel de Champlain, die eine großzügige Zielvorstellung von der englischen Rolle in Amerika entwickelt und durch eigene Unternehmungen glaubwürdig gemacht hätte. Und es fehlten die Missionare, die, unterstützt von ihren Ordensgemeinschaften, die Indianer in ihren Wohngebieten aufgesucht und darüber berichtet hätten. Überhaupt ist es um die englische Reiseberichterstattung aus diesem Teil der Erde im 17. Jahrhundert nicht sonderlich gut bestellt: Nur wenige, oft fragmentarische Aufzeichnungen liegen vor, in keiner Weise vergleichbar mit den erlebnisnahen Augenzeugenberichten der Konquistadoren und ihrer Begleiter, mit den reichhaltigen Chroniken der spanischen Historiker oder mit den gewissenhaften Berichten der französischen Jesuitenpatres. Angesichts dieser Quellenlage stellt sich die Geschichte der Erkundung des nordamerikanischen Ostens für diese Zeitperiode weit weniger geschlossen dar als etwa in Mittelamerika oder Kanada.

Halten wir immerhin, von Norden nach Süden fortschreitend, fest, was sich aus verstreuten und punktuellen Zeugnissen über die Frühzeit der englischen Inlanderkundung östlich der Appalachen schließen läßt! Im Jahre 1636 zog *Roger Williams,* der sich mit dem politischen Regiment seiner puritanischen Glaubensbrüder in Massachusetts nicht hatte abfinden können, nach Rhode Island, um einer reineren Auffassung vom Christentum eine neue Heimstatt zu schaffen. An der für den Schiffsverkehr günstigen Narragansett Bay wurde Providence gegründet, und es gelang für einige Zeit, den Frieden mit den Indianern zu sichern und sie zur Abtretung von Land zu bewegen. Williams war eine gebildete Persönlichkeit von humanem Interesse auch gegenüber den Indianern: In seinen umfangreichen Schriften finden sich verstreut zahlreiche Hinweise von ethnographischer und geographischer Bedeutung.[123]

Von der Mündung des Saco River im heutigen Bundesstaat Maine aus zog *Darby Field* im Jahre 1642, begleitet von zwei Indianern, gegen zweihundert Kilometer landeinwärts ins Gebiet der White Mountains. Von einem Berggipfel aus glaubte er eine große Wasserfläche im Norden – vielleicht die Bucht des Sankt Lorenzstroms – zu erkennen. Auch hoffte er, wie viele Entdecker vor und manche nach ihm, Edelsteine zu finden. In den Aufzeichnungen des ersten Gouverneurs von Massachusetts, John Winthrop, in denen Fields Unternehmung erwähnt wird, ist davon die Rede, daß sich solche Hoffnungen nicht erfüllten: «Sie brachten einige Steine mit», heißt es dort, «die sie für Diamanten hielten; doch es waren meistens nur Kristalle...»[124]

In weiteren Unternehmungen in den Jahren 1630 bis 1660 erkundete man das Hinterland der Massachusetts Bay, folgte den Flußläufen des Merrimac und Connecticut River nordwärts und nahm Tauschgeschäfte mit den indianischen Pelzhändlern auf. Der durch die Einwanderung erzeugte demographische Druck führte – im Unterschied zu Französisch-Kanada – bald zu ernsthaften Zusammenstößen mit den lokalen Indianerstämmen. Dem schlimmsten dieser Kriege, in dem sich im Jahre 1675 zwei benachbarte Stämme von der Narragansett Bay gegen die englischen Siedler vereinigten, verdanken wir den Reisebericht der *Mary Rowlandson* aus Lancaster, Massachusetts. Die Frau war von Indianern entführt worden und durchzog als Gefangene weite Gegenden der heutigen Bundesstaaten Massachusetts, Vermont und New Hampshire. Ihre robuste Konstitution gestattete es Mrs. Rowlandson, das Verhalten der Indianer gleichsam von innen her aufmerksam zu beobachten, und die Beschreibung, die sie von einem «Pow-wow», einem indianischen Tanzfest, gegeben hat, dürfte von einem modernen Ethnologen allenfalls an wissenschaftlicher Tiefgründigkeit, aber gewiß nicht an Anschaulichkeit übertroffen werden.[125]

Über Neu England, seine Landschaft, seine Pflanzen- und Tierwelt sowie über die Lebensbedingungen seiner ersten englischen Siedler besitzen wir eine kurze Beschreibung, die im Jahre 1634 in London herausgekommen ist. Vom Verfasser dieses «New England's Prospect», einem gewissen *William Wood*, weiß man wenig, eigentlich nur, daß er sich während vier Jahren in Massachusetts aufhielt und nachher, aus welchen Gründen immer, nach England zurückkehrte.[126]

Im Unterschied zur «Generall Historie» des Kapitäns John Smith, von der wir im Teil über die Seereisen gesprochen haben, geht es William Wood nicht um die Geographie des Küstengebiets und die Geschichte seiner Entdeckung; die Bedeutung seiner Schrift liegt vielmehr im naturwissenschaftlichen und ethnologischen Bereich. Wie die meisten frühen Reisenden seit Kolumbus' Zeiten vergleicht der Autor mit dem Bekannten, nämlich mit den Verhältnissen im Mutterland, und er kommt zur Auffassung, daß, was die Fruchtbarkeit des Bodens und den Reichtum der Naturprodukte betreffe, der Nordosten Amerikas England in keiner Weise nachstehe. Nicht daß die gebratenen Tauben einem ins Maul flögen; aber für den tüchtigen Kolonisten sei alles vorhanden, was er zum Leben brauche: Mais, Gemüse, Heilkräuter; Pelztiere und anderes Wild; Fische in reicher Vielfalt, Trut- und Rebhühner in großer Zahl. Sehr anregend und humorvoll werden die Vorteile Neu Englands ins beste Licht gerückt, die vorzügliche Qualität des Wassers, das nur wenig hinter dem Bier zurückstehe, oder des Klimas, das zwar rauh, aber gesund sei, was sich daraus schließen lasse, daß in öffentlichen Versammlungen weit weniger gehustet und geniest werde als in England. Von manchen Landesprodukten zeigt sich der Autor so begeistert, daß er sie in Gedichtform lobpreist, so die verschiedenen Holzarten, deren Verwendungsmöglichkeiten er beschreibt.

Auffallend unvoreingenommen ist William Woods Beurteilung der Indianer: Er teilt nicht die üblichen Vorurteile der zeitgenössischen Kolonisten, und seine Beschreibungen indianischer Selbstverwaltung, religiöser Rituale und sportlicher Wettkämpfe wirken interessiert und wohlinformiert. Woods Aufzeichnungen widerspiegeln jene frühe Periode der Kulturbegegnung, die noch nicht in den Kulturzusammenstoß umgeschlagen ist und optimistischen Erwartungen noch Raum läßt. «Man wird annehmen dürfen», schreibt Wood, «daß sie [die Indianer] bald alle handwerklichen Verrichtungen erlernen werden, denn sie besitzen einen raschen Verstand, eine gute Auffassungsgabe, ein zuverlässiges Gedächtnis; sie sind flink und findig und haben eine geschickte Hand im Gebrauch von Äxten, Beilen und ähnlichen Werkzeugen. Sie könnten von den Engländern viel Gutes und für sie Nützliches erfahren, wenn sie nicht so sehr an die Ketten des Müßiggangs gefesselt wären.»[127]

Von der Entdeckung New Yorks durch Giovanni da Verrazano und von der Befahrung des nach ihm benannten Flusses durch Henry Hudson im Jahre 1609 ist bereits im Teil über die Seereisen die Rede gewesen. Im Jahre 1626 hatte Peter Minuit den Indianern für einen Pappenstiel Manhattan abgenommen, und die Kaufleute der niederländischen «West-Indischen Compagnie» betrieben einträgliche Pelzhandelsgeschäfte mit den Irokesen im Norden und Nordwesten ihres Stützpunktes Fort Orange, beim heutigen Albany. Nach 1630 stießen immer wieder kleinere Gruppen holländischer Pelzhändler vom Oberlauf des Hudson River in die Regionen an den Flüssen Mohawk und Susquehanna vor; doch diese Reisen sind schlecht dokumentiert, und ihr Verlauf läßt sich nicht genauer festlegen. Die fehlende Zuwanderung weiterer Landsleute und der Widerstand der huronischen und französischen Pelzhändler im Gebiet des Lake Champlain und des Lake Oneida verhinderten sowohl eine Besiedlung und Bewirtschaftung des Landes als auch eine systematisch verfahrende Entdeckertätigkeit durch die Holländer. Im Jahre 1664 wurde New York von englischen Seestreitkräften erobert. Es bleibt das Verdienst der Angestellten der «West-Indischen Compagnie», ein vor allem auf die Wasserstraße des Hudson River abgestütztes Netz von Pelzhandelsverbindungen errichtet und mit den Indianern – nicht aus Nächstenliebe, sondern aus Berechnung – friedliche Beziehungen unterhalten zu haben.

Verschiedene Reiseberichte aus der Zeit nach 1664 unterrichten uns über den damals äußerst bescheidenen Zustand der Siedlungen im Bundesstaat New York. Der erste Bericht, der es englischen Lesern gestattete, sich von New York selbst eine zuverlässige Vorstellung zu machen, stammte von einem gewissen *Daniel Denton*, erschien im Jahre 1670 und verfolgte die

Absicht, den Zustrom englischer Einwanderer nach der Niederlassung, die damals etwa achttausend Einwohner zählte, anzuregen.[128] Im Vorwort zu seinem schmalen Büchlein verspricht der Autor, sich an die Fakten zu halten: Indianer und Holländer hätten zwar immer wieder von Glitzersteinen, Diamanten, Perlen, Gold und Silber gesprochen, er, Denton, wolle aber keine falschen Erwartungen wecken, bevor das Hinterland besser bekannt sei. Hier ein Ausschnitt aus Dentons Beschreibung der Stadt an der Mündung des Hudson River: «New York ist vorwiegend aus Backstein und Stein erbaut und überdacht mit roten und schwarzen Ziegeln, und da das Land erhöht gelegen ist, so ergibt sich aus der Distanz ein erfreulicher Anblick für den Betrachter. Die Bewohner sind größtenteils Engländer und Holländer und unterhalten einen beträchtlichen Handel mit Biber-, Otter-, Waschbären- und andern Pelzen, ebenso mit Bären-, Hirsch- und Elchfellen; ferner werden sie im Winter von den Indianern mit Wildbret und Geflügel, im Sommer mit Fischen versorgt, was alles günstig zu bekommen ist. Aus der umliegenden Landschaft wird ständig alles geliefert, was der Mensch zum Leben braucht, nicht nur für die Engländer und Holländer in der eigenen Kolonie, sondern auch für die benachbarten Kolonien.»[129]

Ein weiteres aufschlußreiches Zeugnis stellen die Tagebücher dar, welche *Jaspar Dankers* und *Peter Sluyter* in den Jahren 1679 und 1680 auf den Reisen führten, die sie in den heutigen Bundesstaaten New York und New Jersey bis zur Chesapeake Bay im Süden und nach Albany im Norden unternahmen.[130] Die beiden Reisenden waren Angehörige der pietistischen Gemeinschaft der Labadisten[131] und suchten nach geeignetem Siedlungsgebiet für ihre Glaubensbrüder. Ihre Aufzeichnungen, von Tag zu Tag die wichtigsten Begebenheiten festhaltend und ohne Anspruch auf eine abgerundete Gesamtschau, geben einen vorzüglichen Einblick in das Leben im Grenzbereich zum Indianerland. Man erfährt viel von der Einsamkeit der Siedler, Händler und Jäger in den vorgeschobenen Außenposten, vom kargen Alltag in den einfachen Blockhäusern, aber auch von Rivalität und Mißgunst. Selbst die größeren Stützpunkte der Engländer wie Albany und, westlich davon, Schenectady, präsentierten sich zur Zeit Dankers und Sluyters als bescheidene Flecken, viereckig im Grundriß, durch Palisaden gegen indianische Überfälle geschützt, mit nicht mehr als hundert Häusern. Die Indianer erscheinen in der von fast rührseliger Anteilnahme geprägten Darstellung der beiden Reisenden als überaus liebenswürdige Wesen, die durch das christliche Vorbild und durch geistliche Unterweisung leicht für das ewige Leben gewonnen und vom drohenden Einfluß französischer Jesuiten bewahrt werden könnten.

Die Bedrohung durch die vorzügliche strategische Position, die sich die Franzosen einige Jahrzehnte zuvor am Sankt Lorenzstrom aufgebaut hatten, war den englischen Siedlern und Pelzhändlern durchaus bewußt, und sie zeigten sich bemüht, die von den Holländern angebahnten guten Beziehungen zu den Irokesen und andern Indianerstämmen auszubauen, um ein

Gegengewicht zu schaffen. Im Auftrag des Gouverneurs von New York drang im Jahre 1685 ein Kaufmann aus Albany, *Joannes Roseboom*, bis in die Gegend von Mackinac vor, zu jenem Berührungspunkt zwischen Lake Huron und Lake Michigan, der bereits um 1635 von Jean Nicollet erreicht worden war und von den Franzosen beansprucht wurde. Auf Grund von Meldungen eines aus französischer Gefangenschaft entwichenen Engländers namens Samuel York, die vom Wildreichtum im Gebiet der Großen Seen sprachen und vom Wunsch einiger Indianerstämme, mit den Engländern in Handelsverkehr zu treten, entsandte der Gouverneur um 1700 den Obersten *Wolfgang Roemer* mit dem Auftrag, eine Karte des Seengebiets zu zeichnen und die Möglichkeit zur Errichtung einer Kette fester Plätze zu prüfen. Roemer erreichte zusammen mit *Hendrick Hansen* und *Peter van Brugh* den Lake Ontario, fand aber keinen geeigneten Standort für einen Stützpunkt.[132]

Neben der Massachusetts Bay und der New York Bay wurde am Ende des 17. Jahrhunderts Pennsylvania zu einem weiteren Ausgangspunkt der Inlanderkundung. Das Gebiet im Mündungsbereich des Delaware River wurde nach 1630 von schwedischen Ansiedlern besetzt, dann von den Holländern erobert und unter Gouverneur William Penn, einem Quäker, endgültig in englischen Besitz übergeführt. Der Standort der Stadt Philadelphia, die William Penn im Jahre 1682 nach sorgfältiger Planung gründete, war vorzüglich gewählt: Das Hinterland, einmal gerodet, war fruchtbar und wurde durch die Wasserstraßen von Delaware und Schuylkill River erschlossen; der Hafen lag, damals zumindest, günstig im Weichbild der Stadt und wurde bald zu einem der wichtigsten an der Ostküste. Auch Penn verfügte, wie die Puritaner im Norden, über Idealvorstellungen von einer zu schaffenden menschlichen Gemeinschaft; aber er war, ohne im heutigen Sinne Demokrat zu sein, politisch liberaler, religiös toleranter. Seine Auswanderungspropaganda wandte sich an alle Bürger guten Willens, die bereit waren, am «heiligen Experiment» einer friedlichen Gemeinschaft tugendhaft und fleißig mitzuwirken. Philadelphia nahm rasch einen beispiellosen Aufschwung und zog Siedler nicht nur aus England, sondern auch aus Deutschland und der Schweiz an: Um 1685 zählte die Stadt einige Hundert Einwohner; um 1720 zehntausend.

Der demographische Druck führte zum Vordringen der Siedler beidseits des Unterlaufs von Delaware und Schuylkill River. William Penn, der den Pazifismus der Quäker auf seine Beziehungen zu den Indianern zu übertragen wünschte, bemühte sich auch um den Aufbau friedlicher Pelzhandelsbeziehungen. Bereits im Jahre 1683 entsandte er zwei junge Männer, *James Graham* und *William Haig*, zum Susquehanna River mit dem Auftrag, Kontakt zu Stämmen des Irokesenbundes aufzunehmen und einen günstigen Standort für eine Handelsstation auszukundschaften. Der Susquehanna River war, wie wir uns erinnern, bereits im Jahre 1616 vom französischen Waldläufer Etienne Brulé erreicht und bis zur Chesapeake Bay befahren worden – er entspringt im Lake Otsego im Staate New York und ist mit seinen siebenhundert Kilometern der längste Zufluß zum Atlantik innerhalb der Vereinigten Staaten. Die Unternehmung von Graham und Haig führte zu Protesten des Gouverneurs von New York, der sich beim König über diese Vorstöße aus Pennsylvania, die sein Pelz- und Siedlungsmonopol gefährdeten, beklagte.

Auch in Pennsylvania galt freilich das Hauptaugenmerk der Kolonialverwaltung der Erschließung und Besiedlung der Küstenregionen, und die Waldläufer, die bis zum Gebirgsfuß, dem Piedmont, vordrangen, blieben markante Ausnahmepersönlichkeiten. Zu diesen gehörten der aus Württemberg ausgewanderte *Conrad Weiser* und der in Amerika geborene Naturforscher *John Bartram*. Weiser hatte im Staat New York unter Indianern gelebt, sprach fließend die Dialekte der Angehörigen des Irokesenbundes, kannte deren Sitten und wirkte im Auftrag William Penns bei Landabtretungs- und Handelsverträgen auf so redliche Weise mit, daß sich auch die Indianer von ihm gut vertreten fühlten. Im Jahre 1736 reiste Weiser mit diplomatischem Auftrag nach Onondaga in der Nähe des heutigen Syracuse [Staat New York], wo die Ratsfeuer der Irokesen brannten und die Häuptlinge tagten. Die Reise erfolgte im Winter, der Susquehanna und seine Nebenflüsse führten Treibeis, die Gebirgszüge am Ostabhang der Appalachen, die zuweilen überschritten werden mußten, waren verschneit. Einzig der Unterstützung durch die Indianer, die ihm den Weg wiesen und ihn mit Proviant versorgten, hatte Weiser es zu verdanken, daß er seine Unternehmung heil überstand und darüber einen Bericht, den ersten dieser Art, verfassen konnte.[133]

John Bartram war insofern besser beraten, als er die sommerliche Jahreszeit zum Reisen vorzog. Er war Naturforscher, Botaniker vor allem; aber ihn interessierten nicht so sehr die Verwendungsmöglichkeiten der Pflanzen als die Pflanzen selbst, so daß er als der erste Wissenschaftler auf diesem Gebiet gelten kann, den Nordamerika hervorbrachte. Auf ausgedehnten Exkursionen in der weiteren Umgebung Philadelphias studierte Bartram die Flora und Fauna, gründete einen botanischen Garten und stand mit führenden Fachgelehrten in Europa in Korrespondenz. Carl von Linné, der schwedische Pflanzensystematiker, nannte den Amerikaner, wohl etwas übertreibend, den «größten Botaniker der Welt», und der englische Naturforscher Hans Sloane verwahrte die gepreßten Pflanzen, die ihm aus Pennsylvania zugesandt wurden, in seiner riesigen Sammlung.[134]

Im Sommer des Jahres 1743 reiste Bartram, zusammen mit Conrad Weiser und dem Landvermesser *Lewis Evans*,[135] zu erneuten Verhandlungen mit den Irokesen nach Onondaga. Man benutzte Pferde, die zum wichtigsten Fortbewegungsmittel beim Vorstoß über die Appalachen werden sollten und die, bei den Indianern noch wenig bekannt, Staunen hervorriefen. Die Route führte vom Schuylkill River über das Vorgebirge der Blue Mountains zum Susquehanna River, dann von dessen Gabelung beim heutigen Sunbury bald durch weite, fruchtbare Wiesentäler, bald über bewaldete Hügelzüge nach

Norden. Während Conrad Weiser in Onondaga mit den Indianern verhandelte, machte Bartram einen Abstecher an den Lake Ontario, wo er Fort Oswego besichtigte, eine Handelsstation, die der Gouverneur von New York hatte errichten lassen. Im Tagebuch, das der Reisende führte und das 1751 ohne sein Wissen in London veröffentlicht wurde,[136] findet sich eine hübsche Schilderung dieses Stützpunktes mit seinem festen Turm und den siebzig Blockhütten, der das französische Handelsmonopol in dieser Region zu unterlaufen suchte. «Gegenwärtig», schreibt Bartram, «wird der gesamte Schiffsverkehr von den Indianern in Rindenkanus bewältigt, und es gibt vielleicht manche Gründe, daß dies so noch einige Jahre weitergehen soll. Aber ein guter Engländer darf nicht zu hoffen aufhören, diese großen Seen sollten eines Tages von den Engländern befahren werden.»[137]

John Bartrams Aufzeichnungen vermitteln, obwohl knapp gehalten, einen guten Eindruck von der abwechslungsreichen Landschaft und von einer reichen Vegetation und Tierwelt, die im einzelnen noch zu wenig bekannt war, um begrifflich klar erfaßt werden zu können. Am eindrucksvollsten wirken auf den heutigen Leser die Schilderungen der Begegnungen mit den Indianern. Ihre Mithilfe war, wie immer wieder betont werden muß, bei der Durchdringung des Hinterlandes unerläßlich; aber Bartram war weit davon entfernt, sie bloß unter dem Gesichtspunkt ihrer Nützlichkeit zu beurteilen. Er nimmt im Gegenteil lebhaften Anteil an ihrem Dasein, zeichnet ihre Gespräche auf und zeigt sich von ihrer gastfreundlichen Menschlichkeit tief gerührt. Ihren Lebensstil und ihre gesellschaftliche Situation findet er den Gegebenheiten sinnvoll angepaßt; den Irokesenbund vergleicht er sogar mit der Schweiz, und Onondaga erscheint ihm als Gegenstück zum Städtchen Baden, dem Sitz der eidgenössischen Tagsatzung.[138]

Aus dem Bericht Bartrams und aus dem Vorwort des Herausgebers geht auch hervor, wie sehr sich die englisch-französischen Spannungen um 1750 verschärft hatten und wie deutlich sich nun der Wille der englischen Kolonisten akzentuierte, dem kolonialen Gegner im Norden wie im Westen entgegenzutreten. Zwar seien die französischen Pionierentdeckungen im Gebiet der Großen Seen nicht zu bestreiten, schreibt Bartram, aber die Franzosen stützten ihren Herrschaftsanspruch bloß auf militärische Stützpunkte, während sich die Engländer durch die Urbarmachung und Bewirtschaftung des Landes einen gültigeren Anspruch gesichert hätten – ein völkerrechtliches Argument, das auch in der Gegenwart noch nicht ausgedient hat.[139] Und der Herausgeber tritt offen für eine politische Zielsetzung weiterer Reisetätigkeit ein, wenn er schreibt: «Kenntnis muß der Besiedlung vorausgehen, und wenn Pennsylvania und Virginia ihre Dörfer an den Zuflüssen des Mississippi errichten, welche die Gegenden im Westen der ‹Blue Mountains› bewässern, werden wir vernünftigerweise hoffen können, mit den entferntesten der bekannten Teile Nordamerikas in sichere und bequeme Verbindung treten zu können...»[140]

Im Jahre 1607 hatten die Engländer ihre erste Niederlassung in Virginia,

I. Der Vorstoß ins Landesinnere

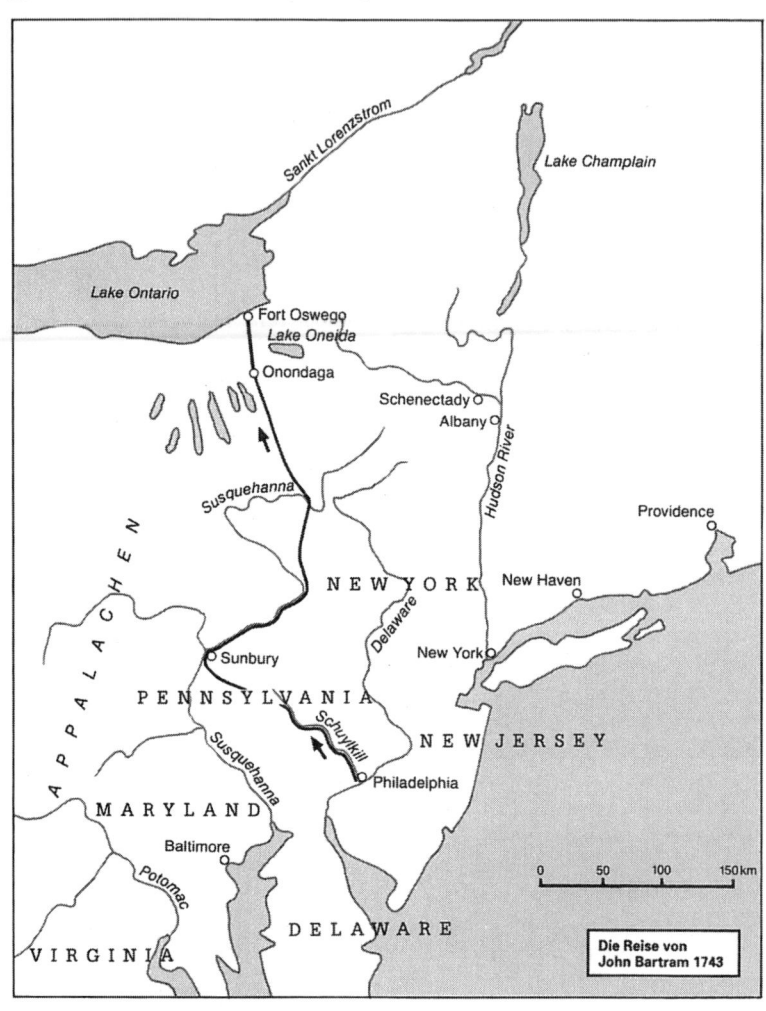

Die Reise von John Bartram 1743

Jamestown, gegründet, und allmählich entwickelte sich, trotz Hungersnöten und Indianerkriegen, dank dem Anbau von Tabak auch hier eine prosperierende Kolonie. Im Gegensatz zu Neu England im Norden und den mittleren Kolonien New York, New Jersey und Pennsylvania war der Süden durch den Siedlungstyp der großen Plantagenbetriebe geprägt, auf denen mit Hilfe aus Westafrika und der Karibik eingeführter Sklaven Tabak, Getreide, Reis, Indigo und später auch Baumwolle angebaut wurden. Die Siedlergesellschaft im Süden hob sich durch ihre ausgesprochen hierarchische Gliederung vom

Norden ab: Eine schmale Schicht reicher Auswanderer erwarb sich riesige Landgüter, und die Sklavenwirtschaft hemmte den Aufstieg des kleinen Grundbesitzers und des Gewerbetreibenden, wie er für die puritanischen Dorfgemeinschaften Neu Englands typisch war. Es fehlte im Süden an großen Seehäfen mit regem Handelsverkehr, an einer Schiffbauindustrie und einer von der begüterten Schicht von Kaufleuten getragenen urbanen Kultur; Charleston, das wichtigste städtische Zentrum, war noch unmittelbar vor der Amerikanischen Revolution eine ländlich wirkende Niederlassung mit zehntausend Einwohnern, einem knappen Drittel der Bevölkerungszahl Philadelphias.[141]

Auch für Virginia und den Süden trifft zu, daß die Erkundung des Hinterlandes zögernd in Angriff genommen wurde und daß jene Waldläufer und Trapper, die den Kontakt mit den Indianern suchten, meist in eigener Verantwortung handelten und ohne sich veranlaßt zu sehen – vielleicht auch ohne imstande zu sein –, von ihren Unternehmungen schriftlich Kunde zu geben. Zwar besitzen wir aus dieser Gegend bereits aus dem Jahre 1568 den Bericht des Seemanns *David Ingram*, der in Florida an Land ging, mit einigen Gefährten der Ostküste entlang nach Norden zog und an Bord eines französischen Schiffes nach Europa zurückgeführt wurde – doch die Authentizität dieses Berichtes ist umstritten und der Verlauf der Reiseroute äußerst unklar.[142]

Lange Zeit verging, ohne daß es zu weiteren nennenswerten Unternehmungen kam. Im Jahre 1650, über vierzig Jahre nach der Gründung von Jamestown, stießen die beiden Großgrundbesitzer *Edward Bland* und *Abraham Wood* von Fort Henry, dem heutigen Petersburg, in südwestlicher Richtung zum Roanoke River vor. Es scheint, daß die beiden Reisenden weniger am Pelzhandel mit den Indianern als an der Auffindung fruchtbarer Landstriche interessiert waren. In einer kleinen Schrift, die Bland unter dem anspruchsvollen Titel «The Discovery of New Brittaine» publizierte, wird immer wieder auf «das ungemein fruchtbare Land», wohlgeeignet für den Anbau von Tabak, Mais und Getreide sowie für Viehzucht, hingewiesen, und es geht dem Autor ohne Zweifel darum, neue Siedler anzuziehen.[143]

In dem Propagandatraktat, das *Edward Williams* im Jahre 1650 unter dem Titel «Virgo triumphans» erscheinen ließ, wird neben dem Lob der Fruchtbarkeit ein altvertrauter Leitgedanke aufgegriffen. «Die Errichtung dieser Kolonie», schreibt Williams, «wird eine sehr abgekürzte Verbindung zu den zu entdeckenden noch fruchtbareren Königreichen Chinas öffnen ... und zu allen schönen und üppigen Provinzen Ostindiens.»[144] Noch hatten Marquette und Jolliet den Mississippi nicht befahren, und über die spanischen Vorstöße von Florida und Mexiko aus war man so schlecht informiert, daß man die Ost-West-Ausdehung Nordamerikas völlig unterschätzte. Sehr wohl gab man sich dagegen Rechenschaft von der spanischen Präsenz an der Ostküste Floridas, die auf die Gründung des Stützpunktes San Agustín durch Menéndez de Avilés im Jahre 1565 zurückging, und die man als

Bedrohung empfand. Die spanische «Gewalttätigkeit und Bösartigkeit», heißt es denn auch in Williams' Schrift als weiteres Kolonisationsargument, könne nur durch die Errichtung von Niederlassungen im Süden in die Schranken gewiesen werden.[145]

Einen wichtigen Beitrag zur Erkundung der Ostabdachung der Appalachen leisteten die drei Reisen, die *Johann Lederer* in den Jahren 1669 und 1670 unternahm. Lederer, der aus Hamburg stammte, dort das Gymnasium besucht und Medizin studiert hatte, traf im Jahre 1669 in Virginia ein. Hier kam er in Kontakt mit dem Gouverneur William Berkeley, einem eifrigen Befürworter der Westexpansion, der ebenfalls vom Wunsch beseelt war, «einen Weg, entweder auf den Flüssen oder zu Land, zu einer See im Westen oder Süden zu finden und China und Ostindien zu entdecken...»[146] Auf einer ersten Reise im Auftrag des Gouverneurs durchzog Lederer während zehn Tagen, vom York River ausgehend, unberührtes Indianerland in westlicher Richtung. Er erreichte im Norden des heutigen Charlottesville die Blue Ridge Mountains, einen langgestreckten Gebirgszug der südlichen Appalachen – dieselbe Unternehmung, verbunden mit einem Besuch des eindrücklichen Nationalparks von Shenandoah, läßt sich heute in eintägigem Autoausflug bequem durchführen. Doch angesichts der sich mächtig vorschiebenden, verschneiten Gebirgskulissen und des magischen Erschreckens, das seine indianischen Begleiter ergriff, sah der Deutsche keine Möglichkeit, weiter vorzudringen: «Die Kälte von Luft und Erde», schreibt er in seinem Bericht, «machten meine Hände und Füße gefühllos und zwangen mich zum ‹Ne plus ultra›, und so, nachdem ich meinen Indianer mit dem Pferd am Fuß des Berges gefunden hatte, ging ich denselben Weg zurück, auf dem ich gekommen war.»[147]

Auf einer zweiten Reise, seiner wichtigsten, stieß Johann Lederer zwei Monate später zusammen mit einem Trupp der lokalen Miliz unter Major *William Harris* von Richmond aus gegen Westen vor. Obwohl man ortskundige indianische Führer bei sich hatte, hielt man sich aus Furcht vor einem Hinterhalt nicht an ihre Hinweise und kämpfte sich mit Hilfe des Kompasses auf gerader Linie durch das gebirgige Gelände und dichte Unterholz des Piedmont vor. Nach hundert Kilometern gab Major Harris entmutigt und im voreiligen Bewußtsein, seine Aufgabe erfüllt zu haben, auf; dem Gouverneur ließ er melden, daß der Weg zu den Flüssen, die ins Meer führten, gefunden und daß im Innern der unwirtlichen Berge mit Silber- und Goldvorkommen zu rechnen sei.[148]

Doch Lederer setzte, zusammen mit einem indianischen Pfadfinder namens Jacksetavon, seine Reise mutig fort. Über die Route, die er wählte, herrscht unter Spezialisten Ungewißheit; er dürfte aber im Westen bis in die Nähe von Lynchburg, dann, sich nach Süden wendend und den Roanoke River überquerend, bis weit nach North Carolina vorgedrungen sein. Der kurze Bericht, den der Reisende nach seiner Rückkehr vorlegte, stieß unter seinen Zeitgenossen auf weitgehenden und wohl auch neidischen Unglauben, zeugt aber nach Meinung moderner Historiker von bemerkenswerter Beobachtungsgabe.[149] Mit den Indianern scheint sich Lederer gut verstanden zu haben; ihre Freundlichkeit verschaffte ihm wichtige Informationen und eröffnete die Möglichkeit zu ausgedehnten Handelsbeziehungen. Seinem Bericht fügt der Deutsche nützliche Hinweise zur Durchführung weiterer Erkundungsreisen bei, Fragen der Verproviantierung werden erörtert, und die Funktion der indianischen Kundschafter wird diskutiert. «Auf eurem Anmarsch zu den Gebirgen», schreibt Lederer, «werdet ihr zu Pferd nicht mit vielen Hindernissen zu rechnen haben. Aber es ist möglich, daß der Weg durch die Nebenarme der großen Flüsse unterbrochen wird, die über keine Furt verfügen. Deshalb müßt ihr in der Lage sein, durch das Fällen von Bäumen eine Brücke zu erstellen, wenn ihr große Umwege vermeiden wollt; und dazu ist es nötig, wenn auch in anderer Hinsicht zuweilen hinderlich, eine Begleitmannschaft mitzunehmen, allerdings, wie ich raten würde, nicht mehr als zehn oder ein Dutzend Mann, und von diesen die Mehrzahl Indianer...»[150] Auch der Eröffnung profitabler Handelsbeziehungen gilt Lederers Interesse: «Im Geschäft mit den Indianern», schreibt er, «müßt ihr bestimmt und mit klarem Angebot auftreten; denn wenn sie feststellen, daß ihr vom Preis ablaßt, werden sie die Zeit mit Feilschen um weiteren Nachlaß hinbringen und selten einen Handel abschließen. Zuweilen mag es euch gelingen, sie mit Branntwein oder starkem Schnaps so weit zu bringen, daß sie euch zehnmal mehr geben, als eure Ware wert ist.»[151] Es zeugt von genauer Beobachtung, wenn Lederer, wo er auf die Handelswaren zu sprechen kommt, zwischen solchen unterscheidet, die bei benachbarten Stämmen gefragt sind, wie Äxten, Messern und Scheren, und solchen, wie sie Stämme wünschen, die noch nicht mit den Europäern in Kontakt gestanden haben, wie Glasperlen, Brillengläsern und Kinderspielzeug. Lederers umsichtige, auf der Auswertung eigener Erfahrung beruhende Instruktionen dürften den Stil künftiger Inlandreisen maßgeblich beeinflußt haben.

Auch auf seiner dritten Reise, die Lederer zusammen mit zehn Weißen zu Pferd und fünf Indianern zu Fuß über den Rappahannock River nach Nordwesten führte, gelang es ihm nicht, die Appalachen zu überqueren. Man erklomm einen hohen Berg, blickte hinüber auf die ununterbrochene Kette der Gebirge im Westen, trank ein Glas Branntwein auf die Gesundheit des englischen Königs und kehrte um. Immerhin war es Lederer nun klar, daß die Erwartungen auf einen raschen und mühelosen Zugang zum Pazifik jeder Grundlage entbehrten. In einem geographischen Anhang zu seinem Bericht hält er fest, von der Überwindung der Distanz zwischen Atlantik und «Indischem Ozean» in acht oder zehn Tagereisen könne keine Rede sein; allerdings geht er seinerseits wieder in die Irre, wenn er, in Analogie zu den südamerikanischen Verhältnissen, eine Entwässerung des Mittleren Westens in den Golf von Mexiko ausschließt.[152]

Im Gefolge von Johann Lederers Reisen wurden mehrere Unternehmungen im Gebiet des Blue Ridge-Gebirges durchgeführt, von deren Ergebnissen wir jedoch keine schriftlichen Zeugnisse besitzen. Zu denen, die solche Inlanderkundung anregten, gehörte neben dem bereits genannten Abraham Wood und neben Gouverneur Berkeley vor allem William Byrd, ein reicher Pflanzer, der nicht nur über zehntausend Hektar Grundbesitz verfügte, sondern auch stark im Sklavenhandel engagiert war. Im Jahre 1671 gelang es einem von Abraham Wood entsandten Expeditionstrupp unter der Führung von *Thomas Batts* und *Robert Fallam,* die Wasserscheide der südlichen Appalachen zu überwinden und ins Quellgebiet des New River, eines Zuflusses des Ohio, vorzudringen. Freilich waren diese Reisenden nicht die ersten, welche einen Gebirgsübergang fanden, wohl aber die ersten, die davon berichteten. In einem kurzen Reisetagebuch, das an die «Royal Society» in London geschickt wurde, beschreibt Fallam lakonisch den ungefähren Verlauf der Route und erwähnt ohne sonderliche Ergriffenheit den Abstieg in das nach Westen abfallende Tal, dessen Verlauf man einige Tage folgte: «Als wir den Gipfel des Berges erreichten und uns sehr erschöpft hinsetzten, sahen wir im Norden und Süden, soweit wir blicken konnten, sehr hohe Berge. Unser Weg ging nach Westen und Norden. Ein schmaler Abstieg auf der andern Seite, und nachdem wir ihn überwunden hatten, fanden wir die Täler nach Westen verlaufen.»[153] Hier traf man auf Schriftzeichen, welche andere Waldläufer bereits in die Bäume eingeschnitten oder mit Holzkohle aufgemalt hatten – die Namen der ersten Überwinder der Appalachen, die niemand kennt. Nachdem man dem Beispiel dieser Pioniere gefolgt war und die Initialen des Königs sowie die eigenen zurückgelassen hatte, trat man den Rückweg an.

Ebenfalls auf Veranlassung von Abraham Wood reisten im Jahre 1673 *James Needham* und *Gabriel Arthur* von Petersburg zum Roanoke River und dann in südwestlicher Richtung bis ins Gebiet der Cherokee-Indianer im Osten des heutigen Bundesstaates Tennessee. Diese Indianer hatten, obwohl spanische Tauschartikel bis zu ihnen gedrungen waren, nie einen weißen Mann oder ein Pferd gesehen, und die beiden Reisenden wurden wie überirdische Wesen verehrt. Gabriel Arthur blieb im Land zurück, um die Sprache der Cherokee zu erlernen und Handelskontakte anzubahnen; er nahm an den ausgedehnten Kriegszügen seiner Gastgeber teil und lernte ein Gebiet kennen, das sich vom Westen Floridas bis zum Ohio River erstreckte. Im Kampf gegen die Shawnee-Indianer wurde er verletzt und gefangengenommen, wurde aber auf das Versprechen hin, er sei in der Lage, europäische Handelsartikel gegen Biberfelle zu liefern, freigelassen. Arthur verfaßte keinen eigenen Bericht; aber er informierte nach seiner Rückkehr Abraham Wood, der in einem Brief an einen Londoner Freund die abenteuerliche Geschichte der Reise weitererzählte.[154] Aus dieser Quelle geht schön hervor, wie sich aus gegenseitigem Bedürfnis erste Handelsbeziehungen mit den Indianern jenseits der Appalachen anbahnten, wie aber gleichzeitig die Frage nach dem Anteil am Geschäft mit den Engländern unter den verschiedenen Stämmen neuen Konfliktstoff erzeugte.

Einen weiteren wichtigen Beitrag zur Inlanderkundung im Süden leistete Dr. *Henry Woodward*, ein Schiffsarzt, der aus der Gefangenschaft der Spanier in deren Stützpunkt San Agustín geflüchtet war und sich an der Gründung Charlestons im Jahre 1670 beteiligt hatte. Woodwards vordringliche Sorge war es, den Einfluß der Spanier an der Ostküste zurückzudrängen, und zu diesem Zweck unternahm er eine Reihe von Inlandreisen, um Handels- und Beistandsverträge mit den Indianern abzuschließen. Nachdem er eine Landroute nach Virginia im Norden ausgekundschaftet hatte, stieß Woodward 1674 südwärts zum Savannah River vor und trat mit den dort lebenden Creekindianern in Kontakt, die er schon im Besitz englischer Waffen und Munition fand. Auf einer Reise im Jahre 1685 erreichte er das Grenzgebiet zwischen den heutigen Bundesstaaten Georgia und Alabama und bereitete den Pelzhandelsverkehr auf dem Savannah River vor.[155]

Die Unternehmungen von Woodward fielen in die Zeit, als sich an der Ostküste herumzusprechen begann, daß La Salle den Mississippi auf seiner ganzen Länge befahren hatte und die Franzosen im Begriff standen, sich durch ein weitgespanntes Netz militärisch gesicherter Stützpunkte die Kontrolle über ein riesiges Territorium zu verschaffen, das von den Großen Seen und vom Tal des Ohio bis zum Golf von Mexiko reichte. Als Folge dieser Entwicklung setzten sich die Reisen, die in den ersten drei Jahrzehnten des 18. Jahrhunderts von Virginia und den beiden Carolinas ausgingen, immer deutlicher zum Ziel, nicht nur der spanischen Bedrohung im Süden, sondern auch dem wachsenden französischen Einfluß im Westen entgegenzutreten. Weil das Interesse der englischen Kolonisten für eine militärisch unterstützte Westwanderung noch immer gering war, hielt man sich weiterhin an die Politik der Handels- und Beistandsverträge mit den Indianern. Dabei ging man, weitgehend unabhängig von administrativen Richtlinien und Weisungen, sehr unterschiedlich vor, bald rücksichtslos und dem nächstliegenden Interesse folgend, bald diplomatisch geschickt und weitblickend. Der von Charleston aus operierende Kaufmann und Pflanzer *Thomas Nairne* sah um 1710 eine erfolgversprechende Methode, den spanischen und französischen Einfluß zurückzudrängen, darin, daß er sich mit einigen Indianerstämmen verband und mit diesen zu wüsten Sklavenjagden in Gebiete auszog, deren Bewohner mit Spaniern und Franzosen Handel trieben.[156] Mit feinerer Klinge focht *Pryce Hughes*, ein Ingenieur und Kartenzeichner, der um dieselbe Zeit in South Carolina eingetroffen war, von dort bis zum Unterlauf des Mississippi vordrang und sich durch sein umgängliches Wesen und seine weitsichtige Vertragsstrategie wichtige indianische Handelspartner gewann. Im Jahre 1730 gelang es einem eingewanderten schottischen Aristokraten, Sir *Alexander Cuming*, freundliche Beziehungen zu den Cherokee aufzunehmen und sie von den Vorteilen zu überzeugen, die sich daraus ergäben, wenn sie den englischen König als ihren obersten Stammesführer anerkennten. Cuming überredete einige Häuptlinge, ihn nach London zu begleiten, und die indianischen «Prinzen» und ihr englischer Vertrauter wurden kurzfristig

zum wichtigsten Konversationsthema der Hauptstadt. Dieser Höflichkeitsbesuch steht am Anfang einer höchst interessanten Kulturbeziehung, die es den lernwilligen Cherokee eine Zeitlang zu gestatten schien, sich nach europäischen Vorbildern politisch und kulturell neu zu organisieren, bis sie 1832 brutal aus ihren Stammesgebieten vertrieben wurden.

Von den Pionierberichterstattern, denen wir eingehende Beschreibungen der neu entdeckten Gebiete im Süden verdanken, seien hier noch *John Lawson* und Mark Catesby erwähnt. Lawson, ein Mann von vornehmer Geburt und guter Bildung, traf im Jahre 1700 in Charleston ein, verbrachte hier acht Jahre fast andauernd auf ausgedehnten Reisen und schrieb unter dem Titel «A New Voyage to Carolina» einen der reichhaltigsten und unterhaltsamsten Berichte, die aus der Inlanderkundung an der Ostküste hervorgegangen sind.[157] Der Bericht enthält drei Teile: ein Reisejournal, eine allgemeine Beschreibung von North Carolina mit einem geographischen und naturgeschichtlichen Abschnitt und eine völkerkundliche Abhandlung mit angefügtem Glossar in Englisch und verschiedenen Indianersprachen.

3. Nordamerika

Das Reisejournal schildert den Verlauf einer Wanderung, die Lawson während fast zwei Monaten von Charleston aus über eine Gesamtdistanz von möglicherweise gegen tausend Kilometern zuerst zum Fuß der Appalachen und dann nordwärts zur Einmündung des Neuse River in den Atlantik führte. Der Text ist ein schönes Quellendokument für jene kurze, der Landnahme vorausgehende Phase der europäisch-indianischen Beziehungen, in welcher das Handelsinteresse beider Parteien einen von gegenseitiger Gastfreundschaft sowie wechselseitiger Neugierde bestimmten Kontakt ermöglichte, der nicht selten der Fraternisierung sehr nahe kam. Indianerhäuptlinge wie Waldläufer standen den Reisenden mit Rat, Unterkunft und Verpflegung bei, und in Lawsons Journal finden sich manche dieser Persönlichkeiten sehr liebevoll charakterisiert, so etwa der Häuptling der Enoe-Indianer: «Unser Führer und Gastgeber Enoe-Will», schreibt Lawson, «besaß den besten und angenehmsten Charakter, den ich je bei einem Indianer getroffen habe; immer war er bereit, den Engländern zu helfen; nicht aus Gewinnsucht, sondern aus wirklicher Zuneigung...»[158] Wie in Kanada die «coureurs des bois» pflegten auch englische Jäger und Trapper engen Umgang mit den Indianern, deren Lebensstil sie sich weitgehend anpaßten. Die Waldläufer, weiß Lawson zu berichten, lebten fast alle mit ausnehmend hübschen indianischen Bettgefährtinnen zusammen, und sie rechtfertigten diesen intimen Umgang damit, daß sich auf diese Weise rasch indianische Sprachen erlernen ließen und daß die Mischlingskinder von den Indianern sehr geschätzt würden.[159] Lawsons Urteil über die indianischen Urbewohner ist fast durchwegs wohlwollend, ohne in den idealisierenden Tonfall der «Edler-Wilde-Schwärmerei» hinüberzuwechseln; nicht selten erkennt er an ihnen Tugenden, von denen die Europäer zu ihrem eigenen Vorteil lernen könnten. Überhaupt liegt eine Besonderheit seiner völkerkundlichen Beobachtungen darin, daß er andauernd Indianer mit Engländern vergleicht. Im Gegensatz zu den Engländern, stellt Lawson etwa fest, verstünden es die Indianer, sich gegenseitig im Gespräch gelassen zuzuhören, und er preist immer wieder die Friedfertigkeit ihres Benehmens: «Sie streiten sich nie untereinander, es sei denn, sie hätten getrunken, und man kann nie hören, daß sie sich zanken. Sie sagen, die Europäer seien immer gehässig und unzufrieden, und sie wunderten sich, daß sie eine Welt nicht verließen, in der sie sich so unwohl fühlten.»[160] Und was die unter Indianern weitverbreitete Trunksucht betrifft, weiß Lawson auch, wem sie dieses Laster zu verdanken haben, und scheut sich nicht, dies deutlich festzuhalten.

«A New Voyage to Carolina» erschien im Jahre 1709 und erlebte bald eine Neuauflage unter dem Titel «The History of Carolina», der besser bekanntgeblieben ist. Lawson widmete sich auch verschiedenen Kolonisationsprojekten und betrieb vor allem die Ansiedlung einer aus Pfälzern und Schweizern bestehenden Auswandererschar im späteren New Bern. Auf einer weiteren Reise ins Landesinnere, die er zusammen mit dem Schweizer *Christoph von Graffenried* unternahm, geriet er in indianische Gefangenschaft: Graffenried gelang es, die Indianer von der Nutzlosigkeit seiner Hinrichtung zu überzeugen, doch Lawson, der nun wirklich ein besseres Schicksal verdient hätte, starb am Marterpfahl.

Um die Erforschung der Pflanzen- und Tierwelt der Südstaaten machte sich *Mark Catesby* verdient, ein Mann vom Schlage John Bartrams und zugleich ein hervorragender Zeichner und Aquarellist. Zwischen den Jahren 1712 und 1725 beobachtete dieser Naturforscher auf ausgedehnten Exkursionen, die ihn vor allem durch die subtropischen Küstenregionen des nordamerikanischen Südens und bis auf die Bahamas führten, Flora und Fauna. «Auf diesen Exkursionen», schreibt Catesby in seiner «Natural History of Carolina, Florida, and the Bahama Islands», «trug mir ein Indianer den Kasten, in dem ich Papier und Zeichenmaterial mitführte und in den ich die Muster von Pflanzen, Sämereien etc. steckte, die ich einsammelte. Der Gastfreundschaft und Hilfsbereitschaft dieser freundlichen Indianer bin ich sehr verpflichtet, denn ich lebte nicht nur von dem, was sie für mich jagten, sondern sie sorgten auch dafür, daß, sobald es zu regnen begann, eine Rindenhütte aufgestellt wurde, um mich und mein Gepäck vor der Nässe zu schützen.»[161] Nach England zurückgekehrt, beschäftigte sich Catesby während zwei Jahrzehnten mit der Verarbeitung des gesammelten Materials – das monumentale Ergebnis dieses Schaffens, die «Natural History», schloß 1743 mit zwei Bänden ab, versehen mit zahlreichen Kupferstichen des Autors und erläuternden Kommentaren. Catesbys Originalaquarelle, beeindruckend nicht so sehr durch ihre Virtuosität als durch ihre liebenswerte Detailtreue, sind vor wenigen Jahren in der «Royal Library» von Schloß Windsor aufgefunden worden.[162] Mit seinem Werk führte Mark Catesby die Tradition der zeichnerischen Erfassung der fremden natürlichen Umwelt weiter, wie sie mit John White am Ende des 16. Jahrhunderts eingesetzt hatte und wie sie von einem so hervorragenden Naturforscher und Künstler wie John James Audubon im 19. Jahrhundert weitergeführt werden sollte.[163]

Im Vergleich zur Erkundung des Hinterlandes blieb im äußersten Süden die Festigung der Küstenposition gegenüber der andauernden spanischen Bedrohung die vordringliche Aufgabe. Im Jahre 1732 wurde durch einen Freibrief König Georgs II. die Kolonie Georgia gegründet, und eine erste Gruppe von Kolonisten unter der energischen Führung von James Edward Oglethorpe erbaute die Siedlung Savannah. Zwar mißlangen die Versuche zur Einnahme des spanischen Stützpunktes San Agustín in Florida; doch die Engländer blieben in mehreren Auseinandersetzungen erfolgreich und schoben die Grenze bis zum Saint Marys River vor.

Im Landesinnern, an der Stelle, wo der Savannah River aufhört, schiffbar zu sein, wurde Fort Augusta, der wichtige Umschlagplatz für den Handel mit den Indianern, gegründet. Vom ersten Geschichtsschreiber der Kolonie, William Stephens, besitzen wir eine anschauliche Schilderung dieses Forts,[164] das jeden Frühling rund sechshundert Weiße, Waldläufer, Fuhrleute und

Geschäftsherren, anzog und das über fünf große Schiffe verfügte, die vier- oder fünfmal im Jahre Pelze flußabwärts und bis nach Charleston beförderten. «Es ist dies», stellt Stephens fest, «ein sehr vorteilhafter Handel für England, denn wir bezahlen meist in Wolle und Eisen.»[165] Von Augusta aus suchte man diplomatischen Kontakt mit den Indianerstämmen aufzunehmen und sie möglichst dem spanischen und französischen Einfluß zu entziehen – ein Kontakt, dessen Notwendigkeit wie dessen fatale Auswirkungen Stephens nicht verkennt. «Oberhalb dieser Stadt und gegen Nordwesten...,» schreibt er in seinem Bericht, «im Tal des Appalachengebirges, leben die Cherokee. Es waren dies etwa fünftausend Krieger; doch letztes Jahr starben, wie man schätzt, etwa tausend von ihnen an Pocken und teilweise auch, wie sie selbst sagen, wegen dem aus Carolina eingeführten Rum. Die Franzosen bemühen sich darum, uns diese Nation abzujagen, was, wenn dies ihnen gelänge, bedeuten würde, daß Carolina entweder verlorenginge oder sich mit einer großen Zahl von Truppen schützen müßte. Doch solange wir die Stadt Augusta halten können, können unsere Partner unter den Cherokee so leicht mit Waffen, Munition und allem Nötigen versehen werden, daß die Franzosen hier nicht Fuß werden fassen können.»[166] Auf die Plantagenwirtschaft und den Pelzhandel gestützt, setzte auch in Georgia der wirtschaftliche Aufschwung ein, wenn auch deutlich langsamer als in Virginia: Vor Ausbruch des Unabhängigkeitskrieges, 1770, war die Niederlassung mit etwa zwölftausend weißen und zehntausend schwarzen Einwohnern von allen dreizehn Kolonien die am wenigsten dicht besiedelte.[167]

Über die Appalachen

Die Überschreitung der Appalachen war, wie wir gesehen haben, kein Vorgang, der sich auf wenige, von langer Hand geplante und sorgfältig dokumentierte Pionierunternehmungen zurückführen ließe. Der Vorstoß nach Westen, wie er um 1650 sporadisch einsetzte und mit dem Ausbruch offener Feindseligkeiten zwischen Engländern und Franzosen nach 1754 ein politisch folgenschweres Gewicht erhielt, wurde während dieser ganzen Zeitperiode nur von einer kleinen Minderheit von Einwanderern getragen und war, wie bereits erwähnt, kein zentrales Anliegen der Siedlergemeinschaft. Für die Mehrzahl der Kolonisten, sowohl in den «townships» des Nordens als auch auf den Plantagenbetrieben des Südens, lag die Priorität eindeutig bei der Urbarmachung und Bewirtschaftung des Bodens und dem Aufbau einer möglichst weitgehenden Selbstverwaltung: Diese Fragen sind es denn auch, die in der englischen Reiseliteratur – sehr im Unterschied zu den spanischen Quellen aus Mittel- und Südamerika – im Vordergrund stehen.

Wer auf die allgemein übliche seßhafte Daseinsform verzichtete, war auch im englischen Siedlungsbereich im Pelzgeschäft tätig, und der Waldläufer und Händler, der von der Ostküste zwischen Massachusetts und Georgia aus operierte, unterschied sich wenig von seinem französischen Kollegen in Kanada: Er war physisch robust und anspruchslos, vertraut mit den indianischen Sitten und anpassungsfähig, geübt in der Praxis der alltäglichen Existenzbewältigung, aber wenig gebildet und geprägt von einer starken Neigung zur Unabhängigkeit. Zweifellos war das Vorland der Appalachen, der Piedmont, diesen Waldläufern gegen Ende des 17. Jahrhunderts vertraut; sie waren über die indianischen Machtverhältnisse bestens unterrichtet und bewegten sich zu Fuß, im Kanu und später auch mit Reit- und Packpferden auf den Indianerwegen, ohne um Leib und Leben fürchten zu müssen. Als zu Beginn des 18. Jahrhunderts die Pelztiere im unmittelbar ans Küstengebiet anschließenden Hinterland ausgerottet waren, sahen sich die Waldläufer, die man nun auch «long hunters» nannte, veranlaßt, zu immer längeren Unternehmungen von zuweilen zwei bis drei Jahren Dauer aufzubrechen, und es stellte sich das Problem der rückwärtigen Verbindungen zur Küste. Dieses Problem wurde so gelöst, daß man in der Regel dort, wo die Flüsse aufhörten, schiffbar zu sein, an der sogenannten «fall line», befestigte Stützpunkte errichtete: Von Albany im Norden und Augusta im Süden haben wir gesprochen. Im Unterschied zu den Kolonialstädten der Spanier in Mittel- und Südamerika, die als Militär- und Verwaltungszentren für die umliegenden Territorien geplant waren, hatten diese Forts bloß die Funktion von Warenumschlagplätzen und Etappenstationen. Hier endete in der Regel der Tätigkeitsbereich der Indianer und Waldläufer, und der Warentransport auf den Flüssen und dem allmählich entstehenden Straßensystem ging in andere Hände über.

Als gegen Ende des 17. Jahrhunderts die Bevölkerung an der Ostküste rapid zunahm, teils wegen der geringen Kindersterblichkeit und der hohen Lebenserwartung unter den Siedlern, teils wegen der politischen Verhältnisse im Mutterland, wagten sich immer häufiger Pionierfarmer, einzeln oder in Gruppen, in die Wildnis vor. Mit Axt und Gewehr ausgerüstet und ein paar Stück Vieh mitführend, suchten sich diese «woodsmen» einen günstigen Wohnsitz, fällten Bäume und errichteten Blockhäuser, rodeten Land und begannen es zu bebauen. In ihrer Mentalität unterschieden sich diese Grenzsiedler sowohl von den Waldläufern als auch von der Bevölkerung der Küstenregionen, was in der zweiten Hälfte des 18. Jahrhunderts beträchtliche Spannungen unter den Kolonisten auslöste. Von den Waldläufern unterschied sie ihre Seßhaftigkeit und ihr selbstverständlicher Anspruch auf eigenen Landbesitz, was zu einem aggressiven Verhältnis zu den Indianern führte; von den Küstenbewohnern unterschied sie ihre rohe Lebensart und ihr geringer Bildungsgrad, nicht selten verbunden mit der Selbstgefälligkeit des Provinzlers und dem Bewußtsein, als Staatsbürger nicht ernst genommen zu werden. Diesen Pionierfarmern sollte, je weiter sich die Grenze, «the frontier», im Laufe des 18. und 19. Jahrhunderts quer durch den ganzen Kontinent nach Westen verschob, große Bedeutung zukommen. Im Bereich dieser «wandernden Grenze» bildeten sich eigenständige Züge des amerikanischen Nationalcharakters aus: «Keine andere Kraft», schreibt Ray Allen Billington, einer der besten Kenner der Thematik, «trug mehr dazu bei, die Bevölkerung der Nation und ihre Institutionen zu ‹amerikanisieren› als dieser sich wiederholende Prozeß der zivilisatorischen Wiedergeburt entlang dem Siedlungsrand im Westen im Verlauf der drei Jahrhunderte, welche die Besetzung des Kontinents in Anspruch nahm.»[168] Für die Entdeckungsgeschichte ist diese Schicht der Pionierfarmer deshalb wichtig, weil sich aus ihrer Mitte viele der unternehmungslustigen jungen Leute rekrutierten, die nach der Mitte des 18. Jahrhunderts die Appalachen überwanden, um in den weiten und fruchtbaren Ebenen des Mississippibeckens nach größerem und ertragreicherem Landbesitz Ausschau zu halten.

Eines der wichtigsten Einfallstore gegen Westen war das «Cumberland Gap», dessen Durchquerung im Jahre 1750 erstmals von *Thomas Walker*, einem Arzt, gemeldet wurde. Es handelt sich um einen etwa zweihundert Meter tiefen Einschnitt in einer Gebirgskette der Appalachen, welcher den Zugang von Virginia nach Kentucky und Tennessee erschließt – eine wilde Gegend noch heute, die unter Naturschutz gestellt ist. Walker reiste im Auftrag einer «Loyal Land Company», die vom Gouverneur von Virginia ermächtigt worden war, einen Landstrich jenseits der Appalachen zu erschließen, und er führte ein Reisejournal, das von gefährlichen Zusammenstößen mit wilden Tieren und von Begegnungen mit Giftschlangen berichtet, die den Pferden gefährlich wurden.[169]

Im Auftrag einer anderen Landerschließungsgesellschaft, der «Ohio Company» reiste *Christopher Gist* aus Maryland im selben Jahr an den Oberlauf des Ohio und folgte diesem bis in die Nähe des heutigen Louisville, Kentucky. Gist war ein hervorragender Beobachter und geschickter Landvermesser; eine Karte, die er erstellte, bezeugt seine genaue Kenntnis des Ohio River und seiner Nebenflüsse, und seine Informationen über die vorgeschobenen Stützpunkte der Franzosen waren von großem Nutzen, als 1754 der Ausbruch offener Feindseligkeiten den «French and Indian War» einleitete. Von den Gegenden, die er durchstreifte, zeichnet Gist in seinem Reisejournal ein verlockendes Bild. «Auf dem ganzen Weg von Shannoah bis hierher», schreibt er, «gibt es feines, fruchtbares und flaches Land, schön bewaldet mit großen Walnußbäumen, Eschen, Zuckerahorn, Kirschbäumen etc.; kleine Flüsse und Bäche bewässern das Land in großer Zahl, und es gibt viele wunderbare natürliche Wiesen, bedeckt mit wildem Roggen, Viehgras und Klee, und Truthühner, Hirsche, Elche und die meisten Arten von Wild finden sich reichlich, besonders Büffel, von denen man dreißig oder vierzig des öftern auf einer Wiese weiden sieht. Mit einem Wort: Es bedarf bloß der Kultivierung, um ein herrliches Land entstehen zu lassen.»[170] Seinen Auftrag und seine Kolonisierungsabsicht freilich verschwieg Gist, der die Indianer argwöhnisch fand, vorerst vorsichtig, indem er sich als Händler ausgab.

Eine weitere Persönlichkeit von außerordentlichem Geschick im Umgang mit den Indianern und von hervorragender Landeskenntnis war *George*

Croghan, ein Freund Conrad Weisers und Christopher Gists. Croghan hat mehrere Reiseberichte hinterlassen, in denen er die Erlebnisse seiner ausgedehnten Streifzüge zwischen Pennsylvania und dem Tal des Ohio tagebuchartig aufzeichnete.[171] Aus Verhandlungen, die er um 1750 mit Vertretern des Irokesenbundes in Logstown, beim heutigen Pittsburgh, führte und die er im Wortlaut protokollierte, geht eindrücklich hervor, in welchem Grade die englisch-französische Auseinandersetzung um Handelsanteile und Landbesitz auch eine Sache des diplomatischen und rhetorischen Geschicks war.[172]

Das hervorstechende Merkmal der Reisen von Männern wie Walker, Gist und Croghan ist deren überaus enge Zusammenarbeit mit der eingeborenen Bevölkerung. Es waren Indianer, die auf Schleichwege und Büffelpfade, auf Furten und Paßübergänge hinwiesen, die Unterkunft und Verpflegung besorgten und deren Vereinbarungen, die sie mit größter Zuverlässigkeit einhielten, die Sicherheit der gegenseitigen Beziehungen gewährleisteten. Doch für die englischen Kontaktleute im Grenzbereich waren dies bloß Nahziele. Was sie auf lange Sicht vorbereiteten, war eine Landnahme großen Stils, und es war die völlige Verdrängung der Franzosen aus den Gebieten, welche diese in Kanada, am Mississippi und am Ohio River kontrollierten oder doch für sich beanspruchten. Es erscheint als durchaus folgerichtig, wenn Pioniere wie Walker, Gist und Croghan nach Ausbruch des «French and Indian War» als Pfadfinder, Berater und Verhandlungsbeauftragte der militärischen Führung eine maßgebliche Rolle spielten. Selten in der Entdeckungsgeschichte Amerikas tritt der machtpolitische Aspekt der Inlanderkundung, und nicht allein in bezug auf die Urbevölkerung, so unverhüllt hervor wie hier.

Wie aber verlief, um 1750, die Grenze des französischen Einflußbereichs? Im Jahre 1682 war René-Robert Cavelier de La Salle von Norden her zur Mündung des Mississippi vorgedrungen, und spätere Vorstöße, wie sie die Gebrüder Le Moyne, Louis de Saint Denis, Antoine le Page du Pratz und andere unternahmen, bestätigten die französische Präsenz am Mississippi und an einigen seiner schiffbaren Zuflüsse.[173] Das entscheidende Handikap der französischen Kolonisten war ihre geringe Zahl und die geringe Unterstützung durch das Mutterland. Der Bevölkerungsdruck im Rücken fehlte, die Krone unternahm keine kontinuierlichen Anstrengungen, die Gouverneure wechselten rasch, und im Spanischen Erbfolgekrieg brach die französische Stellung zur See fast völlig zusammen. Im Frieden von Utrecht, der diesen Krieg 1713 abschloß, verlor Frankreich seine Niederlassungen an der Hudson Bay und in Neu Schottland an England und sah sich in Neufundland auf die Wahrnehmung von Fischereirechten eingeschränkt: Der Zutritt zum Kerngebiet seiner Machtstellung im Raume Montreal/Quebec, wo damals zwanzigtausend französische Kolonisten lebten, war dadurch erschwert. Angesichts dieser Schwierigkeiten erscheint das raumgreifende Netz von Stützpunkten, das die Franzosen im Hinterland aufbauten, als erstaunliche Leistung. Eine Aufzählung der wichtigsten dieser Stützpunkte läßt erkennen, mit welcher strategischen Umsicht man verfuhr: Den Zugang vom Lake Superior zum Mississippi sicherten die Forts von Kaministiquia und Grand Portage; an den Verbindungen zwischen den Seen lagen Sault Sainte Marie, Mackinac, Detroit und Fort Niagara; am Ohio River schoben die Franzosen 1754 das Fort Duquesne, heute Pittsburgh, in bedrohliche Nähe der englischen Einfallsrouten vor, und mehrere weitere Stützpunkte bewachten den Mississippi unterhalb der Einmündung des Missouri. Von diesen Handels- und Etappenstationen aus, zu denen eine stattliche Zahl nur kurzfristig besetzter Stellungen hinzukam, drangen gegen Ende des 17. Jahrhunderts immer wieder «coureurs des bois» zur Westabdachung der Appalachen vor; aber auch von ihnen muß gelten, daß sie kaum schriftliche Zeugnisse hinterließen. Immerhin haben sich einige ihrer Namen bewahrt.

So traf bereits im Jahre 1692 zum Erstaunen des Gouverneurs von Maryland ein Franzose mit etwa zweihundert Indianern aus dem Landesinnern an der Atlantikküste ein, mit dem Wunsch, sich hier niederzulassen. Der Mann hieß *Martin Chartier,* hatte unter La Salle auf Fort Crèvecœur Dienst getan, war dann desertiert und hatte über zehn Jahre unter Indianern gelebt; dann war er, dieses Daseins offenbar überdrüssig, den Flüssen Ohio und Susquehanna folgend, zu den Engländern hinübergewechselt. Chartier erhielt, nachdem er zunächst vorsorglich gefangengesetzt worden war, eine Aufenthaltserlaubnis und beteiligte sich erfolgreich an Handelsgeschäften.

Ein anderer Waldläufer, *Jean Couture,* folgte vom Mississippi aus dem Tennessee River stromaufwärts und gelangte, die Appalachen übersteigend, im Jahre 1698 nach South Carolina. Wiederum haben wir es mit einem jener französischen Waldläufer zu tun, die, wenn es dem Gang ihrer Geschäfte dienlich schien, ohne Hemmung die Fronten wechselten.[174] In South Carolina wußte er die neugierigen Engländer nicht nur mit Informationen über die Aktivitäten der Franzosen am Mississippi zu versorgen, sondern er erzählte auch seltsame Geschichten vom Goldreichtum des Hinterlandes, immerhin glaubhaft genug, um die Vorbereitung einer Expedition zu veranlassen, die freilich nie ausgeschickt wurde.

Erwähnt sei hier noch ein gewisser *Antoine Bonnefoy,* der im Jahre 1741 von Cherokee-Indianern gefangengenommen wurde und der eine kurze Beschreibung seiner Fahrten auf dem Ohio und dem Tennessee River hinterlassen hat.[175] Bonnefoy wurde von den Indianern, die Hab und Gut mit ihm teilten, freundlich behandelt und machte sich dadurch beliebt, daß er ihnen von Zeit zu Zeit einige Chansons vorsang. Es gelang ihm schließlich zu fliehen und sich zum Fort Toulouse am Alabama River durchzuschlagen, wo ihn seine Landsleute staunend begrüßten.

Der Spanische und der Österreichische Erbfolgekrieg [1701–13; 1740–48], in denen England gegen die hegemonialen Ambitionen Frankreichs in Europa ankämpfte, hatten auf dem nordamerikanischen Festland nur deshalb keine größeren militärischen Auswirkungen, weil die Gegner noch zu weit auseinander standen. Diese Voraussetzung war nach 1750 nicht mehr gegeben. Da der Friede von Aachen [1748] keine Entschärfung des englisch-französischen Gegensatzes in Europa brachte und schon gar nicht eine, die sich auch auf rivalisierende Kolonisten ausgewirkt hätte, ereignete sich das Erstaunliche, daß der nächste Konflikt an der kolonialen Peripherie ausbrach.[176] Nach einer Phase des «Kalten Krieges», in der Franzosen und Engländer ihre Positionen beidseits der Appalachen immer mehr vorgeschoben hatten, entsandte der Gouverneur von Virginia im Oktober 1753 einen jungen Mann namens *George Washington* zusammen mit Christopher Gist in den äußersten Westen Pennsylvaniens, mit dem Auftrag, die Franzosen, die sich dort eingenistet hatten, zum Rückzug zu bewegen. Nachdem diese Mission erfolglos verlaufen war, wurde Washington an der Spitze eines militärischen Detachements erneut nach Westen geschickt, und es kam zu Scharmützeln, welche erste Opfer forderten; der Kommandant wurde von den Franzosen gefangen und, nachdem man ihm die Waffen abgenommen hatte, zurückgeschickt. Die Nachricht von dieser Schlappe veranlaßte England, 1755 ein Truppenkontingent nach Virginia zu entsenden – der sogenannte «French and Indian War», der in den Siebenjährigen Krieg einmünden sollte, hatte begonnen.

Es ist hier nicht der Ort, den Verlauf dieses Krieges, der nach französischen Anfangserfolgen dank geschickter Planung William Pitts d. Ä. zum Zusammenbruch von Frankreichs vorgeschobener Grenze östlich des Mississippi und schließlich zum Fall von Quebec und Montreal führte, darzustellen. In entdeckungsgeschichtlicher Hinsicht sind einige Zeugnisse der Kriegsberichterstattung interessant, die Rückschlüsse darüber zulassen, welche Routen die kämpfenden Parteien benutzten und wie man sich im wenig erschlossenen Gelände bewegte. Bereits George Washington verfaßte über seine erste Mission einen kurzen Rechenschaftsbericht mit wertvollen Hinweisen zur Indianerpolitik und zur Lage und Ausrüstung der französischen Stellungen.[177] Hübsch ist seine Aufzeichnung über das freundschaftliche, aber ergebnislose Gespräch mit dem französischen Kommandanten in einem Blockhaus am oberen Ohio: «Er lud uns ein», schreibt Washington, «mit ihnen das Nachtessen einzunehmen und behandelte uns mit größter Zuvorkommenheit. Der Wein, dem sie sehr großzügig zusprachen, vertrieb bald eine gewisse Gehemmtheit des Gesprächs, lockerte die Zungen und ermöglichte es ihnen, ihre Gefühle freier zu äußern. Sie sagten mir, daß es ihre unbedingte Absicht sei, den Ohio in Besitz zu nehmen, und daß, bei Gott, dies auch geschehen werde.»[178]

Interessant ist auch der Bericht des Leutnants *Henry Timberlake,* der gegen Ende des «French and Indian War» die Cherokee-Indianer aufsuchte, die zuerst auf Seiten der Engländer gekämpft, sich dann wieder von diesen abgewandt hatten und erneut als Bundesgenossen gewonnen werden sollten. Timberlakes «Memoirs» geben eindrücklich Zeugnis von der fatalen Lage der Indianer, die, zwischen zwei feindlichen Fronten stehend, von beiden Seiten mit Versprechungen geködert wurden, die einzuhalten niemand ernst-

lich erwog.[179] Eine bemerkenswerte Darstellung aus der Feder eines unmittelbar Beteiligten stellen die Tagebücher von Major *Robert Rogers* dar, die den Zeitraum von 1755 bis 1761 erfassen.[180] Rogers' hervorragende Kenntnis der Topographie im Frontierbereich und seine Erfahrungen im Umgang mit den Indianern gestatteten es ihm, zum endgültigen englischen Sieg einen wesentlichen Beitrag zu leisten. Nicht nur militärhistorisch interessant sind die ausführlichen Instruktionen, welche er für eine von ihm zusammengestellte Truppe von »rangers« niederschrieb.[181]

Der Siebenjährige Krieg wurde mit dem Frieden von Paris im Jahre 1763 abgeschlossen. Dieses Datum bezeichnet das Ende der französischen Kolonialmacht in Nordamerika. Von dem großen Reich, von dem Champlain und La Salle geträumt hatten, blieben nur noch zwei kleine Inseln vor Neufundland, Saint Pierre und Miquelon. Spanien trat England Florida ab und übernahm von Frankreich Louisiana und die nie genau umschriebenen Besitzansprüche auf die Gebiete im Westen des Mississippi, der nun zur Grenze zwischen dem englischen und dem spanischen Kolonialreich wurde. Der Wegfall der französischen Umschnürung im Westen löste nun freilich keine Wanderbewegung großen Stils im Mississippibecken aus. Die Indianer, die auf Seiten der Franzosen gekämpft hatten, erhoben sich 1763 unter ihrem Anführer Pontiac zu einem Aufstand, der erst zwei Jahre später mühsam niedergekämpft werden konnte, und auch die mit den Engländern verbündeten Stämme waren mißtrauisch und unruhig geworden. Die englische Krone, die bisher der Selbstverwaltung ihrer Niederlassungen kaum Hindernisse in den Weg gelegt hatte, schickte sich nun an, ihr Kolonialreich straffer zu verwalten und insbesondere der unkontrollierten Westexpansion den Riegel vorzuschieben. Im Jahre 1763 erließ Georg III. eine Proklamation, die es den Regierungen der amerikanischen Niederlassungen untersagte, Freibriefe auf Land jenseits der Appalachen auszugeben, und die es Privatpersonen verbot, dort Grundbesitz zu erwerben. Diese Weisung hatte zwar geringe praktische Auswirkungen und erbitterte bloß die Kolonisten, die sich um die Frucht ihres Sieges geprellt fühlten; aber sie machte einer weiteren Öffentlichkeit doch bewußt, daß neben das Pelzhandelsgeschäft und die Erschließung des Landes nun eine weitere, vielleicht sogar vordringlichere Aufgabe getreten war: die Regelung der Beziehungen zum Mutterland.

In den Zeitraum von der Mitte bis zum Ende des 18. Jahrhunderts fallen eine Reihe weiterer Unternehmungen, die zwar nicht als Entdeckungsreisen in einem geographisch engen Sinne zu bezeichnen sind, die aber doch dazu beitrugen, den Wahrnehmungshorizont der Europäer zu erweitern. Daran beteiligt waren sowohl «long hunters» und «frontiersmen» als auch ein neuer Typus des Forschungsreisenden, der sich gegenüber dem Waldläufer durch sein kommerzielles Desinteresse und durch die Fähigkeit auszeichnete, seine Beobachtungen systematisch auswerten zu können.

Der zweifellos bekannteste unter den «frontiersmen» dieser Periode, gerühmt von Dichtern wie Lord Byron, im Bild festgehalten von Malern wie George Caleb Bingham, war *Daniel Boone*.[182] «Long hunter» und Siedler in einem, verband sich in Boones Wesen eine ausgeprägte Neigung zum Leben in freier Natur mit handwerklichem Geschick, Geschäftssinn und einer Begabung zu juristischer Argumentation, die sich gelegentlich in Korrespondenzen von erheiternder stilistischer Ungelenkheit kundtat. Im Jahre 1769 drang Boone durch das Cumberland Gap zum Oberlauf des Ohio vor und durchzog dessen Tal, begeistert von der Schönheit der Landschaft, bis in die Nähe des heutigen Louisville; auf dem Rückweg freilich geriet er in die

Hand feindlicher Indianer, die ihm Pferd und Felle abnahmen, ihn aber ungeschoren laufenließen. In der Folge führte er verschiedentlich Gruppen von Siedlern nach Kentucky, betätigte sich als Feldmesser und Pioniersiedler und holte dann auch Frau und Kinder nach. Es ist hier nicht möglich, die zahlreichen Abenteuer zu schildern, die Boone bestand – man kann das in den Aufzeichnungen nachlesen, die ein gewisser John Filson aus Pennsylvania, sich in die Person seines Helden versetzend, verfaßt hat.[183] «Ich lebe nun in Frieden und Sicherheit», läßt Filson den greisen Daniel Boone in pathetisch bewegter Sprache ausrufen, «ich genieße, gemeinsam mit meinen ehemaligen Leidensgefährten, die Annehmlichkeiten der Freiheit und die Güte der Vorsehung in einem Land, das mit großem Einsatz von Blut und Vermögen erworben werden mußte und das nun, wie ich erfreut feststelle, in kurzer Zeit zu einem der fruchtbarsten und mächtigsten Staaten dieses Kontinents Nordamerika werden wird, worin ich, zusammen mit der Zuneigung und Dankbarkeit meiner Landsleute, eine angemessene Belohnung für alle meine Plackerei und bestandene Gefahr sehe.»[184]

Von beschaulicherer Wesensart, stärker nachwirkend durch ihr persönliches Zeugnis als durch die von andern ausgeschmückte Legende, waren drei naturwissenschaftlich interessierte Reisende, mit denen wir unsern Überblick über die Westexpansion ins Gebiet jenseits der Appalachen abschließen wollen: Peter Kalm und Vater und Sohn Michaux.

Peter Kalm gehört in die Reihe der schwedischen Naturforscher, die nach dem Erscheinen von Carl von Linnés «Systema naturae» [1735], erfaßt von einer Art Klassifizierungswut, in entfernte Weltgegenden zogen, um die Fülle noch unbekannter Naturprodukte ordnend zu erfassen. Nachdem sich Kalm vom Pionier der amerikanischen Naturerkundung, John Bartram, hatte beraten lassen, durchstreifte er während über drei Jahren, zwischen 1748 und 1751, weite Gebiete Pennsylvanias, New Jerseys und New Yorks und wechselte auf nicht ungefährlichen Pfaden hinüber ins französische Kanada. Nach seiner Rückkehr nach Europa publizierte der Naturforscher zuerst in schwedischer Sprache einen umfangreichen, trotz der Fülle des verarbeiteten Materials flüssig und unterhaltsam zu lesenden Reisebericht, der wenig später auch ins Englische und Deutsche übersetzt wurde.[185] In den zwei folgenden Jahrzehnten seines Lebens amtete Peter Kalm in Turku, im heutigen Finnland, als Professor der Naturgeschichte; das Andenken an ihn hält die wissenschaftliche Bezeichnung eines Lorbeerstrauches, Kalmia latifolia, wach.

Peter Kalm folgte auf seinen Reisen längst erkundeten Routen, und wenn auch die Strapazen noch immer erheblich blieben, ist sein Bericht doch weit mehr geprägt vom heiteren Abenteuer der Wahrnehmung einer neuartigen natürlichen Umwelt. Was immer er beobachtete, Pflanzen, Tiere, Indianer und Kolonisten, wurde sogleich schriftlich festgehalten, und zuweilen wirkt sein Bericht etwas additiv, wenn auch die Faszination durch die Weite der Landschaft, den Wohlklang einer Vogelstimme, die Schönheit einer Pflanze immer wieder durchdringt. Wie später Humboldt legte Kalm eine naturwissenschaftliche Sammlung an, die er nach Europa mitnahm, und ein Amerikaner, der ihm begegnete, bemerkte dazu mit einem Anflug von Spott: «Der gelehrte Doktor Kalm kehrte nach Schweden zurück beladen mit seiner Beute aus unsern nördlichen Kolonien... und es scheint, daß wir uns Fremden verpflichtet fühlen müssen, die uns auf unsere eigenen Reichtümer hinweisen.»[186]

Peter Kalm verdanken wir auch die erste eingehende Beschreibung der Niagarafälle, die um 1680 bereits vom Rekollektenmissionar Louis Hennepin aufgesucht und, nach dessen Gewohnheit, stark übertreibend geschildert worden waren. Des Schweden Beschreibung findet sich in einem Brief vom Jahre 1750 an Benjamin Franklin und gibt in ihrem Bemühen, den Dingen durch eigenen Augenschein auf den Grund zu gehen, ein gutes Beispiel von Naturbeobachtung aus dem Geist der Aufklärung. Er habe, schreibt Kalm, von den Fällen bisher nur durch französische Reisende in Kanada gehört und habe damit seine eigene Neugierde nicht sättigen können. «Nun, nachdem ich sie selbst gesehen habe», fährt er fort, «steht es in meiner Macht, Ihnen eine zureichende Schilderung dieser großen Sehenswürdigkeit auf der Welt zu geben.»[187] «Hier haben Sie, Sir», schließt Kalm seinen Bericht, «eine kurze Beschreibung dieses Niagarafalls, und Sie können sicher sein, daß ich wahrheitsgemäß berichtet habe. Sie müssen Verständnis dafür haben, daß ich kein Wunder schildern kann: Ich kann die Natur nicht zu etwas anderem machen, als ich vorfinde, und es ist mir wichtiger, daß Leute in einigen Hundert Jahren sagen, sie hätten alles so angetroffen, wie ich es dargestellt habe, als daß man mich dann als einen Märchenerzähler betrachtet.»[188] Die Tatsache, daß Kalms Brief an Franklin gerichtet war, den berühmtesten Naturforscher und Philosophen des jungen Amerika, der damals eben mit seinen wegweisenden elektrischen Experimenten beschäftigt war, mag als frühes Zeugnis für den Beginn jenes wissenschaftlichen Informationsaustausches unter Gelehrten gelten, wie er für das 18. Jahrhundert besonders bezeichnend war.

André Michaux, ein Schüler des französischen Botanikers Bernard de Jussieu, gelangte im Jahre 1785, vier Jahre nach dem Ende des amerikanischen Unabhängigkeitskrieges, nach New York. Während über zehn Jahren unternahm er ausgedehnte Wanderungen in fast allen Regionen östlich des Mississippi, von Florida bis in die Nähe der Hudson Bay, sammelte und bestimmte Pflanzen, legte Pflanzengärten an und überwachte den Transport seiner Sammlungen nach Europa. Die Fülle des beigebrachten Materials hätte, wissenschaftlich ausgewertet, ein annähernd lückenloses Inventar der nordamerikanischen Flora ergeben; doch durch Schiffbruch und die Revolutionswirren in Frankreich ging vieles verloren. In seinem mit schönen Stichen von Pierre Joseph Redouté verzierten Werk über die «Chênes de l'Amérique septentrionale» hat Michaux ein Muster empirisch-systematischer Naturbeschreibung vorgelegt, das den wissenschaftlichen Geist des

Aufklärungszeitalters nicht weniger eindrücklich bezeugt als die Untersuchungen von La Condamine und Humboldt.[189] «Um meine Zweifel zu beseitigen», schreibt der Autor im Vorwort, «habe ich während meines Aufenthalts in Amerika Samen von allen Arten, die ich beobachten und deren ich habhaft werden konnte, ausgesät und aufgezogen. Zu meiner Genugtuung sah ich mich dadurch in die Lage versetzt, alle Varianten zu unterscheiden, deren Zahl mich, wenn ich die Wälder durchstreifte, verwirrt hatte.»[190]

André Michaux' Sohn *François* unternahm um die Jahrhundertwende eine weitere Reise in die Regionen jenseits der Appalachen, über welche er in seinem Bericht «Voyage à l'ouest des monts Alléghanys» auf ebenso unterhaltsame wie ungeschminkte Art Rechenschaft ablegte.[191] Auch dieses Buch ist in erster Linie das Werk eines Botanikers; doch für den heutigen Leser ist es vor allem darum aufschlußreich, weil es zugleich die Auswirkungen der fortschreitenden Kolonisation des Hinterlandes dokumentiert. Dem Prozeß der zunehmenden Veränderung und Verarmung der natürlichen Umwelt durch die uneingeschränkte Jagd und durch die Rodung und Umzäunung der Grundstücke folgt der Autor nicht unkritisch, und gelegentlich meint man eine Vorahnung jener nachdenklichen Sehnsucht der Romantiker zwischen den Zeilen zu spüren, die das eben erblickte irdische Paradies wieder entschwinden sieht. Lebhaft beklagt François Michaux beispielsweise das Verschwinden der Büffelherden, die entweder bereits hingeschlachtet oder aber, den Exodus der Indianer vorwegnehmend, in die Gegenden westlich des Mississippi vertrieben worden waren. «Ihre Zahl», schreibt er, «war so beträchtlich, daß man ihnen nicht selten in Gruppen von hundertfünfzig bis zweihundert Stück begegnete. Sie waren so wenig wild, daß sie die Annäherung der Jäger nicht fürchteten, welche sie zuweilen allein ihrer Zunge wegen, die als besonderer Leckerbissen galt, töteten.»[192]

Auch zum gesellschaftlichen und kulturellen Wandel innerhalb der amerikanischen Kolonialgesellschaft finden sich bei François Michaux interessante Hinweise. Er staunt über die Mobilität der Bevölkerung im Grenzbereich und vermerkt kritisch den Zerfall der Sitten, der als Folge massiver Zuwanderung festzustellen sei. Zu den Bewohnern Kentuckys, deren Zahl zwischen 1780 und 1800 von dreitausend Siedlern auf deren zweihunderttausend angestiegen sei, stellt er fest: «Unter ihnen haben die Leidenschaft für das Spiel und die geistigen Getränke ein solch exzessives Ausmaß angenommen, daß blutige Schlägereien oft die Folge sind. Sie finden sich oft in den Tavernen zusammen, vor allem zur Zeit der Gerichtsversammlungen, und verbringen dort ganze Tage. Pferde und Prozesse sind die Hauptgegenstände ihrer Konversation.»[193]

Bemerkenswert bleibt im Zusammenhang mit den Forschungsreisenden Michaux noch der Plan einer Transkontinentalreise, der den Franzosen von Thomas Jefferson, dem dritten Präsidenten der Vereinigten Staaten und damaligen Staatssekretär, vorgelegt wurde. Jefferson, der bereits im Jahre

1785 mit einer landeskundlichen Schrift, den «Notes on the State of Virginia»,[194] sein Interesse an der Inlandkolonisation angekündigt hatte, wurde, nachdem er 1789 von seinem Gesandtenposten in Frankreich zurückgekehrt war, zu einem der frühesten Vordenker einer amerikanischen Binnenexpansion vom Atlantik zum Pazifik. Um möglichen Vorstößen der Engländer von Kanada und der Spanier vom Golf von Mexiko aus in die Gebiete westlich des Mississippi zuvorzukommen, hatte er bereits während seines Pariser Aufenthalts ein Projekt zur Durchquerung Nordamerikas erwogen; doch der Plan zerschlug sich, und der Mann, der mit dessen Ausführung hätte betraut werden sollen, John Ledyard, wandte sich der Afrika-Erkundung zu und starb in Kairo. Als Vizepräsident der «American Philosophical Society» rief Jefferson im Jahre 1792 zur finanziellen Unterstützung einer geographischen Unternehmung auf, die es Vater und Sohn Michaux gestatten sollte, ihre Forschungen westlich des Mississippi fortzusetzen. «Das Hauptziel dieser Reise», heißt es in Jeffersons Planstudie, «wird es sein, den kürzesten und bequemsten Verbindungsweg zwischen den Vereinigten Staaten und dem Pazifik aufzufinden»,[195] und empfohlen wird eine Route, die, dem Missouri flußaufwärts folgend, die Wasserscheide zum Columbia River überwinden sollte. Wenn irgend jemand, so wäre François Michaux zu jenem Zeitpunkt hervorragend qualifiziert gewesen, das ambitiöse Unternehmen zu wagen, doch die französische Regierung rief ihn ins Mutterland zurück, und die Angelegenheit verlief im Sande. Es sollten mehr als zehn Jahre vergehen, bis Jefferson, nun Präsident der Vereinigten Staaten, sein Projekt mit der Entsendung der Expedition von Meriwether Lewis und William Clark verwirklichen konnte.

Der Nordwesten Kanadas

Im Juli des Jahres 1610 hatte Henry Hudson auf der Suche nach einer Nordwestpassage die riesige Bucht entdeckt, die seither seinen Namen trägt. Wir erinnern uns an das unglückliche Ende dieser Unternehmung: Nach der Überwinterung in der James Bay, die mehrere Opfer forderte, brach eine Meuterei aus, und der Kapitän wurde mit wenigen Getreuen an der Küste ausgesetzt und dem sicheren Tod überantwortet. In den folgenden Jahrzehnten befuhren nur wenige Schiffe das Binnenmeer, das sich weit über tausend Kilometer tief ins Landesinnere vorschiebt, und ein Versuch der Kapitäne Luke Foxe und Thomas James, im Jahre 1631 weiter westwärts vorzudringen, wurde durch die Eismassen verhindert. Das rauhe Klima, die Vereisung der Bucht während drei Vierteln des Jahres und der abweisende Charakter des Hinterlandes ließen die Errichtung einer dauernden Niederlassung als wenig ratsam erscheinen.

Auf dem Landweg stießen um die Mitte des 17. Jahrhunderts französische Waldläufer ins Umfeld der Hudson Bay vor, unter ihnen, wie bereits erwähnt, Pierre Esprit Radisson und sein Schwager Médard Chouart des Groseilliers.

3. Nordamerika

Die beiden «coureurs des bois», enttäuscht von den mangelnden kolonialen Anstrengungen ihres Mutterlandes, wiesen Londoner Geschäftsleute auf die Bedeutung eines neuen Zugangs zu noch unberührten Pelzreichtümern in Kanadas Norden hin, und im Jahre 1668 wurde ein kleines englisches Schiff, die «Nonsuch», zur Hudson Bay entsandt. Die Instruktionen an den Kapitän zeigen, daß man den Gedanken an die Entdeckung eines Durchgangs zum Pazifik noch nicht aufgegeben hatte, daß die Hauptbeweggründe zu dieser Unternehmung jedoch kommerzieller Art waren und insbesondere auf den Pelzhandel sowie auf die Gewinnung von Kupfer und wertvollen Mineralien abzielten. Die Reise war erfolgreich genug, daß man das Projekt eines Handelsstützpunktes an der Hudson Bay weiterverfolgte.

Im Mai des Jahres 1670 verlieh König Karl II. einer «Company of Adventurers» das Recht, in der Hudson Bay Handel zu treiben – die «Hudson's Bay Company», eine der langlebigsten Handelsgesellschaften der Erde, war entstanden.[196] Der Freibrief betraute die Kompanie mit dem Monopol in all den Gebieten, die durch die Hudsonstraße erschlossen werden, und sprach ihr die Rechte zum Fischfang und zur Ausbeutung von Bodenschätzen zu. Auch war ursprünglich die Anlage einer Siedlungskolonie nach dem Muster Virginias beabsichtigt; es zeigte sich aber bald, daß die klimatischen Bedingungen im besten Fall die Schaffung kleiner Stützpunkte zuließen und daß der Pelzhandel die einzige nennenswerte Erwerbsquelle bleiben würde. Die neue Kolonie sollte nach dem Neffen des Königs «Rupert's Land» heißen, und Prinz Rupert wurde auch zu ihrem ersten Gouverneur eingesetzt.

Die ersten Stützpunkte der «Hudson's Bay Company» wurden im äußersten Süden der Bucht, in der James Bay, angelegt, und im Jahre 1684 gründete man, nach Westen ausgreifend, an der Mündung des Hayes River den Stützpunkt York Factory. Die Errichtung dieser bescheidenen Handelsstationen konnte den französischen Pelzhändlern, die vom Sankt Lorenzstrom und den Großen Seen aus operierten, nicht gleichgültig sein, verschaffte sie doch den Engländern Zugang zu den besonders jagdgewandten Cree-Indianern, denen sie, weil ihr Felltransport fast ausschließlich auf See erfolgte, zudem noch besonders günstige Preise anbieten konnten.[197] Zwischen 1670 und 1680 entsandten die Franzosen mehrere Erkundungstrupps an die James Bay, deren Aufgabe es war, die Handelsverbindungen mit den Indianern vorsorglich enger zu knüpfen und die Aktivitäten der Engländer zu überwachen. Im Jahre 1683 kam es zwischen Vertretern der beiden Kolonialmächte an der Hudson Bay erstmals zu offenen Konflikten, die sich mit Unterbrechungen über drei Jahrzehnte hinzogen: Forts wurden erobert und zerstört, Piratenakte verübt, Indianerstämme aufgewiegelt und langwierige diplomatische Querelen um Besitzrechte ausgefochten. Im Frieden von Utrecht, der 1713 den Spanischen Erbfolgekrieg abschloß, sah sich Frankreich gezwungen, seine Ansprüche auf die Hudson Bay aufzugeben.[198]

Während dieser langen Periode der Auseinandersetzung und Unsicherheit bot sich der «Hudson's Bay Company» wenig Gelegenheit, die Erkundung des Hinterlandes voranzutreiben und ein Netz von Handelsverbindungen mit den Indianern aufzubauen. Auch unterschied sich das Vorgehen der Engländer insofern von demjenigen der Franzosen, als sie sich weniger darum bemühten, die Indianer in ihren Siedlungsräumen aufzusuchen, als vielmehr hofften, diese durch das Angebot ihrer europäischen Waren dazu bewegen zu können, ihre Pelze selbst an den Küstenstützpunkten abzuliefern. Dennoch ist für diesen Zeitraum eine Persönlichkeit zu erwähnen, deren Leistung den Pioniertaten der führenden französischen «coureurs des bois» durchaus an die Seite zu stellen ist: *Henry Kelsey*.

Von den Unternehmungen dieses Mannes, der sich 1684 im zarten Alter von vierzehn Jahren an die Hudson Bay einschiffte, weiß man erst seit 1926 Genaueres, als sich in Irland unter den nachgelassenen Papieren eines frühen Kritikers der «Hudson's Bay Company» das in Prosa und Reimen abgefaßte Reisejournal Kelseys fand.[199] In den Akten der Handelsgesellschaft ist von den Unternehmungen des jungen Mannes kaum die Rede, offensichtlich darum, weil man es für geboten hielt, die Ergebnisse seiner Reisen der Geheimhaltung zu unterstellen.

Wir wissen heute, daß Henry Kelsey, nachdem er bereits vom Mündungsgebiet des Hayes River und des Churchill River aus verschiedene kleinere Inlandexkursionen unternommen und sich durch seinen Tatendrang und sein Geschick im Umgang mit den Indianern ausgezeichnet hatte, im Jahre 1690 von York Factory aus zu einer großen Reise landeinwärts aufbrach. Die vagen geographischen Hinweise in Kelseys Bericht gestatten es nicht, die Reiseroute genau zu rekonstruieren; es gilt jedoch als sicher, daß der Engländer das nördliche Ende des Lake Winnipeg erreichte, von dort zum Saskatchewan River gelangte und schließlich südwärts zu den kanadischen Prärieprovinzen, heute eine der größten Kornkammern der Erde, vorstieß. Kelsey war lediglich von Indianern begleitet, er reiste im Kanu und zu Fuß, und er scheint sich trotz gelegentlicher Nahrungsknappheit wohl gefühlt zu haben. Freilich gelang es ihm nicht, wie er hoffte, die verfeindeten Stammesgruppen der Cree und der Assiniboin zum Frieden zu bewegen und sie davon zu überzeugen, daß es besser sei, «ihre Zeit zu verwenden, um den Biber zu jagen, statt ihre Feinde umzubringen».[200] Wie andere Reisende vor ihm bestaunte Kelsey die großen Büffelherden, und er beschrieb den Grizzlybären und den Moschusochsen. Nachdem er an nicht lokalisierbarer Stelle zweimal überwintert hatte, kehrte er 1692 nach York Factory zurück. Gern hätte Kelsey in den folgenden Jahren seine Erkundungsfahrten fortgesetzt; doch die Kompanie, auf ihrer statischen Handelsstrategie beharrend und fraternisierenden Kontakten zu den Indianern abgeneigt, unterstützte ihn nicht weiter. Während der nächsten fünf Jahrzehnte kam es zu keinen nennenswerten Unternehmungen der Engländer von der Hudson Bay aus.

Zu berichten ist an dieser Stelle noch von einigen französischen Reisen, die allerdings nicht von der Hudson Bay, sondern vom Lake Superior ausgingen, die sich jedoch dem Kapitel der Nordwesterkundung Kanadas zuordnen lassen. Der See war, wie wir uns erinnern, im Jahr 1618 bereits von Etienne Brulé erreicht worden, Jesuitenpatres wie Paul Ragueneau und Jérôme Lalement hatten, Japan und China mit der Seele suchend, weitere Erkundigungen angestellt, und im Jahre 1668 hatten die Jesuiten hier ihre Missionsstation Sault Sainte Marie gegründet. Aus dem Jahre 1688 ist eine Unternehmung überliefert, die den Waldläufer *Jacques de Noyon* vom Lake Nipigon, der sich im Norden an den Lake Superior anschließt, weit nach Westen, möglicherweise bis zum Lake of the Woods, führte.[201] In den Vorstellungen der französischen Reisenden hatte noch immer der Gedanke an einen direkten Zugang zum Pazifik oder doch zu einem Binnenmeer, das mit diesem in Verbindung stehen würde, einen wichtigen Platz – Vorstellungen, die von den indianischen Gesprächspartnern bereitwillig bestätigt wurden. Derartige Fiktionen wurden nicht selten von Reisenden, die es mit der Wahrheit und der Ernsthaftigkeit nicht allzu genau nahmen, aufs Kartenbild übertragen und gewannen, indem man die Karten immer wieder ohne nähere Überprüfung kopierte, einen Anschein von Authentizität. Ein hübsches Beispiel dieser Art stellt die Karte dar, die der Baron *Louis-Armand de La Hontan* seinem Bericht «Voyages dans l'Amérique septentrionale» beigab.[202] La Hontan, der Europa im Zorn über den Niedergang von Sitte und Recht verlassen hatte, war kein zuverlässiger Berichterstatter, und die geistesgeschichtliche Bedeutung seines Buches beschränkt sich auf einen im Anhang wiedergegebenen fiktiven Dialog zwischen dem Autor und dem Indianer Adario, in dem die gesellschaftlichen Verhältnisse im französischen Mutterland einer beißenden Kritik unterzogen werden.[203] Auf der Karte, die den Bericht La Hontans begleitet, erscheint weit im Westen des Lake Superior ein großer Binnensee, von dem sich der sogenannte «lange Fluß», «La rivière longue», ein reines Produkt ungezügelter Einbildung, Richtung Pazifik ergießt. Solche und ähnliche Vorspiegelungen haben die Kartographen, die in Paris, Amsterdam und London die Summe aller erhältlichen geographischen Informationen sorgfältig zu sichten suchten, bis um die Mitte des 18. Jahrhunderts zu täuschen vermocht.

Auch der Jesuitenmissionar *Pierre de Charlevoix*, ein weit ernsthafterer Forscher als La Hontan, war gegen derartige Trugbilder nicht gefeit. Charlevoix bereiste selbst kein bisher unentdecktes Gebiet; aber ähnlich wie Oviedo, der von Hispaniola aus die Eroberungen der Konquistadoren aus der Nähe verfolgte und sich durch Augenzeugen informieren ließ, hatte der Jesuitenpater, zwischen 1705 und 1709 und erneut um 1720 in Quebec stationiert, guten Zugang zum reichen Material der Missions- und Reiseberichte. Seine «Histoire et description générale de la Nouvelle-France», im Jahre 1744 nicht zuletzt auch in kolonialpropagandistischer Absicht publiziert, war die sorgfältigste Gesamtdarstellung zu diesem Thema und ein beliebtes Referenzwerk für anthropologisch interessierte Aufklärungsphilosophen wie Voltaire und Diderot.[204] Dieser «Histoire et description générale» war, in die Form eines Briefwechsels mit einer vornehmen Dame gekleidet, ein Bericht über Charlevoix' eigene Reisen beigefügt. Darin taucht erneut La Hontans Vorstellung von einem großen Binnensee auf, den die Indianer als «Großes Wasser» bezeichneten und von dem die wichtigsten amerikanischen Flüsse ihren Ausgang nähmen. «Es scheint in der Tat», schreibt Charlevoix, «daß es sich hier um das Reservoir der größten Flüsse und der großen Seen Nordamerikas handelt, denn in mehreren Berichten ist davon die Rede, daß die folgenden Flüsse hier entspringen: der Bourbonfluß, der sich in die Hudson Bay ergießt; der Sankt Lorenzstrom, welcher seine Wasser dem Ozean zuträgt; der Mississippi, der dem Golf von Mexiko zufließt; der Missouri, der sich mit dem letzteren vermischt und der bis zum Zusammenfluß diesem in keiner Weise nachsteht; und noch ein fünfter Fluß, der, wie man sagt, in westlicher Richtung wegfließt und folglich seine Wasser zum Südmeer entsendet. Es ist sehr schade, daß dieser See denjenigen gelehrten Männern nicht bekanntgeworden ist, die auf der ganzen Welt nach dem irdischen Paradies suchten...»[205] Auf mittelalterliche Wunschvorstellungen zurückgreifend, fügt Charlevoix noch bei, daß in der Nähe dieses Sees Menschen lebten, die den Europäern glichen, und daß in diesen Gegenden Gold und Silber so häufig vorkämen, daß man sie zum alltäglichsten Gebrauch beiziehe.[206]

Der letzte bedeutende französische Entdecker, der vom Gebiet der Großen Seen aus nach Westen vorstieß, war *Pierre Gaulthier de Varennes, Sieur de La Vérendrye*. In Trois Rivières als Sohn des dortigen Gouverneurs geboren, ergriff La Vérendrye zuerst die militärische Laufbahn, focht auf den Kriegsschauplätzen des Spanischen Erbfolgekrieges in Europa und wurde 1709 bei Malplaquet schwer verwundet. Nach Kanada zurückgekehrt, wurde er im Jahre 1727 mit dem Kommando über einige vorgeschobene Handelsstationen betraut, welche die Franzosen am Nordwestufer des Lake Superior und am Lake Nipigon errichtet hatten. Weil La Vérendrye den Zugang zu den Pelzhandelsgebieten an der Hudson Bay durch die englische Konkurrenz erschwert fand, wandte er sich nach 1730 der Erkundung der Regionen im Westen des Lake Superior zu. Von den Indianern, die er befragte, erhielt er die Nachricht von einer praktikablen Kanuroute zum Lake of the Woods und zum Lake Winnipeg sowie von einem Abfluß dieses Sees zu einem großen Meer im Westen – die letzte Meldung war, wie wir wissen, falsch, aber nicht minder motivierend. Es gelang La Vérendrye mit den Indianern am Lake Winnipeg ein Pelzhandelsmonopol zu vereinbaren und den günstigsten Weg zu diesem See zu erkunden; auch legten er und seine Söhne eine Kette von befestigten Stützpunkten an, um den Zugang zu schützen: Fort Saint Pierre am Rainy Lake, Fort Saint Charles am Lake of the Woods, Fort Maurepas am Südende des Lake Winnipeg und Fort La Reine am Assiniboin River. Um finanzielle Unterstützung zu erhalten, wies La Vérendrye immer wieder auf sein Hauptziel, die Suche nach dem Westmeer, hin; aber davon, Entdeckungen um ihrer selbst willen zu fördern, war die französische Krone, im Hinblick auf Kanada ohnehin knausrig genug, weit entfernt. So stand auch für diesen Reisenden der Pelzhandel im Vordergrund, war er doch darauf angewiesen, was er aus eigener Tasche vorschoß, auf diesem Weg wieder zurückzuerhalten. Obwohl das Erscheinen des weißen Mannes auch hier, zumindest in der Frühphase, für die direkt miteinbezogenen Stämme ein lukratives Geschäft bedeutete, zeigten sich doch bald die negativen Auswirkungen auf das machtpolitische Gleichgewicht zwischen den ethnischen Gruppen. So gelang es den Franzosen am Lake Winnipeg zwar, die dortigen Cree-Indianer an sich zu ziehen; sie handelten sich aber dadurch die Feindschaft der mit diesen rivalisierenden Sioux ein. Im Jahre 1736 wurde eine Gruppe von gegen dreißig Waldläufern, darunter ein Sohn Pierre de La Vérendryes, am Lake of the Woods von einem Stamm der Sioux überfallen und umgebracht.

Im Jahre 1738 unternahm La Vérendrye seine wichtigste Reise, die ihn vom Fort La Reine am Assiniboin River südwärts zum Missouri und zu den Siedlungsgebieten der Mandanindianer, die zur Sprachfamilie der Sioux gehören, führte. Noch immer hofften die Franzosen, auf einen Fluß zu stoßen, der seinen Lauf in westlicher Richtung nehme; auch hatten indianische Berichte von einer dort ansässigen Bevölkerung gesprochen, die in Hautfarbe und Haartracht den Europäern ähnelte – dies vielleicht, wenn überhaupt ein Realitätsbezug denkbar ist, ein Hinweis auf den Kontakt mit Spaniern weit im kalifornischen Süden, dessen Kunde möglicherweise über viele Stationen nach Kanada gelangt war. La Vérendryes Unternehmung stützte sich auf eine Gruppe erfahrener Waldläufer, darunter seine Söhne *Louis-Joseph* und *François,* die von einem disziplinierten Detachement von Assiniboinkriegern begleitet waren. Der Weg führte aus den flußreichen Waldregionen des Nordens in die flachen Prärielandschaften des kanadischen Südens; vom Birkenrindenkanu stieg man auf Schusters Rappen um, bei der Verpflegung wurde das Wildbret durch Büffelfleisch ersetzt.

Im November 1738 kam es zur ersten Begegnung mit den Mandanindianern. Aus La Vérendryes Bericht läßt sich die Enttäuschung darüber heraushören, diesen Stamm den Europäern so wenig ähnlich zu sehen.[207] «Ich gestehe, daß ich sehr überrascht war», heißt es darin, «denn ich hatte, den Berichten zufolge, die man uns gegeben hatte, erwartet, daß dieses Volk sehr von den andern Wilden verschieden sei. Doch sie unterscheiden sich nicht von den Assiniboin, sie sind nackt und tragen nicht einmal einen Lendenschurz, sondern nur ein Stück nachlässig umgehängtes Büffelleder. Ich begriff nun, daß ich von all dem, was mir erzählt worden war, vieles in Abzug zu bringen hatte...»[208]

Wenig später stieß man auf eine befestigte Siedlung mit vielen stattlichen Wohnstätten, auf einem Hügel über einem weiten fruchtbaren Talgrund angelegt. Man wurde überaus freundlich empfangen. «Ich nahm», schreibt La Vérendrye, «ihre Höflichkeitsbezeigungen entgegen, die zur Hauptsache das Vergnügen ausdrückten, das sie über unsern Besuch empfanden. Ich

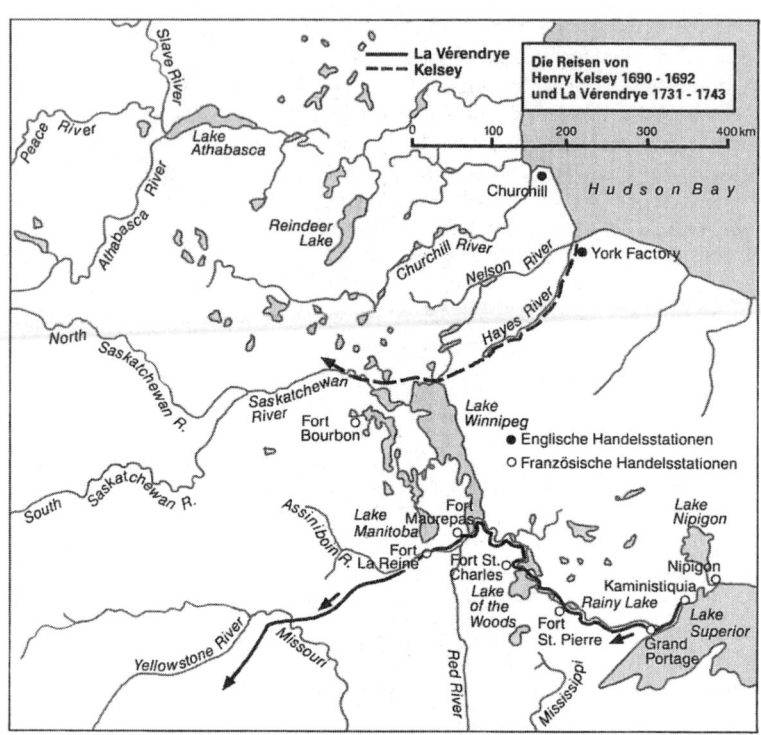

befahl meinem Sohn, dem Ritter, alle Franzosen auf einem Glied antreten zu lassen, vier Schritt hinter unserer Fahne; auch die Assiniboin, soweit sie Musketen trugen, wurden in einer Linie aufgestellt. Nachdem ich ihre Höflichkeit erwidert hatte, ließ ich drei Salutsalven Richtung Fort abfeuern. Eine große Zahl von Indianern war uns schon zuvor entgegengeeilt; aber dies war nichts gemessen an der Zahl, die jetzt auf den Wällen und entlang den Gräben auftauchte.»[209]

Nachdem man sich derart den nötigen Respekt verschafft hatte, blieb Zeit, sich näher kennenzulernen. La Vérendrye gibt auf knappem Raum ein anschauliches Bild der gegenseitigen Kontakte und zeigt sich beeindruckt von der äußeren Erscheinung der Indianer, deren hohen Wuchs und feine Gesichtszüge er zu rühmen weiß. Hundert Jahre später sollte der Deutsche Maximilian zu Wied auf bequemerer Route, missouriaufwärts, die Mandanvölker erreichen, und den Porträts, die der ihn begleitende Maler Karl Bodmer schuf, können wir entnehmen, wie recht La Vérendrye hatte.[210]

In Gesprächen mit den Indianern versuchte der Franzose auch, mehr über die noch unbekannten Gebiete im Westen und Süden zu erfahren. Obwohl

3. Nordamerika

die Verständigung nicht leicht fiel, gelang es nun doch, genauere Angaben zu den «weißen Männern» im Süden zu erhalten, die Eisen bearbeiteten und sich auf Pferden fortbewegten. Zwei seiner Leute, die La Vérendrye, als er im Dezember 1738 den Rückmarsch nach Fort La Reine antrat, bei den Mandan zurückließ, konnten diese indianischen Kontakte mit den Spaniern bestätigen; ferner gelang es ihnen, mehr über den Missouri zu erfahren, der nach Südosten floß und an dessen Ufern sich zahlreiche Mandandörfer befanden.

Im Jahre 1742 entsandte La Vérendrye seine beiden Söhne Louis-Joseph und François erneut ins Siedlungsgebiet der Mandan. Eine beschriftete Bleiplatte, die im Jahre 1913 von Schulkindern bei Fort Pierre, South Dakota, gefunden wurde, beweist, daß die Brüder bis weit am Oberlauf des Missouri vorstießen. Darauf drangen sie, immer in der Hoffnung, das ominöse Westmeer zu erreichen, in westlicher Richtung weiter vor und gelangten möglicherweise bis zu den Big Horn Mountains im heutigen Wyoming, die man als Ausläufer des Felsengebirges betrachten kann.

Der Vorstoß La Vérendryes und seiner Söhne vom Lake Winnipeg zum Oberlauf des Missouri und darüber hinaus zur Ostabdachung der Rocky Mountains gehört zu den herausragenden Entdeckerleistungen der Franzosen in Nordamerika. Für die Amtsstellen in Quebec und Paris freilich war die Unternehmung ein Fehlschlag: Das Westmeer, dessen Auffindung man immer in Aussicht gestellt hatte, war nicht erreicht worden, und Felle konnten aus den trockenen Prärien North Dakotas nicht bezogen werden. La Vérendrye wurde sein Kommando über die vorgeschobenen Stützpunkte zwischen Lake Superior und Lake Winnipeg entzogen, doch wurde er, als sein Nachfolger versagte, wieder ins Amt eingesetzt. Der Entdecker starb im Jahre 1749, eben beschäftigt mit der Planung einer weiteren Reise, die ihn auf dem Saskatchewan River hätte nach Westen führen sollen. Sein Fehler war es, wie John Bartlett Brebner sich ausdrückt, «daß er versuchte, auf zwei Pferden zu reiten, wo doch eines vollauf genügte».[211] Er wollte das Westmeer finden und gleichzeitig neue Pelzhandelsregionen erschließen, und das war angesichts der riesigen Distanzen auch von einem unternehmungslustigen Vater und gehorsamen Söhnen nicht zu leisten.

Im Frieden von Utrecht, 1713, hatte Frankreich seine Ansprüche auf die Hudson Bay aufgeben müssen, und im Frieden von Paris, der 1763 den «French and Indian War» abschloß, verlor es ganz Kanada. Diese Entwicklung der Dinge gab den bisher bescheidenen Aktivitäten der «Hudson's Bay Company» neuen Auftrieb. Bereits im Jahre 1754 hatte *Anthony Henday* von York Factory aus eine Reise unternommen, die in Methode und Zielsetzung derjenigen Kelseys glich, in geographischer und kommerzieller Hinsicht aber bedeutungsvoller war.[212] Henday verließ York Factory im Jahre 1754, folgte dem Hayes River, umrundete den Lake Winnipeg im Norden, erreichte den Südarm des Saskatchewan River und stieß westwärts zu einem seiner Zuflüsse, dem Red Deer River im Norden des heutigen

Calgary vor. Wahrscheinlich gelangte der Reisende in Sichtweite der Rocky Mountains, obwohl dies aus seinem Bericht nicht eindeutig hervorgeht. Henday traf hier auf die Siedlungen der Atsina, von Prärieindianern, die er zu seinem Erstaunen bereits im Besitz von Pferden fand. «Die Eingeborenen sind», schreibt er in seinem Bericht, «gute Reiter und jagen so den Büffel. Sie sind ähnlich wie die andern Indianer bekleidet, sind aber sauberer und lebhafter. Von meinem Tabak halten sie nichts und ich nicht viel von dem ihrigen, der aus getrocknetem Pferdedung besteht.»[213] Von den Atsina, die sich später dem Vordringen der Engländer besonders vehement entgegenstellten, wurde Henday freundlich aufgenommen; aber sie waren nicht daran interessiert, Verbindung mit der Hudson Bay aufzunehmen. Auf dem Rückweg stieß Henday am Unterlauf des Saskatchewan auf eine Reihe von französischen «coureurs des bois», die sich, im Pelzhandelsgeschäft wohlerfahren, als scharfe Rivalen erwiesen, ohne daß es zum Konflikt kam. Im Juni des Jahres 1755 traf er wieder in York Factory ein. Eine ähnliche Reise, die ihn ebenfalls ins Siedlungsgebiet der Atsina führte, unternahm *Matthew Cocking* im Jahre 1772.

Die Übergabe Kanadas an England brachte zwar den französischen Pelzhandel zum Erliegen; doch die Hoffnung der «Hudson's Bay Company», sie könne in ein entstandenes Vakuum vorstoßen, erwies sich als trügerisch. Englische Geschäftsleute begannen nun von Montreal und Quebec aus, zum Teil mit Hilfe des «Know-hows» verbliebener französischer Waldläufer, in den Handel einzusteigen, und bald standen sich im Gebiet des Lake Winnipeg Landsleute in scharfem Wettbewerb gegenüber. Die «Hudson's Bay Company», der man im Mutterland bereits Passivität vorwarf, mußte etwas unternehmen. Um ihre Stellung im Hinterland zu festigen und nach Möglichkeit durch einen vorgeschobenen Handelsposten abzusichern, betraute die Handelsgesellschaft *Samuel Hearne* mit weiteren Erkundungsreisen. Dieser junge Mann, der im Siebenjährigen Krieg in der Marine gedient hatte und im Jahre 1766 in die Dienste der «Hudson's Bay Company» getreten war, sollte ferner die Suche nach der Nordwestpassage fortsetzen und, da die Vereisung der Gewässer den Vorstoß zur See ausschloß, versuchen, den lang ersehnten Zugang zum Pazifik auf dem Landweg zu erreichen. Schließlich hoffte man noch, im Hinterland wenn auch nicht mehr Gold und Diamanten, so doch jene Kupfervorkommen aufzufinden, auf die der Schmuck der Indianer hindeutete. Während rund drei Jahren sollte Samuel Hearne, begleitet nur von einem Trupp von Chipewyanindianern, im Kanu und mit dem Schlitten riesige Distanzen in den Tundraflächen des kanadischen Nordwestens durchmessen; der Reisebericht, den er verfaßte, gehört zu den Klassikern seines Genres.[214]

Nach zwei kleineren, wenig erfolgreichen Inlandexkursionen brach Samuel Hearne im Dezember 1770 vom Fort Prince of Wales, beim heutigen Churchill, zu einer großen Reise auf. Die eigentliche Führung dieses Unternehmens lag in den Händen von Matonabbee, einem indianischen Jäger, dessen Landeskenntnis Hearne bereits bei früherer Gelegenheit schätzengelernt hatte. Auch nahm man, trotz der moralischen Bedenken der Handelsherren in London, nun indianische Frauen mit, die als Hilfskräfte nützlich waren. Man reiste zuerst in westlicher Richtung entlang der Waldgrenze und nährte sich vom Fleisch der Rentiere, die hier vorüberzogen. Dann wandte man sich mit einer reduzierten Gruppe nach Norden, durchquerte die von unzähligen Seen durchsetzten «Barren Grounds» östlich des Great Slave Lake und gelangte im Juli 1771 zur Mündung des Coppermine River in die arktische See. Auf dem Vormarsch schlossen sich Hearne weitere Indianer an, die in Unkenntnis der räumlichen Verhältnisse auf einen profitablen Handel mit den Engländern hofften und zugleich in diesen willkommene Verbündete im Kampf gegen die ihnen verhaßten Eskimos sahen. Es gelang Hearne nicht, einen Überfall auf die Eskimos zu verhindern; aber die innere Bewegtheit, mit der er vom Massaker spricht, ehrt ihn. «Die brutale Art», schreibt er, «mit der diese Wilden mit den Leibern derer, die sie umgebracht hatten, umgingen, war so empörend, daß es gegen den Anstand verstoßen würde, es zu beschreiben. Besonders gilt dies für die Neugierde, mit der sie die Frauen untersuchten, von denen sie sagten, sie unterschieden sich physisch von den eigenen. Ich für meinen Teil muß gestehen, daß ich, wie günstig die Gelegenheit zu einer solchen Abklärung auch sein mochte, innerlich viel zu bewegt war, um solche Feststellungen nachzuprüfen.»[215]

Der Coppermine River hielt nicht, was sein Name versprach. Zwar fand sich in der Tat ein Stück Kupfer von etwa vier Pfund Gewicht, das als Leistungsausweis mitgenommen und später nach London gesandt wurde; aber die Kupferberge, von denen die Indianer gesprochen hatten, fanden sich nicht, und an eine Ausbeutung von Minen ist in diesen abgelegenen Gegenden und in vereistem Boden bis heute nicht zu denken.

Auf dem Rückweg gelangte Hearne zum Great Slave Lake, den er am Jahresende erreichte. Die Strapazen näherten sich nun ihrem Ende, die Wunden an den Füßen heilten aus, während des Weitermarschs nach Süden und Südosten setzte das Tauwetter ein. Die Verpflegung war gesichert: Schmackhaftes Wildbret, Büffel, Elche, aber auch Biber waren im Überfluß vorhanden, und in den Gewässern wimmelte es von Fischen. Im Juni 1772 traf Samuel Hearne mit seinen indianischen Begleitern im Fort Prince of Wales ein.

Samuel Hearnes Reisebericht ist ein in mancher Hinsicht eindrucksvolles Dokument. Der Autor war literarisch begabt, weit eher ein ruhiger Beobachter als ein Tatmensch, und von seinem indianischen Führer Matonabbee in allen praktischen Fragen völlig abhängig. Von der Technik der Standortbestimmung und der Technik des Überlebens in unwirtlicher Umwelt verstand er gleichermaßen wenig; aber er besaß die Fähigkeit, die Begegnung mit Landschaften und Tieren anschaulich wiederzugeben und sich nicht nur der Lebensweise der Indianer anzupassen, sondern auch in erstaunlichem Maße deren Überlegungen nachvollziehen zu können. Die Schilderung, die er im

Reisebericht und einem speziellen Anhang von den Jagdmethoden der Indianer, den Heilmethoden ihrer Medizinmänner und von der Rolle der indianischen Frau gibt, sind Kabinettstücke ethnographischer Aufzeichnung.[216] Auch das Porträt, das der Reisende von seinem Freund Matonabbee zeichnet,[217] ist, ohne zur Literatur vom «Edlen Wilden» zu gehören, erstaunlich verständnisvoll. «Es wäre unmöglich», schreibt er, «bei der Ausführung eines Versprechens zuverlässiger zu sein, als er es war. Seine gewissenhafte Wahrheitsliebe und Ehrbarkeit würden dem klügsten und demütigsten Christen zur Ehre gereicht haben...»[218]

In geographischer Hinsicht bestand Hearnes Leistung vor allem darin, daß er, wie vor ihm La Vérendrye, die Breite des amerikanischen Kontinents betonte und klarmachte, daß mit der Erschließung eines Zugangs zu einem Westmeer oder zum Pazifik nicht gleich zu rechnen sei. Daß seine Reise unmittelbare kommerzielle Auswirkungen haben könnte, bezweifelte Hearne. «Zwar werden meine Entdeckungen», schreibt er am Schluß seines Reiseberichts allzu bescheiden, «weder der Nation noch selbst der ‹Hudson's Bay Company› großen Vorteil bringen; doch freut es mich zu wissen, daß ich die Befehle meiner Vorgesetzten vollumfänglich befolgt und den Auseinandersetzungen um eine Nordwestpassage durch die Hudson Bay ein für alle Mal ein Ende gemacht habe.»[219]

Im Jahre 1774 stieß Hearne erneut von York Factory aus landeinwärts vor und erbaute nördlich des Saskatchewan River, nahe dem noch heute bestehenden kleinen Fellumschlagplatz The Pas, eine Blockhütte: Cumberland House. Der Ort war gut gewählt: Günstige Flußverbindungen führten zu den am Pelzhandel interessierten Stämmen, und man war näher an der Ware als die Waldläufer, die vom Lake Superior aus operierten. Das bedeutete allerdings keineswegs, daß die «Hudson's Bay Company» die Konkurrenz ihrer Landsleute, welche westlich der Großen Seen die Nachfolge der Franzosen angetreten hatten, ausgeschaltet hätte. Zur Zeit, da Hearne seine Inlandstation gründete, hielten sich in dem Gebiet mehrere Engländer vom Lake Superior auf, und von einem von diesen, einem gewissen *Alexander Henry,* hat sich auch ein Reisebericht erhalten.[220]

Alexander Henry stammte aus New Jersey, hatte im «French and Indian War» mitgekämpft, war in indianische Gefangenschaft geraten und hatte sich, nachdem er mit viel Glück freigekommen war, entschlossen, seine gesammelten Erfahrungen als Waldläufer zu nutzen. Im Jahre 1775 drang Henry vom Lake Superior zum Lake Winnipeg und bis Cumberland House vor, wo er von den Vertretern der «Hudson's Bay Company» mit zurückhaltender Höflichkeit begrüßt wurde. In seinem Bericht schildert Henry die Begegnung wie folgt: «Am sechsundzwanzigsten [Oktober 1775] erreichten wir Cumberland House... Dieses Haus war ein Jahr zuvor von Mr. Hearne errichtet worden, welcher nun abwesend und auf einer seiner wohlbekannten Entdeckungsfahrten war. Die Garnison war von einer Abteilung von ‹Highlanders› besetzt, die von den Orkneyinseln kamen und unter dem

Kommando eines Mr. Cocking standen, der uns, obwohl wir nicht willkommen waren, mit Anstand begrüßte. Die Absicht, als man Cumberland House baute, hatte darin bestanden, die Indianer vom Handel mit den kanadischen Geschäftsleuten abzuhalten und sie zu veranlassen, die Hudson Bay aufzusuchen.»[221]

Im Winter des Jahres 1776 unternahm Henry, ausgehend von Cumberland House, eine weitere Reise, die ihn zum Saskatchewan River und zu den Grasfluren des Südens, wo die Assiniboinindianer und die Büffel lebten, führte. Sein Bericht gibt eindrücklich Zeugnis vom Durchhaltewillen dieses Mannes, der seine zwei völlig entkräfteten Begleiter mit sich durch eine Eiswüste schleppte, in der sich nichts zum Essen fand als hie und da ein Stück Fleisch von einem längst verendeten Tier, das sich, obwohl von Wölfen angenagt, in der Kälte gut konserviert hatte. «Die Tiefe des Schnees und die Intensität der Kälte», heißt es in Henrys Bericht, «machten das Vorankommen weit beschwerlicher, als ich vorausberechnet hatte, und ich mußte fürchten, daß uns der Proviant ausgehen würde. Die Sonne erhob sich um halb zehn Uhr morgens, und sie ging um halb drei Uhr nachmittags unter. Allerdings ist es in diesen Klimazonen nie ganz dunkel, und das Licht des Nordens und sein Widerschein auf dem Schnee geben dem Reisenden genügend Helle. Dem ist beizufügen, daß der Fluß, dem ich folgte [der Saskatchewan River], mir ein Führer war, der mich meinen Weg nicht verlieren ließ. Jeder Tagesmarsch begann um drei Uhr morgens.»[222]

Ein Waldläufer von ähnlicher Zähigkeit des Körpers und des Geistes wie Alexander Henry, der, wie dieser, im «French and Indian War» mitgekämpft hatte, war *Peter Pond*.[223] Um 1775 zog Pond vom Lake Superior aus gegen Westen und arbeitete auch eine Zeitlang mit Henry zusammen, bevor er 1778 zum Lake Athabasca aufbrach, an dessen Südende er sein Standquartier errichtete. Dieser weit vorgeschobene Stützpunkt ersparte den indianischen Pelzhändlern den Weg zur Hudson Bay, und Pond sorgte dafür, daß die Handelsverbindungen über mehrere Etappenstationen zum Lake Superior und von dort nach Montreal nicht abbrachen. Es läßt sich nicht mit Sicherheit sagen, inwieweit der Waldläufer die Umgebung des Lake Athabasca selbst erkundete und inwieweit er sich durch die Indianer informieren ließ; als wahrscheinlich gilt, daß er zum Great Slave Lake und zum Peace River vordrang. Im Jahre 1784, anläßlich eines Aufenthalts in Montreal, erfuhr Peter Pond von der dritten Reise des Kapitäns James Cook, die diesen 1778 der kanadischen Pazifikküste entlang zur Beringstraße geführt hatte, und dies bewog ihn, die Erkenntnisse des berühmten Weltumseglers zusammen mit seinen eigenen auf einer Karte zu verarbeiten.[224] Die Karte gibt einen guten Überblick über die Pelzhandelsgebiete im Westen und Nordwesten des Lake Winnipeg; ihr Hauptfehler liegt in der Wiedergabe der Distanzen: So werden etwa der Great Slave Lake und die Quelle des Saskatchewan River viel zu nahe an die Pazifikküste gerückt. Peter Pond trug sich denn auch, als er nach 1785 wieder in seine Pelzhandelsreviere zurückkehrte, mit dem Gedanken, das vermeintlich kurze Wegstück zum Pazifik in wenigen Tagereisen zurückzulegen, und ähnliche Pläne hegte Alexander Henry, der sich ebenfalls sorgfältig auf dem laufenden hielt. Doch beide Waldläufer waren mit gegen fünfzig Jahren zu alt, um ein solches Unternehmen noch wagen zu können. Es sollte Alexander Mackenzie vorbehalten bleiben, die Mutmaßungen von Pond und Henry an Ort und Stelle zu überprüfen und die Frage der Verbindung des kanadischen Nordwestens zu den Meeren im Norden und im Westen endgültig zu klären.

Alexander Mackenzie war in jungen Jahren aus Schottland nach Nordamerika gekommen und hatte einige Zeit in Montreal und Detroit als Kaufmann gearbeitet.[225] Als sich im Jahre 1783 die kanadischen Pelzhandelsgesellschaften zur «North-West Company» zusammenschlossen, um gegenseitige Rivalität auszuschließen und der Konkurrenz der «Hudson's Bay Company» besser gewachsen zu sein, zog Mackenzie nach Westen. Im Jahre 1788 gründete er im Auftrag der «North-West Company» am Westzipfel des Lake Athabasca das Fort Chipewyan, das zum Ausgangspunkt seiner zwei großen Reisen werden sollte. Es scheint, daß Mackenzie der alltäglichen Routine des Fellhandelsgeschäfts wenig Geschmack abgewinnen konnte und seinem Ehrgeiz früh ein höheres Ziel setzte, nämlich dies, «die Möglichkeit einer Durchquerung des amerikanischen Kontinents» zu erproben.[226] Wie weit er bei diesem Vorhaben allenfalls von der «North-West Company» unterstützt wurde, läßt sich nicht mit Sicherheit entscheiden.[227] Sicher aber ist, daß Mackenzie für die Aufgabe, die er sich gestellt hatte, hervorragend qualifiziert war. Er war jung und bereit, von seinem Körper das Äußerste zu fordern; er war ein umsichtiger, mit den Landesverhältnissen wohlvertrauter Organisator; und er wußte durch sein umgängliches Wesen das Vertrauen seiner Begleiter zu gewinnen und zu erhalten. Schließlich erwies sich Mackenzie auch als recht gewandt im Umgang mit der Feder. Zwar erschien der Bericht seiner beiden großen Reisen nach mühsamer Redaktionsarbeit erst im Jahre 1801, und der Autor bekennt in seinem Vorwort, daß er für literarischen Ruhm nicht geschaffen sei und sich lediglich für die Einfachheit und Wahrheit seiner Darlegungen einige Anerkennung erhoffen könne;[228] doch seine Aufzeichnungen, obwohl Tag für Tag das Vorgefallene getreulich notierend, gehen dank ihren scharfsichtigen Beobachtungen zu Mensch und Natur weit über die Eintragungen eines Logbuchs hinaus.

Im Juni des Jahres 1789 brach Alexander Mackenzie mit einigen Indianern und deren Frauen, mit vier französisch-kanadischen Waldläufern und mit einem Deutschen, von dem man nicht mehr weiß, als daß er sich *John Steinbrück* nannte, von Fort Chipewyan nach Norden auf. Man hielt sich an die Wasserstraßen und benutzte Rindenkanus; als Verpflegung führte man «Pemmikan» mit sich, nach Indianerart getrocknetes Büffelfleisch. Auf dem Slave River kam man rasch voran, obwohl die Stromschnellen verschiedentlich das Tragen der Boote nötig machten. Bereits innerhalb von Wochenfrist war der Great Slave Lake erreicht. Der See war größtenteils zugefroren, und

3. Nordamerika

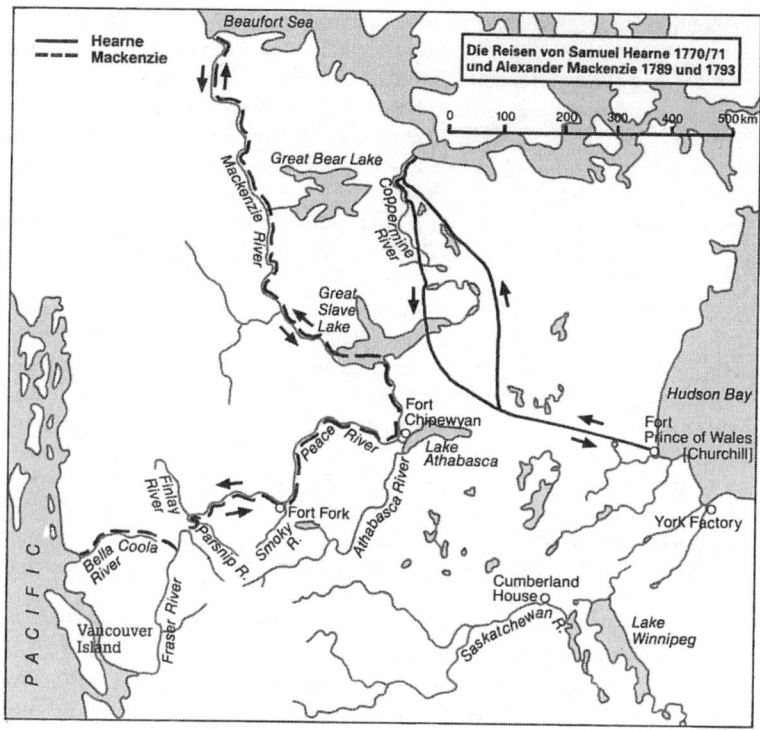

man arbeitete sich unter heftigen Regen- und Schneeschauern mühsam zu seinem Nordufer durch. Während mehreren Tagen suchte man, von Indianern, auf die man zufällig stieß, schlecht beraten, nach einem Abfluß des Sees im Nordwesten. Am 29. Juni endlich erreichte man den Fluß, der heute, dem schottischen Reisenden zu Ehren, Mackenzie River heißt.

Der Fluß verläuft zuerst während vierhundert Kilometern in westlicher Richtung, und ein guter Rückenwind gestattete es, Segel zu setzen und rasch voranzukommen: Die Mutmaßungen Peter Ponds bezüglich einer kurzen Wegstrecke vom Sklavensee zum Pazifik schienen sich zu bewahrheiten. Doch als sich am Morgen des 2. Juli die Nebel auflösten, sahen sich Mackenzie und seine Begleiter einer langgestreckten und hoch aufragenden Gebirgskette gegenüber: den Rocky Mountains, die hier eine Höhe von gegen dreitausend Metern erreichen. «Um neun Uhr vormittags», lesen wir im Reisebericht, «bemerkte ich vor mir sehr hohe Berge, die, als wir uns noch mehr näherten, eher noch als eine Ansammlung von Gebirgen erschienen. Ihre Gipfel waren in den Wolken verborgen, und sie erstreckten sich, soweit unser Blick reichte, in südlicher Richtung.»[229] Damit war die Aussicht auf einen raschen Zugang zum Pazifik erneut verschüttet, um so mehr, als der Mackenzie River seine Richtung bald nach Norden veränderte. Auf dem rasch dahinströmenden Fluß kam man gut voran, verfolgt allerdings, trotz kühler Witterung, von Schwärmen von Stechmücken, die zu den hauptsächlichsten Beschwerlichkeiten des Reisens in nördlichen Breiten gehören. «Die Strömung», schreibt Mackenzie unter dem Datum des 3. Juni, «war so außerordentlich stark, daß sie ein Zischen und Schäumen erzeugte wie in einem siedenden Kessel.»[230] Hie und da traf man auf Gruppen von Indianern, deren Erschrecken über den Anblick der Fremden man mit kleinen Geschenken und einem Schluck aus der Branntweinflasche zu beschwichtigen suchte. Befragt nach dem Weg zum Meer, warteten die Indianer mit Greuelmärchen auf und sprachen davon, daß die Reise dorthin mehrere Winter dauern und daß die Reisenden, falls überhaupt, nur als alte Männer zu ihrem Ausgangspunkt zurückkehren würden. Am 10. Juli notiert Mackenzie in seinem Reisejournal, wie das Flußufer niedriger, das umliegende Land flacher wurde und der Fluß breiter dahinströmte: Das arktische Delta des Mackenzie River war erreicht. Man gelangte zu einer sichelförmigen Bucht, die im Nordwesten den Blick auf die entferntesten Ausläufer des Felsengebirges freigab, man überblickte die zugefrorene, von einzelnen Inseln durchsetzte Fläche des Eismeeres und konnte an der Küste, wo sich ein Saum offenen Wassers hinzog, den Wechsel der Gezeiten beobachten. Die Enttäuschung darüber, so weit nach Norden abgetrieben worden zu sein, ohne einen Zugang zum Pazifik gefunden zu haben, war groß, und sie soll Mackenzie dazu bewogen haben, seinen Fluß «River of Disappointment» zu nennen.[231] Während mehreren Tagen erkundete man die Bucht und ließ sich gar dazu verleiten, auf den wenig hochseetauglichen Kanus Jagd auf Wale zu machen. Man konnte am Ufer auch da und dort die Wohnstätten der Eskimos feststellen, und Mackenzie beschreibt deren Inneneinrichtung mit spürbarem Interesse; doch die Bewohner waren geflüchtet und konnten nicht befragt werden. Am 16. Juli wurde der Rückweg flußaufwärts angetreten.

Die Rückfahrt gegen die Strömung gestaltete sich schwierig, und es kam zu Unterbrechungen, teils wegen des schlechten Wetters, teils weil die schwindenden Vorräte Jagdausflüge nötig machten. Hatte man auf dem Hinweg die Strecke vom Great Slave Lake zur Küste, eine Distanz von rund tausendsiebenhundert Kilometern, in der kurzen Zeit von gut zwei Wochen zurückgelegt, benötigte man dazu nun siebenunddreißig Tage. Am 10. September 1789 traf Mackenzie mit seinen Begleitern in Fort Chipewyan ein, wo man eben damit beschäftigt war, ein neues Blockhaus zu errichten. Die ganze Reise hatte etwas mehr als hundert Tage gedauert.

Den Zugang zum Pazifik, Fernziel so vieler Unternehmungen seit den Tagen Verrazanos und Martin Frobishers, hatte die erste Unternehmung Mackenzies zwar nicht erschlossen; doch es blieb eine überaus eindrucksvolle Leistung, sowohl was den physischen Einsatz der Beteiligten als auch was die geographische Ausbeute anbetraf. Einer der längsten Flüsse Nordamerikas war auf seiner ganzen Länge befahren und kartographisch aufgenommen worden. In Erweiterung der Kenntnis, die zwei Jahrzehnte zuvor Samuel Hearnes Reise zum Coppermine River beigebracht hatte, wurde es nun möglich, sich in groben Zügen eine Vorstellung von dem riesigen Gebiet der «Northwest Territories» zu machen, die mehr als ein Drittel des heutigen Kanada umfassen und mit ihren rund vierzigtausend Einwohnern, vorwiegend Eskimos und Indianern, zu den am schwächsten besiedelten Regionen der Erde gehören. Der «North-West Company» erwuchs aus Mackenzies Unternehmung kein unmittelbarer Vorteil: Das Pelzhandelsterritorium wäre auch ohne sie zum Great Slave Lake erweitert worden, und Bodenschätze, auch wenn man sie gefunden hätte, wären mit den damaligen Mitteln nicht zu transportieren gewesen. Selbst heute, da es gelungen ist, in diesem Gebiet erhebliche Vorkommen an Blei, Zink, Erdöl, Kupfer, Uran und Gold aufzuspüren, erschwert das Transportproblem die Ausbeutung.

Es war nicht seine erste, sondern die zweite Reise, die Alexander Mackenzies Ruhm als Entdeckungsreisender begründete. Nach Fort Chipewyan zurückgekehrt, befaßte sich der Schotte zuerst tatkräftig mit dem Aufbau des Pelzhandels zwischen Lake Athabasca und Great Slave Lake; zugleich aber behielt er seinen Plan, eine Westroute zum Pazifik zu finden, im Auge. Er wußte nun, daß vom Mackenzie River aus kein gangbarer Weg über das Felsengebirge führte, erinnerte sich aber zugleich an Gespräche mit Indianern, die ihm von einem Fluß im Westen gesprochen hatten. Auch waren inzwischen die Koordinaten von Fort Chipewyan festgestellt worden, und man wußte, wo Kapitän Cook im Jahre 1778 die nördliche Pazifikküste berührt hatte – über die Distanz zur Küste bestand nun also keine Ungewißheit mehr. Doch Mackenzie prüfte nicht nur die Summe seiner Informationen; er prüfte auch sich selbst. Bezeichnend für den Typus des modernen Forschungsreisenden, wie der Schotte ihn verkörperte, ist der Umstand, daß er sich nach seiner ersten Reise selbstkritisch Rechenschaft von seiner mangelnden Technik der Standortbestimmung und der schlechten Qualität seiner Meßinstrumente gab. Im Jahre 1791 begab sich Mackenzie zuerst nach Montreal und dann nach England, wo er sich weiterbildete und zuverlässigere Instrumente zu beschaffen suchte. Im folgenden Jahr traf er wieder in Fort Chipewyan ein.

Auf seiner zweiten Reise, die er im Oktober 1792 antrat, überwinterte Mackenzie im Fort Fork, das südwestlich von Fort Chipewyan am Peace River erstellt worden war. Der Plan war, diesem Fluß oder seinen Quellflüssen im Kanu so weit als möglich stromaufwärts zu folgen, dann die Wasserscheide auf einem Paßübergang zu überqueren und einem in westlicher Richtung sich ergießenden Fluß bis zum Pazifik zu folgen. Für ein solches Unterfangen fähige und beherzte Leute zu finden war nicht leicht: Der Reisegruppe gehörten schließlich, neben dem Anführer und seinem Stellvertreter, einem gewissen *Alexander McKay,* sechs französische Waldläufer und zwei indianische Pfadfinder und Dolmetscher an. Daß zwei seiner Begleiter bereits auf der ersten Reise mit dabei waren, bezeugt das Vertrauen, das sie in ihren Führer setzten.

Der Peace River hat von seinem entferntesten Quellfluß, dem Finlay River, aus gemessen eine Länge von gegen zweitausend Kilometern und trägt seinen Namen deshalb, weil sich an seinem Unterlauf Cree- und Beaverindianer zu einem Friedensabkommen trafen. Die Fahrt flußaufwärts, die Mackenzie und seine Begleiter in einem einzigen großen Kanu am 9. Mai 1793 antraten, führte zuerst durch eine hügelige Parklandschaft, «die schönste Gegend, die ich je erblickt habe», wie es im Reisebericht heißt.[232] Doch dann wurde der Fluß immer reißender, und man gelangte in eine tief eingeschnittene Schlucht, die nur unter großen Gefahren, indem man gegen die Strömung anstakte oder das Boot den Steilhängen entlang vorantrug, überwunden werden konnte. Unter der Mannschaft wurden Stimmen laut, die zum Abbruch der Unternehmung rieten; doch Mackenzie war entschlossen, diesem «Gemurmel keine Beachtung zu schenken»[233] und die Reise fortzusetzen. Ende Mai gelangte man zu einer Flußgabelung, und es stellte sich die Frage, ob man in nordwestlicher Richtung dem Finlay River oder in südwestlicher Richtung dem Parsnip River folgen wollte. Dem Hinweis eines landeskundigen Indianers folgend, entschied sich Mackenzie zum Weg nach Süden – zu seinem Glück; denn der Finlay River hätte in einen ausweglosen Talkessel der Rocky Mountains geführt. Doch auch nach Südwesten hin erwies sich das Vorankommen als schwierig: Man verlor sich in sumpfigem Gelände und in fast undurchdringlichen Wäldern; die vereinzelten Indianer, denen man begegnete, zeigten sich feindselig, und der Schwarm von Stechmücken ließ sich nicht abschütteln.

Am 17. Juni erreichte Mackenzie den Fraser River, der seinen Lauf über eine Distanz von tausendvierhundert Kilometern in vorwiegend südwestlicher Richtung nimmt und sich beim heutigen Vancouver in den Pazifik ergießt. «Endlich genossen wir», heißt es im Reisebericht, «die unaussprechliche Genugtuung, nach so viel Plackerei und Sorge das Ufer eines schiffbaren Flusses auf der Westseite der ersten großen Bergkette erreicht zu haben.»[234] Mackenzie folgte dem Fraser River eine Zeitlang, konnte sich aber nicht entschließen, ihn bis zu seiner Mündung in den Pazifik zu befahren, einerseits weil ihm die Indianer abrieten, andererseits weil sein Verlauf nach Süden, statt nach Westen, wies. So entschloß man sich, die Küste auf dem Landweg zu erreichen. «Ich rief jene von meinen Leuten, die der Beratung mit den Indianern nicht beigewohnt hatten, zusammen», schreibt Mackenzie, «ich rühmte mit Nachdruck ihren Mut, ihre Geduld und ihren Durchhaltewillen und legte ihnen die Schwierigkeiten dar, die uns drohten, wenn wir den Fluß weiter befuhren... Mein Vorschlag stieß auf wärmste Billigung, und sie versicherten mir übereinstimmend, daß sie heute wie bisher bereit seien, meine Entschlüsse, wie immer diese lauten möchten, mitzutragen und mir zu folgen, wohin immer ich gehen sollte.»[235]

Der Marsch zur Küste nahm fünfzehn Tage in Anspruch und vermittelte eine Reihe völlig neuer Erfahrungen. Man kam auf den Indianerpfaden gut vorwärts; aber das feuchtwarme Klima der Westabdachung des Felsengebirges war ungewohnt und machte zu schaffen. Man durchquerte Waldungen mit gigantisch aufstrebenden Bäumen und setzte über Flüsse, die mit Fischen buchstäblich angefüllt waren. Die Indianer, auf die man traf, unterschieden sich in Aussehen und Lebensgewohnheiten von denen des Hinterlandes; einige von ihnen verfügten über europäische Handelsartikel – ein Hinweis darauf, daß gelegentlich ein europäisches Schiff vor der Küste kreuzte. Gegen die Küste hin wurde die indianische Bevölkerung zahlreicher, wohlhabender und gastfreundlicher. Rund fünfzig Kilometer vom Meer entfernt, am Bella Coola River, traf man auf eine kleine indianische Siedlung, wurde aufs freundlichste empfangen und mit ausgesuchten Lachsspezialitäten bewirtet; mit Bewunderung schildert Mackenzie die «fishing machines», ingeniös erdachte Reusen, mit denen die Nordwestküstenindianer einen nie versagenden Nachschub ihres Hauptnahrungsmittels sicherzustellen wußten. Auch den indianischen Wohnstätten, stattlichen Holzhäusern, gilt sein Augenmerk: «Sie waren», schreibt er, «mit Hieroglyphen und Bildern verschiedener Tiere bemalt, und zwar auf so treffende Weise, wie man dies von einem so unzivilisierten Volk nicht erwartet hätte.»[236]

Auf dem Bella Coola River wurde die letzte Wegstrecke zurückgelegt, und am 20. Juli 1793 trafen Mackenzie und seine Leute, begleitet von einer indianischen Eskorte, an der Küste des Ozeans ein, der die Fantasie von Seefahrern und Waldläufern während so langer Zeit beschäftigt hatte. Die Schilderung, die der Schotte von seiner Ankunft gibt, paßt in ihrer Nüchternheit nicht eben gut zur Bedeutung des Ereignisses: «Um etwa acht Uhr [vormittags] verließen wir den Fluß, der sich in verschiedenen Armen in eine Bucht des Meeres ergießt. Die Flut war zurückgegangen und ließ eine weite, mit Seegras bedeckte Fläche hervortreten. Die Hügel der Umgebung waren in Nebel gehüllt. Der Wind wehte sehr stark gegen Westen, in unserer Richtung; und die Bucht schien eine Breite von ein bis drei Meilen zu haben. Während wir an Land weiter vordrangen, sahen wir eine große Anzahl von Seeottern. Wir feuerten auf sie einige Schüsse ab, jedoch erfolglos, da sie mit großer Schnelligkeit im Wasser untertauchen.»[237]

Der Aufenthalt an der Pazifikküste war von zunehmenden Spannungen mit den Indianern überschattet. Es ist wahrscheinlich, daß diese ihre ersten negativen Erfahrungen im Umgang mit den Europäern bereits gemacht hatten; denn spanische Schiffe suchten gelegentlich diese Gestade auf, und erst Anfang Juni hatte Kapitän George Vancouver, der im Auftrag der englischen Admiralität den Küstenverlauf kartographisch aufnahm, hier angelegt. Es gelang Mackenzie, eine genaue Standortbestimmung vorzunehmen und mit großem psychologischem Geschick Konflikten auszuweichen, die leicht das Ende der Unternehmung hätten bedeuten können. Am 23. Juli wurde der Rückweg angetreten.

I. Der Vorstoß ins Landesinnere

Die Reise zum Pazifik hatte fünfundsiebzig Tage gedauert; die Reise zurück, im wesentlichen derselben Route folgend, nahm nur einen Monat in Anspruch. Mackenzies Journal berichtet darüber wesentlich knapper, beschränkt sich auf Standorts- und Richtungsangaben, gibt einige Hinweise zu den Witterungsbedingungen. Am 24. August kam man beim Fort Fork an: «... als wir das Fort erblickten», heißt es im Reisebericht, «zogen wir unsere Flagge hervor und feuerten unsere Waffen ab. Die Leute waren in derartiger Verfassung und machten solch energischen Gebrauch von ihren Paddeln, daß wir anlangten, bevor die zwei Männer, die wir hier im Frühling zurückgelassen hatten, zur Besinnung kamen und antworten konnten. So landeten wir um vier Uhr nachmittags an demselben Platz, den wir am 9. Mai verlassen hatten. Hier endet die Geschichte meiner Entdeckungsreisen. Ihre Strapazen und Gefahren, ihre Besorgnisse und Leiden sind in meiner Beschreibung nicht übertrieben worden. Es hat mir im Gegenteil des öfteren die Sprache gefehlt, sie zu beschreiben. Ich empfing indessen die Belohnung für meine Arbeit; denn meine Bemühungen waren erfolgreich.»[238]

Beim Abschluß seiner zweiten Reise war Alexander Mackenzie knapp dreißig Jahre alt. Im Jahre 1794 zog er nach Montreal und überreichte dem dortigen Gouverneur ein Seeotterfell zum Beweis, daß er den Pazifik erreicht hatte. Während der nächsten Jahre wirkte er als Pelzhandelsagent in Kanada und besuchte wiederholt England, wo er die Publikation seines Reiseberichts vorbereitete, sein wachsendes Ansehen genoß und eine vorteilhafte Ehe einging. Vor seinem Tod im Jahre 1820 zog er sich auf ein Landgut in Schottland zurück.

Mit seiner Durchquerung des Kontinents wiederholte Alexander Mackenzie im Norden, was Cabeza de Vaca über zweihundertfünfzig Jahre zuvor im Süden gelungen war. Doch wie unterschiedlich waren, vom Vorgehen und der Zielsetzung her, die beiden Unternehmungen! Zwei Gemeinsamkeiten lassen sich vorab immerhin festhalten: Beide Reisende waren Persönlichkeiten von ganz außerordentlicher Geistes- und Willenskraft; und beide Reisen wären ohne die hilfreiche Mitwirkung der Indianer völlig undenkbar gewesen. Hier aber endet schon die Übereinstimmung. Der gewichtigste Unterschied zwischen den Unternehmungen von Cabeza de Vaca und Mackenzie war zweifellos, daß man im ersten Fall von einer eigentlichen Irrfahrt sprechen muß, zu deren glücklichem Abschluß der Zufall das meiste beitrug, während es sich im zweiten Fall um eine genau geplante, systematisch vorangetriebene Reise handelte, deren Route sich dank fortgeschrittener Technik der Standortbestimmung und präziser Landschaftsbeschreibung im Detail überprüfen läßt. Schon der Beginn von Cabeza de Vacas Reise – eine Folge des Scheiterns von Pánfilo de Narváez – hatte rein akzidentellen Charakter, und wohin es den Reisenden in der Folge verschlug, hing wenig von ihm selbst ab. Im Falle von Mackenzie wird man dagegen von einem klaren entdeckerischen Gesamtkonzept sprechen dürfen, dessen erster Teil – die Fahrt zum Polarmeer – der empirischen Abklärung einer Hypothese galt.

3. Nordamerika

Seine Reise westwärts zum Pazifik diente in einem weiteren Schritt der Prüfung der letzten Möglichkeit, die, unter Berücksichtigung von La Vérendryes Erkenntnissen, logischerweise noch blieb, und sie wurde nach einem genau vorbedachten Plan durchgeführt, was seine Begleiter zutiefst beeindruckte. «Der Eindruck, den man aus seiner bescheidenen Schilderung gewinnt», schreibt John B. Brebner, «ist der, daß sein Selbstvertrauen und seine Zielstrebigkeit das einzig Sichere für sie war in einer unsicheren Welt.»[239]

In auffälligem Gegensatz zu Cabeza de Vaca steht auch die persönliche Desinteressiertheit Mackenzies. Wie sehr die spanischen Konquistadoren sich seit Kolumbus dem persönlichen Zwang unterstellten, das Goldland zu finden, ist bekannt, und von der Faszinationskraft, die von utopischen Zielorten wie dem «El Dorado», dem «irdischen Paradies», den «Sieben Städten von Cibola» ausging, ist eingehend die Rede gewesen. Nichts von alledem bei Mackenzie. Selbst seine Absicht, den Zugang zum Pazifik zu finden, ein Gedanke, der über Jahrhunderte hin mit der erwartungsvollen Aussicht verknüpft gewesen war, die Reichtümer Indiens einsammeln zu können, reduziert sich bei ihm pragmatisch auf die Lösung eines geographischen Problems. Nicht daß dieser Reisende sich in Geldangelegenheiten nicht ausgekannt hätte – einige seiner Briefe als Handelsagent, die erhalten geblieben sind, machen dies deutlich. Doch aus Mackenzies Reiseberichten geht ebenso deutlich hervor, daß er sein Verdienst nicht darin sah, das Einkommen der «North-West Company» zu mehren, sondern durch die Erforschung noch unbekannter Gegenden einen Beitrag zur Erweiterung des allgemeinen Wissens zu leisten. Wie andere Reisende des Aufklärungszeitalters dürfte auch er das Wort Francis Bacons gekannt haben, wonach Wissen Macht bedeutet, und in einem Brief an Staatssekretär Castlereagh hat er eindringlich auf den weltpolitischen Nutzen einer transkontinentalen Kette englischer Handelsstützpunkte hingewiesen, die in der Lage wären, dem Druck der Amerikaner aus dem Süden und der Spanier aus dem Westen standzuhalten.[240] Seine persönliche Aufgabe aber sah Mackenzie in einer Verbesserung der Kenntnis bisher unbekannter Regionen – den materiellen Vorteil daraus mochten andere ziehen.

Die Art und Weise, in der Alexander Mackenzie seine Unternehmungen plante, durchführte und beschrieb, hat auf andere Reisende prägend gewirkt, die nach ihm vom Osten her zu den Gestaden des Pazifiks aufbrachen. Ihre Leistungen fallen in die erste Hälfte des 19. Jahrhunderts und sind nicht mehr Gegenstand dieses Buches; einige ihrer Namen aber seien noch erwähnt. Ebenfalls in Diensten der «North-West Company» reisten *Simon Fraser* und *David Thompson*: Der erste erkundete 1808 den nach ihm benannten Fluß, den Mackenzie gemieden hatte, bis zu dessen Mündung; der zweite durchstreifte weite Regionen zwischen dem Quellgebiet des Mississippi und des Saskatchewan River und folgte zwischen 1807 und 1811 dem Lauf des Columbia River, den er sorgfältig kartographisch aufnahm. Man schätzt, daß Thompson im Kanu, zu Pferd und zu Fuß insgesamt rund achtzigtausend Kilometer zurücklegte, und seine Karten sind an Präzision erst in neuester Zeit übertroffen worden.[241] Einen der wichtigsten Zugangswege zum Pazifik erschloß in den Jahren 1804 bis 1806 die von Präsident Thomas Jefferson ausgesandte Expedition von *Meriwether Lewis* und *William Clark*, von der bereits kurz die Rede war. Die beiden Reisenden folgten von Saint Louis aus dem Missouri, gelangten ins Gebiet der bereits von La Vérendrye besuchten Mandanindianer, überschritten auf schwierigen Gebirgspfaden die Wasserscheide der Rocky Mountains und erreichten über mehrere Zuflüsse den Columbia River, dem sie bis zu seiner Mündung folgten. Einen entscheidenden Beitrag zur Öffnung des Westens leisteten schließlich zwischen 1842 und 1845 drei Expeditionen unter dem Kommando von *John Charles Frémont*, einer schillernden Persönlichkeit, in der sich die Qualitäten des Forschungsreisenden, des militanten Expansionisten und des geschickten Lobredners eigener Leistung verbanden. Frémonts Auftreten läutete das Ende der spanischen Herrschaft über Kalifornien ein, und seine Reiseberichterstattung trug, zusammen mit den ersten Goldfunden im Jahre 1848, dazu bei, einen riesigen Zuwandererstrom nach dem Fernen Westen zu locken, der sich jener «Overland Trails» bediente, die er zuvor erkundet hatte.[242]

Die Pazifikküste

Die Forschungsreisenden, die im Gefolge von Alexander Mackenzie über die Flußläufe und Gebirgspässe zum fernsten Westen vordrangen, waren, wie wir gesehen haben, nicht die ersten Europäer an der nordamerikanischen Pazifikküste. Von den frühen Vorstößen spanischer Seefahrer entlang der längsten noch gänzlich unerforschten Küstenlinie des Globus ist bereits die Rede gewesen: Um 1565 hatte Andrés de Urdaneta von Manila aus die Gewässer vor dem heutigen Los Angeles erreicht; im Jahre 1602 war Sebastián Vizcaíno von Acapulco aus bis zum Kap Mendocino gelangt. Und bereits 1579 hatte Francis Drake, möglicherweise bis Vancouver Island vordringend, angezeigt, daß England bei der Erforschung des Nordpazifiks ein Wort mitsprechen wolle. Verlockend waren die allzu trockenen Landstriche im Süden von «Alta California» allerdings nicht, und von den Goldvorkommen hatte man noch keine Kenntnis; so beschränkten sich die Aktivitäten der Spanier vorerst auf etwas Ackerbau und den Aufbau kleiner Missionsstationen.

Unter den Missionaren tritt die Gestalt des *Eusebio Francisco Kino* hervor, der aus Trento im Südtirol stammte und um 1700 an der Festlandküste des Golfs von Kalifornien tätig war. Auf mehreren Reisen, über deren Ergebnisse er eingehend berichtete,[243] drang Kino von der heutigen mexikanischen Nordprovinz Sonora aus zum Colorado und Gila River im amerikanischen Bundesstaat Arizona vor, und obwohl es ihm nie gelang, die Pazifikküste zu erreichen, vermochte er doch festzustellen und zu begründen, daß die kalifornische Halbinsel, die man bisher für eine Insel gehalten hatte, mit dem Festland im Norden verbunden blieb.[244] In kolonisatorischer Hinsicht waren die Fortschritte der Jesuitenmissionare im südkalifornischen Raum bescheiden: Zum Zeitpunkt der Vertreibung des Ordens aus Neu Spanien und des Übergangs der Mission in die Hände der Franziskaner, um 1768, zählte man nicht mehr als vierzehn kleine Missionsstationen.

Beunruhigend für Spanien war der Einbruch der Russen in den Nordpazifik, wie er sich mit den Reisen des Dänen *Vitus Bering* im Auftrag von Zar Peter dem Großen und der Kaiserin Anna zwischen 1728 und 1741 anbahnte. Im Jahre 1696 hatten russische Pelzhändler im äußersten Osten ihres Reiches, auf der Halbinsel Kamtschatka, einen ersten Stützpunkt errichtet, und die Frage nach dem genauen Verlauf der dortigen Küstenlinie und nach einer allfälligen Landverbindung zwischen Asien und Amerika hatte begonnen, die europäischen Gelehrten zu beschäftigen.[245] Der Klärung der Küstenverläufe sollte die erste Reise Berings dienen. Im Jahre 1728 folgte der Seefahrer mit einem im Kamtschatka erbauten Schiff der asiatischen Küste nordwärts, gelangte zu der nach ihm benannten Meeresstraße und erreichte 67° 18′ nördlicher Breite; doch der amerikanische Kontinent wurde nicht gesichtet und an zusätzlichem Wissen wenig gewonnen.

Wichtiger und folgenreicher war Berings zweite Reise, die im Jahre 1741 von der zuvor gegründeten Siedlung Petropawlowsk im Süden Kamtschatkas ausging. Zwei Schiffe, die «Sankt Peter» unter dem Kommando Berings und die «Sankt Paul» unter *Alexej Tschirikow* nahmen daran teil. In einer Projektstudie, die sich zu dieser Reise erhalten hat, ist ausdrücklich davon die Rede, daß man Amerika erreichen und mit den dortigen Bewohnern zum Vorteil des Russischen Reiches Handel treiben wolle, ferner, daß auch die Eröffnung von Handelsbeziehungen mit Japan ins Auge gefaßt werden sollte.[246] Solche Pläne waren freilich, wie sich zeigen sollte, zu hoch gesteckt. Die beiden Schiffe vergeudeten nach ihrer Ausfahrt am 5. Juni 1741 viel Zeit mit der Suche nach einer legendären «Gamainsel», die auf den Seekarten des 17. Jahrhunderts herumspukte; darauf verlor man sich im Nebel aus den Augen und segelte auf getrennten Wegen der amerikanischen Küste entgegen.

Vitus Bering erblickte am 17. Juli erstmals die amerikanische Festlandküste in der Nähe des auf eine Höhe von über fünftausend Metern aufstrebenden Vulkans Mount Elias und folgte ihr einige Tage, war aber nach den vorangegangenen Strapazen zu erschöpft, um eine eingehendere Erkundungsfahrt zu unternehmen. Einer der Mitreisenden, der deutsche Naturforscher *Georg Wilhelm Steller,* hat über dieses Versäumnis beredte Klage geführt: «Nun hätte sowohl die Ordnung als auch die Wichtigkeit der Sache erfordert», schreibt er in seinem Reisebericht, «daß man einmütiglich erwägen sollte, was zu tun sei und wie man sich der Zeit und Gelegenheit zum besten Vorteil bedienen, was man am Lande erkundigen, und wie man dabei verfahren sollte... Aber alles dieses wurde keiner Commission würdig gehalten, sondern ein jeder schwieg vor sich und tat, was er wollte. Nur in diesem war jedermann einstimmig, daß man frisch Wasser einnehmen sollte; daher ich mich nicht enthalten konnte zu sagen, wir wären nur um Amerikanisch Wasser nach Asien überzubringen gekommen.»[247]

Mit seiner Klage über das mangelnde naturwissenschaftliche Interesse der Seeleute war Steller gewiß im Recht; sie ist auf den großen Seereisen des 18. Jahrhunderts, bei denen erstmals wissenschaftliche Spezialisten mitfuhren, häufig geäußert worden. Allerdings gilt es zu bedenken, daß, wie O. H. K. Spate bemerkt hat, Steller zwar ein hervorragender Wissenschaftler an Land, aber ein ahnungsloser Novize auf See war und über die Erfordernisse der Navigation kein Urteil abgeben konnte.[248] Es trifft also wohl zu, daß Bering angesichts des schlechten Zustandes seines Schiffes und des Umstandes, daß der Skorbut an Bord immer mehr Opfer forderte, mit guten Gründen auf unverzügliche Rückkehr drängte. Nachdem man auf einer Alaska vorgelagerten Insel eilig etwas schlechtes Trinkwasser an Bord genommen hatte, folgte man dem Inselbogen der Aleuten nach Westen. Verschiedentlich kam man auch mit Inselbewohnern, die den Eskimos verwandt sind, in Kontakt, und Steller weist auf die Ähnlichkeit ihres Aussehens mit der Bevölkerung Kamtschatkas hin.[249] Dann kamen während über zwei Wochen schlimme Stürme auf, fast die ganze Besatzung, auch Bering selbst, lag an Skorbut darnieder, das Segelwerk war zerfetzt, die Moral am Ende. Am 5. November warf eine Welle das kaum mehr manövrierfähige Schiff in die Bucht einer kleinen, Kamtschatka vorgelagerten Insel, die seither den Namen Beringinsel trägt, und es zeigte sich mit erschreckender Klarheit, daß hier überwintert werden mußte. Die ersten Wochen, bis man sich auf der Insel einigermaßen eingerichtet hatte, waren schrecklich. Der Däne *Sven Waxell*, der das Kommando übernommen hatte, schreibt in seinem Bericht: «Laufend starben Leute ... und niemand war in der Lage, die Leichen wegzutragen noch konnten jene, die noch lebten, sich von den Toten wegbegeben. Alle lagen miteinander vermischt um ein kleines Feuer in ihrer Mitte herum.»[250] Im Dezember verstarb Vitus Bering. Den Überlebenden gelang es mit großer Mühe, aus den Trümmern der «Sankt Peter» ein kleineres Schiff zu zimmern, das im August des kommenden Jahres die Rückfahrt nach Kamtschatka antrat.

Die Geschichte von Tschirikows Schiff, auch sie wenig erhebend, ist rasch erzählt. Die «Sankt Paul» erreichte die amerikanische Küste rund vierhundert Kilometer weiter südlich, beim Prince of Wales Island. Während der Küstenerkundung verlor Tschirikow zwei bemannte Boote, wahrscheinlich durch Schiffbruch; dann, als sich auch unter seiner Mannschaft Skorbut verbreitete, trat er den Rückzug an und folgte der Inselgruppe der Aleuten westwärts.

Berings zwei Reisen gehören nicht zu den großen Erfolgen der Entdeckungsgeschichte, vor allem darum nicht, weil deren Vorbereitung, insbesondere der lange Anmarschweg durch Sibirien, die Kräfte der Mannschaften

3. Nordamerika

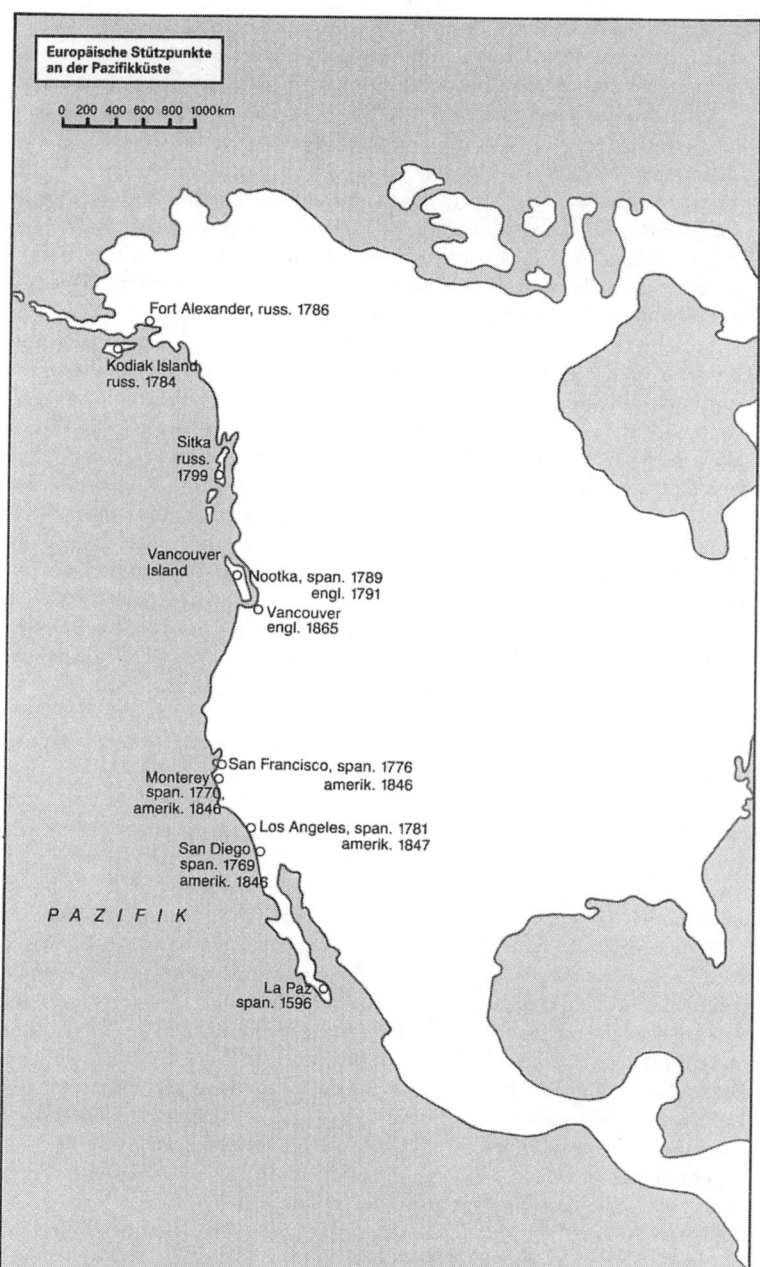

erschöpfte, bevor sie ihren eigentlichen Auftrag in Angriff nehmen konnten. Immerhin machten die Unternehmungen deutlich, daß sich Asien weiter nach Osten erstreckte, als man bisher angenommen hatte, und daß die Distanz zwischen Kamtschatka und dem Inselbogen der Aleuten lediglich fünfhundert Seemeilen betrug. Was die Berichterstattung betrifft, dürfen die Aufzeichnungen Stellers als Hauptergebnis bezeichnet werden; noch in der zweiten Hälfte des 19. Jahrhunderts, als Alfred Brehm sein berühmtes «Illustriertes Tierleben» herausgab, konnte er sich auf keine bessere Darstellung der arktischen Fauna stützen.[251] Wichtig waren Berings Unternehmungen auch deshalb, weil sie auf den Pelztierreichtum der nordpazifischen Küstengebiete, besonders auf die Seeotter, aufmerksam machten und die Hemmschwelle, die einem weiteren Vordringen in jene sturmgepeitschten Gewässer im Wege stand, abbauen halfen. Bereits um die Jahrhundertmitte wurden die Aleuteninseln regelmäßig von russischen Pelzhändlern angelaufen, die, brutal im Umgang mit den Eingeborenen und hart gegenüber sich selbst, riesige Mengen von Fellen an Bord nahmen und sie gewinnbringend nach China weiterverkauften. Im Jahre 1784 wurde auf der Kodiakinsel der erste dauernde Stützpunkt errichtet, und es gelang einem initiativen Kaufmann, *Grigorij Iwanowitsch Schelichow,* sich das Monopol im Pelzhandel mit Alaska zu sichern. Nach 1790 errichtete ein anderer Kolonialpionier, *Alexander Andrejewitsch Baranow,* feste Handelsstationen auf dem amerikanischen Festland beim Cook Inlet und am Prince William Sound, und 1799 wurde eine vereinigte russische Amerika-Kompanie, organisiert nach dem Muster der «Hudson's Bay Company», dem Patronat des Zaren Paul unterstellt.[252]

Das Vordringen der Russen im Norden alarmierte die Spanier im Süden und löste eine Reihe von Vorstößen entlang der kalifornischen Küste aus. Im Jahre 1769 entsandte der energische Aufsichtsbeamte der Krone in Neu Spanien, José de Gálvez, mehrere Expeditionen, zur See und zu Land, der Pazifikküste entlang nordwärts, um die spanische Herrschaft sicherzustellen. Wenig später gründeten *Gaspar de Portolá* und der Franziskanermissionar *Junípero Serra* den Hafenstützpunkt Monterey, zuerst kaum mehr als eine kleine Kirche und ein «Presidio», ein befestigtes Verwaltungsgebäude.

In den folgenden Jahren stieß man weiter zur Bucht von San Francisco vor, die von Seefahrern bereits verschiedentlich passiert worden war, ohne daß man den schmalen Zugang des «Golden Gate» und die hervorragenden Ankergelegenheiten im Innern der Bucht wahrgenommen hätte. Die Auffindung dieser Passage und die erste glaubwürdig überlieferte Einfahrt in eine der schönsten Buchten dieser Erde gelang erst *Juan de Ayala* im Jahre 1775. Im Jahr danach gründete *Juan Bautista de Anza,* der sich bei der Erkundung von Überlandrouten vom Golf von Kalifornien nach Norden große Verdienste erworben und die Errichtung zahlreicher Missionsstationen vorbereitet hatte, die erste Siedlung an der Bucht von San Francisco. Von einem Begleiter Anzas, dem Franziskanerpater *Pedro Font,* besitzen wir eine anschauliche Beschreibung. «Der Hafen von San Francisco», schreibt Font,

«... ist ein Wunder der Natur und verdient es wohl, Hafen aller Häfen genannt zu werden, sowohl wegen seiner Ausdehnung, als auch darum, weil seine Küstenlinie und seine Inseln mehrere kleine Buchten einschließen. Die Einmündung des Hafens, die einen sehr leichten und sicheren Zugang zu gewähren scheint, ist ungefähr eine Legua lang und auf der Außenseite, gegen die offene See hin, etwas weniger breit; auf der Innenseite, gegen den Hafen hin, ist sie eine Viertellegua breit.»[253] Über fünfzig Jahre lang blieb San Francisco, trotz seiner Lage, dem Reichtum an Wild, der Fruchtbarkeit des Bodens und den für den Schiffbau bestens geeigneten Redwoodbäumen nicht mehr als ein verschlafener Außenposten. Der amerikanische Matrose Richard Henry Dana, der 1835 bei schönem Wetter und leichter Brise in die Bucht einfuhr und einen überaus reizvollen Bericht verfaßte, sah in der noch bescheidenen Siedlung ein Versprechen an die Zukunft. «Wenn Kalifornien je eine prosperierende Gegend werden wird», schreibt er, «wird diese Bucht der Mittelpunkt dieser Prosperität sein. Der Überfluß an Holz und Wasser, die außerordentliche Fruchtbarkeit des Küstensaums, die Vorzüglichkeit des Klimas, das dem besten auf der Welt nicht nachsteht, die Annehmlichkeiten für die Seefahrt, welche diese besten Ankerplätze der ganzen amerikanischen Westküste bieten – dies alles verleiht diesem Platz große Bedeutung.»[254]

Noch bevor die Bucht von San Francisco erkundet wurde, stießen spanische Seefahrer weiter nordwärts vor. Im Jahre 1774 erreichte *Juan Pérez* auf der Fregatte «Santiago» 55° nördlicher Breite und ankerte auf der Rückfahrt im Nootka Sound, an der Westküste von Vancouver Island. Pérez ging nirgends an Land und vermochte keinen Stützpunkt zu errichten; das Ziel der Reise, die Russen von diesen Regionen fernzuhalten, wurde nicht erreicht. Ein Jahr später gelangte *Juan Francisco de Bodega y Quadra* bis zu einem Punkt in der Nähe von Sitka, wo die Russen später eine dauernde Niederlassung gründen sollten; doch auch diese Reise war politisch folgenlos, zwangen doch Verpflegungsprobleme und Skorbut zur vorzeitigen Umkehr. Beide Seefahrer, Pérez und Quadra, sichteten keine Schiffe der Russen, deren Aktivitäten zu diesem Zeitpunkt noch auf die Aleuten beschränkt blieben; doch die beruhigende Aussicht, von Norden her drohe keine Gefahr, sollte sich als kurzlebig erweisen.

Im Jahre 1776 brach Kapitän *James Cook*, der bedeutendste Seemann des 18. Jahrhunderts, der bereits auf zwei Weltumseglungen die europäische Kenntnis der Südsee mehr bereichert hatte als irgend jemand vor ihm, zum Nordpazifik auf. Die geheimen Instruktionen, welche die britische Admiralität dem Seefahrer mitgab, legten das Hauptgewicht auf die Erkundung der noch unbekannten Nordwestküste Nordamerikas und auf die Suche nach einem Ausgang der Nordwestpassage in den Pazifik. Machtpolitische Absichten standen nicht im Vordergrund: Die Admiralität gab sich zwar durchaus Rechenschaft vom spanisch-russischen Interessenkonflikt in dieser Region, betonte aber demgegenüber den rein wissenschaftlichen Charakter der englischen Unternehmung. «Wenn ihr in eurem Vorstoß nordwärts», heißt es in den Instruktionen, «an irgendeiner Stelle der Küste auf irgendwelche Untertanen eines europäischen Fürsten oder Staates stoßt und sie aufzusuchen gedenkt, so sollt ihr sie nicht behelligen oder ihnen berechtigten Anlaß zu Klage geben, sondern sie vielmehr mit Anstand und Freundlichkeit behandeln.»[255]

James Cook erreichte, von den Sandwichinseln [Hawaii] herkommend, die amerikanische Pazifikküste südlich von Vancouver Island im März 1778, zweihundert Jahre nach seinem Landsmann Francis Drake. Im Nootka Sound fanden die beiden Schiffe, die «Resolution» und die «Discovery», einen ersten Ankerplatz, an Bord wurden Reparaturen ausgeführt, und mit den ansässigen Indianern wurde etwas Tauschhandel getrieben. Man segelte nordwärts, vom stürmischen Wetter zuweilen von der Küste ferngehalten, sonst aber nach Möglichkeit jede Bucht auf einen Durchlaß nach Osten hin überprüfend. Man sichtete den Mount Elias, passierte den Prince William Sound und den Cook Inlet und folgte in westlicher Richtung dem Inselbogen der Aleuten. Nachdem man die Inseln umsegelt hatte, nahm man Kurs auf die Beringstraße, erreichte das Cape Prince of Wales, den westlichsten Punkt des nordamerikanischen Festlandes, und setzte die Fahrt nordwärts fort, bis man Mitte August bei 70° 44′ nördlicher Breite auf eine unüberwindliche Eisbarriere stieß. «Die Jahreszeit», schreibt Cook, «war nun so weit fortgeschritten, und der Zeitpunkt, da die Fröste einsetzen, war so nahe, daß ich es nicht mit der Vorsicht vereinbar fand, in diesem Jahr die Versuche fortzusetzen, einen Durchlaß, in welcher Richtung auch immer, aufzufinden, wo doch die Aussicht auf Erfolg so gering war.»[256]

Auf der Rückfahrt passierte Cook das Kap Deschnew, den östlichsten Punkt Asiens, gab sich auf Grund genauer Standortbestimmungen Rechenschaft von der Lage der Beringstraße und korrigierte die irrigen Ansichten, die Eingang in die zeitgenössischen Kartenwerke gefunden hatten.[257] Nachdem man die Inselgruppe der Aleuten umschifft hatte, kam es zu einer Begegnung mit russischen Pelzhändlern, deren Anführer, *Gerasim Grigorjewitsch Ismailow* in Astronomie und Mathematik bewandert war und, wie Cook feststellt, «in seinem Leben einen besseren Platz verdient hätte als den, welchen er versah».[258] Ismailow gewährte dem Engländer Einblick in zwei seiner Karten und übernahm es, eine Botschaft durch Sibirien und über Petersburg an die britische Admiralität weiterzuleiten. Die Begegnung war freundschaftlich und bloß getrübt durch Schwierigkeiten der gegenseitigen Verständigung; sie machte aber deutlich, daß – neben Rußland und Spanien – eine weitere Weltmacht ihr Interesse an dieser Weltgegend angemeldet hatte. Ende November 1778 kehrte Cook zur Überwinterung nach Hawaii zurück, wo er im Februar des folgenden Jahres von Inselbewohnern erschlagen wurde. Zwar brach nach seinem Tod dessen Stellvertreter *Charles Clerke* nochmals nach Norden auf, scheiterte aber erneut an der Eisschranke und konnte der zuverlässigen kartographischen Bestandsaufnahme, die der große Seefahrer vorgenommen hatte, wenig beifügen.

3. Nordamerika

James Cook war nicht der erste Europäer in nordpazifischen Gewässern; aber seine Reise war diejenige, welche durch die Qualität der von den Teilnehmern verfaßten Berichte und deren Übersetzung der Kenntnis dieser Weltgegend weite Verbreitung sicherte. Nach einer Zäsur, die sich aus dem Engagement der britischen Marine im amerikanischen Unabhängigkeitskrieg erklärt, tauchten verschiedentlich englische Schiffe vor der Küste Alaskas auf, die den langen Seeweg, entweder ums Kap Hoorn oder um das Kap der Guten Hoffnung, nicht scheuten, um die begehrten Seeotterfelle einzutauschen. Im Jahre 1788 erschienen die ersten amerikanischen Schiffe, kommandiert von den Kapitänen *John Kendrick* und *Robert Gray*, in diesen Gewässern und signalisierten erstmals den Besitzanspruch der eben unabhängig gewordenen Nation, die im Wettbewerb um die Vorherrschaft an der Pazifikküste zuletzt obsiegen sollte. Robert Gray war der erste, der 1792 die Mündung des Columbia River entdecken sollte, des Flusses, der dreizehn Jahre später die Kanus der Expedition von Lewis und Clark zur Südsee tragen sollte. Seeotterfelle waren zu dieser Zeit die wichtigste Handelsware im Nordpazifik; man schätzt, daß während eines einzigen Sommers rund fünfundzwanzigtausend Pelze des kostbaren Tieres gehandelt wurden.[259] Solcher Raubbau erschöpfte den Tierbestand rasch, doch bald wurde eine zusätzliche Erwerbsquelle entdeckt: Nach 1830 wurde der Nordpazifik dem Walfang erschlossen.

Daß neben dem Geschäft und dem Ringen der daran beteiligten Nationen um Vorzugsstellungen im Pelzhandel die wissenschaftliche Erkundung der Küste zwar in den Hintergrund trat, aber nicht unterblieb, zeigen die Unternehmungen von Alejandro Malaspina und George Vancouver, von denen hier abschließend die Rede sein soll. Beide Unternehmungen illustrieren das hohe wissenschaftliche Niveau, das eine ganze Reihe von Pazifikreisen während der zweiten Hälfte des 18. Jahrhunderts auszeichnet. Bereits der Franzose Louis Antoine de Bougainville hatte, als er 1767 auf seiner Weltumseglung den Südpazifik erreichte, naturwissenschaftlich geschulte Spezialisten mitfahren lassen, und James Cook und Jean François de La Pérouse, die nach ihm den Stillen Ozean erforschten, hielten es ebenso. Der internationale Austausch von Informationen durch die Reiseberichterstattung, die Diskussion der Forschungsergebnisse in den gelehrten europäischen Gesellschaften und die Vorbereitung neuer Reisen auf Grund des sorgfältig gesichteten bisherigen Forschungsstandes waren selbstverständlich geworden. Diesen aufgeklärten Methoden der Wissenserweiterung und Wissensvermittlung fühlten sich Malaspina und Vancouver in gleicher Weise verpflichtet.

Alejandro Malaspina, aus einer vornehmen Familie im damals spanischen Parma stammend, verließ mit den beiden Schiffen «Descubierta» und «Atrevida» den Hafen von Cádiz im Juli des Jahres 1789.[260] Was die Umsicht der Planung und die Sorgfalt der Durchführung seiner Reise betraf, war es des Oberkommandierenden Ehrgeiz, nicht hinter den Leistungen eines Bougainville oder Cook zurückzustehen. Dabei gab sich Malaspina allerdings Rechenschaft, daß er zu spät kam, um neue geographische Entdeckungen zu machen, und daß sein Hauptaugenmerk der genauen Kartographierung der Küsten, der wissenschaftlichen Beschreibung von Flora und Fauna und der Anbahnung von profitablen Handelsbeziehungen gelten mußte. «Unsere Reise», schreibt er im Vorwort zu seinem umfangreichen Reisebericht, «ist keine Entdeckungsreise gewesen. Sie hat zum Ziel gehabt, Amerika so zu erkunden, daß die Schiffahrt seinen ausgedehnten Küsten entlang sicher und nutzbringend wird und daß das Land mit einfachen und einheitlichen Methoden gerecht und zweckmäßig regiert werden kann.»[261] Wir sind hier weit von den Zielsetzungen der ersten Pazifikfahrer im Gefolge Magellans entfernt: kein Wort von unermeßlichen Reichtümern an Gold und Gewürzen, sondern sorgfältige Evaluation künftiger wirtschaftlicher Möglichkeiten; kein blindes Vorprellen in unbekannte Weltgegenden, sondern die detaillierte Vermessung von Küsten, deren grober Verlauf bereits bekannt war; keine Konquistadorenarroganz im Umgang mit fremden Rassen, sondern das Bemühen, sich friedlich und gewinnbringend zu verständigen, und der Wille, die Beziehungen auch zu den rivalisierenden europäischen Seemächten diplomatisch zu regeln.

Im September 1789 erreichten die Schiffe Malaspinas den Rio de la Plata, darauf berührte man die Falklandinseln, umsegelte das Kap Hoorn und traf im Februar des folgenden Jahres vor der Chiloéinsel an der chilenischen Küste ein. Von hier aus folgte man der südamerikanischen Westküste, wobei sich die beiden Schiffe zeitweise trennten. Ähnlich wie Francis Drake, der 1578 mit der «Golden Hind» diese Gewässer befahren und die spanischen Hafenstützpunkte schlecht verteidigt gefunden hatte, stellte auch Malaspina den baufälligen Zustand der Häfen fest: Panama beispielsweise, von Pedrarias Dávila 1519 hoffnungsfroh gegründet, machte einen heruntergekommenen Eindruck: «... die Straßen verlassen, die Häuser zerfallen und der Hafen verödet...»[262]

Die beiden Schiffe vereinigten sich wieder im Hafen von Acapulco, zuerst in der Absicht, zu den Hawaii-Inseln aufzubrechen, diese kartographisch aufzunehmen und deren Eignung als künftiger spanischer Etappenort zu prüfen. Dieser Plan wurde zurückgestellt, als Instruktionen aus Madrid eintrafen, die eine Erkundung der pazifischen Nordwestküste und – einmal mehr – die Suche nach einer Passage zum Atlantik anordneten. Ausschlaggebend für diese neue Zielsetzung war die Auffindung des Reiseberichts eines gewissen *Lorenzo Ferrer Maldonado*, der behauptete, um 1588 zu einer solchen Passage vorgedrungen zu sein – ein irreführender und sogar lügenhafter Bericht, der Vorstellungen an die legendäre «Straße von Anian» wiederaufleben ließ und dem die europäischen Gelehrten eine Zeitlang Glauben schenkten.[263]

Anfang Mai 1791 verließ Malaspina den Hafen von Acapulco, folgte der Küste nordwärts und erreichte die dem Mount Elias vorgelagerte Yakutat

Bay – ein Gletscher jenes Gebirges trägt des Kapitäns Namen. Während eines Monats hielt man sich hier auf und suchte in Beibooten erfolglos nach einem Durchlaß nach Osten. Die Beziehungen zu den Küstenbewohnern waren friedlich, aber nicht ohne Risiko, da die Indianer zudringlich wurden und zum Diebstahl neigten. Auf der Rückfahrt hielt Malaspina im Nootka Sound, wo die Spanier inzwischen einen kleinen Stützpunkt errichtet hatten. Die Indianer, die er hier traf, verfügten bereits über Erfahrungen im Umgang mit europäischen Seeleuten und verhielten sich entsprechend mißtrauisch. Über den Empfang durch den Häuptling Macuina äußert sich Malaspina wie folgt: «Sogar noch nachdem die beiden Offiziere ihm größtes Vertrauen entgegengebracht hatten, indem sie nämlich allein an Land gegangen waren und den beiden Beibooten befohlen hatten, sich wieder vom Ufer zu entfernen, empfing er sie mit einer Mischung von Verärgerung, Kälte und Furcht; zudem wollte er ihnen seine Macht demonstrieren und wies auf einen Gewehrständer mit fünfzehn Gewehren hin, die von einem Eingeborenen bewacht wurden.»[264]

Ende August 1791 verließ Malaspina Nootka Sound, machte einen Zwischenhalt in Monterey und traf Mitte Oktober wieder in Acapulco ein. Der weitere Verlauf seiner Seereisen berührt unser Thema nicht mehr und sei hier nur knapp zusammengefaßt. Nach einem Zwischenhalt von etwas mehr als zwei Monaten wurden auf der altvertrauten Route der Manilagaleone die Marianeninseln und die Philippinen aufgesucht; von hier wandte man sich südwärts und erreichte Neuseeland und die australische Ostküste; und von hier wurde schließlich, mit einem längeren Zwischenhalt auf den Tongainseln, die Rückfahrt an die südamerikanische Küste, nach Callao, angetreten. Nach der Umseglung von Kap Hoorn traf Malaspina am 21. September 1794 wieder in Cádiz ein.

Auf ihrer langen Reise hatten Malaspina und die ihn begleitenden Naturforscher eine Unmenge Material gesammelt, das nicht nur in wissenschaftlicher Hinsicht wichtig war, sondern auch, darin Alexander von Humboldts «Versuch über den politischen Zustand des Königreichs Neu-Spanien» nicht unähnlich, bedeutsame Hinweise auf die Reformbedürftigkeit der spanischen Kolonialverwaltung enthielt. Nach der Rückkehr war geplant, dieses Material, ergänzt durch zahlreiche Karten und Illustrationen, in sieben Bänden herauszugeben, und die Finanzierung schien schon gesichert. Da wurde Malaspina, der sich bisher am Hof Karls IV. mit großem Geschick bewegt hatte, in eine Palastintrige verwickelt und fiel in Ungnade. An eine Publikation seiner Forschungsergebnisse war nun nicht mehr zu denken, und viele wichtige Dokumente gingen verloren; der Kapitän selbst wurde verhaftet, degradiert und zu einer zehnjährigen Gefängnisstrafe in der Festung von La Coruña verurteilt. Nachdem sich Napoleon für ihn verwendet hatte, wurde Malaspina nach Italien verbannt, wo er 1809 starb.[265] Der Text seines Reiseberichts wurde erst in der zweiten Hälfte des 19. Jahrhunderts aufgefunden.

George Vancouver war, als er im Jahre 1791 zu seinen Vermessungsfahrten längs der pazifischen Nordwestküste aufbrach, bereits ein erfahrener Seemann, hatte er doch auf zwei Reisen unter Kapitän Cook gedient.[266] Der Auftrag, den die Admiralität an ihn richtete, verfolgte politische, kartographische und naturwissenschaftliche Ziele. Er sollte zuerst die Einhaltung einer 1790 zwischen Spanien und England abgeschlossenen «Nootka-Konvention», welche beiden Seemächten den freien Handel in den nordpazifischen Gewässern zusprach, sicherstellen. Dann war es seine Aufgabe, die Pazifikküste Nordamerikas zwischen Alaska und San Diego kartographisch aufzunehmen und endgültig die Frage einer Verbindung zum Atlantik zu klären. Schließlich sollte Vancouver ausgedehnte naturwissenschaftliche Beobachtungen im Küstengebiet vornehmen lassen: Zu diesem Zwecke reiste ein botanisch interessierter Arzt, *Archibald Menzies*, mit, und an Bord eines Schiffes wurde ein Gewächshaus zum Rücktransport von Pflanzen eingerichtet.

Vancouver umsegelte mit zwei Schiffen, der «Discovery» und der «Chatham», das Kap der Guten Hoffnung und erreichte nach Zwischenhalten in Australien, Neuseeland und Tahiti die Gruppe der Hawaii-Inseln im März des Jahres 1792. Von diesen Inseln aus stieß er zwischen 1792 und 1794 dreimal zur nordamerikanischen Pazifikküste vor, an jene Gestade, die seit Francis Drake den Engländern unter dem Namen «Nova Albion» bekannt waren. Unter teilweise äußerst schwierigen Witterungsbedingungen führte Vancouver insbesondere die genaue Kartographierung des Küstenverlaufs von der Kodiakinsel bis zum Puget Sound beim heutigen Seattle durch – eine Leistung, die ihn als den bedeutendsten Schüler Cooks ausweist. Zahlreiche Buchten und Inseln wurden vom Seefahrer erstmals lokalisiert und benannt; Kanadas drittgrößte Stadt und die ihr vorgelagerte Insel tragen seinen Namen. Es war eine gefährliche und zeitraubende Arbeit: Tagsüber folgten die Schiffe dem Ufer, nachts zogen sie sich auf das offene Meer zurück, und oft waren lange Fahrten in Beibooten nötig, um den Küstenverlauf zu klären. Einen Durchgang zum Atlantik konnte auch Vancouver nicht auffinden; erst um die Mitte des folgenden Jahrhunderts konnte diese Frage durch die Expeditionen von John Franklin und Robert John Le Mesurier McClure geklärt werden, und es blieb dem Norweger Roald Amundsen vorbehalten, die Passage zwischen 1903 und 1906 erstmals, und zwar von Osten her, vollständig zu befahren. Fast wäre es im Sommer 1793 noch zu einer Begegnung zwischen dem Landreisenden Alexander Mackenzie und dem Seereisenden George Vancouver im Mündungsgebiet des Bella Coola Rivers gekommen – bloß einen Monat liegen die Daten ihrer dortigen Ankunft auseinander.

Im Umgang mit der indianischen Küstenbevölkerung befleißigte sich Vancouver größter Zurückhaltung; aber auch er mußte, wie vor ihm Malaspina, erkennen, daß die Beziehungen schwieriger geworden waren. Sein Reisebericht widmet den Indianern zahlreiche Passagen, die von guter und unvoreingenommener Beobachtungsgabe zeugen; doch was die Zukunft

3. Nordamerika

dieser Gebiete betrifft, ist ihm das Schicksal der künftigen europäischen Siedler unvergleichlich wichtiger. Auch hierin erweist sich Vancouver als ein typischer Aufklärer: Die Natur erscheint ihm als der Rohstoff, aus dem menschliche Vernunft sich ihre zivilisierte Daseinswelt schaffen soll. Typisch ist in dieser Hinsicht seine Landschaftsbeschreibung von Puget Sound: «Die Schönheiten dieser Gegend zu beschreiben würde bei künftiger Gelegenheit eine dankbare Aufgabe für die Feder eines geschickten Lobredners sein. Die Heiterkeit des Klimas, die ungezählten reizvollen Landschaftsbilder, die überreiche Fruchtbarkeit, welche die Natur ohne Beihilfe erzeugt – dies alles erfordert nur die Betriebsamkeit des Menschen, der mit seinen Dörfern, Wohnstätten, Landhäusern und anderen Gebäuden dazu beiträgt, die lieblichste Landschaft, die man sich vorstellen kann, entstehen zu lassen. So wird die Arbeit der Siedler durch die Wohltaten, welche eine kultivierte Natur verleiht, reichen Ertrag bringen.»[267]

An keinem Küstenstrich des amerikanischen Kontinents haben gleichzeitig so viele Seemächte sich Besitzrechte zu sichern gesucht wie an den Gestaden, denen Vancouvers begeisterte Schilderung galt. Daß es zur militärischen Auseinandersetzung unter den beteiligten Nationen nicht kam, lag einerseits daran, daß sie zu weit von ihren logistischen Basen entfernt operieren mußten; im Falle Spaniens, das in dieser Hinsicht privilegiert gewesen wäre, verhinderten das Desinteresse der Krone und des Vizekönigs einen entsprechenden machtpolitischen Zugriff. Hinzu kam, daß zuerst der amerikanische Unabhängigkeitskrieg, dann die Revolutionswirren in Frankreich und Napoleons Expansionspolitik andere außenpolitische Prioritäten setzten. Im spanischen Kolonialreich erhielten als Folge von Napoleons Intervention auf der iberischen Halbinsel die Unabhängigkeitsbewegungen Auftrieb, und als Mexiko sich 1810 vom Mutterland lossagte, war die Stärkung der kalifornischen Grenze begreiflicherweise kein vordringliches Anliegen. In den ersten Jahrzehnten des 19. Jahrhunderts wurde die mexikanische Machtstellung in «Alta California» immer mehr unterhöhlt, sowohl durch die Infiltration amerikanischer Zuwanderer über die Rocky Mountains als auch durch die vor der Küste operierenden Pelzhandelsschiffe aus den Häfen Neu Englands. Zwar gelang es Mexiko 1819 noch, im Adams-Onis-Abkommen mit den Vereinigten Staaten eine gemeinsame Grenze nördlich von San Francisco festzusetzen; doch 1848 fiel Kalifornien bis San Diego nach kriegerischer Auseinandersetzung in amerikanische Hand.

Fast zur selben Zeit wurden die britisch-amerikanischen Grenzverhältnisse im Norden geregelt. Nach dem amerikanischen Unabhängigkeitskrieg war Kanada der englischen Krone treu geblieben, und ein Versuch der Vereinigten Staaten, sich 1812 die riesigen Gebiete im Norden mit Waffengewalt einzuverleiben, scheiterte kläglich. Beide Länder, England als das Mutterland der kanadischen Kolonie und die Vereinigten Staaten, erhoben wohlbegründete Besitzansprüche auf das nordpazifische Küstengebiet: Die Englisch-Kanadier verwiesen auf die Reisen von Drake, Cook, Mackenzie und Vancouver, während sich die Amerikaner auf den Vorstoß von Lewis und Clark zum Columbia River und auf ihre wachsende maritime Rolle im pazifischen Raum beriefen. Im Jahre 1846 gelang es im Oregonabkommen, eine friedliche Lösung zu finden und die Grenze entlang dem 49. Breitengrad festzulegen.

Auch der Einfluß der Russen, die ihre Stützpunkte zum Verdruß der «Hudson's Bay Company» der Küste Alaskas entlang nach Süden vorgeschoben hatten, wurde schließlich zurückgedrängt: Im Jahre 1867 gelangte Alaska durch Verkauf an die Vereinigten Staaten. So behielt an der Pazifikküste jene Macht die Oberhand, deren Entdeckungsreisende hier zuletzt in Erscheinung getreten waren, und den Amerikanern blieb es auch vorbehalten, jene Reichtümer aufzufinden, nach denen die Spanier seit De Sotos und Coronados Zeiten ebenso beharrlich wie erfolglos gesucht hatten. Es waren die Goldfunde im Hinterland der Bucht von San Francisco, die nach 1848 den entscheidenden Anstoß zur Besiedlung der entlegenen Gebiete des «Far West» geben sollten.

II
Abschluß und Neubeginn:
Alexander von Humboldt

1. Rückblick und Ausblick

Die zweite Hälfte des 18. Jahrhunderts erscheint in der Geschichte der Erkundung des amerikanischen Kontinents als Abschluß und Neubeginn zugleich. Werfen wir einen raschen Blick zurück, um festzustellen, wie die frühe transatlantische Expansionsbewegung ihre Möglichkeiten allmählich erschöpfte und wie neue Ansätze künftiger Entwicklungen sichtbar wurden.

Am Anfang stand bekanntlich Spanien. Um die Mitte des 16. Jahrhunderts war der Verlauf der mittel- und südamerikanischen Atlantik- und Pazifikküste im wesentlichen bekannt – über zweihundert Jahre, bevor man im Norden Klarheit über eine mögliche Nordwestpassage nach Asien gewonnen hatte. Um 1550 hatten die Konquistadoren weite Teile Mittel- und Südamerikas durchzogen, die Indianer waren umgebracht, abgedrängt und unterworfen worden, und an günstig gelegenen Punkten waren Städte und Verwaltungszentren entstanden – zu einer Zeit, da es auf dem nordamerikanischen Festland noch keine einzige englische oder französische Siedlung gab. Es hatte sich auch gezeigt, daß der spanische Kolonialbesitz durch rivalisierende europäische Seemächte im wesentlichen nicht gefährdet werden konnte: Nur im Amazonasgebiet, das zuerst auf Grund des Tordesillasvertrags [1494] und dann im Frieden von Utrecht [1713] Portugal zugesprochen worden war, setzten sich Grenzkonflikte bis ins 18. Jahrhundert fort; und an der nördlichen Peripherie sollte es sich erweisen, daß die weiträumigen Territorien, die Konquistadoren wie Hernando de Soto und Francisco Vásquez de Coronado durchmessen hatten, gegen den Expansionsdruck der Vereinigten Staaten im 19. Jahrhundert nicht gehalten werden konnten. Zu gelegentlichem Wechsel der Besitzverhältnisse kam es auf einigen Karibikinseln, wo sich vom 17. zum 18. Jahrhundert spanische, holländische, englische und französische Kaperfahrer ihre Gefechte lieferten; aber das waren eher marginale Vorgänge, welche zwar die rückwärtigen Beziehungen zum Mutterland verunsicherten, den kolonialen Bestand aber nicht gefährden konnten.

Eine einschneidende politische Veränderung der Verhältnisse in Mittel- und Südamerika erfolgte erst in den Unabhängigkeitskriegen, die zugleich Bürgerkriege waren und sich zwischen 1808 und 1822 hinzogen. Getragen von den aufstrebenden Schichten der Kreolen, beeinflußt vom Ideengut der Amerikanischen und Französischen Revolution, begünstigt durch die Besetzung der Iberischen Halbinsel durch napoleonische Truppen, führte dieser Wandel nicht nur zur Abnabelung von den europäischen Mutterländern

Spanien und Portugal, sondern auch zur Konstituierung neuer Nationen, welche die bisherigen Vizekönigreiche ablösten. In der Folge gingen die Maßnahmen zur Erschließung der überseeischen Territorien nicht mehr vom Mutterland, sondern von diesen selbst aus, und die Expansion, wo sie sich fortsetzte, gewann den Charakter nationaler Grenzkonflikte, so etwa zwischen Chile und Peru. Die Aufbruchstimmung im gebildeten Bürgertum, welche den Unabhängigkeitskriegen voranging, wird in den Berichten Alexander von Humboldts spürbar, der Süd- und Mittelamerika zwischen 1799 und 1804 bereiste und mit dessen Persönlichkeit wir die vorliegende Darstellung abschließen.

Die Inlanderkundung des spanisch-portugiesischen Amerika wurde, nachdem Konquistadoren vom Schlage eines Hernán Cortés und Francisco Pizarro ihr Werk vollbracht hatten, vor allem von zwei Gattungen von Reisenden weitergeführt: von den Missionaren und von den «bandeirantes», den nomadisch lebenden Sklavenjägern und Goldsuchern. Die Aktivitäten der ersten Gruppe, insbesondere des Jesuitenordens, erfaßten seit der Mitte des 16. Jahrhunderts die Dschungelgegenden des Amazonas und seiner Zuflüsse, das östliche Bergland Brasiliens und weite Gebiete im Süden Paraguays und im Norden Argentiniens, wo es fast gelungen wäre, durch Errichtung von «Reduktionen» das Indianerproblem einer menschlich vertretbaren Lösung entgegenzuführen. Die «bandeirantes» drangen in weit ausgreifenden Gruppenreisen ins Hinterland vor und erreichten den Oberlauf des Paraná und die Savannenflächen des Mato Grosso; in einer späteren Phase stießen sie ins Bergland von Minas Gerais vor und lösten zu Beginn des 18. Jahrhunderts eine Masseneinwanderung von Goldgräbern und Glücksrittern in dieses Gebiet aus. Im Unterschied zu den «bandeirantes», die wenig Schriftliches hinterließen, verfügten die Missionare über die bildungsmäßigen Voraussetzungen, ihre Erfahrungen und Beobachtungen zu Papier zu bringen: Ihre Berichterstattung ist ein wichtiges Dokument jener fortschreitenden Wahrnehmung und Verarbeitung des Fremden, welche dem Begriff des Entdeckens seinen umfassenden Sinn verleiht.

Mit der Bekämpfung des Jesuitenordens in den sechziger Jahren des 18. Jahrhunderts und dessen Aufhebung im Jahre 1773 wurde zwar der Mission und dem Schulwesen ein schwerer Schlag versetzt, doch die vormals geistliche Tradition der Gelehrsamkeit dauerte in den laizistisch orientierten Bildungs- und Forschungsinstitutionen des Aufklärungszeitalters fort.[1] Als früher Repräsentant dieses Profanierungsvorgangs, in dem das Streben nach wissenschaftlicher Erkenntnis nicht mehr neben das Missionsziel trat, sondern dieses durch seinen autonomen geistigen Anspruch verdrängte, kann Charles Marie de la Condamine gesehen werden, der im Auftrag der Pariser «Académie des Sciences» in den Jahren 1743 und 1744 seine Amazonasreise unternahm. Es ist bezeichnend, daß Alexander von Humboldt zwar den Beitrag zur Wissensvermehrung, den die Jesuiten erbracht hatten, vollauf würdigte, jedoch eine theologische Begründung oder Einschränkung des

1. Rückblick und Ausblick 447

Forschungsauftrags entschieden ablehnte: In seinem Schaffen hat sich, wegweisend für das 19. Jahrhundert, die wissenschaftliche Landeskunde von jeglichem Dogma emanzipiert.

In Nordamerika setzte, von den spanischen Vorläufern abgesehen, die Inlanderkundung großen Stils erst zu Beginn des 17. Jahrhunderts, und zwar ausschließlich von der Ostküste aus, ein. Es waren die Franzosen, die mit Champlain den Zugangsweg zu den Großen Seen öffneten und diese Leistung 1682 mit der Befahrung des Mississippi bis zu dessen Mündung durch Cavelier de La Salle abschlossen. Missionare und Pelzhändler, «coureurs des bois», teilten sich in diese Aufgabe, und der Anteil dieser beiden Gruppen an der Berichterstattung widerspiegelt im wesentlichen die in Südamerika durch Missionare und «bandeirantes» geschaffene Informationslage. Der Vorstoß der Franzosen, vom Mutterland nicht kontinuierlich unterstützt und infolge mangelnder Zuwanderung ohne anhaltenden Druck, führte zur Errichtung eines weitmaschigen Netzes von befestigten Handelsstationen, welches sich von Kanada bis zum Mississippi und einigen seiner östlichen Zuflüsse spannte und mit der Gründung von Nouvelle Orléans, 1718, auch dessen Mündung sicherte. Als störende Umklammerung wurden diese Stützpunkte von den englischen Kolonisten erst empfunden, als diese um die Mitte des 18. Jahrhunderts in größerer Zahl die Appalachen überwanden und zum Oberlauf des Ohio River vorzustoßen begannen. Die daraus folgende militärische Konfrontation, in der amerikanischen Geschichtsschreibung unter dem Namen «French and Indian War» bekannt, nahm für die französischen Interessen jenseits des Atlantiks einen fatalen Ausgang: Im Frieden von Paris [1763] mußte Frankreich auf seine nordamerikanischen Besitzungen verzichten und sah seinen Kolonialbesitz in der westlichen Hemisphäre drastisch auf einige Antilleninseln und Fischereirechte in Neufundland reduziert.

Der Wegfall des französischen Machtpotentials in Nordamerika löste freilich keine unmittelbare Invasion englischer Siedler ins Mississippibecken aus, denn die englische Krone zeigte sich bemüht, ihr Kolonialreich straffer zu verwalten und der unkontrollierten Westexpansion einen Riegel vorzuschieben. Diese Beschneidung der Niederlassungsfreiheit war einer der Gründe, der die Amerikaner bewog, sich erst wirtschaftspolitisch und nach 1775 militärisch gegen das Mutterland zu wenden: Die kriegerische Auseinandersetzung zog sich über sechs Jahre hin und endete damit, daß England im Frieden von Versailles [1783] die völlige Unabhängigkeit seiner ältesten Kolonie anerkennen mußte. Ein Ereignis von größter weltpolitischer Tragweite: Der Norden Amerikas, bisher gegenüber dem Süden in mancher Hinsicht eine «verspätete Nation», war als erste moderne Republik in eine weltpolitische Führerrolle hineingewachsen, die seither zwar unterschiedlich interpretiert, aber nie aufgegeben worden ist. Das neue Staatswesen, das aus der Amerikanischen Revolution hervorging, gründete auf den staatspolitischen Forderungen der europäischen Aufklärungsphilosophen; der Geist der Aufklärung durchdrang alle Wissens- und Tätigkeitsbereiche und fand in

Persönlichkeiten wie dem universal begabten Benjamin Franklin seinen weithin leuchtenden Ausdruck. Von Thomas Jefferson, dem Verfasser der Unabhängigkeitserklärung und dritten Präsidenten der Vereinigten Staaten, besitzen wir aus dem Jahre 1785 eine bereits erwähnte Landeskunde, die «Notes on the State of Virginia», die in der unvoreingenommenen Klarheit ihrer Argumentation, in der an den Fakten orientierten Systematik der Methode und in ihrem Wissenschaftsoptimismus ein musterhaftes Dokument dieses geistigen Aufbruchs darstellt.[2] Jefferson war es denn auch, der, Überlegungen seiner «Notes» in die Praxis umsetzend, im Jahre 1804 die Expedition von Meriwether Lewis und William Clark vom Missouri über die Rocky Mountains zum Pazifik entsandte und damit ein neues Kapitel der Inlanderkundung eröffnete.

Kanada, im Jahre 1763 von den Franzosen abgetreten, war der englischen Krone erhalten geblieben. Es waren Engländer, die, auf der Erfahrung der französischen Waldläufer aufbauend und zum Teil noch mit deren aktiver Mithilfe, gegen Ende des 18. Jahrhunderts die Erkundung des kanadischen Westens und Nordwestens vorantrieben. Die Stoßrichtung dieser Unternehmungen ging entweder von der Hudson Bay aus, wo die «Hudson's Bay Company» nach 1750 Reisende wie Anthony Henday und Samuel Hearne ins Hinterland entsandte, um noch ungenutzte Pelztierreviere auszukundschaften; oder man stieß im Auftrag der rivalisierenden «North-West Company», die 1783 gegründet worden war, vom Lake Superior westwärts zum Lake Winnipeg und zum Saskatchewan River vor. Die Krönung dieser Erkundungstätigkeit stellten die beiden Reisen dar, die Alexander Mackenzie 1789 von Fort Chipewyan zum nördlichen Eismeer und 1793 zum Pazifik führten. Ergänzt wurden diese Unternehmungen durch die Seefahrten von James Cook und George Vancouver, welche, Berings Vorarbeit fortsetzend, darüber Klarheit schufen, daß die Zufahrt zu einer Nordwestpassage vom Pazifik her mit den damaligen Schiffen nicht zu bewältigen war. Die Leistungen von Mackenzie, Cook und Vancouver sind, was ihre Vorbereitung, Durchführung und Auswertung betrifft, typische Beispiele des modernen, aufgeklärten Wissenschaftsverständnisses; ihre Berichterstattung über Landesgestalt und Naturerscheinungen ist geprägt vom Geist der Empirie, vom Willen zur Systematik, vom universalistischen Anspruch auf Interdisziplinarität – sehr weit entfernt sind wir nun von den Schilderungen der Konquistadoren und Missionare mit ihrer heroisierenden, ereignisgeschichtlichen Dramatik, ihren realitätsfernen El Dorado-Visionen und ihrer ethischen Diskrepanz in der Beurteilung des Eingeborenen.

Obwohl er an der Erkundung des amerikanischen Kontinents nur geringen Anteil hatte, läßt sich sagen, daß James Cook die Epoche der großen Seereisen, die Kolumbus am Ende des 15. Jahrhunderts eröffnet hatte, in beeindruckender Manier abschloß. Auf drei Weltumsegelungen erkundete der Engländer die noch unbekannten Küstenstriche Australiens und Neuseelands, stieß in die Antarktis vor und widerlegte die These von der

Existenz einer «Terra australis», durchmaß die Weiten des Pazifiks und durchfuhr die Beringstraße im hohen Norden – damit beantwortete er alle wichtigen Fragen, welche die Geographen seiner Zeit noch an die Seeleute zu stellen hatten. Mit den Beobachtungen Cooks und seiner naturwissenschaftlich geschulten Begleiter zur Hydrologie, zur Klimatologie, zu Flora und Fauna sowie zur Völkerkunde wurden dem 19. Jahrhundert neue Forschungsfelder erschlossen, und die Neuerungen, die der Kapitän im Bereich von Navigationstechnik und Bordhygiene erprobte, trugen wesentlich dazu bei, günstigere Voraussetzungen für künftige Unternehmungen zu schaffen.

Eine ähnliche Bedeutung kommt im Bereich der Festlanderkundung Alexander von Humboldt zu. Zu dem Zeitpunkt, da der deutsche Forschungsreisende seinen Fuß auf südamerikanischen Boden setzte, 1799, waren die wichtigsten topographischen Strukturen des Kontinents, Gebirge, Wasserläufe, Hoch- und Tiefebenen, bereits bekannt, und deren kartographische Erfassung verbesserte sich zusehends. Humboldt folgte keinen unbekannten Routen und erwarb sich keine Finderechte; aber er stellte neue Fragen und ordnete seine Beobachtungen vor dem Hintergrund eines beispiellos vielseitigen Wissens in eine neue Sicht der Gesamtzusammenhänge ein. Zudem war Humboldt ein Mensch von ausgeprägtem historischem Selbstverständnis: Er hielt sich immer dankbar gegenwärtig, was andere vor ihm geleistet hatten; er erkannte hellsichtig die Möglichkeit, die seine eigene Zeit ihm bot; und seine international hoch angesehene Persönlichkeit begleitete befruchtend und bestimmend den Gang der Naturwissenschaften, der erst 1859, in seinem Todesjahr, mit der Publikation von Charles Darwins «On the Origin of Species», eine neue Richtung einzuschlagen begann. Wenn wir an den Schluß dieses Überblicks über die Erkundung der «Neuen Welt» Alexander von Humboldt stellen, tun wir es im Bewußtsein, daß in der Gestalt dieses Amerikareisenden Abschluß und Neubeginn einer Epoche am eindrucksvollsten sichtbar werden.

2. Humboldts große Südamerikareisen

Vorbereitung

Alexander von Humboldt wurde am 14. September 1769 in Berlin geboren, im selben Jahr wie Napoleon Bonaparte, den er um fast vier Jahrzehnte überleben sollte.[1] Sein Vater, Offizier und nachher Kammerherr in preußischen Diensten, starb, als Alexander zehn und sein Bruder Wilhelm, der spätere Gelehrte und Staatsmann, zwölf Jahre alt war; um beider Kinder Erziehung bemühte sich die Mutter, eine etwas spröde Frau aus hugenottischer Familie. Die Grundausbildung vermittelten, wie damals in vermögenden Kreisen üblich, Hauslehrer; den ersten gesellschaftlichen Schliff holte sich der Jüngling in den Berliner Salons der aufgeklärten jüdischen Intelligenz. Im Jahre 1787 bezog Alexander von Humboldt die etwas verschlafene Universität von Frankfurt an der Oder, verbrachte das folgende Jahr wieder in Berlin und wechselte darauf hinüber nach Göttingen, wo er sich weitgespannten Studien, insbesondere auf dem Gebiet der Naturwissenschaften und der Geographie, widmete.

Man pflegt in solchen Fällen zu fragen, wer die Begabung eines außergewöhnlichen Menschen zuerst erkannte, wer sie in die wesensgemäße Richtung lenkte, und Humboldt, auf sein langes Leben zurückblickend, stellte sich diese Frage verschiedentlich selbst.[2] Besonders dankbar wußte er sich dem Botaniker Karl Ludwig Willdenow verbunden, dem er 1788 in Berlin begegnete und der ihn ins Studium der einheimischen und exotischen Pflanzenwelt einführte. In Göttingen wurden ihm eine Reihe von Professoren wichtig, unter diesen der zu seiner Zeit berühmte Nationalökonom Johann Beckmann, der nach seiner Zeit berühmte Physiker und Aphoristiker Georg Christoph Lichtenberg und der Anthropologe Johann Friedrich Blumenbach, der Begründer einer modernen Rassenkunde. Von wegweisender Bedeutung war die Bekanntschaft mit dem um fünfzehn Jahre älteren Georg Forster in Mainz, der Kapitän James Cook auf dessen zweiter Weltumsegelung in den Jahren 1772 bis 1775 begleitet und einen vorzüglichen Reisebericht verfaßt hatte.[3] Mit Forster fuhr Humboldt im Jahre 1790 den Niederrhein hinab nach Holland und England, zu einem Zeitpunkt, da Großbritannien sich zu unangefochtener Weltgeltung aufgeschwungen hatte, während sein schärfster Rivale, Frankreich, in den Revolutionswirren versank. Das Vorbild des weitgereisten Forster, der Anblick des bunten Treibens im Londoner Hafen, der Umgang mit so bedeutenden Naturforschern wie dem einflußreichen Präsidenten der «Royal Society», Sir Joseph Banks – dies alles bestärkte Humboldt im Willen, eines Tages selbst eine Forschungsreise nach Übersee anzutreten. «Ein unbestimmtes Streben nach dem Fernen und Ungewissen», schreibt er später in einer autobiographischen Skizze, «alles, was meine Phantasie stark rührte, die Gefahr des Meeres, der Wunsch, Abenteuer zu bestehen und aus einer alltäglichen Natur mich in eine Wunderwelt zu versetzen, reizten mich damals an.»[4]

Unmittelbar nach der Rückkehr aus England trat er in die Hamburger Handelsakademie ein, wo er sich mit einer Besessenheit, die nahe Bekannte um seinen Verstand fürchten ließ, ins Studium der Wirtschaftswissenschaften vertiefte. Im Juni 1791 immatrikulierte er sich, vor einer «entschiedenen Neigung zur Mineralogie»[5] getrieben, an der angesehenen Bergakademie von Freiberg bei Dresden. Durch eigene wissenschaftliche Arbeiten ebensosehr empfohlen wie durch seine familiäre Abkunft, durchlief er eine rasche Karriere, die auch Zeit zu mehreren Studienreisen ließ; die wichtigste Publikation dieser Jahre war eine lateinische Abhandlung über die unter Tag gedeihenden Pflanzen, die «Florae Fribergensis specimen».[6]

Im Jahre 1796, nach dem Tod seiner Mutter unabhängig und im Besitz eines komfortablen Vermögens, quittierte Humboldt den preußischen

Staatsdienst. Seit drei Jahren hatte er sich auf eine Forschungsreise vorbereitet und als mögliches Ziel Südamerika ins Auge gefaßt. Vorerst reiste Humboldt in Europa, vertiefte in Weimar seine Bekanntschaft mit Goethe, studierte in Dresden und Wien die naturhistorischen Sammlungen, übte sich im Salzkammergut im Gebrauch der Meßinstrumente und hatte in Paris, wo er mit Bruder Wilhelm zusammentraf, Umgang mit führenden Gelehrten seiner Zeit. In Paris lernte Humboldt den um vier Jahre jüngeren Botaniker *Aimé Bonpland* kennen, den sachkundigen Begleiter während seiner Amerikareise und den verläßlichen Freund. Hier zeichnete sich auch die Möglichkeit ab, an einer Weltreise unter Kapitän Nicolas Baudin mitzuwirken, ein Projekt, das jedoch wegen der napoleonischen Kriege vorerst zurückgestellt wurde. Auch ein Plan, sich nach Nordafrika einzuschiffen und dem wissenschaftlichen Mitarbeiterstab anzuschließen, der Napoleon auf dessen Ägyptenfeldzug begleitete, zerschlug sich.

Im Winter des Jahres 1798 entschlossen sich Humboldt und Bonpland, nach Spanien zu reisen, und gaben damit ihrem Schicksal die entscheidende Wendung. Man reiste ohne Eile, zu Fuß und im Reisewagen, gewann durch unermüdlich vorgenommene Messungen eine Vorstellung von der noch wenig bekannten Landschaftsgestalt, befreundete sich mit Volk und Sitte und verbesserte seine Spanischkenntnisse. In Madrid erwarb sich Humboldt, der sich unter Höflingen nicht weniger geschickt bewegte als unter Dorfbewohnern, das Vertrauen hochgestellter Persönlichkeiten, wurde dank einer Empfehlung des sächsischen Gesandten beim Außenminister vorgelassen und vom König, Karl IV., in Audienz empfangen. Obwohl die traditionelle Auswanderungspraxis der spanischen Krone Ausländern grundsätzlich die Einreise in die Kolonien nicht gestattete, Protestanten, die den konfessionellen Frieden zu stören drohten, schon gar nicht, machte man in diesem Falle eine großzügige Ausnahme: Im Frühjahr 1799 erhielten Humboldt und Bonpland das Placet des «Indienrates».

«Nie war einem Reisenden», kommentiert der Naturforscher den Entscheid, «mit der Erlaubnis, die man ihm erteilte, mehr zugestanden worden, nie hatte die spanische Regierung einem Fremden größeres Vertrauen bewiesen. Um alle Bedenken zu beseitigen, welche die Vizekönige und Generalkapitäne, als Vertreter der königlichen Gewalt in Amerika, hinsichtlich des Zwecks und Wesens meiner Beschäftigung erheben könnten, hieß es in dem Paß der ‹primera secretaría de estado›: ich sei ermächtigt, mich meiner physikalischen und geodätischen Instrumente mit voller Freiheit zu bedienen; ich dürfe in allen spanischen Besitzungen astronomische Beobachtungen anstellen, die Höhen der Berge messen, die Erzeugnisse des Bodens sammeln und alle Operationen ausführen, die ich zur Förderung der Wissenschaft vorzunehmen gut finde.»[7]

Am 5. Juni 1799 schifften sich Humboldt und Bonpland in La Coruña, an der spanischen Nordwestküste, zur Reise über den Atlantik ein. Ihr Schiff, die Korvette «Pizarro», berührte zuerst Teneriffa, die wichtigste der Kanarischen Inseln, wo der Vulkan Pico de Teide erstiegen und im Botanischen Garten ein erster Begriff von der Vielfalt tropischer Flora gewonnen wurde. Die Überfahrt verlief vorerst ohne Zwischenfälle, man passierte am 27. Juni den Wendekreis des Krebses, beobachtete am nächtlichen Himmel das «Kreuz des Südens», übte sich in Standortbestimmungen. Doch in der Karibischen See brach an Bord ein bösartiges Fieber aus, was Humboldt und seinen Begleiter bewog, die Reise nicht, wie ursprünglich geplant, bis Kuba fortzusetzen, sondern sich bereits an der venezolanischen Küste ausschiffen zu lassen. Am 16. Juli 1799, einundvierzig Tage nach der Abfahrt in Spanien, ging man in Cumaná an Land.

Der Orinoko

Humboldts Reisen in verschiedenen Teilen des amerikanischen Kontinents, die, mit kurzen Unterbrechungen, einen Zeitraum von fünf Jahren beanspruchten, lassen sich in drei deutlich gesonderte Phasen einteilen. Die erste Phase, jene der sogenannten Orinokoreise, dauerte vom Zeitpunkt der Ankunft in Cumaná bis zur Abreise aus Venezuela nach Kuba im November 1800. Es folgte, zwischen März 1801 und Februar 1803, eine ausgedehnte Reise durch die Andenländer Kolumbien, Ecuador und Peru. Der letzte Abschnitt schließlich war geprägt durch einen einjährigen Aufenthalt in Mexiko, von wo man sich nach Havanna begab und nach kurzem Studienaufenthalt den Rückweg über die Vereinigten Staaten nach Europa antrat.

Der Gesamtverlauf dieser Reisen ist von Humboldt nur zu einem Teil selbst geschildert worden. In der ab 1814 in französischer Sprache erschienenen «Relation historique»[8] wird bloß ein gutes Drittel der Unternehmung dargestellt; und die vom Naturforscher autorisierte Übersetzung, die unter dem Titel «Reise in die Aequinoctial-Gegenden des neuen Continents» 1859 erschien, besticht zwar durch stilistische Eleganz, folgt jedoch der originalen Version nur in freier, kürzender Bearbeitung.[9] Erst 1959 und in vertiefter Form 1985 hat der hervorragende Humboldtforscher Hanno Beck im Rahmen seiner Biographie des berühmten Reisenden eine auf allen erreichbaren Quellendokumenten beruhende reisegeschichtliche Rekonstruktion versucht.[10]

Am 16. Juli 1799 trafen Humboldt und Bonpland am Ausgangspunkt ihrer ersten amerikanischen Reise, in Cumaná, ein. Humboldts Briefe nach Europa lassen erkennen, wie sehr die erste Begegnung mit dem fremden Land ihn erregte, seine Wißbegierde herausforderte und die Unternehmungslust anstachelte. «Wie die Narren laufen wir bis jetzt umher», schreibt er an seinen Bruder Wilhelm, «in den ersten drei Tagen können wir nichts bestimmen, da man immer einen Gegenstand wegwirft, um einen andern zu ergreifen. Bonpland versicherte, daß er von Sinnen kommen werde, wenn die Wunder nicht bald aufhörten. Aber schöner noch als diese Wunder im einzelnen ist der Eindruck, den das Ganze dieser kraftvollen, üppigen und doch dabei so leichten, erheiternden, milden Pflanzennatur macht. Ich fühle es, daß ich hier sehr glücklich sein werde, und daß diese Eindrücke mich auch künftig noch oft erheitern werden.»[11]

Freundlich empfangen vom naturwissenschaftlich interessierten Gouverneur, bestaunt von den Bewohnern, die sich ihre Läuse unter dem Mikroskop anschauen durften, hilfreich betreut von den ansässigen Missionaren, durchwanderten Humboldt und sein Begleiter die Umgebung der Stadt. Im Bericht des Naturforschers, der über diese erste Reise anschaulich und lückenlos orientiert, ist von der Erdbebenhäufigkeit in jenen Regionen, vom empörenden Spektakel des Sklavenmarktes, vom Besuch einer Saline und von der ersten Exkursion im Savannengebiet des Hinterlandes die Rede. Erstmals sah sich Humboldt der Faszination durch die üppige Vielfalt tropischen Pflanzenwuchses ausgesetzt, die ihn auch später immer wieder zu eindrücklicher Naturschilderung inspirieren sollte. Der Reisende wisse nicht zu sagen, schreibt er nach Europa, «was mehr sein Staunen erregt, die feierliche Stille der Einsamkeit oder die Schönheiten der einzelnen Gestalten und ihre Kontraste oder die Kraft und Fülle des vegetabilischen Lebens. Es ist, als hätte der mit Gewächsen überladene Boden gar nicht Raum genug zu ihrer Entwicklung. Überall verstecken sich die Baumstämme hinter einem grünen Teppich, und wollte man all die Orchideen, die Pfeffer- und Pothosarten, die auf einem einzigen Heuschreckenbaum oder amerikanischen Feigenbaum wachsen, sorgsam verpflanzen, so würde ein ganzes Stück Land damit bedeckt.»[12]

Einen Höhepunkt dieser ersten Unternehmungen im Umkreis von Cumaná bildete der Besuch der Höhle des Guácharo, «Cueva del Guácharo», in der Nähe von Caripe. Diese Höhle, noch heute eine touristische Sehenswürdigkeit, beherbergt den Guácharovogel, ein Tier von der Größe eines Huhnes, aber flugfähig wie eine Taube, das den einheimischen Indianern als Fettlieferant diente. Humboldt beschrieb und zeichnete diesen Vogel, der sich im Dunkeln wie die Fledermaus orientiert und seine Höhle regelmäßig in der Abenddämmerung zur Nahrungssuche verläßt, und gab ihm den Namen «Steatornis [Fettvogel] caripensis».

Nach ihrer Rückkehr nach Cumaná, wo sie noch eine Sonnenfinsternis beobachteten, entschieden sich Humboldt und Bonpland für die Weiterfahrt zur See nach La Guaira, dem Hafen von Caracas, und zur Forschungsreise ins Landesinnere an den Oberlauf des Orinoko. Caracas, heute eine Metropole von gegen zwei Millionen Einwohnern mit luxuriöser City und abseits liegenden Elendsvierteln in nachdenklich stimmendem Kontrast, hatte damals vierzigtausend Einwohner, acht Kirchen, fünf Klöster und ein Theater. Humboldt wurde vom Generalkapitän von Venezuela aufs freundlichste empfangen und bewegte sich in den besten Kreisen der Gesellschaft, deren naturwissenschaftliche Bildung er zwar wenig entwickelt fand, deren politischer Konversation er jedoch mit feinem Ohr für die Differenzen spanisch-

II. Abschluß und Neubeginn: Alexander von Humboldt

Alexander von Humboldts venezolanische Reise
1799 – 1800

aristokratischer und kreolischer Selbsteinschätzung folgte. Von der Stadt aus bestieg der Naturforscher einen benachbarten Berg, die «Silla», um Beobachtungen anzustellen; zu seinem Erstaunen fand sich in der Stadt niemand, der bereits ähnliche Untersuchungen durchgeführt hatte.

Am 7. Februar 1800, nach einem Aufenthalt von zweieinhalb Monaten, verließen Humboldt und Bonpland Caracas, um durch die Llanos zu den Missionsstationen am Rio Apure und am Oberlauf des Orinoko vorzustoßen. Man wandte sich westwärts zum Valenciasee, machte einen kleinen Abstecher zur Hafenstadt Puerto Cabello und ritt dann die Südabdachung der Küstengebirge hinab den weiten Ebenen zwischen Anden und Orinoko zu, deren Ausdehnung die Fläche Frankreichs erreicht. Man reiste, der hohen Temperaturen in der Trockenzeit wegen, vornehmlich nachts, suchte tagsüber kärglichen Schutz unter vereinzelt stehenden Palmen, erbat sich von phlegmatischen Viehhirten, meist entlaufenen Sklaven, Trinkwasser. Humboldt hat später in seinen «Ansichten der Natur» einen besonderen Aufsatz diesen Savannengebieten gewidmet und einige Beobachtungen, etwa über die Luftspiegelungen und die Sandhosen [Tromben], mit der ihm eigenen Anschaulichkeit aufgezeichnet. «Wenn unter dem senkrechten Strahl der niebewölkten Sonne», schreibt er, «die verkohlte Grasdecke in Staub zerfallen ist, klafft der erhärtete Boden auf, als wäre er von mächtigen Erdstößen erschüttert. Berühren ihn dann entgegengesetzte Luftströme, deren Streit sich in kreisender Bewegung ausgleicht, so gewährt die Ebene einen seltsamen Anblick. Als trichterförmige Wolken, die mit ihren Spitzen an der Erde hingleiten, steigt der Sand dampfartig durch die luftdünne, elektrisch geladene Mitte des Wirbels empor, gleich den rauschenden Wasserhosen, die der erfahrene Schiffer fürchtet. Ein trübes, fast strohfarbiges Halblicht wirft die nun scheinbar niedrigere Himmelsdecke auf die verödete Flur. Der Horizont tritt plötzlich näher. Er verengt die Steppe wie das Gemüt des Wanderers. Die heiße, staubige Erde, welche im nebelartig verschleierten Dunstkreise schwebt, vermehrt die erstickende Luftwärme. Statt Kühlung führt der Ostwind neue Glut herbei, wenn er über den langerhitzten Boden hinweht.»[13]

In Calabozo, einer Siedlung von damals fünftausend Seelen, die aus dem Viehhandel einen wachsenden Wohlstand zog, verweilten die Reisenden einige Tage und machten die Bekanntschaft eines genialen Sonderlings, der, ohne von Galvani und Volta je gehört zu haben, mit einer selbstverfertigten Elektrisiermaschine die Bevölkerung verblüffte. Hier studierte Humboldt auch die in den dortigen Gewässern zahlreich vorkommenden «lebendigen elektrischen Apparate»,[14] die Zitteraale [Gymnotus electricus].

Am 27. März 1800 waren die Llanos durchquert, und man traf in San Fernando de Apure, einer Missionsstation der Kapuziner, ein. Man entschloß sich, den Weg zum Orinoko auf dem Rio Apure zurückzulegen. Eine Piroge wurde bereitgestellt und den Bedürfnissen der Expedition entsprechend ausgerüstet: Am Heck wurde eine Hütte aus Palmenzweigen errichtet, welche die Instrumente, die Waffen, eine kleine wissenschaftliche Bibliothek, Waren für den Tauschhandel und die Lebensmittelvorräte aufnahm. Zur Begleitung gehörten ein Steuermann und vier weitere Indianer, ferner ein ortskundiger Mönch sowie der Schwager des Provinzstatthalters, *Nicolas Soto*, dessen hilfreiches Wesen zum Gelingen wesentlich beitragen sollte.

Während einer Woche befuhr man den Rio Apure, und Humboldt führte sorgfältig Tagebuch. Tiere wurden beobachtet: riesige Krokodile, das Wasserschwein, der Jaguar, Affen und Vögel aller Art. Von den Fischen erregten die raubgierigen Piranhas oder Karaibenfische die besondere Aufmerksamkeit der Reisenden; sie seien, schreibt Humboldt, eine nicht geringere Plage als die allgegenwärtigen Moskitos, weil sie in drückender Hitze das Baden unmöglich machten.[15] Nachts legte man an den Ufern oder auf Flußinseln an, entzündete ein Feuer, um die Raubtiere abzuhalten, und spannte die Hängematten auf. Gegen Mitternacht erhoben sich die Tierstimmen zum ohrenbetäubenden Konzert und machten jeden Schlaf unmöglich. Mit solchem Lärm, meinten die Indianer, feierten die Tiere den Vollmond; doch Humboldt erkannte, zutreffender, als Ursache des Aufruhrs den unerbittlichen Kampf aller Urwaldbewohner gegen alle und gab sich davon Rechenschaft, daß vom Paradiesesfrieden menschlicher Urzeit, wie Bernardin de Saint-Pierre ihn gepriesen hatte, hier nichts zu spüren sei.[16]

Am 5. April wurde der Zusammenfluß von Apure und Orinoko erreicht. «Mit der Ausfahrt aus dem Apure», schreibt Humboldt, «sahen wir uns in ein ganz anderes Land versetzt. So weit das Auge reichte, dehnte sich eine ungeheure Wasserfläche, einem See gleich, vor uns aus. Das durchdringende Geschrei der Reiher, Flamingos und Löffelgänse, wenn sie in langen Schwärmen von einem Ufer zum andern ziehen, erfüllte nicht mehr die Luft. Vergeblich sahen wir uns nach Schwimmvögeln um... Die ganze Natur schien weniger belebt. Kaum bemerkten wir in den Buchten der Wellen hie und da ein großes Krokodil, das mittelst seines langen Schwanzes die bewegte Wasserfläche schief durchschnitt. Der Horizont war von einem Waldgürtel begenzt, aber nirgends traten die Wälder bis ans Strombett vor. Breite, beständig der Sonnenglut ausgesetzte Ufer, kahl und dürr wie der Meeresstrand, glichen in Folge der Luftspiegelung von weitem Lachen stehenden Wassers. Diese sandigen Ufer verwischten vielmehr die Grenzen des Stromes, statt sie für das Auge festzustellen... Diese zerstreuten Landschaftszüge, dieses Gepräge von Einsamkeit und Großartigkeit kennzeichnen den Lauf des Orinoko, eines der gewaltigsten Ströme der neuen Welt.»[17]

Die Fahrt orinokoaufwärts führte zunächst zu einer Reihe von Inseln, die als Brutstätten von Schildkröten bekannt waren und bei denen sich jeweils im Frühling Hunderte von Indianern, aber auch einige weiße Händler vom Unterlauf des Flusses einfanden, um die begehrten Eier zu ernten. Hier traf man auf eine Gruppe von ortskundigen Missionaren, die ein beweglicheres Boot zur Verfügung stellten, mit dem die Stromschnellen südlich des heutigen Puerto Ayacucho leichter bezwungen werden konnten. Die Katarakte von Atures und Maipures wurden am 16. April überwunden; sie boten Humboldt «das ergreifende Schauspiel eines eingeengten und wie völlig in Schaum verwandelten großen Stromes».[18] Sehr zu schaffen machte den Reisenden auf diesem Streckenabschnitt wie auch später die Moskitoplage. Man schmierte sich Lehm ins Gesicht, entfachte Feuer und vergrub sich im Ufersand – nichts half. Bezeichnend indessen für Humboldt, daß er nicht versäumte, über die Stechmücken genaue Beobachtungen anzustellen, die wichtigsten der vorkommenden Arten, den Zeitpunkt ihres Auftretens zu notieren und über deren Abhängigkeit von klimatischen und geographischen Bedingungen nachzudenken. Von der Rolle der Anophelesmücke als Überträgerin der Malaria freilich wußte er noch nichts, und die Ursache des unter den Missionaren wütenden Fiebers blieb für ihn im Dunkeln.

In San Fernando de Atabapo, einer kleinen, von Franziskanern verwalteten Missionsstation, die an der Stelle liegt, wo sich der wasserreiche Guaviare und der schmale Atabapo mit dem Orinoko vereinigen, beschloß Humboldt, weiter südwärts vorzustoßen und das Boot über die Wasserscheide zu den Zuflüssen des Rio Negro tragen zu lassen. Am 5. Mai schiffte man sich auf dem Pimichín ein, einem jener «Schwarzwasserflüsse», die den Rio Negro und schließlich den Amazonas von Norden her speisen. Über den Rio Guaina erreichte man bei San Carlos, an der Einmündung des Casiquiare gelegen, den letzten spanischen Außenposten und damit den südlichsten Punkt der Reise. Man bezog Quartier beim Kommandanten des Forts, der über eine Besatzung von wenigen schlecht ausgerüsteten Soldaten verfügte; gegenüber befand sich, in konfliktreicher Nähe, die etwas besser bestückte portugiesische Grenzbefestigung. Humboldt wäre gern bis Barcelos den Rio Negro hinabgefahren, mußte aber feststellen, daß er in Brasilien als verdächtig und politisch unerwünscht galt; später erfuhr er, daß gegen ihn ein Haftbefehl vorlag.

Während der Zeit vom 10. zum 21. Mai wurde der Casiquiare befahren, ein in vielen Krümmungen verlaufender, etwa zweihundert Kilometer langer Fluß, der sich vom Oberlauf des Orinoko löst und sein Wasser über eine flache Wasserscheide zum Rio Negro entsendet. Man wußte in Europa wenig von der Existenz dieser Flußgabelung [Bifurkation], die zwei mächtige Stromsysteme verbindet, und besaß keine genauen Angaben über den Flußverlauf. «... der Hauptzweck unserer Flußfahrt», schreibt Humboldt, «beschränkte sich darauf, mittelst astronomischer Beobachtungen den Lauf des Casiquiare aufzunehmen, besonders den Punkt, wo er in den Rio Negro tritt, und den andern, wo der Orinoco sich gabelt... Unsere Reisegefährten wären gerne auf dem kürzesten Weg über dem Pimichín und die kleinen Flüsse heimgekehrt; aber Bonpland beharrte mit mir auf dem Reiseplan...»[19] Freilich stellte die Fahrt auf dem Casiquiare auch die robuste Konstitution Humboldts auf eine harte Probe; und mit guten Gründen wird der Fluß, wie heutige Reisende berichten, noch jetzt von Siedlern gemieden.[20]

In Esmeralda, einer ärmlichen, kaum mehr betriebenen Missionsstation am Orinoko, dem Schlupfwinkel von Desperados und entlaufenen Sklaven, wurde Aufenthalt gemacht. Humboldt wäre gern zum Quellgebiet des Flusses vorgestoßen, aber seine Leute waren erschöpft, und man warnte ihn vor kriegerischen, kannibalischen Stämmen, die damals dort lebten und heute untergegangen sind. In Esmeralda wurden Humboldt und seine Begleiter durch einen der wenigen Indianer, die noch nicht Opfer des Alkoholismus geworden waren, mit der Herstellung des Pfeilgifts Curare bekannt gemacht – die Episode gehört zu den meistzitierten des Reiseberichts. Humboldt und Bonpland, empirischer Überprüfung ohnehin zugeneigt, zögerten nicht, das Gift, das seine Gefährlichkeit nur im Kontakt mit einer offenen Wunde entwickelt, als angenehm schmeckendes Magentonikum zu kosten.

Am 17. Mai verließ man Esmeralda, traf zehn Tage später wieder in San Fernando de Atabapo ein und setzte die Weiterfahrt zu den Katarakten unverzüglich fort. In der Nähe von Atures besuchte man die Höhle von Ataruipe, auf die man schon auf der Hinfahrt aufmerksam gemacht worden war, eine Katakombe, welche Hunderte von Skeletten eines ausgestorbenen Indianerstammes enthielt. Man entnahm der Grabstätte mehrere Schädel zu anatomisch-rassenkundlichen Untersuchungen; einer von ihnen gelangte später in die Hand Blumenbachs und wurde in dessen Werk über die Menschenrassen dargestellt.[21] Bei den Schildkröteninseln machte man einen weiteren Halt im Stammesbereich der Otomaken, die, um den Hunger zu beschwichtigen, Erde aßen. Humboldt beschrieb diesen Fall von Geophagie genau, nahm einige der in Speichern gelagerten Erdkugeln mit und ließ sie später in Paris analysieren. An der Mündung des Apure, die sie am 8. Juni erreichten, verabschiedeten sich die Reisenden von Nicolas Soto, der nach San Fernando zurückkehrte.

Am 23. Juni 1800 kamen Humboldt und Bonpland in der Stadt Angostura, deren Name auf die Flußenge hindeutet und die heute Ciudad Bolívar heißt, an. «Sich wieder im Schoße der Kultur zu wissen», heißt es im Reisebericht, «ist ein großer Genuß, aber er hält nicht lange an, wenn man für die Wunder der Natur im heißen Erdstrich ein lebendiges Gefühl hat. Die überstandenen Beschwerden sind bald vergessen, und kaum ist man auf der Küste, auf dem von den spanischen Kolonisten bewohnten Boden, so entwirft man den Plan, wieder ins Binnenland zu gehen.»[22] Der im engeren Sinne wissenschaftliche Teil der Expedition, darauf abzielend, durch exakte Standortbestimmung erstmals kartographische Klarheit, insbesondere über den Verlauf des Casiquiare, zu schaffen, war nun abgeschlossen. Man hatte innerhalb Jahresfrist, in ungesundem Klima unter schwierigsten Umständen reisend und oft unter freiem Himmel nächtigend, über viertausend Kilometer zurückgelegt. Meist hatten sich die Naturforscher wohl gefühlt, und immer war Humboldt tätig und unternehmungslustig geblieben; in Angostura indes erkrankten beide, und Bonpland erholte sich nur langsam.

Noch galt es, die wissenschaftliche Ausbeute der Expedition, die Notizen und Aufzeichnungen, die Sammlung von etwa zwölftausend bisher wenig oder nicht bekannten Pflanzenarten, die mitgeführten Tiere, eine eigentliche Menagerie, heil an die Karibikküste zu bringen. Man durchquerte erneut die Llanos, hielt sich einen Monat in Nueva Barcelona auf, nahm ein Schiff nach Cumaná. Eine dramatische Episode schloß die Orinokoreise ab: Der Segler, auf dem die Reisenden sich mit ihren Sammlungen und Instrumenten befanden, wurde von einem Freibeuter aufgebracht, doch der Kapitän einer englischen Korvette nahm Humboldt in seinen persönlichen Schutz. Der Naturforscher, der nicht frei von Eitelkeit war, hatte die Genugtuung zu erfahren, daß sein Name, durch geschickte Selbstpropaganda in der gelehrten Welt verbreitet, den Engländern nicht unbekannt war. Obwohl sich Großbritannien mit Spanien, als dem Verbündeten Frankreichs, im Kriegszustand befand, kam es, ganz im Sinne aufgeklärter Weltoffenheit, zu einem freundschaftlichen Gedankenaustausch. «Wenn man aus den Wäldern des Casiquiare kommt», berichtet Humboldt, «und monatelang in den engen Lebenskreis der Missionare gebannt war, so fühlt man sich ganz glücklich, wenn man zum erstenmal wieder Männer trifft, die das Leben zur See durchgemacht und auf einem so wechselvollen Schauplatz den Kreis ihrer Ideen erweitert haben. Ich schied vom englischen Schiff mit Empfindungen, die in mir unverwischt geblieben sind und meine Anhänglichkeit an die Laufbahn, der ich meine Kräfte gewidmet, noch steigerten.»[23] Ende August 1800 kamen Humboldt und Bonpland im Cumaná an; bis zu ihrer Weiterfahrt nach Havanna sollten, wegen der englischen Seeblockade, noch über drei Monate vergehen.

Die Anden

Am 19. Dezember 1800, nach stürmischer und langwieriger Überfahrt, trafen Humboldt und Bonpland in Kuba ein. Während drei Monaten, unterbrochen von kleineren Exkursionen, blieben die Forscher in Havanna, erneut aufs entgegenkommendste empfangen von den Vertretern der Wissenschaften und den Notabeln der Stadt. «Meine Aufnahme in den spanischen Kolonien», schreibt Humboldt an Willdenow, «ist so schmeichelhaft, als der eitelste und aristokratischste Mensch nur wünschen kann. In Ländern, in denen kein Gemeinsinn herrscht und in denen alles nach Willkür gelenkt wird, entscheidet die Gunst des Hofes alles... Nie, nie hat ein Naturalist mit solcher Freiheit verfahren können.»[24]

Humboldt verbrachte den Aufenthalt mit kartographischen Arbeiten, nutzte seine nationalökonomischen Kenntnisse zur Auswertung von Archivmaterial und bereitete mit größter Umsicht den Transport seiner wissenschaftlichen Sammlungen nach Europa vor. In dieser Zeit entstand auch der Plan zur Abfassung seines monumentalen Reisewerks. Humboldt beabsichtigte, zunächst einen allgemeinen Reisebericht vorzulegen, was, wie erwähnt, nur teilweise gelingen sollte. In besonderen Bänden sollten weiterhin verschiedene Spezialgebiete behandelt werden, so Probleme der Längen- und Breitenbestimmung, der Geologie, der Feuchtigkeits- und Höhenmessung. Gemeinsam mit Bonpland war schließlich die Bearbeitung und Publikation der botanischen Forschungsergebnisse vorgesehen. Als unmittelbares Produkt des Kubaaufenthalts entstand eine Monographie der Insel, eine der ersten wissenschaftlich wegweisenden Landeskunden, die 1826 unter dem Titel «Essai politique sur l'île de Cuba» gesondert herausgekommen ist.[25]

Auf Kuba erfuhren auch die weiteren Reisepläne eine entscheidende Klärung. Humboldt hatte ursprünglich nach Nordamerika gehen, von den Großen Seen aus zum Mississippi und nach Mexiko vorstoßen und von da über die Philippinen und ums Kap der Guten Hoffnung nach Europa gelangen wollen. Nun entnahm er den Zeitungen, Kapitän Baudin werde doch zu seiner Weltumsegelung ausfahren und, Kap Hoorn umschiffend, die Küsten Chiles und Perus berühren. Diese Nachricht scheint Humboldt bewogen zu haben, dem Besuch der Andenländer Priorität einzuräumen in der Hoffnung, sich auf der Rückfahrt Baudin anschließen zu können.[26] Am 9. März 1801 verließen die Naturforscher Kuba und trafen am 30. März im Hafen von Cartagena in Kolumbien ein.

Alexander von Humboldts Andenreise läßt sich nach den aufgesuchten Ländern Kolumbien, Ecuador und Peru in drei Etappen einteilen; sie dauerte fast zwei Jahre und durchmaß eine Distanz von dreitausenddreihundertvierzig Kilometern. Man schloß sich einer kleinen Reisegruppe an, die sich am 21. April 1801 auf dem Rio Magdalena nach Honda, nordwestlich von Bogotá, einschiffte. Der Fluß, wesentlich größer als die Donau und heute nicht mehr regelmäßig befahren, war damals die Hauptverkehrsader im Innern Kolumbiens. Die Fahrt war wegen der Moskitos und der wechselnd naßkalten Witterung äußerst strapaziös: «Unsere Magdalena-Reise», schreibt Humboldt im Tagebuch, das nun den zusammenhängenden Reisebericht ersetzt, «bildete eine schreckliche Tragödie; von den zwanzig dunklen Ruderknechten ließen wir acht auf dem Wege zurück, ebensoviel langten gleich und mit stinkenden Geschwüren bedeckt in Honda an... Welch glücklicher Zufall, daß meine Natur allen Fiebern so glücklich widersteht. In den zweieinhalb Jahren bei so vielen Reisen durch dichte Wälder, auf Sümpfen und Flüssen, unter den ansteckendsten Krankheiten: immer blieb ich vom Fieber frei.»[27]

In Honda, wo man am 15. Juni eintraf, rastete man kurz, damit Bonpland, der erneut schwer an Malaria erkrankt war, sich erholen konnte. Dann stiegen die Reisenden auf schmalen und gefährlichen Saumpfaden zu der zweitausendsechshundert Meter über dem Meeresspiegel liegenden Hochebene empor, auf der Bogotá liegt, damals Sitz des Vizekönigs von Neu Granada, heute Hauptstadt Kolumbiens. Der mühsame Aufstieg hinderte Humboldt nicht, wie seinerzeit bei der Besteigung des Pico de Teide auf Teneriffa, mit Sorgfalt auf den Wechsel der Vegetationszonen zu achten.

2. Humboldts große Südamerikareisen

«Ist die letzte Höhe erstiegen», meldet sein Tagebuch, «dann übersieht man alsbald eine weite Fläche, deren Ende das Auge kaum erreicht. So sehr ich auch auf diese Naturszene vorbereitet war, erstaunte ich doch nicht wenig, in solcher Höhe eine meeresähnliche Ebene zu treffen... So freundlich auch den Europäer Weizenäcker anlächeln, dieser flache Boden eines alten abgelaufenen Sees hat doch wegen der gänzlichen Baumlosigkeit und der Reinheit der Luft einen einförmigen, einen ernsten, ja traurigen Charakter.»[28]

Humboldt hatte Sorge getragen, seine Ankunft in Bogotá brieflich anzukündigen. Insbesondere legte er Wert darauf, mit *José Celestino Mútis*, dem berühmtesten Botaniker Südamerikas, zusammenzutreffen. Mútis, ein früher Anhänger Linnés in Spanien, war 1760 nach Kolumbien gekommen, hatte als Leibarzt des Vizekönigs gedient, Bewässerungssysteme entworfen, Forschungen über die Chinarinden und das Chinin angestellt sowie im Auftrag der Regierung eine Sammlung von zwanzigtausend Pflanzen angelegt; auch hatte er angeregt, die wichtigsten Pflanzen von hervorragenden Künstlern, darunter solchen indianischer Abkunft, zeichnen zu lassen.[29] Dieser Naturforscher, ein Mann von damals gegen siebzig Jahren mit den Eigenheiten eines interessanten Sonderlings, der sich durch Humboldts Besuch überraschend in den gesellschaftlichen Mittelpunkt gerückt sah, unternahm nun alles, den Reisenden einen glänzenden Empfang zu sichern. Humboldt hat die Ankunft in Bogotá humorvoll beschrieben: «Der dann folgende, in Bogotá lang erwartete Einzug war sonderbar, fast possierlich. Ich mit den Lonzanos[30] und dem geistlichen Rector[31] im ersten sechsspännigen Wagen, einer in London verfertigten, mit Ressorts versehenen Kutsche, Bonpland in dem zweiten, ebenfalls sechsspännigen Gefährte; um uns her ein Schwarm von Reitern, der noch durch die von Bogotá entgegenkommenden sich vermehrte. In der Stadt die Fenster voll Köpfe; Gassenbuben und Schulknaben liefen schreiend und mit Fingern auf mich weisend eine Viertelmeile weit neben den Kutschen her; alles versicherte, daß in der toten Stadt seit langen Jahren nicht solch eine Bewegung und solch ein Aufstand stattgefunden habe. Wir sind ja Ausländer und sogar wunderbare Ketzer: Leute, welche die Welt durchlaufen, um Pflanzen zu suchen und ihr Heu nur mit dem des alten Mútis vergleichen wollen – mußte das nicht die Neugierde reizen? Dazu der Umstand, daß der Vizekönig unsere Ankunft als einen Act von Wichtigkeit betrachtet und befohlen hatte, uns aufs feinste zu behandeln.»[32] Und die Begegnung mit dem spanischen Naturforscher vor dessen Haus: «Vor dieser Wohnung erwartete uns mit seinen Freunden der alte Kron-Botanicus, eine ehrwürdige, geistreiche Gestalt in priesterlichem Kleide. Wie ich mit dem Barometer in der Hand ausstieg und das Instrument niemandem anvertrauen wollte, lächelte er; mit vieler Herzlichkeit umarmte er uns und war bei dieser ersten Zusammenkunft fast verlegen bescheiden. Wir sprachen sofort von wissenschaftlichen Dingen; so begann ich von den Pflanzen, die wir heute gesehen hatten, er aber lenkte das Gespräch ge-

II. Abschluß und Neubeginn: Alexander von Humboldt

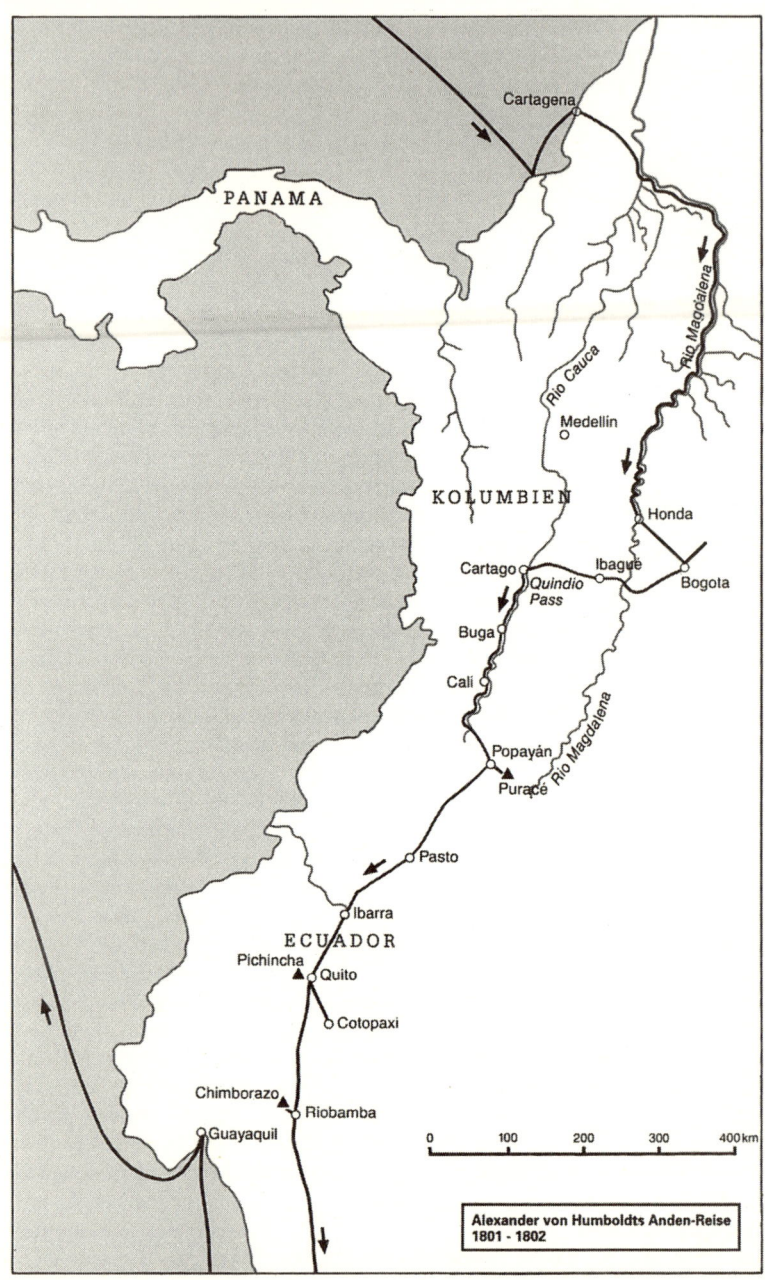

schickt auf allgemeine Gegenstände, damit es den Umstehenden verständlicher werde.³³

In Bogotá verweilten Humboldt und Bonpland zwei Monate lang. Die Zeit verbrachte Humboldt wie üblich mit der Höhenbestimmung der benachbarten Gebirge; im Auftrag des Vizekönigs begutachtete er die naheliegenden Salz- und Silbergruben hinsichtlich ihrer Ergiebigkeit und stellte mehrere Landkarten fertig, darunter die erste brauchbare Darstellung des Verlaufs des Rio Magdalena von dessen Mündung bis Honda. Äußerst geschickt und taktisch klug bewegte sich der Naturforscher wiederum in einer Gesellschaft, deren Konversation bereits von den kommenden revolutionären Auseinandersetzungen überschattet war. Es gelang ihm erneut, sich das Vertrauen der regierenden Kreise soweit zu erhalten, daß ihm der Zugang zu vertraulichem Archivmaterial nicht verschlossen wurde; gleichzeitig aber pflegte er freien Umgang mit jugendlichen liberalen Intellektuellen, was den Vizekönig immerhin bewog, ihn überwachen zu lassen.

Anfang September 1801 verließen Humboldt und Bonpland das gastliche Bogotá. Man reiste zuerst in westlicher Richtung, überschritt den Oberlauf des Rio Magdalena und erreichte Ibagué. Von hier aus führte die Route über den Paß von Quindío, der die östliche Kordilliere überwindet, hinab nach Cartago. Beim Marsch über den fast dreitausend Meter hohen, teils verschneiten, teils morastigen Paß mußten die Maultiere, welche bisher Instrumente und Sammlungen getragen hatten, durch Ochsen ersetzt werden, und die Reisenden kamen nur mit Mühe voran; Humboldt lehnte es indessen entschieden ab, sich, wie hier allgemein üblich, von Indianern, sogenannten «cavallitos», tragen zu lassen und zeigte sich betroffen, von Menschen so reden zu hören, als ob es sich um Pferde handle.³⁴ Von Cartago ging der Weg durch das fruchtbare Cauca-Tal über Buga und Cali nach Popayán, wo man sich den November über aufhielt und den benachbarten Vulkan Puracé bestieg. Ein strapaziöser Gebirgsritt führte weiter über gefrorene Hochebenen und durch wild zerklüftete Schluchten nach Pasto; hier verbrachte man vermutlich Weihnachten³⁵ und untersuchte den Vulkan Galeras. Um die Zeit des Jahreswechsels wurde die Grenze zu Ecuador überschritten und Ibarra erreicht.

In Quito, wo er am 6. Januar 1802 eintraf, hielt sich Humboldt während fast acht Monaten auf und führte ein weitgespanntes Programm von geographischen, insbesondere vulkanologischen Untersuchungen, durch. Er fand die Stadt schöner als Bogotá, was sie auch zweifellos heute noch ist. Im Stil der spanischen Städtegründer auf quadratischem Grundriß errichtet, am Fuß des Vulkans Pichincha reizvoll ausgebreitet, mit einem durch den Kolonialbarock der Kirchen und Amtshäuser geprägten Zentrum, das seinen Charakter den häufigen Erdbeben zum Trotz bewahrt hat, war Quito damals die bedeutendste Stadt des Vizekönigreichs Neu Granada. Und Quito verfügte über eine gebildete Oberschicht, die den gesellschaftlichen Umgang, nach Humboldts Urteil, zu einem geistigen Vergnügen machte, wie man es ähnlich nur «in Paris und London hätte erwarten können».³⁶ Die Forscher wurden im Stadtpalais des Marqués Juan Pio Aguirre y Montúfar, gleich am Hauptplatz, einquartiert, Einladungen und gesellschaftliche Anlässe aller Art waren häufig, und es scheint, Humboldt habe seinen Eindruck auch auf die Damen nicht verfehlt. Allerdings lagen seine wirklichen Interessen woanders: «Bei Tisch verweilte er...», wird berichtet, «nie länger als notwendig war, den Damen Artigkeiten zu sagen und seinen Appetit zu stillen. Dann war er immer wieder draußen, schaute jeden Stein an und sammelte Kräuter. Bei Nacht, wenn wir längst schliefen, guckte er sich die Sterne an.»[37]

Im April 1802 machten sich die Naturforscher daran, den viertausendsiebenhundert Meter hohen Pichincha zu besteigen. Ein erster Versuch, den Gipfel zu erreichen, scheiterte, ebenso wohl auch, entgegen der Darstellung Humboldts, ein zweiter; dies jedenfalls behauptet McIntyre, der die Reisen unter heutigen Bedingungen im Detail nachvollzogen hat, mit guten Gründen.[38] Begleitet wurde man von zwei jungen Kreolen, dem begabten, autodidaktisch gebildeten Geographen *Francisco José de Cáldas* und *Carlos Aguirre y Montúfar*, dem Sohn des Marqués. Die Beziehung zu Cáldas endete mit einem Mißklang: Der ehrgeizige junge Mann, der Humboldt gern auf dessen weiteren Reisen gefolgt wäre, überwarf sich mit diesem und schied mit jener lang nachwirkenden Verbitterung, die verschmähte Liebe auszulösen pflegt; Montúfar dagegen fiel das Privileg zu, die Reisenden nach Europa zu begleiten.[39]

Ein Höhepunkt der wissenschaftlichen Arbeiten im Hochgebirge war ohne Zweifel die Besteigung des Chimborazo im Juni 1802. Der erloschene Vulkan, damals als höchster Berg der Welt betrachtet, erreicht sechstausenddreihundert Meter Höhe; sein Gipfel ist erstmals vom Pionieralpinisten Edward Whymper im Jahre 1880 erklommen worden. Humboldt unternahm die Hochgebirgsexpedition, die seinen Ruhm beim breiten Publikum mehr als jede andere Leistung begründen sollte, zusammen mit Bonpland, Carlos Montúfar und einem Mestizen, der ausharrte, als die übrigen Indianer längst aufgegeben hatten. Man folgte einem schmalen Felsrücken, der seitlich zur Linken von einem schwindelerregenden Abgrund, zur Rechten von einem geneigt abfallenden, endlosen Schneefeld begrenzt war. Die Höhenkrankheit machte sich bemerkbar: «Wir fingen nach und nach an», schreibt Humboldt in dem schönen Aufsatz, den er später dem Ereignis gewidmet hat, «alle an großer Übelkeit zu leiden. Der Drang zum Erbrechen war mit etwas Schwindel verbunden und weit lästiger als die Schwierigkeit zu atmen... Wir bluteten aus dem Zahnfleisch und aus den Lippen. Die Bindehaut [tunica conjunctiva] der Augen war bei allen ebenfalls mit Blut unterlaufen. Diese Symptome der Extravasate in den Augen, des Blutausschwitzens am Zahnfleisch und an den Lippen hatten für uns nichts Beunruhigendes, da wir aus mehrmaliger früherer Erfahrung damit bekannt waren.»[40]

Man nimmt heute an, Humboldt könnte eine Höhe von fünftausendfünfhundert Metern erreicht haben, dreihundert Meter unter seiner eigenen

Messung und Behauptung, achthundert Meter unter der Gipfelhöhe des Berges.[41] Obwohl Humboldt noch nicht aus sportlichem Antrieb kletterte und sich auch eingestand, daß das Erreichen großer Höhen wegen der Abwesenheit von organischem Leben und der durch den ewigen Schnee unmöglich gemachten geologischen Untersuchungen von «geringem wissenschaftlichem Interesse»[42] sei, war er doch auf seine Leistung besonders stolz. «Ich habe mir mein Leben lang etwas darauf eingebildet», schreibt er 1828 an einen befreundeten deutschen Geographen, «unter den Sterblichen derjenige zu sein, der am höchsten in der Welt gestiegen ist – ich meine am Abhange eines Berges, am Abhang des Chimborazo!»[43]

Auf der Weiterreise südwärts zur Grenze des Vizekönigreichs Peru verweilte Humboldt einige Wochen in Riobamba, wo er sich mit den Zeugnissen und Überresten aus der Geschichte der Inkas befaßte. Dieses Interesse war nicht neu und hatte sich bereits auf der Orinokoreise mehrfach geregt; diesmal faszinierten ihn die Reste der alten Inkaverkehrswege, die er den Römerstraßen in Südfrankreich und Spanien gleichstellte, sowie die Ruine Ingapirca in der Nähe von Cuenca, ein Musterbeispiel makellos gefügter Architektur, von der sich Reste bis heute erhalten haben. Die Reisenden folgten hier längst bekannten Routen, und man bemühte sich, neben vulkanologischen und botanischen Studien vor allem um präzise Standortbestimmungen, wobei es gelang, frühere Meßdaten, etwa jene der Expedition von La Condamine im Jahre 1742, zu korrigieren. Anfang August 1802 wurde die Grenze zwischen Ecuador und Peru überschritten.

Der nun folgende Aufenthalt in Peru war eigentlich so nicht geplant worden. Humboldt hatte ursprünglich damit gerechnet, in Guayaquil mit dem Weltumsegler Baudin zusammenzutreffen und an Bord seines Schiffes die Rückreise über den Pazifik anzutreten; die Meldung indessen, Baudin würde die südamerikanische Küste nun doch nicht anlaufen, zwang erneut zu einer Änderung der Pläne.

Humboldts Expeditionstrupp, der inzwischen mehrere indianische Bedienstete und gegen zwanzig Lasttiere umfaßte, folgte zunächst der stellenweise noch gut erhaltenen «Sonnenstraße» der Inkas und erreichte bei Tomependa, einer heute verschwundenen Siedlung, den Rio Marañon, den Pater Samuel Fritz im Jahre 1693 als Quellfluß des Amazonas erkannt hatte. Dann wandte man sich nach Südwesten, besichtigte die Silberminen am Hualgayoc-Berg, die ergiebigsten nach den berühmten von Potosí in Bolivien, und erreichte über öde Hochebenen die fruchtbaren Regionen im Umkreis von Cajamarca. Humboldt war sich der geschichtlichen Bedeutung des Ortes, wo der Inka-Herrscher Atahualpa ein Opfer der Konquistadoren und ihrer Goldgier geworden war, sehr wohl bewußt. Er ließ sich zu den Ruinen der alten Residenz führen und lauschte, nachdenklich bewegt, den Erzählungen seines indianischen Begleiters, der von kostbar gearbeiteten unterirdischen Goldschätzen zu berichten wußte, die ans Licht zu heben nicht ratsam sei, da man sich nicht den Neid und Haß der weißen Siedler zuziehen wolle.⁴⁴ Dann strebte Humboldt der Küste zu und erblickte endlich tief unter sich, zwischen Nebelbänken weit ausgebreitet, das «Mar del Sur», von dessen Entdeckung durch Balboa er als Kind gelesen hatte und das zu erreichen er sich seit seiner Bekanntschaft mit dem Weltumsegler Forster vorgenommen hatte. Ende September 1802 traf man in Trujillo ein.

Die Weiterreise entlang der Küste wurde ohne Verzug in Angriff genommen, denn Humboldt wollte in einem Monat in Lima sein, um dort den Durchgang des Planeten Merkur durch die Sonne zu beobachten, ein Ereignis, das genau vorausberechnet war und das es gestatten würde, die Abweichung des Chronometers zu überprüfen, der zur Bestimmung der geographischen Länge unerläßlich war. Die Westabdachung der Anden, in Ecuador mit üppigem Regenwald bedeckt, in Peru von wüstenähnlichem Charakter, bot wenig Gelegenheit zu naturwissenschaftlichen Beobachtungen. Humboldt wurde auf das Phänomen massiver Ablagerungen von Guano aufmerksam, einer aus den Exkrementen von Seevögeln gebildeten Substanz, die nach der Mitte des 19. Jahrhunderts zum Hauptexportprodukt Perus wurde, sich aber heute erschöpft hat. Der Naturforscher entnahm mehrere Proben dieses Materials und sandte sie zur chemischen Analyse nach Paris.

Am 23. Oktober kamen die Reisenden in Lima, dem Sitz des Vizekönigs von Peru, an, einer Stadt von damals um fünfzigtausend und von heute weit über vier Millionen Einwohnern. Humboldt fühlte sich hier nicht sehr glücklich. Er beklagte sich über das Wetter und meinte, der Dunst, der sich vom Juni bis zum November über die Stadt legt, töte den Geist von Mensch und Tier ab. Er vermißte die prunkvollen Häuser, die elegant gekleideten Frauen und den naturwissenschaftlichen Gedankenaustausch und stellte fest, man treffe sich zu Abendgesellschaften höchstens, um beim Spiel sein Vermögen durchzubringen. «Wenn auch Lima der letzte Ort von Amerika sein könnte», schreibt er in einem Brief, «in welchem irgendeiner leben wollte, so konnte ich es doch nicht lassen, eine angenehme Zeit dort zu verbringen. Mit dem Empfang von Besuchern und Gegenbesuchen in der ganzen Stadt geht die Zeit dahin.»⁴⁵

Es ist möglich, daß Humboldt von Lima aus mit einem andern deutschen Forschungsreisenden in Beziehung stand, der sich um die wissenschaftliche Erkundung der Andenländer verdient gemacht hat: mit *Thaddäus Haenke*.⁴⁶ Dieser Gelehrte stammte ursprünglich aus Böhmen, hatte in Prag bei den Jesuiten Mathematik und Astronomie studiert und sich in Wien in Medizin und Botanik weitergebildet. Im Jahre 1789 durchquerte er die argentinischen Pampas, überschritt die Anden und schloß sich der Expedition von Alejandro Malaspina an, die in spanischen Diensten die amerikanische Westküste von Chile bis Alaska befuhr und kartographisch festhielt. Später widmete er sich auf eigene Faust naturwissenschaftlichen Forschungen in Peru und Bolivien. Man weiß, daß Haenke das Frühwerk Humboldts kannte und von diesem wiederum in seinen Schriften dankbar erwähnt wird.

Am 5. Dezember 1802 schifften sich Humboldt, Bonpland und Montúfar in Callao ein, um über Guayaquil nach Acapulco zu segeln. Die Andenreise war abgeschlossen.

Mexiko und Nordamerika

Humboldts dritte Reise, zur Hauptsache bestehend aus einem Aufenthalt in Mexiko und ausklingend in einem Besuch der jungen, unabhängigen nordamerikanischen Staaten, dauerte vom Frühling 1803 bis in den Hochsommer 1804. Ähnlich wie von der Andenreise besitzen wir auch von der dritten Reise keinen zusammenhängenden Bericht, der den Verlauf im Detail festhielte. Das Hauptergebnis dieser letzten Unternehmung ist vielmehr der «Versuch über den politischen Zustand des Königreichs Neu-Spanien», eine in ihrer Anlage der Kubamonographie vergleichbare Landeskunde, freilich von weit größerer, geistig höchst eindrucksvoll bewältigter Reichhaltigkeit.[47]

Man traf am 23. März in Acapulco ein, dem Fenster des Vizekönigreichs Neu Spanien zum Pazifik hin, damals einer Hafenstadt von etwa viertausend Einwohnern, die jedes Jahr die sogenannte «Manilagaleone» über den Ozean nach den Philippinen entsandte. Nach kurzem Aufenthalt machte man sich in nördlicher Richtung auf den Weg nach Mexiko-Stadt und erreichte Taxco, eine wegen ihrer Silbergruben wichtige Stadt und heute ein baulich kaum verändert erhaltenes Kleinod, das unter Denkmalschutz gestellt worden ist. Am 11. April traf man in der Hauptstadt, dem Tenochtitlán der Azteken, ein. Humboldt, der Sorge getragen hatte, seinen Besuch bereits von Acapulco aus anzukündigen, wurde vom Vizekönig, Don Vicente de Iturrigaray, aufs entgegenkommendste empfangen. Wie kein Reisender je zuvor wurde der Forscher in seinen wissenschaftlichen Studien unterstützt: Archive wurden ihm ohne Einschränkung geöffnet, Museen und botanische Gärten zugänglich gemacht, Reise- und Besichtigungsbewilligungen erteilt und Begegnungen mit Fachleuten vermittelt. Humboldt zeigte sich erkenntlich und hat später in seinem Werk über Neu Spanien die intellektuelle Aufgeschlossenheit der Metropole begeistert gepriesen. «Keine von allen Städten des neuen Kontinents», schreibt er, «selbst die der Vereinigten Staaten nicht ausgenommen, ist im Besitz so großer und fest gegründeter wissenschaftlicher Anstalten als die Hauptstadt von Mexiko.»[48]

Eingehend schildert er die wichtigsten Forschungsstätten des damaligen Vizekönigreichs: das «Colegio de Minería», wo er Fachleuten begegnete, die, wie er selbst, die Bergakademie in Freiberg besucht hatten; die «Academia de los Nobles Artes de México», wo er Gipsabgüsse des Apolls von Belvedere und der Laokoon-Gruppe ebensosehr bewunderte wie die aztekischen Basalt- und Porphyrstatuen; den vorzüglich instandgehaltenen Botanischen Garten im Innenhof der Residenz und die seit der Mitte des 16. Jahrhunderts bestehende Universität.

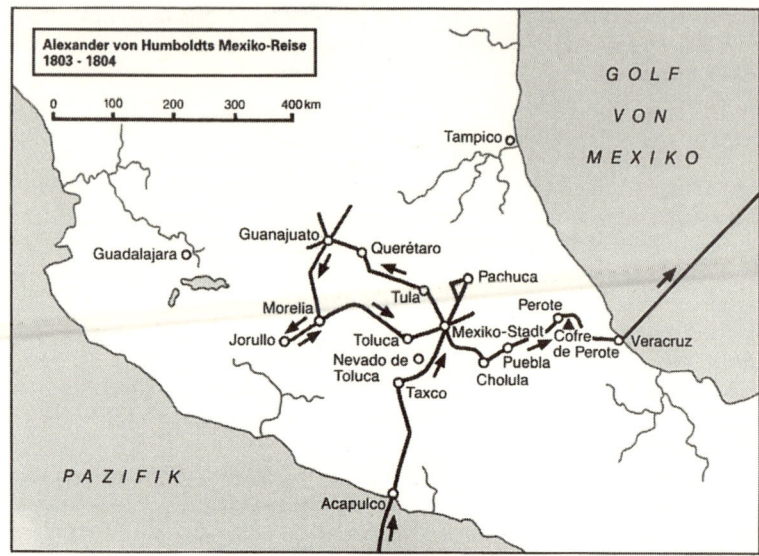

Von Mexiko-Stadt aus unternahm Humboldt eine Reihe von Exkursionen. Die erste führte ihn zu den Silberbergwerken von Pachuca im Nordosten der Hauptstadt. Auf einer zweiten, längeren Reise erreichte er über Tula und Querétaro die Silberstadt Guanajuato, wo er sich geologischen Studien widmete, zahlreiche Besichtigungen unter Tag vornahm und Verbesserungen vorschlug, um das Los der Bergleute, deren Behandlung ihn empörte, zu lindern. Auf der Rückfahrt nach Mexiko-Stadt standen wieder vulkanologische Untersuchungen im Mittelpunkt: Humboldt bestieg den Jorullo und den Nevado de Toluca, und es gelang ihm im ersten Falle, durch Befragung der einheimischen Bevölkerung die Entstehungsgeschichte des Vulkans zu klären. Über seine Beobachtungen referierte der Naturforscher in einer Reihe von Vorträgen am «Colegio de Minería».

Im Laufe des Jahres 1803 trat Humboldts ursprünglicher Plan, die Rückreise nach Europa über den Pazifik, die Philippinen und Indien anzutreten, immer mehr zurück, wohl vor allem deshalb, weil die Ordnung, Konservierung und Auswertung der großen naturwissenschaftlichen Sammlung keinen Aufschub mehr duldete.

Am 20. Januar 1804 verließen Humboldt, Bonpland und Montúfar die mexikanische Hauptstadt, um sich von Veracruz vorerst nach Kuba einzuschiffen. Es fehlte die Zeit, einen Besteigungsversuch der Zwillingsvulkane Popocatépetl und Ixtaccihuatl, beide über fünftausend Meter hoch, zu wagen; man begnügte sich mit trigonometrischer Vermessung. Nachdem man bereits von Mexiko-Stadt aus die älteste präkolumbische Ruinenstätte

Teotihuacán besichtigt hatte, ließ man es sich nicht nehmen, in Cholula, dem Zentrum der Toltekenkultur, die dem Gott Quetzalcóatl geweihte Pyramide zu ersteigen und zu vermessen. Hernán Cortés hatte von hier aus mit dem Blick des Eroberers, ausruhend vom Gemetzel, das er eben angerichtet hatte, die Stadt überblickt und ihre vierhundert Tempeltürme gezählt, und Humboldt, mit der Nachdenklichkeit des später Geborenen, gedachte der uralten Kultur, die verschwunden war, und der neuen, die jene überlagert hatte. In unserem Jahrhundert hat der englische Schriftsteller Aldous Huxley, Humboldts gedenkend, die christlichen Kirchen aufgesucht, welche die Spanier als Zeichen ihrer Dominanz und als Beschwörungsgeste über jenen Tempeln errichteten, und hat sich die Adressen der indianischen Wächter notiert, um ihnen seine Fotos zusenden zu können.[49] Der deutsche Reisende hätte wohl, im Besitz einer Kamera, gleich gehandelt.

Vom Hochland stiegen die Reisenden in die Niederungen der Küstenregionen hinab und verfolgten fasziniert den Wechsel der Vegetationszonen. Seine regelmäßig vorgenommenen barometrischen Messungen gestatteten es Humboldt nun, ein Profil des mittelamerikanischen Festlandes, vom Pazifik zum Atlantik aufzuzeichnen. Am 7. März 1804 schiffte man sich nach Havanna ein.

Kuba war Humboldt wohlvertraut: Hier hatte er nach seiner Orinoko-Expedition Station gemacht, seine Sammlungen geordnet und in sichere Verwahrung gegeben und sich auf die Andenreise vorbereitet. Erneut, und als Folge des gesteigerten Ansehens, das ihm vorauseilte, in noch höherem Grade, war er der Mittelpunkt der Gesellschaft. Auf Anraten von Vincent Gray, dem damaligen nordamerikanischen Konsul in Havanna, entschied sich Humboldt nun, den Rückweg über die Vereinigten Staaten anzutreten, versprach doch angesichts der Wirren der napoleonischen Kriege die Rückfahrt auf einem neutralen amerikanischen Schiff größere Sicherheit. Am 19. Mai traf die Reisegesellschaft in Philadelphia ein.

Das wichtigste Ereignis der Nordamerikareise Humboldts, die sich als unbeschwerter Nachklang den vorangegangenen beschwerlichen und arbeitsreichen Jahren anfügte, war die Begegnung mit Thomas Jefferson, dem dritten amerikanischen Präsidenten und Verfasser der Unabhängigkeitserklärung. Jefferson war eine Persönlichkeit von großen und vielfältigen Begabungen. Jurist von seiner Ausbildung und seinen Funktionen in öffentlichen Ämtern her, hatte er mit seinen «Notes on the State of Virginia»[50] ein Interesse an Landeskunde und Naturgeschichte bewiesen, das Humboldt sehr nahestand, und ähnlich verbindend wirkten die ungezwungene Liberalität seines geselligen Umgangs und die Weltkenntnis, die sich der Amerikaner als Gesandter seines Landes in Paris angeeignet hatte. Die Antwort, die Jefferson auf Humboldts Ersuchen um eine persönliche Begegnung verfaßte, trägt das Datum vom 28. Mai 1804 und lautet: «... ich beglückwünsche Sie zu Ihrer Ankunft bei uns in guter Gesundheit nach einer Reise, in deren Verlauf Sie so vielen Mühsalen und Zwischenfällen ausgesetzt gewesen sind.

Die Länder, die Sie besucht haben, gehören zu den am wenigsten bekannten und interessantesten, und ein lebhaftes Bedürfnis wird allgemein empfunden, die Nachrichten zu empfangen, die Sie uns zu geben imstande sind. Niemand wird dies stärker empfinden als ich, weil wohl niemand einen solchen Teil seiner Hoffnungen darauf setzt, daß diese Neue Welt einen verbesserten Zustand menschlicher Daseinsbedingungen verkörpern möge.»[51] Und der Brief endet mit einer Einladung nach Washington, der neuen Hauptstadt: «An dem neuen Ort, an dem sich der Sitz unserer Regierung befindet, haben wir nichts Bemerkenswertes, um die Aufmerksamkeit eines Reisenden anzuziehen; wir können lediglich den Willkomm anbieten, mit dem wir Sie empfangen, falls es Ihnen angenehm sein sollte, Ihre Reise so weit auszudehnen.»[52]

Jeffersons Interesse an Gesprächen mit Humboldt lag im besondern in den Plänen des Präsidenten begründet, den Territorialbesitz der Vereinigten Staaten im Westen bis zu den Rocky Mountains und dem Pazifik auszuweiten. Im März 1803 hatte der Präsident von Napoleon, der für seine europäischen Kriege Geld brauchte, zum Spottpreis von zwölf Millionen Dollar Louisiana erworben, ein riesiges, über den heutigen Bundesstaat dieses Namens weit hinausgreifendes Gebiet westlich des Mississippi. Um die gleiche Zeit war die Expedition von Lewis und Clark zum Oberlauf des Missouri entsandt worden, mit dem Auftrag, einen Übergang über das Felsengebirge zu erkunden. In der Voraussicht, daß Grenzkonflikte mit Mexiko auf die Dauer nicht zu vermeiden waren, fand Jefferson es nützlich, sich mit einem Mann zu unterhalten, der über dieses Land mehr wußte als irgendwer sonst. Humboldt wurde auf den Landsitz des Präsidenten in Monticello eingeladen, und Jefferson lauschte, wie sein Sekretär berichtet, dessen Ausführungen «mit ganzer Hingebung»;[53] auch Albert Gallatin, Sekretär des Schatzamtes und in späteren Jahren ein Pionier der amerikanischen Völkerkunde, weiß zu berichten, er habe von seinem deutschen Gast in zweistündiger Konversation mehr Wissenswertes erfahren als sonst in zwei Jahren.[54] Auch in Philadelphia war Humboldt ein gesuchter Gesprächspartner. Besonders eng war seine Beziehung zu Charles Willson Peale, dem Bibliothekar der von Benjamin Franklin begründeten «American Philosophical Society» und zugleich einem der begabtesten Portraitmaler der Vereinigten Staaten; sein Bildnis vom jugendlichen Naturforscher gehört zu den sprechendsten, die wir besitzen.[55] Er sei eine «Quelle von Wissen», urteilt Peale gegenüber einem New Yorker Freund, «eine Leuchte, die Licht über jegliche Art von Wissenschaft verbreitet».[56]

Am 27. Juni 1804 schrieb Humboldt seinen Abschiedsbrief an den amerikanischen Präsidenten und äußerte sein Bedauern darüber, das Land bereits verlassen zu müssen, «den einzigen Winkel auf Erden, wo der Mensch frei ist und wo die kleinen Fehler durch große Wohltaten ausgeglichen werden».[57] Am 30. Juni verließ er mit Bonpland und Montúfar die Mündung des Delaware und segelte an Bord der amerikanischen Fregatte «Favorite» nach

Europa zurück. Ende August 1804 trafen die Reisenden, von deren Ableben bereits die Zeitungen berichtet hatten, nach mehr als fünfjähriger Abwesenheit in Paris ein.

3. Persönlichkeit, Leistung, Wirkung

Die wissenschaftliche Auswertung seiner Amerikareise hat Humboldt Zeit seines langen Lebens beschäftigt; sie hat ihren Niederschlag in einem der umfangreichsten Werke gefunden, das wir einem einzelnen Reisenden überhaupt verdanken, und dieses Werk ist doch ein gigantischer Torso geblieben. Auf wenigen Seiten eine umfassende oder auch nur zureichende Beurteilung dieses Schaffens geben zu wollen, wäre vermessen. Auch läßt sich, so lohnend die Lektüre einzelner Aufsätze, etwa der «Ansichten der Natur», auch heute noch ist, keine einzelne Schrift nennen, in welcher der Autor in knapper Form ein wissenschaftliches Glaubensbekenntnis abgegeben hätte. Humboldt neigte, im mündlichen wie im schriftlichen Ausdruck, zum Epischen; und die Briefe, die er in großer Zahl schrieb, sind zwar unerläßlich zur Kenntnis seines lebhaften und begeisterungsfähigen Naturells, verzichten aber auf zusammenfassende Selbstinterpretation.

Zuerst wird man, wenn es um eine Gesamtbeurteilung der Amerikareise geht, von der Exaktheit und nie erlahmenden Sorgfalt sprechen müssen, die Humboldt darauf verwandte, den Reiseverlauf durch Standortbestimmungen und Messungen aller Art festzuhalten, auch dort, wo ein zusammenhängender Reisebericht nie geschrieben wurde. Humboldt war im Sinne der Aufklärung ein Empiriker: Er setzte das Staunen vor dem neuartigen Sachverhalt in präzise Fragestellung um und sah im wissenschaftlichen Instrument, dem verlängerten Arm der menschlichen Vernunft, ein wichtiges Mittel, den Dingen auf den Grund zu gehen. Wohin der Naturforscher sich auch begab, begleiteten ihn seine Instrumente: Sextant und Chronometer zur Standortbestimmung; Fernrohr und Mikroskop zur Beobachtung von Ferne und Nähe; Thermometer, Barometer, Hygrometer, Cyanometer und Elektrometer zu Messungen aller Art. Auch unter erschwerten Umständen, in den Fiebersümpfen am Orinoko und auf den eisigen Hochebenen der Anden, wurden die Instrumente stets betriebsbereit gehalten und regelmäßig eingesetzt, nicht selten auch angesichts der drohenden Haltung anwesender einheimischer Bewohner, welche in den Beobachtungs- und Meßvorgängen magische Beschwörungsrituale witterten. Man hat errechnet, daß Humboldt insgesamt über zweihundert astronomische Standortbestimmungen und fünfhundert Höhenbestimmungen vorgenommen und aufgezeichnet hat; Temperaturbestimmungen finden sich auf jeder Seite seiner «Relation historique». Die Koordinaten vieler Örtlichkeiten in Süd- und Mittelamerika, selbst diejenigen von Städten wie Lima und Mexiko-Stadt, sind auf diese Weise erstmals genau festgestellt worden. Gewiß schlichen sich, wie McIntyre nachgewiesen hat,[1] gelegentlich Fehler ein; doch dies vermag nicht Humboldts Verdienst zu schmälern, mit seiner auf fortgesetzter Messung beruhenden Fixierung des Reiseverlaufs neue Maßstäbe hinsichtlich wissenschaftlicher Reisedisziplin gesetzt zu haben, die beispielsweise für die Afrika-Erforschung des 19. Jahrhunderts vorbildlich blieben.

Bei aller zielgerichteten Akribie in der Aufnahme seiner Meßdaten war Humboldt indes alles andere als ein einfallsloser Pedant, und Schiller, der ihn nicht gemocht hat und an ihm den «nackten, schneidenden Verstand, der die Natur... schamlos ausgemessen haben will» tadelte,[2] verkannte völlig den Rang der Forscherpersönlichkeit. Auch wäre es in ähnlicher Weise falsch, im Naturforscher, wozu Schopenhauer geneigt hat, den bloßen «Kompilator» zu sehen, der in «breiter Wohlgesetztheit» die Fakten enzyklopädisch speichert.[3] Gewiß waren für Humboldt präzise Beobachtung und Messung ebenso unentbehrliche handwerkliche Grundlagen wie etwa die Sammlung, Konservierung und Bestimmung von Pflanzen; es war dies, wie er sich einmal geäußert hat, das «empirische Substrat», von dem wissenschaftliche Überlegung notwendig ausgehen mußte, wenn sie nicht «verderblich» werden sollte.[4] Aber die eigentliche Leistung dieses Naturforschers liegt nicht im in der Tat beeindruckenden Reichtum und der Vielfalt der von ihm beigebrachten Fakten, sondern erst im methodisch geschickten, wissenschaftlich höchst ergiebigen Gebrauch, den er von der Kenntnis dieser Fakten gemacht hat.

Im «Kosmos», dem großen Spätwerk zur naturwissenschaftlichen Erd- und Himmelsbeschreibung, hat Alexander von Humboldt eindringlich auf die «Philosophie» seiner Weltbetrachtung hingewiesen. «Die Natur», schreibt er in der Einleitung, «ist für die denkende Betrachtung Einheit in der Vielheit, Verbindung des Mannigfaltigen in Form und Mischung, Inbegriff der Naturdinge und Naturkräfte als ein lebendiges Ganzes. Das wichtigste Resultat des sinnigen physischen Forschens ist daher dieses: in der Mannigfaltigkeit die Einheit zu erkennen, von dem Individuellen alles zu umfassen, was die Entdeckungen der letzteren Zeitalter uns darbieten, die Einzelheiten prüfend zu sondern und doch nicht ihrer Masse zu unterliegen, der erhabenen Bestimmung des Menschen eingedenk, den Geist der Natur zu ergreifen, welcher unter der Decke der Erscheinungen verhüllt liegt. Auf diesem Wege reicht unser Bestreben über die enge Grenze der Sinnenwelt hinaus, und es kann uns gelingen, die Natur begreifend den rohen Stoff empirischer Anschauung gleichsam durch Ideen zu beherrschen.»[5]

«Den Geist der Natur zu ergreifen, welcher unter der Decke der Erscheinungen verhüllt liegt» – dieser Prozeß vollzog sich für Humboldt auf zwei Ebenen, auf jener quellenkritisch-methodischer Annäherung und auf derjenigen der verallgemeinernden, auf die Feststellung von Gesetzmäßigkeiten abzielenden Schlußfolgerung. In einem ersten Schritt prüfte der Naturforscher seine Beobachtungen am bisherigen Wissensstand und stellte sie ins Offene der aktuellen und künftigen Diskussion. Hanno Beck hat vom «reisegeschichtlichen Dreiklang» gesprochen,[6] der Humboldt vom intensiv erarbeiteten Vorwissen zur Anschauung an Ort und Stelle und von hier zur Auswertung und Veröffentlichung führte, und in der Tat wüßten wir keinen andern Reisenden, der sich im Augenblick der Beobachtung so sehr der Geschichtlichkeit seiner Einsicht, so sehr seiner Mittlerrolle zwischen Gestern und Morgen bewußt blieb. Humboldt kannte das Werk seiner Vorläufer, Acosta, Raleigh, La Condamine, sehr genau, nannte es mit Anerkennung, kritisierte, wo nötig, und scheute selbst keine Kritik. Den Ruhm, die Flußgabelung des Casiquiare als erster entdeckt zu haben, lenkte er von sich ab auf den Jesuitenpater Ramón; und als man den Humboldtstrom nach ihm zu nennen begann, wies er diese Ehre mit dem Hinweis zurück, die Fischer der südamerikanischen Westküste hätten diesen längst entdeckt.[7] Obwohl durchaus imstande, seine Leistung, wenn es galt, ins beste Licht zu rücken, betrachtete sich Humboldt nicht so sehr als ein Entdecker, der Pionierverdienste vorzuweisen hat, denn als Erforscher; und unter Forschung verstand er, ganz im Sinne des aufgeklärten 18. Jahrhunderts, das Bestreben, den als zivilisatorische Aufgabe erkannten Fortschritt der Wissenschaften sowohl durch eigene Leistung als auch durch das undogmatische und kosmopolitische Gespräch freier Geister zu fördern. Aus solcher Haltung und aus der Universalität seiner Interessen erklärt sich der überaus rege Umgang, den der Naturforscher bis ins hohe Alter mit Gelehrten verschiedenster Fachgebiete pflegte; hierin wurzelt auch sein großzügiges Mäzenatentum gegenüber jüngeren Forschern. Auch wird der heutige Leser, der sich in einem Zeitalter weit vorangetriebener Spezialisierung den Schriften Humboldts zuwendet, gerade deswegen von der Eigenart seines wissenschaftlichen Diskurses berührt, weil dieser ihn ins Gespräch einzubeziehen und zum Weiterdenken anzuregen vermag.

Wenn es richtig ist, daß Humboldt die Natur nie vom Menschen losgelöst, sondern immer im Ablauf und Wandel wissenschaftlicher Deutung zu sehen versuchte, so stimmt nicht minder, daß er Daten und Fakten nie isoliert ins Auge faßte, sondern durch Vergleich und Analogieschluß größeren Zusammenhängen und dem Sinn des Ganzen auf den Grund zu kommen suchte. Dieses Bemühen läßt sich an vielen konkreten Beispielen nachweisen. So verglich Humboldt Temperaturmessungen verschiedener Örtlichkeiten und entwarf eine Karte mit den Linien gleicher Jahresmitteltemperatur, den sogenannten «Jahresisothermen», wodurch er zu einem Begründer der modernen Klimatologie wurde. Die diesbezüglichen Überlegungen wurden 1817 in dem Aufsatz über die «Lignes isothermes» niedergelegt.[8] Vergleichender Überlegung entsprang auch Humboldts Erkenntnis der klimatischen Asymmetrie von Nord- und Südamerika und seine aufsehenerregende Feststellung, daß die tägliche Temperaturschwankung in den tropischen Andenländern die jährliche übertrifft.

In der «Pflanzengeographie», die dem Wort und der Sache nach als selbständige Disziplin auf Humboldt zurückgeht, führte der Vergleich verschiedener Standorte von Pflanzen und Pflanzengemeinschaften unter Einbezug der jeweiligen Umwelt- und Wachstumsbedingungen zu neuen und weiterführenden Einsichten. Schon auf der Überfahrt nach Amerika, bei der Besteigung des Pico de Teide auf Teneriffa, hatte der Naturforscher die nach Höhe unterschiedlichen Vegetationsstufen genau festgehalten, und ähnliche Beobachtungen wurden auf der Andenreise immer wieder angestellt. Dabei stellte er fest, daß in den Gebirgsgegenden am Äquator «im engsten Raum die Mannigfaltigkeit der Natureindrücke ihr Maximum erreicht»,[9] daß, mit andern Worten, die Veränderung der Vegetation, der man begegnet, wenn man auf Meereshöhe vom Nordpol südwärts voranschreitet, am Äquator im dreidimensionalen Raum in Erscheinung tritt. Dieses Gesetz der «dreidimensionalen Landschaftsgliederung der Erde», wie der Geograph Carl Troll es genannt hat,[10] ist eines der Hauptergebnisse von Humboldts Pflanzengeographie. Dabei hat sich der Naturforscher immer gehütet, vom Pflanzenwuchs deterministisch auf den geographischen Standort zu schließen, war er doch vom individuellen Charakter jeder Landschaft, von ihrer eigentümlichen «Physiognomie» im tiefsten überzeugt. Pflanzengeographische Überlegungen, wie Humboldt sie anstellte, sollten in der Folge auch dazu beitragen, den weltweiten Transfer von Sämereien und Nutzpflanzen auf eine wissenschaftliche Grundlage abzustützen, wie sich überhaupt der Naturforscher nie scheute, auf den praktischen Nutzen seiner Erkenntnisse hinzuweisen.

Wie sehr es Humboldt gelang, vom Blick aufs Ganze her die Einzelbeobachtungen in der Bedeutung ihres inneren Zusammenhangs zu sehen, zeigt sich auch auf dem Gebiet der Geologie und angrenzender Wissenschaften wie der Mineralogie, der Vulkanologie und der Erforschung von Bodenschätzen und ihren Lagerstätten. Auf diesem Feld hatte bereits der junge Freiberger Bergwerksingenieur praktische Erfahrungen gewonnen; Abraham Gottlob Werner, einer der Begründer der Geologie, war sein Lehrer gewesen. Im damals hin und her wogenden Fachgelehrtenstreit zwischen den Neptunisten, welche die Entstehung der Gesteine durch Ablagerungen aus einem Weltmeer erklärten, und den Plutonisten, welche die Bewegungen des Magmas im Erdinnern dafür verantwortlich machten, hatte sich Humboldt auf Grund seiner Beobachtungen in der Neuen Welt immer mehr der zweiten Partei zugewandt. Durch eigenen Augenschein, aber auch durch Befragung der Bewohner und durch das Studium historischer Chroniken, verschaffte sich der Naturforscher neuartige Kenntnisse über die Natur vulkanischer Eruptionen und deren Zusammenhang mit Erdbeben, ferner über die Entstehung von Vulkanbergen, deren unterschiedliche Formen er im weltweiten Vergleich deutete. Das Studium der Standorte von Vulkanen gestattete Humboldt die Entwicklung einer Spaltentheorie, welche die Anordnung von Vulkanen und die Möglichkeit von neuen Eruptionen längs bestimmten tektonischen Linien feststellte und damit auch Anhaltspunkte zur Vorsorge gegen Erdbeben gewann. Von den anderweitigen geologischen

3. Persönlichkeit, Leistung, Wirkung

Erkenntnissen sei hier noch die damals aufsehenerregende Feststellung erwähnt, daß sich die Gesteinsformationen – im Gegensatz zur Pflanzen- und Tierwelt – in gleicher Ausbildung über die ganze Erde verteilen; auch entwickelte Humboldt erstmals ein klares Bild der morphographischen Gliederung Amerikas und wies auf die Parallelität zwischen dem Verlauf der südamerikanischen Ostküste und der afrikanischen Westküste hin.

Humboldts ganzheitlicher Naturbegriff, der das Einzelne mit dem Allgemeinen verknüpfte und im Eigentümlich-Individuellen die historisch gewachsene Ausprägung weniger wirkender Grundkräfte erkannte, schloß auch den menschlichen Betrachter in den Gesamtzusammenhang ein, ja machte diesen zu dessen Mittelpunkt. Die Natur kann, nach Humboldt, im Menschen nur dann zur reinen Anschauung gelangen, wenn dieser sich bewußt ist, Teil von ihr zu sein, und die Fähigkeit in sich ausgebildet hat, den Natureindruck nicht nur durch die Begabung der registrierenden Vernunft, sondern auch durch die Einfühlung des empfindsamen Gemüts aufzunehmen. «Um die Natur in ihrer ganzen erhabenen Größe zu schildern», schreibt er im «Kosmos», «darf man nicht bei den äußeren Erscheinungen allein verweilen; die Natur muß auch dargestellt werden, wie sie sich im Innern der Menschen abspiegelt, wie sie durch diesen Reflex bald das Nebelland physischer Mythen mit anmutigen Gestalten füllt, bald den edlen Keim darstellender Kunsttätigkeit entfaltet.»[11] Dieser Satz könnte ähnlich in Goethes naturwissenschaftlichen Schriften stehen, weist aber zugleich auf den Einfluß der Romantik hin. Ob man in stark verkürzender Wendung, wie Meyer-Abich dies tut, behaupten darf, in Humboldt habe die Antithese von europäischer Aufklärung und Romantik ihre klassische Synthese gefunden, bleibe dahingestellt.[12] Dem naturwissenschaftlichen Positivismus des späten 19. Jahrhunderts jedenfalls ist des Naturforschers Versuch, geographische Wahrheit und künstlerische Schönheit auf den Begriff des harmonischen «Naturgemäldes» zu bringen, suspekt erschienen, und der Autor der «Deutschen Biographie» aus dem Jahre 1881 spricht, wenn er auf die Beurteilung der «Ansichten der Natur» kommt, zweifelnd von der «sentimentalen Seite des Büchleins».[13] Heute, in einer Zeit ökologisch orientierter Überlebensplanung, dürfte dieser Aspekt von Humboldts Schaffen wieder an Aktualität gewinnen.

Wir haben bisher vornehmlich von des Naturforschers Leistungen auf den Gebieten der Klimatologie, der Pflanzengeographie und der Geologie gesprochen. Vieles und nicht minder Wichtiges wäre anzufügen; seine Überlegungen zu Ozeanographie und Meteorologie; seine ökonomischen und statistischen Analysen; seine Beobachtungen über den Erdmagnetismus und die weltweite Verteilung abbauwürdiger Bodenschätze; sein Plan, die Landenge von Panama mit einem Kanal zu durchstechen. Eine Frage soll immerhin noch aufgeworfen werden: Wie hat Alexander von Humboldt die spanische Kolonialgesellschaft, auf die er jenseits des Atlantiks stieß, gesehen, und wie hat er deren wichtigste Probleme beurteilt?

Humboldt betrachtete sich selbst, dies sei vorweggenommen, in erster Linie als Gelehrten, und der Ehrgeiz, seine Auffassungen auf politischer Ebene umzusetzen, war ihm fremd. Als es 1848 in Berlin zu revolutionären Unruhen kam und ein Freund ihn fragte, wie er unter solch turbulenten Umständen am «Kosmos» arbeiten könne, antwortete er gelassen, er habe schon so viele Revolutionen erlebt, daß er daran nichts Ungewöhnliches und Aufregendes mehr finde.[14] Dennoch besaß Humboldt durchaus dezidierte politische Grundüberzeugungen. Seit den Tagen seiner Bekanntschaft mit dem radikaler gesinnten Georg Forster betrachtete er die Französische Revolution als ein notwendiges und wegweisendes Ereignis und war der Meinung, das «Ancien Regime», ausbeuterisch, korrupt und reformunfähig, wie es war, habe ein solches Ende verdient. Zugleich aber waren ihm Demonstrationen, Aufruhr und Gewalttätigkeiten äußerst zuwider, und er bewegte sich, wie seine Amerikareisen zeigen, gern in den höfischen Zirkeln einer spätabsolutistischen Kolonialgesellschaft, die der bigotten Züge gewiß nicht entbehrte. Wer als Moralist urteilt, wird in Humboldts Verhalten eine etwas zu gewandte Flexibilität und eine an Opportunismus grenzende Toleranz nicht verkennen können und auch durch das Argument nicht zu beruhigen sein, dies alles habe letztlich dem höheren Zweck der Wissenschaft gedient. Sicherlich war Humboldt kein Jakobiner, der den Konflikt zu provozieren liebte; sein Ideal war nicht die Demokratie heutiger Prägung, sondern eine aufgeklärte konstitutionelle Monarchie, welche mit sich reden ließ und aus dem freien Austausch der Meinungen ihren Nutzen zog.

Konziliant im geselligen Verkehr, war Humboldt nun freilich in seinen schriftlichen Äußerungen nicht selten von unmißverständlicher Deutlichkeit. So blieb er sich immer bewußt, daß die spanische Kolonialgesellschaft ihre historische Basis in der völkerrechtlich fragwürdigen Landnahme und in der moralisch verwerflichen Ausbeutung indianischer Arbeitskraft durch die Konquistadoren hatte und daß es in der Verantwortung der nachgeborenen Kolonistengenerationen lag, dieses Unrecht zu tilgen. Seine Kritik an der Konquistadorenmentalität mag zwar weniger schneidend und ausfällig wirken als jene der protestantischen Holländer des 17. und der aufgeklärten Franzosen des 18. Jahrhunderts; aber sie beruhte auf genauer Kenntnis der spanischen Reiseberichte und Chroniken und traf ihr Ziel besser. Humboldt erahnte die verheerenden Auswirkungen des Zwangsarbeitssystems der «encomienda» auf die indianische Bevölkerungsentwicklung, und er lehnte insbesondere die Versklavung der Afrikaner vehement ab. Ein konsequenter Vertreter der Idee der Einheit des Menschengeschlechts und ein Gegner der Rassendiskriminierung, war er vom Recht jedes Individuums, über sich selbst in Freiheit zu verfügen, zeit seines Lebens überzeugt. Bereits am Beginn seiner venezolanischen Reise, auf dem Hauptplatz von Cumaná, hatte er einem Sklavenmarkt beigewohnt und empört ausgerufen: «So behandelt man Menschen, die andern Menschen die Mühe des Säens, Ackerns und Erntens ersparen!»[15] In seiner Landeskunde Mexikos werden

3. Persönlichkeit, Leistung, Wirkung

die Indianer, die in Silberbergwerken arbeiten mußten, ausdrücklich als «Opfer der europäischen Grausamkeit» bezeichnet, und es wird auf die sittlich verrohenden Folgen dieser Form der Machtausübung hingewiesen.[16] Das Glück der weißen Rasse, schreibt er am Schluß dieses Werkes, sei aufs innigste mit jenem der Indianer verknüpft und es sei unerläßlich, daß «die durch lange Unterdrückung zwar gedemütigte, aber nicht erniedrigte Rasse alle Vorteile teilt, welche aus den Fortschritten der Zivilisation und der Vervollkommnung der gesellschaftlichen Ordnung hervorgehen».[17] Besonders unverständlich war Humboldt die Fortdauer der Sklaverei in den unabhängig gewordenen Vereinigten Staaten. «Die Eroberungen der republikanischen Amerikaner», schreibt er 1848, anläßlich des mexikanisch-amerikanischen Krieges, «mißfallen mir höchlichst. Ich wünsche ihnen alles Unglück im tropischen Mexiko. Ich überlasse ihnen den Norden, wo sie dann ihr verruchtes Sklavenwesen verbreiten werden.»[18] Humboldt hatte die Genugtuung, den Wiener Kongreß die Ächtung des Sklavenhandels aussprechen zu sehen [1815] und die Abschaffung der Sklavenwirtschaft in der Karibik und auf dem mittel- und südamerikanischen Festland verfolgen zu können; den durch die Sklavenfrage ausgelösten Amerikanischen Bürgerkrieg und die Abolition der Sklaverei erlebte er nicht mehr.

Ein weiteres Thema, dem sich Humboldt mit kritischem Interesse zuwandte, war die Heidenmission, die seit dem Entdeckungszeitalter in den iberischen Völkerrechtsvorstellungen die Rolle übernommen hatte, als ethische Legitimation für Besitzergreifung und Kolonisation zu dienen. Der Naturforscher hat sich in religiösen Fragen immer zurückhaltend und von Fall zu Fall differenzierend geäußert: Einerseits mißbilligte er jede Art von Religiosität, die dem Aberglauben und dem Dogmatismus Vorschub leistete, und stand auch in dieser Hinsicht ganz in der Tradition der Aufklärung; andererseits aber bestritt er nicht, daß das Christentum, richtig verstanden und ausgeübt, zu «seinem ursprünglichen Ziele», nämlich der «Förderung des Glücks und der Freiheit der untersten Volksklassen», werde hinführen können.[19] Auf allen seinen Amerikareisen stand Humboldt in häufigem Kontakt mit katholischen Geistlichen, ohne diesen Umgang freilich zu suchen, und die Orinokofahrt wäre ohne die Infrastruktur der Missionsstationen, so dürftig diese auch oft waren, sehr erschwert gewesen. Einer zusammenhängenden Darstellung der Missionsproblematik ist Humboldt in seinen Schriften jedoch ausgewichen; der Summe verstreuter Äußerungen aber läßt sich entnehmen, daß der Naturforscher dort der Mission wohlwollend gegenüberstand, wo sie sich nicht allein auf die Bekehrung beschränkte, sondern damit eine erzieherisch-zivilisatorische Aufgabe verband. Aus der sehr sorgfältigen Analyse von Humboldts Schriften, die Charles Minguet gegeben hat und der wir hier folgen, ergibt sich, daß Humboldt eine reine Evangelisation, die auf die soziale Integration verzichtete, ablehnte.[20] Konsequent wandte er sich auch gegen die Idee einer Vormundschaft, die den ansässigen Indianer oder den eingeführten Afrikaner, gleich welchen Alters, zum ewigen Kind erklärte. Zur Einleitung eines echten Integrations- und Emanzipationsprozesses empfahl er die Einrichtung von Priesterseminaren, in denen begabte farbige Zöglinge zu Missionaren ausgebildet werden sollten – ein Gedanke, welcher zwar der iberischen Missionstheologie keineswegs fremd war, aber kaum je in die Tat umgesetzt wurde. Über den Einsatz und die Arbeit einzelner Missionare, insbesondere der Jesuiten, urteilte Humboldt in der Regel freundlich. Die Ausbildung synkretistischer Religionsformen dagegen, in denen sich präkolumbisches und christliches Kulturgut überlagerten und unentwirrbar durchdrangen, verfolgte er mit Skepsis.

Ein weiteres Thema sei abschließend noch berührt: Humboldts Einschätzung der Unabhängigkeitsbewegung, die nach der Jahrhundertwende die lateinamerikanischen Kolonien zu erfassen begann. Der Naturforscher hat sich zu diesen Fragen, die einen unausweichlich politischen Aspekt gewannen, verschiedentlich geäußert, am deutlichsten in seinem Werk über Mexiko, das, trotz einer in untertänigem Tonfall gehaltenen Widmung an König Karl IV., welche den bloß statistischen Charakter des Buches etwas hypokritisch betont, die schwerwiegenden Probleme des Vizekönigreichs nicht verschweigt und vom Mutterland Reformen fordert. Auf seinen Reisen war Humboldt immer wieder der Gegensatz zwischen den spanischen Einwanderern, die in Regierung und Verwaltung gehobene Positionen bekleideten, und den in Übersee geborenen Kreolen aufgefallen. Meist nahm er Partei für die Kreolen: «Die spanischen Gesetze», heißt es im «Versuch über den politischen Zustand des Königreichs Neu-Spanien», «räumen allen Weißen dieselben Rechte ein, allein die, welche die Gesetze zur Ausübung bringen sollen, suchen eine Gleichheit zu zerstören, durch die sich der europäische Stolz beleidigt findet. Die Regierung mißtraut den Kreolen und gibt alle Plätze von Bedeutung den im alten Spanien Geborenen. Seit einigen Jahren besetzte man von Madrid aus selbst die geringfügigsten Stellen im Mautwesen und der Tabaksregie, und zu einer Zeit, da sich alle Staatsräder der Erschlaffung näherten, machte das System der Käuflichkeit der Ämter fürchterliche Fortschritte. Oft geschah daher, nicht sowohl aus einer argwöhnischen, mißtrauischen Politik, sondern aus bloßem Eigennutz, daß alle Stellen in europäische Hände kamen.»[21]

Humboldt hat diesen Konflikt zwischen Spaniern und Kreolen, den es in der Tat gab, auch wenn sich Konservatismus und Liberalismus unter lateinamerikanischen Intellektuellen keineswegs immer entsprechend diesem Grundmuster verteilten, kaum von seinen historischen Ursachen her zu begreifen gesucht. Auch mag er unterschätzt haben, was die beiden Gruppen, auch im Negativen, zuweilen verband: etwa ihre mangelnde Bereitschaft, die Indianer- und die Sklavenfrage einer Lösung entgegenzuführen. Selbst wenn Humboldt zu den ersten europäischen Reisenden gehörte, die sich vom Eigencharakter und dem wachsenden Identitätsbewußtsein der kolonialen Mischgesellschaft Lateinamerikas Rechenschaft gaben, dachte er nicht an die Möglichkeit einer gewaltsamen Sezession, hoffte vielmehr, die offenen Probleme könnten innerhalb des monarchistischen Systems, durch liberale und fortschrittliche Reformen, gelöst werden. Ein militanter Vorkämpfer für die Unabhängigkeit der Länder, die er besucht und besser kennengelernt hatte, als irgendein Ausländer seiner Zeit, war Humboldt nicht. Wohl traf er 1805 in Paris mit Simón Bolívar, dem späteren «Libertador», zusammen und mag sich angeregt mit ihm unterhalten haben; aber zu einer Beeinflussung, wie immer behauptet worden ist, kam es wohl nicht.[22] Welten trennten sein Gelehrtentemperament von dem des politischen Aktivisten; auch vergaß er der Obrigkeit im Mutterland und ihren hochgestellten Vertretern in Übersee nie, daß er ihrem Entgegenkommen und ihren Empfehlungsschreiben den erstaunlich reibungslosen Ablauf seiner drei Amerikareisen weitgehend verdankte.

Wir haben zu Beginn dieses Buches, als von Christoph Kolumbus die Rede war, das Urteil Humboldts zitiert, wonach der Italiener eine Übergangsfigur zwischen «zwei verschiedenen Bildungsstufen der Menschheit»,[23] zwischen Mittelalter und Neuzeit, darstelle. Der deutsche Reisende und Gelehrte empfand sich demgegenüber in jeder Hinsicht als ein Kind der Neuzeit, welcher zum völligen Durchbruch verholfen zu haben, die Aufklärung so stolz war. Kein Werkzeug göttlicher Vorsehung und kein Diener irgendwelcher Obrigkeit, sah sich Humboldt ganz der Wahrheit verpflichtet und jenem Fortschritt, den die von Vorurteilen und Zwängen befreite Intelligenz dem Menschen durch bessere Kenntnis der menschlichen Umwelt verheißt. Mit diesem wissenschaftlichen und humanen Ethos hat der große Naturforscher weit ins 19. Jahrhundert hineingewirkt und zu einer Öffnung des europäischen Weltverständnisses beigetragen, die erst durch die nationalistischen und rassistischen Tendenzen des imperialistischen Zeitalters ernstlich gefährdet wurde.

Anhang

I. Anmerkungen

Entdecken, Erobern, Erkunden: zur Einführung

1 Zur Problematik des Entdeckungsbegriffs im Zusammenhang mit der europäischen Expansion in Amerika vgl. Washburn, W.E., The Meaning of «Discovery» in the Fifthteenth and Sixteenth Centuries; in: The American Historical Review [1962] und Edward, C.R., The Discoveries of Mexico and the Meaning of Discovery; in: Terrae Incognitae [1985]. Vgl. ferner O'Gorman, E., La invención de América [México 1958, 1986], der das Verdienst der «Erfindung» Amerikas Amerigo Vespucci zuschreibt.
2 Baker, J.N.L., A History of Geographical Discovery and Exploration [London 1931, 1937, 1945, 1948].
3 Vgl. Fagan, B.M., The Peopling of Ancient America [London 1987].
4 Schmitt, E., ed., Dokumente zur Geschichte der europäischen Expansion [München 1984], Bd. II, S. 106. Für die spanische Fassung vgl. Varela, C., ed., Colón, C., Textos y documentos completos [Madrid 1982], S. 16.
5 Schmitt, Dokumente II, S. 250. Für die engl. Fassung vgl. Masefield, J., ed., Richard Hakluyt, Voyages in Eight Volumes [London 1967 ff.), Bd. V, S. 83.
6 Julien, Ch.-A., ed., Les Français en Amérique pendant la première moitié du XVIᵉ siècle. Textes des voyages de Gonneville, Verrazano, Cartier et Roberval [Paris 1946], S. 106 f.
7 Schmitt, Dokumente II, S. 250 und Masefield, Hakluyt: Voyages V, S. 83.
8 Masefield, Hakluyt: Voyages VI, S. 18.
9 Zu diesen Fragen vgl. Höffner, J., Christentum und Menschenwürde [Trier 1947] und vor allem Fisch, J., Die europäische Expansion und das Völkerrecht [Stuttgart 1984], S. 187 ff., 205 ff. Der allgemeinere weltpolitische Aspekt wird behandelt bei Gollwitzer, H., Geschichte des weltpolitischen Denkens, Bd. I [Göttingen 1972].
10 Vgl. Hanke, L., The Theological Significance of the Discovery of America; in: Chiapelli, F., ed., First Images of America [Berkeley 1976], Bd. I, S. 363 ff.
11 Dieses Dokument wird wiedergegeben bei Saint-Lu, A., ed., Bartolomé de las Casas, Historia de las Indias [Caracas 1956], Bd. III, S. 210 ff. im Zusammenhang mit den Instruktionen an Pedrarias Dávila vom Jahr 1513. Eine deutsche Fassung findet sich bei Schmitt, Dokumente III, S. 472. Zur Anwendung des Requerimientos vgl. Friederici, G., Der Charakter der Entdeckung und Eroberung Amerikas durch die Europäer [2. Aufl. Osnabrück 1969], Bd. I, S. 554.
12 Saint-Lu, Las Casas: Historia III, S. 212.
13 Zu dieser frühen Kolonialismuskritik vgl. vor allem Hanke, L., The Spanish Struggle for Justice in the Conquest of America [Philadelphia 1949].
14 Vgl. dazu u.a. Vaughan, A.T., New England Frontier. Puritans and Indians 1620–1675 [New York 1979]. Eine gute Gesamtdarstellung der Landnahme in Nordamerika: Billington, R.A., Westward Expansion. A History of the American Frontier [New York 1974].
15 Julien, Français en Amérique, S. 118.
16 López de Gómara, F., Historia General de las Indias [Barcelona 1985], Bd. I, S. 80.
17 Vgl. Bitterli, U., Die «Wilden» und die «Zivilisierten». Grundzüge einer Geistes- und Kulturgeschichte der europäisch-überseeischen Begegnung [München 1976; Neuaufl. 1991], S. 28 ff. und Broc, N., La géographie des philosophes. Géographes et voyageurs français au XVIIIᵉ siècle [Paris 1974], S. 280 ff.
18 Quinn, D.B., ed., New American World. A Documentary History of North America to 1612 [London 1979], Bd. III, S. 142 ff.

19 León-Portilla, M., ed., Bernal Díaz del Castillo, Historia verdadera de la conquista de la Nueva España [Madrid 1984], Bd. A, S. 311.
20 Hernández, M., ed., Hernán Cortés, Cartas de relación [Madrid 1985], S. 132, 138.
21 Im Brief an Luis de Santangel von 1493. Vgl. Varela, Colón: Textos y documentos, S. 141.
22 1. Mose 1, 29.
23 Alcina Franch, J., ed., José de Acosta, Historia natural y moral de las Indias [Madrid 1986], S. 272 f. Zur Erkundung der Pflanzenwelt vgl. Sauer, J. D., Changing Perception and Exploitation of New World Plants in Europe; in: Chiapelli, First Images I, S. 813 ff.
24 Varela, Colón: Textos y documentos, S. 144.
25 Quinn, New American World I, S. 149.
26 Zu den Fragen der frühen Beurteilung der Amerikaner vgl. vor allem Dickason, C. P., The Myth of the Savage and the Beginnings of French Colonialism in the Americas [Alberta 1984], S. 58 f.; Pagden, A., The Fall of Natural Man. The American Indian and the Origins of Comparative Ethnology [Cambridge 1982]. Einen guten Überblick gibt Berkhofer, R. F., The White Man's Indian. Images of the American Indian from Columbus to the Present [New York 1979].
27 Alcina, Acosta: Historia natural y moral, S. 113 f., 122 f.
28 Reim, H., ed., Joseph-François Lafitau, Die Sitten der amerikanischen Wilden im Vergleich zu den Sitten der Frühzeit [Weinheim 1987], S. 33 ff.
29 Gaffarel, P., ed., André Thevet, Les singularités de la France antarctique autrement nommée Amérique [Paris 1878], S. 135.
30 Zur Geschichte der Völkerkunde vgl. etwa Mühlmann, E., Geschichte der Anthropologie [Frankfurt 1968] und Poirier, J., Histoire de l'ethnologie [Paris 1969].
31 Morison, S. E., The European Discovery of America. The Southern Voyages 1492–1616 [New York 1974], S. 304.
32 Eine Neuausgabe dieser Reiseberichtsammlung wird zur Zeit ediert von Milanesi, M., ed., Giovanni Battista Ramusio, Navigazioni e viaggi [Turin 1978 ff.]. Es sind sechs Bände vorgesehen.
33 Vgl. die Faksimileausgabe nach dem deutschen Original von 1628 [Lindau 1984].
34 Voltaire, Essai sur les mœurs et l'esprit des nations, 2 Bde. [Paris 1963].
35 Vgl. Rousseau, J.-J., Discours sur les origines et les fondements de l'inégalité; in: Œuvres complètes [Paris 1964] Bd. III, S. 212 ff. Hier zitiert nach der deutschen Übersetzung bei Ritter, H., ed., Jean-Jacques Rousseaus Schriften [München 1978], Bd. I, S. 288.
36 Ebenda, S. 290.
37 Vgl. Morisot, J. Cl., ed., Histoire d'un voyage fait en la terre du Brésil par Jean de Léry [Genève 1975].
38 Vgl. Barbour, Ph. L., ed., The Jamestown Voyages under the First Charter 1606–1609, Bd. I [London 1969].

Die Reisen zur See

I. Der Aufbruch: Christoph Kolumbus

1. Die atlantische Welt vor Kolumbus

1 Eine hervorragende Faksimile-Ausgabe des «Katalanischen Weltatlas» ist mit Kommentar ediert worden von Grosjean, G., Mappamundi. Der Katalanische Weltatlas vom Jahre 1375 [Dietikon/Zürich 1977]. Vgl. auch El Atlas Catalán de Cresques Abraham [Barcelona 1975] und die einschlägigen Werke zur Geschichte der Kartographie, z. B. Bagrow, L., Meister der Kartographie [Berlin 1973]; Tooley, R. V., Maps and Map-Makers [London 1952]; Tooley, R. V., Landmarks of Mapmaking. An Illustrated

Survey of Maps and Mapmakers [Amsterdam 1968]; Harley, J. B. and Woodward, D., eds., The History of Cartography, Bd. I, Cartography in Prehistoric, Ancient, and Medieval Europe and the Mediterranean [Chicago 1987].

2 Zu einer Deutung des kartographischen Materials vgl. Fernández-Armesto, F., Before Columbus: Exploration and Colonisation from the Mediterranean to the Atlantic 1229–1492 [London 1987], S. 159ff. In dieser hervorragenden Darstellung finden sich auch umfassende bibliographische Hinweise zum Thema der vorkolumbischen Entdeckungsreisen. Mit dem Problem der kartographischen Erfassung der atlantischen Inselgruppen befaßt sich besonders eingehend Cortesão, A., History of Portuguese Cartography, 2 Bde. [Coimbra 1969–71].

3 Einen Überblick über die Geschichte des Mittelmeers gibt Kienitz, F.-K., Das Mittelmeer. Schauplatz der Weltgeschichte von den frühen Hochkulturen bis ins 20. Jahrhundert [München 1976]. Die Frage, ob es zwischen den antiken Mittelmeerkulturen und Amerika frühe Kontakte und einen Austausch von Kulturelementen [Familienstruktur, Religion, staatliche Organisation], Kenntnissen, Naturprodukten etc. gegeben hat, ist Gegenstand eines großen, teilweise spekulativen Schrifttums. Vgl. dazu: Riley, C. L., Man across the Sea. Problems of Pre-Columbian Contacts [Austin 1971] und Gordon, C. H., Before Columbus. Links between the Old World and Ancient America [London 1971].

4 Grosjean, Der Katalanische Weltatlas, op. cit., S. 54. Vgl. auch Cassidy, V. H., Other Fortunate Islands and some that were lost; in: Terrae Incognitae [1969].

5 Fernández-Armesto, Before Columbus, S. 154 setzt die Reise vor dem Jahr 1339 an, legt sich aber auf kein genaues Datum fest. Chaunu, P., L'expansion européenne du XIIIe au XVe siècle [Paris 1969], S. 120 gibt als Datum das Jahr 1312, ebenso zahlreiche andere Autoren. Verlinden, Ch. gibt als Datum 1336; vgl. Revue Belge de Philologie et d'Histoire [1958].

6 So die Vermutung von Fernández-Armesto, Before Columbus, S. 155.

7 Ebenda, S. 172.

8 Die Hauptquelle zur Unternehmung von Béthencourt ist ediert worden von Gravier, G., ed., Le Canarien, livre de la conquète et conversion des Canaries [Rouen 1874].

9 Vgl. Margry, P., La conquète et les conquérants des Iles Canaries [Paris 1896].

10 Julien, Ch.-A., Les voyages de découverte et les premiers établissements [Paris 1948], S. 8. Vgl. auch Mollat, M., Les explorateurs du XIIIe au XVIe siècle [Paris 1984], S. 49 f.

11 Chaunu, P., Séville et l'Amérique [Paris 1977], S. 61.

12 Vgl. Diffie, B. W. and Winius, G. D., Foundations of the Portuguese Empire 1415–1580 [Oxford 1977], S. 57 ff.

13 Auch im Falle der Azoren sind, wie bei Madeira, genaue Entdeckungsdaten nicht überliefert. Vgl. Fernández-Armesto, Before Columbus, S. 195 ff. und Diffie and Winius, Portuguese Empire, S. 57 ff.

14 Vgl. Diffie and Winius, Portuguese Empire, S. 105 f. Zu Cadamosto vgl. die im folgenden oft beigezogene «Enzyklopädie der Entdecker und Erforscher der Erde» von Dietmar Henze [Graz 1975 ff.], Bd. I, S. 468 f.

15 Vgl. Morison, S. E., The European Discovery of America. The Northern Voyages [New York 1971], S. 81 ff.

16 Ebenda, S. 82.

17 Vgl. die lateinische Ausgabe von Selmer, C., ed., Navigatio Sancti Brendani Abbatis [Notre Dame 1959] und Severin, T., The Brendan Voyage [New York 1978].

18 Vgl. Littmann, E., Die Erzählungen aus den Tausendundein Nächten [Frankfurt 1970], Bd. IV, S. 104.

19 Behaim, M., Erdapfel. Faksimileausgabe nach dem Globus im Germanischen Nationalmuseum [Hamburg, undat.], Teil II, S. 26.

20 Saint-Lu, Las Casas: Historia I, S. 64 ff.

21 Vgl. Morison, Northern Voyages, S. 103 f.

22 Es handelt sich um die «Grönländer Saga» und die «Saga von Eirík dem Roten», entstanden um 1200 und 1280. Zu den Quellentexten vgl. Magnusson, M. and Pálsson,

H., eds., The Vinland Sagas [Harmondsworth 1965] und Jones, G., ed., The Norse Atlantic Saga [London 1964]. Eine gute Zusammenstellung des Wissensstandes gibt Kaups, M. E., Norse Maritime Discoveries; in: Delpar, H., ed., The Discoverers. An Encyclopedia of Explorers and Exploration [New York 1980], S. 288 ff., 437 ff. In deutscher Sprache vgl. Langenberg, I., Die Vinland-Fahrten. Die Entdeckungen Amerikas von Erik dem Roten bis Kolumbus 1000–1492 [Köln 1977].

23 Morison, Northern Voyages, S. 41. Vgl. auch Kaups, M. E., Vinland the Good; in: Delpar, Discoverers, S. 437 f.
24 Vgl. Kaups, M. E., Shifting Vinland. Tradition and Myth; in: Terrae Incognitae [1970]. Vgl. auch Henze III, S. 190 ff.
25 Vgl. Ingstad, H., Westward to Vinland [New York 1968]. Vgl. auch Ingstad, A. S., The Discovery of a Norse Settlement in America. Excavations at l'Anse aux Meadows, Newfoundland 1961–1968 [Oslo 1977].
26 Vgl. Skelton, R. A., The Vinland Map and the Tartar Relation [New Haven 1965]. Vgl. auch die eingehende kritische Stellungnahme von Vigneras, L.-A., Greenland, Vinland, and the Yale Map; in: Terrae Incognitae [1972].
27 Grosjean, Der Katalanische Weltatlas, op. cit., S. 53.
28 Wiedergegeben bei Bagrow, Kartographie, S. 93.
29 Über die geschichtlichen Hintergründe der «Reconquista» orientieren eingehend Bethell, L., ed., The Cambridge History of Latin America, Bd. I [Cambridge 1984] und McAlister, L. N., Spain and Portugal in the New World 1492–1700 [Minneapolis 1984]. Interessante Einsichten zum Zusammenhang zwischen Reconquista und Überseekolonialismus vermittelt neuerdings Meinig, D. W., The Shaping of America. A Geographical Perspective on 500 Years of History [New Haven 1986], Bd. I, S. 4 ff.
30 Vgl. Chaunu, Expansion européenne, S. 121.
31 Vgl. dazu die Fallstudie von Pike, R., Enterprise and Adventure. The Genoese in Sevilla and the Opening of the New World [New York 1966].
32 Vgl. Fernández-Armesto, Before Columbus, S. 206 f.
33 Braudel, F., La Méditerranée et le monde méditerranéen à l'époque de Philippe II [Paris 1982], Bd. I, S. 254. Zur weltpolitischen Bedeutung des Mittelmeerraums um 1400 vgl. auch Wolf, E. R., Europe and the People without History [Berkeley 1982; auch deutsch: Frankfurt 1986], S. 24 ff.
34 Zur Bedeutung von Ptolemäus für die Entdeckungsgeschichte vgl. besonders Parry, J. H., The Age of Reconnaissance [New York 1963], S. 26 ff. Zu seiner kartographiegeschichtlichen Bedeutung vgl. Bagrow, Kartographie, S. 41 ff. und 92 ff. sowie neuerdings Harley and Woodward, History of Cartography, op. cit., Bd. I, S. 371 ff. Zur Entwicklung der Kosmologie vgl. Toulmin, St. und Goodfield, J., Modelle des Kosmos [München 1970].
35 Wiedergegeben bei Tooley, Landmarks, S. 25.
36 Vgl. Harley and Woodward, History of Cartography, op. cit., Bd. I. S. 372.
37 Zur historischen Bedeutung der Standortbestimmung vgl. wiederum Parry, Reconnaissance, S. 67 ff. Als Standardwerk zu allen nautischen Fragen dieser Zeit vgl. Taylor, E. G. R., The Haven Finding Art. A History of Navigation from Odysseus to Captain Cook [London 1958]; ferner Parry, J. H., The Discovery of the Sea [Lonon 1974]. Zu vielen Fragen der Navigation vgl. auch das bereits 1793 erschienene, 1969 neu aufgelegte «Allgemeine Wörterbuch der Marine» von J. H. Röding [Amsterdam 1969] sowie Kemp, P., ed., The Oxford Companion to Ships and the Sea [Oxford 1976].
38 Zur Entwicklung der Schiffstypen vgl. Parry, Reconnaissance, S. 67 ff. und Chaunu, Expansion européenne, S. 274 ff. Ferner: Landström, B., Das Schiff. Vom Einbaum bis zum Atomboot [Gütersloh 1976] und Unger, R. W., The Ship in the Medieval Economy 600–1600 [London 1981].
39 Vgl. Fernández-Armesto, Before Columbus, S. 127 f.
40 Vgl. Chaunu, Expansion européenne, S. 276.
41 Das genaue Aussehen der Karavelle ist nicht bekannt und wird in der Fachliteratur

2. Die Geburt einer Idee

entsprechend leicht abweichend beschrieben. Vgl. Parry, Discovery of the Sea, S. 25 f.; Chaunu, Expansion européenne, S. 284 ff.

42 Zur Geschichte der Schiffsbewaffnung vgl. Cipolla, C. M., Guns, Sails and Empires [New York 1969].

2. Die Geburt einer Idee

1 Die zwei wichtigsten Werke aus dem 16. Jahrhundert zum Leben des Entdeckers stammen von seinem Sohn Hernando und vom Dominikanermönch Bartolomé de Las Casas. Vgl. Arranz, L., ed., Hernando Colón, Historia del Almirante [Madrid 1984]; ferner Saint-Lu, Las Casas: Historia I, II. Seither sind Dutzende von Biographien erschienen. Besonders hervorgehoben seien: Morison, S. E., Christopher Columbus, Admiral of the Ocean Sea [London 1942]; Ballesteros y Beretta, A., Cristóbal Colón y el descubrimiento de América, 2 Bde. [Barcelona 1945]; Mahn-Lot, M., Christophe Colomb [Paris 1960]; Heers, J., Christophe Colomb [Paris 1981]; Taviani, P. E., Christopher Columbus. The Grand Design [London 1985]. In deutscher Sprache seien erwähnt das anregende, aber die irrige These von Kolumbus' jüdischer Herkunft vertretende Werk von Madariaga, S. de, Kolumbus. Entdecker neuer Welten [München 1975] und die gute zusammenfassende Darstellung von Verlinden, Ch., Kolumbus. Vision und Ausdauer [Göttingen 1962]. Verschiedene dieser Werke, insbesondere Taviani, verfügen über detailliertere bibliographische Hinweise. Eine umfassende Bibliographie, «A Guide to Columbus Studies, 1750–1985», soll bis 1992 vorliegen. Vgl. auch die Bibliographie bei Henze I, S. 617 ff. Eine gute Zusammenfassung zur Geschichte der Kolumbus-Geschichtsschreibung gibt Broc, N., Autour des grandes découvertes; in: Revue historique [1981].

2 Einzelne Autoren bestreiten diesen Schiffbruch. Vgl. Heers, Christophe Colomb, op. cit., S. 74.

3 Taviani, Columbus, S. 81.

4 Vgl. Arranz, Colón: Historia del Almirante, S. 71 ff.

5 Taviani, Columbus, S. 93 und Morison, Columbus, S. 26.

6 Heers, Christophe Colomb, op. cit., S. 90 f.

7 Vgl. Pérez de Tudela Bueso, J., ed., Gonzalo Fernández de Oviedo, Historia General y Natural de las Indias [Madrid 1959], Bd. I, S. 16 und Saint-Lu, Las Casas: Historia I, S. 72 ff.

8 Taviani, Columbus, S. 124.

9 Vgl. Buron, E., ed., D'Ailly, P., Imago Mundi, 2 Bde. [Paris 1930]. Zur Entwicklung des Weltbildes nach d'Ailly vgl. Randles, W. G. L., De la terre plate au globe terrestre [Paris 1980].

10 Vgl. Mahn-Lot, Christophe Colomb, op. cit., S. 39.

11 Vgl. Benedetto, L. F., ed., Il Milione [Firenze 1928]. Hervorragend kommentiert ist die Edition von Yule, H., The Book of Ser Marco Polo [New York 1926]. Die zur Zeit beste deutschsprachige Ausgabe bietet Guignard, E., ed., Il Milione. Die Wunder der Welt [Zürich 1983].

12 Madariaga, Kolumbus, op. cit., S. 132 f.

13 Vgl. 4. Buch Esra, 6, 42: «Am dritten Tage gabst du den Wassern Befehl, sich am siebenten Teile der Erde zu sammeln; sechs Siebentel aber legtest du trocken und bestimmtest sie, daß ein Teil von dir bebaut werden sollte, der von Gott selbst besät und bepflanzt war.» Zit. n. Kautzsch, E., ed., Apokryphen und Pseudepigraphen [Tübingen 1900], Bd. II, S. 367.

14 Der Toscanelli-Brief vom 25. Juni 1474 ist in drei Fassungen erhalten: in einer handschriftlichen lateinischen Kopie, in der Lebensgeschichte seines Vaters durch den Sohn Hernando und in der «Historia de las Indias» des Las Casas. Zur Diskussion dieser Quelle vgl. Taviani, Columbus, S. 404 ff. und Zechlin, E., Das Problem der vorkolumbischen Entdeckung Amerikas; in: Historische Zeitschrift [1935].

15 Vgl. die Wiedergabe dieser Rekonstruktion nach Hermann Wagner bei Schmitt, Dokumente II, S. 12.
16 Ebenda, S. 10.
17 Für eine eingehende Diskussion von Kolumbus' Fehlkalkulationen vgl. Taviani, Columbus, S. 180 ff. und Morison, Columbus, S. 64 ff.
18 Vgl. Taviani, Columbus, S. 164.
19 Saint-Lu, Las Casas: Historia I, S. 157.
20 Verlinden, Kolumbus, op. cit., S. 31. Zum Wortlaut der Kapitulation vgl. die deutsche Übersetzung in Schmitt, Dokumente II, S. 105 ff.
21 Für eine knappe Diskussion der Motive vgl. Konetzke, R., Entdecker und Eroberer Amerikas [Frankfurt 1963], S. 12 ff.; ferner Morison, Southern Voyages, S. 43 f.
22 Vgl. Morison, Columbus, S. 142.

3. Die vier großen Reisen

1 Den Text des Bordbuchs und aller weiteren Kolumbus-Quellen vermittelt zuverlässig Varela, Colón: Textos y documentos. Eine zweisprachige spanisch-englische Ausgabe bietet Jane, C., ed., Select Documents Illustrating the Four Voyages of Columbus, 2 Bde. [London 1930–33]. In deutscher Sprache sind viele bearbeitete und unzuverlässige Editionen des Bordbuchs herausgekommen. Am ehesten zu empfehlen ist Jacob, E. G., ed., Christoph Kolumbus. Bordbuch, Briefe, Berichte, Dokumente [Bremen 1956]. Jacob gibt die Dokumente in sinngemäß richtiger, jedoch stilistisch geglätteter und modernisierter Form wieder.
2 Der deutsche Kolumbus-Brief ist kommentiert herausgegeben worden von Konrad Häbler [Straßburg 1900]. Die lateinische Basler Ausgabe liegt in einem Faksimilenachdruck vor, vgl. Schelbert, L., ed., Der Kolumbus-Brief. Fanal einer neuen Zeit [Zürich/Dietikon 1978]. Vgl. Varela, Colón: Textos y documentos S. 139 ff.
3 Vgl. vor allem Morison, Southern Voyages sowie das frühere Werk, Morison, Columbus.
4 Varela, Colón: Textos y documentos, S. 21.
5 Ebenda, S. 28.
6 Vgl. Morison, Columbus, S. 220.
7 Die Frage, wo Kolumbus wirklich gelandet sei, ist Gegenstand einer andauernden wissenschaftlichen Diskussion. S. E. Morison, der zu Schiff die Kolumbus-Reisen nachvollzogen und die Örtlichkeiten anhand des Quellenmaterials nachgeprüft hat, kommt zum Schluß, den wir übernommen haben und der von vielen Spezialisten geteilt wird. Seine Feststellung wird durch Joseph Judge in Frage gestellt [National Geographic, 1986], der die etwas südlicher gelegene Insel Samaná Cay vorschlägt. Vgl. Parker, J., The Columbus Landfall Perspective; in: Terrae Incognitae [1983] und Gainer, K. D., The Cartographic Evidence for the Columbus Landfall; in: Terrae Incognitae [1988].
8 Zit. n. Schmitt, Dokumente II, S. 113. Vgl. Varela, Colón: Textos y documentos, S. 30.
9 Madariaga, Kolumbus, op. cit., S. 267. Zur Völkerkunde des karibischen Raums vgl. Steward, J. H., ed., Handbook of South American Indians, Bd. IV [New York 1963]; ferner Lindig, W., Münzel, M., Die Indianer. Kulturen und Geschichte der Indianer Nord-, Mittel- und Südamerikas [München 1976].
10 Schmitt, Dokumente II, S. 113. Vgl. Varela, Colón: Textos y documentos, S. 30. Zu den Vorstellungen vom indianischen Überseebewohner vgl. Gewecke, F., Wie die neue Welt in die alte kam [Stuttgart 1986], S. 59 ff. Ferner: Chiapelli, First Images, 2 Bde. und Dickason, The Myth of the Savage, op. cit.
11 Schmitt, Dokumente II, S. 114. Vgl. Varela, Colón: Textos y documentos, S. 31.
12 Ebenda, S. 117. Vgl. Varela, Colón: Textos y documentos, S. 42.
13 Varela, Colón: Textos y documentos, S. 141.
14 Reste der Siedlung «La Navidad» sind 1977 durch den Amateur-Archäologen William Hodges lokalisiert worden. Ein Team des Florida State Museum ist zur Zeit in der

3. Die vier großen Reisen

Nähe der heutigen Ortschaft En Bas Saline mit Ausgrabungen beschäftigt. Man hat Fragmente spanischer Keramik gefunden sowie Tierknochen, die mit Hilfe der Radiokarbonmethode auf das Ende des 15. Jahrhunderts datiert worden sind. Vgl. National Geographic [1987].

15 Die Zahl der Besatzung wird gelegentlich abweichend angegeben: Saint-Lu, Las Casas: Historia I, s. 301 spricht von 39, Pérez, Oviedo: Historia I, S. 27 spricht von 38 Mann; Morison, Southern Voyages, S. 81 kommt nur auf 21.
16 Morison, Southern Voyages, S. 82.
17 Varela, Colón: Textos y documentos, S. 126.
18 Ebenda, S. 138.
19 Madariaga, Kolumbus, op. cit., S. 310. Zur Beschreibung des Empfangs vgl. Saint-Lu, Las Casas: Historia I, S. 346 ff.
20 Crone, G. R., The Discovery of America [London 1969], S. 103. Vgl. Batllori, M., The Papal Division of the World and its Consequences; in: Chiapelli, First Images I, S. 211 ff. Vgl. auch die ausführliche Diskussion des Vertrags durch Cortesão, J., Brasil [Barcelona 1956], S. 61 ff., der die These verficht, der Vertrag sei nur deshalb so abgeschlossen worden, weil der portugiesische König Kenntnis von der Existenz eines Kontinents im Westen gehabt habe.
21 Dieser Text findet sich nicht bei Varela, sondern bei Jane, Columbus: Select Documents I, S. 33.
22 Ebenda, S. 37.
23 Dies ist die Vermutung von Morison, Columbus: S. 424 ff. Jacques Heers glaubt eher an einen Überfall durch die lokalen Indianer. Vgl. Heers, Christophe Colomb, op. cit. S. 256.
24 Pérez, Oviedo: Historia I, S. 66 f. Vgl. auch Saint-Lu, Las Casas: Historia I, S. 440. Zur Vernichtung der Urbevölkerung vgl. auch Konetzke, Entdecker, S. 37 ff. und McAlister, Spain and Portugal in the New World, S. 118 ff.
25 Jane, Columbus: Select Documents I, S. 133.
26 Der schärfste Kritiker solcher Befriedungsaktionen war bekanntlich Bartolomé de Las Casas. Zum vorliegenden Fall vgl. Saint-Lu, Las Casas: Historia I, S. 436 ff.
27 Morison, Southern Voyages, S. 139.
28 Heers, Christophe Colomb, op. cit., S. 253.
29 Morison, Columbus, S. 468.
30 Varela, Colón: Textos y documentos, S. 208.
31 Ebenda, S. 222.
32 Kolumbus übernimmt hier die Vorstellungen, wie sie in «John Mandeville's Travels», um 1385 erschienen und in zahlreichen europäischen Sprachen verbreitet, vertreten wurden. Vgl. die kommentierte engl. Ausgabe von Letts, M. H. I., ed., Sir John Mandeville, Travels, 2 Bde. [London 1953]. In deutscher Sprache gibt es den Text von Narciss, G. A. und Stemmler, Th., eds., Die Reisen des Ritters John Mandeville durch das Gelobte Land, Indien und China [Stuttgart 1966]. Zur Paradiesfrage äußert sich eingehend Las Casas; vgl. Saint-Lu: Las Casas: Historia I, S. 562–584.
33 Varela, Colón: Textos y documentos, S. 243 f. Die Anspielungen auf die Bibel beziehen sich auf Offenbarung, 21, 1 und Jesaya 65, 17; 66, 22.
34 Saint-Lu, Las Casas: Historia I, S. 717.
35 Pérez, Oviedo: Historia I, S. 61.
36 Madariaga, Kolumbus, op. cit., S. 439 und Morison, Columbus, S. 571 f.
37 Morison, Columbus, S. 581.
38 Vgl. Arranz, Colón: Historia del Almirante, S. 288 ff.
39 Varela, Colón: Textos y documentos, S. 291 ff.
40 Die Dauer des Sturms hat Kolumbus wahrscheinlich übertrieben. Vgl. Jane, Columbus: Select Documents II, S. 78. Morison, Columbus, S. 601 spricht von einer Sturmdauer von 28 Tagen.
41 Varela, Colón: Textos y documentos, S. 292 f.

42 Ebenda, S. 294.
43 1. Buch der Könige, 10, 11–12.
44 Varela, Colón: Textos y documentos, S. 296.
45 Morison, Southern Voyages, S. 250.
46 Varela, Colón: Textos y documentos, S. 298 f.
47 Ebenda, S. 304.
48 Der Bericht dieser Seefahrt findet sich in Diego Méndez' Testament. Vgl. Jane, Columbus: Select Documents II, S. 113 ff.
49 Ebenda, S. 135.
50 Varela, Colón: Textos y documentos, S. 310 f.
51 Ebenda, S. 331 f.
52 Die sterblichen Überreste von Kolumbus wurden zuerst in Valladolid begraben, dann ins Kloster Las Cuevas, Triana, gebracht. Dann überführte man die Gebeine nach Santo Domingo; Beisetzung vor dem Hochaltar der Kathedrale. Zur Geschichte von Kolumbus' sterblichen Überresten: Pedroso, A., Cristóbal Colón [Havana 1944].

4. Persönlichkeit, Leistung, Wirkung

1 Beck, H., ed., Alexander von Humboldt, Kosmos [Stuttgart 1978], S. 376.
2 Diese Vorstellung des genialen Neuerers geht mindestens bis zur Aufklärung zurück. Vgl. Voltaire, Essai sur les mœurs, op. cit., Bd. II, S. 330.
3 Vgl. dazu Zechlin, E., Columbus als Ausdruck der mittelalterlich-neuzeitlichen Epochenscheide; in: Buisson, I. et al., eds., Überseegeschichte [Hamburg 1986], S. 129 f. Ferner: Konetzke, R., Der weltgeschichtliche Moment der Entdeckung Amerikas; in: Historische Zeitschrift [1956].
4 Parry, J. C., Asia-in-the-West; in: Terrae Incognitae [1976].
5 Todorov, T., La conquète de l'Amérique [Paris 1975], S. 20.
6 Zu den religiösen Quellen vgl. Watts, P. M., Prophecy and Discovery: On the Spiritual Origins of Christopher Columbus' ‹Enterprise of the Indies›; in: American Historical Review [1985].
7 Hamann, G., Christoph Columbus zwischen Mittelalter und Neuzeit; in: Klingenstein, G., ed., Europäisierung der Erde? [Wien 1980], S. 22.
8 Pérez, Oviedo: Historia I, S. 16.
9 Verlinden, Ch., Christophe Colomb: Esquisse d'une analyse mentale; in: Revista de Historia de América [1980]. Ähnlich auch Henze I, S. 616.
10 Beck, Humboldt: Kosmos, S. 406. Vgl. Minguet, Ch., Alexandre de Humboldt, Historien et géographe de l'Amérique espagnole [Paris 1969], S. 584 ff.
11 Todorov, La conquète de l'Amérique, op. cit., S. 54.
12 Morison, Columbus, S. 46.
13 Vgl. Adams, Th. R., Some Bibliographical Observations on and Questions about the Relationship between the Discovery of America and the Invention of Printing; in: Chiapelli, First Images II, S. 529 ff.
14 Vgl. Hirsch, R., Printed Reports on the Early Discovery and Their Reception; in: Chiapelli, First Images II, S. 537 ff.
15 Der Hinweis findet sich in der Sammlung von Reiseberichten, die Richard Hakluyt unter dem Titel «The Principal Navigations, Voiages, Traffiques and Discoveries of the English Nation» zwischen 1598 und 1600 in London erscheinen ließ. Hier zitiert nach der Neuauflage Masefield, Hakluyt: Voyages I, S. 86.
16 Montalboddo, F., Paesi novamente retrovati [Vicenza 1507].
17 Vgl. Chaunu, P., Les romans de chevalerie et la conquête du Nouveau Monde; in: Annales [1955]. Ferner: Hassinger, E., Die Rezeption der Neuen Welt durch den Französischen Späthumanismus; in: Reinhard, W., ed., Humanismus und Neue Welt [Weinheim 1987].

18 Brandt, S., Das Narrenschiff [Stuttgart 1968], S. 239. Zu Fragen der Rezeption vgl. ferner: Jantz, H., Images of America in the German Renaissance; in: Chiapelli, First Images I, S. 91 ff.; Bensaudi, J., Les légendes allemandes sur l'histoire des découvertes maritimes [Genève 1920]; Gewecke, Wie die neue Welt in die alte kam, op. cit. Zur Kurzzeit- wie zur Langzeitwirkung von Kolumbus' Leistung vgl. auch Elliott, J. H., The Old World und the New 1492–1650 [Cambridge 1988].
19 Klingelhöfer, H., ed., Peter Martyr d'Anghiera, Acht Dekaden über die Neue Welt [Darmstadt 1972], Bd. I, S. 264.

II. Die Erkundung der Küsten

1. Mittelamerika

1 Vgl. Morison, Southern Voyages, S. 184 ff. Zur Persönlichkeit von Juan de la Cosa vgl. Taviani, Columbus, S. 507 f. und Parry, J. H., The Navigators of the Conquista; in: Terrae Incognitae [1978]. Vgl. ferner Vigneras, L. A., The Discovery of South America and the Andalusian Voyages [Chicago 1976].
2 Die Karte wird in farbiger Reproduktion wiedergegeben bei Bagrow, Kartographie, S. 76; ferner bei Tooley, Landmarks, S. 199.
3 Saint-Lu, Las Casas: Historia I, S. 647 ff. Ferner Levillier, R., ed., Vespucio, Américo: El Nuevo Mundo. Cartas relativas a sus viajes y descubrimientos [Buenos Aires 1951].
4 Levillier, Vespucio: Cartas, S. 119 f.
5 Ich folge hier der Auffassung Dietmar Henzes, der seine These der Entdeckung Brasiliens durch Amerigo Vespucci auf die Interpretation von dessen Brief an Lorenzo di Pier Francesco de' Medici vom 18. Juli 1500 stützt. Morison, Southern Voyages, S. 294 ff. beurteilt Vespuccis Leistung kritischer.
6 Es finden sich in der Literatur verschiedene Daten. Morison, Southern Voyages, S. 199 nennt das Jahr 1500; Parry, J. H., The Discovery of South America [London 1979], S. 83 nennt das wahrscheinlichere Datum 1501.
7 Saint-Lu, Las Casas: Historia II, S. 9 ff.
8 Vgl. Parry, Discovery, S. 84.
9 Morison, Southern Voyages, S. 197.
10 Vgl. dazu Vigneras, Andalusian Voyages, op. cit., S. 119 ff.
11 Zur Biographie vgl. Lucena Salmoral, M., Vasco Núñez de Balboa [Madrid 1989].
12 Zit. nach Parry, Discovery, S. 117.
13 Klingelhöfer, Martyr: Dekaden I, S. 161 f.
14 Pérez, Oviedo: Historia III, S. 210 ff. Weiterführende Literatur zu Balboa bei Torodash, M., Balboa Historiography; in: Terrae Incognitae [1974], S. 77 ff.
15 Schmitt, Dokumente II, S. 375. Vgl. Pérez, Oviedo: Historia III, S. 212.
16 Ebenda, S. 378. Vgl. Pérez, Oviedo: Historia III, S. 214.
17 Klingelhöfer, Martyr: Dekaden I, S. 246.
18 Penrose, B., Travel and Discovery in the Renaissance 1420–1620 [New York 1975], S. 120. Zu Pedrarias Dávila vgl. Alvarez Rubiano, P., Pedrarias Dávila [Madrid 1944].
19 Huxley, A., Beyond the Mexique Bay [London 1934], S. 84.
20 Parry, Discovery, S. 140.
21 León-Portilla, Díaz: Historia verdadera A, S. 82. Vgl. ferner Wagner, H. R., ed., The Discovery of Yucatán by Francisco Hernández de Córdoba [New York 1969], S. 70.
22 Vgl. Parry, Discovery, S. 143; Konetzke, Entdecker, S. 83 f. Das Quellenmaterial ist gesammelt bei Wagner, H. R., The Discovery of New Spain in 1518 Juan de Grijalva [New York 1969].
23 Klingelhöfer, Martyr: Dekaden II, S. 214 f. Zu Ponce de Leóns Mythus vgl. Olschky, L., Ponce de León's Fountain Myth; in: The Hispanic American Historical Review [1941], S. 361 ff. und Sanz, V. M., Juan Ponce de León [Puerto Rico 1971].

24 Schmitt, Dokumente II, S. 316. Vgl. Pérez, Oviedo: Historia II, S. 102.
25 Konetzke, Entdecker, S. 72.
26 Vgl. Morison, Southern Voyages, S. 517; dagegen vgl. Cumming, W. P., Skelton, R. A., Quinn, D. B., The Discovery of North America [London 1971], S. 63.
27 Morison, Southern Voyages, S. 517.
28 Ferrando, R., ed., Alvar Núñez Cabeza da Vaca, Naufragios y Comentarios [Madrid 1984], S. 72. Zur Biographie vgl. Bishop, M., The Odyssey of Cabeza de Vaca [New York 1933].
29 Vgl. Konetzke, Entdecker, S. 68. Neuerdings auch Bethell, Latin America I, S. 149ff.
30 Penrose, Travel, S. 118.
31 Vgl. Andrews, K. R., The Spanish Carribean. Trade and Plunder 1530–1630 [New Haven 1978]. Eine der wichtigsten Quellen zu dieser Zeit ist Oexmelin, A. O., Histoire des aventuriers flibustiers [Paris 1699].

2. Südamerika

1 Die Frage der Erstentdeckung ist umstritten. Portugiesische und brasilianische Historiker bestehen in der Regel auf dem Pionierverdienst Cabrals. Zur Diskussion vgl. Goodman, E. J., The Explorers of South America [New York 1972], S. 12f.; Diffie and Winius, Portuguese Empire, S. 452 sowie Morison, Southern Voyages, S. 210ff.
2 Klingelhöfer, Martyr: Dekaden I, S. 108.
3 Der Oberlauf des Amazonas trägt heute noch den Namen Marañon.
4 Klingelhöfer, Martyr: Dekaden I, S. 110. Der Amazonas ist mit einer Länge von gegen 6500km der zweitlängste Fluß der Erde nach dem Nil; sein Einzugsgebiet ist flächenmäßig das größte. Das Mündungsdelta ist 250km breit; die von Martyr wiedergegebene Schätzung von dreißig Leguas [ca. 170km] erscheint noch als untertrieben.
5 Pérez, Oviedo: Historia II, S. 390.
6 Die Frage wird in W. B. Greenlees Edition der Cabral-Dokumente minutiös diskutiert. Vgl. Greenlee, W. B., ed., The Voyage of Pedro Alvares Cabral to Brazil and India [London 1938], S. XLVIff. Ferner: Morison, Southern Voyages, S. 224 und Parry, Discovery, S. 88. Ähnlich äußert sich schon der Altmeister der deutschen Entdeckungsgeschichte, Peschel, O., Geschichte des Zeitalters der Entdeckungen [Stuttgart 1877], S. 263. Vgl. auch Henze I, S. 465. Für die Pionierentdeckung Brasiliens durch Cabral tritt ein Cortesao, J., Cabral e as origens do Brasil [Rio de Janeiro 1944].
7 Greenlee, Cabral: Voyage, S. 30.
8 Ebenda, S. XXXIV.
9 Vgl. Parry, Discovery, S. 92.
10 Die Hauptquellen zu dieser Reise sind der Soderini-Brief, gedruckt um 1505, der Bartolozzi-Brief, verfaßt im Jahre 1502, sowie der Mundus-Novus-Brief, der nach 1503 in verschiedenen Editionen und Übersetzungen eine weite Verbreitung erfuhr. Vgl. Levillier, Vespucio: Cartas, S. 201ff., 143ff., 171ff.
11 Zit. n. Schmitt, Dokumente II, S. 176. Vgl. Levillier, Vespucio: Cartas, S. 145.
12 Zur kartographischen Erfassung des südamerikanischen Küstenverlaufs vgl. Schwartz, S. I. and Ehrenberg, R. E., The Mapping of America [New York 1980].
13 Zit. n. Schmitt, Dokumente II, S. 176, Vgl. Levillier, Vespucio: Cartas, S. 147.
14 Vgl. Bitterli, Wilde und Zivilisierte, S. 392ff., 210ff.
15 Levillier, Vespucio: Cartas, S. 253f. Der Soderini-Brief ist von Ramusio in seine Sammlung von Reiseberichten aufgenommen worden. Vgl. Milanesi, Ramusio: Navigazioni I.
16 Berger, F., ed., Theodor de Bry, India occidentalis oder America oder die Neue Welt [Leipzig und Weimar 1977], Bd. I, Tafel 85. Ferner die Interpretation von Bucher, B.,

Die Phantasien der Eroberer. Zur graphischen Repräsentation des Kannibalismus in de Brys «America»; in: Kohl, K.-H., ed., Mythen der Neuen Welt [Berlin 1982].

17 Die Frage ist umstritten. Peschel, Entdeckungen, op. cit., S. 320 bezweifelt Vespuccis Glaubwürdigkeit im allgemeinen, hält aber eine zweite Brasilienreise im Jahr 1503 für möglich. Baker, Geographical Discovery, S. 81 neigt dazu, Vespucci bloß zwei Reisen, eine nach Venezuela, die andere nach Brasilien, zuzugestehen. Parry, Reconnaissance, S. 173 nimmt noch eine zweite Brasilienreise an, verwirft sie aber in Discovery, S. 100. Morison, Southern Voyages, S. 287 nimmt eine zweite Brasilienreise, erneut zusammen mit Coelho, als gesichert an, beklagt aber die Dürftigkeit des einzig durch Vespucci gelieferten Quellenmaterials. Zur ganzen Diskussion vgl. Broc, N., Autour des grandes découvertes; in: Revue historique [1981]. S. 142 f.

18 Vgl. dazu Laubenberger, F., Ringmann oder Waldseemüller. Eine kritische Untersuchung über die Urheber des Namens Amerika; in: Erdkunde XIII [1959], S. 163 ff. Ferner: Sanz, C., El nombre América [Madrid 1959].

19 Zit. n. Schmitt, Dokumente II, S. 17. Faksimilenachdruck der lateinischen Ausgabe mit englischer Übersetzung in Waldseemüller, M., Cosmographiae Introductio; in: March of America Facsimile Series, Bd. II [Ann Arbor 1966]. Eine Biographie zu Vespucci gibt Arciniegas, G., Amerigo and the New World: the Life and Times of Amerigo Vespucci [New York 1955].

20 Montalboddo, Paesi novamente retrovati in fünfzehn Editionen, darunter Übersetzungen ins Französische und Deutsche.

21 Morison, Southern Voyages, S. 294 ff.; Parry, Reconnaissance, S. 172 f.; Parry, Discovery, S. 91 f.

22 Burckhardt, J., Die Kultur der Renaissance in Italien [Stuttgart 1952], S. 132 ff.

23 Zu den französischen Transatlantikfahrten vgl. Julien, Voyages. Vgl. auch die abgekürzte Fassung dieses Buches: Julien, Ch.-A., Les Français en Amérique au XVIIe siècle [Paris 1957].

24 Zit. n. Julien, Voyages, S. 18. Text zu Gonneville bei Julien, Français en Amérique.

25 Ebenda, S. 19.

26 Vgl. Mollat, Explorateurs, S. 75 ff.

27 Vgl. Julien, Voyages, S. 187.

28 Vgl. Gaffarel, Thevet: Singularités. Zur Berichterstattung der Franzosen aus Südamerika vgl. Duviols, J.-P., Voyageurs français en Amérique [Paris 1978].

29 Vgl. Morisot, Léry: Voyage.

30 Ebenda, Vorwort.

31 Lévi-Strauss, Cl., Traurige Tropen [Köln 1974], S. 32.

32 Morisot, Léry: Voyage, S. 84.

33 Ebenda, S. 127.

34 Ebenda, S. 293 f.

35 Vgl. Raymond, M., Montaigne devant les sauvages d'Amérique; in: Être et Dire [Neuchâtel 1970], S. 13 ff. Ferner Bitterli, Wilde und Zivilisierte, S. 232 ff.

36 Julien, Voyages, S. 182.

37 Vgl. Bezzenberger, G. E. Th., ed., Hans Staden, Wahrhaftige Historia einer Landschaft der wilden, nackten, grimmigen Menschenfresser, in der Neuen Welt Amerika gelegen [Kassel 1978], Kapitel XXV.

38 Ebenda, Kapitel XXV.

39 Zit. n. Julien, Voyages, S. 250.

40 Ebenda, S. 256.

41 In jüngster Zeit vorgenommene Ausgrabungen haben es gestattet, den Standort von Menéndez de Avilés' Fort festzustellen. Vgl. National Geographic [März 1988], S. 335 ff. Vgl. auch Lyon, E., The Enterprise of Florida. Pedro Menéndez de Avilés and the Spanish Conquest of 1565–1568 [Gainesville 1976], S. 100 ff. Die französischen Quellen zu Florida sind gesammelt bei Lussagnet, S., ed., Les Français en Floride [Paris 1958].

Anmerkungen

42 Gaffarel, P., Histoire de la Floride française [Paris 1875]. Zur Rezeption der französischen Reisen vgl. Hassinger, E., Die Rezeption der Neuen Welt durch den französischen Späthumanismus [1550–1620]; in: Reinhard, W., ed., Humanismus und Neue Welt [Weinheim 1987], S. 89ff.

43 Duchet, M., L'Amérique de Théodore de Bry [Paris 1987] und Hulton, P. H. u. a., The American Drawings of John White 1577–1590, 2 Bde. [London 1986]; ferner Hulton, P. H., ed., Le Moyne de Morgues, a Huguenot Artist in France, Florida and England [London 1977]. Vgl. die deutsche Ausgabe von de Bry: Berger, Bry: America I und II. Zur Ikonographie von Spanischamerika vgl. den Prachtband von Duviols, J.-P., L'Amérique espagnole vue et rêvée [Paris 1986].

44 Seco Serrano, C., ed., Martín Fernández de Navarrete, Colección de los viajes y descubrimientos, 5 Bde. [Madrid 1954 und 1964], Bd. III, S. 40. Vgl. auch Konetzke, Entdecker, S. 65. Zur Biographie von Solís vgl. Medina, J. T., Juan Díaz de Solís, estudio histórico, 2 Bde. [Santiago de Chile 1897].

45 Klingelhöfer, Martyr: Dekaden II, S. 323. Vgl. auch Seco, Navarrete: Colección III, S. 41.

46 Zur Biographie von Cabot vgl. Medina, J. T., El veneciano Sebastián Caboto al servicio de España, 2 Bde. [Santiago de Chile 1908] und Harrisse, H., Jean et Sébastien Cabot. Leur origine et leurs voyages [Paris 1882; neu Amsterdam 1968].

47 Vgl. 1. Könige, 9, 10. Die Suche nach Ophir wurde von den spanischen Seefahrern fortgesetzt, so von Álvaro de Mendaña, der 1568 eine melanesische Inselgruppe auffand, die er die Salomonen nannte.

48 Zit. n. Medina, Sebastián Caboto, op. cit., Bd. I, S. 449. Vgl. Parry, Discovery, S. 247. Zu Herkunft und Bedeutung der Legende vom weißen König vgl. Rubio, J. M., Exploración y conquista del Río de la Plata [Barcelona 1942], S. 37ff.

49 Parry, Discovery, S. 250.

50 Pérez, Oviedo: Historia II, S. 360.

51 Morison, Southern Voyages, S. 556. Sebastian Cabot bleibt, ähnlich wie Vespucci, eine schillernde Gestalt. Morison, Northern Voyages, S. 221f. zweifelt an der von Cabot behaupteten Teilnahme an zwei Atlantikreisen [1497 und 1508] und nennt ihn einen «genial and cheerful liar», dessen Bedeutung vor allem in seiner Leistung als Kolonialpropagandist bestehe. Der englische Kartographiespezialist R. A. Skelton hält die Reise von 1508 für möglich, vgl. Encyclopedia Americana, Bd. V, S. 122; Penrose, Travel, S. 146 hält sie für durchgeführt.

52 Zu Mendoza vgl. Groussac, P., La expedición de Mendoza; in: Anales de la Biblioteca [Buenos Aires 1912].

53 Plischke, H., ed., Ulrich Schmidel, Wahrhaftige Historien einer wunderbaren Schiffahrt [Graz 1962]. Vgl. ferner Domingues, L. L., ed., The Conquest of the River Plate 1535–1555 [London 1891].

54 Zur genauen Datierung der Reise Mendozas finden sich bei bewährten Autoren wie Parry, Discovery, S. 252f. und Morison, Southern Voyages, S. 565f. Unklarheiten und Widersprüchlichkeiten.

55 Plischke, Schmidel: Historien, S. 10.

56 Ebenda, S. 10.

57 Ebenda, S. 15.

58 Vgl. Morison, Southern Voyages, S. 568.

59 Plischke, Schmidel: Historien, S. 26.

60 Peschel, Entdeckungen, op. cit., S. 483 gibt als Geburtsort Porto; Morison, Southern Voyages, S. 313 gibt einen Ort in der Region Trás os Montes, möglicherweise auch in der Nordprovinz Minho. McKew Parr, Ch., nimmt in seiner ausführlichen Biographie «Ferdinand Magellan, Circumnavigator» [New York 1964], S. 31 Ponte de Barca in Minho als Geburtsstadt an. Als weitere Biographien vgl. Zweig, St., Magellan. Der Mann und seine Tat [Wien 1938] und Guillemard, F. H. H., Ferdinand Magellan and the First Circumnavigation of the Globe [London 1890].

2. Südamerika

61 Vgl. Morison, Southern Voyages, S. 318. Die Abneigung Manuels mag durch die Episode eines unerlaubten Viehhandels, den sich Magellan in Marokko zuschulden kommen ließ, ausgelöst worden sein. Vgl. McKew Parr, Ferdinand Magellan, op. cit., S. 142.
62 Vgl. Morison, Southern Voyages, S. 319 und Parry, Discovery, S. 129. Ferner Ravenstein, E. G., Martin Behaim. His Life and his Globe [London 1908].
63 Vgl. Bagrow, Kartographie, S. 162 f.
64 Pigafetta ist mit Abstand die wichtigste Quelle zu Magellans Weltumsegelung. Ich stütze mich auf zwei Editionen: Robertson, J. A., ed., Antonio Pigafetta, Magellan's Voyage around the World, 3 Bde. [Cleveland 1906]; Skelton, R. A., ed., Antonio Pigafetta, Magellan's Voyage. A Narrative Account of the First Circumnavigation, 2 Bde. [New Haven 1969]. Bei der letzten Edition handelt es sich um einen Faksimilenachdruck der französischen Handschrift in der Beinecke Library der Universität Yale mit vorzüglicher Einführung. Eine Zusammenstellung der Dokumente zur Reise, die über Pigafetta hinausgeht, gibt Lord Stanley of Alderly, ed., The First Voyage round the World by Magellan [London 1874]. Es gibt verschiedene, meist bearbeitete oder gekürzte deutsche Ausgaben. Der erste gedruckte Bericht über die Weltumseglung erschien in deutscher Sprache 1522 in Augsburg.
65 Vgl. Skelton, Pigafetta: Magellan's Voyage I, S. 9 f.
66 Robertson, Pigafetta: Magellan's Voyage I, S. 39 f.
67 Zweig, Magellan, op. cit., S. 182.
68 Robertson, Pigafetta: Magellan's Voyage I, S. 49.
69 Ebenda, S. 48.
70 Vgl. Barlow, N., ed., The Works of Charles Darwin. Diary of the Voyage of H. M. S. Beagle [London 1986], Bd. I, S. 102.
71 Diese Ethymologie ist nicht unumstritten. Vgl. Chatwin, B., Theroux, P., Patagonia revisited [Boston 1986], S. 36.
72 Robertson, Pigafetta: Magellan's Voyage I, S. 54 f.
73 Ebenda, S. 57.
74 Zum Topos der riesigen Patagonier vgl. Adams, P. G., Travelers and Travel Liars 1660–1800 [Berkeley 1962], S. 19 ff.
75 McKew Parr, Ferdinand Magellan, op. cit., S. 300.
76 Morison, Southern Voyages, S. 339 f.
77 Barlow, Works of Darwin, op. cit., Bd. I, S. 220.
78 Robertson, Pigafetta: Magellan's Voyage I, S. 67.
79 Zweig, Magellan, op. cit., S. 234.
80 Robertson, Pigafetta: Magellan's Voyage I, S. 69 f.
81 McKew Parr, Ferdinand Magellan, op. cit., S. 376.
82 Vgl. Seco, Navarrete: Colección IV, S. 438 ff.
83 Robertson, Pigafetta: Magellan's Voyage I, S. 76.
84 Die Profitabilität der Reise wird von den meisten Historikern betont, so auch von Morison, Southern Voyages, S. 467. Anders dagegen Parry, Discovery, S. 134, der feststellt, die Weltumseglung sei ein Verlustgeschäft gewesen.
85 Kellenbenz, H., The Role of the Great Upper German Families in Financing the Discoveries; in: Terrae Incognitae [1978].
86 Zur Reise Loaysas vgl. Markham, C. R., ed., Early Spanish Voyages to the Strait of Magellan [London 1911]; der Bericht Urdanetas findet sich auf S. 41 ff. Beigegeben ist auch eine Beschreibung der Magellanstraße durch Martín de Uriarte, S. 90 ff. Vgl. ferner Seco, Navarrete: Colección V, S. 226 ff. und Arteche, J. de, Urdaneta. El dominador de los espacios del océano pacífico [San Sebastián 1968].
87 Zu dieser Unternehmung vgl. Spate, O. H. K., The Pacific since Magellan [London 1979], Bd. I, S. 104 f. Ferner: Arteche, J. de, Legazpi. Historia de la conquista de las Islas Filipinas [San Sebastián 1972].
88 Kellenbenz bestreitet eine Beteiligung deutschen Kapitals für diese Reise, irrt jedoch,

wenn er annimmt, sie habe deswegen gar nicht stattgefunden. Vgl. The Role of the Great Upper German Families, op. cit., S. 51. McKew Parr, Ferdinand Magellan, op. cit., S. 396 spricht von einer Finanzierung durch die Fugger.
89 Markham, Spanish Voyages, S. 156. Ausführlicher Bericht bei Peréz, Oviedo: Historia II, S. 343 ff.
90 Im Zusammenhang mit dem argentinisch-englischen Konflikt von 1982 gewann die Frage der Erstentdeckung, seit zweihundert Jahren umstritten, erhöhtes völkerrechtliches Gewicht. Die Argentinier schreiben die Erstentdeckung der «Islas Malvinas», wie sie die Inseln nennen [nach französischen Siedlern aus Saint-Malo] spanischen Reisenden zu; vgl. Basilico, E., La Armada del Obispo de Plasencia y el Descubrimiento de las Malvinas [Buenos Aires 1967]. England beharrt auf der Erstentdeckung der Falklandinseln [seit 1690 nach dem damaligen Schatzmeister der Admiralität] durch John Davis 1592. Zum Gesamtzusammenhang vgl. Fisch, J., Der Kampf um die Falkland-Inseln; in: Neue Zürcher Zeitung, 31. 12. 1982.
91 Morison, Southern Voyages, S. 600.
92 Salamanca, C. de, ed., Alonso de Ercilla y Zuñiga, La Araucana [Madrid 1968], S. 59.
93 Zur Biographie vgl. Williamson, J. A., The Age of Drake [London 1938] und Andrews, K. R., Drake's Voyages [London 1967, auch deutsch]. Der wichtigste Bericht über die Weltumsegelung basiert auf Aufzeichnungen von F. Fletcher und liegt in verschiedenen Versionen vor. Vgl. Temple, R. C., ed., The World Encompassed by Sir Francis Drake [Amsterdam 1971].
94 Zur Diskussion möglicher Ziele vgl. Andrews, K. R., Admiral und Pirat Francis Drake [Frankfurt 1970], S. 58 ff. Vgl. auch Spate, Pacific I, S. 238. Ferner das Standardwerk von Wagner, H. R., Sir Francis Drake's Voyage around the World [Amsterdam 1969], S. 15 ff. sowie Andrews, K. R., On the Way to Peru: Elizabethan Ambitions in America South of Capricorn; in: Terrae Incognitae [1982].
95 Die Hintergründe können aufgrund der Quellenlage nicht abschließend geklärt werden. Vgl. Temple, Drake: World Encompassed, S. XXXIII; Morison, Southern Voyages, S. 642 f.
96 Temple, Drake: World Encompassed, S. 22.
97 Ebenda, S. 29.
98 Ebenda, S. 30.
99 Ebenda, S. 134. Der südlichste Punkt, zu dem Drake gelangte, wird von Morison, Southern Voyages, S. 649 als Henderson Island identifiziert.
100 Temple, Drake: World Encompassed, S. 135.
101 Vgl. Quinn, D. B., ed., The Last Voyage of Thomas Cavendish [Chicago 1974].
102 Vgl. Reinhard, Expansion I, S. 108 ff.; II, S. 121 ff. Ferner Scammell, G. V., The World Encompassed. The First European Maritime Empires 800–1650 [Cambridge 1981], S. 373 ff.
103 Zit. n. Schmitt, Dokumente II, S. 558. Benennung nach dem damaligen Statthalter der Niederlande, Moritz von Nassau, dem auch die Insel Mauritius ihren Namen verdankt; der Name Staaten-Insel ist heute noch gebräuchlich: Isla de los Estados. Vgl. auch den Faksimilenachdruck der ersten engl. Ausgabe von Schouten, W. C., The Relation of a Wonderful Voyage made by William Cornelison Schouten of Horne [Amsterdam 1969], S. 25.
104 Zit. n. Schmitt, Dokumente II, S. 559. Vgl. auch Schouten, Relation, S. 23.
105 Zum Verlauf der Reise im Pazifik vgl. Spate, Pacific II, S. 21 ff.
106 Vgl. Parry, Discovery, S. 296 f.
107 Vgl. Chatwin, Patagonia revisited, op. cit., S. 46.

3. Nordamerika

1 Für eine vergleichende Darstellung der geschichtlichen Ausgangslage im Süd- und Nordatlantik vgl. Meinig, Shaping of America, S. 43 ff. Noch immer lesenswert ist die Darstellung von Friederici, G., Der Charakter der Entdeckung und Eroberung Amerikas durch die Europäer, 3 Bde. [Erstausgabe 1925; Nachdruck Osnabrück 1969] mit ihren aufschlußreichen Querbezügen.
2 Zur Vorgeschichte der Cabot-Reise vgl. die eingehenden Ausführungen von Williamson, J. A., The Cabot Voyages and Bristol Discovery under Henry VII [Cambridge 1962], S. 19 ff. Vgl. ferner Harrisse, Jean et Sébastien Cabot, op. cit. und Morison, Northern Voyages S. 157 ff. Zur Geschichte Neufundlands vgl. Perlin, A. B., The Story of Newfoundland 1497–1959 [St. John's 1959]. Zum geschichtlichen Hintergrund der frühen englischen Reisen vgl. Quinn, D. B., England and the Discovery of America 1481–1620 [London 1973] und Scammell, World Encompassed, S. 458 ff.
3 Williamson, Cabot: Voyages, S. 204.
4 Zit. n. Schmitt, Dokumente II, S. 252.
5 Zur Quellenlage vgl. Williamson, Cabot: Voyages, S. 54 ff. Ferner Quinn, New American World I, S. 93.
6 Williamson, Cabot: Voyages, S. 208.
7 Zur Diskussion des Problems vgl. Henze I, S. 451.
8 Morison, Northern Voyages, S. 170 ff.
9 Es handelt sich um den Brief des John Day aus dem Jahre 1498, zuerst abgedruckt durch Vigneras, L. A., New Light on the 1497 Cabot Voyage; in: Hispanic-American Historical Review [1956]. Vgl. auch Quinn, New American World I, S. 98.
10 Ebenda, S. 96.
11 Schmitt, Dokumente II, S. 253. Vgl. auch Quinn, New American World I, S. 97 f.
12 Zum portugiesischen Beitrag vgl. Morison, S. E., Portuguese Voyages to America in the Fifteenth Century [New York 1973].
13 Quinn, New American World I, S. 145.
14 Ebenda, S. 149.
15 Vgl. Bagrow, Kartographie, S. 102, 76.
16 Klingelhöfer, Martyr: Dekaden I, S. 275.
17 Williamson, Cabot: Voyages, S. 170.
18 Morison, Northern Voyages, S. 220 f. Vgl. auch Henze I, S. 455 f.
19 Vgl. Julien, Voyages, S. 21 ff. Ferner: Bellet, A., Les Français à Terre-Neuve [Paris 1902].
20 Vgl. Quinn, New American World I, S. 157.
21 Zum historischen Hintergrund der frühen französischen Transatlantikfahrten vgl. Julien, Voyages, S. 62 ff.; Scammell, World Encompassed, S. 436 ff.; Meinig, Shaping of America, S. 46 ff.; Reinhard, Expansion II, S. 153.
22 Brief des Kardinals von Toledo an Karl V., zit. n. Julien, Voyages, S. 145 f.
23 Zu den Reisen des Verrazano gibt es zwei hervorragende Darstellungen: Wroth, L. C., ed., The Voyages of Giovanni da Verrazzano 1524–1528 [New Haven 1970] und Mollat, M., Habert, J., eds., Giovanni et Girolamo Verrazano, navigateurs de François Ier. Dossiers de Voyage [Paris 1982]. Eine frühe Version seines Reiseberichts wurde 1556 in Venedig gedruckt: Vgl. Milanesi, Ramusio: Navigazioni VI. Verrazano ist erst allmählich in seiner Bedeutung erkannt worden. Peschel, Entdeckungen, op. cit., erwähnt ihn noch nicht; Parry, Reconnaissance, S. 219 hält ihn für unglaubwürdig; selbst Roberts, G., Atlas der Entdeckungen [München 1976] verzeichnet seinen Namen nicht.
24 Zur Organisation der Reise vgl. Mollat, Habert, Verrazano: Dossiers de voyage, S. 51 ff. Zu den wirtschaftlichen Hintergründen vgl. Mollat, M., Le commerce maritime Normand à la fin du moyen age [Paris 1952].
25 Zur Quellenlage vgl. Wroth, Verrazano: Voyages, S. 93 ff. und Mollat, Habert, Verrazano: Dossiers de voyage, S. 3 ff.
26 Mollat, Habert, Verrazano: Dossiers de voyage, S. 16. Ob Verrazano, wie das Zitat

andeutet, vor seiner Reise Kontakte mit Chinesen hatte, ist nicht bekannt. Vielleicht gehörte er zu den Lesern von Marco Polos Reisebericht; vgl. Morison, Northern Voyages, S. 289.
27 Mollat, Habert, Verrazano: Dossiers de voyage, S. 19.
28 Ebenda, S. 23.
29 Ebenda, S. 27.
30 Die Verwandtschaft der Indianer mit den alten Griechen ist vor allem von Lafitau, J.-F., in Mœurs des sauvages américains [Paris 1724; vgl. Reim, Lafitau: Sitten der Wilden], einem der Pionierwerke der Völkerkunde, vertreten worden. Die gleiche These findet sich aber auch in den Berichten der Jesuitenmissionare aus Kanada; vgl. Kennedy, J. H., Jesuit and Savage in New France [New Haven 1950].
31 Mollat, Habert, Verrazano: Dossiers de voyage, S. 31.
32 Vgl. Milanesi, Ramusio: Navigazioni VI und Hakluyt, R., Divers Voyages Touching the Discoverie of America [London 1582]; in: March of America V.
33 Mollat, Habert, Verrazano: Dossiers de voyage, S. 39.
34 Vgl. Morison, Northern Voyages, S. 308 ff. und Wroth, Verrazano: Voyages, S. 88 f.
35 Vgl. Horsford, E. B., Discovery of Ancient City of Norumbega [Boston 1891] Vgl. Morison, Northern Voyages, S. 488 f.
36 Zu den späteren Reisen vgl. vor allem Mollat, Habert, Verrazano: Dossiers de voyage, S. 91 ff.
37 Vgl. dazu die Ausführungen von Wroth, Verrazano: Voyages, S. 198 ff.
38 Vgl. Morison, Northern Voyages, S. 332.
39 Vgl. Meinig, Shaping of America, S. 49 ff. Ferner Reinhard, Expansion II, S. 168 ff.
40 Im Jahre 1553 stieß eine Flotte unter Hugh Willoughby und Richard Chancellor ums Nordkap bis in die Nähe von Archangelsk vor. Vgl. Baker, Geographical Discovery, S. 119 f.
41 Quinn, New American World III, S. 21, Vgl. ferner Quinn, D. B., ed., Voyages and Colonising Enterprises of Sir Humphrey Gilbert, 2 Bde. [London 1940].
42 Quinn, New American World III, S. 21.
43 Ebenda, S. 188.
44 Zu Edward Hayes und seinen Projekten vgl. Quinn, England, op. cit., S. 227 ff.
45 Masefield, Hakluyt: Voyages VI, S. 18. Vgl. Quinn, England, op. cit., S. 237 f.
46 Masefield, Hakluyt: Voyages VI, S. 35.
47 Morison, Northern Voyages, S. 577.
48 Vgl. Taylor, E. G. R., ed., The Original Writings and Correspondence of the two Richard Hakluyts, 2 Bde. [London 1935] und Parks, G. B., Richard Hakluyt and the English Voyages [New York 1961].
49 Quinn, New American World III, S. 92.
50 Ebenda, S. 82.
51 Vgl. folgende neuere Ausgaben: die bereits erwähnte Ausgabe von Masefield, Hakluyt: Voyages I–VIII und den Faksimilenachdruck von Quinn, D. B., Skelton, R. A., eds., 2 Bde. [London 1965]; ferner eine nützliche, aber stark gekürzte Taschenbuchausgabe [Penguin Books] durch Beeching, J. [London 1972].
52 Der beste Kenner der überseeischen Aktivitäten im Umkreis von Raleigh ist Quinn, D. B., in seinen Werken «Raleigh and the British Empire» [London 1947] und «Set Fair For Roanoke. Voyages and Colonies 1584–1606» [Chapel Hill 1985]. Vgl. auch Greenblatt, S. J., Sir Walter Raleigh [New Haven 1973].
53 Vgl. Meinig, Shaping of America, S. 29 f.
54 Vgl. Lefranc, P., Sir Walter Raleigh écrivain [Paris 1968].
55 Abgedruckt bei Quinn, New American World III, S. 276 ff. Zur kartographischen Erfassung der nordamerikanischen Küstenlinie vgl. Schwartz, Mapping of America, op. cit.
56 Quinn, New American World III, S. 277.
57 Ebenda, S. 279 f.

58 Quinn, Set Fair For Roanoke, op. cit., S. 39.
59 Vgl. Rowse, A. L., Sir Richard Grenville [London 1937].
60 Der Text von Harriot ist zusammen mit anderen Dokumenten zur Roanoke-Kolonie gesammelt worden von Richard Hakluyt; vgl. Masefield, Hakluyt: Voyages V, S. 164 ff. Vgl. auch die Quellensammlung von Quinn, D. B., The Roanoke Voyages, 1584–1590, 2 Bde. [London 1955].
61 Vgl. Hulton, American Drawings of John White, op. cit.
62 Die schriftlichen Zeugnisse sind gesammelt bei Quinn, New American World III, wonach wir in der Regel zitieren.
63 Quinn, New American World III, S. 292.
64 Ebenda, S. 337.
65 Zum Ende des Stützpunktes vgl. die eingehenden Überlegungen von Quinn, Roanoke Voyages II, S. 341. An der Siedlungsstelle von Roanoke Island sind archäologische Grabungen durchgeführt worden, die man 1982 wiederaufgenommen hat. Vgl. Kupperman, K. O., Roanoke: The Abandoned Colony [New York 1984].
66 Quinn, New American World III, S. 141 f.
67 Ebenda, S. 142.
68 Ebenda, S. 145.
69 Ebenda, S. 151.
70 Ebenda, S. 152.
71 Hulton, American Drawings of John White, op. cit.
72 Berger, Bry: America I, Tafeln 1–23.
73 Zu dieser Zeitperiode vgl. Quinn, D. B., North America from Earliest Discovery to First Settlements: The Norse Voyages to 1612 [New York 1977], S. 385 ff. Ferner Meinig, Shaping of America, S. 87 ff.
74 Quinn, D. B., ed., The English New England Voyages 1602–1608 [London 1983], S. 147.
75 Es handelt sich um die Berichte von John Brereton und Gabriel Archer. Vgl. Quinn, New England Voyages, S. 112 ff., 139 ff.
76 Ebenda, S. 134.
77 Ebenda, S. 217 ff.
78 Ebenda, S. 282.
79 Ebenda, S. 414.
80 Quinn, New American World V, S. 272. Die Quellen zur ersten dauernden Virginia-Kolonie sind ebenfalls gesammelt und eingehend kommentiert in: Barbour, Jamestown Voyages I und II.
81 Vgl. Barbour, Ph. L., The Three Worlds of Captain John Smith [Boston 1964].
82 Smith, J., A True Relation of Such Occurrences and Accidents... as had happend in Virginia...; in: Barbour, Jamestown Voyages I, S. 165 ff.
83 Quinn, New American World V, S. 315.
84 Zur Vorbereitung der Reise vgl. Barbour, Captain John Smith, op. cit., S. 283 ff.
85 Ebenda, S. 309.
86 Vgl. Smith, J., The Generall Historie of Virginia, New-England, and the Summer Isles; in: March of America XVIII, S. 215.
87 Zur Biographie von Hudson vgl. Vail, Ph., Magnificent Adventures of Henry Hudson [New York 1965]. Die Hudson betreffenden Quellendokumente wurden gesammelt von Asher, G. M., ed., Henry Hudson the Navigator. The Original Documents [London 1860]. Vgl. auch Quinn, New American World III, S. 467 ff., IV, S. 277 ff.
88 Asher, Hudson: Original Documents, S. 85.
89 Ebenda, S. 86.
90 Aus Emanuel van Meterens «Historie der Nederlanden» [Den Haag 1614]; zit. bei Asher, Hudson: Original Documents, S. 153.
91 Vgl. De Jong, G., The Dutch in America 1609–1974 [Boston 1975], S. 10 ff.
92 Zu Cartier gibt es, zum 450jährigen Jubiläum seiner ersten Reise erschienen, einen

umfangreichen Bildband: Braudel, F., Mollat, M., eds., Le Monde de Jacques Cartier [Paris 1984]; darin findet sich auch eine gute Bibliographie. Die Quellendokumente zu den Reisen sind abgedruckt bei Biggar, H.P., ed., A Collection of Documents relating to Jacques Cartier and the Sieur of Roberval [Ottawa 1930] und bei Julien, Français en Amérique. Der Bericht zur ersten Reise erschien erstmals 1556 in italienischer Fassung in Venedig: vgl. Milanesi, Ramusio: Navigazioni VI. Gute Biographien über Cartier geben La Roncière, Ch., Jacques Cartier [Paris 1931] und Lanctot, G., Jacques Cartier devant l'histoire [Montréal 1944]. Zur Frühgeschichte Kanadas vgl. Trudel, M., The Beginnings of New France 1524–1663 [Toronto 1973].
93 Biggar, Documents, S. 42.
94 Julien, Français en Amérique, S. 87.
95 Ebenda, S. 98, 101.
96 Ebenda, S. 100. Die Passage in der Micmacsprache lautet in deutscher Übersetzung: «Freund, Deinesgleichen wird Dich lieben.» Vgl. Braudel, Le Monde de Jacques Cartier, op. cit., S. 244.
97 Julien, Français en Amérique, S. 100.
98 Ebenda, S. 104.
99 Ebenda, S. 106.
100 Ebenda, S. 106f.
101 Zu den ethnischen Verhältnissen vgl. Sturtevant, W.C., ed., Handbook of North American Indians, hier besonders Bd. XV; Trigger, B.G., ed., Northeast [Washington 1978]. Ferner: Lindig, Münzel, Indianer.
102 Biggar, Documents, S. 45.
103 Zu den verschiedenen Theorien über den Ursprung des Wortes vgl. Dickason, The Myth of the Savage, op. cit., S. 279.
104 Julien Français en Amérique, S. 150.
105 Dazu widersprüchliche Angaben bei Trudel, New France, S. 27, der bei Huronen und Franzosen dieselbe Krankheit vermutet, und bei Braudel, Le Monde de Jacques Cartier, op. cit., S. 268, wo von zwei verschiedenartigen Krankheiten die Rede ist. Der Quellentext bei Julien, Français en Amérique, S. 168 gibt keine eindeutige Auskunft.
106 Vgl. Braudel, Le Monde de Jacques Cartier, op. cit., S. 269.
107 Julien, Français en Amérique, S. 175.
108 Ebenda, S. 183.
109 Biggar, Documents, S. 70ff.
110 Ebenda, S. 75ff.
111 Ebenda, S. 128.
112 Ebenda, S. 178.
113 Die diesbezüglichen Angaben lauten unterschiedlich. Julien, Voyages, S. 154 spricht von mehreren Hundert Mann; Trudel, New France, S. 41 hält 1500 für möglich.
114 Julien, Français en Amérique, S. 191f.
115 Ebenda, S. 192f.
116 Biggar, Documents, S. 379.
117 Die Karte ist abgedruckt bei Vachon, A., ed., Rêves d'empire. Les documents de notre histoire. Le Canada avant 1700 [Ottawa 1982], S. 40.
118 Der Reiseberichtskompilator André Thevet erwähnt den Gebrauch des Sprichworts erstmals in seiner «Cosmographie universelle», 2 Bde. [Paris 1575]; vgl. Julien, Voyages, S. 161.
119 Zur Frage der Rezeption der Kanadareisen in Frankreich vgl. Hassinger, Die Rezeption der Neuen Welt, op. cit., S. 89ff.
120 Zu den französischen Aktivitäten in der zweiten Hälfte des 16. Jahrhunderts vgl. Trudel, New France, S. 54ff.
121 Zu Frobisher vgl. Stefansson, V., The Three Voyages of Martin Frobisher, 2 Bde. [London 1938]. Die Quellendokumente zu den drei Reisen sind gesammelt in: Collinson, R., ed., The Three Voyages of Martin Frobisher [London 1867]. Einige der

3. Nordamerika

Berichte wurden zuerst abgedruckt durch Richard Hakluyt im Jahre 1589; vgl. Masefield, Hakluyt: Voyages V. Nachdruck neuerdings auch bei Quinn, New America World IV.

122 Möglicherweise hatte João Fernandes 1499 die Insel seit den Wikingern erstmals aufgesucht, doch Frobisher gewann eine klarere Vorstellung von Grönlands Südküste. Zur Geschichte Grönlands vgl. Gad, F., The History of Greenland, Bd. I [London 1970].
123 Collinson, Frobisher: Three Voyages, S. 72 ff.
124 Masefield, Hakluyt: Voyages V, S. 136.
125 Vgl. Morison, Northern Voyages, S. 508.
126 Quinn, New American World IV, S. 210.
127 Vgl. Hulton, American Drawings of John White, op. cit.
128 Quinn, New American World IV, S. 217.
129 Masefiel, Hakluyt: Voyages V, S. 157.
130 Vgl. Morison, Northern Voyages, S. 546.
131 Charles Francis Hall bereiste auf der Suche nach dem verschollenen Forscher John Franklin nach 1860 die Arktis und berichtete darüber in «Arctic Researches and Life among the Esquimaux» [1864]. Vgl. auch Stefansson, Voyages of Frobisher, op. cit., Bd. II, S. 240 ff.
132 Die Quellen zu den Davis-Reisen liegen in verschiedenen Editionen vor. Vgl. Markham, A. H., ed., The Voyages and Works of John Davis [London 1880]; ferner Masefield, Hakluyt: Voyages V, S. 281 ff. und Quinn, New American World IV, S. 228 ff.
133 Quinn, New American World IV, S. 246.
134 Masefield, Hakluyt: Voyages V, S. 302.
135 Quinn, New American World IV, S. 245.
136 Morison, Northern Voyages, S. 605.
137 Davis, J., The World's Hydrographical Description [London 1595]. Emery Molyneux reiste möglicherweise auf den Reisen von Davis mit. Vgl. dazu Wallis, H. M., The First English Globe. A recent Discovery; in: The Geographical Journal [1951, 1955].
138 Zu Hudson vgl. die bereits oben genannte Literatur.
139 Asher, Hudson: Original Documents, S. 141.
140 Ebenda, S. 98 ff.
141 Vgl. die von Quinn publizierten Prozeßakten: Quinn, New American World IV, S. 293 ff.
142 Zit. n. Baker, Geographical Discovery, S. 137.
143 Das Material zu Button und weiteren Reisen im hohen Norden ist gesammelt in Rundall, Th., ed., Narratives of Voyages Towards the North-West [London 1849], S. 82 ff.
144 Die Zeugnisse zu Baffin sind gesammelt in Markham, C. R., ed., The Voyages of William Baffin [London 1881]. Vgl. auch Rundall, Voyages, S. 97 ff.
145 Markham, Baffin: Voyages, S. 137.
146 Ebenda, S. 150.
147 Ebenda, S. 151.
148 Zu diesem Dokument und dem aktuellen Forschungsstand in dieser Sache vgl. Schmitt, Dokumente II, S. 95 f.
149 Vgl. Rundall, Voyages, S. 91 ff. und Quinn, New American World IV, S. 261 ff.
150 Ebenda, S. 265.
151 Diese Reise ist dokumentiert in Gosch, C. C. A., ed., Danish Arctic Expeditions 1605 to 1620, Bd. II [London 1897].
152 Die diesbezüglichen Berichte sind gesammelt in Christy, M., ed., The Voyages of Captain Luke Foxe and Captain Thomas James, 2 Bde. [London 1894]. Vgl. auch Rundall, Voyages, S. 152 f.
153 Christy, Foxe and James: Voyages II, S. 358.

Die Reisen zu Land

I. Der Vorstoß ins Landesinnere

1. Mittelamerika

1 Elliott, J.H., The Spanish Conquest and Settlement in America; in: Bethell, Latin America I, S. 156.
2 Zum Aufbau des spanischen Kolonialreiches vgl. unter anderem McAlister, Spain and Portugal in the New World, S. 119ff.; Reinhard, Expansion II, S. 69ff.; Scammell, World Encompassed, S. 320ff. Ferner neuerdings das monumentale Gemeinschaftswerk unter der Leitung von Morón, G., Historia general de América, insbesondere Bde. XI, XII [Caracas 1987].
3 Zur Lebensgeschichte des Cortés vgl. unter anderem Madariaga, S. de, Hernán Cortés. Entdecker Mexikos [Stuttgart 1956]; ferner Wagner, H.R., The Rise of Fernando Cortés [New York 1969].
4 Die Rolle der Pferde ist neuerdings in Zweifel gezogen worden. Vgl. Abass, D.K., Horses and Heroes: The Myth of the Importance of the Horse to the Conquest of the Indies; in: Terrae Incognitae [1986].
5 Altolaguirre y Duvale, A. de, Descubrimiento y conquista de México [Barcelona 1954], S. 114.
6 Die Geschichte vom «Verbrennen der Schiffe» ist, wie schon Friederici berichtet, eine Legende. Vgl. Friederici I, S. 551.
7 Zur Eroberung Mexikos gibt es eine reiche Fachliteratur. Es seien hier genannt: Prescott, W.H., A History of the Conquest of Mexiko, 3 Bde. [Boston 1843; bereits 1845 ins Deutsche übersetzt, seither mehrere, meist gekürzte Ausgaben]; Konetzke, Entdecker; Disselhoff, H.D., Cortés in Mexiko [München 1957]; sowie Altolaguirre, Descubrimiento de México.
8 Die Briefe des Cortés liegen vor in: Hernández, Cortés: Cartas und, in kommentierter englischer Ausgabe, bei Pagden, A.R., ed., Hernán Cortés: Letters from Mexico [Oxford 1972].
9 Der Bericht des Bernal Díaz del Castillo ist ediert von León-Portilla, Díaz: Historia verdadera A und B. Vgl. auch die kommentierte englische Ausgabe von Maudsley, A.P., ed., The True History of the Conquest of New Spain, 3 Bde. [London 1908].
10 Vgl. López de Gómara, Historia General, der zweite Band enthaltend die «Conquista de Méjico».
11 León-Portilla, Díaz: Historia verdadera A, S. 181.
12 Zit. n. León-Portilla, M. und Heuer, R., Rückkehr der Götter. Die Aufzeichnungen der Azteken über den Untergang ihres Reiches [München 1965], S. 33. Vgl. auch León-Portilla, M., ed., The Broken Spears: The Aztec Account of the Conquest of Mexico [Boston 1962], S. 30f. Aus der reichen Literatur, die sich den Azteken widmet, sei besonders die nach aztekischen Originalquellen gearbeitete Darstellung von Soustelle, J., La vie quotidienne des Aztèques à la veille de la conquête espagnole [Paris 1955; auch deutsch, Zürich 1986] erwähnt.
13 León-Portilla, Rückkehr der Götter, S. 26.
14 Vgl. dazu Parry, Discovery, S. 152. Ebenso Wachtel, N., The Indian and the Spanish Conquest; in: Bethell, Latin America I, S. 207ff.
15 León-Portilla, Díaz: Historia verdadera A, S. 181f.
16 Eine andere Vermutung geht dahin, man habe die Spanier absichtlich in die Irre geführt, um sie zu schwächen und daran zu hindern, Mexiko-Stadt zu erreichen. Vgl. Madariaga, Hernán Cortés, op. cit., S. 126. Die Route des Cortés über die Sierra Madre Oriental läßt sich nicht mit letzter Sicherheit festlegen. Vgl. den Nachvollzug der Reise durch Jeffrey Wilkerson und Guillermo Aldana; in: National Geographic [1984]. Eine eingehende Diskussion des Reisewegs findet sich auch, von Wilkerson und Aldana teilweise abweichend, bei Maudsley, True History, S. 215f.

17 Hernández, Cortés: Cartas, S. 88.
18 León-Portilla, Díaz: Historia verdadera A, S. 223.
19 Friederici I, S. 555.
20 Hernández, Cortés: Cartas, S. 98.
21 López de Gómara, Historia General II, S. 93.
22 Hernández, Cortés: Cartas, S. 102.
23 Ebenda, S. 104.
24 León-Portilla, Rückkehr der Götter, S. 38.
25 López de Gómara, Historia General II, S. 96.
26 León-Portilla, Díaz: Historia verdadera A, S. 285 ff. Vgl. auch Alcina Franch, J., ed., Bartolomé de las Casas: Obra indigenista [Madrid 1985], S. 92 f.
27 Prescott, W. H., Geschichte der Eroberung von Mexico [Leipzig 1845], Bd. I, S. 406.
28 Madariaga, Hernán Cortés, op. cit., S. 163; Altolaguirre, Descubrimiento de México, S. 165. Vgl. auch Morón, Historia general XI, S. 200.
29 Gómara jedenfalls spricht davon, die Spanier hätten den Popocatépetl «Vulkan» genannt, weil er sie an den Ätna in Sizilien erinnert habe. Vgl. López de Gómara, Historia General II, S. 99 f.
30 Hernández, Cortés: Cartas, S. 107.
31 Darüber, ob die Besteigung des Popocatépetl wirklich vollendet wurde, finden sich in der Fachliteratur verschiedene Angaben. Vgl. Morales Padrón, F., Gran Enciclopedia de España y América, Bd. IV, El Descubrimiento [Madrid 1983], S. 159 und Viñas, D., México y Cortés [Madrid 1978], S. 66.
32 León-Portilla, Díaz: Historia verdadera A, S. 310 f. Der Amadisroman fand im 16. Jahrhundert in Europa weite Verbreitung. Der Stoff ist ursprünglich portugiesischer Herkunft und erschien nach 1500 in spanischer und 1569 in deutscher Sprache.
33 Diese Zahlen über den Mannschaftsbestand der Garnison und der Expedition an die Küste stützen sich auf eine Stelle in Cortés' Briefen: vgl. Hernández, Cortés: Cartas, S. 147. Die vorhandenen Quellen widersprechen sich bezüglich dieser Zahlen. Altolaguirre, Descubrimiento de México, S. 218 spricht von einer in Tenochtitlán verbliebenen Garnison von 130 Mann.
34 Vgl. etwa die Darstellung bei Konetzke, Entdecker, S. 136 f. Altolaguirre, Descubrimiento de México, S. 228 und 345 betont die in der Tat bedrängte Lage Alvarados und zeigt ein gewisses Verständnis für dessen Vorgehen. Vgl. auch León-Portilla, Díaz: Historia verdadera A, S. 449 f.
35 Ebenda, S. 463 ff.
36 León-Portilla, Rückkehr der Götter, S. 74.
37 Konetzke, Entdecker, S. 145.
38 Hernández, Cortés: Cartas, S. 265, 269.
39 León-Portilla, Rückkehr der Götter, S. 86.
40 Hernández, Cortés: Cartas, S. 269.
41 Konetzke, Entdecker, S. 153.
42 León-Portilla, Díaz: Historia verdadera A, S. 314 f.
43 Vgl. Soustelle, J., Leben der Azteken [Zürich 1986], S. 36 ff.
44 León-Portilla, Díaz: Historia verdadera A, S. 311.
45 López de Gómara, Historia General, II, S. 114, 119 ff.
46 León-Portilla, Díaz: Historia verdadera A, S. 328.
47 López de Gómara, Historia General II, S. 123.
48 León-Portilla, Díaz: Historia verdadera A, S. 335 f.
49 Altolaguirre, Descubrimiento de México, S. 180.
50 Hernández, Cortés: Cartas, S. 125 f.
51 López de Gómara, Historia General I, S. 80.
52 Hernández, Cortés: Cartas, S. 274.
53 Zit. n. Morales Padrón, Descubrimiento, S. 179. Von Alvarados Briefen gibt es eine deutsche Übersetzung: Vgl. Termer, F., ed. Der erste und zweite Bericht des Pedro de

Alvarado über die Eroberung von Guatemala und El Salvador [Hamburg 1948]. Ferner: Lovell, W. G., Conquest and Survival in Colonial Guatemala: A Historical Geography of the Cuchumatán Highlands 1500–1821 [Montreal 1985], S. 58 ff.
54 Zu Alvarados Biographie vgl. Kelly, J. E., Pedro de Alvarado Conquistador [Princeton 1932] sowie neuerdings Garcia Añoveros, J. M., Pedro de Alvarado [Madrid 1987].
55 Zu Ordás vgl. den mit Quellentexten ergänzten biographischen Abriß von Pérez Embid, F., Diego de Ordás, compañero de Cortés [Sevilla 1950].
56 Vgl. Chamberlain, R. S., The Conquest and Colonization of Yucatán 1517–1550 [Washington 1948], S. 57. Morales Padrón, Descubrimiento, S. 184 spricht von einer Besichtigung der Ruinenstätten durch Montejo.
57 Chamberlain, Conquest of Yucatán, op. cit., S. 64.
58 Ebenda, S. 165.
59 Zur Entdeckungsgeschichte dieser Gebiete vgl. Chamberlain, R. S., The Conquest and Colonization of Honduras [Washington 1953]; Ayón, T., Historia de Nicaragua [Madrid 1956]; Fernández Guardia, R., Historia de Costa Rica [San José 1941]. Für eine knappe Zusammenfassung vgl. Morón, Historia general XI, S. 265 ff.
60 Der Name wird verschieden wiedergegeben, Morales Padrón, Descubrimiento, S. 172 spricht von Avila; Altolaguirre, Descubrimiento de México, S. 357 schreibt Davila.
61 Nach López de Gómara, Historia General II, S. 240 steht die genaue Abfolge des turbulenten Geschehens nicht fest.
62 Hernández, Cortés: Cartas, S. 360 f.
63 León-Portilla, Díaz: Historia verdadera B, S. 278.
64 Vgl. dazu Wagner, H. R., Spanish Voyages to the Northwest Coast of America in the Sixteenth Century [San Francisco 1929].
65 Zur Thematik der Straße von Anian vgl. Spate, Pacific II, S. 119 ff.
66 Wer Niederkalifornien zuerst berührt hat, scheint nicht ganz geklärt. Vgl. widersprüchliche Angaben bei Morales Padrón, Descubrimiento, S. 187, der dieses Verdienst Grijalva und Becerra zuschreibt, und Morison, Southern Voyages, S. 620, der Cortés als Entdecker nennt.
67 Das Besitzdokument ist wiedergegeben bei Wagner, Spanish Voyages, op. cit., S. 46.
68 So wird zum Beispiel auf der Karte, die Henry Briggs 1625 der Sammlung von Reiseberichten des Samuel Purchas beigab, Kalifornien als Insel verzeichnet. Vgl. Tooley, Landmarks, S. 215.
69 López de Gómara, Historia General II, S. 277.
70 Dazu und zum weiteren Prozeß der Kolonisation Mexikos vgl. Konetzke, R., Süd- und Mittelamerika. Die Indianerkulturen Altamerikas und die spanisch-portugiesische Kolonialherrschaft [Frankfurt 1965].
71 Madariaga, Hernán Cortés, op. cit., S. 370 f.
72 Zur Periode der Kolonisation vgl. Konetzke, Süd- und Mittelamerika, S. 109 ff.; Bethell, Latin America I, S. 188 ff.; McAlister, Spain and Portugal in the New World, S. 157 ff.; Scammell, World Encompassed, S. 320 ff. Vgl. auch kürzlich erschienene Darstellungen, die sich aus globaler Perspektive besonders Aspekten des Kulturkontakts und des geopolitischen Wandels widmen: Wolf, People Without History und Meinig, Shaping of America.
73 McAlister, Spain and Portugal in the New World, S. 160.
74 Bethell, Latin America I, S. 198.
75 Humboldt, A. von, Versuch über den politischen Zustand des Königreichs Neu-Spanien, 4 Bde. [Tübingen 1809] Bd. I, S. 167 ff.

2. Südamerika

1 Zur Herkunft des Namens vgl. Ballesteros Gaibrois, M., Descubrimiento y conquista del Perú [Barcelona 1963], S. 43 f.

2 Engl, Th. und Engl, L., eds., Die Eroberung Perus in Augenzeugenberichten [München 1975], S. 40. Wir stützen uns im folgenden hin und wieder auf diese Quellensammlung in deutscher Sprache.
3 Zur Biographie vgl. Arciniega, R., Pizarro. Biografía del conquistador del Peru [Madrid 1936]. Zur Eroberung Perus vgl. Ballesteros Gaibrois, Perú; Garcia, A., La découverte et la conquête du Pérou [Paris 1975]; Hemming, J., The Conquest of the Incas [London 1970]; Lockhardt, J., The Men of Cajamarca [Austin, Texas 1972]. In deutscher Sprache vgl. Huber, S., Pizarro und seine Brüder [Olten 1962] und das ältere Werk von Prescott, W., History of the Conquest of Peru, 2 Bde. [New York 1847; Leipzig 1848]. Eine gute, auch ins Deutsche übersetzte Gesamtdarstellung insbesondere der südamerikanischen Reisen gibt Kirkpatrick, F. A., The Spanish Conquistadores [London 1934, München o. J.].
4 Pizarro, H., Letter to the Royal Audience of Santo Domingo; in: Markham, C. R., ed., Reports on the Discovery of Peru [London 1872], S. 133 ff. Vgl. die spanische Fassung bei Pérez, Oviedo: Historia V, S. 84 ff.
5 Pizarro, P., Relación del descubrimiento y conquista de los reinos del Perú [Buenos Aires 1944].
6 Bravo, C., ed., Francisco de Xerez, Verdadera relación de la conquista del Perú [Madrid 1985].
7 Sáenz de Santa María, C., ed., Pedro de Cieza de León, Obras Completas, Bd. I [Madrid 1984/85], S. 225 ff.
8 Vedia, E. de, ed., Agustín de Zárate, Historia del Descubrimiento y Conquista del Perú [Madrid 1947], S. 459 ff.
9 Sáenz de Santa María, C., ed., Garcilaso de la Vega, Obras Completas, Bde. III, IV [Madrid 1960/65].
10 Zum Staat der Inkas gibt es eine ebenso reiche Fachliteratur wie zum Staat der Azteken. Herausgegriffen seien hier lediglich Disselhoff, H. D., Das Imperium der Inka und die indianischen Frühkulturen der Andenländer [Berlin 1972] und Baudin, L., Das Leben der Inka: die Andenregion am Vorabend der spanischen Eroberung [Zürich 1987]. Eingehend und grundlegend ist Steward, J. H., ed., Handbook of South American Indians [New York 1963], Bd. II, S. 183 f.
11 Engl, Eroberung Perus, S. 85.
12 Ebenda, S. 85.
13 Ebenda, S. 95.
14 Bravo, Xerez: Verdadera relación, S. 110 f.
15 Sinclair, J. H., ed., Cristóbal de Mena, The Conquest of Peru, as recorded by a member of the Pizarro expedition [New York 1929], S. 240.
16 Bravo, Xerez: Verdadera relación, S. 112.
17 Zur Diskussion der Zahlen vgl. Hemming, Conquest, S. 43; Morales Padrón, Descubrimiento, S. 205; Ballesteros Gaibrois, Perú, S. 138 f.
18 Hemming, Conquest, S. 44.
19 Vgl. Engl, Eroberung Perus, S. 109.
20 Tschudi, J. J. von, Peru. Reiseskizzen aus den Jahren 1838–1842 [St. Gallen 1846].
21 Vgl. Markham, Reports. Der Bericht von Miguel Estete ist enthalten in Bravo, Xerez: Verdadera relación, S. 130 ff.
22 Bravo, Xerez: Verdadera relación, S. 133.
23 Sáenz de Santa María, Cieza de León: Obras I, S. 91.
24 Bravo, Xerez: Verdadera relación, S. 150.
25 Ebenda, S. 122 f.
26 Engl, Eroberung Perus, S. 120.
27 Ebenda, S. 123.
28 Zit. n. Hemming, Conquest, S. 81.
29 Pérez, Oviedo: Historia V, S. 121.
30 Prescott, Eroberung von Peru, op. cit., Bd. I, S. 378.

31 Vgl. Wachtel, N., La vision des vaincus. Les Indiens du Pérou devant la conquète espagnole [Paris 1971], S. 65 ff.
32 Zit. n. Parry, Discovery, S. 195. Der Bericht von Pedro Sancho de la Hoz ist auch in die Quellensammlung des Ramusio eingegangen; vgl. Milanesi, Ramusio: Navigazioni VI.
33 Pizarro, Relación, S. 86.
34 Vgl. Esteve Barba, F., ed., Cristóbal de Molina, Relación de muchas cosas acaescidas en el Perú [Madrid 1968], S. 64.
35 Markham, C. R., Cuzco: A Journey to the Ancient Capital of Peru [London 1856], S. 95.
36 Sáenz de Santa María, Cieza de León: Obras I, S. 3.
37 Ebenda, S. 133 f.
38 Zur Biographie vgl. Lucena Salmoral, M., Sebastián de Benalcázar [Madrid 1987].
39 Sáenz de Santa María, Cieza de León: Obras I, S. 64.
40 Pérez, Oviedo: Historia V, S. 111.
41 Engl, Eroberung Perus, S. 168.
42 Ebenda, S. 169.
43 Pizarro, Relación, S. 95.
44 Zu Almagro vgl. Ramón Folch, J. A. de, Descubrimiento de Chile, y compañeros de Almagro [Santiago de Chile 1953].
45 Zur Eroberung von Chile vgl. Esteve Barba, F., Descubrimiento y Conquista de Chile [Barcelona 1946] und Pocock, H. R. S., The Conquest of Chile [New York 1967].
46 Vedia, Zárate: Historia, S. 485.
47 Vgl. Esteve Barba, Conquista de Chile, S. 6 ff.
48 Esteve Barba, Molina: Relación, S. 84.
49 Hemming, Conquest, S. 178 f.
50 Zu anderen Deutungen des Namens Chile vgl. Esteve Barba, Conquista de Chile, S. 46.
51 Pérez, Oviedo: Historia V, S. 156.
52 Vgl. dazu Hemming, Conquest, S. 220 ff. Zur Quellenlage vgl. Morales Padrón, Descubrimiento, S. 214.
53 McAlister, Spain and Portugal in the New World, S. 106. Zur Charakterisierung der Konquistadoren vgl. ferner Friederici I, S. 445 ff.
54 Die wichtigsten Quellen zu dieser Unternehmung sind die Briefe Valdivias, ediert von J. T. Medina: Cartas de Pedro de Valdivia que tratan del Descubrimiento y Conquista de Chile [Santiago de Chile 1953], und der Bericht des Alonso de Góngora Marmolejo, Historia de Chile; in: Memorial Histórico Español, Bd. IV [Madrid 1852]. Zur Biographie vgl. Delgado, J., Pedro de Valdivia [Madrid 1987]. In englischer Sprache vgl. Graham, R. B. C., Pedro de Valdivia [London 1926].
55 Die Zahlenangaben schwanken in der Fachliteratur. Kirkpatrick, Conquistadores, S. 273 spricht von hundertfünfzig Spaniern und tausend Indianern; Esteve Barba, Conquista de Chile, S. 240 nimmt eine Zahl von nicht mehr als einem Dutzend an, weist aber auf spätere Zuzügler hin.
56 Góngora Marmolejo, Historia de Chile, S. 9.
57 Vgl. Steward, Handbook of South American Indians, op. cit., Bd. I, S. 687 ff.
58 Vgl. Kirkpatrick, Conquistadores, S. 278.
59 Medina, Cartas de Pedro de Valdivia, S. 21.
60 Ebenda, S. 29.
61 Vgl. Esteve Barba, Conquista de Chile, S. 404 ff.
62 Vgl. Morales Padrón, Descubrimiento, S. 270 und Esteve Barba, Conquista de Chile, S. 421.
63 Schmitt, Dokumente II, S. 446.
64 Zu den Reisen von Francisco de Ulloa, Francisco Cortés Ojea und Juan Fernández Ladrillero vgl. Spate, Pacific I, S. 117.
65 Vgl. Salamanca, C. de, ed., Alonso de Ercilla y Zuñiga, La Araucana [Madrid 1968].

66 Ebenda, S. 48.
67 Ebenda, S. 73.
68 Kirkpatrick, Conquistadores, S. 287.
69 Morales Padrón, Descubrimiento, S. 257ff.
70 Vgl. Hemming, Conquest, S. 176.
71 Pérez, Oviedo: Historia V, S. 236.
72 Sáenz de Santa María, Cieza de León: Obras II, S. 179f.
73 Vgl. die etwas abweichenden Darlegungen bei Parry, Discovery, S. 260f. und Hemming, J., The Search for El Dorado [London 1978], S. 97ff. Ferner: Goodman, E.J., The Search for the Mythical Lake Parima; in: Terrae Incognitae [1976].
74 Engl, Eroberung Perus, S. 254.
75 Sáenz de Santa María, Cieza de León: Obras II, S. 181.
76 Ebenda, S. 183
77 Engl, Eroberung Perus, S. 257. Zum Verhältnis von Gonzalo Pizarro und Orellana vgl. Means, Ph. A., Gonzalo Pizarro and Francisco de Orellana; in: Hispanic American Historical Review [1934].
78 Díaz Maderuelo, Carvajal: Amazonas, S. 43f. [vgl. Anm. 79].
79 Der Bericht ist, zusammen mit weiteren Zeugnissen von Pedrarias de Almesto und Alonso de Rojas, abgedruckt in Díaz Maderuelo, R., ed., La aventura del Amazonas [Madrid 1986]. Zur Quellenlage vgl. die ausführlichen Erläuterungen im Vorwort zu dieser Ausgabe. Ferner Markham, C.R., ed., Expeditions into the Valley of the Amazonas, 1539, 1540, 1639 [London 1859].
80 Díaz Maderuelo, Carvajal: Amazonas, S. 50.
81 Ebenda, S. 72.
82 Ebenda, S. 81.
83 Reim, Lafitau: Sitten der Wilden, S. 82f.
84 Vgl. Minguet, H., ed., Charles-Marie de La Condamine, Voyage sur l'Amazone [Paris 1981], S. 87f.
85 Kohl, Mythen der Neuen Welt, op. cit., S. 201f.
86 López de Gómara, Historia General I, S. 139.
87 Parry, Discovery, S. 272. Zur Persönlichkeit Orellanas vgl. ferner Díaz Maderuelo, Carvajal: Amazonas, S. 28ff. und Morales Padrón, Descubrimiento, S. 244f. Zur Biographie vgl. Albernoz, M., Orellana, el caballero de Las Amazonas [Quito 1946].
88 Engl, Eroberung Perus, S. 259.
89 Der repräsentativste Bericht zu dieser Unternehmung stammt vom Soldaten Pedrarias de Almesto, der sich auf Aufzeichnungen des Francisco Vázquez stützt. Der Bericht ist abgedruckt bei Díaz Maderuelo, Carvajal: Amazonas. Vgl. auch Bollaert, W., ed., The Expedition of Pedro de Ursua and Lope de Aguirre [London 1861].
90 Hemming, Search for El Dorado, S. 142.
91 Schmitt, Dokumente II, S. 453.
92 Díaz Maderuelo, Carvajal: Amazonas, S. 219. Zu Aguirre vgl. auch die Verfilmung von Werner Herzog: «Aguirre, der Zorn Gottes» [1973].
93 Gelegentlich auch Brieda, vgl. Henze I, S. 355.
94 Acuña, C. de, Descubrimiento del Amazonas [Buenos Aires 1942]. Wir zitieren im folgenden nach dieser Ausgabe. Vgl. auch Markham, Expeditions.
95 Acuña, Descubrimiento, S. 34.
96 Ebenda, S. 99.
97 Zu den wirtschaftlichen Rahmenbedingungen vgl. Mauro, F., Le Brésil du XVe á la fin du XVIIIe Siècle [Paris 1977].
98 Acuña, Descubrimiento, S. 48.
99 Ebenda, S. 73.
100 Ebenda, S. 58.
101 Zur Sklavereifrage in Brasilien vgl. Boxer, C.R., The Golden Age of Brazil 1695–1750 [Berkeley 1969], S. 170ff.

102 Der Bericht von Samuel Fritz wird mit einigen zusätzlichen Quellentexten abgedruckt bei Gicklhorn, J. und R., eds., Im Kampf um den Amazonenstrom. Das Forscherschicksal des Pater Samuel Fritz. Schriften, Karten und Briefe [Prag 1943]. Vgl. ferner Edmundson, G., ed., Journal of the Travels and Labours of Father Samuel Fritz in the River of the Amazonas between 1686 and 1723 [London 1922]. Für eine neuere Würdigung von Fritz' Leistung vgl. Hemming, J., Red Gold. The Conquest of the Brazilian Indians [London 1978], S. 427 ff.

103 Edmundson, Fritz: Journal, S. 60 f.

104 Das Schreiben ist abgedruckt bei Gicklhorn, Fritz: Schriften, S. 203 ff. Über den unrechtmäßigen Besitzanspruch der Portugiesen hat sich Samuel Fritz wiederholt geäußert. Vgl. auch Edmundson, Fritz: Journal, S. 67, 88 f.

105 Ebenda, S. 72.

106 Ebenda, S. 84 f.

107 Vgl. Gicklhorn, in: Neue Deutsche Biographie, Bd. V, S. 633 und Henze II, S. 296 ff. Zur Diskussion der Karte vgl. auch Gicklhorn, Fritz: Schriften, S. 286 ff.

108 Zu diesen Fragen vgl. Konetzke, Süd- und Mittelamerika, S. 171 f. und McAlister, Spain and Portugal in the New World, S. 272 f.

109 Gicklhorn, Fritz: Schriften, S. 351 f.

110 Edmundson, Fritz: Journal, S. 134.

111 La Condamine, Ch.-A., Relation abrégée d'un voyage fait dans l'intérieur de l'Amérique méridionale, depuis la côte de la mer du Sud jusqu'aux côtes du Brésil et de la Guyane [Paris 1745]; vgl. Minguet, La Condamine: Voyage.

112 Ebenda, S. 32.

113 Duchet, M., Anthropologie et Histoire au siècle des lumières [Paris 1971], S. 109. Vgl. auch Alcina Franch, J., El descubrimiento científico de América [Madrid 1988].

114 Minguet, La Condamine: Voyage, S. 75.

115 La Condamine, Ch.-A., Mémoire sur une résine élastique, nouvellement découverte à Cayenne; in: Mémoires de l'Académie Royale [Paris 1751]. Diese Studie geht aus von den wissenschaftlichen Vorarbeiten des damals in Cayenne lebenden Ingenieurs François Fresneau.

116 Minguet, La Condamine: Voyage, S. 62.

117 Ebenda, S. 62.

118 Voltaire, Candide ou l'Optimisme [Paris 1957], S. 97 ff.

119 In deutscher Sprache gibt es zu La Condamine und ähnlichen Unternehmungen die Darstellung von Hagen, W. von, Südamerika ruft [Wien 1945].

120 McAlister, Spain and Portugal in the New World, S. 141.

121 Über die Größe von Ordás' Flotte herrscht Unklarheit. Delpar, Discoverers, S. 325 spricht von drei Schiffen und fünfhundert Mann; ebenso Kirkpatrick, Conquistadores, S. 301. Hemming, Search for El Dorado, S. 11 spricht von fünf Schiffen und gegen sechshundert Mann. Nach Morales Padrón, Descubrimiento, S. 229 wurde die ursprüngliche Besatzung auf den Kanarischen Inseln stark erweitert.

122 Vgl. Hemming, Search for El Dorado, S. 12.

123 Hauff, H., ed., Alexander von Humboldt, Reise in die Aequinoctial-Gegenden des neuen Continents, 4 Bde. [Stuttgart 1859–1860], Bd. III, S. 159.

124 Vgl. Morales-Padrón, Descubrimiento, S. 231.

125 Zur Bedeutung der Deutschen für die Entdeckungsgeschichte Venezuelas vgl. vor allem: Häbler, K., Die überseeischen Unternehmungen der Welser und ihrer Gesellschafter [Leipzig 1903] und Friede, J., Los Welser en la conquista de Venezuela [Caracas 1961]. Vgl. auch die populärwissenschaftliche Darstellung von Huber, S., Entdecker und Eroberer. Deutsche Konquistadoren in Südamerika [Olten 1966] und die wenig deutschfreundliche Darstellung von Arciniegas, G., Germans in the Conquest of America [New York 1943].

126 Kellenbenz, H., The Role of the Great Upper German Families in Financing the Discoveries; in: Terrae Incognitae [1978]. Vgl. auch Friederici II, S. 263 f.

127 Martíns Bericht ist abgedruckt bei Gabaldón Márquez, J., ed., Descubrimiento y conquista de Venezuela [Caracas 1962], Bd. II, S. 253 ff.
128 Vgl. Friede, Los Welser, S. 198 ff.
129 Pérez, Oviedo: Historia III, S. 24.
130 Klüpfel, K., ed., Niklaus Federmanns und Hans Stadens Reisen in Südamerica [Stuttgart 1859]. Vgl. auch Friede, J., ed., Nicolaus Federmann, Indianische Historia [München 1965] sowie den Teilabdruck bei Schmitt, Dokumente II, S. 419 ff. Von den weiteren wichtigen Quellen für diesen Zeitraum seien noch genannt: Friede, J., ed., Pedro de Aguado, Recopilación Historial, 4 Bde. [Bogotá 1956]; Oviedo y Baños, J. de, Historia de la Conquista y Población de la Provincia de Venezuela [Caracas 1967]; Ramos Pérez, D., ed., Pedro Simón, Noticias Historiales de Venezuela, 2 Bde. [Caracas 1963]. Von Oviedo y Baños gibt es neuerdings eine gute englische Übersetzung: Varner, J.J., ed., José de Oviedo y Baños, The Conquest and Settlement of Venezuela [Berkeley 1987].
131 Klüpfel, Federmann: Reisen, S. 40.
132 Ebenda, S. 61. Vgl. Mollat, Habert, Verrazano: Dossiers de voyage, S. 23. Friederici II, S. 267 spricht von bewußter Irreführung der Leser durch den Autor Federmann.
133 Klüpfel, Federmann: Reisen, S. 65 f.; vom Verfasser modernisiert.
134 Ebenda, S. 67.
135 Ebenda, S. 76.
136 Ebenda, S. 78.
137 Friede, Los Welser, S. 334 f. Vgl. Friede, J., Vida y viajes de Nicolás Federmann, conquistador, poblador, y cofundador de Bogotá 1506–1542 [Bogotá 1960].
138 Vgl. Meusel, J. G., ed., Zeitung aus India Junckher Philipps von Hutten; in: Historisch-litterarisches Magazin, Erster Theil [Bayreuth und Leipzig 1785]. Eine moderne Übersetzung ins Spanische findet sich in: Gabaldón Márquez, Descubrimiento II, S. 339. Vgl. Meier, J., Philipp von Hutten. Ein fränkischer Ritter auf Conquistadorenpfaden in Venezuela; in: Würzburger Diözesan-Geschichtsblätter [1988], S. 131 ff.
139 Meusel, Hutten: Zeitung aus India, S. 71; vom Verfasser leicht modernisiert.
140 Ebenda, S. 71.
141 Ebenda, S. 73.
142 Friederici II, S. 282.
143 Meusel, Hutten: Zeitung aus India, S. 91.
144 Ebenda, S. 79 f.
145 Oviedo y Baños, Historia, S. 136.
146 Ebenda, S. 164.
147 Ruiz de Vallejo an die Real Audiencia; zit. n. Friede, Los Welser, S. 408.
148 Meusel, Hutten: Zeitung aus India, Einleitung.
149 Hemming, Search for El Dorado, S. 137.
150 Alcina, Las Casas: Obra indigenista, S. 123 ff. Vgl. Friederici II, S. 289.
151 Vgl. etwa die Charakterisierung Dalfingers bei Oviedo y Baños, Historia, S. 25 ff. und 39.
152 Encyclopedia Americana, Bd. XXVII, S. 951. Zur Einschätzung durch die spanischen Chronisten vgl. Friede, Los Welser, S. 14 ff.
153 García Márquez, G., Die Liebe in den Zeiten der Cholera [Köln 1987], S. 207.
154 Vgl. Parry, Discovery, S. 227. Die wichtigsten Quellen zu Quesada sind gesammelt bei Markham, C. R., ed., The Conquest of New Granada [London 1912] und Friede, J., ed., Gonzalo Jiménez de Quesada a través de documentos históricos [Bogotá 1960]. Vgl. ferner Caro, M. A., ed., Juan de Castellanos, Obras, Bd. IV [Bogotá 1955]. Vgl. neuerdings auch die Biographie von Ballesteros, M., Gonzalo Jiménez de Quesada [Madrid 1987] und in englischer Sprache Graham, R. B. C., The Conquest of New Granada [London 1922].
155 Pérez, Oviedo: Historia III, S. 104.
156 Caro, Castellanos: Obras IV, S. 140.

157 Zum indianischen Herrschaftssystem vgl. Morales Padrón, Descubrimiento, S. 238 ff. Ferner Steward, Handbook of South American Indians, op. cit., Bd. II, S. 887 ff.
158 Friede, Quesada: Documentos, S. 170; vgl. auch S. 42 ff.
159 Pérez, Oviedo: Historia III, S. 90.
160 Die Unternehmungen Berríos sind dokumentiert in dessen Briefen an den König. Diese Dokumente aus den Jahren 1585, 1591 und 1593 sind wiedergegeben bei Harlow, V. T., ed., The Discoverie of the large an bewtiful Empire of Guiana by Sir Walter Ralegh [London 1928], S. 89 ff.
161 Harlow, Ralegh: Discoverie of Guiana, S. 99.
162 Vgl. Quinn, D. B., Ralegh and the British Empire [London 1973], S. 136 f.
163 Zu möglichen Vorläufern dieser Reise vgl. Lorimer, J., Raleigh's First Reconnaissance of Guyana; in: Terrae Incognitae [1977].
164 Zit. n. Gollwitzer, Geschichte des weltpolitischen Denkens, op. cit., Bd. I, S. 119.
165 Harlow, Ralegh: Discoverie of Guiana, S. 34.
166 Ebenda, S. 42.
167 Bereits im Jahre 1599 erschien Raleighs Bericht in der Sammlung von De Bry in Frankfurt, und es folgten bis 1602 drei weitere deutsche Ausgaben. Vgl. Berger, Bry: America II, Tafel 29 ff.
168 Shakespeare, Othello, Erster Aufzug, dritte Szene: «Von Kannibalen, die einander schlachten/Anthropophagen, Völkern, deren Kopf/Wächst unter ihrer Schulter: das zu hören/War Desdemona eifrig stets geneigt.» [Übersetzung Schlegel-Tieck].
169 Harlow, Ralegh: Discoverie of Guiana, S. 44.
170 Es handelt sich um das Traktat «Of the Voyage for Guiana», abgedruckt bei Harlow, Ralegh, Discoverie of Guiana, S. 138 ff.
171 Trevelyan, G. M., Geschichte Englands [München 1949], Bd. II, S. 431.
172 Vgl. Quinn, Ralegh and the British Empire, op. cit., S. 187 ff.
173 Vgl. «Ralegh's Apologie»; in: Harlow, V. T., ed., Ralegh's Last Voyage [London 1932], S. 316 ff. Zu dieser Reise vgl. Lorimer, J., The Location of Ralegh's Guiana Gold Mine; in: Terrae Incognitae [1982].
174 Naipaul, V. S., The Loss of El Dorado [London 1969], S. 315.
175 Es handelt sich um die Werke «Historia Naturalis Brasiliae» [Leiden 1648] und «De Indiae utriusque re naturali et medica» [Leiden 1658]. Zur holländischen Herrschaft in Brasilien gibt es das hervorragende Werk von Boxer, C. R., The Dutch in Brazil 1624-1654 [Oxford 1957]. In deutscher Sprache vgl. Wätjen, H., Das holländische Kolonialreich in Brasilien [Gotha 1921].
176 Zur Geschichte Brasiliens in diesem Zeitraum vgl. Cortesão, Brasil; Burns, B. E., A History of Brazil [New York 1970]; Mauro, F., Histoire du Brésil [Paris 1978]. In deutscher Sprache vgl. Handelmann, H., Geschichte von Brasilien [Neuaufl. Zürich 1987] und Friederici II, S. 96 ff. Ein Standardwerk in portugiesischer Sprache ist Varnhagen, F. A. de, História geral do Brasil, 5 Bde. [São Paulo 1927]. Zur Entdeckungsgeschichte vgl. Goodman, Explorers.
177 Vgl. Nowell, Ch. E., Aleixo Garcia and the «White King», in: Hispanic American Historical Review [1946]. Ebenso Friederici II, S. 193 ff. und Rubio y Esteban, J. M., Exploración y Conquista del Río de la Plata [Barcelona 1942], S. 41 ff.
178 Vgl. Knefelkamp, U., Die Suche nach dem Reich des Priesterkönigs Johannes [Gelsenkirchen 1986].
179 Vgl. Leite, S., ed., Cartas dos primeiros jesuitas do Brasil, 3 Bde. [São Paulo 1954-1958]. Das Buch von Cardim ist von Capistrano de Abreu unter dem Titel «Tratados da terra e gente do Brasil» [Rio de Janeiro 1925] neu herausgegeben worden.
180 Boxer, Golden Age, S. 158.
181 Vgl. dazu Friederici II, S. 228 ff. und Burns, History of Brazil, S. 35 ff.
182 Eine gute Einführung in die Geschichte der «bandeirantes» gibt der Sammelband von Morse, R. M., ed., The Bandeirantes. The Historical Role of the Brazilian Pathfinders

[New York 1965]. Die ausführlichste Darstellung gibt D'Escragnolle Taunay, A., História geral das bandeiras paulistas, 11 Bde. [São Paulo 1924–1950]; vgl. dazu die gekürzte Fassung «História das bandeiras paulistas», 2 Bde. [São Paulo 1954]. Vgl. auch Hemming, Red Gold, S. 238 ff.
183 Zit. n. Hemming, Red Gold, S. 246.
184 Vgl. Goodman, Explorers, S. 103 und Burns, History of Brazil, S. 50. Vgl. auch Morse, Bandeirantes, op. cit., S. 74.
185 Handelmann, Geschichte von Brasilien, op. cit., S. 663.
186 Vgl. dazu Cortesão, J., Rapôso Tavares e a formação territorial do Brasil [Rio de Janeiro 1958]. Ferner Cortesão, J., The Greatest Bandeira in the Greatest Bandeirante; in: Morse, Bandeirantes, op. cit., S. 100 ff.
187 Cortesão nimmt an, Rapôso Tavares habe den Fuß der Anden erreicht, diese aber nicht überquert. Vgl. Morse, Bandeirantes, op. cit., S. 103.
188 Ebenda, S. 108 f.
189 Vgl. Goodman, Explorers, S. 110; Hemming, Red Gold, S. 378.
190 Vgl. Burns, History of Brazil, S. 60.
191 Antonil, A. J., Cultura e opulencia do Brasil [Lisboa 1711]; zit. n. Boxer, Golden Age, S. 41.
192 Vgl. dazu Bethell, Latin America I, S. 461 f.
193 Boxer, Golden Age, S. 320.
194 Vgl. Goodman, Explorers, S. 136.
195 Boxer, Golden Age, S. 265.
196 Ebenda, S. 255.
197 Abgedruckt in: D'Escragnolle Taunay, A., ed., Relatos monçoeiros [São Paulo 1952], wo sich auch andere Berichte der «Monsunfahrer» finden.
198 Fawcett, P. H., Exploration Fawcett [London 1988], S. 213.
199 Lévi-Strauss, Traurige Tropen, op. cit., S. 147.
200 Boxer, Golden Age, S. 272 f.
201 Zit. n. Hemming, Red Gold, S. 321 f.
202 Boxer, Golden Age, S. 275.
203 Zu den statistischen Angaben vgl. Boxer, Golden Age, S. 290 f.
204 Hemming, J., Amazon Frontier. The Defeat of the Brazilian Indians [London 1987], S. 17.
205 Zu diesen ethnischen Konflikten vgl. Steward, Handbook of South American Indians, op. cit., Bd. III, S. 255 ff.
206 Vgl. Hemming, Amazon Frontier, op. cit., S. 38.
207 Ebenda, S. 29.
208 Zu Ferreira vgl. Oliveira Pinto, O. M., Exolorações Científicas; in: Holanda, S. B., ed., História geral da civilação brasileira [São Paulo 1960], Bd. II, S. 171 ff. Des Reisenden Tagebuch ist erschienen in: Revista trimensal do Instituto Histórico Geográphico e Ethnográphico do Brasil [1885].
209 Zur Entdeckungsgeschichte Argentiniens vgl. die folgenden Werke: Rubio y Esteban, Exploración del Río de la Plata; Graham, R. B. C., The Conquest of the River Plate [London 1924]; Rock, D., Argentina 1516–1987 [London 1987].
210 Die gesammelten Aufzeichnungen des Cabeza de Vaca zerfallen in zwei Teile: in die «Naufragios», die er selbst verfaßt hat und die sich mit seiner Nordamerikareise befassen, und in die «Comentarios», niedergeschrieben von seinem Sekretär, welche die Südamerikareise zum Gegenstand haben. Beide Berichte liegen vor in: Ferrando, Cabeza de Vaca: Naufragios y Comentarios. Die zitierte Stelle findet sich auf S. 173 f. Zur Frühgeschichte vgl. auch das um 1610 entstandene Werk von Ruy Díaz de Guzmán: La Argentina [Madrid 1986], ediert von E. de Gandía. Zur Biographie Cabeza de Vacas vgl. Bishop, M., The Odyssey of Cabeza de Vaca [New York 1933].
211 Parry, Discovery, S. 254. Es handelt sich um die «Comentarios» des Sekretärs; die «Naufragios» sind von hohem literarischem Wert und enthalten – atypisch für die

spanische Reiseberichterstattung im allgemeinen – gute Landschaftsschilderungen. Zum Charakter der «Comentarios» vgl. Rubio y Esteban, Exploración del Río de la Plata, S. 167.
212 Ferrando, Cabeza de Vaca: Naufragios y Comentarios, S. 178.
213 Morales Padrón, Descubrimiento, S. 278.
214 Rubio y Esteban, Exploración del Río de la Plata, S. 209. Vgl. auch Graham, Conquest of the River Plate, op. cit., S. 122.
215 Gandía, Guzmán: Argentina, S. 163 und 164.
216 Über den Ausgang des Prozesses finden sich in der Literatur widersprüchliche Angaben. Ferrando, Cabeza de Vaca: Naufragios y Comantarios, S. 15 erwähnt eine achtjährige Gefängnisstrafe; Goodman, Explorers, S. 62 spricht von völliger Rehabilitierung; Delpar, Discoverers, S. 92 meint, das Urteil sei nie aufgehoben worden.
217 Plischke, Schmidel: Historien, S. 73, 75 et passim.
218 Die Hintergründe lassen sich auf Grund des Quellenmaterials nicht eindeutig klären. Vgl. Rubio y Esteban, Exploración del Río de la Plata, S. 233 und Graham, Conquest of the River Plate, op. cit., S. 168f.
219 Plischke, Schmidel: Historien, S. 103.
220 Vgl. dazu Graham, Conquest of the River Plate, op. cit., S. 270ff. Zur Biographie des Reisenden vgl. Tijeras, E., Juan de Garay [Madrid 1987].
221 Vgl. Rock, Argentina, op. cit., S. 14.
222 Ebenda, S. 35.
223 Vgl. Goodman, Explorers, S. 96f. Zur Tätigkeit der Jesuiten am oberen Paraná vgl. Bethell, Latin America I, S. 513ff. und Bitterli, Wilde und Zivilisierte, S. 124ff.
224 Vgl. Becker-Donner, E., ed., Florian Paucke, Zwettler-Codex 420, 2 Bde. [Wien 1959].
225 Vgl. Williams, N., Francis Drake [London 1973], S. 92.
226 Zit. n. Narciss, G. A., ed., Charles Darwin, Reise eines Naturforschers um die Welt [Stuttgart 1962], S. 317.
227 Vgl. Goodman, Explorers, S. 157.
228 Falkner, Th., Beschreibung von Patagonien und den angrenzenden Teilen von Südamerika [Gotha 1775]. Wir zitieren im folgenden aus dieser deutschen Ausgabe. Spanische Fassung bei Angelis, P. de, Colección de viajes y expediciones a los campos de Buenos-Aires [Buenos Aires 1837], Bd. I., S. 5ff.
229 Falkner: Patagonien, S. 107f.
230 Ebenda, S. 123.

3. Nordamerika

1 Vgl. McAlister, Spain and Portugal in the New World, S. 131.
2 Ferrando, Cabeza de Vaca: Naufragios y Comentarios; wir zitieren im folgenden nach dieser Ausgabe. Vgl. auch Hodge, F. W. and Lewis, T. H., eds., Spanish Explorers in the Southern United States 1528–1543 [New York 1907]. Weitere Aufzeichnungen von Reiseteilnehmern sind eingegangen in Oviedos «Historia General y Natural de las Indias», vgl. Pérez, Oviedo: Historia IV, S. 287ff. Eine vollständige Bibliographie zum Quellenmaterial betreffend die spanischen Entdeckungen im Süden Nordamerikas gibt Wagner, H. R., The Spanish Southwest 1542–1794, 2 Bde. [New York 1967].
3 Ferrando, Cabeza de Vaca: Naufragios y Comentarios, S. 73.
4 Ebenda, S. 121.
5 Zur Diskussion der Route vgl. Weddle, R. S., Spanish Sea. The Gulf of Mexico in North American Discovery 1500–1685 [College Station 1985], S. 202f. Vgl. auch Henze I, S. 445f.
6 Ferrando, Cabeza de Vaca: Naufragios y Comentarios, S. 106.
7 Zur Beschreibung der Büffelherden durch Cabeza de Vaca und nachfolgende Reisende

vgl. Bakeless, J., The Eyes of Discovery. America as seen by the first Explorers [New York 1961], S. 43 f., 99 ff. Der deutsche Reisende und Romanschriftsteller Balduin Möllhausen sah um 1850 am Missouri noch Hunderttausende dieser Tiere; vgl. Brehm, A. E., Illustriertes Tierleben. Eine allgemeine Kunde des Tierreichs. Faksimile-Ausgabe [Stuttgart 1985], Bd. II, S. 647 ff.
8 Ferrando, Cabeza de Vaca: Naufragios y Comentarios, S. 131 f.
9 Ebenda, S. 130.
10 Vgl. dazu Wagner, H. R., Some Imaginary California Geography; in: American Antiquarian Society [1926]. Ferner: Brebner, J. B., The Explorers of North America 1492–1806 [New York 1955], S. 61.
11 Der Bericht Castañedas ist abgedruckt bei Winship, G. P., ed., The Journey of Coronado 1540–1542 [Ann Arbor 1966].
12 Zu dieser Diskussion vgl. Weddle, Spanish Sea, op. cit., S. 230 f.
13 In englischer Sprache liegen die wichtigsten Dokumente gesammelt vor bei: Hodge, Spanish Explorers. Wir zitieren ferner nach Hilton, S. L., ed., Garcilaso de la Vega, La Florida del Inca [Madrid 1986].
14 Hilton, Garcilaso: Florida del Inca, S. 148.
15 Hodge, Spanish Explorers, S. 174 f.
16 Twain, M., Life on the Mississippi [New York 1984], S. 42.
17 Hodge, Spanish Explorers, S. 204. Vgl. auch Hilton, Garcilaso: Florida del Inca, S. 412 ff.
18 Der Bericht von Marcos de Niza [auch: Nizza; vgl. Cumming, Discovery, S. 101] ist abgedruckt bei Bandelier, A. F. A. ed., The Journey of Alvar Núñez Cabeza de Vaca and his Companions from Florida to the Pacific [New York 1905].
19 Zit. n. Bolton, H. E., The Spanish Borderlands. A Chronicle of Old Florida and the Southwest [New Haven 1921], S. 85.
20 Bandelier, Cabeza de Vaca: Journey, S. 228.
21 Ebenda, S. 228 f.
22 Zur Bewertung der Quelle vgl. Brebner, Explorers, S. 72 und Cumming, Discovery, S. 102.
23 Diese Zahlen nach Cumming, Discovery, S. 103. Morales Padrón, Descubrimiento, S. 189 spricht von dreihundert Spaniern und achthundert Indianern.
24 Eine gut kommentierte Ausgabe stammt von Winship, Castañeda: Journey. Vgl. auch Hodge, Spanish Explorers, S. 273 ff.
25 Winship, Castañeda: Journey, S. 23.
26 Ebenda, S. 23.
27 Ebenda, S. 26.
28 Ebenda, S. 35 f.
29 Ebenda, S. 39.
30 Ebenda, S. 115.
31 Ebenda, S. 116.
32 Ebenda, S. 134.
33 Der Bericht von Alarcóns Reise wurde erstmals abgedruckt in Milanesi, Ramusio: Navigazioni VI.
34 Zur Pueblokultur vgl. Stubbs, St. A., A Bird's Eye View of the Pueblos [Norman 1950] und Ceram, C. W., Der erste Amerikaner [Hamburg 1972].
35 Vgl. Wagner, H. R., Spanish Voyages to the Northwest Coast of America in the Sixteenth Century [San Francisco 1929]. Der Bericht Espejos wurde herausgegeben von Hammond, G. P., ed., Expedition into New Mexico made by Antonio de Espejo 1582–1583 [Los Angeles 1929].
36 Zu allen Fahrten längs der amerikanischen Pazifikküste vgl. Spate Pacific I. Zur Diskussion von Drakes nördlichster Anlegestelle im besonderen vgl. Henze II, S. 94.
37 Vgl. Henze II, S. 94.
38 Vgl. Hodge, F. W., ed., History of New Mexico by Gaspar Pérez de Villagrá [Los

Angeles 1933]; es handelt sich um eine Prosaübertragung, aus der wir im folgenden zitieren. Zur Biographie des Oñate vgl. Hammond, G. P., Don Juan de Oñate: Colonizer of New Mexico 1595–1628 [Albuquerque 1953].
39 Hodge, Villagrá: New Mexico, S. 131 f.
40 Ebenda, S. 246.
41 Zit. n. Bolton, The Spanish Borderlands, op. cit., S. 175.
42 Von Benavides, gelegentlich auch Benevides geschrieben, existiert ein Bericht über Neu Mexiko, das sogenannte «Memorial»; vgl. Hodge, F. W. and Lummis, C. F., eds., The Memorial of Fray Alonso de Benavides [Chicago 1916].
43 Vgl. Bolton, E. H., ed., Spanish Exploration in the Southwest 1542–1706 [New York 1916]. Fernando del Bosco erscheint auch in der Schreibweise del Bosque; vgl. Cumming, W. P., Hillier, S. E., Qinn, D. B., Williams, G., The Exploration of North America 1630–1776 [London 1974], S. 164.
44 Vgl. dazu Hackett, Ch. W., Revolt of the Pueblo Indians of New Mexico, 2 Bde. [Albuquerque 1970].
45 Kinnaird, L., ed., the Frontiers of New Spain. Nicolas de Lafora's Description 1766–1768 [Berkeley 1958]. Zu Geschichte Neu Mexikos in diesem Zeitraum vgl. auch Forbes, J. D., Apache, Navaho, and Spaniard [Oklahoma 1960].
46 Kinnaird, Lafora: Description, S. 95.
47 Vgl. Trudel, New France, S. 54 ff.; Julien, Voyages, S. 281 ff.
48 Zu Leben und Leistung Champlains vgl. Morison, S. E., Samuel de Champlain: Father of New France [Toronto 1972].
49 Vgl. die englische Ausgabe von Wilmere, A., ed., Narrative of a Voyage to the West Indies and Mexico in the Years 1599–1602 by Samuel Champlain [London 1859]. Champlains Skizzen sind dieser Ausgabe im Faksimile beigegeben.
50 Wilmere, Champlain: Voyage to the West Indies, S. 41 f.
51 Vgl. Trudel, New France, S. 74.
52 Dieser Reisebericht erschien unter dem Titel «Des sauvages, ou voyage du Sieur de Champlain faict en l'an 1603» im Jahre 1603 in Paris. Die beste Edition der gesammelten Werke von Champlain gibt, in zweisprachiger und kommentierter Ausgabe, Biggar, H. P., The Works of Samuel de Champlain [Toronto 1922], 6 Bde. Wir zitieren im folgenden nach dieser Edition.
53 Biggar, Works of Champlain I, S. 124.
54 Ebenda, S. 152.
55 Vgl. Les voyages du Sieur de Champlain, Xaintongeois, Capitaine ordinaire pour le Roy [Paris 1613]; in: Biggar, Works of Champlain I.
56 Biggar, Works of Champlain II, S. 99.
57 Ebenda, S. 93 f.
58 Zu den Waldläufern und dem Pelzhandel vgl. Innis, H. A., The Fur Trade in Canada [Toronto 1956] und Jacquin, P., Les Indiens blancs [Paris 1987].
59 Zum Verhältnis zwischen Waldläufern und Missionaren vgl. Trigger, B. G., Natives and Newcomers. Canada's ‹Heroic Age› Reconsidered [Manchester 1986], S. 164 ff. Vgl. auch Friederici II, S. 428 ff.
60 Zur Biographie Brulés vgl. Granstin, J.-H., Etienne Brulé. Immortal Scoundrel [Toronto 1949]. Die abschließende Klärung von Brulés Reiserouten ist schwierig. Vgl. dazu Henze I, S. 379 f.
61 Die traditionelle Geschichtsschreibung geht davon aus, Vignau habe gelogen und unter dem Druck der Aussagen von indianischer Seite seine Hochstapelei schließlich auch zugegeben; vgl. z. B. Parkman, F., Pioneers of France in the New World [Boston 1920], S. 367 f. Trudel, New France, S. 104 f. billigt dagegen Vignaus Aussagen einen gewissen Wahrheitsgehalt zu.
62 Vgl. Biggar, Works of Champlain II, S. 239 ff.
63 Biggar, Works of Champlain III, S. 45.
64 Ebenda, S. 138

65 Ebenda, S. 146f.
66 Vgl., Wroth, L. C., The Champlain Map of 1616 [Providence 1956].
67 Ebenda, S. 119. Dies vielleicht ein Hinweis auf die spanischen Vorstöße nach Kalifornien und Neu Mexiko.
68 Vgl. Trudel, New France, S. 246f. und Simmons, R. C., The American Colonies [London 1981], S. 24.
69 Zu den zitierten Publikationen Champlains kommt noch das Werk «Les Voyages de la Nouvelle France» [Paris 1632], das im letzten Teil auch über die geschichtliche Entwicklung in der Kolonie berichtet; vgl. Biggar, Works of Champlain III.–VI.
70 Zur Verbindung zwischen Entdecker und Missionar vgl. Charlevoix, P.-F.-X. de, Histoire et déscription générale de la Nouvelle-France [Paris 1744], Bd. I, S. 185.
71 Tross, ed., Histoire du Canada et Voyages que les Frères mineurs récollets y ont faits pour la conversion des infidèles [Paris 1864–66].
72 Abgedruckt bei Thwaites, R. G., ed., The Jesuit Relations and Allied Documents, 73 Bde. [Cleveland 1896–1901], Bd. V–X. Vgl. Talbot, F., Saint among Hurons. The Life of Jean de Brébeuf [New York 1949].
73 Thwaites, Jesuit Relations.
74 Ebenda, X, S. 104.
75 Zur Missionstätigkeit der Jesuiten, auf die hier nicht näher eingegangen werden kann, vgl. das klassische Werk von Parkman, F., The Jesuits in North America, Bd. II [Boston 1898]; ferner Kennedy, J. H., Jesuit and Savage in New France [New Haven 1950] und Bitterli, U., Alte Welt – neue Welt [München 1986], S. 97f.
76 Thwaites, Jesuit Relations XXIII, S. 225.
77 Ebenda, XLV, S. 220.
78 Ebenda, XLI, S. 90ff.
79 Ebenda, XLVII, S. 145. Zur Naturbeobachtung der französischen Reisenden äußert sich eingehend Bakeless, Discovery, S. 102ff.
80 Auf Grund der bisher vorliegenden Quellenberichte läßt sich nicht mit Sicherheit feststellen, wie weit Nicollet in westlicher Richtung vordrang. Dietmar Henze bezweifelt laut brieflicher Mitteilung, daß Nicollet bis zum Lake Michigan gelangt sei. Cumming, Discovery, S. 32 spricht davon, Nicollet habe «möglicherweise» den Fox River erreicht; Brebner, Explorers, S. 157 meint, er sei bis auf drei Tagemärsche an den Wisconsin River herangekommen; und Delpar, Discoverers, S. 281 hält eine Erkundung des Oberlaufs von Wisconsin River und Illinois River für möglich. Zu Nicollet vgl. Blémus, R., Jean Nicollet en Nouvelle France [Cherbourg 1988].
81 Zum Begriff des Manitu vgl. Lindig, Münzel, Indianer, S. 105: «Den Algonkin der Subarktis, den Stämmen des nordöstlichen Waldlandes und den Prärie- und Plainsindianern war die Vorstellung gemeinsam, daß Tiere, Pflanzen und alle Naturgegenstände und -phänomene von einer übernatürlichen Lebenspotenz durchdrungen waren, die von den Algonkin ‹manitu›, von den Dakota ‹wakan› und von den Crow ‹maxpe› genannt wurde.»
82 Thwaites, Jesuit Relations XXIII, S. 276f.
83 Zit. n. Nute, G. L., Caesars of the Wilderness [New York 1943], S. 38. Das Buch ist die beste Arbeit zum Thema Radisson und Groseilliers.
84 Ebenda, S. 34f.
85 Eccles, Canadian Frontier, S. 8.
86 Der Verlauf dieser Fahrten ist nicht schlüssig abzuklären. Vgl. Nute, Caesars of the Wilderness, op. cit., S. 80ff.; Brebner, Explorers, S. 195; Henze II, S. 405.
87 Zum geschichtlichen Hintergrund vgl. Eccles, J. W., Canada under Louis XIV 1663–1701 [London 1964].
88 Ein Faksimilenachdruck dieses Dokuments findet sich in Vachon, Canada, S. 46.
89 Waren es siebzehn oder vierzehn Indianerstämme, die sich versammelten? Das Faksimiledokument bei Vachon, Canada, spricht von siebzehn; Cumming, Exploration, S. 35 von vierzehn.

90 Thwaites, Jesuit Relations LIX. Zu den Quellen vgl. die Untersuchung von Hamilton, R. N., Marquette's Explorations. The Narratives Reexamined [Madison 1979]. Zu Jolliet vgl. Delanglez, J., Life and Voyages of Louis Jolliet, 1645–1700 [Chicago 1948].
91 Thwaites, Jesuit Relations LIX, S. 104.
92 Ebenda, LIX, S. 106.
93 Ebenda, LIX, S. 106.
94 Tocqueville, A. de, De la démocratie en Amérique [Paris 1986], Bd. I, S. 60.
95 Thwaites, Jesuit Relations LIX, S. 116, S. 130 ff.
96 Ebenda, LIX, S. 120.
97 Ebenda, LIX, S. 140.
98 Ebenda, LIX, S. 154.
99 Ebenda, LIX, S. 158 f. Vgl. Bitterli, U., Die Entdeckung und Eroberung der Welt. Dokumente und Berichte [München 1981], Bd. I, S. 113 f. Die Dauer der Weiterreise zum Golf von Mexiko wird von Marquette erheblich unterschätzt.
100 Vgl. Brebner, Explorers, S. 212.
101 Zit. n. Eccles, Canada under Louis XIV, op. cit., S. 105 f.
102 Vgl. Clément, G., Un grand explorateur: Cavelier de La Salle [Montreal 1975], S. 23.
103 Vgl. Parkman, F., La Salle and the Discovery of the West [Boston 1918], S. 112 f.
104 In Ergänzung zu den obengenannten Werken seien erwähnt: Osler, E. B., La Salle [London 1967] und die umfassende sechsbändige Quellensammlung von Margry, P., ed., Mémoires et documents pour servir à l'histoire des origines françaises des pays d'Outre-Mer. Découvertes et établissements des Français dans l'Ouest et dans le Sud de l'Amérique septentrionale [Paris 1879 ff.]. Weitere Quellentexte, darunter die Aufzeichnungen von Tonty und Hennepin, finden sich bei Kellogg, L. P., ed., Early Narratives of the Northwest 1634–1699 [New York 1959] und bei Shea, G. J., A Description of Louisiana by Father Hennepin [Ann Arbor 1966].
105 Shea, Hennepin: Description, S. 71 f. Die Höhe der Fälle wird von Hennepin übertrieben. Der Horseshoe Fall ist 900 m breit und 48,2 m hoch; der American Fall ist 300 m breit und 59,9 m hoch.
106 Ebenda, S. 90 f.
107 Kellogg, Early Narratives, S. 302.
108 Ebenda, S. 302 f. Zu Tonty gibt es die Biographie von Murphy, E. R., Henry de Tonty. Fur Trader of the Mississippi [Baltimore 1941].
109 Shea, Hennepin: Description, S. 151.
110 Zit. n. Clément, Cavelier de La Salle, op. cit., S. 109.
111 Die Dokumente dieser Auseinandersetzung sind gesammelt in: Margry, Mémoires et documents II, S. 263 ff.
112 Ebenda, III, S. 436.
113 Parkman, La Salle, op. cit., s. 407.
114 Zur Frühgeschichte von Louisiana vgl. Giraud, M., Histoire de la Louisiane française, 2 Bde. [Paris 1951]. Die Quellen sind gesammelt bei Margry, Mémoires et documents IV und V und bei McWilliams, G., ed., Iberville's Gulf Journals [Alabama 1981].
115 Abgedruckt in: Margry, Mémoires et documents VI, S. 243 ff.
116 Le Page du Pratz, A., Histoire de la Louisiane, 3 Bde. [Paris 1758].
117 Zur spanischen Präsenz im Tal des Mississippi vgl. McDermott, J. F., ed., The Spanish in the Mississippi Valley 1762–1804 [Urbana 1974].
118 Vgl. Berenger, J., Durand, Y., Meyer, J., Pionniers et colons en Amérique du Nord [Paris 1974], S. 189. Zur englischen Bevölkerung an der Ostküste vgl. Simmons, American Colonies, S. 174 ff.
119 Friederici III, S. 242.
120 Zur Frühgeschichte der englischen Kolonisation gibt es zahlreiche gute Darstellungen. Vgl. etwa Simmons, R. C., The American Colonies. From Settlement to Independence [London 1981] oder, mit besonderem Bezug zu den Verhältnissen in Neu England, Vaughan, A. T., New England Frontier. Puritans and Indians 1620–1675

[New York 1979]. Einen Überblick in deutscher Sprache geben Reinhard, Expansion II, S. 168 ff. und Guggisberg, H. R., Geschichte der USA [Stuttgart 1975], S. 9 ff.
121 Berg nordöstlich des Toten Meeres. Vgl. 4. Mose, 21,20.
122 Vgl. Davis, W. T., ed., Bradford's History of Plymouth Plantation 1606–1646 [New York 1964]; hier zit. n. Bitterli, Entdeckung und Eroberung I, S. 111. Zu Bradford und der englischen Reiseberichterstattung seiner Zeit vgl. Franklin, W., Discoverers, Explorers, Settlers. The Diligent Writers of Early America [Chicago 1979], S. 150 ff.
123 Williams, R., The Complete Writings, 7 Bde. [New York 1963].
124 Hosmer, J. K., ed., Winthrop's Journal. History of New England 1630–1649 [New York 1906], Bd. II, S. 62 f.
125 Vgl. Lincoln, Ch. H., ed., Narratives of the Indian Wars 1675–99 [New York 1913], S. 156 f.
126 Vgl. Vaughan, A. T., William Wood's «New England's Prospect» [Amherst 1977].
127 Vaughan, Wood: Prospect, S. 96.
128 Denton, D., A Brief Description of New York, Formerly Called New Netherlands [London 1670]; in: March of America XXVI. Vgl. auch Neumann, F., ed., Daniel Denton, A Brief Description of New York [Cleveland 1902].
129 Denton, March of America XXVI, S. 3.
130 Dankers, J., and Sluyter, P., Journal of a Voyage to New York [Brooklyn 1867]; in: March of America XXVII.
131 Labadisten: so genannt nach Jean de Labadie [1610–1674], einem quietistischen Theologen aus Frankreich, der in Genf, Amsterdam und Altona wirkte. Seine Anhänger hielten sich bis zur Mitte des 18. Jahrhunderts.
132 Vgl. O'Callaghan, E. B., and Fernow, B., eds., Documents relative to the Colonial History of the State of New York, 12 Bde. [New York 1856], Bd. IV, S. 802 ff. Zur Geschichte dieser kleineren Unternehmungen vgl. auch Cumming, Exploration, S. 60 ff.
133 Zu Weiser vgl. Wallace, P. A. W., Conrad Weiser, Friend of Colonist and Mohawk [New York 1945]. Ferner Bakeless, Discovery, S. 253 ff.
134 Vgl. Earnest, E. P., John and William Bartram [Philadelphia 1940].
135 Von Evans besitzen wir eine der besten zeitgenössischen Karten, Ergebnis dieser Reise, unter dem Titel «A General Map of the Middle British Colonies» [London 1755].
136 Bartram, J., Travels in Pennsylvania and Canada [London 1751]; in: March of America XXXXI.
137 Ebenda, S. 50.
138 Ebenda, S. 34.
139 Ebenda, S. 34.
140 Ebenda, S. III. Zur Interpretation von Bartrams Bericht vgl. Franklin, Discoverers, Explorers, Settlers, op. cit.
141 Simmons, American Colonies, S. 178.
142 Der Bericht von Ingram wurde erstmals abgedruckt in der Reiseberichtsammlung des Richard Hakluyt vom Jahre 1589. Vgl. die Faksimile-Ausgabe in: March of America XIV. Ingram findet in der Fachliteratur unterschiedliche Beachtung: Delpar, Discoverers erwähnt ihn nicht; Cumming, Discovery, S. 98 erwähnt ihn kurz und kritisch; Bakeless, Discovery, S. 177 ff. geht näher auf ihn ein.
143 Bland, E., The Discovery of New Brittaine; in: March of America XXIV, S. 2, 4, 7, 9, 10, 15. Zum möglichen Verlauf der Reiseroute vgl. Briceland, A. V., Westward from Virginia. The Exploration of the Virginia-Carolina Frontier 1650–1710 [Charlottesville 1987], S. 28 ff.
144 Vgl. Force, P., ed., Tracts and other Papers relating principally to the Origin, Settlement, and Progress of the Colonies in North America, 4 Bde. [New York 1947], S. 7 f.
145 Ebenda, S. 6 f.

146 Zit. n. Briceland, Westward from Virginia, op. cit., S. 17.
147 Lederer, J., The Discoveries of John Lederer; in: March of America XXV, S. 9. Zu Lederer vgl. auch Friederici III, S. 249 ff. und Henze III, S. 172 f.
148 Briceland, Westward from Virginia, op. cit., S. 98.
149 Ebenda, S. 123.
150 Lederer, March of America XXV, S. 24.
151 Ebenda, S. 27.
152 Ebenda, S. 23.
153 Abgedruckt in Alvord, C. W., and Bidgood, L., eds., The First Explorations of the Trans-Allegheny Region by the Virginians [Cleveland 1912], S. 183 ff.
154 Ebenda, S. 217.
155 Zu Woodward vgl. Crane, V. W., The Southern Frontier 1670–1732 [Philadelphia 1929], S. 30 ff.
156 Zu Thomas Nairne, Pryce Hughes und Alexander Cuming vgl. Crane, Southern Frontier, op. cit., S. 89 f., 99 ff., 277 ff.
157 Lawson, J., A New Voyage to Carolina [London 1709]; in: March of America XXXV.
158 Ebenda, S. 57.
159 Ebenda, S. 29.
160 Ebenda, S. 200 f.
161 Catesby, M., The Natural History of Carolina, Florida, and the Bahama Islands; Containing the Figures of Birds, Beasts, Fishes, Serpents, Insects, and Plants; Particularly the Forest-trees, Shrubs and other Plants, 2 Bde. [London 1731], Bd. I, S. VIII. Die Originalausgabe ist zweisprachig englisch-französisch.
162 Einige der Aquarelle sind farbig reproduziert in: Cumming, Exploration, S. 99 ff.
163 Über John James Audubon und die Naturerkundung in der ersten Hälfte des 19. Jahrhunderts orientiert umfassend Durant, M., and Harwood, M., On the Road with John James Audubon [New York 1980]. Vgl. auch Savage, Discovering.
164 Stephens, W., A Journal of the Proceedings in Georgia, 2 Bde.; in: March of America XXXVII.
165 Ebenda, XXXVII, S. 7.
166 Ebenda, XXXVII, S. 8.
167 Vgl. Simmons, American Colonies, S. 177.
168 Billington, American Frontier, S. 1.
169 Abgedruckt bei Johnston, J. S., ed., First Explorations of Kentucky [Louisville 1898].
170 Zit. n. Cumming, Exploration, S. 138. Vgl. Darlington, W. M., ed., Christopher Gist's Journals [Pittsburgh 1893]. Zur Landschaft am oberen Ohio zur Zeit der Pionierreisenden vgl. Bakeless, Discovery, S. 271 ff.
171 Vgl. Thwaites, R. G., ed., Early Western Travels 1784–1846 [Cleveland 1904], Bd. I, S. 53 ff.
172 Ebenda, S. 62 ff.
173 Einen guten Überblick über die französische Stellung in Nordamerika gibt Eccles, W. J., France in America [New York 1972].
174 Vgl. Crane, Southern Frontier, op. cit., S. 43. Vgl. auch Cumming, Exploration, S. 92.
175 Abgedruckt bei Mereness, N. D., ed., Travels in the American Colonies [New York 1916], S. 243 ff.
176 Zur Vorgeschichte des Kriegsausbruchs vgl. Eccles, France in America, op. cit., S. 178 ff.
177 Washington, G., The Journal of Major George Washington [London 1754]; in: March of America XXXXII [Ann Arbor 1966].
178 Ebenda, S. 17.
179 Abgedruckt in: Williams, S. C., ed., Early Travels in the Tennessee Country 1540–1800 [Johnson City 1928].
180 Rogers, R., Journal of Major Robert Rogers [London 1765]; in: March of America XXXXIV [Ann Arbor 1966].

181 Ebenda, S. 60ff.
182 Zur Biographie von Boone vgl. Bakeless, J. E., Master of the Wilderness: Daniel Boone [New York 1939].
183 Filson, J., The Discovery and Settlement of Kentucke [Wilmington 1784]; in: March of America L.
184 Ebenda, S. 81 f.
185 Wir halten uns an die deutsche Ausgabe: Kalm, P., Des Herrn Peter Kalms Beschreibung der Reise, die er nach dem nördlichen Amerika... unternommen hat, 3 Bde.; in: Sammlung neuer und wichtiger Reisen [Göttingen 1754–1764]. Das Buch ist in englischer Sprache von Benson, A. B., in zwei Bänden herausgegeben worden [New York 1937].
186 Die Bemerkung stammt vom amerikanischen Naturforscher Alexander Garden. Zit. n. Savage, Discovering, S. 60.
187 Labaree, L. W., ed., The Papers of Benjamin Franklin [New Haven 1961], Bd. IV, S. 44.
188 Ebenda, S. 52.
189 Michaux, A., Histoire des chênes de l'Amérique septentrionale [Paris 1801]. Zu Vater und Sohn Michaux vgl. Savage, H., André et François Michaux [Charlottesville 1986].
190 Michaux, Chênes de l'Amérique, S. 6.
191 Michaux, F. A., Voyage à l'ouest des monts Alléghanys, dans les états de l'Ohio, du Kentucky et du Tennessée, et retour à Charleston [Paris 1804].
192 Ebenda, S. 187.
193 Ebenda, S. 210f.
194 Vgl. Peden, W., ed., Thomas Jefferson, Notes on the State of Virginia [Neudruck New York 1954]. Vgl. neuerdings die deutsche Ausgabe, hg. von Wasser, H., Thomas Jefferson, Betrachtungen über den Staat Virginia [Zürich 1989].
195 Zit. n. Mirsky, J., The Westward Crossings [Chicago 1970], S. 242.
196 Zur Geschichte der «Hudson's Bay Company» vgl. das ausführliche Werk von Rich, E. E., The History of the Hudson's Bay Company 1670–1870, 3 Bde. [London 1958ff.]. Eine erschöpfende Bibliographie zur Geschichte der Entdeckungsreisen im Norden Kanadas gibt Cooke, A., and Holland, C., The Exploration of Northern Canada 500–1920 [Toronto 1978]. Vgl. ferner Williams, G., The British Search for the Northwest Passage in the Eighteenth Century [London 1962] und Hill, D., The Opening of the Canadian West [London 1967].
197 Zum Pelzhandel vgl. Innis, H. A., The Fur-Trade of Canada [Toronto 1927]. Zu den Grundzügen des Pelzhandels vgl. auch Wolf, People Without History, S. 158ff.
198 Zu den Hintergründen des französisch-englischen Konflikts um Positionen an der Hudson Bay vgl. Eccles, Canadian Frontier, S. 115f.
199 Doughty, A. C., and Martin, Ch., eds., The Kelsey Papers [Ottawa 1929]. Vgl. auch Rich, Hudson's Bay Company, op. cit., Bd. I, S. 295ff.
200 Zit. n. Rich, Hudson's Bay Company, op. cit., Bd. I, S. 298.
201 Zu Jacques de Noyon vgl. Burpee, L. J., The Search for the Western Sea [Toronto 1935], Bd. I, S. 197ff.
202 La Hontan, L.-A. de, Nouveaux Voyages de... dans l'Amérique septentrionale, 2 Bde. [La Haye 1703]. Eine stark gekürzte deutsche Übersetzung gibt Kohl, B., La Hontan, Gespräche mit einem Wilden [Frankfurt 1981].
203 Vgl. Bitterli, Wilde und Zivilisierte, S. 234ff.
204 Charlevoix, Histoire I, II, III. Vgl. Duchet, Anthropologie et Histoire, op. cit., S. 101f.
205 Charlevoix, Histoire I, S. 184f.
206 Ebenda, S. 185.
207 Eine kommentierte Fassung von La Vérendryes Bericht findet sich in Smith, H. G., ed., The Explorations of the La Vérendryes in the Northern Plains 1738–43 [Lincoln 1980]. Zur Biographie von La Vérendrye vgl. ferner Champagne, A., La Vérendrye et

le poste de l'Ouest [Quebec 1968] und das ältere Standardwerk von Margry, Mémoires et documents VI.
208 Smith, La Vérendrye: Explorations, S. 51.
209 Ebenda, S. 54.
210 Vgl. Läng, H., Indianer waren meine Freunde. Leben und Werk Karl Bodmers 1809–1893 [Bern 1976].
211 Brebner, Explorers, S. 312.
212 Der Bericht von Anthony Henday, gelegentlich auch Anthony Hendry geschrieben, ist abgedruckt in Burpee, L. J., ed., York Factory to the Blackfeet Country. The Journal of Anthony Hendry; in: Proceedings and Transactions of the Royal Society of Canada, 3rd Series, vol. I [1907].
213 Burpee, Henday: Journal, S. 339.
214 Tyrrell, J. B., ed., A Journey from Prince of Wale's Fort in Hudson's Bay to the Northern Ocean by Samuel Hearne [Toronto 1911]. Vgl. auch die deutsche Übersetzung: Matthies, V., ed., Samuel Hearne. Abenteuer in Kanada [Stuttgart 1985].
215 Tyrrell, Hearne: Journey, S. 180.
216 Vgl. «A Short Description of the Northern Indians»; in: Tyrrell, Hearne: Journey, S. 298 ff.
217 Vgl. «Some Account of Matonabbee, and of the eminent Services which he rendered to this Country, as well as to the Hudson's Bay Company»; in: Tyrrell, Hearne: Journey, S. 328 ff.
218 Ebenda, S. 329.
219 Ebenda, S. 295.
220 Henry, A., Travels and Adventures in Canada and the Indian Territories [New York 1809]; in: March of America XXXXIII.
221 Ebenda, S. 259 f.
222 Ebenda, S. 266.
223 Zu Peter Pond liegt nur fragmentarisches Material vor. Vgl. Thwaites, R. G., ed., Peter Pond's Journal; in: Wisconsin Historical Collections, No. XVIII [Madison 1908] und Innis, H. A., Peter Pond [Toronto 1930].
224 Die Karte von Pond ist abgedruckt in Davidson, G. C., The North-West Company [Berkeley 1918].
225 Zur Biographie von Mackenzie vgl. Wade, M. S., Mackenzie of Canada [Edinburgh 1927] und die kritischere Darstellung von Smith, J. K., Alexander Mackenzie, Explorer. The Heroe who Failed [Toronto 1973]. Vgl. ferner die komparatistische Studie von Mirsky, Westward Crossings, op. cit.
226 Vgl. Lamb, W. K., ed., im Vorwort zu «The Journals and Letters of Sir Alexander Mackenzie» [Cambridge 1970], S. 14.
227 Ebenda, S. 14.
228 Ebenda, S. 59.
229 Ebenda, S. 180.
230 Ebenda, S. 181.
231 Vgl. Delpar, Discoverers, S. 99.
232 Lamb, Mackenzie: Journals and Letters, S. 258.
233 Ebenda, S. 271.
234 Ebenda, S. 303.
235 Ebenda, S. 324.
236 Ebenda, S. 367.
237 Ebenda, S. 373.
238 Ebenda, S. 407.
239 Brebner, Explorers, S. 376.
240 Lamb, Mackenzie: Journals and Letters, S. 516 ff.
241 Delpar, Discoverers, S. 414 f.
242 Eine hervorragende Gesamtdarstellung dieser späteren Reisen gibt Goetzmann,

W. H., Exploration and Empire [New York 1966]. Vgl. in deutscher Sprache Mittler, M., Eroberung eines Kontinents. Der große Aufbruch in den amerikanischen Westen [Zürich 1968].
243 Vgl. Bolton, H. E., ed., Kino's Historical Memoir of Pimería Alta 1683–1711 [Cleveland 1919]. Zur Leistung von Kino und seinen Ordensbrüdern vgl. Richman, I. B., California under Spain and Mexico 1535–1847 [New York 1965], S. 42 ff.
244 Bolton, Kino's Historical Memoir, S. 351 ff.
245 Eine kritische Analyse der Vorgeschichte beider Bering-Reisen gibt Fisher, R. H., Bering's Voyages. Whither and Why [Seattle 1977]. Vgl. auch die aus dem Dänischen übersetzte Biographie von Petersen, J., Vitus Bering. Der Seefahrer [Hamburg 1947]. Zur Thematik der russischen Nordpazifikreisen vgl. Lebedev, R. D. M. und Grekov, V. I., Geographical Exploration by the Russians; in: Friis, H. R., The Pacific Basin. A History of its Geographical Exploration [New York 1967]; Makarova, R. V., Russians on the Pacific 1743–1799 [Kingston, Ont. 1975]; Barratt, G., Russians in Pacific Waters 1715–1825 [Vancouver 1981].
246 Fisher, Bering's Voyages, op. cit., S. 112 f.
247 Die Berichte Stellers sind wiedergegeben in der von H. Beck eingeleiteten Faksimile-Ausgabe: Georg Wilhelm Steller, Beschreibung von dem Lande Kamtschatka. Reise von Kamtschatka nach Amerika. Ausführliche Beschreibung von sonderbaren Meertieren [Stuttgart 1974]; vgl. S. 28 f.
248 Spate, Pacific II, S. 241.
249 Beck, Steller: Reise, S. 74.
250 Waxell, S., The American Expedition [Edinburgh 1952], S. 134.
251 Brehm, Tierleben, op. cit., Bd. I, S. 572.
252 Ein Reisebericht von Schelichow ist in kommentierter Ausgabe auf Englisch erschienen: Pierce, R. A., ed., A Voyage to America 1783–1786 [Kingston, Ont. 1981]. Der Bericht enthält insbesondere eine Beschreibung der Kurilen und der Aleuten. Vgl. auch die Übersetzung russischer Quellen bei Schmitt, Dokumente II, S. 512 ff.
253 Zit. n. Bitterli, Entdeckung und Eroberung I, S. 119. Vgl. Bolton, H. E., ed., Anza's California Expeditions [Berkeley 1930], Bd. IV, S. 332 f. Die Meeresstraße von Golden Gate ist acht Kilometer lang und zwischen zwei und drei Kilometern breit. Zu den spanischen Seereisen im Nordpazifik vgl. Cook, W. L., Flood Tide of Empire. Spain and the Pacific Northwest 1543–1819 [New Haven 1973]; Friis, H. R., The Pacific Basin, op. cit.
254 Dana, R. H., Two Years Before the Mast [New York 1981], S. 305.
255 Beaglehole, J. C., ed., The Journals of Captain James Cook on his Voyages of Discovery. The Voyage of the «Resolution» and «Discovery» [Cambridge 1967], Bd. III, Teil I, S. CCXXI.
256 Ebenda, III, S. 427.
257 Zur Diskussion der kartographischen Kontroverse vgl. Beaglehole, J. C., The Life of Captain James Cook [Stanford 1974], S. 486 ff.
258 Beaglehole, Cook: Voyage of the «Resolution» and «Discovery» III, S. 457.
259 Vgl. Lower, A. J. Ocean of Destiny. A Concise History of the North Pacific 1500–1978 [Vancouver 1978], S. 34.
260 Der Reisebericht Malaspinas wurde erst 1885 gedruckt, und der Seefahrer wurde fast völlig vergessen. Heute gestattet es eine Neuausgabe des Berichts, die wissenschaftliche Leistung Malaspinas zu ermessen; vgl. Palau, M., ed., Viaje científico y político a la América Meridional, a las Costas del Mar Pacífico y a las Islas Marianas y Filipinas. Diario de viaje de Alejandro Malaspina [Madrid 1984].
261 Palau, Malaspina: Diario, S. 41.
262 Ebenda, S. 182.
263 Zu Maldonado vgl. Spate, Pacific III, S. 177 f.
264 Palau, Malaspina: Diario, S. 312. Über die Eingeborenenbevölkerung in diesem Gebiet unterrichtet eingehend der Reisebericht des Schotten Alexander Walker, der

1785 von Indien auf einem englischen Schiff zum Pelzhandel in den Nordpazifik reiste. Dieser Bericht ist 1952 entdeckt und 1982 publiziert worden: vgl. Fisher, R., and Bumsted, J.M., eds., An Account of a Voyage to the North West Coast of America in 1785 and 1786 [Seattle 1982].

265 Unterschiedliche Sterbedaten bei Palau, Malaspina: Diario, S. 26 [1809] und bei Spate, Pacific III, S. 180 [1810].

266 Eine gute Biographie gibt Anderson, B., Surveyor of the Sea. The Life and Voyages of Captain George Vancouver [Seattle 1960]. Vancouvers Reisebericht ist ediert worden von Lamb, W.K., ed., A Voyage of Discovery to the North Pacific Ocean and Round the World 1791–1795, 3 Bde. [London 1984], mit eingehender biographischer und textkritischer Einführung.

267 Lamb, Vancouver: Voyage of Discovery II, S. 543.

II. Abschluß und Neubeginn: Alexander von Humboldt

1. Rückblick und Ausblick

1 Dieser Wandel ist auf dem Gebiet der Geographie untersucht worden von Dainville, F. de, La géographie des humanistes [Genève 1969] und Broc, Géographie des philosophes.

2 Vgl. Peden, Jefferson: Notes.

2. Humboldts große Südamerikareisen

1 Zur Biographie und zum Werk Alexander von Humboldts gibt es eine ausgedehnte Literatur. Besondere Hervorhebung verdienen: Bruhns, K., Alexander von Humboldt. Eine wissenschaftliche Biographie, 3 Bde. [Leipzig 1872]; Beck, H., Alexander von Humboldt, 2 Bde. [Wiesbaden 1959–61]; Meyer-Abich, A., Alexander von Humboldt in Selbstzeugnissen und Bilddokumenten [Hamburg 1967]; Botting, D., Humboldt and the Cosmos [London 1973; deutsch 1974]. An knappen Darstellungen sei empfohlen: Bierman, K.-R., Alexander von Humboldt [Leipzig 1983]; Wilhelmy, H., Gestalt eines Großen. Alexander von Humboldt in der Sicht seiner amerikanischen Reise, in: Geographische Zeitschrift, Beiheft XXIII [Wiesbaden 1970]. Ausführliche Bibliographien finden sich in den genannten Werken, ferner bei Henze II, S. 665. Unter den neuesten Arbeiten ragt hervor: Hein, W.-H., Alexander von Humboldt. Leben und Werk [Frankfurt 1985].

2 Unter den zahlreichen Sammlungen von Briefen und Selbstzeugnissen wären zu nennen: Beck, H., ed., Gespräche Alexander von Humboldts [Berlin 1959]; Biermann, K.-R., ed., Alexander von Humboldt. Aus meinem Leben. Autobiographische Bekenntnisse [München 1987].

3 Forster, G., Reise um die Welt [zuerst in engl. Sprache, London 1777; dann deutsch, Berlin 1780]. Nachdruck in: «Werke in vier Bänden», Bd. I [Frankfurt 1967].

4 Zit. n. Biermann, Humboldt: Aus meinem Leben, S. 39f.

5 Ebenda, S. 126.

6 Humboldt, A. von, Florae Fribergensis specimen plantas cryptogamicas praesertim subterraneas exhibens [Berlin 1793].

7 Zit. n. Beck, Humboldt I, S. 128.

8 Humboldt, A. von, Relation historique du voyage aux régions équinoxiales du Nouveau Continent, fait en 1799, 1800, 1801, 1802, 1803 et 1804; vol. XXVIII–XXX de la «Grande Edition» [Paris 1814, 1819, 1825].

9 Humboldt, A. von, Reise in die Aequinoctial-Gegenden des neuen Continents, ediert von H. Hauff, 4 Bde. [Stuttgart 1859–1860]. Vgl. die Neuauflage von Plott, A. [Wiesbaden 1964].

10 Beck, Humboldt I, II. Vgl. auch Beck, H., Alexander von Humboldts amerikanische Reise [Stuttgart 1985].
11 Zit. n. Meyer-Abich, Alexander von Humboldt, op. cit., S. 73.
12 Zit. n. Beck, Humboldt I, S. 145.
13 Humboldt, A. von, Ansichten der Natur, 2 Bde. [Stuttgart 1859], Bd. I, S. 19 f.
14 Hauff, Humboldt: Aequinoctial-Gegenden II, S. 402. Vgl. dazu Brehm, Tierleben, op. cit., Bd. V, S. 733: «... aber erst Alexander von Humboldt erwarb sich das Verdienst, uns so genau unterrichtet zu haben, daß seine Mitteilungen noch heutzutage als die vollständigsten angesehen werden müssen.»
15 Hauff, Humboldt: Aequinoctial-Gegenden III, S. 41 f.
16 Humboldt, Ansichten I, S. 238. Bernardin de Saint-Pierre hatte Mauritius bereist und, beeinflußt von Rousseau, in seiner weitverbreiteten Erzählung «Paul et Virginie» [1788] die paradiesische Friedlichkeit des Tropenwaldes geschildert.
17 Hauff, Humboldt: Aequinoctial-Gegenden III, S. 51 f.
18 Ebenda, S. 159.
19 Ebenda, IV, S. 1 f.
20 Die Orinokoreise Humboldts ist von heutigen Forschern, so von Volkmar Vareschi und Loren A. McIntyre, nachvollzogen worden. Vgl. Vareschi, V., Geschichtslose Ufer. Auf den Spuren Humboldts am Orinoko [München 1959] und McIntyre, L. A., Die amerikanische Reise. Auf den Spuren Humboldts [Hamburg 1982]. Vgl. ferner: Mägdefrau, K., Vom Orinoco zu den Anden. Humboldt-Gedächtnisexpedition 1958; in: Vierteljahresschrift der Naturforschenden Gesellschaft [Zürich 1960].
21 Blumenbach, J. F., De generis humani varietate nativa [Göttingen 1775].
22 Hauff, Humboldt: Aequinoctial-Gegenden IV, S. 203.
23 Ebenda, S. 376.
24 Zit. n. Biermann, Humboldt: Aus meinem Leben, S. 175 f.
25 Erster Abdruck in Band III der «Grande Edition» [Paris 1825]. Später gesondert erschienen unter dem Titel «Essai politique sur l'île de Cuba», 2 Bde. [Paris 1826].
26 Die Gründe, die Humboldt zur Entscheidung für die Andenländer führten, haben von der Forschung nicht restlos geklärt werden können. Vgl. Beck, Humboldt I, S. 176. Zur Andenreise vgl. ferner: Arias de Greiff, J., Itinerario de Humboldt y Bonpland en Colombia; in: Boletín de la Sociedad Geográfica de Colombia [1968]; Petersen, G. y Nunez, E., El Peru en la obra de Alejandro de Humboldt [Lima 1972].
27 Zit. n. Beck, Humboldt I, S. 181. Zur Rekonstruktion der Andenreise ist besonders wichtig Schumacher, H. A., Südamerikanische Studien. Drei Lebens- und Culturbilder. Mútis, Cáldas, Codazzi. 1760–1860 [Berlin 1884].
28 Zit. n. Beck, Humboldt I, S. 182.
29 Die Veröffentlichung dieser überaus kostbaren Zeichnungen in einer auf 50 Bde. angelegten Edition wird seit 1955 vorangetrieben. Vgl. McIntyre, Die amerikanische Reise, op. cit., S. 179.
30 Der Marquis José María de Lonzano und dessen Bruder, der naturwissenschaftlich gebildete Jorge Tadeo Lonzano. Vgl. Beck, Humboldt I, S. 184.
31 Der Rektor der Hochschule von Bogotá, Fernando de Vergara y Caicedo. Vgl. Beck, Humboldt I, S. 184.
32 Zit. n. Beck, Humboldt I, S. 184.
33 Ebenda, S. 185. Der Besuch in Bogotá wird am besten beschrieben in Schumacher, Südamerikanische Studien, op. cit., S. 98 ff.
34 Beck, Humboldt I, S. 192.
35 Das Datum scheint unsicher; man liest verschiedene Angaben bei Beck, Humboldt I, S. 193 und McIntyre, Die amerikanische Reise, op. cit., S. 189.
36 Beck, Humboldt I, S. 195.
37 Ebenda, S. 196.
38 McIntyre, Die amerikanische Reise, op. cit., S. 217.
39 Über die schwierige Beziehung zwischen Humboldt und Caldás vgl. Schumacher,

Südamerikanische Studien, op. cit., S. 146 ff. Caldás wurde als Kämpfer für die Unabhängigkeit Boliviens 1816 hingerichtet.
40 Humboldt, A. von, Kleinere Schriften, 2 Bde. [Stuttgart 1853], Bd. I, S. 147 f.
41 Vgl. McIntyre, Die amerikanische Reise, op. cit., S. 228. Zur eingehenden Diskussion dieser Frage vgl. Henze II, S. 660.
42 Humboldt, Kleinere Schriften I, S. 133.
43 Biermann, Humboldt: Aus meinem Leben, S. 200.
44 Humboldt, Ansichten der Natur I, S. 256.
45 Zit. n. Beck, Humboldt I, S. 210.
46 Zu Thaddäus Haenke vgl. Kühnel, J., Thaddäus Haenke. Leben und Wirken eines Forschers [München 1960]. Ferner: Beck, H., Große Reisende [München 1971], S. 118–130.
47 Humboldt, A. von, Versuch über den politischen Zustand des Königreichs Neu-Spanien, 4 Bde. [Tübingen 1809]. Der Verlauf der Mexikoreise ist rekonstruiert worden durch Stevens-Middleton, R. L., La Obra de Alexander von Humboldt en México. Fundamento de la Geografía Moderna [Mexiko 1956]. Vgl. ferner: Beck, H., Alexander von Humboldt und Mexiko. Beiträge zu einem geographischen Erlebnis [Bad Godesberg 1966].
48 Humboldt, Versuch I, S. 167 ff.
49 Huxley, A., Beyond the Mexique Bay [London 1974], S. 300.
50 Peden, Jefferson: Notes.
51 Zit. n. Meyer-Abich, Alexander von Humboldt, op. cit., S. 104.
52 Ebenda, S. 104.
53 Zit. n. Beck, Humboldt I, S. 226.
54 Vgl. Botting, Alexander von Humboldt, op. cit., S. 205 f. Zu Humboldts Nordamerikareise vgl. Friis, H. R., Alexander von Humboldts Besuch in den Vereinigten Staaten von Amerika; in: Schulze, J. H., Alexander von Humboldt [Berlin 1959], S. 142 ff.
55 Zur Ikonographie Alexander von Humboldts vgl. Nelken, H., Alexander von Humboldt. Bildnisse und Künstler [Berlin 1980].
56 Ebenda, S. 60.
57 Ebenda, S. 58. Vgl. Wassermann, F. M., Six Unpublished Letters of Alexander von Humboldt to Thomas Jefferson; in: The Germanic Review [1954], S. 191 ff.

3. Persönlichkeit, Leistung, Wirkung

1 McIntyre, Die amerikanische Reise, op. cit., S. 118 f.
2 Schiller, F., Brief an den Vater Theodor Körners vom 6. 8. 1797.
3 Vgl. Beck, Humboldt II, S. 332.
4 Zit. n. Biermann, Humboldt: Aus meinem Leben, S. 100.
5 Beck, Humboldt: Kosmos, S. 3.
6 Vgl. Beck, H., Alexander von Humboldt als größter Geograph der Neuzeit; in: Die Dioskuren. Probleme in Leben und Werk der Gebrüder Humboldt [Mannheim 1986], S. 144 ff.
7 Vgl. Minguet, Ch., Alexandre de Humboldt. Historien et géographe de l'Amérique espagnole 1799–1804 [Paris 1969], S. 561, 577. Auf Minguets Detailanalyse von Humboldts Reisewerk stützen wir uns im folgenden.
8 Humboldt, A. von, Des lignes isothermes et de la distribution de la chaleur sur le globe; in: Mémoire de physique et de chimie de la Société d'Arcueil [Paris 1817].
9 Beck, Humboldt: Kosmos, S. 8.
10 Troll, C., Die dreidimensionale Landschaftsgliederung der Erde; in: Festschrift für Hermann von Wissmann [Tübingen 1960], S. 54 ff.
11 Beck, Humboldt: Kosmos, S. 192. Zur philosophischen und ästhetischen Komponente von Humboldts Naturbetrachtung vgl. Muthmann, F., Alexander von Humboldt und

sein Naturbild im Spiegel der Goethezeit [Zürich 1955] und Meyer-Abich, A., Die Vollendung der Morphologie Goethes durch Alexander von Humboldt [Göttingen 1970].

12 Meyer-Abich, Alexander von Humboldt, op. cit., S. 107.
13 Deutsche Biographie, Bd. XIII, S. 369.
14 Zit. n. Meyer-Abich, Alexander von Humboldt, op. cit., S. 129.
15 Hauff, Humboldt: Aequinoctial-Gegenden II, S. 6.
16 Humboldt, Versuch I, S. 136, 146. Zum historischen Aspekt von Humboldts Werk vgl. Konetzke, R., Alexander von Humboldt als Geschichtsschreiber Amerikas; in Historische Zeitschrift [1959].
17 Humboldt, Versuch IV, S. 55.
18 Brief Humboldts an Christian Carl Josias Freiherr von Bunsen; zit. n. Biermann, Humboldt: Aus meinem Leben, S. 104.
19 Hauff, Humboldt: Aequinoctial-Gegenden III, S. 116.
20 Minguet, Alexandre de Humboldt, op. cit., S. 290ff.
21 Humboldt, Versuch I, S. 161.
22 Madariaga, S. de, Simón Bolívar. Der Befreier Spanisch-Amerikas [Zürich 1986], S. 112ff.
23 Beck, Humboldt: Kosmos, S. 376.

II. Bibliographie

I. Quellenliteratur

Das nachstehende Verzeichnis erfaßt die wichtigsten Reiseberichte, Reiseberichtsammlungen und landeskundlichen Darstellungen, die für dieses Buch beigezogen worden sind. Die Quellen werden in der Regel in der alphabetischen Reihenfolge ihrer Herausgeber angeführt, während der Name der Autoren und der Reisenden kursiv gesetzt wird. Bei Quellen, die mehrfach benutzt worden sind, wird im Anschluß an das Publikationsdatum der Kurztitel genannt, unter dem sie im Anmerkungsteil erscheinen.

Acuña, C. de, Descubrimiento del Amazonas [Buenos Aires 1942; zit. Acuña, Descubrimiento].

Alcina Franch, J. de, ed., *Bartolomé de las Casas,* Obra indigenista [Madrid 1985; zit. Alcina, Las Casas: Obra indigenista].

Alcina Franch, J. de, ed., *José de Acosta,* Historia natural y moral des las Indias [Madrid 1986; zit. Alcina, Acosta: Historia natural y moral].

Alvord, C. W., and Bidgood, L., eds., The First Explorations of the Trans-Allegheny Region by the Virginians [Cleveland 1912].

Arranz, L., ed., *Hernando Colón,* Historia del Almirante [Madrid 1984; zit. Arranz, Colón: Historia del Almirante].

Asher, G. M., ed., *Henry Hudson* the Navigator. The Original Documents [London 1860; zit. Asher, Hudson: Original Documents].

Bandelier, A. F. A., ed., The Journey of *Alvar Núñez Cabeza de Vaca* and his Companions from Florida to the Pacific [New York 1905; zit. Bandelier, Cabeza de Vaca: Journey].

Barbour, Ph. L., ed., The Jamestown Voyages under the First Charter 1601–1609, 2 Bde. [London 1969; zit. Barbour, Jamestown Voyages I, II].

Bartram, J., Travels in Pennsylvania and Canada; in: March of America Facsimile Series, Bd. XXXXI [Ann Arbor 1966; zit. Bartram, March of America XXXXI].

Beaglehole, J. C., ed., The Journals of Captain *James Cook* on his Voyages of Discovery. The Voyage of the «Resolution» and «Discovery» [Cambridge 1967; zit. Beaglehole, Cook: Voyage of the «Resolution» and «Discovery»].

Beck, H., ed., Gespräche *Alexander von Humboldts* [Berlin 1959; zit. Beck, Humboldt: Gespräche].

Beck, H., ed., *Georg Wilhelm Steller,* Beschreibung von dem Lande Kamtschatka. Reise von Kamtschatka nach Amerika. Ausführliche Beschreibung von sonderbaren Meerestieren [Stuttgart 1974; zit. Beck, Steller: Reise].

Beck, H., ed., *Alexander von Humboldt,* Kosmos [Stuttgart 1978; zit. Beck, Humboldt: Kosmos].

Becker-Donner, E., ed., *Florian Paucke,* Zwettler-Codex 420, 2 Bde. [Wien 1959].

Berger, F., ed., *Theodor de Bry,* India occidentalis oder America oder die Neue Welt, 2 Bde. [Leipzig und Weimar 1977; zit. Berger, Bry: America I, II].

Bezzenberger, G. E. Th., ed., *Hans Staden,* Wahrhaftige Historia einer Landschaft der wilden, nackten, grimmigen Menschenfresser, in der Neuen Welt Amerika gelegen [Kassel 1978; zit. Bezzenberger, Staden: Wahrhaftige Historia].

Biermann, K. R., ed., *Alexander von Humboldt,* Aus meinem Leben. Autobiographische Bekenntnisse [München 1987; zit. Biermann, Humboldt: Aus meinem Leben].

Biggar, H. P., ed., The Works of *Samuel de Champlain,* 6 Bde. [Toronto 1922; zit. Biggar, Works of Champlain I–VI].

Biggar, H. P., ed., A Collection of Documents relating to *Jacques Cartier* and the *Sieur of Roberval* [Ottawa 1930; zit. Biggar, Documents].

Bitterli, U., ed., Die Entdeckung und Eroberung der Welt, 2 Bde. [München 1980; zit. Bitterli, Entdeckung und Eroberung I, II].

Bland, E., The Discovery of New Brittaine; in: March of America Facsimile Series, Bd. XXIV [Ann Arbor 1966].

Bolton, H. E., ed., *Kino's* Historical Memoir of Pimería Alta 1683–1711 [Cleveland 1919; zit. Bolton, Kino's Historical Memoir].

Bolton, H. E., ed., *Anza's* California Expeditions [Berkeley 1930].

Bravo, C., ed., *Francisco de Xerez,* Verdadera relación de la conquista del Perú [Madrid 1985; zit. Bravo, Xerez: Verdadera relación].

Buron, E., ed., *Pierre d'Ailly,* Imago Mundi, 2 Bde. [Paris 1930].

Burpee, L. J., ed., York Factory to the Blackfeet Country. The Journal of *Anthony Hendry;* in: Proceedings and Transactions of the Royal Society of Canada, 3rd series, Bd. I [1907; zit. Burpee, Henday: Journal].

Caro, M. A., ed., *Juan de Castellanos,* Obras, Bd. IV [Bogotá 1955; zit. Caro, Castellanos: Obras IV].

Catesby, M., The Natural History of Carolina, Florida, and the Bahama Islands; Containing the Figures of Birds, Beasts, Fishes, Serpents, Insects, and Plants; Particularly the Forest-trees, Shrubs and other Plants, 2 Bde. [London 1731].

Charlevoix, P.-F.-X. de, Histoire et description générale de la Nouvelle France, 3 Bde. [Paris 1744; zit. Charlevoix, Histoire I–III].

Christy, M., ed., The Voyages of Captain *Luke Foxe* and Captain *Thomas James,* 2 Bde. [London 1894; zit. Christy, Foxe and James: Voyages].

Collinson, R., ed., The three Voyages of *Martin Frobisher* [London 1867; zit. Collinson, Frobisher: Three Voyages].

Dankers, J., and Sluyter, P., Journal of a Voyage to New York; in March of America Facsimile Series, Bd. XVII [Ann Arbor 1966].

Darlington, W. M., ed., *Christophers Gist's* Journal [Pittsburgh 1893].

Denton, D., A Brief Description of New York, Formerly Called New Netherlands; in: March of America Facsimile Series, Bd. XXVI [Ann Arbor 1966; zit. Denton, March of America XXVI].

D'Escragnolle Taunay, A., ed., Relatos monçõeiros [São Paulo 1952].

Díaz Maderuelo, R., ed., *Gaspar de Carvajal, Pedro de Almesto y Alonso de Rojas,* La aventura del Amazonas [Madrid 1968; zit. Díaz Maderuelo, Carvajal: Amazonas].

Doughty, A. C., and Martin, Ch., eds., The *Kelsey* Papers [Ottawa 1929].

Edmundson, G., ed., Journal of the Travels and Labours of Father *Samuel Fritz* in the River of the Amazonas between 1686 and 1723 [London 1922; zit. Edmundson, Fritz: Journal].

Engl, Th. und L., eds., Die Eroberung Perus in Augenzeugenberichten [München 1975; zit. Engl, Eroberung Perus].

Esteve Barba, F., ed., *Christóbal de Molina,* Relación de muchas cosas acaescidas en el Perú [Madrid 1968; zit. Esteve Barba, Molina: Relación].

Falkner, Th., Beschreibung von Patagonien und den angrenzenden Teilen von Südamerika [Gotha 1775; zit. Falkner, Patagonien].

Ferrando, R., ed., *Alvar Núñez Cabeza de Vaca,* Naufragios y Comentarios [Madrid 1984; zit. Ferrando, Cabeza de Vaca: Naufragios y Comentarios].

Filson, J., The Discovery and Settlement of Kentucke; in: March of America Facsimile Series, Bd. L [Ann Arbor 1966; zit. Filson, March of America L].

Fisher, R., and Bumsted, J. M., eds., An Account of a Voyage to the North West Coast of America in 1785 und 1786 [Seattle 1982].

Force, P., ed., Tracts and Other Papers relating principally to the Origin, Settlement, and Progress of the Colonies in North America, 4 Bde. [New York 1947].

Friede, J., ed., *Pedro de Aguado*, Recopilación Historial, 4 Bde. [Bogotá 1956].
Friede, J., ed., *Gonzalo Jiménez de Quesada* a través de documentos históricos [Bogotá 1960; zit. Friede, Quesada: Documentos].
Friede, J., ed., *Nicolaus Federmann*, Indianische Historia [München 1965].
Gabaldón Márquez, J., ed., Descubrimiento y conquista de Venezuela, 2 Bde. [Caracas 1962; zit. Gabaldón Márquez, Descubrimiento I, II].
Gaffarel, P., ed., *André Thevet*, Les singularités de la France antarctique autrement nommée Amérique [Paris 1878; zit. Gaffarel, Thevet: Singularités].
Gandía, E., ed., *Ruy Díaz de Guzmán*, La Argentina [Madrid 1986; zit. Gandía, Guzmán: Argentina].
Gicklhorn, J. und R., eds., Im Kampf um den Amazonenstrom. Das Forscherschicksal des Pater *Samuel Fritz*. Schriften, Karten und Briefe [Prag 1943; zit. Gicklhorn, Fritz: Schriften].
Góngora Marmolejo, A. de, Historia de Chile; in: Memorial Histórico Español, Bd. IV [Madrid 1852; zit. Góngora Marmolejo, Historia de Chile].
Gosch, C. C. A., ed., Danish Arctic Expeditions 1605 to 1620, 2 Bde. [London 1897].
Gravier, G., ed., Le Canarien, livre de la conquète et conversion des Canaries [Rouen 1874].
Greenlee, W. B., ed., The Voyage of *Pedro Alvares Cabral* to Brazil and India [London 1938; zit. Greenlee, Cabral: Voyage].
Hakluyt, R., ed., Divers Voyages Touching the Discoverie of America; in: March of America Facsimile Series, Bd. V [Ann Arbor 1966].
Hammond, G. P., ed., Expedition into New Mexico made by *Antonio de Espejo* 1582–1583 [Los Angeles 1929].
Harlow, V. T., ed., The Discoverie of the large and bewtiful Empire of Guiana by Sir *Walter Raleigh* [London 1928; zit. Ralegh: Discoverie of Guiana].
Harlow, V. T., ed., *Ralegh's* Last Voyage [London 1932].
Hauff, H., ed., *Alexander von Humboldt*, Reise in die Aequinoctial-Gegenden des neuen Continents, 4 Bde. [Stuttgart 1859–1860; zit. Hauff, Humboldt: Aequinoctial-Gegenden I–IV].
Henry, A., Travels and Adventures in Canada and the Indian Territories; in: March of America Facsimile Series, Bd. XXXXIII [Ann Arbor 1966; zit. Henry, March of America XXXXIII].
Hernández, M., ed., *Hernán Cortés*, Cartas de relación [Madrid 1985; zit. Hernández, Cortés: Cartas].
Hilton, S. L., ed., *Garcilaso de la Vega*, La Florida del Inca [Madrid 1986; zit. Hilton, Garcilaso: Florida del Inca].
Hodge, F. W., and Lewis, T. H., eds., Spanish Explorers in the Southern United States 1528–1543 [New York 1907; zit. Hodge, Spanish Explorers].
Hodge, F. W., and Lummis, C. F., eds., The Memorial of Fray *Alonso de Benavides* [Chicago 1916].
Hodge, F. W., ed., History of New Mexico by *Gaspar Pérez de Villagrá* [Los Angeles 1933; zit. Hodge, Villagrá: New Mexico].
Hosmer, J. K., ed., *Winthrop's* Journal. History of New England 1630–1649, 2 Bde. [New York 1906; zit. Hosmer, Winthrop: Journal, I, II].
Humboldt, A. von, Essai politique sur le Royaume de la Nouvelle-Espagne, 2 Bde. [Paris 1808; zit. Humboldt, Essai politique I, II].
Humboldt, A. von, Versuch über den politischen Zustand des Königreichs Neu-Spanien, 4 Bde. [Tübingen 1809; zit. Humboldt, Versuch I–IV].
Humboldt, A. von, Examen critique de l'Histoire de la Géographie du Nouveau Continent, 5 Bde. [Paris 1814–1834; zit. Humboldt, Examen critique].
Humboldt, A. von, Relation historique du voyage aux régions équinoxiales du Nouveau Continent, fait en 1799, 1800, 1801, 1802, 1803 et 1804 [Paris 1814, 1819, 1825].
Humboldt, A. von, Essai politique sur l'île de Cuba, 2 Bde. [Paris 1826].

Humboldt, A. von, Kleinere Schriften, 2 Bde. [Stuttgart 1853; zit. Humboldt, Kleinere Schriften I, II].
Humboldt, A. von, Ansichten der Natur, 2 Bde. [Stuttgart 1859; zit. Humboldt, Ansichten I, II].
Ingram, D., The Relation of David Ingram; in: March of America Facsimile Series, Bd. XIV [Ann Arbor 1966].
Jacob, E. G., ed., *Christoph Kolumbus*. Bordbuch, Briefe, Berichte, Dokumente [Bremen 1956].
Jane, C., ed., Select Documents Illustrating the Four Voyages of *Columbus*, 2 Bde. [London 1930–1933; zit. Jane, Columbus: Select Documents I, II].
Johnston, J. S., ed., First Explorations of Kentucky [Louisville 1898].
Jones, G., ed., The Norse Atlantic Saga [London 1964].
Julien, Ch.-A., ed., Les Français en Amérique pendant la première moitié du XVIe siècle. Textes des voyages de *Gonneville, Verrazano, Cartier* et *Roberval* [Paris 1946; zit. Julien, Français en Amérique].
Kalm, P., Des Herrn Peter Kalms Beschreibung der Reise, die er nach dem nördlichen Amerika... unternommen hat, 3 Bde.; in: Sammlung neuer und wichtiger Reisen [Göttingen 1754–1764].
Kellogg, L. P., ed., Early Narratives of the Northwest 1634–1699 [New York 1959; zit. Kellogg, Early Narratives].
Kinnaird, L., ed., The Frontiers of New Spain. *Nicolas de Lafora's* Description 1766–1768 [Berkeley 1958; zit. Kinnaird, Lafora: Description].
Klingelhöfer, H., ed., *Peter d'Anghiera Martyr*, Acht Dekaden über die Neue Welt, 2 Bde. [Darmstadt 1972; zit. Klingelhöfer, Martyr: Dekaden I, II].
Klüpfel, K., ed., *Niklaus Federmanns* und *Hans Stadens* Reisen in Südamerica [Stuttgart 1859; zit. Klüpfel, Federmann: Reisen].
La Hontan, L.-A. de, Nouveaux voyages de... dans l'Amérique septentrionale, 2 Bde. [La Haye 1703].
Lamb, W. K., ed., The Journals and Letters of Sir *Alexander Mackenzie* [Cambridge 1970; zit. Lamb, Mackenzie: Journals and Letters].
Lamb, W. K., ed., A Voyage of Discovery to the North Pacific Ocean and Round the World 1791–1795, 3 Bde. [London 1984; zit. Lamb, Vancouver: Voyage of Discovery I–III].
Lawson, J., A New Voyage to Carolina; in: March of America Facsimile Series, Bd. XXXV [Ann Arbor 1966; zit. Lawson, March of America XXXV].
Lederer, J., The Discoveries of John Lederer; in: March of America Facsimile Series, Bd. XXV [Ann Arbor 1966; zit. Lederer, March of America XXV].
Leite, S., ed., Cartas dos primeiros jesuitas do Brasil, 3 Bde. [São Paulo 1954–1958].
León-Portilla, M., ed., Broken Spears: The Aztec Account of the Conquest of Mexico [Boston 1962].
León-Portilla, M. und Heuer, R., Rückkehr der Götter. Die Aufzeichnungen der Azteken über den Untergang ihres Reiches [München 1965; zit. León-Portilla, Rückkehr der Götter].
León-Portilla, M., ed., *Bernal Díaz del Castillo*, Historia verdadera de la conquista de la Nueva España, 2 Bde. [Madrid 1984; zit. León-Portilla, Díaz: Historia verdadera A, B].
Le Page du Pratz, A., Histoire de la Louisiane, 3 Bde. [Paris 1758].
Levillier, R., ed., *Américo Vespucio*, El Nuevo Mundo; Cartas relativas a sus viajes y descubrimientos [Buenos Aires 1951; zit. Levillier, Vespucio: Cartas].
Lincoln, Ch. H., ed., Narratives of the Indian Wars 1675–99 [New York 1913].
López de Gómara, F., Historia General des las Indias, 2 Bde. [Barcelona 1985; zit. López de Gómara, Historia General I, II].
Lussagnet, S., ed., Les Français en Floride [Paris 1958].
Magnusson, M., and Pálsson, H., eds., The Vinland Sagas [Harmondsworth 1965].
Margry, P., ed., Mémoires et documents pour servir à l'histoire des origines françaises des

pays d'Outre-Mer. Découvertes et établissements des Français dans l'Ouest et dans le Sud de l'Amérique septentrionale, 6 Bde. [Paris 1879 ff.; zit. Margry, Mémoires et documents I–VI].

Markham, A. H., ed., The Voyages and Works of *John Davis* [London 1880].

Markham, C. R., ed., Expeditions into the Valley of the Amazonas, 1539, 1540, 1639 [London 1859; zit. Markham, Expeditions].

Markham, C. R., ed., Reports on the Discovery of Peru [London 1872; zit. Markham, Reports].

Markham, C. R., ed., The Voyages of *William Baffin* [London 1881; zit. Markham, Baffin: Voyages].

Markham, C. R., ed., Early Spanish Voyages to the Strait of Magellan [London 1911; zit. Markham Spanish Voyages].

Markham, C. R., ed., The Conquest of New Granada [London 1912].

Masefield, J., ed., Richard Hakluyt, Voyages in Eight Volumes [London 1967 ff.; zit. Masefield, Hakluyt: Voyages I–VIII].

Maudsley, A. P., ed., The True History of the Conquest of New Spain, 3 Bde. [London 1908; zit. Maudsley, True History].

McWilliams, G., ed., *Iberville's* Gulf Journal [Alabama 1981].

Medina, J. T., ed., Cartas de *Pedro de Valdivia* que tratan del Descubrimiento y Conquista de Chile [Santiago de Chile 1953; zit. Medina, Cartas de Pedro de Valdivia].

Mereness, N. D., ed., Travels in the American Colonies [New York 1916].

Meusel, J. G., ed., Zeitung aus India Junckher Philipps von Hutten; in: Historisch-litterarisches Magazin, Erster Theil [Bayreuth und Leipzig 1785; zit. Meusel, Hutten: Zeitung aus India].

Michaux, A., Histoire des chênes de l'Amérique septentrionale [Paris 1801; zit. Michaux, Chênes de l'Amérique].

Michaux, F. A., Voyage à l'ouest des monts Alléghanys, dans les états de l'Ohio, du Kentucky et du Tennessee, et retour à Charleston [Paris 1804; zit. Michaux, Voyage].

Milanesi, M., ed., Giovanni Battista Ramusio, Navigazioni e Viaggi, 6 Bde. [Torino 1978 ff.; zit. Milanesi, Ramusio: Navigazioni I ff.].

Minguet, H., ed., *Charles-Marie de La Condamine,* Voyage sur l'Amazone [Paris 1981; zit. Minguet, La Condamine: Voyage].

Mollat, M. et Habert, J., eds., *Giovanni* et *Girolamo Verrazano,* navigateurs de François 1er. Dossiers de voyage [Paris 1982; zit. Mollat, Habert, Verrazano: Dossiers de voyage].

Montalboddo, F., Paesi novamente retrovati [Vicenza 1507; zit. Montalboddo, Paesi novamente retrovati].

Morisot, J. Cl., ed., Histoire d'un voyage fait en la terre du Brésil par *Jean de Léry* [Genève 1975; zit. Morisot, Léry: Voyage].

Münster, S., Cosmographia, das ist: Beschreibung der ganzen Welt [Lindau 1984].

Neumann, F., ed., *Daniel Denton,* A Brief Description of New York [Cleveland 1902].

O'Callaghan, E. B., and Fernow, B., eds., Documents relative to the Colonial History of the State of New York, 12 Bde. [Nes York 1856].

Oexmelin, A. O., Histoire des aventuriers flibustiers [Paris 1699].

Oviedo y Baños, J. de, Historia de la Conquista y Población de la Provincia de Venezuela [Caracas 1967; zit. Oviedo y Baños, Historia].

Pagden, A. R., ed., *Hernán Cortés,* Letters from Mexico [Oxford 1972].

Palau, M., ed., Viaje científico y político a la América Meridional, a las Costas del Mar Pacífico y a las Islas Marianas y Filipinas... Diario de viaje de *Alejandro Malaspina* [Madrid 1984; zit. Palau, Malaspina: Diario].

Peden, W., ed., *Thomas Jefferson,* Notes on the State of Virginia [New York 1954; zit. Peden, Jefferson: Notes].

Pérez de Tudela Bueso, J., ed., *Gonzalo Fernández de Oviedo,* Historia General y Natural de las Indias, 5 Bde. [Madrid 1959; zit. Pérez, Oviedo: Historia I–V].

Pierce, R. A., ed., A Voyage to America 1783–1786 [Kingston, Ont. 1981].

Pizarro, P., Relación del descubrimiento y conquista de los reinos del Perú [Buenos Aires 1944; zit. Pizarro, Relación].
Plischke, H., ed., *Ulrich Schmidel*, Wahrhaftige Historien einer wunderbaren Schiffahrt [Graz 1962].
Quinn, D. B., ed., Voyages and Colonising Enterprises of Sir *Humphrey Gilbert*, 2 Bde. [London 1940].
Quinn, D. B., ed., The Roanoke Voyages 1584–1590, 2 Bde. [London 1955; zit. Quinn, Roanoke Voyages I, II].
Quinn, D. B., ed., The Last Voyage of *Thomas Cavendish* [Chicago 1974].
Quinn, D. B., ed., New American World. A Documentary History of North America to 1612, 5 Bde. [London 1979; zit. Quinn, New American World I–V].
Quinn, D. B., ed., The English New England Voyages 1602–1608 [London 1983; zit. Quinn, New England Voyages].
Ramos Pérez, D., ed., *Pedro Simón*, Noticias Historiales de Venezuela, 2 Bde. [Caracas 1963].
Reim, H., ed., *Joseph-François Lafitau*, Die Sitten der amerikanischen Wilden im Vergleich zu den Sitten der Frühzeit [Weinheim 1987; zit. Reim, Lafitau: Sitten der Wilden].
Robertson, J. A., ed., *Antonio Pigafetta*, Magellan's Voyage around the World, 3 Bde. [Cleveland 1906; zit. Robertson, Pigafetta: Magellan's Voyage I–III].
Rogers, R., Journal of Major Robert Rogers; in: March of America Facsimile Series, Bd. XXXXIV [Ann Arbor 1966; zit. Rogers, March of America XXXXIV].
Rundall, Th., ed., Narratives of Voyages Towards the North-West [London 1849; zit. Rundall, Voyages].
Sáenz de Santa María, C., ed., *Garcilaso de la Vega*, Obras Completas, Bde. III, IV [Madrid 1960/65].
Sáenz de Santa María, C., ed., *Pedro de Cieza de León*, Obras Completas, 3 Bde. [Madrid 1984–85; zit. Sáenz de Santa María, Cieza de León: Obras I–III].
Saint-Lu, A., ed., *Bartolomé de las Casas*, Historia de las Indias, 3 Bde. [Caracas 1956; zit. Saint-Lu, Las Casas: Historia I–III].
Salamanca, C. de, ed., *Alonso de Ercilla y Zuñiga*, La Araucana [Madrid 1969; zit. Salamanca, Ercilla: Araucana].
Schelbert, L., ed., Der *Kolumbus*-Brief. Fanal einer neuen Zeit [Zürich/Dietikon 1978].
Schmitt, E., ed., Dokumente zur Geschichte der europäischen Expansion, Bde. I–IV [München 1984 ff.; zit. Schmitt, Dokumente I–IV].
Schouten, W. C., The Relation of a Wonderful Voyage made by William Cornelison Schouten of Horne [Amsterdam 1969; zit. Schouten, Relation].
Seco Serrano, C., ed., Martín Fernández de Navarrete, Colección de los viajes y descubrimientos, 5 Bde. [Madrid 1954/1964; zit. Seco, Navarrete: Colección I–V].
Selmer, C., ed., Navigatio Sancti Brendani Abbatis [Nôtre Dame 1959].
Shea, J. G., ed., A Description of Louisiana by Father *Hennepin* [Ann Arbor 1966; zit. Shea, Hennepin: Description].
Sinclair, J. H., ed., *Cristóbal de Mena*, The Conquest of Peru, as recorded by a member of the Pizarro expedition [New York 1929].
Skelton, R. A., ed., *Antonio Pigafetta*, Magellan's Voyage. A Narrative Account of the First Circumnavigation, 2 Bde. [New Haven 1969; zit. Skelton, Pigafetta: Magellan's Voyage I, II].
Smith, H. G., ed., The Explorations of the *La Vérendryes* in the Northern Plains 1738–43 [Lincoln 1980; zit. Smith, La Vérendrye: Explorations].
Smith, J., The Generall Historie of Virginia, New-England, and the Summer Isles; in: March of America Facsimile Series, Bd. XVIII [Ann Arbor 1966].
Stanley, Lord Stanley of Alderly, ed., The First Voyage round the World by *Magellan* [London 1874].
Steiner, G., ed., *Forster, G.*, Reise um die Welt; in: Gesammelte Werke in vier Bänden [Frankfurt 1967; zit. Steiner, Forster: Reise um die Welt].

Stephens, W., A Journal of the Proceedings in Georgia; in: March of America Facsimile Series, Bd. XXXVII [Ann Arbor 1966; zit. Stephens, March of America XXXVII].

Taylor, E. G. R., ed., The Original Writings and Correspondence of the two Richard Hakluyts, 2 Bde. [London 1935].

Temple, R. C., ed., The World Encompassed by Sir *Francis Drake* [Amsterdam 1971].

Termer, F., ed., Der erste und zweite Bericht des *Pedro de Alvarado* über die Eroberung von Guatemala und El Salvador [Hamburg 1948].

Thwaites, R. G., ed., The Jesuit Relations and Allied Documents, 73 Bde. [Cleveland 1896–1901; zit. Thwaites, Jesuit Relations I ff.].

Thwaites, R. G., ed., Early Western Travels 1748–1846 [Cleveland 1904].

Tyrrell, J. B., ed., A Journey from Prince of Wale's Fort in Hudson's Bay to the Northern Ocean by *Samuel Hearne* [Toronto 1911; zit. Tyrell, Hearne: Journey].

Vachon, A., ed., Rêves d'empire. Les documents de notre histoire. Le Canada avant 1700 [Ottawa 1982; zit. Vachon, Canada].

Varela, C., ed., *Cristóbal Colón,* Textos y documentos completos. Relaciones de viajes, cartas y memoriales [Madrid 1982; zit. Varela, Colón: Textos y documentos].

Varner, J. J., ed., *José de Oviedo y Baños,* The Conquest and Settlement of Venezuela [Berkeley 1987].

Vaughan, A. T., ed., *William Wood's* «New England's Prospect» [Amherst 1977; zit. Vaughan, Wood: Prospect].

Vedia, E. de, ed., *Agustín de Zárate,* Historia del Descubrimiento y Conquista del Perú [Madrid 1947; zit. Vedia, Zárate: Historia].

Wagner, H. R., ed., The Discovery of New Spain in 1518 by *Juan de Grijalva* [New York 1969].

Waldseemüller, M., Cosmographiae Introductio; in: March of America Facsimile Series, Bd. II [Ann Arbor 1966].

Washington, G., The Journal of Major Washington; in: March of America Facsimile Series, Bd. XXXXII [Ann Arbor 1966; zit. Washington, March of America XXXXII].

Williams, S. C., ed., Early Travels in the Tennessee Country 1540–1800 [Johnson City 1928].

Williamson, J. A., ed., The *Cabot* Voyages and Bristol Discovery under Henry VII [Cambridge 1962; zit. Williamson, Cabot: Voyages].

Wilmere, A., ed., Narrative of a Voyage to the West Indies and Mexico in the Years 1599–1602 by *Samuel Champlain* [London 1859; zit. Wilmere, Champlain: Voyage to the West Indies].

Winship, G. P., ed., The Journey of *Coronado* 1540–1542 [Ann Arbor 1966; zit. Winship, Castañeda: Journey].

Wroth, L. C., ed., The Voyages of *Giovanni Verrazzano* 1524–1528 [London 1970; zit. Wroth, Verrazano: Voyages].

II. Fachliteratur

Die folgende kommentierte Bibliographie beschränkt sich auf einige Werke, die für eine vertiefende Lektüre in einzelnen Sachbereichen besonders zu empfehlen sind. Weitere Literatur wird im Anmerkungsteil aufgeführt.

1. Gesamtdarstellungen

Zwei Klassiker der Entdeckungsgeschichte, den ganzen Globus erfassend, sind *Baker, J. N. L.*, «A History of Geographical Discovery and Exploration» [London 1931; zit. Baker, Geographical Discovery] und *Parry, J. H.*, «The Age of Reconnaissance» [New York 1963; auch deutsch: München 1978; zit. Parry, Reconnaissance]. Die kontroverse

Geschichte der vorkolumbischen Reisen wird auf Grund des aktuellen Forschungsstandes dargestellt bei *Fernández-Armesto, F.*, «Before Columbus: Exploration and Colonisation from the Mediterranean to the Atlantic, 1229–1492» [London 1987; zit. Fernández-Armesto, Before Columbus]. Besonders wertvoll als Darstellung des kulturgeschichtlichen Hintergrunds der frühen Reisen sind *Penrose, B.*, «Travel and Discovery in the Renaissance, 1420–1620» [New York 1975, Erstausgabe 1952; zit. Penrose, Travel] und *Mollat, M.*, «Les explorateurs du XIIIe au XVIe siècle. Premiers regards sur des mondes nouveaux» [Paris 1984; zit. Mollat, Explorateurs]. Über die französische Entdeckungsgeschichte der Aufklärung hat vor allem *N. Broc* gearbeitet: «La géographie des philosophes. Géographes et voyageurs français au XVIIIe siècle» [Paris 1974; zit. Broc, Géographie des philosophes]. Die Geschichte der Seefahrten findet eine kompetente Darstellung bei *Parry, J. H.*, «The Discovery of the Sea» [London 1974; zit. Parry, Discovery of the Sea]. Ein älteres Standardwerk, das Nord- und Südamerika erfaßt, ist *Friederici, G.*, «Der Charakter der Entdeckung und Eroberung Amerikas durch die Europäer», 3 Bde. [Nachdruck der Erstausgabe von 1925–1936 in Osnabrück 1969; zit. Friederici I–III]. Verschiedentlich ist die Geschichte der Entdeckungsreisen auch in lexikographischer Form dargestellt worden. Die eingehendste und beste dieser Darstellungen stammt von *Henze, D.*, «Enzyklopädie der Entdecker und Erforscher der Erde», bisher 3 Bde. [Graz 1978 ff.; zit. Henze I–III]. Eine wesentlich kürzere Darstellung dieser Art verdanken wir *Delpar, H.* und zahlreichen Mitarbeitern: «The Discoverers. An Encyclopedia of Explorers and Exploration» [New York 1980; zit. Delpar, Discoverers].

Die zur Zeit beste Gesamtdarstellung der Kolonialgeschichte in deutscher Sprache bietet das vierbändige Werk von *Reinhard, W.*, «Geschichte der europäischen Expansion», insbesondere Bd. II, der sich mit Amerika befaßt [Stuttgart 1985; zit. Reinhard, Expansion I, II]. Das bereits unter der Quellenliteratur erwähnte mehrbändige Werk von *Schmitt, E.*, «Dokumente zur Geschichte der europäischen Expansion» kann dank seiner guten Einführungskapitel und nützlichen bibliographischen Hinweise auch als Gesamtdarstellung gelesen werden. Die geistesgeschichtlichen Auswirkungen der kolonialen Kontakte in Übersee sind dargestellt bei *Bitterli, U.*, «Die ‹Wilden› und die ‹Zivilisierten›. Grundzüge einer Geistes- und Kulturgeschichte der europäisch-überseeischen Begegnung» [München 1976, Neuaufl. 1991; zit. Bitterli, Wilde und Zivilisierte]. Ein wichtiges Werk in französischer Sprache mit erschöpfenden bibliographischen Angaben hat *P. Chaunu* publiziert: «L'expansion européenne du XIIIe au XVe siècle [Paris 1969; zit. Chaunu, Expansion européenne]. Eine hervorragende Darstellung der europäischen Voraussetzungen für die Herausbildung der überseeischen Kolonialreiche gibt *Scammell, G. V.*, «The World Encompassed. The First European Maritime Empires c. 800–1650» [Cambridge 1981; zit. Scammell, World Encompassed]. In den letzten Jahren sind zwei Werke herausgekommen, die aus globaler Sicht neuen Einblick in die geographischen und anthropologischen Entwicklungen der Kolonialgeschichte ermöglichen, nämlich *Meinig, D. W.*, «The Shaping of America. A Geographical Perspective on 500 Years of History, Bd. I: Atlantic America, 1492–1800» [New Haven 1986; zit. Meinig, Shaping of America] und *Wolf, E. R.*, «Europe and the People Without History» [Berkeley 1982; auch deutsch: Frankfurt 1986; zit. Wolf, People Without History].

Zur Geschichte der kartographischen Erfassung der Erde sei auf das Standardwerk von *L. Bagrow* und *R. A. Skelton*, «Meister der Kartographie» [Berlin 1973; zit. Bagrow, Kartographie] hingewiesen, ferner auf *Tooley, R. W.* u. a., «Landmarks of Mapmaking. An Illustrated Survey of Maps and Mapmakers" [Amsterdam 1968; zit. Tooley, Landmarks].

Zur Geschichte der Indianer empfiehlt sich in deutscher Sprache die Gesamtdarstellung von *Lindig, W.* und *Münzel, M.*, Die Indianer. Kulturen und Geschichte der Indianer Nord-, Mittel- und Südamerikas [München 1976; zit. Lindig, Münzel, Indianer].

2. Mittel- und Südamerika

Von der umfangreichen Literatur, die sich mit Kolumbus befaßt, seien die Werke des wohl besten Kenners hervorgehoben: *Morison, S. E.*, «Christopher Columbus. Admiral of the Ocean Sea» [London 1942; zit. Morison, Columbus] und «The European Discovery of America. The Southern Voyages 1492–1616» [New York 1974; zit. Morison, Southern Voyages]. Eine eingehende Diskussion neuerer Forschungsergebnisse nimmt *P. E. Taviani* vor: «Christopher Columbus. The Grand Design» [London 1985; zit. Taviani, Columbus]. Zu Alexander von Humboldt ist die große Biographie von *H. Beck*, «Alexander von Humboldt», 2 Bde. [Wiesbaden 1959–61; zit. Beck, Humboldt I, II] beizuziehen.

Die Entdeckung einzelner Regionen Mittel- und Südamerikas ist in sehr eingehenden spanischen Werken älteren Erscheinungsdatums untersucht worden: *Altolaguirre y Duvale, A. de*, «Descubrimiento y Conquista de México» [Barcelona 1954; zit. Altolaguirre, Descubrimiento de México]; *Ballesteros Gaibrois, M.*, «Descubrimiento y Conquista del Perú» [Barcelona 1963; zit. Ballesteros Gaibrois, Perú]; *Rubio y Esteban, J. M.*, «Exploración y Conquista del Río de la Plata» [Barcelona 1942; zit. Rubio y Esteban, Exploración del Río de la Plata]; *Esteve Barba, F.*, «Descubrimiento y Conquista de Chile» [Barcelona 1946; zit. Esteve Barba, Conquista de Chile].

Über die Konquistadorenzüge gibt es eine reichhaltige Literatur. Eine noch immer sehr zuverlässige Kurzfassung des Geschehens gibt *Kirkpatrick, F. A.*, «The Spanish Conquistadores» [London 1934; auch deutsch: München o. J.; zit. Kirkpatrick, Conquistadores]. *R. Konetzke* stellt die frühen Seefahrten und Landreisen in Mittelamerika sehr anschaulich dar: «Entdecker und Eroberer Amerikas. Von Christoph Kolumbus bis Hernán Cortés [Frankfurt 1963; zit. Konetzke, Entdecker]. Die beste und eingehendste, auf Grund umfassender Quellenkenntnis erarbeitete Darstellung zur Eroberung Perus gibt *Hemming, J.*, «The Conquest of the Incas» [London 1970; zit. Hemming, Conquest]. Vom selben Autor stammen einschlägige Publikationen zur Entdeckungsgeschichte Venezuelas und Brasiliens: «The Search for El Dorado» [London 1978; zit. Hemming, Search for El Dorado] und «Red Gold. The Conquest of the Brazilian Indians» [London 1978; zit. Hemming, Red Gold]. Die Autorität zu den Welser-Zügen in Venezuela ist *Friede, J.*, «Los Welser en la conquista de Venezuela» [Caracas 1961; zit. Friede, Los Welser]. Zwei gute Darstellungen zur Entdeckungsgeschichte Süd- und Mittelamerikas im Überblick geben *Morales Padrón, F.*, «El Descubrimiento»; in: «Gran Enciclopedia de España y América», Bd. IV [Madrid 1983; zit. Morales Padrón, Descubrimiento] und vor allem *Goodman, E. J.*, «The Explorers of South America» [New York 1972; zit. Goodman, Explorers]. Die Darstellung von *Parry, J. H.*, «The Discovery of South America» [London 1979; zit. Parry, Discovery] ist dagegen weniger vollständig.

Zu Brasilien empfiehlt sich das klassische Werk von *Burns, B. A.*, «A History of Brazil» [New York 1970; zit. Burns, History of Brazil], ferner das den ganzen portugiesischen Kolonisationsbereich erfassende Buch von *Diffie, B. W. and Winius, G. D.*, «Foundations of the Portuguese Empire 1415–1580» [Oxford 1977; zit. Diffie and Winius, Portuguese Empire]. Über die Blütezeit des kolonialen Brasilien orientiert *Boxer, C. R.*, «The Golden Age of Brazil, 1695–1750» [Berkeley 1969; zit. Boxer, Golden Age].

Zur Kolonialgeschichte Mittel- und Südamerikas im übergreifenden Zusammenhang gibt es neuerdings das von *L. Bethell* edierte Gemeinschaftswerk «The Cambridge History of Latin America», Bd. I [Cambridge 1984; zit. Bethell, Latin America I]. Das zurzeit unseres Erachtens beste Werk aus der Feder eines einzigen Autors stammt von *McAlister, L. N.*, «Spain and Portugal in the New World, 1492–1700» [Minneapolis 1984; zit. McAlister, Spain and Portugal in the New World]. Als materialreiches, flüssig geschriebenes Werk deutscher Sprache empfiehlt sich *Konetzke, R.*, «Süd- und Mittelamerika. Die Indianerkulturen Altamerikas und die spanisch-portugiesische Kolonialherrschaft» [Frankfurt 1965; zit. Konetzke, Süd- und Mittelamerika].

Das Problem der Vorstellungen, die man sich nach den frühen Entdeckungen vom amerikanischen Kontinent machte, wird behandelt in den beiden von *F. Chiapelli* herausgegebenen Sammelbänden «First Images of America» [Berkeley 1976; zit. Chiapelli, First Images I, II].

3. Nordamerika

Die Seereisen nach Nordamerika werden eingehend untersucht in *Morison, S. E.*, «The European Discovery of America. The Northern Voyages A. D. 500–1600» [New York 1971; zit. Morison, Northern Voyages]. Zum Studium der Landreisen ist noch immer unerläßlich *Brebner, J. B.*, «The Explorers of North America 1492–1806» [New York 1955; auch deutsch: Leipzig 1936; zit. Brebner, Explorers]. Das wichtigste Werk zu den frühen kolonialen Unternehmungen der Franzosen in Nordamerika ist *Julien, Ch.-A.*, «Les voyages de découverte et les premiers établissements [Paris 1948; zit. Julien, Voyages]. Zu den Pazifikreisen gibt es neuerdings die großangelegte Darstellung von *Spate, O. H. K.*, «The Pacific since Magellan» in drei Bänden [London 1979–88; zit. Spate, Pacific I–III]. Beizuziehen ist auch das auf den Nordpazifik konzentrierte Werk von *Lower, J. A.*, «Ocean of Destiny. A Concise History of the North Pacific 1500–1978» [Vancouver 1978; zit. Lower, Ocean of Destiny]. Besonderen Bezug auf Kanada nehmen die sich gegenseitig hervorragend ergänzenden Darstellungen von *Trudel, M.*, «The Beginnings of New France 1524–1663» [Toronto 1973; zit. Trudel, New France] und *Eccles, W. J.*, «The Canadian Frontier 1534–1760» [New York 1969; zit. Eccles, Canadian Frontier]. Einen hervorragenden Gesamtüberblick vermitteln die reich illustrierten, mit Quellentexten ergänzten Bände von *Cumming, W. P.* u. a., «The Discovery of North America» [London 1971; zit. Cumming, Discovery] und «The Exploration of North America» [London 1974; zit. Cumming, Exploration]. Die beiden genannten Bände erfassen in chronologischer Folge einen Zeitraum von den Wikingerfahrten bis zum Beginn des Unabhängigkeitskrieges. Zum Prozeß der Inlanderkundung als einem geistesgeschichtlich bedeutsamen Vorgang vgl. *Bakeless, J.*, «The Eyes of Discovery. America seen by the first Explorers» [New York 1961; zit. Bakeless, Discovery] und *Savage, H.*, «Discovering America 1700–1875» [New York 1979; zit. Savage, Discovering].

Von den zahlreichen Werken zum Vorgang der Kolonisation in Nordamerika sei das materialreiche, straff komponierte Werk von *Simmons, R. C.*, «The American Colonies. From Settlement to Independence» [London 1981; zit. Simmons, American Colonies] herausgegriffen. Der Vorgang der landeinwärts fortschreitenden Besiedlung Nordamerikas wird hervorragend abgehandelt bei *Billington, R. A.*, «Westward Expansion. A History of the American Frontier» [New York 1974; zit. Billington, American Frontier].

4. Bibliographien

Zur Reiseberichterstattung vgl. *Cox, E. G.*, «A Reference Guide to the Literature of Travel», 4 Bde. [Seattle 1936–38; Neudruck New York 1969]. Zur Fachliteratur vgl. *Freidel, F.*, ed., «Harvard Guide to American History», 2 Bde. [Cambridge, Mass. 1974]; *Goodman, E. J.*, «The Exploration of South America. An Annotated Bibliography» [New York 1983]; *Cole, G. L.*, «Travels in America. From the Voyages of Discovery to the Present: An Annotated Bibliography of Travel Articles in Periodicals 1955–1980» [Oklahoma 1984]. Die international wichtigste Fachzeitschrift zur Geschichte der Entdeckungsreisen ist *Terrae Incognitae:* The Journal for the History of Discoveries [Amsterdam 1969; Detroit 1980 ff.].

III. Namenregister

Abraham, Cresques 27f., 30, 33, 40
Acosta, José de 19f., 473
Acuña, Cristóbal de 277–279, 320
Aegidius Romanus 15
Aguilar, Jerónimo de 214f., 230
Aguirre, Francisco de 267, 328
Aguirre, Lope de 276f., 319
Aguirre y Montúfar, Carlos 464, 468, 470
Aguirre y Montúfar, Juan Pio 464
Ailly, Pierre d' 48, 54, 87
Alaminos, Antón de 101, 103f., 213
Alarcón, Hernando de 345, 347f.
Alarich 341
Albertus Magnus 86
Albuquerque, Afonso de 129
Alcazaba, Simón de 142
Alexander VI. 15, 66, 79, 183
Alfons V. 49
Almagro, Diego de [Vater] 240, 249, 251, 255, 257–265, 267, 271, 275
Almagro, Diego de [Sohn] 264
Almeida, Francisco de 129
Almeida Serra, Ricardo Franco de 324
Almesto, Pedrarias de 276
Altolaguirre y Duvale, Ángel de 214, 220, 226
Alvarado, Alonso de 271
Alvarado, Hernando de 345, 350
Alvarado, Pedro de 220–223, 228f., 231, 255–259, 275
Amadas, Philip 166f.
Amundsen, Roald 207, 442
Anchieta, José de 311
Andagoya, Pascual de 239
Ango, Jean 118, 156
Anna 433
Anson, George 331
Antonil [Pater] 315
Anza, Juan Batista de 436
Aranda, Juan de 130
Arellano, Alonso de 142
Aristoteles 48, 163
Arthur, Gabriel 396
Atahualpa 233, 242, 245–251, 253–255, 258, 300, 341, 465
Audubon, John James 400

Ayala, Juan de 436
Ayllón, Luis Vasquez de 161f.
Ayolas, Juan de 128, 325
Azpilcueta Navarro, João de 311

Bacon, Francis 431
Bacon, Roger 86
Baffin, William 202–204
Baker, John N. L. 12
Balboa, Vasco Núñez de 71, 81, 96–99, 103, 123, 129, 139, 212, 227, 232, 241, 286, 466
Banks, Joseph 450
Baranow, Alexander Andrejewitsch 436
Barbour, Philip L. 179
Barlowe, Arthur 166f.
Barre, Le Febvre de la 377
Barros, João de 50
Bartolozzi 113f.
Bartram, John 390–392, 400, 409
Bastidas, Rodrigo de 95f., 295, 297
Batts, Thomas 396
Baudin, Nicolas 451, 460, 465
Beaujeu 377
Becerra, Diego de 235
Beck, Hanno 452, 472
Beckmann, Johann 450
Behaim, Martin 32, 129
Benalcázar, Sebastián de 241, 255–258, 292, 301f.
Benavides, Alonso de 351
Bering, Vitus 433f., 436, 448
Berkeley, William 394, 396
Bernáldez, Andrés 72
Bernardin de Saint-Pierre, Henri 456
Berrío, Antonio de 302–304, 307
Berrío, Fernando de 307
Berry, Leonard 306
Best, George 195
Béthencourt, Jean de 29
Biard, Pierre 364
Billington, Ray Allen 403
Bingham, George Caleb 408
Bland, Edward 393
Block, Adriaen 15, 181
Blumenbach, Johann Friedrich 450, 458

Namenregister

Bobadilla, Francisco de 77, 79 f.
Bodega y Quadra, Juan Francisco de 437
Bodmer, Karl 418
Bolívar, Simón 479
Bonnefoy, Antoine 405
Bonpland, Aimé 284, 451–453, 455, 457–461, 463 f., 467 f., 470
Boone, Daniel 408 f.
Bosco, Fernando del 351
Bougainville, Louis Antoine de 22, 167, 439
Bouguer, Pierre 283
Boxer, Charles R. 316
Bradford, William 384
Brandt, Sebastian 91
Braudel, Fernand 39
Brébeuf, Jean de 364 f.
Brebner, John Bartlett 419, 431
Brehm, Alfred 436
Bremen, Adam von 34
Brendan 32
Brieba, Diego de 277
Brugh, Peter van 389
Brulé, Etienne 359–361, 366 f., 389, 415
Bry, Theodor de 115, 122, 167, 172
Buffon, Georges Louis Leclerc, comte de 22
Burckhardt, Jacob 117
Button, Thomas 202, 361
Bylot, Robert 202–204
Byrd, William 396
Byron, Lord 408

Cabeza de Vaca, Alvar Núñez 105, 325–327, 333–338, 342 f., 347, 351, 430 f.
Cabot, John 13 f., 57, 74, 86, 95, 124, 150–156, 162–164, 381
Cabot, Sebastian 124–127, 136, 142, 151, 154 f., 195, 291, 310, 325
Cabral, Gonçalo Velho 30
Cabral, Pedro Álvares 31, 108, 110–113, 116 f., 123, 154, 308
Cabrillo, Juan Rodríguez 235, 348
Cadamosto, Alvise da 31
Cáldas, Francisco José de 464
Calvert, Cecilius 174
Calvin, Jean 119
Camargo, Alonso de 143, 266
Camargo, Fernão de 313
Caminha, Pero Vaz de 111 f., 114, 132
Cantino, Alberto 20, 154
Caravallo 104
Cardiel, José 331
Cardim, Fernão 311
Cartagena, Juan de 130–132, 135 f., 138

Cartier, Jacques 14, 17, 156, 182–195, 353–355
Carvajal, Gaspar de 272–274, 277
Carvajal, Juan de 295
Cassini, Jacques 283
Castañeda, Pedro de 337, 345–348
Castellanos, Juan de 299
Castillo, Alonso del 335 f.
Castlereagh, Robert Stewart, Viscount 431
Castro, Fidel 72
Catesby, Mark 398, 400
Cavendish, Thomas 146, 200
Cerda, Luis de la 28 f.
Cermeño, Sebastián Rodríguez 349
Cervantes, Miguel de 383
Chalcochima 246 f., 251
Champlain, Samuel de 194, 354–364, 367, 378, 385, 408, 447
Chanca, Diego 67 f., 70
Charlevoix, Pierre-François-Xavier de 415 f.
Chartier, Martin 405
Chaste, Aymar de 354, 356
Chateaubriand, François René, vicomte de 379
Chaumonot, Pierre Joseph Marie 367
Chauvin de Tonnetuit, Pierre 353, 356
Chermont, Teodosio Constantino de 324
Christian IV. 203
Cieza de León, Pedro 242, 247, 254 f., 270 f.
Clark, William 412, 432, 439, 444, 448, 470
Clavus, Claudius 36
Clemens VII. 183
Clerke, Charles 438
Cocking, Matthew 420, 423
Coelho, Gonçalo 112 f., 115, 117, 131, 308
Colbert, Jean-Baptiste 364, 369, 374, 381
Coligny, Gaspar de 119, 122
Collaert, Adriaen 274
Colón, Bartolomé [Bruder] 47, 50, 52, 73, 75, 77, 81, 84, 150
Colón, Diego [Bruder] 67, 73, 77
Colón, Diego [Sohn] 47, 50, 84 f.
Colón, Hernando [Sohn] 46, 51, 57, 79, 84
Cook, James 17, 22, 41, 74, 136, 139, 147, 167, 349, 423, 427, 437–440, 442 f., 448 f., 450
Córdoba, Francisco Hernández de [Seefahrer] 100, 103, 213, 229
Córdoba, Francisco Hernández de [Landreisender] 232 f., 338
Córdoba, Gonzalo Hernández de 236
Coronado, Francisco Vásquez de 71, 235, 294, 344–348, 351, 444 f.

Corte-Real, Gaspar 154
Corte-Real, Miguel 154
Cortés, Hernán 19, 71, 80, 100f., 212–229, 232–238, 240–242, 253, 255, 264f., 268, 278, 287, 295, 332f., 343, 348f., 446, 469
Cortés Ojea, Francisco 268
Couture, Jean 405
Croghan, George 404
Crone, Gerald R. 66
Cuarica 295
Cuauhtémoc 224, 232f.
Cuming, Alexander 397
Cuneo, Michele de 67, 72

Dablon, Claude 367
Dalfinger, Ambrosius 288–290, 292f.
Dana, Richard Henry 437
Dankers, Jaspar 388
Darwin, Charles 134, 137, 147, 331, 449
Dávila, Alonso 230
Dávila, Gil Gonzáles 232
Dávila, Pedrarias 99f., 127, 228, 232, 239, 241, 338, 440
Davis, John 198–200, 203, 205, 207
Delcano, Juan Sebastián 131, 140–143, 146
Denton, Daniel 387f.
Denys, Jean 155
Descelliers, Pierre 193
Descovedo, Rodrigo 59
Deza, Diego de 51
Dias Adorno, Antônio 313
Dias Leme, Luís 313
Dias Pais, Fernão 314f.
Diaz, Bartolomeu 52, 72, 110, 136
Diaz, Melchior 348
Díaz del Castillo, Bernal 19, 100, 215–218, 220, 222f., 225f., 233, 242, 295
Diderot, Denis 22, 415
Donnacona 185–187, 189f.
Dorantes, Andrés 335f.
Doughty, Thomas 144, 331
Drake, Francis 81, 122, 136, 143–146, 168f., 172, 198, 235, 268, 304, 331, 349, 432, 438, 440, 442f.
Duchet, Michèle 284
Dulmo, Fernão 50
Durán, Diego 239

Eckhout, Albert 309
Eirík der Rote 34
Eiríksson, Leifr 34, 35, 152
Eiríksson, Thorvaldr 35
Elisabeth I. 14, 143, 162f., 166, 169, 195, 303, 306, 349, 383

Ellis, Thomas 197
Enciso, Martín de 96f.
Enoe-Will 399
Ercilla y Zuñiga, Alonso de 143, 268f., 350
Espejo, Antonio de 348
Espinosa, Gaspar de 240, 250
Essomerique 118
Estebanico 335f., 343
Estete, Miguel 247
Estreito, João 50
Evans, Lewis 390

Fagundes, João Álvares 155
Faleiro, Rui 129f.
Fallam, Robert 396
Falkner, Thomas 331f.
Farfán 350
Fawcett, Percy 319
Federmann, Nicolaus 289–294, 301
Ferdinand von Aragon 30, 51, 53, 57, 65f., 77f., 85, 98f., 123, 236
Fernandes, Francisco 154
Fernandes, João 153f.
Fernandes, Simão 167, 169
Ferreira, Alexandre Rodrigues 324
Field, Darby 385f.
Filson, John 409
FitzRoy, Robert 134, 331
Fletcher, Francis 145
Flinders, Matthew 41
Fonseca, José Gonçalves da 321
Fonseca, Juan de 67, 93, 95, 130, 136, 138, 236
Font, Pedro 436f.
Forster, Georg 450, 466, 476
Foxe, Luke 205, 412
Franklin, Benjamin 410, 448, 470
Franklin, John 207, 442
Franz I. 17, 118, 156, 161, 182f., 191
Fraser, Simon 431
Frémont, John Charles 432
Friede, Juan 293
Friederici, Georg 218, 294, 382
Fritz, Samuel 279–285, 295, 320, 322, 465
Frobisher, Martin 194–198, 207, 381, 426
Froes, Estéban 123
Frontenac, Graf von 374f.

Gallatin, Albert 470
Galvani, Luigi 455
Gálvez, José de 436
Gama, Vasco da 31, 45, 74, 79, 86, 110, 129
Garay, Francisco de 103
Garay, Juan de 128, 329

Garcia, Aleixo 310
García Márquez, Gabriel 296
García de Moguer, Diego 126, 325
Gasca, Pedro de la 264, 266f., 275, 328
Georg II. 400
Georg III. 408
Gilbert, Humphrey 14, 162–166, 172f., 195, 349, 381, 383
Gilbert, Raleigh 175
Gist, Christopher 403f., 406
Goethe, Johann Wolfgang von 451, 475
Gómara, Francisco López de 17, 215, 219f., 225–227, 236, 242, 274
Gómez, Esteban 138, 140, 161f.
Góngora Marmolejo, Alonso de 265, 268
Gonneville, Binot Paulmier de 117
Gonsalves, João 154
Gosnold, Bartholomew 173f., 176, 356, 382
Graffenried, Christoph von 399f.
Graham, James 389f.
Granganimeo 166, 168
Gravé du Pont, François 353–356
Gray, Robert 439
Gray, Vincent 469
Greenlee, William 112
Grenville, Richard 167–169
Grijalva, Hernando de 235
Grijalva, Juan de 100f., 103f., 213, 223, 229
Groseilliers, Médard Chouart des 368f., 412
Guacanagarí 63, 70
Gua de Monts, Pierre du 356, 358
Guerra, Cristóbal 96
Guerrero, Gonzalo 230
Guzmán, Fernando de 276
Guzmán, Nuño de 234

Haenke, Thaddäus 466
Haig, William 389f.
Hakluyt, Richard 164f., 170, 172, 174, 176, 194
Hall, Charles F. 198
Hall, James 203f.
Hamann, Günther 88
Hansen, Hendrick 389
Harana, Beatriz de 51
Harana, Diego de 63
Haro, Cristóbal de 123, 130, 140f., 191, 288
Harriot, Thomas 19, 167f., 170f., 173, 176
Harris, William 394
Harrison, John 41
Hawkins, John 169, 304
Hayes, Edward 163f., 173
Hearne, Samuel 420–422, 425, 427, 448

Heers, Jacques 74
Heinrich III. 29, 353
Heinrich IV. 353f.
Heinrich VII. 91, 150, 152, 154, 163
Heinrich VIII. 74, 162
Heinrich der Seefahrer 29f., 32, 44, 47, 310
Heinrich von Segusio 15
Hemming, John 245, 261, 276, 296, 321
Henday, Anthony 419f., 448
Hennepin, Louis 375f., 410
Henry, Alexander 422–424
Heredia, Pedro de 96
Herjólfsson, Bjarni 34
Hernández de Biedma, Luis 338
Herrera, Alonso de 302
Heyn, Pieter 308
Hidalgo von Elvas 338, 340f.
Hipparch von Nikaia 41
Hohermuth, Georg 293f.
Hojeda, siehe Ojeda
Homem, Manuel 318
Homer 45, 273
Houtmann, Cornelis de 146
Hoz, Pedro Sancho de la 252
Huascar 242, 244f., 247f., 250
Huayna-Capac 242, 250
Hudson, Henry 136, 176, 179–182, 201f., 355, 359, 361, 382, 387, 412
Hughes, Pryce 397
Humboldt, Alexander von 18, 22, 54, 61, 85f., 89, 170, 217, 221, 226, 239, 252, 279, 284, 287, 324, 410f., 441, 446, 449–479
Humboldt, Wilhelm von 449, 451f.
Hurtado de Mendoza, García 269
Hutten, Philipp von 293–296
Huxley, Aldous 100, 469

Ibn Battuta 27
Ingram, David 393
Ingstad, Helge und Anne S. 35
Irala, Domingo Martínez de 325, 327f.
Isabella von Kastilien 30, 51, 53, 57, 65f., 73, 77f., 85, 93f.
Isidor von Sevilla 27
Ismailow, Gerasim Grigorjewitsch 438
Itturiaga, José de 323
Iturrigaray, Vicente de 467
Iwan IV., der Schreckliche 319

Jacksetavon 394
Jakob I. 172, 174, 202, 306f., 383
James, Thomas 205, 412
Jefferson, Thomas 411f., 432, 448, 469f.

Jiménez, siehe Quesada
Jogues, Isaac 365
Johann II. 50–52, 64, 129
Johann III. 118, 141, 309
Johanna die Wahnsinnige 85, 96, 98f.
Johannes II. 111
Jolliet, Louis 104, 369–375, 378, 393
Joutel, Henri 378
Juan, Jorge 286
Juet, Robert 180f.
Julien, Charles-André 29, 121
Jussieu, Joseph de 286
Jussieux, Bernard de 410

Kalm, Peter 409f.
Karl I. 383f.
Karl II. 413
Karl IV. 441, 451, 478
Karl V. 96, 98, 124, 126f., 130, 141f., 156, 161, 182, 191, 214, 216, 218, 221, 227, 236, 240, 250, 264, 267, 270, 288, 296, 300, 325, 337
Karl VIII. 52
Karlsevni, Thorfinn 35
Kellenbenz, Hermann 141
Kelsey, Henry 414, 418f.
Kendrick, John 439
Keymis, Laurence 306f.
Kino, Eusebio Francisco 432
Kirkpatrick, Fredrick A. 269
Klemens VI. 28
Kolumbus, Christoph [Familienangehörige siehe unter Colón] 11–15, 19f., 23, 27, 30–32, 35f., 40f., 44–95, 99, 101, 106, 108f., 111, 115–117, 125, 127, 129f., 136, 140, 149f., 151, 156f., 168, 170f., 222, 232, 234, 236f., 241, 273–275, 286, 288, 308, 318, 332, 386, 431, 448, 479
Konetzke, Richard 103, 106, 223

La Condamine, Charles Marie de 22, 274, 283–286, 320f., 411, 446, 465, 473
La Cosa, Juan de 72, 93–96, 154, 286
Ladrillero, Juan Fernández 268
Lafitau, Joseph-François 20, 273
Lafora, Nicolas de 352f.
Lagarto, João Fernando 191
La Harpe, Bénard de 379
La Hontan, Louis-Armand de 415f.
Lalement, Jérôme 366f., 415
Lalement, Gabriel 364
Lane, Ralph 167f., 193
La Pérouse, Jean François de Galaup, comte de 17, 135, 439

Larios [Pater] 351
La Roche, Mesoguez de 353
La Salle, Gadifer de 29
La Salle, René-Robert Cavelier de 104, 189, 342, 351, 374–378, 380, 397, 404f., 408, 447
Las Casas, Bartolomé de 16, 32, 52, 57, 75, 78, 94f., 108, 220, 296, 320
Las Casas, Francisco de 232
Laudonnière, René de 122, 194
La Vérendrye, Louis-Joseph und François 417, 419
La Vérendrye, Pierre Gaulthier de Varennes, sieur de 416–419, 422, 431f.
Law, John 380
Lawson, John 398–400
Le Caron, Joseph 362
Lederer, Johann 394f., 398
Ledyard, John 412
Legazpi, Miguel López de 141f.
Leitão, Jerônimo 313
Leite, Duarte 117
Le Maire, Jacob 146–148, 180
Le Moyne, Simon 366
Le Moyne de Bienville, Jean-Baptiste 379, 404
Le Moyne d'Iberville, Pierre 379, 404
Le Moyne de Morgues, Jacques 122
Leo X. 91
León, Alonso de 351
Le Page du Pratz, Antoine 379, 404
Lepe, Diego de 109
Léry, Jean de 23, 119–121, 132, 157, 311
Le Veneur, Jean 182f.
Lévi-Strauss, Claude 120, 319
Lewis, Meriwether 412, 432, 439, 444, 448, 470
Lichtenberg, Georg Christoph 450
Lindenov, Godske 203, 205
Linné, Carl von 18, 390, 409, 461
Lisboa, João de 123
Loaysa, García Jofre de 141f., 234, 288
Lobo [Pater] 266
Longfellow, Henry Wadsworth 380
Lonzano, José María de und Jorge Tadeo de 461
López, Francisco 348
López de Cardenas, García 345
Ludwig XIV. 364, 369, 374, 376f.
Lugo, Pedro Fernández de 297
Luque, Hernando de 240

Mackenzie, Alexander 424–432, 442f., 448
Macuina 441

Madariaga, Salvador de 49, 59, 65, 78, 220, 237
Magellan, Fernando de 57, 98, 113, 124, 129–133, 135–145, 147, 156, 161, 191, 195, 213, 227, 234, 266, 325, 331, 440
Malaspina, Alejandro 439–442, 466
Maldonado, Lorenzo Ferrer 440
Maldonado, Melchior 67
Maldonado, Pedro Vicente 283 f.
Malocello, Lancelotto 28
Manco Inca 250 f., 258 f., 263 f., 269
Manuel I. 79, 111 f., 129–131, 153 f., 308
Marchena, Antonio de 51 f., 55
Marina 214 f., 219
Markgraf, Georg 309
Markham, Clements 253
Marquette, Jacques 104, 342, 369–375, 378, 393
Martín, Esteban 289, 293
Martins, Fernão 49
Martyr d'Anghiera, Peter 91 f., 97, 99, 101, 108 f., 123, 131, 154 f., 284
Massé, Ennémond 364
Matonabbee 420–422
McAlister, Lyle N. 264
McClure, Robert John Le Mesurier 442
McIntyre, Loren A. 464, 471
McKay, Alexander 427
McKew Parr, Charles 135
Medici, Lorenzo di Pier Francesco de' 94, 116
Medinaceli, Herzog von 51, 53
Méndez, Diego 84
Mendonça Furtado 323
Mendoza, Antonio de 236–238, 336, 343 f., 347 f.
Mendoza, Francisco de 267, 328
Mendoza, Luis de 131, 135 f.
Mendoza, Pedro de 127 f., 325, 329
Menéndez de Avilés, Pedro 122, 155, 393
Meneses, Rodrigo César de 318 f.
Menzies, Archibald 442
Mercator, Gerhard 40, 195
Meteren, Emanuel van 180 f.
Meyer-Abich, Adolf 475
Mezquita, Álvaro de 138
Michaux, André 409–412
Michaux, François 409, 411 f.
Michelangelo, Buonaroti 225
Minguet, Charles 477
Minuit, Peter 182, 387
Molina, Cristóbal de 252, 261
Molyneux, Emery 199
Monroy, Alonso de 265 f.

Montaigne, Michel de 121
Montalboddo, Francanzano de 91, 117, 131
Montano, Francisco 221
Montejo, Francisco de [Vater] 229–231
Montejo [Sohn] 231
Montesquieu, Charles de Secondat, baron de la Brède et de 22
Montezuma II. 215–220, 222 f., 225, 349
Montúfar, siehe Aguirre
Morison, Samuel E. 31, 33, 58, 64, 74, 78 f., 81, 83, 90, 96, 104, 117, 126, 136, 143, 151–153, 155, 199
Moritz von Oranien 176
Morus, Thomas 115, 164
Moscoso, Luis de 342, 347, 351, 376
Münster, Sebastian 21
Munk, Jens 205
Mútis, José Celestino 461

Naipaul, Vidyadhar S. 308
Nairne, Thomas 397
Nansen, Fridtjof 32
Napoleon Bonaparte 380, 443, 449, 451, 470
Narváez, Pánfilo de 104–106, 222, 236, 325, 333, 338, 342, 376, 430
Nassau-Siegen, Moritz 309
Needham, James 396
Nero 276
Newport, Christopher 175–177
Newton, Isaac 283
Nicollet, Jean 367 f., 389
Nicuesa, Diego de 96 f.
Niño, Andrés 232
Niño, Peralonso 96
Niza, Marcos de 343–345, 351
Nóbrega, Manuel de 311
Noli, Antonio de 31
Noyon, Jacques de 415
Núñez de Prado 267, 328

Oglethorpe, James Edward 400
Ojeda, Alonso de 60, 67, 71, 93–96, 103, 106, 112, 115, 130, 241, 286
Olid, Cristóbal de 232 f., 236
Olintecle 217 f.
Olivares, Joaquin de 331
Oliveira, Leonardo de 320
Oñate, Cristóbal de 234
Oñate, Juan de 349–352
Ordás, Diego de 220 f., 229, 233, 287 f., 292, 299, 302
Orellana, Francisco de 271–275, 279, 293, 313, 319

Ortiz, Juan 339, 341
Ovando, Nicolás de 79, 84, 88
Oviedo, Gonzalo Fernández de 47, 71, 78, 88, 98, 103, 108, 110, 126, 250, 255, 263, 270, 284, 289, 299, 338, 415
Oviedo y Baños, José de 295 f.

Pacheco 310
Palacios Rubios, Juan 16, 218
Pane, Ramón 67
Pareto, Bartolomeo 33
Parkman, Francis 378
Parry, John H. 86, 274, 326
Parry, William Edward 205
Pastene, Juan Bautista 266
Paucke, Florian 330
Paul I. 436
Paul III. 20
Peale, Charles Willson 470
Penn, William 373, 389 f.
Penrose, Boies 99, 108
Péralta, Pedro de 351
Percy, George 175
Perestrelo e Moniz, Dona Filipa de 47, 50 f.
Pérez, Juan 52, 437
Peter der Große 433
Philipp II. 39, 122, 146, 169, 276, 302, 322, 350
Philipp II., Herzog von Orléans 380
Philipp IV. 277
Pigafetta, Antoine 131 f., 134 f., 137–140
Pineda, Alonso Álvarez de 103 f., 341
Pinzón, Martín Alonso 55, 58 f., 61, 63
Pinzón, Vicente Yáñez 55, 59, 108 f., 111, 113, 123, 308
Pires da Silva Pontes, Antonio 324
Piso, Willem 309
Pitt d. Ä., William 406
Pizarro, Francisco 71, 99, 142, 212, 229, 239–251, 253, 255, 257–259, 263–265, 271, 275, 286, 297, 299, 301, 310, 325, 333, 338, 343, 446
Pizarro, Gonzalo 264, 269–271, 275, 301
Pizarro, Hernando 242 f., 246 f., 249, 251, 259, 263
Pizarro, Pedro 242, 252, 258
Platon 163
Plinius d. Ä., Gaius P. Secundus 18, 28
Polo, Marco 27, 48–50, 54, 63, 70, 86, 131, 152, 234
Ponce de León, Juan 67, 101–103, 106, 122, 155, 213, 333, 376
Pond, Peter 423–425
Pontiac 408
Popé 352
Popham, George 175
Popham, John 174
Portolá, Gaspar de 436
Post, Frans 309
Powhatan 176
Prescott, William 220, 250, 253
Prévost d'Exiles, Abbé Antoine François 380
Pricket, Habacuk 201
Pring, Martin 174
Ptolemäus, Claudius 27, 39 f., 48, 50, 116, 141

Quareca 98
Quesada, Gaspar de 131, 135 f.
Quesada, Gonzalo Jiménez de 292, 297–302
Quinn, David B. 165
Quisquis 247, 251, 258
Quiroga, José de 331

Radisson, Pierre Esprit 368 f., 412
Ragueneau, Paul 366, 415
Raleigh, Walter 166–170, 174, 303–307, 384, 473
Ramírez, Luis 125
Ramón [Pater] 473
Ramusio, Giovanni Battista 21
Ranjel, Rodrigo 338, 342
Rapôso Tavares, Antônio 313 f., 320
Raymbault, Charles 365
Redouté, Pierre Joseph 410
Requena y Herrera, Francisco 324
Ribault, Jean 122, 194
Ribeiro, Diogo 161
Ribera, Francisco de 143
Richelieu, Armand Jean du Plessis, cardinal de 363
Richter, Heinrich 282
Ringmann, Matthias 116 f.
Roberval, Jean-François de la Roque, seigneur de 191–193
Roemer, Wolfgang 389
Rodríguez, Agustín 348
Roger I. 29
Rogers, Robert 407
Rojas, Diego de 267, 328
Roldán, Francisco 77 f., 94
Rolfe, John 176
Roseboom, Joannes 389
Rosier, James 174
Rousseau, Jean-Jacques 22, 115, 285
Rowlandson, Mary 386

Rubio y Esteban, Julian M. 327
Ruiz, Bartolomé 240
Rumiñahui 249, 255 f.
Rupert [Ruprecht], Pfalzgraf bei Rhein 413

Saavedra, Hernando de 233
Saavedra, Juan de 143
Saavedra Cerón, Álvaro de 234
Sagard, Gabriel 364
Sagipa 300, 302
Sahagún, Bernardino de 216, 219, 223, 239, 242
Saint Denis, Louis de 379, 404
Saint-Lusson, Simon-François de 370
Salazar de Espinoza, Juan de 128
Salisbury, Robert Cecil, Earl of 174
Sánchez, Rodrigo 59
San Martín, Andrés de 139
Santa Cruz, Roque González de 330
Santa María, Juan de 348
Santangel, Luis de 53, 57, 61, 66, 117
Schelichow, Grigorij Iwanowitsch 436
Schiller, Friedrich von 472
Schmidel, Ulrich 127 f., 288, 325, 327 f.
Schöner, Johannes 129
Schopenhauer, Arthur 472
Schouten, Willem Cornelis 146–148, 180
Serra, Junípero 436
Serrano, Juan 131
Settle, Dionyse 196
Shakespeare, William 305
Sloane, Hans 390
Sluyter, Peter 388
Smith, John 23, 176–179, 201, 203, 382, 386
Smith, Thomas 174
Soderini, Piero 115 f.
Solís, Juan Díaz de 123 f., 126, 129, 132, 309 f., 325
Soncino, Raimondo de 150, 152
Soto, Hernando de 104, 235, 241 f., 244, 249, 251, 259, 294, 338, 340–343, 347 f., 376, 444 f.
Soto, Nicolas 456, 458
Sousa, Martím Afonso de 309 f.
Sousa de Azevedo, João de 320
Spate, Oskar H. K. 434
Staden, Hans 121, 288, 311
Steinbrück, John 424
Steller, Georg Wilhelm 433 f., 436
Stephens, William 400 f.
Strabo 163
Strobel, Matthias 331
Stuart, Maria 169
Suárez, Inés 265–267

Talavera, Hernando de 51
Talon, Jean 370
Taviani, Paolo Emilio 48
Teixeira, Pedro 277, 279 f., 313, 319
Thevet, André 20, 119 f., 311
Thompson, David 431
Tiepolo, Giovanni Battista 274
Timberlake, Henry 406
Tocqueville, Alexis de 371
Todorov, Tzvetan 90
Toledo, Andrés de 277
Tonnetuit, siehe Chauvin
Tonty, Henri de 375 f.
Torres, Antonio de 70 f., 77, 80
Torres, Juana de 77
Torres, Luis de 56, 61
Toscanelli, Paolo del Pozzo 49 f., 87
Trevelyan, George M. 306
Triana, Rodrigo de 59
Troll, Carl 474
Tschirikow, Alexej 433 f.
Tschudi, Johann Jakob von 246
Tupac Hualpa 250
Twain, Mark 341

Ulloa, Antonio de 286
Ulloa, Francisco de 235, 268, 343
Urdaneta, Andrés de 142, 348, 432
Ursúa, Pedro de 275 f.

Vaca de Castro, Cristóbal 264
Valdivia, Pedro de 265–269
Valverde, Vicente de 245
Vancouver, George 349, 429, 439, 442–444, 448
Vega, Garcilaso de la 242, 252, 339, 342
Vela, Blasco Núñez 264
Velásquez, Diego 100 f., 104, 213 f., 236
Vélez de Mendoza, Alonso 109
Vera, Domingo de 303, 306 f.
Verlinden, Charles 54, 89
Verrazano, Giovanni da 57, 156–161, 164, 166, 173, 180, 182, 191, 195, 291, 387, 426
Verrazano, Girolamo de 161
Vespucci, Amerigo 11, 21, 57, 91, 93 f., 108, 112–117, 123, 131 f., 157, 274, 286, 288, 308
Vieira, Antônio 279, 320
Vignau, Nicolas de 361
Villagrá, Gaspar Pérez de 350
Villagrán, Francisco de 267, 328
Villegaignon, Durand de 119, 121 f., 194, 308
Vivaldi, Guido und Ugolino 43

Vizcaíno, Sebastián 349, 432
Volta, Alessandro 455
Voltaire, François Marie Arouet, genannt 21, 286, 415

Waghenaer, Lucas 41
Waldseemüller, Martin 11, 116f.
Walker, Thomas 403f.
Wandler, Hans 141
Washington, George 406
Waxell, Sven 434
Waymouth, George 174, 201, 356, 382
Weiser, Conrad 390, 404
Werner, Abraham Gottlob 474
White, John 167–172, 196, 400
Whymper, Edward 464
Wied, Maximilian zu 418
Willdenow, Karl Ludwig 450, 459
Willekens, Jakob 308
Williams, Edward 393f.
Williams, Roger 160, 385
Williamson, James A. 155
Wingina 166, 168
Winthrop, John 385
Wood, Abraham 393, 396
Wood, William 386f.
Woodward, Henry 397f.

Xerez, Francisco de 242, 244f., 248

York, Samuel 389

Zacuto, Abraham 41
Zaque von Tunja 300
Zárate, Agustín de 242, 260
Zarco, João Gonçalves 30
Zeno [Gebrüder] 195
Zipa Tisquesusa 300
Zuazo, Alonso 97
Zweig, Stefan 132, 138